MACROECONOMIA

Coleção
ESQUE
MATI
ZADO®

Histórico da Obra

- 1.ª edição: fev./2013
- 2.ª edição: fev./2016
- 3.ª edição: jan./2018
- 4.ª edição: mar./2022
- 5.ª edição: mar./2024
- 6.ª edição: fev./2025

COORDENADOR PEDRO LENZA

Luiza Sampaio

Mestre em Desenvolvimento Regional e Políticas Públicas.

MACROECONOMIA

6ª edição
2025

Inclui **MATERIAL SUPLEMENTAR**
- Questões extras

RECOMENDADO
GRADUAÇÃO E CONCURSOS NA ÁREA FISCAL

Coleção ESQUEMATIZADO®

saraiva jur

- A autora deste livro e a editora empenharam seus melhores esforços para assegurar que as informações e os procedimentos apresentados no texto estejam em acordo com os padrões aceitos à época da publicação, *e todos os dados foram atualizados até a data de fechamento do livro.* Entretanto, tendo em conta a evolução das ciências, as atualizações legislativas, as mudanças regulamentares governamentais e o constante fluxo de novas informações sobre os temas que constam do livro, recomendamos enfaticamente que os leitores consultem sempre outras fontes fidedignas, de modo a se certificarem de que as informações contidas no texto estão corretas e de que não houve alterações nas recomendações ou na legislação regulamentadora.

- Data do fechamento do livro: 27/01/2025

- A autora e a editora se empenharam para citar adequadamente e dar o devido crédito a todos os detentores de direitos autorais de qualquer material utilizado neste livro, dispondo-se a possíveis acertos posteriores caso, inadvertida e involuntariamente, a identificação de algum deles tenha sido omitida.

- Direitos exclusivos para a língua portuguesa
Copyright ©2025 by
Saraiva Jur, um selo da SRV Editora Ltda.
Uma editora integrante do GEN | Grupo Editorial Nacional
Travessa do Ouvidor, 11
Rio de Janeiro – RJ – 20040-040

- Atendimento ao cliente: https://www.editoradodireito.com.br/contato

- Reservados todos os direitos. É proibida a duplicação ou reprodução deste volume, no todo ou em parte, em quaisquer formas ou por quaisquer meios (eletrônico, mecânico, gravação, fotocópia, distribuição pela Internet ou outros), sem permissão, por escrito, da **SRV Editora Ltda.**

- Capa: Lais Soriano
Diagramação: Join Bureau

- **DADOS INTERNACIONAIS DE CATALOGAÇÃO NA PUBLICAÇÃO (CIP) DE ACORDO COM ISBD ELABORADO POR VAGNER RODOLFO DA SILVA – CRB-8/9410**

L575c   Lenza, Pedro
Macroeconomia / Pedro Lenza, Luiza Maria Sampaio Moreira, Roberto Caparroz; coordenado por Pedro Lenza. – 6. ed. – São Paulo: Saraiva Jur, 2025. (Coleção Esquematizado®)
664 p.

ISBN: 978-85-5362-429-4 (Impresso)

1. Direito. 2. Direito financeiro. 3. Macroeconomia. I. Moreira, Luiza Maria Sampaio. II. Caparroz, Roberto. III. Título. IV. Série.

2024-4587

CDD 343.8103
CDU 351.72

Índices para catálogo sistemático:
1. Direito financeiro 343.8103
2. Direito financeiro 351.72

Respeite o direito autoral

À minha querida tia Maria Alacoque Sampaio,
por seu amor incondicional e desinteressado.

*"(...) os que passaram fazendo o bem.
(...) os que lutaram como heróis.
(...) os que brilharam quais lindos sóis.
(...) essa saudade que a gente tem!"*[1]

---

[1] Trecho do hino oficial da cidade de Barbalha-CE, *Canta Barbalha*, de autoria (letra e música) de Maria Alacoque Sampaio.

METODOLOGIA ESQUEMATIZADO

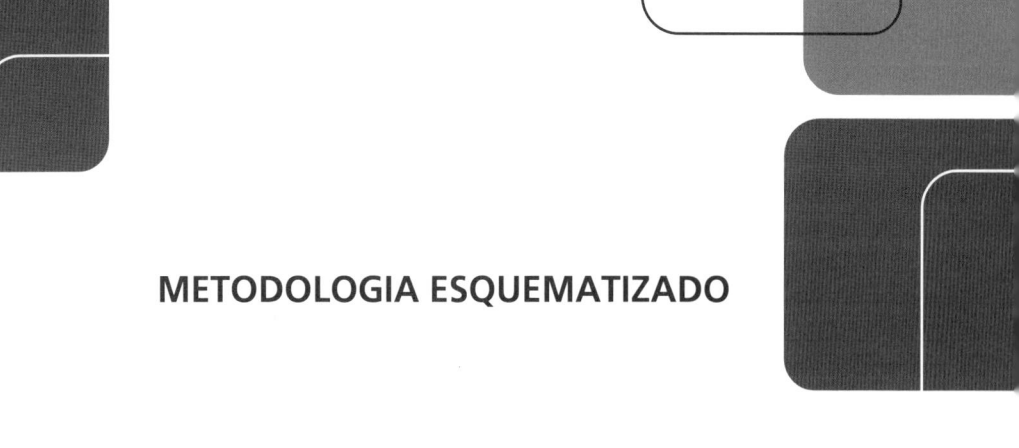

Durante o ano de **1999**, portanto, **há 25 anos**, pensando, naquele primeiro momento, nos alunos que prestariam o exame da OAB, resolvemos criar uma **metodologia de estudo** que tivesse linguagem "fácil" e, ao mesmo tempo, oferecesse o conteúdo necessário à preparação para provas e concursos.

O trabalho, por sugestão de **Ada Pellegrini Grinover**, foi batizado como *Direito constitucional esquematizado*. Em nosso sentir, surgia ali uma **metodologia pioneira**, idealizada com base em nossa experiência no magistério e buscando, sempre, otimizar a preparação dos alunos.

A metodologia se materializou nos seguintes "pilares" iniciais:

☐ **Esquematizado:** verdadeiro método de ensino, rapidamente conquistou a preferência nacional por sua estrutura revolucionária e por utilizar uma linguagem clara, direta e objetiva.

☐ **Superatualizado:** doutrina, legislação e jurisprudência, em sintonia com os concursos públicos de todo o País.

☐ **Linguagem clara:** fácil e direta, proporciona a sensação de que o autor está "conversando" com o leitor.

☐ **Palavras-chave** (*keywords*): a utilização do negrito possibilita uma leitura "panorâmica" da página, facilitando a recordação e a fixação dos principais conceitos.

☐ **Formato:** leitura mais dinâmica e estimulante.

☐ **Recursos gráficos:** auxiliam o estudo e a memorização dos principais temas.

☐ **Provas e concursos:** ao final de cada capítulo, os assuntos são ilustrados com a apresentação de questões de provas de concursos ou elaboradas pelo próprio autor, facilitando a percepção das matérias mais cobradas, a fixação dos temas e a autoavaliação do aprendizado.

Depois de muitos anos de **aprimoramento**, o trabalho passou a atingir tanto os candidatos ao **Exame de Ordem** quanto todos aqueles que enfrentam os **concursos em geral**, sejam das **áreas jurídica** ou **não jurídica**, de **nível superior** ou mesmo os de **nível médio**, assim como **alunos de graduação** e demais **operadores do direito**, como poderosa ferramenta para o desempenho de suas atividades profissionais cotidianas.

Ada Pellegrini Grinover, sem dúvida, anteviu, naquele tempo, a evolução do *Esquematizado*. Segundo a Professora escreveu em **1999**, "a obra destina-se, declaradamente, aos candidatos às provas de concursos públicos e aos alunos de graduação, e, por isso mesmo, após cada capítulo, o autor insere questões para aplicação da parte teórica. Mas será útil também aos operadores do direito mais experientes, como fonte de consulta rápida e imediata, por oferecer grande número de informações buscadas em diversos autores, apontando as posições predominantes na doutrina, sem eximir-se de criticar algumas delas e de trazer sua própria contribuição. Da leitura amena surge um livro 'fácil', sem ser reducionista, mas que revela, ao contrário, um grande poder de síntese, difícil de encontrar mesmo em obras de autores mais maduros, sobretudo no campo do direito".

Atendendo ao apelo de "concurseiros" de todo o País, sempre com o apoio incondicional da Saraiva Jur, convidamos professores das principais matérias exigidas nos concursos públicos das *áreas jurídica* e *não jurídica* para compor a **Coleção Esquematizado®**.

Metodologia pioneira, vitoriosa, consagrada, testada e aprovada. **Professores** com larga experiência na área dos concursos públicos e com brilhante carreira profissional. Estrutura, apoio, profissionalismo e *know-how* da **Saraiva Jur**. Sem dúvida, ingredientes indispensáveis para o sucesso da nossa empreitada!

O resultado foi tão expressivo que a **Coleção Esquematizado®** se tornou **preferência nacional**, extrapolando positivamente os seus objetivos iniciais.

Para o livro de **Macroeconomia**, tivemos a honra de contar com o trabalho de **Luiza Sampaio**, que soube, com maestria, aplicar a **metodologia esquematizado** à sua vasta e reconhecida experiência profissional.

A Professora **Luiza** cursou Administração Pública na FGV de São Paulo, graduou-se em Economia pela Universidade Regional do Cariri, no Ceará, e obteve a licenciatura plena em Matemática para Educação Básica pela *Universidade Estadual do Ceará*.

Conquistou, ainda, o título de Mestre em Desenvolvimento Regional pela URCA-CE (mestrado profissional) e em Políticas Sociais pela UNICSUL-SP (mestrado acadêmico).

Foi aprovada em concurso público para ministrar Macroeconomia no curso de Ciências Econômicas da Universidade Regional do Cariri, onde também leciona Microeconomia, Contabilidade Social, Economia Monetária e Economia Internacional, estando atualmente licenciada.

Além de atuar em cursos de graduação e pós-graduação, dedica-se aos cursinhos preparatórios, especialmente na cidade de São Paulo, destacando-se: Damásio, LFG, Marcato, FMB, Siga, Finec, Qualidade, Federal, Getussp, IOB, Praetorium, Sapientia, Logga, Folha Dirigida, De Olho na Questão.

Estamos certo de que este livro será um valioso aliado para "encurtar" o caminho do ilustre e "guerreiro" concurseiro na busca do "sonho dourado", além de ser uma **ferramenta indispensável** para estudantes de Direito e profissionais em suas atividades diárias.

Esperamos que a **Coleção Esquematizado®** cumpra plenamente o seu propósito. Seguimos juntos nessa **parceria contínua** e estamos abertos às suas críticas e sugestões, essenciais para o nosso constante e necessário aprimoramento.Sucesso a todos!

Pedro Lenza
Mestre e Doutor pela USP
Visiting Scholar pela Boston College Law School

pedrolenza8@gmail.com
http://instagram.com/pedrolenza
https://www.youtube.com/pedrolenza
https://www.facebook.com/pedrolenza

https://www.editoradodireito.com.br/colecao-esquematizado

APRESENTAÇÃO

Todos os anos, milhões de pessoas, com os mais variados perfis e histórias de vida, resolvem ingressar no mundo dos concursos públicos. Trata-se de um movimento contínuo, crescente, inesgotável e tipicamente brasileiro.

Portanto, se a ideia já passou pela sua cabeça, saiba que você não está sozinho. A constatação serve, a um só tempo, tanto como estímulo para os estudos quanto para que possamos compreender o calibre do desafio que aguarda os candidatos.

Quais os motivos para esse fenômeno, que só faz crescer?

A resposta mais simples e direta reside no fato de que o **Estado**, para a nossa realidade, é um **excelente empregador**. Se compararmos a remuneração da iniciativa privada com a de carreiras públicas equivalentes, em termos de exigências e atividades, na maioria dos casos, o valor percebido pelos servidores será igual ou superior. Some-se a isso a **estabilidade**, o **regime diferenciado de previdência** e a possibilidade de **ascensão funcional** e teremos a perfeita equação para a verdadeira legião de "concurseiros" que existe no Brasil.

Como vencer o desafio dos concursos, se a concorrência é tão grande?

Ao contrário do que muita gente imagina, a dificuldade certamente não é quantitativa, pois o número de concorrentes, na prática, pouco importa. Todos os grandes concursos oferecem vagas suficientes, capazes de premiar os candidatos que conseguirem obter médias elevadas. O **fator determinante para o sucesso** é de natureza **qualitativa** e exige o domínio de duas metodologias: **saber estudar** e **resolver questões**.

Há muitos anos digo aos alunos que o segredo dos concursos não é simplesmente estudar mais (muito embora os vencedores estudem bastante) mas, principalmente, **estudar melhor**.

E o que significa isso? Estudar melhor implica escolher uma fonte de referência segura, completa e atualizada para cada matéria, absorvê-la ao máximo e, depois, verificar o aprendizado por meio de questões.

Costumo ponderar que, se um candidato ler dois autores sobre o mesmo tema, provavelmente "elevará ao quadrado" suas dúvidas, pois não saberá como enfrentar, nas provas, as divergências de pensamento que, apesar de comuns e salutares no meio acadêmico, devem ser evitadas a todo custo nos concursos.

Essa é uma das propostas da presente **Coleção Esquematizado®**. Quando o amigo Pedro Lenza me convidou para ajudá-lo na coordenação das obras voltadas para as matérias não jurídicas, imediatamente vislumbrei a possibilidade de oferecer aos alunos das mais diversas carreiras a mesma **metodologia**, testada e aprovada no consagrado *Direito Constitucional Esquematizado*.

Sabemos que a grande dificuldade dos concursos de ampla concorrência, abertos a candidatos de qualquer formação, reside na quantidade e variedade de matérias, de tal sorte que não seria exagero afirmar que ninguém conhece, *a priori*, todos os temas que serão exigidos, ao contrário das carreiras jurídicas, nas quais os alunos efetivamente travaram conhecimento com as disciplinas durante a faculdade.

Ninguém faz "faculdade para concursos", até porque, na prática, ela não existe. Os candidatos provêm de áreas diferentes e acumularam conhecimento em temas que normalmente não são objeto de questões. É comum o relato de candidatos iniciantes que tiveram pior desempenho justamente nas matérias que conheciam a partir da experiência profissional.

Os **concursos não jurídicos** exigem **preparação específica**, na qual os candidatos normalmente "iniciam do zero" seus estudos.

A metodologia empregada na **Coleção Esquematizado®** permite que o leitor, de qualquer nível, tenha acesso à mais **completa** e **atualizada teoria**, exposta em linguagem **clara**, **acessível** e **voltada para concursos**, acrescida de **questões** especialmente selecionadas e comentadas em detalhes.

O projeto, apesar de audacioso, se sustenta pela **qualidade dos autores**, todos com larga experiência na preparação de candidatos para as diferentes provas e bancas examinadoras. As matérias são abordadas de forma teórico-prática, com farta utilização de exemplos e gráficos, que influem positivamente na fixação dos conteúdos.

A abordagem dos temas busca esgotar os assuntos, sem, no entanto, se perder em digressões ou posições isoladas, com o objetivo de oferecer ao candidato uma **solução integrada**, naquilo que os norte-americanos chamam de *one stop shop*.

Com a estrutura e o suporte proporcionados pela **Saraiva Educação**, acreditamos que as obras serão extremamente úteis, inclusive para os alunos de cursos de graduação.

Lembre-se que o sucesso não decorre do "se", mas, sim, do "quando".

Boa sorte e felicidade a todos!

Roberto Caparroz
Mestre, Doutor e Pós-Doutor em Direito
http://www.caparroz.com
http://instagram.com/caparrozcom
https://www.linkedin.com/in/robertocaparroz

PREFÁCIO

A difícil arte de ensinar economia

Conheci Luiza Sampaio por intermédio de uma aluna que tínhamos em comum. Depois acabei percebendo que temos vários alunos em comum. Estes alunos também possuem uma coisa em comum: seu apreço pela, como todos a chamam, Professora Luiza, além dos recorrentes elogios a suas aulas, sua disposição em atender os alunos e, especialmente, em auxiliá-los a derrubar os mitos em torno da economia e da teoria econômica.

Muitos destes alunos enfrentam pela primeira vez a Economia, não nos fatos do quotidiano, mas na sua complexidade teórica. Formados em diversas áreas, como direito, engenharia, jornalismo etc., estes alunos precisam encarar a teoria econômica para poder superar concursos públicos e processos seletivos ou mesmo enfrentar a realidade de uma troca de área depois de formados. Neste momento, surge a "economia" como um imenso obstáculo a ser transposto.

Efetivamente, a economia impõe seus obstáculos. Além de seu próprio objeto, nem sempre tão familiar apesar de aparentemente acessível a todos, a economia impõe uma linguagem que não necessariamente é a mais acessível e nem a mais usual; na sua tradução, existe uma série de falsos cognatos; e esconde armadilhas muitas vezes mortais para os candidatos em provas cheias de concorrentes. Impõe também um raciocínio abstrato, modelos e hipóteses não tão óbvios e nem tão realistas que dificultam a compreensão do que efetivamente se está querendo entender. Isso perturba e angustia especialmente aqueles que querem apenas dar uma "passadinha" rápida pela matéria, mas acabam sendo obrigados a "pegar as coisas com calma" desde o seu início.

A questão não é apenas de desmistificar a economia. Logicamente, isso faz parte, afinal muitos alunos já enfrentaram antes o "obstáculo da economia" e acabaram criando para si próprios um monstro que precisa ser desfeito. Desmistificar a economia é importante, mas para estes alunos não é apenas necessário traduzir a economia numa linguagem coloquial, transformar os modelos em algo mais real, pois o que estes alunos enfrentam, especialmente nos concursos, é justamente a hermética linguagem da economia e os seus modelos abstratos. Este é o elogio que nossos alunos fazem à Professora Luiza: desmistificar, sim, a economia, mas principalmente compreendê-la dentro de seu próprio campo, usando sua própria linguagem, seus modelos, trabalhando com as hipóteses e com os raciocínios que compõem a teoria econômica.

Bem-vindo o livro da Professora Luiza, que permitirá ampliar o número de pessoas que passam a ter acesso aos seus ensinamentos e a possibilidade de superar os obstáculos impostos pela economia.

Amaury Patrick Gremaud
Professor da FEA-RP/USP

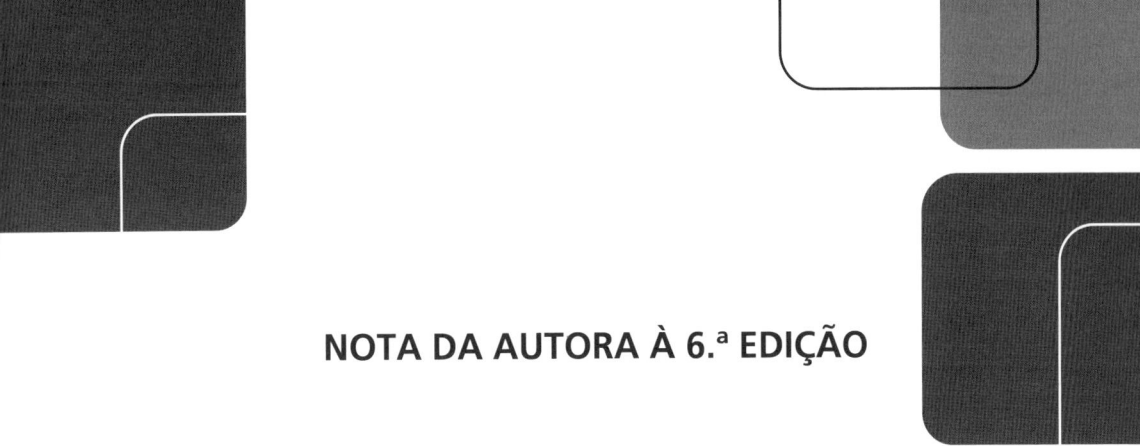

NOTA DA AUTORA À 6.ª EDIÇÃO

Estava eu na sala de professores do Curso Marcato em São Paulo, aguardando o início da aula que ministraria, quando, em conversa com o professor Roberto Caparroz, este me convidou a fazer parte da **Coleção Esquematizado®**, do professor Pedro Lenza, que estava se estendendo para a área fiscal. Fiquei lisonjeada e feliz em poder fazer parte, na área de economia, de uma coleção tão reconhecida, pertencente a uma editora renomada como a Saraiva.

Como **professora de economia** dos principais cursinhos preparatórios para **concursos públicos** de São Paulo e de outros Estados e tendo larga experiência no ensino **na graduação e na pós-graduação**, sempre me preocupei em preparar meu próprio material didático, com base nas necessidades que percebia existirem nos meus alunos.

Especificamente na área de economia, pude perceber que apenas o conteúdo teórico tornava-se insuficiente para a concreta aprendizagem da disciplina, em decorrência de sua linguagem muito específica e repleta de termos técnicos. Por esse motivo, procurei sempre rodear os assuntos abordados com uma gama de **questões** aplicadas pelas principais **bancas examinadoras** de concursos públicos. Com esse método, observei um grande progresso dos meus alunos na compreensão da matéria.

Aquele material serviu de esboço para o que agora o leitor tem em mãos. A partir dele, incrementei a teoria com o aprofundamento de seu conteúdo, tomando como referência obras de autores clássicos e consagrados da área, a fim de adequar este livro ao perfil de **"concurseiros" e acadêmicos**.

A obra está dividida em **23 capítulos** teóricos, complementados com diversas **questões resolvidas,** uma parte disponível no livro físico e outra de forma online. Nesses capítulos, os conceitos mais relevantes foram destacados em negrito, para facilitar sua visualização. Ao final, um **glossário** permite compreender, de maneira rápida e abreviada, a definição de termos utilizados ao longo do texto. A oportunidade de ministrar aulas em cursinhos de renome em São Paulo, além de outros em diversas regiões do Brasil, permitiu-me conhecer o perfil dos candidatos e examinar suas dificuldades. Assim, procurei priorizar no livro uma **linguagem acessível** para esse público, sem deixar de lado o caráter científico exigido pelos cursos de graduação e pós-graduação.

Gostaria de deixar aqui registrado o meu agradecimento a todos os que me possibilitaram essa oportunidade, desde os donos dos cursinhos, seus coordenadores e auxiliares, meus colegas professores (entre eles os professores Pedro Lenza e Roberto Caparroz) e até aqueles que cooperam com o funcionamento dos cursos cuidando da limpeza e segurança dos edifícios ou da orientação dos alunos.

Agradeço também à minha família, que sempre compreendeu minha ausência quando me dedicava a escrever este livro, hoje em sua 6.ª edição.

Eu não poderia deixar de mencionar a razão da construção desta obra: os meus **queridos alunos**, a quem posso chamar de amigos. Companheiros de uma jornada muitas vezes difícil, mas também prazerosa. A eles ensinei, mas, principalmente, com eles aprendi. Tenho orgulho de ter colaborado de alguma forma para o engrandecimento profissional de cada um deles, e é por isso que eu gostaria de registrar aqui o quanto me apraz ter estado com eles nessa fase importante das nossas vidas. Agradeço pela gentileza em me apoiarem neste projeto.

Constantemente recebo *e-mails*, mensagens via celular e telefonemas de agradecimento de pessoas que lograram êxito no concurso público tão almejado. Isso me deu ânimo a preparar a 6.ª edição deste livro, de forma a manter sempre atualizadas as informações. É gratificante saber que, de alguma forma, contribuí para o enriquecimento cultural de alunos que na maioria das vezes nem conheci pessoalmente. A modernidade nos concede esse privilégio: dar aulas em frente a uma câmera e ser assistida por muitos, nos mais variados lugares do Brasil. Isso me permite desbravar o País pela cabeça de cada um deles!

Espero que você, ao ler este livro, possa compreender melhor o deslumbrante caminho do conhecimento da Macroeconomia. Que ele ajude a formar cidadãos mais conscientes e opinantes na conduta do nosso país.

Um forte abraço.

Luiza Sampaio
Mestre em Desenvolvimento Regional e Políticas Públicas

luizamsms@gmail.com
profluizasampaio.com.br

SUMÁRIO

Metodologia esquematizado VII
Apresentação IX
Prefácio XI
Nota da autora à 6.ª edição XIII

1. **CONCEITOS MACROECONÔMICOS BÁSICOS** 1
   1.1. Macroeconomia 1
   1.2. Moeda e produto 4
   1.3. Produto (ou renda) *per capita* 6
   1.4. IDH 10
   1.5. Coeficiente de Gini 16
   1.6. Identidade macroeconômica 20
   1.7. Estoques e fluxos 21
   1.8. Definição de curto e longo prazo em Macroeconomia 22
   1.9. Conceitos de produto intermediário, produto adicionado, valor bruto da produção e produto agregado 25
   1.10. Fluxo circular da renda 27
        1.10.1. Fluxo circular da renda ampliado 30
   1.11. Questões 31
   1.12. Material suplementar ....*online*

2. **FORMAS DE MENSURAÇÃO DO PRODUTO E DA RENDA NACIONAL** 39
   2.1. Ótica do dispêndio ou da despesa 39
   2.2. Ótica do produto 41
   2.3. Ótica da renda 42
   2.4. Questões 44
   2.5. Material suplementar ....*online*

3. **PRODUTO NACIONAL, INTERNO, LÍQUIDO, BRUTO, A CUSTO DE FATORES, A PREÇO DE MERCADO** 51
   3.1. Produto Nacional (PN) ou Renda Nacional (RN) 51
   3.2. Produto Interno (PI) ou Renda Interna (RI) 52
   3.3. Renda Enviada ao Exterior (REE) ou Recebida do Exterior (RRE) 55
   3.4. Produto Líquido (PL) 57
   3.5. Produto Bruto (PB) 57
   3.6. Produto a Custo de Fatores (Pcf) 58
   3.7. Produto a Preço de Mercado (PPM) 58
   3.8. Questões 61
   3.9. Material suplementar ....*online*

4. **IDENTIDADES MACROECONÔMICAS FUNDAMENTAIS. ESTRUTURA BÁSICA PARA AS CONTAS NACIONAIS** 67
   - 4.1. Conta de produção 68
   - 4.2. Conta de apropriação 73
   - 4.3. Conta do governo 76
   - 4.4. Conta do setor externo 77
   - 4.5. Conta de capital 79
   - 4.6. Déficit público 81
   - 4.7. Questões 82
   - 4.8. Material suplementar .... *online*

5. **PRODUTO NOMINAL × PRODUTO REAL. DEFLACIONAR O PRODUTO. ÍNDICES DE PREÇOS** 91
   - 5.1. Produto nominal 91
     - 5.1.1. Cálculo do Produto Nominal 93
   - 5.2. Produto real 94
     - 5.2.1. Índice de preços de Laspeyres 94
     - 5.2.2. Índice de preços de Paasche 96
     - 5.2.3. Índice de preços de Fisher 97
     - 5.2.4. Índice de quantidade 98
     - 5.2.5. Variação percentual do produto real sem a utilização de um índice de preços 99
     - 5.2.6. Índice de valor 99
     - 5.2.7. Reversão quanto ao tempo e reversão quanto aos fatores 99
     - 5.2.8. Circularidade 101
   - 5.3. O deflator do produto 102
   - 5.4. Comparação entre países — *tradables* e *no tradables* 103
   - 5.5. Índice de preços no Brasil 105
   - 5.6. Questões 107
   - 5.7. Material suplementar .... *online*

6. **SISTEMA DE CONTAS NACIONAIS — BRASIL — REFERÊNCIA 2010** 115
   - 6.1. Tabela de Recursos e Usos (TRU) 119
   - 6.2. Conta Econômica Integrada — CEI 131
   - 6.3. Como tratar aluguéis de imóveis no Sistema de Contas Nacionais — 2010 (SCN-2010) 150
   - 6.4. Como tratar a atividade não monetizada, a produção oculta e a produção informal no Sistema de Contas Nacionais — 2010 (SCN-2010) 150
   - 6.5. Questões 151
   - 6.6. Material suplementar .... *online*

7. **BALANÇO DE PAGAMENTOS — NOVA METODOLOGIA — BPM6** 159
   - 7.1. Residentes e não residentes 160
   - 7.2. Ativos de reserva internacionais (meios internacionais de pagamento) 161
   - 7.3. Estrutura do Balanço de Pagamentos (BPM6) 164
   - 7.4. Alterações na estrutura do Balanço de Pagamentos em 2015 (BPM6) 190
   - 7.5. Transferência líquida de recursos para o exterior, hiato do produto, renda líquida recebida e enviada ao exterior, ativo e passivo externo líquido 196
   - 7.6. Medidas que podem melhorar o saldo do balanço de pagamentos em transações correntes e atrair capital na conta financeira 197
   - 7.7. Critérios de lançamentos no balanço de pagamentos 198
   - 7.8. Relações importantes no balanço de pagamentos 200
   - 7.9. Treinando a teoria 201
   - 7.10. Lançamentos na estrutura do Balanço de Pagamentos (BPM6) 209
   - 7.11. Posição Internacional de Investimento (PII) 211

7.12. Questões 211
7.13. Material suplementar .... *online*

8. TEORIA CLÁSSICA (NEOCLÁSSICA) E KEYNESIANA 217
8.1. Macroeconomia 217
    8.1.1. Modelo clássico 218
        8.1.1.1. Lei de Say 219
        8.1.1.2. Flexibilidade de preços e salários nominais 219
        8.1.1.3. Poupança e investimento 235
        8.1.1.4. Os gastos do governo 235
        8.1.1.5. Política tributária 236
        8.1.1.6. A demanda por moeda 237
        8.1.1.7. A oferta de moeda 238
        8.1.1.8. Dicotomia clássica 239
    8.1.2. Modelo keynesiano 239
        8.1.2.1. Demanda efetiva 239
        8.1.2.2. Salários nominais rígidos 240
        8.1.2.3. Oferta agregada 244
        8.1.2.4. Poupança 246
        8.1.2.5. Investimento 247
        8.1.2.6. Os gastos do governo 248
        8.1.2.7. Política tributária 248
        8.1.2.8. A demanda por moeda 249
        8.1.2.9. A oferta de moeda 249
8.2. Quadro-resumo: clássicos × Keynes 250
8.3. Gráficos comparativos dos modelos clássico (A) e keynesiano (B) 252
8.4. Questões 253
8.5. Material suplementar .... *online*

9. EQUILÍBRIO NO MERCADO DE BENS 259
9.1. Determinação do produto keynesiano — a demanda agregada 259
    9.1.1. Consumo (C) 260
        9.1.1.1. Poupança (S) 262
        9.1.1.2. Propensão marginal e média a Consumir e a Poupar 263
    9.1.2. Investimento (I) 263
    9.1.3. Gastos do governo (G) 265
        9.1.3.1. Transferências 266
        9.1.3.2. Tributos 266
            9.1.3.2.1. Tributação como função da renda 266
            9.1.3.2.2. Tributação e renda disponível 267
    9.1.4. Exportação (X) 268
    9.1.5. Importação (M) 268
9.2. Determinação do nível de equilíbrio da renda e do produto numa economia aberta e com governo 269
    9.2.1. Déficit público 271
    9.2.2. Saldo comercial 272
    9.2.3. Hiato do produto, hiato inflacionário e hiato recessivo 272
    9.2.4. Carga tributária bruta e líquida 272
    9.2.5. A cruz keynesiana 273
9.3. Questões 274
9.4. Material suplementar .... *online*

10. MULTIPLICADOR NO MERCADO DE BENS. MULTIPLICADOR KEYNESIANO 281
10.1. Multiplicador em uma economia a dois setores 281
10.2. Multiplicador em uma economia aberta e com governo 286

10.3. Quando utilizar as fórmulas tradicionais dos multiplicadores 290
10.4. Determinação do multiplicador sem o uso das fórmulas tradicionais 292
10.5. Multiplicador do orçamento equilibrado — multiplicador de Haavelmo 293
10.6. Dedução do multiplicador Keynesiano 294
10.7. Questões 295
10.8. Material suplementar .... *online*

11. MERCADO MONETÁRIO 303
11.1. A origem da moeda metálica, moeda-papel, papel-moeda e moeda fiduciária 303
11.2. Funções da moeda 305
11.3. Conceito de base monetária e meio de pagamento 307
      11.3.1. Papel-Moeda Emitido (PME) 307
      11.3.2. Papel-Moeda em Circulação (PMC) 307
      11.3.3. Papel-Moeda em Poder do Público (PMPP) 307
      11.3.4. Encaixes 308
      11.3.5. Recolhimento compulsório sobre depósitos à vista 308
      11.3.6. Recolhimento voluntário sobre depósito à vista 309
      11.3.7. Caixa dos bancos comerciais 309
      11.3.8. Reservas 309
      11.3.9. Meios de pagamento (ou moeda manual) 309
11.4. Tipos de moeda 311
11.5. Lastro 311
      11.5.1. Lei de Gresham 311
      11.5.2. Criação de moeda 313
      11.5.3. Plano Real 313
11.6. Questões 321
11.7. Material suplementar .... *online*

12. MULTIPLICADOR MONETÁRIO E MULTIPLICADOR BANCÁRIO 327
12.1. Multiplicador monetário = M/B 327
      12.1.1. Criação de moeda pelo sistema bancário 330
12.2. Multiplicador bancário 331
12.3. Questões 331
12.4. Material suplementar .... *online*

13. OFERTA E DEMANDA DE MOEDA. CONTAS DO SISTEMA FINANCEIRO. EQUILÍBRIO NO MERCADO MONETÁRIO 337
13.1. Banco Central 337
13.2. Instrumentos de controle monetário pelo Bacen 339
13.3. Funções do Banco Central 340
13.4. Balancete do Banco Central 342
13.5. Aumento/diminuição da base monetária (B) 344
13.6. Bancos comerciais, bancos de desenvolvimento, Banco Nacional de Desenvolvimento Econômico e Social (BNDES) e bancos de investimento 345
13.7. Balancete consolidado dos bancos comerciais 346
13.8. Balancete do sistema bancário 346
13.9. Aumento/diminuição dos meios de pagamento (M_1) 348
13.10. Exemplos de quando a base monetária e os meios de pagamento poderão se alterar 349
13.11. Oferta de moeda e a Teoria Quantitativa da Moeda (TQM) 349
13.12. O comportamento da oferta de moeda 355
13.13. Demanda individual e agregada de moeda (L) para os clássicos — a teoria quantitativa da moeda 355
13.14. Demanda de moeda (L) para Keynes — teoria da preferência pela liquidez 357
      13.14.1. Demanda por moeda para transação e precaução (Lt) 357

Sumário

	13.14.2. Demanda de moeda para especulação (motivo portfólio)	358
	13.14.2.1. Equação de Fisher	359
	13.14.2.2. Taxa de juros e valor de um título	359
	13.14.2.3. Especular	363
	13.14.2.4. Demanda total por moeda	364
	13.14.2.5. Demanda total por moeda no pensamento pós-Keynesiano	366
	13.14.2.6. Armadilha da liquidez	367
13.15.	Equilíbrio no mercado monetário	367
13.16.	Funções da demanda por moeda	369
	13.16.1. Aumento da renda	369
	13.16.2. Aumento da taxa de juros	370
13.17.	Modelo Tobin-Baumol de demanda de moeda	370
13.18.	Questões	372
13.19.	Material suplementar	online

14. MODELO IS-LM (INTERLIGAÇÃO ENTRE O LADO REAL E O LADO MONETÁRIO) ... 377

14.1.	Função IS (investimento e poupança)	377
	14.1.1. O equilíbrio no mercado de bens — função IS	379
	14.1.2. Inclinação da função IS	379
14.2.	Função LM (demanda e oferta de moeda)	382
	14.2.1. O equilíbrio no mercado monetário — função LM	383
	14.2.2. Inclinação da função LM	384
14.3.	Curva IS-LM — o equilíbrio no mercado de bens e no mercado monetário	388
	14.3.1. Pontos fora do equilíbrio na função IS-LM	389
14.4.	Questões	393
14.5.	Material suplementar	online

15. POLÍTICA FISCAL E MONETÁRIA ... 401

15.1.	Fatores que deslocam as funções IS e LM	401
15.2.	Política fiscal	403
15.3.	Política monetária	405
15.4.	Política fiscal e monetária nos casos extremos (armadilha da liquidez e caso clássico) e na área intermediária da função LM	406
	15.4.1. Armadilha da liquidez	407
	15.4.1.1. Eficácia da política fiscal e monetária na área Keynesiana da função LM conhecida como armadilha da liquidez	408
	15.4.2. Área clássica	408
	15.4.2.1. Eficácia da política fiscal e monetária na área clássica	409
	15.4.3. Área intermediária	410
	15.4.3.1. Eficácia da política fiscal e monetária na área intermediária	410
	15.4.4. A curva de oferta e o modelo IS-LM	411
	15.4.5. Elasticidade da demanda por moeda (L) e do investimento (I) à taxa de juros na curva LM	411
	15.4.6. Efeito *crowding out* ou efeito deslocamento ou efeito expulsão	412
	15.4.7. Visão global da eficácia de uma política fiscal e monetária considerando a inclinação da função LM	413
15.5.	Política fiscal e monetária nos casos extremos da função IS — modelo Keynesiano simplificado	414
15.6.	Fatores que afetam a eficácia da política fiscal e monetária	415
15.7.	Suposição de preços flexíveis — deduzindo a demanda agregada	418
	15.7.1. Elasticidade da LM e elasticidade da demanda	420
	15.7.2. Elasticidade da IS e elasticidade da demanda	420
15.8.	Suposição de preços esperados flexíveis — repercussões sobre a curva IS	421
15.9.	A curva IS e os fundos emprestáveis no pensamento Keynesiano	423

15.10. A curva LM e o mercado de saldos monetários 425
15.11. A cruz Keynesiana e a política fiscal 428
15.12. A declividade da função IS em virtude de uma alteração das propensões marginais 429
15.13. Questões 429
15.14. Material suplementar..*online*

16. TAXA DE CÂMBIO E REGIMES CAMBIAIS 435
16.1. Taxa de câmbio nominal (e) 435
16.2. Cotação do certo e do incerto 435
16.3. Taxa de câmbio real (E) 436
16.4. Consequências do aumento da taxa de câmbio nominal (e) 438
    16.4.1. Condição de Marshall-Lerner 439
        16.4.1.1. A curva J 439
16.5. Arbitragem dos juros 440
    16.5.1. A expectativa de desvalorização da taxa de câmbio 441
    16.5.2. Paridade dos juros 442
16.6. Regimes cambiais 443
    16.6.1. Taxa de câmbio flexível ou flutuante 443
        16.6.1.1. "*Dirty floating*" ou flutuação suja 444
    16.6.2. Taxa de câmbio fixa 444
        16.6.2.1. Bandas cambiais 444
        16.6.2.2. "*Crawling band*" 444
        16.6.2.3. "*Sliding band*" 445
        16.6.2.4. "*Crawling peg*" 445
        16.6.2.5. "*Currency board*" (conselho de moeda) 445
        16.6.2.6. Arranjo cambial cooperativo 446
16.7. Apreciação e depreciação do câmbio 446
16.8. Vantagens das taxas de câmbio fixa e flutuante (ou flexível) 447
16.9. Desvantagens das taxas de câmbio fixa e flutuante (ou flexível) 447
16.10. Atuação do Banco Central na compra e venda de dólares 447
    16.10.1. Quem demanda e quem oferta divisas 448
16.11. Oferta de moeda estrangeira e taxa de câmbio 449
16.12. Demanda por moeda estrangeira e a taxa de câmbio 449
16.13. O equilíbrio no mercado cambial 450
16.14. Fixação de uma taxa de câmbio superior à de equilíbrio (E) 450
16.15. Fixação de uma taxa de câmbio inferior à de equilíbrio (E) 451
16.16. Mercado monetário e cambial 451
16.17. Paridade do poder de compra (PPC) 452
16.18. Questões 453
16.19. Material suplementar..*online*

17. MODELO IS-LM-BP NUMA ECONOMIA COM PERFEITA MOBILIDADE DE CAPITAL 459
17.1. O modelo IS-LM-BP numa economia aberta 459
    17.1.1. Balança Comercial (BC) 459
    17.1.2. Conta Financeira (CF) 460
    17.1.3. Saldo no Balanço de Pagamentos (BP) 460
17.2. Mobilidade de capital do modelo IS-LM-BP no curto prazo 461
17.3. Nível de emprego e Balanço de Pagamentos num modelo com perfeita mobilidade de capital 462
17.4. Pequena economia aberta e grande economia aberta 462
17.5. Modelo IS-LM-BP e o equilíbrio num modelo com livre mobilidade de capital numa pequena economia 463
    17.5.1. Modelo de Mundell-Fleming (IS-LM-BP) para uma economia aberta e com livre mobilidade de capital 463

		17.5.1.1.	Política monetária expansionista num regime de taxa de câmbio fixa e com perfeita mobilidade de capital	464
		17.5.1.2.	Política fiscal expansionista num regime de taxa de câmbio fixa e com perfeita mobilidade de capital	465
		17.5.1.3.	Desvalorização cambial num regime de taxa de câmbio fixa com perfeita mobilidade de capital	466
		17.5.1.4.	Política comercial de redução da demanda por produtos importados por meio de cota ou tarifa de importação num regime de taxa de câmbio fixa e com perfeita mobilidade de capital	466
		17.5.1.5.	Política monetária expansionista num regime de taxa de câmbio flexível e com perfeita mobilidade de capital	467
		17.5.1.6.	Política fiscal expansionista num regime de taxa de câmbio flexível com perfeita mobilidade de capital	468
		17.5.1.7.	Desvalorização cambial no regime de taxa de câmbio flexível com perfeita mobilidade de capital	468
		17.5.1.8.	Política comercial de redução da demanda por produtos importados por meio de cota ou tarifa de importação num regime de taxa de câmbio flutuante e com perfeita mobilidade de capital	469
		17.5.1.9.	Quadros-resumo da eficácia de políticas num modelo com perfeita mobilidade de capital	470
17.6.	Questões			470
17.7.	Material suplementar			*online*

18. MODELO IS-LM-BP NUMA ECONOMIA SEM MOBILIDADE DE CAPITAL 477

18.1.	Saldo no Balanço de Pagamentos (BP)			477
18.2.	Mobilidade de capital do modelo IS-LM-BP no curto prazo			477
18.3.	Modelo IS-LM-BP e o equilíbrio num modelo sem mobilidade de capital			478
	18.3.1.	Modelo IS-LM-BP para uma economia aberta e sem mobilidade de capital		478
		18.3.1.1.	Política monetária expansionista num regime de taxa de câmbio fixa e sem mobilidade de capital	479
		18.3.1.2.	Política fiscal expansionista num regime de taxa de câmbio fixa e sem mobilidade de capital	479
		18.3.1.3.	Política de desvalorização cambial num regime de taxa de câmbio fixa e sem mobilidade de capital	480
		18.3.1.4.	Política comercial de restrição às importações num regime de taxa de câmbio fixa num modelo sem mobilidade de capital	481
		18.3.1.5.	Política monetária expansionista num regime de taxa de câmbio flutuante num modelo sem mobilidade de capital	482
		18.3.1.6.	Política fiscal expansionista num regime de taxa de câmbio flutuante num modelo sem mobilidade de capital	483
		18.3.1.7.	Política cambial num regime de taxa de câmbio flutuante num modelo sem mobilidade de capital	484
		18.3.1.8.	Política comercial de restrição às importações num regime de taxa de câmbio flutuante num modelo sem mobilidade de capital	484
		18.3.1.9.	Quadros-resumo da eficácia de políticas num modelo sem mobilidade de capital	484
18.4.	Questões			485

19. MODELO IS-LM-BP NUMA ECONOMIA COM MOBILIDADE IMPERFEITA DE CAPITAL 493

19.1.	Saldo no Balanço de Pagamentos (BP)			493
19.2.	Mobilidade de capital do modelo IS-LM-BP no curto prazo			493
19.3.	Modelo IS-LM-BP e o equilíbrio num modelo com mobilidade imperfeita de capital			494
	19.3.1.	Modelo IS-LM-BP para uma economia aberta com mobilidade imperfeita de capital		494

19.3.2. Fatores que afetam a declividade da função BP 495
    19.3.2.1. A elasticidade do capital à taxa de juros 495
    19.3.2.2. Propensão marginal a Importar 496
19.3.3. Política monetária expansionista num regime de taxa de câmbio fixa com mobilidade imperfeita de capital para uma grande economia 497
19.3.4. Política fiscal expansionista num regime de taxa de câmbio fixa com mobilidade imperfeita de capital para uma grande economia 498
    19.3.4.1. BP mais inclinada que a LM (imperfeita — fraca mobilidade de capital) . 498
    19.3.4.2. BP menos inclinada que a LM (imperfeita — forte mobilidade de capital) .. 499
19.3.5. Política de desvalorização cambial num regime de taxa de câmbio fixa com imperfeita — forte mobilidade de capital 499
19.3.6. Política comercial de restrição às importações num regime de taxa de câmbio fixa com imperfeita mobilidade de capital 500
19.3.7. Política monetária expansionista num regime de taxa de câmbio flutuante com mobilidade imperfeita de capital 500
19.3.8. Política fiscal expansionista num regime de taxa de câmbio flutuante com mobilidade imperfeita de capital 501
    19.3.8.1. BP mais inclinada que a LM (imperfeita — fraca mobilidade de capital)... 501
    19.3.8.2. BP menos inclinada que a LM (imperfeita — forte mobilidade de capital) 502
19.3.9. Política cambial num regime de taxa de câmbio flutuante num modelo com mobilidade imperfeita de capital 503
19.3.10. Política comercial de restrição às importações num regime de taxa de câmbio flexível com imperfeita mobilidade de capital 503
19.3.11. Quadros-resumo da eficácia de políticas num modelo com mobilidade imperfeita de capital 504
19.4. Quadro-resumo da eficácia de políticas nos modelos com perfeita mobilidade de capital, sem mobilidade de capital e com mobilidade imperfeita de capital 504
19.5. Questões 506
19.6. Material suplementar .... *online*

20. DEMANDA AGREGADA/OFERTA AGREGADA 513
20.1. Demanda agregada 513
    20.1.1. Fatores que justificam a inclinação negativa da curva de demanda agregada 515
    20.1.2. Fatores que provocam o deslocamento da curva de demanda agregada 516
20.2. Oferta agregada 518
    20.2.1. A base de preços na construção da curva de oferta agregada 521
        20.2.1.1. A oferta com base nos preços passados 521
            20.2.1.1.1. Lei de Okun 522
            20.2.1.1.2. Curva de oferta de longo prazo baseada em preços passados. 524
        20.2.1.2. A oferta com base em preços futuros (oferta de Lucas) 525
            20.2.1.2.1. Curva de oferta de Lucas de longo prazo 526
    20.2.2. Fatores que justificam a inclinação positiva da curva de oferta agregada de curto prazo 528
    20.2.3. Fatores que provocam o deslocamento da curva de oferta agregada de curto prazo .. 528
    20.2.4. Fatores que provocam o deslocamento da curva de oferta agregada de longo prazo 529
20.3. Questões 529
20.4. Material suplementar .... *online*

21. TEORIAS DA INFLAÇÃO/CURVA DE PHILLIPS 537
21.1. Inflação 537
    21.1.1. Efeito "sola de sapato" e custo menu 538
    21.1.2. Regra de Taylor 538
    21.1.3. Equação de Phillips 539

	21.1.4.	Equação de Phillips com inflação esperada	541
	21.1.5.	Equação de Phillips com inflação esperada e com choque de oferta	544
	21.1.6.	Inflação de demanda, inflação de custos, inflação esperada	547
	21.1.7.	Curva de oferta e curva de Phillips no curto e no longo prazo	550
	21.1.8.	Expectativas	551
		21.1.8.1. Expectativas adaptativas	552
		21.1.8.1.1. Velocidade de ajuste da expectativa adaptativa	555
		21.1.8.2. Expectativas racionais	557
		21.1.8.2.1. Versões das expectativas racionais	559
		21.1.8.3. Quadro-resumo da alteração do produto com a existência de expectativas	560
	21.1.9.	Inflação pura	561
21.2.	A teoria estruturalista da inflação		561
21.3.	Questões		563
21.4.	Material suplementar		online

22. ECONOMIA INTERTEMPORAL **571**

22.1.	Consumo e escolha intertemporal		571
	22.1.1.	Consumo no curto e no longo prazo	571
	22.1.2.	Escolha intertemporal das famílias	573
		22.1.2.1. Curvas de indiferença	575
		22.1.2.2. Curvas de indiferença, restrição orçamentária intertemporal e a cesta ótima de consumo	576
		22.1.2.2.1. Supondo um aumento na renda, R	577
		22.1.2.2.1.1. Taxa marginal de substituição (TmgS)	577
		22.1.2.2.2. Supondo um aumento na taxa de juros	579
		22.1.2.2.2.1. Efeito renda	579
		22.1.2.2.2.2. Efeito substituição	579
		22.1.2.2.2.3. Efeito total	579
	22.1.3.	Teoria do ciclo da vida — Modigliani	579
	22.1.4.	Hipótese da renda permanente — Friedman	580
	22.1.5.	Efeito Ponzi	581
	22.1.6.	Restrição de liquidez	581
22.2.	Restrição intertemporal das famílias com investimento		581
	22.2.1.	Decisão das famílias com relação ao investimento	582
	22.2.2.	Teoria "q" de Tobin	583
22.3.	Escolha intertemporal do governo		583
	22.3.1.	Equivalência ricardiana	584
	22.3.2.	Escolha intertemporal das famílias com a cobrança de tributos	585
	22.3.3.	Validade e críticas à equivalência ricardiana	586
22.4.	Questões		586
22.5.	Material suplementar		online

23. CRESCIMENTO DE LONGO PRAZO. CRESCIMENTO EXÓGENO — MODELO DE SOLOW **593**

23.1.	Modelo de Solow (baseado no modelo neoclássico)		593
	23.1.1.	O equilíbrio de longo prazo (estado estacionário)	597
23.2.	Aumento da taxa de poupança		599
23.3.	Hipótese da convergência		600
23.4.	Crescimento populacional		601
23.5.	Avanço tecnológico — em termos de quantidade por unidade de eficiência		602
23.6.	Avanço tecnológico — em termos de quantidade por unidade de eficiência e aumento populacional		604
23.7.	Resíduo de Solow		606

23.8. Regra de ouro 606
      23.8.1. Regra de ouro sem progresso técnico e sem aumento populacional 607
      23.8.2. Regra de ouro sem progresso técnico e com aumento populacional 607
      23.8.3. Regra de ouro com progresso técnico e com aumento populacional 608
      23.8.4. Quadro-resumo 609
23.9. Questões 609
23.10. Material suplementar .... *online*

Glossário 617

Referências 635

1

CONCEITOS MACROECONÔMICOS BÁSICOS

1.1. MACROECONOMIA

Em 1936, iniciou-se o interesse pela Macroeconomia, com a obra de John Maynard **Keynes** denominada *Teoria Geral do Emprego, do Juro e da Moeda*[1].

Esse interesse surgiu em virtude da **Grande Depressão** decorrente da quebra da bolsa de valores de Nova York em 1929. A crise gerada representou o questionamento da ideologia clássica[2] vigente até então, regida pelo liberalismo[3] econômico, que defendia a não intervenção do Estado na economia e acreditava que o mercado deveria agir

---

[1] A Teoria de Keynes veio se contrapor à teoria econômica vigente, conhecida por teoria clássica, que mais tarde se consagrou como teoria neoclássica, uma vez que seus pensadores já tinham substituído a teoria do valor-trabalho da escola clássica tradicional pela teoria do valor-utilidade. John Maynard Keynes nasceu em Cambridge (Grã-Bretanha) em 1883 e faleceu em 1946. Foi o fundador da macroeconomia moderna. As obras de Keynes estavam sempre ligadas a questões práticas, a políticas de conjuntura econômica. Ele não parecia interessado em reconstruir a teoria econômica a partir da análise do valor, mas em verificar por que motivo as teses marginalistas, nas quais fora educado, conduziam a políticas econômicas inconsistentes. A "teoria Geral" abalou irremediavelmente as inovações clássicas do liberalismo econômico, mostrando a inexistência do princípio do equilíbrio automático na economia capitalista como afirmavam os clássicos. Apesar da sua formação marginalista, rompeu com os preceitos ortodoxos, elaborando suas teorias da renda, consumo e investimento a partir de comportamentos sociais, e não de peculiaridades individuais.

[2] Os clássicos acreditavam que a oferta geraria sua própria demanda — efeito conhecido por Lei de Say —, ou seja, defendiam a ideia de que tudo aquilo que fosse produzido na economia seria demandado, já que o produto geraria uma renda de igual valor, suficiente para adquirir seu produto. Portanto, nada justificaria a existência de desemprego involuntário nem superprodução, já que os empresários produziriam ao máximo, o que corresponde ao pleno emprego. Assim, o produto potencial seria totalmente demandado pelos setores da economia, não justificando a presença de estoques involuntários.

Segundo Shapiro (1981, p. 23), Marx, que cunhou o termo "clássico", empregava-o para abranger as teorias de David Ricardo, James Mill e seus predecessores. Keynes deu mais amplitude ao termo, de tal modo a incluir "os discípulos, aqueles que, por assim dizer, adotaram e aperfeiçoaram a teoria da economia ricardiana, inclusive (por exemplo) J.S. Mill, Marshall, Edgeworth e o Prof. Pigou".

[3] De acordo com Sandroni (1999, p. 347), no liberalismo, segundo o princípio do laissez-faire, não há lugar para a ação econômica do Estado, que deve apenas garantir a livre concorrência entre as empresas e o direito à propriedade privada, quando esta for ameaçada por convulsões sociais.

segundo suas próprias forças⁴. Do ponto de vista econômico, a Grande Depressão foi marcada por uma crise de superprodução, desemprego e especulação financeira.

Em vista do fracasso do governo Roosevelt em solucionar o problema, a **"Teoria Geral"** de Keynes foi capaz de explicar os fatos e defender a **intervenção do governo** na economia como solução para o problema vigente. Reforçando esse pensamento, Blanchard afirma que "poucos economistas tinham uma explicação coerente para a Depressão — fosse para sua profundidade, fosse para sua extensão. As medidas econômicas adotadas pelo governo Roosevelt como parte do Novo Contrato (*New Deal*) baseavam-se mais na intuição do que na teoria econômica. A *Teoria geral* ofereceu uma interpretação dos acontecimentos, uma estrutura intelectual e um argumento claro a favor da interpretação governamental"⁵.

O que Keynes propôs foi a intervenção do governo na economia para garantir a demanda pelos bens e serviços produzidos, já que a situação, na época, foi caracterizada por uma superprodução sem demanda⁶ suficiente, provocando o abarrotamento de estoques e o desemprego. Fazer-se-ia urgente uma solução que gerasse demanda para esse produto, pois as famílias estavam com o consumo freado pelo desemprego, as empresas não investiam porque também tinham sido atingidas pela crise e o setor externo não demandava bens e serviços porque a crise era generalizada, abrangendo os Estados Unidos e os demais países. Restava, portanto, ao governo suprir essa demanda, chamada por Keynes de **demanda efetiva**⁷. Assim, caberia ao governo intervir na economia

---

⁴ Adam Smith, pai da economia política, explicou as mudanças pelas quais a economia passava no século XVIII e apontou os caminhos diante da Revolução Industrial inglesa que estava se iniciando. Segundo Adam Smith, a economia se movia pelo interesse privado dos indivíduos que pelo seu egoísmo acabavam por gerar o bem comum. Defendia, portanto, que o agente econômico era racional. Assim, quando o indivíduo, por exemplo, dirige sua produção para que atinja o maior valor possível, visando apenas ao seu lucro individual e a sua satisfação pessoal, sem se preocupar com o bem-estar da coletividade, ele é guiado por uma mão invisível que não fazia parte da sua intenção. Essa mão invisível promove o interesse da sociedade de maneira mais eficiente do que se o trabalhador, realmente, tivesse a intenção de promover. Ou seja, "os vícios privados geram benefícios públicos", o interesse individual vai ser a mola propulsora da sociedade para gerar benefícios públicos. Assim, "os homens conduzidos por uma mão invisível, acabam promovendo um fim que não era intencional". A grande questão disso é por que não era possível se conhecer a totalidade do processo econômico desses interesses individuais antes da sua manifestação. Um agente, como o Estado, não conseguiria acessar esse conhecimento plenamente, o que tornaria sempre ineficaz as intenções de planificação do Estado na economia. Por isso, a saída mais eficiente é a não intervenção, deixando que os interesses individuais dos agentes se manifestem por si mesmos. E esse resultado mais eficiente, por si só, seria o melhor resultado possível. Logo, é o mais benéfico para o todo, se apresentando como uma ordem espontânea da sociedade, fruto das ações dos indivíduos mas, não necessariamente das suas intenções. E por isso, essa mão ordenadora é invisível. Segundo Adam Smith, ela é percebida nos seus efeitos, mas não plenamente cognoscível em todas as suas ações.

⁵ Olivier Blanchard, *Macroeconomia*, p. 546.

⁶ Demanda é o desejo, a vontade, a procura por bens e serviços.

⁷ Segundo Feijó e Ramos (2003, p. 5), "Podemos entender o conceito de demanda efetiva como sendo o de renda esperada, ou *ex ante*. Como não há garantia de que a renda esperada será realizada, a renda só se torna conhecida *ex post*. Assim sendo, o conceito teórico de demanda efetiva

adquirindo bens e serviços e sendo provedor do bem-estar social. Seria, portanto, por meio de uma política fiscal[8] que o governo passaria a controlar a demanda da economia e, portanto, a determinar o seu produto.

Também, para Keynes, a economia não necessariamente operaria no **pleno emprego**, como afirmavam os clássicos, ou seja, era possível que funcionasse, durante um período de tempo, num equilíbrio entre demanda e oferta de bens e serviços, sem utilizar todos os recursos produtivos, ou seja, mantendo-os ociosos de maneira involuntária.

Keynes introduziu conceitos e relações importantes na Macroeconomia, que serão estudados nos capítulos seguintes. O foco, que antes era na Microeconomia, foi deslocado para a Macroeconomia, com a preocupação na determinação do produto da economia no curto prazo.

A Macroeconomia se caracteriza como a teoria que estuda **o nível de produto, o nível de renda, o nível de emprego, o nível geral de preços, a taxa de salários, a taxa de juros, a taxa de câmbio, o balanço de pagamentos e o estoque de moeda, todos pelas médias globais e de forma agregada**. Ela estuda o funcionamento da economia como um todo. Reproduzindo importante conceituação de Amado e Mollo, pode-se transcrever que a "Macroeconomia estuda os fenômenos econômicos vistos de forma agregada. Analisa as tendências econômicas gerais, de modo a tirar conclusões sobre questões relacionadas ao crescimento econômico, à estabilidade ou à instabilidade desse crescimento, à inflação e às causas de desemprego, entre outras"[9]. Complementando a conceituação, Froyen afirma que: "Em macroeconomia estudamos esses 'negócios comuns da vida' de forma agregada; isto é, observamos o comportamento da economia como um todo. As variáveis-chave que veremos incluem o produto total da economia, o nível agregado de preços, o emprego e o desemprego, as taxas de juros, as taxas salariais e as taxas de câmbio. Em macroeconomia, estudaremos fatores que determinam tanto os níveis dessas variáveis como suas mudanças no decorrer do tempo: a taxa de crescimento do produto, a taxa de inflação, as mudanças verificadas na taxa de desemprego nos períodos de expansão e recessão, a apreciação ou depreciação das taxas de câmbio"[10].

Portanto, o objetivo da Macroeconomia consiste em elevar o nível de renda e produto da economia, ou seja, promover seu crescimento, acompanhado de um aumento no nível de empregos e de uma justa distribuição de renda, com a promoção de maior bem-estar social. Também visa estabilizar seus preços de modo a conter um processo inflacionário ou deflacionário, pelo controle da oferta de moeda, por exemplo, evitando um desequilíbrio monetário.

Para tanto, a Macroeconomia se utiliza de instrumentos que permitem galgar esses objetivos: uma política fiscal, por meio do controle dos gastos e da arrecadação tributária do governo; uma política monetária, pelo controle da oferta de moeda e, por conseguinte, da taxa de juros; uma política cambial, de modo a favorecer ou não exportações

---

traduz uma expectativa dos agentes econômicos em relação aos gastos futuros da economia e a demanda agregada (...) é a medida alcançada através do Sistema de Contas Nacionais".

[8] Política fiscal é o controle do governo sobre seus gastos e sua tributação.
[9] Adriana Moreira Amado e Maria de Lourdes Rollemberg Mollo, *Noções de macroeconomia*, p. XI.
[10] Richard T. Froyen, *Macroeconomia*, p. 3.

e/ou importações de acordo com a conjuntura econômica; uma política regulatória sobre preços e salários, entre outras.

A estrutura macroeconômica possui mercados que, dentro de um sistema econômico, mostram as relações de trocas entre famílias ou pessoas. Esses mercados são:

- **Mercado de Bens e Serviços**, onde se determina o nível de produção agregada, bem como o nível de preços.
- **Mercado de Trabalho**, onde se admite a existência de um tipo de mão de obra independentemente de características, determinando a taxa de salários e o nível de emprego.
- **Mercado Financeiro**, onde analisam os agentes econômicos superavitários, que possuem um nível de gastos inferior à sua renda, e deficitários, que possuem gastos superiores ao seu nível de renda. No mercado financeiro, encontra-se:
  - **Mercado Monetário**, onde se analisa a demanda da moeda e a oferta desta pelo Banco Central e se determina a taxa de juros. Está relacionado com transações de curto prazo e de alta liquidez.
  - **Mercado de Divisas ou Mercado de Câmbio**, que depende das exportações e da entrada de capitais financeiros determinada pelo volume de importações e saída de capital financeiro. Ele faz a conversão de moeda estrangeira.
  - **Mercado de Crédito**, onde ocorrem os financiamentos de curto e médio prazo.
  - **Mercado de Capitais**, onde ocorrem os financiamentos de médio e longo prazo, principalmente, para pessoas jurídicas.
  - **Mercado de Derivativos**, composto por um conjunto de atividades de compras e vendas de contratos para elaborar estratégias. Essas atividades derivam de um produto, um ativo, um índice de mercado ou uma taxa de referência, podendo ser, por exemplo, juros, *commodities* ou moedas. Possuem contratos futuros em Bolsas de Valores ou em contratos bilaterais em ambiente de balcão.

1.2. MOEDA E PRODUTO

No mercado de bens e serviços, determina-se o produto da economia e para que se possa medi-lo, deve-se **agregar** todos os bens e serviços e avaliá-los com base em uma única unidade monetária de medida denominada:

Moeda

Por meio da Moeda, é possível somar todos os bens e serviços que a economia produziu em unidades monetárias. Na palavra de Paulani e Braga, tem-se que "No sistema econômico em que vivemos, tudo pode ser avaliado monetariamente, de modo que toda a imensa gama de diferentes bens e serviços que uma economia é capaz de produzir pode ser transformada em algo de mesma substância, ou seja, moeda ou dinheiro"[11].

---

[11] Leda Maria Paulani e Márcio Bobik Braga, *A nova contabilidade social*, p. 11.

Pode-se dizer que uma das maneiras de se determinar o produto, que toma a forma de bens e serviços, é somar todas as quantidades produzidas e multiplicá-las pelo seu respectivo preço.

$$\text{Produto} = \sum (\text{quantidade} \times \text{preço})$$

Assim, produto é o **valor** em unidades monetárias dos bens e serviços finais[12] produzidos em uma economia em determinado período de tempo. A estimativa do Produto Interno deve obrigatoriamente ser expressa em unidades monetárias.

Expondo de maneira similar, Feijó e Ramos[13] afirmam que o valor de um bem ou serviço (VP) é composto de duas dimensões: quantidade (Q) e preço (P), o que, para um bem "i", poderia ser representado pela função: $VP_i = Q_i P_i$.

Para Feijó e Ramos, o conjunto de bens e serviços seria representado pela seguinte função: VP total = $\sum Q_i P_i$.

Os bens e serviços em uma economia podem ser ofertados pelos setores primário, secundário ou terciário.

Entende-se:

- por setor **primário**, aquele que produz bens tangíveis por meio da extração ou produção de matéria-prima que servirá para a indústria de transformação. Desenvolve atividades agropecuárias, bem como atividades ligadas a pesca, avicultura, silvicultura, mineração, caça, extrativismo vegetal;
- por setor **secundário**, aquele que produz bens tangíveis. Transforma os produtos primários em bens de consumo ou em máquinas. Desenvolve atividades ligadas à indústria, à construção civil;
- por setor **terciário**, aquele que produz intangíveis ou produtos não materiais. Desenvolve atividades ligadas ao comércio e aos serviços comerciais, a terceiros, pessoais, como educação, saúde, telecomunicações, transporte, turismo etc.

É importante ressaltar que **títulos negociados na bolsa de valores e imóveis usados vendidos** não entram no cálculo do Produto, porque há apenas troca de titularidade, ou seja, o ganho apurado não apresenta contrapartida de bem ou serviço. Observe o que Froyen diz a respeito: "Transações envolvendo a mera transferência de bens produzidos em períodos anteriores, como vendas de casas, carros ou fábricas usadas, não entram no PIB[14] corrente. As operações com ativos financeiros, como ações e títulos, são também exemplos de transações de mercado que não envolvem diretamente a produção corrente de bens e serviços e, portanto, não fazem parte do PIB".[15]

---

[12] Produto final é a soma do produto que pela sua natureza é final mais os insumos que não entraram no processo produtivo, ou seja, é o produto que já está na sua última etapa produtiva somado àqueles que entrarão na elaboração de outros produtos.

[13] Carmem Aparecida Feijó e Roberto Luis Olinto Ramos, *Contabilidade social*, p. 7.

[14] PIB é o Produto Interno Bruto

[15] Richard T. Froyen, *Macroeconomia*, p. 19.

1.3. PRODUTO (OU RENDA) *PER CAPITA*

Além do conceito de produto, define-se o de produto (ou Renda) *per capita*, que consiste na relação entre o produto da economia e o número de pessoas residentes[16].

$$\text{Produto (ou Renda) } per\ capita = \frac{\text{Produto (Renda) da economia}}{\text{Número de pessoas residentes}^{14}}$$

É importante, contudo, notar que o produto ou renda *per capita* não é um bom indicador para medir qualidade de vida ou bem-estar social de um país, já que o produto poderá estar concentrado nas mãos de poucos.

O produto (ou renda) *per capita* vê o bem-estar de uma sociedade pela perspectiva do crescimento econômico, dos recursos e da renda que são gerados. Embora esse olhar seja importante, ele deve ser visto como um meio e não como um fim para se medir o bem-estar.

Quando se compara o produto *per capita* entre países ou regiões, é possível ter parâmetros do grau de desenvolvimento deles, muito embora possa haver **crescimento sem desenvolvimento**. Um caso particular de crescimento sem desenvolvimento se dá em regiões onde ocorreram catástrofes naturais. Para minimizar o problema, são necessários grandes investimentos, representando um aumento do PIB, muito embora a qualidade de vida da população tenha piorado. Observando o que diz Paulani e Braga, é possível reforçar essas palavras: "crescimento econômico pode ser entendido como crescimento do produto *per capita* ao longo do tempo, enquanto desenvolvimento é um conceito mais amplo, que inclui não apenas o crescimento econômico mas também a elevação da qualidade de vida da população. Desse modo, é perfeitamente possível haver crescimento sem desenvolvimento. Se o crescimento econômico for muito concentrado, isto é, mal distribuído, a maior parte da população não estará se beneficiando da elevação da renda gerada na economia"[17].

Através da Figura 1.1 a seguir, pode-se verificar a redução da população vivendo na extrema pobreza, a partir da estabilidade econômica em decorrência do Plano Real, em 1994 e das políticas de transferência de renda, principalmente, a partir de 2003, o que caracteriza um maior desenvolvimento econômico. A média de crescimento econômico no período de 1992 a 2001 foi de 2,5%. Já no período de 2002 a 2011, a média de crescimento do PIB foi de 3,8%. Nesse último período o crescimento foi maior que o anterior analisado e a redução da população vivendo em extrema pobreza também foi maior, o que constata um maior crescimento com um maior desenvolvimento para o período quando comparado com o anterior. Apesar de, em 2013, ter havido um aumento da extrema pobreza quando comparado com 2012, passando de 5,3% para 5,5% da

---

[16] Número de pessoas residentes ou população residente. A população é considerada no dia 30 de junho. A FIBGE considera residente a Unidade que mantém o centro de interesse econômico no território econômico, realizando, sem caráter temporário, atividades econômicas nesse território.

[17] Leda Maria Paulani e Márcio Bobik Braga, *A nova contabilidade social*, p. 236.

população total, o número de pessoas pobres[18] caiu de 30,35 milhões, em 2012, para 28,69 milhões em 2013 — uma redução de 5,4%.

Figura 1.1. Brasil: população vivendo na extrema pobreza-inativa[19]
(em porcentagem da população total)

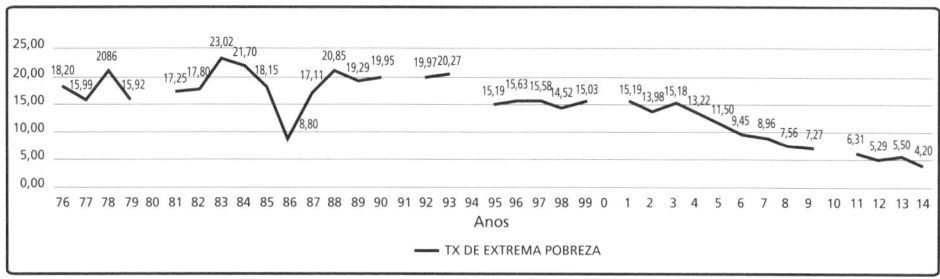

Fonte: IPEA DATA.

Assim, se um país produz 1.000 e o número de residentes desse país é 100, o produto *per capita* é 10, o que não significa que cada residente, de fato, receberá 10, já que alguns podem ter recebido bem mais que 10 e outros bem menos que 10. Já o IDH (Índice de Desenvolvimento Humano) é capaz de fazer essa medição de maneira bem mais realista, porque incorpora outras dimensões, além da renda *per capita*. Amado e Mollo reforçam esse conceito: "Quando se fala de PIB *per capita*, trata-se, porém, de uma ideia vaga e imprecisa, uma vez que, ao fazer isso, estamos supondo que todas as pessoas do país ganham a mesma fração do produto, o que não é verdade. Ao contrário, a concentração de renda em mãos de poucas pessoas pode ser muito grande. Assim, países com PIB[20] *per capita* muito alto podem estar convivendo com grandes massas e bolsões de pobreza"[21]. Portanto, o PIB *per capita*, ao não tratar da distribuição de renda, pode camuflar a desigualdade social existente.

O produto *per capita* também não considera que o aumento do PIB do país pode estar relacionado com a diminuição de **horas de lazer** da população e, por conseguinte, do bem-estar. Feijó e Ramos reforçam quando afirmam que "outra razão, ainda ligada ao conceito de PIB, é que o tempo gasto com o lazer não é considerado, e se as horas de

---

[18] São consideradas pessoas pobres, nesse estudo, aquelas com renda equivalente ao dobro da linha da extrema pobreza.

[19] Percentual de pessoas na população total com renda domiciliar *per capita* inferior à linha de indigência (ou miséria, ou extrema pobreza). A linha de extrema pobreza aqui considerada é uma estimativa do valor de uma cesta de alimentos com o mínimo de calorias necessárias para suprir adequadamente uma pessoa, com base em recomendações da FAO e da OMS. São estimados diferentes valores para 24 regiões do país. Série calculada a partir das respostas à Pesquisa Nacional por Amostra de Domicílios (Pnad/IBGE). Obs.: dados não calculados para os anos de Censo Demográfico, em que a Pnad foi interrompida pelo IBGE. Série interrompida.

[20] PIB = Produto Interno Bruto. No capítulo 3, é possível compreender as diferenças entre os diversos tipos de produto.

[21] Adriana Moreira Amado e Maria de Lourdes Rollemberg Mollo, *Noções de macroeconomia*, p. 12.

lazer se reduzem, o PIB pode aumentar, mas a qualidade de vida não"[22]. Reforçando que o PIB *per capita* não representa necessariamente uma medida de bem-estar, Froyen afirma: "O PIB avalia a produção de bens e serviços; não é uma medida de bem-estar ou de conforto material. Em primeiro lugar, o PIB não leva em conta o lazer (...). O PIB também deixa de subtrair alguns custos do bem-estar em relação à produção. Por exemplo, a produção de eletricidade causa chuva ácida e consequentemente polui as águas, mas nós calculamos apenas a produção de eletricidade no PIB (...). O PIB é uma medida útil do nível global da atividade econômica, não do bem-estar"[23].

Quando o produto da economia cresce, não obrigatoriamente o produto *per capita* cresce também, já que pode haver um aumento superior do número de residentes em relação ao produto. Observe o exemplo: se o produto da economia é igual a 1.000 e o número de residentes é igual a 100, o produto *per capita* será igual a 10. Caso haja um aumento do produto para 1.500 (ou seja, um aumento de 50%) e a população dobre para 200 (um aumento de 100%), o produto *per capita* passa a ser de 7,5.

No caso do Brasil, verificou se que, no período de 1996 a 2021, o PIB e o PIB *per capita* estiveram caminhando no mesmo sentido. Observe a Figura 1.2. Segundo o IBGE "O PIB em 2021 teve crescimento de 4,8% em relação ao ano anterior. Em 2020, o PIB havia caído 3,3% em relação a 2019. Em decorrência deste crescimento de 2021, o PIB *per capita*, em valores correntes, alcançou R$ 42.247,52 e, com base nos preços do ano anterior (2020), alcançou R$ 37.371,56, um avanço (em termos reais) de 4% em relação ao ano anterior"[24], conforme mostra a Tabela 1.1 a seguir:

Tabela 1.1: Produto Interno Bruto (PIB), Produto Interno Bruto *per capita* (PIB *per capita*) — 1996 a 2021

ANO	PIB (1.000.000 R$)			PIB *per capita* (R$)		
	Valores correntes	Preços do ano anterior	Variação em volume (%)	Valores correntes	Preços do ano anterior	Variação em volume (%)
1996	854 764	721 586	2,2	5 219,36	4 406,15	0,7
1997	952 089	883 782	3,4	5 729,02	5 317,99	1,9
1998	1 002 351	955 308	0,3	5 944,92	5 665,91	(-) 1,1
1999	1 087 710	1 007 041	0,5	6 359,80	5 888,13	(-) 1,0
2000	1 199 092	1 135 439	4,4	6 900,62	6 534,31	2,7
2001	1 315 755	1 215 758	1,4	7 467,03	6 899,54	(-) 0,0
2002	1 488 787	1 355 932	3,1	8 340,58	7 596,29	1,7
2003	1 717 950	1 505 772	1,1	9 506,76	8 332,61	(-) 0,1

---

[22] Carmem Aparecida Feijó e Roberto Luis Ramos, *Contabilidade social*, p. 23.
[23] Richard T. Froyen, *Macroeconomia*, p. 24.
[24] <https://biblioteca.ibge.gov.br/visualizacao/periodicos/2121/cnt_2017_4tri.pdf>

2004	1 957 751	1 816 904	5,8	10 705,99	9 935,76	4,5
2005	2 170 585	2 020 441	3,2	11 733,45	10 921,83	2,0
2006	2 409 450	2 256 583	4,0	12 880,52	12 063,31	2,8
2007	2 720 263	2 555 700	6,1	14 390,01	13 519,49	5,0
2008	3 109 803	2 858 838	5,1	16 280,82	14 966,94	4,0
2009	3 333 039	3 105 891	(-) 0,1	17 271,34	16 094,29	(-)1,1
2010	3 885 847	3 583 958	7,5	19 938,60	18 389,58	6,5
2011	4 376 382	4 040 287	4,0	22 259,91	20 550,41	3,1
2012	4 814 760	4 460 460	1,9	24 278,35	22 491,80	1,0
2013	5 331 619	4 959 435	3,0	26 657,54	24 796,66	2,1
2014	5 778 953	5 358 488	0,5	28 648,74	26 564,31	(-) 0,3
2015	5 995 787	5 574 045	(-) 3,5	29 466,85	27 394,16	(-) 4,4
2016	6 269 328	5 799 370	(-) 3,3	30.558,75	28 268,02	(-) 37,1
2017	6 585 479	6 352 263	1,3	31 843,95	30 716,23	0,5
2018	7 004 141	6 702 942	1,8	33 593,82	32 149,19	1,0
2019	7 389 131	7 089 646	1,2	35 161,70	33 736,58	0,4
2020	7 609 597	7 147 007	(-) 3,3	35 935,74	33 751,19	(-) 4,0
2021	9 012 142	7 972 012	4,8	42 247,52	37 371,56	4,0

Fontes: IBGE, Diretoria de Pesquisas, Coordenação de Contas Nacionais e Coordenação de População e Indicadores Sociais.

Figura 1.2. Comportamento do PIB e do PIB *per capita* no período de 1996 a 2021 — Taxa (%) de crescimento anual

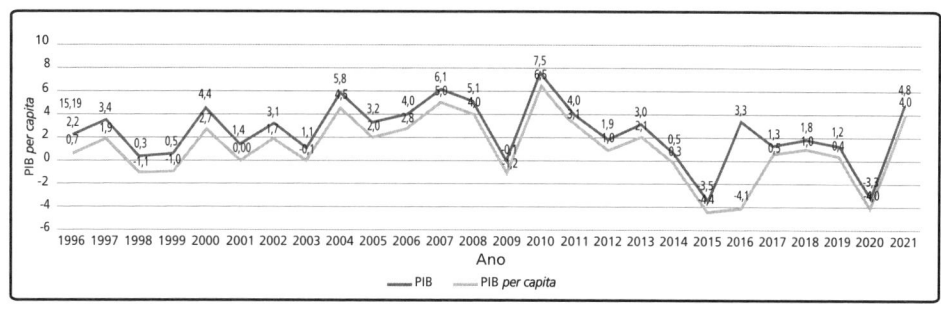

Fonte: IBGE, Diretoria de Pesquisas, Coordenação de Contas Nacionais e Coordenação de População e Indicadores Sociais.

1.4. IDH

O Índice de Desenvolvimento Humano (IDH) é uma **medida comparativa de qualidade de vida**, instituída pela Organização das Nações Unidas (ONU)[25] e usada como referência da qualidade de vida e do desenvolvimento, considerando critérios acima dos índices econômicos. Diferentemente do produto *per capita*, a abordagem de desenvolvimento humano mede o bem-estar social não apenas pela perspectiva do crescimento econômico, mas, sim, com um olhar para o ser humano, suas oportunidades e capacidades. Portanto, é uma medida de bem-estar mais amplo que a renda ou produto *per capita*. O IDH, contudo, não contempla alguns aspectos de desenvolvimento, por exemplo, democracia, participação, equidade e sustentabilidade.

O IDH considera a longevidade por meio da **expectativa de vida** ao nascer, levando em conta as condições de saneamento, criminalidade, poluição e outros; a **educação** e a **renda** *per capita* em dólar.

A partir de 2010, o Programa das Nações Unidas para o Desenvolvimento (PNUD) começou a usar um novo método de cálculo para o IDH, utilizando as mesmas três dimensões **(índice de renda, índice de educação e expectativa de vida ao nascer)**, para medir o bem-estar da população, porém com novos critérios de avaliação:

- a renda (R), por meio do **PIB (PPC**[26]**)** *per capita*[27];
- a educação (E), por meio do **índice de anos médios de estudo dos adultos acima de 25 anos e índice de anos esperados de escolaridade para uma criança na idade em que ela entra na escola**[28], considerando-se os padrões prevalecentes de taxa de matrículas específicas por idade permanecerem os mesmos durante a vida da criança;
- a saúde (S) (uma vida longa e saudável), por meio da **expectativa de vida ao nascer**[29].

---

[25] O Índice de Desenvolvimento Humano (IDH) foi desenvolvido em 1990 pelo economista paquistanês Mahbub ul Haq, com a colaboração do economista indiano Amartya Sen, ganhador do prêmio Nobel de Economia de 1998, e desde 1993 tem sido utilizado pelo Programa das Nações Unidas para o Desenvolvimento (PNUD), órgão da Organização das Nações Unidas (ONU). O PNUD, ao formular o IDH, não coleta dados com os países que serão analisados no cálculo do IDH, mas sim, utiliza-se de dados internacionais como o da Organização Internacional do Trabalho (OIT) e da Organização Mundial de Saúde (OMS).

[26] PIB PPC é aquele que mede o produto com paridade de poder de compra, ou seja, que é adaptado ao poder de consumo. Ele é um índice espacial, diferentemente de um índice temporal.

[27] O PIB *per capita*, em 2021, foi de R$ 42.247,52 em valores correntes.

[28] O valor mínimo, tanto para média de anos de escolaridade dos adultos como para os anos de escolaridade esperado das crianças, é igual a zero. E os valores máximos são de 13,2 para o primeiro e de 20,6 para o segundo. O Brasil, em 2021, apresentou 15,6 anos de expectativa de escolaridade e 8,1 anos de média de anos de estudo.

[29] Para o PNUD, uma esperança de vida inferior ou igual a 20 anos é a pior possível, e uma esperança de vida de 83,2 anos, a melhor possível. O Brasil apresentou para 2019 uma expectativa de vida de 75,3 anos. Já para 2021, a expectativa de vida caiu pra 72,8 em decorrência das mortes por Covid-19. Em 2022, voltou a subir e atingiu o patamar de 75,5 anos, embora estivesse abaixo das projeções iniciais.

Segundo Feijó e Ramos, a interpretação do PIB PPC "é mostrar a quantidade de moeda que deve ser gasta no país para se obter a mesma quantidade de bens e serviços que pode ser comprada no país de referência. Logo, o índice de PPP[30] é igual a uma taxa de conversão que iguala o poder de compra de duas moedas"[31].

Depois de uma série de manipulações, faz-se a **média geométrica** dos três índices normatizados, adotando pesos iguais para cada critério.

$$IDH = \sqrt[3]{R.E.S}$$

O IDH varia de **zero a um**. Quanto mais próximo de um, melhor o desenvolvimento humano e maior o bem-estar da população e, quanto mais próximo de zero, menor o desenvolvimento humano e menor o bem-estar da população.

Em 2021, foram coletados dados de 189 **Estados-membros das Nações Unidas** (dentre os 193), além de Hong Kong (que é região administrativa especial da República Popular da China) e da Autoridade Nacional Palestina (que é um Estado observador da organização). Alguns países-membros da Organização das Nações Unidas não são incluídos devido à falta de dados. O Brasil alcançou a **87.ª posição** em 2021 e o IDH de **0,754**.

No gráfico da Figura 1.3, a seguir, é possível ver, desde 2010, a trajetória do IDH do Brasil.

Figura 1.3. IDH de 2010 a 2021 no Brasil

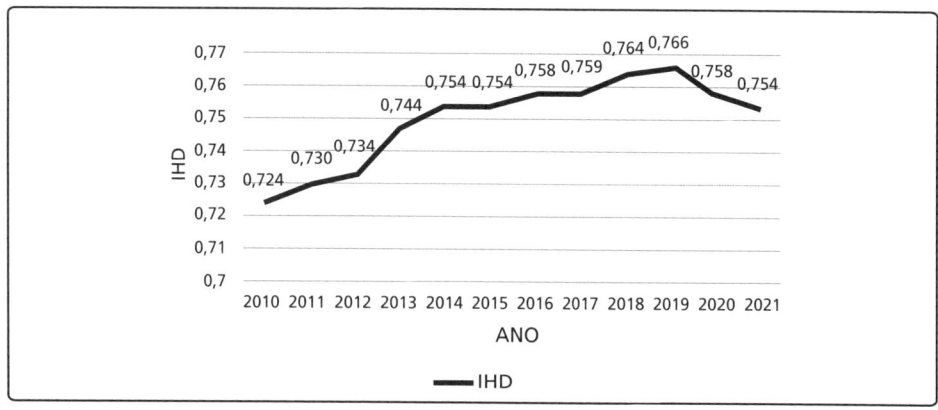

Fonte: Relatório de Desenvolvimento Humano do Programa das Nações Unidas para o Desenvolvimento (PNUD).

Percebe-se um decréscimo no Índice de Desenvolvimento Humano do Brasil de 2020 para 2021, passando de 0,758 para 0,754. Também, mais de 90% dos países registraram declínio em 2020 ou 2021, especialmente em função da crise de COVID-19 e da Guerra da Ucrânia. No caso do Brasil, o IDH cai nos dois anos.

---

[30] PPP é a sigla em inglês do índice de paridade de poder de compra (PPC).
[31] Carmem Aparecida Feijó e Roberto Luis Ramos, *Contabilidade social*, p. 44.

O IDH em 2021[32] foi organizado da seguinte forma:

▪ **IDH muito alto:** com 66 países. Com IDH que vai de 0,962 (Suíça) até 0,800 (Tailândia)
▪ **IDH alto:** com 53 países. Com IDH que vai de 0,796 (Albânia), até 0,703 (Vietname). O Brasil se insere aqui, com IDH de 0,754 e 87.ª posição.
▪ **IDH médio:** com 37 países. Com IDH que vai de 0,699 (Filipinas) até 0,550 (Costa do Marfim).
▪ **IDH baixo:** com 33 países. Com IDH que vai de 0,549 (Tanzânia), até 0,385 (Sudão do Sul).

Observe a Tabela 1.2, a seguir, na qual é possível localizar a posição do Brasil em face dos demais países considerados com alto desenvolvimento humano.

Tabela 1.2. Alto desenvolvimento humano — 2021

		IDH Alto			
POSIÇÃO	VARIAÇÃO EM RELAÇÃO A 2020	PAÍS	IDH 2021	IDH 2020	VARIAÇÃO EM RELAÇÃO A 2020
67	▲ 2	Albânia	0,796	0,794	▲ 0,002
68	▼ 12	Bulgária	0,795	0,802	▼ 0,007
68	▲ 6	Granada	0,795	0,792	▲ 0,003
70	▼ 12	Barbados	0,790	0,788	▲ 0,002
71	▲ 7	Antígua e Barbuda	0,788	0,788	— 0,000
72	▼ 5	Seicheles	0,785	0,793	▼ 0,008
73	▼ 1	Sri Lanka	0,782	0,780	▲ 0,002
74	▼ 1	Bósnia e Herzegovina	0,780	0,781	▼ 0,001
75	▼ 1	São Cristóvão e Neves	0,777	0,779	▼ 0,002
76	▼ 6	Irã	0,774	0,777	▼ 0,003
77	▼ 3	Ucrânia	0,773	0,775	▼ 0,002
78	▲ 4	Macedônia do Norte	0,770	0,774	▼ 0,004
79	▲ 6	China	0,768	0,764	▲ 0,004

---

[32] A revisão do índice foi divulgada em 08 de setembro de 2022, com dados referentes ao ano de 2021.

80	▲ 8	República Dominicana	0,767	0,764	▲ 0,003
80	▲ 10	Moldávia	0.767	0.766	▲ 0,001
80	▼ 30	Palau	0,767	0,773	▼ 0,006
83	▼ 13	Cuba	0,764	0,781	▼ 0,017
84	▼ 5	Peru	0,762	0,762	— 0,000
85	▼ 4	Armênia	0,759	0,757	▲ 0,002
86	▼ 12	México	0,758	0,756	▲ 0,002
87	▼ 3	Brasil	0,754	0,758	▼ 0,004
88	▼ 5	Colômbia	0,752	0,756	▼ 0,004
89	▲ 8	São Vicente e Granadinas	0,751	0,764	▼ 0,013
90	▲ 5	Maldivas	0,747	0,734	▲ 0,013
91	▲ 3	Azerbaijão	0,745	0,730	▲ 0,015
91	—	Argélia	0.745	0.734	▲ 0,009
91	▲ 20	Turquemenistão	0,745	0,741	▲ 0,004
91	▲ 13	Tonga	0,745	0,745	— 0,000
95	▼ 9	Equador	0,740	0,731	▲ 0,009
96	▲ 3	Mongólia	0,739	0,745	▼ 0,006
97	▲ 19	Egito	0,731	0,734	▼ 0,003
97	▼ 2	Tunísia	0,731	0,737	▼ 0,006
99	▼ 6	Fiji	0.730	0.737	▼ 0,007
99	▼ 2	Suriname	0.730	0.743	▼ 0,013
101	▼ 5	Uzbequistão	0,727	0,721	▲ 0,006
102	▼ 8	Dominica	0,720	0.722	▼ 0,002
102	—	Jordânia	0,720	0,723	▼ 0,003
104	▲ 1	Líbia	0,718	0,703	▲ 0,015

105	▼ 2	Paraguai	0,717	0,730	▼ 0,013
106	▼ 20	Santa Lúcia	0,715	0,723	▼ 0,008
106	▲ 9	Palestina	0,715	0,716	▼ 0,001
108	▲ 14	Guiana	0,714	0,721	▼ 0,007
109	▲ 5	África do Sul	0,713	0,727	▼ 0,014
110	▼ 9	Jamaica	0,709	0,713	▼ 0,004
111	—	Samoa	0,707	0,712	▼ 0,005
112	▲ 7	Gabão	0,706	0,710	▼ 0,004
112	▼ 20	Líbano	0,706	0,726	▼ 0,020
114	▼ 6	Indonésia	0,705	0,709	▼ 0,004
115	▲ 2	Vietname	0,703	0,710	▼ 0,007

Fonte: https://pt.wikipedia.org/wiki/Lista_de_pa%C3%ADses_por_%C3%8Dndice_de_Desenvolvimento_Humano. Acesso em: 12 nov. 2023.

Dos países da América do Sul, o Brasil, em 2021, apresentou um IDH inferior ao do **Chile**, que foi de 0,855, ocupando a 42.ª posição, e ao da **Argentina**, cujo IDH foi de 0,842, ocupando a 47.ª posição e do **Uruguai**, cujo IDH foi de 0,821, ocupado a 58.ª posição todos os três classificados com IDH muito alto. Além desses três países, o Brasil ficou atrás do **Peru**, com IDH de 0,762, ocupando a 84.ª posição, classificada com IDH alto. Dentro ainda da categoria de IDH alto, porém abaixo do Brasil, encontram-se a **Colômbia** (com IDH de 0,752 e ocupando a 88.ª posição), o **Equador**, com IDH de 0,740 e ocupando a 95.ª posição, **Suriname**, com IDH de 0,730 e ocupando a 99.ª posição, o **Paraguai**, com IDH de 0,717 e ocupando a 105.ª posição e a **Guiana** com IDH de 0,714 e ocupando 108.ª posição. Os demais países da América do Sul que fazem parte dos 189 países e territórios reconhecidos pela ONU que participam do relatório enquadram-se com IDH médio, sendo a **Bolívia**, com IDH de 0,692 e ocupado a 118.ª posição e a **Venezuela** com IDH de 0,691 e ocupando a 120.ª posição. Observe a Tabela 1.3 a seguir, que mostra de maneira clara essa classificação.

Tabela 1.3. Países da América do Sul com IDH muito alto, alto e médio — 2021

IDH	PAÍS	POSIÇÃO	VALOR DO IDH
MUITO ALTO	CHILE	42.ª	0,855
	ARGENTINA	47.ª	0,842
	URUGUAI	58.ª	0,821

	PERU	84.ª	0,762
	BRASIL	87.ª	0,754
	COLÔMBIA	88.ª	0,752
ALTO	EQUADOR	95.ª	0,740
	SURINAME	99.ª	0,730
	PARAGUAI	105.ª	0,717
	GUIANA	108.ª	0,714
MÉDIO	BOLÍVIA	118.ª	0,692
	VENEZUELA	120.ª	0,691

Além do IDH, o PNUD divulga, desde 2010, o **IDH-D** ou **IDH-ad** (IDH ajustado à desigualdade), que contabiliza a desigualdade em distribuição de renda, educação e saúde, além de questionar a relação entre desenvolvimento e riscos ambientais. Ele é calculado como uma média geométrica das médias geométricas de cada uma das dimensões do desenvolvimento humano contidas no IDH. Com isso, alguns países apresentam pontos a descontar do seu IDH, como é o caso do Brasil, que apresentou um IDH-D de **0,576** para 2021, o que faria o país **perder 20 posições** no *ranking* geral de desenvolvimento. O principal responsável pela queda do IDH-ad em relação ao IDH é a desigualdade de renda, seguida pela desigualdade na educação e na expectativa de vida. O IDH-ad capta perdas no desenvolvimento humano devido a diferenças socioeconômicas, como a discriminação por gênero, quando a mulher perde espaço no mercado de trabalho pelo simples fato de ser do sexo feminino. O relatório referente ao ano de 2021 aponta também para a desigualdade de gênero. No caso de perfeita igualdade, o IDH é igual ao IDH-ad. Portanto, na ausência de desigualdade, o IDH mede o índice de desenvolvimento humano em potencial, enquanto o IDH-ad mede o índice de desenvolvimento humano real, mediante alguma desigualdade.

Além do IDH-ad, há outros indicadores complementares do desenvolvimento econômico: o **Índice de desigualdade de Gênero (IDG)** e o **Índice de Pobreza Multidimensional (IPM)**.

O **IDG**[33] vai refletir a desigualdade com base no gênero, considerando três dimensões: primeiro, **a saúde reprodutiva**, que é medida pelas taxas de mortalidade materna e fertilidade dos adolescentes; segundo, **a autonomia**, que é medida pelo número de cadeiras no parlamento ocupadas por homens e mulheres e o número de homens e mulheres que obtêm educação secundária e superior; e terceiro, **a atividade econômica**, que mede a participação de homens e mulheres no mercado de trabalho.

---

[33] O IDG substituiu o índice de desenvolvimento relacionado ao gênero e o Índice de Autonomia de Gênero.

O **IPM** vai mostrar as privações múltiplas em saúde, padrão de vida e educação nos mesmos domicílios e na mesma pesquisa domiciliar. O IPM vai mostrar a pobreza que considera dados além da pobreza de renda.

Em 2020, o PNUD introduziu o **PHDI — Índice de Desenvolvimento Humano Ajustado às Pressões Planetárias**, que reduzia os pontos dos países que possuíssem "uma pegada ecológica" muito alta, que consiste em um método para medir o impacto humano no meio ambiente.

1.5. COEFICIENTE DE GINI

O Coeficiente ou Índice de Gini[34] é uma medida de **desigualdade** que calcula o **nível de concentração de renda**. Assim como o IDH, ela consiste em uma medida de bem-estar.

Graficamente, colocando em um eixo o nível de renda em valores percentuais e, no outro, a população em valores percentuais, é possível construir a Figura 1.4:

Figura 1.4. Curva de Lorenz com perfeita distribuição de renda

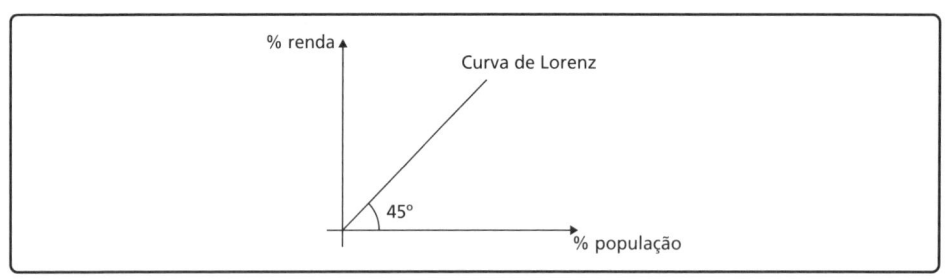

Se a curva de Lorenz dividir o eixo no meio formando um ângulo de 45° com a horizontal, diz-se que há uma perfeita distribuição de renda, já que 10% da população mais pobre receberá 10% da renda, 20% da população mais pobre receberá 20% da renda, ... 100% da população mais pobre receberá 100% da renda.

Conforme a curva de Lorenz se torna mais abaulada, simboliza que a sociedade apresenta maior concentração de renda. Observe a Figura 1.5:

Figura 1.5. Curva de Lorenz quando há concentração de renda

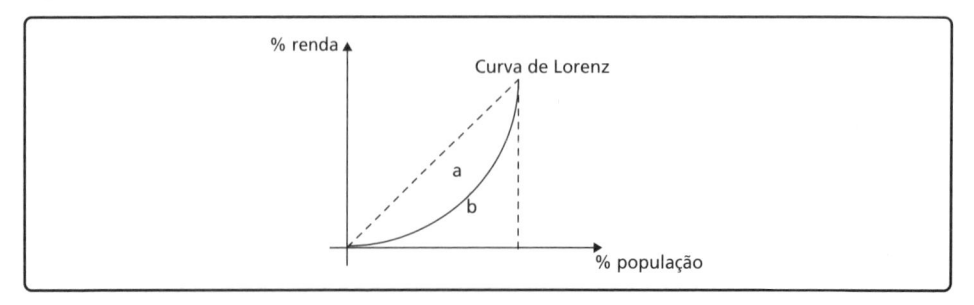

---

[34] O Coeficiente de Gini foi criado pelo estatístico italiano Corrado Gini, em 1912.

1 ■ Conceitos Macroeconômicos Básicos

Facilmente, percebe-se que uma porcentagem cada vez maior da população recebe uma porcentagem cada vez menor da renda, provando a existência de concentração de renda.

Para se medir essa concentração de renda, utiliza-se o Índice de Gini (G), que consiste em:

$$G = \frac{a}{a+b}$$

Observe que, conforme a curva de Lorenz vai se abaulando, a área de "a" aumenta e a de "b" diminui, fazendo com que G tenda ao valor de "1". À medida que a curva de Lorenz se aproxima de uma reta que forma um ângulo de 45° com a horizontal, "a" tende a zero, fazendo com que G tenda a zero também. Portanto, o Índice de Gini oscila entre "zero" e "um":

■ **Quanto mais próximo de "zero", melhor a distribuição de renda ou menor concentração de renda.**
■ **Quanto mais próximo de "um", maior a concentração de renda ou pior distribuição de renda.**

Exemplificando, suponha a seguinte situação: um país é composto por uma população em que os 20% mais pobres auferem 10% da renda, os próximos 50% da população mais pobre, auferem 20% da renda e o restante da população aufere 70% da renda. Qual seria o Índice de Gini?

Representando graficamente, tem-se:

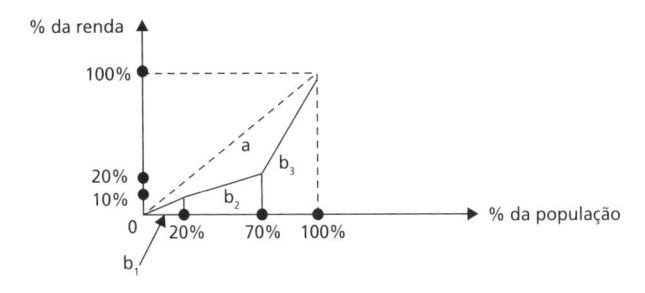

Sabendo que (a + b = 0,5) já que ocupa 50% da área da figura, pode-se calcular a área de b que corresponde a soma das áreas de $b_1 + b_2 + b_3$ e, do resultado, subtrair 0,5 que é encontrado o valor de "a".

Área do triângulo $b_1 = \dfrac{0,2 \cdot 0,1}{2} = 0,01$

Área do trapézio $b_2 = \dfrac{(0,10 + 0,20) \cdot (0,70 - 0,20)}{2} = 0,075$

Área do trapézio $b_3 = \dfrac{(1,00 + 0,20) \cdot (1,00 - 0,70)}{2} = 0,18$

$b = b_1 + b_2 + b_3 = 0,265$

Como a + b = 0,5, então a = 0,235
Logo: G = a / (a + b)
       G = 0,235 / 0,5
       G = 0,47

Segundo o Relatório sobre Distribuição da Renda e da Riqueza da População Brasileira divulgado pela Secretaria de Política Econômica do Ministério da Fazenda, publicado em dezembro de 2022, com base em dados da declaração de Imposto de Renda Pessoa Física 2014-2020, fornecidos pela Receita Federal do Brasil, foi constatado, entre outras coisas, que 0,1% da população mais rica possui 8,66% da renda bruta e do país. Quando se toma um grupo maior de, por exemplo, 5% dos mais ricos, percebe-se que eles detêm 32,47% da renda bruta. Na Tabela 1.4 a seguir, pode-se perceber isso:

Tabela 1.4. Porcentagem da população mais rica do Brasil e sua respectiva renda bruta com base na declaração do Imposto de Renda Pessoa Física 2020

População mais rica do país em relação ao total da população	Rendimento Total Bruto (valores R$ milhões)	Rendimento Total Bruto em relação ao Rendimento Total do País
0,1%	368.030	8,66%
1%	756.863	17,81%
5%	1.379.557	32,47%
Rendimento Total do país	4.248.163	100%

Fonte: Relatório sobre distribuição de Renda e da Riqueza da População Brasileira da Secretaria de Política Econômica do Ministério da Fazenda — 12/2022.

Esses dados demonstram uma grande concentração de renda e riqueza no país.

Embora o Índice de Gini no Brasil[35] tenha apresentado uma trajetória de queda até 2015 e, depois, elevando-se até 2019, caindo novamente nos anos de 2020 e 2021, conforme mostra a Figura 1.6, que apresenta o rendimento médio mensal recebido de todos os trabalhos, ele ainda é bastante elevado quando comparado com países europeus e muito próximo de países como o Honduras e Equador e igual a Costa Rica, conforme mostra a Figura 1.7.

---

[35] Esses dados são relativos ao Índice de Gini segundo rendimento de trabalho. O Índice de Gini pode apresentar divergências segundo o tipo de rendimento que estiver sendo considerado. Por exemplo, existe o Índice de Gini segundo o rendimento de todas as fontes, segundo rendimentos domiciliares e segundo os rendimentos de trabalho, e cada um apresenta um valor correspondente diferente dos demais.

1 ◼ Conceitos Macroeconômicos Básicos

Figura 1.6: Índice de Gini do rendimento médio mensal real das pessoas de 14 anos ou mais de idade, habitualmente recebido em todos os trabalhos, a preços médios do ano, de 2012 a 2021.

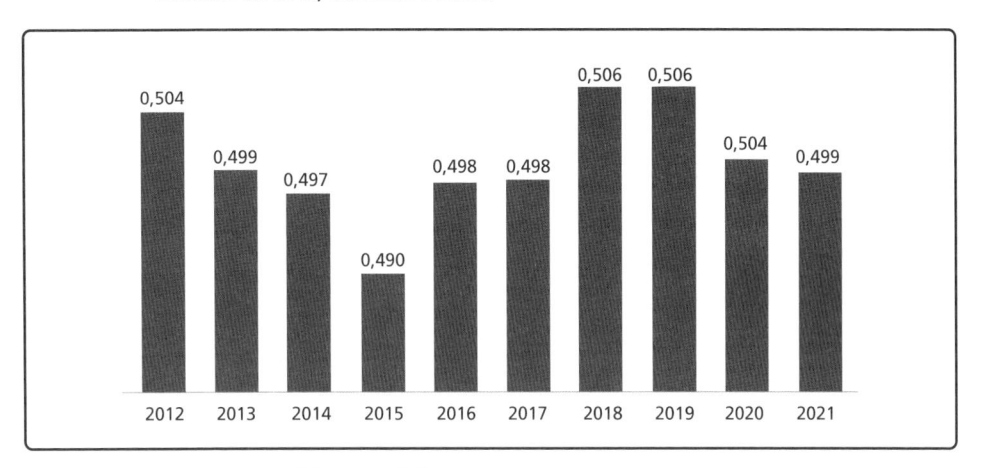

Ano	Índice
2012	0,504
2013	0,499
2014	0,497
2015	0,490
2016	0,498
2017	0,498
2018	0,506
2019	0,506
2020	0,504
2021	0,499

Fonte: IBGE — PNAD Contínua. Elaboração: SPE.

Figura 1.7: Comparação do Índice de Gini entre o Brasil e países selecionados — 2020

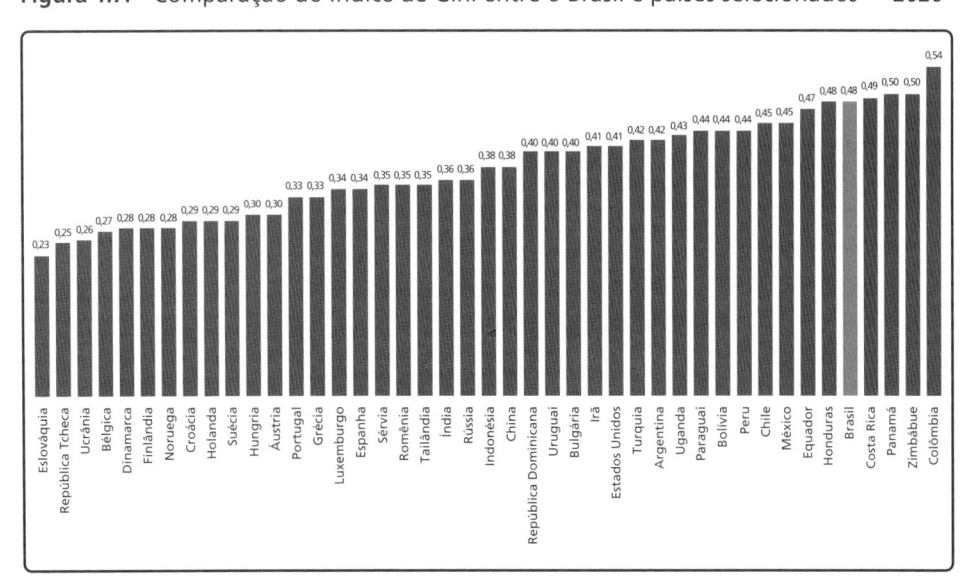

Eslováquia	0,23
República Tcheca	0,25
Ucrânia	0,26
Bélgica	0,27
Dinamarca	0,28
Finlândia	0,28
Noruega	0,28
Croácia	0,29
Holanda	0,29
Suécia	0,29
Hungria	0,30
Áustria	0,30
Portugal	0,33
Grécia	0,33
Luxemburgo	0,34
Espanha	0,34
Sérvia	0,35
Romênia	0,35
Tailândia	0,35
Índia	0,36
Rússia	0,36
Indonésia	0,38
China	0,38
República Dominicana	0,40
Uruguai	0,40
Bulgária	0,40
Irã	0,41
Estados Unidos	0,41
Turquia	0,42
Argentina	0,42
Uganda	0,43
Paraguai	0,44
Bolívia	0,44
Peru	0,44
Chile	0,45
México	0,45
Equador	0,47
Honduras	0,48
Brasil	0,48
Costa Rica	0,49
Panamá	0,50
Zimbábue	0,50
Colômbia	0,54

Fonte: Banco Mundial. Elaboração: SPE.

Em 2015, o Índice de Gini no Brasil tornou a cair, apesar da recessão[36] que o país enfrentou. Mas isso se deu em decorrência do empobrecimento de todas as classes sociais.

O Índice de Gini é medido através de pesquisas domiciliares[37], como a Pesquisa Nacional por Amostra de Domicílios contínua (PNAD contínua), o Censo e a Pesquisa de Orçamentos Familiares (POF).

1.6. IDENTIDADE MACROECONÔMICA

Continuando a falar em produto, é importante salientar que ele conforma uma importante identidade macroeconômica.

Entende-se por **Identidade Macroeconômica** uma relação acima da igualdade, ou seja, é uma relação idêntica, que não guarda em si nenhuma relação de causa e efeito. É tautológica, ou seja, é aceita sempre como verdade.

A identidade macroeconômica que envolve o produto é:

$$\text{PRODUTO} \equiv \text{RENDA} \equiv \text{DISPÊNDIO}^{38}$$

Assim, pode-se dizer que, quando se produz algo, no mesmo momento em que há despesa também se gera renda. Não é necessário que primeiro ocorra um fato e depois o outro. Ocorrem **simultaneamente**, como em uma troca. Quando se compra um produto, no mesmo instante, paga-se por ele, ou seja, não ocorre um ato antes do outro.

Pode-se perguntar: "E se não se pagar pela compra?". Responder-se-á: "Nesse caso, troca-se o objeto por uma dívida ou por um compromisso futuro de pagamento ou pela imagem de mau pagador. Mas alguma coisa se dará em troca do produto".

Assim, reforça Mankiw: "em termos mais precisos, o PNB[39] é igual à:

- Renda total de todas as pessoas na economia.
- Despesa total da economia na produção de bens e serviços"[40].

---

[36] A renda sofreu uma queda depois de 11 anos. Passou de R$ 1.845 em 2014 para R$ 1.746 em 2015 por estrato da população dos 10% mais pobres ao 1% mais rico. E a renda da metade mais rica da população sofreu uma queda maior que a da metade mais pobre, o que reduz a concentração de renda. Portanto, em 2015, todos perderam, mas os mais ricos perderam mais.

[37] As pesquisas domiciliares apresentam uma falha, porque as pessoas mais ricas que estão sendo entrevistadas tendem a subestimar a renda e riqueza. Nesse sentido, nas faixas mais ricas, o Imposto de Renda consegue captar melhor a renda e a riqueza.

[38] Essa identidade considera que os agregados estejam sendo calculados sob os mesmos preços, ou seja, Interno ou Nacional, Líquido ou Bruto, a custo de fatores ou a preço de mercado. O dispêndio pode ser chamado também de despesa.

[39] PNB = Produto Nacional Bruto. No capítulo 3, é possível compreender as diferenças entre os diversos tipos de produto.

[40] N. Gregory Mankiw, *Macroeconomia*, p. 11.

1 ■ Conceitos Macroeconômicos Básicos

Portanto, para se determinar o produto da economia, pode-se determinar o dispêndio para produzi-lo ou para adquiri-lo, que é a despesa com produtos finais, ou seja, a despesa com consumo, investimento, gastos do governo e exportação líquida[41].

Pode-se também determinar o produto pelo cálculo da renda, somando-se salários, juros, aluguéis e lucros gerados na economia. Ou pode-se determinar o produto, somando-se todos os valores adicionados por cada setor da economia no processo produtivo.

Segundo Paulani e Braga, "da mesma forma que não pode ocorrer uma compra sem que vejamos do outro lado uma venda, também não pode haver uma produção que não constitua um dispêndio e não seja simultaneamente geração de renda"[42]. Também Feijó e Ramos reforçam esse conceito afirmando que "a mensuração do produto agregado considera que a produção de bens e serviços está relacionada com a geração de renda que ocorre durante o processo de produção, tornando os fluxos de produção e renda, medidos num mesmo período, iguais. A produção gerada tem como destino o mercado, onde os bens e serviços são demandados para consumo final ou para investimento"[43].

O capítulo 2 tratará da determinação do produto pelas três óticas supramencionadas: a ótica do dispêndio, a ótica do produto e a ótica da renda.

Da identidade macroeconômica produto ≡ renda ≡ dispêndio, deriva o fluxo circular da renda, assunto este abordado neste capítulo.

1.7. ESTOQUES E FLUXOS

Tanto o produto como outros agregados econômicos podem ser medidos de diferentes formas a depender de serem considerados estoques ou fluxos.

Estoques e Fluxos são quantidades que podem aumentar ou diminuir ao longo do tempo. O que os diferencia é que o estoque pode ser mensurado em um **ponto específico de tempo**, enquanto o fluxo só pode ser mensurado em um **intervalo ou período de tempo**.

Para facilitar a compreensão, pode-se dizer que, se o estoque é uma fotografia, o fluxo é um filme. Portanto, se o objetivo for fotografar o produto da economia, a foto sairia tremida porque o produto apresenta um movimento contínuo. Só seria possível filmar. Logo, o produto é um fluxo. Também, se o objetivo fosse filmar a riqueza de um consumidor, o filme ficaria monótono, sem movimento. Logo, o melhor seria fotografar. Portanto, a riqueza pessoal é um estoque.

Exemplos de estoque: quantidade de moeda, estoque de bens de capital que englobam máquinas, equipamentos, instalações, estoque de habitações, total poupado por uma pessoa, total investido por uma empresa, oferta de moeda, **dívida** pública, patrimônio de uma empresa, riqueza pessoal.

---

[41] Exportação líquida (NX) é a diferença entre exportação e importação de bens e serviços não fatores.
[42] Leda Maria Paulani e Márcio Bobik Braga, *A nova contabilidade social*, p. 8.
[43] Carmem Aparecida Feijó e Roberto Luis Olinto Ramos, *Contabilidade social*, p. 5.

Exemplos de fluxo: gasto de moeda, variação de estoques numa empresa, importações, exportações, pagamento de impostos, salários e ordenados, benefícios da previdência social, poupança, investimento, variação da oferta de moeda, **déficit público**[44], balanço de pagamentos, **produto**, renda.

Mankiw cita alguns exemplos de fluxos e estoques: "A riqueza de um consumidor é um estoque; sua renda e gasto são fluxo; O número de pessoas empregadas é um estoque; o número de pessoas que estão sendo demitidas é um fluxo; a quantidade de capital de uma economia é um estoque; a quantidade de investimento é um fluxo; a dívida do governo é um estoque; o déficit orçamentário é um fluxo"[45]. Shapiro afirma também que "Algumas variáveis macroeconômicas, mensuradas através de seus fluxos, também têm uma contrapartida direta sob a forma de estoque. Não obstante, outras, tais como as importações e exportações, salários e ordenados, pagamentos de impostos, benefícios da Previdência Social e dividendos, são apenas fluxos; nenhuma delas tem uma contrapartida direta sob a forma de estoques, uma vez que é impossível conceber-se um 'estoque de importações' ou um 'estoque de salários e ordenados'. Embora tais indicações não tenham contrapartida direta sob a forma de estoques, elas afetam indiretamente os volumes dos outros estoques. As importações podem afetar o volume dos estoques das empresas ou o estoque de bens de capital; os salários e ordenados recebidos dedicados à compra de casas recentemente construídas podem afetar o estoque de habitações. No caso de algumas variáveis que têm contrapartidas diretas sob a forma de estoques, as estatísticas referentes a uma coisa e a outra são, infelizmente, registradas sob títulos praticamente idênticos. A poupança de um indivíduo é um fluxo ($ 25 para abril), e suas poupanças totais são um estoque ($ 500 acumulados até 30 de abril); o investimento bruto de uma empresa é um fluxo ($ 500 para abril), e o total investido, ou o valor monetário do capital real acumulado, é um estoque ($ 1 milhão em 30 de abril); a variação nacional de moeda é um fluxo ($ 1 bilhão de aumento durante abril), e a oferta de moeda é um estoque ($ 195 bilhões em 30 de abril)"[46].

1.8. DEFINIÇÃO DE CURTO E LONGO PRAZO EM MACROECONOMIA

A análise macroeconômica pode se dar no curto ou longo prazo. E o que determina se o estudo é de curto ou longo prazo não está associado ao tempo cronológico, mas sim, a fatores descritos a seguir:

No curto prazo, em que há **a existência de contratos e preços rígidos**, a oferta agregada (o.a) é horizontal e apenas a demanda agregada (d.a) poderá afetar o produto (y). Como a oferta é totalmente elástica (horizontal), um aumento da demanda agregada, de da_1 para da_2, alterará apenas o produto, de y_1 para y_2, mantendo-se constante o nível geral de preços, p. Observe a Figura 1.8 a seguir:

---

[44] Ou déficit orçamentário ou déficit do governo.
[45] N. Gregory Mankiw, *Macroeconomia*, p. 12.
[46] Edward Shapiro, *Análise macroeconômica*, p. 147.

1 ■ Conceitos Macroeconômicos Básicos

Figura 1.8. Comportamento da curva de oferta Keynesiana extrema — curto prazo

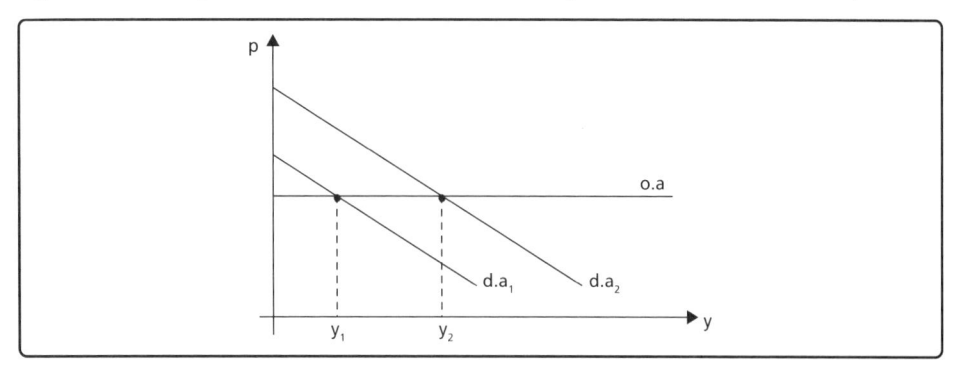

onde: d.a = demanda agregada
o.a = oferta agregada
p = nível geral de preços
y = produto real da economia

Considerando que, no curto prazo, as empresas não operam a pleno emprego, ou seja, há disponibilidade de fatores produtivos, o produto é capaz de aumentar caso haja aumento da demanda agregada. Essa teoria era definida por Keynes, que afirmava que o que iria determinar a oferta por bens e serviços era a demanda agregada. Segundo Blanchard[47], essa mudança na demanda poderia ser provocada por mudanças na confiança do consumidor, por exemplo. Por isso, diz-se que a teoria de **Keynes** é uma teoria de curto prazo. Quando a curva de oferta é horizontal ou totalmente elástica diz-se que trata-se da curva de oferta Keynesiana — caso extremo.

É possível se deparar com uma curva de oferta agregada crescente, em que uma elevação da demanda agregada, de da_1 para da_2, provoca elevação tanto do produto, y, de y_1 para y_2, quanto do nível geral de preços, p, de p_1 para p_2. Ela pode ser considerada também uma curva de oferta de curto prazo keynesiana, denominada curva de **oferta keynesiana básica**. Observe a Figura 1.9 a seguir:

Figura 1.9: Comportamento da curva Keynesiana básica — curto prazo

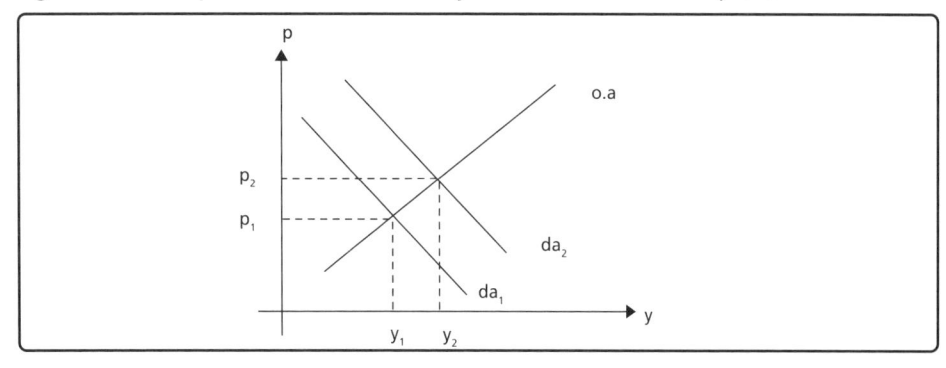

---

[47] Olivier Blanchard, *Macroeconomia*, p. 32.

Segundo Froyen: "No curto prazo, a curva de oferta agregada Keynesiana tem inclinação positiva. Poder-se-ia esperar que níveis de produto muito inferiores ao da plena capacidade, a curva de oferta agregada fosse pouquíssimo inclinada; e que ela fosse se tornando mais inclinada à medida que se aproximasse do produto em pleno emprego (...). Movimentando-se a função demanda agregada move-se a economia ao longo da função oferta com inclinação positiva, causando variação no produto. No sistema Keynesiano, o nível de demanda agregada é um fator importante na determinação dos níveis de produção e emprego"[48].

A teoria macroeconômica elementar, portanto, é fundamentalmente de curto prazo.

No longo prazo, em que há a existência de **contratos que podem ser ajustados e os preços podem ser alterados**, o produto será função do estoque de fatores de produção, ou seja, a demanda não será mais capaz de alterar o nível de renda e produto da economia, y. Assim, a oferta será função do estoque de fatores produtivos ou avanço tecnológico. Considerando esses elementos fixos, a oferta agregada será constante, sendo representada por uma reta totalmente inelástica (vertical). Assim, qualquer alteração da demanda agregada, de da_1 para da_2, por exemplo, só será capaz de alterar o nível geral de preços, de p_1 para p_2, deixando inalterado o nível de produto, y.

Figura 1.10. Comportamento da curva de oferta — longo prazo

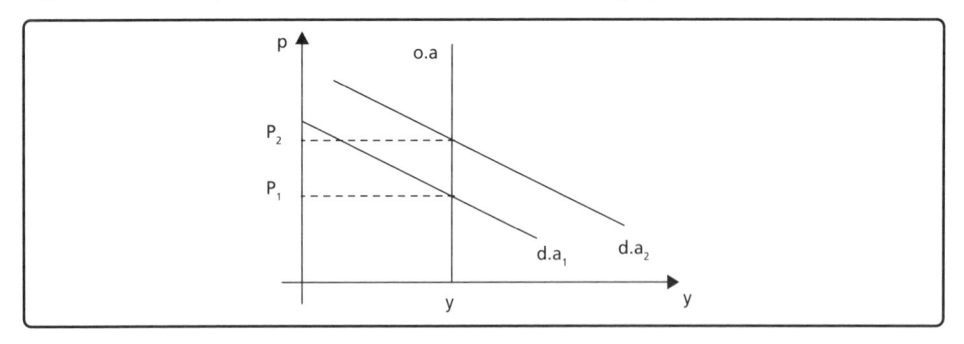

Considerando que, no longo prazo, as empresas operam no pleno emprego, ou seja, todos os fatores de produção são plenamente utilizados, a elevação da demanda agregada não será capaz de elevar o produto, forçando uma elevação no nível geral de preços. Portanto, a curva de oferta é **inelástica aos preços** (vertical) e apenas mudanças em fatores ligados à oferta seriam capazes de alterar o produto na economia. Essa curva representa a **oferta para os clássicos**.

Novamente, Froyen afirma, agora se referindo a uma curva de oferta de longo prazo, que: "a função oferta agregada clássica é vertical (...) produto e emprego são completamente determinados pela oferta. A demanda agregada não cumpre nenhum papel sistemático na determinação do produto"[49].

---

[48] Richard T. Froyen, *Macroeconomia*, p. 235.
[49] Richard T. Froyen, *Macroeconomia*, p. 235.

Conclui-se que:

- **Curto prazo**, em Macroeconomia, é o período em que os preços são rígidos → com base no **modelo Keynesiano**[50].
- **Longo prazo**, em Macroeconomia, é o período em que os preços são flexíveis → com base no **modelo clássico**[51].

1.9. CONCEITOS DE PRODUTO INTERMEDIÁRIO, PRODUTO ADICIONADO, VALOR BRUTO DA PRODUÇÃO E PRODUTO AGREGADO

Para o perfeito entendimento da definição de produto agregado, é necessária a compreensão do que é produto intermediário e produto adicionado. Assim:

Produto intermediário[52] é o material utilizado para elaboração do produto, ou seja, é o insumo, o bem ou o serviço utilizado para que a produção seja possível. São bens ou serviços adquiridos de outras empresas e que serão totalmente utilizados no processo produtivo. Portanto, não foram produzidos pela empresa em questão, mas, sim, por terceiros. Assim, por exemplo, a semente utilizada na produção de trigo, será produto intermediário do produto trigo. Segundo Blanchard: "Produto intermediário é um bem empregado na produção de outro bem. Alguns bens podem ser tanto finais como intermediários. Batatas vendidas diretamente aos consumidores são bens finais. Batatas utilizadas para produzir batatinhas fritas são bens intermediários"[53]. É, portanto, bem que será utilizado na produção de outros bens, no lugar de serem vendidos ao consumidor final.

Produto adicionado[54] é o produto que foi somado ao que está sendo utilizado, ou seja, acrescentado ao produto ou consumo intermediário. É a participação ou contribuição de cada setor na confecção do produto. É o Valor que o setor adiciona, ou agrega, aos bens e aos serviços consumidos no seu processo produtivo. Assim, se a semente, utilizada na produção de trigo, equivale a 100 um e o trigo produzido equivale a 300 um, então, para a produção de trigo foram adicionados 200 um ao produto semente. Logo, o produto adicionado a semente é de 200 um. A soma dos produtos adicionados é o produto final, ou seja, a soma dos produtos adicionados determina o produto agregado.

Também, pode-se determinar o produto agregado, pela subtração do consumo intermediário absorvido por essas atividades do Valor Bruto de Produção (VBP).

Produto agregado (ou adicionado) = VBP — Consumo Intermediário

Feijó e Ramos traduzem essa igualdade afirmando que: "Valor adicionado (ou valor agregado) = valor do que se produziu — valor do que se consumiu"[55]. Já para Blanchard:

---

[50] Esse modelo será visto no capítulo 8.
[51] Esse modelo será visto no capítulo 8.
[52] Produto intermediário, ou consumo intermediário, ou bem intermediário, ou valor intermediário.
[53] Olivier Blanchard, *Macroeconomia*, p. 21.
[54] Produto adicionado, ou consumo adicionado, ou bem adicionado, ou valor adicionado.
[55] Carmem Aparecida Feijó e Roberto Luis Olinto Ramos, *Contabilidade social*, p. 21.

"O termo valor adicionado significa exatamente o que sugere. O valor adicionado por uma empresa é definido como o valor de sua produção menos o valor dos bens intermediários que ela utiliza na produção"[56]. Amado e Mollo completam afirmando que, "para evitar dupla contagem na mensuração do PIB, somamos os valores de todos os bens produzidos — o valor bruto da produção —, excluindo depois o valor das matérias-primas e dos insumos intermediários. Ou, então, somamos, em cada produção, apenas o que foi acrescentado de novo em cada etapa produtiva. Esse acréscimo é chamado de valor adicionado"[57].

Suponhamos uma economia hipotética constituída de 4 setores, cada um com uma empresa, em que não exista governo nem setor externo. Essas empresas produzem, respectivamente:

Setor 1: sementes.
Setor 2: trigo.
Setor 3: farinha de trigo.
Setor 4: pão.

1.ª Hipótese: O setor 1 produziu 1.000 de sementes e vendeu tudo para o setor 2, que produziu 2.100 de trigo e vendeu tudo para o setor 3, que produziu 3.300 de farinha de trigo e vendeu tudo para o setor 4, que produziu 4.600 de pão e vendeu tudo para os consumidores finais. Essa situação pode ser visualizada no quadro da Tabela 1.5 a seguir:

Tabela 1.5. Produção, Produto intermediário e Produto adicionado numa economia distribuída por setor

SETOR	VBP	PRODUTO INTERMEDIÁRIO	PRODUTO ADICIONADO
SETOR 1	1.000	0	1.000
SETOR 2	2.100	1.000	1.100
SETOR 3	3.300	2.100	1.200
SETOR 4	4.600	3.300	1.300
VBP =	11.000		

Sabendo-se que: VBP = Valor Bruto da Produção

Para se determinar o valor do produto agregado da economia, deve-se subtrair o produto intermediário do VBP, evitando dupla contagem.

Produto agregado = VBP – Produto Intermediário
Produto agregado = VBP – (0 + 1.000 + 2.100 + 3.300)
Produto agregado = 11.000 – 6.400
Produto agregado = 4.600

---

[56] Olivier Blanchard, *Macroeconomia*, p. 21.
[57] Adriana Moreira Amado e Maria de Lourdes Rollemberg Mollo, *Noções de macroeconomia*, p. 6.

Perceba que o Valor Bruto da Produção (VBP) é diferente de produto agregado, porque o primeiro inclui o consumo intermediário, e o segundo, não.

Supondo, agora, uma segunda hipótese, em que o produto de cada setor não seja, necessariamente, utilizado no processo de produção. Assim, haverá uma coluna que mostrará o quanto de cada produto não entrou no processo produtivo do pão.

2.ª Hipótese: O setor 1 produziu 1.000 de sementes e vendeu 800 para o setor 2, que produziu 2.000 de trigo e vendeu 1.300 para o setor 3, que produziu 2.700 de farinha de trigo e vendeu tudo para o setor 4, que produziu 5.200 de pão e vendeu tudo para os consumidores finais. Essa situação pode ser visualizada no quadro da Tabela 1.6 a seguir:

Tabela 1.6. Produção, Produto intermediário, Produto adicionado e Produto que não entrou no processo produtivo numa economia distribuída por setor

SETOR	VBP	PRODUTO INTERMEDIÁRIO	PRODUTO ADICIONADO	PRODUTO QUE NÃO ENTROU NO PROCESSO PRODUTIVO
SETOR 1	1.000	0	1.000	200
SETOR 2	2.000	800	1.200	700
SETOR 3	2.700	1.300	1.400	0
SETOR 4	5.200	2.700	2.500	0
VBP =	10.900			

Produto agregado = VBP – Produto Intermediário
Produto agregado = 10.900 – (800 + 1.300 + 2.700)
Produto agregado = 10.900 – 4.800
Produto agregado = 6.100

Produto (ou insumo) que não entrou no processo produtivo é o produto que foi produzido, mas não fez parte da produção do produto que, por sua natureza, é final, o qual, no nosso exemplo, é o pão. Poderia ser entendido como o produto que foi para os estoques e que não será utilizado naquele processo de fabricação do pão.

1.10. FLUXO CIRCULAR DA RENDA

Quando um produto é produzido, ele tem um destino e para produzi-lo é necessária a utilização de fatores produtivos. Tanto o produto quanto os fatores de produção devem ser pagos ou remunerados. É possível visualizar isso através do Fluxo Circular da Renda a seguir:

O Fluxo Circular da Renda representa o **circuito** da economia no qual é possível visualizar os fluxos da economia. De um lado, há os **fluxos reais** (representados na parte interna do circuito) e, de outro lado, os **fluxos monetários** (representados na parte externa do circuito).

Considerando um modelo simples em que só haja famílias de um lado e empresas de outro, ou seja, uma economia onde estão sendo considerados apenas dois setores, que interagirão em dois mercados — mercado de bens e serviços e mercado de fatores de produção —, pode-se compreender que: as famílias disponibilizam, para as empresas, **fatores de produção** (mão de obra, capital, empreendimento, matéria-prima) em troca de uma **remuneração ou renda** que toma a forma de salários, juros, aluguéis e lucros; e as empresas disponibilizam bens e serviços para as famílias em troca de um pagamento por esses bens e serviços.

Observe a Figura 1.11 a seguir:

Figura 1.11. Fluxo circular da renda e do produto numa economia a dois setores

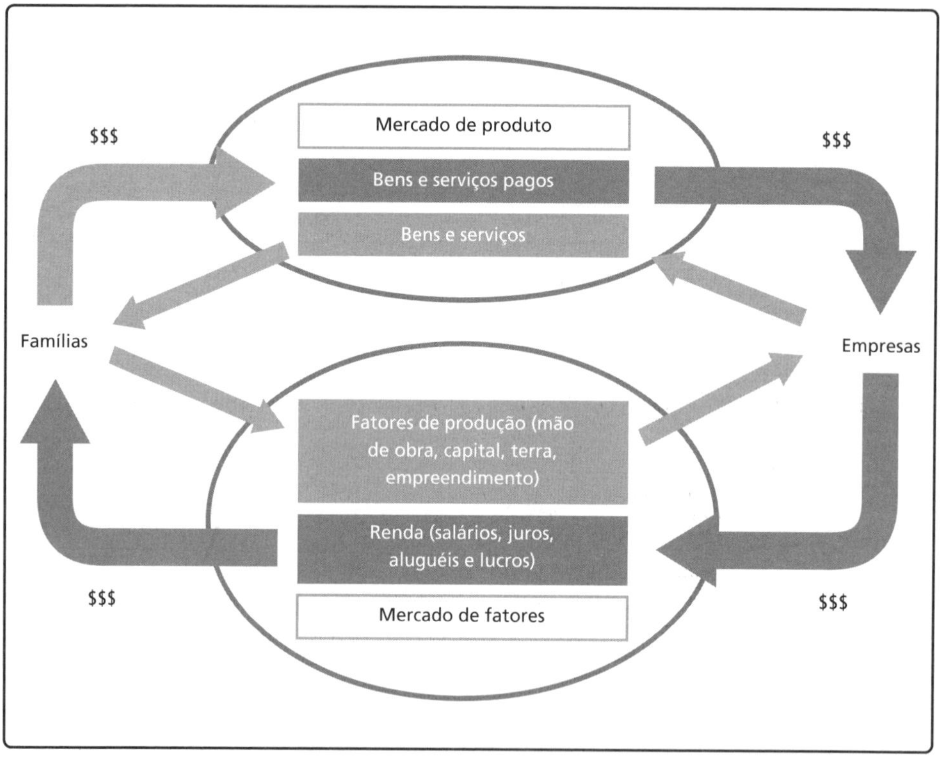

Observe que a renda conforma um fluxo circular, já que sai das empresas para as famílias, quando as primeiras as remuneram em forma de salários, juros, aluguéis e lucros, e, depois, retornam para as empresas, quando as famílias adquirem bens e serviços. Portanto, o fluxo da renda é circular porque se autoalimenta.

O circuito interno (bens/serviços e fatores de produção) representa os fluxos reais, e o circuito externo (gasto e renda) apresenta os fluxos financeiros ou monetários.

Esse primeiro modelo de fluxo circular não pressupõe a existência de **vazamentos e injeções**. Os vazamentos da renda ocorrem em decorrência de uma redução autônoma da demanda agregada; e as injeções na renda ocorrem quando há aumentos autônomos da demanda agregada. Suponhamos, portanto, que, agora, eles ocorrem, considerando a existência de apenas um tipo de vazamento: a **poupança**, que corresponde ao vazamento da renda que não foi consumida, e um tipo de injeção: o **investimento**, que corresponde à injeção de renda referente à aquisição de equipamentos, máquinas, construções, entre outros. Isso ocorre porque as famílias, além de consumirem, podem desejar poupar; e as empresas, além de produzirem bens finais, também podem desejar investir.

Para Lopes e Vasconcellos, "**investimento** é a aquisição de bens de produção ou bens de capital que visam aumentar a capacidade produtiva da economia e, portanto, a oferta de produtos no período seguinte. É também chamado taxa de acumulação de capital. Os componentes do investimento são as aquisições de máquinas e equipamentos, edifícios (a chamada formação bruta de capital fixo) e a acumulação de estoques"[58].

Portanto, o fluxograma numa economia fechada e sem governo poderia ser assim representado:

Figura 1.12. Fluxo circular da renda e do produto numa economia a dois setores, supondo a existência de vazamentos e injeções

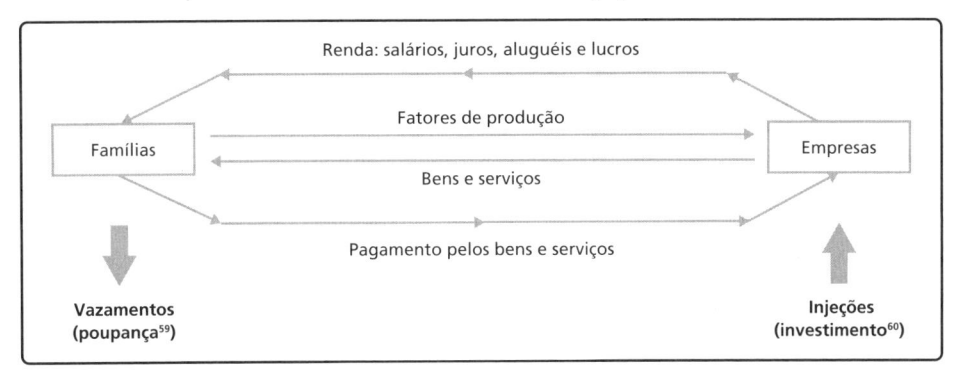

Os vazamentos devem ser compensados pelas injeções. Ou seja, a renda que não for utilizada para o consumo, ou seja, a poupança, deve ser compensada por investimentos. Caso não haja essa compensação, serão gerados problemas, crises. Caso a injeção seja menor que o vazamento, ou seja, se os investimentos forem menores que a poupança, a renda gerada não se recomporá e, portanto, não será capaz de comprar os bens e serviços produzidos, gerando uma crise no modelo.

Segundo Amado e Mollo, "a estabilidade e instabilidade da economia estão relacionadas, portanto, à facilidade ou à dificuldade das injeções de renda para compensar os vazamentos"[61].

---

[58] Luiz Martins Lopes e Marco Antonio Sandoval de Vasconcellos, *Manual de macroeconomia*, p. 28-29.
[59] Numa economia aberta e com governo, os vazamentos correspondem a poupança, tributação e importação.
[60] Numa economia aberta e com governo, as injeções correspondem a investimento, gastos do governo e exportação.
[61] Adriana Moreira Amado e Maria de Lourdes Rollemberg Mollo, *Noções de macroeconomia*, p. 13.

Para os clássicos, como o mercado se autorregula, a poupança sempre tende a ser igual ao investimento, já que existe uma taxa de juros que funcionará como termômetro entre poupança e investimento. Portanto, os vazamentos sempre tendem a ser iguais às injeções. Para Keynes, essa igualdade só é possível de ser alcançada, no curto prazo, se houver interferência do governo.

Enquanto para os clássicos o que determina a poupança e o investimento é a **taxa de juros**, ou seja, esta se ajusta para igualar investimento e poupança, para Keynes a poupança é determinada pelo nível de renda, enquanto o investimento depende da **expectativa** dos agentes econômicos com relação ao futuro, ou seja, quanto o produtor conseguirá vender. Além disso, o empresário deverá fazer a comparação entre a **Eficiência marginal do capital (EmgK)**[62], que representa o ganho do investidor, e a taxa de juros, que é o custo do investimento. Portanto, se a EmgK for maior que a taxa de juros, propiciará o investimento produtivo. Se a EmgK for menor que a taxa de juros, levará à não efetivação do investimento produtivo.

Portanto, para os clássicos, a poupança sempre tenderá a ser igual ao investimento, proporcionando um crescimento estável para o produto. E, para Keynes, a **incerteza** poderá provocar um excesso de poupança e uma escassez de investimento, rompendo com o fluxo circular da renda e gerando instabilidade.

Feijó e Ramos sintetizam o fluxo circular da renda numa economia fechada e sem governo pelas seguintes relações contábeis: "a demanda pelo produto é composta pelas demandas de bens e serviços finais e bens e serviços de investimento e a renda gerada no processo de produção é alocada em consumo e a parcela não consumida é disponibilizada no mercado de fundos de capital como recurso para financiar empresas. A renda não consumida corresponde a poupança, que medida *ex post* é igual ao investimento *ex post*"[63].

1.10.1. Fluxo circular da renda ampliado

Considerando um fluxo de renda ampliado, descreve-se o fluxo de renda, recursos e produção entre as famílias, governo, empresas e resto do mundo. As famílias fornecem fatores produtivos (mão de obra, capital, matéria-prima e empreendimento) para as empresas e para o governo e recebem, em troca, renda sob a forma de salários, juros, aluguéis e lucros. Com essa renda, as famílias, adquirem bens e serviços (das empresas que produzem e que são exportadas pelo resto do mundo) e paga impostos para o governo que proverá as famílias com bens/serviços e benefícios. As empresas fornecem bens/serviços para as famílias (indiretamente, às vezes, via governo ou via exportação do resto do mundo) e recebem pagamento por isso. As empresas vendem também para o resto do mundo que importa esses bens/serviços. O governo também cobra impostos das empresas bem como concede subsídios/transferências e adquire bens/serviços. Tanto o setor privado (famílias e empresas) quanto o governo e o setor externo (resto do mundo) poupam constituindo a poupança do setor privado, a poupança do governo e a poupança do setor externo. Essas poupanças vão financiar o Investimento que é um dos

---

[62] A Eficiência Marginal do Capital é a taxa que iguala o fluxo de receita esperado ao custo do investimento.

[63] Carmem Aparecida Feijó e Roberto Luis Olinto Ramos, *Contabilidade social*, p. 9.

componentes da demanda por bens/serviços (além da demanda das famílias, do governo e do resto do mundo). É bom salientar que quando o resto do mundo exporta, o país está importando e quando o resto do mundo importa, o país está exportando. A **importação**, o pagamento de **tributos** e a **poupança** representam **vazamentos** porque provocam uma redução autônoma da demanda agregada. Já a **exportação**, os **gastos do governo** e o **investimento** representam injeções já que provocam um aumento autônomo da demanda agregada. Através da Figura 1.13 a seguir, é possível visualizar o fluxo da renda ampliado, agora, com o governo e o resto do mundo (setor externo).

Figura 1.13. Fluxo circular da renda ampliado onde estão incluídas com as famílias e as empresas, o governo e o resto do mundo.

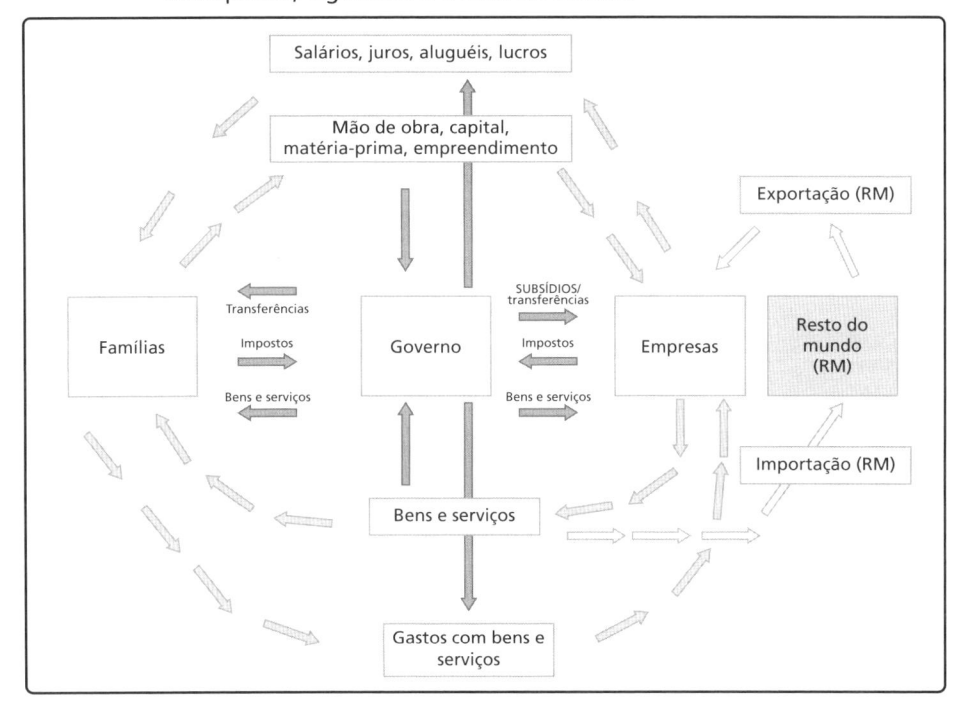

1.11. QUESTÕES

1. (FGV — 2024 — ALEP/Economista) Considere o modelo do fluxo circular da renda com apenas dois mercados: de bens e serviços e de fatores de produção.

Nesse modelo, um fluxo monetário e um fluxo de bens e serviços ocorrem, respectivamente, quando
    a) as empresas pagam salários, lucros e aluguéis para contratar e utilizar fatores de produção e as empresas compram bens e serviços das famílias no mercado de bens e serviços.
    b) as empresas pagam salários, lucros e aluguéis para contratar e utilizar fatores de produção e as empresas vendem bens e serviços das famílias no mercado de bens e serviços.
    c) as famílias recebem a receita da venda de bens e serviços nesse mercado e as empresas vendem bens e serviços das famílias no mercado de bens e serviços.

d) as famílias incorrem em despesas de compra de bens e serviços nesse mercado e as famílias compram terra, trabalho e capital no mercado de fatores de produção.
e) as famílias incorrem em despesas de compra de fatores de produção nesse mercado e as famílias vendem terra, trabalho e capital no mercado de fatores de produção.

2. (FGV — 2024 — TJ AP) O "PIB *per capita*" é uma medida que representa o "Produto Interno Bruto (PIB) de um país dividido pelo número de habitantes. Essas duas medidas são usadas para avaliar o padrão de vida e a prosperidade do país e de seus habitantes.

Trata-se de uma conclusão válida para a presença de um indicador "PIB *per capita*" relativamente alto em comparação aos indicadores de outros países:
a) é um país rico com poucos habitantes pobres;
b) é um país rico com muitos habitantes ricos;
c) existe a possibilidade de ser um país rico com muitos habitantes pobres;
d) o padrão de vida da maioria dos habitantes é elevado;
e) o padrão de vida de todos os habitantes é elevado.

3. (FGV — 2023 — ALEMA/ Economista) Considere o seguinte fluxo circular da renda:

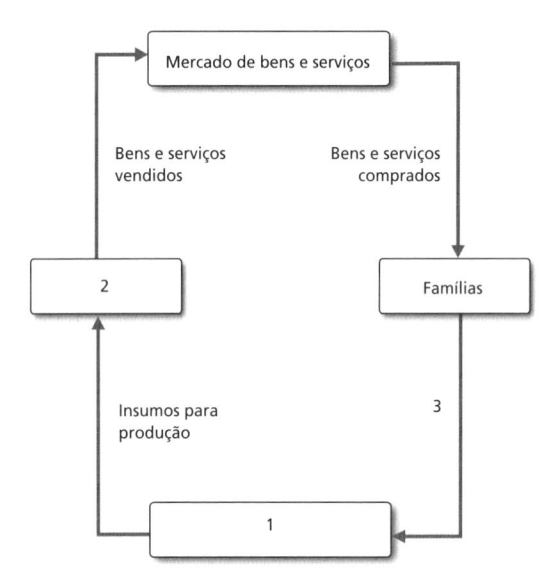

Os termos que preenchem corretamente os números 1, 2 e 3 são respectivamente,
a) "Mercado de fatores de produção", "Empresas" e "Terra, trabalho e capital".
b) "Mercado de trabalho, terra e capital", "Empresas e Governo" e "Insumos produtivos".
c) "Mercado de fatores de produção", "Empresas" e "salário, lucros e aluguéis".
d) "Mercado financeiro", "Governo" e "Renda Agregada".
e) "Mercado de insumos de produção", "Acionistas" e "PIB".

4. (CEBRASPE — 2022 — ANP) Considerando os conceitos de sujeitos econômicos e um modelo simplificado de fluxo circular de renda, representado por apenas dois agentes econômicos — as famílias e as empresas —, julgue o seguinte item.

Nesse modelo, existem dois mercados: um de bens e serviços e outro de fatores de produção.
( ) Certo
( ) Errado

1 ■ Conceitos Macroeconômicos Básicos

5. (FGV — 2022 — SEFAZ ES / Ciências Econômicas) Suponha que o único bem produzido por um país seja suco de laranja com morango. Para produzir esse suco é necessário produzir laranja e morango. O processo produtivo é descrito na tabela a seguir.

Produto	Valor do Produto	Insumos
Laranja	20	0
Morango	10	0
Suco de Laranja com Morango	50	30

Os valores do Produto Agregado, do Valor Adicionado e do Valor Bruto da Produção da economia desse país são iguais, respectivamente, a
   a) 80, 80 e 80.
   b) 50, 50 e 80.
   c) 50, 50 e 50.
   d) 20, 20 e 80.
   e) 20, 80 e 50.

6. (VUNESP — 2022 — ALESP/Finanças) Uma economia produz 1 000 tomates, que são vendidos a $ 1. Desses 1 000 tomates, 500 são para consumo final, e o restante é usado para produzir molho. Cada lata de molho leva 10 tomates e é vendida a $ 20. O PIB dessa economia é:
   a) $ 1 500.
   b) $ 1 000.
   c) $ 1 200.
   d) $ 500.
   e) $ 2 000.

7. (VUNESP — 2022 — Pref. Sorocaba) Uma economia produz 1 000 laranjas ao preço de $ 1. Dessas laranjas, 400 são vendidas para consumo final e 600 para a produção de suco. Cada garrafa de suco usa 5 laranjas e é vendida ao preço de $ 10.

O valor agregado pela produção de suco é:
   a) $ 600.
   b) $ 1 000.
   c) $ 1 200.
   d) $ 1 600.
   e) $ 6 0002.

8. (IBGE — CESGRANRIO — 2010) O gráfico abaixo mostra a curva de Lorenz para o caso de um país com duas classes sociais: os pobres, que são 80% da população e auferem 20% da renda do país e os ricos, que são 20% da população e auferem 80% da renda. Suponha que dentro de cada classe social a distribuição de renda seja uniforme.

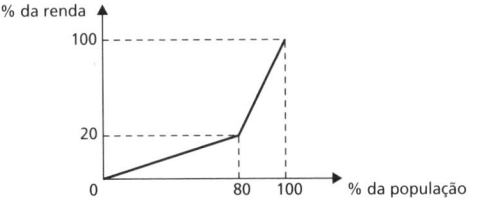

Essa situação gera um coeficiente de Gini similar ao do Brasil atual. O valor desse coeficiente é de
   a) 0,2
   b) 0,4
   c) 0,6
   d) 0,8
   e) 1,0

9. (BNDES — CESGRANRIO — 2013) A figura abaixo mostra, em linha cheia, a curva de Lorens de um país com 100 habitantes. Desses 100 habitantes, há 10 ricos, 50 de classe média e 40 pobres. Todos os ricos recebem uma renda correspondente a 6 unidades monetárias por período; todos os de classe média receberam 2 unidades monetárias por período, e todos os pobres, 1 unidade monetária por período.

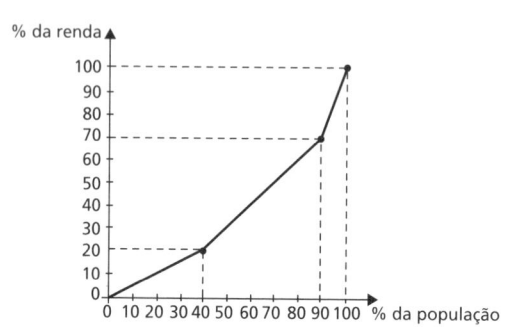

Nessa situação, o coeficiente de Gini é igual a
   a) 0,1
   b) 0,2
   c) 0,3
   d) 0,4
   e) 0,5

10. (Analista de Orçamento e Finanças Públicas/FCC/ 2016) Considere a charge abaixo, que pode ser associada a uma característica recorrente da economia brasileira, nos últimos cinquenta anos.

(Folha de São Paulo – Autor: Angeli)

Esta característica é
   a) índice de desemprego médio no patamar dos 15% da População Economicamente Ativa — PEA.
   b) Índices de Desenvolvimento Humano — IDH sempre abaixo dos 0,500 pontos, o que nos confere um baixo nível de desenvolvimento.
   c) a chamada "crise fiscal do Estado".
   d) o quadro hiperinflacionário persistente.
   e) um Coeficiente de Gini médio, em torno de 0,5 ponto.

1 ■ Conceitos Macroeconômicos Básicos

GABARITO

1. "b".
Considerando apenas dois mercados, ou seja, de bens e serviços e de fatores de produção, haverá apenas dois setores, ou seja, das empresas e das unidades familiares. Para as empresas produzirem, elas contratam mão de obra das famílias (no mercado de fatores) e as remuneram sob a forma de salários, juros, aluguéis e lucros. Também, as empresas produzem bens e serviços e vendem para as famílias, que as remuneram por isso (no mercado de bens). A alternativa "b" está correta. As empresas pagam salários, lucros e aluguéis para contratar e utilizar fatores de produção, e as famílias compram bens e serviços das empresas no mercado de bens e serviços. A alternativa "a" está incorreta. As empresas recebem a receita da venda de bens e serviços nesse mercado, que vendem para as famílias no mercado de bens e serviços. A alternativa "c" está incorreta. As famílias incorrem em despesas de compra de bens e serviços no mercado de bens, e as empresas compram terra, trabalho e capital no mercado de fatores de produção. A alternativa "d" está incorreta. As empresas incorrem em despesas de compra de fatores de produção no mercado de fatores, e as famílias vendem terra, trabalho e capital no mercado de fatores de produção. A alternativa "e" está incorreta.

2. "c".
O PIB *per capita* é uma medida que permite a comparação entre países, mas não mede o bem-estar de seus habitantes, já que não mostra distribuição de renda (ou concentração de renda), ou seja, mesmo que o PIB *per capita* seja alto, nada impede que haja uma concentração de renda muito grande, fazendo com que uma pequena parcela da população aufira uma renda alta contra a grande maioria da população, que aufere renda muito baixa. Portanto, a alternativa "c" está correta. Portanto, quando o PIB *per capita* é alto, pode acontecer de o país ser rico com poucos habitantes pobres ou não, já que o PIB *per capita* não mostra a distribuição de renda. A alternativa "a" está incorreta. Também quando o PIB *per capita* é alto pode acontecer de o país ser rico com poucos habitantes ricos ou não, a depender de como vai se comportar a distribuição de renda. A alternativa "b" está incorreta. Também, não se pode afirmar que o padrão de vida da maioria ou de todos os habitantes é elevado, já que o PIB *per capita* não mostra a distribuição de renda. As alternativas "d" e "e" estão incorretas.

3. "a".
Dada uma certa tecnologia, as famílias disponibilizam os seus insumos de produção, mão de obra (ou trabalho), capital, empreendimento e matéria-prima (ou terra) (indicado com o n. 3 da figura), para as empresas (indicado com o n. 2 da figura) poderem produzir no mercado de fatores de produção (indicado com o n. 1 da figura). Mediante esses insumos, as empresas produzem bens e serviços no Mercado de bens e serviços para as famílias poderem adquiri-los. A alternativa correta é a "a".

4. "certo".
No modelo simplificado de Fluxo Circular da Renda, há apenas dois setores na economia, as famílias e as empresas, ou seja, não consideramos governo e o setor externo. As empresas produzem bens e serviços e as famílias pagam por eles, constituindo o mercado de bens e serviços. Também, as empresas adquirem, das famílias, os fatores de produção constituídos pela mão de obra, capital, empreendimento e matéria-prima e pagam por isso sob a forma de salários, juros, lucros e aluguéis. Isso ocorre no mercado de fatores de produção. A questão está certa.

5. "b".
Podemos representar a tabela, mostrada acima, da seguinte forma:

Produto	Valor Bruto da Produção (VBP)	Consumo Intermediário (CI)
Laranja	20	0
Morango	10	0
Suco de Laranja com Morango	50	30
	VBP = 20 + 10 + 50 = 80	CI = 0 + 0 + 30 = 30

O produto agregado será o total de suco de Laranja com Morango produzido, já que tanto a Laranja quanto o Morango foram totalmente utilizados na produção do suco que pode ser comprovado porque o setor de suco de Laranja com Morango se utilizou de 30 de consumo Intermediário que corresponde exatamente a produção de Laranja e Morango (= 20 + 10). Também, podemos calcular o produto agregado, subtraindo do Valor Bruto da Produção (80), o Consumo Intermediário (30). Portanto, o produto agregado será de 50 (= 80 - 30). O setor que produziu Laranja, não se utilizou de nenhum consumo intermediário. Logo, adicionou 20 a produção. O setor que produziu Morango, não se utilizou de nenhum consumo intermediário. Logo, adicionou 10 a produção. O setor que produziu Suco de Laranja com Morango, utilizou-se de 30 de consumo intermediário. Logo, adicionou 20 a produção (= 50 - 30). Portanto o valor adicionado total foi de 50 (= 20 + 10 + 20). O Valor bruto da produção é a soma do valor bruto de cada um dos setores sem descontar o consumo intermediário, ou seja, será de 80 (= 20 + 10 + 50). A alternativa correta é a "b".

6. "a".
Montando uma tabela com as informações da questão, temos:

Produto	Valor Bruto da Produção (VBP)	Consumo Intermediário (CI)
Tomates	$ 1000	
Molho	$ 1000*	$ 500
	$1000 + $ 1000 = $ 2000	

*$ 500 de tomates fazem 50 latas de molho. Cada lata de molho é vendida a $ 20, então, o VBP do molho é de $ 1000 (= 50.20)
O produto agregado é a subtração do Consumo Intermediário (CI) do valor Bruto da Produção(VBP). Logo:
Produto agregado = VBP – CI
Produto agregado = 2000 – 500
Produto agregado = 1500
A alternativa correta é a "a".

7. "a".
Montando uma tabela com as informações da questão, temos:

Produto	Valor Bruto da Produção (VBP)	Consumo Intermediário (CI)
Laranjas	$ 1000	0
Suco	$ 1200*	$ 600
	$1000 + $ 1200 = $ 2200	30

*600 laranjas fazem 120 sucos. Cada suco é vendido a $ 10, então, o VBP do suco é de $ 1200 (=120.10)

1 ■ Conceitos Macroeconômicos Básicos

Se a questão estivesse perguntando o produto agregado dessa economia, o cálculo seria a subtração do Consumo Intermediário (CI) do valor Bruto da Produção(VBP). Logo:
Produto agregado = VBP – CI
Produto agregado = 2200 – 600
Produto agregado = 1600
Mas a questão perguntou, qual o valor agregado apenas pelo setor do suco. Logo, o setor produziu 1200 e o consumo intermediário foi de 600, então, esse setor adicionou 600. Observe o cálculo abaixo:
Produto agregado pelo setor "suco" = VBP – CI
Produto agregado pelo setor "suco" = 1200 – 600
Produto agregado pelo setor "suco" = 600
A alternativa correta é a "a".

8. "c".
O Índice de Gini (G) é calculado por: G = a/(a + b). Assim: a área de "b" é dada pela soma de duas figuras geométricas: um triângulo e um trapézio. Ou seja:

$$\frac{80 \times 20}{2} + \frac{(20 + 100) \times (100 - 80)}{2} = 800 + 1.200 = 2.000$$

A área de "a" representa a área total (a + b) subtraída da área b, ou seja:

$$\frac{100 \times 100}{2} - 2.000 = 3.000$$

Logo: G = 3.000/5.000 = 0,6

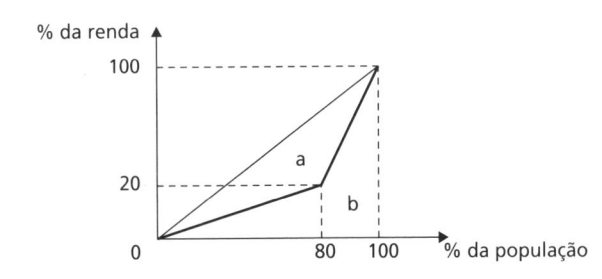

9. "c".
O índice de Gini é definido como:
G = a/a + b

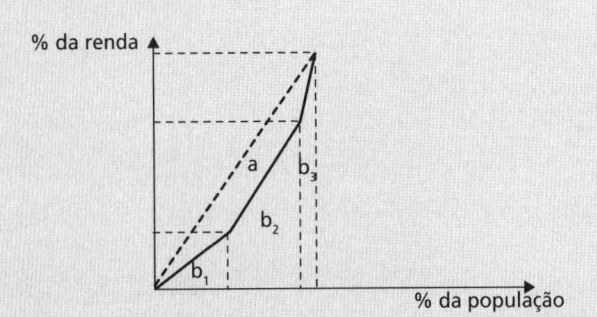

Calculando a área "b" ($b_1 + b_2 + b_3$) tem-se:
$b_1 = (40 \times 20)/2 = 400$
$b_2 = (90 - 40) \times (70 + 20)/2 = 50 \times 90/2 = 4.500/2 = 2.250$

$b_3 = (100 - 90) \times (100 + 70)/2 = 10 \times 170/2 = 1.700/2 = 850$
$b = b_1 + b_2 + b_3 = 3.500$
$a + b = 100.100/2$ (que representa a metade da área da figura ou 50%)
$a + b = 5.000$; como $b = 3.500$
Então: $a = 5.000 - 3.500 = 1.500$
Portanto: $G = 1.500/5.000 = 0,3$

10. "e".
Um índice de Gini igual a 0,5 significa que o país apresenta uma concentração de renda elevada, o que aumenta a pobreza, retratado nas figuras acima. A alternativa "e" está correta. A taxa de desemprego média nos últimos 50 anos, esteve abaixo de 15%. A alternativa "a" está incorreta. O IDH esteve acima de 0,50 para o período analisado. A alternativa "b" está incorreta. A crise fiscal do Estado, caracterizado por um excesso de gastos em relação a sua arrecadação, pode minimizar a pobreza no curto prazo. A alternativa "c" está incorreta. O Plano Real, a partir de 1994, foi capaz de estancar a hiperinflação. Além disso, outros planos econômicos, nos primeiros meses, foram capazes de minimizar a inflação. A alternativa "d" está incorreta.

1.12. MATERIAL SUPLEMENTAR

QUESTÕES DE CONCURSOS
http://uqr.to/1yjb0

2

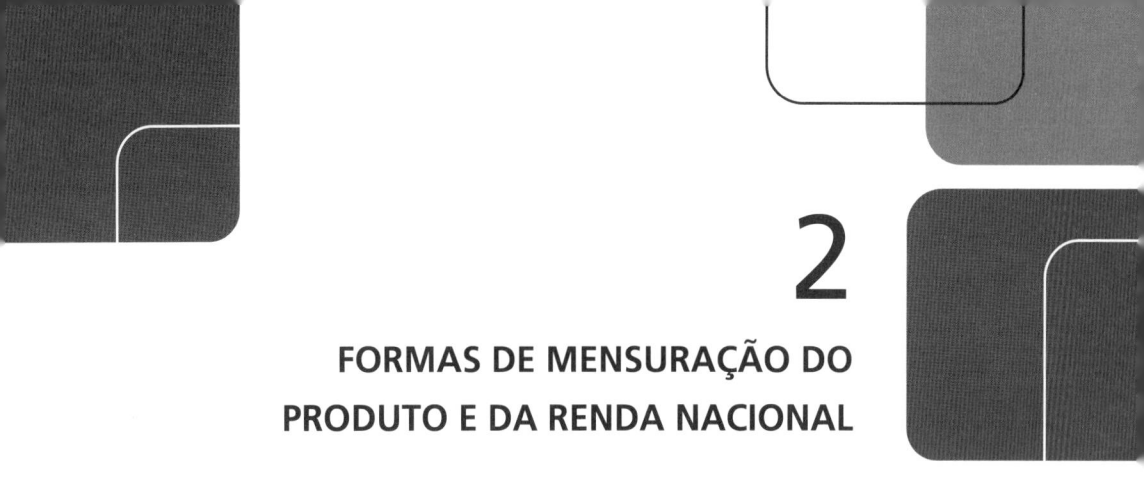

FORMAS DE MENSURAÇÃO DO PRODUTO E DA RENDA NACIONAL

Como foi mostrado no capítulo anterior, a primeira identidade macroeconômica discutida foi:

Produto ≡ Renda ≡ Dispêndio[1]

Para medir o produto da economia, podem-se utilizar três óticas: a ótica do produto, a ótica da renda e a ótica do dispêndio. Os valores encontrados por meio dessas mensurações devem ser idênticos.

Diante disso, observe o cálculo do produto por essas três óticas nos itens a seguir.

2.1. ÓTICA DO DISPÊNDIO OU DA DESPESA

Pela ótica do dispêndio, determina-se o produto da economia **somando-se o produto, que pela sua natureza é final, com os insumos que não entraram no processo produtivo**[2]. Por essa ótica, é possível medir o esforço produtivo em suas etapas produtivas. Feijó e Ramos reforçam ao afirmar que: "Esta forma de se medir o esforço produtivo da economia num período de tempo é denominado de ótica da despesa"[3]. Assim, o produto da economia terá seu destino sob a forma de Consumo Final para as Unidades Familiares ou para o Governo, Investimento das empresas ou Exportação Líquida para o Setor Externo. Então, é possível dizer que o produto é medido pelo seu **consumo**.

O produto que, pela sua natureza, é final é aquele que já se encontra na sua última etapa produtiva, ou seja, é aquele que já está pronto para o consumo ("está na prateleira" para ser vendido). Os insumos que não entraram no processo produtivo são aqueles que serão utilizados em outro processo produtivo e, portanto, ainda não estão prontos para o consumo (ainda não estão "na prateleira" para serem vendidos).

---

[1] Quando se fala em produto, renda e dispêndio, não se estão especificando as suas diferenciações, que consistem em se acrescentar a depreciação ou não, os impostos indiretos líquidos de subsídios ou não e a renda líquida enviada (ou recebida) do exterior ou não. Esses acréscimos ou subtrações indicarão se o agregado é líquido ou bruto, a custo de fatores ou a preço de mercado, interno ou nacional. No capítulo 3, será abordado tal assunto.

[2] Essa definição foi abordada por Paulani e Braga (2000, p. 11), quando afirmaram que: "Todo bem que, por sua natureza, é final, deve ter seu valor considerado no cálculo do valor do produto, mas nem todo bem cujo valor entra no cálculo do produto é um bem final por natureza".

[3] Carmem Aparecida Feijó e Roberto Luis Olinto Ramos, *Contabilidade social*, p. 22.

Nas duas hipóteses consideradas no primeiro capítulo, calcula-se o produto pela ótica do dispêndio. Acompanhe as Tabelas 2.1 e 2.2:

Tabela 2.1. Cálculo do Produto pela ótica do dispêndio — 1.ª hipótese

SETOR	PRODUÇÃO	PRODUTO INTERMEDIÁRIO	PRODUTO ADICIONADO	INSUMO QUE NÃO ENTROU NO PROCESSO PRODUTIVO
SETOR 1	1.000	0	1.000	0
SETOR 2	2.100	1.000	1.100	0
SETOR 3	3.300	2.100	1.200	0
SETOR 4	4.600	3.300	1.300	0
VBP =	11.000			

Produto agregado = produto que, pela sua natureza, é final + insumos que não entraram no processo produtivo

Produto agregado = 4.600 + 0

Produto agregado = 4.600

Tabela 2.2. Cálculo do Produto pela ótica do dispêndio — 2.ª hipótese

SETOR	PRODUÇÃO	PRODUTO INTERMEDIÁRIO	PRODUTO ADICIONADO	PRODUTO QUE NÃO ENTROU NO PROCESSO PRODUTIVO
SETOR 1	1.000	0	1.000	200
SETOR 2	2.000	800	1.200	700
SETOR 3	2.700	1.300	1.400	0
SETOR 4	5.200	2.700	2.500	0
VBP =	10.900			

Produto agregado = produto que, pela sua natureza, é final + insumos que não entraram no processo produtivo

Produto agregado = 5.200 + (200 + 700 + 0 + 0)

Produto agregado = 5.200 + 900

Produto agregado = 6.100

Portanto, pode-se entender que o bem produzido na economia é a soma do produto acabado (produto pronto para o consumo) mais o produto inacabado (que deverá ser acabado em outro processo produtivo). Nessa segunda hipótese, o produto da economia seria composto de 5.200 de pão, mais 200 de sementes, mais 700 de trigo, o que resulta num total de 6.100.

Sachs e Larrain afirmam que, "por esse processo, o PIB é medido como a soma de todas as demandas finais do produto na economia. Há vários tipos de demandas finais. O produto da economia pode ser usado para o consumo familiar (C), o consumo governamental (G), investimento em novo capital na economia (I), ou venda líquida para o exterior (exportações/importações)"[4].

Observe a Tabela 2.3, extraída do IBGE, que mostra os componentes da demanda no PIB entre 2000 e 2010 no Brasil.

Tabela 2.3. Componentes da demanda no PIB — 2000-2010 (em %)

ESPECIFICAÇÃO	2000	2001	2002	2003	2004	2005	2006	2007	2008	2009 (1)	2010 (1)
Consumo das famílias (C)	64,3	63,5	61,7	61,9	59,8	60,3	60,3	59,9	58,9	61,7	60,6
Consumo da administração pública (G)	19,2	19,8	20,6	19,4	19,2	19,9	20,0	20,3	20,2	21,8	21,2
FBCF + Variação de estoques (I)	18,3	18,0	16,2	15,8	17,1	16,2	16,8	18,3	20,7	16,5	19,2
Exportação de bens e serviços (X)	10,0	12,2	14,1	15,0	16,4	15,1	14,4	13,4	13,7	11,1	11,2
Importação de bens e serviços (M)	(11,7)	(13,5)	(12,6)	(12,1)	(12,5)	(11,5)	(11,5)	(11,8)	(13,5)	(11,2)	(12,1)
PIB a preço de mercado (Y)	100,0	100,0	100,0	100,0	100,0	100,0	100,0	100,0	100,0	100,0	100,0

Fonte: IBGE. Diretoria de Pesquisas, Coordenação de Contas Nacionais.
(1) Resultados preliminares calculados a partir das Contas Nacionais Trimestrais.

Logo, pela ótica da despesa, pode-se determinar o produto pela soma das despesas com bens finais, ou seja, a soma do Consumo das famílias (C), Investimento das empresas (I), Gasto do Governo (G) e Exportações líquidas de bens e serviços não fatores, que é a diferença entre as exportações e importações de bens e serviços não fatores (X – M), ou seja:

Produto agregado = C + I + G + X – M
(ótica do dispêndio)

2.2. ÓTICA DO PRODUTO

Pela ótica do produto, determina-se o produto da economia pela **soma dos valores** (ou produtos, ou consumo, ou bens) **adicionados** em cada fase de produção. Assim, o produto é medido pela sua produção.

Outra maneira de medir o produto pela ótica do produto é calcular a **diferença entre a produção total (Valor Bruto da Produção) e o Consumo Intermediário**[5], como visto no primeiro capítulo. Assim reforça Mankiw: "Uma forma de computar o valor de todos os bens e serviços finais é somar o valor adicionado em cada etapa da produção. O valor adicionado de uma empresa corresponde ao valor da produção da empresa menos o valor dos bens intermediários que ela compra em outro lugar (...). Por essa razão, o PNB também se define como o total do valor adicionado de todas as empresas na economia"[6].

---

[4] Jeffrey D. Sachs e Felipe Larrain B., *Macroeconomia*, p. 24.
[5] Consumo Intermediário, ou Produto Intermediário, ou Valor Intermediário.
[6] N. Gregory Mankiw, *Macroeconomia*, p. 13.

Supondo as mesmas duas hipóteses citadas anteriormente, obtém-se o valor do produto adicionado por cada setor da economia mostrado nas Tabelas 2.4 e 2.5 a seguir:

Tabela 2.4. Cálculo do Produto pela ótica do produto — 1.ª hipótese

SETOR	PRODUÇÃO OU VBP[7]	PRODUTO INTERMEDIÁRIO	PRODUTO ADICIONADO	INSUMO QUE NÃO ENTROU NO PROCESSO PRODUTIVO
SETOR 1	1.000	0	1.000	0
SETOR 2	2.100	1.000	1.100	0
SETOR 3	3.300	2.100	1.200	0
SETOR 4	4.600	3.300	1.300	0
VBP =	11.000			

Produto agregado = soma do produto adicionado =
  1.000 + 1.100 + 1.200 + 1.300 = 4.600
Ou: Produto agregado = VBP – Consumo Intermediário
Produto agregado = 11.000 – (1.000 + 2.100 + 3.300)
Produto agregado = 4.600

Tabela 2.5. Cálculo do Produto pela ótica do produto — 2.ª hipótese

SETOR	PRODUÇÃO	PRODUTO INTERMEDIÁRIO	PRODUTO ADICIONADO	PRODUTO QUE NÃO ENTROU NO PROCESSO PRODUTIVO
SETOR 1	1.000	0	1.000	200
SETOR 2	2.000	800	1.200	700
SETOR 3	2.700	1.300	1.400	0
SETOR 4	5.200	2.700	2.500	0
VBP =	10.900			

Produto agregado = soma do produto adicionado =
  1.000 + 1.200 + 1.400 + 2.500 = 6.100
Ou: Produto agregado = VBP – Consumo Intermediário
Produto agregado = 10.900 – (800 + 1.300 + 2.700)
Produto agregado = 10.900 – 4.800
Produto agregado = 6.100

2.3. ÓTICA DA RENDA

Para produzir bens e serviços, são utilizados fatores de produção que deverão ser remunerados. E a **soma dessa remuneração recebe o nome de renda**. E a renda toma a forma de **salários, juros, aluguéis e lucros**. Observe o Quadro 2.1 a seguir:

---

[7] VBP = Valor Bruto da Produção.

2 ■ Formas de Mensuração do Produto e da Renda Nacional

Quadro 2.1. Remuneração dos Fatores de Produção

FATORES DE PRODUÇÃO	REMUNERAÇÃO DOS FATORES DE PRODUÇÃO
MÃO DE OBRA (ou trabalho) →	SALÁRIO (S)
CAPITAL[8] →	JUROS (J)
MATÉRIA-PRIMA[9] →	ALUGUEL (A)
EMPREENDIMENTO →	LUCRO (L)
10	
	= RENDA

Assim, pela ótica da renda, o produto obtido é medido pelo seu rendimento.

Supondo que o produto gerasse uma renda em forma de salários, juros, aluguéis e lucros, considere, ilustrativamente, as seguintes porcentagens:

40% em forma de Salários.
20% em forma de Juros.
10% em forma de Aluguéis.
30% em forma de Lucros.

De acordo com a Tabela 2.6 a seguir, tem-se uma remuneração em forma de salários, num total de R$ 2.440,00; de juros, num total de R$ 1.220,00; de aluguéis, num total de R$ 610,00; e de lucros, num total de R$ 1.830,00. Somando todas essas formas de renda, pode-se afirmar que a renda gerada na economia foi de R$ 6.100,00.

Tabela 2.6. Cálculo do Produto pela ótica da renda

PRODUTO ADICIONADO	SALÁRIOS (R$) (40%)	JUROS (R$) (20%)	ALUGUÉIS (R$) (10%)	LUCROS (R$) (30%)	RENDA (R$) (100%)
1.000	400,00	200,00	100,00	300,00	1.000,00
1.200	480,00	240,00	120,00	360,00	1.200,00
1.400	560,00	280,00	140,00	420,00	1.400,00
2.500	1.000,00	500,00	250,00	750,00	2.500,00
TOTAL	2.440,00	1.220,00	610,00	1.830,00	6.100,00

Como todo produto gera uma renda de igual valor, pode-se dizer que, sendo a renda de R$ 6.100,00, o produto será igual a R$ 6.100,00 também.

---

[8] O capital pode ser entendido como: *capital físico* (bens de capital que produzem outros bens, como, por exemplo, máquinas, ferramentas, estoques, instalações, edificações), que teria como remuneração o aluguel; *capital financeiro* ou capital de empréstimos (recursos de terceiros utilizados para comprar o capital físico), cuja remuneração seria os juros; *capital de risco* (recursos próprios que se utilizam para comprar o capital físico), cuja remuneração seria o lucro.

[9] Matéria-prima, ou terra, ou recursos naturais, ou a propriedade dos bens de produção.

[10] Alguns autores incluem a tecnologia como fator de produção e *royalties* como a remuneração da tecnologia.

| **Todo produto gera uma renda de igual valor.**

Obs.: Como dito anteriormente, as porcentagens das remunerações dos fatores de produção são meramente ilustrativas.

Logo, o produto agregado será a soma das remunerações dos fatores de produção, ou seja:

Produto agregado = renda
Produto agregado = salários + juros + aluguéis + lucros
Produto agregado = 2.440 + 1.220 + 610 + 1.830 = 6.100

Feijó e Ramos[11] resumem o produto pelas três óticas da seguinte maneira:

Ótica do produto = Valor da produção − Valor dos Consumos Intermediários
Ótica da renda = Soma das remunerações aos fatores de produção
Ótica da despesa = Soma dos gastos finais na economia em bens e serviços (despesas de consumo e com formação de capital), nacionais e importados

Já Froyen sintetiza, afirmando que, "no lado do produto, são medidas a produção e as vendas; no da renda mede-se a distribuição do resultado monetário das vendas"[12].

As informações necessárias para se obter as medidas pelas três óticas são possíveis por três caminhos: pesquisas realizadas por órgãos oficiais encarregados de fazer levantamentos estatísticos em empresas e residências; empresas que informam ao governo os respectivos dados que farão parte do cálculo do produto; ou estimativas que serão inferidas com base nos indicadores.

2.4. QUESTÕES

1. (FGV — 2023 — Auditor do Estado SC/Economia) O PIB a preços de mercado não pode ser mensurado pela soma
a) do valor monetário de venda dos bens finais produzidos dentro do país.
b) do valor adicionado em cada etapa do processo produtivo dentro do país.
c) do consumo (privado e público), investimento e exportação, deduzidas as importações.
d) de salários, lucros, aluguéis, juros e impostos indiretos, deduzidos os subsídios.
e) da remuneração dos fatores do trabalho, do capital de empréstimo e dos bens de capital.

2. (FGV — 2023 — Fiscal de Rendas Rio de Janeiro) Existem duas formas de se medir o produto de uma economia: pelas óticas do dispêndio e da renda. A partir do uso de uma dessas óticas ou de ambas, é correto afirmar que:
a) a demanda final iguala a soma de lucros, juros e aluguéis;
b) o valor agregado do produto iguala a soma do consumo e do investimento;
c) a igualdade entre produto e dispêndio vem do conceito de produto, que engloba todos os destinos possíveis do produto;

---

[11] Carmem Aparecida Feijó e Roberto Luis Olinto Ramos, *Contabilidade social*, p. 22.
[12] Richard T. Froyen, *Macroeconomia*, p. 18.

d) o produto iguala a renda que iguala o dispêndio dos salários;
e) o conceito de renda se refere à remuneração dos fatores de produção.

3. (CEBRASPE — 2022 — FUNPRESP-EXE) No que se refere à macroeconomia, julgue o item seguinte.
No processo de mensuração do produto agregado, a chamada dupla contagem é um problema que ocorre quando determinado bem final é computado duas vezes no produto agregado.
( ) Certo
( ) Errado

4. (FGV — 2022 — SEMSA Manaus/Economista) Na ótica da demanda, o PIB é composto pela soma
a) do consumo das famílias e do governo, dos investimentos e das exportações líquidas de importações.
b) de todos os bens e serviços finais produzidos durante um determinado período em uma determinada região.
c) do valor adicionado por cada uma das empresas de determinado local à economia.
d) de todas as rendas auferidas pelos agentes do país, incluindo salários, juros, lucros e aluguéis.
e) dos agregados líquidos da produção de todos os setores da economia de um país, incluindo indústria, comércio, serviços e agropecuária.

5. (Economista — SUFRAMA — CEBRASPE — 2014) Considerando o sistema de contas nacionais, os conceitos de déficit e de dívida pública e as identidades e os agregados macroeconômicos, julgue o item a seguir.
O produto nacional calculado sob a ótica da renda pode ser expresso pela soma dos salários e dos lucros das empresas, deduzindo-se as despesas com aluguéis e com juros, para se evitar a dupla contagem.

6. (IBGE — CONSULPLAN — 2011 — adaptada) Julgue a afirmativa.
O cálculo do produto feito pela ótica da despesa considera a soma de todos os bens e serviços finais, produzidos em um período, mais o que foi gerado de estoque.

7. (Analista — Prefeitura de São Paulo — Planejamento e Desenvolvimento Organizacional — Ciências Econômicas — VUNESP — 2015) Ao se medir a produção de um país, evita-se superestimar o Produto Nacional por meio da dupla contagem. Uma das maneiras para se evitar este efeito é
a) incluir os produtos intermediários na contagem do PNB.
b) eliminar os valores adicionados ao produto à medida que ele passa pelos vários estágios do processo produtivo.
c) excluir os bens finais da contagem do PNB.
d) somar ao Produto Nacional Líquido a depreciação observada no mesmo período.
e) levar em consideração os valores adicionados ao produto à medida que ele passa pelos vários estágios do processo produtivo.

8. (Economista /FCC/ 2016) Nas contas nacionais, o valor do Produto Interno Bruto — PIB pode ser visto sob as óticas da produção, da demanda e da renda. Quando expressa a produção, o valor é igual
a) à despesa de consumo das famílias, mais o consumo do governo.
b) ao consumo das famílias menos o consumo do governo, mais o consumo intermediário, a preços de consumidor.
c) ao valor bruto da produção, a preços básicos, menos o consumo intermediário, a preços de consumidor, mais os impostos, líquidos de subsídios, sobre produtos.

d) ao total da renda das empresas, menos o total dos impostos.
e) à remuneração dos empregados, mais o total dos impostos, líquidos de subsídios, sobre a produção e a importação.

9. (IBFC — Analista Administrativo/Economia/2020) Sabe-se que o Produto Interno Bruto (PIB) é o valor dos bens e serviços finais produzidos em uma economia num dado período de tempo.
Além disso, seu cálculo pode ser realizado através de três óticas: despesa, produto e renda. Diante do contexto, assinale a alternativa incorreta.
   a) O cálculo do PIB pela ótica da despesa leva em conta a soma do consumo das famílias, serviços adquiridos pelos governos federal, municipal e estadual, à aquisição de bens de capital e as exportações líquidas.
   b) O PIB pela ótica do produto nada mais é que a soma dos valores dos bens finais e intermediários.
   c) O resultado encontrado pela Ótica da Renda deve ser exatamente igual ao encontrado pela ótica da despesa e produto, dado certo período de tempo analisado.
   d) O PIB pela ótica da despesa, leva em conta à aquisição de bens de capital para seu cálculo. Esse investimento é composto pela formação bruta de capital fixo e pela variação de estoques.
   e) O PIB pela ótica da renda se dá pela soma de toda renda gerada no processo produtivo, para isso, leva-se em consideração a soma dos salários, lucros, juros e aluguéis.

10. (FEPESE — Economista /Pref Florianópolis/2019) A partir do fluxo circular de renda, podem ser estabelecidas três alternativas de medida do Produto Interno Bruto (PIB) de uma economia.
Sobre essas alternativas, é correto afirmar:
   a) Pela ótica da despesa, o PIB é dado pelo consumo privado, investimento privado, gastos do governo e exportações líquidas.
   b) Pela ótica da renda, o PIB é medido pelo valor do consumo intermediário acrescido em cada setor da economia.
   c) Pela ótica da renda, o PIB é medido pela soma do valor de todos os bens finais produzidos na economia.
   d) Pela ótica do produto, o PIB é obtido pela soma das remunerações dos fatores de produção e medido pelos salários, juros, lucros e aluguéis.
   e) Pela ótica do produto, o PIB de uma economia é calculado a partir dos gastos de uma sociedade, sejam esses privados ou governamentais, além do investimento bruto.

GABARITO

1. "e".
O produto, pela ótica da renda, é a soma da remuneração do fator trabalho, sob a forma de salário, do fator capital de empréstimo, sob a forma de juros, do fator matéria-prima, sob a forma de aluguéis e do fator empreendimento, sob a forma de lucro. Além disso, por se tratar de produto a preço de mercado, devem-se acrescentar os impostos indiretos livres de subsídios (assunto a ser visto no capítulo 3). Portanto, a alternativa "e" está incorreta. O PIB é o produto produzido dentro das fronteiras nacionais de um país e é medido pelo valor monetário de sua venda. A alternativa "a" está correta. A soma dos valores adicionados em cada etapa produtiva dentro das fronteiras nacionais de um país, determina o PIB pela ótica do produto. A alternativa "b" está correta. Pela ótica do dispêndio, o produto pode ser medido pelo consumo das famílias (C), pelo investimento das empresas (I), pelo consumo ou gasto do governo (G) e pela exportação líquida (X-M) somados. A alternativa "c" está correta. Pela ótica da renda, o produto pode ser medido pela soma dos salários, juros, aluguéis e lucros gerados. Por se tratar de produto a preços de mercado (assunto a ser visto no capítulo 3), é necessário acrescentar os impostos indiretos livres de subsídios. A alternativa "d" está correta.

2 ◼ Formas de Mensuração do Produto e da Renda Nacional

2. "e".
Pela ótica da renda, o produto é a soma das remunerações dos fatores de produção sob a forma de salários, juros, aluguéis e lucros. A alternativa "e" está correta. A demanda final será a soma do Consumo das famílias (C), Investimento das empresas (I), Gasto do governo (G) e Exportação de bens e serviços não fatores (X). O cálculo do produto pela ótica do dispêndio será igual a demanda total menos as importações de bens e serviços não fatores, ou seja: Produto = C + I + G + X − M. O produto pela ótica da renda será igual a soma de salários (S), lucros (L), juros (J) e aluguéis(A), logo: Produto = S + J + A + L. Assim, o correto na alternativa "a" seria dizer que o produto final iguala a soma de salários, lucros, juros e aluguéis. A Alternativa "a" está incorreta. O valor agregado do produto é igual ao consumo (C) somado ao investimento (I), ao gasto do governo (G) e às exportações líquidas (X−M), ou seja: produto = C + I + G + X − M. A alternativa "b" está incorreta. A igualdade entre produto e dispêndio (ou despesa) vem do conceito de despesa, que engloba todos os destinos possíveis do produto sob a forma de consumo, investimento, gasto do governo e exportação líquida. A alternativa "c" está incorreta. O produto pode ser medido por três óticas: a ótica do produto (pela soma dos valores adicionados), da renda (pela soma de salários, juros, aluguéis e lucros gerados) e do dispêndio (pela soma do consumo, investimento, gasto do governo e exportações líquidas). A alternativa "d" está incorreta.

3. "errado".
A dupla contagem ocorre quando um setor não desconta de sua produção, o consumo intermediário que se utilizou para produzir o seu bem ou serviço. Dessa maneira, quando se vai fazer a contagem do produto da economia, o consumo intermediário seria computado duas vezes, tanto por quem o produziu quanto pelo setor que se utilizou dele para produzir seu bem ou serviço. Para evitar essa dupla contagem, deve-se subtrair do Valor Bruto da Produção (VBP), o Consumo Intermediário (CI) e, dessa forma, encontra-se o Produto agregado. Vejamos: Produto agregado = VBP − CI.

4. "a".
Pela ótica da demanda ou do dispêndio, o produto será calculado pela soma do Consumo das famílias (C), Investimento das empresas (I), Gasto ou Consumo do governo (G) e das Exportações (X) subtraídas das Importações (M) de bens e serviços não fatores. Assim: Produto = C + I + G + X − M. A alternativa "a" está correta. A soma de todos os bens e serviços produzidos é igual ao produto pela ótica do produto e não pela ótica do dispêndio (ou demanda). A alternativa "b" está incorreta. A soma dos valores adicionados pelas empresas corresponde o cálculo do produto pela ótica do produto e não pela ótica do dispêndio (ou demanda). A alternativa "c" está incorreta. A soma das rendas auferidas corresponde ao produto pela ótica da renda e não pela ótica do dispêndio (ou demanda). A alternativa "d" está incorreta. O produto calculado pela soma dos agregados líquidos da produção de todos os setores da economia é calculado pela ótica do produto e não pela ótica do dispêndio (ou da demanda). A alternativa "e" está incorreta. A alternativa correta é a "a".

5. "errado".
O produto nacional calculado sob a ótica da renda pode ser expressado pela soma dos salários, juros, aluguéis e dos lucros das empresas.

6. "certo".
O cálculo do produto pela ótica da despesa mede o dispêndio necessário para adquirir esse produto. Será, portanto, a soma do consumo das famílias, o investimento das empresas, o gasto do governo e da exportação líquida de um país. O investimento da empresa pode ser sob a forma de capital fixo, que são as máquinas, equipamentos, instalações etc., bem como o que se compõs de estoques. Ou seja, tanto o produto que pela sua natureza é final como os insumos que não entraram no processo produtivo irão compor o produto.

7. "e".
Ao levarmos em consideração a soma dos valores adicionados ao produto à medida que ele passa pelos vários estágios do processo produtivo, evitamos a dupla contagem. Esse cálculo do produto se dá pela ótica do produto. A alternativa "e" está correta.

Não devemos incluir os produtos intermediários na contagem do PNB porque senão incorreríamos em dupla contagem. A alternativa "a" está incorreta.

Para determinarmos o produto da economia, devemos somar os valores adicionados ao produto à medida que ele passa pelos vários estágios do processo produtivo. A alternativa "b" está incorreta.

Os bens finais fazem parte da contagem do PNB. O produto é determinado pela soma do produto que pela sua natureza é final mais os insumos que não entraram no processo produtivo. A soma desses dois compõe o produto final. A alternativa "c" está incorreta.

Ao somarmos ao Produto Nacional Líquido à depreciação, encontramos o Produto Nacional Bruto, mas esse cálculo não é um mecanismo para evitar a superestimação do Produto Nacional por meio da dupla contagem. A alternativa "d" está incorreta.

8. "c".

O Valor Bruto da Produção a preços básicos, ou seja, sem a inclusão dos impostos indiretos líquidos de subsídios, subtraído do consumo intermediário e somado aos impostos indiretos líquidos de subsídios é igual ao Produto agregado (PIB).

Produto agregado = VBPpb – CI + (impostos indiretos-subsídios). A alternativa "c" está correta.

Quando o PIB é visto pela ótica da demanda (ou da despesa) o PIB é igual a soma do consumo das famílias (C), Investimento das empresas (I), Gasto do Governo (G), Exportação de bens e serviços não fatores (X) subtraídas das importações de bens e serviços não fatores (M). A alternativa "a" está incorreta. O consumo intermediário não está incluído no PIB porque, caso contrário, haveria dupla contagem. Além do que, o Produto pela ótica da despesa é PIB = C + I + G + X – M. A alternativa "b" está incorreta.

O produto medido pela ótica da renda é a soma de toda renda gerada no processo produtivo (remuneração dos empregados + excedente operacional líquido), incluindo os impostos. As alternativas "d" e "e" estão incorretas.

9. "b".

Pela ótica do produto, determina-se o produto da economia pela soma dos valores (ou produtos, ou consumo, ou bens) adicionados em cada fase de produção. Assim, o produto é medido pela sua produção. Logo, o produto pela ótica do produto é calculado pela diferença entre a produção total (Valor Bruto da Produção) e o Consumo Intermediário, e não pela soma do Consumo intermediário. A alternativa "b" está incorreta.

Pela ótica da despesa, o produto é a soma das despesas com bens finais, ou seja, a soma do Consumo das famílias (C), investimento das empresas (I) sob a forma de aquisição de bens de capital, gasto do Governo federal, estadual, municipal (G) e Exportações líquidas de bens e serviços não fatores, que é a diferença entre as exportações e importações de bens e serviços não fatores (X – M), ou seja:

$$\text{Produto agregado} = C + I + G + X - M$$
(ótica do dispêndio)

A alternativa "a" está correta.

As óticas do produto, dispêndio e renda são formas de se calcular o produto, mas, este é um só. Logo, os valores encontrados por essas três óticas são o mesmo. A alternativa "c" está correta.

Pela ótica da despesa, o produto é a soma do Consumo das famílias (C), investimento das empresas (I) sob a forma de formação bruta de capital fixo e variação de estoques, gasto do Governo (G) e Exportações líquidas de bens e serviços não fatores, ou seja:

$$\text{Produto agregado} = C + I + G + X - M$$
(ótica do dispêndio)

A alternativa "d" está correta.

Para produzir bens e serviços, são utilizados fatores de produção que deverão ser remunerados. E a soma dessa remuneração recebe o nome de renda. E a renda toma a forma de salários, juros, aluguéis e lucros. Portanto, o produto pela ótica da renda se dá pela soma de toda renda gerada no processo produtivo. A alternativa "e" está correta.

10. "a".
Pela ótica da despesa (ou dispêndio), o produto é a soma do Consumo das famílias (C), investimento das empresas (I) sob a forma de formação bruta de capital fixo e variação de estoques, gasto do Governo (G) e Exportações líquidas de bens e serviços não fatores, ou seja:

$$\text{Produto agregado} = C + I + G + X - M$$

A alternativa "a" está correta.

Pela ótica da renda, o PIB é medido pela soma das remunerações dos fatores de produção, ou seja, pela soma dos salários, juros, aluguéis e lucros gerados na economia. As alternativas "b" e "c" estão incorretas.

Pela ótica do produto, o PIB é obtido pela soma dos valores adicionados por cada setor da economia ou pela subtração do consumo intermediário do Valor Bruto da Produção. As alternativas "d" e "e" estão incorretas.

2.5. MATERIAL SUPLEMENTAR

QUESTÕES DE CONCURSOS
http://uqr.to/1yjb1

3

PRODUTO NACIONAL, INTERNO, LÍQUIDO, BRUTO, A CUSTO DE FATORES, A PREÇO DE MERCADO

À medida que o modelo econômico ganha complexidade, torna-se necessário o estudo de novos conceitos de produto. Assim, é preciso distinguir: Produto Interno de Produto Nacional; Produto Líquido de Produto Bruto; e Produto a custo de fatores de Produto a preço de mercado.

Distinguindo o produto da economia em Nacional ou Interno, temos:

3.1. PRODUTO NACIONAL[1] (PN) OU RENDA NACIONAL (RN)

Produto Nacional ou Renda Nacional é o produto ou renda que pertence ao país, independente de ter sido produzido ou gerada dentro das fronteiras nacionais. É uma medida do produto ou renda dos residentes[2] na economia nacional. Uma empresa brasileira instalada no exterior produz no exterior e, por conseguinte, gerará uma renda que, quando enviada ao Brasil, fará parte da Renda Nacional ou Produto Nacional. Uma empresa estrangeira que produz no Brasil, por conseguinte, gera uma renda que será remetida para o exterior e não fará parte do Produto Nacional ou Renda Nacional. Para Feijó e Ramos, "a Renda Nacional Bruta é o agregado que considera o valor adicionado gerado por fatores de produção de propriedade de residentes"[3]. Portanto, PN é a soma das remunerações pagas pelo uso dos fatores de produção aos residentes[4]. Blanchard reforça quando diz: "O Produto Nacional Bruto (PNB) corresponde ao valor adicionado por fatores de produção de posse doméstica"[5].

---

[1] O novo Sistema de Contas Nacionais não utiliza mais a terminologia PNB, pois o conceito de Nacional se aplica à distribuição da renda entre residentes e não residentes. Deve-se, portanto, utilizar a terminologia Renda Nacional no lugar de Produto Nacional. No capítulo 6, Contas Nacionais do Brasil, será possível ver que o conceito de Produto Nacional Bruto é substituído por Renda Nacional Bruta.

[2] Residente não é, necessariamente, uma pessoa física ou jurídica que tenha nacionalidade ou cidadania do país, mas sim, que tenha, naquele país, seu principal centro de interesse.

[3] Carmem Aparecida Feijó e Roberto Luis Olinto Ramos, *Contabilidade social*, p. 25.

[4] Residentes são todas as pessoas físicas ou jurídicas que mantêm o centro de interesse econômico no território nele exercendo alguma atividade econômica.

[5] Olivier Blanchard, *Macroeconomia*, p. 363.

3.2. PRODUTO INTERNO[6] (PI) OU RENDA INTERNA (RI)

Produto Interno é o produto/renda que é gerado dentro das fronteiras territoriais do país, independente de pertencer a esse país ou não, ou seja, independe da nacionalidade dos proprietários dos recursos produtivos. Está ligado ao conceito geográfico. Assim, se uma empresa multinacional, instalada no Brasil, produz no país, o seu produto fará parte do Produto Interno Brasileiro, mas a renda gerada por ela e remetida para o país de origem não fará parte da Renda Nacional ou Produto Nacional. Observe o que dizem Feijó e Ramos: "O PIB, avaliado pela ótica do produto, mede o total do valor adicionado produzido por firmas operando no país, independente da origem do seu capital, ou seja, mede o total da produção ocorrendo no território do país"[7]. Portanto, trata-se do PIB que, pela ótica do produto, é a diferença entre Valor Bruto da Produção e Consumo intermediário, como visto no capítulo 2. Froyen define o Produto Interno como "uma medida de todos os bens e serviços finais produzidos dentro do território nacional, em determinado período de tempo"[8]. Blanchard afirma que: "O Produto Interno Bruto (...) corresponde ao valor adicionado domesticamente"[9].

Segundo Paulani e Braga: "Para se obter o produto nacional de uma economia, é preciso deduzir de seu produto interno a renda líquida enviada ao exterior ou, se for o caso, adicionar a seu produto interno a renda líquida recebida do exterior"[10]. Larrain e Sachs concluem com o seguinte conceito: "O PIB mede a renda dos fatores de produção dentro das fronteiras nacionais, não importa quem obtenha a renda. O PNB mede a renda dos residentes da economia, não importa se a renda é obtida na produção doméstica ou na produção estrangeira"[11].

Blanchard afirma que o PIB é a medida mais utilizada, embora o PNB tenha sido usado até o início da década de 1990. Observe suas palavras: "Para ir do PIB ao PNB, é preciso partir do PIB, adicionar os pagamentos de fatores recebidos do resto do mundo e subtrair os pagamentos efetuados ao resto do mundo. Em outras palavras, o PNB é igual ao PIB mais os pagamentos líquidos de fatores do resto do mundo. Embora o PIB seja atualmente a medida de uso mais comum, o PNB foi amplamente utilizado até o início da década de 1990, e você ainda o encontrará em publicações acadêmicas"[12].

Vendo alguns exemplos, é possível compreender como se determinam o Produto Nacional e o Produto Interno de uma economia:

1.º Exemplo:

O Brasil produz internamente o valor de 5.000 u.m., ou seja, seu Produto Interno (PI) é igual a 5.000 u.m.

---

[6] O novo Sistema de Contas Nacionais não utiliza a terminologia Renda Interna Bruta, mas apenas o termo Produto Interno Bruto. No capítulo 6, Contas Nacionais no Brasil, é possível perceber essa mudança de conceito.
[7] Carmem Aparecida Feijó e Roberto Luis Olinto Ramos, *Contabilidade social*, p. 25.
[8] Richard T. Froyen, *Macroeconomia*, p. 19.
[9] Olivier Blanchard, *Macroeconomia*, p. 363.
[10] Leda Maria Paulani e Márcio Bobik Braga, *A nova contabilidade social*, p. 40.
[11] Jeffrey D. Sachs e Felipe Larrain B., *Macroeconomia*, p. 27.
[12] Olivier Blanchard, *Macroeconomia*, p. 363.

O Brasil tem uma empresa multinacional americana que produz 300 u.m. no Brasil e, portanto, gera renda de 300 u.m. Essa renda é enviada para os Estados Unidos, já que não pertence ao Brasil. Logo, a Renda Enviada ao Exterior (REE) é igual a 300 u.m.

O Brasil tem uma empresa brasileira instalada no Paraguai que produz 100 u.m. e, portanto, gera renda de 100 u.m., e essa renda é enviada ao Brasil, já que a empresa pertence ao Brasil. Portanto, a Renda Recebida do Exterior (RRE) é igual a 100 u.m.

PI = 5.000 u.m.
REE = 300 u.m.
RRE = 100 u.m.

Perceba que, se o Brasil tem uma Renda Enviada para o Exterior de 300 u.m. e uma Renda Recebida do Exterior de 100 u.m., equivale dizer que o país apenas tem uma renda enviada de 200 u.m., pois 300 u.m. − 100 u.m. = 200 u.m. Logo:

Renda Enviada ao Exterior − Renda Recebida do Exterior = Renda Líquida Enviada ao Exterior

REE − RRE = RLEE

Portanto, a Renda Líquida Enviada ao Exterior (RLEE) é a Renda gerada no país por uma empresa estrangeira menos a Renda Recebida do Exterior, gerada por empresas nacionais fora do seu território.

No 1.º exemplo, a RLEE é de 200 u.m.

Se o Brasil produz dentro do país 5.000 u.m. e envia 200 u.m., porque não lhe pertencem, o que lhe pertence são 4.800 u.m.: 5.000 − 200 = 4.800.

Logo, o Produto Nacional é de 4.800 u.m. Portanto:

Produto Nacional = Produto Interno − Renda Líquida Enviada ao Exterior

PN = PI − RLEE

2.º Exemplo:

O Brasil produz internamente o valor de 5.000 u.m., ou seja, seu Produto Interno (PI) é igual a 5.000 u.m.

O Brasil tem uma empresa multinacional paraguaia que produz 50 u.m. no Brasil e, portanto, gera renda de 50 u.m. Essa renda é enviada para o Paraguai, já que não pertence ao Brasil. Dessa forma, a Renda Enviada ao Exterior (REE) é igual a 50 u.m.

O Brasil tem uma empresa brasileira instalada na Argentina que produz 200 u.m., portanto, gera renda de 200 u.m., e essa renda é enviada ao Brasil, já que pertence ao Brasil. Logo, a Renda Recebida do Exterior (RRE) é igual a 200 u.m.

PI = 5.000 u.m.
REE = 50 u.m.
RRE = 200 u.m.

Perceba que, se o Brasil tem uma renda enviada para o exterior de 50 u.m. e tem uma Renda Recebida do Exterior de 200 u.m., o país tem uma renda líquida recebida de 150 u.m., já que: 200 u.m. – 50 u.m. = 150 u.m. Logo:

Renda Recebida do Exterior – Renda Enviada ao Exterior = Renda Líquida Recebida do Exterior

$$RRE - REE = RLRE$$

No 2.º exemplo, a RLRE é de 150 u.m.

Se o Brasil produz dentro do país 5.000 u.m. e recebe 150 u.m., porque pertencem a ele, o que lhe pertence são 5.150 u.m.: 5.000 u.m. + 150 u.m. = 5.150 u.m.

Logo, o Produto Nacional é 5.150 u.m. Portanto:

Produto Nacional = Produto Interno + Renda Líquida Recebida do Exterior

$$PN = PI + RLRE$$

3.º Exemplo:

O Brasil produz internamente o valor de 10.000 u.m., ou seja, seu Produto Interno (PI) é igual a 10.000 u.m.

O Brasil tem uma empresa multinacional alemã que produz 500 u.m. no país e, portanto, gera renda de 500 u.m. Essa renda é enviada para a Alemanha, já que não pertence ao Brasil. Logo, a Renda Enviada ao Exterior (REE) é igual a 500 u.m.

O Brasil tem uma empresa brasileira instalada na Alemanha que produz 300 u.m., portanto gera renda de 300 u.m., e essa renda é enviada ao Brasil, pois pertence ao Brasil. Logo, a Renda Recebida do Exterior (RRE) é igual a 300 u.m.

PI = 10.000 u.m.
REE = 500 u.m.
RRE = 300 u.m.

Perceba que, se o Brasil tem uma Renda Enviada para o Exterior de 500 u.m. e uma Renda Recebida do Exterior de 300 u.m., equivale dizer que o país tem apenas uma renda enviada de 200 u.m., pois 500 u.m. – 300 u.m. = 200 u.m. Logo:

Renda Enviada ao Exterior – Renda Recebida do Exterior = Renda Líquida Enviada ao Exterior

$$REE - RRE = RLEE$$

No 3.º exemplo, a RLEE é de 200 u.m.

Desta forma, se o Brasil produz dentro do país 10.000 u.m. e envia 200 u.m., porque não pertencem a ele, o que lhe pertence são 9.800 u.m., já que: 10.000 u.m. – 200 u.m. = 9.800 u.m.

Assim, o Produto Nacional é igual a 9.800 u.m. Portanto:

Produto Nacional = Produto Interno – Renda Líquida Enviada ao Exterior

$$PN = PI - RLEE$$

Dado o Produto Nacional e buscando-se o Produto Interno, deve-se somar ao primeiro a Renda Líquida Enviada ao Exterior ou subtrair do segundo a Renda Líquida Enviada ao Exterior.

Entende-se por Renda Líquida Enviada ao Exterior a diferença entre Renda Enviada ao Exterior e Renda Recebida do Exterior; e por Renda Líquida Recebida do Exterior, a diferença entre a renda recebida e a enviada ao exterior[13].

Logo: PN = PI − RLEE ou PN = PI + RLRE. Portanto:

$$RLEE = -RLRE$$

Assim, a Renda Líquida Enviada ao Exterior é igual a Renda Líquida Recebida do Exterior com sinal trocado.

3.3. RENDA ENVIADA AO EXTERIOR (REE) OU RECEBIDA DO EXTERIOR (RRE)

Entende-se por **Renda Enviada ao Exterior ou Recebida do Exterior** toda renda que toma a forma de pagamento ou recebimento de juros da dívida, os lucros e dividendos que as filiais enviam ou recebem das matrizes localizadas no exterior, bem como os salários pagos ou recebidos pela prestação de serviços temporários na economia local por não residentes que correspondem ao pagamento/recebimento pela utilização de fatores de produção.

No cálculo da Renda Líquida Enviada ao/ou Recebida do Exterior, segundo a FGV, são incluídas as **transferências correntes unilaterais enviadas ao/ou recebidas do exterior**[14]. Estas correspondem aos pagamentos ou recebimentos sem que haja contrapartida de bens e serviços, ou seja, são recursos destinados a ajuda humanitária, doações e remessas ou recebimentos de divisas de empregados migrantes a seus familiares no país de origem.

No caso do Brasil, a Renda Líquida enviada ao exterior é positiva, o que faz o Produto Interno ser maior que o Produto Nacional. Paulani e Braga completam, afirmando que, caso "se queira ter uma ideia do resultado final do esforço da economia num determinado ano, faz sentido considerar também a contribuição prestada pelos fatores de produção de propriedade de não residentes"[15].

A diferença entre o Produto Interno e a Renda Nacional é maior em países que mantêm um elevado grau de endividamento, obrigando-os à remessa volumosa de pagamento de juros para fora do país, bem como países que têm instalado em seu território um grande número de empresas multinacionais, que, consequentemente, remetem

---

[13] Se, ao invés de ter sido fornecida a Renda Líquida Enviada ao Exterior, tiver sido informada a Renda Líquida Recebida do exterior, basta trocar o sinal, já que uma é o oposto da outra. Assim:
Se RLRE = 80 → RLEE = −80
Se RLRE = −100 → RLEE = 100
Com isso, pode-se sempre utilizar uma única fórmula: **PN = PI − RLEE**.

[14] A FGV inclui as Transferências Unilaterais no cálculo da renda líquida enviada (ou recebida) do exterior. A FIBGE considera as Transferências Unilaterais como uma rubrica à parte.

[15] Leda Maria Paulani e Márcio Bobik Braga, *A nova contabilidade social*, p. 48.

lucros para fora do país. Assim, afirmam Feijó e Ramos: "As diferenças entre PIB e RNB podem ser muito grandes em países com um elevado grau de endividamento externo, devido ao pagamento de juros a estrangeiros, e países com grande presença de empresas multinacionais que remetem lucros e *royalties* para seus países de origem"[16].

Observe os exemplos a seguir:

Exemplo 1: Um país apresenta um Produto Interno (PI) de 10.000 u.m e envia renda para o exterior (REE) no valor de 1.000 u.m e recebe renda do exterior (RRE) no valor de 700 u.m. Qual será o Produto ou Renda Nacional (PN ou RN)?

Dados: PI = 10.000
REE = 1.000
RRE = 700

Logo, a Renda Líquida Enviada ao Exterior (RLEE) será de:
RLEE = REE − RRE
RLEE = 1000 − 700
RLEE = 300[17]

Sabendo que:
PN = PI − RLEE
PN = 10.000 − 300
PN = 9.700

Exemplo 2: Um país apresenta um Produto Interno (PI) de 20.000 u.m e envia renda para o exterior (REE) no valor de 2.000 u.m e recebe renda do exterior (RRE) no valor de 3.000 u.m. Qual será o Produto ou Renda Nacional (PN ou RN)?

Dados: PI = 20.000
REE = 2.000
RRE = 3.000

Logo, a Renda Líquida Recebida do Exterior (RLRE) será de:

RLRE = RRE − REE
RLRE = 3.000 − 2.000
RLRE = 1.000

Como RLRE = − RLEE
Então: RLEE = − 1.000

---

[16] Carmem Aparecida Feijó e Roberto Luis Olinto Ramos, *Contabilidade social*, p. 27.

[17] Observe que como a Renda Enviada para o Exterior foi maior que a Renda Recebida do Exterior, então, faz-se o cálculo para encontrar a Renda Líquida Enviada ao Exterior. Caso a Renda Recebida do Exterior fosse maior que a Renda Enviada ao Exterior, o cálculo seria para encontrar a Renda Líquida Recebida do Exterior.

Sabendo que:

PN = PI − RLEE
PN = 20.000 − (− 1.000)
PN = 21.000

Portanto, o que diferencia o Produto Nacional (PN) do Produto Interno (PI) é a Renda Líquida Enviada ao Exterior (RLEE), de tal maneira que se desejar determinar o Produto Interno (PI), dado o Produto Nacional (PN), basta somar a este último, a RLEE. Também, se se deseja determinar o PN, dado o PI, basta subtrair desse último, a RLEE. Observe a seguir:

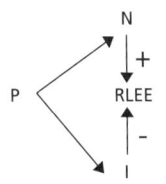

```
         N
         ↓ +
P ⟨    RLEE
         ↓ −
         I
```

Continuando na distinção entre os tipos de produto, faz-se necessário diferenciar o Produto da Economia em Líquido ou Bruto:

3.4. PRODUTO LÍQUIDO (PL)

Produto sem incluir a depreciação (ou consumo do capital fixo).

3.5. PRODUTO BRUTO (PB)

Produto incluindo a depreciação[18] (ou consumo do capital fixo).

A depreciação consiste no desgaste de qualquer bem de capital (desgaste de máquinas, equipamentos, instalações etc.). Feijó e Ramos se referem à depreciação dizendo que "há bens, como bens de capital, que são utilizados no processo de produção, mas foram produzidos em períodos anteriores e continuarão a ser usados em períodos posteriores. Nestes casos, apenas uma parcela destes bens é passada ao produto final"[19].

Portanto, se a depreciação é, por um lado, uma despesa ou um custo, já que deve ser incorporada ao produto para que ao final de um período[20] seja possível adquiri-lo novamente, por outro lado, ela será considerada uma reserva ou uma poupança das empresas, visto que, enquanto estiver sendo incorporada ao produto, até a aquisição de uma nova máquina ou equipamento, os valores correspondentes ficarão guardados para futura aquisição do bem de capital. Por isso, muitas vezes, é possível encontrar na literatura os termos "despesa de depreciação" ou "reserva de depreciação". Shapiro afirma que "a remoção (...), para a depreciação, do fluxo da renda bruta é a remoção

---

[18] Depreciação é a porção do bem de capital que é consumida na produção.
[19] Carmem Aparecida Feijó e Roberto Luis Olinto Ramos, *Contabilidade social*, p. 29.
[20] Período que corresponda ao total da depreciação do bem de capital.

de uma espécie de poupança das empresas, ou, vista de outra forma, de uma parte do fluxo de renda que não é transferida para as unidades familiares"[21].

A depreciação de um bem de capital pode ocorrer em virtude de sua **obsolescência natural**, seu **desgaste com o uso na produção** ou por **ação da natureza**.

Blanchard exemplifica da seguinte maneira o conceito de depreciação: "Se a empresa possui um grande número de máquinas, podemos pensar em δ como a proporção de máquinas que sucateiam a cada ano. (pense em lâmpadas — funcionam perfeitamente até que queimam.) Se a empresa iniciar o ano com K máquinas em funcionamento e não comprar máquinas novas, terá apenas $K(1 - \delta)$ máquinas um ano depois, e assim por diante"[22].

Dado o Produto Líquido e desejando-se calcular o Produto Bruto, deve-se somar ao primeiro a depreciação ou subtrair do segundo a depreciação. Observe o cálculo a seguir:

PB = PL + depreciação
PL = PB − depreciação

Assim, tem-se:

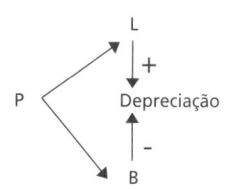

```
        L
       ↗  ↓ +
   P <    Depreciação
       ↘  ↓ −
        B
```

Considerando a próxima distinção do produto, pode-se diferenciar o Produto a custo de fatores e o Produto a preço de mercado.

3.6. PRODUTO A CUSTO DE FATORES (Pcf)

Produto sem incluir os impostos indiretos líquidos dos subsídios. Feijó e Ramos conceituam o Produto a custo de fatores como sendo "valorados a preço básico equivalente a considerar os preços na porta da fábrica"[23].

3.7. PRODUTO A PREÇO DE MERCADO[24] (PPM)

Produto incluindo os impostos indiretos líquidos dos subsídios.

Dado o Produto a custo de fatores e desejando-se o Produto a preço de mercado, deve-se somar ao primeiro (impostos indiretos − subsídios) ou subtrair do segundo (impostos indiretos − subsídios). Observe a seguir as fórmulas para se determinar o Produto a preço de mercado quando se tem o Produto a custo de fatores, e vice-versa.

Ppm = Pcf + (impostos indiretos − subsídios)
Pcf = Ppm − (impostos indiretos − subsídios)

---

[21] Edward Shapiro, *Análise macroeconômica*, p. 48.
[22] Olivier Blanchard, *Macroeconomia*, p. 320.
[23] Carmem Aparecida Feijó e Roberto Luis Olinto Ramos, *Contabilidade social*, p. 38.
[24] A preço de mercado ou a preço de consumidor.

3 ■ Produto Nacional, Interno, Líquido, Bruto, a Custo de Fatores, a Preço de Mercado

Assim, tem-se:

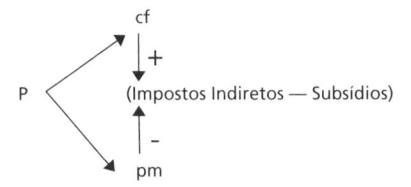

$$P \begin{cases} cf \downarrow + \\ \text{(Impostos Indiretos — Subsídios)} \\ \uparrow - \\ pm \end{cases}$$

Segundo Sandroni, para se determinar o Produto a custo de fatores, é "necessário deduzir os impostos indiretos do valor do produto nacional ao preço de mercado e adicionar as subvenções. Isso porque, quando alguém compra uma mercadoria, está ao mesmo tempo pagando bem de consumo e imposto. No caso do artigo tributado, o preço pago pelo consumidor é mais alto que o preço recebido pelo produtor. Em caso de artigo subsidiado, o preço pago pelo consumidor é menor que o preço recebido pelo produtor. A expressão 'a custo dos fatores' corresponde aos pagamentos efetuados às unidades familiares fornecedoras dos fatores no decurso das atividades produtivas"[25].

Portanto, pode-se criar a seguinte estrutura, que mostra de forma resumida as maneiras diferentes de apresentação do produto ou renda:

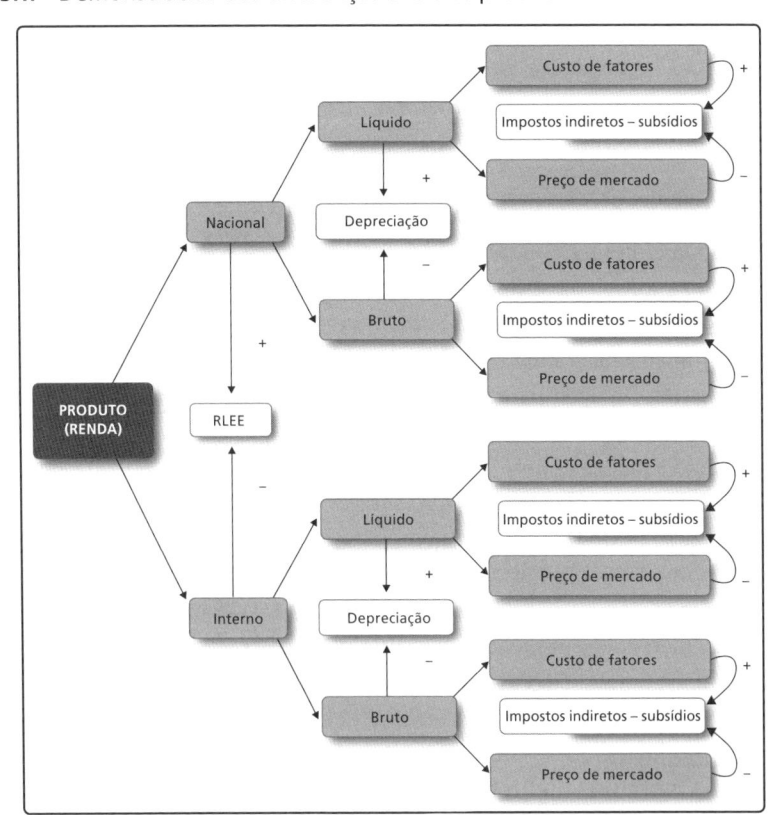

Figura 3.1. Demonstrativo das diferenças entre os produtos

---

[25] Paulo Sandroni, *Novíssimo dicionário de economia*, p. 497.

Observe que, sempre que se caminha de cima para baixo, soma-se:

Se se tiver o Produto Nacional e quiser o Produto Interno → soma-se a RLEE.

Se se tiver o Produto Líquido e quiser o Produto Bruto → soma-se a depreciação.

Se se tiver o Produto a custo de fatores e quiser o Produto a preço de mercado → somam-se os impostos indiretos e subtraem-se os subsídios.

Observe que, sempre que se caminha de baixo para cima, subtrai-se:

Se se tiver o Produto Interno e quiser o Produto Nacional → subtrai-se a RLEE.

Se se tiver o Produto Bruto e quiser o Produto Líquido → subtrai-se a depreciação.

Se se tiver o Produto a preço de mercado e quiser o Produto a custo de fatores → subtraem-se os impostos indiretos e somam-se os subsídios.

Embora o sistema de contas nacionais não utilize todas as terminologias a seguir discriminadas, a estrutura permite formar:

Produto Nacional Líquido a custo de fatores → PNLcf

Produto Nacional Líquido a preço de mercado → PNLpm

Produto Nacional Bruto a custo de fatores → PNBcf

Produto Nacional Bruto a preço de mercado → PNBpm

Produto Interno Líquido a custo de fatores → PILcf

Produto Interno Líquido a preço de mercado → PILpm

Produto Interno Bruto a custo de fatores → PIBcf

Produto Interno Bruto a preço de mercado → PIBpm[26]

Diante do conteúdo exposto, é importante enfatizar que:

1) O Produto Interno será maior que o Nacional se a Renda Líquida Enviada ao Exterior for positiva ou se a Renda Líquida Recebida do Exterior for negativa.

2) No caso do Brasil, como se trata de um país que apresenta Renda Enviada para o Exterior maior que Renda Recebida do Exterior, pode-se afirmar que apresentará Renda Líquida Enviada para o Exterior positiva e seu Produto Interno será maior que o Produto Nacional.

3) O Produto Líquido sempre será menor que o Bruto, porque um país, por menor ou menos desenvolvido que seja, sempre apresentará uma depreciação positiva.

4) O Produto a custo de fatores será menor que o Produto a preço de mercado sempre que os impostos indiretos líquidos dos subsídios forem positivos. Caso os subsídios sejam maiores que os impostos indiretos, ter-se-á um caso em que o Produto a preço de mercado será menor que o Produto a custo de fatores.

5) A Renda Nacional (RN) corresponde ao Produto Nacional Líquido a custo de fatores. Na Renda Nacional, não inclui a depreciação, porque esta representa um custo de produção, e não uma renda de fator de produção. Também não são incluídos os impostos indiretos livres de subsídios, já que representam uma

---

[26] PIBpm é o valor monetário de todos os bens finais produzidos dentro das fronteiras de um país.

disparidade entre o preço de mercado do produto e seus custos de produção. Assim, complementam Paulani e Braga: "Por que razão não pode ser aqui utilizado o conceito em sua versão interna parece bastante claro, visto que, se os proprietários de fatores são não residentes, a renda por esses fatores gerada não vai ficar à disposição dos residentes. E por que o conceito aparece em sua versão líquida, e não bruta? A ideia que está por trás disso é que o valor produzido para compensar a depreciação do capital fixo não pode ser considerado renda, já que seu consumo implicaria consumir o estoque de capital da economia"[27].

6) A Renda Interna (RI) corresponde ao Produto Interno Líquido a custo de fatores.

7) O Produto final da economia é o Produto Interno Bruto a preço de mercado (PIBpm).

3.8. QUESTÕES

1. (FGV — 2024 — CM SP/Economia) Considere as seguintes siglas:
PIB = Produto Interno Bruto; PNB = Produto Nacional Bruto; PNL = Produto Nacional Líquido; PIL = Produto Interno Líquido; II = Impostos Indiretos; Subs = Subsídios; RLEE = Renda Líquida Enviada ao Exterior e RLRE = Renda Líquida Recebida do Exterior.
Considere ainda os seguintes subscritos:
pm = a preços de mercado e cf = a custo de fatores.
O PNLpm pode ser calculado pela seguinte expressão:
   a) PIBpm + RLEE.
   b) PILcf + RLRE.
   c) IBpm – RLEE – Depreciação.
   d) PNBpm – PILpm.
   e) PIBpm – RLEE – Depreciação – II + Subs.

2. (CEBRASPE — 2024 — ANTT/Economia) Um país realizou, em determinado ano, as transações com o exterior apresentadas na tabela a seguir.

TRANSAÇÃO	VALOR (BILHÕES DE DÓLARES)
Importações de mercadoria	5
Exportações de mercadoria	15
Recebimento de doações na forma de mercadorias	1
Empréstimos e financiamentos recebidos no exterior	10
Investimento estrangeiro direto recebido do exterior, sem cobertura cambial, na forma de equipamentos	15
Juros de empréstimos pagos ao exterior	5
Fretes pagos ao exterior	10

Com fulcro na situação hipotética precedente, julgue o próximo item.
No período em apreço, o produto nacional bruto do país foi inferior ao produto interno bruto.
   ( ) Certo.
   ( ) Errado.

---

[27] Leda Maria Paulani e Márcio Bobik Braga, *A nova contabilidade social*, p. 48.

3. (VUNESP — 2023 — TCM SP/Economia) Considere uma economia que apresente os seguintes valores para alguns dos agregados macroeconômicos:

Produto Interno Bruto a preço de mercado = $ 750
Impostos Indiretos = $ 60
Depreciação = $ 25
Subsídio = $ 11
Renda Líquida Enviada ao Exterior = $ 75
O Produto Interno Líquido a custo de fatores é
   a) $ 550.
   b) $ 665.
   c) $ 676.
   d) $ 690.
   e) $ 775.

4. (VUNESP — 2023 — TCM SP/Economia) Caso o valor do Produto Nacional Bruto de um país apresente um valor maior que o Produto Interno Bruto será resultado de uma
   a) renda líquida enviada para o exterior > 0.
   b) renda líquida enviada para o exterior < 0.
   c) renda líquida enviada para o exterior = 0.
   d) produção inferior aos valores de impostos e subsídios.
   e) transferência líquida de recursos > 0.

5. (FGV — 2023 — ALEMA/Economista) O Produto Nacional Bruto a custo de fatores é definido como
   a) o PIB a preços de mercado deduzidos os impostos diretos e somados os subsídios.
   b) o PIB a preços de mercado deduzidos os impostos indiretos e a renda líquida enviada ao exterior e somados os subsídios.
   c) o Produto Nacional Líquido a preços de mercado somadas às depreciações.
   d) o Produto Interno Líquido a custo de fatores deduzida a renda líquida enviada ao exterior.
   e) a soma das poupanças pública, privada e externa.

6. (VUNESP — 2023 — Auditor-Fiscal Tributário Municipal — São Paulo) O Produto a preços de mercado diferencia-se do Produto a custo de fatores pela importância correspondente ao valor
   a) dos impostos indiretos deduzida a inflação.
   b) dos impostos indiretos deduzidos os subsídios.
   c) da renda líquida enviada ao exterior após descontar os impostos.
   d) dos subsídios deduzida a inflação.
   e) da renda líquida recebida do exterior após descontar a depreciação.

7. (FGV — 2022 — SEFAZ ES/Ciências Econômicas) A diferença entre o PIB a custo de fatores e o PIB a preços de mercado nos fornece
   a) os impostos diretos deduzidos dos subsídios.
   b) a depreciação deduzida dos impostos diretos.
   c) os impostos indiretos deduzidos dos subsídios.
   d) os subsídios deduzidos dos impostos indiretos.
   e) a soma de salários, juros, lucros e aluguéis.

3 ■ Produto Nacional, Interno, Líquido, Bruto, a Custo de Fatores, a Preço de Mercado

8. (FGV — 2022 — PC AM/Economia) O PIB a preços de mercado pode ser calculado como
a) o Produto Nacional Bruto a custo de fatores adicionado da depreciação.
b) o Produto Nacional Líquido a preços de mercado adicionado da depreciação e da renda líquida enviada ao exterior.
c) o Produto Interno Bruto a custo de fatores adicionado dos impostos diretos e subsídios.
d) o Produto Interno Bruto a custo de fatores subtraído dos impostos diretos e subsídios.
e) o Produto Nacional Líquido a custo de fatores adicionado dos impostos indiretos, subsídios e da renda líquida enviada ao exterior.

9. (FGV — 2022 — Sefaz AM) O PIB a custo de fatores menos o PIB a preços de mercado (PIBcf — PIBpm) fornece
a) a soma de juros, lucros e aluguéis.
b) os subsídios líquidos de impostos indiretos.
c) uma depreciação.
d) o negativo da renda líquida enviada ao exterior.
e) os impostos diretos líquidos de subsídios tributários, financeiros e creditícios.

10. (CEBRASPE — 2022 -SECONT ES/Ciências Econômicas) Os dados a seguir são referentes às contas nacionais de um país em determinado ano, medidas em unidades monetárias.

Produto interno líquido a custo de fatores	2.500
Impostos diretos	200
Impostos indiretos	150
Outras receitas correntes do governo (líquidas)	80
Consumo do governo	450
Subsídios	100
Transferências	200
Depreciação	100

A partir dessas informações, julgue o item seguinte.
O produto interno bruto a preços de mercado é igual a 2.850 unidades monetárias.
( ) Certo
( ) Errado

GABARITO

1. "c".
Para calcular o PNLpm a partir do PIBpm, devemos subtrair deste último a RLEE, já que o PNLpm é produto nacional e o PIBpm é produto interno. Também devemos subtrair a depreciação, já que o PNLpm é produto líquido e o PIBpm é produto bruto. Como ambos são produtos a preço de mercado, não é necessário somar nem subtrair os impostos indiretos livres de subsídios. A alternativa "c" está correta e as alternativas "a" e "e" estão erradas. Para calcular o PNLpm a partir do PILcf, devemos subtrair deste último a RLEE, já que o PNLpm é produto nacional e o PILcf é produto interno. Além disso, devemos somar ao PILcf os impostos indiretos subtraídos dos subsídios, já que o PILcf é a custo de fatores e o PNLpm é a preço de mercado. A alternativa "b" está incorreta. A subtração do PNBpm do PILpm é:
PNBpm = PILpm – RLEE + depreciação.

Logo: PNBpm – PILpm = depreciação – RLEE.
E a depreciação – RLEE não é o PNLpm. Logo, a alternativa "d" está incorreta.

2. "certo".
Para que o PNB seja menor que o PIB é necessário que a RLEE seja positiva, já que PNB = PIB − RLEE.
A RLEE é a soma dos juros dos empréstimos pagos ao exterior subtraído dos recebimentos de doações na forma de mercadoria (transferências unilaterais).
Logo, RLEE = 5 − 1 → RLEE = 4
Logo: PNB = PIB − 4, ou seja, PNB < PIB. A questão está certa.

3. "c".
PILcf = PIBpm − depreciação − (impostos indiretos − subsídios)
PILcf = 750 − 25 − (60 − 11)
PILcf = 676
Logo, a alternativa "c" está correta.

4. "b".
Sabendo que o PIB = PNB + RLEE, onde PIB é o Produto Interno Bruto, PNB é o Produto Nacional Bruto e RLEE é a Renda Líquida Enviada ao Exterior, vamos atribuir valores onde o PNB seja maior que o PIB. Assim, por exemplo: 100 = 150 + RLLE.
Logo, a RLEE deverá ser igual a (−) 50, ou seja, um valor negativo.
A alternativa "b" está correta.

5. "b".
O PNBcf = PIBpm − RLEE − (impostos indiretos − subsídios), ou, PNBcf = PIBpm − RLEE − impostos indiretos + subsídios. A alternativa "b" está correta. O PNBcf = PIBpm − RLEE (que a alternativa não considerou) − impostos indiretos (e não impostos diretos como diz a alternativa) + subsídios. A alternativa "a" está incorreta. O PNBcf = PNLpm + depreciação − (impostos indiretos − subsídios). Ficou faltando subtrair os impostos indiretos livres de subsídios. A alternativa "c" está incorreta. PNBcf = PILcf − RLEE − depreciação. Ficou faltando subtrair a depreciação. A alternativa "d" está incorreta. A soma das poupanças pública (ou do governo) com a poupança privada (das famílias e das empresas) com a poupança externa é igual ao investimento (público e privado). Esse assunto é visto no capítulo 4 deste livro. A alternativa "e" está incorreta.

6. "b".
O Ppm = Pcf + (impostos indiretos − subsídios). A alternativa "b" está correta. A inflação diferencia o produto real do produto nominal; assunto a ser visto no capítulo 5 deste livro. A alternativa "a" está incorreta. A renda Líquida enviada ao exterior diferencia o Produto Nacional do Produto Interno. A alternativa "c" está incorreta. O Ppm se diferencia do Pcf pelos impostos indiretos livres de subsídios e não livres de inflação. A alternativa "d" está incorreta. A Renda Líquida Recebida do exterior diferencia o Produto Nacional do Produto Interno e a depreciação diferencia o Produto líquido do Bruto. A alternativa "e" está incorreta.

7. "d".
O PIBcf = PIBpm − (impostos indiretos − subsídios). Logo:
PIBcf − PIBpm = − (impostos indiretos − subsídios), ou:
PIBcf − PIBpm = − impostos indiretos + subsídios, ou:
PIBcf − PIBpm = subsídios − impostos indiretos. A alternativa "d" está correta e a "c" está incorreta. Os impostos diretos não diferenciam o Produto Interno do Produto Nacional, nem o Produto Bruto do Líquido, nem o produto a custo de fatores do produto a preços de mercado. Os impostos diretos estão presentes em todos eles. A alternativa "a" está incorreta. A depreciação diferencia o produto líquido do bruto. A alternativa "b" está incorreta. A soma de salários, juros, lucros e aluguéis determina o Produto Interno Líquido a custo de fatores. E não a diferença em PIBcf do PIBpm. A alternativa "e" está incorreta.

8. "b".
O PIBpm = PNLpm + RLEE + depreciação. A alternativa "b" está correta. O PIBpm = PNBcf +RLEE + (impostos indiretos − subsídios). A alternativa "a" está incorreta. O PIBpm = PIBcf + (impostos indiretos − subsídios). Observe que os impostos diretos estão presentes tanto no PIBpm como no PIBcf. Portanto não os diferencia. A alternativas "c" e "d" estão incorretas. O PIBpm = PNLcf + RLEE + depreciação + (impostos indiretos − subsídios). A alternativa "e" está incorreta.

9. "b".
Sabendo que o PIBcf = PIBpm − (Impostos Indiretos − subsídios), então:
PIBcf - PIBpm = − (Impostos Indiretos − subsídios), ou:
PIBcf - PIBpm = subsídios - Impostos Indiretos. A alternativa "b" está correta. A soma de salários, juros, aluguéis e lucros determina o PIBcf e não a diferença entre o PIBcf e PIBpm. A alternativa "a" está incorreta. A depreciação é a diferença entre o produto Líquido e bruto apenas. A alternativa "c" está incorreta. O negativo da RLEE diferencia o Produto Interno do Produto Nacional apenas. A alternativa "d" está incorreta. Os impostos diretos não diferenciam os produtos. Eles estão contidos em todos os diferentes produtos, logo, estão presentes tanto no PIBcf quanto no PIB pm. A alternativa "e" está incorreta.

10. "errado".
PIBpm = PILcf + depreciação + (impostos indiretos − subsídios)
PIBpm = 2.500 + 100 + (150 − 100)
PIBpm = 2.650
A questão está errada.

3.9. MATERIAL SUPLEMENTAR

QUESTÕES DE CONCURSOS
http://uqr.to/1yjb2

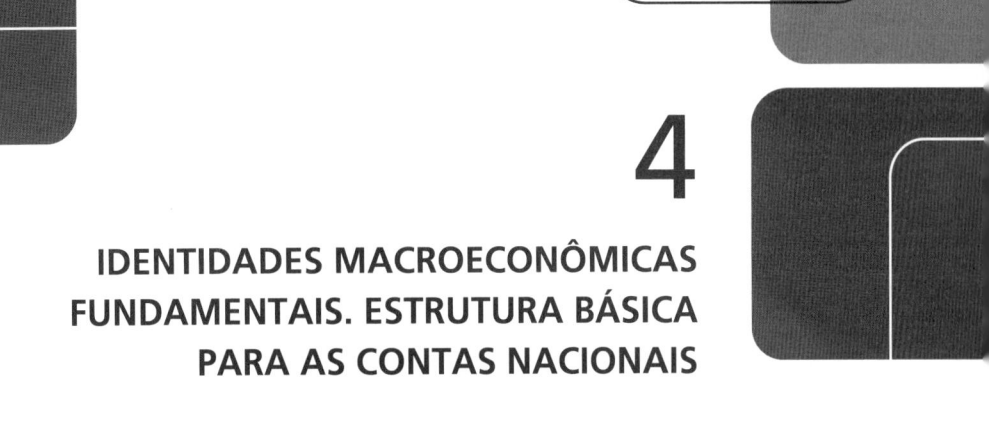

4
IDENTIDADES MACROECONÔMICAS FUNDAMENTAIS. ESTRUTURA BÁSICA PARA AS CONTAS NACIONAIS

As Identidades Macroeconômicas são definições contábeis que servem para a construção de modelos macroeconômicos. A estrutura de uma identidade é representada pelo símbolo de três barras paralelas, ≡, diferenciando-se da igualdade, que é representada por apenas duas barras paralelas, =. Isso ocorre para mostrar que uma identidade mantém uma relação tautológica, ou seja, independente dos valores que as variáveis assumam, a relação será sempre verdadeira. Shapiro reforça esse conceito: "(...) a contabilidade macroeconômica enfoca as relações contábeis, ao contrário das relações teóricas ou funcionais que possam ser estabelecidas entre aquelas variáveis. Uma relação contábil é uma identidade — uma relação que seja verdadeira por definição"[1].

Por meio de contas em forma de T, serão lançados créditos e débitos pelo método das partidas dobradas e se evidenciarão as principais identidades macroeconômicas.

Sabe-se que a economia é dividida em 4 setores, assim conhecidos:

- **Famílias** ou unidades familiares.
- **Empresas** (públicas e privadas).
- **Governo**.
- **Setor externo**.

Figura 4.1. Os setores da Economia

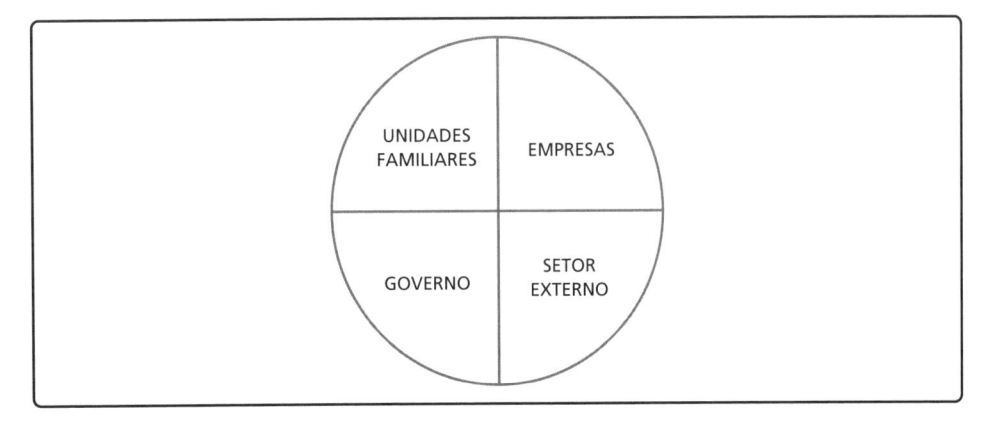

---

[1] Edward Shapiro, *Análise macroeconômica*, p. 27.

Esses setores da economia poderão ser representados pelas **Contas de Produção, Apropriação, do Governo, do Setor Externo e de Capital**, que serão apresentadas a seguir.

4.1. CONTA DE PRODUÇÃO

Quadro 4.1. Conta de Produção

DÉBITO	CRÉDITO
Salários	Consumo Pessoal
Juros	Consumo do Governo
Aluguéis	Variação de Estoques
Lucros Distribuídos Lucros Retidos	Formação Bruta de Capital Fixo
Impostos Diretos Pagos pelas Empresas — Transferências Recebidas pelas Empresas	Exportação de Bens e Serviços Não Fatores
Outras Receitas Correntes Líquidas do Governo[2]	
RNLcf = PNLcf	
Impostos Indiretos[3] — Subsídios	
PNLpm	
Depreciação	
PNBpm	
Renda Líquida Enviada ao Exterior	
PIBpm	
Importação de Bens e Serviços Não Fatores	
Oferta total de bens e serviços	Demanda total por bens e serviços

Primeiramente, pode-se apresentar a **conta das empresas** como o setor da economia que produz bens e serviços para a economia. Do lado direito, será lançado aquilo que representa crédito para as empresas, o que ocorre quando os setores da economia

---

[2] O governo apresenta receitas correntes e receitas de capital. As receitas correntes são aquelas provenientes de tributos, contribuições parafiscais, receitas patrimoniais, receitas agropecuárias, receitas industriais, receitas de serviços, receitas de transferências correntes e outras receitas correntes. As receitas de capital são aquelas provenientes de alienação de bens, operações de crédito, amortização de empréstimos, transferências de capital e outras receitas de capital. As receitas correntes podem ser: receitas originárias, oriundas do patrimônio do Estado, também chamadas de Economia Privada, que são, por exemplo, os aluguéis, dividendos, juros recebidos; ou derivadas, oriundas do poder coercitivo do Estado, também chamada de Economia Pública, que são os tributos (impostos, taxas e contribuição de melhoria), contribuições parafiscais, empréstimos compulsórios. As originárias correspondem, na sua maioria, ao que é denominado Outras Receitas Correntes Líquidas do governo. As derivadas estão sendo representadas ao que foi denominado impostos diretos e indiretos.

[3] Impostos indiretos são aqueles que recaem sobre o consumo e a venda de mercadorias. O ônus não necessariamente recai sobre quem vai pagar o imposto. Os contribuintes de fato e de direito podem ser pessoas diferentes, porque o ônus tributário pode ser transferido.

demandam bens e serviços e, do lado esquerdo, o débito, que será a despesa necessária para produzir o produto ofertado.

Na Conta de Produção, as atividades produtivas contabilizadas incluem tanto as privadas quanto as públicas. Assim expressam Lopes e Vasconcellos: "Nas contas Nacionais, entende-se como Governo ou administração Pública as atividades que dependem de dotação orçamentária (saúde, educação, justiça, diplomacia etc.). A atividade produtiva do governo, que é feita pelas empresas estatais, é tratada de forma equivalente às empresas privadas, já que também produzem e vendem bens e serviços no mercado, sendo contabilizada na Conta de Produção"[4].

O total dos lançamentos a crédito deve corresponder ao total dos lançamentos a débito, como determina o método de partidas dobradas.

Então, veja primeiro o **lado do crédito** da Conta de Produção, como demonstrado no Quadro 4.1.

Representará crédito para empresa quando os setores da economia demandarem bens e serviços, ou seja, quando:

- as Famílias ou as unidades familiares demandarem bens e serviços para satisfazerem suas necessidades pessoais, ou seja, o chamado **Consumo pessoal (C)**;
- as Empresas (públicas e privadas) demandarem bens e serviços para investirem. Esse **investimento (I)** pode tomar a forma de **Formação Bruta de capital fixo (FBKF)** ou variação de estoques (Δ estoques)[5]. Shapiro define investimento como "o montante do produto da economia que não é consumido durante o período"[6]. Mas, por que a variação de estoques é considerada um tipo de investimento? Paulani e Braga justificam da seguinte maneira: os estoques "são constituídos por mercadorias que representam consumo futuro. Ora, tudo aquilo que é produzido num período mas que não é consumido nesse período, significando, ou ensejando, consumo no futuro, tem um nome: chama-se investimento"[7]. Para Mankiw, o investimento em capital fixo "inclui o equipamento e as construções que as empresas adquirem para utilizar na produção"[8];
- o Governo demandar bens e serviços para **gastar**, o que é também conhecido como consumo do governo (G); O gasto do governo (G) somado ao consumo pessoal (C) é denominado **Consumo Final**.
- o Setor externo demandar bens e serviços não fatores para o país **exportar (X)**.

Observe, a seguir, na Tabela 4.1, o componente da demanda entre os anos de 2000-2017 no Brasil.

---

[4] Luiz Martins Lopes e Marco Antonio Sandoval de Vasconcellos, *Manual de macroeconomia*, 1998, p. 34.
[5] A variação de estoques faz parte do produto da economia, porque é produção corrente. A variação de estoques pode ser positiva ou negativa. Se o PIB for menor que as vendas, a variação de estoques é negativa.
[6] Edward Shapiro, *Análise macroeconômica*, p. 45.
[7] Leda Maria Paulani e Márcio Bobik Braga, *A nova contabilidade social*, p. 29.
[8] N. Gregory Mankiw, *Macroeconomia*, p. 308.

Tabela 4.1. Componentes da demanda no PIB — 2000-2017

ESPECIFICAÇÃO	2000	2005	2010	2011	2012	2013	2014	2015	2016 (1)	2017 (1)
Despesa de consumo das famílias	64,6	60,5	60,2	60,3	61,4	61,7	63,0	64,0	64,0	63,4
Despesa de consumo do Governo	18,8	18,9	19,0	18,7	18,5	18,9	19,2	19,8	20,2	20,0
FBCF + variação de estoque	18,9	17,2	21,8	21,8	21,4	21,7	20,5	17,4	15,4	15,5
Exportações de bens e serviços	10,2	15,2	10,7	11,5	11,7	11,6	11,0	12,9	12,5	12,6
Importações de bens e serviços	(12,5)	(11,8)	(11,8)	(12,2)	(13,1)	(13,9)	(13,7)	(14,1)	(12,1)	(11,6−)
PIB a preços de mercado	100,0	100,0	100,0	100,0	100,0	100,0	100,0	100,0	100,0	100,0

(1) Resultados preliminares calculados a partir das Contas Nacionais Trimestrais.
Fonte: IBGE, Diretoria de Pesquisas, Coordenação de Contas Nacionais.

Agora observe o **lado do débito**, ainda no Quadro 4.1.

Primeiro, lança-se a Renda Nacional (RN ou PNLcf), mas se deve lembrar que, como nesse caso existe governo, os salários (S), juros (J), aluguéis (A) e lucros (L) devem ser somados aos impostos diretos pagos pelas empresas (ID_{emp}) líquidos de transferências recebidas pelas empresas (R_{emp}) e às outras receitas correntes líquidas do governo (ORCLG), que podem ser aquelas advindas, por exemplo, de receitas patrimoniais, como juros, aluguéis, entre outras. Logo:

$$RNLcf = RN = S + J + A + L + ID_{emp} - R_{emp} + ORCLG$$

A partir daí, é só transformar a Renda Nacional (RN ou PNLcf) em PNLpm pela soma de **impostos indiretos − subsídios**. Depois, transformar PNLpm em PNBpm pela soma da **depreciação**. E, em seguida, transformar PNBpm em PIBpm pela soma da **Renda Líquida Enviada ao Exterior** (RLEE)[9]. Assim:

PNLpm = RNLcf + (impostos indiretos − subsídios)
PNBpm = PNLpm + depreciação
PIBpm = PNBpm + RLEE

Como a oferta total não é composta apenas de bens e serviços produzidos internamente no país, acrescentam-se as importações de bens e serviços não fatores (M) e chega-se à **oferta agregada**, que é a oferta de bens e serviços de todas as empresas.

---

[9] Esse assunto pode ser visto no capítulo 3.

Oferta agregada = PIBpm + M

Voltando aos componentes da Renda Nacional (RN), tem-se os lucros. Eles poderão ser de dois tipos: **lucros distribuídos** ou dividendos, que serão renda das famílias; e **lucros retidos**, ou seja, lucros que não serão distribuídos e se constituirão, portanto, em poupança das empresas.

Lucro = Lucros distribuídos + Lucros retidos

Outro componente da Renda Nacional (RN) são os Impostos diretos livres das transferências. É importante observar que os **impostos diretos** citados são aqueles pagos pelas empresas, e não pelas famílias, bem como as **transferências** citadas são aquelas recebidas pelas empresas e que constam, em sua maioria, dos juros da dívida pública pagos pelo governo às empresas. Portanto, não se referem às transferências do governo para as famílias, que correspondem a pensão, aposentadoria, Bolsa Família etc. Logo, as transferências que o governo paga às famílias não compõem o PIBpm. Observe as palavras de Froyen: "O governo realiza transferências a indivíduos (por exemplo, pagamentos da Previdência Social) e paga juros, exemplos de gastos governamentais não incluídos no PIB"[10].

Contudo, por que as transferências do governo às famílias não entram no cálculo da Renda Nacional e, por conseguinte, no cálculo do PIB? Feijó e Ramos respondem da seguinte maneira: "A Renda Nacional considera as rendas auferidas pelos fatores de produção em contrapartida a serviços prestados ao processo de produção. Como transferências são pagamentos sem contrapartida com o processo de produção, o seu saldo deve ser considerado para se chegar à estimativa da Renda Disponível que equivale ao montante que os agentes econômicos têm para gastar"[11].

Tanto do lado do débito quanto do crédito, tem-se, respectivamente, a **importação** e **exportação** de bens e serviços não fatores. E o que são serviços não fatores? São serviços que não correspondem ao pagamento de fatores de produção, ou seja, serviços que remuneram fretes, seguros, turismo, viagens internacionais, despesas financeiras etc. Os serviços não fatores não incluem salários, juros, aluguéis e lucros, que são a remuneração de serviços fatores.

Todos os setores da economia (famílias, empresas, governo e setor externo) poupam.

As empresas poupam quando apresentam **lucros não distribuídos** e quando fazem reserva para **depreciação**. E por que a depreciação é uma poupança para as empresas? Quando se debita contabilmente a depreciação como se fosse uma despesa, na realidade essa despesa não sairá do caixa da empresa. Então, o diferencial entre o caixa e a contabilidade será caracterizado como poupança, cujo destino será a aquisição de outro bem de capital depois de sua total depreciação. Portanto:

Poupança das empresas = Lucros não distribuídos + depreciação

---

[10] Richard T. Froyen, *Macroeconomia*, p. 22.
[11] Carmem Aparecida Feijó e Roberto Luis Olinto Ramos, *Contabilidade social*, p. 29.

Do lado do crédito, como Investimento, tem-se as variações de estoque. As "**variações de estoques**" não podem ser computadas utilizando-se somente o termo "estoques", porque a contabilidade nacional é anual e os lançamentos correspondem a apenas créditos e débitos do ano em estudo. Portanto, só interessa saber o quanto variaram os estoques naquele ano, e não o seu saldo total.

Também, do lado do crédito, tem-se os gastos do governo. Os **gastos do governo**[12], aqui apresentados, referem-se ao **consumo do governo**, ou despesas correntes. As despesas de capital, como investimentos e inversões, são computadas junto aos investimentos, como formação bruta de capital fixo e variação de estoques.

Diante disso, pode-se montar a identidade macroeconômica: oferta agregada (o.a) = demanda agregada (d.a). Como: oferta agregada (o.a) = PIBpm + importação (M), e como: demanda agregada (d.a) = Consumo pessoal (C) + Investimento (I = formação bruta de capital fixo + Δ estoques) + Gasto do governo (G) + Exportação (X):

Então: **o.a = d.a**
PIBpm + M = C + I + G + X
PIBpm[13] = C + I + G + (X − M)
Chamando-se PIBpm de "Y"[14], tem-se:

$$Y = C + I + G + X - M$$

Uma pergunta poderá ficar no ar: por que as importações entram no cálculo do produto da economia sendo subtraídas? A resposta é simples. Como consumo pessoal, investimento das empresas, gasto do governo e exportação podem apresentar componentes importados e ficaria muito difícil separar desses componentes o que é verdadeiramente Produto Interno e o que é importado, facilita muito registrar consumo, investimento, gasto e exportação com esses itens importados, ou seja, na sua totalidade, e depois subtrair tudo aquilo que se importou no país. Desta forma, afirma Froyen: "As importações são aquisições, por compradores domésticos, de bens e serviços produzidos no exterior, não devendo ser computadas no PIB. No entanto, os bens e serviços importados estão incluídos nos totais de consumo, investimentos e nos gastos governamentais. Portanto, precisamos subtrair o valor das importações para chegar ao total dos bens e serviços produzidos internamente"[15].

---

[12] Alguns autores incluem nos gastos do governo as despesas com investimentos, inversões e transferências de capital, ou seja, incluem as despesas de capital. Dessa forma, os gastos do governo seriam diferentes do consumo do governo, já que este último considera apenas as despesas correntes, ou seja, as despesas de custeio e transferências correntes.

[13] O PIB é a produção corrente de bens e serviços em um país. É, portanto, um fluxo. Não podemos definir o PIB como a riqueza de um país porque riqueza é estoque.

[14] Y de "Yield" (rendimento), em inglês. Como o produto gera renda de igual valor, então, pode-se chamar o produto de Y também.

[15] Richard T. Froyen, *Macroeconomia*, p. 23.

Quando se fala em demanda agregada, deve-se diferenciar do conceito de **absorção interna**, já que, este último não considera o saldo das transações comerciais com o resto do mundo. Assim, tem-se:

Absorção interna = C + I + G

4.2. CONTA DE APROPRIAÇÃO

Agora, será apresentada a **Conta de Apropriação**, que corresponde à conta das unidades familiares. Assim como na Conta de Produção, na Conta de Apropriação haverá lançamento a crédito e a débito, e ambos devem somar valores idênticos.

Do lado do **crédito**, são lançadas a **Renda Nacional** e as **transferências** concedidas pelo governo. Observe que a Renda Nacional não constitui integralmente a renda das famílias. Por conta disso, é necessário que, do lado do débito, sejam repetidos esses lançamentos "indevidos", para que sejam anulados. Os lançamentos referidos são os impostos diretos pagos pelas empresas e as outras receitas correntes líquidas do governo.

Do lado do crédito, foram acrescentadas as transferências recebidas pelas famílias e as transferências recebidas pelas empresas que, somadas, representam as transferências concedidas pelo governo. As transferências para as empresas se anulam, já que aparecem também com sinal negativo quando são lançados os impostos diretos[16] pagos pelas empresas menos as transferências recebidas pelas empresas, ou seja, aparecem duas vezes, mas com sinais trocados.

As **transferências** pagas pelo governo às famílias correspondem ao pagamento de aposentadorias, pensões, Bolsa Família, licença-maternidade, juros da dívida pública pagos às famílias pelo governo[17], entre outros programas de transferência de renda. Para as empresas, o grande componente das transferências é o pagamento dos juros da dívida pública. As transferências correspondem aos pagamentos realizados sem que haja contrapartida em forma de bens e serviços. Diante dessa explicação, poderia surgir uma dúvida com relação ao pagamento de aposentadorias, já que se trata de um benefício que foi precedido de contribuições ao longo da vida do cidadão. Ocorre que a Contabilidade Nacional apura os dados para um determinado período, e o pagamento e a contribuição do benefício se dão em datas diferentes. Por isso a razão de serem consideradas transferências. Observe como Paulani e Braga abordam o assunto: "As contribuições destinadas à previdência são computadas, para efeitos do sistema de contas nacionais, como impostos diretos. Contudo, como as operações são descasadas no tempo (paga-se num determinado período, recebe-se em outro) e as contas nacionais são apuradas considerando-se um dado período de tempo (normalmente um ano), o pagamento de aposentadorias mostra-se de fato como uma transferência"[18].

---

[16] Impostos diretos são aqueles que recairão sobre a renda, o patrimônio e a riqueza das pessoas físicas e jurídicas. O ônus da carga tributária recai efetivamente sobre quem deve pagar o imposto, ou seja, o contribuinte é de fato e de direito.

[17] Esses juros não incluem os pagos pelas empresas às famílias, já incluídos na Renda Nacional pelo uso do fator de produção. Portanto, os juros pagos pelo governo às famílias serão considerados transferências.

[18] Leda Maria Paulani e Márcio Bobik Braga, *A nova contabilidade social*, p. 46.

Completando a Conta de Apropriação, acrescentam-se salários + juros + aluguéis + lucros, que serão somados às transferências do governo para as famílias. Esse total será destinado ao consumo das famílias (consumo pessoal), ao pagamento de impostos diretos e à poupança.

A poupança recebe a denominação de **Poupança líquida do setor privado (SLSP)**. Mas, por quê? Por que não recebe o nome de poupança das famílias? E por que o nome líquida? Perceba que, do lado do crédito, encontram-se os lucros que são constituídos de lucros distribuídos (ou dividendos) e **lucros retidos** (ou não distribuídos). O segundo (lucros retidos), como foi dito anteriormente, refere-se à poupança das empresas, e não à das famílias. Então, quando se fala em poupança, deve-se acrescentar à conta o termo "privada", para que fique entendido que essa poupança é das famílias e das empresas. Ocorre que as empresas também apresentam outro tipo de poupança, que é a reserva para **depreciação** (ou simplesmente depreciação) e não está incluída na Conta de Apropriação. Portanto, a poupança do setor privado, nessa conta, deve ter acrescido à sua denominação o termo "líquida", para que seja visualizado claramente que a depreciação não está inclusa. Portanto:

S_{LSP} = **Poupança das famílias + poupança das empresas sem incluir a depreciação**

Quando se soma a Poupança Líquida do Setor Privado à depreciação, obtém-se a Poupança Bruta do Setor Privado, muito embora não esteja presente na Conta de Apropriação.

A Conta de Apropriação está no Quadro 4.2. Nela, estão contidos todos os elementos citados anteriormente.

Quadro 4.2. Conta de Apropriação — estrutura final

DÉBITO	CRÉDITO
▪ Consumo Pessoal	▪ Salários
	▪ Aluguéis
▪ Impostos Diretos Pagos pelas Unidades Familiares	▪ Juros
	Lucros — Retidos / Distribuídos
▪ Impostos Diretos Pagos pelas Empresas	▪ Impostos Diretos Pagos pelas Empresas — Transferências Recebidas pelas Empresas
▪ Outras Receitas Correntes Líquidas do Governo	▪ Outras Receitas Correntes Líquidas do Governo
	▪ Transferências Recebidas pelas Unidades Familiares
▪ Poupança Líquida do Setor Privado	▪ Transferências Recebidas pelas Empresas
▪ Utilização da RNLcf + transferências	▪ RNLcf + transferências

As transferências recebidas pelas famílias afetam positivamente a renda disponível e o patrimônio, assim como os impostos diretos afetam negativamente a renda disponível e o patrimônio. Froyen define as transferências aos indivíduos como "as transferências feitas pelo governo, como os pagamentos da Previdência Social, as aposentadorias de veteranos de guerra e os pagamentos a funcionários aposentados do governo federal. Também há uma quantidade relativamente pequena de transferências realizadas pelas empresas para os indivíduos, como, por exemplo, donativos a instituições de caridade"[19].

Já as **transferências recebidas pelas empresas** correspondem basicamente ao pagamento dos juros da dívida pública que o governo faz às empresas. Elas afetam positivamente a renda e o patrimônio das empresas, assim como os impostos diretos afetam negativamente a renda e o patrimônio.

Além desses conceitos, determina-se a Renda Pessoal e a Renda Pessoal Disponível por meio da Renda Nacional. Assim:

Renda Pessoal = Renda Nacional (RN) — lucros retidos (ou lucros não distribuídos) – Outras receitas correntes líquidas do governo — impostos diretos pagos pelas empresas (subtraindo-se também as contribuições sociais e previdenciárias) + transferências recebidas pelas empresas[20].

Renda Pessoal Disponível[21] = Renda Pessoal – Tributos líquidos (impostos) pagos pelas famílias[22]; ou

Renda Pessoal Disponível = Consumo pessoal + poupança pessoal.

Froyen define Renda Pessoal disponível da seguinte maneira: "renda pessoal é a medida da renda total recebida pelos indivíduos, incluindo todas as fontes geradoras. Quando da renda pessoal subtraímos os pagamentos do imposto de renda, obtemos a renda pessoal disponível (após dedução dos impostos)"[23].

Ainda Dornbusch e Stanley se posicionam a respeito da determinação da Renda pessoal disponível, quando afirmam que "o montante que pode ser gasto, a renda pessoal disponível, deduz da renda pessoal, os impostos pessoais e certos pagamentos que devem ser feitos pelo setor das famílias. Esses pagamentos não referentes a impostos incluem itens como taxas de licenciamento e multas de tráfego"[24].

Segundo Paulani e Braga, "nos sistemas mais recentes e seguindo orientação do System of National Accounts da ONU, o agregado renda vem sendo utilizado em sua versão renda disponível bruta, o que significa a inclusão da depreciação e a consideração da renda externamente recebida sob a forma de transferências (doações por conta de ajuda humanitária e outros fatores)"[25]. A construção da Renda disponível bruta poderá ser vista no capítulo 6.

---

[19] Richard T. Froyen, *Macroeconomia*, p. 27.
[20] Observe que as transferências recebidas pelas empresas são constituídas basicamente dos juros que o governo paga a elas. Já nas transferências para as famílias estão incluídos os juros que o governo paga às famílias e os juros que as famílias pagam a outras famílias, bem como benefícios sociais, tais como aposentadoria, pensão, Bolsa Família etc.
[21] Alguns autores incluem os juros na renda pessoal disponível.
[22] Tributos líquidos = tributos brutos – transferências.
[23] Richard T. Froyen, *Macroeconomia*, p. 26.
[24] Rudiger Dornbusch e Stanley Fischer, *Macroeconomia*, p. 48.
[25] Leda Maria Paulani e Márcio Bobik Braga, *A nova contabilidade social*, p. 48.

4.3. CONTA DO GOVERNO

A seguir, será definida a **Conta do Governo**. Ela é de simples compreensão, visto que, do lado do crédito, lançam-se as receitas correntes do governo e, do lado do débito, lançam-se os destinos desse crédito.

Desta forma, tem-se:

Quadro 4.3. Conta do Governo

DÉBITO	CRÉDITO
▪ Consumo do governo	▪ Impostos diretos pagos pelas empresas
▪ Transferências às empresas	▪ Impostos diretos pagos pelas famílias
▪ Transferências às famílias	▪ Impostos indiretos
▪ Subsídios	▪ Outras receitas correntes líquidas do governo
▪ Saldo do governo em conta corrente	
▪ Utilização da receita corrente	▪ Total da receita corrente

Observe que as receitas do governo são os impostos diretos pagos pelas famílias e pelas empresas, os impostos indiretos pagos pelas empresas e as outras receitas correntes líquidas.

O governo, mediante essas receitas, realizará a denominada despesa do governo. Contudo, vai corresponder apenas às despesas correntes, ou seja, não estão incluídas as despesas com investimentos, inversões etc.

Além do consumo, o governo poderá transferir recursos para as famílias e para as empresas ou conceder subsídios para as empresas. Segundo Paulani e Braga, "as duas categorias mais importantes de **transferências** são, por um lado, as pensões e aposentadorias e, por outro, os juros da dívida pública"[26].

Depois de consumir, transferir e subsidiar, o saldo corresponderá à poupança do governo, se positiva, ou à despoupança, se negativa. Assim:

Poupança do governo = saldo positivo em conta corrente do governo

Pode-se afirmar também que as **transferências** correspondem aos **impostos diretos com sinal trocado**, ou seja, da mesma maneira que os impostos diretos diminuem a renda, o patrimônio e a riqueza das famílias e das empresas, aumentando a receita do governo, as transferências aumentam a renda, o patrimônio e a riqueza das famílias e empresas, sendo uma despesa para o governo.

E o que são **subsídios**? Quando o governo subsidia, ele está bancando uma parte dos custos da produção, com a finalidade de fazer com que os preços cheguem mais baixos ao consumidor. Os subsídios afetam positivamente a produção. Portanto, pode-se dizer que os subsídios são os **impostos indiretos com sinal trocado**, ou seja, se os impostos indiretos representam uma receita para o governo e uma despesa para as empresas, os subsídios representam uma despesa para o governo (Renúncia de Receita) e uma receita para as empresas.

---

[26] Leda Maria Paulani e Márcio Bobik Braga, *A nova contabilidade social*, p. 45.

Observe que, na Conta do Governo, são lançadas apenas as despesas e receitas correntes[27], que são, na sua maioria, efetivas, ou seja, geram a diminuição e o aumento da situação líquida patrimonial, respectivamente, na administração pública. As receitas e despesas correntes mantêm a administração pública no seu dia a dia. Portanto, conclui-se que as despesas e receitas de capital, que são, em sua maioria, por mutação patrimonial, não comporão essa conta. Isso faz com que, mesmo que o governo mantenha um saldo em conta corrente positivo, ou seja, mesmo que apresente poupança do governo positiva, nada impeça que haja **déficit orçamentário**, já que este último incorpora todas as receitas e despesas da administração pública, ou seja, todas as receitas e despesas correntes e as de capital.

4.4. CONTA DO SETOR EXTERNO

A seguir, será apresentada a **Conta do Setor Externo**, onde serão lançados os créditos e débitos do setor externo. É necessário compreender que os lançamentos de crédito se referem a crédito para o setor externo, e não para o Brasil. Portanto, quando o Brasil importa ou envia renda para o exterior, será um lançamento a débito para o Brasil e a crédito para os países do exterior. Com esse mesmo pensamento, a exportação e a renda recebida do exterior representam lançamentos a débito para o setor externo.

Agora, muita **atenção**! O saldo do crédito e do débito dessa conta deve ser lançado do lado do débito como **Déficit do Balanço de Pagamentos em Transações Correntes**. Observe no Quadro 4.4, em negrito:

Quadro 4.4. Conta do Setor Externo

DÉBITO	CRÉDITO
▪ Exportação de Bens e Serviços Não Fatores[28]	▪ Importação de Bens e Serviços Não Fatores
▪ **Déficit do Balanço de Pagamentos em Transações Correntes**[29]	▪ Renda Líquida Enviada para o Exterior
▪ Total do Débito	▪ Total do Crédito

---

[27] As **receitas correntes** são aquelas que tomam a forma de tributos (impostos, taxas e contribuições de melhoria), contribuições parafiscais, receita patrimonial, receita agropecuária, receita industrial, receita de serviços, transferências correntes e outras receitas correntes. As **receitas de capital** são aquelas que tomam a forma de operação de crédito, amortização de empréstimos, alienação de bens, transferências de capital e outras receitas de capital. Essas receitas de capital não fazem parte da Conta do Governo.

Segundo a Lei n. 4.320/64, as **despesas correntes** são aquelas que tomam a forma de despesa de custeio e transferências correntes. As **despesas de capital** são aquelas que tomam a forma de investimentos, inversões e transferências de capital. Essas despesas de capital não fazem parte da Conta do Governo.

[28] A importação menos a exportação de bens e serviços não fatores é chamada de hiato do produto; e as exportações menos as importações de bens e serviços não fatores é chamada de transferência líquida de recursos para o exterior.

Logo: se $M > X \rightarrow$ hiato do produto; e

se $X > M \rightarrow$ transferência líquida de recursos para o exterior.

Desta forma, se o resultado da Balança Comercial e da Balança de Serviços não fatores somadas for positivo, diz-se que há transferência líquida de recursos para o exterior. Se o resultado for negativo, diz-se que há o hiato do produto.

[29] Também chamado de Passivo Externo Líquido, ou Poupança do Setor Externo.

Imagine que as importações de bens e serviços não fatores totalizem 400, que o Brasil apresente renda líquida enviada ao exterior de 100 e que as exportações de bens e serviços não fatores sejam de 300. Do lado do crédito, que representa crédito para o setor externo, e não para o Brasil, o saldo será de 500. Como o crédito deve ser igual ao débito, o saldo total do lado do débito deve ser igual a 500 também. Portanto, a única incógnita do Quadro 4.5 é o déficit no Balanço de Pagamentos em Transações Correntes. Sendo assim, depois de uma operação matemática simples, chega-se ao valor de 200.

Quadro 4.5. Conta do Setor Externo — 1.º exemplo numérico

DÉBITO	CRÉDITO
■ Exportação de Bens e Serviços Não Fatores = 300	■ Importação de Bens e Serviços Não Fatores = 400
■ Déficit do Balanço de Pagamentos em Transações Correntes (Déficit no BPTC) = 200	■ Renda Líquida Enviada ao Exterior (RLEE) = 100
■ Total do Débito = 500	■ Total do Crédito = 500

Déficit no BPTC = (Importação + RLEE) − (Exportação)
Déficit no BPTC = (400 + 100) − 300 = 200

Portanto, 200 será o Déficit do Balanço de Pagamentos em Transações Correntes. Observe que, se se apresentar um déficit de 200, é porque o saldo é de (−)200.

Imagine, agora, uma segunda situação: as importações de bens e serviços não fatores totalizem 150, o Brasil apresente renda líquida enviada ao exterior de 100 e as exportações de bens e serviços não fatores sejam de 300. Do lado do crédito, que representa crédito para o setor externo, e não para o Brasil, o saldo será de 250. Como o crédito deve ser igual ao débito, o saldo total do lado do débito deve ser igual a 250 também. Portanto, a única incógnita do Quadro 4.6 é o déficit no Balanço de Pagamentos em Transações Correntes. Sendo assim, depois de uma operação matemática simples, chega-se ao valor de (−)50.

Quadro 4.6. Conta do Setor Externo — 2.º exemplo numérico

DÉBITO	CRÉDITO
■ Exportação de Bens e Serviços Não Fatores = 300	■ Importação de Bens e Serviços Não Fatores = 150
■ Déficit do Balanço de Pagamentos em Transações Correntes = (−)50	■ Renda Líquida Enviada para o Exterior (RLEE) = 100
■ Total do Débito = 250	■ Total do Crédito = 250

Déficit do Balanço de Pagamentos em Transações Correntes = (Importação + RLEE) − (Exportação)
Déficit do Balanço de Pagamentos em Transações Correntes = (150 + 100) − 300 =
Déficit do Balanço de Pagamentos em Transações Correntes = (−)50

Observe que, se apresentar um déficit de (−)50, é porque o saldo é de 50 e o superávit também é de 50.

Apesar de, nesse exemplo, o saldo ter sido positivo, nunca se deve substituir o lançamento Déficit do Balanço de Pagamentos em Transações Correntes por superávit. Portanto, o lançamento será sempre "Déficit no Balanço de Pagamento em Transações Correntes".

Então: Déficit do Balanço de Pagamentos em Transações Correntes (DBPTC) = – saldo do Balanço de Pagamentos em Transações Correntes (Saldo BPTC)

Déficit do Balanço de Pagamentos em Transações Correntes (DBPTC) = –Superávit do Balanço de Pagamentos em Transações Correntes (SBPTC)

Logo, atribuindo-se valores, é possível fazer comparações entre o Déficit do Balanço de Pagamentos em Transações Correntes (DBPTC) e o saldo (Saldo BPTC) e o superávit (SBPTC). Observe a Tabela 4.2 a seguir:

Tabela 4.2. Comparação entre déficit, saldo e superávit do Balanço de Pagamentos em Transações Correntes

DBPTC	SALDO BPTC	SBPTC
200	–200	–200
–50	50	50
–30	30	30

Portanto, dizer que o Balanço de Pagamentos em Transações Correntes apresentou um déficit de 200, ou um saldo de –200, ou um superávit de –200, significa a mesma coisa.

Também dizer que o Balanço de Pagamentos em Transações Correntes apresentou um déficit de (–)50, ou um saldo de 50, ou um superávit de 50, representa a mesma coisa.

Quando um país apresenta Déficit no Balanço de Pagamentos em Transações Correntes, isso significa que houve uma absorção maior de recursos do que efetivamente se produziu e, para sanar esse problema, o país deverá se endividar perante os outros países do mundo, por meio de empréstimos, financiamentos, venda de títulos, ou deverá permitir a entrada de investimentos diretos estrangeiros no país. Por isso, quando um país apresenta um Déficit no Balanço de Pagamentos em Transações Correntes, deverá haver uma **poupança externa** que cubra a diferença entre o que está sendo investido e poupado no país. Por isso, diz-se que o Déficit no Balanço de Pagamentos em Transações Correntes é igual à poupança externa.

Poupança externa = Déficit do Balanço de Pagamentos em Transações Correntes

4.5. CONTA DE CAPITAL

A última conta a ser apresentada é a Conta de Capital. Nela, serão registrados os investimentos do lado do débito e a poupança do lado do crédito. Observe o Quadro 4.7 a seguir:

Quadro 4.7. Conta de Capital 1

DÉBITO	CRÉDITO
▪ Variação de Estoques	▪ Poupança Líquida do Setor Privado
▪ Formação Bruta de Capital Fixo	▪ Depreciação
	▪ Déficit do Balanço de Pagamento em Transações Correntes
	▪ Saldo do Governo em Conta Corrente
▪ Investimento Bruto Total	▪ Poupança Bruta Total

Do lado do crédito, são lançadas as poupanças. Portanto, tem-se: **Poupança líquida do setor privado**, que corresponde à poupança das famílias e das empresas sem incluir a reserva de depreciação, que é uma das poupanças das empresas também. A seguir, acrescenta-se a **depreciação** que, somada à poupança líquida do setor privado, corresponde à poupança bruta do setor privado ou simplesmente **poupança do setor privado**. Depois, acrescenta-se o Déficit do Balanço de Pagamentos em Transações Correntes, que é sinônimo de **poupança externa**. Por último, aparece o saldo do governo em conta corrente, que é a **poupança do governo**.

Do lado do débito, são lançados os **investimentos** da economia que tomam a forma de Formação Bruta de Capital Fixo e variação de estoques. Lembre-se que esses investimentos podem ser públicos (ou do governo) ou privados. Observe a versão da Conta de Capital com os termos sinônimos no Quadro 4.8 a seguir:

Quadro 4.8. Conta de Capital 2

DÉBITO	CRÉDITO
▪ Variação de Estoques	▪ Poupança Líquida do Setor Privado
▪ Formação Bruta de Capital Fixo	▪ Depreciação
	▪ Déficit do Balanço de Pagamento em Transações Correntes = **Poupança Externa**
	▪ Saldo do Governo em Conta Corrente = **Poupança do governo**
▪ Investimento Bruto Total	▪ Poupança Bruta Total

Portanto:

Poupança líquida do setor privado + depreciação = **poupança do setor privado**
Poupança do setor privado + poupança do governo = **poupança interna**
Déficit do Balanço de Pagamentos em Transações Correntes = **poupança externa**
Saldo do governo em conta corrente = **poupança do governo**

Completando a tabela feita na Conta do Setor Externo, pode-se escrever de acordo com a Tabela 4.3 a seguir:

Tabela 4.3. Comparação entre déficit (DBPTC), poupança externa, saldo (SBPTC) e superávit do Balanço de Pagamentos em Transações Correntes (Superávit do BPTC)

DBPTC	POUPANÇA EXTERNA	SBPTC	SUPERÁVIT DO BPTC
500	500	−500	−500
−50	−50	50	50
−30	−30	30	30

Observe que o **Déficit do Balanço de Pagamentos em Transações Correntes** é idêntico à **poupança externa**. Isso se dá porque, quando o país apresenta déficit, precisará se socorrer ao capital externo e, para isso, o exterior precisa apresentar uma poupança, que é chamada de poupança externa.

Assim, quando o país apresenta DBPTC = 500, precisará de uma poupança externa de 500. Quando apresenta um DBPTC = (–)50, ao invés de tomar capital externo, o país irá emprestar/financiar ou investir no exterior, e a poupança externa será de (–)50.

Caso se afirme que há superávit (ou saldo positivo) no Balanço de Pagamentos em Transações Correntes, significa que há uma despoupança do Setor Externo. Por exemplo:

Saldo no BPTC = 100; então: Poupança externa = (–)100
Superávit no BPTC = 100; então: Poupança externa = (–)100
Déficit no BPTC = 100; poupança externa = 100
Saldo no BPTC = (–)100; superávit no BPTC = (–)100

4.6. DÉFICIT PÚBLICO

Pela Conta de Capital, pode-se determinar o déficit público. Sabendo-se que: Investimento Bruto Total (I) = Poupança Bruta Total (S)

Como:

I = Investimento público (Ipub) + Investimento privado (Ipriv) e
S = Poupança privada (Spriv) + Poupança pública (Spub) + Poupança externa (Sext)

Então: Investimento público (Ipub) + Investimento privado (Ipriv) = Poupança privada (Spriv) + Poupança pública (Spub) + Poupança externa (Sext)

Isolando-se o Investimento público (Ipub) e Poupança pública (Spub), tem-se:

Ipub + Ipriv = Spub + Spriv + Sext
Ipub − Spub = Spriv − Ipriv + Sext

Como: **Déficit Público (DP) = Ipub − Spub**, então:

DP = Spriv − Ipriv + Sext

4.7. QUESTÕES

1. (CEBRASPE – 2024 – CAGEPA) No texto a seguir, são apresentados dados de uma economia hipotética, medidos em unidades monetárias.

Consumo final das famílias	50
Investimento	30
Gastos do governo	20
Exportações	10
Importações	20
Rendas recebidas do exterior	10
Rendas enviadas ao exterior	20
Renda líquida enviada ao exterior	10
Depreciação	5

O produto nacional bruto, em unidades monetárias, da economia cujos dados são apresentados no texto é igual a
   a) 90.
   b) 85.
   c) 80.
   d) 125.
   e) 145.

2. (CEBRASPE — 2024 — FINEP) Considerando os conceitos básicos da teoria econômica relacionados ao produto interno bruto (PIB), assinale a opção correta.
   a) A soma dos valores dos bens e serviços finais produzidos internamente é igual à soma das remunerações dos fatores de produção.
   b) Os estoques não entram no cálculo do PIB, pois não foram vendidos.
   c) A soma de salários, juros, lucros e dividendos fornece o PIB a preços de mercado.
   d) O valor da venda de um apartamento usado não entra no cálculo do PIB, mas o valor referente à corretagem, sim.
   e) Os gastos do governo entram no PIB com sinal negativo.

3. (FGV — 2024 — STN) Considere os seguintes dados de uma economia hipotética:
   • Impostos Indiretos = 300
   • Impostos Diretos = 500
   • Receita de aluguéis dos imóveis da União = 50
   • Transferências de Renda às Famílias = 100
   • Subsídios Financeiros = 200
   • Poupança Pública = 200

Com base nessas informações, a Renda Líquida e os Gastos do governo são, respectivamente,
   a) 550 e 350.
   b) 550 e 150.
   c) 450 e 50.
   d) 450 e 0.
   e) 350 e 150.

4. (FGV — 2023 — Auditor-Fiscal da Receita Federal do Brasil) Considere as seguintes siglas:
PIB = Produto Interno Bruto, PIL = Produto Interno Líquido, PNB = Produto Nacional Bruto, PNL = Produto Nacional Líquido, II = Impostos Indiretos, ID = Impostos Diretos, Subs = Subsídios, RLEE = Renda Líquida Enviada ao Exterior, RP = Renda Pessoal, RN = Renda Nacional, RPD = Renda Pessoal Disponível, Transf = Transferências do governo para as famílias, Sp = Poupança Privada, Sg = Poupança do Governo, Se = Poupança Externa.

Ademais, considere que o subscrito cf representa "a custo de fatores" e o subscrito pm representa "a preços de mercado".

Assim, avalie se as seguintes expressões relacionam corretamente os agregados macroeconômicos.
 I. $PNL_{cf} = PIB_{pm}$ – depreciação – II + Subs. – RLEE.
 II. RPD = RP – ID sobre famílias.
 III. Se = RLEE – Exportações + Importações.
Está correto o que se afirma em
 a) I, apenas.
 b) I e II, apenas.
 c) I e III, apenas.
 d) II e III, apenas.
 e) I, II e III.

5. (CEBRASPE — 2023 — AGER MT/Economia)

AGREGADOS MACROECONÔMICOS	VALOR (EM MILHÕES DE DÓLARES)
Consumo privado	$ 500
Investimento privado	$ 145
Consumo do governo	$ 50
Investimento do governo	$ 13
Exportações de bens e serviços	$ 55
Importações de bens e serviços	$ 40
Pagamento de juros sobre a dívida interna	$ 22
Recebimento de renda vinda do exterior por agentes privados domésticos	$ 20
Remessas de renda ao exterior por agentes privados domésticos	$ 30
Tributos	$ 150

Com relação aos agregados macroeconômicos de uma determinada economia, apresentados na tabela precedente, assinale a opção correta.
 a) Caso o imposto inflacionário seja nulo, a poupança privada será de $ 52.
 b) O Produto Interno Bruto (PIB) da determinada economia é igual a $ 723.
 c) O saldo do balanço de pagamento será negativo, caso a conta de movimento de capitais seja igual a zero.
 d) O saldo da balança comercial é equivalente a - $ 15.
 e) A poupança do setor público representa 5% do PIB.

6. (CESGRANRIO — 2023 — AgeRIO) Segundo o IBGE, o Brasil apresentou os seguintes resultados concernentes às despesas agregadas, realizadas em 2020, em R$ milhões:

Consumo das famílias	4.670.910
Consumo do governo	1.526.283
Formação bruta de capital fixo	1.223.733
Exportações de bens e serviços	1.256.517
Importações de bens e serviços	1.153.185
Variação de estoque	- 76.401

IBGE. Indicadores IBGE. Contas Nacionais Trimestrais: Indicadores de Volume e Valores Correntes (out-dez, 2020). Disponível em: https://biblioteca.ibge.gov.br/visualizacao/periodicos/2121/ cnt_2020_4tri.pdf. Acesso em: 5 ago. 2020.

De acordo com os dados da Tabela, o valor, em R$ milhões, do Produto Interno Bruto (PIB) a preços correntes de mercado, em 2020, foi de
 a) 7.420.926
 b) 7.447.857
 c) 7.524.258
 d) 7.600.659
 e) 9.754.227

7. (CESGRANRIO — 2022 — ELETRONUCLEAR/Economista) De acordo com os dados do IBGE, o Brasil apresentou os seguintes valores acumulados, em R$ milhões, valores aproximados, concernentes à oferta e à demanda agregadas em 2020:

Valor Adicionado da Agropecuária	440.085
Valor Adicionado da Indústria	1.321.892
Valor Adicionado do Setor de Serviços	4.689.305
Impostos Líquidos	1.016.334
Consumo das Famílias	4.696.416
Consumo do Governo	1.529.313
Formação Bruta de Capital Fixo	1.240.167
Variação de Estoques	- 50.530
Exportações	1.254.192
Importações	1.201.942

Disponível em: https://www.ibge.gov.br/estatisticas/economicas/contas-nacionais/9300-contas-nacionais-trimestrais. html?edicao=30161&t=resultados. Acesso: em 17 fev. 2022

Os dados indicam que o valor do Produto Interno Bruto, a preços correntes de mercado, em 2020, em R$ milhões, foi de
 a) 5.434.948
 b) 6.451.282
 c) 7.465.896
 d) 7.467.616
 e) 9.871.500

8. (FGV — 2022 — Consultor Legislativo (SEN) Considere o sistema de contas nacionais de Richard Stone, baseado em quatro contas:
1. Produção;
2. Apropriação da renda;
3. Acumulação de capital;
4. Transações com o resto do mundo.

Relacione cada conta com sua respectiva característica:
( ) Um aumento dos subsídios do lado do crédito pode ser compensando por uma redução no excedente operacional bruto, ceteris paribus.
( ) A diferença entre o PIB a custo de fatores e o total de salários é computado como débito.
( ) Uma melhora do saldo do balanço de pagamentos em conta corrente é contabilizado como crédito nessa conta.
( ) Os pagamentos e transferências pagas aos não residentes é um componente dos recebimentos correntes nessa conta.

Assinale a opção que indica a relação correta, na ordem apresentada.
a) 1, 2, 3 e 4.
b) 2, 1, 3 e 4.
c) 2, 1, 4 e 3.
d) 3, 4, 1 e 2.
e) 4, 3, 2 e 1.

9. (Analista de Controle — TCE-PR — Econômica — FCC — 2011) Os seguintes dados foram extraídos das Contas Nacionais de um país (em milhões de unidades monetárias):

Importação de bens e serviços não fatores	1.750
Variação de estoques	250
Formação bruta de capital fixo	2.300
Produto Interno Bruto, a preços de mercado	14.700
Exportação de bens e serviços não fatores	2.500
Impostos indiretos	2.900
Subsídios	380

O Consumo Final da Economia (das Famílias e da Administração Pública) nesse país correspondeu, em milhões de unidades monetárias, a
a) 11.020.
b) 11.400.
c) 11.650.
d) 14.300.
e) 13.920.

10. (Auditor-Fiscal de Tributos Estaduais — SEFIN-RO — FCC — 2010) É correto afirmar que
a) o PNL corresponde ao PIB, deduzida a depreciação do estoque de capital físico da economia.
b) a diferença entre o PIB e o PIL de uma economia é o montante de sua carga tributária líquida.
c) a Renda Nacional de uma economia é obtida a partir de seu PIB a preços de mercado, deduzidos a depreciação do estoque de capital, a renda líquida enviada para o exterior, e os impostos indiretos líquidos dos subsídios.
d) a Renda Pessoal Disponível de uma economia é obtida a partir de seu PIB medido a custo de fatores, deduzido o saldo da balança comercial e sua variação de estoques e adicionada a carga tributária bruta.
e) a Renda Pessoal, em uma economia, corresponde à Renda Nacional, deduzidos os impostos indiretos e as contribuições previdenciárias, outras receitas correntes do Governo e os lucros não distribuídos pelas empresas.

GABARITO

1. "c".
Para calcular o PIB (= Y), devemos:
Y = C + I + G + X – M
Y = 50 + 30 + 20 + 10 – 20
Y = 90
Ou seja, o PIB = 90. Para chegarmos ao PNB, devemos:
PNB = PIB – RLEE
PNB = 90 – 10
PNB = 80
Podemos observar que a questão deu tanto a Renda líquida enviada ao exterior = 10 como as rendas enviadas ao exterior = 20 e as rendas recebidas do exterior = 10. Sabemos que a Renda líquida enviada ao exterior (RLEE) é igual às rendas enviadas ao exterior (REE) subtraídas das rendas recebidas do exterior (RRE). Logo, a questão forneceu informações desnecessárias.
RLEE = REE – RRE → RLEE = 20 – 10 → RLEE = 10 (que já havia sido fornecida pela questão).

2. "d".
Tanto títulos negociados na bolsa de valores como imóveis usados vendidos não entram no cálculo do Produto porque há apenas troca de titularidade, ou seja, o ganho apurado não apresenta contrapartida de bem ou serviço. Já a corretagem entra no cálculo do PIB por se tratar da produção de um serviço. A alternativa "d" está correta.
A soma dos valores dos bens e serviços finais produzidos nacionalmente numa economia simples em que consideramos apenas empresas e unidades familiares é igual à soma das remunerações dos fatores de produção, ou seja, à soma de salários, juros, aluguéis e lucros. A alternativa "a" está incorreta. Os estoques entram no cálculo do PIB (Y), pois são considerados investimentos (I). Sabemos que: Y = C + I + G + X – M. A alternativa "b" está incorreta. A soma de salários, juros, lucros e dividendos numa economia simplificada em que consideramos apenas as empresas e unidades familiares fornece o PNL. A alternativa "c" está incorreta. Os gastos do governo (G) entram no cálculo do PIB (= Y) com sinal positivo. Vejamos: Y = C + I + G + X – M. A alternativa "e" está incorreta.

3. "a".
Igualando as receitas do governo com as despesas do governo, o saldo será a poupança (ou despoupança) do governo. Portanto, temos:
Receitas do governo = Despesas do governo + Poupança
Impostos Indiretos + Impostos Diretos + Receita de aluguéis dos imóveis da União = Consumo do governo (ou gasto do governo) + Transferências de Renda às Famílias + Subsídios Financeiros + Poupança Pública
300 + 500 + 50 = G + 100 + 200 + 200
G = 350
A Renda Líquida do governo são suas receitas subtraídas das transferências e subsídios. Logo:
Renda Líquida Receita – Transferências – Subsídios =
Impostos Indiretos + Impostos Diretos + Receita de aluguéis dos imóveis da União – Transferências de Renda às Famílias – Subsídios Financeiros =
300 + 500 + 50 – 100 – 200 = 550
A alternativa correta é "a".

4. "e".
O PNLcf = PIBpm – RLEE – depreciação – (impostos indiretos – subsídios) ou PNL = PIBpm – RLEE – depreciação – impostos indiretos + subsídios. O item "I" está correto. A RPD é a Renda que está disponível para as pessoas depois de pagarem seu impostos diretos. O item "II" está correto. A poupança externa que é igual ao Déficit no Balanço de pagamentos em Transações correntes (DBPTC). Logo: DBPTC = - (exportação de bens e serviços não fatores – importação de bens e serviços não fatores + Renda líquida Recebida do exterior incluindo as transferências correntes unilaterais), ou seja: DBPTC = - exportação de bens e serviços não fatores (X) + importação de bens e serviços não fatores (M) - Renda líquida Recebida do exterior incluindo as transferências correntes unilaterais (RLEE). Como a RLEE = - RLRE (Renda Líquida Recebida do Exterior), então: DBPTC = M – X + RLEE ,ou seja: Se = M – X + RLEE. O item "III" está correto

5. "b".
Sabendo que o PIB = C + I + G + X – M, então, PIB = 500 + (145 + 13) + 50 + 55 – 40. Logo: PIB = 723.
A alternativa "b" está correta.
Investimento privado + Investimento governo = poupança privada + poupança do governo + poupança externa.
Precisamos calcular primeiro a poupança externa, que é igual ao Déficit no balanço de Pagamentos em Transações correntes (DBPTC):

CONTA DO SETOR EXTERNO	
Débito	Crédito
Importação = 40	Exportação = 55
DBPTC = ?	RLEE = 30 - 20 = 10

Logo: DBPT = 55 + 10 – 40; DBPTC = 25
Portanto, a poupança externa é igual a 25
Agora, precisamos calcular a poupança do governo que é igual ao saldo em conta corrente do governo. Nessa conta, não entram nem as despesas nem as receitas de capital. Apenas as correntes.

CONTA DO GOVERNO	
Débito	Crédito
Consumo do Governo = 50	Tributos = 150
Transferências: pagamento de juros sobre a dívida interna = 22	
Saldo em Conta Corrente do Governo = ?	

Logo: O Saldo em conta corrente do Governo é de 78 (=150 -50 -22). Portanto, a Poupança do Governo é de 78.
Voltando à identidade: Investimento privado + Investimento governo = poupança privada + poupança do governo + poupança externa, temos:
145 + 13 = Poupança privada + 78 + 25
Logo: Poupança privada = 55. A alternativa "a" está incorreta.
Caso a conta de movimento de capitais seja igual a zero, então, o saldo do balanço de pagamento será igual ao saldo do Balanço de Pagamentos em Transações Correntes considerando que "erros e Omissões" sejam iguais a zero. Esse assunto será abordado no capítulo 7 deste livro. A alternativa "c" está incorreta.
O Saldo da Balança Comercial é a diferença entre o que foi exportado de bens e importado de bens. Considerando que as exportações foram de 55 e as importações foram de 40, então, o saldo seria de 15 positivo (= 55-40). Logo, a alternativa "d" está incorreta.
O PIB é de 723 e a poupança do setor público é de 78. Logo, a poupança do governo representa 10,78% do PIB (= 78 / 723). A alternativa "e" está incorreta.

6. "b".
O PIB = C + I + G + X – M
PIB = 4.670.910 + (1.223.733 - 76.401) + 1.526.283 + 1.256.517 - 1.153.185
PIB = 7.447.857

7. "d".
O PIB = C + I + G + X – M
PIB = 4.696.416 + (1.240.167 - 50.530) + 1.529.313 + 1.254.192 - 1.201.942
PIB = 7.467.616
Outra maneira de determinar o PIB é somando todos os valores adicionados por cada setor da economia com os impostos líquidos, ou seja:
PIB = 440.085 + 1.321.892 + 4.689.305 + 1.016.334
PIB = 7.467.616
A alternativa correta é a "d".

8. "b".

Sabendo que a conta de apropriação se apresenta da seguinte maneira, percebemos que quando as transferências recebidas pelas Unidades Familiares (chamada na questão de forma errada, de subsídios) aumentam, para manter o equilíbrio da conta, *ceteris paribus*, o excedente operacional bruto deve diminuir. Vejamos:

CONTA DE APROPRIAÇÃO	
Débito	**Crédito**
Consumo pessoal	Salários
Impostos diretos pagos pelas famílias	Aluguéis
	Juros
	Lucros
Impostos diretos pagos pelas empresas	Impostos diretos pagos pelas empresas – transferências recebidas pelas empresas
Outras Receitas Correntes líquidas do Governo	Outras Receitas Correntes líquidas do Governo
	Transferências para as famílias
Poupança Líquida do Setor Privado	Transferências para as empresas
Utilização da RNLcf + transferências	RNLcf + transferências

A diferença entre o PIB a custo de fatores e o total de salários corresponde aos juros, aluguéis, lucros, impostos diretos pagos pelas empresas livres de transferências, as outras receitas correntes líquidas do governo, depreciação e Renda Líquida enviada ao exterior e são computados como débito na conta de produção. Vejamos: o Déficit no Balanço de Pagamentos em transações correntes (DBPTC) é contabilizado como crédito na conta capital.

CONTA DE PRODUÇÃO	
Débito	**Crédito**
Salários	Consumo pessoal
Juros	Consumo do Governo
Aluguéis	Variação de estoques
Lucros	Formação Bruta de Capital Fixo
Impostos diretos pagos pelas empresas – transferências recebidas pelas empresas	Exportação de bens e serviços não fatores
Outras receitas correntes líquidas do governo	
PNLcf	
Depreciação	
PNBcf	
RLEE	
PIBcf	
Impostos indiretos – subsídios	
PIBpm	
Importação de bens e serviços não fatores	
Oferta total de bens e serviços	Demanda total de bens e serviços

Uma melhora do saldo do balanço de pagamentos em conta corrente, ou seja, uma redução do Déficit no Balanço de Pagamentos em transações correntes (DBPTC), é contabilizada como crédito na conta capital.

CONTA CAPITAL	
Débito	Crédito
Variação de Estoques	Poupança do setor privado
Formação Bruta de Capital Fixo	DBPTC
	Saldo em conta corrente do Governo
Investimento Bruto Total	Poupança Bruta Total

Os pagamentos e transferências pagas aos não residentes é um componente dos recebimentos correntes lançadas como Renda Líquida Enviada ao Exterior (que corresponde a diferença entre renda Enviada e Recebida do Exterior) na conta de transações com o resto do mundo ou conta do Setor Externo.

CONTA DO SETOR EXTERNO	
Débito	Crédito
Exportação de bens e serviços não fatores	Importação de bens e serviços não fatores
Déficit no Balanço de Pagamentos em Transações correntes	Renda Líquida enviada ao exterior
Total de débito	Total de crédito

9. "b".
Y = C + I + G + X − M
I = Formação Bruta de Capital Fixo + Variação de Estoques
14.700 = C + G + (2.300 + 250) + 2.500 − 1.750
C + G = 11.400

10. "c".
RN = PNLcf
RN = PIBpm − RLEE − depreciação − (impostos indiretos − subsídios)
A alternativa "c" está correta.
O PNL corresponde ao PIB, deduzida a depreciação do estoque de capital físico da economia e deduzida a Renda Líquida Enviada ao Exterior. A alternativa "a" está incorreta.
A diferença entre o PIB e o PIL de uma economia é a depreciação. A alternativa "b" está incorreta.
A Renda Pessoal Disponível de uma economia é obtida a partir de seu PIB medido a custo de fatores, deduzidos a depreciação, a Renda liquida Enviada ao Exterior, os impostos indiretos livres de subsídios, os impostos diretos pagos pelas empresas e pelas famílias livres das transferências, das outras receitas correntes líquidas do governo e dos lucros retidos. A alternativa "d" está incorreta.
A Renda Pessoal, em uma economia, corresponde à Renda Nacional, deduzidos as outras receitas correntes do Governo, os lucros não distribuídos pelas empresas e os impostos diretos pagos pelas empresas livres das transferências. A alternativa "e" está incorreta.

4.8. MATERIAL SUPLEMENTAR

QUESTÕES DE CONCURSOS
http://uqr.to/1yjb3

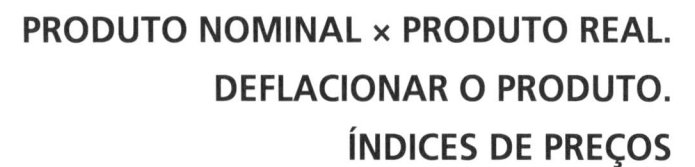

5

PRODUTO NOMINAL × PRODUTO REAL. DEFLACIONAR O PRODUTO. ÍNDICES DE PREÇOS

5.1. PRODUTO NOMINAL

O produto da economia, quando medido a **preços correntes**[1], é denominado **Produto Nominal**. Portanto, o Produto Nominal mudará sempre que os preços (P) ou o volume real de produção variar (Q).

Suponha que o Produto Nominal da economia, que produz um bem, seja dado conforme a Tabela 5.1:

Tabela 5.1. Produto Nominal entre os anos de 2008 e 2011

ANO	PRODUTO NOMINAL[2]
2008	2.000,00
2009	3.300,00
2010	3.680,00
2011	5.000,00

Para calcular a variação do Produto Nominal, divide-se o Produto Nominal de um ano pelo do anterior e, do resultado, subtrai-se o valor de "um". Observe a Tabela 5.2:

Tabela 5.2. Variação percentual do Produto Nominal entre os anos de 2008 e 2011

ANO	PRODUTO NOMINAL	VARIAÇÃO EM %[3]
2008	2.000,00	—
2009	3.300,00	(3.300/2.000) − 1 = 0,65 = 65%
2010	3.680,00	(3.680/3.300) − 1 = 0,1151 = 11,51%
2011	5.000,00	(5.000/3.680) − 1 = 0,3587 = 35,87%

---

[1] Os preços correntes correspondem aos preços médios do período.
[2] Os valores atribuídos ao Produto Nominal são meramente ilustrativos.
[3] Para se calcular essa variação, pode-se também subtrair o Produto Nominal de um ano pelo do ano anterior e dividir tudo pelo produto do ano anterior. Observe o cálculo na tabela a seguir:

ANO	PRODUTO NOMINAL	VARIAÇÃO EM %
2004	2.000,00	—
2005	3.300,00	(3.300 − 2.000)/2.000 = 0,65 = 65%
2006	3.680,00	(3.680 − 3.300)/3.300 = 0,1151 = 11,51%
2007	5.000,00	(5.000 − 3.680)/3.680 = 0,3587 = 35,87%

Observa-se que o Produto Nominal cresceu 65% de 2008 para 2009, 11,51% de 2009 para 2010 e 35,87% de 2010 para 2011. Sabe-se que essas porcentagens, provavelmente, não representariam um crescimento real da economia, já que são demasiadamente elevadas, do que se pressupõe que, entre os anos estudados, ocorreu alteração no nível de preços. Para se saber qual foi o crescimento real, seria necessário deflacionar o Produto, ou seja, retirar a inflação do período. Assim, poder-se-ia saber quanto do crescimento corresponderia a uma variação dos preços e quanto corresponderia a uma variação na quantidade ou Produto Real.

Blanchard afirma que, no longo prazo, tanto a produção como os preços da maioria dos bens aumentam. Com base nisso, afirma que "se nossa intenção é medir a produção e sua variação ao longo do tempo, precisamos eliminar o efeito do aumento de preços em nossa medida do PIB. É por isso que o PIB real é calculado como a soma das quantidades de bens finais multiplicadas por preços constantes (em vez de preços correntes)"[4].

Com o conhecimento dos preços, para se determinar o Produto Real, primeiro se escolhe uma data-base. Divide-se o Produto Nominal pelo preço do ano correspondente e, depois, multiplica-se pelo preço do ano-base escolhido.

Assim, se for escolhido **o ano-base "2008"**, os preços considerados serão, em cada ano, congelados ao valor de R$ 10,00, ou seja, ao preço de 2008. Observe na Tabela 5.3 o cálculo do Produto Real e sua variação percentual, tomando-se como ano-base 2008. Deve-se dividir o Produto Nominal de cada ano pelo seu preço e depois multiplicar pelo preço do ano-base.

Tabela 5.3. Produto Real e variação percentual do Produto Real tomando como base o ano de 2008

ANO	PRODUTO NOMINAL	PREÇO	PRODUTO REAL	VARIAÇÃO EM %
2008	2.000,00	10,00	2.000,00	—
2009	3.300,00	15,00	(3.300,00/15,00) × 10,00 = 2.200,00	(2.200/2.000) − 1 = 0,1 = 10%
2010	3.680,00	16,00	(3.680,00/16,00) × 10,00 = 2.300,00	(2.300/2.200) − 1 = 0,045 = 4,5%
2011	5.000,00	20,00	(5.000,00/20,00) × 10,00 = 2.500,00	(2.500/2.300) − 1 = 0,087 = 8,7%

Se, em vez de 2008, for escolhido **o ano-base "2009"**, os preços considerados serão em cada ano iguais a R$ 15,00. Observe a Tabela 5.4.

Tabela 5.4. Produto Real e variação percentual do Produto Real tomando como base o ano de 2009

ANO	PRODUTO REAL	VARIAÇÃO EM %
2008	(2.000,00/10,00) × 15,00 = 3.000,00	—
2009	3.300,00	(3.300/3.000) − 1 = 0,1 = 10%
2010	(3.680,00/16,00) × 15,00 = 3.450,00	(3.450/3.300) − 1 = 0,045 = 4,5%
2011	(5.000,00/20,00) × 15,00 = 3.750,00	(3.750/3.450) − 1 = 0,087 = 8,7%

---

[4] Olivier Blanchard, *Macroeconomia*, p. 22.

5 ◾ Produto Nominal × Produto Real. Deflacionar o Produto. Índices de Preços

Se for escolhido **o ano-base "2010"**, os preços considerados serão em cada ano iguais a R$ 16,00. Acompanhe a Tabela 5.5.

Tabela 5.5. Produto Real e variação percentual do Produto Real tomando como base o ano de 2010

ANO	PRODUTO REAL	VARIAÇÃO EM %
2008	(2.000,00/10,00) × 16,00 = 3.200,00	—
2009	(3.300,00/15,00) × 16,00 = 3.520,00	(3.520/3.200) − 1 = 0,1 = 10%
2010	3.680,00	(3.680/3.520) − 1 = 0,045 = 4,5%
2011	(5.000,00/20,00) × 16,00 = 4.000,00	(4.000/3.680) − 1 = 0,087 = 8,7%

Se for escolhido o **ano-base "2011"**, os preços considerados serão em cada ano iguais a R$ 20,00, conforme mostra a Tabela 5.6 a seguir.

Tabela 5.6. Produto Real e variação percentual do Produto Real tomando como base o ano de 2011

ANO	PRODUTO REAL	VARIAÇÃO EM %
2008	(2.000,00/10,00) × 20,00 = 4.000,00	—
2009	(3.300,00/15,00) × 20,00 = 4.400,00	(4.400/4.000) − 1 = 0,1 = 10%
2010	(3.680,00/16,00) × 20,00 = 4.600,00	(4.600/4.400) − 1 = 0,045 = 4,5%
2011	5.000,00	(5.000/4.600) − 1 = 0,087 = 8,7%

Percebe-se que, independente da data-base escolhida, a variação percentual do Produto Real sempre apresentará o mesmo resultado, ou seja, em valores relativos o resultado é o mesmo, embora em valores absolutos isso não ocorra.

O Sistema de Contas Nacionais sugere que se adote como ano de referência o ano anterior. Assim, quando o produto em 2009 cresceu 10%, percebe-se que foi em relação a 2008. Quando o produto de 2010 cresceu 4,5%, percebe-se que foi em relação a 2009. E quando o produto de 2011 cresceu 8,7%, é em relação a 2010.

5.1.1. Cálculo do Produto Nominal

Considerando-se que agora a economia produza mais de um bem, pode-se construir as Tabelas 5.7 e 5.8 e determinar o Produto Nominal, que consiste no somatório da multiplicação de preços e quantidades de cada bem.

Sabendo-se que: **Produto Nominal** $= \sum P \times Q$:

Tabela 5.7. Preços e quantidades dos bens A, B e C

ANO	BEM A		BEM B		BEM C	
	P	Q	P	Q	P	Q
2009	3,00	100	2,00	200	1,00	150
2010	5,00	120	3,00	150	2,00	200
2011	6,00	80	5,00	120	3,00	160

Para se calcular o Produto Nominal de cada ano, deve-se multiplicar cada quantidade produzida pelo seu respectivo preço e depois somar o resultado de todos os bens. Observe a Tabela 5.8 a seguir.

Tabela 5.8. Cálculo do Produto Nominal de uma economia que produz os bens A, B e C

ANO	PRODUTO NOMINAL	VARIAÇÃO EM %
2009	(3,00 × 100) + (2,00 × 200) + (1,00 × 150) = 850,00	—
2010	(5,00 × 120) + (3,00 × 150) + (2,00 × 200) = 1.450,00	(1.450/850) − 1 = 0,7059 = 70,59%
2011	(6,00 × 80) + (5,00 × 120) + (3,00 × 160) = 1.560,00	(1.560/1.450) − 1 = 0,07586 = 7,59%

Percebe-se que o Produto Nominal cresceu 70,59% de 2009 para 2010 e 7,59% de 2010 para 2011. Novamente, observa-se que a variação percentual do Produto Nominal de um período para outro é consideravelmente alta. Para se ter uma avaliação real do crescimento da economia, deve-se calcular a variação do Produto Real.

5.2. PRODUTO REAL

O produto da economia, quando medido a **preços constantes**[5], é denominado **Produto Real**, ou seja, quando não é corrigido pelas variações dos preços. O Produto Real é utilizado quando se pretende determinar o produto em bens e serviços, e não em valores monetários, ou seja, quando há interesse em medir a quantidade de produto da economia a preços constantes. Portanto, o Produto Real só mudará quando o volume real de produção (Q) mudar. Para se determinar o Produto Real, deve-se medir o produto a preços constantes a partir de um ano-base.

Para tanto, é necessário se determinar qual índice de preços deverá ser utilizado. Começando pela determinação do Produto Real, por meio do índice de preços de Laspeyres, acompanhe o raciocínio do *item 5.2.1*. A seguir, será utilizado o índice de preços de Paasche e, depois, o índice de preços de Fisher.

Segundo Montoro Filho, "um índice de preço é a média ponderada dos preços vigentes em dois períodos de tempo. Os pesos da ponderação são as quantidades produzidas. No caso genérico de índices de preços, determina-se uma cesta de bens com determinadas quantidades de determinados bens. Fixa-se esta cesta e verifica-se seu valor com os preços de diferentes períodos"[6].

5.2.1. Índice de preços de Laspeyres

Para determinar o Produto Real, deve-se escolher um índice de preços, já que não foi fornecido um nível geral de preços. Assim, pode-se escolher, por exemplo, o **índice de preços de Laspeyres**, que utiliza a **média aritmética** ponderada das variáveis de cada um dos produtos considerados. Os pesos são os valores de cada item tomados

---

[5] Os preços constantes correspondem aos preços médios do período, definindo-se o período tomado como ano-base.

[6] André Franco Montoro Filho, *Contabilidade social*, p. 32.

5 ■ Produto Nominal × Produto Real. Deflacionar o Produto. Índices de Preços

na época-base (Vi = Pi × Qi). Segundo Filellini, "o índice de preços de Laspeyres toma a produção do ano-base a preços do ano-base (denominador) e a preços do ano em referência (numerador). Qualquer variação em relação à unidade, no quociente indicado pela fórmula, é devida a flutuações de preços ocorridas no período '1' (P_{t1})"[7]. O índice de preços de Laspeyres tende a exagerar as altas de preços (inflação), ou seja, superestima o valor. A fórmula do índice de preços de Laspeyres a ser utilizada está a seguir:

$$Lp = \frac{\Sigma \, Pt \times Qi}{\Sigma \, Pi \times Qi}$$

Onde: Pi = preço no ano-base; Qi = quantidade no ano-base; e Pt = preço do ano considerado.

Observe que os preços estão sendo **ponderados pela quantidade do ano-base** (Qi). Assim, determina-se a variação de preços entre o preço do ano-base (i) e o período em estudo (t). Tomando-se como base o ano de 2009 da Tabela 5.7, tem-se:

$$Lp \,(2009) = \frac{(3{,}00 \times \mathbf{100}) + (2{,}00 \times \mathbf{200}) + (1{,}00 \times \mathbf{150})}{(3{,}00 \times \mathbf{100}) + (2{,}00 \times \mathbf{200}) + (1{,}00 \times \mathbf{150})} = 1$$

$$Lp \,(2010) = \frac{(5{,}00 \times \mathbf{100}) + (3{,}00 \times \mathbf{200}) + (2{,}00 \times \mathbf{150})}{(3{,}00 \times \mathbf{100}) + (2{,}00 \times \mathbf{200}) + (1{,}00 \times \mathbf{150})} = 1.400/850 = 1{,}65$$

$$Lp \,(2011) = \frac{(6{,}00 \times \mathbf{100}) + (5{,}00 \times \mathbf{200}) + (3{,}00 \times \mathbf{150})}{(3{,}00 \times \mathbf{100}) + (2{,}00 \times \mathbf{200}) + (1{,}00 \times \mathbf{150})} = 2.050/850 = 2{,}41$$

Perceba que os números em negrito representam as quantidades do ano-base e que o índice de preços de Laspeyres pondera pela quantidade do ano-base, que nesse exemplo é 2009.

Conhecendo-se o índice de preços para os três períodos considerados, determina-se o Produto Real, que pode ser verificado na Tabela 5.9. O ano-base sempre apresentará um índice de preços igual a "um".

Para se determinar o Produto Real, deve-se dividir o Produto Nominal pelo índice de preços correspondente e depois multiplicar pelo índice de preços do ano-base, o qual no exemplo corresponde a 2009 e é igual a "um". Para se determinar a variação percentual do Produto Real, deve-se dividir o Produto Real do ano considerado pelo Produto Real do ano anterior e depois subtrair "um". O que se observa é que o Produto Real cresceu 3,4% de 2009 para 2010, mas que de 2010 para 2011 há um decréscimo do Produto Real em 26,3%.

---

[7] Alfredo Filellini, *Contabilidade social*, p. 107.

Tabela 5.9. Determinação do Produto Real e sua variação percentual tomando como base o índice de preços de Laspeyres

ANO	PRODUTO NOMINAL	LP	PRODUTO REAL	VARIAÇÃO PORCENTUAL %
2009	850,00	1	(850/1) × 1 = 850	—
2010	1.450,00	1,65	(1.450/1,65) × 1 = 878,78	(878,78/850) − 1 = 0,034 = 3,4%
2011	1.560,00	2,41	(1.560/2,41) × 1 = 647,30	(647,30/878,78) − 1 = −0,263 = −26,3%

5.2.2. Índice de preços de Paasche

Pode-se também determinar o Produto Real pelo **índice de preços de Paasche**, que utiliza a média harmônica ponderada dos produtos considerados. Os pesos são os valores de cada item tomados na época atual (Vt = Pt × Qt). Segundo Filellini, "o índice de preços de Paasche toma a produção do ano em referência (Q_{t1}) e a compara com o valor dessa mesma produção, quando ponderada pelos preços do ano-base (P_{t0}). Qualquer desvio em relação à unidade, na divisão dos valores encontrados, é devido à inflação ou deflação de preços no ano '1'"[8]. O índice de preços de Paasche tende a exagerar as baixas de preços (deflação), ou seja, tende a subestimar o valor por considerar as quantidades iguais às do período atual (t). Assim, utiliza-se a fórmula do índice de preços de Paasche, mostrada a seguir:

$$Pp = \frac{\Sigma\, Pt \times Qt}{\Sigma\, Pi \times Qt}$$

Onde: Pt = preço na data correspondente; Qt = quantidade na data correspondente; e Pi = preço na data-base.

Observe que os preços são ponderados pelas quantidades do ano estudado (Qt). Tomando-se como base o ano de 2009 da Tabela 5.7, o cálculo do índice de preços de Paasche será:

$$Pp\,(2009) = \frac{(3,00 \times 100) + (2,00 \times 200) + (1,00 \times 150)}{(3,00 \times 100) + (2,00 \times 200) + (1,00 \times 150)} = 1$$

$$Pp\,(2010) = \frac{(5,00 \times 120) + (3,00 \times 150) + (2,00 \times 200)}{(3,00 \times 120) + (2,00 \times 150) + (1,00 \times 200)} = \frac{1.450,00}{860,00} = 1,6860$$

$$Pp\,(2011) = \frac{(6,00 \times 80) + (5,00 \times 120) + (3,00 \times 160)}{(3,00 \times 80) + (2,00 \times 120) + (1,00 \times 160)} = \frac{1.560,00}{640,00} = 2,4375$$

Perceba que os números em negrito representam as quantidades do ano em estudo. Observe que o índice de preços de Paasche **pondera pela quantidade dos anos em estudo**, que nesse exemplo são 2009, 2010 e 2011.

---

[8] Alfredo Filellini, *Contabilidade social*, p. 107.

Conhecendo-se o índice de preços para os três períodos considerados, determina-se o Produto Real, que pode ser verificado na Tabela 5.10. O ano-base sempre apresentará um índice de preços igual a "um".

Para se determinar o Produto Real, deve-se dividir o Produto Nominal pelo índice de preços correspondente e depois multiplicar pelo índice de preços do ano-base, o qual no exemplo corresponde a 2009 e é igual a "um". Para se determinar a variação percentual do Produto Real, deve-se dividir o Produto Real do ano pelo Produto Real do ano anterior e depois subtrair "um". O que se observa é que o Produto Real cresceu 1,2% de 2009 para 2010, mas que de 2010 para 2011 há um decréscimo do Produto Real em 25,58%.

Para determinar o Produto Real da economia, acompanhe a Tabela 5.10 a seguir:

Tabela 5.10. Determinação do Produto Real e sua variação percentual tomando como base o índice de preços de Paasche

ANO	PRODUTO NOMINAL	Pp	PRODUTO REAL	VARIAÇÃO PORCENTUAL %
2009	850,00	1	850/1 = 850	—
2010	1.450,00	1,6860	(1.450/1,6860) × 1 = 860,02	(860,02/850) − 1 = 0,012 = 1,2%
2011	1.560,00	2,4375	(1.560/2,4375) × 1 = 640	(640/860,02) − 1 = −0,2596 = −25,58%

5.2.3. Índice de preços de Fisher

Também se pode calcular o Produto Real pelo índice de preços de Fisher[9], que surgiu com o intuito de minimizar as distorções dos índices de Laspeyres e Paasche.

Para se calcular o **índice de preços de Fisher**, determina-se a **média geométrica** do índice de preços de Laspeyres e do índice de preços de Paasche. Segundo Filellini[10], o índice de Fisher promove um ajuste de convergência entre os índices de Laspeyres e Paasche. Observe a fórmula do índice de preços de Fisher a ser utilizada a seguir:

$$Fp = \sqrt{Lp \times Pp}$$

Tabela 5.11. Cálculo do índice de preços de Fisher, dados os índices de preços de Laspeyres e Paasche

ÍNDICE DE PREÇOS DE LASPEYRES	ÍNDICE DE PREÇOS DE PAASCHE	ÍNDICE DE PREÇOS DE FISHER
1	1	$\sqrt{(1 \times 1)} = 1$
1,65	1,6860	$\sqrt{(1,65 \times 1,6860)} = 1,6679$
2,41	2,4375	$\sqrt{(2,41 \times 2,4375)} = 2,4237$

---

[9] Também chamado de índice ideal.
[10] Alfredo Filellini, *Contabilidade social*, p. 107.

Tendo-se o índice de preços de Fisher, determina-se o Produto Real da economia. Para tanto, deve-se dividir o Produto Real pelo índice de preços do ano correspondente e depois multiplicar pelo índice de preços do ano-base o qual no exemplo corresponde a 2009 e é igual a "um". Acompanhe a Tabela 5.12 a seguir:

Tabela 5.12. Determinação do Produto Real e sua variação percentual tomando como base o índice de preços de Fisher

ANO	PRODUTO NOMINAL	FP	PRODUTO REAL	VARIAÇÃO PORCENTUAL %
2009	850,00	1	850/1 = 850	—
2010	1.450,00	1,6679	(1.450/1,6679) × 1 = 869,35	(869,35/850) – 1 = 0,022 = 2,2%
2011	1.560,00	2,4237	(1.560/2,4237) × 1 = 643,64	(643,64/869,35) – 1= (–)0,2596 = (–)25,96%

Percebe-se que, dependendo do índice de preços, o valor é diferente. Montoro Filho afirma que "essas diferenças surgem porque o índice de preço é uma média ponderada. Como os pesos variam, o índice também varia. Só seriam iguais caso os pesos não variassem ou se todos os preços variassem na mesma proporção. Quanto maior for a variabilidade de preços, maior será a diferença dos índices para a mesma variabilidade dos pesos"[11].

Assim como existem os índices de preços de Laspeyres, Paasche e Fisher, há também os índices de quantidade que determinarão a variação da quantidade ponderando pelo preço do ano-base (índice de quantidade de Laspeyres), pelo preço do ano em estudo (índice de quantidade de Paasche) ou pela média geométrica dos dois índices (índice de quantidade de Fisher). Esse é o assunto a ser visto no *item 5.2.4.*

5.2.4. Índice de quantidade

Assim como existe o índice de preços da economia, existe também o índice de quantidade da economia, muito embora, na disciplina de economia, o mais solicitado seja o índice de preços. Então, veja as fórmulas para cada um desses índices:

O **índice de Laspeyres de Quantidade** é: $Lq = \dfrac{\Sigma\, Qt \times Pi}{\Sigma\, Qi \times Pi}$

O **índice de Paasche de Quantidade** é: $Pq = \dfrac{\Sigma\, Qt \times Pt}{\Sigma\, Qi \times Pt}$

O **índice de Fisher de Quantidade** é: $Fq = \sqrt{Lq \times Pq}$

Onde:
Qt = quantidade na data correspondente
Qi = quantidade na data-base
Pt = preço na data correspondente
Pi = preço na data-base

---

[11] André Franco Montoro Filho, *Contabilidade social*, p. 32.

5.2.5. Variação percentual do produto real sem a utilização de um índice de preços

ANO	A		B		C		PRODUTO REAL	Δ% PRODUTO REAL
	P	Q	P	Q	P	Q		
2009	3,00	100	2,00	200	1,00	150	850,00	—
2010	3,00	120	2,00	150	1,00	200	860,00	(860 − 850)/850 = 1,18%
2011	3,00	80	2,00	120	1,00	160	640,00	(640 − 860)/860 = −25,58%

Para se calcular o Produto Real sem a utilização de um índice de preços, deve-se considerar o preço do ano-base (2009), que é de 3,00 para o bem A, de 2,00 para o bem B e de 1,00 para o bem C. Logo, o Produto Real para cada ano será:

2009 = (**3,00** × 100) + (**2,00** × 200) + (**1,00** × 150) = 850,00
2010 = (**3,00** × 120) + (**2,00** × 150) + (**1,00** × 200) = 860,00
2011 = (**3,00** × 80) + (**2,00** × 120) + (**1,00** × 160) = 640,00

5.2.6. Índice de valor

Define-se índice de valor a relação entre o somatório dos produtos do ano em questão multiplicados pelos seus respectivos preços e o somatório dos produtos do ano-base multiplicados pelos seus respectivos preços. Assim, tem-se:

$$I^v_{t/i} = \frac{\Sigma\ Qt\ .\ Pt}{\Sigma\ Qi\ .\ Pi}$$

O índice de valor corresponde à multiplicação do índice de preços de Laspeyres pelo índice de quantidade de Paasche, bem como à multiplicação do índice de quantidade de Laspeyres pelo índice de preços de Paasche.

5.2.7. Reversão quanto ao tempo e reversão quanto aos fatores

Um índice é **reversível quanto ao tempo** quando o produto do índice calculado para o período t com base i pelo índice calculado para o período i com base t é igual à unidade, ou seja: $I_{t/i} \times I_{i/t} = 1$.

Os índices de Laspeyres e Paasche não são reversíveis no tempo, mas o índice de Fisher sim. A partir do exemplo da Tabela 5.13 a seguir, pode-se determinar o índice de preços de Laspeyres em 2011, tomando-se como base o ano de 2010, e depois determinar-se o índice de preços de Laspeyres em 2010, tomando-se como base o ano de 2011.

Tabela 5.13. Economia que produz dois bens A e B e seus respectivos preços e quantidades

BEM	A		B	
Ano	P	Q	P	Q
2010	1,00	100	1,00	100
2011	2,00	150	3,00	80

O índice de preços de Laspeyres em 2011, com base em 2010, é:

$$Lp\ (2011) = \frac{(2,00 \times 100) + (3,00 \times 100)}{(1,00 \times 100) + (1,00 \times 100)} = 2,5 \quad \textbf{(I)}$$

O índice de preços de Laspeyres em 2010, com base em 2011, é:

$$Lp\ (2010) = \frac{(1,00 \times 150) + (1,00 \times 80)}{(2,00 \times 150) + (3,00 \times 80)} = \frac{230,00}{540,00} = 0,4259 \quad \textbf{(II)}$$

Multiplicando-se (I) e (II), tem-se: 2,5 × 0,4259 = 1,06475.
O índice de preços de Paasche em 2011, com base em 2010, é:

$$Pp\ (2011) = \frac{(2,00 \times 150) + (3,00 \times 80)}{(1,00 \times 150) + (1,00 \times 80)} = \frac{540,00}{230,00} = 2,3478 \quad \textbf{(III)}$$

O índice de preços de Paasche em 2010, com base em 2011, é:

$$Pp\ (2010) = \frac{(1,00 \times 100) + (1,00 \times 100)}{(2,00 \times 100) + (3,00 \times 100)} = \frac{200,00}{500,00} = 0,4 \quad \textbf{(IV)}$$

Multiplicando-se (III) e (IV), tem-se: 2,3478 × 0,4 = 0,9391.
O índice de preços de Fisher em 2011, com base em 2010, é:

$$Fp\ (2011) = \sqrt{Lp\ (2011) \times Pp\ (2011)} = \sqrt{2,5 \times 2,3478} = \sqrt{5,8695} = 2,427 \quad \textbf{(V)}$$

O índice de preços de Fisher em 2010, com base em 2011, é:

$$Fp\ (2010) = \sqrt{Lp\ (2010) \times Pp\ (2010)} = \sqrt{0,4259 \times 0,4} = \sqrt{0,1704} = 0,4127 \quad \textbf{(VI)}$$

Multiplicando-se (V) e (VI), tem-se: 2,427 × 0,412 = 1.
Portanto, somente o índice de Fisher é reversível quanto ao tempo.

Um índice é **reversível quanto aos fatores (princípio de decomposição de causas)** quando o produto do índice de quantidade pelo índice de preços é igual ao índice de valores, ou seja:

$$I^q_{t/i} \times I^p_{t/i} = I^v_{t/i} = \sum (qt \times pt) / (qi \times pi)$$

Os índices de Laspeyres e Paasche não são reversíveis quanto aos fatores, mas apenas o índice de Fisher. A partir da mesma Tabela 5.13, deve-se calcular primeiro o índice de preços e o índice de quantidades de Laspeyres em 2011, tomando-se como base o ano de 2010.

$$\text{Lp (2011)} = \frac{(2{,}00 \times 100) + (3{,}00 \times 100)}{(1{,}00 \times 100) + (1{,}00 \times 100)} = 2{,}5 \quad \textbf{(VII)}$$

$$\text{Lq (2011)} = \frac{(150 \times 1{,}00) + (80 \times 1{,}00)}{(100 \times 1{,}00) + (100 \times 1{,}00)} = \frac{230{,}00}{200{,}00} = 1{,}15 \quad \textbf{(VIII)}$$

Multiplicando-se (VII) e (VIII) = 2,875.
Calculando-se o índice de valor (Iv), tem-se:

$$\text{Iv (2011)} = \frac{\sum P_{2011} \times Q_{2011}}{\sum P_{2010} \times Q_{2010}} = \frac{(2{,}00 \times 150) + (3{,}00 \times 80)}{(1{,}00 \times 100) + (1{,}00 \times 100)} = \frac{540{,}00}{200{,}00} = 2{,}7 \textbf{(IX)}$$

Observe que (IX) é diferente de (VII) × (VIII).
Calculando-se o índice de preços e o índice de quantidades de Paasche em 2011, com base em 2010, tem-se:

$$\text{Pp (2011)} = \frac{(2{,}00 \times 150) + (3{,}00 \times 80)}{(1{,}00 \times 150) + (1{,}00 \times 80)} = \frac{540{,}00}{230{,}00} = 2{,}3478 \quad \textbf{(X)}$$

$$\text{Pq (2011)} = \frac{(150 \times 2{,}00) + (80 \times 3{,}00)}{(100 \times 2{,}00) + (100 \times 3{,}00)} = \frac{540{,}00}{500{,}00} = 1{,}08 \quad \textbf{(XI)}$$

Multiplicando-se (X) e (XI), tem-se 2,5356, que também é diferente do índice de valor (IX).
Calculando-se o índice de preços e o índice de quantidades de Fisher em 2011, com base em 2010, tem-se:

$$\text{Fp (2011)} = \sqrt{\text{Lp (2011)} \times \text{Pp (2011)}} = \sqrt{2{,}5 \times 2{,}3478} = \sqrt{5{,}8695} = 2{,}427 \quad \textbf{(XII)}$$

$$\text{Fq (2011)} = \sqrt{\text{Lq (2011)} \times \text{Pq (2011)}} = \sqrt{1{,}15 \times 1{,}08} = \sqrt{1{,}242} = 1{,}114 \quad \textbf{(XIII)}$$

Multiplicando-se (XII) e (XIII), tem-se 2,70, que é igual ao índice de valor.
Portanto, somente o índice de Fisher é reversível quanto ao tempo.

5.2.8. Circularidade

Imagine alguns números índices, cada um com uma data-base diferente (base móvel). Cada data atual de cada cálculo do índice será igual à data-base do índice seguinte (encadeamento).

Se o resultado do encadeamento for igual ao índice com data-base do primeiro índice da cadeia, e a data atual for a do último índice, diz-se que o número índice satisfaz o critério da circularidade. Observe:

$$I_{1,2} \times I_{2,3} \times I_{3,4} \times I_{4,5} \times I_{5,6} = I_{1,6}$$

Para que se possa mudar a base de um número índice, é necessário que esteja presente o princípio da circularidade.

5.3. O DEFLATOR[12] DO PRODUTO

Chama-se **Deflator do Produto** a razão entre o Produto Nominal e o Produto Real. Segundo Froyen, "é uma medida do valor da produção corrente avaliada a preços correntes (...). É uma medida do nível agregado (ou geral) de preços, denominada (...) simplesmente por índice de preços (...) denominado deflator (...) do PIB"[13].

$$\text{Deflator} = \frac{\text{Produto Nominal}}{\text{Produto Real}}$$

Observe que, se a fórmula for rearranjada, tem-se que o Produto Nominal é igual ao deflator multiplicado pelo Produto Real.

Caso se deseje determinar o deflator em valores percentuais, pode-se multiplicar a fração por 100, ou seja:

$$\text{Deflator em \%} = \frac{\text{Produto Nominal}}{\text{Produto Real}} \times 100$$

O deflator corresponde ao **índice de Paasche**. Basta que se substitua o Produto Nominal pelo somatório dos preços multiplicado pelas quantidades do período "t" e se substitua o Produto Real pelo somatório dos preços do ano-base multiplicado pela quantidade do período "t".

O deflator do PIB mostra um índice de preços de bens e serviços correntemente **produzidos** no país. Não considera, portanto, **os produtos importados**. Por sua vez, o IPC[14] mostra um índice geral de preços de bens e serviços correntemente **consumidos**, produzidos ou não no país, é mais abrangente, pois considera informações indisponíveis nos outros índices como, por exemplo, os preços implícitos da administração

---

[12] Antes, o Deflator recebia o nome de Deflator Implícito. Feijó e Ramos (2003, p. 33) explicam afirmando que "o termo 'implícito' se referia ao caso onde se dispunha de informações em valores correntes para dois anos (t e t_{+1}) e o índice de volume entre esses dois anos. Neste caso o valor a preço constantes era obtido pela extrapolação do valor corrente do ano t pelo índice de volume. Dessa forma, a variação de preços era obtida 'implicitamente' pela divisão do valor corrente do ano t_{+1} pelo valor constante (...)". Já Froyen (2003, p. 33) explica por que se utilizava o termo implícito, afirmando que: "o deflator do PIB é um índice implícito de preços, pois primeiro constrói-se uma medida de quantidade — o PIB real — e depois compara-se o movimento no PIB em termos do valor da moeda a preços do período corrente e do período-base, para calibrar as variações de preços. Não se tenta, direta ou explicitamente, medir as alterações médias nos preços". Também Sachs e Larrain (2000, p. 35) explicam o nome implícito, dizendo que: "tomamos primeiro o PIB nominal e criamos uma medida do PIB real, ou Q. Depois, P é encontrado implicitamente como a proporção entre o PIB e Q".

[13] Richard T. Froyen, *Macroeconomia*, p. 32.

[14] O IPC mede os preços de varejo de uma cesta de mercado fixa, que abrange bens e serviços que as famílias adquiriram.

pública. Segundo Dornbusch e Fischer, "uma vez que o deflator se baseia em um cálculo que inclui todos os bens produzidos pela economia, ele é um índice de preços abrangente frequentemente utilizado para medir inflação (...) inclui apenas o preço de bens produzidos (...)"[15]. Já para Feijó e Ramos, "o Deflator contrasta com os índices de preço usualmente construídos, pois sua estrutura se altera na medida em que a composição do PIB muda, em contraposição aos índices de preço que representam a variação de preços de uma lista (cesta) fixa de produtos com atualizações mais demoradas"[16]. Portanto, quando os preços dos produtos importados sobem numa velocidade maior que os produzidos internamente, o índice de preços ao consumidor se eleva mais que o deflator.

Segundo Blanchard, o deflator "não tem nenhuma interpretação econômica. Mas a sua taxa de variação $(P_t - P_{t-1})/P_{t-1}$ possui uma interpretação econômica clara: ela fornece a taxa à qual o nível geral de preços aumenta ao longo do tempo — a taxa de inflação"[17].

O deflator apresenta, ocasionalmente, variações menores que o IGP. Pode-se observar isso no gráfico da Figura 5.1 a seguir:

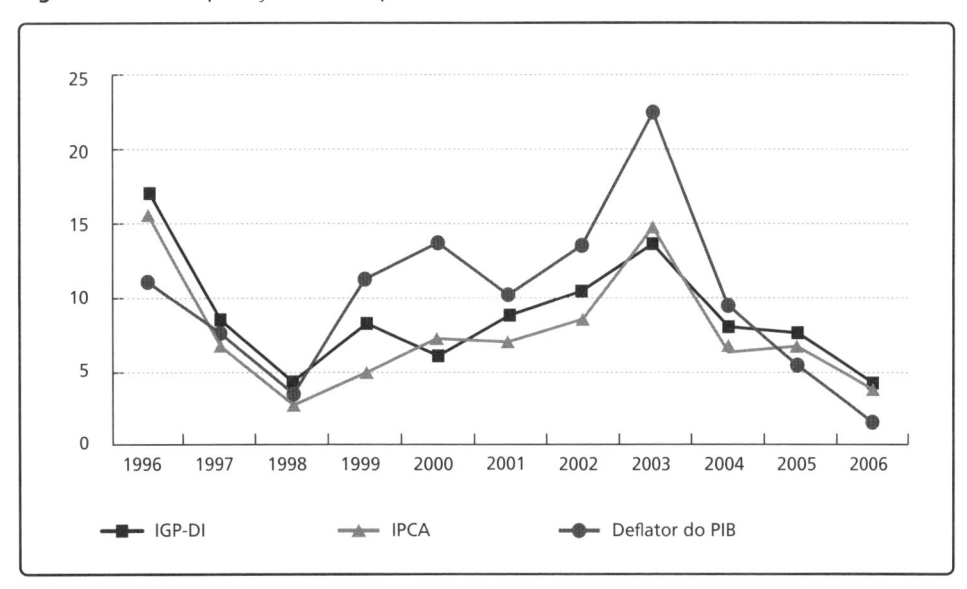

Figura 5.1. Comparação do comportamento do Deflator do PIB com o IGP-DI e IPCA

5.4. COMPARAÇÃO ENTRE PAÍSES — *TRADABLES* E *NO TRADABLES*

Se todos os bens e serviços pudessem ser transacionados em todos os países, ou seja, pudessem fazer parte da lista dos **Tradables**, a taxa de câmbio seria um excelente mecanismo para verificar as diferenças de renda e produto entre os países. Mas, como

---

[15] Rudiger Dornbusch e Stanley Fischer, *Macroeconomia*, p. 54.
[16] Carmem Aparecida Feijó e Roberto Luis Olinto Ramos, *Contabilidade social*, p. 32.
[17] Olivier Blanchard, *Macroeconomia*, p. 29.

os produtos que não podem ser transacionados são mais baratos nos países de origem devido, principalmente, à mão de obra mais barata, a taxa de câmbio deixa de ser um mecanismo eficiente de comparação de renda e produto entre países.

Outro problema é quando há subsídios, diferenças de tarifas alfandegárias e de transporte para os produtos transacionados entre os países, mantendo-se uma relação de preços "artificial". Para tentar solucionar esse problema, pode-se usar uma taxa de conversão que reflita essas diferenças. Essa taxa recebe o nome de **Dólar PPC** (dólar que mede a Paridade de Poder de Compra).

Existe uma série de bens que, independente do preço nos diferentes países, não induzem fluxos comerciais entre eles e são chamados "não transacionáveis" ou *no Tradable*.

Para se comparar os preços do mesmo produto em países diferentes, deve-se expressá-los na mesma unidade monetária.

Exemplo: $P_{Brasil} = e \times P_{Alemanha}$

Onde: P = preço e e = taxa de câmbio

Se $P_{Brasil} = 5,00$ e $P_{Alemanha} = 4,00$, então e = 1,25

Mas, se a taxa de câmbio for menor que 1,25, significa que se valorizou, então a moeda nacional (no caso do Brasil, o real) se valoriza, e o produto da Alemanha ganha competitividade, ficando mais barato no Brasil.

Se a taxa de câmbio for maior que 1,25, significa que se desvalorizou, então a moeda nacional (no caso do Brasil, o real) se desvaloriza, e o produto do Brasil ganha competitividade, ficando mais barato no exterior.

Comparando-se os preços dos produtos no Brasil e na Alemanha, pode-se verificar a influência da taxa de câmbio.

Tabela 5.14. Influência da taxa de câmbio na comparação de preços nacionais e estrangeiros

PREÇO NO BRASIL	=	e	×	PREÇO NA ALEMANHA
5	=	1,25	×	4
5	>	1,00	×	4
5	<	2,00	×	4

Ou seja, o preço no Brasil será igual ao preço na Alemanha multiplicado pela taxa de câmbio. Assim, se a taxa de câmbio for igual a 1,25, um produto cujo preço no Brasil vale 5 será equivalente a um produto da Alemanha de valor 4. Se a taxa de câmbio cair para 1,00, o produto brasileiro que vale 5 ficará mais alto que um produto alemão que valerá 4, fazendo com que o nacional perca competitividade. Se a taxa de câmbio aumentar para 2,00, o produto brasileiro valerá 5, enquanto o alemão chegará ao Brasil por 8, fazendo com que o nacional ganhe competitividade.

Mas esse assunto será mais profundamente abordado no capítulo 15, que trata de taxa de câmbio.

5.5. ÍNDICE DE PREÇOS NO BRASIL

Segundo o Banco Central do Brasil, "**índices de preços** são números que agregam e representam os preços de uma determinada cesta de produtos. Sua variação mede, portanto, a variação média dos preços dos produtos da cesta. Podem se referir a, por exemplo, preços ao consumidor, preços ao produtor, custos de produção ou preços de exportação e importação"[18]. Ainda segundo o Banco Central do Brasil:

"— Os índices do IBGE incluem o **IPCA** (Índice de Preços ao Consumidor Amplo) e o Índice Nacional de Preços ao Consumidor (**INPC**);

— Os índices gerais da FGV incluem o Índice Geral de Preços — Disponibilidade Interna (**IGP-DI**), o Índice Geral de Preços — Mercado (**IGP-M**) e o **IGP-10**, além de seus componentes: o Índice de Preços por Atacado (**IPA**[19]), o Índice de Preços ao Consumidor (**IPC-Br**) e o Índice Nacional de Custo da Construção (**INCC**);

— Por fim, o índice da Fipe é o Índice de Preços ao Consumidor na cidade de São Paulo (**IPC-Fipe**).

Existem índices cujo período de coleta não corresponde ao mês cheio, como o **IGP-10** e o **IGP-M**, que são construídos do mesmo modo que o **IGP-DI**, mas com períodos de coleta diferentes. Da mesma forma acontece com o **IPCA-15** em relação ao **IPCA**"[20].

Observe, no Quadro 5.1, as principais características dos índices de preços.

Quadro 5.1. Características dos principais índices de preços

INSTITUTO	ÍNDICE	ÍNDICES COMPONENTES	FAIXA DE RENDA	ÁREA DE ABRANGÊNCIA	COLETA	DIVULGAÇÃO	INÍCIO DA SÉRIE
IBGE	IPCA-15	não há	1 a 40 SM	9 RMs[21] + DF + Goiânia	Dia 16 do mês anterior ao dia 15 do mês de referência	Até o dia 25 do mês de referência	2000
	IPCA		1 a 5 SM	10 RMs[22] + Brasília + Goiânia + Campo Grande, Rio Branco, São Luís e Aracaju.	Dia 1.º ao dia 30 do mês de referência	Até o dia 15 do mês subsequente	1979
	INPC						1979

---

[18] <http://pt.scribd.com/doc/4014004/Indices-de-Precos-FAQ-do-BCB>.
[19] O IPA dá mais ênfase às matérias-primas que o IPC e o deflator do PIB.
[20] <http://pt.scribd.com/doc/4014004/Indices-de-Precos-FAQ-do-BCB>.
[21] As nove regiões Metropolitanas são: Belém, Fortaleza, Recife, Salvador, Belo Horizonte, Rio de Janeiro, São Paulo, Curitiba, Porto Alegre.
[22] As 10 regiões Metropolitanas são: Belém, Fortaleza, Recife, Salvador, Belo Horizonte, Vitória, Rio de Janeiro, São Paulo, Curitiba, Porto Alegre.

FGV	IGP-10	IPA[23] IPC INCC	1 a 33 SM no IPC, que é computado juntamente com Índices de Preços no Atacado (IPA) e na Construção Civil (INCC)	7 principais capitais do país[24]	Dia 11 do mês anterior ao dia 10 do mês de referência	Até o dia 20 do mês de referência	1993
	IGP-M	IPA IPC INCC			Dia 21 do mês anterior ao dia 20 do mês de referência 1.ª Prévia, dia 21 a 30 2.ª Prévia, dia 21 a 10	Até o dia 30 do mês de referência 1.ª Prévia, até dia 10 2.ª Prévia, até dia 20	1989
	IGP-DI	IPA IPC INCC			Dia 1.º ao dia 30 do mês de referência	Até o dia 10 do mês subsequente	1944
Fipe	IPC-Fipe	não há	1 a 10 SM	Município de São Paulo	Dia 1.º ao dia 30 do mês de referência	Até o dia 10 do mês subsequente	1939

Fonte: IBGE, FGV e Fipe.

"— O **IPCA** corrige os balanços e demonstrações financeiras trimestrais e semestrais das companhias abertas, além de ser o índice mais relevante do ponto de vista da política monetária, já que foi escolhido pelo Conselho Monetário Nacional (CMN) como referência para o sistema de metas para a inflação, implementado em junho de 1999. Além disso, as Notas do Tesouro Nacional, Série B (NTN-B 1), um dos títulos públicos mais negociados no mercado, oferecem rentabilidade indexada ao IPCA;

— O **IPCA-15** é calculado da mesma forma que o IPCA, mas com o período de coleta adiantado em 15 dias, isto é, computando-se do meio do mês anterior até o meio do mês corrente;

— O **INPC** é um índice muito utilizado em dissídios salariais, pois mede a variação de preços para quem está na faixa salarial de até 5 salários mínimos;

— O **IGP-M** é o índice mais utilizado como indexador financeiro, inclusive para títulos da dívida pública federal (NTN-C). Também corrige preços administrados, como, por exemplo, energia elétrica;

— O IGP-M é composto pelo **IPA**, com peso de 60%, pelo **IPC**, com peso de 30%, e pelo **INCC**, com peso de 10%. A definição dos pesos teve o objetivo de reproduzir aproximadamente o valor adicionado de cada setor (atacado, varejo e construção civil) no PIB. O IPA mede a variação do preço "na porta da fábrica ou agronegócio", ou seja, não considera o valor dos impostos e fretes. Quando há elevação do dólar, o preço das matérias-primas e insumos se elevam, aumentando os custos para o produtor e refletindo no IPA;

— O **IGP-DI** é um índice bastante tradicional (sua história remonta a 1944) e foi entre janeiro de 1960 e outubro de 1985 a medida oficial de inflação no Brasil. Atualmente, é

---

[23] IPA = Índice de Preços por Atacado também chamado de Índice de Preços ao Produtor Amplo.
[24] As sete capitais são: Belo Horizonte, Brasília, Porto Alegre, Recife, Rio de Janeiro, Salvador e São Paulo.

utilizado contratualmente para a correção de determinados preços administrados. Até 2005, por exemplo, esse índice servia como referência para o reajuste das tarifas de telefonia fixa, que em janeiro de 2006 passaram a ser corrigidas pelo IST (Índice de Serviços de Telecomunicação), composto por uma combinação de outros índices, dentre eles: **IPCA, INPC, IGP-DI e IGP-M**;

— **IGP-10** a diferença entre os três índices (IGP-10, IGP-M, IGP-DI) se resume às datas de coleta de preços e divulgação dos resultados apurados;

— O **IPC Fipe** foi criado pela Prefeitura de São Paulo com o objetivo de reajustar os salários dos servidores municipais. Apesar de restrito ao município de São Paulo, tem peculiaridades metodológicas e de divulgação (os resultados quadrissemanais) que reforçam sua importância"[25];

— Desde 2003, a FGV divulga o IPC-S (semanal). O IPC-3i – Índice de Preços ao Consumidor da Terceira Idade – é calculado com os mesmos dados. O IPC-3i mede a variação de preços de bens e serviços destinados às famílias compostas, majoritariamente, por indivíduos com mais de 60 anos;

— A cesta básica nacional, calculada mensalmente pelo Departamento Intersindical de Estatística e Estudos Socioeconômicos (Dieese), abrange todo o território nacional e acompanha a evolução de treze produtos de alimentação básica.

5.6. QUESTÕES

1. (CEBRASPE/CESPE — 2024 — ANTT/Economia) A tabela a seguir apresenta a quantidade dos bens finais (x, y e z) produzidos em determi-nado país entre os anos de 2020 e 2022. Os preços dos bens, em cada ano, são expressos em unidades monetárias ($) e as quantidades são expressas em unidades.

ANO	BEM FINAL	QUANTIDADE (UNIDADES)	PREÇO ($)
2020	x	10	2
2020	y	15	4
2020	z	20	1
2021	x	15	2
2021	y	10	3
2021	z	25	1
2022	x	15	3
2022	y	15	5
2022	z	35	2

Com base nessa situação hipotética e considerando que esses são os únicos bens finais produzidos no país em questão, julgue o item a seguir.
A preços de 2020, o deflator implícito do PIB, em 2021, foi maior que 0,9.
( ) Certo.
( ) Errado.

---

[25] <http://pt.scribd.com/doc/4014004/Indices-de-Precos-FAQ-do-BCB>.

2. (FGV — 2024 — Pref SJC/Ciências Econômicas) O Índice de Preços de Paasche pode ser calculado como
   a) a média harmônica dos preços relativos ponderados pela participação do produto na despesa no período atual.
   b) a média aritmética dos preços relativos ponderados pela participação do produto na despesa no período base.
   c) o Índice de Custo de Vida, ao medir o quanto a variação de preço afeta as despesas de uma família representativa.
   d) a média harmônica das quantidades relativas ponderadas pela participação do produto na despesa no período atual.
   e) a média aritmética das quantidades relativas ponderadas pela participação do produto na despesa no período base.

3. (CESGRANRIO — 2023 — AgeRIO/Gestão, Administração e Planejamento) O Produto Interno Bruto (PIB) do país X, estimado a preços correntes, alcançou 1.000 unidades monetárias de X no ano de 2020. Em 2021, o PIB de X, a preços correntes, foi estimado em 1.100 unidades monetárias de X.
Caso tenha ocorrido uma inflação anual de 5% em X, entre 2020 e 2021, conclui-se que, de 2020 para 2021, o PIB
   a) real de X não aumentou.
   b) real de X aumentou aproximadamente 10%.
   c) real de X aumentou aproximadamente 5%.
   d) nominal de X não aumentou.
   e) nominal de X aumentou aproximadamente 5%.

4. (FGV — 2023 — ALEMA/Economista) Com relação ao deflator do PIB, analise as afirmativas a seguir.
   I. O deflator do PIB no ano base é sempre igual a 1 (em termos decimais) ou 100 (em termos percentuais).
   II. O deflator do PIB reflete a variação dos preços de bens e serviços de toda economia.
   III. O deflator do PIB (em termos percentuais) é medido como a razão do PIB real em relação ao PIB nominal, multiplicado por 100.
Está correto o que se afirma em
   a) I, apenas.
   b) II, apenas.
   c) I e II, apenas.
   d) II e III, apenas.
   e) I, II e III.

5. (VUNESP — 2022 — Economista Pref Piracicaba) O PIB nominal de um país em determinado ano cresceu 9,2%, enquanto o deflator do PIB foi de 5%. O crescimento do PIB real foi de
   a) 1%.
   b) 2%.
   c) 3%.
   d) 4%.
   e) 5%.

6. (VUNESP — 2022 — IPSM SJC/Economia) Uma economia produziu, no ano 1, 1 000 peixes ao preço de $ 2 e 1 000 bananas ao preço de $ 1. No ano 2, foram produzidos 1 200 peixes ao preço de $ 3 e 1 500 bananas ao preço de $ 2. A variação de preços, medida pelo deflator do PIB foi, aproximadamente:
   a) 50%.
   b) 69%

c) 77%.
d) 100%.
e) 120%.

7. (FGV — 2023 — ALEMA/Economista) Considere os dados da tabela a seguir relativos às vendas de três tipos suco na economia:

SUCO	2021		2022	
	P	Q	P	Q
A	1	6	2	7
B	3	3	4	2
C	5	1	6	3

Na tabela, P = preço em R$ e Q = quantidade em milhões de caixas.
Tomando o ano de 2021 como base, e se baseando nos índices de Laspeyres correspondentes, as variações dos preços e das quantidades vendidas dos sucos entre 2021 e 2022 são, respectivamente, iguais a
a) −9,09% e +33,33%
b) +30% e +28%.
c) +50% e +40%.
d) +100% e +100%.
e) +150% e +140%.

8. (FGV — 2022 — Analista de Pesquisa Energética (EPE)/Economia de Energia) A tabela a seguir apresenta os preços de produtos que compõem a base de cálculo de um índice de preços hipotético.

Produto	VALOR [R$]	
	Jan. 22	Fev. 22
P1	15,00	15,00
P2	20,00	25,00
P3	10,00	14,00

Com base nos dados fornecidos, a inflação no período em questão, em valores percentuais, é de
a) 10,0.
b) 15,0.
c) 20,0.
d) 25,0.
e) 32,5.

9. (VUNESP — 2022 — Economista — Pref Piracicaba) O índice de preços de Laspeyres, em uma determinada economia, foi 1,25. Já o índice de valor foi 1. Pode-se dizer que
a) o índice de preços de Laspeyres é maior do que o índice de Paasche.
b) o índice de quantidades de Laspeyres foi 0,8.
c) o índice de quantidades de Paasche foi 0,8.
d) o índice de preços de Fisher foi 0,8.
e) o índice de quantidades de Laspeyres foi 1.

10. (CETAM — FCC — 2014) Em um determinado país, dois institutos de pesquisa alternativos elaboram e divulgam índices de preços destinados ao cálculo do crescimento do PIB em termos reais. A tabela a seguir mostra os valores do PIB nominal e dos dois índices de preços nos últimos anos.

ANO	PIB (EM BILHÕES DE UNIDADES MONETÁRIAS)	ÍNDICE DE PREÇOS INSTITUTO A	ÍNDICE DE PREÇOS INSTITUTO B
2010	2.000,00	100,00	100,00
2011	2.200,00	108,00	112,00
2012	2.100,00	106,00	106,00
2013	2.415,00	121,00	118,00

Com base nessas informações, é correto afirmar que
a) entre 2011 e 2012 houve crescimento real do PIB, tomando-se como deflator o índice de preços calculado pelo Instituto B.
b) entre 2010 e 2013 houve crescimento real do PIB, qualquer que seja o índice de preços adotado como deflator.
c) o crescimento real do PIB observado entre 2010 e 2011 é maior se considerado como deflator o índice de preços do Instituto B, ao invés de usar o do Instituto A.
d) entre 2010 e 2012 o crescimento real do PIB apurado será distinto, dependendo do índice de preços adotado como deflator.
e) o crescimento real do PIB observado entre 2012 e 2013 é maior se considerado como deflator o índice de preços do Instituto A, ao invés de usar o do Instituto B.

GABARITO

1. "errado".
Reorganizando a tabela, temos:

	PRODUTO X		PRODUTO Y		PRODUTO Z		PROD. NOMINAL	PROD. REAL
	Preço	Quant.	Preço	Quant.	Preço	Quant.		
2020	2	10	4	15	1	20	100	100
2021	2	15	3	10	1	25	85	95
2022	3	15	5	15	2	35	190	125

Produto Nominal 2021 = (2 · 15) + (3 · 10) + (1 · 25) = 85
Produto Real 2021 tomando como base os preços de 2020 = (2.15) + (4.10) + (1.25) = 95
O deflator do PIB = Produto Nominal / Produto real
Deflator do PIB_{2021} = 85/95
Deflator do PIB_{2021} = 0,8947
O Deflator foi menor que 0,9. A questão está errada.

2. "a".
O índice de preços de Paasche determina o Produto Real se utilizando da média harmônica dos preços, e não das quantidades, ponderada pelas quantidades produzidas no ano em questão. A alternativa "a" está correta e a alternativa "d" está incorreta.
O índice de preços de Laspeyres determina o Produto real se utilizando da média aritmética dos preços relativos, e não das quantidades, ponderada pela participação do produto na despesa no período base. As alternativas "b" e "e" estão incorretas. O custo de vida vai medir o custo de se viver em determinado local específico, e ele vai depender tanto dos preços quanto do padrão de vida de cada pessoa. Esse custo vai fazer parte da cesta de bens no cálculo dos índices de preços, inclusive de Paasche. A alternativa "c" está errada.

3. "c".
Sabendo que o Produto Nominal foi de 1.000 em 2020 e 1.100 em 2021 e considerando que o nível de preços em 2020 seja de 1, então, em 2021 será de 1,05, já que a inflação foi de 5%. Assim, a quantidade produzida em cada ano, seria de 1000 e 1047,62 respectivamente. Como o Produto Real considera constante o nível de preços, então, o Produto Real nos anos de 2020 e 2021 será de 1000 e 1047,62 respectivamente.

ANO	PRODUTO NOMINAL (PN)	PRODUTO REAL (PR)	%Δ PRODUTO REAL
	$1000 = P_{corrente} \cdot Q$ $1000 = 1 \cdot Q$ $Q = 1000$	$PR = P_{constante} \cdot Q$ $PR = 1 \cdot 1000$ $PR = 1000$	-
	$1100 = P_{corrente} \cdot Q$ $1100 = 1,05 \cdot Q$ $Q = 1047,62$	$PR = P_{constante} \cdot Q$ $PR = 1 \cdot 1047,62$ $PR = 1047,62$	4,76%

O Produto Real de X aumentou 4,76%. A alternativa "c" está correta e a "a" e a "b" estão incorretas. O Produto Nominal passou de 1000 para 1100. Portanto, aumentou 10%. As alternativas "d" e "e" estão incorretas.

4. "c".
O deflator do PIB no ano base é sempre igual a 1 (em termos decimais) ou 100 (em termos percentuais), já que o Produto Nominal será igual ao Produto Real. Como:

$$\text{Deflator do PIB (em termos decimais)} = \frac{\text{Produto Nominal}}{\text{Produto Real}}$$

Então: Deflator do PIB (em termos decimais) = 1
Assim também:

$$\text{Deflator do PIB (em termos percentuais)} = \frac{\text{Produto Nominal}}{\text{Produto Real}} \cdot 100$$

Então: Deflator do PIB (em termos percentuais) = 100. O item "I" está correto.

O deflator do PIB reflete a variação dos preços de bens e serviços produzidos de toda a economia, diferentemente dos índices de preços que refletem a variação dos preços de bens e serviços consumidos na economia. O item "II" está correto.

O deflator do PIB (em termos percentuais) é medido como a razão do PIB nominal (não o real como afirma o item) em relação ao PIB real (não o nominal como afirma o item), multiplicado por 100. O item "III" está incorreto.

5. "d".
Sabendo que o deflator do PIB = Produto Nominal / Produto Real, e:
O Deflator do PIB cresceu 5%. Logo, ele vale 1,05 em relação ao Deflator anterior.
O Produto Nominal cresceu 9,2%. Logo, ele vale 1,092 do Produto Nominal anterior.
Logo:

$$1,05 = \frac{1,092}{\text{Novo Produto Real}}$$

Novo Produto Real = 1,04
Logo, o Produto Real cresceu 4%. A alternativa correta é a "d".

6. "b".
Montando uma tabela com os dados fornecidos, podemos calcular o Produto Nominal (PN = Σ P.Q) nos anos 1 e 2 que são de 3000 (= 1000.2 + 1000.1) e 6600 (=1200.3 + 1500.2) respectivamente. Para calcular o produto Real (PR), consideramos os preços constantes, ou seja, tomaremos o preço do ano 1. Assim, temos, nos anos 1 e 2 os respectivos Produtos Reais: 3000 (= 1000.2 + 1000.1) e 3900 (=1200.2 + 1500.1)

PRODUTO/ANO	PEIXE		BANANA		PN	PR
	Quant	Preço	Quant	Preço		
Ano 1	1000	2	1000	1	3000	3000
Ano 2	1200	3	1500	2	6600	3900

O Deflator do PIB = Produto Nominal / Produto Real
Deflator do PIB $_{Ano\,1}$ = 3000/ 3000
Deflator do PIB $_{Ano\,1}$ = 1
Deflator do PIB $_{Ano\,2}$ = 6600/ 3900
Deflator do PIB $_{Ano\,2}$ = 1,6923
A variação do Deflator do PIB = $\dfrac{1,6923 - 1}{1}$ = 0,6923 = 69,23%

A alternativa correta é a "b".

7. "c".
Redesenhando a tabela, temos:

PRODUTO/ANO	A		B		C	
	P	Q	P	Q	P	Q
2021	1	6	3	3	5	1
2022	2	7	4	2	6	3

O Índice de Preços de Laspeyres (Lp$_1$) no ano base (ano 1) é sempre 1. Logo:

Lp$_1$ = 1

Lp$_2$ = $\dfrac{\Sigma P_2 . Q_1}{\Sigma P_1 . Q_1}$ = $\dfrac{2.6 + 4.3 + 6.1}{1.6 + 3.3 + 5.1}$ = $\dfrac{30}{20}$ = 1,5 } Aumentou 50%

O Índice de Quantidade de Laspeyres (Lq$_1$) no ano base (ano 1) é sempre 1. Logo:

Lq$_1$ = 1

Lq$_2$ = $\dfrac{\Sigma Q_2 . P_1}{\Sigma Q_1 . P_1}$ = $\dfrac{7.1 + 2.3 + 3.5}{6.1 + 3.3 + 1.5}$ = $\dfrac{28}{20}$ = 1,4 } Aumentou 40%

A alternativa correta é a "c".

8. "c"
Os preços no mês de janeiro de 2022 foram de: R$ 45,00 (15,00 + 20,00 + 10,00) e no mês de fevereiro de 2022 foram de R$ 54,00 (15,00 + 25,00 + 14,00)
Logo, os preços variaram em:

$\dfrac{54}{45}$ - 1 = 1,2 - 1 = 0,2 = 20%. A alternativa correta é a "c".

9. "c".
O índice de preços de Laspeyres é definido como:

Lp = $\dfrac{\Sigma Pt . Qi}{\Sigma Pi . Qi}$ (I)

Já o índice de valor é definido como:

$$Iv = \frac{\Sigma Pt \cdot Qt}{\Sigma Pi \cdot Qi}$$

Como o índice de valor é igual a 1, então:

$$1 = \frac{\Sigma Pt \cdot Qt}{\Sigma Pi \cdot Qi} \rightarrow \Sigma Pi \cdot Qi = \Sigma Pt \cdot Qt \ (II)$$

Substituindo (II) em (I), e sabendo que Lp é igual a 1,25, temos:

$$1,25 = \frac{\Sigma Pt \cdot Qi}{\Sigma Pt \cdot Qt}$$

Se rearrumarmos e invertermos a função, temos:

$$\frac{1}{1,25} = \frac{\Sigma Qt \cdot Pt}{\Sigma Qi \cdot Pt}$$ — Índice de quantidade de Paashe

$$0,8 = \frac{\Sigma Qt \cdot Pt}{\Sigma Qi \cdot Pt}$$

Logo, a alternativa correta é a "c".

10. "a".
Entre os anos 2011 e 2012, verificou-se o seguinte comportamento; tomando como base o ano 2010.
Observa-se que o PIB real cresceu de 2011 para 2012. A alternativa "a" é verdadeira.
Entre os anos de 2010 e 2013, verificou-se o seguinte comportamento do produto real, tomando como base o ano 2010.

Percebe-se que, pelo instituto A, o produto real só cresceu do ano 2010 para 2011 quando se toma por base o ano de 2010. No instituto B, o produto real só cresceu no ano de 2013 quando se toma por base o ano de 2010. A alternativa "b" é falsa.

De 2010 para 2011, houve crescimento do produto real quando medido pelo instituto A (passou de 2.000 para 2.037,03) e houve decréscimo do produto real quando medido pelo instituto B (passou de 2.000 para 1.964,28). A alternativa "c" é falsa.
Entre 2010 e 2012, o PIB nominal e o índice de preços são iguais para os institutos A e B. Portanto, o PIB real será igual também. A alternativa "d" é falsa.
Entre 2012 e 2013, o PIB real do instituto A cresceu de 1.981,13 para 1.995,86, e o do instituto B cresceu de 1.981,13 para 2.046,61. Logo, o instituto B apresentou um crescimento maior do PIB real. A alternativa "e" é falsa.

5.7. MATERIAL SUPLEMENTAR

QUESTÕES DE CONCURSOS
http://uqr.to/1yjb4

6
SISTEMA DE CONTAS NACIONAIS — BRASIL — REFERÊNCIA 2010

O Sistema de Contas Nacionais (SCN) é um conjunto de recomendações padronizadas, definidas internacionalmente, mostrando como compilar a **atividade econômica**[1] de acordo com as convenções contábeis e tomando como referência conceitos e princípios econômicos. Ele mostra de forma completa e detalhada o registro da atividade econômica do país e a integração entre os diferentes agentes econômicos. Permite, aos países, também, apresentar uma descrição de suas economias de forma coerente e comparável, orientando na tomada de decisões públicas e privadas.

Segundo o Instituto Brasileiro de Geografia e Estatística (IBGE)[2] "O Sistema de Contas Nacionais apresenta informações sobre a geração, a distribuição e o uso da renda no País. Há também dados sobre a acumulação de ativos não financeiros, patrimônio financeiro e sobre as relações entre a economia nacional e o resto do mundo."

O SNA (2008[3]) define o Sistema de Contas Nacionais como "o conjunto padronizado de recomendações, internacionalmente acordadas, sobre como compilar as medidas de atividade econômica, de acordo com rígidas convenções contábeis baseadas em princípios econômicos. As recomendações são expressas em termos de um conjunto de conceitos, definições, classificações e regras contábeis que compõem o padrão internacionalmente definido para medir itens como o produto interno bruto (PIB), o indicador de desempenho econômico mais frequentemente citado. O quadro contábil do SCN permite que os dados econômicos compilados sejam apresentados em um formato projetado para fins de análise econômica, tomada de decisões e formulação de políticas. Uma grande massa de informação é apresentada de forma condensada, organizada de acordo com os princípios econômicos e percepções sobre o funcionamento da economia. As contas fornecem um registro completo e detalhado de atividades econômicas complexas

---

[1] A classificação por atividade econômica do Sistema de Contas Nacionais é uma das categorias utilizadas para organizar os agentes econômicos e é chamada também de classificação funcional, porque representa o processo de produção e o fluxo de bens e serviços produzidos. Essa classificação estrutura as Tabelas de Recursos e Usos (TRU).

[2] <https://www.ibge.gov.br/estatisticas/economicas/contas-nacionais/9052-sistema-de-contas-nacionais-brasil.html?=&t=o-que-e>. Acesso em: 19 maio 2021.

[3] A nova série, com base em 2010, foi construída de acordo com a revisão 2008 do manual internacional de Contas Nacionais (SNA 2008) e com a versão 2.0 da Classificação Nacional de Atividades Econômicas (CNAE 2.0).

que ocorrem em uma economia e da interação entre os diferentes agentes econômicos, e grupos de agentes, que ocorre nos mercados ou em outro lugar"[4].

No Sistema de Contas Nacionais — referência 2010 (SCN-2010)[5], foram aperfeiçoados determinados conceitos e introduzidas algumas modificações que podem impactar o Produto Interno Bruto. Por exemplo, os **gastos em *softwares*, bancos de dados e Pesquisa e Desenvolvimento, bem como a exploração e a avaliação mineral**, passaram a ser considerados Formação Bruta de Capital Fixo (FBCF)[6], e não mais consumo intermediário. Também, os **gastos militares do governo** passaram a ser considerados FBCF[7]. A atividade financeira[8] passou a incluir a atividade *holdings* não financeiros. As administradoras de cartão de crédito foram incluídas na atividade de auxiliares financeiros. Foi introduzido, também, no manual internacional, um capítulo específico sobre Governo e Setor Público, que consolida conceitos presentes no SNA relacionados a atividades do governo.

As contas nacionais do Brasil são calculadas, desde a SNA 1993, anualmente, a preços correntes ou nominais e a preços constantes, tomando como base de ponderação o preço do ano anterior. O novo SCN (2010) adota, como base de referência, o ano de 2010, que corresponde ao ano em que se estabelece como 100 nas séries de números-índice do SCN.

Desde a SNA 1993, a apresentação das contas nacionais se dá através da **Tabela de Recursos e Usos (TRU)** e das **Contas Econômicas Integradas (CEIs)** por atividade econômica e setor institucional[9]. Atualmente, as TRU são calculadas a preços correntes e a preços constantes do ano anterior e as CEIs a preços correntes.

As **TRU** são construídas a partir de um corte na economia e consideram atividades econômicas e produtos. Elas mostram os fluxos de oferta e demanda dos bens e serviços e também as relações de produção entre as atividades e a renda e emprego gerados em cada atividade econômica. As atividades econômicas se definem pelo agrupamento das

---

[4] Nota metodológica n. 02 — Estrutura do Sistema de Contas Nacionais — Sistema de Contas Nacionais — Brasil — Referência 2010 — IBGE.

[5] O SCN tem como referências metodológicas: o Manual das Nações Unidas — System of National Accounts (SNA 1993 e o SNA 2008) –, em parceria com o Banco Mundial; a Organização para a Cooperação e Desenvolvimento Econômico (OCDE); a Comissão das Comunidades Europeias (Eurostat); e o Fundo Monetário Internacional (FMI).

[6] A formação bruta de capital fixo é constituída de bens duráveis que têm o objetivo de serem utilizados no processo produtivo, por um período superior a um ano, para aumentar a capacidade produtiva do país. Inclui as construções, como prédios, além de máquinas e equipamentos, ferramentas, computadores e automóveis. Ela é mensurada pelo valor total dos ativos fixos adquiridos subtraído das baixas em ativos fixos pelo produtor. Os ativos fixos compreendem os tangíveis e intangíveis. Estes últimos se referem, entre outras coisas, aos Produtos de Propriedade Intelectual (PPI).

[7] A SCN do Brasil já adotava este procedimento desde a série 2000, que se antecipou à publicação do manual de 2008.

[8] O serviço de intermediação financeira consiste em aglutinar recursos de credores e canalizá-los para tomadores de crédito.

[9] O Setor Institucional é outra maneira de classificação do Sistema de Contas Nacionais. Nele, as unidades são definidas de acordo com o seu comportamento, função e objetivos econômicos. Assim, mostra como a renda é gerada e distribuída, bem como o capital é gerado e financiado. Essa classificação está associada a Conta Econômica Integrada (CEI).

unidades de produção, sejam empresas ou unidades locais, pela homogeneidade no processo produtivo.

As **CEIs** oferecem uma visão de conjunto da economia, descrevendo, para cada setor institucional, seus fenômenos essenciais — produção, consumo, acumulação e patrimônio e suas inter-relações. Tem como referência os setores institucionais e a análise do comportamento dos agentes econômicos. Ela representa o núcleo central do Sistema de Contas Nacionais (SCN) porque é, nos setores institucionais, que se explicita o processo de geração, distribuição e acumulação da renda ou ativos.

Segundo o IBGE[10], "As tabelas sinóticas reúnem as principais grandezas calculadas no Sistema de Contas Nacionais e permitem identificar, para cada ano, o Produto Interno Bruto — PIB; a composição da oferta e da demanda agregada; a geração, a distribuição e o uso da renda nacional; a acumulação de capital; a capacidade ou necessidade de financiamento; as transações correntes com o resto do mundo; a renda *per capita*; a evolução da carga tributária; a desagregação das empresas não financeiras, por origem de capital, privado e público; e a desagregação do setor público e privado, para alguns agregados, entre outras informações da economia brasileira".

As externalidades positivas ou negativas, que possam ser geradas no processo produtivo, não serão contabilizadas pela SNC. Externalidade é a ação de um agente sobre o outro e essa ação pode ser tanto positiva, gerando benefícios, quanto negativa, gerando custos. São, portanto, efeitos colaterais da produção de bens ou serviços sobre outras pessoas que não estão diretamente envolvidas com a atividade. Como a SNC considera apenas os valores monetários no processo produtivo, então, as externalidades não são contabilizadas na SNC.

O agrupamento de unidades institucionais[11], de acordo com similaridades no comportamento, na função e nos objetivos e determinado pelo comportamento econômico principal, vai definir o **setor institucional**, que pode ser composto por:

- Empresas financeiras e não financeiras[12]
- Famílias[13]

---

[10] <https://www.ibge.gov.br/estatisticas/economicas/contas-nacionais/9052-sistema-de-contas-nacionais-brasil.html?=&t=o-que-e>. Pesquisa realizada em: 19 maio 2021.

[11] A unidade institucional é uma unidade econômica que pode possuir ativos e contrair passivo, bem como realizar atividades econômicas e transações com outra unidade institucional.

[12] As empresas não financeiras são aquelas que produzem bens e serviços não financeiros de mercado. Nelas se incluem as instituições sem fins lucrativos com produção mercantil de bens e serviços. No SCN-2010, as empresas não financeiras são apresentadas desagregadas nos subsetores empresas públicas não financeiras e empresas privadas não financeiras. As empresas públicas não dependentes fazem parte das empresas públicas não financeiras e, portanto, pertencem ao setor institucional empresas não financeiras. Já as empresas públicas dependentes farão parte do setor institucional governo, já que suas informações se encontram consolidadas nos balanços do governo. As empresas financeiras são aquelas que prestam serviço de seguros, fundos de pensão, entre outras. As instituições sem fins lucrativos, com produção de serviços financeiros, estão incluídas no setor institucional das empresas financeiras.

[13] Abrange tanto famílias, enquanto consumidoras, como também enquanto produtoras, ou seja, inclui as unidades produtivas sem CNPJ e trabalhadores autônomos. Inclui também a produção com aluguéis imputados residenciais cujos proprietários estão ocupando, o aluguel efetivo e os serviços domésticos remunerados. A partir do SCN-2010, passou a fazer parte desse setor institucional o

☐ Governo Geral[14]
☐ Instituições privadas sem fins de lucro a serviço das famílias

O SCN pode ser apresentado de acordo com a Figura 6.1, onde se vê, primeiro, a **Produção**. Nela se calcula o PIB através da TRU e CEI, a **Renda** gerada pelo PIB e sua distribuição e redistribuição entre os setores institucionais acrescida da Renda recebida/enviada ao exterior. O saldo é a **Poupança** por setor institucional. Tanto a produção quanto a renda detalham os fluxos dentro da economia. A **variação patrimonial** é calculada tomando-se o estoque de ativos financeiros e não financeiros do ano anterior, denominado Patrimônio de Abertura, adicionando os ativos produzidos e não produzidos no momento da avaliação, que são estimados a partir da formação bruta de capital fixo e a poupança, e determinando-se, então, o estoque final que corresponde ao Patrimônio de Fechamento.

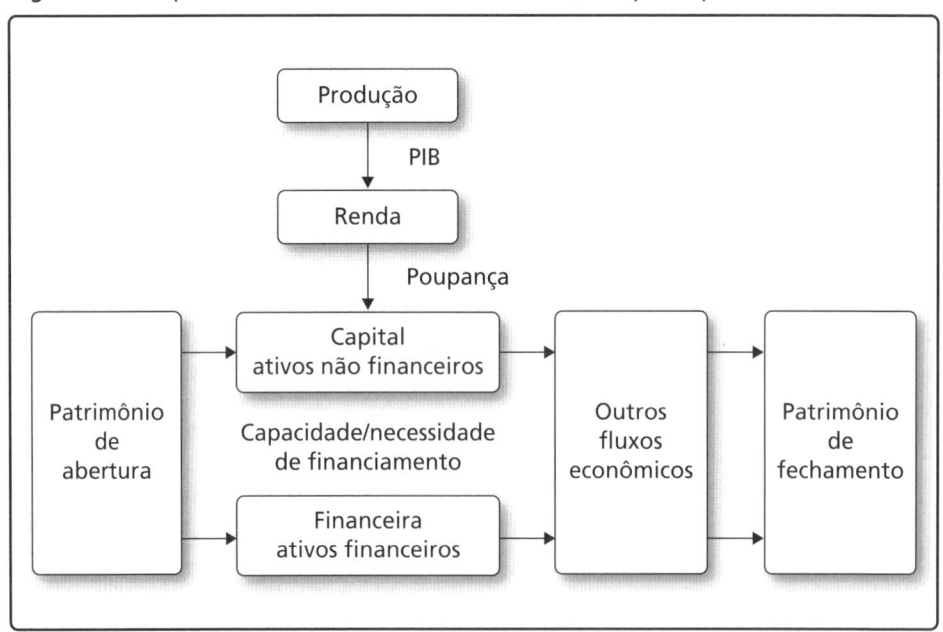

Figura 6.1. Esquema do Sistema de Conta Nacionais, composto pela TRU e CEI

Fonte: The System of Macroeconomic Accounts Statistics: An Overview, Pamphlet Series n. 56, International Monetary Fund, Washington, 2007.

---

microempreendedor individual com CNPJ e com um empregado contratado com remuneração de um salário mínimo ou piso da categoria.

[14] O Sistema de Contas Nacionais anterior chamava esse setor de Administração Pública. No SCN-2010, o termo Administração Pública vai ser usado para se referir às atividades econômicas da Administração Pública que compõem, junto com a Saúde e Educação públicas, a produção do governo do ponto de vista das atividades econômicas. A função do Governo Geral é produzir serviços não mercantis (ou seja, gratuitos ou semigratuitos) para a coletividade e realizar operações de repartição de renda e de patrimônio. Compõem o setor Governo Geral, os fundos de seguridade social. O valor da produção não mercantil é feita pela soma dos seus custos, ou seja, pela soma do consumo intermediário, consumo de capital fixo, outros impostos sobre a produção e a importação e as remunerações de empregados.

É possível se visualizar a Produção onde é estimado o PIB, como também a Renda que apresenta a distribuição e redistribuição de renda por setor institucional acrescida da Renda Líquida Recebida do exterior cujo saldo é a poupança. A variação Patrimonial é apresentada pela diferença do Patrimônio de Fechamento e o de abertura.

A CEI é composta de três conjuntos de contas:

- Contas correntes
- Contas de acumulação
- Contas de patrimônio

As contas correntes são compostas pela conta produção, que mede o PIB, pelas contas de renda, que medem a renda nacional, a renda nacional disponível e a poupança líquida e bruta. Assim, temos:

- Contas correntes
    - Conta de Produção
    - Conta de Renda
        - Renda nacional
        - Renda nacional disponível
        - Poupança (bruta e líquida)
- Contas de acumulação
- Contas de patrimônio

6.1. TABELA DE RECURSOS E USOS (TRU)

A Tabela de Recursos e Usos (TRU) permite fazer uma análise dos fluxos de bens e serviços e entender o processo de produção decorrente e também sua renda gerada. Através dela, resultam as atividades e produtos da economia.

Os **Usos** representam operações que diminuem o valor econômico do setor considerado, e os **Recursos** aumentam o valor econômico do setor considerado. As diferenças entre Usos e Recursos formam os saldos. Cada **saldo** de uma conta articulará a conta seguinte. Pelo Sistema de Contas Nacionais, é possível mais precisão no fornecimento de informações que comporão a situação de uma economia, bem como melhor compreensão das relações entre seus setores. Assim:

$$\sum \text{recursos} = \sum \text{usos}$$

A Tabela de Recursos e Usos (TRU) é subdividida em outras duas tabelas:

- Tabela de recursos de bens e serviços
- Tabela de usos de bens e serviços

A tabela de recursos de bens e serviços é composta por três quadrantes (oferta, produção e importação) e a tabela de usos de bens e serviços é composta por quatro quadrantes (oferta, consumo intermediário, demanda final e componentes do valor adicionado). A tabela de usos mostra o equilíbrio entre oferta e demanda a preços do consumidor, acrescida, esta última, do consumo intermediário das atividades econômicas detalhadas por produto.

Logo, têm-se:

- Tabela de **recursos** de bens e serviços
    - Oferta (A)
    - Produção (A_1)
    - Importação (A_2)

- Tabela de **usos** de bens e serviços
    - Oferta (A)
    - Consumo intermediário (B_1)
    - Demanda final (B_2)
    - Componentes do valor adicionado (C)

Através da Figura 6.2 é possível sintetizar o funcionamento da TRU.

Figura 6.2. Síntese do funcionamento da TRU — Tabela de Recursos e Usos

TABELA DE RECURSOS E USOS

I — Tabela de recursos de bens e serviços

Oferta	Produção	Importação
A =	A_1 +	A_2

II — Tabela de usos de bens e serviços

Oferta	Consumo intermediário	Demanda final
A =	B_1 +	B_2

Componentes do valor adicionado

C

Fonte: Nota metodológica n. 02 — Estrutura do Sistema de Contas Nacionais — IBGE.

A seguir, serão apresentadas todas essas tabelas citadas acima.

Começando pela **oferta (A)**, da tabela de recursos, é possível visualizar, na Tabela 6.1, a oferta total composta tanto da produção como de produtos importados. Esses valores são apresentados a preço de consumidor e a preço básico. Inclui também as margens de comércio e transporte, bem como os impostos livres de subsídios.

Tabela 6.1. Recursos de bens e serviços — Oferta (A)

TABELA A — RECURSOS DE BENS E SERVIÇOS					
Código do produto	Descrição do produto	Oferta de bens e serviços				
		Oferta total a preço de consumidor	Margem de comércio	Margem de transporte	Impostos líquidos	Oferta total a preço básico
01	▪ Agropecuária					
02	▪ Indústria extrativa					
03	▪ Indústria de transformação					
04	▪ Produção e distribuição de eletricidade e gás, água, esgoto e limpeza urbana					
05	▪ Construção civil					
06	▪ Comércio					
07	▪ Transporte, armazenagem e correio					
08	▪ Serviços de informação					
09	▪ Intermediação financeira, seguros e previdência complementar e serviços relacionados					
10	▪ Atividades imobiliárias e aluguéis					
11	▪ Outros serviços					
12	▪ Administração, saúde e educação públicas e seguridade social					
	▪ Ajuste CIF/FOB					
Total						

Fonte: Nota metodológica n. 02 — Estrutura do Sistema de Contas Nacionais — IBGE.

A **produção (A_1)**, da tabela de recursos, é representada pela Tabela 6.2. Ela mostra a produção das atividades econômicas por produto, em que se colocam, nas linhas, os produtos e, nas colunas, as atividades.

Tabela 6.2. Recursos de bens e serviços — Produção (A_1)

	TABELA A_1 — RECURSOS DE BENS E SERVIÇOS					
		Produção das atividades				
Código do produto	Descrição do produto	01 Agropecuária	02 Indústria extrativa	....	12 Administração, saúde e educação públicas e seguridade social	Total do produto
01	▫ Agropecuária					
02	▫ Indústria extrativa					
03	▫ Indústria de transformação					
04	▫ Produção e distribuição de eletricidade e gás, água, esgoto e limpeza urbana					
05	▫ Construção civil					
06	▫ Comércio					
07	▫ Transporte, armazenagem e correio					
08	▫ Serviços de informação					
09	▫ Intermediação financeira, seguros e previdência complementar e serviços relacionados					
10	▫ Atividades imobiliárias e aluguéis					
11	▫ Outros serviços					
12	▫ Administração, saúde e educação públicas e seguridade social					
	▫ Ajuste CIF/FOB					
Total						

Fonte: Nota metodológica n. 02 — Estrutura do Sistema de Contas Nacionais — IBGE.

O quadrante **Importação (A_2)**, da tabela de recursos, é representada pela Tabela 6.3, detalha a importação de bens e a importação de serviços. Numa terceira coluna, é apresentada a conversão de preço CIF (preço das mercadorias que não incluem os serviços de frete e seguro) para preço FOB (preço das mercadorias com a inclusão de frete e seguro).

Tabela 6.3. Recursos de bens e serviços — Importação (A_2)

TABELA A_2 — RECURSOS DE BENS E SERVIÇOS				
Código do produto	Descrição do produto	Importação		
		Ajuste CIF/FOB	Importação de bens	Importação de serviços
01	▣ Agropecuária			
02	▣ Indústria extrativa			
03	▣ Indústria de transformação			
04	▣ Produção e distribuição de eletricidade e gás, água, esgoto e limpeza urbana			
05	▣ Construção civil			
06	▣ Comércio			
07	▣ Transporte, armazenagem e correio			
08	▣ Serviços de informação			
09	▣ Intermediação financeira, seguros e previdência complementar e serviços relacionados			
10	▣ Atividades imobiliárias e aluguéis			
11	▣ Outros serviços			
12	▣ Administração, saúde e educação públicas e seguridade social			
	▣ Ajuste CIF/FOB			
Total				

Fonte: Nota metodológica n. 02 — Estrutura do Sistema de Contas Nacionais — IBGE.

Na tabela de usos de bens e serviços, no quadrante do **consumo intermediário (B_1)**, são mostrados os insumos que serão utilizados na produção. A tabela mostra os produtos nas linhas e as atividades nas colunas. É possível visualizar isso na Tabela 6.4 a seguir:

Tabela 6.4. Usos de bens e serviços — Consumo Intermediário (B_1)

TABELA B_1 — USOS DE BENS E SERVIÇOS						
Código do produto	Descrição do produto	Consumo intermediário das atividades				Total do produto
		01 Agropecuária	02 Indústria extrativa	....	12 Administração, saúde e educação públicas e seguridade social	
01	▣ Agropecuária					
02	▣ Indústria extrativa					
03	▣ Indústria de transformação					
04	▣ Produção e distribuição de eletricidade e gás, água, esgoto e limpeza urbana					

05	▫ Construção civil									
06	▫ Comércio									
07	▫ Transporte, armazenagem e correio									
08	▫ Serviços de informação									
09	▫ Intermediação financeira, seguros e previdência complementar e serviços relacionados									
10	▫ Atividades imobiliárias e aluguéis									
11	▫ Outros serviços									
12	▫ Administração, saúde e educação públicas e seguridade social									
Total										

Fonte: Nota metodológica n. 02 — Estrutura do Sistema de Contas Nacionais — IBGE.

No quadrante da **demanda final (B_2)**, na tabela de uso de bens e serviços, Tabela 6.5, é possível visualizar os produtos que se destinam ao consumo final das famílias, ao consumo das Instituições Privadas Sem Fins Lucrativos a Serviço das Famílias (IPSFLSF), ao consumo do governo (ou das administrações públicas), à formação bruta de capital fixo, à variação de estoques e à exportação.

Tabela 6.5. Usos de bens e serviços — Demanda Final (B_2)

		TABELA B_2 — USOS DE BENS E SERVIÇOS									
Código do produto	Descrição do produto	Demanda final								Demanda final
		Exportação de bens	Exportação de serviços	Consumo da administração pública	Consumo das IPSFLSF	Consumo das famílias	Formação bruta de capital fixo	Variação de estoque	
01	▫ Agropecuária									
02	▫ Indústria extrativa									
03	▫ Indústria de transformação									
04	▫ Produção e distribuição de eletricidade e gás, água, esgoto e limpeza urbana									
05	▫ Construção civil									
06	▫ Comércio									
07	▫ Transporte, armazenagem e correio									
08	▫ Serviços de informação									

09	Intermediação financeira, seguros e previdência complementar e serviços relacionados						
10	Atividades imobiliárias e aluguéis						
11	Outros serviços						
12	Administração, saúde e educação públicas e seguridade social						
Total							

Fonte: Nota metodológica n. 02 — Estrutura do Sistema de Contas Nacionais — IBGE.

O quadrante **Componentes do valor adicionado (C)** mostra a renda gerada pelo produto (PIB) sob a forma de remunerações e excedente operacional bruto acrescido de rendimento misto bruto. Além disso, evidenciam-se os impostos, livres de subsídios, sobre a produção, que não incidem diretamente sobre o produto. Além disso, é apresentado o total de postos de trabalho em cada atividade. Observe a Tabela 6.6, a seguir:

Tabela 6.6. Usos de bens e serviços — Componentes do Valor Adicionado (C)

TABELA C — USOS DE BENS E SERVIÇOS					
Operações	Componentes do valor adicionado (valores correntes em R$ 1.000.000)				Total do produto
	01 Agropecuária	02 Indústria extrativa	....	12 Administração, saúde e educação públicas e seguridade social	
Valor adicionado bruto (PIB)					
Remunerações					
Salários					
Contribuições sociais efetivas					
Previdência oficial/FGTS					
Previdência privada					
Contribuições sociais imputadas					
Excedente operacional bruto e rendimento misto bruto					
Rendimento misto bruto					
Excedente operacional bruto (EOB)					
Outros impostos sobre a produção					
Outros subsídios à produção					
Valor da produção					
Fator trabalho (ocupações)					

Fonte: Nota metodológica n. 02 — Estrutura do Sistema de Contas Nacionais — IBGE.

Pode-se sintetizar todas essas tabelas da TRU em outras duas tabelas denominadas: **Conta de Bens e Serviços** e a **conta do PIB**, apresentadas nas Tabelas 6.7 e 6.10.

Tabela 6.7. 1.ª Tabela-síntese da TRU: Conta de Bens e Serviços

CONTA DE BENS E SERVIÇOS	
Recursos	Usos
Valor bruto produção pb[15]	Consumo intermediário
Impostos líquidos sobre produtos	Consumo famílias
Importação de bens e serviços	Governo
	IPSFLSF[16]
	Formação de capital
	Formação bruta de capital fixo
	Variação de estoques
	Compra — venda de "valores"
	Exportação de bens e serviços
Total oferta	Total usos

Fonte: Nota metodológica n. 02 — Estrutura do Sistema de Contas Nacionais — IBGE.

A Tabela 6.7 foi apresentada pelo IBGE nas suas tabelas sinóticas 2010-2018 com a estrutura da conta de bens e serviços conforme apresentada a seguir.

Nota-se que a produção corresponde ao Valor do produto da produção a preços básicos e a despesa de consumo final corresponde a soma do consumo das famílias e do governo. As demais contas perseveram a mesma designação da Tabela 6.7.

TRANSAÇÕES E SALDOS	
Recursos	Usos
Produção	
Importação de bens e serviços	
Impostos sobre produtos	
Subsídios aos produtos	
	Consumo intermediário
	Despesa de consumo final
	Formação bruta de capital fixo
	Variação de estoque
	Exportação de bens e serviços

---

[15] Preço Básico (pb) é igual ao Preço de Consumidor subtraído dos impostos sobre produtos e importação e margens de comércio e transporte.

[16] Instituições Privadas Sem Fins Lucrativos a Serviço das Famílias.

A **Conta de Bens e Serviços**, conforme Tabela 6.7, mostra a oferta de bens e serviços de um país, caracterizada por sua produção e sua importação, somadas aos impostos, bem como o destino dessa produção aos setores da economia. Vai igualar, portanto, a oferta e a demanda. Nessa conta, não há saldo, já que a oferta do lado dos recursos e a demanda do lado dos usos igualam-se. Para Feijó e Ramos, essa conta "retrata a atividade de produção e o destino da produção pelas categorias de demanda final"[17]. Observe que essa conta apresenta, por convenção, do lado esquerdo, os recursos, e, do lado direito, os usos, diferentemente das demais contas, das Contas Econômicas Integradas (CEI), que serão vistas posteriormente. Começando pelos recursos, temos o **Valor Bruto da Produção a preços básicos**, algumas vezes também chamada de Produção, que equivale ao Produto Interno Bruto a custo de fatores + produto (ou consumo) intermediário. Observe bem que Valor Bruto da Produção é diferente de Produto Interno, porque o primeiro inclui o consumo intermediário. Segundo Feijó e Ramos[18], "(...) adiciona-se a rubrica 'impostos sobre produtos' à rubrica de 'Produção' que está a preços básicos para se chegar à medida do PIB a preços de consumidor".

Como o Valor Bruto da Produção inclui o **Consumo Intermediário** (CI) no lado dos recursos, o CI deve ser lançado no lado dos usos novamente, para que o destino aos setores da economia (famílias, empresas, governo, instituições privadas sem fins lucrativos a serviço das famílias e setor externo) seja feito somente a partir do produto interno da economia, e não do Valor Bruto da Produção.

Segundo o IBGE, os **impostos sobre produtos**[19] equivalem aos impostos indiretos – subsídios, ou seja, já estão livres de subsídios. São a soma dos **impostos sobre demais produtos e impostos sobre importação** e seriam, entre outros: Imposto de Importação (II); Imposto sobre Produtos Industrializados (IPI); Imposto sobre Serviços de qualquer Natureza (ISS); Contribuição para o Financiamento da Seguridade Social (Cofins); e Imposto sobre Operações relativas à Circulação de Mercadorias e sobre Prestações de Serviços de Transporte Interestadual, Intermunicipal e de Comunicação (ICMS)[20].

Os componentes da **Formação Bruta de Capital Fixo** (FBCF) são as edificações, máquinas, equipamentos, instalações, móveis, veículos, florestamentos e reflorestamentos, recursos minerais, Produtos de Propriedade Intelectual (PPI) etc. Normalmente, apresentam vida útil superior a um ano. Por convenção, ferramentas de pequeno valor não compõem a FBCF.

A seguir, é apresentada a Tabela 6.8, que compara os **ativos fixos** considerados do SNA 1993 com os considerados na SNA-2008, cujas recomendações estão sendo incorporadas à série do Sistema de Contas Nacionais brasileiro com referência 2010 (SCN-2010).

---

[17] Carmem Aparecida Feijó e Roberto Luis Olinto Ramos, *Contabilidade social*, p. 68.
[18] Carmem Aparecida Feijó e Roberto Luis Olinto Ramos, *Contabilidade social*, p. 38.
[19] O SCN-2010 passou a classificar o PIS como imposto sobre produto.
[20] <http://www.ibge.gov.br/home/estatistica/indicadores/pib/srmtrimestrais.pdf>.

Tabela 6.8. Composição dos ativos fixos considerados no SNA 1993 e no SNA de 2008

SNA 1993	SNA 2008
Ativos tangíveis	
Residências	Residências
Outras edificações e estruturas	Outras edificações e estruturas
	Edifícios, exceto residência
	Outras estruturas
	Melhorias fundiárias
Máquinas e equipamentos	Máquinas e equipamentos
	Equipamentos de transporte
	Equipamentos para informação, comunicação e telecomunicação
	Outras máquinas e equipamentos
	Equipamentos bélicos
Ativos cultivados	Recursos biológicos cultivados
Ativos intangíveis	**Produtos de propriedade intelectual**
	Pesquisa e desenvolvimento
Exploração mineral	Exploração e avaliação mineral
Software	Software e banco de dados
Originais de entretenimento, literatura e artes	Originais de entretenimento, literatura e artes
Outros ativos intangíveis	Outros PPI[21]
Melhorias em ativos não produzidos, incluindo terrenos	

Fonte: IBGE — Nota metodológica n. 13 — Formação Bruta de Capital Fixo.

As **exportações** são lançadas a preço **FOB** (*Free on Board*), ou seja, não estão incluídos, nos preços das mercadorias, os pagamentos de fretes e seguros. As **importações** são lançadas a preço **CIF** (*cost + insurance + freight*), ou seja, estão incluídos no preço da mercadoria os custos com fretes e seguros. Porém, para que os valores lançados nas Contas Nacionais sejam compatíveis com o Balanço de Pagamentos, deverá haver um ajustamento dos lançamentos das importações a preço CIF para preço FOB. Observe como o IBGE se reporta a isso: "As importações de mercadorias são obtidas mensalmente, por produto classificado pela Nomenclatura Comum do Mercosul (NCM), dos arquivos fornecidos pela Secretaria da Receita Federal, em valores CIF (dólares) e em quantidade (quilogramas) (...) Para manter a comparabilidade entre os valores das importações nas Contas Nacionais e no Balanço de Pagamentos, acrescenta-se na TRU uma coluna para o ajuste CIF/FOB, ou seja, faz-se a passagem das importações de bens valoradas a preços CIF para FOB. Nessa coluna, nas linhas referentes aos produtos transporte e seguro, registra-se o total dos gastos com transporte e seguros, incorporado nas importações de bens FOB, com sinal negativo. Com este procedimento, evita-se a

---

[21] Produtos de Propriedade Intelectual.

dupla contagem dos gastos com transporte e seguros que já estão computados na balança de serviços, se for realizado por não residente, e no valor da produção nacional, se tiver sido realizado por residente"[22].

Através da Tabela 6.9, pode-se visualizar a Conta de Bens e Serviços publicada pelo IBGE em 2021:

Tabela 6.9. Economia Nacional — Conta de bens e serviços — 2021 (1.000.000 R$)

Recursos	TRANSAÇÕES E SALDOS	Usos
2021		2021
16 581 873	Produção	
1 671 473	Importação de bens e serviços	
1 302 483	Impostos sobre produtos	
(-) 4 340	Subsídios aos produtos	
	Consumo intermediário	8 867 874
	Despesa de consumo final	7 202 106
	Formação bruta de capital fixo	1 614 782
	Variação de estoque	144 558
	Exportação de bens e serviços	1 722 169
19 551 489	Total	19 551 489

Fonte: 2021 Sistema de contas nacionais: Brasil. **Tabelas sinóticas. IBGE.**

A seguir, será apresentada a 2.ª conta-síntese da TRU: a **conta do PIB**. Ela apresenta o cálculo do PIB pela ótica da produção, do lado esquerdo, e pela ótica da demanda, do lado direito.

Tabela 6.10. 2.ª Tabela-síntese da TRU: Conta do PIB

PIB	
Produção	Despesa
Valor bruto produção pb	Consumo famílias
menos	Governo
Consumo intermediário pc	IPSFLSF
igual	Formação de capital
Valor adicionado bruto a preços básicos	Formação bruta de capital fixo
	Variação de estoques
	Compra — venda de "valores"
	Exportação de bens e serviços
	menos
	Importação de bens e serviços
PIB	PIB

Fonte: Nota metodológica n. 02 — Estrutura do Sistema de Contas Nacionais — IBGE.

---

[22] <http://www.ibge.gov.br/home/estatistica/indicadores/pib/srmtrimestrais.pdf>.

A conta de produção da Tabela 6.10 tem o objetivo de, a partir da produção a preços básicos, determinar o **Produto Interno Bruto a preços básicos**. Este último, que nessa conta é "uso", será posteriormente transportado para a conta de geração de renda como "recurso", já que vai representar um recurso para famílias. Observe que, ao se partir do Valor Bruto da Produção a preços básicos, foi necessário subtrair o **Consumo Intermediário**, o que nos remete ao cálculo do produto pela ótica do produto mostrado no capítulo 2, ou seja:

$$\text{Produto} = \text{VBP} - \text{Consumo Intermediário}$$

Esse mesmo produto calculado pela ótica da demanda será a soma do consumo das famílias (C), consumo do governo (G), consumo das instituições privadas sem fins lucrativos a serviço das famílias e Investimento das empresas sobre as formas de formação bruta de capital fixo, variação de estoques e a diferença entre a compra e a venda de "valores" (I), exportação de bens e serviços (X) subtraída da importação de bens e serviços (M), o que nos remete à identidade macroeconômica, do capítulo 4, ou seja:

$$Y = C + I + G + X - M$$

A seguir, é apresentada a Tabela 6.11, com os valores correntes (R$ milhões) para os quatro trimestres de 2017, para o ano de 2017 e primeiro trimestre de 2018, calculado pela ótica do produto e pela ótica da despesa.

Tabela 6.11. Classes de atividade no valor adicionado a preços básicos e componentes do PIB pela ótica da despesa

Especificação	2017.I	2017.II	2017.III	2017.IV	2017	2018.I
					VALORES CORRENTES (R$ MILHÕES)	
Agropecuária	96.588	84.001	70.288	48.592	299.469	93.946
Indústria	288.873	298.308	314.558	310.247	1.211.986	291.651
Serviços	985.571	1.032.770	1.030.711	1.088.049	4.137.102	1.015.037
Valor Adicionado a Preços Básicos	1.371.032	1.415.079	1.415.557	1.446.889	5.648.557	1.400.633
Impostos sobre produtos	214.007	215.861	225.811	255.705	911.384	240.477
PIB a Preços de Mercado	1.585.039	1.630.940	1.641.368	1.702.593	6.559.940	1.641.110
Despesa de Consumo das Famílias	1.001.845	1.021.076	1.048.827	1.089.471	4.161.220	1.046.311
Despesa de Consumo do Governo	300.547	331.852	311.949	370.787	1.315.136	305.454
Formação Bruta de Capital Fixo	244.895	248.769	263.924	268.026	1.025.615	263.155
Exportações de Bens e Serviços	192.321	216.218	210.463	205.424	824.425	210.278
Importações de Bens e Serviços (–)	179.727	180.610	195.233	202.246	757.816	208.400
Variação de Estoque	25.158	–6.365	1.437	–28.869	–8.640	24.312

Fonte: IBGE, Diretoria de Pesquisas, Coordenação de Contas Nacionais.
Nota: Todos os resultados são calculados a partir das Contas Nacionais Trimestrais.

6.2. CONTA ECONÔMICA INTEGRADA — CEI

A Conta Econômica Integrada permite dar uma visão de conjunto da economia. Nela, são dispostas as contas dos setores institucionais, contas do resto do mundo e de bens e serviços.

Conforme a Nota Metodológica n. 02 do IBGE: "Na CEI são consideradas duas contas (nos usos e recursos) que fazem a integração dos resultados por setor institucional com a conta de bens e serviços. A conta de bens e serviços, por sua vez, é integrada à TRU"[23].

A CEI é constituída de três grandes conjuntos de contas: **Contas correntes, Contas de acumulação e contas de patrimônio**. As contas correntes são constituídas pela conta de produção e pelas contas de renda. As contas de acumulação são constituídas pelas contas de capital e financeira e as contas de patrimônio incluem o patrimônio financeiro e não financeiro. Esquematizando, pode-se, a seguir, verificar isso:

I. Contas Correntes
    1. Conta de produção
    2. Conta de distribuição e uso da renda
    2.1. Conta de distribuição primária da renda
        2.1.1. Conta de geração de renda
        2.1.2. Conta de alocação da renda primária
    2.2. Conta de distribuição secundária da renda
    2.3. Conta de redistribuição da renda em espécie
    2.4. Conta de uso da renda
        2.4.1. Conta de uso da renda disponível
        2.4.2. Conta de uso da renda disponível ajustada

II. Conta de acumulação
    1. Conta de capital
    2. Conta Financeira

III. Contas de patrimônio
    1. Conta de Patrimônio financeiro
    2. Conta de Patrimônio não financeiro[24]
    3. Conta de Passivo financeiro[25]
    4. Conta de Patrimônio líquido[26]

---

[23] <ftp://ftp.ibge.gov.br/Contas_Nacionais/Sistema_de_Contas_Nacionais/Notas_Metodologicas_2010/02_estrutura_scn.pdf>.
[24] O Brasil ainda não tem estimativa para a conta de patrimônio não financeiro.
[25] O Brasil ainda não tem estimativa para a conta de Passivo.
[26] O Brasil ainda não tem estimativa para a conta de Patrimônio líquido.

Começando pelas contas correntes, primeiro será apresentada a Conta corrente — **conta de produção**. Observe, que diferentemente da TRU, os Usos são colocados do lado esquerdo da conta e os Recursos do lado direito.

Observe que essa conta de produção transforma o Valor Bruto da Produção a preços básicos (VBPpb) em PIB. Para tanto, somam-se ao VBPpb, os impostos sobre produtos livres de subsídios e subtrai-se o consumo intermediário. O saldo restante é o PIB ou a soma dos valores adicionados por cada setor da economia.

Tabela 6.12. Conta Corrente — Conta de Produção

I. CONTA CORRENTE 1. CONTA DE PRODUÇÃO[27]	
Usos	**Recursos**
Consumo intermediário[28]	Valor Bruto da Produção a preços básicos
	Impostos líquidos sobre produtos
Valor adicionado = PIB[29]	

A **conta de produção** transforma o Valor Bruto da Produção a preços básicos (VBPpb) em PIB, ou seja:

$$PIB = VBPpb + Ip - CI$$

Assim, o Produto Interno Bruto (PIB) é igual a Valor Bruto da Produção a preços básicos (VBPpb) somado aos impostos líquidos sobre o produto (Ip) e subtraído do Consumo Intermediário (CI). Logo, O PIB é o valor dos produtos e serviços finais produzidos na economia de um país, medidos a preços do consumidor.

Observe, na Tabela 6.13, a Conta de Produção de 2021 apresentada pelo IBGE:

Tabela 6.13. Conta de Produção apresentada pelo IBGE — 2021 — (1.000.000 R$)

USOS	TRANSAÇÕES E SALDOS	RECURSOS
2021	CONTA CORRENTE — CONTA DE PRODUÇÃO	2021
	Produção	16 581 873
8 867 874	Consumo intermediário	
	Impostos sobre produtos	1 302 483
	Subsídios aos produtos	(-) 4 340
9 012 142	Produto Interno Bruto	

Fonte: 2021 Sistema de contas nacionais: Brasil. **Tabelas sinóticas. IBGE.**

---

[27] Inclui a produção de autônomos e empresas não constituída, aluguel e aluguel imputado.
[28] Consumo intermediário corresponde aos insumos usados nessa produção.
[29] O PIB aqui considerado é o PIB a preço de consumidor que é a soma dos valores adicionados pelos setores produtivos aos impostos subtraídos dos subsídios.

Em seguida, será apresentada a Conta corrente — Conta de distribuição e uso da Renda — Conta de distribuição primária da renda — **Conta de geração da renda**.

O nome **"primária"** é utilizado para representar a renda gerada, que será revertida para as unidades institucionais como fruto de sua participação na produção (representado pelas remunerações) ou pela propriedade de fatores produtivos necessários à produção (representados pelo excedente operacional líquido, que correspondem às remunerações sob a forma de juros, lucros, aluguéis).

A conta de geração de renda da Tabela 6.12, destrincha o produto nas suas fontes de renda gerada, ou seja, remunerações para o trabalho e o excedente operacional bruto para o capital. Além disso, há os impostos gerados que serão receitas para as administrações públicas. O saldo final corresponderá ao Excedente Operacional Bruto.

Essa conta mostra, portanto, as operações de distribuição diretamente ligadas ao processo de produção.

A **remuneração dos empregados** residentes inclui os encargos sociais e contribuições parafiscais pagos a residentes. A **remuneração dos empregados não residentes** corresponde ao total da remuneração dos empregados, inclusive encargos sociais e contribuições parafiscais **pagos no país**. Segundo o IBGE, os impostos sobre produção e importação incorporam os impostos sobre produtos e importação, além dos tributos sobre a folha de pagamento, as contribuições econômicas, PIS, PASEP, entre outros. O **rendimento de autônomo** também é chamado de **rendimento misto bruto**. Segundo Feijó e Ramos, "a denominação 'misto' é devida à natureza do ganho do trabalhador que não pode ser especificada como rendimento do trabalho ou do capital. Por exemplo, para um motorista de táxi que exerça a profissão em seu próprio veículo, não será possível atribuir o quanto de seu ganho é devido somente ao seu capital (o automóvel), ou o quanto é originário apenas de seu trabalho (o transporte de passageiros). Assim, devido a esta impossibilidade de separação, estes ganhos são alocados sob a rubrica 'rendimento misto'"[30].

Observe que, em vez de se esmiuçar o PIB em forma de renda, ou seja, em forma de salários, juros, aluguéis e lucros + impostos diretos e indiretos, utiliza-se um linguajar diferenciado, ou seja, **remuneração dos empregados**[31]**, excedente operacional bruto, inclusive rendimentos de autônomos, e impostos líquidos de subsídios sobre produção e importação** (inclui impostos sobre produção, importação e sobre produtos). Entende-se por excedente operacional bruto, portanto, o saldo do resultado do PIB, subtraído das remunerações dos empregados, dos rendimentos dos autônomos e dos impostos livres de subsídios.

---

[30] Carmem Aparecida Feijó e Roberto Luis Olinto Ramos, *Contabilidade social*, p. 75.
[31] Corresponde a valores pagos a empregados das famílias, como os salários brutos mais as contribuições sociais a pagar pelos empregadores (= contribuições sociais diversas + contribuições sociais imputadas).

Tabela 6.14. Conta Corrente — Conta de distribuição e uso da renda — Conta de distribuição primária da renda — Conta de geração da renda

I. CONTA CORRENTE	
2. CONTA DE DISTRIBUIÇÃO E USO DA RENDA	
2.1. CONTA DE DISTRIBUIÇÃO PRIMÁRIA DA RENDA	
2.1.1. CONTA DE GERAÇÃO DA RENDA	
Usos	**Recursos**
	Valor adicionado = PIB
Remuneração dos empregados residentes (Rer)[32]	
Remuneração dos empregados não residentes (Renr1)[33]	
Impostos sobre produção e importação livres de subsídios (Ipi)[34]	
Excedente operacional bruto + Rendimento de autônomos (Exc)	

A conta de **geração de renda** destrincha o produto nas suas fontes de renda gerada, ou seja, remunerações para o trabalho e o excedente operacional bruto para o capital. Além disso, há os impostos gerados, que serão receitas para as administrações públicas.

Assim, uma comparação do PIB com todos os outros componentes dessa conta poderia ser feita de acordo com o Quadro 6.1 a seguir:

Quadro 6.1. Composição do PIB

PIB	□ Remuneração dos empregados residentes (Rer)
	□ Remuneração dos empregados não residentes pagos no país (Renr1)
	□ Impostos líquidos de subsídios sobre produção e importação (Ipi)
	□ Excedente operacional bruto (inclusive rendimento de autônomos) (Exc)

Ou seja, o PIB corresponde à soma da remuneração dos empregados residentes e não residentes pagos no país, os impostos líquidos de subsídios sobre produção e importação e o excedente operacional bruto, inclusive rendimento de autônomos. O excedente operacional bruto e o rendimento de autônomos são considerados saldo do PIB.

Assim, temos:

$$Exc = PIB - Rer - Renr1 - Ipi$$

Observe a composição do PIB no Brasil nos anos de 2004 a 2008, apresentada na Figura 6.3[35]:

---

[32] Residentes são pessoas físicas ou jurídicas que mantêm seu centro de interesse no país, ou seja, realizam atividades econômicas no país de maneira não temporária.

[33] Caso não tenha sido fornecida essa informação, pode-se considerar saldo igual a zero.

[34] Impostos que incidem sobre a atividade econômica (impostos sobre a folha de pagamento e taxas por exercer atividades pagos pelas famílias, como, por exemplo, taxa de vigilância sanitária.

[35] <http://www.ibge.gov.br/home/presidencia/noticias/noticia_impressao.php?id_noticia=1746>.

Figura 6.3. Composição do PIB do Brasil de 2004 a 2008 pela ótica da renda

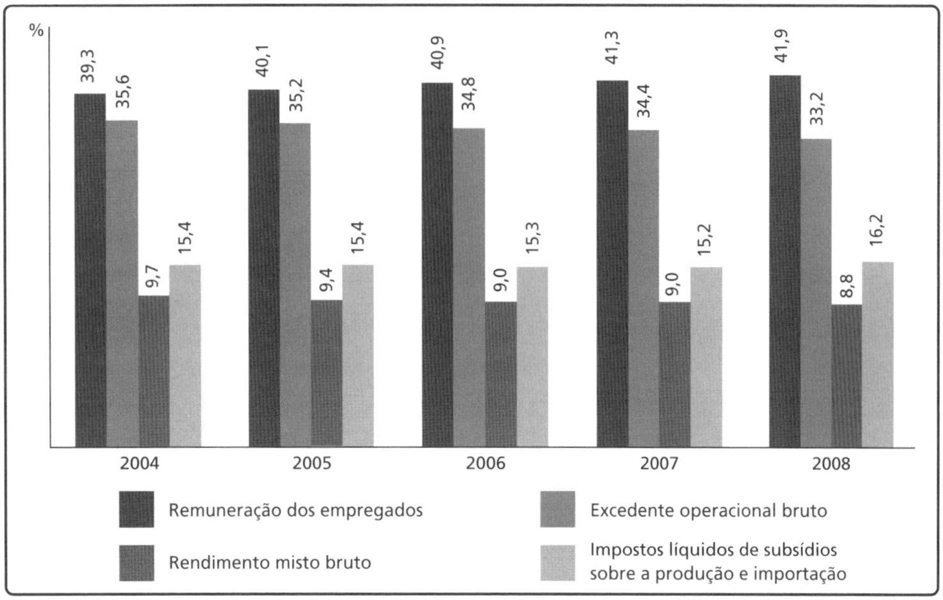

Ano	Remuneração dos empregados	Excedente operacional bruto	Rendimento misto bruto	Impostos líquidos de subsídios sobre a produção e importação
2004	39,3	35,6	9,7	15,4
2005	40,1	35,2	9,4	15,4
2006	40,9	34,8	9,0	15,3
2007	41,3	34,4	9,0	15,2
2008	41,9	33,2	8,8	16,2

Fonte: IBGE, Diretoria de Pesquisas, Coordenação de Contas Nacionais.

Na Tabela 6.15, são apresentados os dados do IBGE para 2021 da conta de geração de renda:

Tabela 6.15. Conta de Geração de Renda apresentada pelo IBGE — 2021 — (1.000.000 R$)

CONTA DE DISTRIBUIÇÃO PRIMÁRIA DA RENDA CONTA DE GERAÇÃO DA RENDA		
Usos		Recursos
	Produto interno bruto	9 012 142
3 534 648	Remuneração dos empregados	
3 533 805	Residentes	
843	Não residentes	
1 413 401	Impostos sobre a produção e a importação	
(-) 14 296	Subsídios à produção	
4 078 389	Excedente operacional bruto e rendimento misto bruto	
701 521	Rendimento misto bruto	
3 376 868	Excedente operacional bruto	

Fonte: 2021 Sistema de contas nacionais: Brasil. **Tabelas sinóticas. IBGE.**

Na conta de distribuição primária da renda, consta, também, a conta de **alocação da renda**.

Tabela 6.16. Conta Corrente — Conta de distribuição e uso da renda — Conta de distribuição primária da renda — Conta de alocação da renda[36]

	**I. CONTA CORRENTE** **2. CONTA DE DISTRIBUIÇÃO E USO DA RENDA** **2.1. CONTA DE DISTRIBUIÇÃO PRIMÁRIA DA RENDA** **2.1.2. CONTA DE ALOCAÇÃO DA RENDA**
Usos	Recursos
	Excedente operacional bruto + Rendimento de autônomos[37] (Exc)
	Remuneração dos empregados residentes (Rer)[36]
	Remuneração dos empregados não residentes (Renr2)
	Impostos sobre produção e importação livres de subsídios (Ipi)
Rendas de propriedade pagas (RPP)[37]	Rendas de propriedade recebidas (RPR)[38]
Renda Nacional Bruta (RNB)[39]	

Na conta de alocação da renda, repetem-se as rendas e impostos da conta de geração de renda, mas do lado dos recursos, e acrescentam-se **as rendas de propriedades do resto do mundo**, que são as rendas provenientes dos fatores de produção enviadas e recebidas do resto do mundo. As rendas de propriedades recebidas ficam do lado dos recursos e as rendas de propriedades enviadas ficam do lado dos usos. Com isso, parte-se do Produto Interno Bruto para a Renda Nacional Bruta, que corresponde ao saldo dessa conta. A partir desse saldo, constrói-se a conta de distribuição secundária da renda. A remuneração dos empregados a não residentes corresponde ao total da remuneração dos empregados, inclusive os encargos sociais e contribuições parafiscais, pagos por serviços prestados a não residentes. Observe que vai se tratar de um valor diferente do apresentado na conta de geração de renda, porque, agora, trata-se de remuneração **paga a residentes por serviços prestados a não residentes** e, na conta de geração de renda, tratava-se de pagamentos feitos no país.

A conta de **alocação de renda** parte do Produto Interno Bruto para a Renda Nacional Bruta. Assim, temos:

$$RNB = Exc + Rer + Renr2 + Ipi + Rpr - Rpp$$

---

[36] Inclui os encargos sociais e as contribuições parafiscais pagos a residentes.
[37] Também chamado de rendimento misto bruto.
[38] Incluem os juros, dividendos e retiradas e rendimento de propriedade atribuído a detentores de apólices de seguros e renda de recursos naturais como foro e laudêmio (rendas da terra).
[39] Incluem os juros, dividendos e retiradas e rendimento de propriedade atribuído a detentores de apólices de seguros e renda da terra.
[40] RNB (ou PNB) consiste na renda obtida pelas unidades institucionais residentes pelo uso dos fatores de produção, capital e trabalho.

Na Tabela 6.17, são apresentados os dados do IBGE para 2021 da Conta de Alocação de Renda.

Tabela 6.17. Conta de Alocação da Renda apresentada pelo IBGE — 2021 — (1.000.000 R$)

Usos	CONTA DE ALOCAÇÃO DA RENDA	Recursos
	Excedente operacional bruto e rendimento misto bruto	4 078 389
	Rendimento misto bruto	701 521
	Excedente operacional bruto	3 376 868
	Remuneração dos empregados	3 535 191
	Residentes	3 533 805
	Não residentes	1 386
	Impostos sobre a produção e a importação	1 413 401
	Subsídios à produção	(-) 14 296
444 848	Rendas de propriedade enviadas e recebidas do resto do mundo	163 137
8 730 974	Renda nacional bruta	

Fonte: 2021 Sistema de contas nacionais: Brasil. **Tabelas sinóticas.** IBGE.

A Conta corrente — Conta de distribuição e uso da Renda — **Conta de distribuição Secundária da Renda** irá mostrar a passagem da Renda Nacional Bruta para a Renda Nacional Bruta Disponível. Para isso, serão somadas, à Renda Nacional Bruta, as transferências correntes recebidas do exterior e serão subtraídas as transferências correntes enviadas ao exterior.

As **transferências correntes** são os donativos ou quaisquer recebimentos correntes recebidos e enviados ao exterior sem que haja contrapartida em bens e serviços, ou seja, sem que haja contrapartida com o processo produtivo. Nessa conta de distribuição secundária da Renda, estão excluídas, das transferências, **as transferências sociais em espécie**. Essa redistribuição representa a segunda fase no processo de distribuição da renda. A **Renda Nacional Disponível Bruta (RNDB)** se refere às rendas do governo, das famílias e das empresas privadas. Se o governo for excluído da Renda Disponível Bruta, determina-se a **Renda Nacional Disponível Privada**. A Renda Nacional Disponível Bruta representa o saldo dessa conta, dando origem à conta de uso da renda. Ela expressa, portanto, a renda disponível da nação para consumo final e para poupança.

Portanto, a RNDB é igual à RNB somada aos impostos correntes sobre a renda e o patrimônio líquidos, recebidos do exterior, mais as contribuições e benefícios sociais e outras transferências correntes líquidas, recebidas do exterior.

Tabela 6.18. Conta Corrente — Conta de distribuição e uso da renda — Conta de distribuição secundária da renda

Usos	Recursos
I. CONTA CORRENTE	
2. CONTA DE DISTRIBUIÇÃO E USO DA RENDA	
2.2. CONTA DE DISTRIBUIÇÃO SECUNDÁRIA DA RENDA	
	RNB
Benefícios sociais, exceto transferências sociais em espécie	Benefícios sociais, exceto transferências sociais em espécie[41]
Impostos correntes sobre a renda, patrimônio etc.[42]	Impostos correntes sobre a renda, patrimônio etc.
Contribuições sociais	Contribuições sociais
Outras transferências correntes enviadas (TCE)[43]	Outras transferências correntes recebidas (TCR)[44]
Renda Nacional Bruta Disponível (RNBD)[45]	

A conta de **Distribuição Secundária da Renda** irá mostrar a passagem da Renda Nacional Bruta para a Renda Nacional Bruta Disponível.

Considerando que os benefícios sociais, os impostos e contribuições dessa conta de distribuição secundária da renda se igualem do lado de recursos com o de usos, temos:

$$RNBD = RNB + TCR - TCE$$

Na Tabela 6.19, são apresentados os dados do IBGE para 2021 da Conta de Distribuição Secundária da Renda.

Tabela 6.19. Conta de Distribuição Secundária da Renda — 2021 — (1.000.000 R$)

Usos	CONTA DE DISTRIBUIÇÃO SECUNDÁRIA DA RENDA	Recursos
	Renda nacional bruta	8 730 974
15 868	Outras transferências correntes enviadas e recebidas do resto do mundo	31 682
8 746 788	Renda Disponível Bruta	

Fonte: 2021 Sistema de contas nacionais: Brasil. **Tabelas sinóticas.** IBGE.

Para determinar a Conta corrente — Conta de distribuição e uso da renda — **Conta de redistribuição de renda em espécie**, devem-se acrescentar as transferências sociais

---

[41] Incluem as aposentadorias, pensões, seguro-desemprego, licença-maternidade. Não inclui reembolso por serviços de saúde ou medicamentos que são considerados transferências sociais em espécie.
[42] Incluem o imposto de renda pessoa física, IPTU, IPVA etc.
[43] Incluem as doações, transferências de trabalhadores imigrantes para suas famílias, enviadas pelas famílias.
[44] Incluem as doações, transferências de trabalhadores imigrantes para suas famílias, recebidas pelas famílias.
[45] Também chamada de Renda Disponível Bruta.

em espécie recebidas e subtrair as transferências sociais em espécie enviadas. O saldo dessa conta será a Renda Nacional Bruta Disponível ajustada (RNBDa).

Tabela 6.20. Conta Corrente — Conta de distribuição e uso da renda — Conta de redistribuição de renda em espécie

I. CONTA CORRENTE 2. CONTA DE DISTRIBUIÇÃO E USO DA RENDA 2.3. CONTA DE REDISTRIBUIÇÃO DE RENDA EM ESPÉCIE	
Usos	Recursos
	Renda Nacional Bruta Disponível
Transferências sociais em espécie enviadas	Transferências sociais em espécie recebidas
Renda Disponível Bruta ajustada	

Na **Conta de Redistribuição de Renda em Espécie** devemos acrescentar as transferências sociais em espécie recebidas e subtrair as transferências sociais em espécie enviadas. O saldo dessa conta será a Renda Nacional Bruta Disponível ajustada (RNBDa).

A Conta corrente — Conta de distribuição e uso da renda — **Conta de uso da renda** vai mostrar como os setores institucionais vão alocar sua renda disponível entre consumo e poupança.

A partir da conta de uso da renda, na Tabela 6.16, dá-se um destino à Renda Nacional Bruta Disponível, ou seja, ou para o **consumo final** das famílias e do governo ou para a **poupança bruta**, que corresponde à poupança das famílias, das empresas e do governo. Portanto, a poupança bruta corresponde ao saldo dessa conta, dando origem à conta de acumulação — conta de capital.

Tabela 6.21. Conta corrente — Conta de distribuição e uso da renda — Conta de uso da renda — Conta de uso da renda nacional bruta disponível

I. CONTA CORRENTE 2. CONTA DE DISTRIBUIÇÃO E USO DA RENDA 2.4. CONTA DE USO DA RENDA 2.4.1. CONTA DE USO DA RENDA NACIONAL BRUTA DISPONÍVEL	
Usos	Recursos
	Renda Nacional Bruta Disponível (RNBD)
Ajustamento pela variação das participações líquidas das famílias nos fundos de pensões, FGTS e PIS/PASEP	Ajustamento pela variação das participações líquidas das famílias nos fundos de pensões, FGTS e PIS/PASEP
Consumo Final (CF)[46]	
Poupança Bruta (S)	

---

[46] Incluem no consumo final, as famílias, o governo e as instituições privadas sem fins lucrativos a serviço das famílias. As empresas não tem consumo final.

A conta de **Renda Nacional Bruta Disponível** mostra o destino da Renda Bruta Disponível para o **consumo final** das famílias e do governo ou para a **poupança bruta**.

Assim, considerando os ajustamentos de recursos iguais aos do uso, tem-se:

$$S = RNBD - CF$$

Na Tabela 6.22, são apresentados os dados do IBGE para 2021 da Conta de Uso da Renda.

Tabela 6.22. Conta de uso da Renda — 2021 — (1.000.000 R$)

Usos	CONTA DE USO DA RENDA	Recursos
	Renda disponível bruta	8 746 788
7 202 106	Despesa de consumo final	
1 544 682	Poupança bruta	

Fonte: 2021 Sistema de contas nacionais: Brasil. **Tabelas sinóticas. IBGE.**

As Contas Nacionais, normalmente, publicam apenas a conta de uso da renda Nacional Bruta Disponível, mas os resultados por setor institucionais incluem as transferências sociais em espécie. Assim, surge o conceito de **Renda Nacional Bruta Disponível ajustada (RNBDa)**, que é a soma dessas transferências sociais em espécie acrescidas na Renda Nacional Bruta Disponível (RNBD). Logo, no consumo final são incluídas as transferências sociais em espécie gerando o **consumo final efetivo**, conforme pode ser visto na Tabela 6.23, a seguir. No caso das famílias, o consumo final efetivo consiste na soma do consumo final com os bens e serviços fornecidos gratuitamente ou a preços simbólicos pelo governo[47] ou por Instituições Privadas Sem Fins Lucrativos a Serviço das Famílias (IPSFLSF)[48]. A poupança calculada na conta de uso da Renda Nacional Bruta Disponível ajustada não se altera em relação à poupança calculada na conta de uso da Renda Nacional Bruta Disponível.

---

[47] Por convenção, apenas as despesas do governo com bens e serviços individuais (que são aquelas que podem ser identificadas quem as recebe ou que podem ser compradas no mercado) são consideradas como consumo efetivo das famílias.

[48] Incluem igrejas, associações, sindicatos, clubes, ONGs, partidos políticos, asilos e orfanatos.

Tabela 6.23. Conta corrente — Conta de distribuição e uso da renda — Conta de uso da renda — Conta de uso da renda nacional bruta disponível ajustada

I. CONTA CORRENTE 2. CONTA DE DISTRIBUIÇÃO E USO DA RENDA 2.4. CONTA DE USO DA RENDA 2.4.2. CONTA DE USO DA RENDA NACIONAL BRUTA DISPONÍVEL AJUSTADA	
Usos	Recursos
	Renda Nacional Bruta Disponível ajustada
Ajustamento pela variação das participações líquidas das famílias nos fundos de pensões, FGTS e PIS/PASEP	Ajustamento pela variação das participações líquidas das famílias nos fundos de pensões, FGTS e PIS/PASEP
Consumo Final efetivo[49]	
Poupança Bruta[50]	

A conta de **Renda Nacional Bruta Disponível Ajustada** mostra o destino da Renda Nacional Bruta Disponível ajustada para o **consumo final efetivo** das famílias e do governo ou para a **poupança bruta**. No consumo final são incluídas as transferências sociais em espécie, gerando o **consumo final efetivo**.

A Conta de acumulação — Conta de capital mostra o total poupado e o total investido na economia e, diante disso, define-se se haverá **necessidade ou capacidade de financiamento** externo. Assim, de acordo com o sinal desse item, verifica-se se haverá uma necessidade de financiamento, caso o saldo mostre um valor negativo, ou se haverá capacidade de financiamento, se o saldo mostrar um valor positivo. Isso proporciona a rápida percepção visual da situação do país perante o resto do mundo. Nessa conta, também devem ser lançadas as transferências de capital que, de acordo com Feijó e Ramos, "correspondem à variação de patrimônio líquido resultante de operações financeiras"[51].

Logo, parte-se da Poupança, encontrada na conta de uso da Renda, acrescentam-se as transferências de capital e comparam-se com os ativos não financeiros, constituídos da Formação Bruta de Capital Fixo somada ao consumo de Capital Fixo e à Variação de Estoques. A diferença entre elas determinará a Capacidade/Necessidade de Financiamento. Observe a Tabela 6.24:

---

[49] As transferências sociais em espécie correspondem às transferências em valores de bens e serviços pagos pelo governo e IPSFLSF e que serão consumidos pelas famílias. Logo, o consumo final do Governo e IPSFLSF são iguais ao seu consumo de bens e serviços coletivos.

[50] Ou poupança interna, que é igual à Formação Bruta de Capital Fixo mais a variação de estoques mais a variação de ativos financeiros líquida de passivos.

[51] Carmem Aparecida Feijó e Roberto Luis Olinto Ramos, *Contabilidade social*, p. 82.

Tabela 6.24. Conta de Acumulação — Conta de capital

II. CONTA DE ACUMULAÇÃO 1. CONTA DE CAPITAL	
Usos	Recursos
	Poupança Bruta
Formação Bruta de Capital Fixo	Transferências de Capital
Transferência de Capital enviada ao Resto do mundo	Transferência de Capital recebida do Resto do mundo
Consumo de Capital Fixo[52]	
Variação de Estoques	
Capacidade/Necessidade de Financiamento	

A **Conta de Capital** mostra o total poupado e o total investido na economia. A diferença entre o que foi investido e poupado definirá se há **necessidade ou capacidade de financiamento** externo. Assim, considerando o Consumo de Capital Fixo igual a zero, temos:

$$C/NF = S + TK - FBCF - \Delta Est$$

Na Tabela 6.25, são apresentados os dados do IBGE para 2021 da Conta de Capital

Tabela 6.25. Conta de Capital — 2021 — (1.000.000 R$)

Usos	CONTA DE CAPITAL	Recursos
	Poupança bruta	1 544 682
1 614 782	Formação bruta de capital fixo	
144 558	Variação de estoque	
1 125	Transferências de capital enviadas e recebidas do resto do mundo	2 336
(-) 213 447	Capacidade (+) ou Necessidade (-) líquida de financiamento	

Fonte: 2021 Sistema de contas nacionais: Brasil. **Tabelas sinóticas.** IBGE.

A segunda conta de acumulação é a **conta financeira**, que mostra de que maneira a economia vai alocar sua capacidade de financiamento ou como irá suprir sua necessidade de financiamento. Esse processo se dará com a realização de transações financeiras, de tal forma que o aumento de suas obrigações será registrado do lado direito da tabela, em aquisição líquida de passivos, e o aumento de seus direitos será registrado do lado esquerdo da tabela, em aquisição líquida de ativos. Essas operações financeiras podem ser realizadas entre os setores institucionais ou entre estes e o resto do mundo e incluem todas as operações que levam à transferência de propriedade de ativos financeiros. Veja a Tabela 6.26:

---

[52] O consumo do Capital fixo, ao contrário da depreciação, não é calculado pelo custo histórico, mas, pelo valor de mercado atual, a chamada depreciação econômica.

Tabela 6.26. Conta de Acumulação — Conta Financeira

II. CONTA DE ACUMULAÇÃO 2. CONTA FINANCEIRA	
Aquisição líquida de ativos	Aquisição líquida de passivos
Instrumentos Financeiros	Instrumentos Financeiros
	Capacidade/Necessidade de Financiamento

A **Conta Financeira** mostra de que maneira a economia vai alocar sua capacidade de financiamento ou como irá suprir sua necessidade de financiamento. Para isso, serão realizadas transações financeiras.

Os instrumentos Financeiros estão classificados em oito tipos, a seguir, discriminados:

1. Ouro monetário[53] e Direito Especial de Saque (DES)[54]
2. Numerário e depósitos
3. Títulos de dívidas
4. Empréstimos
5. Participações de capital e em fundos de investimentos
6. Sistemas de seguros, de previdência e garantias padronizadas
7. Derivativos financeiros e opções sobre ações atribuídas aos assalariados[55]
8. Outras contas a receber/pagar

A conta financeira e a conta de patrimônio financeiro são uma representação de informações estatísticas de transações e patrimônio da economia e dos setores institucionais. Elas vão mostrar as variações de estoques iniciais e finais de ativos financeiros, bem como dos passivos adquiridos de transações financeiras e outros fluxos.

A conta de Patrimônio é uma declaração feita, geralmente, no início e no final do exercício contábil, dos valores dos ativos e passivos por setor institucional ou pela economia nacional. O saldo dessa conta será o Patrimônio líquido, que é o resultado da subtração dos ativos detidos pelos passivos pendentes.

A Conta de Patrimônio é constituída da conta de ativos financeiros, ativos não financeiros, passivos e patrimônio líquido, mas, no Brasil, o SCN abrange apenas a conta de Patrimônio Financeiro.

A **Conta de patrimônio financeiro** apresenta o ATIVO do lado esquerdo e o PASSIVO do lado direito da conta. Os instrumentos financeiros são os mesmos da conta de acumulação — conta financeira.

Primeiro, é demonstrado o patrimônio financeiro inicial e, depois, o patrimônio financeiro final. Com isso, ocorre a demonstração da variação do Patrimônio financeiro

---

[53] Ouro Monetário é o ouro em poder do Banco Central e que comporão o ativo de reservas do país.

[54] DES — Direito Especial de Saque — são ativos internacionais de reserva criados pelo FMI, sendo distribuídos aos países-membros na proporção de suas reservas junto ao FMI.

[55] Derivativos financeiros são instrumentos financeiros que estão vinculados a um instrumento ou indicador financeiro específico ou a uma mercadoria.

decorrente de transações financeiras e de outras variações de ativos — revalorizações[56] e outras variações de volume[57].

Tabela 6.27. Conta de Patrimônio — Conta de Patrimônio Financeiro

III. CONTA DE PATRIMÔNIO 1. CONTA DE PATRIMÔNIO FINANCEIRO	
Conta de patrimônio financeiro inicial	
Ativo	Passivo
Instrumentos Financeiros	Instrumentos Financeiros
Conta de patrimônio financeiro final	
Ativo	Passivo
Instrumentos Financeiros	Instrumentos Financeiros
	Variação de patrimônio financeiro

Na **Conta de Patrimônio Financeiro** é demonstrado o patrimônio financeiro inicial e depois o patrimônio financeiro final. Com isso, ocorre a demonstração da variação do Patrimônio financeiro decorrente de transações financeiras e de outras variações de ativos. Veja na Tabela 6.28, a seguir:

Tabela 6.28. Economia Nacional — Conta Financeira Trimestral para 2017 e 2018

Operações e saldos	(1.000.000 R$)				
	2017.I	2017.II	2017.III	2017.IV	2018.I
Variações de ativos					
F.1 - Ouro Monetário e DES	6	10	8	12	1.329
F.2 - Numerário e depósitos	−5.245	2.348	4.346	13.648	−8.671
F.3 - Títulos de dívidas	7.279	15.927	14.661	−30 909	14.621
F.31 - Curto Prazo	−30	11	760	109	−113
F.32 - Longo Prazo	7.309	15.916	13.901	−31.019	14.735
F.4 - Empréstimos	−823	−499	−401	−903	−431
F.41 - Curto Prazo	−224	193	122	−10	−28
F.42 - Longo Prazo	−599	−692	−523	−893	−402
F.5 - Participações de capital e em fundos de investimentos	6.578	4.676	22.334	19.306	17.988
F.6 - Planos de seguros, de previdência e regime de garantias padronizadas	−42	−67	−80	−50	−45
F.7 - Derivativos financeiros	−7 384	−8 766	−5 497	−5 937	−4 963
F.8 - Outras contas a receber/pagar	35.325	29.686	37.772	33.354	35.327

---

[56] As revalorizações consideram as variações no valor dos ativos financeiros e passivos, devido a flutuações de preços, e na taxa de câmbio.

[57] Nas outras variações de volumes, incluem-se o aparecimento ou desaparecimento de ativos, como a monetização do ouro, e o reconhecimento pelo credor de ativos financeiros que não são possíveis de serem cobrados devido a bancarrota, por exemplo.

F.81 - Créditos comerciais e adiantamentos	37.047	32.641	44.391	32.326	37.841
F.89 - Outros	– 1.722	– 2.955	– 6.620	1.028	– 2.514
Total da variação do ativo	**35 694**	**43 316**	**73 142**	**28 522**	**55 156**
Variações de Passivos e Patrimônio Líquido					
F.1 - Ouro Monetário e DES	–	–	–	–	–
F.2 - Numerário e depósitos	– 694	– 2.155	– 2.800	– 3.504	– 212
F.3 - Títulos de dívidas	– 12.797	– 6.510	6.351	– 19.880	16.246
F.31 - Curto Prazo	– 4.658	– 2.422	394	– 12.076	8.455
F.32 - Longo Prazo	– 8.139	– 4.089	5.957	– 7.804	7.791
F.4 -Empréstimos	8.231	– 17.999	15.612	8.023	6.014
F.41 - Curto Prazo	– 11.853	– 11.545	10.332	– 2.910	5.464
F.42 - Longo Prazo	20.084	– 6.454	5.280	10.933	550
F.5 - Participações de capital e em fundos de investimentos	46.057	39.247	51.891	70.168	37.904
F.6 - Planos de seguros, de previdência e regime de garantias padronizadas	35	143	205	47	43
F.7 - Derivativos financeiros	– 6.105	– 7.525	– 6.154	– 8.564	– 8.795
F.8 - Outras contas a receber/pagar	20.381	23.732	22.619	8.733	24.262
F.81 - Créditos comerciais e adiantamentos	12.034	19.094	18.733	5.166	13.894
F.89 - Outros	8.347	4.638	3.886	3.567	10.368
Total da variação do passivo	**55.107**	**28 933**	**87.724**	**55.023**	**75.464**
B.9 - Capacidade (+) / Necessidade (–) liquida	**– 19.413**	**43.382**	**– 14.582**	**– 26.501**	**– 20.308**
Memorandum (investimento direto no país)	**75.041**	**39.857**	**50.228**	**60.105**	**57.569**

Fonte: IBGE: Diretoria de Pesquisas — Coordenação de Contas Nacionais.

Juntando todas as conta da CEI (com exceção da conta de acumulação — conta financeira e as contas de patrimônio) é possível ter uma visão geral da Conta por setor institucional no Brasil. Observe a Tabela 6.29, a seguir:

Tabela 6.29. CEI no Brasil — Conta por setor institucional

CONTAS ECONÔMICAS, A PREÇOS CORRENTES, SEGUNDO AS CONTAS, OPERAÇÕES E SALDOS SETOR INSTITUCIONAL			
Contas, operações e saldos	Valor a preços correntes (R$ 1.000.000)		
I. Conta de produção			
Recursos			
P.1	Produção		
P.11	Produção mercantil		
P.12	Produção não mercantil		
D.21-D.31	Impostos, líquidos de subsídios, sobre produtos		
Usos			
P.2	Consumo intermediário		
B.1	Valor adicionado bruto/Produto Interno Bruto (1)		

	II. Conta de distribuição e uso da renda
	II. 1. Conta de distribuição primária da renda
	II. 1.1. Conta de geração da renda
Recursos	
B.1	Valor adicionado bruto/Produto Interno Bruto (1)
Usos	
D.1	Remuneração dos empregados
D.11	Ordenados e salários
D.12	Contribuições sociais dos empregadores
D.2-D.3	Impostos, líquidos de subsídios, sobre a produção e a importação
B.2	Excedente operacional bruto
B.3	Rendimento misto bruto (rendimento de autônomos)
	II. 1.2. Conta de alocação da renda primária
Recursos	
B.2	Excedente operacional bruto
B.3	Rendimento misto bruto (rendimento de autônomos)
D.1	Remuneração dos empregados
D.11	Ordenados e salários
D.12	Contribuições sociais dos empregadores
D.2-D.3	Impostos, líquidos de subsídios, sobre a produção e a importação
B.2	Excedente operacional bruto
B.3	Rendimento misto bruto (rendimento de autônomos)
D.4	Rendas de propriedade
D.41	Juros
D.42	Dividendos e retiradas
D.44	Rendimento de propriedade atribuído a detentores de apólices de seguros
D.45	Renda da terra
Usos	
D.4	Rendas de propriedade
D.41	Juros
D.42	Dividendos e retiradas
D.44	Rendimento de propriedade atribuído a detentores de apólices de seguros
D.45	Renda da terra
B.5	Saldo das rendas primárias brutas/Renda nacional bruta (2)
	II. 2. Conta de distribuição secundária da renda
Recursos	
B.5	Saldo das rendas primárias brutas/Renda nacional bruta (2)
D.5	Impostos correntes sobre a renda, patrimônio etc.
D.61	Contribuições sociais
D.62	Benefícios sociais, exceto transferências sociais em espécie
D.7	Outras transferências correntes

Usos	
D.5	Impostos correntes sobre a renda, patrimônio etc.
D.61	Contribuições sociais
D.62	Benefícios sociais, exceto transferências sociais em espécie
D.7	Outras transferências correntes
B.6	Renda disponível bruta
II. 3. Conta de redistribuição da renda em espécie	
Recursos	
B.6	Renda disponível bruta
D.63	Transferências sociais em espécie
Usos	
D.63	Transferências sociais em espécie
B.7	Renda disponível bruta ajustada
II. 4. Conta de uso da renda	
II. 4.1. Conta de uso da renda disponível	
Recursos	
B.6	Renda disponível bruta
D.8	Ajustamento pela variação das participações líquidas das famílias nos fundos de pensões, FGTS e PIS/PASEP
Usos	
P.3	Despesa de consumo final
D.8	Ajustamento pela variação das participações líquidas das famílias nos fundos de pensões, FGTS e PIS/PASEP
B.8	Poupança bruta
II. 4.2. Conta de uso da renda disponível ajustada	
Recursos	
B.7	Renda disponível bruta ajustada
D.8	Ajustamento pela variação das participações líquidas das famílias nos fundos de pensões, FGTS e PIS/PASEP
Usos	
P.4	Consumo final efetivo
D.8	Ajustamento pela variação das participações líquidas das famílias nos fundos de pensões, FGTS e PIS/PASEP
B.8	Poupança bruta
III. Conta de acumulação	
III. 1. Conta de capital	
Variações de passivos e patrimônio líquido	
B.8	Poupança bruta
D.9	Transferências de capital a receber
D.9	Transferências de capital a pagar
Variações de ativos	
P.51	Formação bruta de capital fixo
P.52	Variação de estoques
B.9	Capacidade (+)/Necessidade (–) líquida de financiamento

Com a classificação desses setores institucionais, vai se juntar um conjunto de contas denominadas **resto do mundo** que vai descrever o fluxo entre residentes[58] e não residentes.

Na conta de operações com o resto do mundo, na Tabela 6.30, devem-se lançar todas as transações feitas com os outros países e verificar se houve saldo a crédito ou a débito com eles. Esse saldo corresponde à necessidade ou à capacidade de financiamento de um país. É importante frisar que essa conta mostra lançamentos sob **a ótica dos outros países**, e não sob a ótica do Brasil. Portanto, as importações, a remuneração enviada, rendas de propriedades enviadas e transferências enviadas são **"recursos"** para os outros países, enquanto as exportações, as remunerações recebidas, as rendas de propriedades recebidas e as transferências recebidas são **"usos"** para os outros países. O saldo dessa conta corresponde ao **saldo de operações correntes com o resto do mundo**, que é igual à necessidade de financiamento quando negativo ou igual à capacidade de financiamento quando positivo. Corresponde também ao saldo do Balanço de Pagamentos em Transações Correntes da estrutura do Balanço de Pagamentos que poderá ser visto no capítulo 7.

Tabela 6.30. Conta das Transações do Resto do Mundo com a Economia Nacional

	CONTA DAS TRANSAÇÕES DO RESTO DO MUNDO COM A ECONOMIA NACIONAL	
USOS		RECURSOS
	Conta 1 — Conta de bens e serviços do resto do mundo com a economia nacional	
	Exportação de bens e serviços	
	Importação de bens e serviços	
	Saldo externo de bens e serviços	
	Conta 2 — Conta de distribuição primária da renda e transferências correntes do resto do mundo com a economia nacional	
	Saldo externo de bens e serviços	
	Ordenados e salários (líquidos recebidos do exterior)	
	Rendas de propriedade (líquidas recebidas do exterior)	
	Outras transferências correntes (líquidas recebidas do exterior)	
	Saldo externo corrente	
	Conta 3 — Conta de acumulação do resto do mundo com a economia nacional	
	Saldo externo corrente	
	Transferências de capital (líquidas a receber)[59]	
	Variações do patrimônio líquido resultantes de poupança e de transferências de capital	
	Capacidade ou necessidade líquida de financiamento	

---

[58] Residente é aquela pessoa física ou jurídica que tem naquele país o centro de predominância de seu interesse.

[59] Inclui transferências unilaterais de capital e bens não financeiros não produzidos (cessão de marcas e patentes).

Na **Conta de Operações com o Resto do Mundo** são lançadas todas as transações feitas com os outros países e é verificado se houve saldo a crédito ou a débito com eles. Esse saldo corresponde à necessidade ou à capacidade de financiamento de um país.

A seguir, na Tabela 6.31, é possível ver a Conta das Transações do Resto do Mundo com a Economia Nacional — 2021 — Contas Nacionais.

Tabela 6.31. Conta das transações do resto do mundo com a economia nacional — 2021

CONTA DAS TRANSAÇÕES DO RESTO DO MUNDO COM A ECONOMIA NACIONAL 2021		
Recursos e Usos (R$ 1.000.000)		
Usos 2021	Transações e saldos	Recursos 2021
Conta 1 — Conta de bens e serviços do resto do mundo com a economia nacional		
1 722 169	Exportação de bens e serviços	
	Importação de bens e serviços	1 671 473
(-) 50 696	Saldo externo de bens e serviços	
Conta 2 — Conta de distribuição primária da renda e transferências correntes do resto do mundo com a economia nacional		
	Saldo externo de bens e serviços	(-) 50.696
1 386	Remuneração dos empregados	843
163 137	Rendas de propriedade (1)	444 848
31 682	Outras transferências correntes enviadas e recebidas do resto do mundo (2)	15 868
214 658	Saldo externo corrente	
Conta 3 — Conta de acumulação do resto do mundo com a economia nacional		
	Saldo externo corrente	214 658
2 336	Transferências de capital enviadas e recebidas do resto do mundo (3)	1 125
213 447	Capacidade (+) ou Necessidade (-) líquida de financiamento	

(1) As Rendas de propriedade são compostas de:

29 628	Juros	102 720
38 147	Rendas distribuídas das empresas	252 228
95 362	Lucros reinvestidos de investimento direto estrangeiro	89 870
	Desembolsos por rendas de investimentos	30
	Rendimento de investimentos atribuído a detentores de apólices de seguros	30
	Rendimento de investimentos a pagar sobre direitos de pensão	
	Rendimento de investimentos atribuído a acionistas de fundos de investimento	

(2) As Outras transferências correntes enviadas e recebidas do resto do mundo são compostas de:

345	Prêmios líquidos de seguro não-vida	1 130
33	Indenizações de seguro não-vida	814
1 163	Cooperação internacional	2 374
30 141	Transferências correntes diversas	11 550

(3) Inclui a Transação NP — Aquisição líquida de cessões de ativos não financeiros não produzidos.

Fonte: 2021 Sistema de contas nacionais: Brasil. **Tabelas sinóticas. IBGE.**

6.3. COMO TRATAR ALUGUÉIS DE IMÓVEIS NO SISTEMA DE CONTAS NACIONAIS — 2010 (SCN-2010)

Os aluguéis de imóveis[60] podem ser residenciais ou comerciais. O primeiro é realizado pelas famílias e, o segundo, pelas empresas. Os aluguéis residenciais podem ser efetivos, quando são pagos por quem ocupa o imóvel, ou podem ser **imputados**, quando é calculado o valor que seria pago pelo aluguel do imóvel, caso fosse posto para ser alugado no mercado no lugar de estar sendo ocupado pelo proprietário.

Assim, afirma Froyen: "Para alguns serviços que não são realmente vendidos no mercado, o Ministério do Comércio tenta *imputar* o valor de mercado do serviço e incluí-lo no PIB. Um exemplo são os serviços de aluguel de casas ocupadas pelos proprietários, que o Ministério do Comércio estima com base no valor do aluguel"[61].

6.4. COMO TRATAR A ATIVIDADE NÃO MONETIZADA, A PRODUÇÃO OCULTA E A PRODUÇÃO INFORMAL NO SISTEMA DE CONTAS NACIONAIS — 2010 (SCN-2010)

Como tratar a **Atividade não monetizada, a Produção oculta e a Produção informal**, que são tipos de produção que devem ser incluídas nas Contas Nacionais?

Atividade não monetizada

Considerando dois exemplos de atividades não monetizadas, como a produção ilegal e o serviço da dona de casa e o plantio de hortas caseiras, pode-se acrescentar que:

☐ **Produção ilegal:** pelo fato da produção ilegal ser nociva à economia, como, por exemplo, atividades de **contrabando e tráfico de drogas**, não devem ser incorporadas ao Produto da economia. Assim, confirmam Paulani e Braga: "No limite extremo de tal situação encontramos as atividades ilegais como contrabando, prostituição e tráfego de drogas, em que tal dificuldade é, por óbvias razões, intransponível. Essas, porém, não causam problema desse ponto de vista, pois está convencionado que, dado que são nocivas à sociedade (ou seja, prestam-lhe um desserviço), elas não devem ter seu valor incorporado ao valor do produto agregado"[62]. Porém, se, numa pesquisa, o entrevistado que realiza contrabando declarar sua renda, poderá ser enquadrado como comerciante, pelo desconhecimento verídico da fonte da renda, então terá seus rendimentos lançados nas contas nacionais. Assim, afirmam Feijó e Ramos: "(...) tal produção (produção ilegal) pode ser estimada caso o informante declare o quanto recebe com a execução de seus serviços, ainda que não os identifique"[63]. Contudo, se sua atividade for ligada a roubo, não haverá aumento do PIB, mas apenas transferência coercitiva de titularidade, não sendo lançada nas contas nacionais.

---

[60] No SCN, todo imóvel, quando constituído, é considerado Formação Bruta de Capital Fixo.
[61] Richard T. Froyen, *Macroeconomia*, p. 20.
[62] Leda Maria Paulani e Márcio Bobik Braga, *A nova contabilidade social*, p. 76.
[63] Carmem Aparecida Feijó e Roberto Luis Olinto Ramos, *Contabilidade social*, p. 76.

☐ **Trabalho da dona de casa e hortas caseiras:** outra atividade não monetizada é o trabalho da dona de casa. Assim, confirma Froyen, quando diz: "(...) exclui do PIB os bens que não são vendidos nos mercados, como, por exemplo, os serviços das donas de casa, ou a produção das hortas caseiras, assim como a produção não declarada, resultante de atividades ilegais, como a venda de narcóticos, jogos de azar e prostituição"[64].

Produção oculta

Embora a atividade seja legal, não é declarada, com o intuito de sonegar impostos. É incluída nas Contas Nacionais pelo valor estimado com base na demanda e na oferta de bens e serviços da economia.

Produção informal

A **produção informal** não é atividade legal, ou seja, não possui CNPJ, e seu objetivo é a geração de renda para as pessoas que a desenvolvem. Tem baixo nível de organização. Seu valor é estimado por meio de pesquisas domiciliares. Por exemplo, professores particulares, camelôs etc. Não se deve confundir produção informal com trabalho informal[65], já que a primeira refere-se à unidade produtiva que não está formalmente constituída, e a segunda, a uma relação de trabalho constituída por trabalhadores que não têm carteira assinada. Observe que aluguel corresponde a ganho de capital e, portanto, não é economia informal. A agricultura de subsistência também não é considerada produção informal.

6.5. QUESTÕES

1. (FGV — 2023 — Analista de Planejamento e Orçamento - Pref RJ) O IBGE divulga trimestralmente os dados das contas nacionais. No documento Indicadores IBGE, publicado em 1.º-6-2023, constam os dados (em milhões de reais) a seguir.

---

[64] Richard T. Froyen, *Macroeconomia*, p. 20.

[65] Segundo a SCN-2010, as ocupações ou emprego ou de postos de trabalho consistem em um conjunto de tarefas e obrigações que uma pessoa desempenha para uma unidade produtiva. Essa relação de trabalho pode ser **formal ou informal**. As ocupações são classificadas nas categorias de **empregados ou autônomos**. Os **empregados** (com trabalho formal) podem ter vínculo quando têm carteira de trabalho assinada ou quando são sócios, proprietários e trabalham nas empresas constituídas em sociedade, bem como os funcionários públicos e outros funcionários do governo. Quando os empregados trabalham sem carteira de trabalho assinada (trabalho informal), diz-se que não possuem um trabalho formal. Os **autônomos** são aqueles que trabalham por conta própria e incluem os **empregadores** que possuem empresa não constituída em sociedade e que possuem empregados remunerados. Além dos empregadores, os autônomos podem ser constituídos por **trabalhadores por conta própria** e **trabalhadores não remunerados**. Os primeiros são proprietários de empresas não constituídas em sociedade sem empregados. Os segundos são indivíduos que trabalham como ajudantes sem remuneração. Enquadram-se também nessa categoria, os trabalhadores para o próprio consumo do setor agrícola ou que trabalham para si mesmo na construção.

Produto Interno Bruto (PIB):
•• PIB = 2.556.531
Remuneração dos Empregados não Residentes Enviada e
Recebida do Resto do Mundo, dividida em duas categorias:
•• Usos = 186
•• Recursos = 449
Rendas de Propriedade Enviadas e Recebidas do Resto do
Mundo, divididas em duas categorias:
•• Usos = 128.595
•• Recursos = 44.120
Transferências Correntes Enviadas e Recebidas do Resto do
Mundo, divididas em duas categorias:
•• Usos = 15.321
•• Recursos = 16.587
O valor da Renda Nacional Bruta será igual a (em milhões de reais):
   a) 2.472.319;
   b) 2.473.585;
   c) 2.640.743;
   d) 2.729.881;
   e) 2.731.147.

2. (FGV — 2022 — Consultor do Tesouro Estadual — SEFAZ ES/Ciências Econômicas) A partir da Conta Produto Interno Bruto, obtém-se o PIB e a DIB (Despesa Interna Bruta) a preços de mercado (pm). Essa Conta é representada na tabela abaixo.

DÉBITO	CRÉDITO
a. Salários	a. Consumo Familiar
b.	b. Consumo do Governo
c. Impostos Indiretos	c.
d.	d. Formação Bruta de Capital Fixo
	e. Exportações não-fatores
	f. (-) Importações não-fatores
Total: PIBpm	Total: DIBpm

Marque a opção que preenche corretamente os termos em branco do lado do Débito (itens b e d) e do lado do Crédito (item c).
   a) b = Juros, aluguéis e lucros; c = Investimentos em bens de capital; d = Subsídios.
   b) b = Juros, aluguéis e lucros; c = Variação de Estoques; d = Subsídios.
   c) b = Excedente Operacional Bruto; c = Variação de Estoques; d = (-) Subsídios.
   d) b = PIB custo de fatores — salários; c = Total de Investimentos; d = Impostos Diretos.
   e) b = Juros, aluguéis e lucros; c = Depreciação; d = (-) Subsídios.

3. (Agente Técnico Administrativo em Direito, Finanças e Orçamento — FCC — 2010) É correto afirmar que o Sistema de Contas Nacionais no Brasil
   a) não permite o cálculo de estatísticas como PIB e PNB.
   b) demonstra na Conta Corrente do Governo apenas os investimentos do setor público.

c) é composto por cinco grupos de contas.
d) registra apenas transações domésticas.
e) é calculado e divulgado pelo IBGE.

4. (Analista — Prefeitura de São Paulo — Planejamento e Desenvolvimento Organizacional — Ciências Econômicas — VUNESP — 2015) Assinale a alternativa correta sobre o que ocorre no processo de elaboração das Contas Nacionais.
a) Nas contas de capital, as expectativas futuras de valores de transações com bens produzidos podem ser computadas.
b) Podem ser computados os valores de transações com bens produzidos em períodos anteriores.
c) Nas contas de apropriação, as expectativas futuras de valores de transações com os bens produzidos podem ser computadas.
d) Os valores das transações financeiras não são considerados, pois não representam acréscimos à produção real da economia.
e) Nas contas correntes de governo, as expectativas futuras de valores de transações com bens produzidos podem ser computadas.

5. (Economista — ARSETE — FCC — 2016) Considere os resultados relativos às contas nacionais de 2015, do Brasil, fornecidos pelo IBGE (valores em R$ 1.000.000.000,00).

Ordenados e salários (líquidos recebidos do exterior)	1
Renda Nacional Disponível Bruta	5.783
Rendas de Propriedade (líquidas recebidas do exterior)	–130
Produto Interno Bruto — PIB	5.904
Renda Nacional Bruta	5.775
Despesa de Consumo Final	4.934
Outras transferências correntes (líquidas recebidas do exterior)	8

O valor da poupança bruta formada no ano foi de (em R$ 1.000.000.000,00)
a) 970
b) 849
c) 841
d) 857
e) 85927.

6. (Técnico de Nível Superior I /Economista/AOCP/ 2016) Sobre as contas nacionais, assinale a alternativa correta.
a) O sistema contábil utilizado para medir o PIB e muitas estatísticas a ele relacionadas é chamado de contas nacionais.
b) O deflator do PIB corresponde à razão entre o PIB real e o PIB nominal.
c) O PIB representa o valor de mercado para todos os bens, intermediários e finais, produzido em uma economia em determinado período de tempo.
d) As contas nacionais dividem o PIB em três categorias abrangentes para despesas: Consumo, investimento e compras do governo.
e) As contas nacionais incluem outros indicadores de renda que diferem ligeiramente do PIB. Um exemplo seria o PNL que corresponde ao PIB somando as receitas correspondentes ao fator renda oriundas do restante do mundo e subtraindo os pagamentos correspondentes ao fator renda destinados ao restante do mundo.

7. (Economista (MCID)/CETRO/ 2013) Em relação às Contas Nacionais, analise as assertivas abaixo.
   I. Produto interno bruto é igual ao valor bruto da produção, a preços básicos, menos o consumo intermediário, a preços de consumidor, mais os impostos, líquidos de subsídios, sobre produtos.
   II. Produto interno bruto é igual à despesa de consumo das famílias, mais o consumo do governo, mais o consumo das instituições sem fins de lucro a serviço das famílias (consumo final), mais a formação bruta de capital fixo, mais a variação de estoques.
   III. Renda nacional bruta é igual ao produto interno bruto, mais os rendimentos líquidos dos fatores de produção enviados/ recebidos ao/ do resto do mundo.
   É correto o que se afirma em
   a) I, apenas.
   b) II, apenas.
   c) III, apenas.
   d) I e II, apenas.
   e) I e III, apenas.

8. (SEPOG SP/Orçamento e Contabilidade Pública/VUNESP/ 2017) Considere os seguintes dados hipotéticos extraídos das Contas Econômicas Integradas — CEI de uma economia, em Reais:
   — Valor Bruto da Produção (VBP): 15.400,00
   — Consumo Intermediário (CI): 6.900,00
   — Impostos líquidos de subsídios sobre produtos e importação (IpM — Sub pM): 1.400,00
   — Importação de Bens e Serviços (M): 600,00
   Com base nessas informações, o Produto Interno Bruto é de, em Reais,
   a) 7.100,00.
   a) 7.700,00.
   a) 9.300,00.
   a) 9.900,00.
   a) 10.500,00.

9. (Analista /PGE MT/Economista/FCC / 2016) O conceito de produto interno bruto
   a) incorpora a produção de bens e serviços realizada por residentes, que são somados aos bens e serviços produzidos pelos não residentes.
   b) é dado pelos bens e serviços de consumo intermediário somados aos bens e serviços produzidos pelos residentes.
   c) deduz os impostos sobre o total dos bens e serviços produzidos para o consumo intermediário.
   d) considera, como unidade residente, aquela que mantém o centro de interesse econômico predominante no território econômico, realizando, sem caráter temporário, atividades econômicas nesse território.
   e) é definido como os bens e serviços produzidos para o consumo final, deduzida a depreciação.

10. (Auditor-Fiscal da Receita Estadual / RJ /FCC/ 2014) O Produto Interno Bruto — PIB a preços de mercado mede o total dos bens e serviços produzidos pelas unidades residentes que têm como destino um uso final (exclui consumo intermediário). Considerando-se a ótica de mensuração do PIB pela demanda, é correto afirmar que o seu cômputo é dado
    a) pelo valor da produção menos o consumo intermediário, mais os impostos, líquidos de subsídios, sobre produtos não incluídos no valor da produção.

b) pela remuneração dos empregados mais o total dos impostos, líquidos de subsídios, sobre a produção e a importação, mais o rendimento misto bruto, mais o excedente operacional bruto.
c) pela despesa de consumo final mais a formação bruta de capital fixo, mais a variação de estoques, mais as exportações de bens e serviços, menos as importações de bens e serviços.
d) pelo valor da produção menos o consumo intermediário, mais os impostos, líquidos de subsídios, sobre produtos não incluídos no valor da produção, mais as exportações de bens e serviços, menos as importações de bens e serviços.
e) pela despesa de consumo final mais o total de impostos, líquidos de subsídios sobre a produção e a importação, mais a formação bruta de capital fixo, mais a variação de estoques, mais as exportações de bens e serviços, menos as importações de bens e serviços.

GABARITO

1. "a".
RNB = PIB — Renda de propriedade enviada + Renda de propriedade recebida - Remuneração dos Empregados não Residentes Enviada + Remuneração dos empregados Recebida do Resto do Mundo
RNB = 2.556.531 − 128.595 + 44.120 −186 + 449
RNB = 2.472.319
A alternativa correta é a "a".
Se a questão tivesse pedido a Renda Nacional Bruta disponível, então, a partir da RNB se subtrairiam as transferências correntes enviadas e se somariam as transferências correntes recebidas. Nesse caso, a resposta seria a alternativa "b".

2. "c".

DÉBITO	CRÉDITO
a. Salários	a. Consumo Familiar
b. Excedente Operacional Bruto	b. Consumo do Governo
c. Impostos Indiretos	c. Variação de estoques
d. (-) subsídios	d. Formação Bruta de Capital Fixo
	e. Exportações não-fatores
	f. (-) Importações não-fatores
Total: PIBpm	Total: DIBpm

A alternativa correta é a "c".

3. "e".
As Contas Nacionais permitem o cálculo do PIB e da RNB. No novo sistema de Contas Nacionais, o governo será tratado como um setor qualquer. Seus lançamentos estarão presentes nas contas de produção e renda. Não haverá uma conta especificamente para a administração pública. As Contas Nacionais — CEI — são compostas por três grupos de contas em que são registradas as transações domésticas e operações correntes com o resto do mundo (chamadas contas correntes), as contas de acumulação e contas de patrimônio. As Contas Nacionais são calculadas e divulgadas pelo IBGE.

4. "d".
A conta financeira vai mostrar de que maneira a economia vai alocar sua capacidade de financiamento ou como irá suprir sua necessidade de financiamento. Os dados da conta financeira não alteram o produto real da economia. A alternativa "d" está correta.
As Contas Nacionais tratam dos agregados macroeconômicos durante um período específico de tempo. Portanto, não trazem as expectativas futuras nem dados passados. Portanto, as alternativas "a", "b", "c", "e" são falsas.

5. "b".
Sabendo que:
Renda Nacional Disponível Bruta = Despesa de Consumo Final + Poupança Bruta Total
5.783 = 4.934 + Poupança Bruta Total
Poupança Bruta Total = 849

6. "a".
As contas nacionais mostram de forma completa e detalhada o registro da atividade econômica do país e a integração entre os diferentes agentes econômicos. A alternativa "a" está correta. O deflator do PIB corresponde à razão entre o PIB nominal e o PIB real. A alternativa "b" está incorreta. O PIB representa o valor de mercado para todos os bens finais produzidos em uma economia em determinado período de tempo. Os bens intermediários devem ser excluídos para evitar dupla contagem. A alternativa "c" está incorreta. O produto (PIB), calculado pela ótica da demanda, será a soma do consumo das famílias (C), consumo do governo (G), consumo das instituições privadas sem fins lucrativos a serviço das famílias e Investimento das empresas sob as formas de formação bruta de capital fixo, variação de estoques e a diferença entre a compra e a venda de "valores" (I), exportação de bens e serviços (X) subtraída da importação de bens e serviços (M), o que nos remete à identidade macroeconômica: $Y = C + I + G + X - M$. A alternativa "d" está incorreta. O PNL corresponde ao PIB somando as receitas correspondentes ao fator renda, oriundas do restante do mundo (= Renda recebida do exterior) e subtraindo os pagamentos correspondentes ao fator renda destinados ao restante do mundo (renda enviada ao exterior) e, ainda, subtraindo a depreciação. A alternativa "e" é incorreta.

7. "e".
Produto Interno Bruto é igual à despesa de consumo das famílias, mais o consumo do governo, mais o consumo das instituições sem fins de lucro a serviço das famílias (que somadas chamamos de consumo final), mais a formação bruta de capital fixo, mais a variação de estoques, mais exportação de bens e serviços, subtraída da importação de bens e serviços. O item "II" está errado.

8. "d"
PIB = VBP − CI + IpM − SubpM
PIB = 15.400 − 6.900 + 1.400
PIB = 9.900

9. "d".
Residente é aquela pessoa física ou jurídica que tem, no país considerado, seu principal foco de interesse, ou porque produz ou porque consome do país. A alternativa "d" está correta. O conceito de PIB incorpora a produção de bens e serviços realizada dentro das fronteiras nacionais, ou seja, internamente. A alternativa "a" está incorreta. O PIB não inclui o consumo intermediário porque senão estaria havendo dupla contagem. A alternativa "b" está incorreta. O PIB inclui os impostos sobre produção e importação livres de subsídios. A alternativa "c" está incorreta. PIB é a soma do produto que pela sua natureza é final, ou seja, está disponível para o consumo, mais os insumos que não entraram no processo produtivo. O PIB inclui a depreciação dos bens de capital. A alternativa "e" está incorreta.

10. "c".
O PIB, pela ótica da despesa é a soma do consumo final (das famílias e do governo) com o investimento (= formação bruta de capital fixo + variação de estoques) mais exportações menos importação de bens e serviços. A alternativa "c" está correta e a "e" está incorreta.

O PIB pela ótica do produto, e não pela ótica da despesa, é dado pelo valor bruto da produção menos o consumo intermediário, mais os impostos, líquidos de subsídios, sobre produtos. As alternativas "a" e "d" estão incorretas.

O PIB, pela ótica da renda e não pela ótica da despesa, é dado pela remuneração dos empregados mais o total dos impostos, líquidos de subsídios, sobre a produção e a importação, mais o rendimento misto bruto (rendimento de autônomos), mais o excedente operacional bruto. A alternativa "b" está incorreta.

6.6. MATERIAL SUPLEMENTAR

QUESTÕES DE CONCURSOS
http://uqr.to/1yjb5

7
BALANÇO DE PAGAMENTOS — NOVA METODOLOGIA — BPM6

O Balanço de Pagamentos (BP) é um instrumento da contabilidade nacional onde se registram fluxos de valores econômicos entre **residentes e não residentes** de um país em um determinado período de tempo. Essas transações internacionais se referem à transferência da propriedade de bens, serviços, ativos financeiros e fornecimento de serviços, capital e trabalho, refletindo a criação, extinção, transformação e transferência de valores econômicos.

Segundo o FMI, o Balanço de Pagamentos é "um registro sistemático das transações econômicas, durante um dado período de tempo, entre os seus residentes e os residentes do resto do mundo"[1]. O Balanço de Pagamentos é publicado em milhões de dólares americanos.

Ocorre, contudo, que o Balanço de Pagamentos não compreende, exclusivamente, pagamentos, ou seja, ele registra transferências que não envolvem pagamentos e também algumas variações de haveres e obrigações por competência, que poderão ser verificadas quando forem feitos os lançamentos na estrutura do Balanço de Pagamentos em "treinando a teoria" no item 7.9 deste capítulo.

Desde abril de 2015, o Banco Central do Brasil tem divulgado uma nova versão do Balanço de Pagamentos do Brasil em conformidade com a **6.ª edição do Manual de Balanço de Pagamentos e Posição Internacional de Investimentos (BPM6)**, publicado desde 2009, e em atendimento às recomendações do Fundo Monetário Internacional (FMI)[2]. Desde 2001 até março de 2015, o Balanço de Pagamentos se apresentava de acordo com a 5.ª edição do Manual de Balanço de Pagamentos (BPM5), publicada pelo FMI em 1993.

A nova estrutura do Balanço de Pagamentos (BPM6) se harmoniza com o Sistema de Contas Nacionais de 2008 (SNA 2008) divulgado pelo Instituto Brasileiro de Geografia e Estatística (IBGE), em março de 2015, além de incorporar desenvolvimento econômico e financeiro da economia mundial nos últimos quinze anos, o que permite alinhar o BP brasileiro às melhores práticas internacionais, apresentar consistência entre as várias estatísticas macroeconômicas, bem como fazer comparações entre países.

---

[1] FEIJÓ, C. A. *Contabilidade social:* o novo sistema de contas nacionais do Brasil. 2. ed., rev. e atual. Rio de Janeiro: Campus, 2004.

[2] As séries com a nova metodologia estão sendo divulgadas pelo Banco Central — Bacen a partir de 1995.

Os novos conceitos e abordagens da estrutura do Balanço de Pagamentos[3] levam em consideração a globalização econômica, as inovações financeiras e os desenvolvimentos econômicos recentes, além de conceder aos usuários da informação maior conteúdo analítico.

Com o BPM6, a apresentação do Balanço de Pagamentos, bem como algumas nomenclaturas, conceitos e convenções estatísticas sofreram modificações.

Esse capítulo se propõe a mostrar essa nova estrutura, apontando as modificações ocorridas.

O Balanço de Pagamentos registra todas as transações entre **residentes e não residentes** de um país em um determinado período de tempo[4].

Dando início, será apresentada a definição de residentes e não residentes.

7.1. RESIDENTES E NÃO RESIDENTES

Residentes são pessoas físicas ou jurídicas que têm, no país considerado, seu principal centro de interesse econômico. Tem-se interesse econômico quando a unidade está engajada em alguma atividade e transação econômica de escala significante, e a sua intenção em manter-se engajada é ou por tempo indeterminado ou determinado por pelo menos 1 (um) ano no país. Não necessariamente está ligado ao fato de fixar moradia no país, mas, sim, ao fato de formar ou consumir o PIB do país. Podem-se considerar **residentes**, portanto:

☐ Pessoas físicas que de alguma forma cooperam na formação (no consumo) do PIB do país.

☐ Pessoas que vivem permanentemente no país, inclusive os estrangeiros que possuem residência fixa por um ano ou mais.

---

[3] As estatísticas do Balanço de Pagamentos no Brasil têm como principal fonte de informações as transações financeiras registradas no Sistema Câmbio do Banco Central do Brasil. Também se utilizam das informações de exportações e importações de bens do Ministério de Desenvolvimento, Indústria, Comércio e Serviços (MDIC), além do Plano Contábil das Instituições do Sistema Financeiro Nacional (Cosif), do Departamento das Reservas Internacionais do Banco Central (Depin), dos diversos módulos do sistema de Registro Declaratório Eletrônico de capitais estrangeiros do país (RDE), das pesquisas Capitais Brasileiros do Exterior (CBE), do Censo de Capitais Estrangeiros (Censo), além de informações suplementares recebidas diretamente de declarantes, mediante o preenchimento de formulários específicos, recebidos de diversas instituições públicas e privadas. A compilação dos lucros reinvestidos será retomada no BPM6, tendo como fonte de dados a CBE e o Censo.

[4] A desmonetização e a monetização do ouro eram computadas no Balanço de Pagamentos até 2001, mesmo quando se tratava de operações entre residentes, o que se constituía uma exceção de lançamento na estrutura do Balanço de Pagamentos, presentes no BPM4, já que, nela, só eram lançadas as operações entre residentes e não residentes. Com a estrutura do Balanço de Pagamentos, que veio em seguida, adotada no Brasil a partir de 2001, BPM5, todas as variações que não eram atribuídas a transações entre residentes e não residentes foram excluídas do Balanço de Pagamentos; portanto, a monetização e a desmonetização foram excluídas do Balanço de Pagamentos a partir daí. Entende-se por **monetização** do ouro, quando o Bacen compra ouro, e por **desmonetização** do ouro, quando o Bacen vende ouro, ou seja, deixa de ser ouro monetário para ser ouro não monetário.

- Pessoas jurídicas instaladas no país, incluindo filiais de empresas estrangeiras sediadas no país.
- Embaixadas do país no exterior.
- Funcionários em serviço no exterior, como, por exemplo, militares e funcionários diplomáticos.
- Pessoas que estão realizando turismo, viagens de negócios, de forma não permanente, fora do país.

Não residentes são pessoas físicas ou jurídicas que não têm, no país considerado, seu principal centro de interesses. Portanto, são consideradas não residentes:

- Pessoas físicas que estão fazendo turismo no país ou em tratamento de saúde.
- Pessoas jurídicas instaladas fora do país considerado.
- Embaixadas de outros países instaladas no país considerado.
- Pessoas físicas que exerçam trabalho temporário no país considerado ou em atividade sazonal.

As transações entre residentes e não residentes de um país, quando envolvem pagamentos ou recebimentos em forma de divisas, poderão fazer com que haja redução ou aumento dos ativos de reserva (reservas internacionais) do país. Esses ativos de reserva representam os meios de pagamentos internacionais de um país. A seguir, são mostradas a composição desses ativos:

7.2. ATIVOS DE RESERVA INTERNACIONAIS (MEIOS INTERNACIONAIS DE PAGAMENTO)

Os ativos de reserva internacionais em poder do Bacen[5] e que são os meios de pagamento registradas no Balanço de Pagamentos são:

- **Reservas em moeda estrangeira** (em divisas conversíveis), compostas pelas reservas cambiais em moeda forte (dólar, libra, euro e iene) e pelos títulos de curto prazo, aplicados no exterior, que possuem liquidez imediata.
- **Ouro monetário**[6], o ouro que está em poder do Banco Central.
- **DES** ou Direito Especial de Saque, uma moeda escritural criada em 1969 pelo Fundo Monetário Internacional (FMI)[7] para permitir o aumento da liquidez

---

[5] O BPM6, de forma consistente com o SNA 2008, altera a nomenclatura "Autoridade Monetária" para "Banco Central" como um subsetor institucional, muito embora o conceito de "Autoridade Monetária" permaneça essencial para a definição dos ativos de reserva. Também substitui o termo "Bancos" por "Instituições que aceitam depósitos, exceto Banco Central".

[6] O ouro não monetário é aquele que não está em poder do Banco Central, ou seja, aquele que se destina para fins artísticos, comerciais, industriais etc.

[7] O Fundo Monetário Internacional (FMI) é constituído pela participação dos 188 países-membros e foi criado em 1945 com a finalidade de promover a estabilidade do sistema monetário internacional. O FMI ajuda países que estão em dificuldades no saldo do Balanço de Pagamentos, de forma a não afetar o comércio internacional. Isso porque um país devedor, além de ficar impossibilitado

internacional. É uma moeda utilizada apenas entre os Bancos Centrais e Tesouros Nacionais dos países. É emitida pelo FMI e válida apenas para transações entre Bancos Centrais. O DES é geralmente criado junto ao Banco de Compensações Internacionais — *Bank for International Settlements* (BIS) —, sediado em Basileia, na Suíça. A paridade dessa moeda se dá por meio do valor ponderado das moedas fortes (dólar, libra, euro, iene e renminbi chinês)[8]. São, portanto, ativos internacionais do FMI disponibilizados como parte das reservas dos países membros. A alocação de DES entre os membros do FMI dá-se na proporção de suas cotas no Fundo Monetário Internacional. Também é conhecido como *Special Drawing Rights* **(SDR)**.

☐ **Posição de reservas no FMI** é uma reserva que cada país-membro do FMI integraliza no fundo de estabilização. Esse fundo vai servir para ajudar os países-membros que estiverem com déficit no Balanço de Pagamentos. A cota-parte que cada país tem que depositar fará parte das reservas internacionais do respectivo país e poderá ser sacado de forma incondicional, diferentemente dos empréstimos concedidos pelo FMI, que têm caráter condicional. Essa cota-parte é integralizada, em ouro ou moedas conversíveis, na cota de 25% e, em moeda nacional, na cota de 75%.

☐ **Outros ativos de reserva** compostos por instrumentos derivativos, empréstimos a não residentes não bancários, cédulas e moedas e títulos adquiridos com acordo de recompra.

Quadro 7.1. Quadro sinóptico de reservas internacionais

RESERVAS INTERNACIONAIS E LIQUIDEZ EM MOEDA ESTRANGEIRA						
1. Ativos de reservas oficiais e outros ativos em moeda estrangeira US$ milhões						
Descriminação	2018	2019	2020	2021	2022	2023
A. Ativos de reserva oficiais	374.715	356.884	355.620	362.204	324.703	340.247

---

de comprar, faz com que outros países não vendam para ele. Portanto, causa prejuízo para ambas as partes. Assim, estabilizando-se o Balanço de Pagamentos, o comércio entre os países se estabiliza e o fluxo de capitais entre eles se normaliza, eliminando as restrições cambiais entre os países que compõem o FMI. O FMI não tem como finalidade a promoção do desenvolvimento dos países por meio de empréstimos e financiamentos. Isso compete ao Banco Interamericano de Desenvolvimento (BID) e ao Banco Mundial (BIRD).

[8] Quando foi criada, em 1969, 1 DES equivalia a 1 dólar ou 35 onças de ouro. Em 2001, 1 DES valia as seguintes proporções: dólar (39%), euro (29%), iene (15%) e libra (11%). Para o período de 2006-2010, o SDR teve a seguinte composição: 44% em dólar norte-americano, 34% em euro, 11% em iene japonês e 11% em libra esterlina. A cada cinco anos, há uma revisão do SDR por parte do FMI, que examina a importância das suas divisas nos sistemas financeiros e comerciais mundiais. Com base na revisão realizada em 30 de novembro de 2015, a cesta dos DES era composta pelas cinco seguintes moedas: **dólar estadunidense** ($) 41,73%, **euro** (€) 30.93%, **libra esterlina** (£) 8,09%, **iene japonês** (¥) 8,33% e, mais recentemente, o **yuan chinês** (¥) 10,92%. Os pesos atribuídos a cada uma das moedas na cesta de DES são ajustados de acordo com a sua importância atual em termos de comércio internacional e reservas nacionais de divisas. Disponível em: <https://pt.m.wikipedia.org>.

1. Reservas em moeda estrangeira (em divisas conversíveis)	361.360	339.345	332.000	309.370	271.893	302.361
(a) Títulos	350.531	331.869	313.463	294.406	263.905	283.482
dos quais: emissor sediado no Brasil, mas domiciliado no exterior	–	–	–	–	–	–
(b) Total de moeda e depósitos em:	10.828	7.476	18.537	14.966	7.968	18.879
I) Outros bancos centrais, BIS e FMI	9.042	5.829	17.380	13.283	7.619	16.100
Bancos sediados no Brasil	38	0	0	0	0	0
dos quais: domiciliados no exterior	38	0	0	0	0	0
Bancos sediados no exterior	1.749	1.647	1.158	1.682	369	2.779
dos quais: domiciliados no Brasil	–	–	–	–	–	–
2. Posição de reservas no FMI	2.344	3.048	4.578	4.474	4.413	4.193
3. DES	4.046	4.050	4.234	19.284	18.863	18.737
4. Ouro (inclusive depósitos de ouro)	2.781	3.296	4.101	7.581	7.585	8.311
Volume em mil onças	2.166	2.166	2.166	4.168	4.168	4.168
5. Outros ativos de reserva	4.184	7.145	10.706	21.496	21.969	6.645
Instrumentos derivativos	– 179	25	3	7	– 152	– 142
Empréstimos a não residentes não bancários	–	–	–	–	–	–
Demais	4.363	7.119	10.703	21.488	22.112	6.786
B. Outros ativos em moeda estrangeira	–	–	–	–	–	–
Títulos não incluídos nos ativos de reservas oficiais	–	–	–	–	–	–
Depósitos não incluídos nos ativos de reservas oficiais	–	–	–	–	–	–
Empréstimos não incluídos nos ativos de reservas oficiais	–	–	–	–	–	–
Derivativos Financeiros não incluídos nos ativos de reservas oficiais	–	–	–	–	–	–
Ouro não incluído nos ativos de reservas oficiais	–	–	–	–	–	–
Outros	–	–	–	–	–	–
1/ Posições marcadas a mercado						
2/ A partir de maio de 2010, dado revisado em função de correção de erro no sistema de apuração						
3/ Engloba estoque de ouro financeiro disponível e depósitos a prazo						
4/ Até agosto de 2012, inclui valores de crédito de exportação						
5/ A partir de maio de 2020, inclui títulos adquiridos por acordo de recompra e títulos adquiridos no âmbito do programa *Poverty Reduction and Growth Trust (PRGT)* gerido pelo FMI						
6/ Até abril de 2006 garantias colaterais, constituídas por títulos do Tesouro americano custodiadas no Banco de Compensações Internacionais (BIS)						
7/ Até abril de 2006: garantias colaterais, constituídas por depósitos em aplicações do BIS						
8/ Até outubro de 2006: créditos decorrentes de reestruturação da dívida da Polônia						

Fonte: Bacen — estatísticas — tabelas especiais[9].

---

[9] Disponível em: https://www.bcb.gov.br/estatisticas/tabelasespeciais.

7.3. ESTRUTURA DO BALANÇO DE PAGAMENTOS (BPM6)

A nova estrutura do Balanço de pagamentos, em conformidade com o BPM6, compreende a conta de bens e serviços (Balança Comercial e Balança de Serviços), conta de Renda Primária, conta de Renda Secundária, conta capital, conta financeira e erros e omissões. A conta financeira possui quatro categorias funcionais denominadas de: Investimento direto, investimento em portfólio (ou em carteira), derivativos e outros investimentos, além dos Ativos de Reserva. Abaixo, é possível observar essa nova estrutura:

1. **Balança Comercial**[10]
   Exportação
   Importação
2. **Balança de Serviços**[11]
   Receitas
   Despesas
   2.1. Serviços de manufatura sobre insumos físicos pertencentes a outros
   2.2. Serviços de manutenção e reparo
   2.3. Transportes
   2.4. Viagens
      2.4.1. Negócios
      2.4.2. Pessoais
         2.4.2.1. Pessoais
         2.4.2.2. Saúde
         2.4.2.3. Educação
         2.4.2.4. Outros
   2.5. Construção
   2.6. Seguros
   2.7. Serviços Financeiros
   2.8. Serviços de propriedade intelectual
   2.9. Telecomunicação, computação e informações
   2.10. Aluguel de equipamentos
   2.11. Outros serviços de negócio
   2.12. Serviços culturais, pessoais e recreativos
   2.13. Serviços governamentais
3. **Renda Primária**[12]
   Receitas

---

[10] Na Balança Comercial, são registradas todas as entradas e saídas de bens, mercadorias, tangíveis ou visíveis.

[11] Na Balança de Serviços, são registradas as entradas e saídas de serviços não fatores, intangíveis ou invisíveis.

[12] De acordo com o BPM5, essa conta era denominada Balança de Rendas. Com a nova estrutura, o BPM6, ela passou a denominar-se Renda Primária.

Despesas
3.1. Salários e ordenados
3.2. Renda de investimentos
    3.2.1. Renda de Investimento direto
        3.2.1.1. Lucros e dividendos, exceto reinvestimentos
        3.2.1.2. Lucros reinvestidos
        3.2.1.3. Juros de operações intercompanhias
    3.2.2. Renda de Investimento em carteira
        3.2.2.1. Lucros e dividendos
        3.2.2.2. Juros de títulos negociados no mercado externo
        3.2.2.3. Juros de títulos negociados no mercado doméstico – despesas
    3.2.3. Renda de outros investimentos (inclui juros)
    3.2.4. Renda de reservas — receitas
3.3. Demais rendas primárias

4. Renda Secundária[13]
Receitas
Despesas

Saldo no Balanço de Pagamentos em Transações Correntes (1 + 2 + 3 + 4)

5. Conta Capital
Receitas
Despesas
5.1. Ativos não financeiros não produzidos
5.2. Transferências de capital

6. Conta Financeira
Concessões líquidas (+) ou Captações líquidas (–)
    6.1. Investimento direto
    Ativos
    Passivos
    6.1.1. Investimento direto no exterior
Ingressos
Saídas
        6.1.1.1. Participação no capital — total — ativos
            6.1.1.1.1. Participação no capital, exceto de lucros reinvestidos
            6.1.1.1.2. Participação no capital — lucros reinvestidos — saídas

---

[13] De acordo com o BPM5, essa conta era denominada Transferências Correntes Unilaterais. Com a nova estrutura, o BPM6, ela passou a denominar-se Renda Secundária.

6.1.1.2. Operações intercompanhias — ativos
  6.1.1.2.1. Matrizes no Brasil a filiais no exterior
  6.1.1.2.2. Filiais no Brasil a matrizes no exterior (investimento reverso)
  6.1.1.2.3. Operações entre empresas irmãs[14]
6.1.2. Investimento direto no país
Ingressos
Saídas
  6.1.2.1. Participação no capital — total — passivos
    6.1.2.1.1. Participação no capital, exceto lucros reinvestidos — passivos
    6.1.2.1.2. Participação no capital — lucros reinvestidos no Brasil — ingressos
  6.1.2.2. Operações intercompanhias — passivos
    6.1.2.2.1. Matrizes no exterior a filiais no Brasil
    6.1.2.2.2. Filiais no exterior a matrizes no Brasil (investimento reverso)
    6.1.2.2.3. Operações entre empresas irmãs

6.2. Investimento em carteira
Ativos
Passivos
6.2.1. Investimento em carteira — ativos
  6.2.1.1. Investimentos em ações — ativos
  6.2.1.2. Investimentos em fundos de investimento — ativos
  6.2.1.3. Títulos de renda fixa — ativos
6.2.2. Investimento em carteira — passivos
  6.2.2.1. Investimentos em ações — passivos
  6.2.2.2. Investimentos em fundos de investimento — passivos
  6.2.2.3. Títulos de renda fixa — passivos

6.3. Derivativos
Ativos
Passivos

6.4. Outros Investimentos
Ativos
Passivos
6.4.1. Outras participações em capital

---

[14] Empresas irmãs são aquelas que estão sob o mesmo controlador, ou seja, que se relacionam entre si (aquelas que mantêm relação mútua com o investimento direto na medida em que são controladas ou influenciadas pelo mesmo investidor imediato ou indireto), porém sem que nenhuma delas detenha 10% ou mais do poder de voto na outra. No BPM5, o tratamento atribuído às empresas irmãs não era descrito de maneira explícita.

6.4.2. Moedas e depósitos
6.4.3. Empréstimos
6.4.4. Seguros, esquemas de pensão e de fundos de garantia
6.4.5. Créditos comerciais e adiantamentos
6.4.6. Outras contas a pagar/receber
6.4.7. Direitos Especiais de Saque (Incidência Líquida de passivos)
6.5. Ativos de Reserva
6.1. Ouro monetário
6.2. Direito Especial de Saque (DES)
6.3. Posição de reservas no FMI
6.4. Outros ativos de reserva
6.4.1. Moeda e depósitos
6.4.2. Títulos
6.4.3. Instrumentos derivativos
6.5. Demais ativos
7. Erros e Omissões

Observe que a estrutura do Balanço de Pagamentos é dividida em duas partes. A primeira recebe o nome de **"acima da linha"** e se refere ao Saldo do Balanço de Pagamentos em Transações Correntes. O segundo recebe o nome de **"abaixo da linha"** e se refere às contas que vêm abaixo do saldo do Balanço de Pagamentos em Transações Correntes.

Blanchard afirma: "as transações acima da linha registram os pagamentos efetuados e recebidos do resto do mundo. São chamadas transações em conta corrente, ou transações correntes. (...) os ativos dos Estados Unidos retidos liquidamente por estrangeiros tiveram de aumentar em US$ 541 bilhões. Os valores abaixo da linha descrevem como isso foi alcançado. As transações situadas abaixo da linha são chamadas de transações da conta capital"[15].

Blanchard chama de conta capital a soma da conta capital e da conta financeira. Abaixo da linha, há o **capital autônomo**, composto da conta capital e financeira, e o **capital compensatório**, composto das variações de reservas, atrasados e empréstimos de regularização. Segundo Simonsen e Cysne, na "conta de Capitais autônomos registram-se nesse item as transferências unilaterais de capital, a aquisição de **ativos não financeiros** que não sejam objeto de produção (terra, recursos do subsolo etc.), os investimentos diretos (isto é, de aquisição ou vendas de participações societárias), os investimentos em carteira (ou investimentos de portfólio, que se distinguem dos investimentos diretos por não incluírem qualquer vínculo com a administração da firma emissora) e os demais investimentos (onde se incluem os empréstimos, as amortizações, os financiamentos e os créditos comerciais)"[16]. Simonsen e Cysne continuam, ao descrever o capital compensatório: "capitais compensatórios: este item (...) compreende aqui o caso mais geral, com três tipos de contas. Em primeiro lugar, as contas de caixa já descritas

---

[15] Olivier Blanchard, *Macroeconomia*, p. 360-362.
[16] Mário Henrique Simonsen e Rubens Penha Cysne, *Macroeconomia*, 2009, p. 75.

anteriormente: **haveres a curto prazo no exterior, ouro monetário, direitos especiais de saque e posição de reservas no FMI**. Em segundo, as contas referentes aos empréstimos de regularização do FMI e outras instituições, especificamente destinados a cobrir déficits no Balanço de Pagamentos. Em terceiro lugar, os atrasados, que são as contas vencidas no exterior e não pagas pelo país. Trata-se, evidentemente, de um item pouco lisonjeiro para o país que apresenta em seu Balanço de Pagamentos a sistemática contábil, baseada no critério 'de **competência**' (do inglês *accrual*), é a seguinte: quando um empréstimo vence e não é pago, debita-se a conta de amortização (como se pago fosse), creditando-se a de atrasados comerciais. Na liquidação efetiva dos atrasados, debita-se esta última conta, creditando-se uma conta de caixa"[17].

Cabe, contudo, ressaltar que tanto os **empréstimos de regularização** quanto **os atrasados** passaram a fazer parte, pela metodologia do Balanço de Pagamentos de 2001, BPM5, da conta financeira, sendo lançados em outros investimentos. Assim, reforçam Paulani e Braga: "Cumpre ressaltar também que, no Brasil, até o ano de 2001, os itens empréstimos de regularização e atrasados eram computados separadamente e não faziam parte da conta de capitais, figurando (...), dentro de uma rubrica denominada 'transações compensatórias'"[18]. Quando Paulani e Braga se referem à conta de capitais, estão se referindo à conta financeira, que, assim como a conta capital, corresponde aos movimentos de capitais de um país. Com o **BPM6, os ativos de reserva** (antes denominada de variação de reservas ou haveres da autoridade monetária) passaram a fazer parte da conta financeira também.

Portanto, o Balanço de Pagamentos se divide no saldo do **Balanço de Pagamentos em Transações Correntes** (itens 1 + 2 + 3 + 4) e nos **movimentos de capitais autônomos e compensatórios** (itens 5 + 6). A respeito do saldo do Balanço de Pagamentos em Transações Correntes, Krugman e Wells sintetizam: "O Balanço de Pagamentos em conta corrente, com frequência referido simplesmente como conta corrente, é uma medida um pouco mais ampla que o Balanço de Pagamentos em bens e serviços. Ele consiste no Balanço de Pagamentos em bens e serviços mais o pagamento líquido de transferências internacionais e a renda líquida de fator internacional. Os pagamentos de **transferências**[19] são os fundos enviados por residentes de um país a residentes de outro país; por exemplo, o dinheiro que os emigrantes mexicanos nos Estados Unidos remetem a suas famílias no México. **Renda de fator**[20] consiste principalmente na renda dos ativos mantidos no exterior; por exemplo, os juros pagos sobre bônus americanos de propriedade dos fundos de pensão japoneses. Mas eles também incluem pagamentos de trabalho, como, por exemplo, honorários pagos a peritos americanos em petróleo contratados como consultores em nações da África"[21]. Com o **BPM6**, a balança de rendas passou a denominar-se **Conta de Rendas Primárias** e as transferências correntes unilaterais passaram a denominar-se **Conta de Rendas Secundárias**.

---

[17] Mário Henrique Simonsen e Rubens Penha Cysne, *Macroeconomia*, 2009, p. 77.
[18] Leda Maria Paulani e Márcio Bobik Braga, *A nova contabilidade social*, p. 140.
[19] Chamada de Renda Secundária pelo BPM6.
[20] Chamada de Renda Primária pelo BPM6.
[21] Paul R. Krugman e Robin Wells, *Introdução à economia*, p. 730.

No Quadro 7.2, é possível visualizar, de forma sucinta, o comportamento do Balanço de Pagamentos do Brasil no mês de janeiro de 2022[22] e fazer algumas associações.

Quadro 7.2. Balanço de Pagamentos — 2022 (US milhões)

	JANEIRO 2022
1. Balança Comercial	44.153
2. Balança de Serviços	−39.618
3. Conta de Renda Primária	−61.897
3.1. Salários e ordenados	101
3.2. Renda de Investimentos	−61.998
3.2.1. Renda de investimento direto	−39.720
3.2.2. Renda de investimento em carteira	−21.088
3.2.3. Renda de outros investimentos	−7.374
3.2.4. Renda de reservas — receita	6.184
4. Conta de Renda Secundária	3.742
Saldo no Balanço de Pagamentos em Transações Correntes (1 + 2 + 3 + 4)	−53.620
5. Conta Capital	245
6. Conta Financeira	−55.371
6.1. Investimento direto	−53.890
6.2. Investimento em carteira	4.200
6.3. Derivativos	−2.031
6.4. Outros Investimentos	3.634
6.5. Ativos de Reserva	−7.284
7. Erros e Omissões	−1.996

Fonte: BCB.

Pode-se constatar que:

Balança Comercial + Balança de Serviços + Conta de Renda Primária + Conta de Renda Secundária = Saldo do Balanço de Pagamentos em Transações Correntes.

$$44.153 + (-39.618) + (-61.897) + 3.742 = -53.620$$

Conta Financeira = Saldo em conta corrente do Balanço de Pagamentos + Conta Capital + Erros e Omissões.

$$-55.371 = (-53.620) + 245 + (-1996)$$

Quando um país apresenta um superávit em transações correntes, esse saldo positivo somado a conta capital e erros e omissões deve ser igual à conta financeira, o que equivale a um aumento dos **ativos externos líquidos** em poder dos residentes dessa

---

[22] Esses valores sofreram ajustes pelo Banco Central. Isso se deve a constantes ajustes feitos pelo Bacen devido à incorporação de informações recentes e/ou revisadas. Mas esses dados serão utilizados com o objetivo, nesse momento, apenas de exemplificar cada um dos lançamentos.

economia. Da mesma forma, um déficit em transações correntes equivale a uma diminuição de ativos externos líquidos, possuídos pelos residentes do país, ou aumento do **passivo externo líquido** dos residentes do país.

O Balanço de Pagamentos é compilado em dólares norte-americanos (US$). Informações coletadas em outras moedas são convertidas para US$, utilizando-se a taxa média diária praticada no mercado de câmbio, divulgada pelo Banco Central do Brasil. O critério de valoração para transações e estoques é o de preço de mercado, definido pela quantidade de dinheiro pela qual o comprador estaria disposto a comprar, e o vendedor, disposto a vender. Segundo o Banco Central, a compilação do Balanço de Pagamentos adota, como regra geral, o critério de **competência** para o momento do registro. O critério de competência é definido pelo instante em que o valor econômico é criado, transformado, trocado ou extinto. Não, necessariamente, a entrega ou recebimento de recursos financeiros identifica esse momento.

A seguir, serão apresentadas, de forma mais detalhada, as contas que compõem a nova estrutura do Balanço de Pagamentos, BPM6:

1. Balança Comercial

Na Balança Comercial, são registradas todas as entradas e saídas de bens, mercadorias, tangíveis ou visíveis. Existem duas maneiras de contabilizar as exportações e as importações, ou seja, pelo método **FOB** (*free on board*), em que estão livres de frete e seguros, e pelo método **CIF** (*cost, insurance and freight*), em que estão incluídos, além dos custos com as mercadorias, os fretes e os seguros. O Brasil adota o método FOB para exportações e importações no Balanço de Pagamentos. Como nas contas nacionais os lançamentos são feitos a preço CIF, deverá haver um ajustamento dos lançamentos a preço CIF para preço FOB, no Balanço de Pagamentos, que é feito numa coluna para ajuste CIF/FOB na Tabela de Recursos e Usos (TRU).

Portanto, a Balança Comercial é constituída de:

☐ Exportação de bens.
☐ Importação de bens.

As exportações de bens serão lançadas positivas como receitas e as importações serão lançadas positivas como despesas. Depois, faz-se a operação de receitas subtraídas das despesas e obtém-se o saldo na Balança Comercial.

Tomando o mesmo exemplo apresentado acima, no BP de janeiro de 2022[23], tem-se:

▫ Balança Comercial (bens)	44.153
▫ Exportações	340.328
▫ Importações	296.175

---

[23] Esses valores sofreram ajustes pelo Banco Central. Isso se deve a constantes ajustes feitos pelo Bacen devido à incorporação de informações recentes e/ou revisadas. Mas esses dados serão utilizados com o objetivo, nesse momento, apenas de exemplificar cada um dos lançamentos.

Na Figura 7.1, pode-se ter uma visão do comportamento da Balança Comercial do Brasil do período de 1995 a 2022.

Figura 7.1. Comportamento da Balança Comercial do Brasil — 1995-2022 (em US$ milhões)

Ano	Valor (US$ milhões)
95	-4571
96	-6636
97	-7751
98	-7628
99	-2062
0	-1789
1	1537
2	12004
3	23576
4	32284
5	43722
6	45178
7	38498
8	23507
9	24790
10	18358
11	27525
12	16908
13	369
14	-6,63
15	17445
16	44544
17	57325
18	43373
19	26547
20	32370
21	36363
22	44153

Fonte: MDIC: Ministério do Desenvolvimento, Indústria e Comércio.

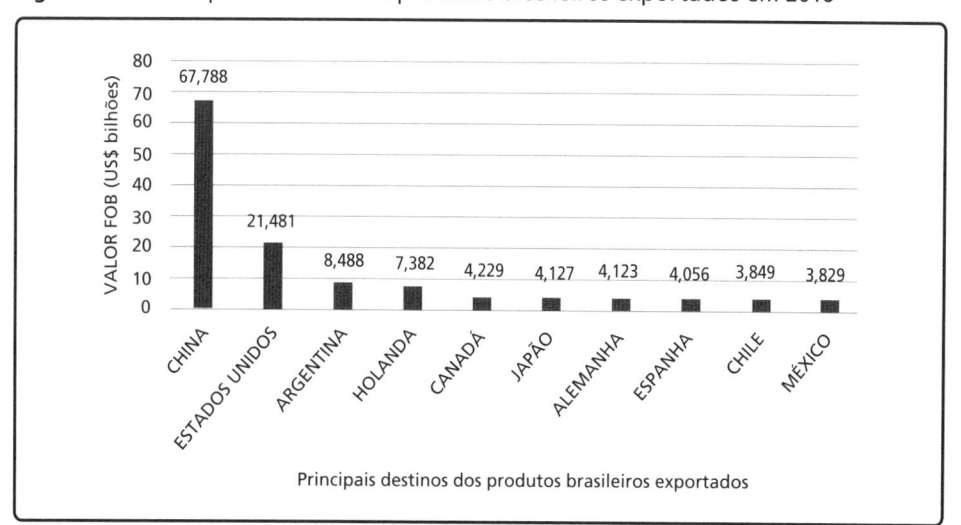

Figura 7.2. Principais destinos dos produtos brasileiros exportados em 2016

País	VALOR FOB (US$ bilhões)
CHINA	67,788
ESTADOS UNIDOS	21,481
ARGENTINA	8,488
HOLANDA	7,382
CANADÁ	4,229
JAPÃO	4,127
ALEMANHA	4,123
ESPANHA	4,056
CHILE	3,849
MÉXICO	3,829

Fonte: MDIC: Ministério do Desenvolvimento, Indústria e Comércio — Comex Stat — 2023.

2. Balança de Serviços

Na Balança de Serviços, são registradas as entradas e saídas de serviços não fatores, intangíveis ou invisíveis. Ela é composta de:

☐ **Serviços de manufatura sobre insumos físicos pertencentes a outros:** no BPM5 eram classificados como bens para processamento e lançados na balança comercial. No BPM6, quando um bem é enviado para outro país e, neste último, ele sofre algum tipo de serviço, de montagem ou beneficiamento, modifica o bem e, depois, retorna ao país de origem, sem que em nenhum momento a prestadora do serviço tenha se tornado proprietária do bem; o valor do serviço agregado será registrado nessa nova conta denominada Serviços de manufatura. Contudo, esse bem não figurará nas estatísticas do BP como exportação e importação.

☐ **Serviços de manutenção e reparo:** no BPM5 eram classificados como reparos de bens e lançados na balança comercial. Pelo BPM6, são classificados na Balança de Serviços.

☐ **Transportes:** registra os serviços auxiliares de transporte, tais como: afretamento (aluguel) de embarcações tripuladas; movimentação, embalagem e estocagem de carga; reboque e manutenção de embarcações; despesas com combustíveis e outros bens adquiridos no exterior utilizados pelos meios de transporte de bandeira brasileira.

☐ Utiliza dados provenientes dos contratos de câmbio e estimativas para cobrir as operações com liquidações no exterior.

☐ **Viagens:** referem-se a fins educacionais, culturais ou esportivos, viagens de funcionários de governo, viagens de negócios, viagens por motivo de saúde, turismo e cartões de crédito. Observe que as viagens internacionais são consideradas serviços porque são serviços para as famílias. Os fluxos relacionados ao uso de cartões de crédito internacionais são alocados em viagens internacionais e podem incluir valores referentes a transações internacionais não relacionadas com viagens[24].

☐ **Construção:** compreende a criação, renovação, reparação ou ampliação de ativos fixos em forma de edifícios, melhoria de terrenos em termos de engenharia e outras construções de engenharia como estradas, pontes, represas etc. Inclui o trabalho de instalação, preparação de terreno, serviços de pintura, encanamento e demolição. Inclui também, a gestão dos projetos de construção. Registra, portanto, as operações relacionadas a implantação e instalação de projetos de engenharia e outras montagens sob encomenda realizadas no exterior por companhias residentes no país e realizadas no país por companhias não residentes[25].

☐ **Seguros:** registra os seguros sobre transporte internacional de mercadorias, resseguros, comissões e outras receitas/despesas correlatas. Os prêmios de seguros

---

[24] <http://www.bcb.gov.br/pec/sdds/port/balpagam_p.htm>. Banco Central do Brasil — Departamento Econômico — Divisão de Balanço de Pagamentos, 2010.

[25] Se uma empresa de construção monta um escritório ou uma representação no exterior, por mais de um ano, trata-se de Investimento Direto e não mais de Serviços.

serão repartidos entre as contas de rendas secundárias e serviços de seguro. Ao mesmo tempo, o envio e recebimento de recursos relativos a sinistros serão registrados em rendas secundárias.

☐ **Serviços financeiros:** os pagamentos e recebimentos de juros incluem, além da remuneração do capital, a cobrança implícita de um serviço financeiro. Isso provoca redução na conta de juros e aumento na conta de serviços de intermediação financeira indiretamente medidos (Sifim). Esses serviços financeiros compreendem as intermediações bancárias, tais como corretagens, comissões, garantias, fianças, inclusive corretagens e comissões relativas a operações em bolsa de mercadorias, empréstimos e lançamento de bônus e outros encargos acessórios sobre o endividamento externo[26].

☐ **Serviços de propriedade intelectual:** registra receitas e despesas decorrentes do uso de ativos intangíveis e direitos de propriedade. Correspondem aos encargos por uso de direitos de propriedade como patentes, marcas registradas, direitos autorais, processos e desenvolvimentos industriais. São incluídos, no BPM6, em substituição aos *Royalties* e licenças do BPM5.

☐ **Serviços de telecomunicação, computação e informações:** até o BPM5, os serviços de telecomunicações constituíam grupo separado. No BPM6, foram agrupados com computação e informações. Registra as receitas e despesas decorrentes de assinaturas de periódicos, da utilização de bancos de dados internacionais e das vendas e aquisições de programas de computador não incluídos em importações de bens, inclusive os padronizados (cópia única). Também inclui serviços postais e de entrega e de telecomunicações, compreendidas as transmissões de som, imagem e outros dados por telefone, satélite, cabo etc. e serviços auxiliares. Não inclui pagamentos relativos ao objeto da transmissão.

☐ **Aluguel de equipamentos:** registra as receitas e despesas com aluguel de máquinas sem operador, como plataformas de petróleo, e afretamentos de veículos de transporte sem tripulação. São classificadas como aluguel de equipamento as operações cuja amortização de principal não exceda a 75% do valor total do bem.

☐ **Outros serviços de negócios**[27]: consolidam as informações referentes a serviços de corretagens e comissões mercantis, serviços técnicos profissionais[28]. Os serviços empresariais, profissionais e técnicos que correspondem a encomendas postais, honorários de profissional liberal, instalação e manutenção de escritórios, administrativos e aluguel de imóveis, participação em feiras e exposições (incluem as transferências relativas a aluguel de espaço, montagem de stand, recepção, entre outros), passe de atleta profissional, publicidade, serviços de arquitetura, engenharia e outros técnicos, serviços de implantação e instalação de projeto técnico-econômico

---

[26] <http://www.bcb.gov.br/pec/sdds/port/balpagam_p.htm>. Banco Central do Brasil — Departamento Econômico — Divisão de Balanço de Pagamentos, 2010.

[27] Também chamado de Serviços empresariais, profissionais e técnicos.

[28] <http://www.bcb.gov.br/pec/sdds/port/balpagam_p.htm>. Banco Central do Brasil — Departamento Econômico — Divisão de Balanço de Pagamentos, 2010.

não constituem uma conta específica no BPM6 como ocorria no BPM5. O que mais se aproxima desse conceito são os "outros serviços de negócios". Na sua maioria, são serviços de engenharia e arquitetura. Englobam, também, os serviços de **Pesquisa e desenvolvimento**, que compreendem os serviços relacionados a pesquisa básica aplicada e ao desenvolvimento experimental de novos produtos e processos que podem dar origem a patentes. A venda direta dos resultados da pesquisa e desenvolvimento como os representados por patentes, *copyrights*, direitos autorais e a venda de informação acerca dos processos industriais se considera parte da pesquisa e desenvolvimento, porém, o uso do direito de propriedade derivado da pesquisa e desenvolvimento se inclui em serviços de propriedade intelectual correspondem a negociação de patentes, *copyrights* e processos industriais, desenvolvidos em atividades de pesquisa. O BPM5 recomendava sua classificação como ativos não financeiros não produzidos, anteriormente registrados na conta de capital.

☐ **Serviços culturais, pessoais e recreativos:** registra as operações relacionadas a audiovisual, que compreendem serviços relativos a transmissões de eventos, aluguéis de filmes cinematográficos e aluguel de fitas e discos gravados; e eventos culturais e esportivos, que compreendem as taxas escolares, de inscrição em concursos e de congressos e seminário; honorários profissionais referentes a cursos, palestras e seminários; remuneração por apresentação artística e remuneração por competições esportivas.

☐ **Serviços governamentais:** registra os gastos de organismos internacionais e os gastos de governos relacionados com representações militares, embaixadas e consulados com residentes da economia em que se encontram estabelecidos.

Portanto, a Balança de Serviços é constituída de:

☐ Receitas de serviços
☐ Despesas de serviços

As receitas e as despesas serão lançadas positivas. Depois, faz-se a operação de receitas subtraídas das despesas e obtém-se o saldo na Balança de Serviços.

Tomando o mesmo exemplo apresentado anteriormente, no BP de 2022[29], tem-se:

☐ Balança de Serviços	-39.618
☐ Receitas	40.291
☐ Despesas	79.909

No Figura 7.3, pode-se perceber o comportamento da Balança de Serviços do Brasil no período de 1995 a 2022.

---

[29] Esses valores sofreram ajustes pelo Banco Central. Isso se deve a constantes ajustes feitos pelo Bacen devido à incorporação de informações recentes e/ou revisadas. Mas esses dados serão utilizados com o objetivo, nesse momento, apenas de exemplificar cada um dos lançamentos.

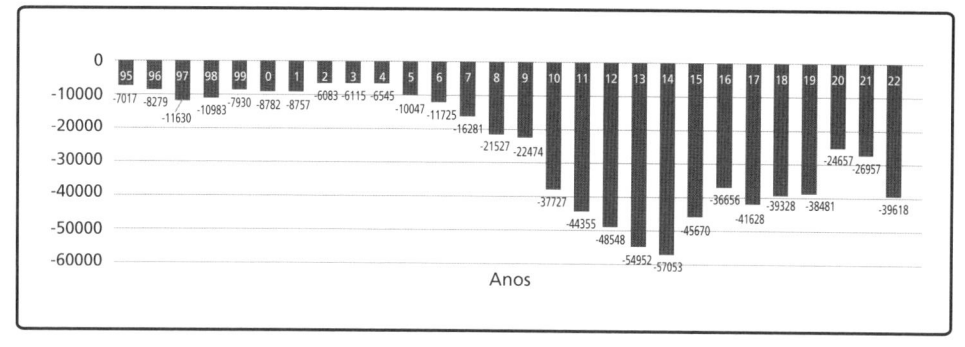

Figura 7.3. Comportamento da Balança de Serviços do Brasil — 1995-2022

[Gráfico de barras com os seguintes valores anuais:
95: -7017; 96: -8279; 97: -11630; 98: -10983; 99: -7930; 0: -8782; 1: -8757; 2: -6083; 3: -6115; 4: -6545; 5: -10047; 6: -11725; 7: -16281; 8: -21527; 9: -22474; 10: -37727; 11: -44355; 12: -48548; 13: -54952; 14: -57053; 15: -45670; 16: -36656; 17: -41628; 18: -39328; 19: -38481; 20: -24657; 21: -26957; 22: -39618]

Fonte: Banco Central do Brasil — estatística — tabelas especiais.

3. Renda Primária

Na Conta de Renda Primária, são registradas todas as entradas e saídas de serviços provenientes do uso de fatores de produção trabalho e capital, ou seja, essa conta apresentará a subconta da remuneração do trabalho sob a forma de **salários e ordenados**, a subconta da remuneração do capital de risco sob a forma de **lucros** e a subconta referente à remuneração pelo capital de empréstimos sob a forma de **juros**. Observe, a seguir, essas subcontas:

3.1. Salários e Ordenados: registra as receitas decorrentes do recebimento de salários por serviços prestados a não residentes e as despesas relativas ao pagamento de salários a não residentes por serviços prestados à empresa sediada no país.

3.2. Renda de Investimentos

3.2.1. Renda de Investimentos Diretos: inclui os lucros e dividendos relativos a participações no capital de empresas e os juros correspondentes a operações intercompanhias nas modalidades de empréstimos diretos e títulos de qualquer prazo. Empréstimos entre empresas ligadas são uma modalidade mais comum, mas títulos e créditos comerciais também se enquadram nessa subcategoria de investimento direto. Ganhos de capital, que pelo BPM4 eram incluídos como renda, na estrutura do BPM5 e BPM6 são reclassificados como investimento direto, passando a fazer parte da conta financeira.

3.2.2. Renda de Investimentos em Carteira (ou portfólio): inclui lucros, dividendos e bonificações relativos às aplicações em ações; e juros correspondentes a aplicações em títulos de emissão doméstica (títulos da dívida interna pública, debêntures e outros títulos privados) e de emissão no exterior (como bônus/bonificação em ações concedidas aos acionistas de uma empresa quando está aumentando o capital; são também títulos da dívida pública), *notes* e *comercial papers* (títulos para realização de empréstimos entre empresas mediadas por um banco para captar recursos; também conhecidos por notas promissórias). Excetuam-se os juros relativos à colocação de papéis entre empresas ligadas, alocados em rendas de investimento direto. Não incluem os ganhos de capital relativos a investimento em carteira, contabilizados na conta financeira. No BPM6, as expressões utilizadas para identificar os **"bônus, *notes* e *comercial papers*" são substituídas por títulos de longo prazo**.

3.2.3. Renda de Outros Investimentos: inclui os juros de créditos comerciais (de fornecedores — ou *supplier credits* — de empréstimos de agências governamentais, de organismos internacionais[30] e de bancos privados) e os juros de depósitos e outros ativos e passivos. Nesta categoria, incluem-se os juros de financiamento à importação e os juros sobre pagamento antecipado de exportações.

Portanto, a Conta de Renda Primária é constituída de:

☐ Receitas
☐ Despesas

As receitas e as despesas serão lançadas positivas. Depois, faz-se a operação de receitas subtraídas das despesas e obtém-se o saldo na Conta de Renda Primária.

Tomando o mesmo exemplo apresentado anteriormente, no BP de 2022[31], tem-se:

☐ Conta de Renda Primária	-61.897
☐ Receitas	40.013
☐ Despesas	101.909

No Figura 7.4, é apresentada a Conta de Renda Primária do Brasil de 1995 a 2022.

Figura 7.4. Conta de Renda Primária do Brasil do Balanço de Pagamentos de 1995 a 2022 (em US$ milhões)

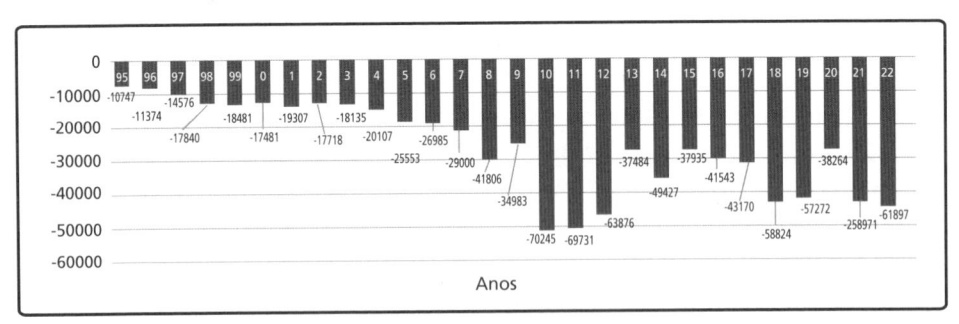

Ano	Valor
95	-10747
96	-14576
97	-11374
98	-17840
99	-18481
0	-17481
1	-19307
2	-17718
3	-18135
4	-20107
5	-25553
6	-26985
7	-29000
8	-41806
9	-34983
10	-70245
11	-69731
12	-63876
13	-37484
14	-49427
15	-37935
16	-41543
17	-43170
18	-58824
19	-57272
20	-38264
21	-258971
22	-61897

Fonte: Banco Central do Brasil — estatística — tabelas especiais.

4. Renda Secundária

Corresponde às transferências correntes unilaterais na estrutura do BPM5. Com o BPM6, ela passou a ser designada de Renda Secundária e inclui a transferência que toma a forma de bens e moeda, para consumo corrente. Ela apresenta a renda gerada em uma economia e distribuída para outra. As transferências pessoais, expansão do conceito anterior de "manutenção de residentes, permanecem como item mais importante da conta. Assim como no BPM5, excluem-se dessa conta, as transferências relativas a

---

[30] Principalmente o FMI. Mas se incluem também *Bank for International Settlements* (BIS) e Clube de Paris.
[31] Esses valores sofreram ajustes pelo Banco Central. Isso se deve a constantes ajustes feitos pelo

patrimônio de migrantes internacionais. No BPM5, elas passam a pertencer à Conta Capital, mas, na nova estrutura BPM6, deixou de fazer parte do Balanço de Pagamentos por não constituir mudança de titularidade do bem. Na estrutura do BPM4, as transferências unilaterais incluíam as transferências correntes como doações, donativos, transferência por ocasião de reparação de guerra e de capital como patrimônio de migrantes e aquisição/alienação de marcas e patentes. Pela sistemática nova, BPM6, as transferências correntes são lançadas em Rendas Secundárias e as transferências de capital são lançadas na conta capital. Lembrando, contudo, que o patrimônio de migrantes, quando transferidos, não farão mais parte do BP.

Portanto, a Balança de Renda Secundária é constituída de:

☐ Receitas
☐ Despesas

As receitas e as despesas serão lançadas positivas. Depois, faz-se a operação de receitas subtraídas das despesas e obtém-se o saldo na Balança de Renda Secundária.

Tomando o mesmo exemplo apresentado acima, no BP de 2022[32], tem-se:

Conta de Renda Primária	3.742
Receitas	6.721
Despesas	2.980

Na Figura 7.5, é mostrada a evolução da Conta de Renda Secundária do Brasil dos anos de 1995 a 2022.

Figura 7.5. Evolução da Conta de Renda Secundária do Brasil — 1995-2022

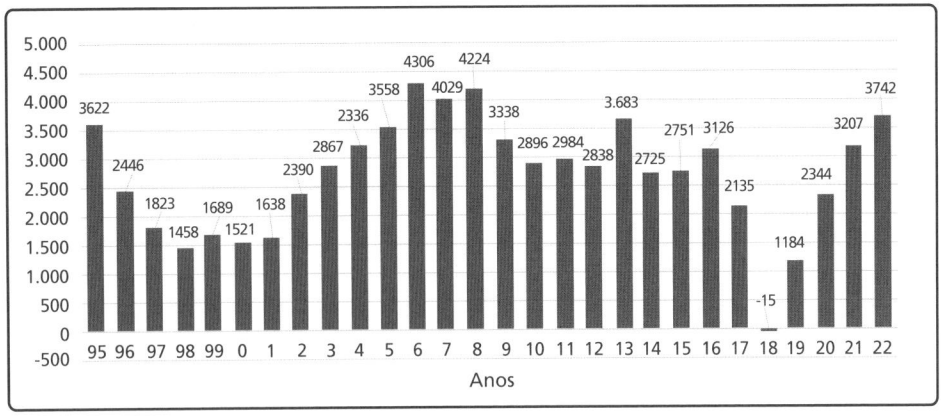

Fonte: Banco Central do Brasil — estatística — tabelas especiais.

Bacen devido à incorporação de informações recentes e/ou revisadas. Mas esses dados serão utilizados com o objetivo, nesse momento, apenas de exemplificar cada um dos lançamentos.

[32] Esses valores sofreram ajustes pelo Banco Central. Isso se deve a constantes ajustes feitos pelo Bacen devido à incorporação de informações recentes e/ou revisadas. Mas esses dados serão utilizados com o objetivo, nesse momento, apenas de exemplificar cada um dos lançamentos.

Saldo no Balanço de Pagamentos em Transações Correntes[33] (1 + 2 + 3 + 4)

É a soma da Balança Comercial, Balança de Serviços, Conta de Renda Primária e Conta de Renda Secundária.

Tomando o mesmo exemplo do BP de 2022[34], tem-se:

Balança Comercial	44.153
Balança de Serviços	-39.618
Conta de Renda Primária	-61.897
Conta de Renda Secundária	3.742
Saldo no Balanço de Pagamentos em Transações Correntes: (1 + 2 + 3 + 4)	-53.620

As contas a seguir se referem ao capital autônomo e compensatório[35]. Segundo Simonsen e Cysne: "A conta de capital e financeira pode ser dividida em três demais contas: a conta de capitais autônomos, a conta de erros e omissões e a conta de capitais compensatórios. Classificam-se na conta de capitais autônomos os movimentos autônomos de capitais, ou seja, aqueles que não têm por objetivo precípuo o financiamento do balanço de pagamentos (...). A conta de capitais compensatórios inclui a conta de reservas (ou conta de caixa)[36], os empréstimos de regularização e os atrasados (obrigações vencidas e não pagas)"[37].

Pode-se observar, na Figura 7.6, o comportamento do Balanço de Pagamentos em Transações Correntes do Brasil no período de 1995 a 2022.

Figura 7.6. Comportamento do Balanço de Pagamentos em Transações Correntes do Brasil — 1995-2022

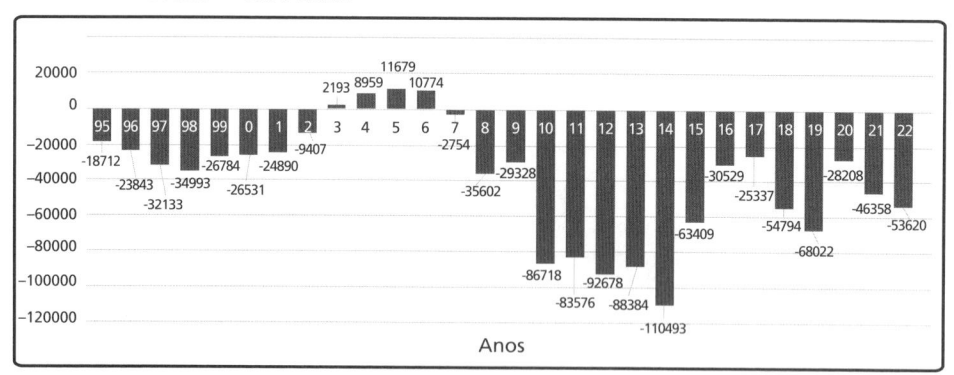

Fonte: Banco Central do Brasil — estatística — tabelas especiais.

---

[33] Chamado também de saldo em transações correntes ou saldo em conta corrente.
[34] Esses valores podem sofrer ajustes pelo Banco Central. Isso se deve a constantes ajustes feitos pelo Bacen devido à incorporação de informações recentes e/ou revisadas. Mas esses dados serão utilizados com o objetivo, nesse momento, apenas de exemplificar cada um dos lançamentos.
[35] Desde a metodologia do BPM5, não existe uma distinção explícita na estrutura do Balanço de Pagamentos do capital autônomo e compensatório.
[36] Chamados de ativos de reserva pelo BPM6.
[37] Mario Henrique Simonsen e Rubens Penha Cysne, *Macroeconomia*, p. 69, 2007.

5. Conta Capital (constituída de **capital autônomo**).

Envolve **aquisição/alienação de ativos não financeiros não produzidos** e as transferências de capital.

Os ativos não financeiros não produzidos consistem em:

a) recursos naturais como terras, recursos minerais, recursos florestais, águas, direito de pesca, espaço aéreo, espectro eletromagnético;

b) contratos, arrendamentos e licenças;

c) ativos de comércio (fundos de comércio) que correspondem as marcas comerciais, marcas registradas, logotipos e nomes de domínios, quando são vendidos separados da entidade proprietária).

Portanto, a venda/compra de direitos e propriedades de concessões e marcas registradas são lançadas na conta capital. Porém, quando a compra/venda de direitos e propriedade forem resultados de pesquisa e desenvolvimento, será lançado na conta de outros serviços de negócio como pesquisa e desenvolvimento.

Nessa conta Capital, também é lançada a modalidade **"perdão da dívida"**.

O BPM6 excluiu, dessa conta capital, a transferência de patrimônio de migrantes internacionais, ficando esse lançamento de fora da estrutura do BP esse lançamento. Isso se deve ao fato de não existir mudança de titularidade do patrimônio. As alterações no volume de ativos transnacionais e de obrigações entre distintas economias são registradas como reclassificação da Posição Internacional de Investimentos (PII), no *item 7.12* deste capítulo.

Percebe-se que a conta capital envolve direitos de propriedade sobre ativos, diferentemente das transferências correntes, lançadas na conta de Renda Secundária, que envolvem direito sobre renda. Krugman afirma: "Até julho de 1999, os Estados Unidos classificavam todas as transações como transações correntes ou transações na conta capital, incluindo na conta capital os itens que agora são apresentados na conta financeira e nas transações correntes itens que agora fazem parte da conta capital. Assim, o exemplo hipotético do perdão da dívida paquistanesa teria sido considerado, sob as regras contábeis antigas, um pagamento de transferência corrente ao Paquistão e teria sido registrado como um débito de $ 1 bilhão nas transações correntes. A mudança no formato contábil visava separar essas transferências de ativos internacionais 'extramercado', que representam principalmente mudanças na propriedade de ativos preexistentes, as quais afetam o balanço das nações, das transferências correntes, que atingem a renda e a produção das nações no período corrente"[38].

Portanto, a Conta de Capital é constituída de:

☐ Receitas
☐ Despesas

As receitas e as despesas serão lançadas positivas. Depois, faz-se a operação de receitas subtraídas das despesas e obtém-se o saldo na Conta Capital.

---

[38] Christopher L. Bach, *U.S. international transactions revised estimates for 1982-98*, p. 61 e Paul Krugman e Maurice Obstfeld, *Economia internacional*, p. 226.

Tomando o mesmo exemplo apresentado acima, no BP de 2022[39], tem-se:

Conta Capital	245
Receitas	473
Despesas	228

6. Conta Financeira (constituída de **capital autônomo e compensatório**).

Registra fluxos decorrentes de transações com ativos e passivos financeiros entre residentes e não residentes, ou seja, registra os fluxos de capitais entre o país e o resto do mundo. O saldo dessa conta é a diferença entre os fluxos dos ativos e passivos. Inclui os empréstimos concedidos por organismos internacionais, como o FMI, o Clube de Paris e o Banco Mundial, denominados empréstimos de regularização que compõem os capitais compensatórios juntamente com ativos de reserva e atrasados.

Segundo Lopes e Vasconcellos: "As transações **autônomas** são realizadas normalmente e acontecem por si mesmas. Tais transações são motivadas pelos interesses dos agentes econômicos, sejam empresas, consumidores ou governo. Já as transações **compensatórias** são destinadas a financiar o saldo final das transações autônomas. Ao final de determinado período, pode não existir igualdade entre créditos e os débitos quanto às transações voluntárias. Com base nesse superávit (ou déficit), o governo é induzido a realizar uma série de transações (compensatórias) com intuito de equilibrar (ou 'zerar') as contas do balanço de Pagamentos"[40].

Paulani e Braga reforçam, quando explicam que os **empréstimos de regularização** se diferem dos direitos especiais de saque: "diferentemente dos direitos especiais de saque (DES) — que são direitos sob a forma de DES (uma moeda internacional escritural), reconhecidos pelo FMI como pertencentes ao país —, os empréstimos de regularização não constituem direito dos países-membros do FMI e, portanto, sua obtenção se dá sob condições. Assim, o país que desejar obter esse tipo de ajuda tem de se submeter a uma série de exigências, em termos de condução da política econômica e obtenção de resultados, impostas pelos organismos internacionais, dos quais o FMI é certamente o mais importante, embora haja outros, como o *Bank for International Settlements* (BIS) e o Clube de Paris"[41].

Nessa conta, os fluxos que provocam elevação de estoques são representados com sinal positivo, sejam eles ativos ou passivos. Também, fluxos que provocam redução de estoques são representados com sinal negativo, sejam eles ativos ou passivos. A conta financeira é composta de:

6.1. Investimento Direto no Exterior e no Brasil[42]: segundo o FMI, investimento direto é definido como negócios, de companhias abertas ou não, nos quais o investidor

---

[39] Esses valores sofreram ajustes pelo Banco Central. Isso se deve a constantes ajustes feitos pelo Bacen devido à incorporação de informações recentes e/ou revisadas. Mas esses dados serão utilizados com o objetivo, nesse momento, apenas de exemplificar cada um dos lançamentos.

[40] Luiz Martins Lopes e Marco Antonio Sandoval de Vasconcellos, *Manual de macroeconomia*, p. 36, 2009.

[41] Leda Maria Paulani e Márcio Bobik Braga, *A nova contabilidade social*, p. 140.

[42] Investimento direto estrangeiro, no BPM5, passa a ser denominado Investimento direto no país (IDP) e investimento brasileiro direto passa a ser denominado Investimento direto no exterior (IDE).

que é residente em outro país possui 10% ou mais ações ordinárias ou do poder votante[43], no caso de companhias abertas, ou o equivalente, no caso de companhias fechadas. É, portanto, "um tipo de capital de longo prazo mais resiliente a crises, com efeitos potencialmente positivos sobre uma economia por se tratar de uma das formas de internacionalização da produção permitindo que um país tenha acesso a tecnologia, bens ou serviços originários de outros países"[44]. Os ganhos de capital são considerados investimentos diretos desde o BPM5. Na conta de Investimento direto, está incluída a participação no capital de empresas e operações intercompanhias. "O investimento direto é um tipo de capital de longo prazo mais resiliente a crises, com efeitos potencialmente positivos sobre uma economia por se tratar de uma das formas de internalização da produção, permitindo que um país tenha acesso a tecnologia, bens ou serviços originários de outros países"[45].

Incluem-se, na Conta de Investimentos Diretos, os seguintes itens:

6.1.1. *Participação no capital de empresas:* se a participação acionária for em volume grande o suficiente para dar a seu possuidor direito à gestão da empresa, considera-se investimento direto; do contrário, é caracterizado como investimento em carteira. Essa participação pode se dar no exterior ou no Brasil.

No Exterior: considera as saídas de recursos em moeda ou bens relativos à aquisição/subscrição/aumento total ou parcial do capital social de empresas não residentes. Os ingressos referem-se ao retorno derivado da alienação total ou parcial do capital social de empresas não residentes e dos ganhos de capital relativos a essa alienação.

No Brasil: compreende os ingressos de recursos em bens, moeda e as conversões de obrigações externas em investimento estrangeiro direto, incluindo os valores destinados ao programa de privatizações, relacionados com a aquisição/subscrição/aumento total ou parcial do capital social de empresas residentes. As contrapartidas das conversões são alocadas nos itens correspondentes, amortização, renda de investimento direto (juros) e serviços. Nas saídas estão registradas a alienação total ou parcial do capital social de empresas residentes e a realização de ganhos de capital.

A participação no capital é dividida em duas partes: participação no capital, exceto de lucros reinvestidos e participação no capital-lucros reinvestidos. A seguir, é apresentada a definição de lucros reinvestidos.

6.1.2. *Lucros Reinvestidos*[46]: são lucros gerados por empresas filiais de multinacionais instaladas no Brasil e que ao serem remetidos a seus países, retornam para serem reinvestidos no Brasil. Também podem ser lucros gerados por empresas brasileiras

---

[43] O BPM5 considerava 10% ou mais do capital social, e não do capital com poder de voto.

[44] IRBR/ diplomata/ 2018.

[45] IR.BR/diplomata/2018.

[46] Como havia ausência de compilação dos lucros reinvestidos desde 1999, os fluxos brasileiros de investimento direto estavam subestimados. Quando houve a transição dos fluxos de investimento diretos para o ano de 2014, no BPM6, houve um grande impacto, aumentando, consideravelmente, os investimentos diretos no exterior e os investimentos diretos no país, devido, principalmente, à incorporação dos lucros reinvestidos e à adoção do princípio de ativos e passivos em substituição ao princípio direcional (débito e crédito).

instaladas no exterior e que ao serem remetidos ao Brasil, retornam ao exterior para serem reinvestidos no país onde a empresa está instalada. É na realidade um tipo de remessa virtual já que não há uma operação de câmbio para essa transação. Portanto, lucros reinvestidos no exterior impactarão tanto a receita de lucros reinvestidos na conta corrente, quanto o investimento direto brasileiro no exterior (ativos), modalidade participação no capital. Analogamente, os lucros reinvestidos por grupos estrangeiros no Brasil afetarão as despesas de lucros reinvestidos na conta corrente e o investimento direto estrangeiro no Brasil (passivos), modalidade participação no capital[47]. Os lucros reinvestidos têm como contrapartida a conta de investimentos diretos, sendo os valores iguais. Quando há lucros reinvestidos de filiais de multinacionais instaladas no Brasil, isso provoca um aumento do déficit da conta de remessa de lucros e do balanço em transações correntes e aumento de mesma intensidade em investimentos diretos no país[48].

6.1.3. *Operações intercompanhias:* na modalidade de dívida intercompanhia, o BPM6 substituiu o princípio direcional, adotado pelo BPM5, pelo critério de ativo e passivo, ou seja, não se torna mais indispensável identificar a matriz, empresa investidora, quando há dívida intercompanhia. De acordo com o BPM6, os créditos concedidos por uma empresa residente no Brasil a outra empresa residente no exterior são registrados na conta de Investimento Direto — Ativos, ou seja, Investimento direto do Brasil no exterior. Também, quando uma empresa residente no exterior concede crédito a empresa residente no Brasil é registrada na conta de Investimentos Diretos — Passivos, ou seja, investimento direto do exterior no Brasil. Assim, não é mais determinante a identificação de matriz, subsidiária ou irmã. A classificação da transação passa a ser feita a partir da identificação das residências do credor e do devedor.

O critério de ativo e passivo[49] vale a partir da identificação das residências do credor e do devedor. Assim, um crédito concedido pela filial residente no exterior à matriz no Brasil, pelo BPM6, é computado como Investimento estrangeiro no País (passivo), e não mais como retorno de investimento brasileiro no exterior, pelo BPM5, cujo efeito era reduzir o saldo líquido de saída de investimento, que, muitas vezes, acabava por ficar negativo. Também, empréstimos de subsidiárias brasileiras para matrizes no exterior passam, pelo BPM6, a ser contabilizados como investimento direto no exterior, e não mais como investimento estrangeiro, como constava no BPM5[50].

---

[47] Os sinais desses lançamentos de lucros reinvestidos são alterados caso ocorram prejuízos, ou mesmo se o montante distribuído superar os lucros totais para um determinado período. Nesses casos, as receitas e despesas se invertem, e ocorre redução dos fluxos de investimento direto – participação no capital.

[48] Caso ocorram prejuízos, ou se o montante distribuído for maior que os lucros totais, os sinais dos lançamentos de lucros reinvestidos são alterados.

[49] O critério de ativos e passivos se aplicam somente à modalidade de dívida intercompanhia e, não, à participação no capital. Os créditos concedidos por uma empresa residente no Brasil a outra empresa residente no exterior são registrados na conta de Investimento Direto — ativo, ou seja, Investimento direto do brasil no exterior. Quando uma empresa residente no exterior concede crédito a empresa residente no Brasil são compiladas na conta de Investimento direto — passivos, ou seja, investimento direto no Brasil.

[50] O efeito disso é que tanto o fluxo líquido de entradas de investimentos diretos no país como o fluxo de saída de investimentos diretos no exterior aumentam.

As operações intercompanhias podem ser:

No exterior: compreendem os empréstimos concedidos pelas matrizes, sediadas no país, a suas subsidiárias ou filiais estabelecidas no exterior. Registram, também, a concessão de créditos pelas subsidiárias ou filiais no exterior a suas matrizes no Brasil (investimento cruzado ou reverso). O investimento cruzado é uma **conta retificadora do ativo de investimento direto**, pois se trata de item de natureza passiva classificado no interior de grupo de natureza ativa. São considerados os empréstimos diretos e a colocação de títulos, sem distinção de prazo. Os empréstimos efetuados entre bancos ligados não são considerados empréstimos intercompanhias.

No Brasil: compreendem os créditos concedidos pelas matrizes, sediadas no exterior, a suas subsidiárias ou filiais, estabelecidas no país. Registram, também, a concessão de créditos pelas subsidiárias ou filiais no país a suas matrizes no exterior (investimento cruzado ou reverso). Nesse caso, o investimento cruzado é **conta retificadora do passivo de investimento direto**, pois se trata de conta de natureza ativa classificada no grupo de natureza passiva. São considerados os empréstimos diretos ou colocação de títulos, sem distinção de prazo. As amortizações de empréstimos intercompanhias no grupo investimento direto no Brasil incluem o principal de empréstimos convertidos em investimento estrangeiro direto. Os empréstimos efetuados entre bancos ligados não são considerados empréstimos intercompanhias.

Portanto, na Conta Financeira, o investimento direto é constituído de:

- Concessões (resultado +)
- Captações (resultado –)

O resultado da subtração das concessões pelas captações comporá o investimento direto. Quando o saldo for positivo é porque houve concessões líquidas. Quando o saldo for negativo é porque houve captações líquidas. Também, pode-se calcular o saldo de Investimentos Diretos na Conta Financeira pela subtração dos Investimentos diretos no exterior dos investimentos diretos no país.

Tomando o mesmo exemplo apresentado acima, no BP de 2022[51], tem-se:

Investimentos diretos — Conta Financeira (Concessões – Captações)	–53.890
Investimentos diretos no exterior (Concessões)	–33.355
Ingressos	11.151
Saídas	44.506
Investimentos diretos no país (captações)	87.245
Ingressos	160.454
Saídas	73.210

---

[51] Esses valores podem sofrer ajustes pelo Banco Central. Isso se deve a constantes ajustes feitos pelo Bacen devido à incorporação de informações recentes e/ou revisadas. Mas esses dados serão utilizados com o objetivo, nesse momento, apenas de exemplificar cada um dos lançamentos.

Na Figura 7.7, é apresentado o comportamento do Investimento direto no Brasil do período de 1995 a 2022.

Figura 7.7. Comportamento do Investimento direto no Brasil — 1995-2022

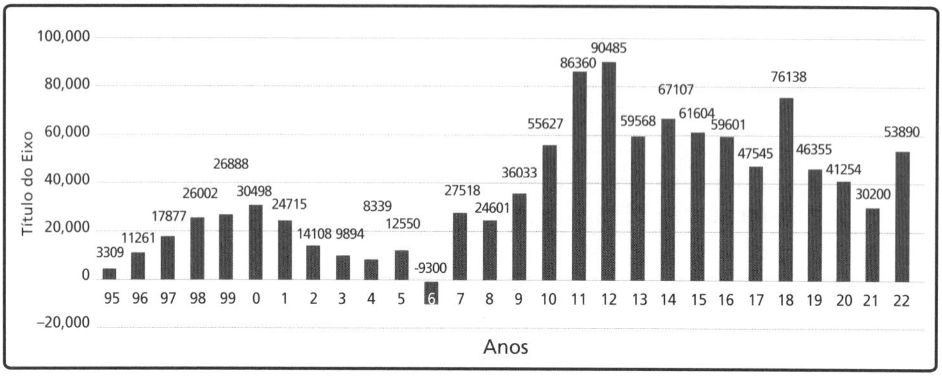

[Gráfico de barras com os seguintes valores por ano:
95: 3309; 96: 11261; 97: 17877; 98: 26002; 99: 30498; 0: 24715; 1: 14108; 2: 9894; 3: 8339; 4: 12550; 5: -9300; 6: 27518; 7: 24601; 8: 36033; 9: 55627; 10: 86360; 11: 90485; 12: 67107; 13: 59568; 14: 61604; 15: 59601; 16: 47545; 17: 76138; 18: 46355; 19: 41254; 20: 30200; 21: 22; 22: 53890]

Fonte: Banco Central do Brasil — estatística — tabelas especiais.

6.2. Investimento em Carteira: registra fluxos de ativos e passivos constituídos pela emissão de títulos de crédito comumente negociados em mercados secundários de papéis. O investimento em carteira pode ser em renda fixa ou renda variável. Os títulos do Tesouro Nacional se enquadram em renda fixa e ações de empresas em volume que não permite o direito à gestão da empresa se enquadram em renda variável. Nessa conta, estão presentes: os títulos de participação no capital e os títulos de dívida, além do refinanciamento.

Portanto, na Conta Financeira, o investimento em carteira é constituído de:

☐ Ativo
☐ Passivo

O resultado da subtração do ativo pelo passivo comporá o investimento em carteira.

Tomando o mesmo exemplo apresentado acima, no BP de janeiro de 2014[52], tem-se:

◘ Investimento em carteira (Ativo — Passivo)	4.200
◘ Investimento em carteira — Conta Financeira — Ativo	−142
◘ Receitas	40.317
◘ Despesas	40.172
◘ Investimento em carteira — Conta Financeira — Passivo	-4.342
◘ Receitas	236.072
◘ Despesas	240.414

---

[52] Esses valores podem sofrer ajustes pelo Banco Central. Isso se deve a constantes ajustes feitos pelo Bacen devido à incorporação de informações recentes e/ou revisadas. Mas esses dados serão utilizados com o objetivo, nesse momento, apenas de exemplificar cada um dos lançamentos.

Na Figura 7.8, é possível analisar o comportamento do investimento em carteira no Brasil no período de 1995 a 2022.

Figura 7.8. Comportamento do Investimento em carteira no Brasil — 1995-2022

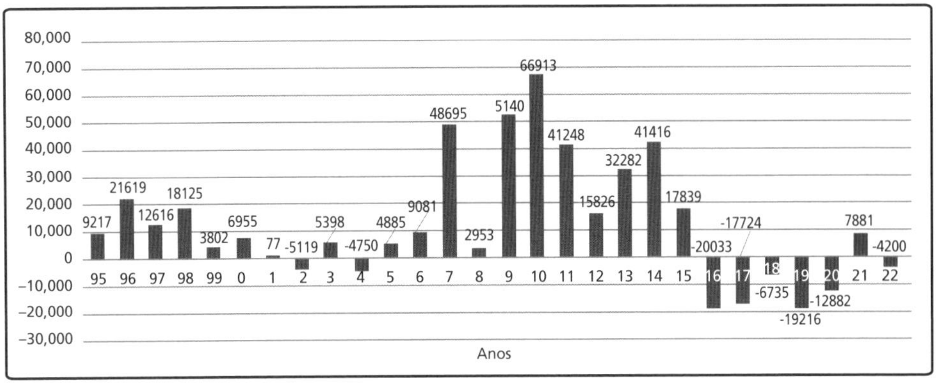

[Gráfico de barras com valores anuais de 1995 a 2022:
1995: 9217; 1996: 21619; 1997: 12616; 1998: 18125; 1999: 3802; 2000: 6955; 2001: 77; 2002: -5119; 2003: 5398; 2004: -4750; 2005: 4885; 2006: 9081; 2007: 48695; 2008: 2953; 2009: 5140; 2010: 66913; 2011: 41248; 2012: 15826; 2013: 32282; 2014: 41416; 2015: 17839; 2016: -20033; 2017: -17724; 2018: -6735; 2019: -19216; 2020: -12882; 2021: 7881; 2022: -4200]

Fonte: Banco Central do Brasil – estatística – tabelas especiais.

6.3. Derivativos: derivativos são instrumentos financeiros que se originam do valor de um outro ativo, tido como ativo de referência. Um contrato derivativo resulta do valor de um bem básico, como *commodities*, ações, taxas de juros etc. Compreendem os fluxos relativos à liquidação de haveres e obrigações decorrentes de operações de *swaps* (= permuta = empréstimos) entre bancos em moedas diferentes. Esse empréstimo seguirá a mesma taxa de câmbio quando for pagar e ocorre entre os Bancos Centrais dos países para aumentar a liquidez do sistema; as opções e futuros que são negociadas também as posições, isto é, a situação de comprador ou de vendedor no futuro e os fluxos relativos a prêmios de opções. Essas operações eram, antes da estrutura do Balanço de Pagamentos, BPM5, alocadas na conta de "serviços" ou na conta de capitais de curto prazo. Segundo Carvalho: "Seu papel mais importante é a possibilidade que oferecem de decompor e negociar em separado os riscos que cercam uma dada transação financeira. (...) em operações financeiras internacionais, derivativos permitem separar os riscos de juros dos riscos de câmbio, os riscos de amortização dos referentes ao serviço de uma dívida etc."[53].

Portanto, Derivativos são constituídos de:

☐ Ativos
☐ Passivos

O resultado da subtração do ativo pelo passivo comporá os derivativos.

Tomando o mesmo exemplo apresentado acima, no BP de 2022[54], tem-se:

---

[53] Fernando J. Cardim de Carvalho [et al.], *Economia monetária e financeira*, p. 291.
[54] Esses valores sofreram ajustes pelo Banco Central. Isso se deve a constantes ajustes feitos pelo Bacen devido à incorporação de informações recentes e/ou revisadas. Mas esses dados serão utilizados com o objetivo, nesse momento, apenas de exemplificar cada um dos lançamentos.

◘ Derivativos	−2.031
◘ Ativos	−24.494
◘ Passivos	−22.463

6.4. Outros Investimentos: compreendem uma diversidade de outros instrumentos financeiros: empréstimos de curto e longo prazos, algumas modalidades de créditos comerciais, moeda em circulação e depósitos em moeda[55], o uso do crédito do FMI, os desembolsos desta instituição e as amortizações a ela pagas, outros empréstimos com objetivos de regularização de organizações internacionais e governamentais, subscrições de capital de organizações não monetárias e diversas contas a receber e a pagar. Segundo Lopes e Vasconcellos: "Na categoria outros investimentos incluem-se os créditos comerciais, empréstimos e financiamentos (inclusive operações de regularização efetuadas com o FMI com o intuito de financiar o Balanço de Pagamentos). Na contabilização do Balanço de Pagamentos na versão anterior do BPM4, esta operação era classificada como uma conta compensatória"[56]. Segundo o Banco Central do Brasil, outros investimentos também "referem-se à movimentação de depósitos mantidos no exterior na forma de disponibilidades, cauções, depósitos judiciais e, ainda, as garantias para os empréstimos vinculados a exportações. Inclui a variação dos depósitos no exterior dos bancos comerciais e os depósitos relativos ao excesso de posição comprada dos bancos residentes depositados no Banco Central. Estão incluídas, também, as movimentações de garantias colaterais, na modalidade de depósitos, constituídas no âmbito do acordo de renegociação da dívida externa (Plano *Brady*). Refere-se também às disponibilidades de não residentes depositadas no país, incluindo a variação do saldo das contas de não residentes abertas ao amparo da Circular 2.677, de 10.4.1996 (contas CC5)"[57]. Pela sistemática da estrutura do Balanço de Pagamentos, BPM5, os **empréstimos de regularização** e os **atrasados**, que, no BPM4, eram alocados em transações compensatórias e lançados depois do saldo do Balanço de Pagamentos, após as variações de reservas (atualmente denominado ativos de reserva), passaram a fazer parte da conta financeira, sendo lançados em outros investimentos.

Atrasados são compromissos vencidos e não cumpridos. É importante observar que na conta atrasados são lançados os atrasados do período (do ano em questão) e, portanto, não podem ser transferidos de um ano para outro. Atrasados, assim como o Balanço de Pagamentos, são exemplos de variáveis "fluxo", e não "estoque". Segundo

---

[55] Registra a movimentação de cauções sem prazo definido, depósitos judiciais e garantias para os empréstimos vinculados a comércio e depósitos mantidos no País na forma de disponibilidades, incluindo a variação do saldo das contas ao amparo da Circular Bacen n. 2.677, de 10.4.1996 (contas CC5). Registra também a contrapartida de pagamentos em moeda nacional. As contas "CC5" são contas de não residentes em bancos residentes e por isso classificadas em passivo externo.

[56] Luiz Martins Lopes e Marco Antonio Sandoval de Vasconcellos, *Manual de macroeconomia*, 2009, p. 40-41.

[57] <http://www.bcb.gov.br/pec/sdds/port/balpagam_p.htm>. Banco Central do Brasil — Departamento Econômico — Divisão de Balanço de Pagamentos, 2010.

Lopes e Vasconcellos: "Poder-se-ia incluir um outro componente nesse item (...) (Transações Compensatórias) (...), os chamados *atrasados*. Quando não se consegue fazer cobrir com empréstimos saldos negativos do item (...) (Balanço em Transações Correntes) (...) por meio de (...) (Conta Capital e Financeira) (...) e não existem reservas e não se consegue crédito junto a entes como FMI, fica-se devendo para os agentes responsáveis pela transação (...) no Balanço de Pagamentos em transações correntes (...) o que poderia ser contabilizado como *atrasados*"[58]. Atrasados correspondem, portanto, ao não pagamento ou, simplesmente, à moratória.

Os **empréstimos de regularização** referem-se aos empréstimos contraídos junto ao FMI, BIS e Clube de Paris. O país que se socorre a esses empréstimos deve se submeter às exigências impostas por eles no sentido de garantir o pagamento futuro da dívida. Paulani e Braga especificam: "Assim, o país que desejar obter esse tipo de ajuda tem de se submeter a uma série de exigências, em termos de condução da política econômica e obtenção de resultados, impostas pelos organismos internacionais (...)"[59].

Portanto, Outros Investimentos, na Conta Financeira, são constituídos de:

☐ Ativos
☐ Passivos

Depois, faz-se a operação de ativos subtraídos de passivos e obtém-se o saldo na Conta de outros investimentos, na Conta Financeira.

Tomando o mesmo exemplo apresentado acima, no BP de janeiro de 2014[60], tem-se:

Outros Investimentos	3.634
Ativos	27.402
Passivos	23.768

6.5. Ativos de Reserva: os ativos de reserva correspondem às reservas internacionais do país, detidas pelo Banco Central, no conceito de liquidez internacional, deduzidos os ajustes relativos a **valorizações/desvalorizações das moedas estrangeiras e do ouro em relação ao dólar americano e os ganhos/perdas relativos a flutuações nos preços dos títulos**. Portanto, representam os ativos sobre o exterior sob o controle do Banco Central, "(...) incluindo ouro monetário, direitos especiais de saque — DES, posição de reservas no FMI, ativos em divisas — moeda, depósitos e valores — e outros ativos". E, "(...) excluem-se todas as variações que não são atribuídas a transações. Por conseguinte, as variações de valor que obedecem a **flutuações de preços, monetização/desmonetização de ouro, alocação/cancelamento de DES** e os lançamentos de

---

[58] Luiz Martins Lopes e Marco Antonio Sandoval de Vasconcellos, *Manual de macroeconomia*, 2009, p. 42.
[59] Leda Maria Paulani e Márcio Bobik Braga, *A nova contabilidade social*, p. 140.
[60] Esses valores sofreram ajustes pelo Banco Central. Isso se deve a constantes ajustes feitos pelo Bacen devido à incorporação de informações recentes e/ou revisadas. Mas esses dados serão utilizados com o objetivo, nesse momento, apenas de exemplificar cada um dos lançamentos.

contrapartida que saldam essas variações não se registram no balanço de pagamentos. (...)". Simonsen e Cysne chamam a atenção para essa alteração na nova sistemática do Balanço de Pagamentos com relação a transações que não se referissem a transações entre não residentes e residentes que, a partir da sistemática do BPM5, não entram mais no Balanço de Pagamentos: "Se o Banco Central comprava ouro intimamente monetizando-o (...) debitava-se a conta de 'ouro monetário' (...) e creditava-se a conta de 'contrapartida para monetização/desmonetização' (...). Esse tipo de fato contábil, por não envolver uma transação entre um residente e um não residente, **não é mais contabilizado** no Balanço de Pagamentos, mas sim na Posição Internacional de Investimentos, um segundo balanço contábil"[61]. Krugman e Obstfeld afirmam que "um país apresenta déficit em seu Balanço de Pagamentos quando está perdendo reservas internacionais oficiais ou tomando dinheiro emprestado dos Bancos Centrais estrangeiros; caso contrário apresentará superávit"[62].

Com o BPM6, o resultado global do Balanço de Pagamentos passou a constar da conta financeira como ativos de reserva. Ela é incorporada à Conta Financeira já que se trata de uma troca de ativos financeiros também.

Portanto, Ativos de Reserva são constituídos de:

☐ Ouro monetário
☐ Direitos Especiais de Saque
☐ Posição de reserva no FMI
☐ Outros ativos de reserva
☐ Demais ativos

Tomando o mesmo exemplo apresentado acima, no BP de 2022[63], tem-se:

Ativos de Reserva	-7.284
Ouro Monetário	–
Direito Especial de Saque	547
Posição de reserva no FMI	158
Outros ativos de reserva	-7.989
Demais ativos	–

A Figura 7.9 apresenta um gráfico que mostra o comportamento das reservas internacionais brasileiras de setembro de 2000 a setembro de 2023 em US$ bilhões.

---

[61] Mário Henrique Simonsen e Rubens Penha Cysne, *Macroeconomia*, 2009, p. 72.
[62] Paul Krugman e Maurice Obstfeld, *Economia internacional*, p. 237.
[63] Esses valores sofreram ajustes pelo Banco Central. Isso se deve a constantes ajustes feitos pelo Bacen devido à incorporação de informações recentes e/ou revisadas. Mas esses dados serão utilizados com o objetivo, nesse momento, apenas de exemplificar cada um dos lançamentos.

Figura 7.9. Demonstrativo de variação das Reservas Internacionais. Posição das reservas (Final do mês anterior) — de setembro de 2000 a setembro de 2023

Fonte: Banco Central do Brasil – estatística – tabelas especiais.

Com base nesses dados dos ativos de reserva brasileiras, e com o montante da dívida externa bruta incluindo o investimento direto: operações intercompanhias e títulos de dívida negociados no mercado doméstico em poder de não residentes, denominados e liquidados em reais (Figura 7.10), pode-se observar que, principalmente, a partir de 2007, a dívida do governo Geral e Banco Central passou a ser menor que as reservas internacionais.

Figura 7.10. Dívida externa bruta[64] e Dívida do Governo Geral + Bacen — dezembro 2001 a junho de 2023 — em US$ milhões

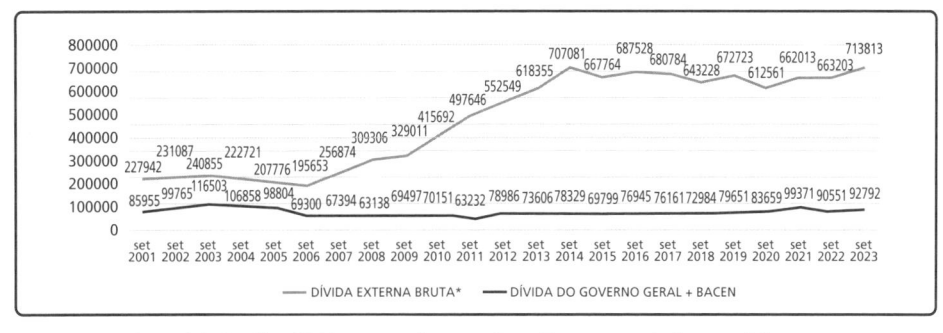

Fonte: Banco Central do Brasil — Dívida externa Bruta — Setor Externo — tabelas especiais.

7. Conta Erros e Omissões

As transações não identificadas são incluídas no Balanço de Pagamentos sob a denominação de erros e omissões, assim como os valores de transações estimados a

---

[64] A Dívida Externa Bruta é composta pela dívida do: I. Governo Geral; II. Banco Central; III. Bancos; IV. Outros Setores (Empresas Financeira não bancárias, Empresas não financeiras; Famílias e Instituições Sem Fins Lucrativos); V. Investimento direto: operações Intercompanhias; VI. Títulos de dívida negociados no mercado doméstico em poder de não residentes denominados e liquidados em reais.

mais ou a menos ou em decorrência de discrepâncias temporais nas fontes de dados utilizadas. É, portanto, uma conta de ajuste. Como a maioria dos erros deriva de capitais autônomos que estão contidos na conta capital e financeira, a conta erros e omissões se apresenta depois da conta financeira. Os erros e omissões servem, portanto, para compensar toda superestimação ou subestimação dos componentes registrados. Paulani e Braga se referem ao lançamento nessa conta afirmando que: "Assim, em função de imperfeições na forma de registro das informações, nem sempre se consegue a necessária equivalência entre o total de créditos e o total de débitos. Surge daí o lançamento denominado erros e omissões (...), que é um valor de chegada, ou seja, ele é calculado justamente para tornar nulo o saldo total do Balanço de pagamentos"[65].

7.4. ALTERAÇÕES NA ESTRUTURA DO BALANÇO DE PAGAMENTOS EM 2015 (BPM6)

De acordo com as estatísticas do Setor externo — adoção da 6.ª Edição do manual de Balanço de Pagamentos e Posição Internacional de Investimentos, publicada pelo Banco Central em novembro de 2014[66] —, as mais importantes alterações na estrutura do Balanço de Pagamentos foram:

1. A conta de renda do BPM5 passa a se denominar **Conta de renda primária** no BPM6.

2. A conta de Transferências correntes unilaterais do BPM5 passa a se denominar **Conta de renda secundária** no BPM6.

3. As **transferências de migrantes** deixam de ser entendidas como transações, já que não há transferência de propriedade econômica de bens ou direitos entre um residente e um não residente, e, portanto, não compõem mais o Balanço de Pagamentos, passando a ser tratadas como reclassificação, impactando apenas a Posição Internacional de Investimentos.

4. O BPM6 define **exportação e importação** a partir da mudança de propriedade econômica entre residentes e não residentes, diferentemente do BPM5 que considera a cobertura dos bens que adicionam ou subtraem do estoque de recursos materiais de um país, entrando, como importação, ou saindo, como exportação, do seu território econômico.

5. No BPM5, cada transação era registrada com duas entradas em valores absolutos iguais, sendo uma de crédito com sinal positivo e outra de débito com sinal negativo. Assim, o saldo líquido de todas as entradas no Balanço de Pagamentos era igual a zero. No BPM6, **sinais positivos** indicam exportações, importação, receitas e despesas de rendas, receitas e despesas de transferências, aumento em ativos e passivos. **Sinais negativos** só serão utilizados para indicar renda negativa (perdas) e reduções de ativos ou passivos. Por exemplo, quando os investimentos são

---

[65] Leda Maria Paulani e Márcio Bobik Braga, *A nova contabilidade social*, p. 140.
[66] <https://www.bcb.gov.br/ftp/infecon/nm1bpm6p.pdf>. Mas começou a ser aplicada em abril de 2015, retroagindo a janeiro de 2014.

retomados, chamados de desinvestimentos. Podem, contudo, haver exceções como, por exemplo, o caso de **"merchanting"** (bens em triangulação), que é quando os bens são comprados e revendidos fora do país sem entrar ou sair fisicamente do território nacional. Nessa situação, podem resultar em registro negativo de exportações. Em regra, portanto, os créditos e débitos são lançados com sinal positivo. Os sinais negativos aparecem, quase que somente, quando representam o saldo negativo na operação de subtração entre créditos e débitos/ativos e passivos.

6. Na contabilização das rubricas da conta financeira, no BPM6, quando ocorre aumento do passivo líquido, ou seja, quando os recursos que entram são maiores que os que saem do país, o saldo líquido é negativo.

7. As operações de **"merchanting"** ou operações de **triangulação de bens**, em que um residente no Brasil adquire um bem em outro país para revendê-lo a um terceiro, foi modificada da conta de serviços para a conta de bens. O BPM6 recomenda que a aquisição do bem deve figurar como exportação com sinal negativo e uma contrapartida de exportação positiva. O BPM5 recomendava registrar a diferença entre o preço de compra e venda como um serviço.

8. Na conta financeira, fluxos que contribuem liquidamente para **elevação de estoques**, tanto para ativos como para passivos, são representados por **sinal positivo**. Já fluxos que contribuem liquidamente para **redução de estoques**, tanto para ativos como para passivos, são representados por **sinal negativo**.

9. A **convenção de sinais** no BPM5 e BPM6 pode ser visto a seguir:

CONTAS	BPM6	BPM5
Receitas em transações correntes	+	+
Despesas em transações correntes	+	–
Saldo em transações correntes	Receitas – Despesas	Receitas + Despesas
Receitas de transferências de capital	+	+
Despesas de transferências de capital	+	–
Saldo na conta de capital	Receitas – Despesas	Receitas + Despesas
Aquisição líquida de ativos financeiros[67] = aumento de ativos	+	–
Incidência líquida de passivos financeiros[68] = aumento de passivos	+	+
Saldo na Conta Financeira = Ativos – Passivos. Caso o saldo seja +, haverá concessões líquidas. Caso o saldo seja negativo, haverá captações líquidas.	Aquisição líquida de ativos financeiros – Incidência líquida de passivos financeiros = Mudança de ativo – Mudança de passivo	Entrada de capitais – saída de capitais

10. A aquisição ou alienação de **ativo externo entre dois residentes** continua não sendo registrada como transação do Balanço de Pagamentos, mas, no BPM6, será

---

[67] Corresponde à saída líquida de capitais brasileiros no BPM5.
[68] Corresponde à entrada líquida de capitais estrangeiros no BPM5.

como **reclassificação**, o que afeta os estoques mensurados pela Posição Internacional de Investimento, caso os residentes pertençam a setores institucionais diferentes[69].

11. O BPM6 introduz o termo **"propriedade econômica"** distinguindo-a de **"propriedade legal"**. A propriedade econômica é atribuída à parte que carrega todos os riscos, responsabilidades, direitos e benefícios do bem ou ativo e, no BP, os lançamentos devem ser realizados no momento em que ocorre a mudança da propriedade econômica. Embora seja comum a transferência econômica e legal ao mesmo tempo, há casos em que os proprietários legais e econômicos são distintos, como, por exemplo, o arrendamento mercantil.

12. O BPM6 altera a nomenclatura de **Autoridade Monetária para Banco Central** como um subsetor institucional, ao passo que o conceito de "autoridades monetárias" permanece essencial para a definição dos ativos de reserva. Altera a nomenclatura de **Bancos** para **Instituições que aceitam depósitos, exceto Banco Central**.

13. Os **depósitos Interbancários** passam a constituir categoria própria sob o instrumento Depósitos. Para evitar que se confunda com empréstimos, as posições bancárias diferentes de títulos e outras contas a pagar ou receber serão classificadas como depósitos Interbancários.

14. Expressões usadas para identificar títulos de características específicas, como **"Bônus", "Notes", "Commercial Papers"**, são substituídas por **Títulos de longo prazo**. A expressão "créditos comerciais" é acrescida de "adiantamentos", já que a inclusão de operações de pagamentos antecipados de exportações e importações apresenta recursos financeiros que precedem a transferência de propriedade da mercadoria como crédito comercial.

15. As classificações de **"serviços manufatureiros sobre insumos físicos de propriedade de terceiros"** que no BPM5 eram classificados como bens para processamento e lançados na Balança comercial, passaram, pelo BPM6, o saldo líquido da operação a ser lançados na Balança de Serviços. O mesmo se aplica para bens de não residentes que entram no país, via importação, para processamento e depois são exportados.

16. As classificações de **"serviços de manutenção e reparos"** não incluídas em outras posições que, no BPM5, eram classificados como "reparos de bens" e lançados na Balança Comercial, passaram, no BPM6, a ser lançados na Balança de Serviços.

17. O BPM6 cria a **conta de serviços de pesquisa e desenvolvimento**, que inclui as negociações de patentes, *copyright* e atividades de pesquisa que antes eram incluídas na conta capital.

18. A **conta de serviços de propriedade intelectual** substitui a conta de *Royalties* e licenças na Balança de Serviços.

---

[69] A exceção seria o caso em que um residente no Brasil comprasse ou vendesse moeda estrangeira de/para "dealer" residente no Brasil. Nesse caso, a transação continuaria a ser registrada no Balanço de Pagamentos.

19. No BPM6, as **transferências pessoais** incluem todas as transferências correntes em dinheiro ou espécie entre residentes e famílias residentes, **independente da origem da renda e do relacionamento entre as famílias**. Portanto, as remessas de trabalhadores compõem as transferências pessoais. Já no BPM5, as remessas de trabalhadores eram consideradas transferências correntes efetivadas por migrantes empregados em novas economias e nela considerados residentes. Portanto, independente de como a renda seja gerada, as rendas emitidas e recebidas por pessoas físicas, entram na conta de renda secundária, muito embora, o valor seja pequeno.

20. No BPM6, as rubricas da conta financeira foram alteradas de **"crédito" e "débito"** para **"aquisição líquida de ativos financeiros" e "incidência líquida de passivos financeiros"**. Um sinal positivo representa aumento de ativos e passivos, e um sinal negativo indica redução de ativos ou passivos. Continuará, contudo, distinguindo desembolsos de amortização e ingressos de saídas para a grande maioria dos itens da conta financeira.

21. No BPM6, as **exportações fíctias** e as **importações fíctias** passaram a ser registradas no BP. Exportações fíctias são aquelas que ocorrem quando um residente vende para um não residente sem que haja saída do território brasileiro, e importações fíctias são aquelas que ocorrem quando um residente compra de um não residente sem que haja entrada no território brasileiro. A compra de combustíveis no exterior por parte de empresas brasileiras de transporte, como aeronaves ou embarcações, é um exemplo típico de importação fíctia.

22. No BPM6 são incluídas as importações de **energia (eletricidade, água e gás)** sem cobertura cambial. O BPM6 explicitamente define energia elétrica como bem.

23. **Bens** que saem do território nacional mas **que não mudam de titularidade** não são registrados na Balança Comercial.

24. Na Renda primária, o BPM6 passa a incluir a demanda de investidores não residentes por ativos localizados no Brasil e denominados em moeda nacional.

25. Investimento direto estrangeiro passa a ser **Investimento direto no país**, e investimento brasileiro direto passa a ser **Investimento direto no exterior**.

26. O resultado global do Balanço de Pagamentos passa a pertencer à conta financeira com a rubrica **ativos de reserva**. Isso porque se trata de uma troca de ativos financeiros entre residentes e não residentes.

27. **O saldo da conta financeira** é obtido pela diferença entre os fluxos de ativos e passivos.

28. Os empréstimos intercompanhias do BPM5 passa a denominar-se **operações intercompanhias** no BPM6. O critério de ativos e passivos vai depender da residência do credor e devedor. Assim, para um crédito de uma filial no exterior a sua matriz no Brasil passa a ser, com o BPM6, um **Investimento Estrangeiro no País** (passivo). Antes, no BPM5, essa operação era contabilizada no item Investimento Brasileiro direto como empréstimos intercompanhias.

29. Se o país envia um bem para outro país e este presta algum tipo de serviço, de montagem ou beneficiamento, que modifica o bem e depois retorna ao país de origem, o serviço agregado ao bem será registrado em uma nova conta de serviço,

intitulada **"Serviços de manufatura"**. Mas o bem não entrará no BP como exportação ou importação.

30. A partir da adoção do BPM6, o pagamento de **cupom de juros** a investidores não residentes, realizado no mercado doméstico e em reais, será registrado como despesas de juros[70]. No caso desse pagamento de cupom de juros a investidores não residentes no mercado doméstico e em reais, a contrapartida dessa despesa é o reinvestimento dos recursos, ou seja, o aumento das entradas líquidas em títulos de renda fixa negociados no mercado doméstico em investimento em carteira na conta financeira. Logo, há aumento do déficit na conta de juros e na conta em transações correntes e aumento de mesma intensidade no fluxo de investimento em carteira no país. Nos casos residuais, em que o investidor não residente opta por remeter esses juros ao exterior, a contrapartida no BP continuará a ser a redução dos ativos em moeda estrangeira detidos pelo banco que intermediou a transação.

31. Substituição do **princípio direcional** pelo **critério de ativos e passivos** sobre a modalidade de dívida intercompanhia. Assim, não se torna mais indispensável identificar a matriz, subsidiária ou irmã, já que a classificação da transação de BP é feita a partir da identificação das residências do credor e do devedor. Isso significa que o empréstimo de uma filial no exterior para a matriz no Brasil passa a ser um ingresso em investimentos diretos no país e não mais como retorno de investimento brasileiro no exterior, cuja prática tinha o objetivo de reduzir o saldo líquido de saídas de investimento. Da mesma maneira, se uma filial no Brasil empresta a matriz no exterior, passa a ser contabilizado como investimento direto no exterior e não como retorno de investimento estrangeiro. Isso provoca aumento do fluxo líquido de saída de investimentos diretos no exterior.

Portanto, a inclusão de empréstimos intercompanhias feitos por filial no exterior à matriz no Brasil, que, pelo BPM5, integrava os Investimentos Brasileiros Diretos (IBD), com o BPM6, faz com que pelo menos uma parte do investimento direto não seja mais capital estrangeiro. Assim, o indicador deixa de ser uma medida pura da confiança das multinacionais de outros países no Brasil.

Quando uma filial no exterior concede empréstimos à matriz no Brasil, pelo BPM5, esse passivo brasileiro era classificado como redutor de ativo na conta de Investimentos Brasileiros Diretos no exterior (IBD). Também, no caso em que uma filial residente no Brasil fornece crédito à sua matriz no exterior, a operação é considerada como um ativo redutor de passivo. Já, pelo BPM6, os créditos concedidos por uma empresa residente no Brasil a outra empresa residente no exterior são registrados na conta de Investimento Direto – ativos, ou seja, Investimento direto do Brasil no exterior. Por outro lado, se uma empresa residente no exterior concede crédito à empresa residente no Brasil, é compilado na conta de Investimento Direto — Passivos, ou seja, investimento direto do exterior no Brasil.

---

[70] A fonte de dados para essa rubrica é o Sistema Especial de Liquidação e de Custódia (SELIC). Essa transação, contudo, não implica impacto no mercado de câmbio.

Figura 7.11. Princípio direcional adotado no BPM5 e o critério de ativos e passivos adotados no BPM6

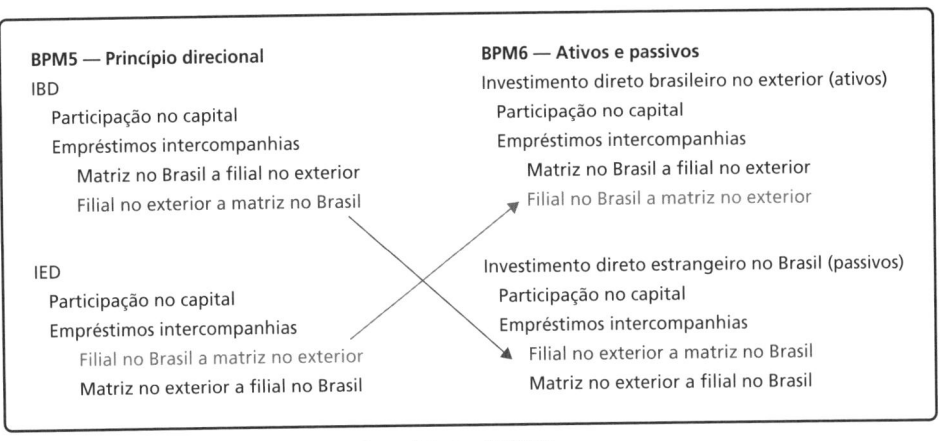

```
BPM5 — Princípio direcional              BPM6 — Ativos e passivos
IBD                                       Investimento direto brasileiro no exterior (ativos)
  Participação no capital                   Participação no capital
  Empréstimos intercompanhias               Empréstimos intercompanhias
    Matriz no Brasil a filial no exterior     Matriz no Brasil a filial no exterior
    Filial no exterior a matriz no Brasil     Filial no Brasil a matriz no exterior

IED                                       Investimento direto estrangeiro no Brasil (passivos)
  Participação no capital                   Participação no capital
  Empréstimos intercompanhias               Empréstimos intercompanhias
    Filial no Brasil a matriz no exterior     Filial no exterior a matriz no Brasil
    Matriz no exterior a filial no Brasil     Matriz no exterior a filial no Brasil
```

Fonte: Nota metodológica n. 03 — Banco Central do Brasil/2015[71].

CONTA FINANCEIRA DO BALANÇO DE PAGAMENTOS — 2014 — METODOLOGIAS NOVA E ANTIGA (EM US$ MILHÕES)			
CONTAS	2014		VAR. ABSOLUTA
	ANTIGA	NOVA	NOVA/ANTIGA
Conta Financeira (ex-reservas)	(97.809)	(111.192)	(13.383)
Investimento direto no país	62.495	96.851	34.356
Participação no capital — exc. lucros reinvestidos	47.303	47.176	(127)
Participação no capital — lucros reinvestidos no Brasil	–	10.698	10.698
Operações intercompanhias	15.192	38.977	23.785
Investimento direto no exterior	(3.540)	26.020	29.560
Participação no capital — exc. lucros reinvestidos	19.556	19.320	(235)
Participação no capital — lucros reinvestidos no exterior	–	6.010	6.010
Operações intercompanhias	(23.096)	690	23.786
Investimento em carteira — passivos	33.531	40.732	7.201
Investimentos em ações e em fundos de investimentos	11.546	11.773	227
Títulos	21.985	28.959	6.974
Investimento em carteira — ativos	2.840	2.840	–
Empréstimos e Títulos de Médio e Longo Prazo (líq.)	20.208	19.702	(506)
Ingressos	69.265	69.302	37
Amortizações	(49.057)	(49.600)	(543)
Outros Capitais	19.125	17.233	(1.892)
Moeda e depósitos	18.890	18.272	(618)
Empréstimos e títulos de CP	(24.438)	(24.896)	(458)
Créditos Comerciais	21.191	21.614	423
Demais	3.482	2.244	(1.238)

Fonte: BCB. Elaboração: Ipea/Dimac/Gecon.
http://repositorio.ipea.gov.br/bitstream/11058/4358/1/Carta_Conjuntura_n27_consideracoes.pdf.

---

[71] <https://www.bcb.gov.br/ftp/infecon/nm3bpm6p.pdf>.

7.5. TRANSFERÊNCIA LÍQUIDA DE RECURSOS PARA O EXTERIOR, HIATO DO PRODUTO, RENDA LÍQUIDA RECEBIDA E ENVIADA AO EXTERIOR, ATIVO E PASSIVO EXTERNO LÍQUIDO

A Balança Comercial somada à de serviços (não fatores) é denominada, quando positiva, **transferências líquidas de recursos ao exterior** ou, quando negativa, **hiato do produto**. Hiato do produto é a diferença entre o produto observado (efetivo) e o produto potencial na economia. Se o hiato do produto é positivo, a demanda pelo produto é maior que o produto potencial. Se hiato do produto é negativo, a economia está operando de forma ociosa, o que possibilita o crescimento do produto no curto prazo. Se o Balanço de Pagamentos em Transações Correntes for positivo, diz-se que houve **ativo externo líquido**, e, se for negativo, diz-se que houve **passivo externo líquido**. A soma das Contas de Renda Primária e de Renda Secundária corresponde à **Renda Líquida Enviada ao Exterior**, se for negativa, ou à **Renda Líquida Recebida do Exterior**, se for positiva[72].

Observe, a seguir, essas denominações na estrutura do Balanço de Pagamentos (BPM6):

1. Balança Comercial
2. Balança de Serviços
} Se (+) = transferência líquida de recursos para o exterior
Se (–) = hiato do produto

3. Conta de Renda Primária (serviços fatores)
4. Conta de Renda Secundária[73]
} Se (+) = Renda Líquida Recebida do Exterior
Se (–) = Renda Líquida Enviada ao Exterior

Saldo no Balanço de Pagamentos em Transações Correntes (1 + 2 + 3 + 4)

→ Se (+) = ativo externo líquido
→ Se (–) = passivo externo líquido

Quando o saldo em transações correntes for negativo, o país apresentará um passivo externo líquido. Quando o saldo em transações correntes for positivo, o país apresentará um ativo externo líquido. A composição do Passivo Externo Líquido que é a diferença entre o Passivo externo e o Ativo externo, está sendo apresentado no Quadro 7.3:

---

[72] O IBGE classifica como Renda Líquida Enviada ou Recebida do Exterior apenas os itens presentes na Conta de Renda Primária. Já a FGV considera Renda Líquida Enviada ou Recebida do Exterior a soma da Conta de Renda Primária e Secundária.

[73] Pela FGV, as Transferências Correntes Unilaterais compõem a Renda Líquida Enviada (ou Recebida) do Exterior. Pela Fundação IBGE, elas são consideradas à parte. Segundo Viceconti e Neves (2005, p. 210) "(...) parece menos correto (a metodologia adotada pela FGV) em virtude de viesar a medição do Produto Nacional".

Quadro 7.3. Composição do passivo externo líquido

ATIVO EXTERNO	PASSIVO EXTERNO
1. Investimento direto no exterior	1. Investimento direto no país
1.1. Participação no capital	1.1. Participação no capital
1.2. Empréstimos Intercompanhias	1.2. Empréstimos Intercompanhias
2. Investimento em carteira	2. Investimento em carteira
2.1. Investimentos em ações	2.1. Investimentos em ações
2.2. Investimentos em fundos de investimento	2.1.1. No país
2.2. Títulos de renda fixa	2.1.2. No exterior
3. Derivativos	2.2. Investimentos em fundos de investimento
4. Outros Investimentos	2.2. Títulos de renda fixa
5. Ativos de Reserva	2.2.1. No país
	2.2.2. No exterior
	3. Derivativos
	4. Outros Investimentos

7.6. MEDIDAS QUE PODEM MELHORAR O SALDO DO BALANÇO DE PAGAMENTOS EM TRANSAÇÕES CORRENTES E ATRAIR CAPITAL NA CONTA FINANCEIRA

Caso se deseje melhorar o saldo do Balanço de Pagamentos em transações correntes e/ou estimular a entrada de capital na conta financeira, pode-se tomar as seguintes medidas abaixo descritas:

1. Conceder **Subsídios** à exportação do país. Isso promove aumento nas exportações, já que os produtos, ao ficarem mais baratos, ganham competitividade no exterior.

2. Reduzir o nível de **atividades econômicas** internas, porque, com um nível de renda e produto menor, há redução das importações, já que essas são função crescente do nível de renda interna do país.

3. Elevar a **taxa de juros** interna. Taxas de juros mais altas tornam-se mais atrativas para entrada de capitais de curto prazo, melhorando o saldo na Conta Financeira.

4. Levar à **desvalorização real** da moeda nacional ou à desvalorização real da taxa de câmbio. Isso porque os produtos internos ficam relativamente mais baratos no exterior, aumentando as exportações do país.

5. Restringir, por meio medidas **tarifárias** e não tarifárias, as importações. Qualquer medida que diminuam as importações, como a cobrança de tarifa de importação, aumenta o saldo da Balança Comercial.

6. Restringir a **saída de capitais**. Essa restrição pode se dar por criação de tributos que taxe o capital que saia do país, por exemplo.

7. Reduzir o **nível geral de preços** internos, já que preços mais baixos internamente ganham competitividade no exterior quando exportados e fazem com que os produtos importados percam competitividade frente aos nacionais.

Assim se refere Gremaud: "elevadas taxas de inflação, em níveis superiores ao aumento de preços internacionais, encareçem o produto nacional relativamente ao produzido externamente. Assim, tendem a provocar um estímulo às importações e desestímulo às exportações, diminuindo o saldo da Balança Comercial (exportação — importação). Esse fato costuma, inclusive, provocar um verdadeiro círculo vicioso, se o país estiver enfrentando déficit cambial. Nessas condições, as autoridades, na tentativa de minimizar o déficit, são obrigadas a lançar mão de desvalorizações cambiais, as quais, depreciando a moeda nacional, podem estimular a colocação de nossos produtos no exterior, desestimulando as importações. Entretanto, as importações essenciais, das quais muitos países não podem prescindir, como petróleo, fertilizantes, equipamentos sem similar nacional, tornar-se-ão inevitavelmente mais caros, pressionando os custos de produção dos setores que se utilizam mais largamente de produtos importados. O círculo se fecha com uma nova elevação de preços, provocadas pelo repasse do aumento de custos aos preços dos produtos"[74].

7.7. CRITÉRIOS DE LANÇAMENTOS NO BALANÇO DE PAGAMENTOS

No Balanço de Pagamentos, há apenas uma conta de **caixa** que são os ativos de reserva. As demais contas, são todas **operacionais**.

A **conta de caixa** é composta de haveres de curto prazo no exterior, ouro monetário, DES (Direito Especial de Saque) e reservas junto ao FMI, que vão compor o ativo de reserva. Nela, serão registrados os meios de pagamento que entraram ou saíram efetivamente do país.

A conta de caixa **aumenta o saldo a crédito e diminui o saldo a débito**. Dizer, por exemplo, que o saldo em ativos de reserva é igual a 2.892 positivo, significa dizer que o país está ganhando reservas nesse montante. Do contrário, dizer que o saldo em ativos de reserva é igual a (– 384), significa dizer que o país está diminuindo suas reservas nesse montante.

Todas as outras são **contas operacionais** e vão registrar o fato gerador que deu origem à entrada ou saída do meio de pagamento internacional.

As contas operacionais que compõem o **saldo em transações correntes** indicam exportações e importações ou receitas e despesas de rendas primárias ou secundárias. Todas elas serão lançadas com **sinal positivo**. O **sinal negativo** só será usado para indicar rendas negativas (perdas) ou em operações de **"merchanting"** (operações de triangulação de bens)[75].

---

[74] Amaury Patrick Gremaud [et al.], *Manual de economia*, p. 337-338.
[75] O BPM6 recomenda que a aquisição do bem em operação de "merchanting" deve figurar como exportação com sinal negativo, enquanto a venda é uma exportação com sinal positivo.

Depois de lançá-las, faz-se a operação em cada uma das contas da seguinte maneira:

- Balança Comercial: Exportação – Importação
- Balança de Serviços: Receitas – Despesas
- Renda Primária: Receitas – Despesas
- Renda Secundária: Receitas – Despesas

O saldo no Balanço de Pagamentos em Transações Correntes será a soma da Balança Comercial com a Balança de Serviços com a de Renda Primária e Renda Secundária.

Tomando como base os valores de janeiro de 2014[76] do Balanço de Pagamentos Brasileiro, é possível visualizar esses cálculos.

Quadro 7.4. Comportamento do Balanço de Pagamentos em Transações Correntes em 2022

1. Balança Comercial		44.153
Exportação	340328	
Importação	296.175	
2. Balança de Serviços		-39.618
Receitas	40.291	
Despesas	79.909	
3. Conta de Renda Primária		-61.817
Receitas	40.013	
Despesas	101.909	
4. Conta de Renda Secundária		3.742
Receitas	6.721	
Despesas	2.980	
Saldo no Balanço de Pagamentos em Transações Correntes: (1 + 2 + 3 + 4)		-53.620

As contas operacionais que compõem a **conta capital** indicam Receitas e Despesas e serão lançadas com sinal positivo. Na **conta financeira,** indicam aumentos em ativos ou passivos e serão lançadas com **sinal positivo**. O **sinal negativo** somente será utilizado quando houver redução de ativos ou passivos, que ocorre quando investimentos são retomados, conhecidos como desinvestimentos.

Depois de lançá-las, faz-se a operação em cada uma das contas, como mostra a seguir:

---

[76] Esses valores sofreram ajustes pelo Banco Central. Isso se deve a constantes ajustes feitos pelo Bacen devido à incorporação de informações recentes e/ou revisadas. Mas esses dados serão utilizados com o objetivo, nesse momento, apenas de exemplificar cada um dos lançamentos.

Quadro 7.5. Comportamento da Conta Capital, Conta Financeira e Erros e Omissões em 2022

5. Conta Capital[77]		245
5.1. Receitas	473	
5.2. Despesas	228	
6. Conta Financeira[78]		-55.371
6.1. Ativos	33.355 +(-142) + (-24.494) + (27.402) = 36.405[79]	
6.2. Passivos	87.245 + (-4.342) + (-22.463) – 23.768 = 84.208[80]	
6.3. Ativos de Reserva	-7.284	
7. Erros e omissões		-1996

Pode-se constatar que o saldo da conta financeira (–55.371) é igual à soma do saldo em transações correntes (–53.620) com a conta capital (245) e erros e omissões (–1996).

Assim como no BPM5, o BPM6 manteve o princípio das partidas dobradas, ou seja, para cada lançamento de crédito, haverá um lançamento de débito de mesmo valor.

7.8. RELAÇÕES IMPORTANTES NO BALANÇO DE PAGAMENTOS

Dada a estrutura do Balanço de Pagamentos, como mostra a seguir, é possível se fazerem as seguintes relações:

1. Balança Comercial (BC)
2. Balança de Serviços (BS)
3. Renda Primária (RP)
4. Renda Secundária (RS)

Saldo no Balanço de Pagamentos em Transações Correntes (SBPTC)

5. Conta Capital (CC)
6. Conta Financeira (CF)
7. Conta Erros e Omissões (EO)

$$BC + BS + RP + RS = SBPTC$$
$$SBPTC + CC + EO = CF$$

---

[77] O saldo é resultado da subtração de receitas pelas despesas.
[78] O saldo é resultado da subtração do ativo pelo passivo.
[79] Ativo: 33.355 (investimentos diretos) + (–142) (investimento em carteira) + (–24.494) (derivativos) + 27.402 (outros investimentos) = 36.405.
[80] Passivo: 87.245 (investimentos diretos) + (–4.342) (investimentos em carteira) + (–22.463) (derivativos) + 23.768 (outros investimentos) = 84.208.

7.9. TREINANDO A TEORIA

De acordo com as informações apresentadas nos itens a seguir, serão feitos os lançamentos e suas contrapartidas:

1. O país exportou bens no valor de 1.000, recebendo à vista.

Balança Comercial		+1.000
Exportação	+1.000	
Importação		
Conta Financeira		+1.000
Ativos de Reserva	+1.000	

2. O país exportou bens no valor de 200, financiados a médio prazo.

Balança Comercial		+200
Exportação	+200	
Importação		
Conta Financeira		+200
Outros Investimentos — Ativo	+200	
Outros Investimentos — Passivo		

Observe que, como o pagamento não foi à vista, não pode haver contrapartida em ativos de reserva, já que não houve entrada efetiva de meios de pagamento.

3. O país importou 700 em mercadorias.

Balança Comercial		−700
Exportação		
Importação	+700	
Conta Financeira		−700
Ativos de Reserva	−700	

Observe que não foi citado se o pagamento era à vista ou a prazo. Quando nada é informado, considera-se que foi à vista.

4. O país importou 100 em mercadorias para pagar a prazo.

Balança Comercial		−100
Exportação		
Importação	+100	
Conta Financeira		−100
Outros Investimentos — Ativo		
Outros Investimentos — Passivo	+100	

Observe que, como o pagamento não foi à vista, não pode haver contrapartida em ativos de reserva, já que não houve saída efetiva de meios de pagamento.

5. O país pagou de transporte 110.

Balança de Serviços		−110
Receita		
Despesa	+110	
Conta Financeira		−110
Ativos de Reserva	−110	

6. O país recebeu de seguros 90.

Balança de Serviços		+90
Receita	+90	
Despesa		
Conta Financeira		+90
Ativos de Reserva	+90	

7. O país pagou de juros de títulos negociados no mercado externo um total de 500.

Renda Primária — renda de investimento em carteira		−500
Receita		
Despesa	+500	
Conta Financeira		−500
Ativos de Reserva	−500	

8. O país remeteu lucros de 250.

Renda Primária — renda de investimento direto		−250
Receita		
Despesa	+250	
Conta Financeira		−250
Ativos de Reserva	−250	

9. Ocorreu reinvestimento de lucros no Brasil de 150.

Renda Primária — renda de investimento direto		−150
Receita		
Despesa	+150	
Conta Financeira		−150
Investimento direto — lucros reinvestidos (Ativo)		
Investimento direto — lucros reinvestidos (Passivo)	+150	
Ativos de Reserva	−150 + 150	

Esse lançamento é um pouco diferente e, por conta disso, é bastante cobrado em provas e exames. Observe que o lançamento na conta de caixa se anula porque o crédito tem o mesmo valor do débito em valores absolutos e, por isso, muitas vezes, não são considerados esses lançamentos, embora sejam os corretos a serem feitos.

Assim, reforçam Paulani e Braga: "Ao fim e ao cabo, tudo se passa como se tivesse acontecido o seguinte movimento: num primeiro momento o país remeteu lucros de, digamos, US$ 10 mil; (...) num segundo momento o país recebeu de volta esses mesmos recursos sob a forma de investimentos; (...). Se repararmos bem, o resultado final da conta variação de reservas nessa operação é zero (...)"[81].

10. Houve refinanciamento de juros de 140.

Renda Primária — renda de investimento em carteira		−140
Receita		
Despesa	+140	
Conta Financeira		−140
Investimento em carteira — refinanciamento de juros (Ativo)		
Investimento em carteira — refinanciamento de juros (Passivo)	+140	
Ativos de Reserva	−140 +140	

Esse lançamento é também um pouco diferente e, por conta disso, também é bastante exigido em provas. Observe que o lançamento na conta de caixa se anula porque o débito tem o mesmo valor do crédito em valores absolutos e, por isso, muitas vezes, é deixado de lado, embora este lançamento seja o correto.

11. O país pagou com viagens internacionais de negócios 115.

Balança de Serviços — viagens — negócios		−115
Receita		
Despesa	+115	
Conta Financeira		−115
Ativos de Reserva	−115	

12. O país recebeu em forma de turismo o valor de 95.

Balança de Serviços — viagens — pessoais — outros		+95
Receita	+95	
Despesa		
Conta Financeira		+95
Ativos de Reserva	+95	

---

[81] Leda Maria Paulani e Márcio Bobik Braga. *A nova contabilidade social*, p. 144.

13. O país apresentou despesas governamentais no exterior no valor de 85.

Balança de Serviços — serviços governamentais		−85
Receita		
Despesa	+85	
Conta Financeira		−85
Ativos de Reserva	−85	

14. O país pagou *royalties* no valor de 60.

Balança de Serviços — serviços de propriedade intelectual		−60
Receita		
Despesa	+60	
Conta Financeira		−60
Ativos de Reserva	−60	

Observe que, no BPM6, os *royalties* entram como serviços de propriedade intelectual em substituição à conta de *royalties* e licenças do BPM5.

15. O país apresentou despesas financeiras no exterior no valor de 30.

Balança de Serviços — serviços financeiros		−30
Receita		
Despesa	+30	
Conta Financeira		−30
Ativos de Reserva	−30	

16. O país pagou em forma de salários no exterior o valor de 35.

Renda Primária — salários e ordenados		−35
Receita		
Despesa	+35	
Conta Financeira		−35
Ativos de Reserva	−35	

17. O país recebeu dividendos do exterior no valor de 55.

Renda Primária — renda de investimento direto — lucros e dividendos, exceto lucros reinvestidos		+55
Receita	+55	
Despesa		
Conta Financeira		+55
Ativos de Reserva	+55	

18. O país recebeu bonificação relativa às aplicações em ações no valor de 75.

Renda Primária — renda de investimento em carteira		+75
Receita	+75	
Despesa		
Conta Financeira		+75
Ativos de Reserva	+75	

19. O país pagou juros de financiamento à importação no valor de 95.

Renda Primária — renda de outros investimentos		−95
Receita		
Despesa	+95	
Conta Financeira		−95
Ativos de Reserva	−95	

20. O país recebeu do exterior, em forma de ajuda humanitária, alimentos no valor de 25.

Renda Secundária		+25
Receita	+25	
Despesa		
Balança Comercial		−25
Exportação		
Importação	+25	

Observe que a doação recebida foi em bens, portanto não deve ter contrapartida em ativos de reserva, e, sim, na Balança Comercial, em importação.

21. Houve transferência corrente para o exterior no valor de 35.

Renda Secundária		−35
Receita		
Despesa	+35	
Conta Financeira		−35
Ativos de Reserva	−35	

22. Recebeu do exterior doações em dinheiro no valor de 70.

Renda Secundária		+70
Receita	+70	
Despesa		
Conta Financeira		+70
Ativos de Reserva	+70	

23. Enviou medicamentos em forma de doação para o exterior no valor de 80.

Renda Secundária		−80
Receita		
Despesa	+80	
Balança Comercial		+80
Exportação	+80	
Importação		

Observe que a doação concedida foi em bens, portanto não deve ter contrapartida em ativos de reserva, e, sim, na Balança Comercial, em exportação.

24. No país, houve operações intercompanhias de filial no exterior para matriz no Brasil no valor de 22.

Conta Financeira — investimento direto no país — operação intercompanhia — filiais no exterior a matrizes no Brasil (investimento reverso)		−22
Ativo		
Passivo	+22	
Conta Financeira — outros investimentos		+22
Ativo	+22	
Passivo		

A concessão de crédito por filial no exterior à matriz no Brasil é registrada no BPM6 como Investimentos Diretos no país (passivos), categoria Operações Intercompanhias — subitem "Créditos recebidos do exterior — Filial no exterior e matriz no Brasil". Na nova metodologia, o investimento reverso é destacado, mas a operação segue o princípio de ativos e passivos, ou seja, a relação entre as empresas, quem é matriz e quem é filial, determina apenas um detalhamento na alocação. Mas os créditos tomados por residentes figuram como passivos, e os créditos concedidos por residentes aparecem como ativos. A concessão de crédito por filial no exterior à matriz no Brasil é registrada no BPM6 com sinal positivo, pois houve aumento de um passivo. Não há contrapartida em reservas, pois o Banco Central não adquiriu a moeda estrangeira, entregue a um banco que opera em câmbio e conduziu a transação. No caso dessa instituição, o aumento de ativo também é registrado com sinal positivo, provavelmente em Outros Investimentos — ativos Moedas e depósitos — Bancos. Na totalidade da conta financeira, temos a concessão líquida de ativos menos a tomada líquida de passivos, produzindo zero.

25. O país privatizou empresas para países no exterior no valor de 113.

Conta Financeira — investimento direto		−113
Ativo		
Passivo	+113	
Conta Financeira		+113
Ativos de Reserva	+113	

26. O exterior adquiriu ações de empresas do país no valor de 98.

Conta Financeira — investimento direto		−98
Ativo		
Passivo	+98	
Conta Financeira		+98
Ativos de Reserva	+98	

27. O exterior amortizou dívidas com o Brasil no valor de 86.

Conta Financeira — outros investimentos		−86
Ativo	−86	
Passivo		
Conta Financeira		+86
Ativos de Reserva	+86	

Nesse caso, como houve redução de ativo, deve ser registrado com sinal negativo em ativos, na conta financeira, em outros investimentos. Esse lançamento poderia ocorrer também em investimento direto ou investimento em carteira ou em outros investimentos (como foi o caso), caso fosse um empréstimo intercompanhia, um título ou um empréstimo/financiamento/crédito comercial. A contrapartida positiva foi feita em ativos de reserva, considerando que o credor no Brasil, tenha sido o Banco Central. O mais provável, contudo, é a elevação do ativo de um banco que opera em câmbio, na conta Outros Investimentos — Moedas e depósitos — Bancos.

28. O país emitiu títulos de curto prazo no valor de 67.

Conta Financeira — investimento em carteira		−67
Ativo		
Passivo	+67	
Conta Financeira		+67
Ativos de Reserva	+67	

29. O país emitiu títulos de longo prazo no valor de 69.

Conta Financeira — investimento em carteira		−69
Ativo		
Passivo	+69	
Conta Financeira		+69
Ativos de Reserva	+69	

30. O país pediu empréstimo aos bancos no exterior no valor de 88.

Conta Financeira — outros investimentos		−88
Ativo		
Passivo	+88	
Conta Financeira		+88
Ativos de Reserva	+88	

31. O país se socorreu ao FMI, pedindo emprestado 64, no intuito de regularizar o saldo no Balanço de Pagamentos.

Conta Financeira — outros investimentos		−64
Ativo		
Passivo	+64	
Conta Financeira		+64
Ativos de Reserva	+64	

32. Houve erros na contabilização do Balanço de Pagamentos no valor de 2 positivo.

Erros e Omissões		+2
Conta Financeira		+2
Ativos de Reserva	+2	

33. O país deixou de pagar juros sobre empréstimos no valor de 10.

Rendas Primárias		−10
Receita		
Despesa	+10	
Conta Financeira — outros investimentos — atrasados		−10
Ativo		
Passivo	+10	

Se, em vez de juros atrasados, a questão apresentasse empréstimos atrasados, o lançamento seria negativo em passivo na conta financeira em amortização de empréstimos como se, de fato, os empréstimos tivessem sido pagos ou houvesse redução da obrigação contraída anteriormente, e positiva no passivo da conta financeira, em outros investimentos, em atrasados. Isso faz com que o Balanço de Pagamentos não reflita mais uma amortização vencida e não paga. Veja a seguir:

Conta Financeira — outros investimentos — amortização de empréstimos		+10
Ativo		
Passivo	−10	
Conta Financeira — outros investimentos — atrasados		−10
Ativo		
Passivo	+10	

34. O país apresentou ganho de capital no valor de 13.

Conta Financeira — investimento direto		−13
Ativo		
Passivo	+13	
Conta Financeira		+13
Ativos de Reserva	+13	

O ganho de capital não origina lançamento no Balanço de Pagamentos. Não há transação entre duas partes, mas sim uma alteração de preço, ou uma revalorização patrimonial. Tais modificações são registradas como variações de preço, entre uma posição e outra. O estoque é afetado tanto por fluxos no Balanço de Pagamentos, como por variações de preços, de paridade e outras reclassificações.

7.10. LANÇAMENTOS NA ESTRUTURA DO BALANÇO DE PAGAMENTOS (BPM6)

A seguir, será apresentada a estrutura do Balanço de Pagamentos, segundo o BPM6. Os valores, entre parênteses, se referem aos lançamentos do *item 7.6* apresentados acima. Isso, facilita a localização de cada um dos lançamentos sugeridos.

1. **Balança Comercial: +455**
   Exportação: + 1.000(1) + 200(2) + 80(23) = 1.280
   Importação: + 700(3) + 100(4) + 25(20) = 825

2. **Balança de Serviços: –215**
   Receitas: + 90(6) + 95(12) = 185
   Despesas: + 110(5) + 115(11) + 85(13) + 60(14) + 30(15) = 400

3. **Renda Primária: –1.050**
   Receitas: + 55(17) + 75(18) = 130
   Despesas: + 500(7) + 250(8) + 150(9) + 140(10) + 35(16) + 95(19) + 10(33) = 1.180

4. **Renda Secundária: –20**
   Receitas: + 25(20) + 70(22) = 95
   Despesas: + 35(21) + 80(23) = 115

Saldo no Balanço de Pagamentos em Transações Correntes (SBPTC) = (1 + 2 + 3 + 4) = –830

5. **Conta Capital (CC)**
   Receitas
   Despesas

6. **Conta Financeira (CF): –828**
   Concessões líquidas (+) ou Captações líquidas (–)
   6.1. Investimento direto: –396
   Ativos
   Passivos: +150(9) + 22(24) + 113(25) + 98(26) + 13(34) = 396
   6.2. Investimento em carteira: –276
   Ativos
   Passivos: +140(10) + 67(28) + 69(29) = 276
   6.3. Derivativos
   Ativos
   Passivos

6.4. Outros Investimentos: –126

Ativos: + 200(2) + 22(24) – 86(27) = 136
Passivos: +100(4) + 88(30) + 64(31) + 10(33) = 262

6.5. Ativos de Reserva: –30

+1.000(1) – 700(3) – 110(5) + 90(6) – 500(7) – 250(8) – 150(9) + 150(9) – 140(10) + 140(10) – 115(11) + 95(12) – 85(10) – 60(14) – 30(15) – 35(16) + 55(17) + 75(18) – 95(19) – 35(21) + 70(22) + 113(25) + 98(26) + 86(27) + 67(28) + 69(29) + 88(30) + 64(31) + 2(32) + 13(34) = –30

7. Erros e Omissões (EO): 2 (32)

Pode-se constatar que:

CF = SBPTC + CC + EO

Ou seja:

–828 = –830 + 0 + 2

No Quadro 7.6 está sendo apresentada a estrutura resumida do BP do Brasil para os anos de 2020, 2021 e 2022 em US$ milhões.

Quadro 7.6. Balanço de Pagamentos do Brasil — estrutura resumida com dados de 2020, 2021 e 2022 em US$ milhões

	2020	2021	2022
◼ Balança comercial	32.370	36.363	44.153
◼ Balança de serviços	-24.657	-26.957	-39.618
◼ Renda primária	-38.264	-58.971	-61.897
◼ Renda secundária	2.344	3.207	3.742
◼ Saldo em transações correntes	-28.208	-46.358	-53.620
◼ Conta capital	4.141	225	245
◼ Conta financeira	-16.260	-50.168	-55.371
◼ Ativos de reserva	-14.232	13.967	-7.284
◼ Erros e omissões	7.806	-4.035	-1.996

Fonte: Banco Central do Brasil.

Observe que nos períodos analisados no Quadro 7.6, por meio dessa planilha resumida, é possível constatar que o Brasil apresentou um superávit na Balança Comercial para os anos de 2020, 2021 e 2022. Já a Balança de Serviços e Renda Primária foram deficitárias para os três períodos. Contudo, a Conta de Renda Secundária apresentou saldo positivo para os períodos analisados. O saldo em transações correntes para os três períodos foi deficitário, o que tornou necessário captar recursos na conta financeira para cobrir esse déficit em conta corrente. Pode-se observar que, de fato, a conta financeira apresentou uma captação líquida de recursos para os três períodos. No ano de 2021, a captação na conta financeira cobriu o déficit no Balanço de Pagamentos em Transações correntes e ainda elevou os ativos de reserva. Já nos anos de 2020 e 2022 contudo, houve redução dos ativos de reserva.

7.11. POSIÇÃO INTERNACIONAL DE INVESTIMENTO (PII)

A posição internacional de investimento (PII) vai refletir o **estoque** de ativos e passivos externos em moeda estrangeira em um país em determinada data, diferentemente do balanço de pagamentos, que registra os **fluxos** de ativos e passivos.

Quando a diferença entre ativos e passivos dos residentes contra não residentes for positivo, diz-se que há posição internacional de investimento (PII) ou **ativo externo líquido** e representa um direito líquido dos residentes sobre ativos frente ao resto do mundo como, por exemplo, direitos sobre títulos de dívida e de capital emitidos por não residentes, empréstimos concedidos a não residentes ou depósitos bancários em outros países. Caso seja negativo, chama-se **passivo externo líquido**.

O PII pode variar, em relação ao balanço de pagamentos, se houver variação de preço de mercado do ativo ou passivo financeiro, se houver variação cambial que gere ganhos ou perdas nos ativos e passivos financeiros, se houver outros ajustamentos como variações em volume dos ativos e passivos financeiros (devido a reclassificações estatísticas como alterações de setor institucional ou reclassificações de instrumentos financeiros) ou devido a falências e deslocalizações de empresas.

Na Tabela 7.1. é possível entender a posição internacional de investimento:

Tabela 7.1. Posição internacional de investimento

	Investimento direto no exterior
	Investimento em carteira
ATIVO EXTERNO	Derivativos
	Outros investimentos
	Ativos de reserva
	Investimento direto do exterior
	Investimento em carteira
PASSIVO EXTERNO	Derivativos
	Outros investimentos
ATIVO EXTERNO BRUTO – PASSIVO EXTERNO BRUTO=	Posição internacional de investimentos – PII

7.12. QUESTÕES

1. (CESGRANRIO — 2024 — CNU). A tabela a seguir registra os resultados do Balanço de Pagamentos do Brasil (em US$ milhões) no período 2012-2014.

	2012	2013	2014
Transações correntes	–54.249	–81.227	–91.288
Conta Capital	–1.877	1.193	590
Conta Financeira	71.886	73.159	97.809
Erros e Omissões	3.130	949	3.722

Nota: Os valores de Erros e Omissões, relativos a 2012 e 2013, foram ligeiramente aproximados.
Fonte: Banco Central do Brasil. Séries históricas – BPM5 (até fevereiro de 2015). Disponível em: https://www.bcb.gov.br/estatisticas/tabelasespeciais. Acesso em: 14 fev. 2024.

De acordo com os dados informados, o Brasil
a) teve saída líquida de capitais financeiros no triênio 2012-2014.
b) teve superávit no Balanço de Pagamentos em 2013.
c) teve aumento de reservas internacionais em 2013.
d) registrou perda de reservas internacionais em 2012.
e) dependeu de poupança externa no triênio 2012-2014.

2. (FGV — 2024 — Analista em Gestão Municipal/Pref SJC/Ciências Econômicas) Considere a estrutura do Balanço de Pagamentos (BP) do Brasil, segundo a 6.ª edição do Manual de Balanço de Pagamentos do FMI. As diversas características do BP não incluem a seguinte:
a) a soma do saldo total do BP com a variação de reservas é nula.
b) a soma do saldo em conta corrente com o saldo das contas financeira e capital e o saldo de erros e omissões é nula, quando o saldo total do BP incorpora a variação de reservas.
c) o saldo em conta corrente é igual à soma dos saldos das balanças comercial e de serviços com o saldo das rendas primárias e secundárias.
d) a variação de reservas é composta pela soma dos haveres, ouro monetário, reservas no FMI e direitos especiais de saque.
e) a rubrica "Rendas de investimento direto (lucros e dividendos)" compõe o saldo da conta capital.

3. (FGV — 2024 — ALESC/Economista) A Conta de Renda Primária da Balança de Pagamentos não inclui
a) lucros reinvestidos.
b) aluguel de equipamentos.
c) juros de operações intercompanhia.
d) renda de investimento em carteira.
e) remuneração de empregados.

4. (VUNESP — 2023 — TCM SP/Economia) Sabendo que a economia de um país apresentou os resultados a seguir, nas suas contas externas:
1) exportação de mercadorias (FOB) à vista = $ 2.000
2) amortizações pagas = $ 750
3) lucros remetidos para o exterior = $ 100
4) importação de mercadorias (FOB) à vista = $ 1.400
5) empréstimos obtidos junto ao FMI = $ 170
6) fretes e seguros pagos = $ 100
7) juros pagos = $ 270
8) investimentos no país feitos por empresas do exterior = $ 300
9) venda de ouro monetário = $ 20
10) erros e omissões = $ 0
11) saldo em transações correntes = $ 260

É correto afirmar que o saldo na conta transferências unilaterais foi de
a) –$ 90.
b) –$ 95.
c) $ 110.
d) $ 130.
e) $ 190.

5. (VUNESP — 2023 — Economista /CAMPREV) Gasto de turistas no país, pagamento de juros ao exterior e investimento direto estrangeiro devem estar registrados, respectivamente, em:
   a) Balança de Serviços, Balança de Rendas e Conta Financeira.
   b) Balança Comercial, Balança de Serviços e Conta Financeira.
   c) Conta Financeira, Balança de Serviços e Conta Financeira.
   d) Conta Financeira, Balança de Serviços e Balança de Serviços.
   e) Conta Financeira, Balança Comercial e Balança de Serviços.

6. (VUNESP — 2023 — Economista — Pref GRU) No Balanço de Pagamentos, os registros de pagamentos pelo uso de patentes e marcas ocorrem na
   a) conta de transferências unilaterais.
   b) conta capital.
   c) balança comercial.
   d) conta financeira.
   e) balança de serviços.

7. (FGV — 2023 — Fiscal de Tributos Estaduais -MT) Considere o Manual de Balanços de Pagamentos do FMI, 5.ª edição (BPM5). Se a conta da Balança de Transações Correntes está deficitária, isso não indica a necessidade de
   a) investimentos de estrangeiros no país, via aquisição de empresas de residentes.
   b) contratação de empréstimos no exterior, elevando o endividamento do país.
   c) redução das reservas nacionais de divisas internacionais.
   d) aumento do controle do país sobre empreendimentos no exterior.
   e) entrada de fluxos de capital estrangeiro, pela aquisição de ações e títulos de renda fixa de emissão local.

8. (CEBRASPE — 2023 — AGER MT/Economia) Assinale a opção que apresenta corretamente um investimento estrangeiro direto no Brasil.
   a) exportação de produtos agrícolas
   b) aquisição de ações de empresas estrangeiras por bancos estatais brasileiros
   c) contratação de serviços estrangeiros de transporte e envio de pacotes
   d) reinvestimento de lucros de filiais de empresas estrangeiras em solo brasileiro
   e) pagamento de anuidade para estudos (tuition) a universidade estrangeira por aluno brasileiro

9. (CESGRANRIO — 2023 — AgeRIO/Crédito, Risco e Finanças) Considere as interrelações existentes entre as Contas Nacionais e o Balanço de Pagamentos de um país que mantém relações comerciais e financeiras com o resto do mundo (economia aberta).
Se os fluxos de investimento interno desse país tiverem sido superiores aos fluxos de poupança interna em determinado período, significa que, neste mesmo período, ele
   a) obteve déficit em transações correntes do balanço de pagamentos.
   b) obteve superávit em transações correntes do balanço de pagamentos.
   c) obteve superávit no saldo total do balanço de pagamentos.
   d) experimentou redução de reservas internacionais.
   e) sofreu recessão econômica.

10. (FGV — 2023 — Analista de Planejamento e Orçamento — Pref RJ) A 6.ª edição do Manual de Balanço de Pagamentos do FMI (BPM6) realizou diversas modificações na contabilização das Contas Externas em relação à 5.ª edição do Manual (BPM5), com exceção de:

a) Incorporação de lucros reinvestidos, que impactam as transações correntes e, simultaneamente, elevam os investimentos diretos no Brasil e os investimentos diretos no exterior;
b) juros da dívida doméstica detidos por não residentes, passando essa rubrica a contar com dados da Selic como fonte de informação, além dos contratos de câmbio;
c) uso de novas fontes de informação para balança comercial, como sistema de câmbio, informações prestadas diretamente por empresas importadoras e exportadoras, dentre outras;
d) mudança da contabilização do ingresso de recursos no Brasil, que passa a ser registrado como elevação do investimento direto de não residentes;
e) alteração da classificação de serviços manufatureiros sobre insumos físicos de propriedade de terceiros para a categoria de bens para processamento.

GABARITO

1. "e".
O Déficit no Balanço de Pagamentos em transações correntes é igual a poupança externa. Podemos verificar que nos três anos, 2012, 2013 e 2014, apresentou déficit de 54.249, 81.227 e 91.288 respectivamente, ou seja, nos três anos houve poupança externa nesses valores. A alternativa "e" está correta. É importante verificar que a questão se utilizou da 5.ª edição do Manual do Balanço de Pagamentos, que afirma que o saldo no Balanço de Pagamentos em Transações correntes (SBPTC) será igual ao saldo com sinal trocado na Conta Capital (CC) e na Conta Financeira (CF), erros e omissões (EO) e variação de reservas (Δ Reservas). Nesta obra, trabalhamos com a 6.ª edição do Manual do Balanço de Pagamentos, que afirma que SBPTC + CC + EO = CF. Portanto, sob a ótica do 5MBP, como o país apresentou déficit em transações correntes, precisou captar recursos para cobrir esse déficit, o que pode ser verificado na Conta Financeira com a entrada de capitais financeiros no triênio. Verificamos que, nos anos de 2012 e 2014, essa entrada líquida foi positiva. Já em 2013, embora tenha sido positiva também, foi insuficiente para cobrir o déficit em transações correntes mesmo a conta capital e a conta de erros e omissões tendo sido positivas. A alternativa "a" está incorreta.
O país teve déficit no Balanço de Pagamentos em 2013. Percebemos que o déficit em transações correntes foi de 81.227, e, mesmo o saldo da conta capital (1.193) e o de erros e omissões (949) sendo positivos, o saldo da conta financeira (73.159) não foi suficiente para cobrir o déficit. A alternativa "c" está incorreta.
Como em 2013 houve um déficit no balanço de pagamentos, uma das saídas (além da moratória ou pedir empréstimo a organizações internacionais) é mexer nas reservas internacionais. Portanto, em 2013, poderá ter havido uma redução das reservas internacionais. A alternativa "c" está incorreta.
Percebemos que, em 2012, a conta financeira e a conta de erros e omissões registraram um saldo suficiente para cobrir o déficit em transações correntes apesar de a conta capital ter um saldo negativo. Portanto, houve uma entrada de reservas internacionais. A alternativa "d" está incorreta.

2. "e".
Na conta capital lançamos a aquisição/venda de ativos financeiros não produzidos e as transferências de capital. As rendas de investimento direto são lançadas na Conta de Renda Primária. A alternativa "e" está incorreta.
A soma do saldo total do BP com a variação de reservas é nula, já que SBPTC + CC + EO = CF (onde estão incluídos os ativos de reserva). A alternativa "a" está correta.
A soma do saldo em conta corrente (SBPTC) com o saldo das contas financeira (CF) e de capital (CC) e o saldo de erros e omissões (EO) é nula, quando o saldo total do BP incorpora a variação de reservas de maneira que SBPTC + CC + EO = CF. A alternativa "b" está correta.
O saldo em conta corrente (SBPTC) é igual à soma dos saldos das balanças comercial (BC) e de serviços (BS) com o saldo das rendas primárias (CRP) e secundárias (CRS), tal que: SBPTC = BC + BS + CRP + CRS. A alternativa "c" está correta.
A variação de reservas é composta pela soma dos haveres em moeda estrangeira, ouro monetário, reservas junto ao FMI e direitos especiais de saque (DES). A alternativa "d" está correta.

3. "b".
A Balança de Serviços inclui o aluguel de equipamentos entre outros. Portanto, não faz parte da Conta de Renda Primária. A alternativa "b" está correta. Os lucros reinvestidos, os juros de operações intercompanhia, a renda de investimento em carteira e a remuneração de empregados fazem parte da conta de renda primária. As alternativas "a", "c", "d" e "e" estão incorretas.

4. "d".
A conta de transferências correntes unilaterais é denominada Conta de Renda Secundária pela nova metodologia adotada desde 2015. Para encontrar o saldo dessa conta, montaremos a estrutura do Balanço de Pagamentos a seguir:
1. Balança Comercial: + 2000 – 1400 = + 600
2. Balança de serviços: -100
3. Conta de Renda Primária: -100 - 270 = -370
4. Conta de Renda Secundária:

Saldo no Balanço de Pagamentos em Transações Correntes = +260
5. Conta Capital
6. Conta Financeira

Investimentos diretos: -300
Investimento em carteira
Derivativos
Outros investimentos: + 750 - 170
Ativos de reserva: +2000 - 750 - 100 - 1400 + 170 - 100 - 270 + 300 - 20 + 20
7. Erros e Omissões

Sabendo que o Saldo do Balanço de Pagamentos em transações correntes é igual a soma do saldo na Balança Comercial, na Balança de Serviços, na Conta de Renda Primária e Secundária, temos:

260 = 600 – 100 – 370 + Conta de Renda Secundária

Logo, a conta de renda secundária apresentou um saldo de: 130. A alternativa correta é a "d".

5. "a".
Gasto de turistas no país é uma receita com serviços não fator que entra no país e deve ser lançada na Balança de Serviços. Pagamento de juros ao exterior é uma despesa paga sob a forma de renda por um serviço fator e deve ser lançado na Conta de Renda Primária e investimento direto estrangeiro devem estar registrados na conta financeira como passivo. A alternativa correta é a "a".

6. "e".
Quando se paga pelo uso de marcas e patentes, o lançamento deve ser na Balança de Serviços, em Pesquisa e desenvolvimento, assim como também a negociação de *copyrights* e processos industriais, desenvolvidos em atividades de pesquisa. A alternativa correta é a "e".

7. "d".
Embora a questão aborde o BPM5, a resposta vale para o BPM6 também.
Assim, se há um déficit em transações correntes do Balanço de Pagamentos, o país deverá se socorrer da conta capital e financeira do Balanço de Pagamentos no sentido de promover uma entrada de recursos para cobrir esse déficit ou então utilizar suas reservas internacionais. Portanto, uma das medidas é atrair investimentos estrangeiros no país, contrair

empréstimos, atrair fluxos de capital estrangeiro, bem como, utiliza-se de suas reservas internacionais. As alternativas "a", "b", "c" e "e" mostram essas formas de compensar um déficit em transações correntes. Já a alternativa "d" contraria o mecanismo de solucionar o problema, na medida em que dificulta a entrada de recursos do exterior no país. A alternativa correta é a "d".

8. "d".
O investimento estrangeiro direto no país pode se dar sob a forma de participação no capital de empresa, sob a forma de lucros reinvestidos e sob a forma de operações intercompanhias. Quando uma empresa estrangeira reinveste lucros em filiais no Brasil, corresponde um lucro reinvestido como investimento estrangeiro direto no Brasil, na conta Financeira. A alternativa "d" está correta. Exportação de produtos agrícolas faz parte da Balança Comercial onde são lançados os bens que entram e saem do país. A alternativa "a" está incorreta. A aquisição de ações de empresas estrangeiras por bancos estatais brasileiros quando o volume de ações de empresas não permite o direito à gestão da empresa, enquadram-se como investimento em carteira e, nesse caso, seria um investimento do Brasil no exterior. A alternativa "b" está incorreta. A contratação de serviços estrangeiros de transporte e envio de pacotes fazem parte da Balança de serviços onde são lançados os serviços não fatores que representam despesa ou receita para o país. A alternativa "c" está incorreta. O pagamento de anuidade para estudos (*tuition*) a universidade estrangeira por aluno brasileiro corresponde a uma despesa pessoal com educação e deve ser registrada na Balança de Serviços. Mas se o pagamento for a título de doação a terceiros no exterior, então, deve ser lançado como transferência corrente unilateral, na Conta de Renda Secundária. A alternativa "e" está incorreta.

9. "a".
Se o volume de investimentos (I) num país foi superior ao volume de poupança interna (Poupança privada – Spriv e Poupança do governo – Sgov), então, significa que o país terá de se socorrer a poupança externa (Sext) para equilibrar poupança com investimento. Vejamos: I = Spriv + Sgov + Sext. Se a Sext é positiva, isso significa que há Déficit no Balanço de Pagamentos em Transações correntes (DBPTC), já que Sext é idêntica ao DBPTC. Alternativa correta é a "a".

10. "e".
Os serviços manufatureiros sobre insumos físicos de propriedade de terceiros eram classificados, no BPM5, como bens para processamento e lançados na Balança Comercial. Já, no BPM6, o saldo líquido da operação passou a ser lançados na Balança de serviços. A alternativa "e" está incorreta.

7.13. MATERIAL SUPLEMENTAR

QUESTÕES DE CONCURSOS
http://uqr.to/1yjb6

8

TEORIA CLÁSSICA (NEOCLÁSSICA) E KEYNESIANA

Neste capítulo, serão estudados o modelo Clássico[1] e o modelo Keynesiano e como determinar o Produto de equilíbrio da economia nos dois modelos.

8.1. MACROECONOMIA

O termo Macroeconomia foi utilizado nos anos 1930 em decorrência da Grande Depressão de 1929 nos Estados Unidos. Na tentativa de explicar a crise de caráter internacional, em 1936, Keynes publicou a sua obra *Teoria geral do emprego, do juro e da moeda*. A partir daí, a Teoria Geral começou a ser discutida e a ser o centro das atenções econômicas. O pensamento econômico passou por uma mudança intitulada Revolução Keynesiana, que combatia a ortodoxia antiga, denominada, por Keynes, **"economia clássica"**[2]. A abertura para a crença na nova ortodoxia Keynesiana deu-se pela depressão mundial em 1929, que não foi explicada nem solucionada pelos clássicos.

Apesar da teoria econômica, até então vigente, conseguir analisar de forma agregativa algumas variáveis, não era capaz de analisar de forma **global**, ou seja, a Microeconomia conseguia determinar o nível de preços de um produto, mas não era capaz de determinar o nível geral de preços da economia; conseguia determinar o nível de produto de um setor da economia, mas não era capaz de determinar o nível de produto da economia como um todo. Por isso, deu-se margem ao surgimento da nova teoria econômica: a **Macroeconomia**.

A teoria econômica que antecedeu a teoria Keynesiana, conhecida como **teoria neoclássica** (denominada por Keynes de teoria clássica), era baseada na **racionalidade** dos agentes econômicos, pela qual os consumidores procuravam maximizar sua satisfação, e as empresas, seus lucros. Para determinar os preços e as quantidades, foram desenvolvidas duas abordagens: a abordagem do **equilíbrio parcial** e a do **equilíbrio**

---

[1] A teoria que antecedeu a teoria Keynesiana foi a Neoclássica, baseada na racionalidade econômica, mas Keynes denominou teoria clássica o pensamento defendido antes dele.

[2] Para Keynes, os clássicos eram todos aqueles economistas que vieram antes de 1936. Mas, atualmente, denominam-se clássicos os economistas Adam Smith (1776), David Ricardo (1817) e John Stuart Mill (1848). Já Marshall (1920) e Pigou (1933) são denominados neoclássicos. Froyen (2003, p. 44) justifica a posição de Keynes quando afirma que "os avanços teóricos que diferenciam os períodos clássico e neoclássico eram relativos sobretudo à teoria microeconômica. Keynes sentia que a teoria macroeconômica dos dois períodos era homogênea o suficiente para ser tratada de maneira indiscriminada".

geral. O equilíbrio parcial fazia a análise do mercado sem considerar as repercussões nos demais mercados, enquanto o equilíbrio geral acreditava que havia uma correlação geral em todos os mercados. Segundo Pinho e Vasconcellos: "a abordagem do equilíbrio parcial analisa determinado mercado sem considerar os efeitos que esse mercado pode ocasionar sobre os demais existentes na economia. Admite-se que os demais mercados afetam o mercado analisado, mas julga-se que esse mercado não afeta os demais. Por outro lado, na abordagem do equilíbrio geral, acredita-se que tudo depende de tudo"[3].

Mas a teoria clássica voltou a ganhar credibilidade, o que fez com que a economia Keynesiana moderna passasse a se utilizar de algumas de suas ideias. Então, na década de 1950, vários economistas resolveram criar a **síntese neoclássica**, unindo as ideias Keynesianas e as clássicas. Blanchard reforça ao dizer que: "Em princípios da década de 1950, surgiu um amplo consenso baseado na integração de muitas ideias de Keynes com as ideias de seus antecessores. Esse consenso foi chamado de síntese neoclássica"[4].

Portanto, para uma melhor compreensão do assunto, serão analisados, a seguir, o modelo Clássico e o Keynesiano, com suas respectivas características.

8.1.1. Modelo clássico

Para os clássicos, o que determina o Produto da economia é a combinação dos **fatores de produção**, dada uma certa tecnologia, ou seja, enquanto houver disponibilidade de fatores de produção (mão de obra, capital, matéria-prima, empreendimento) e de recursos técnicos, o mercado irá produzir. Como cita Froyen "os economistas clássicos enfatizavam a importância dos fatores reais na determinação da riqueza das nações (...) o crescimento de uma economia era visto como resultante de aumentos nos estoques dos fatores de produção e avanços nas técnicas produtivas"[5]. Portanto, para eles, a produção só cessa quando se esgotam todos os recursos produtivos. Conclui-se que, quando os fatores de produção estiverem sendo plenamente utilizados (pleno emprego), dada uma certa tecnologia, não será mais possível aumentar o Produto da economia. A economia estará operando dentro do seu potencial[6]. Assim, as duas variáveis, produto e emprego, já estariam definidas, ou seja, o **produto potencial** e o **pleno emprego**[7].

Os clássicos também defendiam o *laissez faire*[8], segundo o qual o mercado deveria agir com suas próprias forças, sem intervenção estatal, ou seja, haveria na economia

---

[3] Diva Benevides Pinho e Marco Antonio Sandoval de Vasconcellos, *Manual de economia*, p. 261.
[4] Olivier Blanchard, *Macroeconomia*, p. 546.
[5] Richard T. Froyen, *Macroeconomia*, p. 45.
[6] Produto potencial é o produto da economia a preços constantes quando a economia opera dentro do seu potencial máximo, ou seja, com taxas elevadas de utilização de seus recursos produtivos. Atualmente, considera-se que uma economia opera dentro do seu potencial quando apresenta uma taxa de desemprego entre 5,5% e 6%.
[7] Quando se fala em pleno emprego, considera-se que não haja desemprego involuntário, porém poderá haver o desemprego natural, que é a soma do desemprego voluntário e o friccional.
[8] *Laissez faire* é uma expressão utilizada no liberalismo econômico, que prega a não intervenção do Estado na economia. Deriva da expressão francesa: *"laissez faire, laissez aller, laissez passer"*, que significa "deixai fazer, deixai ir, deixai passar".

uma **"mão invisível"**, capaz de ajustar o mercado sem a interferência do governo. Mas essa teoria só pôde se manter devido a flexibilidade de preços e salários, como será visto posteriormente.

O modelo clássico se assenta no que ficou conhecido por **dicotomia clássica**, em que as variáveis reais e nominais podem ser analisadas separadamente.

Para tanto, é necessário entender alguns conceitos defendidos pelos clássicos:

8.1.1.1. Lei de Say[9]

Segundo a Lei de Say, **toda oferta criava sua própria demanda**. Os clássicos acreditavam que, quanto mais se produzia, mais renda se gerava (o que é, até esse ponto, uma verdade para qualquer modelo) e, por conseguinte, mais demanda se gerava, demanda essa suficiente para adquirir todo o Produto que estava sendo produzido. Portanto, não se considerava a hipótese de demanda generalizada insuficiente, ou seja, a partir dessa teoria acreditava-se que a economia jamais produziria um Produto que não gerasse uma demanda para si mesmo, ou seja, não haveria recessão nem superprodução. Por isso, os clássicos justificavam a **não intervenção do Estado** (ou governo) na economia, acreditando que, além de desnecessária, poderia ser prejudicial. O papel do governo seria apenas o de prover a população de bens públicos e semipúblicos como, por exemplo, segurança nacional, saúde e educação. Daí a crença de que o mercado se autorregularia.

8.1.1.2. Flexibilidade de preços e salários nominais

Como o emprego é definido no mercado pela livre integração entre demanda e oferta da mão de obra, quando houver pessoas desempregadas, reduz-se o nível de salário e emprega-se mais, já que o salário monetário (ou nominal[10]) se ajustaria para garantir o pleno emprego. Portanto, nada justifica o desemprego. Daí a defesa do **pleno emprego**[11], já que, nessa época, os trabalhadores não se organizavam, não havia a presença forte de sindicatos que impedissem essa redução de salários. Lopes e Vasconcellos afirmam que: "A hipótese de flexibilidade total dos preços faz, no caso clássico, com que o mercado de trabalho sempre atinja seu equilíbrio no nível de pleno emprego, isto é, em uma situação onde inexista desemprego (involuntário)"[12].

---

[9] O economista francês Jean-Baptiste Say (1767-1832) estabeleceu que a Oferta Agregada da Economia é que determina o nível de Produção desta Economia.

[10] Salário nominal corresponde ao valor de face do recebimento e é representado por W. Salário real é o salário que mede o poder de compra e é representado por W/p.

[11] Pleno emprego não implica necessariamente que todas as pessoas estejam empregadas, já que pode haver mais dois tipos de desemprego: desemprego voluntário (onde as pessoas estão desempregadas porque não se submetem a trabalhar pelo salário vigente; são os denominados "desalentados") e desemprego friccional (que é o desemprego causado por mudança de emprego ou de função, ou seja, por migração setorial ou regional). Pleno emprego é aquele, portanto, no qual o produto efetivo é igual ao potencial.

[12] Luiz Martins Lopes e Marco Antonio Sandoval de Vasconcellos, *Manual de macroeconomia*, 1998, p. 86.

Segundo Blanchard, "emprego é o número de pessoas que têm trabalho. Desemprego é o número de pessoas que não têm trabalho, mas estão à procura de um. Força de trabalho é a soma de emprego e desemprego"[13].

Mas, para entender o porquê de um salário menor a ser pago quando se emprega um número maior de trabalhadores (N), é necessário entender a **Lei dos Rendimentos Físicos Marginais Decrescentes**[14]. Segundo essa lei, na medida em que se emprega mais de um fator de produção **variável** — no caso, a mão de obra (N) — em detrimento de outro fator de produção **fixo** — no caso, o capital (K) — a produtividade do fator variável — a mão de obra — é cada vez menor. Embora o emprego maior de mão de obra (N) eleve, até certo ponto, o produto total, a Produtividade marginal da mão de obra[15] (ou do trabalho), Pmg_N, é cada vez menor. Observe o gráfico da Figura 8.1 a seguir:

Figura 8.1. Curva da Produção (PT ou Y) em função da mão de obra (N) (gráfico a) e curva de Produto Marginal da mão de obra (ou trabalho) (Pmg_N) em função da mão de obra (N) (gráfico b)

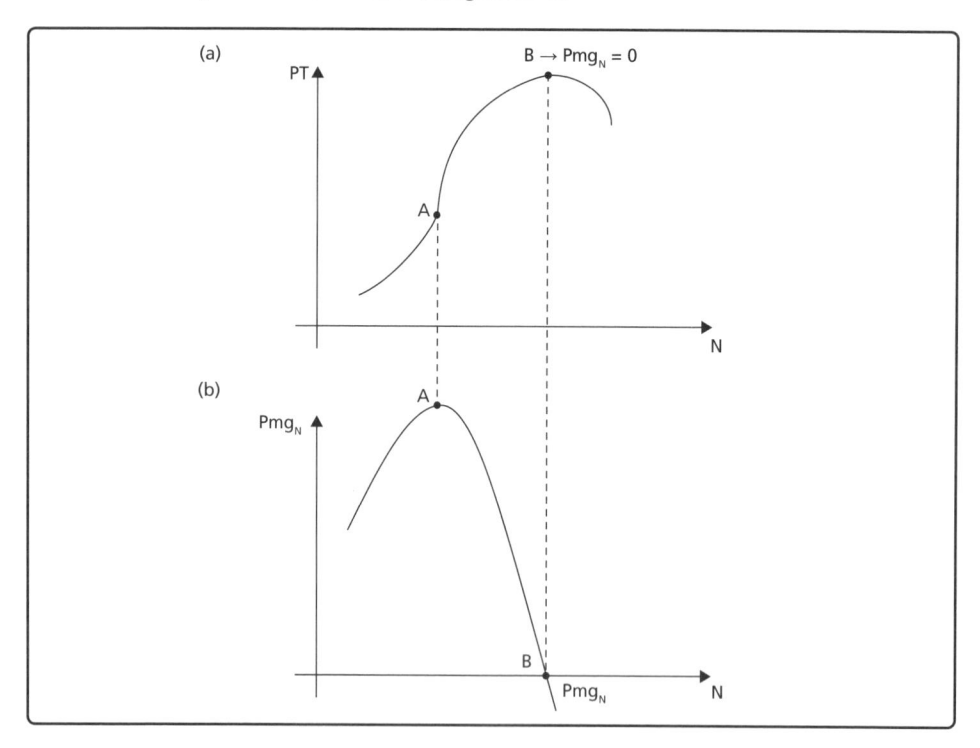

---

[13] Olivier Blanchard, *Macroeconomia*, p. 25.

[14] Devem ser consideradas duas hipóteses importantes quanto à função produção de curto prazo (na Microeconomia): primeiro, que o produto aumenta quando os fatores de produção ou a tecnologia aumentam; segundo, que, dada uma certa tecnologia, a função de produção de longo prazo apresente retornos constantes de escala, ou seja, na medida em que aumentam os fatores de produção, o produto aumenta em igual proporção.

[15] A Produtividade marginal da mão de obra (Pmg_N) é a variação que ocorre no Produto Total (ΔPT) em decorrência da variação de uma unidade de mão de obra (ΔN). Logo: $Pmg_N = \Delta PT / \Delta N$.

8 ◼ Teoria Clássica (Neoclássica) e Keynesiana

À medida que o Produto marginal da mão de obra (Pmg_N) é crescente, ou seja, até o ponto "A" da figura 8.1, o produto total (PT ou Y) cresce a taxas crescentes, ou seja, o produto total (PT) cresce, e cada vez mais. Quando o Produto marginal da mão de obra (Pmg_N) atinge seu ponto máximo, ou seja, o ponto "A", a curva de produto total (Y) muda sua inflexão, passando a crescer a taxas decrescentes, ou seja, apesar de continuar crescendo, cresce cada vez menos. No ponto em que o Produto marginal se iguala a zero, ou seja, no ponto "B", o produto total atinge seu ponto máximo. A partir do ponto em que o Produto marginal da mão de obra (Pmg_N) torna-se negativo, ou seja, a partir de "B", o produto total (Y ou PT) decresce. Essa situação ocorre no curto prazo da Microeconomia[16].

O importante a se entender no momento é que, quando se emprega mais mão de obra, a contribuição para a produção total é cada vez menor, o que pode ser observado entre os pontos "A" e "B" no Gráfico 8.1, e que, portanto, a Produtividade marginal da mão de obra é declinante nesse trecho. Observe o gráfico da Figura 8.2 *infra*, que mostra o comportamento do produto total no intervalo dos pontos AB. O traço vertical mostra a variação no produto (ΔY) mediante uma mesma variação da mão de obra (ΔN), representado horizontalmente. É possível se perceber que a variação do produto é cada vez menor, ou seja, o produto cresce numa proporção menor que o crescimento da mão de obra utilizada. Mas, apesar da variação ser decrescente, o produto total (Y) é crescente. E esse fato se deve ao aumento da mão de obra (N), já que se supõe que o capital (K) é fixo e que não há avanços tecnológicos.

Figura 8.2. Comportamento do Produto Total quando a Produtividade Marginal é decrescente. O incremento do total produzido (ΔY) de cada novo trabalhador é cada vez menor, ou seja, o produto (Y) cresce a taxas decrescentes

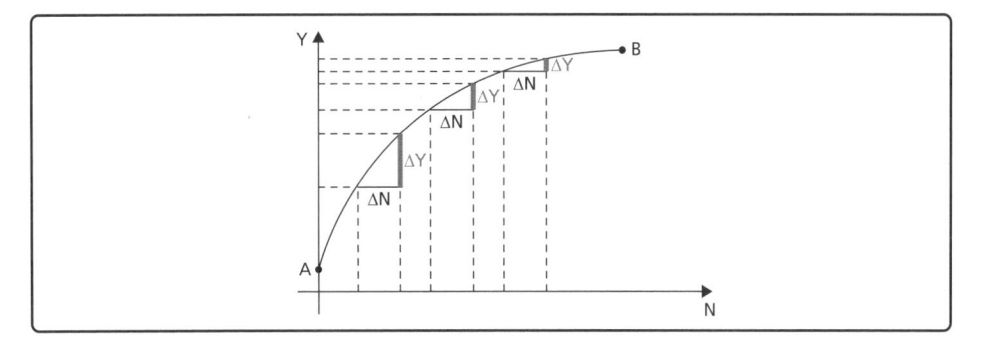

A partir desse momento, a curva de Produto marginal da mão de obra será representada apenas pelo trecho AB. A Produtividade marginal da mão de obra representa a relação entre o acréscimo no produto total (ΔY), mediante o acréscimo de uma unidade

---

[16] Em Microeconomia, curto prazo é o tempo necessário para que os fatores de produção e tecnologia sejam fixos, com exceção de um fator. No exemplo, foram considerados a tecnologia e o fator de produção capital (K) como fixos, variando apenas o fator mão de obra (N). Já em Macroeconomia, curto prazo é o tempo suficiente para que preços e salários sejam rígidos.

de mão de obra (ΔN). O gráfico da Figura 8.3 mostra a curva de Produto marginal do Trabalho, que representa o comportamento dessa curva quando se emprega mais do fator variável (ΔN) somente representando o trecho AB.

Figura 8.3. Curva Produto Marginal do trabalho (ou mão de obra) (Pmg_N) trecho AB, onde ocorre a Lei dos Rendimentos Marginais Decrescentes

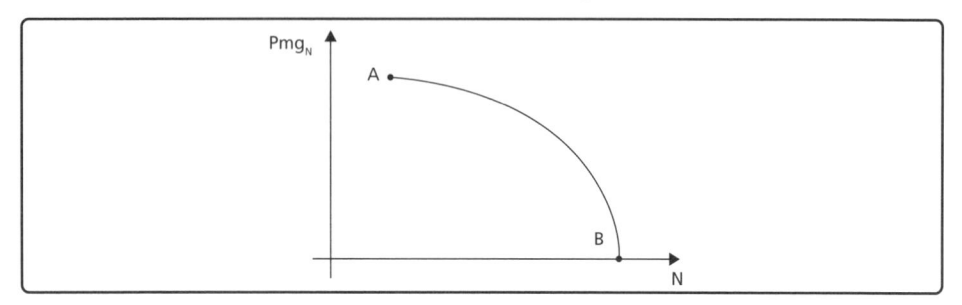

Como a mão de obra[17] (N) poderá variar, já que se considera o fator capital[18] (K) constante, o nível de produção será definido apenas pela quantidade de mão de obra a ser contratada. Isso se dá porque uma modificação no capital é mais difícil que na mão de obra, já que, para adquirir novos equipamentos, edificações etc., leva um tempo muito maior que para adquirir mais mão de obra. Como os clássicos supõem um mercado de trabalho operando em concorrência perfeita, os produtores empregarão mão de obra até o ponto onde a **Produtividade marginal da mão de obra (Pmg_N)** for igual ao **salário real (W/p)** pago, ou seja, como o produtor deseja maximizar seus lucros, deverá empregar até o ponto em que o acréscimo no custo total daquela mão de obra contratada a mais (denominado Custo marginal da mão de obra — Cmg_N) for igual ao acréscimo da receita proporcionada pela contratação daquela mão de obra a mais (denominada Valor da Receita marginal da mão de obra — $VRmg_N$), conforme mostra a equação I *infra*. O $VRmg_N$ é igual ao Produto marginal da mão de obra (Pmg_N), multiplicado pela sua receita marginal (Rmg), conforme mostra a equação II. Como se trata de mercado em concorrência perfeita[19], tanto a receita marginal (Rmg) é igual ao preço (p), como o **Custo Marginal** da mão de obra (Cmg_N) é igual ao salário pago ao trabalhador (W), conforme mostram as equações numeradas por III, então, o **Valor da Receita Marginal** da mão de obra ($VRmg_N$) é igual ao Produto marginal da mão de obra (Pmg_N), multiplicado pelo preço do produto (p), denominado, agora, Valor do Produto marginal da mão de obra ($VPmg_N$), conforme mostra a equação IV, V e VI, da qual derivam as equações VII e VIII. Logo:

---

[17] Entende-se por mão de obra a totalidade da força de trabalho que oferece trabalho na economia.
[18] Entende-se por capital a totalidade de máquinas, equipamentos, instalações, insumos e matéria-prima.
[19] No mercado em concorrência perfeita, a firma individual não tem poder de influenciar preços e salários na economia. Eles serão determinados pelo mercado e a firma individual é tomadora de preços e salários.

$Cmg_N = VRmg_N$ (I)

$VRmg_N = Pmg_N \times Rmg$ (II)

$Rmg = P$ e $Cmg_N = W$ (III)

$VRmg_N = Pmg_N \times P$ (IV)

$VRmg_N = VPmg_N$ (V)

$VPmg_N = Pmg_N \times p$ (VI)

Como: $Cmg_N = VPmg_N$

Então: $W = VPmg_N$ (VII)

Então: $W = Pmg_N \times p$ (VIII)

Portanto, o salário nominal (W) é igual ao Valor do Produto marginal da mão de obra ($VPmg_N$) (equação VII), ou o salário nominal (W) é igual ao Produto marginal da mão de obra (Pmg_N), multiplicado pelo preço (p), conforme a equação VIII.

Representando a função (equação VIII), deslocando o preço (p) para o denominador do salário nominal (W), tem-se:

$$Pmg_N = W/p$$

Essa função mostra que a **maximização do lucro** por parte do empresário se dá quando a Produtividade marginal da mão de obra (Pmg_N) for igual ao salário real (W/p) pago ao trabalhador, ou seja, a empresa maximiza lucro quando contrata o número de trabalhadores até o ponto em que a Produtividade marginal do trabalhador se iguala ao salário real. Logo, **a quantidade demandada de mão de obra** pela firma é determinada pela Produtividade marginal da mão de obra (Pmg_N), salário nominal (W) e nível de preços (P), onde W e P são definidos pelo mercado e a Pmg_N é determinada, no curto prazo, pelo nível de emprego.

Dornbusch e Fischer afirmam que: "A teoria neoclássica da demanda por trabalho, relaciona a demanda por trabalho, somente aos salários reais, mantendo-se estáveis os demais fatores de produção, da empresa. As empresas competitivas que estão livres para alterar o volume de mão de obra que empregam, sem custos e imediatamente, contratarão mão de obra até o ponto em que o salário real for igual à produtividade marginal do trabalho"[20].

Essa relação mostra que: se o trabalhador apresentar um produto marginal menor, receberá um salário menor; e se apresentar um produto marginal maior, receberá um salário maior.

Como a maximização do lucro da empresa se dá quando a última unidade de mão de obra contratada apresenta uma Produtividade marginal da mão de obra (Pmg_N) igual ao salário real (W/p) pago, pode-se dizer que o produtor vai remunerar o trabalhador de acordo com o Valor da Produtividade marginal da mão de obra ($VPmg_N$). Como já

---

[20] Rudiger Dornbusch e Stanley Fischer, *Macroeconomia*, p. 355.

mencionado, o Valor do Produto marginal da mão de obra em um mercado em concorrência perfeita é igual ao Produto marginal da mão de obra, multiplicado pelo preço do produto, e que o preço da mão de obra é o seu salário. Vasconcellos e Oliveira afirmam que a empresa "irá contratar uma quantidade de trabalho que iguala o valor do produto marginal desse fator a seu preço"[21].

Sabendo-se que a curva de produtividade de mão de obra é a própria **curva de demanda por mão de obra**[22], é possível se perceber na Figura 8.4 que, para se aumentar o número de mão de obra empregada, o empresário terá que reduzir o salário real (W/p) a ser pago. Portanto, para os clássicos, o **salário real (W/p)** é uma função inversa da quantidade de mão de obra demandada (N), conforme gráfico (a) da Figura 8.4. Também, no gráfico (b) da Figura 8.4 é possível perceber que a relação entre a quantidade demandada de mão de obra (N) e o salário nominal (W) é negativa.

A demanda real (ou nominal) de mão de obra mostra quanto as firmas estão dispostas a pagar de salário real (ou nominal) a cada nível de emprego ou quanto de mão de obra será contratada a cada nível de salário real (ou nominal).

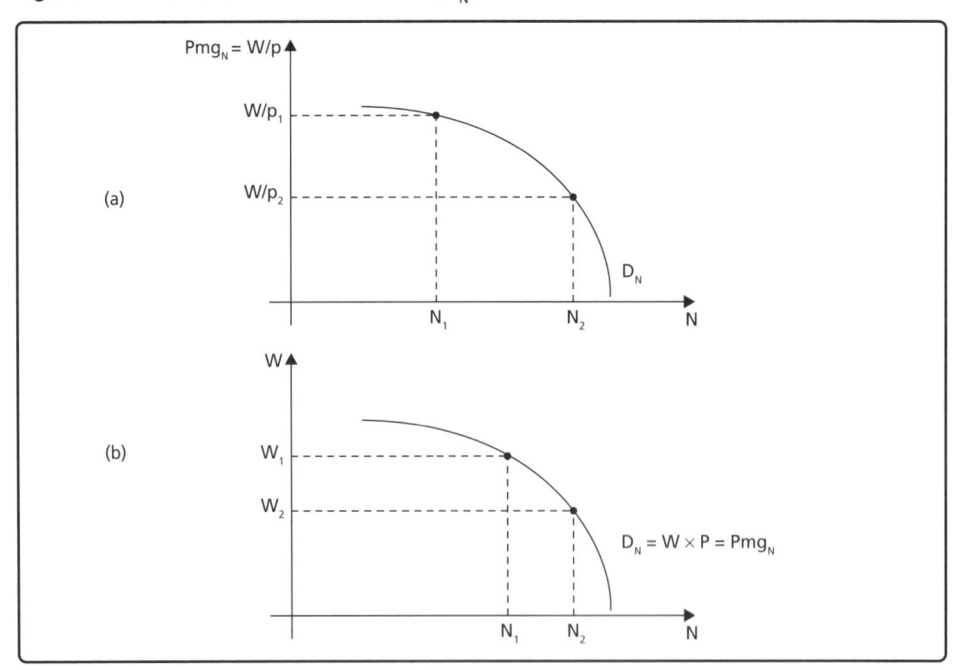

Figura 8.4. Demanda de mão de obra (D_N)

---

[21] Marco Antonio Sandoval de Vasconcellos e Roberto Guena de Oliveira, *Manual de microeconomia*, p. 225.

[22] A demanda por mão de obra é a quantidade de mão de obra que as firmas demandam a cada nível de salário para realizarem a produção. O gráfico superior mostra a demanda real de obra em função do salário real (W/P) e o gráfico inferior, mostra a demanda nominal de mão de obra como função do salário nominal W.

Observe, no gráfico da Figura 8.5, que o número de trabalhadores a serem contratados na firma individual a um salário W/p_1 será igual a n_1. Portanto, o número de trabalhadores contratados (n) dependerá do salário real (W/p) a ser pago.

Figura 8.5. Curva Produto Marginal do trabalho (Pmg_N) que representa a Demanda da Firma em equilíbrio com o salário real (W/p)

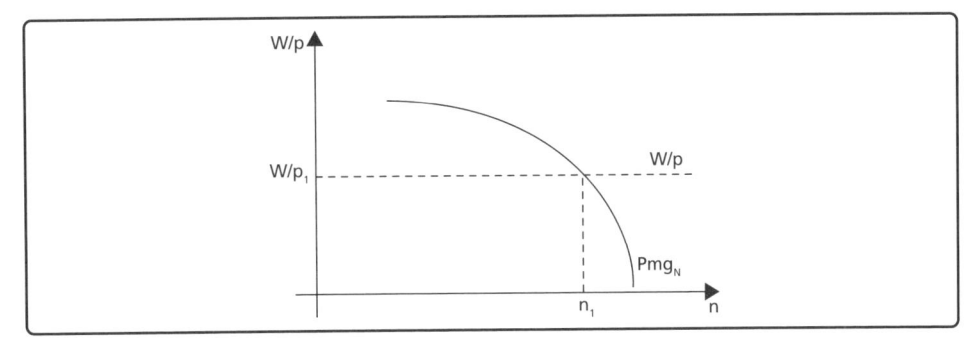

Observe que, para se contratar acima (ou à direita) de n_1, é necessário que o salário real se reduza a um nível abaixo de W/p_1. Da mesma maneira, para se contratar abaixo (ou à esquerda) de n_1, a Produtividade marginal da mão de obra estaria acima do salário real pago, obrigando o produtor a remunerar com um valor maior ou aumentar o número de trabalhadores a serem contratados até atingir n_1. Assim diz Froyen: "A curva de produto marginal é a curva de demanda da firma por trabalho. Isso significa que a demanda por trabalho depende inversamente do valor do salário real. Por exemplo, quanto mais alto for o salário real, menor será o nível de trabalho que iguala o salário real ao produto marginal do trabalho"[23].

As mesmas variáveis que afetam a função produção, ou seja, aumento da produtividade da mão de obra em decorrência do aumento do capital ou melhoria tecnológica, afetam a curva de demanda por mão de obra, deslocando-a para a direita, fazendo com que as firmas contratem a mesma quantidade de trabalhadores (n_1) a um salário mais alto (W/p_2.). Portanto, quando os empregadores apresentam expectativas de maiores ganhos, demandarão uma quantidade de mão de obra maior (n_2) ao mesmo salário W/p_1. Observe a Figura 8.6. Assim, uma maior oferta de fatores produtivos (no caso, o capital) ou um avanço tecnológico que leve ao aumento da produtividade da mão de obra é capaz de elevar o emprego da economia de n_1 para n_2 a um salário $(W/p)_1$.

---

[23] Richard T. Froyen, *Macroeconomia*, p. 91.

Figura 8.6. Deslocamento da curva de demanda por mão de obra da firma devido ao aumento da produtividade da mão de obra por causa de um avanço tecnológico ou aumento do estoque de capital na economia

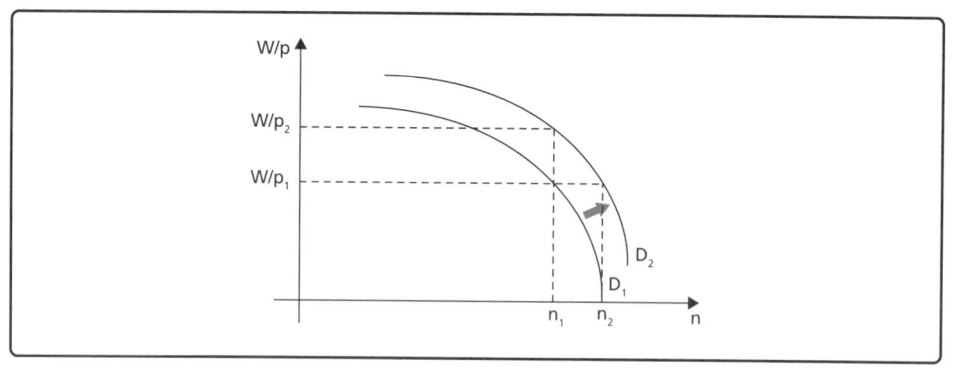

[Gráfico: eixos W/p (vertical) e n (horizontal); curvas D_1 e D_2; W/p_2 acima de W/p_1; n_1 e n_2 no eixo horizontal; seta indicando deslocamento de D_1 para D_2]

Analisando pelo lado da **oferta de mão de obra**[24], que é feita pelo trabalhador individual, é importante se observar que será função do salário real a ser pago e das horas de lazer pretendidas, ou seja, pelas preferências entre lazer e trabalho. Assim, quando o salário real (W/p) se eleva, dois efeitos ocorrem: o efeito substituição e o efeito renda.

O **efeito substituição**, que consiste em substituir horas de lazer por trabalho, provoca um aumento da oferta de trabalho a medida que o salário real (ou nominal) aumenta, uma vez que o custo de oportunidade do lazer é muito alto[25]. O **efeito renda** provoca uma diminuição da oferta de trabalho a medida que o salário real (nominal) aumenta, uma vez que, estando o trabalhador em melhor situação financeira, demandará mais lazer. Observe que os efeitos são opostos. Portanto, partindo do pressuposto que o efeito substituição é preponderante sobre o efeito renda, a curva de oferta de mão de obra é uma função crescente. Segundo Lopes e Vasconcellos: "(...) a inclinação da oferta de trabalho depende de qual dos dois efeitos é predominante, pois uma elevação do salário real tende pelo efeito substituição a ampliar a oferta de trabalho, mas pelo efeito renda tende a diminuir"[26].

A curva de oferta de mão de obra para os Clássicos mostra a **desutilidade marginal do trabalho**, ou seja, a curva de oferta mostra a insatisfação do trabalhador em trocar horas de lazer por trabalho. Lopes e Vasconcellos definem a desutilidade marginal do trabalho como "a perda de utilidade decorrente de dedicar mais horas ao trabalho

---

[24] Oferta de mão de obra é a quantidade de trabalho que a mão de obra oferece a cada salário.
[25] Entende-se por custo de oportunidade aquilo que se deixa de ganhar pelo fato de se ter optado por uma situação. Assim, se o trabalhador optar por lazer quando o salário estiver mais alto, ele deixará de receber esse salário por ter optado pelo lazer no lugar do trabalho e, portanto, o custo de oportunidade do lazer será muito alto.
[26] Luiz Martins Lopes e Marco Antonio Sandoval de Vasconcellos, *Manual de macroeconomia*, 1998, p. 92.

8 ■ Teoria Clássica (Neoclássica) e Keynesiana

e menos ao lazer" e, portanto, a curva de oferta mostra "quanto deve ser o salário real para induzir o indivíduo a abrir mão do lazer dedicando esse tempo ao trabalho"[27].

Observe, na Figura 8.7, a curva de oferta de mão de obra, positivamente inclinada, onde o efeito substituição prepondera sobre o efeito renda.

Figura 8.7. Curva de oferta de mão de obra como função do salário real (W/P) — gráfico (a) e curva de oferta de mão de obra como função do salário nominal (W) — gráfico (b)

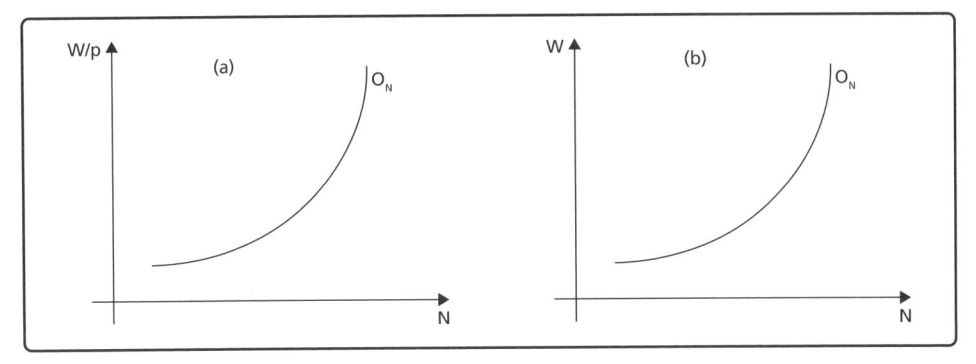

Percebe-se que, quanto maior o salário real (W/p) ou nominal (W), maior a quantidade ofertada de trabalho (N). Isso justifica o formato crescente da curva de oferta da mão de obra (O_N). O salário exigido pela mão de obra depende do nível de emprego. Quanto maior o nível de emprego, maior a exigência de salário real (ou nominal) mais alto.

Há duas razões para a **curva de oferta nominal de trabalho** — gráfico (b) da Figura 8.7 se deslocar para cima ou para a esquerda, mantidas as preferências do trabalhador entre lazer/ trabalho e considerando constante o tamanho populacional: a primeira seria uma elevação dos preços, caso os trabalhadores persigam um salário real (como é o pensamento clássico), já que a cada nível de emprego, a mão de obra exige um salário nominal (W) mais alto para compensar a elevação de preços. A segunda razão seria a exigência de maiores salários nominais, mantido o nível de preços.

Juntando a curva de oferta agregada de mão de obra (O_N), que é a **soma horizontal** das curvas de ofertas individuais de trabalho, e a curva demanda agregada por mão de obra (D_N), que corresponde à **soma horizontal** das Produtividades marginais da mão de obra (ou do trabalho) (Pmg_N), das firmas, num mercado de trabalho que opera sob concorrência perfeita, determina-se o salário real (W/p_1) e o número de trabalhadores (N_1) de equilíbrio. Observe na Figura 8.8:

---

[27] Luiz Martins Lopes e Marco Antonio Sandoval de Vasconcellos, *Manual de macroeconomia*, 1998, p. 92.

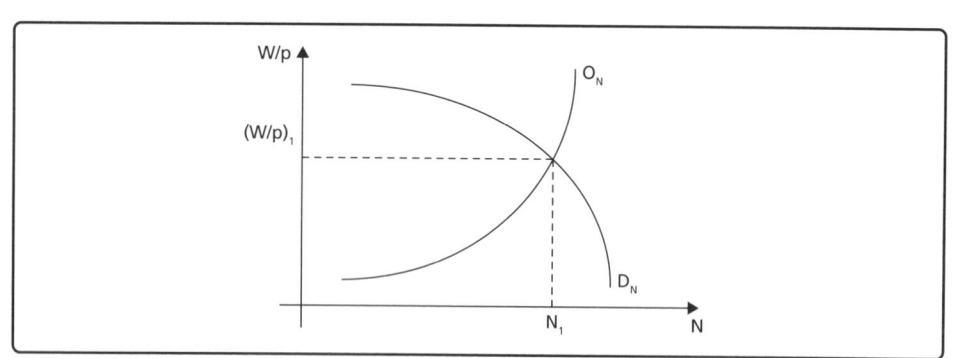

Figura 8.8. Equilíbrio entre a oferta e a demanda por mão de obra no mercado de trabalho

O **equilíbrio** entre a oferta e a demanda de mão de obra no mercado determina o salário real (W/p) e o emprego (N) na economia num mercado em concorrência perfeita. Para que esses dois últimos fossem alterados, seria necessário que as curvas de demanda ou oferta por mão de obra se deslocassem. Assim, se o nível de preços alterasse ou houvesse um avanço tecnológico ou uma mudança na formação de capital, esses dois últimos, provocando uma alteração da Produtividade marginal da mão de obra, provocaria um deslocamento da curva de demanda de mão de obra (D_N)[28]. Já um crescimento populacional, uma alteração nas preferências do consumidor entre lazer e trabalho, uma alteração no nível de preços ou nas exigências salariais poderia deslocar a curva de oferta de trabalho. Assim, novos pontos de equilíbrio seriam definidos.

Caso o salário real (W/p) se elevasse em decorrência da elevação do salário nominal (W), levaria a um excesso de oferta de mão de obra **(desemprego)**. Observe a Figura 8.9, onde N_1 é a quantidade de mão de obra demandada e N_2 é a quantidade de mão de obra ofertada. ($N_2 - N_1$) é igual ao desemprego gerado quando o salário (W_1) está acima do equilíbrio de mercado.

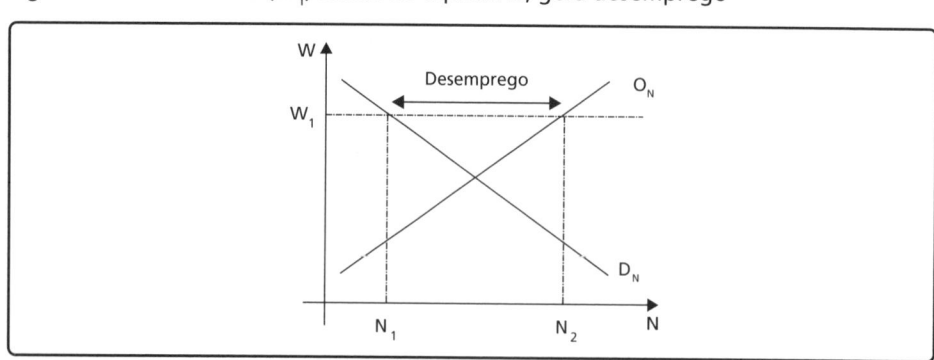

Figura 8.9. Um salário (W_1) acima do equilíbrio, gera desemprego

---

[28] Depois será visto que, no modelo clássico, a demanda terá um papel passivo na determinação do produto e emprego na economia.

Os trabalhadores em busca de trabalho provocariam redução dos salários nominais até o ponto em que o salário real atingisse novamente o ponto de equilíbrio $(W/p)_1$ da Figura 8.8. Caso o salário real (W/p) se reduzisse em decorrência de uma queda do salário nominal (W), levaria a um excesso de demanda por mão de obra (**superemprego**). Observe a Figura 8.10 a seguir, em que N_1 é a quantidade de mão de obra ofertada e N_2 é a quantidade de mão de obra demandada. $(N_2 - N_1)$ é igual ao superemprego gerado quando o salário (W_1) está abaixo do equilíbrio de mercado.

Figura 8.10. Um salário (W_1) abaixo do equilíbrio, gera superemprego

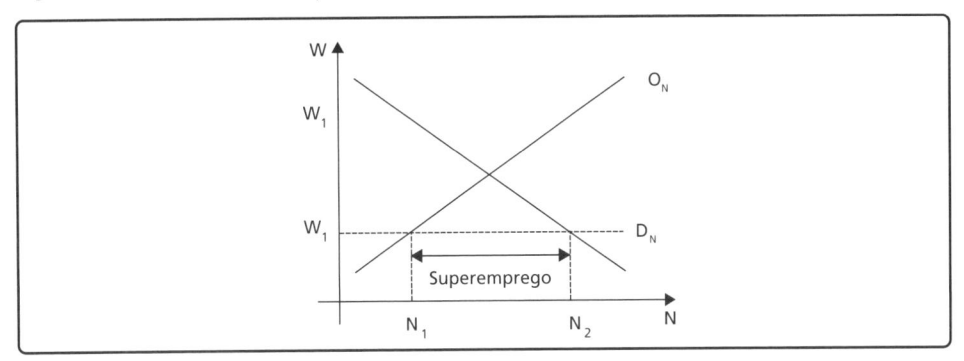

Assim, para que as firmas conseguissem trabalhadores, deveriam elevar o salário nominal (W) até o ponto de equilíbrio $(W/p)_1$ da Figura 8.8 *supra*.

Associando o gráfico do equilíbrio no mercado de trabalho da Figura 8.8 com a de produto total (Y) da Figura 8.11, tem-se:

Figura 8.11. Curva da Função Produção (Y) associada a um nível de emprego de equilíbrio no mercado de trabalho

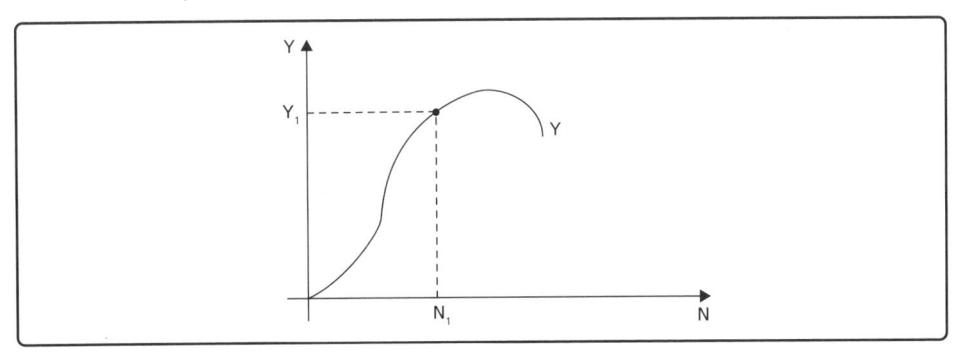

Lembre-se que a soma horizontal das curvas de demanda das firmas individuais, que corresponde à soma do Produto marginal da mão de obra (ou do trabalho), é igual à curva de **demanda agregada por trabalho**.

O equilíbrio no mercado de trabalho determina o nível de emprego e o salário real. Esse nível de emprego é o nível de pleno emprego. A firma individual é **tomadora de**

preços. Assim, ela toma o preço da mão de obra, que é o salário, e determina o nível de emprego na firma individual. Observe a Figura 8.12. Lopes e Vasconcellos afirmam que, "como existem muitas empresas, cada uma delas não tem poder para influir nas condições de mercado, isto é, afetar os preços (tanto dos produtos como dos fatores de produção), sendo cada firma individualmente tomadora de preços"[29].

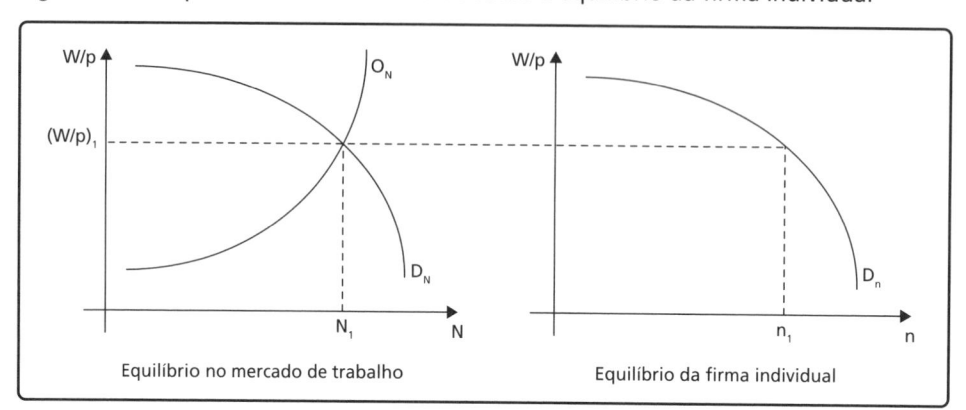

Figura 8.12. Equilíbrio no mercado de trabalho e equilíbrio da firma individual

[Gráficos: Equilíbrio no mercado de trabalho (com eixos W/p e N, curvas O_N e D_N, ponto $(W/p)_1$ e N_1) e Equilíbrio da firma individual (com eixos W/p e n, curva D_n, ponto n_1)]

Para os clássicos, o trabalhador persegue exclusivamente o **salário real** (W/p), apesar de que as negociações a respeito do seu salário serão em cima do salário nominal. Sendo assim, caso haja uma elevação dos preços (p), isso provocaria uma redução dos salários reais (W/p). Com isso, há uma redução da oferta de trabalho, já que, para os clássicos, os trabalhadores lutam por salários reais mais elevados, no intuito de maximizar sua satisfação, ou seja, só trocam menos lazer por mais trabalho se o salário real (W/p) for mais elevado. Com uma elevação de preços (p), o salário real (W/p) se reduz, fazendo com que a curva de oferta de mão de obra se desloque para cima ou para a esquerda, elevando os salários nominais (W) na tentativa de que os salários reais (W/p) fiquem preservados, já que os salários nominais devem ser ajustados para que se mantenha o equilíbrio no mercado de trabalho. Da mesma maneira, uma elevação dos preços faz o produtor elevar a demanda por mão de obra, já que, com salários reais mais baixos, é mais interessante contratar mais mão de obra, porque o Valor da Produtividade marginal da mão de obra ($VPmg_N = Pmg_N \times p$) se eleva e, no intuito de aumentar os lucros, é vantajoso contratar mais trabalhadores. Lembre-se que o empresário deverá contratar mão de obra até o ponto em que o Valor da Produtividade marginal da mão de obra ($VPmg_N = Pmg_N \times p$) se iguala ao salário nominal (W). Isso desloca a curva de demanda para cima ou para a direita. O novo ponto de equilíbrio será aquele onde a curva de oferta$_2$ (O_{N2}) corta a curva de demanda$_2$ (D_{N2}). É importante notar que, apesar do salário nominal ter se elevado de W_1 para W_2, o salário real não se alterou, nem o nível de emprego. Segundo Do Val: "A hipótese clássica é que, com salários e preços flexíveis tanto para

---

[29] Luiz Martins Lopes e Marco Antonio Sandoval de Vasconcellos, *Manual de macroeconomia*, 1998, p. 89.

cima como para baixo, há um só nível de emprego de equilíbrio, se a suposição de **perfeita percepção de preços** prevalecer. Isso ocorre porque, se os preços subirem, os empresários poderão elevar os salários deixando o salário real inalterado se preços e salários subirem na mesma proporção. Se salários reais permanecem iguais, não há qualquer motivo adicional para que o nível de emprego se modifique. Se os preços descem, o empresário se vê na obrigação de reduzir salários nominais. Se isso ocorrer na mesma proporção, os salários reais permanecerão iguais e o nível de emprego permanecerá fixo em N_1."[30] Observe na Figura 8.13 o comportamento das curvas de oferta e demanda por mão de obra em função do salário nominal quando os preços variam, onde se percebe que o salário nominal se ajusta aos preços, determinando o mesmo nível de emprego:

Figura 8.13. Modelo clássico: Oferta e demanda por mão de obra no mercado como função do salário nominal (W) quando há elevação de preços: a curva de demanda por mão de obra e a curva de oferta por mão de obra se deslocam, elevando o salário nominal (W) na mesma proporção da elevação dos preços, mantendo inalterado o salário real (W/P) e o nível de emprego (N)

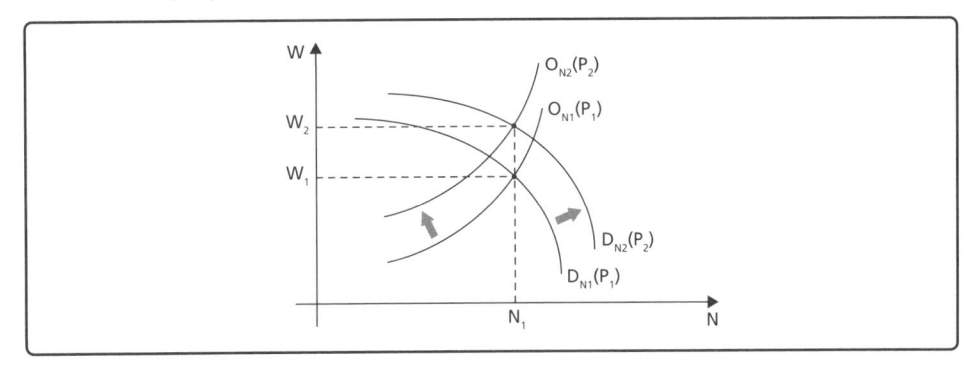

Uma mudança no nível geral de preços não é capaz, portanto, de alterar o nível de emprego, já que o salário nominal (W) deverá se elevar na mesma proporção, mantendo inalterado o salário real (W/p).

Quando os preços sobem, isso é percebido pelos empresários como uma redução dos salários reais. Para os consumidores, isso é percebido como uma redução do poder de compra. Quando essa **percepção** entre os agentes econômicos for igual, os empresários demandarão mais mão de obra na mesma intensidade que os trabalhadores ofertarão menos mão de obra. Assim, o salário real (W/p) e o nível de emprego de equilíbrio permanecem inalterados. Qualquer ponto diferente de N_1 representa desemprego voluntário, já que em N_1 ocorre o pleno emprego, ou seja, não há desemprego involuntário.

A partir do gráfico da Figura 8.13, é possível mostrar o gráfico da Figura 8.14, onde se nota que, havendo uma mesma percepção por parte dos empresários e empregados de uma alteração de preços, o salário real e o nível de empregos não se alteram. Observe que, para facilitar, as curvas de demanda e oferta por mão de obra estão sendo representadas por curvas lineares.

---

[30] Fernando T. R. Do Val, *Macroeconomia*, p. 121.

Figura 8.14. Equilíbrio no mercado de trabalho quando os preços se elevam e há perfeita percepção por parte dos agentes. Os salários nominais (W) se elevam, mas, os salários reais (W/P) e o nível de emprego (N) permanecem constantes

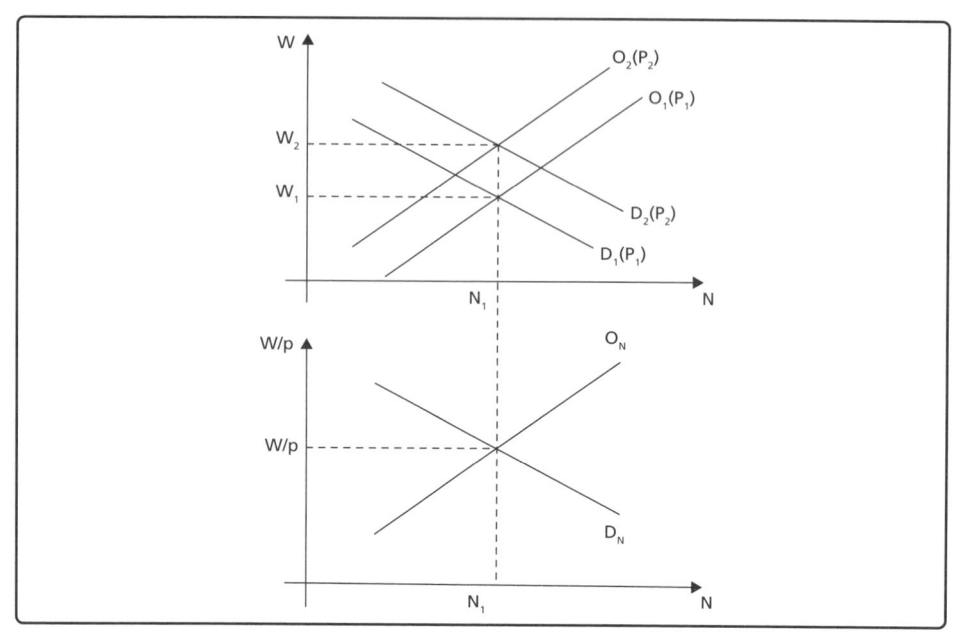

Se é verdade que o nível de emprego não é alterado pela variação do nível de preços, pode-se aceitar também que a mesma **variação de preços** não é capaz de alterar o nível de produto da economia, já que o produto será determinado pela quantidade de mão de obra empregada, considerando-se o fator de produção capital (K) fixo e a tecnologia constante. A Figura 8.15 mostra a curva de oferta agregada do modelo clássico e percebe-se que alterações nos níveis de preços não são capazes de alterar o nível de produto, já que uma elevação no nível de preços eleva a demanda de mão de obra na mesma proporção que a oferta de mão de obra se reduz, neutralizando alterações no nível de emprego e, portanto, no nível de produto.

Figura 8.15. Curva de oferta agregada (o.a). Relação do produto agregado (Y) com variações de preços (P)

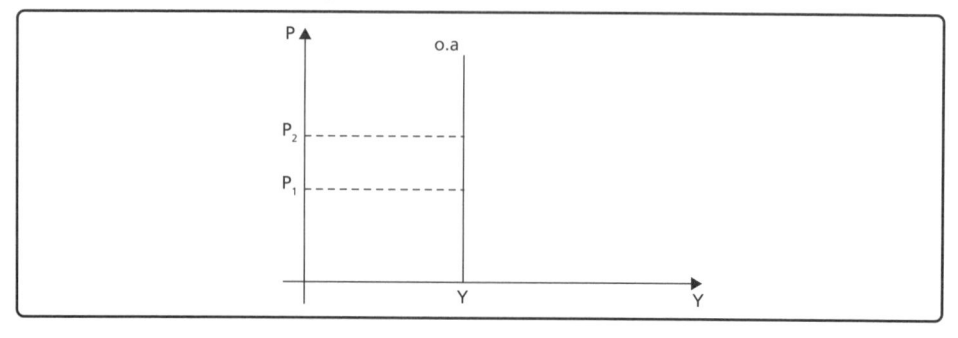

Portanto, os salários nominais deveriam ser flexíveis, no sentido de se ajustarem a alguma alteração de preços, preservando o salário real, o nível de emprego e produto. Assim, para os clássicos, os **salários reais são relevantes** e os salários nominais, irrelevantes, no sentido de alterar o nível de emprego e produto porque, como visto anteriormente, há o **perfeito conhecimento**, inclusive no curto prazo, por parte dos empresários e trabalhadores de alteração nos preços, o que leva, no caso de uma mudança nos preços, a uma alteração na curva de demanda de mão de obra, mas também a uma alteração, em sentido oposto, da curva de oferta de mão de obra. Os trabalhadores não sofrem de **"ilusão monetária"**, ou seja, não se enganam quando há uma alteração nos preços, como supunha Keynes, já que **percebem rapidamente alterações nos preços**. Do Val reforça essa ideia quando diz: "(...) se os indivíduos são racionais e se há tempo suficiente para que eles se informem sobre o comportamento dos preços (...) os índices percebidos pelos empresários serão iguais aos índices percebidos pelos trabalhadores e, por consequência, iguais aos verdadeiros índices de preços"[31]. Observe novamente a Figura 8.13.

Para os clássicos, se a intenção for alterar o nível de produto e emprego, devem-se alterar elementos associados à oferta agregada (o.a), já que a demanda agregada (d.a) é incapaz de modificar o produto da economia. Assim, para se alterar a oferta agregada, devem-se alterar as variáveis reais[32]. Logo, o produto e o emprego serão determinados apenas por fatores ligados à oferta. Observe o que ocorre caso haja aumento da demanda agregada (de D_1 para D_2), no gráfico da Figura 8.16:

Figura 8.16. Impacto de alterações na demanda agregada sobre os preços e o produto

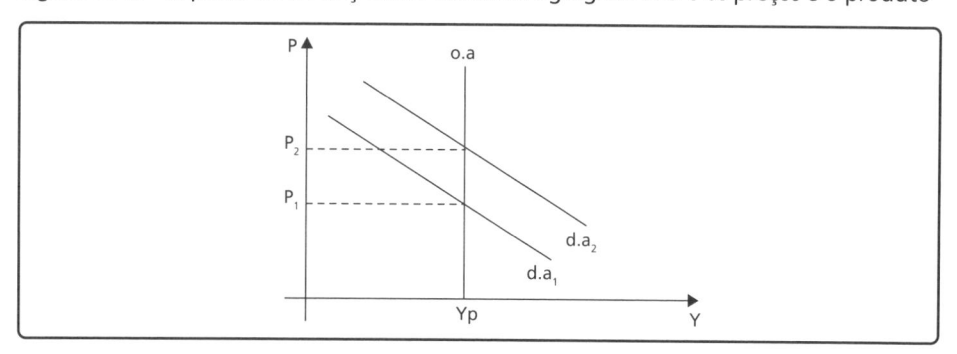

Quando a demanda agregada se altera, o produto potencial real (Yp) permanece constante, alterando-se apenas o nível de preços. Isso ocorre devido à função **estabilizadora** proporcionada pela flexibilidade de preços e salários. Essa curva de oferta será considerada, para a teoria econômica, como uma curva de oferta de longo prazo. Lopes e Vasconcellos afirmam: "(...) o nível de produto é determinado pelo estoque de fatores

---

[31] Fernando T. R. Do Val, *Macroeconomia*, p. 117.
[32] As variáveis reais são preços relativos, Produto Real, emprego, salário real. As variáveis nominais são preço, salário nominal.

de produção e pela tecnologia, independente da demanda agregada, que apenas determinará qual será o nível de preços ao qual aquela oferta será vendida"[33].

Se há, portanto, trabalhadores desempregados, eles devem ser contratados a salários nominais mais baixos (W), o que repercutirá em salários reais menores também (W/p), considerando que os preços (p) permaneçam constantes. Salários reais menores seriam justificados por uma menor produtividade da mão de obra[34] também. Para tanto, lembre-se que $Pmg_N = W/p$. Assim, um novo equilíbrio se define no mercado de trabalho. O aumento do emprego decorrente de um aumento da oferta de mão de obra reduz o salário real (de W/p_1 para W/p_2). Observe a Figura 8.17:

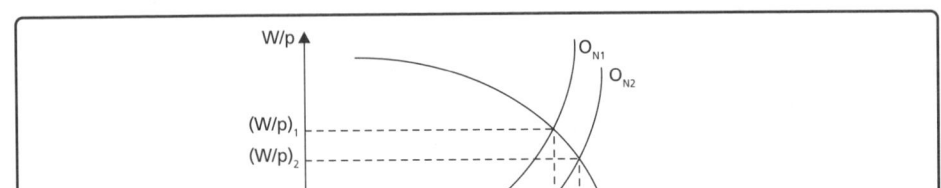

Figura 8.17. Aumento da oferta de mão de obra no mercado de trabalho

Observe que uma mudança na oferta foi capaz de **alterar uma variável real** — nível de emprego — e, por conseguinte, será capaz de alterar o nível de produto também, diferentemente do comportamento visto na Figura 8.11, que mostrou que uma variação na demanda por mão de obra, em decorrência de uma alteração no nível de preços, não foi capaz de alterar nenhuma variável real. Confirmando essa teoria, Froyen diz: "Uma característica comum aos fatores que determinam a produção no modelo clássico é que todos são variáveis que afetam o lado da oferta, ou seja, as quantidades que as firmas escolhem produzir. No modelo clássico, os níveis de produção e emprego são determinados exclusivamente por fatores associados à oferta"[35].

Nos tópicos seguintes, poderá ser entendido melhor que uma política monetária (alteração da oferta de moeda), uma política fiscal (alteração dos gastos e tributação do governo) e o investimento das empresas, que são fatores que compõem a demanda agregada, não serão capazes de alterar nenhuma variável real no modelo clássico. Para tanto,

---

[33] Luiz Martins Lopes e Marco Antonio Sandoval de Vasconcellos, *Manual de macroeconomia*, 1998, p. 86.
[34] À medida que novos trabalhadores são contratados, a Produtividade marginal da mão de obra (Pmg_N) passa a ser menor porque é natural que sejam contratados primeiro os trabalhadores que apresentam uma produtividade maior. Logo, se a produtividade diminui à medida que aumenta o número de trabalhadores contratados, é justo que o salário a ser pago também se reduza.
[35] Richard T. Froyen, *Macroeconomia*, p. 57.

é necessário que haja flexibilidade de preços e salários nominais que impeça que alterações na demanda agregada afetem o nível de produto e renda da economia.

8.1.1.3. Poupança e investimento

É importante compreender que, quando se fala em investimento, está se referindo ao investimento produtivo, e não ao investimento financeiro. Assim, reforça Blanchard: "Os economistas usam o termo investimento quando se referem à aquisição de bens de capital novos, como (novas) máquinas, (novos) imóveis comerciais ou (novas) casas. Para os economistas, a compra de ouro ou de ações da General Motors ou de outros ativos financeiros representa um investimento financeiro"[36].

Para os Clássicos, a poupança e o investimento são determinados pelo nível de **taxa de juros (r)**, ou seja, a interação entre aqueles que poupam e aqueles que pedem dinheiro emprestado para investir vai depender da taxa de juros. Quanto maior essa última, mais haverá incentivo à poupança e menos ao investimento. Assim, a poupança é uma **função direta** da taxa de juros, e o investimento, uma **função inversa** da taxa de juros. O mercado deverá agir no sentido de equilibrar, por meio da taxa de juros, esses dois agregados. Portanto, o lado nominal da economia vai fazer interagirem investidores e poupadores[37]. Assim, o investimento será sempre igual à poupança e quem assegurará isso será a taxa de juros. Ela desempenhará uma função estabilizadora, de tal maneira que uma mudança nos investimentos não afete a demanda agregada.

É importante se perceber que, se a poupança (S) fosse uma função do nível de renda, como afirmava a teoria Keynesiana, ela já seria dada, já que a renda é a de pleno emprego. Assim, também, desenvolve-se o raciocínio com relação ao consumo (C).

Portanto: C = f(r) e S = f(r), ou seja, o consumo (C) é função inversa da taxa de juros, e a poupança (S) é função direta da taxa de juros.

Para os clássicos, no equilíbrio, a poupança é igual ao investimento, sendo a primeira a razão de existir da segunda.

8.1.1.4. Os gastos do governo

Os gastos do governo, dada uma taxa de juros, não elevam o Produto da economia, porque alteram apenas a demanda agregada da economia, que tem um **papel passivo** no intuito de elevar as variáveis reais (emprego e salário real). Será capaz de alterar apenas as variáveis nominais, como preços e salários nominais. Observe a Figura 8.14 novamente.

Envolvendo o mercado monetário, para os clássicos, caso o governo venha a aumentar seus gastos, haverá um aumento das taxas de juros, desestimulando o investimento privado na mesma proporção[38]. Portanto, não se alteram os níveis de renda, Produto Real

---

[36] Olivier Blanchard, *Macroeconomia*, p. 43.
[37] Para os clássicos, o lado real da economia está totalmente separado do lado monetário. A isso, deu-se o nome de **dicotomia clássica**.
[38] Conhecido como efeito deslocamento ou *crowding out* ou efeito expulsão. Esse assunto será abordado no capítulo 14.

e emprego da economia. As taxas de juros seriam elevadas pelos gastos do governo, porque o aumento do déficit público reduziria o nível de poupança interna, que é composta pela poupança do setor privado e pela poupança do setor público e, como a taxa de juros é o que regula o equilíbrio entre poupança e investimento, para os clássicos, menos poupança implica uma maior taxa de juros que possibilite equilibrar com o investimento, agora, menor.

Portanto, a atuação do governo geraria apenas ineficiência na alocação dos recursos.

8.1.1.5. Política tributária

Pelo **lado da demanda:** para os clássicos, a alteração dos tributos não é capaz de alterar a demanda agregada. Um corte nos impostos, que seria compensado por vendas de **títulos públicos**, poderia provocar, a princípio, um aumento do nível de consumo. Esta oferta de títulos elevaria a taxa de juros, já que implicaria uma redução da oferta de moeda. Essa elevação na taxa de juros desestimularia o investimento e elevaria a poupança, retornando o consumo ao nível anterior à queda dos tributos, ou seja, a demanda agregada não se deslocaria. Se a queda dos impostos, no entanto, fosse financiada por **emissão de moeda**, isso provocaria uma elevação no nível de preços, mas, o produto (Y) permaneceria constante.

Pelo **lado da oferta:** se a redução dos impostos afetasse a oferta de trabalho, já que representaria um **aumento do salário real**[39], produto e emprego poderiam ser alterados, já que, para os clássicos, apenas mudanças na oferta alteram variáveis reais.

Nessa hipótese, um aumento do produto, devido ao aumento do emprego, desloca a oferta agregada para a direita, reduzindo o nível de preços, que poderia ser compensado caso essa redução de impostos fosse financiada pela emissão de moeda, deslocando a demanda agregada para a direita e deixando inalterado o nível de preços.

Observe, na Figura 8.18, as três situações possíveis: a primeira (figura a), em que a redução dos impostos tenha sido compensada pela venda de títulos públicos e, portanto, a **demanda agregada** não se desloca deixando o nível de produto inalterado; a segunda (figura b), em que a redução dos impostos tenha sido financiada pela emissão de moeda, deslocando a **demanda agregada** em virtude do aumento da oferta de moeda, o que acarreta uma elevação do nível de preços, mas o produto (Y) permaneceria inalterado; e a terceira hipótese (figura c), em que a redução de impostos tenha sido financiada pela emissão de moeda e que tenha provocado uma alteração na **oferta** de mão de obra e, por conseguinte, uma alteração na oferta de bens e serviços. Nessa situação, uma elevação dos preços em decorrência do aumento da demanda agregada é compensada pelo aumento da oferta agregada, que reduz o nível de preços, deixando-os inalterados, mas elevando o produto, de Y_1 para Y_2.

---

[39] Já que aumentaria o poder de compra.

Figura 8.18. Redução de impostos e suas consequências sobre a demanda e a oferta agregadas

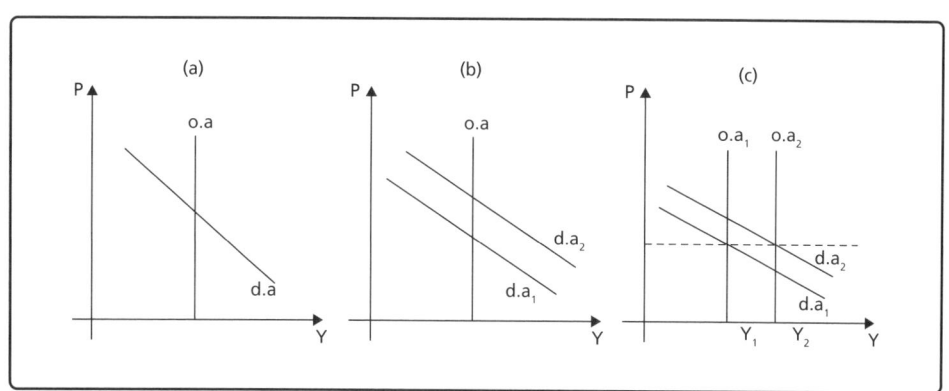

(a) Redução de impostos compensada pela emissão de títulos.
(b) Redução de impostos compensada pela emissão de moeda.
(c) Redução de impostos compensada pela emissão de moeda e sua repercussão na oferta agregada.

Reforçando o efeito de uma redução de impostos que afetasse a oferta por mão de obra, é possível analisar a Figura 8.19, que mostra o deslocamento da oferta de mão de obra e sua consequente repercussão no mercado de bens. É importante frisar que uma redução nos impostos representa para o trabalhador um aumento de salário real, o que faz com que ele expanda sua oferta por trabalho, aumentando tanto o emprego quanto o produto da economia.

Figura 8.19. Redução de impostos quando afeta a oferta de mão de obra e sua repercussão no mercado de bens

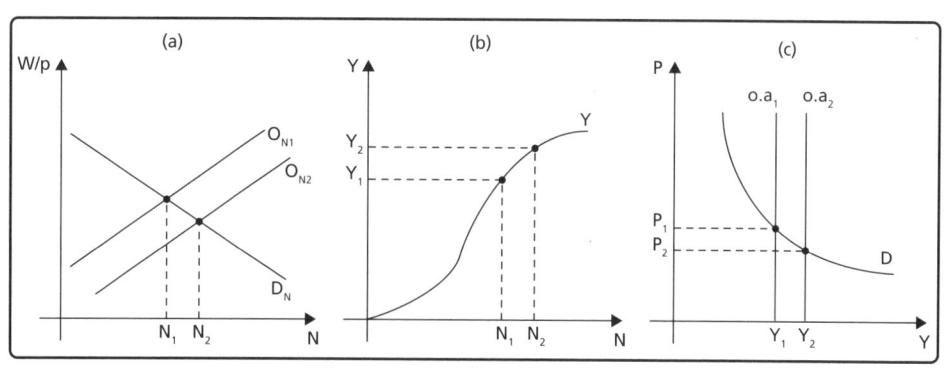

(a) Com a redução de impostos, a curva de oferta de mão de obra se desloca para a direita, aumentando a quantidade de mão de obra (De N_1 para N_2).
(b) Com o aumento da mão de obra (de N_1 para N_2), o produto da economia aumenta (de Y_1 para Y_2).
(c) Com o aumento do produto (de Y_1 para Y_2), o preço (p) se reduz de P_1 para P_2.

8.1.1.6. A demanda por moeda

A demanda por moeda será apenas para **precaução e transação**, diferentemente do pensamento Keynesiano, que acrescentava que a demanda de moeda poderia ser também para especulação. Portanto, a demanda de moeda será uma função direta da renda e será inelástica à taxa de juros. Como afirma Froyen: "a moeda tinha exclusivamente a função de facilitar as transações — como meio de troca (...) uma certa quantidade de moeda seria mantida pelos indivíduos em razão da conveniência e segurança que ela oferecia"[40].

8.1.1.7. A oferta de moeda

Para os clássicos, um aumento da oferta de moeda gera apenas um aumento dos preços, já que uma oferta maior de moeda estimula a demanda agregada, que, por sua vez, determina os preços na economia. Isso corrobora o que foi dito no *item 8.1.1.2*, quando se afirma que apenas pelo lado da oferta é que se é capaz de alterar as variáveis reais da economia. Por meio da **Teoria Quantitativa da Moeda**, assunto a ser visto no capítulo 13, será possível melhor compreensão de como uma alteração na oferta de moeda é capaz de alterar apenas o nível de preços. Por isso, a oferta de moeda deve ser baseada em regras que garantam um crescimento monetário estável, evitando grandes oscilações de preços, já que a estabilidade monetária gera estabilidade nos preços. Para os clássicos, a inflação (elevação de preços) era um fenômeno tipicamente monetário.

No mercado de **fundos emprestáveis**, a livre interação entre poupadores e investidores determina a taxa de juros de equilíbrio (r). Assim, se a poupança (S) é maior que o investimento (I), a taxa de juros deve se reduzir para estimular o investimento e desestimular a poupança. Também se a poupança (S) é menor que o investimento (I), a taxa de juros deve subir para estimular os poupadores a pouparem mais e desestimular os investidores a investir. De tal maneira que a poupança será uma função crescente da taxa de juros, ou seja, quanto maior a taxa de juros, maior a poupança, e o investimento será uma função decrescente da taxa de juros (r), ou seja, quanto maior a taxa de juros, menor o investimento. Observe o mercado de fundos emprestáveis e a determinação da taxa de juros (r) de equilíbrio no modelo clássico mostrado na Figura 8.20.

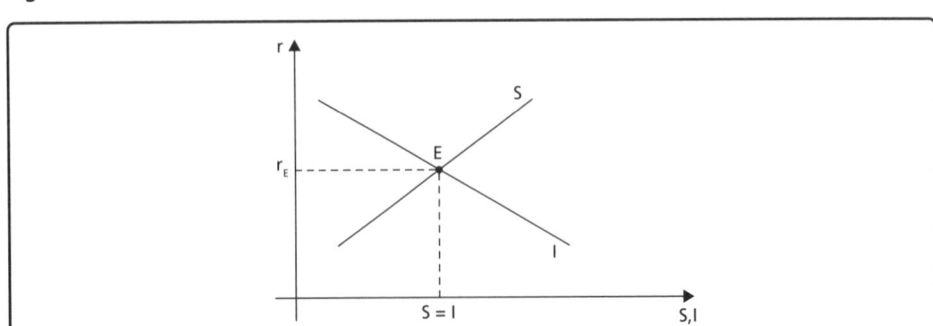

Figura 8.20. O mercado de fundos emprestáveis no modelo clássico

---

[40] Richard T. Froyen, *Macroeconomia*, p. 75.

8.1.1.8. Dicotomia clássica

Para os clássicos, o lado real e o lado nominal (ou monetário) da economia não estão interligados, de tal maneira que a alteração de uma variável nominal (preços, salários nominais) não é capaz de alterar uma variável real (Produto Real, emprego). Somente uma variável real é capaz de alterar outra variável real.

8.1.2. Modelo keynesiano[41]

Com a crise de 1929, a economia se deparou com o desemprego, a superprodução (estoques abarrotados) e a queda da produção. A teoria clássica, pela impossibilidade de explicar e muito menos solucionar o problema, deu margem a uma nova crença: a teoria de Keynes, que veio trazer ideias novas, como a defesa da presença do governo na economia, diferentemente do pensamento clássico que acreditava que o governo só deveria suprir a economia com bens públicos. A teoria keynesiana defendia a presença do governo, no intuito de garantir a demanda pelos bens e serviços produzidos, bem como com o objetivo de orientar a economia.

Para Keynes, uma política fiscal expansionista, que consistia na elevação dos gastos do governo e/ou uma redução dos tributos, seria capaz de elevar o nível de renda, produto e emprego na economia. Também, para ele, a economia poderia operar **abaixo do pleno emprego** no curto prazo, porque a decisão dos empresários em investir seria baseada em suas **expectativas** com relação à venda do produto, já que não se poderia garantir que o que foi planejado de fato se realizasse. Portanto, o equilíbrio no mercado de bens keynesiano não era, necessariamente, acompanhado de pleno emprego, como afirmavam os clássicos. Segundo Pinho e Vasconcellos: "Keynes, para mostrar a incapacidade de as economias gerarem o pleno emprego, havia se utilizado da rigidez dos salários nominais que impediram a geração de um salário real compatível com o equilíbrio de pleno emprego. Em outras palavras, um salário real elevado poderia significar excesso de oferta de mão de obra"[42]. A rigidez de salários foi um dos motivos que levou Keynes a atacar o modelo que o antecedeu. Pela explicação a seguir, ficará fácil entender todos esses conceitos.

8.1.2.1. Demanda efetiva

Discordando da Lei de Say, que afirmava que a oferta criava sua própria demanda, Keynes defendia que a **demanda criava sua própria oferta**. Assim, para Keynes, o que determinaria o Produto da economia seria a demanda na economia. Em outras palavras, se não houvesse demanda, não adiantaria produzir. O que importava era a **demanda efetiva**[43], e não aquela que fosse projetada pela oferta. Lopes e Vasconcellos afirmam: "numa situação como esta, em que existe capacidade ociosa, ampliações da demanda

---

[41] Modelo Keynesiano simples é o modelo que não inclui o mercado monetário. O modelo IS-LM é o modelo Keynesiano simples somado ao mercado monetário.

[42] Diva Benevides Pinho e Marco Antonio Sandoval de Vasconcellos, *Manual de economia*, p. 264.

[43] Demanda efetiva está ligada à expectativa de gastos futuros. Demanda agregada é a soma dos gastos dos setores da economia encontrados nas Contas Nacionais.

podem elevar o produto, sem pressionar o nível de preços. Assim, diferentemente do caso clássico, é a demanda que determinará o nível de produto"[44]. Ao contrário do que pregavam os clássicos, para Keynes era possível uma economia entrar em recessão. Bastaria que a demanda efetiva fosse menor que a oferta. Com isso, os empresários diminuiriam a produção e demitiriam funcionários. Sem renda, esses empregados reduziriam seu consumo, diminuindo a demanda agregada ainda mais, o que levaria a uma nova redução da produção e do emprego, e assim por diante.

8.1.2.2. Salários nominais rígidos

Segundo Keynes, os **salários nominais são rígidos** por diversos motivos.

O primeiro motivo seria o fato de os trabalhadores não concordarem em reduzir seus salários. Daí a possibilidade de desemprego e de recessão[45]. Também não seria a queda do salário nominal que estimularia a contratação de mais trabalhadores, já que a decisão de empregar mais dependeria da demanda efetiva; portanto, quanto maior a expectativa por parte dos empresários de vender seu produto, maior a oferta agregada e maior o nível de emprego.

Para Keynes, os trabalhadores perseguirão salários nominais mais altos, e não salários reais. Uma elevação de preços e uma elevação de salários nominais, porém em proporção menor que a elevação de preços, não são claramente percebidas pelo trabalhador, já que, segundo Keynes, os trabalhadores sofrem de **ilusão monetária**[46]. Isso porque os trabalhadores não têm informações precisas do comportamento dos preços no curto prazo, já que, para obtê-las, há custos muito elevados, como, por exemplo, o tempo. A perfeita percepção dos preços, segundo Keynes, só seria possível no longo prazo. Segundo Do Val: "é provável que a percepção da mudança sofrida nos preços tome algum tempo, tanto dos empresários como dos trabalhadores e que isso só será possível no longo prazo (...) também somente no longo prazo é que poderão existir os ajustes no mercado de trabalho, de tal forma que o nível de emprego e o salário real se tornem inalterados. O processo de ajustamento não é instantâneo"[47], o que faz o trabalhador não perceber que a redução do seu salário real, quando preços e o salário nominal aumentam, porém em proporções diferentes, ocasiona uma redução de poder de compra. E, assim, não altera seu comportamento em relação aos salários nominais e não desloca a curva de oferta de mão de obra para a esquerda. Do Val reforça essa ideia quando afirma: "O nível de emprego sobe (...) porque os trabalhadores estarão aceitando salários reais menores (preços

---

[44] Luiz Martins Lopes e Marco Antonio Sandoval de Vasconcellos, *Manual de macroeconomia*, 1998, p. 86-87.

[45] Segundo Froyen (2003, p. 37), as recessões são "(...) períodos nos quais o produto cai bem abaixo do produto potencial e o desemprego sobe acima do pleno emprego".

[46] Ilusão monetária é quando os trabalhadores não percebem que uma queda no seu salário real afeta a estrutura dos salários relativos, ou seja, o trabalhador não percebe que, mesmo seu salário nominal (W) permanecendo constante, uma elevação de preços (p) reduz seu poder de compra, já que reduz seu salário real (W/p).

[47] Fernando T. R. Do Val, *Macroeconomia*, p. 122.

maiores e com aumento mais do que proporcional ao aumento nos salários nominais) porque não percebem a mudança no nível geral de preços no curto prazo"[48].

Assim, caso houvesse uma elevação dos preços, os empresários ficariam mais dispostos a produzir, já que se elevaria o Valor do Produto marginal da mão de obra ($VPmg_N = Pmg_N \times p$), fazendo com que a curva de demanda por mão de obra se deslocasse para cima ou para a direita. Isso provocaria um aumento da quantidade de mão de obra (N) empregada, já que, como o trabalhador tem uma percepção de preços diferente da do empresário, não deslocará a curva de oferta para a esquerda, conforme mostra a Figura 8.21 *infra*. A elevação do preço altera o nível de emprego, como também o nível de salário nominal, porém, este último, em proporção menor que a elevação de preços, reduzindo o salário real. Um maior nível de emprego elevará, portanto, o nível de produto, o que demonstra que tanto o produto quanto o emprego, no curto prazo, não são fixos. Comparando com a Figura 8.13, do modelo clássico, percebe-se que, como os clássicos acreditavam no pleno conhecimento dos preços pelos trabalhadores, a curva de oferta se deslocaria para a esquerda, permanecendo inalterado o nível de emprego e salário real. No modelo Keynesiano, porém, devido à **ilusão monetária**, pela qual o trabalhador não tem a plena percepção da alteração dos preços no curto prazo, a curva de oferta de mão de obra não se desloca. Assim, uma alteração nos preços é capaz de modificar o nível de emprego da economia. Portanto, os **salários nominais** são os salários **relevantes** para os trabalhadores, muito embora para os empresários continue sendo relevante o **salário real**.

Figura 8.21. Equilíbrio no mercado de trabalho quando os preços se elevam no modelo Keynesiano

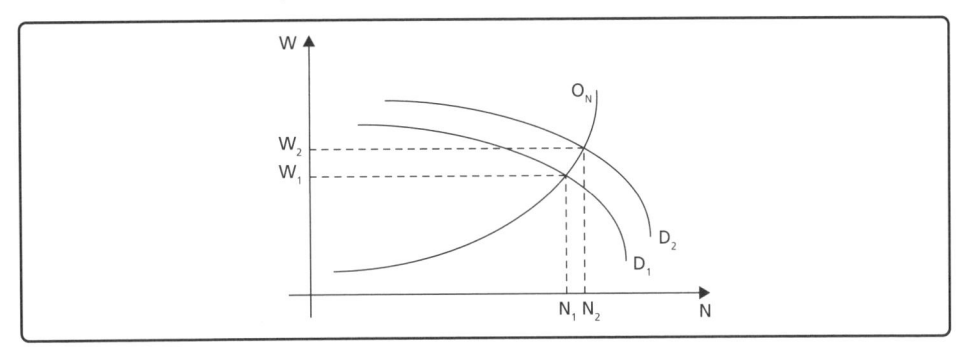

O segundo motivo que justifica a rigidez dos salários é que os trabalhadores não teriam certeza se, aceitando uma redução de seu salário monetário, os trabalhadores dos outros setores também aceitariam, o que representaria uma perda de parcela da renda real do seu setor. Também, mesmo que houvesse desemprego, não adiantaria se reduzirem salários, porque isso não provocaria aumento do emprego, já que os empresários só contratariam mais se tiverem expectativas de vender o produto. Pelo contrário, se houver reduções nos salários, poderiam diminuir as expectativas dos empresários em

---

[48] Fernando T. R. Do Val, *Macroeconomia*, p. 136.

virtude da redução do consumo, aumentando o desemprego. Isso justifica **a inflexibilidade** dos salários nominais para baixo.

Portanto, o nível de **emprego** vai depender das **expectativas** dos empresários de quanto venderão de seu produto, porque de nada adianta empregar mais mão de obra se o produto, gerado pela mão de obra que está sendo contratada, não for vendido, diferentemente do pensamento clássico, que acreditava que o emprego era determinado, no mercado de trabalho, pela oferta de mão de obra. Keynes, defendia que o emprego era determinado no **mercado de bens**. Assim, tanto o produto como o nível de emprego são determinados pela **demanda efetiva** e o salário nominal não deverá se ajustar para garantir o pleno emprego, já que este não necessariamente deve existir. Lopes e Vasconcellos afirmam que: "No modelo Keynesiano, (...) a rigidez de preços decorre dos salários serem inflexíveis para baixo e por caracterizar-se uma situação de equilíbrio econômico com desemprego"[49]. De acordo, portanto, com a mão de obra que o empresário decide contratar, o salário real deverá se ajustar à Produtividade marginal do trabalhador. Quanto maior o nível de emprego, menor o Valor da Produtividade marginal da mão de obra e menor o salário nominal a ser pago. Mas não é a redução do salário nominal que induz o empresário a contratar mais. O caminho é inverso. É uma maior expectativa do empresário em relação às suas vendas que leva ao aumento do emprego e, consequentemente, a uma redução do valor da Produtividade marginal da mão de obra e consequente redução do salário nominal. Portanto, enquanto no modelo clássico, o emprego é determinado no mercado de trabalho, no modelo Keynesiano, o emprego é determinado no mercado de bens.

Observe como Lopes e Vasconcellos abordam o assunto: "Do mercado de trabalho descrito pela teoria clássica, só é admitida por Keynes a curva que iguala o salário real à produtividade marginal do trabalho (a demanda de trabalho). Quanto ao comportamento dos trabalhadores, para **Keynes**, estes lutam por salários nominais, sobre os quais possuem controle, mas não por salários reais, que não conseguem controlar. O **nível de emprego é determinado no mercado de bens e serviços** pelas expectativas dos empresários. Dado o nível de emprego, o salário real se ajustará para igualá-lo com a produtividade marginal do trabalho compatível com o referido emprego, definindo o tamanho da massa salarial"[50].

O terceiro motivo para a rigidez de salários é a presença e a força dos **sindicatos**, que obrigam que contratos de trabalho, que garantam um salário monetário predeterminado ao longo da duração do contrato, sejam respeitados.

Uma quarta justificativa para salários nominais rígidos é a decisão dos empresários de manter os salários fixos mesmo que sofram com uma redução na demanda dos seus produtos, para evitar que as **relações trabalhistas** entre eles e os trabalhadores se deteriorem, ou porque acreditam que poderão encontrar dificuldades em contratar novos trabalhadores ao salário que estão dispostos a pagar.

É importante frisar que, embora para Keynes o salário nominal seja rígido, o **salário real** poderá ser **flexível** quando preços se alteram.

---

[49] Luiz Martins Lopes e Marco Antonio Sandoval de Vasconcellos, *Manual de macroeconomia*, 1998, p. 86.

[50] Luiz Martins Lopes e Marco Antonio Sandoval de Vasconcellos, *Manual de macroeconomia*, 1998, p. 114.

Para Keynes, o que determina o **emprego**, portanto, não é a curva de oferta de trabalho, e, sim, a curva de **demanda** por trabalho. O que fará o empresário contratar será a quantidade de mão de obra suficiente para maximizar seus lucros. Pela Figura 8.22, é possível perceber que, sendo o salário (W_1) rígido, mesmo o equilíbrio de oferta e demanda exigindo um outro nível de emprego e salário (N_3, W_3), no modelo Keynesiano a quantidade de emprego (N_1) será definida pela demanda de mão de obra, mostrando que com esse salário (W_1) haverá um excesso de oferta de mão de obra ($N_2 - N_1$) e, portanto, desemprego involuntário.

Figura 8.22. Determinação do emprego no modelo Keynesiano

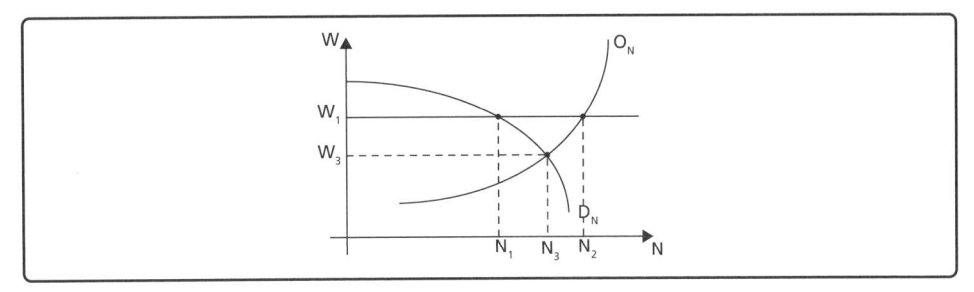

Se houver elevação dos preços, a demanda por mão de obra aumenta. Vale lembrar que a demanda por mão de obra é a soma horizontal do Valor da Produtividade marginal da mão de obra ($VPmg_N$) e que $VPmg_N = Pmg_N \times p$[51]. Uma elevação dos preços aumenta o VPmgN, deslocando a curva de demanda por mão de obra para cima ou para a direita, mostrando que o empresário contratará mais mão de obra. Observe a Figura 8.23.

Figura 8.23. Determinação do emprego no modelo Keynesiano quando a demanda por mão de obra se desloca devido à elevação do nível de preços

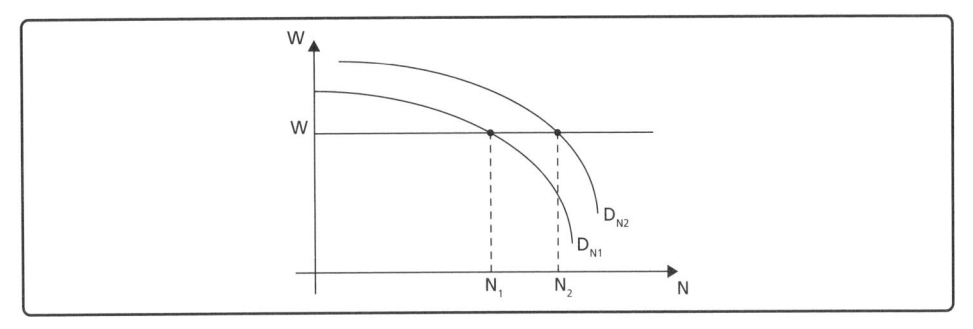

Com maior nível de mão de obra contratada, em decorrência da elevação dos preços, o produto da economia se expande também. Associando esse produto maior com os preços, constrói-se a oferta agregada, que pode ser vista no gráfico da Figura 8.24.

---

[51] $VPmg_N = Pmg_N \times p$, onde: $VPmg_N$ = Valor do Produto marginal da mão de obra; Pmg_N = Produto marginal da mão de obra; e p = preço.

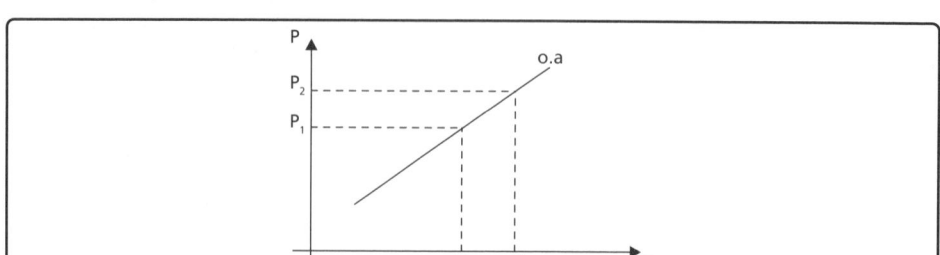

Figura 8.24. Curva de Oferta, onde uma elevação de preços está associada a um produto maior

Para Keynes, o que vai determinar a oferta de mão de obra será o **salário nominal** (W), e não o salário real (W/p), já que os trabalhadores não têm como controlar os preços. Além disso, a oferta de mão de obra dependerá da **expectativa** dos trabalhadores a respeito do nível de preços, e essa expectativa estaria baseada em preços passados; portanto, a oferta de mão de obra dependeria do salário real esperado, e não do salário real efetivo, como supunham os clássicos. Mas para Keynes as expectativas de preços apresentam um ajuste muito lento em relação ao comportamento dos preços no passado, o que torna o nível de preços esperados constante.

8.1.2.3. Oferta agregada

Na suposição de preços e salários monetários fixos, a quantidade ofertada de produto é determinada pela demanda agregada. Mas essa hipótese está ligada ao fato de que o nível de produto se encontra muito abaixo da capacidade produtiva da economia. Assim, quando o desemprego está muito alto, mesmo elevando o produto da economia, pelo aumento do emprego, a pressão por salários nominais mais altos desaparece, assim como, pelo fato de a economia estar operando de forma ociosa, o aumento da mão de obra não reduz sua produtividade marginal. Assim, o custo marginal de produção, que é igual à relação entre salários nominais (W) e Produtividade marginal da mão de obra (Pmg_N), mantém-se constante. A Figura 8.25 mostra o comportamento da curva de oferta nessa situação.

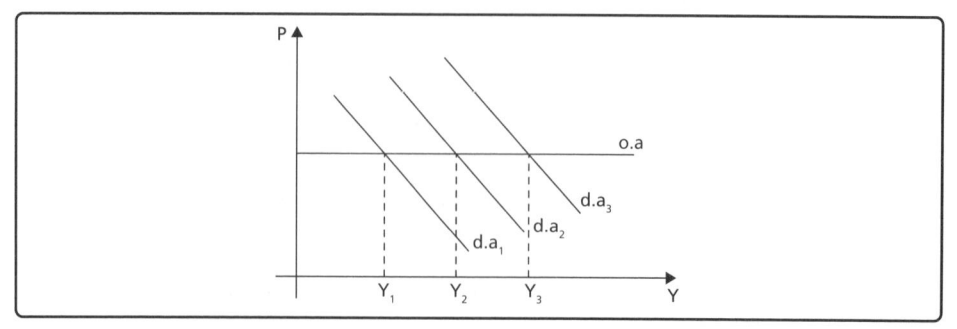

Figura 8.25. Curva de oferta agregada (o.a) Keynesiana — caso extremo — quando os preços e salários são totalmente rígidos

Ocorre, porém, que, à medida que a economia vai se aproximando do produto potencial e do pleno emprego, uma maior contratação de mão de obra implica salários nominais (W) mais altos e Produtividade marginal da mão de obra (Pmg_N) menor, fazendo com que os custos marginais de produção (preços) se elevem ($P = W/Pmg_N$). Nessa situação, a curva de oferta agregada será positivamente inclinada, e o produto da economia (Y) não será determinado apenas pela demanda agregada (d.a), e, sim, pela oferta agregada (o.a) e demanda agregada (d.a) conjuntamente. Observe o gráfico da Figura 8.26.

Figura 8.26. Curva de oferta agregada (o.a) Keynesiana quando os preços e salários variam

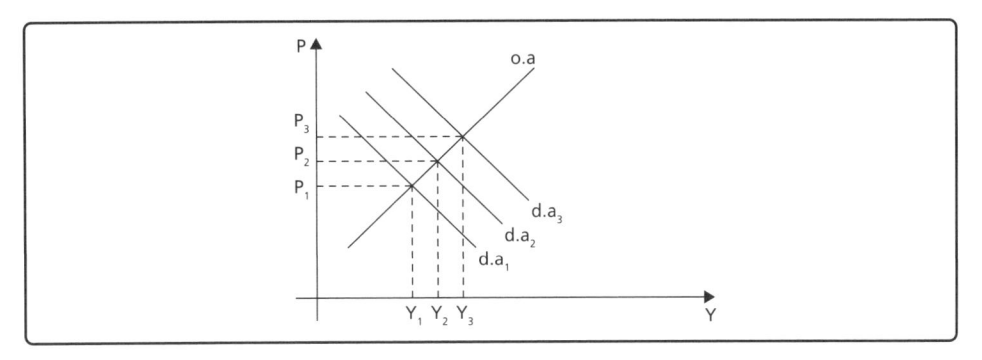

No modelo IS-LM do capítulo 13, parte-se do pressuposto de que os preços são constantes. Já no capítulo 14, é abordado o fato de haver uma alteração no nível de preços e sua repercussão na curva IS-LM.

Existem fatores que podem deslocar a oferta agregada. Quando isso ocorre, diz-se que houve um *choque de oferta*, que tanto pode ser favorável, deslocando a curva de oferta para baixo ou para a direita (de O_1 para O_2), como pode ser desfavorável, deslocando a curva de oferta para cima ou para a esquerda (de O_1 para O_3). Observe na Figura 8.27 que, quando a curva de oferta se desloca para a esquerda o nível de preços (P) dos produtos se eleva e o Produto Real (Y) diminui. Quando a curva de oferta se desloca para a direita, o nível de preços (P) cai e o produto (Y) aumenta.

Figura 8.27. Deslocamento da curva de oferta agregada

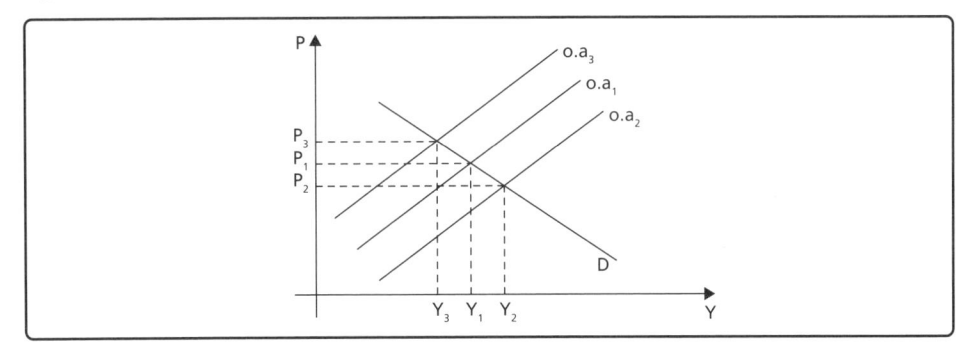

A **inclinação positiva** da curva de oferta agregada se explica por dois fatores: o aumento do salário nominal e a redução do Produto marginal da mão de obra à medida que se empregam mais trabalhadores. Os salários nominais aumentam, porque o trabalhador só estará disposto a ofertar mais trabalho se for a um salário mais alto, e a Produtividade marginal da mão de obra se reduz devido à **Lei dos Rendimentos Físicos Marginais Decrescentes**, explicada no *item 8.1.1.2* deste capítulo. Esses dois fatores representam um aumento dos custos de produção, o que justifica uma elevação dos preços quando o produto ofertado aumenta.

Os fatores que deslocam a curva de oferta agregada para a **esquerda** (de O_1 para O_3) são todos aqueles que representam um aumento dos custos de produção a um nível dado de produto da economia, como aumentos salariais, incidência tributária sobre vendas, aumento dos preços dos insumos produtivos etc. Esses fatores farão os preços se elevarem, independente da demanda se alterar. Quando os trabalhadores têm expectativas de preços (p) mais altos no futuro, isso significa que terão expectativa de uma redução dos salários reais (W/p) e, portanto, ofertarão menos trabalho. A um salário nominal dado, a oferta de mão de obra será menor, já que esse salário nominal com expectativas de preços mais elevados reduz o salário real. Ofertando-se menos mão de obra, o produto também cairá, o que representa uma curva de oferta de bens deslocada para a **esquerda**. Caso os empresários resolvessem manter o mesmo nível de trabalhadores, teriam que pagar salários nominais mais altos, o que também representaria um aumento dos custos de produção e, portanto, também deslocaria a curva de oferta para a esquerda.

Os fatores que deslocam a curva de oferta agregada para a **direita** (de O_1 para O_2) são todos aqueles que representam uma redução dos custos de produção a um nível de produto dado na economia, como reduções salariais, concessão de subsídios à produção, redução dos preços dos insumos produtivos, avanço tecnológico etc.

8.1.2.4. Poupança

No modelo Keynesiano, a poupança é função do nível de renda e, portanto, inelástica à taxa de juros. Assim, quando há redução do nível de investimento, as taxas de juros não se reduzem imediatamente. Com a redução dos investimentos, o nível de renda e produto da economia se reduzem e, consequentemente, também o nível de poupança, atingindo um novo equilíbrio a uma mesma taxa de juros. Observe nos gráficos da Figura 8.28:

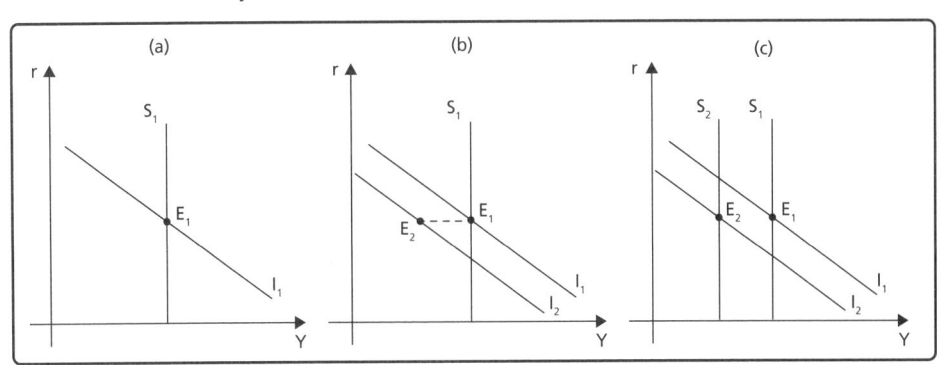

Figura 8.28. Equilíbrio entre Poupança (S) e Investimento (I) e o comportamento da taxa de juros

Onde: r = taxa de juros; Y = produto da economia; S = poupança; I = investimento; e E = equilíbrio.
(a) 1.º momento: equilíbrio inicial.
(b) 2.º momento: uma redução dos investimentos provoca um deslocamento para baixo ou para a esquerda da função investimento (I).
(c) 3.º momento: uma redução dos investimentos provoca uma redução no nível de renda e, por conseguinte, uma redução no nível de poupança, deslocando a função poupança (S_1) para a esquerda (S_2).

8.1.2.5. Investimento

Para Keynes, o investimento só ocorrerá se a **eficiência marginal do capital**, que corresponde à lucratividade esperada do investimento, for superior à **taxa de juros**, que corresponde aos custos do financiamento de empréstimos do investimento. Portanto, de nada adianta o comportamento da taxa de juros isolada, se o empresário tem expectativas desfavoráveis. O importante para Keynes é a comparação entre o que o empresário espera obter com o investimento e a taxa de juros. No modelo Keynesiano simples, a taxa de juros é constante e, portanto, não altera o investimento e a demanda agregada. No capítulo 13, será possível perceber que, dependendo da sensibilidade do investimento à taxa de juros, a demanda agregada poderá se deslocar em maior ou menor intensidade.

Diferentemente do pensamento clássico, que afirmava que o investimento dependia da existência de poupança, o modelo Keynesiano diz que é necessário que haja o investimento para que este induza à geração de poupança necessária para financiá-lo.

Assim, quando há investimento, há aumento de renda e produto (Y) da economia. Como a poupança (S) é uma função da renda, haverá aumento da poupança que será capaz de financiar o investimento. Keynes inclusive afirmava que o aumento da poupança, no intuito de garantir o investimento, poderia surtir efeito contrário ao esperado. A esse fato, deu-se o nome de **paradoxo da parcimônia**, em que um estímulo a uma maior poupança poderia levar a sua redução. Assim observe a seguir:

$$S \uparrow \rightarrow C \downarrow \rightarrow d.a \downarrow \rightarrow Y \downarrow \rightarrow S \downarrow$$

Quando a poupança (S) aumenta, o consumo (C) diminui. Como o consumo é um dos componentes da demanda agregada (d.a), esta última se reduz. Com isso, os empresários reduzem o nível de produto (Y) da economia, já que não adianta produzir se não há demanda suficiente. Assim, quando o produto diminui, reduz a renda e como a poupança (S) é uma função direta do nível de renda (Y), a poupança se reduz também.

8.1.2.6. Os gastos do governo

Para Keynes, numa situação com recessão, o **governo deverá aumentar seus gastos** e, com isso, elevar o produto da economia para atender ao aumento da demanda efetiva. Isso leva a um aumento do emprego e é capaz de tirar a economia da recessão. Observe a identidade macroeconômica a seguir e o comportamento do produto (Y) quando os gastos do governo (G) aumentam:

$$Y \uparrow = C + I + G \uparrow + X - M$$

Da mesma maneira, numa situação de inflação, o governo deverá reduzir seus gastos e, com isso, reduzir a demanda por bens e serviços da economia, provocando uma menor pressão sobre o produto, reduzindo os preços e, portanto, a inflação. Observe a seguir:

$$Y \downarrow = C + I + G \downarrow + X - M$$

Onde: Y = nível de renda e produto da economia; C = consumo pessoal; I = investimento; G = gastos do governo; X = exportação de bens e serviços não fatores; e M = importação de bens e serviços não fatores.

8.1.2.7. Política tributária

Para Keynes, alterações nos **tributos** são capazes de modificar o nível de renda e produto da economia. Assim, quando o governo tributa mais, está adotando uma política fiscal restritiva, levando à redução do produto e da renda da economia. Quando o governo reduz a tributação, adota uma política fiscal expansionista, provocando um aumento da renda e do produto da economia. No capítulo 15, será possível melhor compreensão dos efeitos de uma política fiscal sobre o produto e a renda da economia. Segundo Pinho e Vasconcellos: "Abaixo do pleno emprego, seguia-se a tradição Keynesiana de que os preços eram rígidos, e que mudanças no sistema dadas exogenamente afetavam apenas as variáveis reais. Por outro lado, no pleno emprego, as variáveis reais permanecem inalteradas e choques de demanda se traduziam apenas num movimento de preços"[52]. Portanto, uma política tributária, segundo Keynes, altera o Produto Real da economia no curto prazo. Já no longo prazo, no modelo descrito por ele, como no clássico, uma alteração tributária só é capaz de alterar as variáveis nominais, ou seja, os preços.

---

[52] Diva Benevides Pinho e Marco Antonio Sandoval de Vasconcellos, *Manual de economia*, p. 265.

8.1.2.8. A demanda por moeda

No modelo Keynesiano, a demanda por moeda é função da renda e da taxa de juros. A demanda por moeda para **transação (e precaução)** é **função direta da renda**, e a demanda de moeda para **especulação** é **função inversa da taxa de juros**. No capítulo 13, serão abordados os fatores que afetam a demanda por moeda.

8.1.2.9. A oferta de moeda

Para Keynes, um aumento (ou diminuição) da oferta de moeda, que corresponde a uma política monetária expansionista (ou contracionista), é capaz de combater uma recessão ou inflação. Isso porque uma alteração na oferta de moeda provoca uma modificação na taxa de juros, que leva a uma alteração na demanda agregada e na renda.

Assim, se houver um aumento da oferta de moeda, há uma redução da taxa de juros e um aumento da demanda agregada, elevando a renda e o produto da economia. Caso contrário, se houver uma redução da oferta de moeda, há uma elevação da taxa de juros e uma redução da demanda agregada, o que provoca uma redução do produto e da renda. Observe a Figura 8.29:

Figura 8.29. Consequência sobre o produto e renda de uma expansão monetária e uma contração monetária

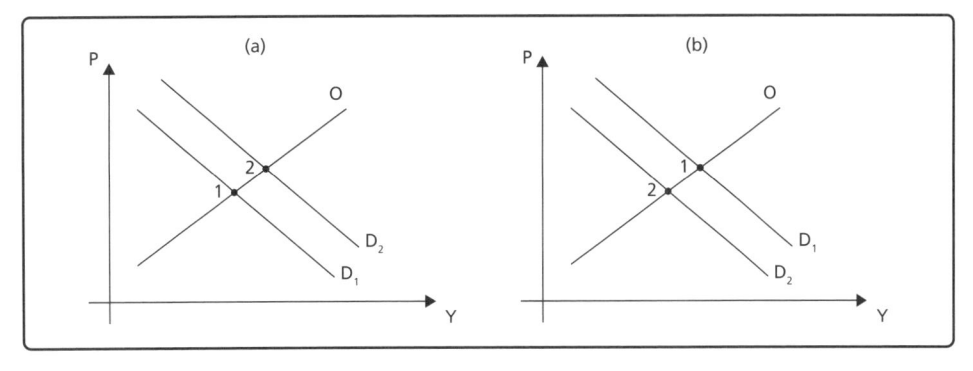

(a) Uma expansão monetária desloca a curva de demanda para a direita, provocando um aumento do produto e da renda (Y).
(b) Uma redução monetária desloca a curva de demanda para a esquerda, provocando uma redução do produto e da renda (Y).

Para Keynes, porém, uma política fiscal, que consiste em alterações no nível dos gastos do governo e tributos, seria mais eficiente que uma política monetária, porque esta segunda política dependeria da sensibilidade do investimento em relação à taxa de juros. Assim, uma alteração na taxa de juros poderia provocar ou não uma mudança nos investimentos, já que a decisão de investir dependeria também da Eficiência marginal do capital (EmgK).

8.2. QUADRO-RESUMO: CLÁSSICOS × KEYNES

	CLÁSSICOS	KEYNES
ARCABOUÇO TEÓRICO	▪ Lei de Say	▪ Princípio da Demanda Efetiva
EMPREGO	▪ Determinado pela oferta de mão de obra. Para tanto, o salário nominal deve se ajustar para possibilitar o emprego de mais mão de obra para garantir o pleno emprego. O emprego é uma variável estável.	▪ Limitado pela demanda de mão de obra por parte das empresas. O emprego é uma variável instável, já que dependerá da expectativa dos empresários com relação à venda do produto.
PRODUTO	▪ Estável. A economia opera com o produto potencial e o pleno emprego.	▪ Instável. O empresário só produzirá se acreditar que haverá demanda para adquiri-lo.
OFERTA DE MÃO DE OBRA 1	▪ Determina o emprego.	▪ Não exerce nenhum papel na determinação do emprego, já que o empresário só contratará se acreditar que tem para quem vender o produto gerado pela mão de obra contratada.
OFERTA DE MÃO DE OBRA 2	▪ Função direta do salário real e inversa da demanda por lazer.	▪ Função direta do salário monetário (ou nominal) corrente e das expectativas de preços.
DEMANDA POR MÃO DE OBRA	▪ Função decrescente do salário real.	▪ Função decrescente do salário real.
PLENO EMPREGO	▪ Necessariamente presente no equilíbrio da oferta e da demanda do produto.	▪ Não necessariamente presente. Inclusive é preferível que a economia não esteja em pleno emprego para possibilitar a expansão da demanda agregada sem que isso provoque elevação de preços. No longo prazo, o pleno emprego existiria.
SALÁRIOS NOMINAIS	▪ Flexíveis.	▪ Rígidos.
SALÁRIOS RELEVANTES	▪ Salários reais, tanto para os trabalhadores como para os empresários.	▪ Salários nominais para os trabalhadores e -reais para os empresários.
PERSEGUEM	▪ Salários reais, embora as negociações salariais sejam sobre o salário nominal que se ajustará para manter o pleno emprego.	▪ Salários nominais, já que não controlam os preços.
MERCADO DE TRABALHO	▪ Determina salários reais.	▪ Determina salários nominais.
OFERTA AGREGADA	▪ Determinada pela disponibilidade de fatores de produção dada certa tecnologia.	▪ Determinada pela demanda efetiva.
DEMANDA AGREGADA	▪ A taxa de juros teria o papel de estabilizar qualquer alteração dos componentes da demanda agregada, deixando-a inalterada. Portanto, a demanda agregada não seria capaz de alterar variáveis reais.	▪ Determina o produto da economia. A alteração dos componentes da demanda agregada (consumo, investimento, gastos do governo, exportação, importação, tributação, transferências) determina as variáveis reais da economia.

8 ■ Teoria Clássica (Neoclássica) e Keynesiana

AUMENTO DA OFERTA DE MOEDA	■ Desloca a demanda agregada, provocando uma elevação de preços. O produto permanece inalterado.	■ Caso Keynesiano extremo → provoca aumento do Produto Real. ■ Caso Keynesiano básico → provoca aumento do Produto Real e elevação de preços.
AUMENTO DOS GASTOS DO GOVERNO	■ Desloca a demanda agregada, provocando uma elevação de preços. O produto permanece inalterado.	■ Caso Keynesiano extremo → provoca aumento do Produto Real. ■ Caso Keynesiano básico → provoca aumento do produto e elevação de preços.
CORTE DOS TRIBUTOS	■ Sobre a demanda: ■ compensada por títulos públicos: preços e produtos permanecem inalterados; ■ compensada pela emissão de moeda: elevação de preços e produto inalterado. ■ Sobre a oferta: ■ queda nos preços e elevação do produto.	■ Caso Keynesiano extremo → provoca aumento do Produto Real. ■ Caso Keynesiano básico → provoca aumento do produto e elevação de preços.
CHOQUE DE OFERTA DESFAVORÁVEL	■ Redução do produto e aumento dos preços.	■ Redução do produto e aumento dos preços.
DEMANDA POR MOEDA	■ Estável, já que seria função apenas do nível de renda. ■ Os agentes demandam moeda para transação e precaução.	■ Instável, já que seria função também da taxa de juros que oscilaria no mercado. ■ Os agentes demandam moeda para transação, precaução e especulação.
POUPANÇA E INVESTIMENTO	■ O equilíbrio entre a poupança e o investimento é determinado pela taxa de juros.	■ A poupança será função da renda. O investimento será determinado pela comparação entre a Eficiência Marginal do Capital (EmgK) e a taxa de juros.
INFORMAÇÕES	■ Perfeitas.	■ Imperfeitas.
ECONOMIA	■ Típica de longo prazo.	■ Típica de curto prazo e instável devido à instabilidade da demanda agregada.
ESTADO	■ Não deveria intervir na economia. O mercado se autorregularia. A estabilidade econômica estaria ligada à oferta de moeda. Daí o surgimento, mais tarde, dos monetaristas.	■ Deveria intervir na economia por meio de seus gastos, tributação e transferências, ou seja, de políticas ativas para controlar a demanda agregada. Daí o surgimento, mais tarde, dos ativistas.
POLÍTICAS MONETÁRIAS	■ Baseadas em regras que garantam um crescimento monetário estável.	■ Discricionárias.
PERCEPÇÃO DE PREÇOS	■ Total percepção de alteração de preços pelos agentes econômicos.	■ Ilusão monetária por parte do trabalhador. O empresário tem uma percepção de preços maior que os trabalhadores e, portanto, não sofre de ilusão monetária.

8.3. GRÁFICOS COMPARATIVOS DOS MODELOS CLÁSSICO (A) E KEYNESIANO (B)

Figura 8.30. Gráficos comparativos do modelo clássico e Keynesiano

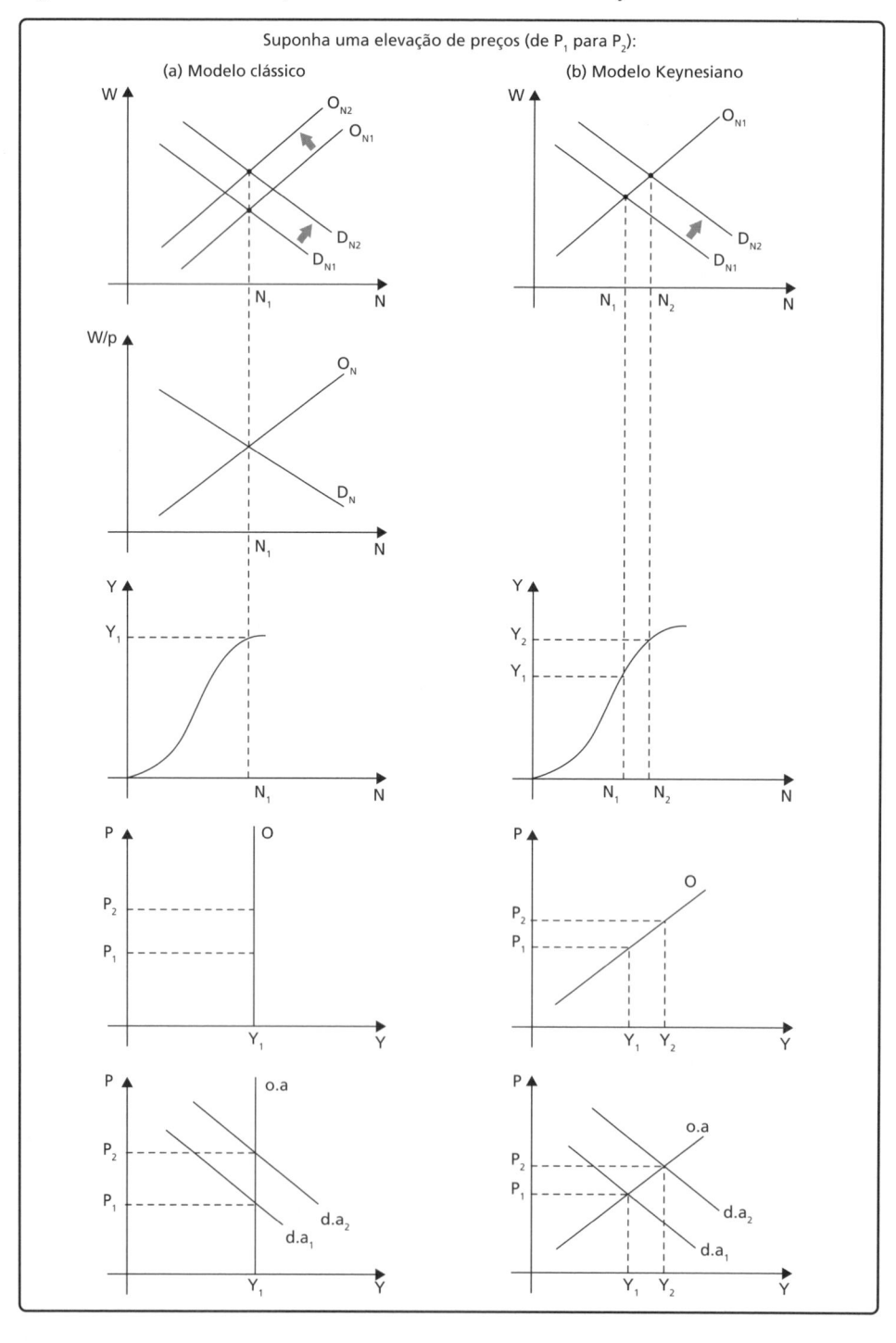

8.4. QUESTÕES

1. (CESGRANRIO — 2024 — CNU) Um dos temas mais controversos em Macroeconomia é a determinação das taxas de variação do PIB real e do nível de emprego.
No trecho seguinte, Keynes sintetiza sua teoria de determinação do nível de emprego e dos ciclos econômicos nas economias capitalistas.
   Texto associado
   Não é, portanto, a desutilidade marginal do trabalho, expressa em termos de salários reais, que determina o volume de emprego, exceto no caso em que a oferta de mão de obra disponível a certo salário real fixe um nível máximo de emprego. A propensão a consumir e o nível do novo investimento é que determinam, conjuntamente, o nível de emprego, e é este que, certamente, determina o nível de salários reais, e não o inverso.
   KEYNES, J. M. *Teoria Geral do Emprego, do Juro e da Moeda.*
   São Paulo: Nova Cultural, 1996 [1936], capítulo 3. Adaptado.

No trecho citado, Keynes argumenta que o nível de emprego nas economias capitalistas depende, fundamentalmente, da(o)
   a) demanda efetiva.
   b) carga tributária.
   c) oferta agregada.
   d) salário real.
   e) salário nominal.

2. (CEBRASPE — 2024 — TCE-PR) Considerando o modelo macroeconômico clássico e o modelo keynesiano, assinale a opção correta.
   a) O modelo keynesiano é pró-cíclico, no sentido de que o aumento do produto leva ao aumento do salário real.
   b) No modelo clássico, o produto é determinado por variáveis reais.
   c) No modelo keynesiano, o produto é determinado pelo equilíbrio entre a função de produção, a oferta de trabalho e a demanda de trabalho.
   d) No modelo keynesiano, a oferta de trabalho é função positiva do salário real.
   e) No modelo clássico, o produto depende do nível de juros.

3. (FGV — 2024 — EPE/Economia de Energia) Considerando os modelos e teorias acerca da determinação da renda, analise as afirmativas a seguir.
   I. O modelo keynesiano para determinação da renda surgiu no contexto da crise econômica dos anos 1920, com base no princípio de demanda efetiva, mostrando uma visão de mercado diferente do modelo clássico, cuja relação tradicional entre oferta e demanda não foi suficiente para gerar respostas sobre as altas taxas de desemprego.
   II. Segundo a relação clássica entre oferta e demanda, para diminuir as taxas de desemprego bastaria reduzir os salários oferecidos de maneira que um mercado perfeitamente competitivo se ajustaria rapidamente até alcançar o equilíbrio. Dessa forma, no modelo clássico não deveria haver espaço para o desemprego.
   III. No modelo keynesiano, a renda pode ser determinada a partir da demanda efetiva, isto é, a situação em que a oferta agregada equivale à demanda agregada em determinado mercado.
Está correto o que se afirma em
   a) I, apenas.
   b) I e II, apenas.
   c) I e III, apenas.
   d) II e III, apenas.
   e) I, II e III.

4. (CESGRANRIO — 2022 — ELETRONUCLEAR/Economista) Segundo a macroeconomia clássica, a taxa real de juros resulta do(a)
   a) equilíbrio entre a oferta de poupança e a demanda de investimento
   b) equilíbrio entre a oferta e a demanda de moeda
   c) preferência do público por liquidez
   d) política monetária do Banco Central
   e) responsabilidade do governo na gestão da política tributária

5. (CEBRASPE — 2023 — AGER MT/Economia) Julgue os próximos itens, de acordo com o que a teoria keynesiana dispõe acerca da demanda efetiva e da oferta e demanda agregadas.
   I   O volume de emprego será determinado pelo ponto de intersecção da oferta agregada e da demanda agregada. A definição do volume de emprego é uma atribuição do governo e não dos empresários, como no modelo clássico.
   II A demanda efetiva associada ao pleno emprego é um caso especial que só se verifica quando a propensão a consumir e o incentivo para investir se encontram associados entre si numa determinada forma.
   III Caso a propensão a consumir e o montante de novos investimentos resultarem em uma insuficiência da demanda efetiva, o nível real do emprego se reduzirá até ficar abaixo da oferta de mão de obra potencialmente disponível ao salário real em vigor, e o salário real de equilíbrio será superior à desutilidade marginal do nível de emprego de equilíbrio.
Assinale a opção correta.
   a) Apenas o item I está certo.
   b) Apenas o item II está certo.
   c) Apenas os itens I e II estão certos.
   d) Apenas os itens II e III estão certos.
   e) Todos os itens estão certos.

6. CESGRANRIO — 2023 — Analista de Desenvolvimento /AgeRIO) Na Teoria macroeconômica proposta por Keynes, o nível de emprego nas economias capitalistas depende, fundamentalmente, da
   a) oferta agregada
   b) demanda efetiva
   c) taxa de juros nominal
   d) poupança agregada
   e) pesquisa e do desenvolvimento (P&D)

7. (CESGRANRIO — 2022 — ELETRONUCLEAR/ Economista) Admita que sejam válidas todas as premissas subjacentes à Teoria Quantitativa da Moeda (TQM), em sua versão clássica.
De acordo com a TQM, se o Banco Central aumentar a oferta de moeda da economia, ele provocará
   a) redução da inflação.
   b) aumento dos salários nominais.
   c) aumento do nível de emprego.
   d) aumento da inflação, mantendo inalterado o PIB nominal.
   e) aumento da inflação, mantendo inalterado o PIB real.

8. (VUNESP — 2022 — PERUÍBEPREV/Financeira e Investimentos) Dentre as afirmações a seguir, pode ser atribuída a um economista novo keynesiano:
   a) a política fiscal é inócua no curto prazo.
   b) salários são flexíveis.
   c) os preços se ajustam automaticamente.

d) custos de menu são irrelevantes.
e) contratos sobrepostos são uma causa da rigidez dos salários.

9. FGV — 2023 — Analista de Planejamento e Orçamento /Pref RJ) Considere que o mercado de fundos disponíveis para empréstimos esteja em equilíbrio. Suponha que o governo crie um incentivo tributário para os cidadãos elevarem seu nível de poupança.
O resultado sobre esse mercado é a:
   a) elevação da demanda por fundos para empréstimos devido ao maior volume de investimentos, elevando a taxa de juros de equilíbrio e ampliando ainda mais o nível de poupança;
   b) geração de um déficit orçamentário, reduzindo a oferta de fundos, elevando a taxa de juros de equilíbrio, o que reduz a quantidade de equilíbrio de fundos;
   c) geração de uma corrida bancária por liquidez, acarretando redução dos depósitos à vista e consequente redução dos fundos, reduzindo a taxa de juros de equilíbrio;
   d) elevação da oferta de fundos para empréstimos, reduzindo a taxa de juros de equilíbrio, que, por sua vez, estimula o aumento do investimento;
   e) elevação inicialmente da oferta de fundos para empréstimos, mas redução da taxa de juros, incentivando agentes a sacarem a poupança, retornando o mercado ao equilíbrio inicial.

10. (ICMS/RJ — FGV — 2009) Um trabalhador escolhe livremente entre horas de lazer e de trabalho num mercado sem obrigações contratuais. Com relação à teoria clássica de oferta de trabalho, que relaciona horas trabalhadas com salário/hora pago, assinale a afirmativa correta quanto às suas hipóteses e conclusões.
   a) O trabalhador não escolhe livremente entre horas de trabalho e de lazer.
   b) Quanto maior o salário/hora, menor a oferta de trabalho.
   c) A oferta de trabalho aumenta com o aumento do salário até um dado nível w*, reduzindo para níveis de salário superiores a w*.
   d) Obrigações contratuais incentivam rápidos ajustes às variações de salários.
   e) A oferta de trabalho aumenta com o aumento do salário.

GABARITO

1. "a".
Para Keynes, o que vai determinar o produto da economia e, por conseguinte, o emprego é a demanda efetiva. Isso porque o que vai fazer a empresa produzir é a expectativa de que vai conseguir vender seu produto. Se a expectativa é favorável, a empresa produz e gera emprego. A alternativa "a" está correta.
Para Keynes, o aumento da carga tributária desestimula o consumo e, portanto, diminui a demanda agregada, fazendo com que o produto e emprego se reduzam, já que as empresas só irão produzir se acreditarem que haverá demanda para isso. A alternativa "b" está incorreta.
Para Keynes, de nada adianta ofertar produto se não tem para quem vender. Logo, não é a oferta que vai determinar o quanto se deve produzir, mas sim a demanda efetiva. A alternativa "c" está incorreta.
Para Keynes, o que vai determinar o produto é a expectativa de que vai haver demanda para ele e, portanto, ele vai conseguir vendê-lo. Logo, se a expectativa de que vai vender o seu produto for alta, mesmo com um salário real alto, o empresário poderá contratar essa mão de obra e produzir. Logo, o salário real poderá afetar o emprego, mas não determiná-lo. A alternativa "d" está incorreta.
O salário nominal é a soma do salário real e a taxa de inflação. O que afeta o nível de emprego é o salário real, mas não o determina. Embora os salários nominais sejam relevantes para o trabalhador que sofre de ilusão monetária, para o empregador, o salário relevante é o real. Logo a alternativa "e" está incorreta.

2. "b".
Para os clássicos, o que vai determinar o produto é a disponibilidade dos fatores de produção, de tal maneira que, enquanto houver capital, mão de obra, matéria-prima e empreendimento disponíveis, dada uma certa tecnologia, a empresa irá produzir. Logo, o que determina o produto são variáveis reais e não monetários.
A alternativa "b" está correta.
No modelo keynesiano, o aumento do produto está associado ao crescimento da demanda agregada, o que leva à maior utilização dos fatores de produção, incluindo o trabalho. Com a elevação do nível de emprego, a pressão por mão de obra pode resultar em um aumento dos salários nominais. Caso os preços permaneçam relativamente estáveis no curto prazo, esse aumento nos salários nominais também eleva o **salário real**, estabelecendo o caráter pró-cíclico da relação entre produto e salário real. No entanto, no longo prazo, outros fatores, como mudanças nos preços ou nos níveis de produtividade, podem interferir nessa relação. A alternativa "a" está incorreta.
No modelo clássico, o produto é determinado no mercado de trabalho, pelo equilíbrio entre a oferta de trabalho e a demanda de trabalho. Com isso se determina o emprego e o salário real. Com base nesse nível de emprego, o produto é determinado. No modelo keynesiano o produto é determinado pela demanda efetiva. A alternativa "c" está incorreta.
No modelo keynesiano, a oferta de trabalho, feita pelas empresas, é uma função negativa do salário, de tal maneira que, quanto maior o salário, menor a oferta de trabalho. A alternativa "d" está incorreta.
No modelo clássico, as variáveis reais são determinadas por outras variáveis reais. Logo, o produto não é determinado pela taxa de juros, já que esta última é uma variável nominal. O produto será determinado pela oferta de fatores produtivos. A alternativa "e" está incorreta.

3. "b".
O modelo keynesiano foi desenvolvido por John Maynard Keynes durante a Grande Depressão dos anos 1920 e 1930, destacando o princípio da **demanda efetiva** como determinante da renda e do nível de emprego. Ele contrastava com o modelo clássico, que presumia que mercados se ajustavam automaticamente ao equilíbrio. O item I é verdadeiro.
No modelo clássico, o desemprego seria transitório, e a redução dos salários reais ajustaria o mercado de trabalho, eliminando o desemprego. Nesse modelo, acredita-se que não há desemprego involuntário no longo prazo, pois o mercado é considerado perfeitamente competitivo. O item II é verdadeiro.
No modelo keynesiano, a renda é determinada pela **demanda efetiva** (e não "pode ser determinada", como diz o item III), que representa o ponto onde a demanda agregada (gastos planejados na economia) iguala a oferta agregada (renda produzida). Esse equilíbrio define o nível de emprego e renda na economia, sem garantia de pleno emprego. O item III é falso.

4. "a".
Para os clássicos, o que determina a taxa de juros é a interação daqueles que poupam com aqueles que investem. Assim, se a taxa de juros estiver elevada, vai estimular a poupança e desestimular o investimento. Se a taxa de juros estiver baixa, vai desestimular a poupança e estimular o investimento. O mercado deverá agir para equilibrar, por meio da taxa de juros, esses dois agregados. A alternativa "a" está correta. Para Keynes, a taxa de juros resulta do equilíbrio entre a oferta e a demanda por moeda, de tal maneira que se a oferta de moeda aumentar ou a demanda por moeda diminuir, a taxa de juros diminui. Também, se a oferta de moeda diminuir ou a demanda por moeda aumentar, a taxa de juros aumenta. A alternativa "b" está incorreta. No modelo clássico não se fala pela preferência por liquidez, já que a moeda é apenas um meio de troca e reserva de valor. Para Keynes é que surge a preferência pela liquidez quando afirmou que os agentes demandam moeda para especulação. A alternativa "c" está incorreta. Uma política monetária, para os clássicos, afeta apenas o nível de preços, já que, o que determina a taxa de juros é o equilíbrio entre poupança e investimento. A alteração dos preços pode afetar a taxa de juros nominais, mas, não afeta a taxa de juros real, que determina o investimento e a poupança. A alternativa "d" está incorreta. Para os clássicos, uma política fiscal com alteração da carga tributária também não é capaz de alterar a demanda agregada e, por conseguinte, o nível de investimento e poupança. A alternativa "e" está incorreta.

8 ■ Teoria Clássica (Neoclássica) e Keynesiana

5. "d".
O volume de produto e, por conseguinte, do emprego será determinado pela demanda efetiva, ou seja, se os empresários acreditam que vão vender seu produto, eles produzem mais e, portanto, empregam mais. Porque de nada adianta empregar mais, se o que essa mão de obra vai produzir não gerar demanda para tal. Embora o governo possa estimular a demanda agregada e, portanto, o produto e o emprego, por meio do aumento dos seus gastos ou redução da sua carga tributária, ele não tem a atribuição de definir o emprego. O item (I) está errado.

Segundo Keynes, o produto de equilíbrio da economia não necessariamente ocorre no pleno emprego. Para ele, inclusive, era bom que houvesse um exército de mão de obra de reserva para poder contratar caso houvesse aumento da demanda efetiva. Assim, havendo aumento da demanda efetiva, o empresário produz mais e contrata mais para poder atender a essa demanda crescente. Mas a demanda efetiva, baseada em expectativas do empresário, ocorre quando ele acredita que haverá aumento do consumo e, por conseguinte, da propensão marginal a consumir e do Investimento que poderá aumentar mediante incentivos. Se a propensão marginal a consumir for muito alta, poderá garantir uma demanda efetiva alta o suficiente para garantir o pleno emprego, dispensando um volume muito alto de investimento para garantir o aumento da demanda efetiva. O item (II) está certo.

A demanda agregada depende, principalmente, do nível de Consumo e Investimento. Caso a propensão a consumir e o montante de novos investimentos sejam pequenos e resultarem em uma insuficiência da demanda efetiva, o nível real do emprego se reduzirá, já que, para Keynes, o que determina o produto e o emprego é a demanda agregada. Dessa forma, o emprego ficará abaixo da oferta de mão de obra disponível ao salário real em vigor, e o salário real de equilíbrio será superior à desutilidade marginal do nível de emprego de equilíbrio, que consiste no salário que o trabalhador está disposto a abrir mão de horas de laser. O item é verdadeiro.

6. "b".
Para Keynes, o que vai fazer o empresário empregar mais, é a expectativa de que irá vender o produto que está produzindo a mais, ou seja, vai depender da demanda efetiva. Porque, segundo Keynes, de nada adianta produzir mais e empregar mais, se não houver demanda para esse produto. Logo, a alternativa correta é a "b".

7. "e".
A Teoria Quantitativa da Moeda (TQM), em sua versão clássica, afirma que:
$M.V = P.Y$
Onde M= oferta de Moeda; V= Velocidade renda da moeda; P= nível geral de preços; Y= produto real da economia.
Considerando que "V" é constante já que é ditada por fatores tecnológicos e institucionais e que "Y" é constante porque é o produto real potencial, então, havendo um aumento de "M", consequentemente, haverá aumento de "P", ou seja, haverá aumento da inflação. A alternativa correta é a "e".

8. "e".
O fato de se fixarem os salários nominais contratualmente ou via acordos trabalhistas, torna-os rígidos, no curto prazo, o que impede que haja sua redução com intuito de elevar o emprego, como pensavam os clássicos. Pelo contrário, segundo Keynes, a redução de salários poderia agravar e comprometer a demanda agregada, desestimulando a produção e, por conseguinte, o emprego. A alternativa "e" está correta. Uma das maneiras de aquecer a demanda agregada e fazer, com isso, que os empresários produzam mais, é por meio de uma política fiscal expansionista, elevando os gastos do governo e/ou reduzindo tributos. A alternativa "a" está incorreta. Os salários são rígidos devido a vários fatores, como por exemplo, pelo fato de terem sido firmados por acordos ou contratos, o que, no curto prazo, impede que sejam alterados. A alternativa "c" está incorreta. Os custos menus que são os custos que as empresas incorrem em períodos de inflação pelo fato de terem que dispender mão de obra para remarcar os preços de seus produtos (assunto a ser visto no capítulo 21), não fazem parte do pensamento Keynesiano. A alternativa "d" está incorreta.

9. "d".
Considere que o mercado de fundos disponíveis para empréstimos esteja em equilíbrio, de tal maneira que a taxa de juros equilibre a poupança (S) e investimento (I). Suponha que o governo crie um incentivo tributário para os cidadãos elevarem seu nível de poupança e com isso, a poupança aumente. Para que o mercado entre novamente em equilíbrio, a taxa de juros deverá reduzir, já que os fundos para empréstimos estarão maiores que a demanda por eles. Com a queda da taxa de juros, a demanda por fundos aumenta (o investimento aumenta) até o ponto em que se equilibra com a poupança e defina essa taxa de juros menor. A alternativa "d" está correta.

10. "c".
Caso haja a predominância do efeito substituição, a curva de oferta será crescente, significando que quanto maior o salário, maior a oferta de mão de obra. Caso haja a predominância do efeito renda, a curva de oferta será decrescente, significando que quanto maior o salário, menor a oferta de mão de obra. Quando os salários são baixos e estão crescendo, o trabalhador tende a trocar horas de lazer por trabalho, aumentando a oferta por mão de obra. A partir de determinado nível de salário, o trabalhador tende a ofertar menos trabalho em troca de mais lazer. A partir desse ponto, o efeito renda é maior. Portanto, as alternativas "b" e "e" são falsas, e a "c" é verdadeira.
O trabalhador escolhe livremente entre horas de trabalho e de lazer. A alternativa "a" é falsa. As obrigações contratuais dificultam mudanças salariais. A alternativa "d" é falsa.

8.5. MATERIAL SUPLEMENTAR

QUESTÕES DE CONCURSOS
http://uqr.to/1yjb7

9

EQUILÍBRIO NO MERCADO DE BENS

9.1. DETERMINAÇÃO DO PRODUTO KEYNESIANO — A DEMANDA AGREGADA

No modelo Keynesiano, o Produto será determinado pela demanda por bens e serviços de todos os setores da economia, ou seja, pela demanda agregada (d.a). Assim, o produtor só produzirá se acreditar que conseguirá vender seu produto.

A demanda agregada será constituída pela demanda por bens e serviços dos setores da economia, ou seja, será a soma da demanda das unidades familiares denominada Consumo pessoal (C), da demanda das empresas sob a forma de Investimento (I), da demanda do governo sob a forma de Gastos do Governo (G) e da demanda do setor externo sob a forma de Exportação (X).

No esquema a seguir, é possível visualizar os setores da economia (Unidades Familiares, Empresas, Governo e Setor Externo) e a demanda de cada um desses setores.

	Unidades Familiares →	Consumir → C
OS SETORES DA ECONOMIA DEMANDAM BENS E SERVIÇOS PARA →	Empresas →	Investir → I
	Governo →	Gastar → G (= consumo do governo)[1]
	Setor Externo →	Exportar → X

Logo: **d.a = C + I + G + X**

No equilíbrio, a demanda agregada (d.a) será igual à oferta agregada (o.a), logo:

$$d.a = o.a$$

Como na economia os setores demandam bens que têm componentes importados, a oferta de bens e serviços será composta do Produto Interno Bruto a preço de mercado mais o Produto que foi importado. Lembre-se que nesse modelo os preços são considerados constantes, já que se trata de uma economia no curto prazo.

---

[1] Os gastos do governo correspondem à produção corrente adquirida pelo governo. Froyen (2003, p. 22) completa, afirmando que "o governo realiza transferências a indivíduos (por exemplo, pagamento da Previdência Social) e paga juros, exemplos de gastos governamentais não incluídos no PIB". É possível perceber isso quando se analisa a conta de produção no capítulo 4. Para se atingir o PIBpm, as transferências às famílias não são computadas.

o.a = Produto Interno Bruto a preço de mercado + importação de bens e serviços não fatores ou

$$o.a = PIBpm + M$$

Chamando PIBpm de Y^2, tem-se: **o.a = Y + M**
Como no equilíbrio: **o.a = d.a**
Então: **Y + M = C + I + G + X**
Passando M para o outro termo, tem-se:

$$Y^3 = C + I + G + X - M^4$$

Então, para se determinar o Produto da economia, deve-se determinar a demanda da economia[5]. E, para isso, devem-se determinar seus componentes, como demonstrado nos itens a seguir.

9.1.1. Consumo (C)

O consumo pode ser em bens duráveis, não duráveis ou em serviços. Assim, completa Froyen: "Podemos dividi-lo em bens de consumo duráveis (por exemplo, automóveis, televisores), bens de consumo não duráveis (por exemplo, alimentos, bebidas, roupas) e serviços (por exemplo, médicos, cabelereiros)"[6].

O Consumo tende a ser o maior componente do PIB.
Os fatores que determinam o consumo são:

- preços;
- qualidade;
- necessidade;
- crédito;
- juros;
- **renda disponível**;
- etc.

Como a renda disponível é o principal fator que determina o consumo e para facilitar a análise, devem-se considerar constantes os outros fatores.

O consumo será função **estável** da renda disponível[7], sendo: **C = f (Yd)**

---

[2] Y deriva do termo em inglês "*Yield*", que significa "rendimento".
[3] Considere que o nível geral de preços seja fixo.
[4] **Absorção interna** será a soma de C + I + G.
[5] Caso a oferta agregada seja maior que a demanda agregada, deve haver um acúmulo não planejado de estoques. Caso a oferta agregada seja menor que a demanda agregada, deve haver uma escassez de estoques não planejada. E os estoques são um dos componentes do Investimento.
[6] Richard T. Froyen, *Macroeconomia*, p. 21.
[7] Pelo fato de se considerar, nesse primeiro momento, um modelo sem governo, então a renda disponível (Yd) será igual à renda total (Y).

9 ■ Equilíbrio no Mercado de Bens

O consumo (C) será a soma de duas parcelas: aquela que independe da renda disponível (Yd) e, portanto, é constante; e aquela que depende da renda disponível, ou seja, se a renda disponível aumentar, o consumo aumenta, e se a renda disponível diminuir, o consumo diminui, ou seja:

$$\uparrow Yd \quad \uparrow C \quad \text{ou} \quad \downarrow Yd \quad \downarrow C$$

Considerando, primeiro, uma economia a dois setores, em que estão presentes apenas **Unidades Familiares** e **Empresas** e onde a renda total (Y) é igual a renda disponível (Yd), e mantendo uma relação linear entre consumo (C) e renda total (Y), tem-se:

$$C = Ca + cY^8$$

Onde:

Ca = Consumo autônomo, ou consumo inicial, ou o consumo que está ligado a outros fatores diferentes da renda, ou seja, o consumo que independe da renda. Blanchard afirma que Ca "é o que as pessoas consumiriam se sua renda disponível no ano corrente fosse igual a zero"[9]. E continua dizendo: "Como as pessoas podem ter um consumo positivo se a sua renda é igual a zero? Resposta: elas despoupam: consomem ou vendendo alguns de seus ativos ou contraindo alguns empréstimos"[10].

c = **Propensão marginal a Consumir** (PmgC), a variação que haverá no consumo pelo fato de ter havido uma variação de uma unidade na renda = $\Delta C/\Delta Y$.

"Ca" será o coeficiente linear da reta que a função representa e "c" é o coeficiente angular, ou seja, a tangente do ângulo que a reta representa forma com o eixo horizontal. Como "c", por hipótese, é menor que "um", a declividade é menor que 45°.

A função consumo pode ser representada como mostra a Figura 9.1:

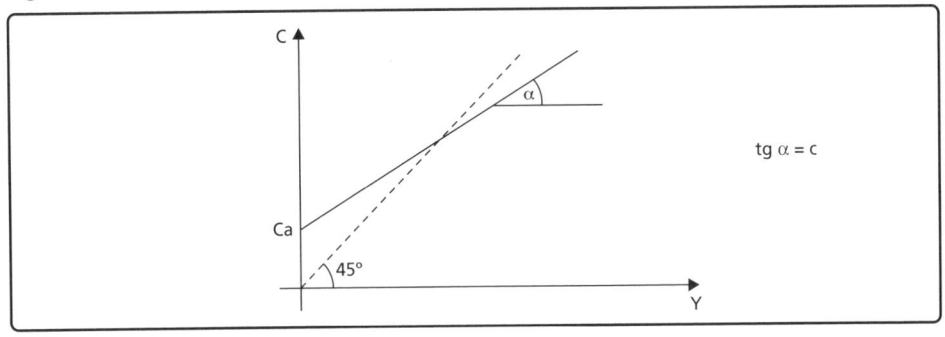

Figura 9.1. A função Consumo

---

[8] Caso fosse uma economia com governo, o consumo seria função da renda disponível (Yd). Logo, o Consumo seria: C = Ca + cYd.
[9] Olivier Blanchard, *Macroeconomia*, p. 45.
[10] Olivier Blanchard, *Macroeconomia*, p. 45.

Por hipótese, **"c" é sempre maior que "0" e menor que "1"**, ou seja, as pessoas tendem a consumir uma parte do aumento de sua renda, mas, nunca, a sua totalidade, nem "zero" dela. Assim, o consumo aumenta na medida em que a renda disponível aumenta, porém em proporção menor que o aumento da renda. A Propensão marginal a Consumir é uma variável estável no modelo.

Exemplos de funções consumo:

a) $C = 10 + 3/4Y$

Se a renda e o Produto (Y) forem iguais a 100, o consumo (C) será igual a 85.

b) $C = 20 + 0,8Y$

Se a renda e o Produto (Y) forem iguais a 200, o consumo (C) será igual a 180.

O Consumo é uma **variável endógena**, ou seja, depende do comportamento da renda para se definir; é explicado dentro do modelo.

9.1.1.1. Poupança (S)

Continuando a supor uma economia a dois setores, onde só haja **Unidades Familiares e Empresas**, a renda gerada na economia será destinada ao Consumo (C) ou à Poupança (S). Logo: Renda (Y) = Consumo (C) + Poupança (S), ou:

$$Y = C + S$$

Substituindo $C = Ca + cY$, tem-se: $Y = Ca + cY + S$
Isolando S, tem-se: $S = Y - Ca - cY$ ou

$S = Y - cY - Ca$
$S = (1 - c) Y - Ca$
$S = -Ca + (1 - c) Y$

Considerando que os fatores que afetam o consumo se comportam de maneira similar em relação à poupança, pode-se considerar a Poupança uma função da renda: $S = f(Y)$.

Então: $S = Sa + sY$, onde: S = poupança; Sa = poupança autônoma, poupança que independe do nível de renda; e s = **Propensão marginal a Poupar** = $\Delta S / \Delta Y$.

Como: $S = Sa + sY$ e
$S = -Ca + (1 - c) Y$,
Então: $Sa + sY = -Ca + (1 - c) Y$.
Portanto:

$$Sa = -Ca$$

$sY = (1 - c) Y$, de onde se conclui que:

$$s = 1 - c$$

Por hipótese, **"s" é sempre maior que "0" e menor que "1"**, ou seja, as pessoas tendem a poupar uma parte do aumento de sua renda, mas, nunca, a sua totalidade nem "zero" dela. Portanto, a Propensão marginal a Poupar significa o montante da variação da poupança mediante uma unidade na renda.

Exemplos:

1) $C = 10 + 3/4Y$, logo: $S = -10 + 1/4Y$;
   Ca = 10 e Sa = –10; c = 3/4 e s = 1/4
2) $C = 20 + 0,8Y$, logo: $S = -20 + 0,2Y$;
   Ca = 20 e Sa = –20; c = 0,8 e s = 0,2
3) $C = 5,3 + 0,33Y$, logo: $S = -5,3 + 0,67Y$;
   Ca = 5,3 e Sa = –5,3; c = 0,33 e s = 0,67

A Poupança é uma variável **endógena**, ou seja, depende do comportamento da renda para se definir; é explicada dentro do modelo.

9.1.1.2. Propensão marginal e média a Consumir e a Poupar

Não se deve confundir Propensão marginal a Consumir (PmgC) com Propensão média a Consumir (PmeC); nem Propensão marginal a Poupar (PmgS) com Propensão média a Poupar (PmeS).

Perceba a diferença entre Propensão marginal e Propensão média:

PmgC = Propensão marginal a Consumir = $\Delta C/\Delta Y$

PmgS = Propensão marginal a Poupar = $\Delta S/\Delta Y$

PmeC = Propensão média a Consumir = C/Y

PmeS = Propensão média a Poupar = S/Y

Assim, dada a seguinte função:

a) $C = 10 + \mathbf{0,8}Y \rightarrow$ quando Y = 100; PmeC = C/Y; PmeC = 90/100; PmeC = 0,9. Já a PmgC é igual ao coeficiente angular da função, ou seja, PmgC = **0,8**

b) $S = -30 + \mathbf{0,25}Y \rightarrow$ quando Y = 200; PmeS = S/Y; PmeS = 20/200; PmeS = 0,1. Já a PmgC é igual ao coeficiente angular da função, ou seja, PmgS = **0,25**

Observe que a Propensão média a Consumir (PmeC) mantém uma relação inversa com a renda, de tal maneira que, quando a renda aumenta, a PmeC diminui.

Assim, a função consumo apresentada na letra (a) mostra que: quando Y = 100, PmeC = 0,9; e quando Y = 200, PmeC = 0,85.

Mas observe também que a PmeC será sempre superior à PmgC (= 0,8) numa função Keynesiana de curto prazo.

9.1.2. Investimento (I)

O investimento ao qual este item se refere é o **investimento produtivo**. Não se refere a aplicações financeiras.

O investimento pode ser na forma de investimento fixo, investimento em construção civil ou investimento em estoques. Froyen completa, afirmando que: "Os investimentos fixos das empresas consistem nas compras de fábricas e equipamentos produzidos no período, os bens de capital (...), os investimentos em estoques — compreendem as variações nos estoques das empresas"[11]. Blanchard reforça afirmando que "alguns dos bens produzidos em um dado ano não são vendidos naquele ano, mas em anos posteriores. E alguns dos bens vendidos em um dado ano podem ter sido produzidos em um ano anterior. A diferença entre bens produzidos e bens vendidos em um dado ano — ou, em outras palavras, a diferença entre produção e vendas — é chamada de investimento em estoques"[12].

O investimento pode ser **planejado** ou **não planejado**. Quando se trata de investimento planejado, diz-se que foi **voluntário**. Ele é composto pela formação de capital fixo e pela variação de estoques desejada pelos empresários. Quando se trata de investimento não planejado, diz-se que foi **involuntário** e é composto de variação nos estoques em decorrência de erros feitos pelo empresário com relação à produção realizada. Quando a economia está em **equilíbrio** no mercado de bens, o investimento não planejado ou a **variação em estoques não planejada é igual a zero**. Caso a variação de estoques não planejada seja positiva, significa que o produto da economia é maior que a demanda agregada. Caso a variação de estoques não planejada seja menor que zero, significa que a demanda por bens e serviços é maior que a produção da economia.

Como o interesse é na determinação da renda e do produto de equilíbrio, será considerado apenas o **investimento voluntário**, partindo da hipótese de investimento involuntário igual a zero.

Num primeiro momento, deve-se considerar o Investimento uma função autônoma, ou seja, aquela que independe do nível de renda. Keynes acreditava que o Investimento autônomo (Ia) era o componente da demanda que sofreria a maior variação e que, portanto, seria o maior responsável pela variação da renda.

Pode-se defini-lo, portanto, assim: I = Ia, onde: Ia = Investimento autônomo

Exemplos: I = 20 ou I = 10,5 ou I = 40 etc.

Supondo, portanto, que só haja **Famílias e Empresas**, o ponto de equilíbrio da renda e do Produto numa economia a dois setores será:

Dados:

$C = 10 + 0,8Y$

$I = 30$

$Y = C + I + G + X - M$

Como G, X e M são zero (já que a economia é fechada e sem governo), então:

$Y = C + I$
$Y = 10 + 0,8Y + 30$
$0,2Y = 40$
$Y = 200$

---

[11] Richard T. Froyen, *Macroeconomia*, p. 21.
[12] Olivier Blanchard, *Macroeconomia*, p. 43.

Ou seja, se a economia produzir 200, o consumo será de 170 (C = 10 + 0,8 × 200) e o investimento será de 30, totalizando uma demanda de 200.

Na teoria Keynesiana, o que vai determinar o investimento é a comparação entre a taxa de juros (i) e a eficiência marginal do capital (Emgk) (ou produtividade marginal do capital ou produtividade marginal do investimento ou eficiência marginal do investimento), que é a taxa de retorno esperada diante das oportunidades de investimento. Assim, se:

- EmgK > i → haverá investimento;
- EmgK < i → não haverá investimento.

Observe que Keynes não se diferenciou dos clássicos quando afirmou que o investimento e a taxa de juros são variáveis que mantêm uma **relação inversa**, ou seja, quanto maior um, menor o outro. Mas Keynes afirmou que de nada adiantaria uma taxa de juros suficientemente baixa para estimular o investimento se o empresário não tivesse expectativas favoráveis a respeito da rentabilidade de seus investimentos. E essas expectativas apoiavam-se em base muito precária, que seria o conhecimento de uma lucratividade futura. Em decorrência disso, o investimento seria uma variável muito **instável**.

Keynes explicou a causa do nível de desemprego alto da crise da grande depressão de 1929 como sendo a insuficiência de investimentos decorrente de uma demanda agregada deficiente.

O Investimento é tratado no momento como uma variável **exógena**, ou seja, é considerado "dado" pelo modelo; não é explicado dentro do modelo.

9.1.3. Gastos do governo (G)

Diz-se que o governo gasta quando, por exemplo, constrói uma escola pública, uma estrada, uma hidroelétrica, remunera os seus funcionários, ou seja, recebe em troca um bem ou um serviço. Portanto, os gastos do governo englobam despesas correntes e despesas de capital. Já o consumo do governo engloba apenas as despesas correntes. Quando se iguala gastos do governo com consumo do governo, as despesas de capital (investimentos e inversões) serão computadas junto com os investimentos (I).

Os gastos do governo também são autônomos, ou seja, independem do nível de renda. Quem controla os gastos do governo são os formuladores de política econômica do país. Assim, os gastos do governo podem ser definidos da seguinte forma:

$$G = G_a$$

Ex.: G = 10 ou G = 50 ou G = 40,5 etc.

Os Gastos são variáveis **exógenas**, ou seja, são considerados "dados" pelo modelo; não são explicados dentro do modelo.

9.1.3.1. Transferências

O governo, além de gastar (G), pode também transferir (R). Os gastos do governo não incluem, portanto, as transferências[13]. Entende-se por transferências os recursos que o governo concede gratuitamente sem contrapartida com nenhum bem nem serviço. A transferência (R) interfere diretamente no nível de renda disponível. Assim, se o governo aumenta as transferências, o nível de renda disponível aumenta. Se o governo diminui as transferências, o nível de renda disponível diminui.

Exemplos de transferências: aposentadoria, pensão, Bolsa Família, Bolsa Escola, pagamento de juros da dívida pública etc.

Considerando as transferências autônomas (Ra), ou seja, que independem do nível de renda, tem-se:

$$R = Ra$$

Ex.: R = 5 ou R = 10 ou R = 50 etc.

As transferências são variáveis **exógenas**, ou seja, são consideradas "dadas" pelo modelo; não são explicadas dentro do modelo.

9.1.3.2. Tributos

O governo também pode tributar e essa tributação pode ser líquida (T) ou bruta (Tg).

A diferença entre uma e outra são as transferências, ou seja, a tributação bruta é a tributação líquida mais as transferências: **Tg = T + R** e a tributação líquida é a tributação bruta menos as transferências: **T = Tg – R**.

Assim, por exemplo, se o governo arrecada em forma de tributos um valor correspondente a 1.000 e transfere 100 (por exemplo, paga a aposentados), diz-se que a tributação líquida é de 900.

T = Tg – R
T = 1.000 – 100
T = 900

Nesse caso, a tributação é considerada uma variável **exógena**, ou seja, é "dada" pelo modelo; não é explicada dentro do modelo.

9.1.3.2.1. Tributação como função da renda

A **tributação bruta (Tg)** pode ser considerada uma **função da renda (Y)**. Assim, tem-se:

$$Tg = Ta + tY$$

Onde:

Ta = tributação que independe do nível de renda ou tributação autônoma;

---

[13] Revendo o capítulo 4, na conta do governo, é possível se perceber que o gasto do governo ou consumo do governo é diferente das transferências do governo.

t = Propensão marginal a Tributar ou a variação nos tributos por ocasião de uma variação de uma unidade na renda ou $\Delta T/\Delta Y$.

Assim, Tg pode, por exemplo, ser representada das seguintes maneiras:

a) Tg = 10 + 1/5Y; ou
b) Tg = 20 + 0,2Y.

Se as transferências forem iguais a 5 e sabendo que: T = Tg – R, tem-se:

a) Tg = 10 + 1/5Y e R = 5
T = 10 + 1/5Y – 5
T = 5 + 1/5Y

b) Tg = 20 + 0,2Y e R = 5
T = 20 + 0,2Y – 5
T = 15 + 0,2Y

Nessa situação, a tributação é uma variável **endógena**, ou seja, é explicada dentro do modelo.

9.1.3.2.2. *Tributação e renda disponível*

A tributação, líquida ou bruta, afeta o nível de renda da população.

Mas, quando se fala em tributação, transferência e gasto do governo não se fala em uma economia em que existam apenas unidades familiares e empresas (ou seja, uma economia a dois setores). Portanto, considera-se, agora, uma economia em que existe a presença do governo. Assim, a função consumo (C) sofrerá uma pequena transformação, ou seja, será uma função da renda disponível (Yd) e não da renda total (Y). Observe:

$$C = Ca + c\ Yd$$

Onde: Ca = consumo autônomo; c = Propensão marginal a Consumir; e Yd = renda disponível (observe que, numa economia a dois setores, chamava-se apenas de Y porque, como não havia tributação, Y era igual a Yd).

Mas o que é a renda disponível?

$$Yd = Y - T$$

Ou seja, a renda disponível (Yd) é igual à renda total (Y) menos a tributação líquida (T) ou:

$$Yd = Y - (Tg - R)$$

Ou seja, a renda disponível (Yd) é igual à renda total (Y) menos a tributação líquida (T), que é igual à tributação bruta (Tg) menos as transferências (R), ou:

$$Yd = Y - Tg + R$$

Assim, a função consumo terá o seguinte comportamento:

$C = Ca + c\ Yd$; ou

$C = Ca + c\ (Y - T)$; ou

$C = Ca + c\ (Y - (Tg - R))$; ou

$C = Ca + c\ (Y - Tg + R)$.

9.1.4. Exportação (X)

Como a exportação dependerá da renda dos outros países, e não da renda interna, diz-se que as exportações independem do nível de renda interna, ou seja, são uma variável **exógena** ao modelo. Assim:

$$X = Xa$$

Onde: Xa = Exportação autônoma.

Exemplo de função exportação: $X = 50$ ou $X = 100$ ou $X = 40{,}2$ etc.

9.1.5. Importação (M)

Como a importação depende do nível de renda interna da população, diz-se que é uma função da renda, ou seja,

$$M = Ma + mY$$

Onde: Ma = importação que independe do nível de renda e Produto (Y) ou importação autônoma; e m = Propensão marginal a Importar (PmgM) ou a variação que ocorrerá na importação pelo fato de ter variado em "uma" unidade o nível de renda, ou: $PmgM = \Delta M/\Delta Y$.

Exemplo de função importação: $M = 50 + 0{,}1Y$.

Quando são acrescentadas as exportações e as importações, fala-se em uma economia a quatro setores, ou seja, uma economia aberta e com governo, em que os setores considerados são **Unidades Familiares, Empresas, Governo e Setor Externo**.

A título de ilustração, é possível acompanhar a variação do PIB na economia brasileira ao longo dos anos, na Figura 9.2, a seguir:

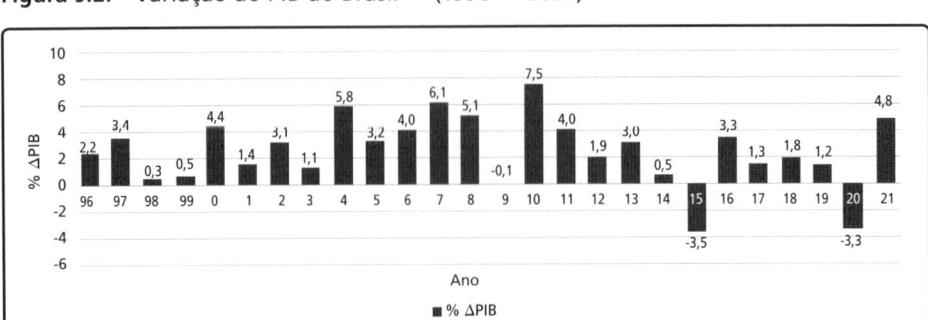

Figura 9.2. Variação do PIB do Brasil — (1996 — 2021)

Fonte: Wikipédia — Enciclopédia livre.

9.2. DETERMINAÇÃO DO NÍVEL DE EQUILÍBRIO DA RENDA E DO PRODUTO NUMA ECONOMIA ABERTA E COM GOVERNO

Recordando, sabe-se que, no equilíbrio:

oferta agregada = demanda agregada, ou

$Y + M = C + I + G + X$, ou

$Y = C + I + G + X - M$.

Logo, se:

$C = 10 + 0,8Yd$
$I = 20$
$Tg = 20 + 0,25Y$
$R = 20$
$G = 50$
$X = 40$
$M = 10 + 0,1Y$

O equilíbrio da renda e do Produto, ou seja, a quantidade que deverá ser produzida para atender a demanda agregada, deverá ser igual a:

$Y = C + I + G + X - M$
$Y = 10 + 0,8Yd + 20 + 50 + 40 - (10 + 0,1Y)$
$Y = 110 + 0,8Yd - 0,1Y$
$Y = 110 + 0,8 (Y - T) - 0,1Y$ (I)

Sabendo que: $T = Tg - R$
Então: $T = 20 + 0,25Y - 20 \rightarrow T = 0,25Y$ (II)
Substituindo (II) em (I), tem-se:

$Y = 110 + 0,8 (Y - 0,25Y) - 0,1Y$
$Y = 110 + 0,8 \cdot 0,75Y - 0,1Y$
$Y = 110 + 0,6Y - 0,1Y$
$0,5Y = 110$
$Y = 220$

Portanto, se a economia produzir 200 e a demanda agregada for de 200, a economia estará em equilíbrio.

Outra maneira de se determinar o ponto de equilíbrio da renda e do Produto é:

Demanda agregada = oferta agregada

$C + I + G + X = PIB + M$
$C + I + G + X - M = PIB$

Chamando $PIB = Y$, tem-se: $C + I + G + X - M = Y$
Como Produto é igual a renda, tem-se:
Y(Produto) = C + I + G + X - M e

Como a renda é destinada ao consumo (C) ou a poupança (S) ou ao pagamento de tributos (T), então:

Y(renda) = C + S + T
Logo: C + I + G + X – M = C + S + T ou
I + G + X = S + T + M

Resolvendo novamente o exercício anterior.

Como não foi informado o valor de S, transforma-se a função consumo em função poupança, ou seja, se:

C = 10 + 3/4 Yd,

então: S = –10 + 1/4 Yd,
lembrando que T = Tg – R, ou seja, T =0,25Y

I + G + X = S + T + M
20 + 50 + 40 = –10 + 0,2Yd + 0,25Y + 10 + 0,1Y
110 = 0,2Yd + 0,35Y
110 = 0,2 [Y – (Tg – R)] + 0,35Y
110 = 0,2 [Y – 0,25Y] + 0,35Y
110 = 0,2 · 0,75Y + 0,35Y
110 = 0,15Y + 0,35Y
110 = 0,5Y
Y = 220

No modelo **Keynesiano simples**, considera-se a taxa de juros fixa. Portanto, igualando-se as **injeções** (I + G + X) com os **vazamentos** (S + T + M) da economia, tem-se:

I + G + X = S + T + M
I = S + T – G + M – X
I = S + (T – G) + (M – X)

Onde: (T – G) = poupança do governo; (M – X) = poupança do setor externo[14]; e S = poupança do setor privado.

Ou seja: S + (T – G) + (M – X) = poupança total da economia.

Logo: investimento total da economia = poupança total da economia.

$$I = S$$

Caso seja fornecido o investimento privado (I_{priv}) e também o investimento público (ou investimento do governo — I_{gov}), devem ser somados para se determinar o investimento total.

---

[14] Por simplificação, considera-se que o déficit em transações correntes corresponde a M – X, ou seja, considera-se que M – X é o déficit somado na Balança Comercial, Balança de Serviços, Conta de Renda Primária e Secundária.

$$I_{púb} + I_{priv} = S_{priv} + S_{púb} + S_{ext}$$

Onde: Spriv = poupança do setor privado; Spúb = poupança do setor público e Sext = poupança do setor externo.

9.2.1. Déficit público

Define-se déficit público como: Investimento público — Poupança pública, ou seja, Déficit público = $I_{púb} - S_{púb}$
Logo:

$$I_{púb} + I_{priv} = S_{priv} + S_{púb} + S_{ext}$$
$$I_{púb} - S_{púb} = S_{priv} - I_{priv} + S_{ext}$$

Déficit público = $S_{priv} - I_{priv} + S_{ext}$

Diz-se que o governo apresenta **déficit em suas contas correntes** quando o que apresenta de despesa corrente é maior que as receitas correntes, ou seja, quando G + R > Tg, ou quando G > Tg − R.

Diz-se que o governo apresenta **superávit em suas contas correntes** quando o que apresenta de despesa corrente é menor que as receitas correntes, ou seja, quando G + R < Tg, ou G < Tg − R.

Onde: Tg = tributação bruta; R = transferências; e G = gasto do governo = consumo do governo.

Portanto, déficit público é diferente de déficit em conta corrente do governo, porque o primeiro inclui as despesas de capital (ex.: investimentos públicos), e o segundo só inclui despesas correntes (ex.: despesas de custeio). O déficit em conta corrente corresponde, pois, a uma despoupança do governo ou poupança negativa do governo.

O déficit público pode ser tratado sob três óticas: déficit nominal, déficit operacional e déficit primário. É o critério utilizado pelo Tesouro Nacional do Brasil.

- **Déficit nominal** é a diferença entre investimento e poupança do governo, ou seja, toda despesa menos receita não financeira somada a despesa menos receita financeira (juros reais e correção monetária da dívida fiscal líquida).

- **Déficit operacional** é a diferença entre investimento e poupança do governo, somados com a diferença entre despesas e receitas com a correção monetária da dívida líquida fiscal.

- **Déficit primário** é a diferença entre investimento e poupança do governo, ou seja a diferença entre despesas e receitas não financeiras. Não inclui, portanto, as despesas e receitas financeiras (juros reais e correção monetária) da dívida fiscal líquida. A correção monetária da dívida somada aos juros reais da dívida correspondem ao chamado juros nominais, ou, simplesmente, juros.

O déficit é também conhecido como **critério acima da linha**, mede o déficit pelo critério de sua geração, pela diferença entre as despesas e receitas. Quando se utiliza o critério **abaixo da linha**, está se falando em **necessidade de financiamento do setor**

público (NFSP), que mede a situação do setor público pela necessidade de financiamento. Este critério é utilizado pelo FMI e pelo Banco Central do Brasil. Ela utiliza o regime de caixa para receitas e despesas e o regimento de competência para os juros.

Representando as três óticas, tem-se:

DÉFICIT NOMINAL	DÉFICIT OPERACIONAL	DÉFICIT PRIMÁRIO
▪ Despesas não financeiras — Receitas não financeiras	▪ Despesas não financeiras — Receitas não financeiras	▪ Despesas não financeiras — Receitas não financeiras
▪ Juros reais	▪ Juros reais	
▪ Correção monetária		

9.2.2. Saldo comercial

Diz-se que o saldo **comercial é deficitário** quando as importações de bens e serviços não fatores são maiores que as exportações de bens e serviços não fatores, ou seja, quando M > X.

Diz-se que o **saldo comercial é superavitário** quando as exportações são maiores que as importações, ou seja, quando M < X.

9.2.3. Hiato do produto, hiato inflacionário e hiato recessivo

Quando o gasto com bens e serviços é superior ao produto de pleno emprego, diz-se que há um **hiato inflacionário**. Quando o gasto com bens e serviços é inferior ao produto de pleno emprego, diz-se que há um **hiato recessivo**. Para Keynes, o governo deveria intervir para ajustar esses hiatos. Para os clássicos, esses ajustes deveriam ficar a cargo do próprio mercado, e não do governo. Na estrutura do Balanço de Pagamentos vista no capítulo 7, o **hiato do produto** é definido como a diferença entre importação de bens e serviços não fatores e a exportação de bens e serviços não fatores.

9.2.4. Carga tributária bruta e líquida

Entende-se por Carga Tributária Bruta (CTB) a soma dos impostos diretos[15] e dos impostos indiretos recebidos pelo governo.

$$CTB = \text{Impostos Diretos} + \text{Impostos Indiretos}$$

Caso se deseje definir a carga tributária bruta em valores percentuais, dividem-se os impostos diretos e indiretos pelo PIBpm do país.

$$CTB = \frac{\text{Impostos Diretos} + \text{Impostos Indiretos}}{\text{PIBpm}}$$

---

[15] As contribuições sociais (COFINS, PIS, PASEP, CSLL, INSS) estão enquadradas como impostos diretos.

Entende-se por Carga Tributária Líquida (CTL) a soma dos impostos diretos e dos impostos indiretos subtraídos das transferências e dos subsídios.

CTB = Impostos Diretos – Transferências + Impostos Indiretos – Subsídios

Caso se deseje definir a carga tributária líquida em valores percentuais, dividem-se os impostos diretos e indiretos subtraídos das transferências e subsídios pelo PIBpm do país.

$$CTB = \frac{\text{Impostos Diretos – Transferências + Impostos Indiretos – Subsídios}}{\text{PIBpm}}$$

9.2.5. A cruz keynesiana

Para se construir a cruz keynesiana, determina-se primeiro a despesa planejada[16], ou seja, a despesa que os setores da economia (famílias, governo e empresas) desejam realizar, supondo-se uma economia fechada. Logo, a despesa planejada será a soma do consumo das famílias (C), do investimento planejado das empresas (I) e dos gastos do governo (G).

Despesa planejada = C + I + G

Considerando o investimento (I), os gastos do governo (G) e a tributação (T) como variáveis exógenas, tem-se:

Despesa planejada = Ca + c (Y – T) + I + G

Logo, a despesa planejada será função da renda (Y). Assim, se Y se eleva, C se eleva e a despesa planejada se eleva. Observe a Figura 9.3:

Figura 9.3. Representação gráfica da despesa planejada

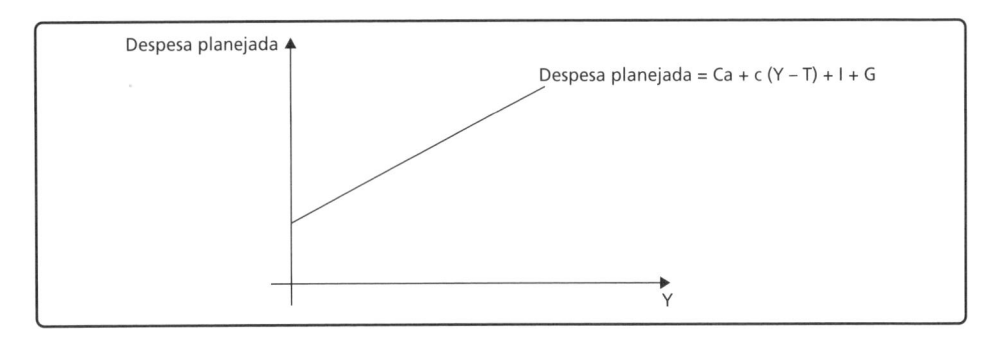

---

[16] A despesa planejada difere da despesa observada, porque esta inclui a variação em estoques das empresas quando não vendem ou vendem em excesso todo o seu produto.

Representando uma função em que a renda (ou produto) é sempre igual à despesa planejada, constrói-se uma linha de 45° dividindo os eixos onde se encontram a despesa planejada, a renda e o produto (Y) da economia. Observe o gráfico da Figura 9.4. Todos os pontos localizados na reta de 45° possuem uma despesa planejada igual à renda e ao produto.

Figura 9.4. O equilíbrio entre a renda e a despesa planejada

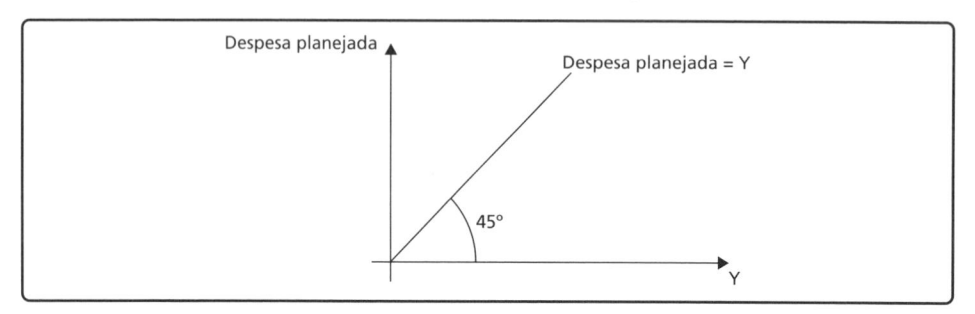

A **cruz keynesiana** se constrói quando se une o gráfico da Figura 9.3 com o da Figura 9.4, o que pode ser constatado no gráfico da Figura 9.5:

Figura 9.5. A cruz keynesiana

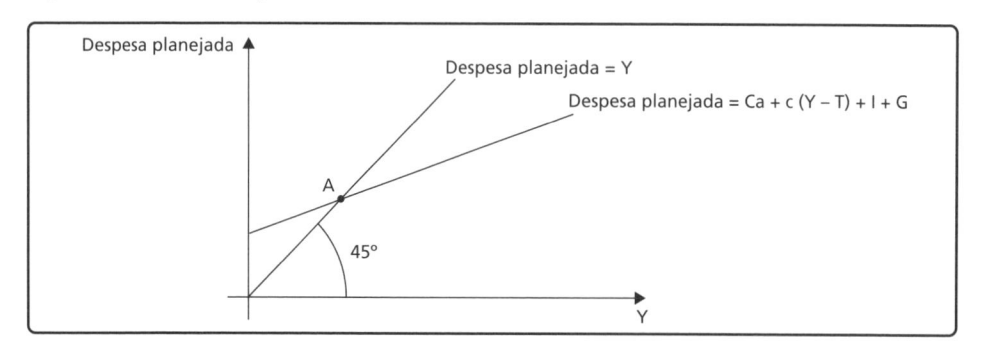

O ponto "A" representa o equilíbrio da economia. Qualquer ponto acima ou à direita de "A" representa um acúmulo não planejado nos estoques, o que levará as empresas a reduzirem seu nível de produção até atingir o ponto "A". Da mesma maneira, qualquer ponto à esquerda ou abaixo de "A" representa uma falta do produto, o que levará as empresas a aumentarem sua produção até atingirem o ponto "A".

9.3. QUESTÕES

1. (CESGRANRIO — 2024 — BNDES) Considere uma economia aberta às transações comerciais e financeiras com o resto do mundo. Admita, hipoteticamente, que, nessa economia, em determinado ano, o investimento doméstico total realizado tenha sido maior do que a poupança doméstica total efetivada e que as contas do governo tenham encerrado o ano com equilíbrio orçamentário. Nesse caso hipotético, a economia descrita terá encerrado o ano com

a) déficit fiscal primário.
b) superávit fiscal primário.
c) poupança externa negativa.
d) saldo nulo em Conta-Corrente do Balanço de Pagamentos.

2. (CEBRASPE — 2024 — TCE-PR/Econômica) Determinada economia é descrita pelo sistema de equações apresentado a seguir, em que C representa os gastos de consumo, G, o gasto do governo, I, o investimento, r, a taxa real de juros, X, o *quantum* exportado, M, o *quantum* importado, ε, a taxa real de câmbio, Y, a renda doméstica, e Y*, a renda do resto do mundo.

Y = C + I + G + X − M
C = 200 + 0,7Y
I = 600 − 3.200r + 0,1Y
G = 1.200
X = 150 + 0,2Y* + 70ε
M = 0,1Y − 60ε
ε = 1,8
Y* = 1.200

Acerca da economia hipotética descrita no texto, é correto concluir que, se r = 16%, então a renda de equilíbrio será igual a
 a) 5.040.
 b) 6.040.
 c) 7.040.
 d) 8.040.
 e) 9.040.

3. (FGV — 2024 — ALEP/Economista) Assuma o seguinte modelo keynesiano de uma economia aberta regida pelas seguintes funções:

C = 200 + 0,8.Yd
T = 0,5.Y
I = 100
G = 200
(X-M) = 100

em que C representa o consumo, Yd é a renda disponível, I é o nível de investimento, T é o imposto sobre a renda, G é o gasto do governo, (X-M) representam as exportações líquidas. O nível de renda de equilíbrio é igual a
 a) 600.
 b) 1.000.
 c) 3.600.
 d) 6.000.
 e) 10.000.

4. (FGV — 2023 — Auditor do Estado /CGE SC/Economia) Considere os seguintes dados:

Impostos Diretos = 100
Impostos Indiretos = 50
Subsídios = 20
Transferências = 10
Consumo Pessoal = 200
Poupança Pessoal = 20

Assim, a Renda Líquida do Governo e a Renda Total do país são, respectivamente, iguais a
 a) 100 e 300.
 b) 120 e 330.

c) 120 e 340.
d) 150 e 370.
e) 190 e 410.

5. (FGV — 2023 — Fiscal de Rendas /Rio de Janeiro) De acordo com o modelo keynesiano, a função consumo deve apresentar as seguintes propriedades, com exceção de:
a) o consumo ser diretamente proporcional à renda;
b) a propensão marginal a consumir variar entre 0 e 1;
c) a propensão média a consumir ser decrescente em relação à renda;
d) a taxa de juros e o estoque de riqueza afetarem o consumo;
e) o consumo ser uma função estável da renda.

6. (FGV — 2022 — EPE/Economia de Energia) Considere uma economia fechada modelada pelas equações listadas a seguir:

$C = 5 + 0{,}5\, Y$
$G = 10$
$I = 5 - 0{,}3\, Y$

Em que:
– Renda: Y.
– Consumo agregada: C.
– Gastos do governo: G.
– Investimento privado.

Considerando todas as grandezas em unidades monetárias. assinale a opção que indica o valor da renda Y para a economia apresentada.
a) 20.
b) 25.
c) 30.
d) 35.
e) 40.

7. CEBRASPE — 2023 — Analista Fazendário Municipal -Pref Fortaleza/Ciências Econômicas e Finanças) Considerando o modelo macroeconômico IS-LM-BP, os principais agregados macroeconômicos e os instrumentos de política econômica, julgue o item seguinte.
Em um gráfico representativo da função consumo, em que o eixo x corresponde à oferta agregada e o eixo y, à demanda agregada, ao se traçar uma reta com inclinação de 45°, existirá poupança agregada sempre que a função consumo estiver acima da referida reta.
( ) Certo
( ) Errado

8. (CESGRANRIO — 2022 — ELETRONUCLEAR/Economista) Segundo o IBGE, o Produto Interno Bruto real (PIB real) do Brasil teve contração de 4,1%, em 2020, configurando o maior recuo da série histórica desde 1996.
O indicador que confirma o quadro de recessão econômica no Brasil em 2020 é o(a)
a) hiato do produto negativo
b) pleno-emprego
c) déficit em conta-corrente
d) PIB potencial elevado
e) inflação acelerada

9 ▪ Equilíbrio no Mercado de Bens

9. (FCC — Analista de Fomento (AFAP)/Economista/2019) Suponha uma economia aberta regida pelas seguintes equações:

$C = 0{,}8 \times Y_d + 1000$
$I = 500$
$T = 0{,}125 \times Y$
$G = 350$
$NX = 100$

Onde C representa o consumo das famílias, Yd é a renda disponível das famílias, I é o nível de investimento, T é o imposto sobre a renda das famílias, G é o gasto do governo, NX representa as exportações líquidas e Y é o nível de produto. O nível de produto de equilíbrio pode ser estimado em
  a) 16.000
  b) 1.950
  c) 9.500
  d) 26.000
  e) 6.500

10. (FCC — Analista Legislativo (ALAP)/Atividade Orçamentária e Financeira e de Controle Interno/Economista/2020) Considere os seguintes dados da composição do produto e da renda agregada em uma economia aberta:
  — Consumo agregado = $ 1.500
  — Gastos do Governo = $ 500
  — Formação Líquida de Capital Fixo = $ 300
  — Exportações Líquidas = –$ 400
  — Produto Interno Bruto = $ 2.000
  — Carga Tributária = 25% do PIB

Nesse cenário,
  a) a depreciação do estoque de capital equivale a 5% do Produto Interno Bruto.
  b) a poupança agregada total da economia será $ 200.
  c) a ocorrência de um superávit comercial resulta numa demanda agregada maior do que a oferta agregada.
  d) a poupança nacional financia plenamente os investimentos da economia.
  e) as exportações líquidas representam a renda líquida enviada ao exterior.

GABARITO

1. "e".
Em uma economia aberta, a identidade macroeconômica básica relaciona o Investimento (I), a Poupança Doméstica (S), o saldo fiscal do governo e o saldo em conta-corrente (CC) do balanço de pagamentos:
$I = S + (T - G) + (M - X)$
Onde:
• T – G: Saldo fiscal (arrecadação tributária menos gastos do governo).
• M – X: Saldo em conta-corrente (importações menos exportações).
Logo, o excesso de investimento em relação à poupança doméstica deve ser financiado por recursos externos. Isso gera um saldo deficitário em Conta-Corrente (M – X > 0), pois a economia precisa importar poupança externa para equilibrar suas contas.
Então: Sexterna > 0.
Investimento maior que a poupança doméstica (I > S): isso indica que a economia está investindo mais do que consegue poupar internamente.
Saldo fiscal equilibrado (T – G = 0): o governo não contribui nem com déficit nem com superávit fiscal.

Portanto, o excesso de investimento em relação à poupança doméstica deve ser financiado por recursos externos. Isso gera um saldo deficitário em Conta-Corrente (M – X > 0), pois a economia precisa importar poupança externa para equilibrar suas contas.
Logo: ocorre déficit no Balanço de Pagamentos em Transações Correntes (DBPTC), já que a Sexterna = DBPTC.
A alternativa "e" está correta e as alternativas "c" e "d" estão incorretas.
A questão afirma que as contas do governo encerraram o ano em equilíbrio orçamentário, o que demonstra que a poupança do governo (Spública) é igual a zero.
O resultado primário é a diferença entre as receitas e as despesas do governo, excluindo os pagamentos de juros da dívida pública. Como foi dito que as contas do governo encerraram com equilíbrio orçamentário (T – G = 0), isso significa que não houve nem déficit nem superávit primário. As alternativas "a" e "b" estão incorretas.

2. "c".
A renda (Y) de equilíbrio será:
$Y = C + I + G + X - M$
$Y = 200 + 0,7Y + 600 - 3.200r + 0,1Y + 1.200 + 150 + 0,2Y^* + 70\varepsilon - (0,1Y - 60\varepsilon)$
$Y = 200 + 0,7Y + 600 - 3.200 \cdot 0,16 + 0,1Y + 1.200 + 150 + 0,2 \cdot 1200 + 70 \cdot 1,8 - (0,1Y - 60 \cdot 1,8)$
$Y = 200 + 0,7Y + 600 - 512 + 0,1Y + 1.200 + 150 + 240 + 126 - (0,1Y - 108)$
$Y = 200 + 0,7Y + 600 - 512 + 0,1Y + 1.200 + 150 + 240 + 126 - 0,1Y + 108$
$Y = 2.112 + 0,7\,Y$
$0,3\,Y = 2.112$
$Y = 7.040$
A alternativa correta é a "c".

3. "b".
$Y = C + I + G + X - M$
$Y = 200 + 0,8 \cdot Yd + 100 + 200 + 100$
$Y = 600 + 0,8\,Yd$
$Y = 600 + 0,8\,(Y - T)$
$Y = 600 + 0,8\,(Y - 0,5Y)$
$Y = 600 + 0,4\,Y$
$0,6\,Y = 600$
$Y = 1.000$
A alternativa correta é: "b".

4. "c".
Renda Líquida do governo consiste na arrecadação dos tributos livres das transferências e subsídios.
Logo: impostos diretos – transferências + impostos indiretos – subsídios
Assim: 100 - 10 + 50 - 20 = **120**
$Y = C + S + T$, onde Y = produto/renda do país; C = consumo pessoal; S = poupança pessoal; T = tributos.
$Y = 200 + 20 + (100 - 10 + 50 - 20)$
$Y = \mathbf{340}$

5. "d".
Nem a taxa de juros nem o estoque de riqueza, no modelo Keynesiano afetam o consumo. A taxa de juros tem uma relação inversa com o Investimento, muito embora, de nada adiantaria uma taxa de juros suficientemente baixa para estimular o investimento se o empresário não tivesse expectativas favoráveis a respeito da rentabilidade de seus investimentos. E essas expectativas apoiam-se em base muito precária, que seria o conhecimento de uma lucratividade futura. Em decorrência disso, o investimento seria uma variável muito instável. Contudo, no modelo Keynesiano simples, a taxa de juros não varia e, portanto, não se altera nem altera o Investimento. A alternativa "d" está incorreta. O consumo será função direta da renda disponível, de tal maneira que aumentando a renda disponível, o consumo aumenta e reduzindo a renda disponível, o consumo se reduz também. Vejamos a função consumo: C = Ca + cYd; onde "Ca" é o consumo autônomo, ou seja, aquele que independe do nível de renda, "c" é a propensão

marginal a consumir, ou seja, é quanto o consumo vai variar mediante uma variação na renda disponível e "Yd" é a Renda disponível. A alternativa "a" está correta. Por hipótese, a propensão marginal a consumir, "c", é maior que zero e menor que a unidade, mostrando que as famílias irão consumir uma parcela do aumento da renda, mas nunca a sua totalidade, nem zero dela. A alternativa "b" está correta. Segundo a "Lei Psicológica Fundamental", à medida que a renda das pessoas aumenta, elas tendem a aumentar seu consumo, sendo que em proporções cada vez menores, ou seja, a propensão média a consumir (PmeC), que é a relação entre o Consumo (C) e a Renda disponível (Yd), diminui a medida que a Renda disponível aumenta. Assim: PmeC = C / Yd. A alternativa "c" está correta. No curto prazo, a Propensão marginal a consumir não varia, já que é ditado por hábitos e costumes que não se alteram no curto prazo. O consumo autônomo é uma constante também. Logo, o consumo também não se altera, no curto prazo, e, portanto, é uma função estável. A alternativa "e" está correta.

6. "b".
$Y = C + I + G$
$Y = 5 + 0,5 Y + 10 + 5 - 0,3 Y$
$0,8 Y = 20$
$Y = 25$
A alternativa correta é a "B".

7. "errado".
Vamos fazer a representação gráfica com base nos dados da questão:

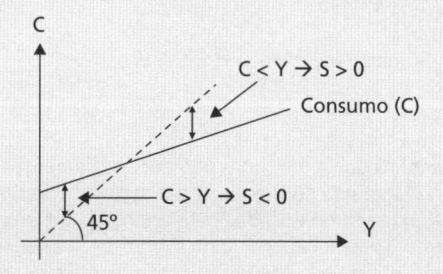

Quando o consumo estiver acima da linha tracejada, o consumo (C) é maior que a renda (Y) e, portanto, há despoupança, ou poupança (S) negativa. Quando o consumo estiver abaixo da linha tracejada, o consumo (C) é menor que a renda (Y) e, portanto, há poupança (S) positiva. O item está errado.

8. "a".
Quando ocorre o hiato do produto, significa que o país não está conseguindo produzir o necessário para atender a demanda. Se esse hiato do produto é negativo, significa que a economia está produzindo menos que o seu potencial, gerando desemprego e recessão. A alternativa "a" está correta. Segundo o IBGE, ocorre recessão quando a produção na economia diminui por pelo menos dois trimestres seguidos. Quando ocorre o pleno emprego, significa que a economia está produzindo dentro do seu potencial, logo não há recessão. A alternativa "b" está incorreta.
Quando ocorre déficit em transações correntes não significa que há recessão na economia, mas sim que a economia pode estar importando mais que exportando bens e serviços não fatores e/ou enviando mais renda que recebendo do exterior e/ou transferindo mais que recebendo transferências do exterior. Inclusive, se a importação estiver maior que a exportação pode significar que a economia não está conseguindo produzir tudo que está sendo demandado internamente e é obrigada a aumentar as importações, o que pode significar que a economia está produzindo dentro do seu potencial e por conseguinte não está em recessão. A alternativa "c" está incorreta. O PIB potencial elevado mostra que o país tem uma capacidade de produção alta, mas, não significa que está reduzindo sua produção ao longo de dois trimestres. Portanto,

a alternativa "d" está incorreta. Uma inflação elevada pode estar sendo acompanhada de uma economia que apresenta uma demanda agregada muito aquecida e que, portanto, pode gerar crescimento econômico se o país tiver capacidade produtiva e não recessão. A alternativa "e" está incorreta.

9. "e".
Sabendo que:
$Y = C + I + G + (X - M)$
$Y = 1000 + 0,8\ Yd + 500 + 350 + (100)$
$Y = 1000 + 0,8\ (Y - T) + 500 + 350 + (100)$
$Y = 1950 + 0,8\ (Y - 0,125Y)$
$Y = 1950 + 0,8\ (0,875\ Y)$
$Y = 1950 + 0,7\ Y \quad 0,3\ Y = 1950 \quad Y = 6500$

10. "a".
$PIB = C + I + G + X - M$
Onde:
I (Investimento) = FLCF (formação líquida de capital fixo) + Depr (depreciação) + ΔEst (Variação de Estoques)
Considerando ΔEst = 0, tem-se:
I = FLCF + Depr
I = 300 + Depr
Logo:
2000 = 1500+ 300 + Depr + 500 – 400
A alternativa "a" está correta.
Como a poupança total é igual ao Investimento total, então:
I = FLCF + Depr
I = 300 + 100 = 400
Então: S = 400. A alternativa "b" está incorreta.
Um superávit comercial implica que X > M, mas não necessariamente isso implica que a demanda agregada seja maior que a oferta agregada. A alternativa "c" está incorreta.
Os investimentos da economia são financiados pela poupança interna (que corresponde à poupança do setor privado e do governo) e a poupança externa. A alternativa "d" está incorreta.
As exportações líquidas representam a diferença entre as exportações e as importações de bens e serviços não fatores. A renda líquida enviada ao exterior representa a diferença entre a renda enviada e a renda recebida do exterior, ou seja, a diferença entre a remuneração de serviços fatores enviados e recebidos do exterior. A alternativa "e" está incorreta.

9.4. MATERIAL SUPLEMENTAR

QUESTÕES DE CONCURSOS
http://uqr.to/1yjb8

10

MULTIPLICADOR NO MERCADO DE BENS. MULTIPLICADOR KEYNESIANO

10.1. MULTIPLICADOR EM UMA ECONOMIA A DOIS SETORES

Para que se possa entender o que é o Multiplicador Keynesiano, deve-se, primeiro, considerar uma economia a dois setores, ou seja, onde só haja **famílias e empresas**.

Num primeiro momento, considere a seguinte situação: $C_1 = 10 + 0{,}8Y$ e $I_1 = 20$, onde C_1 = Consumo no período 1; I_1 = Investimento no período 1 e Y = Renda e Produto da economia.

O Produto e a renda de equilíbrio serão:

$Y_1 = C_1 + I_1$
$Y_1 = 10 + 0{,}8Y_1 + 20$
$Y_1 - 0{,}8Y_1 = 30$
$0{,}2Y_1 = 30$
$Y_1 = 150$

Supondo que, num segundo momento, haja uma variação nos investimentos de 10 ($\Delta I = 10$), então:

$C_1 = 10 + 0{,}8Y$
$I_2 = I_1 + \Delta I$
$I_2 = 20 + 10$
$I_2 = 30$

O Produto e a renda de equilíbrio serão:

$Y_2 = C_1 + I_2$
$Y_2 = 10 + 0{,}8Y_2 + 30$
$Y_2 = 40 + 0{,}8Y_2$
$Y_2 - 0{,}8Y_2 = 40$
$0{,}2Y_2 = 40$
$Y_2 = 200$

Pode ser observado que, quando houve uma variação de 10 nos investimentos ($\Delta I = 10$), foi gerada uma variação na renda e no Produto de 50 ($Y_1 - Y_2 = 200 - 150$; $\Delta Y = 50$). Portanto: $\Delta I = 10$ levou a $\Delta Y = 50$. Logo, a renda e o Produto da economia aumentaram 5 vezes mais que o investimento, ou seja: $\dfrac{\Delta Y}{\Delta I} = 5$.

À relação $\frac{\Delta Y}{\Delta I}$, dá-se o nome de **multiplicador do investimento**.

É possível se perceber que uma variação nos investimentos (ΔI) provocou uma variação superior no nível de renda e produto (ΔY) em decorrência de uma variação provocada no consumo (ΔC) também. Froyen explica esse processo quando diz que "o conceito de multiplicador é essencial na teoria de Keynes, pois explica a forma pela qual os deslocamentos nos investimentos, causados por mudanças nas expectativas das firmas, desencadeiam um processo que causa variações não só nos investimentos mas também no consumo"[1].

Assim, quando o investimento aumenta, provoca uma elevação na renda e no produto. Como o consumo é uma função da renda, ocorre uma elevação no nível de consumo também. Com isso, a renda e o produto se elevam novamente.

Pela Tabela 10.1 *infra*, é possível perceber o mecanismo que faz com que uma variação nos investimentos de 10 provoque uma variação na renda e no produto de 50 e uma variação no consumo de 40. Considere a função Consumo: C = 10 + 0,8Y.

Observe a **linha 1**: quando o consumo foi de 130 e o investimento de 20, a demanda agregada foi de 150 e o produto de equilíbrio foi de 150.

Na **linha 2**, houve uma variação no investimento no valor de 10, elevando a demanda agregada para 160. Como o produtor não poderia prever esse aumento de demanda, continuará a produzir os mesmos 150, ficando a economia em desequilíbrio.

Na **linha 3**, ocorre uma variação de 10 no produto para atender à demanda que aumentou, mostrada na linha 2. Como o consumo é função da renda e do produto, deverá variar também. Assim, o consumo que era de 130 vai passar a ser de 138 em virtude de uma variação de 8, que corresponde à Propensão marginal a Consumir multiplicada pela variação da renda, ou seja, 0,8 × 10 = 8. Portanto, a demanda agregada passa a ser de 168, mas o produto e a renda são de apenas 160.

Assim, os produtores, para atenderem à nova demanda de 168, passarão a produzir esse valor e, como ocorre um aumento da renda e do produto de 18, o consumo também deve variar. Isso pode ser verificado na **linha 4**. Multiplicando a variação da renda e do produto de 18 pela Propensão marginal a Consumir, que é igual a 0,8, determina-se a variação no consumo de 14,4. O consumo passa a ser, então, de 144,4, elevando a demanda agregada para 174,4 e mantendo a economia em desequilíbrio. A **linha 5** mostra que o produto e a renda deverão se elevar em 24,4 para atender à demanda de 174,4, mostrada na linha 4. Percebe-se que a oferta agregada aumenta para atender à demanda agregada, que também está aumentando.

Esse mecanismo continuará até o ponto em que o consumo tenha aumentado em 40 e o produto e a renda da economia tenham aumentado em 50, o que pode ser verificado na **linha 38**. Nessa situação, a economia apresentará equilíbrio entre a oferta e a demanda agregadas.

---

[1] Richard T. Froyen, *Macroeconomia*, p. 110.

10 ■ Multiplicador no Mercado de Bens. Multiplicador Keynesiano

Tabela 10.1. Demonstração do que ocorre com a renda e o produto da economia quando há uma variação permanente no investimento

LINHA	CONSUMO (C)	ΔC	INVESTIMENTO (I)	ΔI	DEMANDA AGREGADA	OFERTA AGREGADA	PRODUTO OU RENDA (Y)	ΔY
1	130		20		150	150	150	
2	130		20	10	160	150	150	
3	130	8	20	10	168	160	150	10
4	130	14,40	20	10	174,40	168	150	18
5	130	19,52	20	10	179,52	174,40	150	24,40
6	130	23,62	20	10	183,61	179,52	150	29,52
7	130	26,88	20	10	186,88	183,61	150	33,61
8	130	29,50	20	10	189,50	186,88	150	36,88
9	130	31,60	20	10	191,60	189,50	150	39,50
10	130	33,28	20	10	193,28	191,60	150	41,60
11	130	34,62	20	10	194,62	193,28	150	43,28
12	130	35,70	20	10	195,70	194,62	150	44,62
13	130	36,56	20	10	196,56	195,70	150	45,70
14	130	37,25	20	10	197,25	196,56	150	46,56
15	130	37,80	20	10	197,80	197,25	150	47,25
16	130	38,24	20	10	198,24	197,80	150	47,80
17	130	38,59	20	10	198,59	198,24	150	48,24
18	130	38,87	20	10	198,87	198,59	150	48,59
19	130	39,10	20	10	199,10	198,87	150	48,87
20	130	39,28	20	10	199,28	199,10	150	49,10
21	130	39,42	20	10	199,42	199,28	150	49,28
22	130	39,54	20	10	199,54	199,42	150	49,42
23	130	39,63	20	10	199,63	199,54	150	49,54
24	130	39,70	20	10	199,70	199,63	150	49,63
25	130	39,76	20	10	199,76	199,70	150	49,70
26	130	39,81	20	10	199,81	199,76	150	49,76
27	130	39,85	20	10	199,85	199,81	150	49,81
28	130	39,88	20	10	199,88	199,85	150	49,85
29	130	39,90	20	10	199,90	199,88	150	49,88
30	130	39,92	20	10	199,92	199,90	150	49,90
31	130	39,94	20	10	199,94	199,92	150	49,92
32	130	39,95	20	10	199,95	199,94	150	49,94
33	130	39,96	20	10	199,96	199,95	150	49,95
34	130	39,97	20	10	199,97	199,96	150	49,96
35	130	39,98	20	10	199,98	199,97	150	49,97
36	130	39,99	20	10	199,99	199,98	150	49,98
37	130	40	20	10	200	199,99	150	49,99
38	130	40	20	10	200	200,00	150	50

Logo, uma variação permanente de 10 nos investimentos (ΔI) provocou uma variação de 40 no consumo (ΔC) e uma variação de 50 no nível de renda e produto (ΔY) da economia.

Da mesma maneira que foi determinado o multiplicador do investimento em decorrência de uma variação nos investimentos, é possível determinar o multiplicador do consumo em decorrência de uma variação no consumo. Assim, observe:

Num primeiro momento, considere a seguinte situação: $C_1 = 10 + 0,8Y$ e $I_1 = 20$.

O Produto e a renda de equilíbrio serão:

$Y_1 = C_1 + I_1$
$Y_1 = 10 + 0,8Y_1 + 20$
$Y_1 - 0,8Y_1 = 30$
$0,2Y_1 = 30$
$Y_1 = 150$

Supondo que, num segundo momento, haja uma variação no consumo de 10 ($\Delta C = 10$), o novo Produto e a nova renda de equilíbrio serão:

$C_2 = C_1 + \Delta C$
$C_2 = 10 + 0,8Y_2 + 10$
$C_2 = 20 + 0,8Y_2$ e $I_1 = 20$

O Produto e a renda de equilíbrio serão:

$Y_2 = C_2 + I_1$
$Y_2 = 20 + 0,8Y_2 + 20$
$Y_2 = 40 + 0,8Y_2$
$Y_2 - 0,8Y_2 = 40$
$0,2Y_2 = 40$
$Y_2 = 200$

Pode ser observado que, quando houve uma variação de 10 no consumo ($\Delta C = 10$), foi gerada uma variação na renda e no Produto de 50 ($Y_1 - Y_2 = 200 - 150$). Portanto: $\Delta C = 10$ e $\Delta Y = 50$. Logo, a renda e o Produto da economia aumentaram 5 vezes mais que o consumo, ou seja: $\dfrac{\Delta Y}{\Delta C} = 5$.

À relação $\dfrac{\Delta Y}{\Delta C}$, dá-se o nome de **multiplicador do consumo**.

Para que se possa determinar o multiplicador do investimento e do consumo, podem-se utilizar as seguintes fórmulas:0

$$\dfrac{\Delta Y}{\Delta I} = \dfrac{1}{1-c} \quad \text{ou} \quad \dfrac{\Delta Y}{\Delta I} = \dfrac{1}{s} \quad \text{e} \quad \dfrac{\Delta Y}{\Delta C} = \dfrac{1}{1-c} \quad \text{ou} \quad \dfrac{\Delta Y}{\Delta C} = \dfrac{1}{s}$$

Por hipótese, a Propensão marginal a Consumir (c) e a Propensão marginal a Poupar (s) são maiores que "zero" e menores que "um". Assim, as famílias tenderiam a consumir (e poupar) parte do aumento de suas rendas, mas nunca a sua totalidade, nem zero dela. Logo: **$0 < c < 1$ e $0 < s < 1$**.

Substituindo a Propensão marginal a Consumir na fórmula, tem-se:

$$\frac{\Delta Y}{\Delta I} = \frac{1}{1-0,8}$$

$$\frac{\Delta Y}{\Delta I} = 5 \quad \text{e}$$

$$\frac{\Delta Y}{\Delta C} = \frac{1}{1-0,8}$$

$$\frac{\Delta Y}{\Delta C} = 5$$

Blanchard explica como funciona o mecanismo do multiplicador quando afirma: "um aumento de Co aumenta a demanda. O aumento da demanda, então, leva a um aumento na produção. O aumento da produção leva a um aumento equivalente da renda (lembre-se de que as duas são identicamente iguais). O aumento da renda aumenta o consumo, o que aumenta a demanda, e assim por diante"[2]. Blanchard designa Co o que está sendo chamado de Ca ou Consumo autônomo, que, no exemplo dado, foi igual a 10.

Mas poderá surgir a seguinte pergunta: Como se determinou a fórmula do multiplicador numa economia fechada e sem governo, ou seja, numa economia a dois setores?

Observe: sabendo-se que Y = C + I ou Y = Ca + cY + I e que uma variação no investimento (ΔI) provoca uma variação na renda e no produto (ΔY) da economia, então:

Y + ΔY = Ca + c (Y + ΔY) + I + ΔI

Y + ΔY = Ca + cY + cΔY + I + ΔI

ΔY = cΔY + ΔI

ΔY − cΔY = ΔI

ΔY (1 − c) = ΔI

$\Delta Y/\Delta I = 1/1 − c$

Também uma variação do Consumo (ΔC) provoca uma variação na renda e produto (ΔY) da economia, então:

Y + ΔY = Ca + ΔCa + cY + cΔY + I

ΔY = ΔCa + cΔY

ΔY − cΔY = ΔCa

ΔY (1 − c) = ΔCa

$\Delta Y/\Delta C = 1/1 − c$

Assim, quanto maior for a Propensão marginal a Consumir (c) ou menor a Propensão marginal a Poupar (s), maior será o multiplicador e, portanto, maior a variação no nível de renda e produto em decorrência de uma variação em um dos componentes autônomos agregados. Shapiro corrobora quando afirma que: "Dos dois casos extremos (...) aquele em que a PmgC = 1 e a PmgS = 0 produzirá extrema instabilidade na Renda

---

[2] Olivier Blanchard, *Macroeconomia*, p. 48.

e no Produto, uma vez que qualquer variabilidade nos dispêndios de investimento, de um período para o seguinte, será amplificada por um dispêndio de consumo induzido continuamente crescente. No outro extremo, quando a PmgC = 0 e a PmgS = 1, a instabilidade na Renda e no Produto será muito menor, dado que a variabilidade dos dispêndios de investimentos, de um período para o seguinte, não será maximizada por dispêndios de consumo induzidos"[3].

Também se pode calcular o valor do multiplicador pela determinação do equilíbrio da renda e do produto da economia. Supondo-se que C = 10 + 0,8Y, se houver uma variação nos investimentos, tem-se:

$Y + \Delta Y = Ca + cY + c\Delta Y + I + \Delta I$
$\cancel{Y + \Delta Y} = \cancel{Ca + cY} + 0,8\Delta Y + \cancel{I} + \Delta I$
$\Delta Y - 0,8\Delta Y = \Delta I$
$\Delta Y = \mathbf{1/0,2}\ \Delta I$
$\Delta Y/\Delta I = 5$

10.2. MULTIPLICADOR EM UMA ECONOMIA ABERTA E COM GOVERNO

Supondo, agora, uma **economia aberta e com governo**, a determinação da renda e do produto da economia deverá incluir as variações, se houver, dos gastos do governo (G), da tributação autônoma (Ta), das transferências (R), das exportações (Xa) e das importações autônomas (Ma).

Tomando como base os dados do capítulo anterior, tem-se o equilíbrio da economia, antes de qualquer uma das variações supracitadas, igual a 220. As funções tinham as seguintes características:

$C = 10 + 0,8Yd$
$I = 20$
$G = 50$
$X = 40$
$M = 10 + 0,1Y$
$Tg = 20 + 0,25Y$
$R = 20$

O equilíbrio ocorre quando: Y = **220 (I)**.

a) Caso haja uma **variação do consumo autônomo** em +10, tudo mais permanecendo constante, o equilíbrio da renda e do Produto será:

$Y = C + I + G + X - M$
$Y = \mathbf{(10 + 10)} + 0,8Yd + 20 + 50 + 40 - (10 + 0,1Y)$
$0,5Y = 120$
$Y = 240\ \mathbf{(II)}$
$(II) - (I) = 40$
Se $\Delta C = 10 \rightarrow \Delta Y = 20$

---

[3] Edward Shapiro, *Análise macroeconômica*, p. 197.

Logo, uma variação no consumo de 10 provocou uma variação da renda e do produto da economia de 20.

b) Caso haja uma **variação do investimento** em +10, tudo mais permanecendo constante, o equilíbrio da renda e do Produto será:

$Y = C + I + G + X - M$
$Y = 10 + 0,8Yd + \mathbf{(20 + 10)} + 50 + 40 - (10 + 0,1Y)$
$0,5Y = 120$
$Y = 240 \textbf{ (III)}$
$(III) - (I) = 20$
Se $\Delta I = 10 \rightarrow \Delta Y = 20$

Logo, uma variação no investimento de 10 provocou uma variação da renda e do produto da economia de 20.

c) Caso haja uma **variação dos gastos do governo** de +10, tudo mais permanecendo constante, o equilíbrio da renda e do Produto será:

$Y = C + I + G + X - M$
$Y = 10 + 0,8Yd + 20 + \mathbf{(50 + 10)} + 40 - (10 + 0,1Y)$
$0,5Y = 120$
$Y = 240 \textbf{ (IV)}$
$(IV) - (I) = 20$
Se $\Delta G = 10 \rightarrow \Delta Y = 20$

Logo, uma variação nos gastos do governo de 10 provocou uma variação da renda e do produto da economia de 20.

d) Caso haja uma **variação das exportações** de +10, tudo mais permanecendo constante, o equilíbrio da renda e do Produto será:

$Y = C + I + G + X - M$
$Y = 10 + 0,8Yd + 20 + 50 + \mathbf{(40 + 10)} - (10 + 0,1Y)$
$0,5Y = 120$
$Y = 240 \textbf{ (V)}$
$(V) - (I) = 20$
Se $\Delta X = 10 \rightarrow \Delta Y = 20$

Logo, uma variação na exportação de 10 provocou uma variação da renda e do produto da economia de 20.

e) Caso haja uma **variação das importações** de +10, tudo mais permanecendo constante, o equilíbrio da renda e do Produto será:

$Y = C + I + G + X - M$
$Y = 10 + 0,8\,Yd + 20 + 50 + 40 - \mathbf{(10 + 10 + 0,1Y)}$
$0,5Y = 100$
$Y = 200 \textbf{ (VI)}$
$(VI) - (I) = -20$
Se $\Delta M = 10 \rightarrow \Delta Y = -20$

Aqui cabe uma observação importante. Para que se verifique de fato uma redução no nível de produto e renda da economia com um aumento nas importações, deve-se considerar que os agentes econômicos deverão reduzir seu consumo por bens nacionais e aumentar seu consumo por bens importados.

Mas, se o aumento das importações não for acompanhado por uma redução no consumo dos produtos nacionais, o produto não se reduzirá. Isso se dá porque, na identidade macroeconômica Y = C + I + G + X – M, a importação aparece com sinal negativo para anular os produtos importados que estão compondo o consumo, o investimento, os gastos do governo e as exportações, que trazem consigo componentes ou mesmo uma totalidade de produtos importados. Sendo assim, um aumento de produtos importados entraria no cálculo do PIB (Y) subtraindo-se por meio de M, mas entraria somando-se por meio de C, I, G e/ou X, o que anularia o seu efeito sobre o produto.

Ainda poderia se pensar em uma terceira situação, que seria um aumento das importações elevar o produto da economia. Isso ocorreria se esse aumento das importações se desse em decorrência de um aumento pela demanda de insumos importados que comporia o Produto Interno. Assim, um aumento dos insumos importados estimularia o aumento da produção.

Mas, para análise do multiplicador, o primeiro impacto a se pensar será aquele em que um aumento da importação reduz o produto da economia.

f) Caso haja uma **variação das transferências** de + 10, tudo mais permanecendo constante, o equilíbrio da renda e do Produto será:

Y = C + I + G + X – M
Y = 10 + 0,8 {Y – [Tg – (R + ΔR)]} + 20 + 50 + 40 – (10 + 0,1Y)
Y = 10 + 0,8 {Y – [20 + 0,25Y – **(20 + 10)**]} + 20 + 50 + 40 – (10 + 0,1Y)
Y = 10 + 0,8 {Y – [20 + 0,25Y – 30]} + 110 – 10 – 0,1Y
Y = 10 + 0,8 {Y – 0,25Y + 10} + 100 – 0,1Y
Y = 10 + 0,8 {0,75Y + 15} + 100 – 0,1Y
Y = 10 + 0,6Y + 8 + 100 – 0,1Y
Y – 0,5Y = 118
0,5Y = 118
Y = 236 **(VII)**
(VII) – (I) = 16
Se ΔR = 10 → ΔY = 16

g) Caso haja uma **variação dos tributos** em +10, tudo mais permanecendo constante, o equilíbrio da renda e do Produto será:

Y = C + I + G + X – M
Y = 10 + 0,8 [Y – (Tg + ΔT – R)] + 20 + 50 + 40 – (10 + 0,1Y)
Y = 10 + 0,8 [Y – (**20 + 0,25Y + 10** – 20)] + 20 + 50 + 40 – (10 + 0,1Y)
Y = 10 + 0,8 [Y – (20 + 0,25Y + 10)] + 110 – 10 – 0,1Y
Y = 10 + 0,8 [Y – 0,25Y – 10] + 100 – 0,1Y
Y = 10 + 0,8 [0,75Y – 10] + 100 – 0,1Y
Y = 10 + 0,6Y – 8 + 100 – 0,1Y

$Y - 0{,}5Y = 102$
$0{,}5Y = 102$
$Y = 204$ **(VIII)**
$(VIII) - (I) = -16$
$\Delta T = 10 \to \Delta Y = -16$

Conclusão: quando se aumenta em 10 qualquer uma das variáveis autônomas agregadas, observa-se que a variação da renda terá os seguintes comportamentos:

$\Delta C = 10 \to \Delta Y = 20$
$\Delta I = 10 \to \Delta Y = 20$
$\Delta G = 10 \to \Delta Y = 20$
$\Delta X = 10 \to \Delta Y = 20$
$\Delta M = 10 \to \Delta Y = -20$
$\Delta R = 10 \to \Delta Y = 16$
$\Delta T = 10 \to \Delta Y = -16$

Para se saber quantas vezes o nível de renda variou mais que a variação do componente autônomo considerado, divide-se cada variação de renda e Produto pela variação do componente autônomo agregado:

$\Delta Y/\Delta C = 20/10 = 2$
$\Delta Y/\Delta I = 20/10 = 2$
$\Delta Y/\Delta G = 20/10 = 2$
$\Delta Y/\Delta X = 20/10 = 2$
$\Delta Y/\Delta M = -20/10 = -2$
$\Delta Y/\Delta R = 16/10 = 1{,}6$
$\Delta Y/\Delta T = -16/10 = -1{,}6$

À relação entre a variação da renda e de um dos componentes autônomos, dá-se o nome de **multiplicador**.

O que se observa é que os multiplicadores do consumo, do investimento, dos gastos do governo e da exportação são iguais.

O multiplicador das importações é o oposto aos anteriormente citados.

Os multiplicadores das transferências e dos tributos são iguais com sinais opostos e são menores, em valores absolutos, que os demais.

Observa-se, portanto, que o efeito sobre o Produto da economia quando o governo gasta é diferente de quando ele tributa, ou seja, se quiser aumentar o gasto em 10 sem alterar o nível de renda e Produto anterior, terá que aumentar o tributo em mais que 10. Froyen corrobora: "como o multiplicador dos impostos é menor, o corte apropriado dos impostos precisaria ser maior que o aumento necessário nos gastos para gerar os mesmos efeitos finais"[4].

---

[4] Richard T. Froyen, *Macroeconomia*, p. 115.

Se o governo quiser transferir 10 sem alterar o nível de renda e Produto da economia, terá que tributar os mesmos 10, já que o efeito multiplicador dos tributos e das transferências são iguais em valores absolutos.

Se as importações aumentarem em 10 e as exportações aumentarem na mesma proporção, o nível de renda e Produto não se altera, já que o efeito multiplicador de ambos se anula (porque são opostos).

Por meio dessa análise e de outras que poderão ser feitas, é possível se perceber as consequências para a economia quando um dos componentes autônomos estudados é alterado.

Para se determinar o multiplicador em uma economia aberta e com governo, quando o consumo, o tributo e a importação são função da renda, podem-se utilizar as seguintes fórmulas, onde c = Propensão marginal a Consumir; t = Propensão marginal a Tributar; e m = Propensão marginal a Importar:

Multiplicador do consumo = $\Delta Y/\Delta C = 1/[1 - c(1-t) + m]$
Multiplicador do investimento = $\Delta Y/\Delta I = 1/[1 - c(1-t) + m]$
Multiplicador dos gastos do governo = $\Delta Y/\Delta G = 1/[1 - c(1-t) + m]$
Multiplicador das exportações = $\Delta Y/\Delta X = 1/[1 - c(1-t) + m]$
Multiplicador das importações = $\Delta Y/\Delta M = -1/[1 - c(1-t) + m]$
Multiplicador das transferências = $\Delta Y/\Delta R = c/[1 - c(1-t) + m]$
Multiplicador dos tributos = $\Delta Y/\Delta T = -c/[1 - c(1-t) + m]$

Se for comparado o multiplicador de uma economia aberta e o multiplicador de uma economia fechada, é possível se perceber que, no segundo caso, o multiplicador é maior. Veja o exemplo a seguir:

Propensão marginal a Consumir = PmgC = 0,8
Propensão marginal a Tributar = PmgT = 0,25
Propensão marginal a Importar = PmgM = 0,1
O multiplicador Keynesiano de uma economia fechada é:
Mult = $1/1 - c(1-t)$
Mult = $1/1 - 0,8(1-0,25)$
Mult = $1/0,4$
Mult = 2,5
O multiplicador Keynesiano de uma economia aberta é:
Mult = $1/1 - c(1-t) + m$
Mult = $1/1 - 0,8(1-0,25) + 0,1$
Mult = 2

Assim, quanto mais **aberta** for uma economia, menor tende a ser o multiplicador de seus componentes autônomos.

10.3. QUANDO UTILIZAR AS FÓRMULAS TRADICIONAIS DOS MULTIPLICADORES

Embora essas sejam as fórmulas mais usuais para o multiplicador, podem ocorrer modificações. Quando usar as fórmulas mencionadas?

1) O primeiro passo é verificar se, na questão que pede o valor do multiplicador, são fornecidos os valores das PmgC (c), PmgT (t) e PmgM (m), além de certificar-se de que não há mais nenhum componente como função da renda. Caso isso seja verificado, podem ser usadas as fórmulas dos multiplicadores estudadas.

2) Caso o problema não considere a função tributação e/ou importação como função da renda, não há problema. Considere PmgT = 0 e/ou PmgM = 0. Certifique-se também de que não haja outro componente agregado como função da renda além das citadas.

3) Caso a economia seja fechada, ou seja, m = 0, e não haja governo, ou seja, t = 0 e o investimento seja considerado uma função da renda (I = Ia + iY), então, no denominador de cada uma das fórmulas dos multiplicadores, acrescenta-se a subtração da Propensão marginal a Investir (i), ou seja:

Multiplicador Keynesiano = $1/[1 - c(1 - t) + m - i]$

4) Caso o problema considere, além do consumo, da tributação e da importação, outros agregados como função da renda, a fórmula do multiplicador muda. Por exemplo, suponha que o investimento (I = Ia + iY) e as transferências (R = Ra + rY) também sejam função da renda, então a fórmula do multiplicador seria:

Multiplicador = $1/1 - c(1 - t + r) - i + m$

Onde: c = PmgC = Propensão marginal a Consumir; t = PmgT = Propensão marginal a Tributar; r = PmgR = Propensão marginal a Transferir; i = PmgI = Propensão marginal a Investir; e m = PmgM = Propensão marginal a Importar.

Embora não seja usual se exigir o multiplicador com a complexidade dessa fórmula, é importante se conhecer todos os possíveis desdobramentos derivados dela.

5) Caso o multiplicador seja de uma economia fechada e sem governo e a única função da renda seja o consumo, ele se resumirá a:

Multiplicador Keynesiano = 1/1 – c

Observe um exemplo e a determinação do Multiplicador Keynesiano, considerando as seguintes funções:

$C = 10 + 0,8Yd$
$I = 5 + 0,25Y$
$G = 50$
$X = 60$
$M = 20 + 0,1Y$
$Tg = 10 + 0,3Y$
$R = 5 + 0,05Y$

Qual o Multiplicador Keynesiano? Mult = $1/1 - c(1 - t + r) - i + m$

Onde: PmgC = c = 0,80; PmgT = t = 0,30; PmgR = r = 0,05; PmgI = i = 0,25; e PmgM = m = 0,1

Mult = $1/1 - 0,8(1 - 0,30 + 0,05) - 0,25 + 0,1$
Mult = $1/1 - (0,8 \times 0,75) - 0,25 + 0,1$
Mult = $1/0,25$
Mult = 4

Como a fórmula do Multiplicador Keynesiano pode se alterar dependendo das informações fornecidas, é possível se determinar o valor do Multiplicador Keynesiano pelo cálculo do Produto e da renda de equilíbrio. Por exemplo:

C = 10 + 0,8Yd
I = 10 + 0,1Y
G = 20
Tg = 10 + 0,25Y
R = 10
X = 30
M = 30 + 0,1Y

Determinando primeiro pela fórmula, tem-se:
Multiplicador Keynesiano = 1/1 − c (1 − t) + m − i
Multiplicador Keynesiano = 1/1 − 0,8 (1 − 0,25) + 0,1 − 0,1
Multiplicador Keynesiano = 1/0,4
Multiplicador Keynesiano = 2,5

Onde:

c = Propensão marginal a consumir
t = Propensão marginal a tributar
m = Propensão marginal a importar
i = Propensão marginal a investir

Observe, no item a seguir, a determinação do Multiplicador Keynesiano por meio do desenvolvimento do equilíbrio no mercado de bens.

10.4. DETERMINAÇÃO DO MULTIPLICADOR SEM O USO DAS FÓRMULAS TRADICIONAIS

Supondo que o leitor não se lembre da fórmula do Multiplicador Keynesiano, quando for determinar a renda e o Produto de equilíbrio, deve desenvolvê-la até que o último cálculo seja feito. Observe:

Y = C + I + G + X − M
Y = 10 + 0,8Yd + 10 + 0,1Y + 20 + 30 − (30 + 0,1Y)
Y = 40 + 0,8Yd + 0,1Y − 0,1Y
Y = 40 + 0,8Yd

Como: Yd = Y − T e T = Tg − R, então:

T = 10 + 0,25Y − 10
T = 0,25Y
Yd = Y − 0,25Y
Yd = 0,75Y
Y = 40 + 0,8 (0,75Y)
Y = 40 + 0,6Y

$Y - 0,6Y = 40$

$0,4Y = 40$

$Y = \dfrac{1}{0,4} \times 40$

$Y = \mathbf{2,5} \times 40$

Observe que o valor a ser multiplicado por 40 é o valor do Multiplicador Keynesiano, ou seja, **2,5**.

10.5. MULTIPLICADOR DO ORÇAMENTO EQUILIBRADO — MULTIPLICADOR DE HAAVELMO

Quando o governo altera seu gasto na mesma intensidade em que altera seus tributos, a renda e o Produto da economia variam também na mesma intensidade[5]. A isso dá-se o nome de multiplicador do orçamento equilibrado ou multiplicador de Haavelmo.

Por exemplo: se $\Delta G = 10$ e $\Delta T = 10$, então $\Delta Y = 10$.

Dado: PmgC = c = 0,8, então:

Multiplicador dos gastos = $1/1 - c$

$\dfrac{\Delta Y}{\Delta G} = \dfrac{1}{1-0,8}$

$\Delta Y_1/\Delta G = 5$; se $\Delta G = 10$, então:

$\Delta Y_1/10 = 5$

$\Delta Y_1 = 50$

Conjuntamente, então:

Multiplicador dos tributos = $-c/1 - c$

$\dfrac{\Delta Y}{\Delta T} = \dfrac{-0,8}{1-0,8}$

$\Delta Y_2/\Delta T = -4$; se $\Delta T = 10$, então:

$\Delta Y_2/10 = -4$

$\Delta Y_2 = -40$

$\Delta Y_{TOTAL} = \Delta Y_1 + \Delta Y_2$

$\Delta Y_{TOTAL} = 50 + (-40)$

$\Delta Y_{TOTAL} = 10$

Ocorrendo $\Delta G = 10$ e $\Delta T = 10$, há $\Delta Y = 10$

Portanto: somando a ΔY em decorrência de ΔG de 10 que totaliza 50 com ΔY em decorrência ΔT de 10, que totaliza –40 obtém-se ΔY total de 10.

Para tanto, considera-se apenas o Consumo como função da renda de tal maneira que o multiplicador Keynesiano é igual a $1/1-c$.

Assim afirma Froyen: "O multiplicador dos impostos é, em valor absoluto, igual a um menos o multiplicador dos gastos do governo (...) o aumento de uma unidade

---

[5] Considerando um modelo linear em que o consumo é função linear da renda e os demais componentes agregados são autônomos.

monetária nos gastos do governo financiado pelo aumento de mesmo valor nos impostos, aumenta a renda de equilíbrio em apenas uma unidade monetária. Esse resultado, denominado multiplicador do orçamento equilibrado, reflete o fato de que as mudanças nos impostos têm um impacto menor sobre a renda de equilíbrio, por unidade monetária, do que as mudanças nos gastos"[6].

Portanto, o multiplicador do orçamento equilibrado é igual a "um".

10.6. DEDUÇÃO DO MULTIPLICADOR KEYNESIANO

Considerando apenas as funções Consumo (C), Tributação (Tg) e Importação (M) como funções da Renda, tem-se:

$C = Ca + cYd$
$I = Ia$
$G = Ga$
$X = Xa$
$M = Ma + mY$
$Tg = Ta + tY$
$R = Ra$

No equilíbrio, tem-se:

$Y = C + I + G + X - M$
$Y = Ca + cYd + Ia + Ga + Xa - (Ma + mY)$
$Y = Ca + c(Y - T) + Ia + Ga + Xa - (Ma + mY)$
$Y = Ca + c(Y - (Tg - R)) + Ia + Ga + Xa - (Ma + mY)$
$Y = Ca + c(Y - (Ta + tY - Ra)) + Ia + Ga + Xa - (Ma + mY)$
$Y = Ca + cY - cTa - ctY + cRa + Ia + Ga + Xa - Ma - mY$
$Y - cY + ctY + mY = Ca - cTa + cRa + Ia + Ga + Xa - Ma$
$Y(1 - c + ct + m) = Ca - cTa + cRa + Ia + Ga + Xa - Ma$

Qualquer variação em um dos componentes autônomos agregados (ΔCa, ΔIa, ΔGa, ΔXa, ΔMa, ΔTa, ΔRa) levará à variação do nível de renda e Produto de equilíbrio da economia (ΔY). Logo:

$\Delta Y (1 - c + ct + m) = \Delta Ca - c\Delta Ta + c\Delta Ra + \Delta Ia + \Delta Ga + \Delta Xa - \Delta Ma$

$\Delta Y = \dfrac{1}{1 - c + ct + m} (\Delta Ca - c\Delta Ta + c\Delta Ra + \Delta Ia + \Delta Ga + \Delta Xa - \Delta Ma)$

$\Delta Y = \dfrac{1}{1 - c(1 - t) + m} (\Delta Ca - c\Delta Ta + c\Delta Ra + \Delta Ia + \Delta Ga + \Delta Xa - \Delta Ma)$

Onde: $\dfrac{1}{1 - c(1 - t) + m}$ é o **Multiplicador Keynesiano**.

---

[6] Richard T. Froyen, *Macroeconomia*, p. 113.

Supondo uma ΔCa, tudo mais permanecendo constante, então:

$$\Delta Y = \frac{1}{1-c(1-t)+m} \times \Delta Ca \rightarrow \frac{\Delta Y}{\Delta Ca} = \frac{1}{1-c(1-t)+m}$$ **é o multiplicador do consumo.**

Supondo uma ΔIa, tudo mais permanecendo constante, então:

$$\Delta Y = \frac{1}{1-c(1-t)+m} \times \Delta Ia \rightarrow \frac{\Delta Y}{\Delta Ia} = \frac{1}{1-c(1-t)+m}$$ **é o multiplicador do investimento.**

Supondo uma ΔGa, tudo mais permanecendo constante, então:

$$\Delta Y = \frac{1}{1-c(1-t)+m} \times \Delta Ga \rightarrow \frac{\Delta Y}{\Delta Ga} = \frac{1}{1-c(1-t)+m}$$ **é o multiplicador dos gastos do governo.**

Supondo uma ΔXa, tudo mais permanecendo constante, então:

$$\Delta Y = \frac{1}{1-c(1-t)+m} \times \Delta Xa \rightarrow \frac{\Delta Y}{\Delta Xa} = \frac{1}{1-c(1-t)+m}$$ **é o multiplicador da exportação.**

Supondo uma ΔMa, tudo mais permanecendo constante, então:

$$\Delta Y = \frac{-1}{1-c(1-t)+m} \times \Delta Ma \rightarrow \frac{\Delta Y}{\Delta Ma} = \frac{-1}{1-c(1-t)+m}$$ **é o multiplicador da importação.**

Supondo uma ΔTa, tudo mais permanecendo constante, então:

$$\Delta Y = \frac{-c}{1-c(1-t)+m} \times \Delta Ta \rightarrow \frac{\Delta Y}{\Delta Ta} = \frac{-c}{1-c(1-t)+m}$$ **é o multiplicador da tributação.**

Supondo uma ΔRa, tudo mais permanecendo constante, então:

$$\Delta Y = \frac{c}{1-c(1-t)+m} \times \Delta Ra \rightarrow \frac{\Delta Y}{\Delta Ra} = \frac{c}{1-c(1-t)+m}$$ **é o multiplicador das transferências.**

10.7. QUESTÕES

1. (FGV — 2024 — SES MT/Economista) Considere uma economia fechada com propensão marginal a consumir (PMC) de 0,75 e um aumento de R$100 nos gastos do governo.
O impacto total na renda nacional (em reais) será igual a
 a) 100.
 b) 200.
 c) 300.
 d) 400.

2. (FGV — 2024 — Analista Legislativo /CAM DEP) Num modelo Keynesiano fechado, considere os efeitos de curto prazo na demanda agregada decorrentes de variações nos gastos do governo e na tributação.

Com base nesse cenário, analise as seguintes afirmações e indique se cada uma é verdadeira (V) ou falsa (F).
( ) Um aumento nos gastos do governo de R$100 milhões, assumindo um multiplicador de gastos do governo de 5, resultará em um aumento de R$500 milhões na demanda agregada, demonstrando o poderoso efeito multiplicador dos gastos governamentais.
( ) A redução da tributação, ao aumentar a renda disponível das famílias, estimula o consumo e, consequentemente, a demanda agregada, porém o efeito multiplicador da redução da tributação é geralmente menor do que o dos gastos do governo diretos, devido à propensão marginal a consumir.
( ) O efeito multiplicador dos gastos do governo é instantaneamente anulado pelo efeito da tributação sobre a renda, resultando em nenhuma mudança na demanda agregada, independentemente do tamanho do ajuste fiscal implementado.
( ) A eficácia do multiplicador fiscal depende da propensão marginal a consumir (PMC) da economia; quanto maior a PMC, maior será o impacto dos gastos do governo e da tributação na demanda agregada.
As afirmativas são, respectivamente,
a) V — V — F —F.
b) V — F — V — F.
c) V — V — F — V.
d) F — F — V — V.
e) F — F — F — V.

3. (VUNESP — 2023 — TCM SP/Economia) De acordo com as ideias keynesianas, o governo aumentou seus gastos em $ 100 milhões sabendo que a propensão a consumir da população corresponde ao índice de 0,75. O aumento esperado na renda local será de
   a) $ 150 milhões.
   b) $ 160 milhões.
   c) $ 250 milhões.
   d) $ 350 milhões.
   e) $ 400 milhões.

4. (VUNESP — 2023 — Economista (CAMPREV) Num modelo keynesiano simples, um aumento de $ 100 nos gastos do governo levou a um aumento de $ 200 no produto. Se a economia é fechada e tem impostos que totalizam 20% do produto, a propensão marginal a consumir é:
   a) 0,4.
   b) 0,525.
   c) 0,625.
   d) 0,75.
   e) 0,8.

5. (FGV — 2022 — PC AM/Economia) Considere o modelo keynesiano simples de uma economia sem governo e fechada. A função consumo é dada por
C = 10 + 0,5*Y
Considere uma variação positiva dos investimentos de 2 unidades.
O valor do multiplicador de gastos de investimentos e a variação da renda de equilíbrio frente a variação dos investimentos supramencionada são iguais, respectivamente, a
   a) 2 e 2.
   b) 4 e 2.
   c) 1 e 1.
   d) 4 e 4.
   e) 2 e 4.

6. (VUNESP — 2022 — ALESP/Finanças) Num modelo keynesiano simples para uma economia fechada, os impostos totalizam 20%. Se um aumento de 100 nos gastos do governo causa um aumento de 200 na renda, então, a propensão marginal a consumir é
  a) 0,625.
  b) 0,667.
  c) 0,5.
  d) 0,75.
  e) 0,8.

7. (VUNESP — 2022 — PERUÍBEPREV/Financeira e Investimentos) Num modelo keynesiano simples para uma economia fechada, um aumento dos gastos do governo em 100 aumenta o PIB em 250. Se a carga tributária dessa economia é 20%, então a propensão marginal a consumir é:
  a) 0,5
  b) 0,6
  c) 0,75
  d) 0,8
  e) 0,8333...

8. (VUNESP — 2022 — IPSM SJC/Economia) Num modelo keynesiano simples, um aumento nos gastos do governo de $ 100 leva a um aumento da renda de $ 200. Pode-se dizer que
  a) se trata de uma economia fechada.
  b) não há impostos.
  c) a propensão marginal a importar é, no máximo, 0,2.
  d) a propensão marginal a consumir é, no mínimo, 0,5.
  e) há criação de moeda pelo setor bancário.

9. (Economista — MCID — CETRO — 2013) Com relação ao modelo keynesiano simples, analise as assertivas abaixo.
  I. Um aumento da propensão a consumir provoca uma elevação da renda de equilíbrio, mantidos os demais fatores constantes.
  II. Um aumento no déficit público não alterará o nível de renda, mantidos os demais fatores constantes.
  III. Um aumento do superávit na balança comercial, mantidos os demais fatores constantes, tem um efeito similar ao do aumento do investimento do ponto de vista de determinação da renda de equilíbrio.
É correto o que se afirma em
  a) I, apenas.
  b) II, apenas.
  c) III, apenas.
  d) I e III, apenas.
  e) II e III, apenas.

10. (FCC — Analista Legislativo (ALAP)/Atividade Orçamentária e Financeira e de Controle Interno/Economista/2020/modificada) Considere o seguinte modelo macroeconômico de determinação da renda em uma economia aberta:

$C = 200 + 0,5Yd$
$I = 100 + 0,4Y$
$G = 400$
$T = 50 + 0,4Y$
$Tr = 50$
$X = 200 + 0,4Y^*$

$M = 100 + 0,1Y$
$Y^* = 2000$

Sendo C o consumo agregado das famílias, I o investimento agregado, G os gastos do governo, T a arrecadação de impostos, Tr as transferências do governo às famílias, X as exportações, Y* a renda agregada conjunta dos parceiros comerciais do país, M, as importações, Y o PIB e Yd a renda disponível,

a) as transferências dependem dos impostos sobre a renda agregada para serem integralmente financiadas.
b) o governo apresentará déficit nas contas públicas.
c) o país enfrentará elevados déficits comerciais nas contas externas.
d) a propensão marginal a consumir, líquida dos impostos, é maior do que a sensibilidade do investimento à atividade econômica.
e) o multiplicador dos gastos domésticos é igual ao multiplicador das exportações.

GABARITO

1. "d".
Usando a fórmula do multiplicador dos gastos, temos:
$\Delta Y/\Delta G = 1 / 1 - c$
Onde "c" é a Propensão marginal a consumir
$\Delta Y/100 = 1 / 1 - 0,75$
$\Delta Y = 400$
A alternativa correta é a "d".

2. "c".
(V) Um aumento nos gastos do governo de R$ 100 milhões e um multiplicador de gastos do governo de 5 levarão a uma variação da renda / produto / demanda agregada de R$ 500 milhões. Vejamos: multiplicador dos gastos do governo = $\Delta Y/\Delta G$, logo: $5 = \Delta Y/100$. Assim: $\Delta Y = 500$.
(V) A redução da tributação estimula o consumo, porém o efeito multiplicador da redução da tributação é geralmente menor, já que o multiplicador dos tributos é: $\Delta Y/\Delta T = - c / 1 - c$, onde o $< c < 1$. Já o multiplicador dos gastos do governo é: $\Delta Y/\Delta G = 1 / 1 - c$. Logo, o multiplicador dos gastos em valor absoluto é maior que o multiplicador dos tributos, fazendo com que o efeito do gasto do governo seja maior que o efeito da tributação.
(F) O efeito multiplicador dos gastos do governo não é instantaneamente anulado pelo efeito da tributação sobre a renda, porque o multiplicador dos gastos do governo $(1 / 1 - c)$ é maior que o multiplicador dos tributos $(- c / 1 - c)$, sabendo que "c" oscila entre zero e um. Logo, para anular o efeito sobre os gastos do governo, será necessário tributar um valor maior que o gasto, e esse valor vai depender da propensão marginal a consumir.
(V) A eficácia do multiplicador fiscal depende da propensão marginal a consumir (c) da economia; quanto maior a PMC, maior será o impacto dos gastos do governo, já que o multiplicador dos gastos é igual a $(1 / 1 - c)$ e da tributação, já que o multiplicador da tributação é igual a $(-c / 1 - c)$ na demanda agregada.

3. "e".
Dados: $\Delta G = 100$; $c = 0,75$
Determinar: $\Delta Y = ?$
Sabendo que o multiplicador dos gastos do governo é: $\Delta Y/\Delta G = 1/(1 - c)$
Temos: $\Delta Y/100 = 1/(1 - 0,75) \rightarrow \Delta Y = 400$
A alternativa "e" é a correta.

4. "c".
Dados: $\Delta G = 100$; $\Delta Y = 200$; $t = 0,20$
Determinar: $c = ?$
Sabendo que o multiplicador dos gastos do governo é: $\Delta Y/\Delta G = 1/(1 - c(1 - t))$

Temos: 200/100 = 1/(1 - c (1 - 0,2)) → 2 = 1/(1 - 0,8c) → 2 - 1,6c = 1 → 1 = 1,6c → c = 0,625
Alternativa correta é a "c".

5. "e".
O multiplicador do Investimento é igual a: $\Delta Y/\Delta I = 1/(1 - c)$
$\Delta Y/\Delta I = 1/(1 - 0,5) \to \Delta Y/\Delta I = 2$
Se houver uma variação de 2 unidades nos investimentos, a variação da renda será de:
$\Delta Y/2 = 2 \to \Delta Y = 4$
A alternativa correta é a "e"

6. "a".
Dados: $t = 0,2$, $\Delta G = 100 \to \Delta Y = 200$
Determinar: $c = ?$
Sabendo que o multiplicador dos gastos do governo é: $\Delta Y/\Delta G = 1/(1 - c(1 - t))$
Temos: $\Delta Y/\Delta G = 1/(1 - c (1 - 0,2) \to 200/100 = 1/(1 - 0,8c) \to 2 = 1/(1 - 0,8c) \to 2 - 1,6c = 1 \to c = 0,625$
A alternativa correta é a "a".

7. "c".
Dados: $t = 0,2$, $\Delta G = 100 \to \Delta Y = 250$
Determinar: $c = ?$
Sabendo que o multiplicador dos gastos do governo é: $\Delta Y/\Delta G = 1/(1 - c(1 - t))$
Temos: $\Delta Y/\Delta G = 1/(1 - c (1 - 0,2) \to 250/100 = 1/(1 - 0,8c) \to 2,5 = 1/(1 - 0,8c) \to 2,5 - 2c = 1 \to c = 0,75$
A alternativa correta é a "c".

8. "d".
A fórmula do multiplicador dos gastos supondo uma economia aberta e com governo é:
$\Delta Y/\Delta G = 1/(1 - c(1 - t) + m)$; ou
$\Delta Y/\Delta G = 1/(1 - c + ct + m)$; ou seja, tanto "t" quanto "m" aparecem na fórmula somando no denominador, o que mostra que elas diminuem o multiplicador. Como o multiplicador é 2, já que $\Delta Y/\Delta G = 200/100$, então caso "t" e "m" fossem zero, "c" teria que ser 0,5, já que :
$\Delta Y/\Delta G = 1/(1 - c)$
$2 = 1/(1 - c) \to c = 0,5$
Como "t" e "m" aumentam o denominador, o "c" tem que compensar isso, de tal maneira que quanto maior "t" e "m", maior terá que ser "c" e quanto menor "t" e "m", menor terá que ser "c". Logo, o menor valor que "c" deve assumir é 0,5 que ocorrerá se "t" e "m" forem zero.
A alternativa correta é a "d".
Quando a economia é fechada, o "m" é zero, o que não necessariamente precisa ocorrer para que o multiplicador seja 2. Dependendo do valor de "m", "c" deverá compensar para manter o multiplicador igual a 2. A alternativa "a" está incorreta.
Quando a economia não tem impostos, o "t" é zero, o que não necessariamente precisa ocorrer para que o multiplicador seja 2. Dependendo do valor de "t", "c" deverá compensar para manter o multiplicador igual a 2. A alternativa "b" está incorreta.
O "m" poderá assumir o valor entre zero e um porque apesar de ele diminuir o multiplicador, o "c" poderá assumir um valor que compense isso e garantir que o multiplicador seja igual a 2. A alternativa "c" está incorreta.
Quando falamos do multiplicador Keynesiano, estamos falando do mercado de bens e não do mercado monetário. Portanto não faz sentido se falar em criação ou destruição de moeda. A alternativa "e" está incorreta.

9. "d".
Se a propensão marginal a consumir (c) se eleva, o consumo se eleva e, por conseguinte, a renda e produto (Y) da economia se elevam, já que: Y = C + I + G + X – M. O item "I" está correto.
Se há aumento do déficit público em decorrência do aumento dos gastos (G) e/ou redução dos tributos (T), o produto (Y) da economia deverá elevar-se, já que Y = C + I + G + X – M. O item "II" está incorreto.

> Se as exportações se elevarem ou as importações diminuírem, haverá uma elevação das exportações líquidas. O efeito de um aumento dessas exportações líquidas ou um aumento dos investimentos (I), desde que em mesma intensidade, provocarão um aumento no produto (Y) da economia em igual valor, já que o efeito multiplicador do investimento e das exportações é idêntico em valores absolutos, porém em sentido oposto. O item "III" está correto.

10. "e".
O multiplicador dos gastos domésticos (seja do consumo, do investimento ou gasto do governo) é igual ao multiplicador das exportações. Observe, a seguir, as fórmulas dos multiplicadores.
$\Delta Y/\Delta G = 1/1 - c(1-t) + m - i$
$\Delta Y/\Delta C = 1/1 - c(1-t) + m - i$
$\Delta Y/\Delta I = 1/1 - c(1-t) + m - i$
$\Delta Y/\Delta X = 1/1 - c(1-t) + m - i$
Todos esses multiplicadores terão valores iguais, ou seja:
$\Delta G/\Delta Y = 1/1 - 0{,}5(1 - 0{,}4) + 0{,}1 - 0{,}4$
$\Delta G/\Delta Y = 1/1 - 0{,}5 \cdot 0{,}6 + 0{,}1 - 0{,}4$
$\Delta G/\Delta Y = 1/1 - 0{,}3 + 0{,}1 - 0{,}4$
$\Delta G/\Delta Y = 1/0{,}4$
$\Delta G/\Delta Y = 2{,}5$
A alternativa "e" está correta.
As transferências são compostas apenas do componente autônomo, ou seja, independe do nível de renda e produto. A alternativa "a" está incorreta.
$Y = C + I + G + X - M$
$Y = 200 + 0{,}5\,Yd + 100 + 0{,}4Y + 400 + 200 + 0{,}4\,Y^* - (100 + 0{,}1Y)$
$Y = 200 + 0{,}5(Y - T + Tr) + 100 + 0{,}4Y + 400 + 200 + 0{,}4\,Y^* - (100 + 0{,}1Y)$
$Y = 200 + 0{,}5(Y - (50 + 0{,}4Y) + 50) + 100 + 0{,}4Y + 400 + 200 + 0{,}4\,Y^* - (100 + 0{,}1Y)$
$Y = 200 + 0{,}5(Y - (50 + 0{,}4Y) + 50) + 100 + 0{,}4Y + 400 + 200 + 0{,}4\,Y^* - (100 + 0{,}1Y)$
$Y = 800 + 0{,}5(Y - 50 - 0{,}4Y + 50) + 0{,}4Y + 0{,}4Y^* - 0{,}1Y$
$Y = 800 + 0{,}5 \cdot 0{,}6Y + 0{,}4Y + 0{,}4 \cdot 2000 - 0{,}1Y$
$Y = 800 + 0{,}3Y + 0{,}4Y + 800 - 0{,}1Y$
$Y = 1600 + 0{,}6Y$
$0{,}4Y = 1600$
$Y = 4000$

No ponto de equilíbrio da renda e produto (Y = 4000), as contas do governo estão:

$\left.\begin{array}{l} G = 400 \\ Tr = 50 \end{array}\right\} 450$

$T = 50 + 0{,}4\,Y \rightarrow T = 50 + 0{,}4 \cdot 4000 \rightarrow T = 1650$
Logo, há um superávit das contas do governo de 1200 (= 1650 – 450). A alternativa "b" está incorreta.
No ponto de equilíbrio da renda e produto (Y = 4000), as contas externas estão:
$X = 200 + 0{,}4\,Y^* \rightarrow X = 200 + 0{,}4 \cdot 2000 \rightarrow X = 1000$
$M = 100 + 0{,}1Y \rightarrow M = 100 + 0{,}1 \cdot 4000 \rightarrow M = 500$
Logo, há um superávit comercial de 500 (=1000 – 500). A alternativa "c" está incorreta.
A propensão marginal a consumir, livre dos impostos, é:
$C = 200 + 0{,}5Yd$
$C = 200 + 0{,}5(Y - T + Tr)$
$C = 200 + 0{,}5[(Y - (50 + 0{,}4Y) + 50]$
$C = 200 + 0{,}5[Y - 50 - 0{,}4Y + 50]$
$C = 200 + 0{,}5 \cdot 0{,}6Y$
$C = 200 + 0{,}3Y$

Logo, a propensão marginal a consumir, livre dos tributos é de 0,3. A sensibilidade do Investimento ao nível de renda e produto é de 0,4 (I = 100 + 0,4Y).

Portanto, a propensão marginal a consumir livre dos tributos é menor que a sensibilidade do Investimento ao nível de renda e produto. A alternativa "d" está incorreta.

10.8. MATERIAL SUPLEMENTAR

QUESTÕES DE CONCURSOS
http://uqr.to/1yjb9

11

MERCADO MONETÁRIO

11.1. A ORIGEM DA MOEDA METÁLICA, MOEDA-PAPEL, PAPEL-MOEDA E MOEDA FIDUCIÁRIA

A moeda é um ativo de curso forçado, ou seja, que deve ser aceita como meio de pagamento por todos os agentes econômicos. Ela representa o ativo de maior liquidez na economia. Constituem-se moeda: as cédulas, as moedas metálicas, os saldos em conta corrente nas agências bancárias e os cheques de viagem.

Para realizar suas trocas, o homem, a princípio, utilizou-se do **escambo**, ou seja, da troca direta de mercadorias. Para tanto, porém, havia a necessidade da coincidência de desejos. Assim, se o indivíduo "A" produzisse batata e desejasse do indivíduo "B" tomates, precisaria que o indivíduo "B" desejasse possuir batatas. Era preciso criar uma **mercadoria-moeda** para servir de intermediário das trocas, que fosse suficientemente rara para ter valor e atendesse às necessidades dos agentes para ter aceitação geral. Foram criadas, então, as mercadorias-moeda, como tecidos, cereais, sal, gado etc. No Quadro 11.1, é possível conhecer as principais mercadorias utilizadas como moeda em diferentes épocas e regiões.

Quadro 11.1. Principais mercadorias utilizadas como moeda, em diferentes épocas e regiões

ÉPOCAS E REGIÕES	PRINCIPAIS MOEDAS-MERCADORIAS
Antiguidade	
EGITO	▫ Cobre. Anéis de cobre, como subdivisão da unidade-peso.
BABILÔNIA E ASSÍRIA	▫ Cobre, prata e cevada.
LÍDIA	▫ Peças metálicas e cunhadas. Embora existam dúvidas históricas, os lídios (século XVII a.C.) teriam sido os primeiros povos a cunhar moedas, atestando seu peso e título.
PÉRSIA	▫ Gado, sobretudo bovinos e ovinos.
BRETANHA	▫ Barras de ferro. Espadas de ferro. Escravos.
ÍNDIA	▫ Animais domésticos. Arroz. Metais (notadamente ouro e cobre).
CHINA	▫ Conchas, seda e metais. Instrumentos agrícolas. Cereais. Sal.
Idade Média	
ILHAS BRITÂNICAS	▫ Moedas de couro (precursoras das cédulas de papel). Gado. Ouro e prata em unidades-peso.

ALEMANHA	◼ Gado (início da Idade Média). Cereais (notadamente aveia e centeio). Mel. Moedas cunhadas. *Solidus*, de ouro; e *denar*, de prata.
ISLÂNDIA	◼ Gado. Tecidos. Peixes secos (notadamente o bacalhau).
NORUEGA	◼ Gado bovino. Escravos. Tecidos. Manteiga. Peles curtidas.
RÚSSIA	◼ Gado bovino. Peles de esquilo e de marta. Prata, em unidades-peso.
CHINA	◼ Arroz (como instrumento de troca e unidade de conta). Chá. Sal. Peças de ferro, estanho e prata, com valores inter-relacionados.
JAPÃO	◼ Anéis de cobre, cobertos com ouro e prata. Pérolas. Ágata. Arroz.
Idade Moderna	
ESTADOS UNIDOS	◼ Época colonial: fumo, cereais, carnes-secas, madeira e gado.
AUSTRÁLIA	◼ Rum, trigo e carne (nos primórdios da colonização britânica).
CANADÁ	◼ Peles e cereais.
FRANÇA	◼ Após a desvalorização dos *assignats*: metais preciosos e cereais.
ALEMANHA E ÁUSTRIA	◼ No Tirol: terra, como denominador comum de valores; gado, como instrumento de troca.
JAPÃO	◼ Arroz. *Warrants*, emitidos por depósitos desse cereal, até o século XVII foram usados como moeda.

Fonte: Lopes e Rossetti[1].

Lopes e Rossetti explicam que "os primeiros tipos de moeda tinham, essencialmente, valor de uso; e, sendo este comum e geral, passaram a ter, concomitantemente, valor de troca. Só com o correr do tempo, com a passagem de um tipo de moeda para outro, os instrumentos monetários foram submetidos a um processo gradual, porém lento, de desmaterialização, em decorrência do qual a exigência de valor de uso foi paulatinamente abandonada, enfatizando-se de forma crescente o valor de troca"[2].

No decorrer do tempo, as **mercadorias-moedas**, por não guardarem em si as principais características da moeda[3] e pelo fato de algumas mercadorias possuírem um grande valor de uso não correspondendo a uma unidade monetária, passaram a ser substituídas pelos **metais** (inicialmente o cobre, bronze e ferro e depois o ouro e a prata),

---

[1] João do Carmo Lopes e José Paschoal Rossetti, *Economia monetária*, 1995, p. 28.
[2] João do Carmo Lopes e José Paschoal Rossetti, *Economia monetária*, 1995, p. 27.
[3] As principais características da moeda são: **indestrutibilidade**, ou seja, não pode ser destruída; **homogeneidade**, ou seja, segue um padrão de maneira a fazer com que duas moedas de igual valor sejam sempre iguais; **divisibilidade**, ou seja, pode ser fracionada de maneira a possuir múltiplos e submúltiplos que permitam fazer grandes ou pequenas transações; **transferibilidade**, ou seja, deve ser fácil de passar de um possuidor para outro; **facilidade de manuseio e transporte**, ou seja, é fácil de se manipular, devendo ser leve e fácil de ser carregada; **baixo custo de transação** de maneira a não onerar quem cria a moeda; **dificuldade de falsificação** de maneira a aumentar a confiança e a aceitação do público.

cujo **valor de uso** não comprometia o **valor de troca**, além de melhor respeitarem as características exigidas para uma moeda[4]. Surgiram, portanto, as **moedas metálicas**.

Com o desenvolvimento econômico, os metais preciosos passaram a apresentar algumas inconveniências, como a dificuldade de transporte em decorrência do peso e o aumento do risco de roubos. Daí, surgiram as **casas de custódia**, que passaram a guardar os metais monetários sob custódia e a conceder para os depositantes um certificado de depósito que passou a circular na economia, o que deu origem à **moeda-papel**, que possuía lastro de 100% **conversível** nos metais depositados e poderia ser **transferível**.

A casa de custódia começou a verificar que a reconversão de moeda-papel em metais preciosos não era solicitada pelos depositantes no mesmo momento, o que permitiu a emissão de certificados de depósito não 100% lastreados. A confiança do público em relação a esses novos certificados fez nascer a **moeda fiduciária**, passando a moeda-papel para o **papel-moeda**, com a característica de ser **transferível e inconversível**. No decorrer do tempo, o exagero da emissão de papel-moeda levou o sistema monetário a quebrar, obrigando o Estado a regulamentar a emissão do papel-moeda. Surgiram, então, os **Bancos Centrais**, com a finalidade de controlar essa emissão e como meio de se financiar os Estados Nacionais. A partir da Primeira Guerra Mundial, todos os países passaram a emitir o papel-moeda de maneira inconversível[5]. Atualmente, os sistemas monetários apresentam a característica de serem **inconversíveis, sem lastro** metálico, tendo o Estado o **monopólio de emissão**.

11.2. FUNÇÕES DA MOEDA

A moeda apresenta três funções:

■ **Meio de troca**, ou seja, a moeda evita o escambo[6] e torna desnecessária a coincidência de desejos, ou seja, o agente A pode adquirir mercadorias do agente B, pagando com moeda por isso, não sendo obrigado o agente B a adquirir mercadorias do agente A. De acordo com Paulani e Braga: "Uma das principais funções da moeda é justamente a de ser **meio de troca**, ou, em outras palavras, a de ser exatamente aquele elemento que viabiliza a ocorrência de milhares de trocas a cada momento, porque *intermedeia* o *movimento das mercadorias*, permitindo que elas troquem de mãos"[7].

■ **Unidade de conta**, fornece um padrão para que as demais mercadorias expressem seu valor, ou seja, a moeda serve para contar o valor de cada mercadoria. Paulani e Braga reforçam que: "uma mercadoria A tem seu valor expresso não de

---

[4] Na Idade Média, os senhores feudais eram quem cunhavam as moedas e estipulavam seu valor de face. Na medida em que para a mesma moeda era estipulado um maior valor nominal, ocorria a apropriação de valor por parte deles. A esse processo, dá-se o nome de senhoriagem.

[5] O Dólar, até 1971, apresentava lastro metálico proporcional. Atualmente, não é mais materializado.

[6] Entende-se por escambo a troca pura, a troca direta de mercadorias e serviços sem a intermediação da moeda.

[7] Leda Maria Paulani e Bobik Braga, *A nova contabilidade social*, 2007, p. 184.

inúmeras formas, mas de uma única forma e, melhor ainda, a mercadoria que está servindo para a expressão do valor de A é a mesma que está servindo para expressar os valores de todas as demais. É nesse sentido preciso que se diz que a moeda é unidade de conta"[8]. A unidade de conta permite que se convertam diversos produtos distintos em uma única medida. Assim, por exemplo, se uma economia produz 100 cadeiras a 100 reais e 50 mesas a 500 reais, pode-se dizer que essa economia produziu 3.500 reais (= 10.000 + 2.500).

☐ **Reserva de valor**, ou seja, a moeda permite que o agente econômico retenha consigo o valor de uma venda, levando-o ao entesouramento. Assim, de acordo com a conveniência e a oportunidade do agente, as transações poderão ser alocadas no tempo. Em períodos inflacionários, os agentes econômicos tendem a trocar sua moeda por títulos que rendam juros e correção monetária, ou outros ativos que possam se valorizar, já que o custo de oportunidade de reter moeda torna-se muito alto.

Franco sintetiza afirmando: "Dentre os economistas, em especial, é muito comum (...) definição (...) da moeda, bem como a especificação de suas três funções básicas: (i) a de servir como meio de pagamento; (ii) a de permitir a transferência no tempo de poder de compra, ou seja, a de servir como reserva de valor; e (iii) a de oferecer à economia uma unidade de conta para se referenciar valores"[9].

Quando há inflação[10], a função da moeda como reserva de valor vai tornando-se debilitada para, em seguida, prejudicar a função unidade de conta. Por fim, diminui a capacidade de meio de pagamento.

O Plano Real foi um programa brasileiro de estabilização econômica que, entre outras coisas, instituiu a **Unidade Real de Valor (URV)**, que tinha a característica de indexar a economia durante um período determinado. Sua função era apenas de meio de conta, já que os agentes econômicos não poderiam utilizá-la como meio de troca nem reserva de valor. Portanto, apesar de deter uma das características da moeda, não poderia ser considerada como tal, já que, para isso, é necessário deter as três funções. Também o **"Cruzeiro Real"**, devido às altas taxas de inflação, perdeu, em parte, a função de reserva de valor. Com a implantação do Plano Real, em sua segunda fase, a unidade de conta passou a ser desempenhada pela URV. Ao final deste capítulo, será possível conhecer mais um pouco sobre o Plano Real.

Cavalcante e Rudge acrescentam mais três funções para a moeda, ou seja:

☐ **"Função liberatória:** Liquida débitos e salda dívidas, poder garantido pelo Estado;

---

[8] Leda Maria Paulani e Bobik Braga, *A nova contabilidade social*, 2007, p. 186.
[9] Gustavo H. B. Franco, *O plano real e outros ensaios*, p. 28.
[10] Define-se inflação como a elevação generalizada e persistente de preços.

□ **Padrão de pagamentos:** Permite realizar pagamentos ao longo do tempo, permite crédito e adiantamento, viabiliza fluxos de produção e de renda;

□ **Instrumento de poder:** Instrumento de poder econômico, conduz ao poder político, permite manipulação na relação Estado-Sociedade"[11].

11.3. CONCEITO DE BASE MONETÁRIA E MEIO DE PAGAMENTO

Base Monetária (B)[12] = Papel-Moeda em Poder do Público (PMPP) + volume de reservas mantido pelos bancos comerciais e pelo Banco Central (Encaixes).

Pode ser entendida como o dinheiro com poder de multiplicação. Corresponde ao Passivo monetário do Bacen[13].

$$B = PMPP + Encaixes$$

Segundo Blanchard, o termo "Base" "reflete o fato de que a oferta total de moeda depende em última análise de um montante de uma 'base' — o montante de moeda do Banco Central na economia"[14].

11.3.1. Papel-Moeda Emitido (PME)

Define-se PME como o Papel-moeda que o Bacen coloca na economia = PMPP + caixa dos bancos comerciais + caixa do Bacen.

11.3.2. Papel-Moeda em Circulação (PMC)

Define-se PMC como o Papel-Moeda Emitido – caixa da autoridade monetária. Logo $PMC = PME - CX_{Bacen}$ ou $PMC = PMPP + CX_{Bancos\ comerciais}$.

11.3.3. Papel-Moeda em Poder do Público (PMPP)

Define-se PMPP como o Papel-Moeda em Circulação – caixa dos bancos comerciais ou Papel-Moeda Emitido – caixa das instituições financeiras.

Assim, pode-se também definir a Base Monetária como: **B = PMC + Reservas bancárias (Rc + Rv)**.

Por meio dos Quadros 11.2 e 11.3, é possível visualizar as diferenças entre Base Monetária, Papel-Moeda em Circulação, Papel-Moeda em Poder do Público e Papel-Moeda Emitido.

---

[11] Luiz Fernando Rudge e Francisco Cavalcante, *Mercado de capitais*, p. 37.

[12] Também conhecida por moeda de alta potência ou moeda do Banco Central. O nome "base" refere-se ao fato de a moeda do Banco Central ser a base da oferta total de moeda.

[13] Bacen é a abreviação de Banco Central.

[14] Olivier Blanchard, *Macroeconomia*, p. 76.

Quadro 11.2. Comparação entre Base Monetária, Papel-Moeda em Circulação e Papel-Moeda em Poder do Público

BASE MONETÁRIA	PAPEL-MOEDA EM CIRCULAÇÃO	PAPEL-MOEDA EM PODER DO PÚBLICO
▫ Papel-Moeda em Poder do Público	▫ Papel-Moeda em Poder do Público	▫ Papel-Moeda em Poder do Público
▫ Caixa dos bancos comerciais	▫ Caixa dos bancos comerciais	
▫ Recolhimento compulsório		
▫ Recolhimento voluntário		

Quadro 11.3. Comparação entre Papel-Moeda Emitido, Papel-Moeda em Circulação e Papel-Moeda em Poder do Público

PAPEL-MOEDA EMITIDO	PAPEL-MOEDA EM CIRCULAÇÃO	PAPEL-MOEDA EM PODER DO PÚBLICO
▫ Papel-Moeda em Poder do Público	▫ Papel-Moeda em Poder do Público	▫ Papel-Moeda em Poder do Público
▫ Caixa dos bancos comerciais	▫ Caixa dos bancos comerciais	
▫ Caixa da autoridade monetária		

11.3.4. Encaixes

Define-se Encaixe como o depósito compulsório (ou recolhimento compulsório) e voluntário (ou recolhimento voluntário) junto ao Banco Central + papel-moeda em caixa dos bancos comerciais.

11.3.5. Recolhimento compulsório sobre depósitos à vista[15]

Depósito que os bancos comerciais são obrigados a fazer junto ao Banco Central e que os impede de expandir os meios de pagamento de forma exagerada, via empréstimos e financiamentos ao público não bancário. Servem também para diminuir o risco dos bancos. Não rendem juros, porém são corrigidos monetariamente. Contudo, quando esses recolhimentos compulsórios são feitos sob a forma de títulos da dívida pública, os bancos comerciais passam a receber juros desses depósitos. Com relação a isso, Lopes e Rossetti afirmam: "(...) os bancos comerciais compuseram suas reservas junto ao Banco central em parte com esses títulos públicos e em parte em moeda. Essa permissão equiparou esses títulos da dívida pública à moeda para efeito de manutenção de reservas compulsórias. A esterilização em espécie, fundamento desse instrumento, foi assim desvirtuada. Tal prática ainda subsiste, embora em proporção reduzida, como forma de remunerar essas reservas e atenuar as pressões dos bancos na busca de outras formas de compensação operacional"[16].

---

[15] O Sistema de Informações do Banco Central (Sisbacen) é um conjunto de recursos de tecnologia da informação, interligados em rede, utilizado pelo Banco Central na condução de seus processos de trabalho. Ele liga em tempo real e via on-line os bancos comerciais ao Banco Central e, assim, o Banco Central torna indisponível uma porcentagem dos depósitos nos bancos comerciais, que é chamado de Recolhimento Compulsório.

[16] João do Carmo Lopes e José Paschoal Rossetti, *Economia monetária*, 1995, p. 201.

11.3.6. Recolhimento voluntário sobre depósito à vista

Depósito que os bancos fazem voluntariamente junto ao Banco Central no intuito de fazer frente a uma possível posição negativa na câmara de compensações. Não há pagamento de juros reais sobre o recolhimento voluntário, mas há correção monetária. Carvalho explica a existência do Recolhimento Voluntário ao afirmar: "(...), em parte do dia, podem ocorrer mais cheques emitidos contra esse banco (saques) do que cheques emitidos a favor (depósitos)"[17].

11.3.7. Caixa dos bancos comerciais

O caixa dos bancos comerciais corresponde ao dinheiro físico que existe nas agências bancárias para fazer frente aos saques dos clientes.

11.3.8. Reservas

As reservas compreendem o recolhimento (ou reserva) compulsório (Rc) + Recolhimento (ou reserva) voluntário (Rv).

Oferta monetária = oferta de moeda = meios de pagamento

11.3.9. Meios de pagamento (ou moeda manual)

Define-se meio de pagamento (M_1) como o estoque de ativos que pode ser usado nas transações, ou seja, o total de ativos de liquidez[18] imediata (M_1) do setor não bancário.

Os meios de pagamento correspondem à liquidez do sistema bancário. Ele é o Passivo monetário do sistema bancário (Banco Central + bancos comerciais)[19].

É a soma do Papel-Moeda em Poder do Público (PMPP) e dos depósitos à vista (DV) do público nos bancos comerciais, nos bancos múltiplos e nas Caixas Econômicas (corresponde à moeda escritural).

$$M_1 = PMPP + DV$$

O Banco Central reformulou, a partir de 2001, o conceito de meios de pagamento[20], de forma que não estão mais ordenados pelo grau de liquidez, mas pela natureza das

---

[17] Fernando J. Cardim de Carvalho... (et al.), *Economia monetária financeira*, p. 9.
[18] Entende-se por liquidez a facilidade e a velocidade com que o ativo monetário pode ser convetido em bens e serviços.
[19] Ver Balancete do Sistema Bancário no capítulo 12.
[20] De acordo com o grau de liquidez do ativo considerado, os seguintes agregados monetários eram, **antigamente**, classificados:
M_1 = Papel-Moeda em Poder do Público + depósito à vista;
M_2 = M_1 + títulos públicos em poder do setor privado;
M_3 = M_2 + depósitos de poupança;
M_4 = M_3 + depósitos a prazo e outros títulos privados.

instituições financeiras emissoras desses haveres. Pelo critério de liquidez, o M_1 corresponde à **moeda** e M_2, M_3, M_4 correspondem à **quase moeda**.

M_1 = Papel-Moeda em Poder do Público + depósito à vista. M_1 é o meio de pagamento que não rende juros e apresenta liquidez imediata. Recebe o conceito de Moeda ou haver monetário.

M_2^{21} = M_1 + depósitos de poupança + CDB (ou títulos emitidos por instituições depositárias[22]) + depósito especial remunerado (DER).

M_3 = M_2 + quotas de fundos[23] de rendas fixas[24] + operações com títulos públicos compromissadas[25] registradas no Sistema de Liquidação e Custódia (SELIC)[26].

M_4 = M_3 + títulos públicos de alta liquidez. Corresponde ao conceito de poupança financeira ou:

M_4 = M_3 + carteira livre de títulos públicos do setor não financeiro.

M_2 + M_3 + M_4 são conceituados por "quase moeda" ou "haveres não monetários".

Feijó e Ramos dividem genericamente os ativos em dois grupos:

"(i) **ativos monetários:** papel-moeda — emitido pelo Banco Central — e depósitos à vista, emitidos pelos bancos emissores de moeda. O somatório do papel-moeda em poder do público e dos depósitos à vista constitui os meios de pagamentos no seu sentido restrito (M_1).

(ii) **ativos financeiros não monetários:** depósitos de poupança e a prazo emitidos por bancos, e títulos da dívida pública emitidos pelo Tesouro Nacional, entre outros. São tradicionalmente denominados quase moeda, e fazem parte dos conceitos mais amplos de meios de pagamento (M_2, M_3 e M_4)"[27].

---

[21] De 1991 a 1995, foram incluídos no M_2 os Depósitos Especiais Remunerados (DER), criados no Plano Collor com o confisco dos ativos financeiros.

[22] São instituições depositárias: os bancos múltiplos, os bancos comerciais, caixas econômicas, os bancos de investimento, os bancos de desenvolvimento, as agências de fomento, as sociedades de crédito, financiamento e investimento, as sociedades de crédito imobiliário, as associações de poupança e empréstimo, as companhias hipotecárias.

[23] Fundo = conjunto de recursos monetários empregados como reserva ou para cobrir despesas extraordinárias. Tem personalidade jurídica própria (CNPJ). Portanto, não são emitidos pelas instituições financeiras.

[24] As ações são instrumentos financeiros emitidos por empresas não financeiras e representam uma fração da empresa que as emitiu. São classificadas como títulos de renda variável. Os fundos de renda variável e os fundos de pensão não são considerados emissores de liquidez e também não são multiplicadores de crédito. São, portanto, classificados nos agentes não depositários.

[25] Operação compromissada é aquela em que o vendedor assume o compromisso de recomprar os títulos que alienou em data futura predefinida e com o pagamento de juros prefixados, e o comprador, por sua vez, assume o compromisso de revender o título ao vendedor na data acordada e com o pagamento do preço fixado.

[26] O SELIC "é um sistema eletrônico de teleprocessamento, administrado pelo Banco Central do Brasil e operado em parceria com a ANDIMA, por força de Convênio de Cooperação Operacional firmado entre as duas entidades. O Sistema efetua a custódia e o registro de operações realizadas pelas instituições que dele participam com títulos públicos federais emitidos pelo Tesouro Nacional" (<www.andima.com.br/selic/oquee.asp>).

[27] Carmem Aparecida Feijó e Roberto Luis Olinto Ramos, *Contabilidade social*, 2003, p. 159.

11.4. TIPOS DE MOEDA

Moeda fiduciária (ou moeda **manual ou corrente**) corresponde à cédula e à moeda metálica, ou seja, ao papel-moeda, que as pessoas utilizam para suas transações e que o Banco Central emite. Essa moeda tem poder de compra e quem garante isso é o Banco Central pela Fidúcia (confiança) já que não são lastreadas. Apresentam curso forçado, ou seja, não se pode recusar recebê-la como forma de pagamento.

Moeda escritural (ou invisível, por não ter existência física), também conhecida por moeda bancária ou contábil, é emitida pelos bancos comerciais. Corresponde ao depósito à vista e a curto prazo nos bancos comerciais[28]. Representa a parcela maior dos meios de pagamento.

11.5. LASTRO

Anteriormente foi dito que a moeda fiduciária não tem lastro. Saiba como isso ocorre.

No século XIX, os Bancos Centrais monetizavam o ouro e a prata. Era o chamado **bimetalismo**, ou seja, a moeda era lastreada nos dois metais. Com o decorrer do tempo, a prata começou a expulsar o ouro, o que ficou conhecido como: Lei de Gresham.

11.5.1. Lei de Gresham

A **Lei de Gresham**[29] ou **Lei de Grashman** afirma que: "A má moeda tende a expulsar do mercado a boa moeda". Isso se dava porque o valor da moeda era determinado pelo seu peso em metal precioso. Se o Estado decidisse cunhar novas moedas com o mesmo valor facial, mas com menor quantidade do metal mais valioso, os agentes econômicos tenderiam a guardar a moeda cujo valor facial correspondesse ao valor pleno em termos de metal precioso (moeda boa) e passariam a fazer circular a moeda que não tivesse essa característica (moeda má). Com o tempo, toda a moeda boa acabaria por ser substituída pela moeda má no mercado, já que os agentes entesourariam a moeda boa. Portanto, quando há duas moedas circulantes no país que possuem legalmente o mesmo valor, aquela que possuir um valor intrínseco superior tenderá a desaparecer porque os agentes tenderiam a entesourá-la, exportarem-na ou vendê-la pelo peso. E a moeda de menor valor intrínseco tenderia a ser mantida para fins monetários.

Com a descoberta de minas de ouro, este metal passou a afluir em maiores quantidades para os mercados, fazendo com que começasse a perder valor, levando os agentes econômicos a preferir reter as moedas de prata, já que essa depreciação não correspondia a uma mudança na taxa de conversão entre o ouro e a prata. A partir de 1867, os principais países, como Alemanha, França e Inglaterra, optaram pela adoção

---

[28] Um cheque é uma ordem de pagamento da moeda escritural, mas não necessariamente é a moeda escritural, já que uma pessoa pode emitir um cheque em valor superior ao depósito à vista. Logo, moeda escritural é o saldo em conta corrente.

[29] A origem da Lei de Gresham se deve a *Sir* Thomas Gresham, conselheiro financeiro da Rainha Isabel I da Inglaterra.

integral do padrão-ouro, embora o padrão bimetálico ainda tivesse persistido durante todo o restante do século XIX até os anos iniciais do século XX. A partir daí, a prata é desmonetizada e passa-se para o Monometalismo, em que toda moeda seria lastreada em ouro, o que deu origem ao regime do padrão-ouro. A princípio, a conversibilidade da moeda em ouro era total (conhecida como "pataca de ouro"), mas, devido à escassez do metal, depois, a conversibilidade da moeda em ouro passou a ser parcial.

A partir, portanto, de 1870, o regime padrão-ouro passou a seguir um padrão cambial cuja moeda de referência era a Libra Esterlina. O regime ficou conhecido como **regime padrão-ouro/Libra Esterlina**, em que a Libra passou a ter um preço fixo em relação ao ouro. O regime de câmbio adotado, portanto, era o regime de câmbio fixo.

Daí surgir o conceito de **estalão-ouro**, que era a quantidade de ouro que a moeda nacional era capaz de comprar.

Assim, se com 1 Libra se comprava 2 gramas de ouro e com 1 Dólar se comprava 1 grama de ouro, a taxa de câmbio era: 1 Libra = 2 Dólares, e o estalão-ouro[30] do Dólar era igual a dois.

Com a Primeira Guerra Mundial, a Inglaterra suspendeu essa conversibilidade, porque, como se sabe, na guerra, os países diretamente envolvidos passam a apresentar déficits no seu Balanço de Pagamentos e esses déficits deveriam ser pagos em ouro, o que levaria à perda de grande contingente das reservas em ouro do país. A taxa de câmbio passa a ser flexível: se antes era determinada pelo par metálico, a partir daí passou a ser determinada pelo poder de compra da moeda de cada país.

Em 1926, retoma-se o regime padrão-ouro/Libra Esterlina, o que levou a Inglaterra a sucessivos déficits em seu Balanço de Pagamentos, cancelando a conversibilidade.

A partir de 1932, deu-se início à chamada desvalorização competitiva, em que cada país tenta desvalorizar ainda mais sua moeda e, com isso, aumentar o nível de suas exportações[31].

Como os Estados Unidos detinham a maior reserva de ouro e a maior capacidade industrial do mundo, impuseram o lastro de todas as moedas em Dólar. O comércio internacional, a partir daí, deveria ser pago em Dólar ou em ouro (que tinha uma relação de US$ 35 por onça). As taxas de câmbio voltaram a ser fixas em relação ao Dólar. É importante se observar que a moeda (Dólar) que serviria de lastro para todas as outras moedas era emitida pelos Estados Unidos, que teriam a obrigação de lastrear o Dólar em ouro (metal cada dia mais fluente para os Estados Unidos).

Em 1945, é criado o Fundo Monetário Internacional (FMI), que consistia em um fundo de estabilização para socorrer países com dificuldades em seus Balanços de Pagamentos. Em 1972, os Estados Unidos suspenderam a conversibilidade do Dólar em ouro, o que deu origem ao conhecido **Paradoxo de Trifrin**, que consiste no fato de que os países dependiam de Dólar para suas transações comerciais internacionais e, para

---

[30] A razão entre os respectivos estalões-ouro é conhecida como par metálico.
[31] O período das desvalorizações competitivas foi marcado pela política conhecida como "política de empobrecer o vizinho" ou "política de exportar desemprego".

que isso acontecesse, os Estados Unidos deveriam ser deficitários com esses países, ou seja, se por um lado havia necessidade de maior liquidez no comércio internacional (mais Dólares), por outro lado colocava-se em cheque a credibilidade do Dólar (que não tinha mais lastro).

11.5.2. Criação de moeda

Observe, no Quadro 11.4, alguns casos em que se cria moeda (M_1) e se destrói moeda (M_1).

Para se criar M_1, é preciso aumentar Papel-Moeda em Poder do Público (PMPP) ou depósito à vista (DV), já que: $M_1 = PMPP + DV$.

Tanto o Banco Central quanto os bancos comerciais podem criar moeda. O primeiro cria a moeda fiduciária ou moeda primária. Os demais criam moeda escritural pelo mecanismo de depósitos à vista que recebem e empréstimos que concedem. Isso poderá ser verificado no capítulo 12.

É importante observar que, para se criar ou destruir moeda, deve haver o envolvimento entre o setor bancário e o não bancário. Portanto, transações entre os setores bancários (entre si) ou transações entre os setores não bancários (entre si) não alteram a oferta de moeda na economia.

Quadro 11.4. Exemplos de criação e destruição de moeda

CRIAÇÃO DE MOEDA	NÃO HÁ CRIAÇÃO NEM DESTRUIÇÃO DE MOEDA	DESTRUIÇÃO DE MOEDA
1. Uma empresa desconta uma duplicata (ativo não monetário) no banco, recebendo dinheiro em troca (ativo monetário).	1. Uma empresa paga seus funcionários contra seus depósitos à vista.	1. Venda de ações (ativo não monetário) pelo banco para o público, que paga com moeda (ativo monetário).
2. Uma pessoa resgata um valor do fundo de ações e deposita em conta corrente.	2. Uma pessoa deposita em conta corrente um valor que estava em seu poder sob a forma de Papel-Moeda em Poder do Público.	2. Uma pessoa deposita na poupança um valor que estava em seu poder sob a forma de Papel-Moeda em Poder do Público.
3. Um banco recebe divisas[32] (moeda estrangeira) de um exportador.	3. Um banco comercial desconta um título que está em seu poder junto ao Banco Central.	3. Um banco vende divisas a um importador.

Como, no assunto de funções da moeda, é abordado o Plano Real, a seguir é fornecida uma breve explanação sobre o tema. É importante salientar que o seu aprofundamento deve ser procurado em livros que abordem a trajetória da Economia Brasileira.

11.5.3. Plano Real

Quando Itamar Franco assumiu a presidência do Brasil (1992-1994), a inflação, além de muito alta, era persistente, já que estava presente na economia brasileira há aproximadamente três décadas. Para combatê-la e iniciar um processo de recuperação

---

[32] Moeda estrangeira é um ativo não monetário.

da economia, foi instituído, em junho de 1993, um programa de estabilização econômica, denominado **Programa de Ação Imediata (PAI)**, com a finalidade de reduzir os gastos do governo e torná-los mais eficientes[33]. Entre as medidas adotadas, houve a diminuição das transferências voluntárias do Governo Federal, cortes nos repasses inconstitucionais aos demais entes da federação (Estados e Municípios), aumento dos tributos federais, como o IOF, e a criação do Imposto Provisório sobre Movimentação Financeira (IPMF), que era cobrado sobre movimentações a débito nas contas correntes. Também nessa época, a Contribuição para o Financiamento da Seguridade Social (COFINS) obteve legalidade. Com isso, houve a procura pela recuperação da receita tributária federal, equacionamento da dívida de Estados e Municípios para com a União, maior controle sobre os bancos estaduais, início do saneamento dos bancos federais, aperfeiçoamento do programa de privatização dos setores siderúrgico, petroquímico e de fertilizantes e combate à evasão fiscal, principalmente das grandes empresas. O PAI constituiu-se a base para a primeira etapa do Plano Real. Como afirma Filgueiras, a primeira fase do Plano Real, anunciada em 7 de dezembro de 1993, "tratava-se do aprofundamento e ampliação de algumas iniciativas tomadas em junho, quando do lançamento do Programa de Ação Imediata"[34].

O plano de estabilização, denominado Plano Real, lançado pelo então ministro da Fazenda do Presidente Itamar Franco, Fernando Henrique Cardoso, partiu do diagnóstico de que a inflação brasileira possuía, desde a década de 1980, duas causas. A primeira seria entendida como causa da "aceleração" e consistia de choques de oferta e/ou demanda. A outra causa foi de forte **caráter inercial**, em que a inflação se autoalimentava, gerada, principalmente, pela **indexação** de preços na economia e pela capacidade de repassar aumento de custos de produção para os preços.

O Plano Real visualizou que a fragilidade do estado sob o aspecto financeiro representava uma razão para o fracasso na contenção do processo inflacionário. Também percebeu que, com a redução da inflação, seria necessário se adotar uma política monetária que contivesse o consumo, que se elevaria em decorrência do controle inflacionário.

A primeira medida do Plano Real, portanto, foi estabelecer um equilíbrio fiscal operacional. Esse equilíbrio foi perseguido por meio de **cortes na proposta do orçamento** de 1994, que ganhou força devido ao "escândalo do orçamento"[35] e ao aumento das alíquotas dos impostos federais em 5%. O ajuste fiscal proposto pelo Poder Executivo foi aprovado pelo Congresso Nacional no início de 1994 denominou-se **Fundo Social de Emergência** e tinha por objetivo a desvinculação de 20% de todas as receitas derivadas de impostos e contribuições federais, para promover o ajuste fiscal.

---

[33] Posteriormente, foi observado que o regime fiscal e o controle sobre o déficit público não sofreram grandes alterações, devido às taxas de juros muito elevadas. As medidas anunciadas não passaram de um discurso para reverter as expectativas desfavoráveis e dar credibilidade à nova moeda.

[34] Luiz Filgueiras, *História do plano real*, p. 102.

[35] O "escândalo do orçamento" ocorreu em outubro de 1993 em decorrência de fraudes com os recursos do orçamento ocorridas entre o final dos anos 1980 e início dos anos 1990 e descobertas por uma Comissão Parlamentar de Inquérito (CPI). Os principais responsáveis pelo escândalo eram homens de baixa estatura e, por isso, foram chamados de "Anões do Orçamento".

Depois, esse nome foi substituído por **Fundo de Estabilização Fiscal**[36], já que sua real finalidade foi aumentar a liberdade de gasto do governo. Filgueiras reforça quando afirma: "(...) a invenção e aprovação do Fundo Social de Emergência (FSE) se revelou como principal iniciativa. Este instrumento permitiu ao Governo executar cortes em seu orçamento para o ano de 1994 e deu uma maior flexibilidade na utilização dos seus recursos, bem como um maior controle no seu fluxo de caixa. (...) Mais tarde, (...) ficaria evidente que o Fundo se caracterizou, de fato, mais como um artifício para se aumentar a liberdade de manipulação dos gastos públicos no interior do orçamento, do que como um instrumento social propriamente dito, servindo sobretudo, ao objetivo de se buscar o equilíbrio fiscal primário e ao uso eleitoral. (...) Por isso, posteriormente, quando da renovação de sua vigência, foi rebatizado, de forma, digamos, mais franca, como Fundo de Estabilização Fiscal (FEF)"[37].

Para se atingir a estabilização perseguida, foi necessário, portanto, em primeiro lugar, atingir o equilíbrio fiscal e, por conseguinte, adotar medidas de restrição orçamentária. Não foram, portanto, implantadas medidas coercitivas, como confisco de ativos ou congelamento de preços, como ocorrera em planos anteriores. Assim, reforça Fonseca quando diz: "Não haverá confisco, quebra de contratos, monetização da dívida, duas moedas, congelamento ou prefixação de preços. No mínimo, o plano não estraga as festas de final de ano de ninguém"[38].

Depois, pela Medida Provisória n. 434, de 27 de fevereiro de 1994[39], é criada a **Unidade Real de Valor (URV)**, com o objetivo de indexar a economia. Isso constituiu a segunda etapa do plano. Foi possível, com a URV[40], atingir-se a estabilidade de preços. O valor em cruzeiros reais da URV passou a ser fixada diariamente pelo Banco Central, com base na perda do poder aquisitivo do Cruzeiro Real. Ela serviu como medida de conta para os contratos, outras obrigações, salários e preços. A URV cumpriu, portanto, apenas a função de **unidade de conta** e caminhou com o Cruzeiro Real de 1.º de março de 1994 até 1.º de julho de 1994, numa terceira etapa do Plano, quando foi criada a moeda **Real** que equivalia a 1 URV, a CR$ 2.750,00 e a US$ 1[41]. É salutar frisar que não foram aplicados tablitas, deflatores ou qualquer outro mecanismo para eliminar as expectativas de inflação, como ocorreu em planos anteriores, já que no Plano Real a dinâmica era totalmente conhecida de antemão.

---

[36] Atualmente recebe o nome de Desvinculação de Receitas da União (DRU).

[37] Luiz Filgueiras, *História do plano real*, p. 102.

[38] Eduardo Giannetti da Fonseca, *As partes & o todo*, p. 213.

[39] "A segunda etapa do Programa de Estabilização foi inaugurada com a publicação da Exposição de Motivos n. 395 de 7 de dezembro de 1993, que definiu as linhas gerais do Programa e teve continuidade com a edição da Medida Provisória n. 434, de 28 de fevereiro de 1994, aprovada pelo Congresso Nacional na forma de Lei n. 8.880, de 27 de maio de 1994, que criou a URV e previu sua posterior transformação no Real" (Fonte: <http://www.fazenda.gov.br/portugues/real/realem.asp>).

[40] A URV era uma unidade de referência determinada pela média da variação do mês anterior do IPCA, IGP-M e IPC.

[41] Medida Provisória n. 542, de 30 de junho de 1994, que lastreou a oferta monetária do Brasil à disponibilidade de reservas cambiais. Foi transformada, em 29 de junho de 1995, na Lei n. 9.096.

A conversão pela URV começou com os salários e benefícios da Previdência, numa preocupação com a promoção de equidade social. Depois, estendeu-se aos preços dos produtos, contratos (mais adiante, incluiu também os contratos continuados com cláusulas de reajuste) e às tarifas públicas[42]. "No caso dos salários e benefícios, a aplicação deste critério excluía tanto a conversão 'pelo pico', que traria de volta a espiral inflacionária depois de uma efêmera euforia de consumo, como a conversão 'pelo piso', que imporia prejuízos injustificáveis aos trabalhadores e teria forte impacto recessivo sobre a economia. A alternativa foi a conversão pela média de quatro meses, levando em conta a periodicidade da atualização monetária dos salários conforme a política vigente quando da introdução da URV"[43]. Portanto, nessa fase do Plano, os salários estiveram totalmente indexados à URV. "Dado que a paridade da URV ao Cruzeiro Real segue, com a taxa de câmbio, a inflação do próprio mês, e o salário é apurado e pago no conceito de caixa, ou seja, pela URV do dia do pagamento, não há risco de perda salarial ocasionada pela inflação. Esta é uma proteção mais efetiva do que qualquer política salarial adotada ou proposta anteriormente, inclusive a reposição plena pela inflação passada"[44].

A essa política de atrelar a moeda nacional ao Dólar, deu-se o nome de **âncora cambial**[45], que perdurou até 1999, quando foi substituída pelo regime de **metas de inflação**. Assim, na Exposição de Motivos da Medida Provisória do Plano Real, é dito que: "o Real seja lastreado nas reservas internacionais do país, na exata proporção de um Dólar americano para cada Real emitido, vinculando parcela das reservas internacionais para tal fim, em conta especial do Banco Central. O Real passou a ser a moeda nacional de poder aquisitivo estável"[46], já que preservava o valor real das obrigações e direitos contratados. O reajuste mantinha a paridade com o Dólar (no máximo, 1 Real para 1 Dólar). Portanto, num primeiro momento (a partir de julho até setembro de 1994), o sistema de câmbio foi **flutuante**[47] para baixo (já que o limite superior seria mantido). A partir de setembro de 1994, na tentativa de reverter o quadro de valorização da moeda nacional frente ao Dólar, o Bacen intervém diretamente no mercado de câmbio, comprando divisas, além de estimular a demanda e conter a oferta de moeda estrangeira. Em dezembro de 1994, o Brasil é atingido pela crise mexicana, que provocou um grande aumento de demanda por divisas. Com a contração da liquidez internacional e a consequente diminuição das reservas internacionais do Brasil, em março de 1995 a taxa é desvalorizada em 5% e passa a oscilar dentro de um intervalo estipulado pela autoridade monetária, denominado sistema de

---

[42] Com exceção das tarifas de transporte urbano e abastecimento de água de um pequeno número de municípios.
[43] <http://www.fazenda.gov.br/portugues/real/realem.asp>.
[44] <http://www.fazenda.gov.br/portugues/real/realem.asp>.
[45] Adotar a âncora cambial significa que o governo deverá adotar menor e constante taxa de desvalorização da taxa de câmbio nominal, o que faz com que as expectativas de inflação sejam minimizadas. Além disso, a utilização da âncora cambial atrela a inflação interna à inflação no mundo.
[46] <http://www.fazenda.gov.br/portugues/real/realem.asp>.
[47] O excesso de liquidez internacional deixou a moeda nacional sobrevalorizada, o que possibilitou a não intervenção do Bacen e a adoção de uma flutuação pura.

bandas cambiais[48]. Esse sistema de **bandas cambiais**[49] foi explicitamente adotado nesse momento e, diferentemente do *Currency Board*[50], era uma modalidade de câmbio fixo que permitiu maior flexibilidade na política monetária, já que a política cambial não era tão rígida. A partir de outubro de 1995, as desvalorizações cambiais passam a ser sistemáticas, e a amplitude da banda, constantemente aumentada[51].

---

[48] Com a introdução do Plano Real, o regime de taxa de câmbio adotado era de flutuação administrada, muito embora a valorização da moeda nacional frente ao Dólar, num primeiro momento, não tenha se dado por intervenção do governo, mas sim, pelas condições de mercado, o que tornou desnecessária a utilização do sistema de **bandas cambiais assimétricas** para defender um valor superior para a taxa de câmbio. Dessa maneira, a necessária apreciação cambial foi conseguida pelos meios naturais. A preocupação voltou-se, então, por uma situação inversa, ou seja, para a queda (ou valorização) acentuada da taxa de câmbio que provocava déficits no Balanço de Pagamentos em Transações Correntes. Ou seja, se antes a preocupação era de manter a moeda nacional valorizada, depois passou a ser de não deixá-la demasiadamente valorizada. Entre outras medidas, o país passou, então, a taxar o capital especulativo que adentrava o país. Mas, a partir de 1995, com a **crise do México**, por receio de grande desvalorização cambial no Brasil, estipulou-se, em 6 de março de 1995, um valor para a banda de R$ 0,86 por Dólar americano (inferior) e de R$ 0,90 por Dólar americano (superior), passando, explicitamente, para o regime de bandas cambiais. O Banco Central assumia um forte compromisso em defender a taxa de câmbio, por meio de intervenções no interior da banda, denominado *crawling peg*. Superada a crise mexicana, ocorre a **crise asiática** (Tailândia, Malásia, Indonésia, Filipinas e Coreia do Sul) nos fins de 1997. Por ocasião dessa crise, os investidores internacionais passam a transferir os recursos dos países emergentes para os países centrais, ocasionando uma perda de reservas internacionais muito grande para o Brasil. Para atrair capital externo, o governo eleva a taxa de juros. Também o Banco Central atuou no sentido de atender à demanda crescente por Dólares. As medidas adotadas permitiram que, em 1998, o Brasil atingisse o maior volume de reservas internacionais do país e mantivesse a âncora cambial. Após a recuperação da crise asiática, o Brasil, em setembro de 1998, depara-se com a **crise russa**. Somando-se a isso o não cumprimento das metas fiscais anunciadas em 1997, o país perde credibilidade perante a sociedade. Os títulos sofrem grande desvalorização, e o país passa a apresentar uma crise de liquidez internacional e saldo no Balanço de Pagamentos negativo. Para atrair capital externo, o Brasil eleva a taxa de juros ao patamar de 41,5% ao ano. Mas a desconfiança externa continuava. A discussão a respeito de uma maior flexibilidade cambial fortificava-se, já que uma taxa de câmbio administrada e sobrevalorizada exigia a manutenção de taxa de juros alta e de riscos de não honrar os compromissos da dívida. Assim, no dia 13 de janeiro de 1999, foi anunciada a mudança na política cambial, que passa a ser o de **banda diagonal endógena**. Diagonal porque tanto o seu pico como o seu teto se moveriam com tendência de alta. Endógena porque o movimento da banda seria de acordo com a posição relativa da taxa de câmbio que estava realmente sendo praticada em relação aos limites da banda. Como os limites da banda aumentariam ao longo do tempo, essa política cambial tenderia ao câmbio flutuante. Mas esse sistema não foi bem recebido, o que fez com que o Bacen despendesse uma quantidade significativa de divisas para mantê-lo. Assim, sob pressão internacional que ameaçava retirar o apoio financeiro do Brasil, em 18 de janeiro de 1999 o Brasil abandona o sistema de âncora cambial e passa a adotar a política de **câmbio flutuante**.

[49] É adotada uma banda larga de flutuação, além de uma minibanda dentro dessa banda larga. A moeda nacional passa a sofrer desvalorizações esporádicas, caracterizando o *sliding band*, ou banda deslizante, assunto abordado no capítulo 16 — Taxa de câmbio e regimes cambiais.

[50] Ver capítulo 16 — Taxa de câmbio e regimes cambiais.

[51] As desvalorizações passaram a ser da ordem de 6% ao mês, e a banda passa a ter a característica de *crawling band*, ou banda rastejante, assunto a ser visto no capítulo 16 — Taxa de câmbio e regimes cambiais.

Para a completa estabilização do Plano Real, foi necessário se restringir a utilização da correção monetária, preservando-a apenas no mercado de trabalho, no mercado financeiro e nos contratos de longo prazo com base no IPC-r entre o mês da primeira emissão do Real e o mês imediatamente anterior à data-base. As operações de curto e médio prazo do sistema financeiro tiveram como base a Taxa Referencial (TR)[52].

Fonseca sintetiza o Plano Real, afirmando que: "A primeira e decisiva fase será a aprovação pelo Congresso, até o final de janeiro, da nova proposta orçamentária. Apenas depois de equacionada a frente fiscal teria início o esforço mais diretamente ligado à reconstrução da moeda. Os passos básicos previstos nesta segunda etapa são dois. Primeiro, a introdução de um novo indexador — a Unidade Real de Valor (URV) voluntariamente adotado pela sociedade, sincronizar e desinercializar o processo de remarcação de preços. O tiro de misericórdia viria logo depois, com a criação de uma nova moeda. Ela teria a URV como unidade de referência e poderia ser livremente convertida pelo público em moedas fortes"[53].

Portanto, o Plano Real lançou uma nova moeda, denominada **Real** (R$), em substituição ao **Cruzeiro Real**, e a Base Monetária do país foi substituída seguindo a paridade de CR$ 2.750,00 para cada R$ 1,00.

Para dar estabilidade à nova moeda, o governo restringiu a oferta de moeda por meio da elevação do Recolhimento Compulsório dos Bancos Comerciais[54] e da manutenção de uma taxa de juros elevada. Devido a esta última, a entrada de capital estrangeiro se intensificou, provocando a apreciação da moeda nacional (do Real). Essa apreciação tornou os produtos importados competitivos, o que contribuiu para a estabilização de preços na economia interna e, em seguida, para o aumento do poder de compra da população. Apesar de o país apresentar déficit no Balanço de Pagamentos em Transações Correntes devido ao déficit comercial e ao déficit na Balança de Rendas (em virtude do pagamento dos altos juros), o saldo do Balanço de Pagamentos manteve-se positivo, devido ao superávit da conta financeira.

Entre as **linhas adotadas** com o Plano Real, encontraram-se:

☐ Desindexação da economia.
☐ Diminuição de despesas públicas e aumento em 5% dos impostos federais.
☐ Políticas monetárias restritivas por meio de taxas de juros e recolhimento compulsório mais elevados.
☐ Redução do imposto de importação.
☐ Privatizações.
☐ Manutenção de um câmbio valorizado até janeiro de 1999 pela adoção da âncora cambial.

---

[52] A TR é diferente de um índice de preços porque não se baseia na inflação passada, mas, sim, nas expectativas de inflação futura, e reflete a taxa de juros mensal da economia.
[53] Eduardo Giannetti da Fonseca, *As partes & o todo*, p. 214.
[54] A partir de junho de 1994, o recolhimento compulsório sobre depósitos à vista, na margem, passou a ser de 100%, e foi criado o recolhimento de 20% sobre os depósitos a prazo.

O Plano Real deparou-se com seu primeiro problema no final de 1994, com a **crise do México**, que teve sua moeda fortemente desvalorizada. O impacto da crise mexicana no Cone Sul e no Brasil recebeu o nome de **Efeito Tequila**. Esse efeito levou a uma desvalorização da moeda brasileira e a sua cotação fixada pelo governo até 1998. As altas taxas de juros provocaram retração do crédito e da economia brasileira no ano de 1995. Também o pagamento dos benefícios previdenciários intensificou o aumento da dívida pública brasileira nesse período.

O segundo problema surgiu com duas crises (primeiro a da Ásia em 1997, depois a da Rússia em 1998), o que fez com que as reservas brasileiras se esvaíssem. As repercussões no Brasil levaram o país a pedir auxílio ao Fundo Monetário Internacional (FMI) e, em 1999, houve uma grande desvalorização cambial, voltando o câmbio a ser **flutuante**. A partir desse ano, são fixadas **metas de inflação**, permitindo uma redução do Déficit do Balanço de Pagamentos em Transações Correntes. O FMI, para garantir que os pagamentos dos empréstimos fossem honrados, impõe ao país atitudes que viabilizem isso. Somado o fato de ser criada em 2000 a Lei de Responsabilidade Fiscal, impondo aos governantes mais responsabilidade na gestão fiscal, o país consegue um crescimento do PIB da ordem de 4,3% naquele ano.

Nos anos de 2001 e 2002, com a crise na Argentina e as eleições presidenciais no país, não foi possível o crescimento do PIB verificado em 2000. Somente a partir de 2003 é que o Brasil consegue melhorar consideravelmente o saldo da Balança Comercial e do Balanço de Pagamentos em Transações Correntes. Em 2007, o Brasil consegue amortizar toda a sua dívida que possuía cláusula de variação cambial.

Em 2008, com a crise dos Estados Unidos em decorrência dos **créditos *subprimes***, o Brasil mergulha novamente numa crise. Essa crise se deu em virtude de esses títulos serem lastreados nas hipotecas de imóveis financiados por empresas de hipoteca americanas. Como os mutuários não puderam mais pagar os imóveis, os títulos tiveram uma grande desvalorização, fazendo com que bancos que haviam adquirido grande volume desses títulos quebrassem junto com as seguradoras. No Brasil, as consequências foram menos drásticas pelo fato desses títulos terem sido adquiridos por bancos brasileiros em volume bem menor que nos Estados Unidos. Mas a crise com que se deparou o resto do mundo foi, em parte, exportada para o Brasil.

Em síntese, o Plano Real conseguiu promover um moderado crescimento econômico[55], com novas gerações de empregos e aumento do poder aquisitivo da população, porém foi caracterizado por um déficit em transações correntes e na Balança Comercial durante toda a segunda metade dos anos 1990. Como afirmou Fonseca: "O grande feito do Plano Real (...) foi a desinercialização da inflação. O mais notável é que isso foi conseguido sem congelamento ou violação de contratos (...)"[56]. O que permitiu, num primeiro momento, a queda da inflação, bem como o crescimento da economia e do emprego, foi a abertura às importações, com redução tarifária, elevado nível de reservas internacionais e elevação das

---

[55] Segundo Fabio Giambiagi e Ana Cláudia Além (p. 192), o crescimento médio do PIB entre 1991--2000 foi de 2,5% aa, entre 1995-2002 foi de 2,3% aa, de 2003-2007 foi de 3,5% aa e de 2004-2007 de 4,1% aa.

[56] Eduardo Giannetti da Fonseca, *As partes & o todo*, p. 245.

taxas de juros, o que propiciou a entrada de capital externo, a quebra das barreiras à entrada desse capital e a sobrevalorização da moeda nacional.

Para evitar que a inflação crescesse de forma descontrolada novamente no país, o governo passou a adotar o regime monetário de **metas de inflação** a partir de 1999 e um regime flexível de câmbio.

Observe a Tabela 11.1, que mostra os valores diários da URV em Cruzeiros Reais de 1.º de março de 1994 até 30 de junho de 1994 e o valor em Real no dia 1.º de julho de 1994. Filgueiras observa que: "(...) no fundamental, a função da URV no Plano Real foi a mesma da 'moeda indexada' proposta na época do Plano Cruzado, isto é, a de resolver o problema da indexação e da inflação inercial, levando a indexação da economia, gradualmente, às últimas consequências e, num determinado momento, extinguindo-a de vez, de forma abrupta. A diferença entre ambas é que a chamada proposta da 'moeda indexada' preconizava a criação de uma nova moeda, que circularia paralelamente à moeda já existente, enquanto a URV se constituiu apenas num embrião de uma nova moeda, uma vez que não exerceu a função de meio de pagamento. (...) Do ponto de vista operacional, a URV teve papel crucial na transição da velha para a nova moeda, retirando o caráter abrupto dessa passagem (...) e transformando-a num processo no qual a nova moeda, antes de existir como meio de pagamento, já existia como unidade de conta"[57].

Tabela 11.1. Valores diários da URV por semana (Cruzeiros Reais)

1.ª semana	Seg.	Ter.	Qua.	Qui.	Sex.	2.ª semana	Seg.	Ter.	Qua.	Qui.	Sex.
Data	28/02	01/03	02/03	03/03	04/03	Data	07/03	08/03	09/03	10/03	11/03
Valor		647,50	657,50	667,65	677,98	Valor	688,47	699,13	709,96	720,97	732,18
3.ª semana	Seg.	Ter.	Qua.	Qui.	Sex.	4.ª semana	Seg.	Ter.	Qua.	Qui.	Sex.
Data	14/03	15/03	16/03	17/03	18/03	Data	21/03	22/03	23/03	24/03	25/03
Valor	743,76	755,52	767,47	779,61	792,15	Valor	805,53	819,80	834,32	849,10	864,14
5.ª semana	Seg.	Ter.	Qua.	Qui.	Sex.	6.ª semana	Seg.	Ter.	Qua.	Qui.	Sex.
Data	28/03	29/03	30/03	31/03	01/04	Data	04/04	05/04	06/04	07/04	08/04
Valor	879,45	895,03	913,50	931,05	931,05	Valor	931,05	948,93	967,16	985,74	1.004,68
7.ª semana	Seg.	Ter.	Qua.	Qui.	Sex.	8.ª semana	Seg.	Ter.	Qua.	Qui.	Sex.
Data	11/04	12/04	13/04	14/04	15/04	Data	18/04	19/04	20/04	21/04	22/04
Valor	1.023,98	1.043,65	1.063,70	1.084,13	1.104,96	Valor	1.126,18	1.147,81	1.169,80	1.191,93	1.191,93
9.ª semana	Seg.	Ter.	Qua.	Qui.	Sex.	10.ª semana	Seg.	Ter.	Qua.	Qui.	Sex.
Data	25/04	26/04	27/04	28/04	29/04	Data	02/05	03/05	04/05	05/05	06/05
Valor	1.313,97	1.235,99	1.258,12	1.280,19	1.302,65	Valor	1.323,92	1.345,54	1.367,56	1.389,94	1.412,74
11.ª semana	Seg.	Ter.	Qua.	Qui.	Sex.	12.ª semana	Seg.	Ter.	Qua.	Qui.	Sex.
Data	09/05	10/05	11/05	12/05	13/05	Data	16/05	17/05	18/05	19/05	20/05
Valor	1.435,92	1.459,76	1.484,27	1.509,20	1.534,66	Valor	1.560,55	1.586,87	1.613,64	1.640,86	1.668,54

---

[57] Luiz Filgueiras, *História do plano real*, p. 100 e 105.

11 ▪ Mercado Monetário

13.ª semana	Seg.	Ter.	Qua.	Qui.	Sex.	14.ª semana	Seg.	Ter.	Qua.	Qui.	Sex.
Data	23/05	24/05	25/05	26/05	27/05	Data	30/05	31/05	01/06	02/06	03/06
Valor	1.696,69	1.725,31	1.754,41	1.784,00	1.814,09	Valor	1.844,69	1.875,82	1.908,68	1.942,11	1.942,11
15.ª semana	Seg.	Ter.	Qua.	Qui.	Sex.	16.ª semana	Seg.	Ter.	Qua.	Qui.	Sex.
Data	06/06	07/06	08/06	09/06	10/06	Data	13/06	14/06	15/06	16/06	17/06
Valor	1.976,13	2.010,74	2.046,38	2.082,65	2.119,80	Valor	2.157,78	2.196,55	2.236,02	2.276,91	2.318,55
17.ª semana	Seg.	Ter.	Qua.	Qui.	Sex.	18.ª semana	Seg.	Ter.	Qua.	Qui.	Sex.
Data	20/06	21/06	22/06	23/06	24/06	Data	27/06	28/06	29/06	30/06	01/07
Valor	2.361,49	2.406,05	2.452,17	2.499,18	2.547,09	Valor	2.596,58	2.647,03	2.698,46	2.750,00	R$ 1,00

Os valores das segundas-feiras foram retroativos para os sábados e domingos. Posteriormente, estabeleceu-se uma fórmula para o cálculo retroativo aos meses e anos anteriores.
Fonte: Banco Central[58].

11.6. QUESTÕES

1. (FGV — 2024 — CM SP/Economia) Relacione as funções da moeda a seguir indicadas com suas respectivas características:
1. Intermediário das trocas.
2. Unidade de valor.
3. Reserva de valor.
( ) Quando um país se depara com hiperinflação, a moeda tende a perder essa função.
( ) Serve como referência do montante entre mercadorias distintas.
( ) Permite a separação temporal entre os atos de compra e venda.
A associação correta, na ordem apresentada, é:
a) 1 — 2 — 3.
b) 2 — 3 — 1.
c) 2 — 1 — 3.
d) 3 — 1 — 2.
e) 3 — 2 — 1.

2. (CEBRASPE — 2024 — Economista/CAGEPA) Considerando que o Banco Central decida implementar uma política monetária expansionista com o objetivo de estimular a economia, assinale a opção correta, acerca do comportamento dos principais agregados monetários.
a) M3 deve aumentar, enquanto M1 e M2 devem permanecer inalterados.
b) M1 deve aumentar, mas M2 e M3 devem diminuir, já que a política monetária expansionista incentiva o gasto imediato e reduz a necessidade de se manter depósitos a prazo.
c) M1 e M2 devem aumentar, mas M3 deve permanecer inalterado, uma vez que ele inclui apenas ativos não líquidos.
d) M1, M2 e M3 devem aumentar, pois a política monetária expansionista aumenta a base monetária e estimula a criação de crédito pelos bancos.
e) M1 deve diminuir, enquanto M2 e M3 devem aumentar, pois a política monetária expansionista leva à transferência de depósitos à vista para depósitos a prazo.

3. (FGV — 2023 — Auditor do Estado (CGE SC)/Economia) Acerca da função de unidade de conta da moeda, é correto afirmar que
a) se desvincula da necessidade de dupla coincidência de interesses.

---
[58] <http://pt.wikipedia.org/wiki/Unidade_Real_de_Valor>. Acesso em: 10 jan. 2011.

b) as vendas e compras ocorrem simultaneamente, sem necessidade de se aguardar dias ou até meses.
c) fornece um padrão para que as demais mercadorias expressem seus valores.
d) com n mercadorias, cada uma delas teria $n-1$ expressões de valor e um total de $n(n-1)/2$ preços.
e) decorre da função meio de troca, ao manter o poder de compra ao vender o bem por certo período.

4. (VUNESP — 2023 — Economista — CAMPREV) Em 2023, num encontro entre presidentes do Brasil e da Argentina, aventou-se a possibilidade da criação de uma moeda única. Essa moeda, entretanto, diferentemente do euro, não substituiria o real brasileiro e o peso argentino, que continuariam em circulação. Qual das funções clássicas da moeda essa moeda única teria, então?
a) Meio de troca.
b) Unidade de conta.
c) Reserva de valor.
d) Indestrutibilidade.
e) Lastro em ouro.

5. (FGV — 2022 — SEFAZ ES/Ciências Econômicas) Leia o fragmento a seguir.
Texto associado
"A moeda pode ser um objeto (ou ativo) qualquer, mas que deve desempenhar três funções. Na função de _____, esse objeto é utilizado como uma mercadoria de aceitação geral e, assim, ser utilizado nas transações entre indivíduos, a fim de eliminar a dupla coincidência de desejos. Assim, a introdução desse objeto (ou ativo) como intermediário, permite que a transação seja dividida em duas operações: (i) venda, com entrega do produto em troca desse ativo e, (ii) compra em que se entrega esse ativo em troca do produto.
Uma necessidade decorrente da função acima é a separação temporal, ou seja, o agente que efetuou a venda e recebeu o ativo, não precisa comprar outro produto imediatamente. Nesse sentido, esse ativo também apresenta a função de _____.
A terceira função desse ativo é de _____ que representa um denominador comum de valor, ou seja, representa o padrão para que as demais mercadorias expressem seus valores. Assim, as mercadorias podem ter um preço em termos desse ativo.
Logo, se esse ativo detém as três funções acima descritas, então ele desempenha o papel de moeda.
Como a moeda detém as duas últimas funções, existe a possibilidade de que a mercadoria pode circular como uma promessa futura de pagamento: as transações não são liquidadas imediatamente contra a entrega da moeda. Esta possibilidade deu origem ao (a) _____."
Assinale a opção cujos itens completam **corretamente** as lacunas do fragmento lido.
a) meio de troca – unidade de conta – reserva de valor – sistema de crédito.
b) meio de troca – unidade de conta – sistema de crédito – reserva de valor.
c) meio de troca – reserva de valor – unidade de conta – sistema de crédito.
d) reserva de valor – meio de troca – unidade de conta – sistema de crédito.
e) reserva de valor – unidade de conta – sistema de crédito – meio de troca.

6. (FGV — 2022 — PC AM/Economia) Atualmente, a bitcoin possui as mesmas funções de uma moeda fiduciária, em maior ou menor grau. Com relação isso, analise as afirmativas a seguir.
I. A criptomoeda ainda não é denominador comum de valor para a maioria dos bens e serviços, por isso, sua função de unidade de conta não é ainda suficientemente ampla.
II. O número de estabelecimentos que aceitam a bitcoin está crescendo, mas o tempo de confirmação das transações envolvendo essa criptomoeda é relativamente alto, o que indica que sua função de meio de troca precisa ser ainda aperfeiçoada.

III. Como consequência da função de meio de troca, essa criptomoeda pode ser armazenada em carteiras digitais e ser utilizada em transações quando o indivíduo desejar, o que lhe confere um alto grau de reserva de valor.

Está **correto** o que se afirma em
- a) I, II e III.
- b) I e II, apenas.
- c) I e III, apenas.
- d) II e III, apenas.
- e) I, apenas.

7. (FGV — 2022 — Sefaz AM) Assinale a opção que apresenta uma característica da moeda de curso forçado (*fiat money*).
- a) Ela toma a forma de uma mercadoria com valor intrínseco.
- b) Ela pode ser adotada como meio de troca, mesmo sem autorização do governo.
- c) Ela não possui a propriedade de reserva de valor.
- d) Ela não possui valor intrínseco, sendo autorizada pelo governo.
- e) Ela não possui unidade de conta.

8. (FGV — 2022 — TCE TO/Ciências Contábeis) Quando da existência de inflação severa na economia, a premissa contábil básica ameaçada e que tem sua utilidade reduzida é a da:
- a) competência;
- b) periodicidade;
- c) continuidade;
- d) entidade econômica;
- e) unidade monetária.

9. (CEBRASPE — 2023 — SEPLAN RR/Planejamento e Orçamento) Considerando o modelo IS/LM, especificamente em relação à demanda por moeda, julgue o item a seguir.
O valor da base monetária é igual ao agregado M1.
( ) Certo
( ) Errado

10. (FGV — 2023 — Auditor do Estado — CGE SC/Economia) Relacione cada tipo de meio de pagamento com seus componentes ou características.
1. M_1
2. M_2
3. M_3
4. M_4

( ) Constitui um meio de pagamento restrito.
( ) É denominado também como poupança financeira.
( ) Inclui depósitos de poupança, mas não inclui operações compromissadas registradas no Selic.
( ) Inclui quotas de fundo de renda fixa, mas não inclui Títulos Públicos de elevada liquidez.

Assinale a opção que indica a relação **correta**, na ordem apresentada.
- a) **1, 2, 3 e 4**.
- b) **1, 4, 2 e 3**.
- c) **2, 3, 4 e 1**.
- d) **3, 4, 2 e 1**.
- e) **4, 1, 2 e 3**.

GABARITO

1. "e".
Quando um país se depara com hiperinflação, a moeda tende a perder a função reserva de valor. A função Unidade de conta serve como referência do montante entre mercadorias distintas. A função de intermediário das trocas permite a separação temporal

2. "d".
Quando o Banco Central adota uma política monetária expansionista, leva ao aumento da Base monetária (B), que, pelo efeito de empréstimos realizado pelos bancos comerciais, eleva os Meios de Pagamento M1. Como M2 incorpora M1, então, M2 aumenta também. Como M3 incorpora M2, então M3 aumenta também. A alternativa "d" está correta e as alternativas "a", "b", "c" e "e" estão incorretas.

3. "c".
A função de unidade de conta permite contar o valor de cada mercadoria e expressar em um único padrão seus valores. A alternativa "c" está correta.
A função que se desvincula da necessidade de dupla coincidência é a de meio de troca. A alternativa "a" está incorreta.
A função que permite que as vendas e compras ocorram simultaneamente é a de meio de troca. A alternativa "b" está incorreta.
Se tivéssemos n mercadorias, cada um delas teria n-1 expressões de valor, mas, não há referência com relação ao preço. A alternativa "d" está incorreta.
A função que decorre da função "meio de troca" é a função "reserva de valor", e não "unidade de conta". Isso porque com a função "reserva de valor", a pessoa decide quando irá realizar suas compras e, portanto, realizar a função "meio de troca". Mas, para tanto, deve manter o poder de compra. A alternativa "e" está incorreta.

4. "b".
A função que fornece um padrão para que as demais mercadorias expressem seus valores é denominada Unidade de conta. A alternativa "b" está correta. A função meio de troca permite que as pessoas adquiram bens e serviços sem que haja a necessidade de haver dupla coincidência e que permite que as vendas e compras ocorram simultaneamente. A alternativa "b" está incorreta. A função reserva de valor permite que o agente econômico retenha consigo o valor de uma venda, levando-o ao entesouramento. Assim, de acordo com a sua conveniência e oportunidade, as transações poderão ser alocadas no tempo. A alternativa "c" está incorreta. A indestrutibilidade não é função da moeda, mas, sim uma característica. A alternativa "d" está incorreta. A moeda não precisa, necessariamente, ter lastro. Elas são baseadas na confiança ou fidúcia. Daí o termo *moeda fiduciária*. A alternativa "e" está incorreta.

5. "c".
Na função de meio de troca, esse objeto é utilizado como uma mercadoria de aceitação geral para, assim, ser utilizado nas transações entre indivíduos, a fim de eliminar a dupla coincidência de desejos. Assim, a introdução desse objeto (ou ativo) como intermediário, permite que a transação seja dividida em duas operações: (i) venda, com entrega do produto em troca desse ativo e, (ii) compra em que se entrega esse ativo em troca do produto.
Uma necessidade decorrente da função acima é a separação temporal, ou seja, o agente que efetuou a venda e recebeu o ativo, não precisa comprar outro produto imediatamente. Nesse sentido, esse ativo também apresenta a função de reserva de valor.
A terceira função desse ativo é de unidade de conta que representa um denominador comum de valor, ou seja, representa o padrão para que as demais mercadorias expressem seus valores. Assim, as mercadorias podem ter um preço em termos desse ativo.
Logo, se esse ativo detém as três funções acima descritas, então ele desempenha o papel de moeda.

Como a moeda detém as duas últimas funções, existe a possibilidade de que a mercadoria circule como uma promessa futura de pagamento: as transações não são liquidadas imediatamente contra a entrega da moeda. Esta possibilidade deu origem ao sistema de crédito.
A alternativa correta é a "c".

6. "b".
Para que seja considerado moeda, há a necessidade de guardar as três funções da moeda que são: meio de troca, unidade de conta e reserva de valor. A criptomoeda não guarda a característica de unidade de conta que representa um denominador comum de valor, ou seja, representa o padrão para que as demais mercadorias expressem seus valores. Assim, as mercadorias podem ter um preço em termos desse ativo. Portanto o item "I" é verdadeiro. O meio de troca permite a utilização como uma mercadoria de aceitação geral para, assim, ser utilizado nas transações entre indivíduos, a fim de eliminar a dupla coincidência de desejos. Embora a aceitação do bitcoin como meio de pagamento esteja crescendo, o tempo de confirmação das transações envolvendo essa criptomoeda é relativamente alto, o que faz com que não detenha por completo a função de meio de troca. O item (II) está correto. Essa criptomoeda, como dito anteriormente, não guarda plenamente ainda a função de meio de troca, nem também a função de reserva de valor já que não mantém ao longo do tempo seu valor, visto que sofre grande variação em seus rendimentos. O item (III) está incorreto.

7. "d".
Quando uma moeda apresenta a característica de ter "curso forçado", significa que não traz em si um valor intrínseco, ou seja, é baseada na fidúcia e sua emissão é monopólio do Estado. A alternativa "d" está correta e a alternativa "a" está incorreta. Quando dizemos que tem "curso forçado" significa que todos os agentes econômicos devem aceitá-la em suas transações sem questionar seu valor. A moeda guarda as suas três funções: meio de troca, reserva de valor e unidade de conta. As alternativas "b", "c" e "e" estão incorretas.

8. "e".
Quando a inflação é muito grande a moeda começa a perder as suas funções de medida de troca, reserva de valor e unidade de conta, ou seja, deixa de ser usada como moeda e, assim, fica ameaçada e tem sua utilidade reduzida de unidade monetária. A alternativa "e" está correta.

9. "errado".
A base monetária (B) é constituída do Papel Moeda em Poder do Público (PMPP) e os encaixes que são a soma das reservas compulsórias (Rc), reservas voluntárias (Rv) e caixa dos bancos comerciais (cx). Assim:
B = PMPP + encaixe (Rc + Rv + caixa)
O Meio de Pagamento, M1, é composto do Papel Moeda em Poder do Público (PMPP) somado aos Depósitos à vista nos bancos comerciais. (DV). Assim:
M1 = PMPP + DV
Portanto, a Base monetária é diferente do Meio de Pagamento, M1.
O item está errado.

10. "b".
Sabendo que:
M1 = PMPP + DV constitui um meio de pagamento restrito.
M2 = M1 + depósito em poupança + CDB + DER
M3 = M2 + quotas de fundo de renda fixa + operações com títulos públicos compromissados com a Selic
M4 = M3 + carteira livre de títulos públicos do setor não financeiro ou M4 = M3 + títulos públicos de alta liquidez. É denominado também poupança financeira.
A alternativa correta é a "b".

11.7. MATERIAL SUPLEMENTAR

QUESTÕES DE CONCURSOS
http://uqr.to/1yjba

12

MULTIPLICADOR MONETÁRIO E MULTIPLICADOR BANCÁRIO

12.1. MULTIPLICADOR MONETÁRIO = M/B

O **multiplicador monetário** (m) representa a quantidade de vezes que a base monetária (B) é multiplicada para gerar meios de pagamento (M_1). Blanchard afirma que: "os multiplicadores podem frequentemente ser derivados como a soma de uma progressão geométrica e interpretados como o resultado de sucessivas rodadas de decisões"[1].

Para se determinar o valor do multiplicador monetário, utiliza-se a seguinte fórmula:

$$\frac{M_1}{B} = m = \frac{1}{1 - d(1 - R)}$$

Onde: d = parcela dos meios de pagamento que o público mantém como depósito à vista (= depósito à vista/M_1). Considere:

$$0 \leq d \leq 1$$

Ou seja, o público não bancário deverá depositar nos bancos comerciais uma parcela entre 0% e 100% dos meios de pagamento. Portanto, "d" não pode ser negativo.

R = parcela dos depósitos à vista que os bancos comerciais manterão sob a forma de encaixe, ou seja, é a parcela dos depósitos que não será emprestada (= encaixes/depósito à vista).

$$0 \leq R \leq 1$$

Ou seja, os bancos comerciais manterão em forma de encaixe entre 0% e 100% dos depósitos à vista realizados pelo público não bancário (R), ou seja, poderão emprestar entre 0% e 100% dos depósitos à vista (1 – R).

Mas de onde surgiu essa fórmula do multiplicador monetário?

Observe que, se o multiplicador monetário é a relação em M_1 e B, então:

$$\frac{M_1}{B} = \frac{c \times M_1 + d \times M_1}{c \times M_1 + R \times d \times M_1}$$

---

[1] Olivier Blanchard, *Macroeconomia*, p. 77.

Onde: c = parcela dos meios de pagamento que o público mantém sob a forma de papel-moeda em poder do público. Considere:

$$0 \leq c \leq 1$$

Ou seja, o público não bancário deverá manter sob a forma de papel-moeda em poder do público uma parcela entre 0% e 100% dos meios de pagamento. Portanto, "c" não pode ser negativo.

Continuando a desenvolver a fórmula, tem-se:

$$\frac{M_1}{B} = \frac{M_1(c+d)}{M_1(c+R \times d)}$$

$$\frac{M_1}{B} = \frac{(c+d)}{(c+R \times d)}$$

Como $c + d = 1$, então: $\dfrac{M_1}{B} = \dfrac{1}{c+R \times d}$

Como $c = 1 - d$, então: $\dfrac{M_1}{B} = \dfrac{1}{1-d+R \times d}$

Ou: $\dfrac{M_1}{B} = \dfrac{1}{1-d\,(1-R)^2}$

Logo: se a parcela dos meios de pagamento que o setor não bancário resolve depositar nos bancos comerciais (d) aumenta, o multiplicador bancário aumenta.

Também, se a parcela dos depósitos realizados pelo setor não bancário que será mantida sob a forma de encaixe (recolhimento voluntário + recolhimento compulsório + caixa dos bancos comerciais) (R) aumentar, o multiplicador bancário diminui.

$$d \uparrow \quad \rightarrow \quad m \uparrow$$
$$R \uparrow \quad \rightarrow \quad m \downarrow$$

Podemos concluir que o multiplicador monetário (m) será tanto maior quanto menores forem as reservas dos bancos comerciais e maiores forem os depósitos nos bancos comerciais.

Ex.: d = 0,6 e R = 0,2   m = 1,92
d = 0,7 e R = 0,2   m = 2,27
d = 0,6 e R = 0,3   m = 1,72

Se chamarmos de "c" o papel-moeda que é mantido em poder do público em relação aos meios de pagamento, ou seja, a parcela que não é depositada nos bancos comerciais, podemos dizer que: **c + d = 1**.

Ou seja, o papel-moeda em poder do público em relação aos meios de pagamento mais os depósitos à vista em relação aos meios de pagamento correspondem a 100% dos meios de pagamento.

---

[2] Os encaixes considerados na fórmula não incluem os encaixes realizados em forma de títulos públicos.

12 ■ Multiplicador Monetário e Multiplicador Bancário

Na Figura 12.1, é possível visualizar que quando "c" aumenta, "d" diminui, e vice-versa, mas que a soma dos dois é sempre igual a 100% dos meios de pagamento (M_1):

Figura 12.1. $M_1 = cM_1 + dM_1$

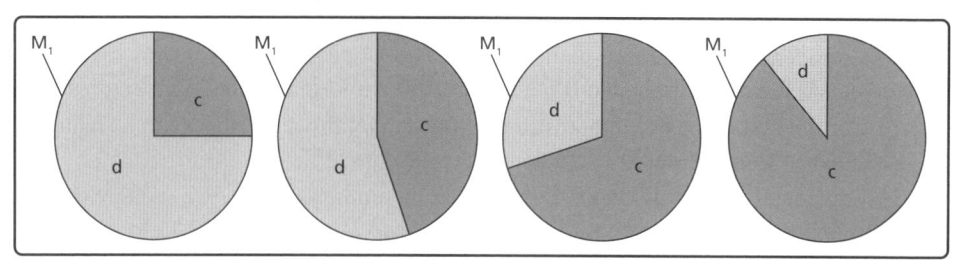

Carvalho explica o funcionamento do multiplicador monetário da seguinte maneira: "Quando o Banco Central realiza uma operação de ampliação da base monetária (por exemplo, compra títulos públicos), a primeira variação dos meios de pagamento que ocorre é da mesma magnitude da compra feita pelas autoridades monetárias, ou seja, é igual à variação da base monetária (ΔB). Com mais recursos monetários, o público aumenta a sua quantidade de depósitos nos bancos comerciais. A quantidade de depósitos que os bancos recebem é igual $\Delta B \times d$. Uma parte desses novos depósitos se transformará em reservas bancárias, o que possibilitará aos bancos conceder mais empréstimos. As reservas bancárias seriam aumentadas de ($\Delta B \times d$) e. Os empréstimos adicionais seriam de ($\Delta B \times d$) (1 – e). Esses empréstimos ampliam os meios de pagamento. Com mais recursos monetários, o público realiza novos depósitos, que originará novos empréstimos, no valor de ($\Delta B \times d$) (1 – e) × (1 – e) d, que gerará novos depósitos, e assim sucessivamente"[3].

O multiplicador monetário pode ser também assim representado:

$$M_1/B = (e + 1)/(e + R)$$

Onde: e = relação entre o papel-moeda em poder do público e os depósitos à vista; e R = relação entre os encaixes dos bancos comerciais e os depósitos à vista.

Quanto maior "e", menor o multiplicador bancário.

Também pode ser assim definido: $\mathbf{M_1/B = (f + 1)/(1 + g)}$[4]

Onde: f = depósito à vista nos bancos comerciais/papel-moeda em poder do público; e g = encaixes dos bancos comerciais/papel-moeda em poder do público.

Mas de onde surgiu a ideia de que a Base poderia ser multiplicada definindo os meios de pagamento? Como surgiu o multiplicador monetário?

A resposta pode ser encontrada no *item 12.1.1*.

---

[3] Fernando J. Cardim de Carvalho... (et al.), *Economia monetária e financeira*, p. 25.

[4] m = M/B = (PMPP + DV)/(PMPP + Encaixes)
Dividindo tudo por PMPP, tem-se:
m = (PMPP/PMPP + DV/PMPP)/(PMPP/PMPP + Encaixes/PMPP)
m = (1 + f)/(1 + g)

12.1.1. Criação de moeda pelo sistema bancário

Observe como um banco comercial poderá criar moeda:

☐ Suponha que haja um depósito à vista no banco A no valor de 100, e esse banco mantenha um encaixe de 20%, logo, poderá emprestar 80.

☐ Considerando que empreste, de fato, esses 80, que serão depositados totalmente no banco B e que, esse banco B mantenha 20% em forma de encaixe e empreste 64.

☐ Considerando que esse empréstimo de 64 será totalmente depositado no banco C, esse banco C empreste 80%, o que daria o valor de 51,2.

☐ Considerando que de fato o Banco C tenha emprestado os 51,2 e que ele tenha sido depositado totalmente no Banco D, o Banco D poderá emprestá-lo na proporção de 80%, ou seja, 40,96, e assim por diante.

Portanto, os primeiros 100 depositados se transformaram nos seguintes meios de pagamento:

$M_1 = 100 + 80 + 64 + 51,20 + 40,96... = 500$

Nessa situação, tem-se um multiplicador de = $1/(1 - h) = 1/(1 - 0,8) = 1/0,2 = 5$, onde: h = porcentagem dos depósitos à vista que serão emprestados.

Para tanto, considera-se: d = 1 ou a parcela dos meios de pagamento que o público mantém como depósitos à vista igual a 100%, então:

Multiplicador = $1/1 - d(1 - R)$
Multiplicador = $1/1 - 1(1 - R)$
Multiplicador = $1/1 - 1 + R$
Multiplicador = $1/R$, onde R = 1 – h ou a porcentagem dos depósitos à vista que não serão emprestados
Multiplicador = $1/1 - h$

No exemplo, tem-se:
Multiplicador = $1/1 - d(1 - R)$
Multiplicador = $1/1 - 1(1 - 0,2)$
Multiplicador = $1/1 - 0,8$
Multiplicador = $1/0,2$
Multiplicador = 5

Como:
M_1/B = multiplicador
B × multiplicador = M_1
100 × 5 = M_1

100 (depósito inicial) × 5 (multiplicador) = 500, ou seja, os meios de pagamento serão 500.

Observe o esquema em que o público deposita 100% dos seus meios de pagamento nos bancos comerciais, e que estes mantenham, em forma de encaixe, 20% dos depósitos à vista. Dados que: D = depósito; R = encaixes; e E = empréstimos:

Banco A		Banco B		Banco C		Banco D	
R = 200	D = 1.000	R = 160	D = 800	R = 128	D = 640	R = 102,4	D = 512
E = 800		E = 640		E = 512		E = 409,6	
						Etc.	

Considerando que a base (B) foi de 1.000, correspondendo ao primeiro depósito (no Banco A), é possível se perceber que, quando o Banco A emprestou 800, já transformou a Base em meios de pagamento correspondentes a 1.800.

Quando o agente econômico depositou os 800 no banco B, este último, pelo mecanismo de empréstimos, transformou os 1.800 já existentes de meios de pagamento em 1.800 + 640, ou seja, em 2.240 de meios de pagamento.

Continuando essa análise, é possível se perceber que uma Base (B) de 1.000 gerou meios de pagamento de 5.000.

Ou seja:

B = 1.000
M_1 = 1.000 + 800 + 640 + 512 + 409,6... = 5.000

Logo, o fator de multiplicação da Base Monetária foi igual a 5, ou seja, $M_1/B = 5$.

12.2. MULTIPLICADOR BANCÁRIO

O **multiplicador bancário** é dado pela fórmula: $m = \dfrac{1}{R}$ que é possível de ser encontrada atribuindo o valor de "1" para "d" na fórmula do multiplicador monetário.

12.3. QUESTÕES

1. (FCC — 2024 — MPE-AM/Economista) O mecanismo de multiplicação monetária a partir dos bancos comerciais
    a) independe da taxa de reservas e da taxa de retenção de moeda.
    b) varia inversamente à taxa de retenção de moeda pelo público.
    c) varia diretamente à taxa de reservas bancárias.
    d) não tem comportamento relacionado à taxa de retenção de moeda pelo público.
    e) varia diretamente aos encaixes bancários.

2. (CEBRASPE — 2024 — SEFAZ-AC)

Papel-moeda em poder do público	1.000 unidades
Reserva bancária	2.000 unidades
Depósitos à vista em bancos comerciais	8.000 unidades
Produto interno bruto	100.000 unidades
Taxa SELIC	10% ao ano

Dadas as informações da tabela precedente, é correto afirmar que o valor do multiplicador monetário será igual a
    a) 1,5.
    b) 2,0.

c) 3,0.
  d) 3,5.
  e) 4,0.

3. (CEBRASPE — 2024 — CAGEPA)
- papel moeda em poder do público: 3.000 unidades
- reserva bancária: 6.000 unidades
- depósitos à vista em bancos comerciais: 24.000 unidades
- PIB: 1.000.000 unidades
- SELIC: 10% ao ano
- propensão marginal a consumir: 0,5

Considerando que, diante das informações hipotéticas acima apresentadas acerca do mercado bancário brasileiro, o Banco Central deseje executar uma política monetária expansionista, o valor multiplicador monetário, nesse caso, será igual a
  a) 1,5.
  b) 2,0.
  c) 2,5.
  d) 3,0.
  e) 3,5.

4. (VUNESP — 2023 — TCM SP/Economia) O impacto de um aumento da base monetária sobre o volume de meios de pagamento será tanto maior quanto
  a) menor for a relação encaixe/depósitos à vista dos bancos.
  b) maior for a relação encaixe/depósitos à vista dos bancos.
  c) menor for a proporção dos meios de pagamento mantidos sob a forma de depósitos à vista nos bancos.
  d) maior for a taxa de juros do mercado de capitais.
  e) maior for a taxa dos depósitos compulsórios dos bancos comerciais junto ao Banco Central.

5. (CEBRASPE — 2022 — TCE-SC/Ciências Econômicas) Em relação às contas nacionais e aos principais agregados monetários, julgue o item subsequente.
Em uma economia tradicional, o multiplicador monetário é calculado a partir da razão entre depósitos à vista em bancos comerciais e reservas bancárias.
  (C) Certo
  (E) Errado

6. (VUNESP — 2022 — Economista / Pref Piracicaba) A base monetária em uma economia é $1.000. O governo exige 20% de reservas compulsórias; o público retém parte da moeda em papel e metal, e os bancos voluntariamente têm reservas superiores ao exigido pelas autoridades. Assim sendo, o total dos meios de pagamento será
  a) superior a $1.000, mas inferior a $5.000.
  b) inferior a $1.000.
  c) exatamente igual a $5.000.
  d) exatamente igual a $ 1.000.
  e) superior a $5.000.

7. (VUNESP — 2022 — IPSM SJC/Economia) Se, numa economia, a base monetária é $ 1.000, mas o total de moeda circulando é $ 5.000, isto significa que:
  a) o público não retém moeda em seu poder.
  b) o volume de depósitos à vista é $ 4.000.

c) o volume de reservas compulsórias exigido é, no máximo, 20%.
d) há um desequilíbrio que gera inflação.
e) não há reservas voluntárias por parte dos bancos.

8. (FGV — 2022 — TCE TO/Ciências Econômicas) Seja o seguinte balancete simplificado do Banco Central, apresentado em unidades monetárias.

Ativo		Passivo	
Reservas Internacionais	320	Papel-moeda emitido	1.000
Empréstimos ao Tesouro Nacional	500	Reservas Bancárias Compulsórias	100
Títulos Públicos Federais	400	Depósitos do Tesouro Nacional	220
Caixa	100		
Total	1.320	Total	1.320

Considere ainda que os bancos comerciais conjuntamente possuam em caixa (moeda corrente) o total de 100 unidades monetárias e que a relação encaixes bancários/depósitos à vista é de 20%. Com base nessas informações, o valor do multiplicador monetário é igual a:
a) 1,0;
b) 1,3;
c) 1,8;
d) 2,0;
e) 2,2.

9. (CEBRASPE — 2023 — AGER MT/Economia) No que diz respeito aos agregados monetários, é correto afirmar que
a) os meios de pagamento consistem na totalidade dos haveres possuídos pelo setor não bancário e que podem ser utilizados a qualquer momento, para a liquidação de dívida em moeda nacional.
b) o M1 é a representação dos meios de pagamentos somados às carteiras dos fundos de investimento de curto prazo, aos títulos em poder do público não financeiro e aos depósitos à vista nos bancos comerciais.
c) o multiplicador monetário aumenta quando ocorre uma maior retenção de moeda pelo público.
d) caso uma parte dos meios de pagamentos que as pessoas mantêm como depósitos à vista diminua e a proporção de reservas bancárias em relação ao depósito à vista aumente, o multiplicador da base monetária aumentará.
e) o M4 é o agregado de maior liquidez na economia, pois considera todas as disponibilidades de recursos que os agentes monetários têm a sua disposição para a realização das suas operações econômicas, incorporando os demais agregadores monetários.

10. (Analista — PGE-MT — Economista — FCC — 2016) Considerando que os depósitos à vista de um país são objeto de recolhimento compulsório de 7% e de reserva voluntária de 5%, um aumento autônomo e inicial de $ 1.000,00 nos depósitos à vista irá gerar, pelo multiplicador monetário, um aumento final na oferta monetária equivalente a ($)
a) 12.000,00.
b) 8.333,33.
c) 14.285,71.
d) 20.000,00.
e) 7.000,00.

GABARITO

1. "b".
O multiplicador monetário (M_1/B) é definido assim:
$M_1/B = 1/1 - d(1 - R)$, onde d é a parcela dos Meios de Pagamento que é depositada nos bancos comerciais e R é a parcela do depósitos que é mantida pelos bancos em forma de encaixe. Portanto, quando o público mantém uma parcela dos meios de pagamento em forma de papel-moeda em poder do público (c), aumentando o "c", o "d" diminui, já que c + d = 1, e, portanto, o multiplicador monetário diminui. Logo, "c" mantém uma relação inversa com o multiplicador monetário. A alternativa "b" está correta.
Quanto maiores as reservas, maiores os encaixes e, portanto, maior o "R" e menor o multiplicador monetário. A alternativa "a" está incorreta.
Quanto maior a taxa de reservas bancárias, maior o "R" e menor o multiplicador monetário. Portanto, a taxa de reserva varia inversamente com o multiplicador. A alternativa "c" está incorreta.
Quanto maior a retenção de moeda (c), menor o "d" e menor o multiplicador monetário. Portanto, o multiplicador monetário tem relação inversa com a taxa de retenção de moeda pelo público (c). A alternativa "d" está incorreta.
Quanto maiores os encaixes, maior o "R" e menor o multiplicador monetário. Logo, o multiplicador monetário tem relação inversa com os encaixes bancários. A alternativa "e" está incorreta.

2. "c".
O multiplicador monetário (m) é igual à razão entre os Meios de Pagamento (M_1) e a Base Monetária (B).
Sabendo que:
M_1 = PMPP + DV, então, M_1 = 1.000 + 8.000. Logo: M_1 = 9.000
B = PMPP + Encaixe, então, B = 1.000 + 2.000. Logo: B = 3.000
Portanto: m = 9.000 / 3.000 → m = 3
O PIB e a taxa Selic não afetam o multiplicador monetário. A alternativa "c" está correta.

3. "d".
O multiplicador monetário (m) é igual à razão entre os Meios de Pagamento (M_1) e a Base Monetária (B).
Sabendo que:
M_1 = PMPP + DV, então, M_1 = 3.000 + 24.000. Logo: M_1 = 27.000
B = PMPP + Encaixe, então, B = 3.000 + 6.000. Logo: B = 9.000
Portanto: m = 27.000/ 9.000 → m = 3
A Propensão marginal a consumir e a taxa Selic não afetam o multiplicador monetário. A alternativa "d" está correta.

4. "a".
O impacto da Base Monetária (B) sobre os Meios de Pagamentos (M_1) é medido pelo multiplicador monetário:

$$\frac{M_1}{B} = \frac{1}{1-d(1-R)}$$

Onde d é igual a porcentagem dos meios de pagamentos que são depositadas à vista nos bancos comerciais e R é a porcentagem dos depósitos à vista que os bancos deixam sob a forma de encaixe, ou seja, que não emprestam.
Assim, quanto menor "R", maior o multiplicador. A alternativa "a" está correta e a "b" está incorreta. Quanto menor for "d", menor o multiplicador. A alternativa "c" está incorreta. A taxa de juros não afeta o multiplicador. A alternativa "d" está incorreta. Quanto maior a taxa de depósitos compulsórios, maiores serão os depósitos compulsórios, maior "R" e menor o multiplicador da Base Monetária. A alternativa "e" está incorreta.

5. "errado".
O multiplicador monetário é a razão dos Meios de Pagamento (M_1) em relação a Base Monetária (B). Ele é calculado pela seguinte fórmula:
$$\frac{M_1}{B} = \frac{1}{1 - d(1 - R)}$$
Onde: d= parcela dos meios de pagamento que são depositados à vista nos Bancos Comerciais.
R = parcela dos depósitos à vista que são mantidos em forma de encaixe pelos bancos comerciais.
O item está errado.

6. "a".
Dado que: Base Monetária (B) = 1000; Rc = 0,2; Rc + Rv + cx > 0,2; d > 0
Logo: R = Rc + Rv + cx > 0,2
Vamos supor que d = 0 e R = 0,2
$$\frac{M_1}{B} = \frac{1}{1 - 0(1 - 0,2)} \rightarrow \frac{M_1}{1000} = 1 \rightarrow M_1 = 1000$$
Como d > 0, então M_1 > 1000
Vamos supor que d = 1 e R = 0,4
$$\frac{M_1}{B} = \frac{1}{1 - 1(1 - 0,2)} \rightarrow \frac{M_1}{1000} = 5 \rightarrow M_1 = 5000$$
Como d < 1 e R > 0,2, então, M_1 < 5000
A alternativa correta é a "a".

7. "c".
Usando a fórmula do multiplicador bancário, temos:
$$\frac{M_1}{B} = \frac{1}{R}$$
$$\frac{5000}{1000} = \frac{1}{R}$$
R = 0,2 ou 20%
Não se pode afirmar qual a porcentagem dos meios de pagamento (que o enunciado tratou como sinônimo de moeda circulante) que ficou retida sob a forma de Papel Moeda em Poder do Público (PMPP) e qual ficou retida sob a forma de Depósito à vista (DV). Então, as alternativas "a" e "b" estão incorretas. Não se pode afirmar se houve ou não inflação. Os multiplicadores monetário e bancário informam, apenas, quantas vezes a Base Monetária foi multiplicada em Meios de Pagamentos. A alternativa "d" está incorreta. O valor de "R" que encontramos se refere a soma dos encaixes (Recolhimento compulsório-Rc + Recolhimento voluntário-Rv + caixa dos bancos comerciais-cx) em relação ao total dos depósitos à vista. Não tem como saber desse total de encaixes qual a fração para Rc, Rv ou cx. A alternativa "e" está incorreta.

8. "c".
Sabendo que: Papel Moeda Emitido (PME) = Papel Moeda em Circulação (PMC) + caixa do Bacen
Então: 1000 = PMC + 100 → **PMC = 900**
Sabendo que a Base Monetária (B) = PMC + Reservas bancárias
Então B = 900 + 100 → **B = 1000**
Sabendo que: PMC = PMPP + caixa dos bancos comerciais
Então: 900 = PMPP + 100 → **PMPP = 800**
Sabendo que: Encaixe / Depósitos à vista = 0,2
Então: (100 + 100)/ DV = 0,2 → **DV = 1000**
Sabendo que: M_1 = PMPP + Depósito à vista no Bancos Comerciais (DV)
Então: M_1 = 800 + 1000 → M_1 = **1800**
Como o multiplicador monetário = M_1 /B
Então: o multiplicador monetário (m) = 1800/1000 → m = 1,8
A alternativa correta é a "c".

9. "a".
Os Meios de Pagamento, M1, consistem na totalidade dos haveres possuídos pelo setor não bancário, ou seja, o Papel Moeda em Poder do Público – PMPP e os depósitos à vista nos bancos comerciais (DV) e que podem ser utilizados a qualquer momento, para a liquidação de dívida em moeda nacional, já que possuem liquidez imediata. A alternativa "a" está correta. O M1 é a representação dos meios de pagamentos sob a forma de PMPP e DV. Não incluem as carteiras dos fundos de investimento de curto prazo e os títulos em poder do público não financeiro. A alternativa "b" está incorreta. O multiplicador monetário diminui quando ocorre uma maior retenção de moeda (PMPP) pelo público, ou seja, quando ocorre uma menor retenção dos depósitos à vista nos bancos comerciais. A alternativa "c" está incorreta. Caso uma parte dos meios de pagamentos que as pessoas mantêm como depósitos à vista aumente, ao invés de diminuir, e a proporção de reservas bancárias em relação ao depósito à vista diminua no lugar de aumentar, o multiplicador da base monetária aumentará. A alternativa "d" está incorreta. O M1 é o agregado de maior liquidez na economia, pois considera todas as disponibilidades de recursos que os agentes monetários têm a sua disposição para a realização das suas operações econômicas. Já o M4 incorpora os demais agregadores monetários (M1, M2, e M3) e representa a poupança financeira do Estado. A alternativa "e" está incorreta.

10. "b".
Considerando que esse aumento autônomo de $ 1.000,00 corresponda ao aumento dos recursos que terão o poder de se multiplicar e que serão totalmente depositados nos bancos comerciais (d = 100% = 1), podemos dizer que:
$M_1/B = 1/1 - d(1 - R)$
$M_1/1.000 = 1/1 - 1[1 - (0,07 + 0,05)]$
$M_1/1.000 = 1/1 - 1(0,88)$
$M_1/1.000 = 1/0,12$
$M_1/1.000 = 8,33333$
$M_1 = 8.333,33$

12.4. MATERIAL SUPLEMENTAR

QUESTÕES DE CONCURSOS
http://uqr.to/1yjbb

13

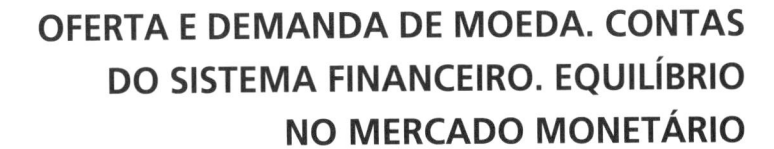

OFERTA E DEMANDA DE MOEDA. CONTAS DO SISTEMA FINANCEIRO. EQUILÍBRIO NO MERCADO MONETÁRIO

13.1. BANCO CENTRAL

Com a reforma do Sistema Financeiro, em 31 de dezembro de 1964, foi criado o Banco Central do Brasil, por meio da promulgação da Lei n. 4.595. O Bacen é uma **autarquia federal** integrante do Sistema Financeiro Nacional e começou a funcionar em abril de 1965, com a finalidade, entre outras, de garantir a estabilidade e o poder de compra da moeda nacional. Mais tarde, essa missão se estendeu para garantir também a estabilidade do Sistema Financeiro Nacional.

A autoridade monetária, antes da Lei n. 4.595/64, era constituída por 4 organismos: Superintendência da Moeda e do Crédito (SUMOC); Conselho Superior da SUMOC; Banco do Brasil (BB); e Tesouro Nacional.

Segundo Moreira, as atribuições desses quatro organismos eram:

"a) **Conselho Superior da SUMOC** — órgão normativo responsável pela supervisão e coordenação das políticas monetária, creditícia, cambial e bancária.

b) **SUMOC** — órgão responsável:

- pela emissão de papel-moeda;
- pela fixação das taxas de juros sobre depósitos bancários e sobre operações de redesconto e de assistência financeira de liquidez;
- pela fixação dos percentuais dos depósitos compulsórios dos bancos;
- pela fiscalização das instituições financeiras.

c) **Banco do Brasil** — órgão executivo das decisões do Conselho Superior da SUMOC, agia como:

- banco dos bancos (recebimento dos depósitos compulsórios e voluntários dos bancos);
- agente financeiro do governo (caixa único das Autoridades Monetárias);
- administrador e depositário das reservas internacionais;
- emprestador em última instância (Carteiras de Redesconto, de Câmbio e de Comércio Exterior e da Caixa de Mobilização Bancária).

d) **Tesouro Nacional** — órgão detentor do poder emissor, que exercia suprindo de papel-moeda a Carteira de Redesconto e a Caixa de Mobilização Bancária"[1].

---

[1] Claudio Filgueiras Pacheco Moreira, *Manual de contabilidade bancária*, p. 9 e 10.

A SUMOC, fundada em 1945, foi a base para a criação do Banco Central, na medida em que exercia o controle monetário e, assim, pôde-se preparar a organização de um banco central. Além das finalidades elencadas, a SUMOC **representava** o país junto a organismos internacionais.

O **Banco do Brasil** também exercia o controle das operações de comércio exterior e executava as operações de câmbio em nome de empresas públicas e do Tesouro Nacional.

Segundo o histórico do Banco Central: "Após a criação do Banco Central buscou-se dotar a instituição de mecanismos voltados para o desempenho do papel de 'banco dos bancos'. Em 1985 foi promovido o reordenamento financeiro governamental com a separação das contas e das funções do Banco Central, Banco do Brasil e Tesouro Nacional. Em 1986 foi extinta a **conta movimento** e o fornecimento de recursos do Banco Central ao Banco do Brasil passou a ser claramente identificado nos orçamentos das duas instituições, eliminando-se os suprimentos automáticos que prejudicavam a atuação do Banco Central. O processo de reordenamento financeiro governamental se estendeu até 1988, quando as funções de **autoridade monetária** foram transferidas progressivamente do Banco do Brasil para o Banco Central, enquanto as atividades atípicas exercidas por esse último, como as relacionadas ao fomento e à administração da dívida pública federal, foram transferidas para o Tesouro Nacional"[2].

A Constituição Federal de 1988 estabeleceu que apenas o Banco Central poderia possuir o dispositivo para **emitir moeda**. As funções atípicas do Bacen, como o fomento (pró-álcool) e a administração da dívida pública, passaram a ser exercidas pelo Tesouro Nacional. Este último também assumiu uma parte da dívida externa que se encontrava depositada no Banco Central, o que deu início à separação das contas deste das do Tesouro Nacional. O Poder Legislativo passou a exercer a normatização do Sistema Financeiro, anteriormente pertencente ao Conselho Monetário Nacional, que passou a perder parte de seus poderes. Também ficou vedado ao Bacen conceder empréstimos ao Tesouro Nacional de forma direta ou indireta, evitando que o Banco Central financiasse o déficit público, gerando mais inflação[3].

O presidente e os diretores do Banco Central são indicados pelo presidente da República e devem ser aprovados pelo Senado Federal por meio de votação secreta depois de sabatinados em arguição pública.

Com o Plano Real em 1994 e respeitando o Acordo de Basileia[4], estabeleceram-se novos parâmetros para o valor do capital social e do patrimônio líquido dos bancos comerciais, de tal forma que os ativos das instituições deveriam representar um percentual de seus passivos, ponderados pelo risco de crédito de cada operação. Para dar mais

---

[2] <http://www.bcb.gov.br/?HISTORIABC>.

[3] Pela Lei de Responsabilidade Fiscal (Lei n. 101/2000), o Bacen só poderá adquirir títulos do Tesouro Nacional com a finalidade de refinanciar a dívida mobiliária que estiver vencendo na carteira do Banco Central.

[4] O Acordo de Basileia foi firmado pelo Comitê de Basileia em 1988, na cidade de Basileia (Suíça), com a ratificação de mais de 100 países. A finalidade desse acordo foi criar exigências mínimas de capital, que os bancos comerciais deveriam respeitar para não se correr o risco de crédito. Esse capital era baseado na fixação de índices máximos de alavancagem, ou seja, os bancos só poderiam emprestar 12 vezes seu capital e reservas, ponderados pelo risco de crédito.

estabilidade ao sistema, foram lançados o Programa de Estímulo à Restauração e ao Fortalecimento do Sistema Financeiro Nacional (PROER) e o Fundo Garantidor de Créditos (FGC).

13.2. INSTRUMENTOS DE CONTROLE MONETÁRIO PELO BACEN

O Bacen pode se utilizar dos seguintes instrumentos de controle monetário[5]:

Reservas compulsórias (Rc) ou Recolhimento compulsório: o percentual dos depósitos dos bancos comerciais que são recolhidos junto ao Banco Central de forma compulsória.

◻ **Taxa de redesconto:** a taxa de juros que o Banco Central cobra dos bancos comerciais quando empresta recursos a eles (esse empréstimo é chamado de Redesconto[6]). Quando o Banco Central quer controlar os meios de pagamento por meio do redesconto, pode alterar a taxa de juros cobrada, ou seja, alterar a taxa de redesconto, mudar o prazo dado aos bancos comerciais para resgate dos títulos redescontados, determinar o limite para operação ou fazer restrição aos tipos de títulos possíveis de serem redescontados.

◻ **Operações de *open market* ou mercado aberto:** são negociações de títulos públicos por parte do Banco Central, tanto para compra como para venda. Esses títulos que o Banco Central compra e vende pertencem ao Tesouro Nacional. A Lei de Responsabilidade Fiscal (Lei n. 101/2000) proibiu que o Bacen emitisse títulos a partir de dois anos da publicação da Lei. Observe o art 34 da Lei de Responsabilidade Fiscal:

> "Art 34. O Banco Central do Brasil não emitirá títulos da dívida pública a partir de dois anos após a publicação desta Lei Complementar."

Assim, quando o Banco Central deseja adotar uma **política monetária expansionista**, ou seja, uma política monetária que vise o aumento da oferta de moeda, deverá reduzir a taxa de reserva compulsória, reduzir a taxa de redesconto, aumentar o prazo para resgate dos títulos redescontados, aumentar o limite para operação de redesconto,

---

[5] O Bacen controla a emissão de moeda feita pela Casa da Moeda, que corresponde à moeda primária, e competem a ele as determinações com relação às necessidades de maiores emissões ou não. Portanto, a emissão de moeda ou a redução da Base Monetária enquadram-se como instrumentos de expansão ou contração monetária.

[6] As operações de Redesconto do Banco Central podem ser: I — intradia, destinadas a atender necessidades de liquidez de instituição financeira, ao longo do dia; II — de um dia útil, destinadas a satisfazer necessidades de liquidez decorrentes de descasamento de curtíssimo prazo no fluxo de caixa de instituição financeira; III — de até quinze dias úteis, podendo ser recontratadas desde que o prazo total não ultrapasse quarenta e cinco dias úteis, destinadas a satisfazer necessidades de liquidez provocadas pelo descasamento de curto prazo no fluxo de caixa de instituição financeira e que não caracterizem desequilíbrio estrutural; e IV — de até noventa dias corridos, podendo ser recontratadas desde que o prazo total não ultrapasse cento e oitenta dias corridos, destinadas a viabilizar o ajuste patrimonial de instituição financeira com desequilíbrio estrutural. (Circular 3105 do Banco Central do Brasil).

não restringir os tipos de títulos possíveis de serem redescontados e/ou resgatar títulos no mercado aberto.

Se a intenção do Banco Central for o de adotar uma **política monetária contracionista**, ou seja, uma política monetária que vise a contração da demanda agregada pela redução da oferta de moeda, deverá elevar a taxa de reserva compulsória, elevar a taxa de redesconto, diminuir o prazo para resgate dos títulos redescontados, diminuir o limite para operação de redesconto, restringir os tipos de títulos possíveis de serem redescontados e/ou vender títulos no mercado aberto.

13.3. FUNÇÕES DO BANCO CENTRAL

O Banco Central é a autoridade monetária executora da política cambial e monetária. A autoridade monetária pode ser deliberativa e representada pelo **Conselho Monetário Nacional**, formado pelo ministro da Fazenda, que será o presidente do Conselho, pelo presidente do Banco Central e pelo ministro do Planejamento e Orçamento.

O Sistema Financeiro Nacional é constituído de dois subsistemas:

- normativo (fiscalização e regulação);
- operativo (intermediação).

O **subsistema normativo** é constituído, além de outros, pelo seu órgão máximo, o Conselho Monetário Nacional (CMN), e pelas entidades supervisoras: o Banco Central (Bacen) e a Comissão de Valores Mobiliários (CVM).

Observe o Quadro 13.1:

Quadro 13.1. Estrutura do Sistema Financeiro

ÓRGÃOS NORMATIVOS	ENTIDADES SUPERVISORAS	OPERADORES			
Conselho Monetário Nacional (CMN)	Banco Central do Brasil (Bacen)	Instituições financeiras captadoras de depósitos à vista	Bancos de câmbio e demais instituições financeiras	Outros intermediários financeiros e administradores de recursos de terceiros	
	Comissão de Valores Mobiliários (CVM)	Bolsas de mercadorias e futuros	Bolsas de valores		
Conselho Nacional de Seguros Privados (CNSP)	Superintendência de Seguros Privados (Susep)	Resseguradoras	Sociedades seguradoras	Sociedades de capitalização	Entidades abertas de previdência complementar
Conselho de Gestão da Previdência Complementar (CGPC)	Secretaria de Previdência Complementar (SPC)	Entidades fechadas de previdência complementar (fundos de pensão)			

Fonte: <http://www.bcb.gov.br[7]>.

---

[7] <http://www.bcb.gov.br/?SPBINTER>. Acesso em: 14 set. 2011.

O Banco Central apresenta as seguintes funções:

☐ **Emitir moeda** (moeda papel e moeda metálica) e, dessa maneira, dar início ao processo de circulação de moeda na economia. Por essa função, o Banco Central consegue controlar a oferta primária de moeda e afetar a demanda dos agentes econômicos por bens e serviços. Quando aumenta a oferta de moeda, esta fica desvalorizada; quando reduz a oferta de moeda, esta fica valorizada. Assim, moeda valorizada significa que seu preço é alto, ou seja, provoca elevação nas taxas de juros; e moeda desvalorizada significa que seu preço é baixo, ou seja, provoca uma queda nas taxas de juros.

☐ **Ser o banco dos bancos**, realizando operações de **redesconto**, ou seja, sendo **emprestador de última instância** e recebendo os recolhimentos voluntários e compulsórios dos bancos comerciais. É importante frisar que uma maneira que o Banco Central encontra de não estimular os bancos comerciais a se socorrerem ao redesconto é impor a eles uma taxa de juros elevada por esse empréstimo, denominada de **taxa de redesconto**. O Banco Central é responsável pela compensação de cheques, bem como pelo transporte de cédulas e moedas metálicas aos bancos.

☐ **Supervisionar e regulamentar o funcionamento do Sistema Financeiro**, assegurando a solidez do sistema e, ainda, a sua regulação, organização e autorização, a fiscalização, os processos punitivos e os regimes especiais.

☐ Receber e manter em depósito as **reservas internacionais** (reservas oficiais de ouro e moeda estrangeira e de Direito Especial de Saque) que garantam a manutenção de um comércio internacional. Grande parte das reservas em poder do Banco Central é investida a juros, por exemplo, em títulos do Tesouro Nacional Americano. Pelas reservas, o Banco Central pode controlar a taxa de câmbio do país, vendendo ou comprando divisas estrangeiras. Assim, o Bacen é o **executor da Política cambial**, definindo o regime cambial e ofertando ou não moeda estrangeira no mercado.

☐ **Ser o banqueiro do Governo Federal** (Tesouro Nacional[8]), quando administra a dívida pública interna e externa e quando recebe os depósitos do Tesouro Nacional, por ser o representante do Brasil perante as instituições financeiras internacionais e por ser o guardião das reservas internacionais.

☐ Receber depósitos do **Tesouro Nacional**.

☐ Ser o responsável pela preservação do valor da moeda.

---

[8] A Secretaria do Tesouro Nacional é um órgão do Ministério da Fazenda, responsável pela administração e utilização dos recursos que entram nos cofres do Governo Federal, provenientes principalmente dos impostos pagos pelos contribuintes. O Tesouro Nacional, no entanto, só pode gastar esses recursos dentro das condições definidas no Orçamento da União, aprovado pelo Congresso no ano anterior. A conta única do Tesouro Nacional é contabilizada no Banco Central.

- Ser o **executor da política monetária** do país, na medida em que determina o quanto de moeda primária será ofertada na economia, controla os recolhimentos compulsórios e o crédito e determina a taxa de redesconto. Efetua também, como instrumento de política monetária, operações de compra e venda de títulos públicos federais.
- Cuidar da **estabilidade** do sistema bancário e do sistema de meios de pagamento.
- Ser o **gestor do Sistema Financeiro Nacional**, quando exerce a função de elaborar normas de acordo com os limites determinados pelo Conselho Monetário Nacional (CMN), e permitir o funcionamento das instituições, quando fiscaliza as instituições financeiras e, se necessário, institui sua intervenção. Carvalho reforça ao afirmar que: "o Banco Central pode exigir capital mínimo para a instalação de um banco, pode estabelecer limites para certas operações com o intuito de impedir que os bancos se exponham excessivamente a situações de risco, pode restringir ou impedir certas operações, pode realizar inspeções regulares e intervenções em instituições mal administradas etc."[9].
- Garantir o cumprimento das **metas de inflação** estabelecidas pelo CMN (Conselho Monetário Nacional) a partir de 1999. Para tanto, o Bacen se utiliza do IPCA (Índice Nacional de preços ao consumidor amplo), como índice oficial de preços para fins de cumprimento da meta.

13.4. BALANCETE DO BANCO CENTRAL

Observe o Quadro 13.2, referente ao Balancete do Banco Central, onde se evidencia que o Passivo monetário do Banco Central é a própria Base Monetária.

Embora a definição de Papel-Moeda Emitido seja o Papel-Moeda em Poder do Público somado ao caixa dos bancos comerciais e do Banco Central, Carvalho chama a atenção ao afirmar que o papel-moeda que fica retido com o Banco Central não deve se constituir como emissão monetária: "A rigor, dentre o total emitido pelo Banco Central, apenas o valor que vai para o caixa do Banco Central não é, legalmente, moeda. As emissões de moeda são um item do Passivo do Banco Central em favor dos bancos ou do público não bancário. Nenhuma instituição emite passivos a seu próprio favor, por isso, papel pronto a ser lançado como moeda, mas que ainda não tenha sido, é apenas papel, não é moeda"[10]. Nesse sentido, Papel-Moeda Emitido se confunde com Papel-Moeda em Circulação.

---

[9] Fernando J. Cardim de Carvalho (et al.), *Economia monetária financeira*, p. 15.
[10] Fernando J. Cardim de Carvalho (et al.), *Economia monetária financeira*, p. 5-6.

13 ▪ Oferta e Demanda de Moeda. Contas do Sistema Financeiro. Equilíbrio...

Quadro 13.2. Balancete do Banco Central

BALANCETE DO BANCO CENTRAL (AUTORIDADE MONETÁRIA)	
ATIVO[11]	PASSIVO[12]
	Passivo monetário
Caixa em moeda corrente[13]	*Papel-moeda emitido*
Reservas internacionais	*Reservas bancárias (depósito compulsório + depósito voluntário)*
Imobilizado	
Outras aplicações	Passivo não monetário
Empréstimos ao Tesouro Nacional	Depósitos do Tesouro Nacional
Empréstimos a outros órgãos do governo	Recursos especiais[14]
Empréstimos ao setor privado	Empréstimos externos (que capta)
Empréstimos aos bancos comerciais (redesconto)	Outras exigibilidades
Títulos públicos federais	Recursos próprios

A seguir, no Quadro 13.3, é apresentado um Balancete Resumido do Banco Central, acrescido, em sua denominação, do termo "Sintético".

Quadro 13.3. Balancete Sintético do Banco Central

BALANCETE SINTÉTICO DO BANCO CENTRAL (AUTORIDADE MONETÁRIA)		
ATIVO	PASSIVO	
	Passivo monetário	
Caixa em moeda corrente	*Papel-moeda em poder do público*	⎫
Reservas internacionais	*Depósitos compulsórios e voluntários*	⎬ Base monetária (B)
	Caixa dos bancos comerciais[15]	⎭
	Passivo não monetário	
Empréstimos ao Tesouro Nacional	Depósitos do Tesouro Nacional	
Empréstimos a outros órgãos do governo		

---

[11] O Ativo é a soma dos bens e direitos do banco, ou seja, é tudo que o banco possui e tudo que devem a ele.

[12] O Passivo é a soma de todas as obrigações do banco, ou seja, é tudo que ele deve.

[13] Até 1986, o Banco do Brasil era considerado autoridade monetária. Em 1986, foi extinta a conta movimento e o fornecimento de recursos do Banco Central ao Banco do Brasil passou a ser claramente identificado nos orçamentos das duas instituições. O processo se estendeu até 1988, quando as funções de autoridade monetária foram transferidas progressivamente do Banco do Brasil para o Banco Central, mas, como atuava também como banco comercial, possuía dinheiro em caixa. Assim, o Balancete das Autoridades Monetárias era composto em seu Ativo do "caixa", que se referia ao caixa do Banco Central e do Banco do Brasil. A partir do momento em que o Banco do Brasil deixou de ser autoridade monetária, o "caixa" das autoridades monetárias (que hoje é constituído apenas pelo caixa do Banco Central) passou a ser constituído do papel-moeda que é emitido mas que não é colocado integralmente em circulação. Considerando o caixa do Banco Central igual a zero, pode figurar, do lado do Passivo monetário, o Papel-Moeda em Circulação no lugar do Papel-Moeda Emitido.

[14] Recursos Especiais são fundos e programas que o Banco Central administra (no Ativo aparece como empréstimos ao setor privado).

[15] Se somarmos tudo que se encontra no Passivo monetário do Banco Central, teremos a Base Monetária, ou seja, Papel-Moeda em Poder do Público + encaixes.

Empréstimos ao setor privado[16]	Empréstimos externos (que capta)
Empréstimos aos bancos (redesconto)	Saldo líquido das demais contas[17]
Títulos públicos federais	

Blanchard afirma: "O passivo do Banco Central é a moeda emitida, a moeda do Banco Central. A nova característica é que nem toda moeda do Banco Central emitida é mantida como moeda manual pelo público. Uma parte dela é mantida como reservas bancárias pelos bancos"[18].

13.5. AUMENTO/DIMINUIÇÃO DA BASE MONETÁRIA (B)

Existem maneiras de fazer o Passivo monetário (Base Monetária) aumentar:

☐ **Se o Ativo aumentar e o Passivo não monetário se mantiver constante:** por exemplo, se reservas internacionais aumentarem, se o Banco Central adquirir títulos públicos, se emprestar dinheiro ao Tesouro Nacional, aos bancos comerciais, a outros órgãos do governo, ao setor privado, ou se aumentar o imobilizado.

☐ **Se o Passivo não monetário cair e o Ativo permanecer constante:** por exemplo, diminuição dos depósitos do Tesouro Nacional, diminuição da captação de empréstimos externos pelo Banco Central, diminuição dos recursos especiais recebidos pela administração de fundos e programas, diminuição de outras exigibilidades ou diminuição de recursos próprios.

☐ A combinação dos dois itens mencionados.

Também existem maneiras de fazer o Passivo monetário (Base Monetária) diminuir:

☐ **Se o Ativo diminuir e o Passivo não monetário se mantiver constante:** por exemplo, se reservas internacionais diminuírem, se o Banco Central vender títulos públicos, se o Tesouro Nacional ou os bancos comerciais ou outros órgãos do governo ou o setor privado pagarem por algum empréstimo anteriormente concedido, pelo Bacen ou se reduzir o imobilizado.

☐ **Se o Passivo não monetário aumentar e o Ativo permanecer constante:** por exemplo, aumento dos depósitos do Tesouro Nacional, aumento da captação de empréstimos externos pelo Banco Central, aumento dos recursos especiais recebidos pela administração de fundos e programas, aumento de outras exigibilidades ou aumento de recursos próprios.

☐ Uma combinação dos dois itens mencionados.

---

[16] Referentes aos recursos especiais que o Banco Central administra.

[17] O saldo líquido das demais contas corresponde à diferença dos lançamentos do Passivo e Ativo que foram excluídos do Balancete do Banco Central, ou seja, a diferença entre os recursos especiais + outras exigibilidades e o imobilizado + outras aplicações.

[18] Olivier Blanchard, *Macroeconomia*, p. 70.

13.6. BANCOS COMERCIAIS, BANCOS DE DESENVOLVIMENTO, BANCO NACIONAL DE DESENVOLVIMENTO ECONÔMICO E SOCIAL (BNDES) E BANCOS DE INVESTIMENTO

Bancos comerciais são todas as instituições financeiras públicas e privadas que estão autorizadas a receber **depósitos à vista**, livremente movimentáveis. Possuem a característica de criar moeda escritural pelo efeito multiplicador, visto no capítulo 12. Para evitar um excesso, o Banco Central controla a expansão dos meios de pagamento feita pelos bancos comerciais. O objetivo dos bancos comerciais é proporcionar financiamento de curto e médio prazo ao comércio, à indústria, a empresas prestadoras de serviços e a pessoas físicas. Os bancos comerciais são formados pelos **bancos que possuem carteira de depósitos à vista, pela Caixa Econômica Federal, pelas cooperativas de crédito e pelos bancos cooperativos**. Segundo Lopes e Rosseti, os bancos comerciais podem:

"a) descontar títulos;

b) realizar operações de abertura de crédito, simples ou em conta corrente;

c) realizar operações especiais, inclusive de crédito rural, de câmbio e comércio internacional;

d) obter recursos junto a instituições oficiais;

e) captar depósitos à vista e a prazo fixo;

f) obter recursos no exterior, para repasse;

g) efetuar operações acessórias ou de prestação de serviços, inclusive mediante convênio com outras instituições"[19].

Não devem ser confundidos com **bancos de desenvolvimento** e **bancos de investimento**. Acompanhe a seguir um breve resumo dos objetivos dessas outras instituições.

Bancos de desenvolvimento são bancos estaduais públicos, que têm como objetivo proporcionar recursos necessários ao financiamento, a médio e longo prazos, de programas e projetos que visem promover o desenvolvimento econômico e social do Estado onde tenha sede. Segundo Feijó e Ramos: "as operações passivas são depósitos a prazo, empréstimos externos, emissão de cédulas hipotecárias e de títulos de Desenvolvimento Econômico. As operações ativas são empréstimos e financiamentos, dirigidos prioritariamente ao setor privado"[20]. Os bancos de desenvolvimento não se confundem com os bancos comerciais, porque não recebem depósitos à vista.

O **Banco Nacional de Desenvolvimento Econômico e Social** (BNDES) é uma empresa pública criada pela Lei n. 1.628, de 20.6.1952. Tem o objetivo de financiar programas, projetos, obras e serviços de longo prazo que propiciem o desenvolvimento econômico e social do país. O BNDES pode financiar e emprestar recursos diretamente ou por meio de instituições financeiras credenciadas. Segundo Feijó e Ramos: "suas principais operações ativas são principalmente empréstimos para desenvolvimento de projetos de investimento, para a comercialização de máquinas e equipamentos novos e

---

[19] João do Carmo Lopes e José Paschoal Rossetti, *Economia monetária*, 1995, p. 343.
[20] Carmem Aparecida Feijó e Roberto Luis Olinto Ramos. *Contabilidade social*, p. 167.

para atividades ligadas ao setor exportador. (...) Seu passivo é representado por esquemas de poupança compulsória"[21]. O BNDES não se confunde com banco comercial, porque não recebe depósitos à vista.

Banco de investimento "é instituição financeira privada especializada em operações de participação societária de caráter temporário, de financiamento da atividade produtiva para suprimento de capital fixo e de giro e de administração de recursos de terceiros"[22]. Atualmente, estão em extinção. Os bancos de investimento não se confundem com os bancos comerciais, porque não recebem depósitos à vista.

13.7. BALANCETE CONSOLIDADO DOS BANCOS COMERCIAIS

No Quadro 13.4, é apresentado o Balancete dos Bancos Comerciais.

Quadro 13.4. Balancete Consolidado dos Bancos Comerciais

BALANCETE CONSOLIDADO DOS BANCOS COMERCIAIS[23]	
ATIVO	PASSIVO
Encaixes: caixa dos bancos comerciais (cx) + Recolhimento voluntário (Rv) + Recolhimento compulsório (Rc)	Monetário
	Depósitos à vista[24]
	Não monetário
	Depósito a prazo
Empréstimos (ao setor público e ao setor privado)	Redesconto ou assistência à liquidez
Títulos públicos e privados	Empréstimos externos
Imobilizado	Outras exigibilidades
Outras aplicações[25]	Recursos próprios

13.8. BALANCETE DO SISTEMA BANCÁRIO

O **Balancete do Sistema Bancário** corresponde à soma do Balancete do Banco Central + Balancete dos Bancos Comerciais.

Observe que o Redesconto aparece no Ativo do Bacen e no Passivo dos bancos comerciais e, por isso, anulam-se no Balancete do Sistema Bancário.

Observe que o Recolhimento compulsório e o Recolhimento voluntário aparecem no Ativo dos bancos comerciais e no Passivo do Bacen e, por isso, anulam-se no Balancete do Sistema Bancário.

---

[21] Carmem Aparecida Feijó e Roberto Luis Olinto Ramos. *Contabilidade social*, p. 167.
[22] <http://www.assbandf.com.br/glossario_b.htm>. Acesso em: 7 set. 2011.
[23] Bancos comerciais são aqueles que podem receber depósitos à vista. Por exemplo: Banco do Brasil, Bradesco, Itaú etc.
[24] O depósito à vista é um direito do correntista e, portanto, uma obrigação dos bancos comerciais, que passam a ter a função apenas de guardiões desse recurso.
[25] As outras aplicações se referem a aplicações em moedas estrangeiras dos bancos.

O Passivo monetário do Sistema Bancário corresponde aos meios de pagamento (M_1). Para estes aumentarem, é necessário que o Ativo aumente ou o Passivo não monetário diminua.

Fazendo-se as devidas agregações do Balancete do Banco Central ao Balancete dos Bancos Comerciais, pode-se apresentar, no Quadro 13.5, o seguinte Balancete do Sistema Bancário:

Quadro 13.5. Balancete do Sistema Bancário

BALANCETE DO SISTEMA BANCÁRIO (AUTORIDADE MONETÁRIA + BANCOS COMERCIAIS)	
ATIVO	**PASSIVO**
Contas originadas do Bacen	**Passivo monetário**
Reservas internacionais	*Meios de pagamento* *Papel-moeda em poder do público + encaixe dos bancos comerciais + Depósito à vista = M_1*[26]
Empréstimos aos bancos comerciais (redesconto)	Passivo não monetário do Bacen
Empréstimos ao Tesouro Nacional	Depósitos do Tesouro Nacional
Empréstimos a outros órgãos do governo	
Empréstimos ao setor privado	
Caixa em moeda corrente	Empréstimos externos (que capta)
Títulos públicos federais	Saldo líquido das demais contas
Contas originadas dos bancos comerciais	
Encaixe dos bancos comerciais	Passivo não monetário dos bancos comerciais
Imobilizado	Empréstimos aos bancos comerciais (Redesconto)
Empréstimos aos setores público e privado	Depósito a prazo
Títulos públicos e privados	Recursos externos
	Outras exigibilidades
Outras aplicações	Recursos próprios

Vale ressaltar que as contas que aparecem tanto do lado do Passivo quanto do Ativo deverão ser anuladas. É o caso do Redesconto, que aparece do lado do Ativo do Banco Central e do lado do Passivo não monetário dos bancos comerciais; e do encaixe dos bancos comerciais, que aparece do lado do Ativo dos bancos comerciais e do lado do Passivo do Banco Central. Realizando as junções das contas originadas do Bacen e das originadas dos bancos comerciais, tem-se o Balanço Consolidado do Sistema Bancário, apresentado no Quadro 13.6.

---

[26] A soma do Papel-Moeda em Poder do Público com os depósitos à vista corresponde aos meios de pagamento (M_1).

Quadro 13.6. Balanço Consolidado do Sistema Bancário

BALANÇO CONSOLIDADO DO SISTEMA BANCÁRIO	
ATIVO	**PASSIVO MONETÁRIO**
Outras aplicações	*Papel-Moeda em Poder do Público + depósito à vista = meios de pagamento* (M_1)
Títulos públicos e privados	**Passivo não monetário**
Reservas internacionais	Depósito do Tesouro Nacional
Empréstimos ao Tesouro Nacional	Depósito a prazo
Empréstimos a outros órgãos do governo	Saldo líquido das demais contas[27]
Empréstimos ao setor privado	Recursos (ou empréstimos) externos
Imobilizado	

Percebe-se que tanto o Bacen, pela moeda manual, como os bancos comerciais, pelos depósitos à vista, podem ofertar moeda.

13.9. AUMENTO/DIMINUIÇÃO DOS MEIOS DE PAGAMENTO (M_1)

A **criação** dos meios de pagamento pelo Sistema Bancário (composto pelo Banco Central e pelos bancos comerciais) pode ser realizada das seguintes maneiras:

☐ o **Passivo não monetário se reduz, permanecendo constante o Ativo do Sistema Bancário**, ou seja, os depósitos do Tesouro Nacional, os depósitos a prazo, os recursos especiais, os recursos próprios ou externos e/ou outras exigibilidades diminuem; ou

☐ o **Ativo aumenta, permanecendo constante o Passivo não monetário do Sistema Bancário**, ou seja, as aplicações, ou os títulos públicos e privados em poder do Sistema Bancário, ou as reservas internacionais, ou os empréstimos concedidos e/ou o imobilizado aumentam; ou

☐ a combinação dos dois itens mencionados.

A **destruição** dos meios de pagamento pelo Sistema Bancário (composto pelo Banco Central e pelos bancos comerciais) pode ser realizada de maneira oposta:

☐ o **Passivo não monetário aumenta, permanecendo constante o Ativo do Sistema Bancário**, ou seja, os depósitos do Tesouro Nacional, os depósitos a prazo, os recursos especiais, os recursos próprios, os recursos externos e/ou outras exigibilidades aumentam; ou

☐ o **Ativo diminui, permanecendo constante o Passivo não monetário do sistema bancário**, ou seja, as aplicações, os títulos públicos e privados em poder do sistema bancário, as reservas internacionais, os empréstimos concedidos e/ou o imobilizado diminuem; ou

☐ a combinação dos dois itens mencionados.

---

[27] Inclui outras exigibilidades dos bancos comerciais e do Banco Central, recursos próprios dos bancos comerciais e do Banco Central, recursos especiais do Banco Central e recursos especiais do Banco Central subtraídos do caixa do Banco Central.

Diz-se que ocorre **monetização** pelo setor bancário na economia quando os bancos trocam haver não monetário que está em poder do público por haveres monetários (moeda). De maneira oposta, ocorre **desmonetização** pelo setor bancário quando o setor bancário vende haver não monetário ao público não bancário e recebe haver monetário.

13.10. EXEMPLOS DE QUANDO A BASE MONETÁRIA E OS MEIOS DE PAGAMENTO PODERÃO SE ALTERAR

No Quadro 13.7, estão alguns exemplos que podem fazer a Base Monetária e os meios de pagamento aumentarem, permanecerem constantes ou diminuírem, *ceteris paribus*.

Quadro 13.7. Alterações na Base Monetária e nos Meios de Pagamento

AUMENTAM	PERMANECEM CONSTANTES	DIMINUEM
Pagamento aos empregados de uma firma que saque recursos de sua poupança junto aos bancos comerciais	Depósito à vista aumenta, e Papel-Moeda em Poder do Público diminui	Depósito na poupança contra haveres monetários sacados da conta corrente do público não bancário
Déficit fiscal	Poupança aumenta, e CDB diminui	Superávit fiscal
Banco Central compra Títulos do Tesouro Nacional	Pagamento de dívidas entre agentes não bancários	Banco Central vende títulos
Saque do Tesouro Nacional junto ao Banco Central	Negociação de títulos públicos entre bancos comerciais	Depósito do Tesouro Nacional junto ao Banco Central
Desconto de duplicatas por haveres monetários	Um banco comercial desconta um título que está em seu poder junto ao Banco Central	Troca de haveres não monetários pelos bancos comerciais por haveres monetários do público
Aumento das reservas internacionais	Pagamento de dívida ao BNDES	Diminuição das reservas internacionais
Diminuição de depósito a prazo nos bancos comerciais		Aumento dos depósitos a prazo nos bancos comerciais

13.11. OFERTA DE MOEDA E A TEORIA QUANTITATIVA DA MOEDA (TQM)

A Teoria Quantitativa da Moeda (TQM) foi desenvolvida pelos clássicos[28], que afirmavam que a inflação poderia ocorrer pelo lado monetário da economia. Segundo eles, quanto mais moeda fosse ofertada, maior seria a demanda por bens e serviços, o que repercutiria apenas numa elevação de preços, e não na elevação do Produto Real, já que, na visão dos clássicos, apenas a oferta agregada é capaz de alterar as variáveis reais da economia. A primeira versão da Teoria Quantitativa da Moeda foi chamada de Equação de Fisher[29] e pode ser vista a seguir:

---

[28] Os clássicos tratados aqui são os economistas da segunda metade do século XVIII até os anos que antecederam a crise de 1929, ou seja, englobam Adam Smith, David Ricardo, Mill, Say, Bastiat, Pigou, Marshall. A Teoria Quantitativa da Moeda encontrou um marco histórico em 1570, como explicação para a inflação na França. A versão tratada nesta obra mostra a visão a partir de Marshall e Fisher, do final do século XIX ao início do século XX.

[29] Irving Fisher (1867-1947).

Equação Quantitativa na forma de transações[30]

$$M \times V = P \times T^{31}$$

Onde:

M = quantidade de moeda = meio de pagamento[32]

V = velocidade de transações[33]

P = nível geral de preços dos itens incluídos em "T"

T = número de transações

Entende-se por **velocidade de transações (V)** o número de vezes que uma mesma unidade de moeda é transformada em receita na economia[34].

O número de **transações (T)** representa o número de transações (vendas e compras) realizadas. Essas vendas e compras são referentes a bens produzidos no período (novos e usados) e em períodos anteriores (novos e usados), assim como a ativos financeiros. Dessa forma, cada vez que se compra ou se vende um produto, os pagamentos realizados em moeda e o valor do produto trocado são iguais.

Assim:

MxV= Total das transferências de moeda para pagar pelos produtos.

PxT = Total das transferências de produtos

Posteriormente, a versão da Teoria Quantitativa da Moeda foi substituída pela Equação de Trocas e Velocidade-Renda da Moeda, pela qual o volume total de transações (T) foi substituído pelo volume total de transações reais de bens e serviços (Y)[35].

Assim, a equação pode também ser representada da seguinte maneira:

$$M \times V = P \times Y \quad \text{ou} \quad V = P \times \frac{Y}{M}$$

Onde:

M = quantidade de moeda = meio de pagamento

V = velocidade-renda da moeda

P = nível geral de preços

Y = Produto Real ou renda real

P × Y = Produto Nominal ou renda nominal

---

[30] Utilizada pelo americano Irving Fisher. Embora tenha sido uma teoria desenvolvida durante o século XVIII por David Hume que mostrou não apenas a causalidade entre moeda e o nível de preços, mas também a relação com o desenvolvimento industrial e o aumento do emprego, sua versão ficou mais conhecida em 1885, com Simon Newcomb, e foi popularizada por Irving Fisher em 1911.

[31] Dependendo da versão da Teoria Quantitativa da Moeda, no lugar de "T" pode ser representado Y = Renda e Produto Real. "T", além de incluir os itens que compõem o PIB, considera as compras de produtos usados, serviços fatores e transações financeiras.

[32] A quantidade de moeda é considerada uma variável exógena, ou seja, é determinada por forças externas ao modelo.

[33] Velocidade de transação é o número de vezes em que uma unidade monetária se transforma em receita.

[34] Richard T. Froyen, *Macroeconomia*, p. 67.

[35] A dificuldade de utilização da versão original levou Fisher, Pigou e Marshall, entre outros, a desenvolverem a velocidade-renda da moeda na Equação de Trocas (M × V = P × Y).

Entende-se por **velocidade-renda da moeda (V)** o número de vezes que a moeda é utilizada em transações que envolvam a produção corrente, ou seja, a rapidez de giro da moeda (*turnover*) ou, então, o número de vezes que uma moeda entra na renda do agente econômico em determinado período de tempo. E essa variável é determinada por fatores institucionais, hábitos, costumes, tradições. Froyen acrescenta que a velocidade era determinada também por "tecnologias da realização dos pagamentos na sociedade". Continua, afirmando que: "fatores como o período médio de pagamentos, o uso de contas ou cartões de crédito e a ocorrência de empréstimos entre as empresas afetam a velocidade da circulação da moeda. Para qualquer nível fixo de renda, prazos de pagamento mais curtos levam a uma redução dos estoques monetários médios mantidos durante o período e, em decorrência, ao aumento na velocidade de circulação. O uso frequente de contas de crédito por parte dos consumidores ou de empréstimos entre as empresas também aumenta a velocidade, o número de transações por unidade monetária"[36].

Para os clássicos, "Y" era constante, já que há pleno emprego dos fatores de produção, e "V" era constante, já que a velocidade-renda da moeda era ditada por fatores tecnológicos e institucionais. Portanto, o nível de preços é proporcional ao seu estoque monetário, e a inflação é uma decorrência do aumento da oferta monetária.

A **velocidade da moeda** poderia ser alterada nas seguintes situações:

☐ Quanto maior o intervalo de recebimento dos rendimentos mensais, menor a velocidade de circulação da renda e da moeda.

☐ Quanto mais desenvolvido o Sistema Bancário (o que facilita a conversão de aplicações em moeda), maior a velocidade da moeda.

☐ Quanto maior o grau de verticalização da economia, menor a velocidade, porque um maior volume de transações será finalizado por meio de transações contábeis.

Mas o modelo clássico considerava que esses fatores institucionais não mudariam no curto prazo. Por isso, "V" é considerado constante.

Carvalho sintetiza a Teoria Quantitativa da Moeda da seguinte maneira: "Em síntese, a teoria quantitativa diz que — uma vez que a velocidade de circulação e o volume de comércio sejam constantes — um aumento na quantidade de moeda em circulação faz com que os preços aumentem na mesma proporção. A TQM se apoia, portanto, na ideia fundamental de que a moeda não tem nenhum poder de satisfazer os desejos humanos, exceto o poder de comprar bens e serviços. A Moeda é apenas um meio de troca usado como ponte do hiato entre recebimentos e gastos dos agentes"[37].

À análise de que um aumento da oferta de moeda gera elevação dos preços e, por conseguinte, inflação, deu-se o nome de **Teoria Monetarista da Inflação**[38]. Os monetaristas defendem que uma das maneiras de se combater a inflação pelo lado monetário seria adotar uma política monetária restritiva. Pelo lado real, deveria ser adotada

---

[36] Richard T. Froyen, *Macroeconomia*, p. 67.
[37] Fernando J. Cardim de Carvalho... (et al.), *Economia monetária e financeira*, p. 32.
[38] Os monetaristas, na figura central de Milton Friedman, desenvolveram uma versão da demanda de moeda, na década de 1950, que afirmava que alterações na oferta são a base para o controle de preços quando tais alterações ocorrem em um intervalo de alguns anos.

uma política fiscal restritiva (aumento dos tributos e/ou diminuição dos gastos) que diminuísse a renda disponível, forçando a queda dos preços. Observe pela fórmula a seguir o que acontece com o Produto Nominal da economia quando os gastos do governo diminuem.

$\downarrow Y^{39} = C + I + \downarrow G + X - M$

Onde Y é o Produto Nominal da economia, ou seja, o somatório de preços (P) vezes quantidade (Q).

$\downarrow P \times Q_{constante} = C + I + \downarrow G + X - M$

Se G diminui, Y diminui. Mantendo-se "Q", ou Produto Real, constante, haverá uma queda de "P".

Entre outros economistas de **Cambridge**[40], Marshall supôs que a demanda por moeda seria uma fração da renda ou da riqueza e, assim, a Teoria Quantitativa da Moeda passa a ser uma formulação alternativa da Equação Quantitativa para uma abordagem de Cambridge em que a demanda de moeda é diretamente proporcional ao Produto (ou Renda) Nominal ($P \times Y$). Com isso, a fórmula da Teoria Quantitativa da Moeda passou a ter uma fórmula equivalente, que é percebida como uma Teoria da Demanda por Moeda. Observe sua descrição:

$Md^{41} = k \times P \times Y$

Ou:

$$\mathbf{Md \times 1/k = P \times Y}$$

Onde:

Md = demanda por moeda

k = proporção da renda nominal ou da riqueza que ficará sob a forma de moeda conhecida como "constante marshalliana", ou seja, a proporção da quantidade de moeda que ficará retida.

P = nível geral de preços

Y = renda real

"k" corresponde, portanto, ao **inverso** da velocidade da moeda e, assim como esta última, é estável no curto prazo, ou seja, $k = 1/V^{42}$.

---

[39] Atenção, porque "Y" representa, nesse caso, o Produto Nominal.
[40] Para eles, a moeda tinha como principal função, um meio de facilitar as trocas, diferentemente de Keynes que propôs a função de entesouramento.
[41] Neste livro, a demanda por moeda está sendo representada pela letra "L" (preferência pela liquidez de Keynes) ou por "Md" (demanda por moeda).
[42] Os economistas de Cambridge acreditavam que a moeda também seria demandada em função da riqueza do indivíduo e que a riqueza seria proporcional à renda e, portanto, "k", que é o coeficiente de proporcionalidade, seria constante no curto prazo. Mas, como a demanda por estoque de riqueza depende da taxa de juros (i), que é o retorno esperado de outros ativos que compõem a rique-

Voltando à Teoria Quantitativa da Moeda na versão da velocidade-renda da moeda ($M \times V = P \times Y$), observe, na Figura 13.1, o que acontece com o produto e os preços quando há um aumento da oferta de moeda:

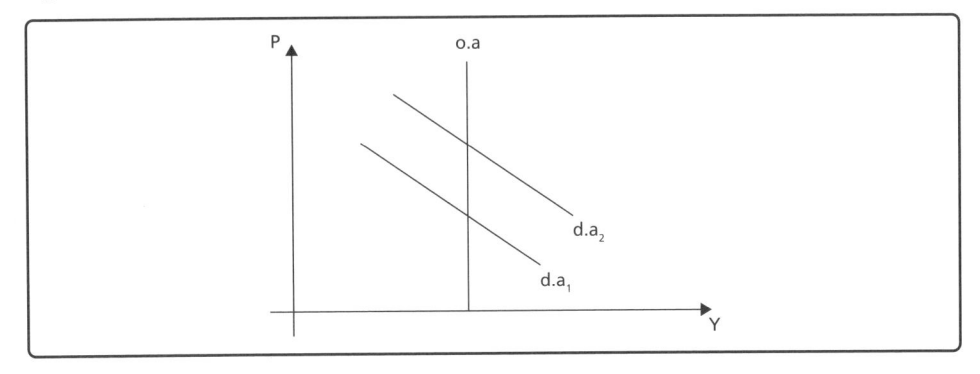

Figura 13.1. Consequências de um aumento da oferta de moeda

Um aumento da oferta de moeda desloca a curva de demanda agregada para cima ou para a direita (de $d.a_1$ para $d.a_2$), já que as pessoas, agora, com mais saldos monetários, desejarão demandar mais bens e serviços. Como a oferta agregada é perfeitamente inelástica aos preços, um aumento da oferta de moeda provoca apenas uma elevação de preços, ou seja, uma inflação. O Produto Real (Y) da economia permanece constante. Isso corrobora a Teoria Clássica, que afirmava que os únicos fatores capazes de alterar o Produto Real da economia são aqueles ligados à oferta agregada.

Conclui-se, portanto, que, no modelo clássico, a moeda é tratada como uma **variável exógena** ao modelo, ou seja, o que determina o volume de moeda primária na economia é apenas uma decisão da autoridade monetária.

Assim, se a oferta de moeda (M) for superior à demanda por moeda (L), isso fará com que os agentes econômicos passem a demandar uma quantidade maior de bens e serviços. Sendo estes bens e serviços constantes, com base na hipótese do pleno emprego, do produto potencial e da flexibilidade de salários do modelo clássico, os preços tenderiam a subir, provocando uma inflação. De maneira oposta, se a oferta de moeda for inferior à demanda por moeda, os agentes econômicos não poderão dispor de moeda suficiente para realizar suas transações, o que os faz adquirir menos bens e serviços. As empresas, percebendo que suas mercadorias não estão escoando de forma desejável, tenderão a reduzir os preços (P) dos produtos, provocando uma deflação. Porém, se a oferta de moeda for igual à demanda por moeda, o nível de preços (P) permanece estável.

---

za, se "i" aumentasse, a demanda de moeda diminuiria, "k" se reduziria e "V" aumentaria. O fato de "i" poder afetar a velocidade de circulação da moeda, "V", diferenciou a abordagem de Cambridge sobre a Teoria Quantitativa da Moeda das versões anteriores.

Observe o esquema:

Se: $M > L \rightarrow P \uparrow$ = inflação
Se: $M < L \rightarrow P \downarrow$ = deflação
Se: $M = L \rightarrow P$ constantes = estabilidade

Observe, na Figura 13.2, o que acontece com os preços dos produtos, se houver aumento ou redução da oferta de moeda. Lembre-se que, no modelo clássico, o Produto Real (Y) é o produto potencial e, portanto, não pode ser alterado pelo aumento da oferta de moeda.

Figura 13.2. Deslocamento da curva de oferta de moeda

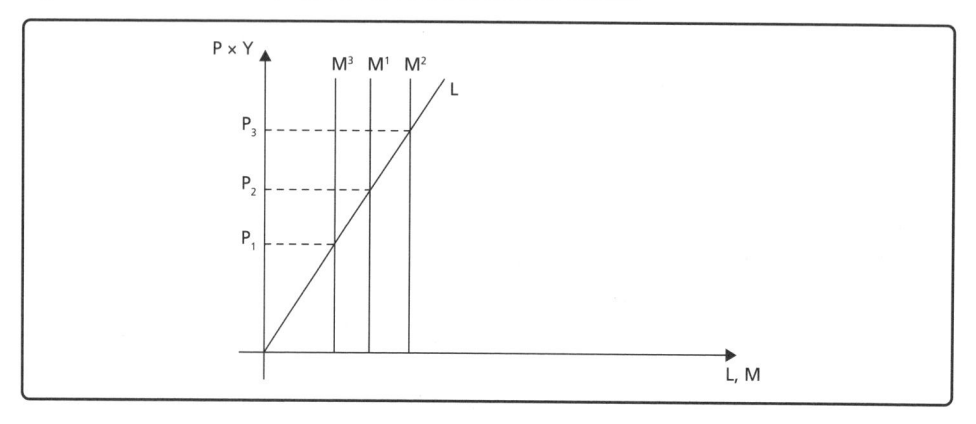

Quando a oferta de moeda se desloca de M^1 para M^2, o nível de preços se eleva de P_2 para P_3, mantendo-se constante o Produto Real (Y). Quando a oferta de moeda se desloca de M^1 para M^3, os preços se reduzem de P_2 para P_1.

Keynes contestava tal teoria porque, para ele, nem a velocidade (V) nem o Produto Real da economia (Y) eram, necessariamente, constantes. Para ele, um aumento da oferta de moeda (M) afeta o Produto Real (Y) somente na medida em que a variação da oferta de moeda é capaz de alterar a taxa de juros e, consequentemente, alterar o investimento.

Portanto, para os **clássicos**, a oferta de moeda seria determinante do nível de preços e a taxa de juros dependeria diretamente da poupança e do investimento. Já para **Keynes**, a oferta de moeda afetaria o nível de produto e o nível de emprego por seu efeito na taxa de juros. Shapiro reforça, dizendo que: "a taxa de juros na Teoria Clássica foi tida como dependendo diretamente de fatores 'reais' da existência de poupança ('parcimônia') e da demanda de investimentos ('produtividade do capital'). A oferta de moeda entrou no sistema fundamentalmente como o determinante do nível de preço absoluto do produto, cujo montante era bastante independente da taxa de juros. Na Teoria Keynesiana, no entanto, as variações da oferta de moeda podem afetar o nível de produto e emprego através de seu efeito sobre a taxa de juros, que, por seu turno, afeta a demanda agregada, e, assim, também o produto e o emprego"[43].

---

[43] Edward Shapiro, *Análise macroeconômica*, p. 484.

13.12. O COMPORTAMENTO DA OFERTA DE MOEDA

Como a quantidade de moeda a ser ofertada (M) depende de uma decisão do Banco Central, ou seja, da autoridade monetária executora, pode-se dizer que ela é exógena ao modelo. Assim, pode-se representar a oferta monetária por uma reta vertical, ou seja, totalmente **inelástica** à taxa de juros, conforme a Figura 13.3.

Figura 13.3. Oferta de moeda inelástica à taxa de juros

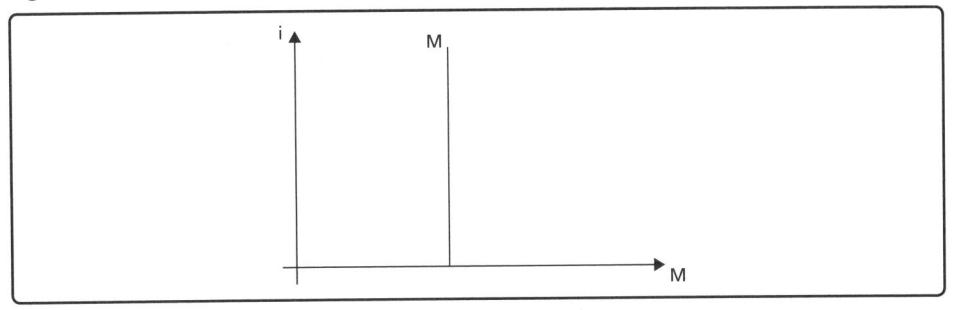

13.13. DEMANDA INDIVIDUAL E AGREGADA DE MOEDA (L) PARA OS CLÁSSICOS — A TEORIA QUANTITATIVA DA MOEDA

A demanda por moeda de uma economia é a soma da demanda por moeda de todas as pessoas dessa economia. Também é conhecida por demanda por **encaixes reais** (Md/P), onde "Md" é a demanda por moeda e "P" é o nível de preços. Ela é constituída pela demanda das cédulas e moedas metálicas que as pessoas mantêm em seu poder e os depósitos em conta corrente que não rendem juros.

Mas o que faz as pessoas desejarem reter moeda consigo no lugar de aplicar em títulos que rendam juros?

Para os clássicos, a resposta está no fato de os recebimentos e os pagamentos não estarem **sincronizados**, fazendo com que os agentes desejem manter saldos monetários por determinado intervalo, além do fato de algumas despesas **não previstas** ou algum **infortúnio** poderem aparecer.

Suponha que, durante um mês, os desembolsos e os recebimentos tenham, para um indivíduo, o comportamento demonstrado na Tabela 13.1.

Tabela 13.1. Cronograma de pagamentos e recebimentos durante um mês

DIAS	PAGAMENTOS	RECEBIMENTOS (R)/MOEDA RETIDA (MR) EM R$
Do dia 01 ao 05 do mês	0	10.000,00 (R)
Do dia 06 ao 11 do mês	4.500,00	5.500,00 (MR)
Do dia 12 ao 14 do mês	2.000,00	3.500,00 (MR)
Do dia 15 ao 22 do mês	1.500,00	2.000,00 (MR)
Do dia 23 ao 30 do mês	2.000,00	0,00 (MR)

Em média (Me), a moeda que fica retida (MR) com a pessoa é de:

$$Me = \frac{\sum (MR \times n.\ de\ dias)}{N.\ total\ de\ dias}$$

$$Me = \frac{(10.000 \times 5) + (5.500 \times 5) + (3.500 \times 2) + (2.000 \times 7)}{30}$$

Me = 98.500/30
Me = 3.283,33

Logo, em média, a moeda que fica retida é de R$ 3.283,33, o que representa 0,3283 do total de recebimentos (= 3.283,33/10.000). A essa proporção de moeda que fica retida, devido à falta de sincronização entre recebimentos e pagamentos, será designada a letra "k".

Poderiam fazer "k" ser alterado, para um indivíduo, as seguintes situações:

☐ Quanto maior o intervalo de recebimento dos rendimentos mensais, maior seria a proporção da renda mantida em forma de moeda (k).

☐ Quanto mais desenvolvido o Sistema Bancário (o que facilita a conversão de aplicações em moeda), menor "k".

☐ Mais facilidade de se obter crédito evita a necessidade de se reter moeda para bancar despesas não programadas, o que faria "k" ser menor.

☐ Uma elevação da taxa de juros elevaria o custo de oportunidade de se reter moeda, o que faria "k" se reduzir.

☐ Maior inflação provoca maior perda de valor real da moeda retida, levando a uma redução de "k".

Como, para os clássicos, esses fatores não se modificam no curto prazo, já que são, em grande parte, definidos institucionalmente, "k" é considerado constante[44]. Assim, a demanda de moeda (L), analisada de forma agregada para os clássicos, é definida por:

$L^{45} = k \times P \times Y$

Onde:

L = demanda por moeda pelos agentes econômicos[46]
k = proporção da renda retida em forma de moeda dos agentes econômicos
P = nível de preços
Y = renda real dos agentes econômicos

Observe que esta função representa a Teoria Quantitativa da Moeda na visão da escola de Cambridge, abordada no *item 13.11*.

---

[44] Na realidade, as variações de "k" seriam irrelevantes, então se considera "k" constante.
[45] A demanda por moeda está sendo representada, neste livro, por "L" e por "Md".
[46] "L" é o somatório das demandas individuais por moeda.

Como "k" é constante e "Y" também[47], no curto prazo, o aumento da demanda por moeda (L) vai se refletir numa elevação de preços (P), assim como uma redução na demanda por moeda (L) vai se refletir numa queda de preços (P), ou seja, a demanda por moeda, para os clássicos, será diretamente proporcional ao nível de preços.

De acordo com Blanchard, a demanda de moeda será uma função direta da renda nominal (P.Y), porque, "se a renda real não variar, mas os preços dobrarem, levando a renda nominal a dobrar, as pessoas precisarão ter o dobro de moeda para comprar a mesma cesta de consumo"[48]. Portanto, para os clássicos, a demanda de moeda será para:

- **transação**; e
- **precaução**.

O significado de cada um desses motivos para se demandar moeda será apresentado no *item 13.14.1*.

13.14. DEMANDA DE MOEDA (L) PARA KEYNES — TEORIA DA PREFERÊNCIA PELA LIQUIDEZ

Diferentemente dos clássicos, Keynes acreditava que os agentes econômicos demandariam moeda para **transação, precaução** e também **especulação**. Lopes e Rossetti corroboram ao afirmarem que: "na versão keynesiana, contrariando a versão clássica, a moeda deixou de ser vista apenas como um instrumento de intermediação de trocas que não afetava significativamente outras variáveis econômicas, como a taxa de juros e o volume global de emprego. Enfocando-a também como uma reserva de valor, mantida não apenas para fins transacionais, mas também para atender a oportunidades de especulação, Keynes deixou de ver a moeda como componente neutro"[49].

Keynes acrescentou, portanto, às demandas de moeda para transação e precaução, a demanda de moeda baseada na incerteza com relação ao comportamento das taxas de juros, ou seja, incorporou a demanda de moeda para **especulação**.

A seguir, é possível compreender os três motivos para se demandar moeda, ou seja, o motivo **transação**, o motivo **precaução** e o motivo **especulação**.

13.14.1. Demanda por moeda para transação e precaução (Lt)

A demanda de moeda para **transação** existe, pelo fato de a moeda apresentar como uma de suas funções a troca e os agentes econômicos desejarão, ao receber suas rendas em forma de moeda, gastá-la, adquirindo bens e serviços. Por não existir o sincronismo entre os pagamentos e recebimentos, como dito anteriormente, o agente econômico passa a desejar reter saldos monetários com a finalidade de realizar suas transações. A demanda de moeda para **precaução**[50] surge pelo fato de haver necessidade

---

[47] Considerando um mercado em concorrência perfeita no mercado de trabalho e a total flexibilidade de salários.
[48] Olivier Blanchard, *Macroeconomia*, p. 62.
[49] João do Carmo Lopes e José Paschoal Rossetti, *Economia monetária*, 1995, p. 54.
[50] Com a introdução e a expansão do cheque especial para os correntistas de depósito à vista, o motivo demanda de moeda para precaução tem se aproximado cada vez mais de zero.

de se guardar moeda para fatos imprevistos, eventuais, o que corresponde a uma despesa incerta ou extraordinária.

A demanda de moeda para precaução tem um comportamento similar ao da demanda de moeda para transação, pelo fato de ambas serem **função direta do nível de renda**. Por esse motivo, quando se falar em demanda de moeda para transação, deve-se considerar que se fala em demanda de moeda para transação e para precaução ao mesmo tempo, ou seja, somadas.

Assim, pode-se dizer que a demanda de moeda para transação é uma **função direta da renda**, ou seja, quando a renda (Y) aumenta, a demanda de moeda para transação (Lt) aumenta. Quando a renda (Y) diminui, a demanda de moeda para transação (Lt) diminui.

$$Lt = f(Y)$$

Embora se reconheça que as taxas de juros influenciam a demanda de moeda para transação e para precaução, já que os agentes econômicos poderão ser incentivados a reduzir seus saldos monetários para esses fins, em vista de um aumento da taxa de juros, Keynes enfatizou apenas a influência do nível de renda sobre esses dois motivos para se demandar moeda. Assim, se a demanda de moeda para transação fosse representada em função da taxa de juros, haveria a representação gráfica mostrada na Figura 13.4.

Figura 13.4. Demanda de moeda para transação inelástica à taxa de juros

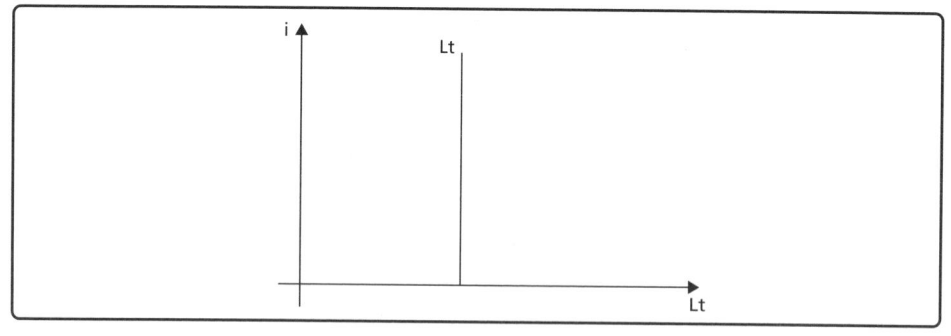

Portanto, a demanda de moeda para transação é **inelástica** à taxa de juros, o que significa que qualquer alteração nas taxas de juros não provocará nenhuma alteração na demanda de moeda para transação.

13.14.2. Demanda de moeda para especulação (motivo portfólio)

Quando se fala em demanda de moeda para especulação, refere-se ao desejo das pessoas em reter moeda consigo no lugar de adquirir títulos que rendam juros. Keynes, ao considerar a demanda de moeda para especulação, contrapôs-se ao modelo clássico que acreditava que os agentes econômicos demandariam moeda apenas para transação e precaução.

Para tanto, Keynes supôs que os ativos financeiros eram divididos em moeda e títulos[51]. Será necessário supor também que os títulos são homogêneos e que têm a característica de serem títulos perpétuos com promessa de pagamento de rendimentos regulares e de valores fixos, sem a possibilidade de devolução do principal.

Antes, porém, de dar prosseguimento à análise sobre demanda de moeda para especulação, é necessário o conhecimento dos conceitos a seguir.

13.14.2.1. Equação de Fisher

O retorno real de um título é a taxa real de juros (o que se ganha em termos de poder de compra). O retorno real da moeda é negativo da inflação. Assim, ao decidir em que aplicar, o investidor precisará comparar a taxa real de juros (r) e a taxa de inflação ou correção monetária (π), somá-las e, assim, determinar a taxa nominal de juros (i).

Logo, utilizando a fórmula **aproximada** de Fisher[52], tem-se:

$$i = r + \pi$$

Logo, se a taxa real de juros é 5% e a taxa de inflação é 10%, a taxa nominal de juros será 15%.

Utilizando a fórmula **exata** de Fisher, tem-se:

$$(1 + i) = (1 + r) \times (1 + \pi)$$

Usando os mesmos dados do exemplo anterior, pode-se substituir e calcular a taxa de juros nominal:

$(1 + i) = (1 + 0,05) \times (1 + 0,10)$
$(1 + i) = 1,155$
$i = 0,155$
$i = 15,5\%$

Observe que o valor calculado é mais preciso que o anterior.

13.14.2.2. Taxa de juros e valor de um título

Caso uma pessoa adquira um título[53] por um determinado tempo, por exemplo um ano, a taxa de retorno desse título será igual à diferença entre o rendimento e o valor do título em relação ao valor do título. Assim, chamando a taxa de retorno do título de taxa de juros "i", supondo um rendimento de "50" e chamando de "V" o valor do título, tem-se:

---

[51] Os títulos a que Keynes se refere incluem os títulos propriamente ditos e as ações, entre outros ativos.

[52] A Equação de Fisher é, na realidade, expressa por: i = r + πe, onde πe é a taxa de inflação esperada. Supondo que haja previsão perfeita dos agentes econômicos, pode-se dizer que πe = π.

[53] Os títulos em análise são títulos de renda fixa e de longo prazo. Keynes se baseou nos títulos existentes na Inglaterra da década de 1930, denominados "consols".

$$i = \frac{50 - V}{V}$$

Reescrevendo a fórmula, tem-se:

V + iV = 50

Ou: (1 + i) V = 50[54]

Ou: $V = \dfrac{50}{(1+i)}$ [55]

Assim, percebe-se que, se a taxa de juros subir, o valor do título diminui. Também, se a taxa de juros cair, o valor do título aumenta.

Um título que era comercializado na Inglaterra valia pelo seu rendimento. Shapiro especifica esse título como: "título da dívida pública garantido (*consol*), um tipo de obrigação emitido pelo governo britânico. Essa obrigação somente promete pagar um número específico de dólares, como juros, por ano. Não tem valor de resgate ou data de vencimento; um investidor pode convertê-la em dinheiro somente se vendê-la no mercado para outro investidor (...) são títulos da dívida consolidada"[56].

Logo: **V = R/i**[57]

Onde: V = Valor do título

R = Rendimento do título

i = taxa de juros

Quanto maior a taxa de juros, menor seria o valor desse título.

---

[54] Esse instrumento de renda fixa tem a característica de ser uma obrigação descontada pura ou "Zero Coupon Bond", porque não tem o pagamento de nenhum cupom (juros), havendo a promessa de pagamento do valor de face apenas no vencimento do título. Dessa forma, paga-se algum valor ao adquirir o título (V) menor que o valor de face do título. Assim, no vencimento, há a promessa de receber o valor de face. Ou seja: V = valor de face/(1+i)t
A LTN é um exemplo desse tipo de obrigação.
Diferentemente, quando a obrigação apresenta cupons uniformes com pagamento de cupons (juros) periódicos além do principal, a fórmula consiste em: V = cupom/(1+i) + cupom/(1+i)2 + cupom/(1+i)3...+cupom/(1+i)t + Valor de face/(1+i)t

[55] Esse instrumento de renda fixa tem a característica de ser uma obrigação descontada pura ou "Zero Coupon Bond", porque não tem o pagamento de nenhum cupom (juros), havendo a promessa de pagamento do valor de face apenas no vencimento do título. Dessa forma, paga-se algum valor ao adquirir o título (V) menor que o valor de face do título. Assim, no vencimento, há a promessa de receber o valor de face. Ou seja: V = valor de face/(1+i)^t
A LTN é um exemplo desse tipo de obrigação.
Diferentemente, quando a obrigação apresenta cupons uniformes com pagamento de cupons (juros) periódicos além do principal, a fórmula consiste em: V = cupom/(1+i) + cupom/(1+i)² + cupom/(1+i)³...+ cupom/(1+i)^t + Valor de face/(1+i)^t.

[56] Edward Shapiro, *Análise macroeconômica*, p. 494.

[57] Esse tipo de obrigação consiste no pagamento de cupons uniformes sem prazo de vencimento denominados perpétuas. Assim:
V = Fluxo Perpétuo / i

Quanto menor a taxa de juros, maior seria o valor desse título[58].

Portanto, considerando que não haja risco de crédito, a taxa de juros é a única causa de flutuação dos preços dos títulos.

Quanto maior a taxa nominal de juros, mais ela tende a cair e, portanto, o título tende a se valorizar e, assim, menor será a demanda de moeda para especulação, e vice-versa. Por exemplo:

Se o título promete um rendimento de 50 e a taxa de juros é de 5%, esse título vale:

$V = R/i$
$V = 50/0,05$
$V = 1.000$

Se o título promete um rendimento de 50 e a taxa de juros é de 2,5%, esse título vale:

$V = R/i$
$V = 50/0,025$
$V = 2.000$

Se o título promete um rendimento de 50 e a taxa de juros é de 10%, esse título vale:

$V = R/i$
$V = 50/0,10$
$V = 500$

Observe que, quando a taxa de juros passa de 5% para 2,5%, o valor do título aumenta. Quando a taxa de juros passa de 5% para 10%, o valor do título cai. Portanto, quando a taxa de juros tende a subir, o título tende a se desvalorizar, e as pessoas preferirão reter moeda, já que o investidor preferirá esperar a taxa de juros subir primeiro para depois adquirir o título. Quando a taxa de juros tende a cair, os títulos tendem a se valorizar, e as pessoas tendem a querer reter títulos. A especulação consiste em prever o comportamento da taxa de juros e daí tomar decisões que aumentem seus ganhos.

Portanto, se a taxa de juros estiver muito baixa, ela só tenderá a subir, e os títulos só tenderão a se desvalorizar. Então, a demanda por moeda será máxima.

Quando a taxa de juros está muito alta, só tende a cair, e o título, a se valorizar. Então, a demanda por títulos é máxima, e a demanda por moeda é mínima.

Quem vai dizer se a taxa de juros está alta ou baixa será o próprio mercado. Shapiro afirma que: "embora haja outras considerações a serem levadas em conta, as pessoas que, a qualquer tempo, mudam de fundos de caixa para títulos ou ações esperam que a taxa de juro baixe e o valor daqueles papéis suba; elas encaram a presente taxa de juro como 'alta', e os preços dos papéis como 'baixos' (...) os possuidores de riquezas, no sentido econômico, desenvolvem um conceito do que é uma taxa de juro normal e consideram a taxa de juro corrente algumas vezes alta e outras baixa, dependendo de seu conceito do que é normal (...). As referências a taxas altas, baixas e normais são o que a opinião média considera que essas taxas representam, a qualquer tempo dado"[59].

---

[58] Imagine uma situação análoga em que um imóvel é colocado para alugar (R) e esse valor equivale a uma proporção (i) do Valor do Imóvel (V). Logo: se R↓ e i constante ⇒ V↓.

[59] Edward Shapiro, *Análise macroeconômica*, p. 496-497.

Segundo Blanchard, quando se diz "os mercados de títulos fecharam em alta hoje, pretende-se dizer que os preços dos títulos subiram e que, portanto, as taxas de juros caíram"[60].

Tomando os exemplos a seguir, qual seria a **taxa de juros crítica**? Entende-se por taxa de juros crítica aquela em que o investidor estará em idêntica situação se resolver adquirir o título ou se resolver reter moeda consigo.

Se a taxa de juros estiver em 5% e o investidor possuir 1.000, haverá duas situações hipotéticas para ele:

1.ª hipótese: o investidor preferirá reter moeda. Logo, terá consigo $ 1.000.

2.ª hipótese: o investidor preferirá adquirir um título cujo rendimento promete um valor de $ 50.

Para que ele esteja em situação idêntica à da 1.ª hipótese, o valor do título deverá cair para 950, já que terá os 50 do rendimento garantido. Logo, sua riqueza será de 950 (do valor do título) + 50 (do rendimento). Para tanto, a taxa de juros crítica deverá ser de:

$V = R/i$
$950 = 50/i$
$i = 5,26\%$

O que se observa é que, se a taxa de juros se elevar de 5% para 5,26%, o investidor estará em situações idênticas se optar pela 1.ª hipótese ou se optar pela 2.ª hipótese. Logo, 5,26% é a taxa de juros crítica.

Imagine, na prática, um título público, por exemplo, uma LTN (Letra do Tesouro Nacional), que promete um pagamento de 10.000 no seu vencimento. Elas serão vendidas com um desconto sobre o valor de face. Assim, se o desconto for de 20%, elas serão vendidas por 8.000 e, no final do período, o investidor terá ganho 2.000 (= 10.000 − 8000). Se o desconto for de 50%, as LTNs serão vendidas por 5.000 e, no final do período, o investidor terá ganho 5.000 (= 10.000 − 5.000). Percebe-se uma relação inversa entre o valor de compra do título e a taxa da sua rentabilidade, sendo essa, a taxa de juros do mercado, ou seja, quando V = 8.000, i = 20% e quando V = 5.000, i = 50%.

Voltando, então, à análise da demanda de moeda para especulação, pode-se verificar que, se a taxa de juros subir, o valor do título cai, e se a taxa de juros cair, o valor do título sobe. Assim, se o agente econômico acredita que a taxa de juros vai subir, ele sabe que os títulos perderão valor. Portanto, é melhor reter moeda. Do contrário, se o agente econômico acredita que a taxa de juros vai cair, o valor do título tenderá a aumentar, fazendo com que os agentes prefiram reter títulos. Portanto, quanto maior a taxa de juros, menor a demanda de moeda para especulação, e, quanto menor a taxa de juros, maior a demanda de moeda para especulação.

Representado graficamente a demanda de moeda para especulação (Ls) em função da taxa de juros (i), tem-se o gráfico mostrado na Figura 13.5.

---

[60] Olivier Blanchard, *Macroeconomia*, p. 68.

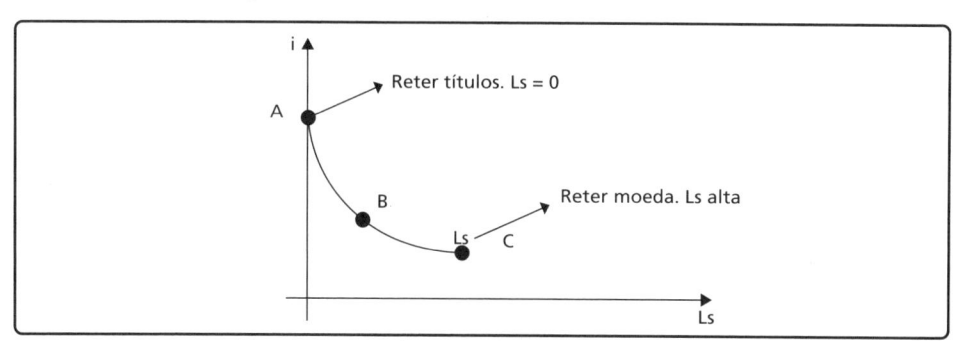

Figura 13.5. Comportamento da demanda de moeda para especulação em relação a taxa de juros

```
   i
   │        → Reter títulos. Ls = 0
   │  A
   │  ●
   │   \
   │    \         → Reter moeda. Ls alta
   │     B
   │     ●
   │      \___
   │       Ls  C
   │          ●
   │
   └─────────────────────→ Ls
```

O que se observa é que, quanto maior **a taxa de juros nominais (i)**, menor será a demanda de moeda para especulação e, em decorrência disso, também quanto maior a **taxa de juros reais (r)** ou a **taxa de inflação (π)**, menor a demanda de moeda para especulação. Verifica-se, portanto, que a demanda de moeda para especulação se comporta de maneira inversa às expectativas com relação ao comportamento que as taxas de juros poderão ter. Isso se dá porque, se a taxa está alta, a tendência é cair e, consequentemente, o título tende a se valorizar. Observe o ponto A da Figura 13.5.

Quanto menor a taxa de juros, maior a demanda de moeda para especulação. Isso se dá porque, se a taxa de juros está muito baixa, ela só tende a aumentar e, com isso, o título tende a se desvalorizar. Observe o ponto C da Figura 13.5.

Assim, confirma Froyen, quando diz que: "um investidor poderia esperar um ganho de capital, se estivesse antecipando uma queda nas taxas de juros, e uma perda de capital, se estivesse antecipando um aumento nas taxas de juros. Esta é a incerteza sobre o curso futuro das taxas de juros, fundamental na análise de Keynes"[61]. Esse comportamento pode ser observado no ponto "B" da Figura 13.5. Se o investidor acredita que a taxa de juros tende a subir, preferirá reter moeda, mas, se acredita que a taxa de juros tende a cair, preferirá reter o título.

13.14.2.3. Especular

Especular no mercado financeiro é, portanto, tomar atitudes que se consideram favoráveis para se ter ganhos monetários. Assim, se o agente econômico acredita que a taxa de juros vai subir, também acredita que o valor do título vai cair, então vai preferir reter moeda. Se o agente econômico acredita que a taxa de juros vai cair, também acredita que o valor dos títulos vai subir, então vai preferir reter títulos. O problema está em se saber o que acontecerá com a taxa de juros. Vai subir? Vai cair? A especulação está, portanto, ligada à incerteza com relação ao comportamento da **taxa de juros**.

---

[61] Richard T. Froyen, *Macroeconomia*, p. 132.

Existe uma taxa de juros que o agente econômico considera **normal** e que, portanto, se estiver acima dela, tenderá a cair e, estando abaixo dela, tenderá a subir. Essa taxa dita normal é determinada pela média ponderada das taxas de juros praticadas no passado e que foram registradas pelo agente econômico. Existe também uma taxa de juros que está num patamar considerado muito baixo e que, portanto, não deverá mais cair. Assim, só tenderá a subir e o título a se desvalorizar, o que fará o agente desejar reter moeda consigo. Mais adiante, é possível ver que se trata da área conhecida como **armadilha da liquidez**[62]. Também, há uma taxa de juros muito elevada que não se considera mais possível subir. Portanto, só tende a cair e os títulos a se valorizarem. Nesse caso, o agente econômico deverá reter títulos. Isso ocorre porque existe um montante da demanda de moeda que será destinada a transação e esta é totalmente inelástica à taxa de juros. Assim, mesmo a taxa de juros se elevando, nenhuma demanda a mais de moeda será destinada à especulação.

13.14.2.4. Demanda total por moeda

A demanda total por moeda será a soma da demanda de moeda para transação (Lt) com a demanda de moeda para especulação (Ls)[63].

Como:

Lt = f(Y), ou seja, a demanda de moeda para transação (e precaução) é função direta da renda.

Ls = f(1/i), ou seja, a demanda de moeda para especulação é função inversa da taxa de juros.

Então, a demanda total de moeda (L) será uma função direta da renda nominal e uma função inversa da taxa de juros nominal, ou seja:

$$L = f(Y, 1/i)$$

Quando se soma a demanda de moeda para transação[64] e a demanda de moeda para especulação, determina-se a demanda total por moeda. Representando a demanda de moeda para transação, inelástica a taxa de juros (i) e a demanda de moeda para especulação como uma função **inversa** da taxa de juros (i), têm-se as representações gráficas da Figura 13.6.

---

[62] Nessa área, as autoridades monetárias não obterão êxito se desejarem reduzir a taxa de juros pela expansão da oferta de moeda.

[63] Cabe fazer uma observação: a demanda de moeda individual para precaução, transação e especulação não são independentes, ou seja, a demanda por moeda se constitui em uma unidade, e não em três repartições, como aparenta ser. Dessa unidade, derivam os três motivos. Contudo, na análise que será feita, serão considerados os três motivos independentes, que serão, posteriormente, agregados em uma função única de demanda de moeda.

[64] Lembre-se que a demanda de moeda para transação está representando também a demanda de moeda para precaução.

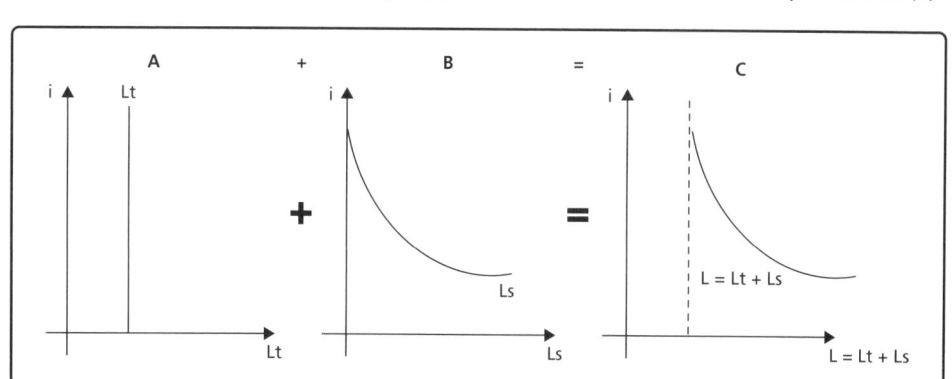

Figura 13.6. A soma da demanda de moeda para transação (A) com a demanda de moeda para especulação (B) determinando a demanda total por moeda (C)

```
      A              +         B              =         C
 i ↑  Lt                  i ↑                      i ↑
                                                       ┊
                          +                        =   ┊
                                                       ┊
                                     Ls                ┊   L = Lt + Ls
                                                       ┊
                    →                          →                         →
                   Lt                         Ls                   L = Lt + Ls
```

Considerados os preços constantes, a demanda de moeda para transação será uma função direta da renda real, já que, nessa situação, esta é igual à renda nominal (ou monetária).

Caso haja um aumento da renda real (Y), a demanda de moeda para transação (Lt) aumenta. Assim, a curva de demanda de moeda para transação em função da taxa de juros se desloca para a direita cada vez que a renda (Y) aumenta. Observe a Figura 13.7.

Figura 13.7. O deslocamento da função demanda de moeda por transação (Lt) mediante uma alteração no nível de renda (Y) de Y_1 para Y_2 e para Y_3

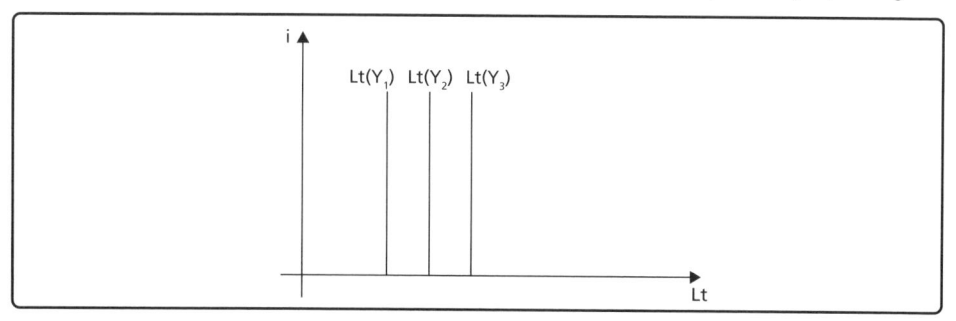

```
         i ↑
            Lt(Y₁) Lt(Y₂) Lt(Y₃)


                              →
                             Lt
```

Assim, a demanda total por moeda também se deslocaria para a direita todas as vezes que a renda (Y) aumentasse. Observe o gráfico da Figura 13.8.

Figura 13.8. Deslocamento da função demanda total por moeda (L) mediante uma alteração no nível de renda (Y)

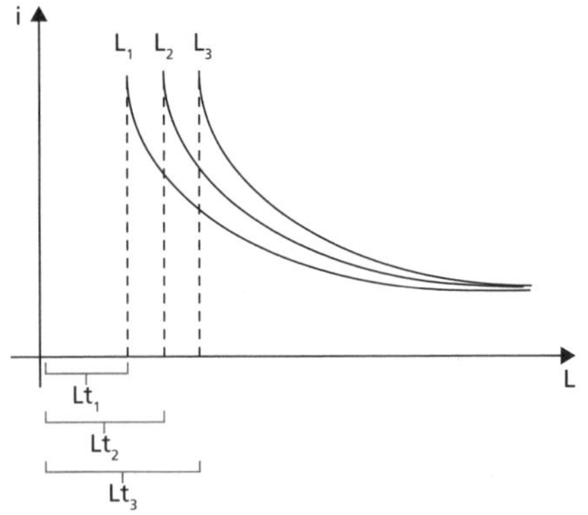

Portanto, a demanda de moeda para especulação será função **inversa** da taxa de juros nominal (i), assim como da taxa de juros reais (r), e da taxa de inflação (π), já que i = r + π. A equação de Fisher é, na verdade, i = r + π_e, onde π_e é a taxa de inflação esperada. Considerando $\pi_e = \pi$, tem-se que: i = r + π.

$$Ls = f(1/i), \; Ls = f(1/r), \; Ls = f(1/\pi)$$

Segundo Blanchard: "As pessoas reterão mais moeda quanto maior for o nível das transações e menor a taxa de juros dos títulos"[65]. Pela Teoria da Preferência pela Liquidez, a demanda de moeda deve ser maior, quanto menor a taxa de juros. Não se deve confundir a Teoria da Preferência pela Liquidez com a Teoria da Oferta e Demanda por Moeda, porque esta última afirma que quanto maior a demanda por moeda, maior a taxa de juros.

13.14.2.5. Demanda total por moeda no pensamento pós-Keynesiano

Além da taxa de juros (i) e do nível de renda (Y), o pensamento dos pós-Keynesianos introduziu **a riqueza** (W) do setor privado como um dos determinantes da demanda de moeda (L). Segundo eles, quanto maior a riqueza do setor privado, maior seria a demanda de moeda. Shapiro complementa, dizendo que: "a quantia de dinheiro que o público decide reter consigo variará não apenas diretamente em função da renda e inversamente com a taxa de juro, mas também diretamente com a riqueza do setor privado. Quanto maior esta for maior será a tendência para que o montante de dinheiro que o público decida reter seja vultoso, tudo o mais sendo igual. O argumento é de que os possuidores de riquezas distribuirão qualquer aumento em haveres pelas várias formas nas quais a riqueza pode ser mantida, e uma delas é, evidentemente, o dinheiro"[66].

Logo: **L = f (Y, i, W)**

---

[65] Olivier Blanchard, *Macroeconomia*, p. 72.
[66] Edward Shapiro, *Análise macroeconômica*, p. 519.

13.14.2.6. Armadilha da liquidez

O trecho em que a taxa de juros é mínima recebe o nome de **armadilha da liquidez**, porque, já que a taxa de juros só tende a subir, quem tem moeda não deseja comprar títulos e quem tem títulos não consegue vendê-los.

Froyen complementa o conceito de armadilha da liquidez, quando diz que: "há uma previsão consensual de que os valores das perdas de capital com os títulos excederão os montantes dos ganhos com juros. A essas taxas, os incrementos à riqueza seriam retidos diretamente sob a forma de moeda, sem ampliar a queda na taxa de juros. Keynes chamou essa situação de armadilha da liquidez"[67].

Na Figura 13.9, é possível identificar o segmento em que ocorre a **armadilha da liquidez**. Segundo Lopes e Rossetti, nesse segmento, "os que possuem ativos monetários são unânimes quanto à expectativa de que a taxa de juros já se encontra tão baixa que não seria possível baixar ainda mais. (...) estabelece-se uma verdadeira armadilha para as autoridades monetárias, no sentido de que estas não lograrão êxito se, nesse instante, desejarem baixar ainda mais a taxa de juros via expansão da oferta monetária"[68].

Figura 13.9. Curva de demanda de moeda e área onde ocorre a armadilha da liquidez

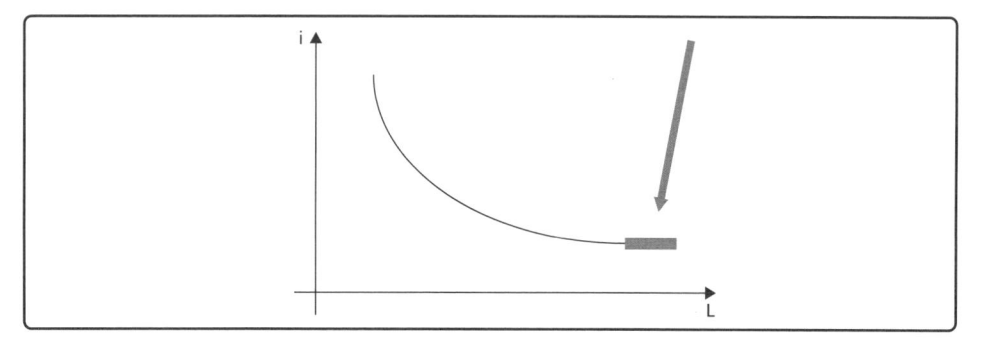

13.15. EQUILÍBRIO NO MERCADO MONETÁRIO

O equilíbrio no mercado monetário ocorre quando a demanda por moeda (L) é **igual** à oferta de moeda (M)[69]. Se a curva de oferta de moeda se deslocar para a direita, haverá um novo ponto de equilíbrio, onde a taxa de juros será menor. Se a curva de oferta de moeda se deslocar para a esquerda, haverá um novo ponto de equilíbrio, onde a taxa de juros será maior. Portanto, a taxa de juros é aquela que iguala a demanda e a oferta de moeda.

---

[67] Richard T. Froyen, *Macroeconomia*, p. 134.
[68] João do Carmo Lopes e José Paschoal Rossetti, *Economia monetária*, 1995, p. 64.
[69] Para Keynes, a taxa de juros é um fenômeno monetário determinado pela interseção da demanda e oferta de moeda. Para os clássicos, a taxa de juros é um fenômeno real e é determinado pela interseção entre a poupança e o investimento.

É importante lembrar que a oferta de moeda é uma variável **exógena** ao modelo e será determinada pelo Banco Central. Não depende, portanto, da taxa de juros.

Caso a curva de oferta de moeda não se desloque, qualquer ponto na curva de demanda (L) que não seja o de equilíbrio no mercado monetário representará um desequilíbrio. Observe a Figura 13.10. Assim, descendo na curva de demanda de moeda, a partir do ponto de equilíbrio (E), a oferta de moeda será insuficiente para atender à demanda por moeda **(L > M)**. Nesse ponto, equivale a dizer que o público está querendo aumentar sua riqueza sob a forma de moeda, ou que a oferta de títulos é maior que a demanda. Subindo a curva de demanda por moeda, a partir do ponto de equilíbrio, a oferta de moeda será superior à demanda **(L < M)**. Nesse ponto, equivale a dizer que a oferta de títulos é menor que à demanda. Segundo Froyen: "se a demanda por moeda exceder (for menos que) a oferta de moeda, haverá um transbordamento (*spillover*) de mercadoria para o mercado, pois os indivíduos tentarão reduzir (aumentar) seus dispêndios com mercadorias"[70].

Figura 13.10. O equilíbrio no mercado monetário

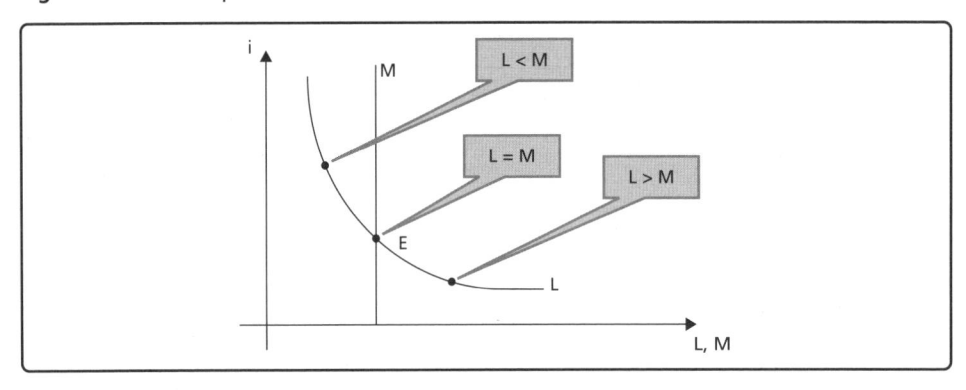

Blanchard resume, afirmando que: "um aumento da oferta de moeda pelo Banco Central leva a uma diminuição da taxa de juros. A diminuição da taxa de juros aumenta a demanda por moeda de modo que ela seja igual à oferta de moeda maior"[71].

Assim, dado um nível de renda, se houver um aumento da oferta de moeda, a curva M se desloca para a direita, reduzindo a taxa de juros de i_1 para i_2. Caso haja uma redução da oferta de moeda, a curva M se desloca para a esquerda, elevando a taxa de juros de i_1 para i_3. Observe o gráfico da Figura 13.11 a seguir:

---

[70] Richard T. Froyen, *Macroeconomia*, p. 72.
[71] Olivier Blanchard, *Macroeconomia*, p. 66.

Figura 13.11. Quando há aumento da oferta de moeda, a curva M se desloca para a direita, reduzindo a taxa de juros de equilíbrio. Quando há redução da oferta de moeda, a curva M se desloca para a esquerda, elevando a taxa de juros de equilíbrio

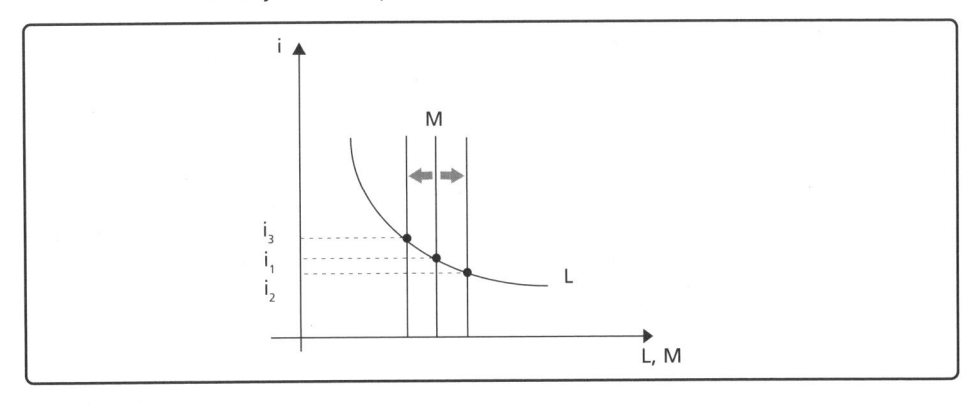

13.16. FUNÇÕES DA DEMANDA POR MOEDA

A demanda por moeda (L) será função **direta da renda nominal (Y) e função inversa da taxa de juros nominal (i)**.

$$L = f(Y, 1/i)$$

13.16.1. Aumento da renda

Observe na Figura 13.12 que, dada uma oferta de Moeda, M, quanto maior a renda (Y), maior será o volume de transações e maior a quantidade de moeda demandada, o que provoca elevação da taxa de juros (i).

Se: **Y ↑ L ↑ então i ↑**

Figura 13.12. Aumento da demanda por moeda e as consequências no mercado monetário

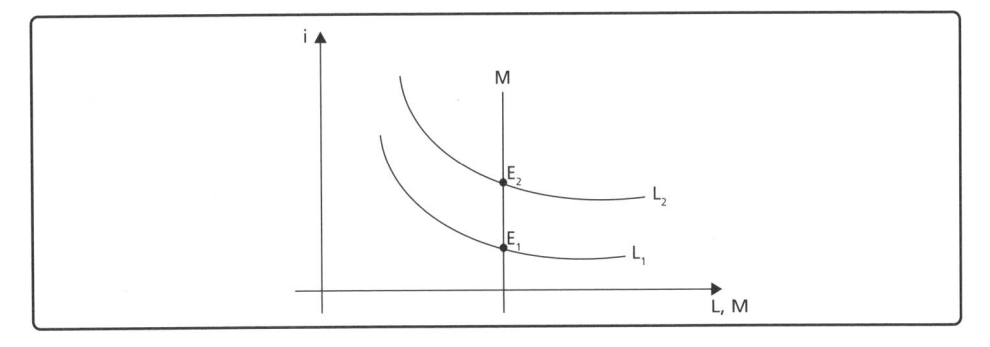

Blanchard resume, dizendo que: "um aumento da renda nominal leva a um aumento da taxa de juros. O motivo é que, à taxa de juros inicial, a demanda por moeda excede a oferta. Um aumento da taxa de juros é necessário para diminuir o montante de moeda que as pessoas desejam ter e para restabelecer o equilíbrio"[72]. Continuando com Blanchard: "Quando a renda aumenta, a demanda por moeda aumenta. Mas a oferta de moeda é dada. Portanto, a taxa de juros deve subir até que os dois efeitos opostos sobre a demanda por moeda — o aumento da renda que leva as pessoas a desejar reter mais moeda e o aumento da taxa de juros que leva as pessoas a desejar reter menos moeda — se cancelem mutuamente"[73].

13.16.2. Aumento da taxa de juros

Também a taxa de juros corresponde ao custo de oportunidade de reter moeda. Assim, a quantidade demandada de moeda diminui quando a taxa de juros aumenta, e a quantidade demandada de moeda aumenta quando a taxa de juros se reduz.

Figura 13.13. Quando há redução da taxa de juros, de i_1 para i_2, a quantidade demandada de moeda aumenta, de L_1 para L_2. Quando há elevação da taxa de juros, de i_1 para i_3, a quantidade demandada de moeda reduz de L_1 para L_3

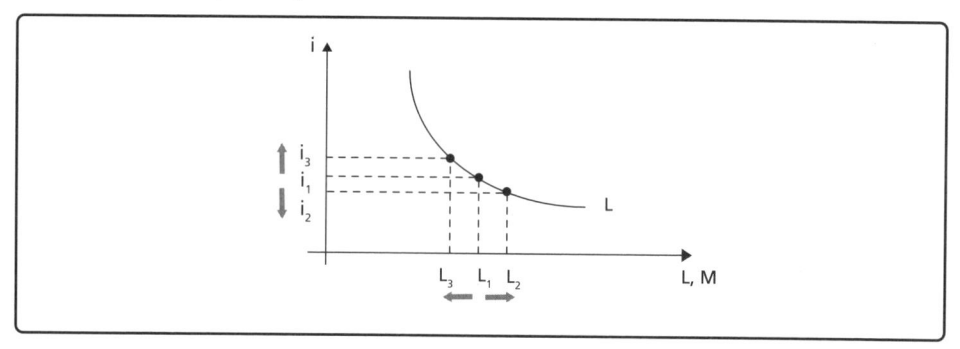

13.17. MODELO TOBIN-BAUMOL DE DEMANDA DE MOEDA

O modelo Tobin-Baumol foi um modelo matemático, idealizado por James Tobin e reformulado por Willian Baumol, que explica a demanda de moeda para transação considerando a demanda de moeda para especulação. A teoria baseia-se no *trade-off* (troca) entre reter moeda e o custo de oportunidade de se deixar de ganhar juros pelo fato de não ter adquirido títulos. Diferentemente da abordagem mostrada por Keynes, para quem a demanda de moeda para transação é função direta da renda apenas, o **modelo Tobin-Baumol** mostra que a demanda de moeda para **transação** é função da **renda** e também da **taxa de juros**. Assim, para Tobin-Baumol, quanto maior a taxa de juros, mais os agentes econômicos diminuirão seus saldos monetários que seriam destinados

---

[72] Olivier Blanchard, *Macroeconomia*, p. 66.
[73] Olivier Blanchard, *Macroeconomia*, p. 87.

para transação e mais aumentarão suas aquisições em títulos. Assim, percebe-se que a demanda de moeda será, a partir de determinado ponto, sensível à taxa de juros.

Para Tobin-Baumol, a preferência pela liquidez em reter moeda justifica-se pela possibilidade de realizar transações de maneira mais rápida. Na medida em que o agente econômico opta em reter moeda em forma de títulos, terá custos todas as vezes que precisar sacar moeda, sejam custos relativos ao deslocamento necessário para ir ao banco[74], sejam os custos relativos ao tempo gasto para realizar essas operações, ou sejam os custos de corretagem em que incorrerá quando vender o Ativo remunerado para convertê-lo em moeda e realizar transações.

Portanto, a demanda de moeda será tanto maior:

- quanto maior for o custo de ida ao banco;
- quanto menores forem os juros pagos, caso a moeda seja convertida em títulos;
- quanto maior for o número de pagamentos ou transações que o agente econômico tiver que fazer;
- quanto maior for o custo de corretagem.

Segundo o modelo Tobin-Baumol, o agente vai analisar os custos e benefícios entre reter moeda ou aplicar no mercado financeiro. Os custos seriam:

a) os juros que se deixa de ganhar pelo fato de não ter aplicado o dinheiro;

b) custos de transação, como a ida ao banco para fazer a aplicação, o tempo gasto ou o custo de corretagem.

Quando se retém moeda:

- maior será o custo pelo juro não recebido (a); e
- menor será o custo com ida ao banco, menor será o tempo gasto e menor o custo de corretagem (b).

Compete, portanto comparar (a) e (b). Se:

(a) > (b) → a demanda por moeda diminui;

(a) < (b) → a demanda por moeda aumenta.

Segundo Carvalho: "(...) a existência de um custo de corretagem fornece a justificativa para o indivíduo reter uma certa soma de dinheiro na forma de saldos para transações. Deste modo, a maior ou menor retenção de moeda para transações dependerá de uma comparação entre as receitas derivadas das aplicações da riqueza líquida em títulos com os custos que resultam destas aplicações, ou seja, o ponto que irá maximizar a carteira líquida em títulos com os custos que resultam destas aplicações, ou seja, o ponto que irá maximizar a carteira dos agentes será aquele em que a receita marginal das aplicações em títulos

---

[74] O custo de ida ao banco ficou também conhecido como custo "sola de sapato", assunto a ser abordado no capítulo 17.

se igualar ao custo marginal. Em outras palavras, haverá um certo nível de retenção de títulos em que se maximiza a diferença entre os ganhos de juros e os custos da carteira"[75].

Para tanto, realiza-se um cálculo matemático levando-se em conta todos os custos levantados e, assim, obtêm-se a quantidade ótima de vezes que o agente deveria ir ao banco e qual o saldo médio ótimo de moeda necessário para que o agente realize suas transações. Assim, quanto maior a demanda ótima de moeda, menor a quantidade de vezes necessárias de idas ao banco.

13.18. QUESTÕES

1. (FGV — 2024 — ALESC/Economista) Relacione cada função do Banco Central (BC) com sua respectiva característica.
( ) Banco dos bancos
( ) Depositário das reservas internacionais
( ) Banqueiro do governo
( ) Banco emissor de papel-moeda
1. Zela pela estabilidade do sistema financeiro nacional, regulando e fiscalizando os agentes desse sistema.
2. Atua no mercado cambial, para evitar flutuações abruptas do câmbio.
3. Recebe depósitos do Tesouro em seu Passivo e carrega títulos públicos em seu Ativo.
4. Essa função faz o BC contrair dívida, sendo uma fonte de recursos para este, aparecendo em seu Passivo.
Assinale a opção que indica a relação correta, na ordem apresentada.
    a) 1 — 2 — 3 — 4.
    b) 1 — 3 — 2 — 4.
    c) 2 — 1 — 4 — 3.
    d) 2 — 4 — 1 — 3.
    e) 3 — 2 — 1 — 4.

2. (CEBRASPE — 2024 — ANTT/Economia) A respeito das contas do sistema monetário, julgue o item que se segue.
Um aumento do PIB real aumenta a demanda por moeda na forma do M_1 em decorrência do motivo especulação de moeda.
    ( ) Certo
    ( ) Errado

3. (CEBRASPE — 2023 — Analista de Planejamento e Orçamento (SEPLAN RR)/Planejamento e Orçamento) Considerando o modelo IS/LM, especificamente em relação à demanda por moeda, julgue o item a seguir.
Um aumento do PIB real reduz a demanda por moeda na forma do M1.
    ( ) Certo
    ( ) Errado

4. (VUNESP — 2023 — Auditor de Controle Externo (TCM SP)/Economia) São considerados fatores determinantes na expansão da base monetária:
    a) venda de títulos públicos e expansão da taxa de redesconto.
    b) venda de títulos públicos e expansão das reservas cambiais.

---

[75] Fernando J. Cardim de Carvalho... (et al.), *Economia monetária e financeira*, p. 69.

c) compra de títulos públicos em poder do público e expansão das reservas cambiais.
d) compra de títulos públicos em poder do público e redução das reservas cambiais.
e) venda de títulos públicos e redução do compulsório sobre depósitos à vista.

5. (VUNESP — 2023 — Auditor de Controle Externo (TCM SP)/Economia) A taxa de reservas compulsórias junto aos bancos comerciais
   a) tem uma relação direta com o volume do agregado monetário M2.
   b) tem uma relação direta com o agregado monetário M4.
   c) tem uma relação inversa com o volume do agregado monetário M1.
   d) altera a proporção do papel-moeda mantido em poder do público.
   e) não interfere no volume de meios de pagamento em qualquer dos seus conceitos.

6. (FGV — 2022 — Consultor do Tesouro Estadual (SEFAZ ES)/Ciências Econômicas) A oferta de moeda na economia se expande quando
   a) há aumento da taxa de redesconto aplicada pelo BACEN.
   b) o BACEN reduz a oferta de empréstimos de liquidez.
   c) há aumento da taxa de recolhimento fixada aos bancos comerciais pelo BACEN.
   d) o BACEN atua no mercado aberto, vendendo títulos públicos.
   e) há maior controle seletivo do crédito por parte do BACEN.

7. (FGV — 2023 — Auditor do Estado (CGE SC)/Economia) Considere os seguintes dados (em bilhões de reais):
   - Nível absoluto de preços = 1.000
   - Produto real = 500
   - Quantidade de moeda = 10.000

   A velocidade-renda da moeda (em bilhões de reais) é igual a
   a) 50.
   b) 500.
   c) 1.000.
   d) 10.000.
   e) 20.000.

8. (VUNESP — 2023 — Economista — CAMPREV) De acordo com a Teoria Quantitativa da Moeda, uma inflação de 10% ao ano num contexto em que houve aumento do produto real de 5%, mantida estável a velocidade-renda da moeda, deve ter sido causada por:
   a) contração de 5% nos meios de pagamento.
   b) contração de 10% nos meios de pagamento.
   c) expansão de 5% nos meios de pagamento.
   d) expansão de 10% nos meios de pagamento.
   e) expansão de 15% nos meios de pagamento.

9. (VUNESP — 2023 — Economista (Pref GRU) De acordo com a Teoria Quantitativa da Moeda, as variações na oferta monetária têm consequências, a curto prazo,
   a) na renda nacional.
   b) no nível de emprego.
   c) no volume de meios de pagamento.
   d) na capacidade ociosa da indústria.
   e) no nível geral de preços.

10. (CEBRASPE — 2023 — CGDF/Finanças e Controle) Com referência a instrumentos de controle monetário utilizados pelo Banco Central do Brasil (BCB) e a conceitos relacionados aos principais agregados monetários, assinale a opção correta.

a) O multiplicador monetário é igual à razão entre reservas bancárias e papel moeda em poder do público.

b) Se o BCB alterar o compulsório sobre depósitos a vista, haverá imediata criação de meios de pagamento na economia.

c) Se o papel moeda em poder do público for zero, o multiplicador monetário será igual a um.

d) O valor da base monetária é diferente do agregado M1.

GABARITO

1. "a".
Quando o Banco Central zela pela estabilidade do sistema financeiro nacional, regulando e fiscalizando os agentes desse sistema, ele está exercendo a função de Banco dos Bancos.
Quando o Banco Central atua no mercado cambial, para evitar flutuações abruptas do câmbio, ele consegue tal feiro por ser depositário das reservas internacionais.
O Banco central recebe depósitos do Tesouro em seu Passivo e carrega títulos públicos em seu Ativo porque é o banqueiro do governo.
O fato de o Banco Central ser banco emissor de papel-moeda permite ao BC contrair dívidas, sendo uma fonte de recursos para este, aparecendo em seu Passivo. A alternativa correta é a "a".

2. "errado".
Quando há um aumento do PIB, a renda da economia aumenta e isso afeta diretamente a demanda de moeda para transação (Lt), já que esta última mantém uma função direta com o nível de renda e produto da economia. A demanda de moeda para especulação (Ls) é uma função inversa à da taxa de juros e não à da renda. A questão está errada.

3. "errado".
A demanda por moeda é uma função inversa da taxa de juros. Se a taxa de juros aumentar, a demanda por moeda diminuirá e vice-versa. O item está errado.

4. "c".
Vejamos o Balancete Sintético do Banco Central

BALANCETE SINTÉTICO DO BANCO CENTRAL	
Ativo	**Passivo**
Caixa	Passivo Monetário
Reservas internacionais	Base Monetária (B)
Empréstimos ao Tesouro Nacional	Passivo Não Monetário
Empréstimos a outros órgãos do governo	Depósitos do TN
Empréstimos ao setor privado	Empréstimos externo
Redesconto	Saldo líquido das demais contas
Títulos Públicos Federais	

Para aumentar a Base Monetária (B), *ceteris paribus*, é necessário que o Passivo Não monetário se reduza ou o ativo aumente. Assim, quando títulos públicos e reservas internacionais aumentam, a Base Monetária aumenta. A alternativa "c" está correta. Quando ocorre a venda de títulos públicos e expansão da taxa de redesconto (diminuindo o redesconto), a Base Monetária diminui. A alternativa "a" está incorreta.
A venda de títulos públicos diminui a Base Monetária, muito embora, a expansão das reservas cambiais aumente a Base Monetária. A alternativa "b" está incorreta. A compra de títulos públicos em poder do público eleva a Base Monetária, mas a redução das reservas cambiais, reduz a Base Monetária. A alternativa "d" está incorreta. A venda de títulos públicos reduz a Base Monetária, assim como a redução do compulsório sobre depósitos à vista. A alternativa "e" está incorreta.

5. "c".
Quanto maior a taxa de reserva (ou depósito) compulsório que os Bancos Comerciais são obrigados a fazer junto ao Banco Central, menor será o multiplicador monetário e, por conseguinte, menor será a expansão da Base Monetária em Meios de Pagamento, M_1. Logo, as reservas compulsórias têm uma relação inversa com M_1, M_2, M_3 e M_4, já que M_2 engloba M_1, M_3 engloba M_2 e M_4 engloba M_3. A alternativa "c" está correta e as alternativas "a", "b", "e" estão incorretas. A taxa de reserva compulsória altera M_1, e essa alteração pode modificar o Papel Moeda em Poder do Público e/ou os depósitos à vista ou apenas um deles. A alternativa "d" está incorreta.

6. "e".
Quando o Bacen concede crédito, aumenta a oferta de moeda na economia. Se há um controle seletivo, significa que esse empréstimo será destinado apenas a algumas pessoas, reduzindo a quantidade de empréstimos que poderiam ter sido concedidos se não houvesse a seleção, o que reduz a oferta de moeda. Mas a banca examinadora considerou essa a alternativa correta, então, a alternativa "e" está correta. Quando há aumento da taxa de redesconto, o redesconto diminui, fazendo com que os Bancos Comerciais fiquem mais temerosos em emprestar dinheiro porque sabem que se vierem a precisar do redesconto do Bacen, terão uma taxa de juros mais alta para pagar. Logo, os bancos comerciais emprestando menos, a oferta de moeda diminui. A alternativa "a" está incorreta. Quando o Bacen reduz o redesconto, os Bancos comerciais passam a emprestar menos também, reduzindo a oferta de moeda. A alternativa "b" está incorreta. Quando aumento a taxa do recolhimento compulsório, o recolhimento compulsório, que é o depósito que o Banco Central obriga que os bancos comerciais façam junto a uma conta do Bacen, aumenta também, ficando menos recursos disponíveis para os Bancos Comerciais emprestarem. Assim, a oferta de moeda diminui. A alternativa "c" está incorreta. Quando o Bacen vende títulos públicos, no Mercado Aberto, eles tiram moeda da economia e, por isso, provocam uma contração monetária, ou seja, a oferta de moeda diminui. A alternativa "d" está incorreta.

7. "a".
A teoria Quantitativa da Moeda afirma que: $M \cdot V = P \cdot Y$, onde M é a oferta de Moeda, V, a velocidade de circulação da moeda, P, o nível de preços e Y, o produto real. Assim: $10.000 \cdot V = 1000 \cdot 500$.
Logo; V = 50. A alternativa "a" é a correta.

8. "e".
A teoria Quantitativa da Moeda afirma que: $M.V = P.Y$, onde M é a oferta de Moeda, V, a velocidade de circulação da moeda, P, o nível de preços e Y, o produto real. Assim: 10.000 . V = 1000. 500.
Logo; V = 50. A alternativa "a" é a correta.

9. "e".
Segundo a Teoria Quantitativa da Moeda, $M \cdot V = P \cdot Y$, onde M é a oferta de Moeda ou Meios de Pagamento, V, a velocidade-renda da moeda, P, o nível de preços e Y, o produto real, uma variação na oferta de moeda (M) levaria a uma variação no nível geral de preços (P), já que "V" é determinado por fatores institucionais, hábitos, costumes e tradições que, no curto prazo, seriam estáveis e Y seria constante já que seria o produto potencial da economia.

$M \cdot V = P. \uparrow Y \uparrow$

A alternativa correta é a "e".

10. "d".
Como o valor dos depósitos à vista nos bancos comerciais em relação aos meios de pagamento (d) tende a ser maior que zero e os encaixes em relação aos depósitos à vista, menor que a unidade (ou 100%), então, o multiplicador monetário é maior que a unidade e, portanto, os Meios de Pagamentos serão maiores que a Base Monetária. A alternativa "d" está correta.
O multiplicador monetário é igual à razão entre os Meios de Pagamento, M_1, e a Base Monetária, B. É calculado da seguinte maneira:

$$\frac{M_1}{B} = \frac{1}{1 - d(1-R)}$$

Onde "d" é a parcela dos Meios de Pagamento que serão depositadas à vista nos Bancos Comerciais e "R" é a parcela dos Depósitos à vista que ficarão indisponíveis para empréstimo (encaixe). A alternativa "a" está incorreta.

Se o BCB diminuir (e não alterar, já que alterar pode ser para mais ou para menos), o compulsório sobre depósitos a vista, haverá imediata criação de meios de pagamento na economia. A alternativa "b" está incorreta.

Se o papel moeda em poder do público for zero, significa que os depósitos à vista nos bancos Comerciais são iguais a 100% ou 1. Contudo, o valor do multiplicador vai depender também do valor dos encaixes em relação aos depósitos à vista (R). A alternativa "c" está incorreta.

13.19. MATERIAL SUPLEMENTAR

QUESTÕES DE CONCURSOS
http://uqr.to/1yjbc

14

MODELO IS-LM (INTERLIGAÇÃO ENTRE O LADO REAL E O LADO MONETÁRIO)

Até o momento, quando se determinava o nível de produto de equilíbrio no mercado de bens, considerava-se uma taxa de juros "dada", ou seja, ela não se alterava na economia. Da mesma forma, quando se determinava a taxa de juros de equilíbrio no mercado monetário, considerava-se um nível de produto e renda "dados", ou seja, eles não se alteravam na economia. O que se vai mostrar, neste capítulo, é que tanto uma alteração na taxa de juros é capaz de alterar o nível de equilíbrio da renda e do produto quanto uma alteração da renda e do produto é capaz de modificar a taxa de juros de equilíbrio.

Segundo Lopes e Vasconcellos, o modelo IS-LM "(...) trata de um sistema de determinação simultânea, tomando-se como variáveis exógenas no modelo a política monetária (oferta de moeda), a política fiscal (impostos e gastos públicos) e o nível de preços, que é considerado constante. A interligação entre o lado real e o lado monetário é feita basicamente através da taxa de juros"[1].

Portanto, o modelo IS-LM, também conhecido pelo nome de análise de **Hicks-Hansen**, explica duas variáveis endógenas: a renda e a taxa de juros.

14.1. FUNÇÃO IS (INVESTIMENTO E POUPANÇA)[2]

Sabendo que a função investimento é uma função inversa da taxa de juros real e considerando-se o **nível de preços como dado**[3] e, por conseguinte, um modelo onde não há inflação, tem-se:

$$I = Ia - \beta r$$

Onde: β = sensibilidade do investimento a taxa de juros; r = taxa de juros real; e Ia = investimento autônomo.

Vale lembrar que:

taxa de juros nominal (i) = taxa de juros real (r) + taxa de inflação esperada (πe)[4].

---

[1] Luiz Martins Lopes e Marco Antonio Sandoval de Vasconcellos, *Manual de macroeconomia*, p. 149.
[2] IS deriva do termo em inglês *Investment and Saving*.
[3] A hipótese de preços constantes baseia-se numa economia de curto prazo.
[4] No momento, considera-se que os preços não variem e que, portanto, a inflação esperada seja zero, fazendo com que a taxa de juros nominal e real sejam iguais. No capítulo 14 será abordada a hipótese de uma inflação esperada diferente de zero e as repercussões na função IS.

Como os preços não variam, ao se construir o modelo IS-LM é indiferente fazer referência a taxa de juros nominal (i) ou real (r), já que serão iguais.

No modelo IS, o investimento é **endógeno** ao modelo, na medida em que sua quantidade se reduz conforme a taxa de juros (r) sobe e se eleva conforme a taxa de juros (r) cai.

Blanchard afirma que, no modelo anteriormente desenvolvido, o mercado de bens não era afetado por uma alteração na taxa de juros, já que ela era considerada constante: "Nossa primeira tarefa neste capítulo é remover essa simplificação para introduzir a taxa de juros em nosso modelo de equilíbrio do mercado de bens"[5].

Assim, para se construir a função IS, deve-se seguir a sequência dos gráficos da Figura 14.1.

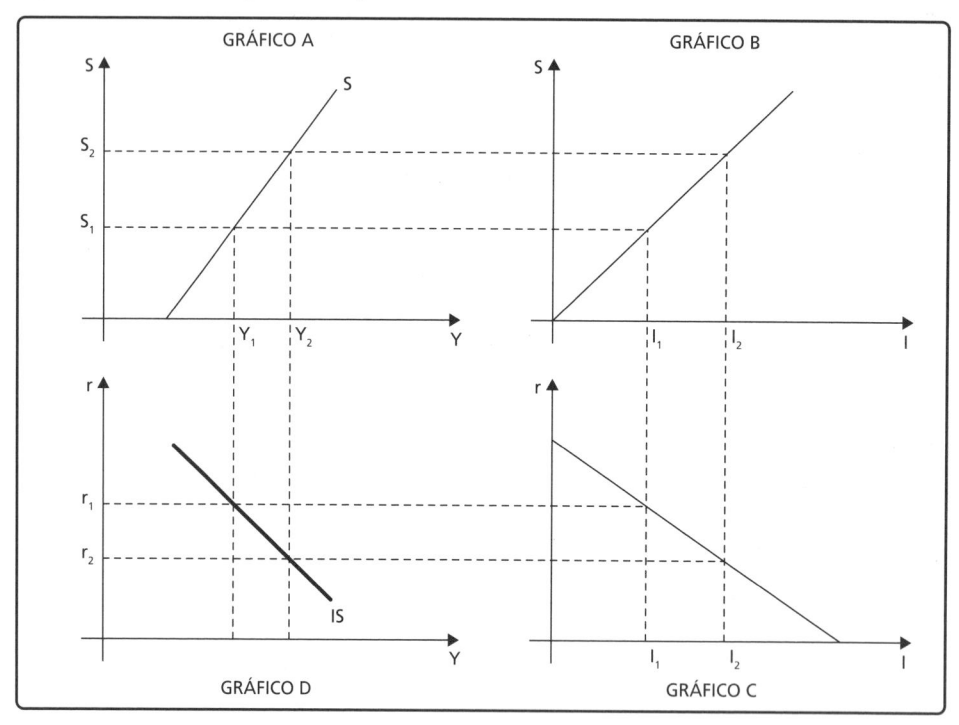

Figura 14.1. Construção da função IS

Começa-se atribuindo dois valores para o nível de renda no **gráfico A** e, assim, determinam-se dois valores para o nível de poupança. Em seguida, como a poupança e o investimento são iguais no equilíbrio, define-se o **gráfico B**. Como o investimento e a taxa de juros têm uma relação inversa, pode-se construir o **gráfico C**. O **gráfico D** associa as taxas de juros do **gráfico C** com o nível de renda do **gráfico A**, definindo a função IS, ou seja, o equilíbrio no mercado de bens.

---

[5] Olivier Blanchard, *Macroeconomia*, p. 82.

Observe que a função IS, por simplificação, foi construída no formato de uma reta, mas nada impede que seu formato seja o de uma curva convexa para a origem.

14.1.1. O equilíbrio no mercado de bens — função IS

A **curva IS** é o lugar geométrico dos pontos formados pelas combinações entre taxa de juros e renda que equilibram o **mercado de bens**, ou seja, onde ocorre a igualdade entre oferta agregada e demanda agregada. A curva IS é, portanto, a combinação entre diversas taxas de juros e diversos níveis de renda e produto que tornam a **d.a = o.a** (demanda agregada = oferta agregada) e **I = S** (Investimento = Poupança).

Quanto maior a taxa de juros, menor o investimento e, portanto, menores a renda e o produto de equilíbrio.

O que se observa no gráfico da Figura 14.2 é que, conforme a taxa de juros sobe, o nível de investimento (I) diminui, reduzindo o nível de Produto da economia (Y) e, conforme a taxa de juros cai, o nível de investimento (I) aumenta, elevando o nível de Produto da economia (Y). Daí concluir-se que a função IS apresenta uma **inclinação negativa**.

Portanto, quanto maior a taxa de juros "i", menor o nível de Produto "Y", e quanto menor a taxa de juros "i", maior o nível de Produto "Y".

Figura 14.2. Função IS

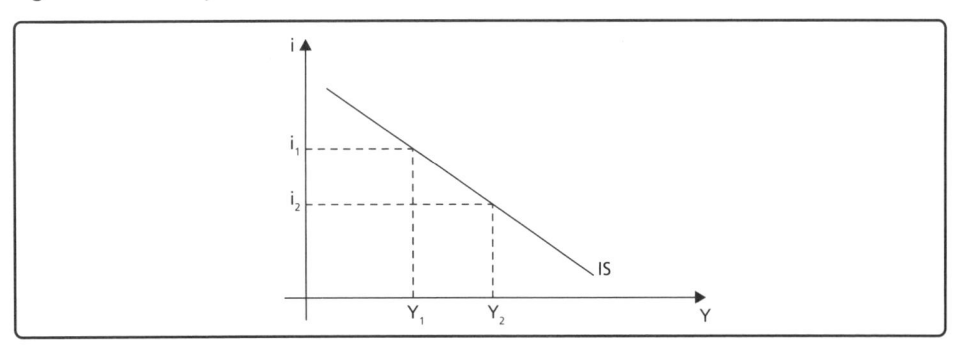

Assim, o equilíbrio no mercado de bens numa economia fechada será: Y = C + I + G, onde: Y = renda e produto de equilíbrio; C = consumo; I = investimento; e G = gastos do governo.

Sendo o consumo uma função direta da renda disponível (Y – T) e o investimento uma função inversa da taxa de juros, um aumento da renda (Y) leva a uma poupança e a um consumo maiores, e um aumento da taxa de juros (r) leva a uma redução dos investimentos (I).

14.1.2. Inclinação da função IS

A inclinação da IS determinará a elasticidade do Investimento (I) à taxa de juros e a da Poupança (S) ao nível de renda. A inclinação da curva IS depende basicamente de dois fatores:

1. Sensibilidade do Investimento em relação à taxa de juros (r)

Quando o Investimento é mais sensível (mais elástico) à taxa de juros, a função IS é menos inclinada, mostrando que uma variação na taxa de juros alterará muito o nível de investimento. Para equilibrar o mercado de bens, haverá a necessidade de um maior incremento da poupança. Como a poupança é uma função do nível de renda, é necessário um aumento também do nível de renda. Observe a Figura 14.3. O gráfico (a) mostra uma curva IS menos inclinada (mais horizontal), e o gráfico (b) mostra uma curva IS mais inclinada (mais vertical). Observe que, no gráfico (a), uma mesma alteração na taxa de juros em comparação ao gráfico (b), provocou um aumento na renda maior que o do gráfico (b). Lopes e Vasconcellos afirmam: "(...) quanto maior a elasticidade do investimento em relação à taxa de juros, mais horizontal será a curva IS, isto é, menor sua inclinação. Uma pequena variação na taxa de juros induzirá uma grande variação no investimento e, portanto, na demanda agregada e na renda. O oposto ocorrerá quando o investimento for pouco sensível à renda: variações no investimento irão requerer maiores variações na taxa de juros, levando a uma curva IS próxima da vertical"[6].

Figura 14.3. Inclinação da função IS de acordo com a sensibilidade do Investimento à taxa de juros

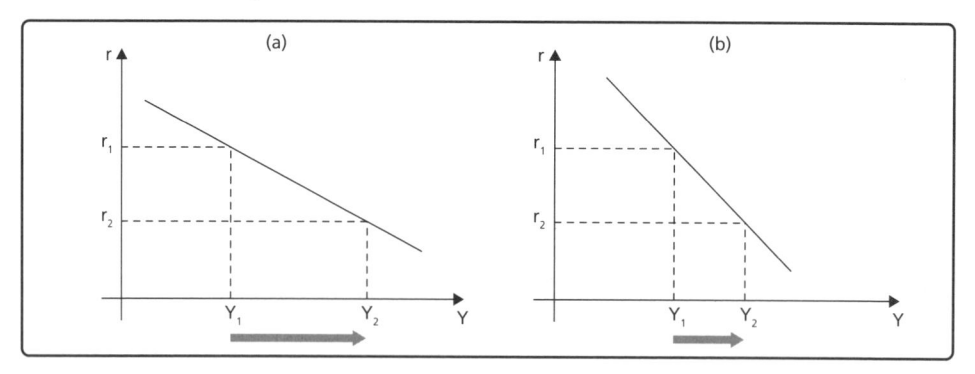

2. Propensão marginal a Consumir (PmgC) ou multiplicador Keynesiano

Caso a Propensão marginal a Consumir seja maior, uma parcela maior do aumento da renda será destinada ao consumo. Por conseguinte, uma parcela menor do aumento da renda será destinada à Poupança. Assim, caso haja uma queda na taxa de juros, os investimentos aumentarão. Para se alcançar o equilíbrio no mercado de bens, é necessário que haja um aumento na poupança que se iguale ao novo investimento. Para tanto, deve haver um aumento da renda também, já que a poupança é função da renda. Porém, como a Propensão marginal a Poupar é pequena, o aumento da poupança deverá ser compensado com um aumento maior da renda. Sendo assim, **quanto menor a Propensão marginal a Poupar (s), mais horizontal (ou menos inclinada) será a função IS**. Como o multiplicador Keynesiano é definido por:

Mult = 1/s ou Mult = 1/1 – c

---

[6] Luiz Martins Lopes e Marco Antonio Sandoval de Vasconcellos, *Manual de macroeconomia*, p. 152.

Então, quanto maior a Propensão marginal a Consumir (c), maior o multiplicador Keynesiano. Daí poder-se afirmar que, **quanto maior o multiplicador, menos inclinada (mais horizontal) a função IS**. Lopes e Vasconcellos reforçam: "(...) se a propensão marginal a consumir for elevada e, portanto, o multiplicador também elevado, variações no investimento gerarão grandes expansões induzidas no consumo, ampliando a demanda e a renda. Dessa forma, quanto maior o multiplicador, maior será o impacto sobre a renda de variações nas taxas de juros, ou seja, menor será a inclinação da IS (mais horizontal)"[7].

Como a Propensão marginal a Poupar (PmgS) somada à Propensão marginal a Consumir (PmgC) é igual a 1 (um), ou seja, essas duas propensões são complementares para 1 (um), então quanto maior uma, menor a outra. Froyen afirma que: "(...) pode-se mostrar que a curva IS será relativamente mais inclinada quanto mais alta for a PmgS"[8].

Observe, no quadro a seguir, a relação entre a inclinação da função IS e a sensibilidade do Investimento à taxa de juros e ao tamanho do multiplicador.

	SENSIBILIDADE DO INVESTIMENTO À TAXA DE JUROS	PmgC OU MULTIPLICADOR KEYNESIANO
IS HORIZONTAL	+	+

O sinal (+) significa que as variáveis mantêm uma **relação crescente (ou positiva)**: quando uma aumenta, a outra aumenta, e quando uma diminui, a outra diminui, ou seja, movem-se na mesma direção. Assim, pode-se afirmar: **quanto mais sensível for o investimento à taxa de juros, mais horizontal será a IS**, e quanto menos sensível for o investimento à taxa de juros, menos horizontal será a função IS. Ainda, **quanto maior o multiplicador, mais horizontal será a IS**, e quanto menor o multiplicador, menos horizontal será a IS.

Shapiro sintetiza, afirmando que a elasticidade da função IS "depende da sensibilidade dos gastos de investimento às variações na taxa de juro e na magnitude do multiplicador. Se a curva da demanda de investimento for perfeitamente inelástica, indicando que os gastos de investimento são completamente insensíveis à taxa de juros, a curva IS (...) será perfeitamente inelástica independente da magnitude do multiplicador. Se, em contrapartida, a curva de demanda de investimento mostrar uma certa elasticidade, (...), a curva IS será mais elástica quanto mais baixa for a PmgS. Quanto mais baixa a PmgS, mais alto será o multiplicador, e, portanto, maior será a variação na renda para qualquer aumento no investimento que resulte de uma baixa na taxa de juro"[9].

Portanto, quanto **mais horizontal (menos inclinada) a curva IS**, mais sensível é o investimento à taxa de juros e menos sensível é a poupança ao nível de renda, ou seja, o multiplicador deve ser maior.

---

[7] Luiz Martins Lopes e Marco Antonio Sandoval de Vasconcellos, *Manual de macroeconomia*, p. 152.
[8] Richard T. Froyen, *Macroeconomia*, p. 154.
[9] Edward Shapiro, *Análise macroeconômica*, p. 542.

Quanto **mais vertical (mais inclinada) a curva IS**, menos sensível é o investimento à taxa de juros e mais sensível é a poupança ao nível de renda, ou seja, o multiplicador deve ser menor.

14.2. FUNÇÃO LM (DEMANDA E OFERTA DE MOEDA)

Demanda total de moeda é a soma da demanda de moeda para transação (Lt) e para especulação (Ls).

$$L = Lt + Ls$$

Lt = demanda de moeda para **transação e precaução**. Quanto maior o nível de renda, maior a necessidade dos agentes em ter moeda para realizarem suas transações. O impacto da variação na renda sobre a demanda vai depender da sensibilidade ou elasticidade — renda da demanda por moeda (k).

Ls = demanda de moeda para **especulação**. É uma função inversa da taxa de juros. É a opção entre reter títulos ou moeda. Se a taxa de juros estiver alta, há tendência de cair e de valorizar os títulos[10]. Nessa situação, quem tem títulos vai retê-los. Quem não tem vai querer adquirir. Sendo assim, a demanda por moeda será mínima. Portanto, quanto maior a taxa de juros, menor a demanda de moeda para especulação. O impacto da variação na taxa de juros sobre a demanda vai depender da sensibilidade ou elasticidade — juros da demanda por moeda (n).

Logo: $L = Lt + Ls$; como $Lt = f(Y)$ e $Ls = f(1/i)$, então: **L = kY − n i**, onde: k = sensibilidade-renda da demanda por moeda, e n = sensibilidade-juros da demanda por moeda.

Sabendo-se que a oferta de **moeda primária** (M) é determinada pelo Banco Central e que, portanto, é uma variável **exógena**, é possível se construir a função LM. Segundo Shapiro, "A teoria keynesiana da demanda de moeda torna a demanda de moeda para transação (que inclui demanda para precaução) uma função direta do nível de renda, exclusivamente, e a demanda de moeda para especulação uma função inversa da taxa de juro, exclusivamente. Isso nos dá três equações para cobrir o mercado de moeda:

Demanda de moeda para transações: $Lt = kt\ Y$

Demanda de moeda para especulação: $Ls = -ni$

Condição de equilíbrio: $Lt + Ls = L = M$

A oferta de Moeda (M) é determinada exogenamente pela autoridade monetária"[11].

Para se construir a função LM, deve-se seguir a sequência dos gráficos da Figura 14.4.

---

[10] Entende-se por "títulos" os títulos do governo, ações, duplicatas etc.
[11] Edward Shapiro, *Análise macroeconômica*, p. 526.

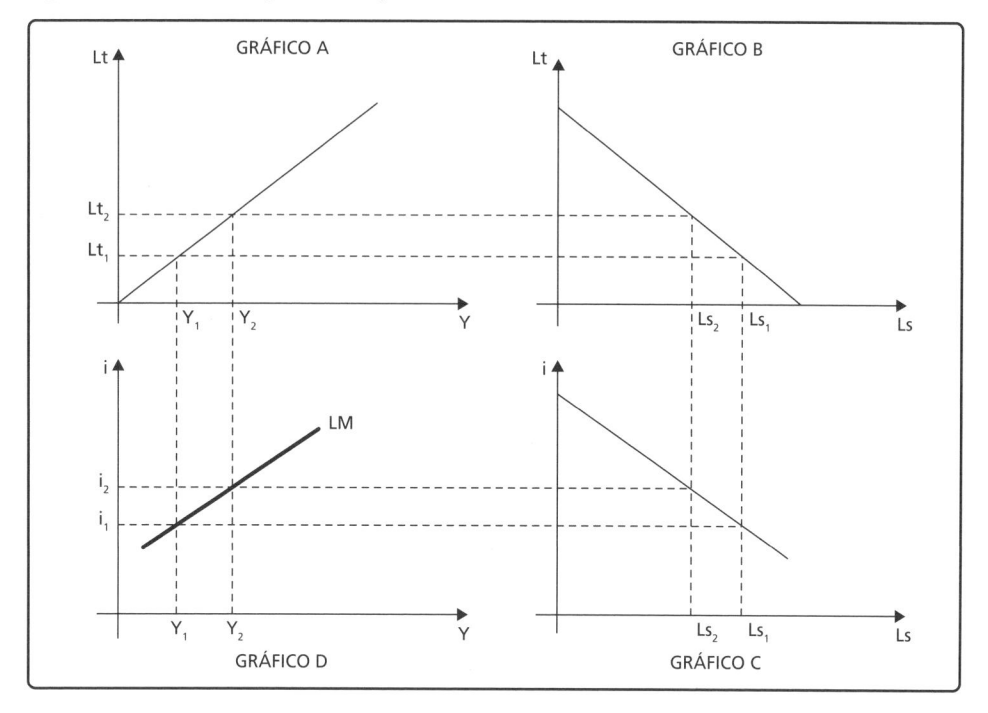

Figura 14.4. Construção da função LM

Na construção da função LM, deve-se, no **gráfico A**, atribuir dois níveis de renda, que associarão dois níveis de demanda de moeda para transação. No **gráfico B**, observa-se que as demandas de moeda para transação e para especulação são complementares. Assim, dado um nível de oferta monetária, quando aumenta a demanda de moeda para transação, diminui a demanda de moeda para especulação, e vice-versa. No **gráfico C**, a demanda de moeda para especulação se relaciona inversamente com a taxa de juros. No **gráfico D**, associa-se o nível de renda do gráfico A com a taxa de juros do gráfico C. Define-se, então, a função LM. No mercado monetário, um aumento da renda e do produto eleva a taxa de juros, o que faz com que a curva LM seja positivamente inclinada.

No modelo LM, é possível perceber quanto o nível de renda e o de produto afetam a taxa de juros, ou seja, no modelo anteriormente analisado (capítulo 13), onde se determinava o equilíbrio no mercado monetário, consideravam-se a renda e o produto como "dados" no modelo. Tratando-se da curva LM, considera-se que a renda e o produto podem variar e, portanto, influenciam o mercado monetário, por meio da taxa de juros.

14.2.1. O equilíbrio no mercado monetário — função LM

A curva **LM** é o lugar geométrico das combinações de taxa de juros e nível de renda que **equilibram o mercado monetário**. Cada ponto que forma a curva LM é uma combinação de juros e renda (ou do produto), onde se verifica uma situação de **equilíbrio** no mercado monetário, ou seja, L = M. Na curva LM, determinam-se todas as combinações de renda (Y) e taxa de juros (i) que equilibram a demanda por moeda, considerando uma oferta de moeda fixa.

Observa-se que, conforme os níveis de renda e produto da economia se elevam, faz-se necessário um maior volume de moeda para atender a uma maior demanda por saldos monetários. Caso não ocorra o aumento da oferta monetária, o preço da moeda, que é a taxa de juros, vai elevar-se para equilibrar a nova situação monetária.

Por esse motivo, a curva LM apresenta uma **inclinação ascendente** e para a direita, mostrando que, quando o nível de renda e produto da economia aumenta, as taxas de juros se elevam também.

Portanto, quando "Y" se eleva, "i" se eleva também. Quando "Y" diminui, "i" diminui também. Essa relação define a curva LM representada na Figura 14.5:

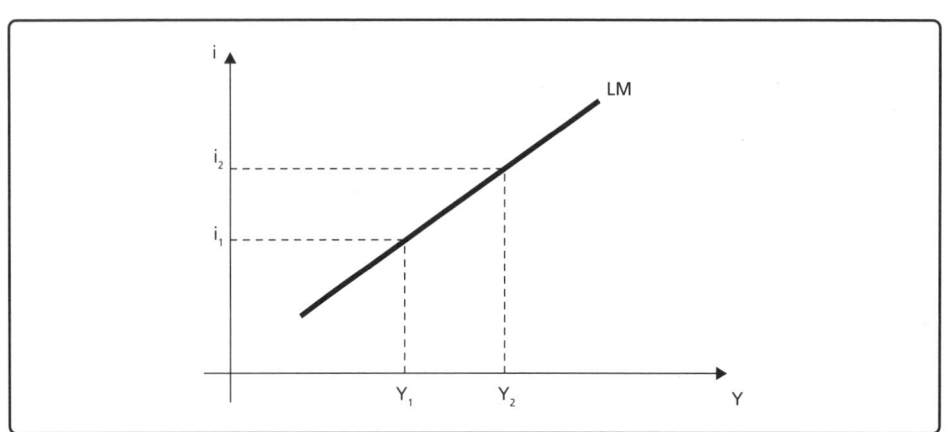

Figura 14.5. Função LM

14.2.2. Inclinação da função LM

A inclinação da LM determinará a elasticidade da demanda por moeda em relação à taxa de juros e à renda, já que a oferta de moeda é uma variável exógena. A função LM poderá ser mais inclinada (mais vertical) ou menos inclinada (mais horizontal). Os fatores que afetam essa inclinação da LM são:

1. Elasticidade da demanda de moeda em relação à renda

Assim, observe: quanto mais elástica a demanda de moeda à renda, **mais inclinada** (mais vertical) a função LM, porque uma pequena variação na renda levará a um grande aumento da demanda por moeda, elevando a taxa de juros para compensá-la.

Deve-se ficar atento com o termo "elástica" e seus sinônimos, porque dizer que é menos elástica a "i" significa que a curva é mais inclinada, ou mais íngreme, ou mais inelástica.

Por meio de duas situações, é possível se verificar isso:

a) Sensibilidade da demanda de moeda ao nível de renda com **LM menos horizontal** (mais inclinada). Observe, primeiramente, o gráfico da Figura 14.6.

Figura 14.6. Sensibilidade da demanda de moeda ao nível de renda com LM menos horizontal (mais inclinada)

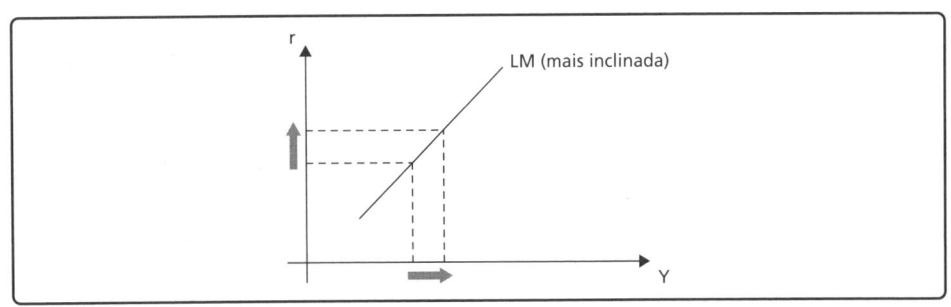

Observe que uma alteração no nível de renda provocou um aumento da demanda de moeda, obrigando uma elevação na taxa de juros para equilibrar o mercado monetário. Como a demanda de moeda é muito sensível à alteração na renda, a taxa de juros teve de ser muito elevada, o que fez com que a função LM fosse mais inclinada (ou menos horizontal).

b) Sensibilidade da demanda de moeda ao nível de renda com **LM mais horizontal** (menos inclinada). Observe, primeiramente, o gráfico da Figura 14.7.

Figura 14.7. Sensibilidade da demanda de moeda ao nível de renda com LM mais horizontal (menos inclinada)

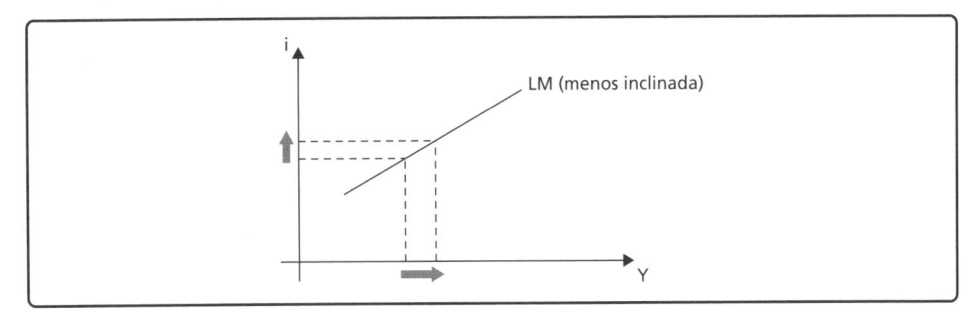

Observe que uma alteração no nível de renda provocou um aumento da demanda de moeda, obrigando uma elevação na taxa de juros para equilibrar o mercado monetário. Como a demanda de moeda é pouco sensível à alteração na renda, a taxa de juros teve de ser pouco elevada, o que fez com que a função LM fosse menos inclinada (ou mais horizontal).

Analisando os gráficos das Figuras 14.6 e 14.7 *supra*, percebe-se que a mesma variação da renda leva a uma variação na taxa de juros menor quando a LM é menos inclinada (mais horizontal). Portanto, quanto **mais horizontal** (menos inclinada) a função LM, **menor a sensibilidade** da "L" ao nível de renda e produto.

A variação na taxa de juros (i) ocorre porque, quando há um aumento no nível de renda (Y), há um aumento da demanda de moeda para transações, já que esta é função do nível de renda. Assim, a taxa de juros deverá aumentar o suficiente para compensar o aumento da demanda por moeda, que deverá se igualar ao estoque de moeda fixo. Se a parcela do aumento da renda que for destinada à demanda para transação for representada pelo parâmetro "k", pode-se afirmar que quanto maior "k", mais inclinada (mais vertical) será a função LM.

Representando as funções demanda (L) e oferta por moeda (M), é possível perceber que, quando a demanda por moeda é menos elástica (mais vertical) à taxa de juros, uma variação no nível de renda provoca um aumento maior na taxa de juros, o que pode ser confirmado na Figura 14.6. Quando a demanda por moeda é mais elástica (mais horizontal) à taxa de juros, uma variação no nível de renda e, consequentemente, da demanda por moeda provoca um aumento menor na taxa de juros, o que pode ser confirmado na Figura 14.7.

Observando a Inclinação da demanda por moeda (L) e a inclinação da função LM, percebe-se que, na Figura 14.8 *infra*, é possível se perceber que, dada uma oferta de moeda fixa e exógena ao modelo, uma alteração na taxa de juros no gráfico (a) não altera muito a demanda de moeda para especulação, já que a demanda por moeda (L) é mais inelástica (mais vertical) em relação à taxa de juros (r).

Um aumento do nível de renda de Y_1 para Y_2 e depois para Y_3, representado no gráfico (c), desloca a curva de demanda de L_1 para L_2 e depois para L_3, conforme mostra a figura (a), já que a demanda por moeda para transação aumenta numa proporção do aumento da renda equivalente a kY, onde k é igual à sensibilidade-renda da demanda por moeda, e Y, ao nível de renda.

Como o aumento da demanda de moeda para transação é bem superior à redução da demanda de moeda para especulação provocada pela alteração na taxa de juros, para que o mercado monetário retorne ao equilíbrio é necessário que a taxa de juros se eleve numa proporção maior, o que pode ser verificado no gráfico (a), onde a função demanda por moeda (L) é mais inclinada.

O gráfico (b) mostra a demanda de moeda mais elástica (mais horizontal) à taxa de juros, evidenciando que pequenas alterações nas taxas de juros causam maiores mudanças na demanda de moeda para especulação.

Quando ocorre um aumento do nível de renda de Y_1 para Y_2 e depois para Y_3, eleva-se a demanda de moeda de L_1 para L_2 e depois para L_3, como mostrado no gráfico (b), já que a demanda por moeda para transação aumenta numa proporção do aumento da renda equivalente a kY.

Como o aumento da demanda de moeda para transação é superior à redução da demanda de moeda para especulação provocada pela alteração na taxa de juros, porém em proporção menor que a do gráfico (a), para que o mercado monetário retorne ao equilíbrio é necessário que a taxa de juros se eleve numa proporção menor, o que pode ser verificado no gráfico (b), onde a função demanda por moeda é menos inclinada.

Observe que, quando a **demanda por moeda** é mais inclinada (gráfico a), a **função LM** também é mais inclinada (gráfico c). Quando a **demanda por moeda** é menos inclinada (gráfico b), a **função LM** também será menos inclinada (gráfico d).

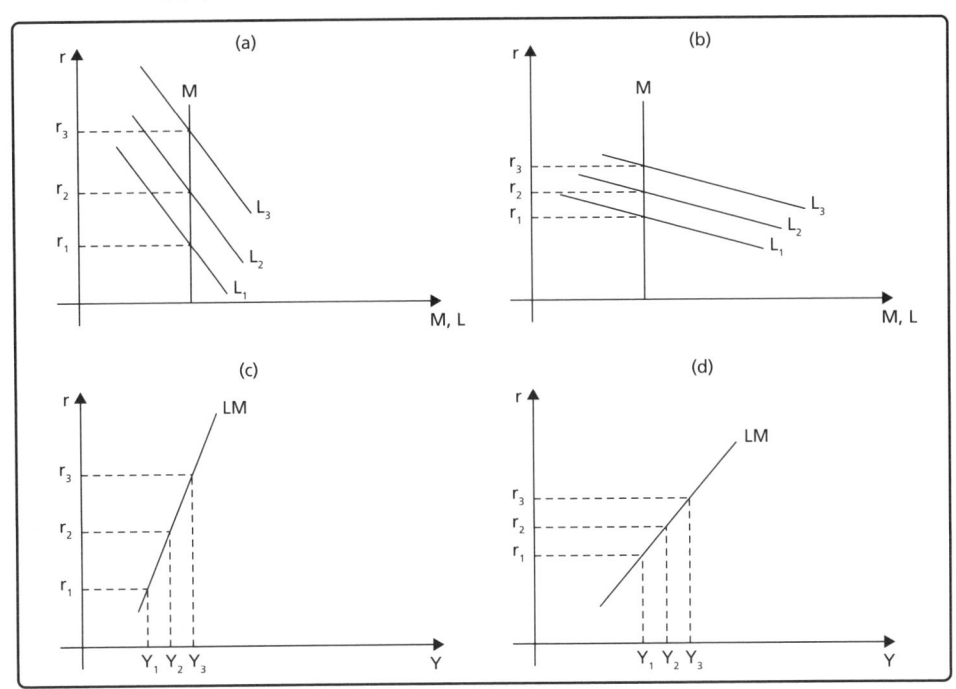

Figura 14.8. Função oferta por moeda (M) e uma variação na demanda por moeda (L) quando L é menos elástica e mais elástica à taxa de juros

(a) L é menos sensível à taxa de juros r; (b) L é mais sensível à taxa de juros r; (c) LM é mais sensível à renda Y e menos sensível à taxa de juros r; e (d) LM é menos sensível à renda Y e mais sensível à taxa de juros r.

2. Elasticidade da demanda de moeda em relação à taxa de juros

Quanto maior a elasticidade da demanda de moeda em relação à taxa de juros, menor será a inclinação da LM, porque uma variação na taxa de juros exigirá uma mudança significativa na renda para compensá-la.

É possível se verificar isso em duas situações, mostradas nas Figuras 14.9 e 14.10:

a) Sensibilidade da demanda de moeda à taxa de juros com **LM menos horizontal** (mais inclinada):

Figura 14.9. Sensibilidade da demanda de moeda à taxa de juros com LM menos horizontal (mais inclinada)

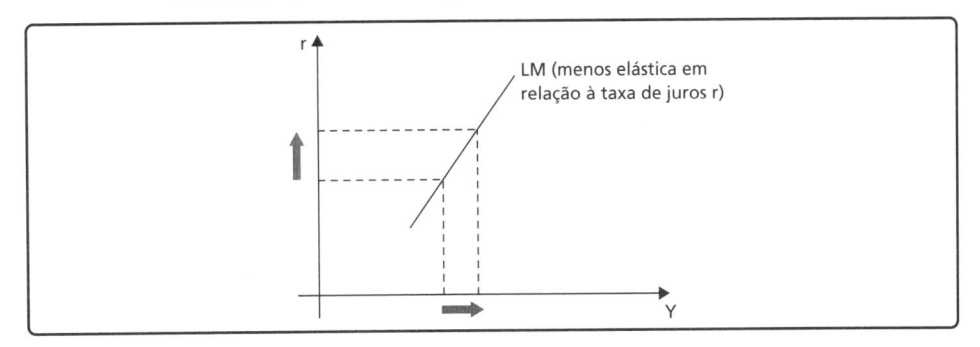

b) Sensibilidade da demanda de moeda à taxa de juros com **LM mais horizontal** (menos inclinada):

Figura 14.10. Sensibilidade da demanda de moeda à taxa de juros com LM mais horizontal (menos inclinada)

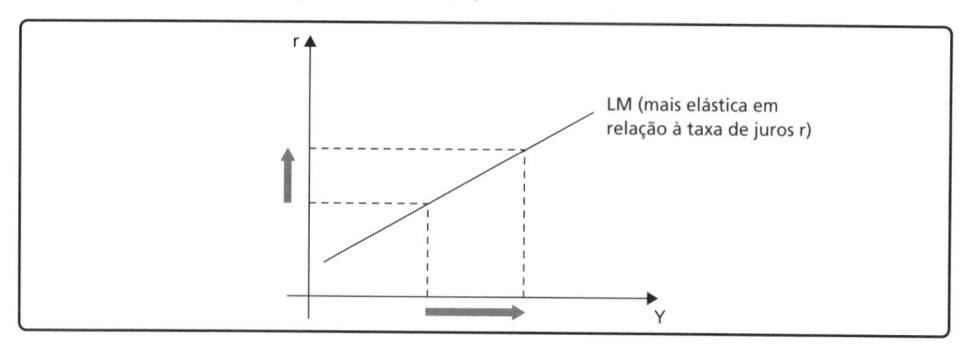

A mesma variação da taxa de juros leva a uma variação maior no nível de renda se a função LM for mais horizontal ou menos inclinada conforme mostra a Figura 14.10. **Portanto:**

	SENSIBILIDADE DA DEMANDA DE MOEDA AO NÍVEL DE RENDA	SENSIBILIDADE DA DEMANDA DE MOEDA À TAXA DE JUROS
LM HORIZONTAL	−	+

O sinal negativo mostra uma relação **inversa** entre as variáveis, e o sinal positivo mostra uma relação **direta** entre as variáveis.

Assim, quanto maior a sensibilidade da demanda de moeda ao nível de renda, menos horizontal será a LM, e quanto menor a sensibilidade da demanda de moeda ao nível de renda, mais horizontal será a LM.

Além disso, quanto maior a sensibilidade da demanda de moeda à taxa de juros, mais horizontal é a LM, e quanto menor a sensibilidade da demanda de moeda à taxa de juros, menos horizontal é a LM.

Portanto, quanto mais horizontal (menos inclinada) a função LM, menos sensível é a demanda de moeda ao nível de renda e mais sensível à taxa de juros.

Quanto mais vertical (mais inclinada) a função LM, mais sensível é a demanda de moeda ao nível de renda e menos sensível à taxa de juros.

14.3. CURVA IS-LM[12] — O EQUILÍBRIO NO MERCADO DE BENS E NO MERCADO MONETÁRIO

Representando as duas funções, IS e LM, num único gráfico, tem-se a função IS-LM.

---

[12] Esse modelo foi desenvolvido por dois economistas, chamados John Hicks e Alvin Hansen. Primeiro, Hicks, em 1937, resumiu os pontos principais da teoria de Keynes, descrevendo os mercados de bens e monetário conjuntamente. Depois, Hansen ampliou a análise.

O ponto de equilíbrio "E", da Figura 14.11, indica a combinação da taxa de juros e nível de renda que equilibra simultaneamente o mercado de bens (IS) e o mercado monetário (LM).

Figura 14.11. Curva IS-LM e o equilíbrio no mercado de bens e no mercado monetário (E)

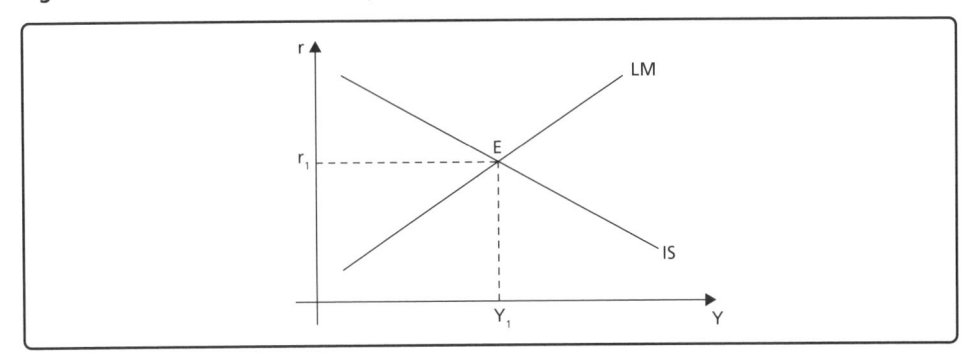

No ponto "E", ocorre o **equilíbrio no mercado de bens e no mercado monetário** simultaneamente onde a demanda por bens e serviços é igual à oferta por bens e serviços, ou seja, não falta nem sobra produto; ou o nível de investimento é igual ao nível de poupança e a demanda por moeda é igual à oferta por moeda, ou seja, não falta nem sobra moeda no mercado.

14.3.1. Pontos fora do equilíbrio na função IS-LM

E se a economia estiver numa situação fora do ponto de equilíbrio "E"? Qual a situação nos pontos A, B, C e D?

Figura 14.12. Quando a economia está operando em pontos diferentes do equilíbrio

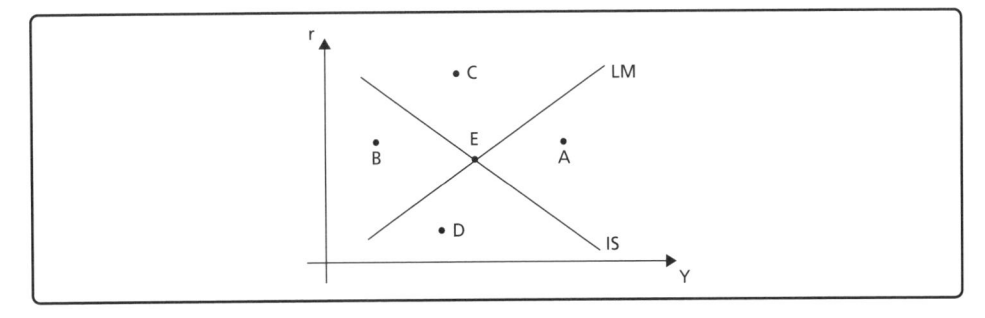

Analisando isoladamente cada ponto, tem-se:

■ **Ponto A**, localizado acima da função IS. Observe na Figura 14.13 que, à mesma taxa de juros (r), o Produto ou Renda (Y) é maior no ponto A que em um ponto localizado sobre a função IS, o que leva a uma Poupança (S) maior em "A" e a uma oferta agregada (o.a) maior em "A". Como a oferta agregada (o.a) e a Poupança (S) são maiores em A, os estoques aumentarão, fazendo com que o produto deva se reduzir até alcançar o ponto localizado sobre a curva IS onde a oferta agregada iguala-se a demanda agregada.

Figura 14.13. Quando a economia opera num ponto acima da curva IS

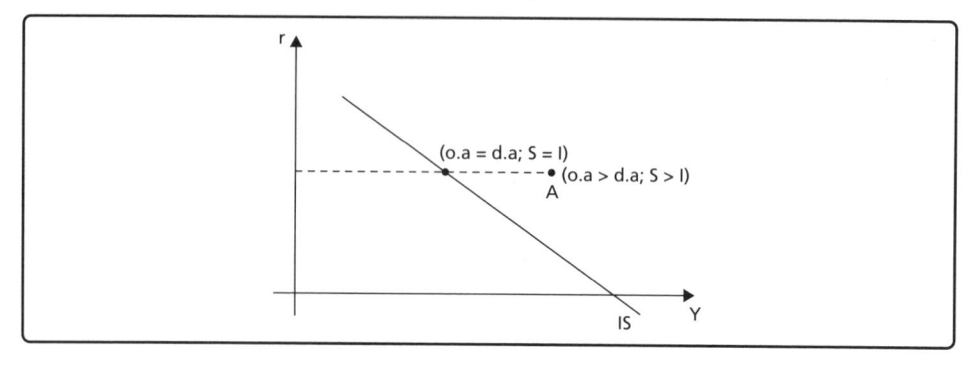

□ **Ponto B**, localizado abaixo da função IS. Observe na Figura 14.14 que, ao mesmo nível de taxa de juros (r), o Produto ou Renda (Y), no ponto B, é menor que em um ponto localizado sobre a curva IS e, portanto, há uma Poupança (S) e uma oferta agregada (o.a) menores que o Investimento (I) e a demanda agregada (d.a). Como a oferta agregada (o.a) e a Poupança (S) são menores no ponto B, os estoques se reduzirão, levando as empresas a aumentarem sua produção, deslocando o ponto B até o ponto localizado sobre a curva IS.

Figura 14.14. Quando a economia opera num ponto abaixo da função IS

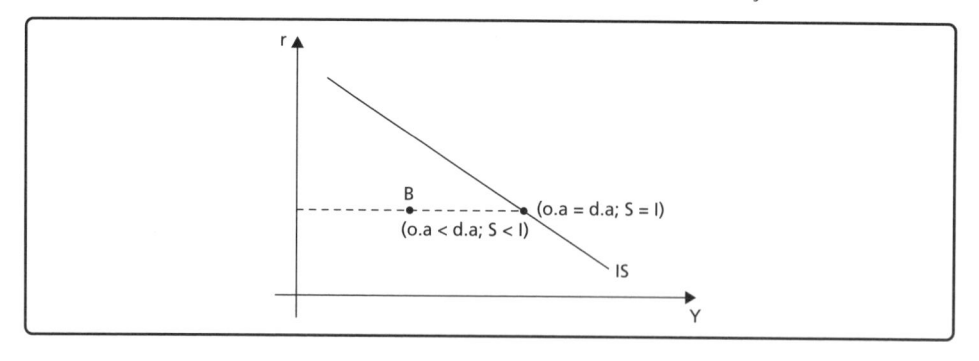

Portanto, pontos localizados **acima** da função IS apresentam uma oferta agregada **maior** que a demanda agregada, ou um nível de poupança **maior** que um nível de investimento. Pontos localizados **abaixo** da função IS apresentam uma oferta agregada **menor** que a demanda agregada, ou um nível de poupança **menor** que o nível de investimento.

O desequilíbrio no mercado de bens deverá ser **ajustado** por meio das **quantidades**, de tal maneira que, se houver um excesso de demanda, os estoques deverão ser reduzidos, o que obrigará a um aumento da produção. Se houver um excesso de oferta, os estoques aumentarão, o que obrigará a uma redução da produção.

- **Ponto C**, localizado acima da curva LM. Observe na Figura 14.15 que, ao mesmo nível de Produto e Renda (Y) que um ponto localizado na curva LM, apresenta-se uma taxa de juros "r" maior, o que provoca uma demanda de moeda para especulação (Ls) menor em "C" que no ponto da LM. Assim, a demanda de moeda total (L) será menor. Logo, em "C", L < M em relação a um ponto localizado na LM.

Como a oferta de moeda (M) é uma variável exógena ao modelo, considera-se constante no ponto "C" e na curva LM.

Figura 14.15. Quando a economia opera num ponto acima da função LM

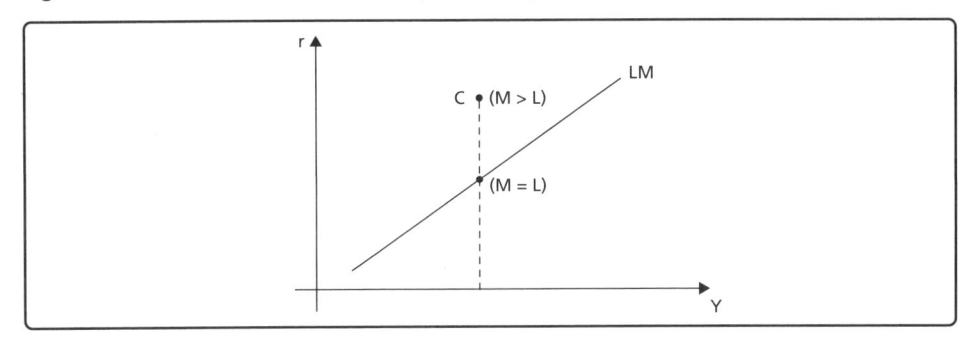

- **Ponto D**, localizado abaixo da função LM. Observe a Figura 14.16. A um mesmo Produto e Renda (Y), tem-se uma taxa de juros, r, menor que em um ponto localizado na curva LM, o que leva a demanda de moeda para especulação (Ls) maior e, portanto, a uma demanda de moeda total maior que num ponto na função LM. Logo, L > M.

Figura 14.16. Quando a economia opera num ponto abaixo da função LM

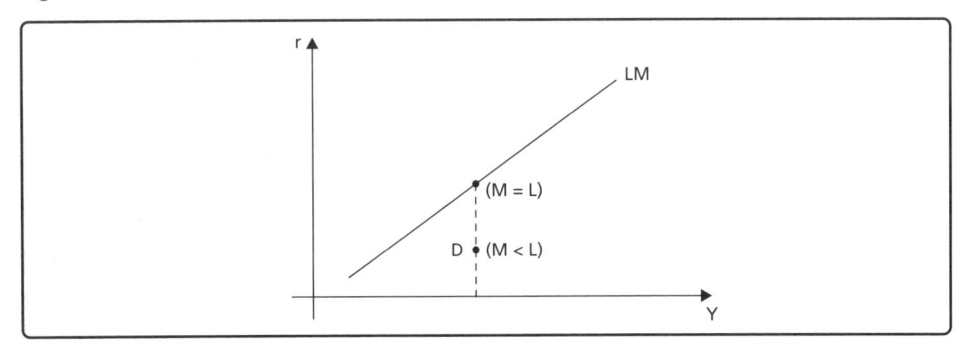

Portanto, pontos localizados **acima** da função LM apresentam uma oferta monetária **maior** que a demanda por moeda. Pontos localizados **abaixo** da função LM apresentam uma oferta de moeda **menor** que uma demanda por moeda.

Os desequilíbrios no mercado monetário deverão ser **reajustados** por meio das **taxas de juros**. Assim, se houver um excesso de demanda por moeda, as taxas de juros deverão se elevar para estimular os agentes econômicos a desejarem títulos. Quando há excesso de oferta de moeda ou redução da demanda por moeda e aumento da demanda por títulos, as taxas de juros deverão se reduzir para desestimular a demanda por títulos.

Localizando todas essas informações no gráfico da função IS-LM da Figura 14.17, tem-se:

Figura 14.17. Comportamento da oferta e demanda agregada e oferta e demanda monetária quando a economia opera fora do ponto de equilíbrio

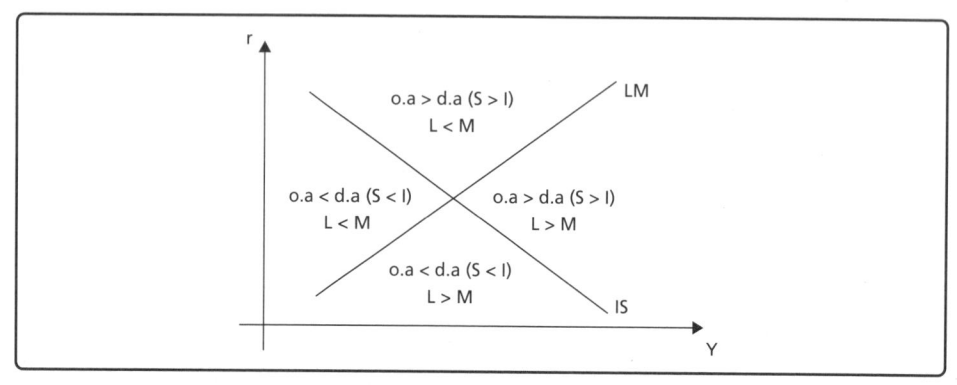

```
           r
           │
           │            o.a > d.a (S > I)        LM
           │               L < M
           │                      ╲     ╱
           │   o.a < d.a (S < I)   ╲   ╱   o.a > d.a (S > I)
           │       L < M            ╲ ╱       L > M
           │                         ╳
           │                        ╱ ╲
           │            o.a < d.a (S < I)
           │               L > M
           │                                     IS
           └──────────────────────────────────────── Y
```

Segundo Lopes e Vasconcellos, a região onde L < M e o.a > d.a "caracteriza-se por excesso de oferta de bens e moeda, pressionando-se tanto a redução de renda como da taxa de juros". Na região onde L < M e o.a < d.a, "o excesso de oferta de moeda pressiona a queda da taxa de juros e o excesso de demanda por bens, a ampliação do produto". Na região onde L > M e o.a < d.a, "temos excesso de demanda de bens e moeda (...)". E na região onde Lt > M e o.a > d.a, tem-se "excesso de demanda de moeda"[13].

É importante que se observe que pontos acima ou à direita da função IS apresentam a oferta por bens maior que a demanda por bens. Isso porque, ao mesmo nível de taxa de juros, a oferta de Produto estará mais elevada que a demanda. Assim, a oferta agregada > demanda agregada.

Também se deve observar que pontos acima ou à esquerda da curva LM apresentam a oferta de moeda maior que a demanda por moeda. Isso porque ao mesmo nível de renda e Produto, a taxa de juros estará mais alta, diminuindo a demanda total por moeda. Assim, a oferta de moeda > demanda por moeda.

> **Conclusão: pontos acima da curva (LM ou IS) apresentam oferta (de bens e moeda) maior que a demanda (por bens e moeda).**

---

[13] Luiz Martins Lopes e Marco Antonio Sandoval de Vasconcellos, *Manual de macroeconomia*, p. 158.

14.4. QUESTÕES

1. (FGV — 2024 — TCE-PA/Economia) Considere o gráfico a seguir, referente ao modelo IS-LM.

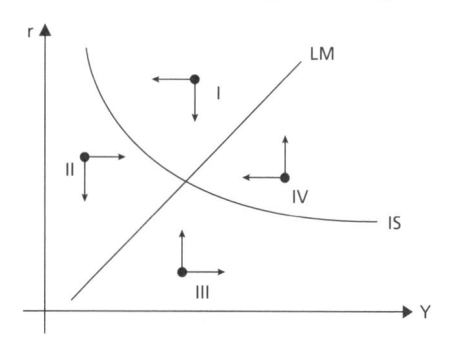

Fonte: Lopes e Vasconcellos. *Manual de Macroeconomia*, USP.

Considere as seguintes siglas:
EOB: excesso de oferta de bens;
EOM: excesso de oferta de moeda;
EDB: excesso de demanda por bens;
EDM: excesso de demanda de moeda.
Assinale a opção que indica uma correspondência correta entre essas siglas e suas respectivas regiões.
   a) I: EOM e EOB.
   b) I: EOM e EDB.
   c) II: EDM e EOB.
   d) III: EDM e EOB.
   e) IV: EOM e EDB.

2. (CEBRASPE — 2024 — CAGEPA) Tendo em vista que os deslocadores da curva IS podem ser de dois tipos: deslocadores de posição e deslocadores de inclinação, assinale a opção correta.
   a) A redução na sensibilidade juros do investimento se traduz em uma curva IS menos inclinada.
   b) Aumentos dos gastos do governo deslocam a curva IS para a esquerda.
   c) Alterações na sensibilidade juros do investimento alteram a função investimento e deslocam a posição da curva IS.
   d) Alterações nos componentes autônomos mudam a inclinação da curva IS.
   e) Variações no tamanho do multiplicador alteram a inclinação da curva IS.

3. (CEBRASPE — 2024 — CAGEPA) Determinada economia é descrita pelo sistema de equações a seguir, em que: C representa os gastos de consumo, Y, a renda agregada, t, a alíquota de tributação, I, o investimento, r, a taxa de juros, G, o gasto do governo, M^d, a quantidade demandada de moeda, M, a quantidade de moeda, e P é o índice de preços.

$C = 0{,}7(1 - t)\,Y + 200$
$t = 0{,}2$
$I = 500 - 35r$
$G = 650$
$M^d = 0{,}2Y - 65r$
$M/P = 300$

Nessa situação hipotética, assinale a opção que apresenta os valores aproximados da renda agregada e da taxa de juros de equilíbrio.
a) Y = 3.219 e r = 4,10
b) Y = 2.500 e r = 3,10
c) Y = 3.125 e r = 3,15
d) Y = 2.759 e r = 3,88
e) Y = 2.895 e r = 4,12

4. (Supervisor de Pesquisas (IBGE) — Geral — CESGRANRIO — 2014) Qual dos gráficos do modelo IS-LM representa uma economia em que a demanda por moeda é insensível às variações da taxa de juros?

a) taxa de juros

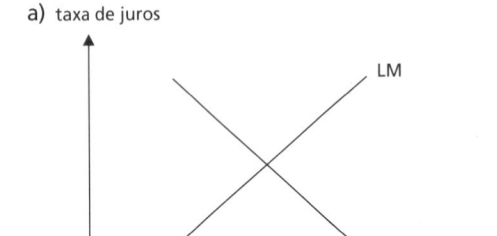

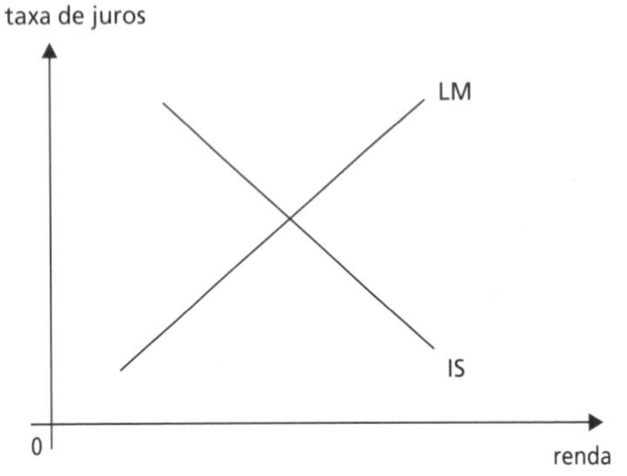

b) taxa de juros

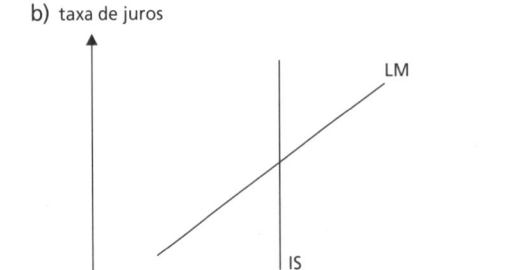

c) taxa de juros

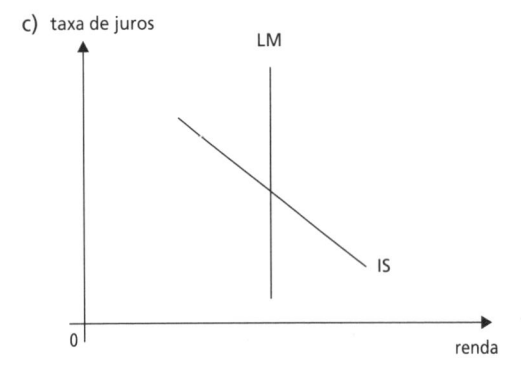

d) taxa de juros

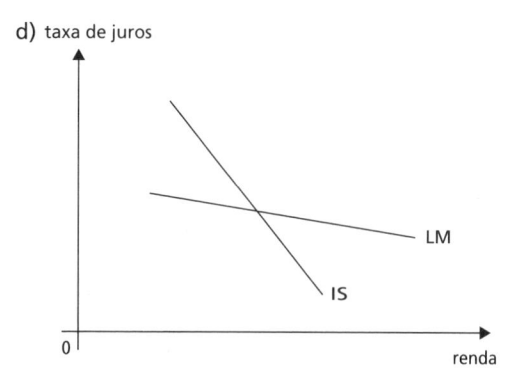

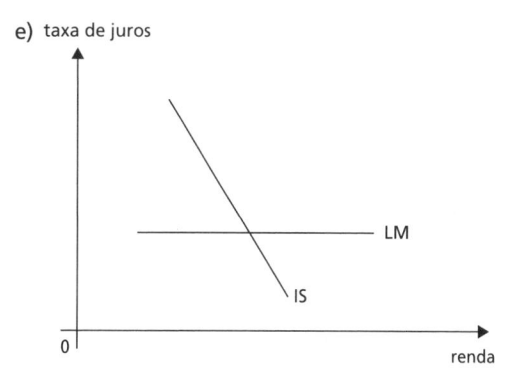

[Gráfico: curvas IS (inclinada negativamente) e LM (levemente inclinada negativamente), eixo x: renda]

e) taxa de juros

[Gráfico: curva LM horizontal e curva IS inclinada negativamente, eixo x: renda]

5. (Economista — SESACRE — FUNCAB — 2014) Suponha uma economia hipotética com apenas dois agentes: empresas e famílias. O equilíbrio no mercado de bens e serviços dessa economia dependerá apenas dos valores da taxa de juros e da renda real, cuja relação algébrica é chamada:
   a) função Investimento.
   b) curva LM (*Liquidity-Money*).
   c) função Demanda de Moeda.
   d) curva IS (*Investment-Saving*).
   e) função Poupança.

6. (Analista Judiciário — TJ-PA — Economia — VUNESP — 2014) A curva LM será positivamente inclinada se
   a) a economia estiver no estado chamado de "armadilha pela liquidez".
   b) valer a Teoria Quantitativa da Moeda.
   c) a demanda de moeda for sensível à renda e à taxa de juros.
   d) a política monetária for expansionista.
   e) a política fiscal for contracionista.

7. (Economista — CADE — CEBRASPE — 2014) Acerca da teoria keynesiana, das políticas fiscal e monetária e do mercado de trabalho, julgue o item subsequente.
Ao se analisar a inclinação da curva investimento-poupança, infere-se que, quanto mais pobre for uma economia, maior será a propensão marginal a consumir, maior será a sensibilidade do consumo em relação à renda e mais achatada será a curva IS.

8. (Especialista em Previdência Social — CEPERJ — 2014) Na aplicação de políticas econômicas conjuntas, o reflexo no produto, quando ocorre alteração em alguma variável monetária, fiscal ou privada, é bastante menor, visto que é influenciado pela relação dos agentes com a demanda e oferta de moeda. Para que isto possa ser verificado, pode-se utilizar o modelo IS-LM completo:

Modelo IS: $Y = C + cY + I - bi + G$
Modelo LM: $M/P = kY - hi$
Desta forma, o multiplicador de impacto na economia será:
a) $1/(1-c)$
b) $1/(1-c-bk/h)$
c) $1/(1-c+bk/h)$
d) $1/(1-c+(b-h)/k)$
e) $(1-c)/(1-b+ck/h)$

9. (FGV — Analista — DPE-MT — Economista — 2015 — adaptada) Em relação ao modelo IS-LM, analise as afirmativas a seguir.
   I. Pela lógica keynesiana, se houver excesso de demanda no mercado de bens, o ajuste se dá apenas via elevação da quantidade produzida e da renda.
   II. Se o mercado monetário se equilibrar mais rapidamente do que o mercado de bens, então, ajustes da taxa de juros precedem ajustes na produção.
   III. Se houver excesso de oferta monetária na economia, o Bacen deve realizar operação de mercado aberto resgatando títulos no mercado.

Assinale:
   a) se somente a afirmativa I estiver correta.
   b) se somente a afirmativa II estiver correta.
   c) se somente a afirmativa III estiver correta.
   d) se somente as afirmativas I e II estiverem corretas.
   e) se todas as afirmativas estiverem corretas.

10. (Analista de Gestão (SABESP)/Economia/FCC/2018) No escopo da Economia Monetária, a chamada relação LM sustenta que
    a) a taxa de juros deve ser tal que, dado certo nível de renda, as pessoas estejam dispostas a ter um montante de moeda igual à oferta de moeda existente.
    b) a demanda por moeda do Banco Central é igual à demanda por moeda manual pelas pessoas mais a demanda por moeda pelos bancos.
    c) a taxa de juros de equilíbrio é tal que a demanda e a oferta de moeda do Banco Central sejam iguais.
    d) um aumento na taxa de juros reduz a demanda agregada pelo seu efeito sobre o consumo.
    e) há uma Identidade macroeconômica entre o cômputo da demanda, da renda e o produto agregado.

GABARITO

1. "a".
Vimos no material teórico que pontos acima das curvas ISLM apresentam oferta > demanda. Assim, pontos acima da IS apresentam Poupança > Investimento, ou seja, apresentam excesso de oferta de bens. Pontos acima da LM apresentam oferta de moeda > demanda por moeda, ou seja apresentam excesso de oferta de moeda.

O ponto I está acima da IS e acima da LM. Logo: S > I e M > L. Portanto, há excesso de oferta de bens e excesso de oferta de moeda (EOB e EOM).
O ponto II está abaixo da IS e acima da LM. Logo: S < I e M > L. Portanto, há excesso de demanda de bens e excesso de oferta de moeda (EDB e EOM).
O ponto III está abaixo da IS e abaixo da LM. Logo: S < I e M < L. Portanto, há excesso de demanda de bens e excesso de demanda por moeda (EDB e EDM).
O ponto IV está acima da IS e abaixo da LM. Logo: S > I e M < L. Portanto, há excesso de oferta de bens e excesso de demanda por moeda (EOB e EDM).
A alternativa correta é a "a".

2. "e".
A inclinação da função IS depende de dois fatores: da sensibilidade do investimento à taxa de juros e ao multiplicador keynesiano. Assim, quanto maior a sensibilidade do investimento à taxa de juros e quanto maior o multiplicador keynesiano, menos inclinada (ou mais horizontal) será a função IS. A alternativa "e" está correta e a "a" está incorreta.
Aumentos dos gastos do governo deslocam a curva IS para a direita. A alternativa "b" está incorreta. Alterações na sensibilidade juros do investimento alteram a inclinação da função IS sem deslocá-la. A alternativa "c" está incorreta.
Alterações dos componentes autônomos (Ca, Ia, Ga, Xa, Ma, Ra, Ta) deslocam a função IS. A inclinação não se altera. A alternativa "d" está incorreta.

3. "d".
No mercado de bens, temos: $Y = C + I + G + X - M$
Como a questão não fala nada a respeito de exportação e importação, então, trata-se de uma economia fechada. Logo:
$Y = C + I + G$
$Y = 0,7(1 - t) Y + 200 + 500 - 35r + 650$
$Y = 0,7(1 - 0,2) Y + 200 + 500 - 35r + 650$
$Y = 0,56Y + 1.350 - 35r$
$0,44Y = 1.350 - 35r$ (I)

No mercado monetário, temos:
$M^d = M/P$
$0,2Y - 65r = 300$
$Y = 1.500 + 325r$ (II)

Substituindo (II) em (I), temos:
$0,44 (1.500 + 325r) = 1.350 - 35r$
$660 + 143r = 1.350 - 35r$
$178 r = 690 \rightarrow r = 3,8764$

Substituindo o valor de "r" em II, temos:
$Y = 1.500 + 325 \cdot 3,8764$
$Y = 2.759,83$
A alternativa correta é a "d".

4. "c".
Quando a demanda por moeda é insensível à taxa de juros ou totalmente inelástica à taxa de juros, a curva LM será vertical. Esse trecho da curva LM representa o caso clássico, que defendia que os agentes econômicos demandariam moeda apenas para transação/precaução, e, portanto, a demanda de moeda seria função apenas do nível de renda.

5. "d".
Quando o mercado de bens se encontra em equilíbrio e é função da taxa de juros e da renda, a combinação dessas duas variáveis determina inúmeros pontos de equilíbrio numa curva denominada IS, onde Investimento (do inglês *Investment*) é igual a Poupança (do inglês *Saving*).

6. "c".
Quando a função LM é crescente, significa que a demanda por moeda é função tanto da renda como da taxa de juros. Esse caso corresponde à área intermediária da curva LM.

7. Certo.
Quando uma população é muito pobre, significa que a sua propensão marginal a consumir é alta, fazendo com que o consumo seja muito sensível à renda. A elasticidade da curva IS depende do multiplicador keynesiano ou da propensão marginal a consumir, de tal maneira que, quanto maior a propensão marginal a consumir ou o multiplicador keynesiano, menos inclinada será a curva IS ou mais achatada será a curva IS.

8. "c".

Dado:
$Y = C + cY + I - bi + G$
$Y - cY = C + I - bi + G$
$Y(1 - c) = C + I - bi + G$
$Y = \dfrac{1}{1-c} \cdot (C + I - bi + G)$ (I)

Dado:
$M/P = kY - hi$
$hi = kY - M/P$
$i = \dfrac{kY}{h} - \dfrac{M}{P} \cdot \dfrac{1}{h}$ (II)

Substituindo (II) em (I):

$Y = \dfrac{1}{1-c}\left[C + I + G - b\left(\dfrac{kY}{h} - \dfrac{M}{P}\cdot\dfrac{1}{h}\right)\right]$

$Y = \dfrac{1}{1-c}\left[C + I + G - \dfrac{bkY}{h} - \dfrac{M}{P}\dfrac{b}{h}\right]$

$Y = \dfrac{1}{1-c}\left[C + I + G - \dfrac{M}{P}\dfrac{b}{h}\right] - \dfrac{1}{1-c}\cdot\dfrac{bkY}{h}$

$Y + \dfrac{1}{1-c}\cdot\dfrac{bkY}{h} = \dfrac{1}{1-c}\left[C + I + G - \dfrac{M}{P}\dfrac{b}{h}\right]$

Colocando "Y" em evidência no primeiro termo, temos:

$Y\left(\dfrac{1}{1-c}\cdot\dfrac{bk}{h}\right) = \dfrac{1}{1-c}\left[C + I + G - \dfrac{M}{P}\dfrac{b}{h}\right]$

$Y = \dfrac{\dfrac{1}{1-c}\left[C + I + G - \dfrac{M}{P}\dfrac{b}{h}\right]}{\dfrac{1}{1-c}\cdot\dfrac{bk}{h}}$

$Y = \dfrac{\dfrac{1}{1-c}\left[C + I + G - \dfrac{M}{P}\dfrac{b}{h}\right]}{\dfrac{1}{1-c}\cdot\left(1 - c + \dfrac{bk}{h}\right)}$

Multiplicador keynesiano é:

$$\text{Multiplicador} = \cfrac{\cfrac{1}{1-c}}{\cfrac{1}{1-c} \cdot \left(1-c+\cfrac{bk}{h}\right)}$$

$$\text{Multiplicador} = \cfrac{1}{1-c+\cfrac{bk}{h}}$$

9. "d".
Pela lógica keynesiana, se houver excesso de demanda no mercado de bens, haverá a necessidade de produzir mais para atender a essa demanda e, portanto, o ajuste se dá via elevação da quantidade produzida e da renda. O item "I" está correto.
Se o mercado monetário se equilibrar mais rapidamente do que o mercado de bens, então, ajustes da taxa de juros que afetem o mercado monetário deverão ser priorizados em relação a ajustes na produção. O item "II" está correto.
Se houver excesso de oferta monetária na economia, o Bacen deve realizar operação de mercado aberto vendendo títulos no mercado e, assim, provocar uma contração monetária. O item "III" está incorreto.

10. "a".
A função LM mostra as inúmeras combinações de taxa de juros e renda que fazem o mercado monetário estar em equilíbrio, ou seja, a oferta de moeda ser igual a demanda por moeda. A alternativa "a" está correta.
O Banco Central oferta moeda e não demanda moeda como afirma a alternativa "b". Ela está, portanto, incorreta.
A uma combinação de taxa de juros e renda, ocorre o equilíbrio que iguala a demanda por moeda dos agentes econômicos e a oferta de moeda feita pelo Banco Central. A alternativa "c" está incorreta.
Um aumento na taxa de juros reduz a demanda agregada pelo seu efeito sobre o investimento. A alternativa "d" está incorreta.
É correto afirmar que um aumento na taxa de juros reduz o consumo e, por conseguinte, a demanda agregada, mas, isso não condiz com a pergunta do enunciado da questão que trata da curva LM. A alternativa "e" está incorreta.

14.5. MATERIAL SUPLEMENTAR

QUESTÕES DE CONCURSOS
http://uqr.to/1yjbd

15
POLÍTICA FISCAL E MONETÁRIA

15.1. FATORES QUE DESLOCAM AS FUNÇÕES IS E LM

Antes de se falar em política fiscal e política monetária, devem-se determinar os fatores que deslocam as curvas IS e LM. No capítulo anterior, foram relacionados os fatores que determinavam a inclinação das duas curvas. Agora, será determinado o que leva essas duas curvas a se deslocarem para a direita ou para a esquerda.

O equilíbrio no mercado de bens ocorre quando a demanda agregada é igual à oferta agregada ou quando o Investimento (I) é igual à Poupança (S). A função IS[1] representa as inúmeras combinações entre taxa de juros e renda que fazem o equilíbrio nesse mercado. Portanto, sabe-se que:

$Y = C + I + G + X - M$[2]   ou
$Y = Ca + c(Y - Ta$[3]$+ R) + Ia + G + X - Ma$,

onde: Ca = consumo autônomo; Ta = tributação autônoma; R = transferências; Ia = Investimento autônomo; G = gasto do governo; X = exportação de bens e serviços não fatores; e Ma = importação autônoma de bens e serviços não fatores.

Então, se houver **aumento** de **Ca, R, Ia, G, X** ou **redução** de **Ta ou Ma**, "dada" uma taxa de juros, haverá um **aumento de Y**, ou seja, o produto de equilíbrio no mercado de bens aumenta, deslocando a função IS paralelamente para cima ou para a direita, ou seja, os fatores que deslocam a curva IS são os agregados autônomos que determinam, no modelo Keynesiano simples, o dispêndio da economia. Conforme mostra a Figura 15.1, é possível perceber o que ocorre com a curva IS diante das variações supracitadas.

Figura 15.1. Deslocamento da função IS para a direita

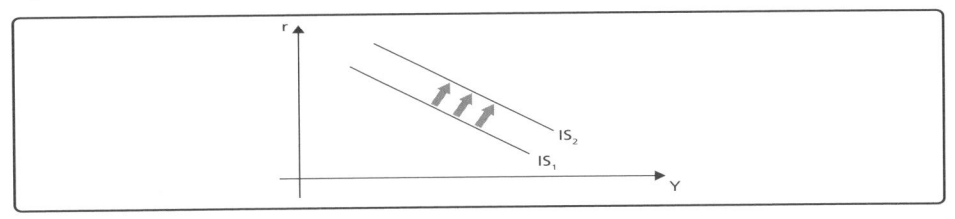

---

[1] A 1.ª versão trata a IS-LM como uma economia fechada. Isso se deve ao fato de as economias da época funcionarem, na prática, mais como economia fechada que aberta, bem como por uma questão prática. Os monetaristas incluem no modelo as exportações (X) e importações (M).
[2] Considerando a importação uma função autônoma.
[3] Considerando a função tributação uma função autônoma.

Por outro lado, se houver **uma redução de Ca, R, Ia, G, X** ou **aumento de Ta ou Ma**, "dada" uma taxa de juros, haverá uma **diminuição de Y**, ou seja, o produto de equilíbrio no mercado de bens diminui, deslocando a função IS paralelamente para a esquerda, conforme mostra a Figura 15.2.

Figura 15.2. Deslocamento da função IS para a esquerda

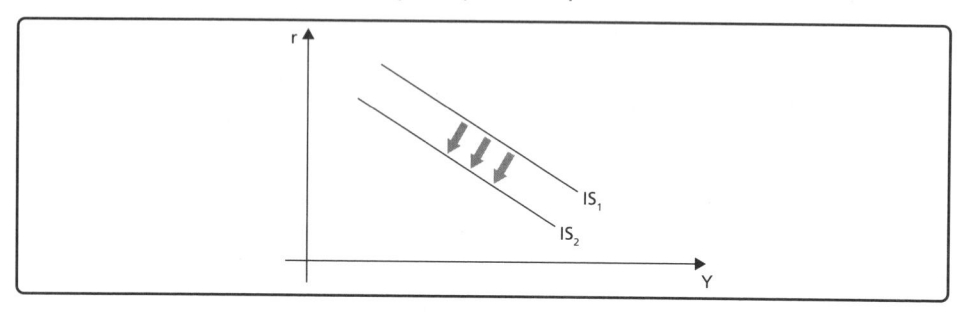

Blanchard reforça a teoria, afirmando que: "qualquer fator que, para uma dada taxa de juros, diminui o nível de produto de equilíbrio faz com que a curva IS se desloque para a esquerda"[4]. E complementa, dizendo: "mudanças em fatores que diminuem a demanda por bens, dada a taxa de juros, deslocam a curva IS para a esquerda. Mudanças em fatores que aumentam a demanda por bens, dada a taxa de juros, deslocam a curva IS para a direita"[5].

O equilíbrio no mercado monetário ocorre quando a demanda por moeda (L) é igual à oferta por moeda (M). A função LM representa as inúmeras combinações de taxa de juros e renda que fazem o equilíbrio nesse mercado. Portanto, sabe-se que: M = L.

Assim, se houver **aumento de M**, que é fixada exogenamente, ou **redução de L**[6], em decorrência de fatores exógenos, ou seja, não relacionados à taxa de juros nem à renda, e sim a fatores relacionados a hábitos dos agentes, bem como se houver **redução do nível de preços**[7], a função LM se desloca paralelamente para baixo. Observe a Figura 15.3.

Figura 15.3. Deslocamento da função LM para baixo

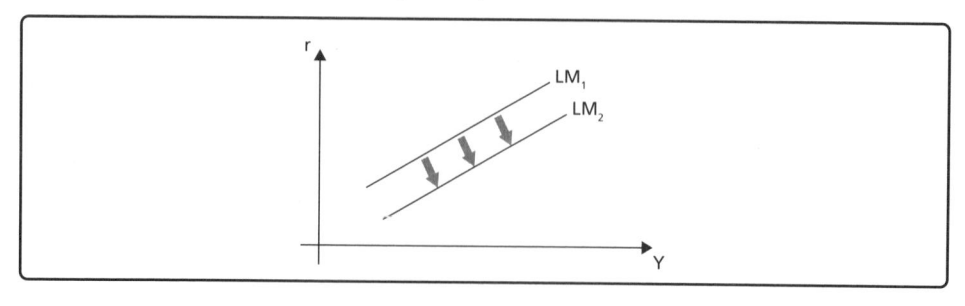

---

[4] Olivier Blanchard, *Macroeconomia*, p. 85.
[5] Olivier Blanchard, *Macroeconomia*, p. 85.
[6] O que Keynes chamou de preferência pela liquidez.
[7] Assunto a ser visto no *item 15.7*.

Por outro lado, se houver **redução de M** ou **aumento de L**, este último em decorrência, por exemplo, da perda de confiança nos títulos ou colapso no sistema bancário[8], bem como se houver uma **elevação de preços**[9], a função LM se desloca paralelamente para cima, como mostra a Figura 15.4.

Figura 15.4. Deslocamento da função LM para cima

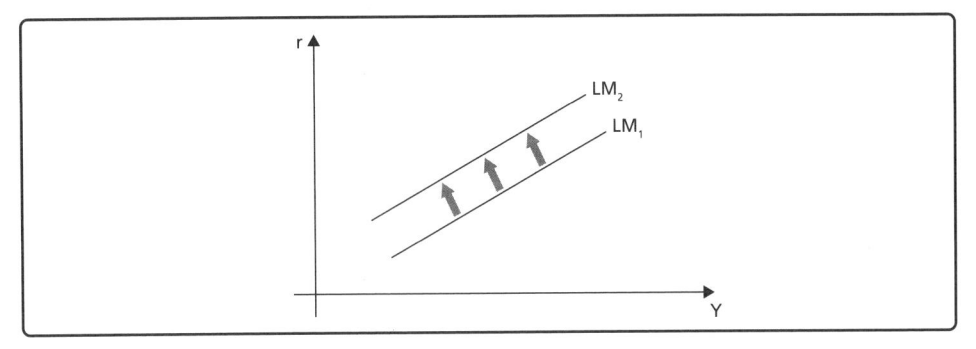

Como o estudo deste capítulo trata, num primeiro momento, do estudo de uma política fiscal ou monetária a ser adotada, os deslocamentos da IS ocorrerão por uma alteração nos gastos do governo (G), na tributação (T) e/ou nas transferências do governo (R), e o deslocamento da LM ocorrerá por uma alteração na oferta de moeda.

Portanto, variáveis exógenas ligadas ao mercado de bens não alteram a curva **LM**, assim como uma variável exógena ligada ao mercado monetário não altera a curva **IS**. Confirma Blanchard: "uma curva se desloca em resposta a uma mudança em uma variável exógena somente se essa variável aparece diretamente na equação representada por aquela curva"[10].

Acompanhe a seguir a política fiscal e monetária.

15.2. POLÍTICA FISCAL

A política fiscal[11] é adotada pelo governo para alterar o nível de produto e renda da economia, por meio de alteração dos **gastos do governo, transferências e tributação**. A **Secretaria do Tesouro Nacional** é o órgão responsável pela administração das receitas e despesas do governo e, por conseguinte, pela adoção de uma política fiscal.

Quando o governo **gasta**, ele tem uma despesa, mas recebe em contrapartida um bem ou serviço. Por exemplo, quando contrata um professor para ensinar em uma universidade pública, tem uma despesa com o pagamento de salários, mas, em contrapartida, recebe o serviço de ensino do professor. Quando o governo **transfere**, há uma despesa, mas não há

---

[8] Já que são fatores exógenos, ou seja, não estão relacionados à renda e à taxa de juros.
[9] Assunto a ser visto no *item 15.7*.
[10] Olivier Blanchard, *Macroeconomia*, p. 90.
[11] Quando a teoria Keynesiana se utiliza da política fiscal para eliminar hiatos do produto (capítulo 8), diz-se que está adotando uma política fiscal discricionária.

nenhuma contrapartida em forma de bens e serviços. Por exemplo, quando o governo concede um benefício previdenciário, como pensão ou aposentadoria, não recebe nenhum bem ou serviço em troca.

Diz-se que a política fiscal é **expansionista** quando há aumento dos gastos do governo, aumento das transferências ou diminuição dos tributos, fazendo com que a curva IS se desloque para a direita (IS_1 para IS_2), aumentando o nível de equilíbrio da renda (Y_1 para Y_2) e a taxa de juros (r_1 para r_2), conforme mostra a Figura 15.5 *infra*.

Diz-se que a política fiscal é **contracionista**[12] quando há diminuição dos gastos do governo, diminuição das transferências ou aumento dos tributos, fazendo com que a curva IS se desloque para a esquerda, de IS1 para IS3, diminuindo o nível de equilíbrio da renda e a taxa de juros. Veja novamente a Figura 15.5.

Observe nesse gráfico que, quando é adotada uma política fiscal **expansionista**, a curva IS se desloca para a direita ou para cima (IS_1 para IS_2). É possível perceber que há aumento da demanda agregada forçando o aumento da renda e produto da economia (Y) por parte dos empresários que, em busca de maiores lucros, produzirão mais, o que implica **crescimento econômico** (aumento do PIB do país), com **geração de empregos**. Como uma política fiscal expansionista se dá pelo aumento dos gastos e transferências do governo ou redução dos tributos, acarreta também aumento do **déficit orçamentário**. Observando o comportamento das taxas de juros, percebe-se que uma expansão fiscal provoca seu aumento. Isso repercute no aumento da **dívida** e do déficit do governo pela elevação dos encargos da dívida (pagamento de juros). O aumento da demanda agregada em decorrência de uma política fiscal expansionista pode provocar **inflação**, caso o aumento da oferta de bens e serviços seja menor que o crescimento da demanda. É importante salientar também que o governo, incorrendo em déficits, poderá ter que se socorrer à poupança externa, aumentando sua dívida externa.

Quando é adotada uma política fiscal **restritiva**, a curva IS se desloca para a esquerda ou para baixo (IS_1 para IS_3). É possível perceber que há uma diminuição da demanda agregada forçando a redução da renda e produto da economia (Y) por parte dos empresários, que não produzirão, já que sabem que não conseguirão vender seus produtos, o que implica uma **recessão econômica** (diminuição do PIB do país), com contração do **nível de emprego**. Como uma política fiscal restritiva se dá pela redução dos gastos e transferências do governo ou aumento dos tributos, acarreta também redução do **déficit orçamentário**. Observando o comportamento das taxas de juros, percebe-se que uma contração fiscal provoca sua redução. Isso repercute na diminuição da **dívida** do governo pela redução dos encargos da dívida (pagamento de juros). A redução da demanda agregada em decorrência de uma política fiscal restritiva pode provocar **redução da inflação**, já que o produto sofrerá menos pressão por parte da demanda para se expandir. É importante salientar também que o governo, ao reduzir seu déficit, poderá depender menos de capital externo, reduzindo sua dívida externa.

---

[12] Também denominada contração fiscal ou consolidação fiscal.

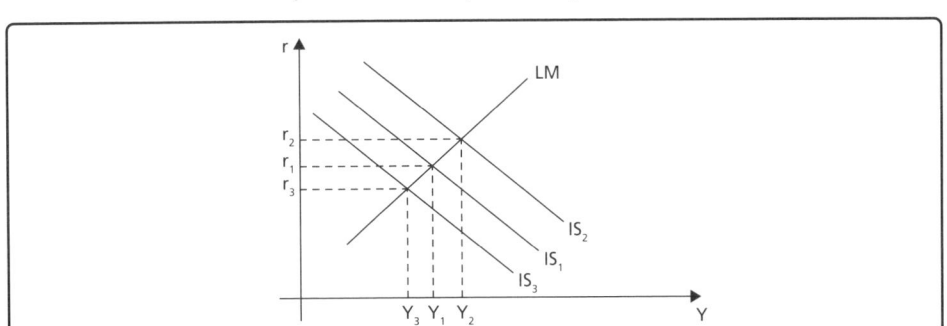

Figura 15.5. As consequências sobre a renda (Y) e a taxa de juros (r) quando a curva IS se desloca para a direita e para a esquerda

[Figura: gráfico IS-LM mostrando curva LM e três curvas IS (IS_1, IS_2, IS_3), com taxas r_2, r_1, r_3 no eixo r e Y_3, Y_1, Y_2 no eixo Y]

Observe que, à medida que se desloca, a curva IS se move sobre a curva LM, provocando uma alteração no nível de renda/produto (Y) e na taxa de juros (i). Assim, se a política fiscal for **expansionista**, a **renda/produto e a taxa de juros aumentam**. Se a política fiscal for **restritiva**, a **renda/produto e a taxa de juros diminuem**. Portanto, a **renda/produto** da economia se desloca no **mesmo sentido** da taxa de juros quando é adotada uma política fiscal.

15.3. POLÍTICA MONETÁRIA

A política monetária[13] é adotada pelo Banco Central para alterar o nível de renda por meio da taxa de juros, em consequência de uma alteração na **oferta de moeda**. Serve para combater uma **recessão**, quando eleva a renda, e para **reduzir** a inflação, quando provoca diminuição da renda.

Diz-se que a política monetária é **expansionista** quando há **aumento da oferta de moeda**, levando a uma **redução na taxa de juros**. A curva LM desloca-se, então, para baixo (de LM_1 para LM_2). Com a redução da taxa de juros (de r_1 para r_2), aumenta-se o investimento e, consequentemente, a renda/produto (de Y_1 para Y_2). Com o aumento da oferta de moeda, a demanda agregada se eleva, provocando um aumento do PIB (Y), já que os empresários, em busca de maiores lucros, produzirão mais para atender à demanda crescente, gerando, com isso, aumento do emprego. Caso o aumento da demanda agregada não seja acompanhado do aumento da oferta agregada, os preços poderão subir, gerando inflação. Como dito anteriormente, além da elevação da renda, uma expansão monetária provoca uma redução da taxa de juros, conforme pode ser acompanhado pelo gráfico da Figura 15.6. De acordo com Froyen: "estando fixa a renda, para que o estoque de moeda mais alto se iguale à demanda por moeda, a taxa de juros deve cair para ampliar tanto a demanda especulativa por moeda como a demanda por moeda para transações para o mesmo nível de renda"[14].

---

[13] O Comitê de Política Monetária (COPOM) tem como objetivo definir as diretrizes da política monetária e a taxa de juros.

[14] Richard T. Froyen, *Macroeconomia*, p. 147.

Diz-se que a política monetária é **contracionista ou restritiva** quando há **redução da oferta de moeda**, acarretando uma **elevação da taxa de juros** (r_1 para r_3). Com isso, a curva LM desloca-se para a cima (de LM_1 para LM_3). Com a elevação da taxa de juros, reduz-se o investimento e, consequentemente, a renda e o produto (de Y_1 para Y_3). Com a redução da oferta de moeda, a demanda agregada diminui, provocando uma redução do PIB (Y), já que os empresários não terão interesse em produzir se sabem que não venderão seus produtos. Com isso, ocorre uma redução do emprego. A redução da demanda agregada reduz a pressão sobre o produto, levando à diminuição de preços e, portanto, da inflação. Como dito anteriormente, além da elevação da renda, uma expansão monetária provoca uma redução da taxa de juros, o que pode ser verificado no gráfico da Figura 15.6.

Figura 15.6. Consequências sobre a renda e sobre as taxas de juros quando a curva LM se desloca para a direita e para a esquerda

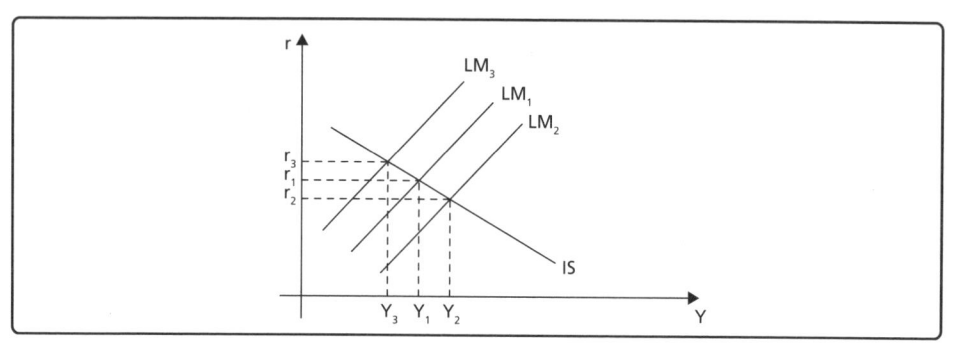

Observe que, à medida que se desloca, a curva LM se move sobre a curva IS, provocando uma alteração no nível de renda/produto (Y) e na taxa de juros (i). Assim, se a **política monetária for expansionista**, a renda/produto aumenta e a taxa de juros diminui. Se a **política monetária for restritiva**, a renda/produto diminui e a taxa de juros aumenta. Portanto, a **renda/produto** da economia se desloca em **sentido contrário** ao da **taxa de juros** quando se adota uma política monetária.

15.4. POLÍTICA FISCAL E MONETÁRIA NOS CASOS EXTREMOS (ARMADILHA DA LIQUIDEZ E CASO CLÁSSICO) E NA ÁREA INTERMEDIÁRIA DA FUNÇÃO LM

Até o momento, a curva LM foi apresentada como uma **função crescente**. Quando ela se comporta dessa maneira, diz-se que se encontra na área **intermediária**. Porém, a função LM pode se apresentar também totalmente **horizontal** ou totalmente **vertical**. No primeiro caso, diz-se que a função LM encontra-se no caso **Keynesiano** onde ocorre a **armadilha da liquidez**. No segundo caso, diz-se que a função LM encontra-se no **caso clássico**. Acompanhe, a seguir, os efeitos de uma política fiscal e monetária em cada um desses casos: caso Keynesiano (em que ocorre a armadilha da liquidez), caso clássico e caso intermediário.

Resumindo, o modelo IS-LM pode ser dividido em três trechos: trecho ou **área Keynesiana** (em que a taxa de juros é mínima e, portanto, a demanda de moeda para especulação é máxima); o trecho ou **área intermediária**; e o trecho ou **área clássica** (em que a taxa de juros é alta e a demanda de moeda para especulação é zero).

Segundo Froyen, a área clássica recebe esse nome porque: "(...) caso clássico (...) como na teoria clássica, a demanda por moeda (...) depende só da renda. O traço distintivo da teoria Keynesiana da demanda por moeda, com relação à correspondente clássica, é a relação negativa entre a demanda por moeda e a taxa de juros (...)"[15]. Logo, pelo fato de os clássicos não considerarem a demanda de moeda com a finalidade de especulação, a demanda de moeda não seria uma função da taxa de juros, ou seja, seria **totalmente inelástica** à taxa de juros.

Já o caso Keynesiano, ou aquele em que ocorre a **armadilha da liquidez**, a taxa de juros é mínima e, portanto, só tende a subir. Com isso, as perdas esperadas para quem tem títulos é uma certeza. Assim, os agentes econômicos tendem a converter suas riquezas apenas em moeda. Nessa área, um aumento no nível de renda exigiria uma mínima alteração na taxa de juros que garantisse o equilíbrio no mercado monetário. Portanto, a demanda de moeda é perfeitamente elástica à taxa de juros.

15.4.1. Armadilha da liquidez

A **armadilha da liquidez**[16] é um caso de total incerteza no mercado. Nela, a taxa de juros está a um nível tão baixo que só tende a crescer e, por conseguinte, os títulos só tendem a se desvalorizar. Então, quem tem títulos quer vender, e quem não tem também não quer comprar. A demanda por moeda para **especulação** é máxima e qualquer aumento da oferta de moeda **não** será destinada à demanda de moeda para transação e precaução, o que manterá constante o nível de produto/renda da economia. LM é **horizontal**, mostrando que a demanda por moeda é totalmente **elástica à taxa de juros** e totalmente **inelástica à renda**. Como as pessoas estão dispostas a demandar toda a oferta de moeda oferecida pelo Banco Central, elevações na oferta de moeda não baixam a taxa de juros e, portanto, não afetam a renda, já que a curva LM não sai do lugar.

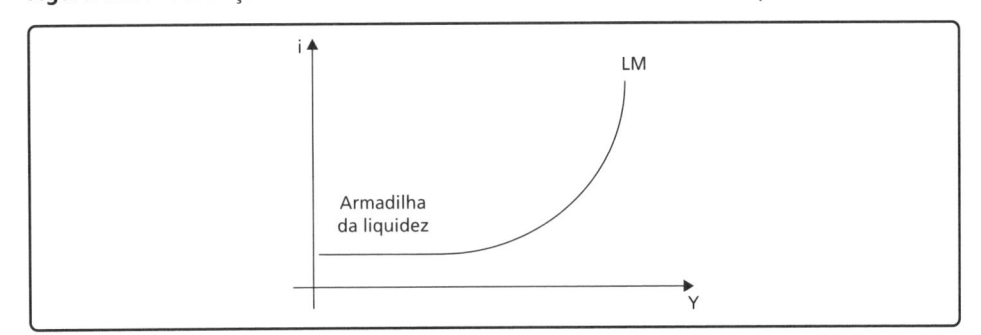

Figura 15.7. A função LM e a área conhecida como armadilha da liquidez

---

[15] Richard T. Froyen, *Macroeconomia*, p. 144.
[16] A situação em que ocorre a armadilha da liquidez seria compatível com a Grande Depressão dos anos 1930.

15.4.1.1. Eficácia da política fiscal e monetária na área Keynesiana da função LM conhecida como armadilha da liquidez

Na **armadilha da liquidez**, a política fiscal é totalmente eficaz e a política monetária é totalmente ineficaz para alterar o nível de renda e produto da economia.

a) Observe quando é adotada uma política fiscal expansionista no caso em que ocorre a armadilha da liquidez ou área conhecida como área Keynesiana:

Figura 15.8. Política fiscal na armadilha da liquidez

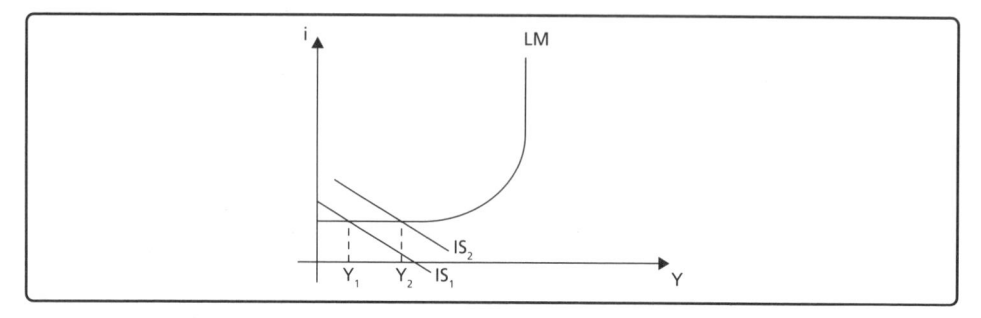

Como a taxa de juros não varia, uma política fiscal será totalmente eficaz para alterar o nível de renda, já que não afeta o investimento. Observe a Figura 15.8: quando a função IS_1 se desloca para IS_2, o produto/renda aumenta e a taxa de juros (i) permanece constante.

b) Observe quando é adotada uma política monetária expansionista no caso em que ocorre a armadilha da liquidez ou área Keynesiana:

Figura 15.9. Política monetária na armadilha da liquidez

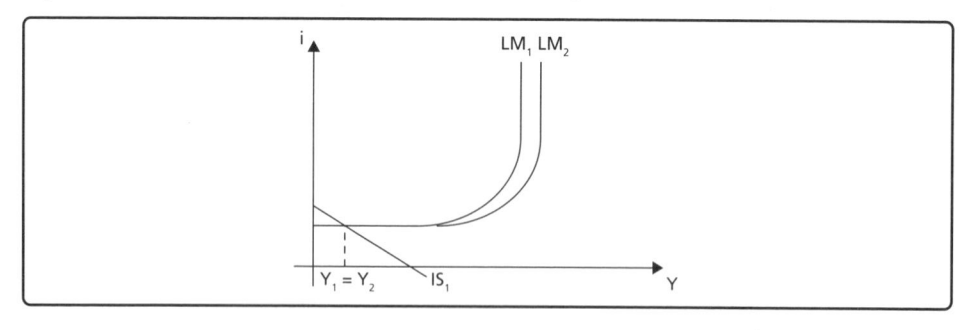

Como a demanda por moeda para especulação é máxima, os agentes econômicos demandarão toda oferta de moeda que houver. A função LM será totalmente elástica à taxa de juros, e uma política monetária será totalmente ineficaz para alterar o produto da economia. Observe, na Figura 15.9, que o deslocamento da LM_1 para LM_2 não altera o produto da economia.

15.4.2. Área clássica

A área clássica é aquela em que ocorre total **escassez de liquidez** na economia e, portanto, a função LM é vertical, ou seja, a demanda de moeda é totalmente inelástica à taxa de juros, já que, para os clássicos, não haveria demanda de moeda para especulação, ou seja, a demanda de moeda não seria função da taxa de juros, mas apenas da renda. Assim, os agentes econômicos não demandariam moeda para fins especulativos. A área clássica traz uma interpretação do pensamento clássico feita pelos Keynesianos[17].

15.4.2.1. Eficácia da política fiscal e monetária na área clássica

Na **área clássica**, a política fiscal é totalmente ineficaz e a política monetária é totalmente eficaz para alterar o nível de renda e produto da economia.

Observe na Figura 15.10: quando é adotada uma política fiscal expansionista no caso clássico, o produto/renda não se altera quando IS_1 se desloca até IS_2. Apenas a taxa de juros (i) se eleva.

Figura 15.10. Política fiscal na área clássica

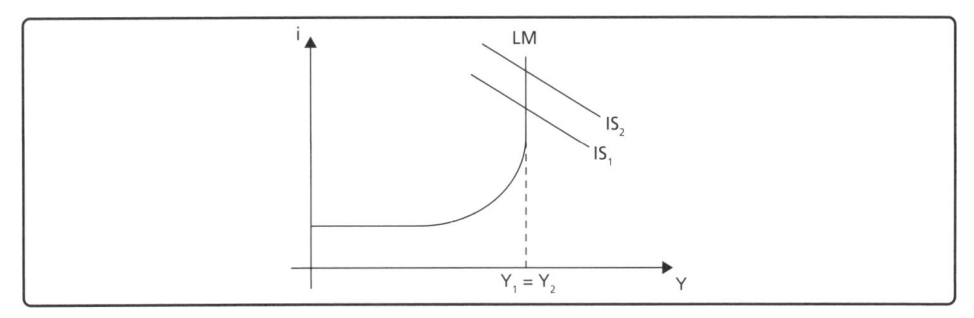

Como a taxa de juros é elevada, um deslocamento da função IS, devido a uma política fiscal, influencia totalmente o investimento (já que ele é muito sensível à taxa de juros) em sentido oposto ao da política fiscal, provocando o efeito deslocamento total[18] e não alterando o nível de renda e produto da economia.

Observe na Figura 15.11: quando é adotada uma política monetária no caso clássico, o produto/renda se altera quando LM_1 se desloca para LM_2.

Figura 15.11. Política monetária na área clássica

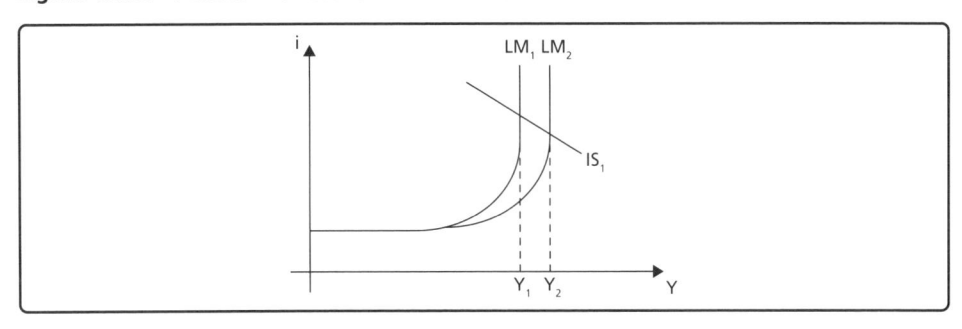

---

[17] Hicks-Hansen foram os formuladores do modelo IS-LM, com base na teoria anteriormente desenvolvida por Keynes.
[18] Assunto a ser visto no *item 15.4.6*.

Como a demanda por moeda para especulação é mínima, uma política monetária é totalmente eficaz para alterar o nível de renda e produto da economia.

15.4.3. Área intermediária

A área **intermediária** corresponde à área desenvolvida nos *itens 15.2* e *15.3*. Percebe-se que a demanda por moeda, nessa área, é **sensível** a uma variação tanto nas taxas de juros como na renda/produto, o que faz com que a função LM possua uma **inclinação positiva**. A seguir, é possível fazer uma análise da eficácia das políticas fiscal e monetária nessa área.

15.4.3.1. Eficácia da política fiscal e monetária na área intermediária

No **caso intermediário**, tanto a política fiscal como a política monetária são eficazes, mas não totalmente. Ocorre o efeito deslocamento, que é o efeito decorrente do fato de um aumento no nível de renda e produto não poder ser total, porque, com a política fiscal expansionista, a taxa de juros aumenta, fazendo com que diminua o investimento, reduzindo, em parte, a demanda e a oferta por produtos e, por conseguinte, diminuindo o nível de renda/produto. Assim, o aumento do nível de renda decorrente de uma política fiscal expansionista não é total, em decorrência da alteração da taxa de juros, que anula em parte o efeito dessa política, ou seja, o efeito multiplicador em decorrência de uma política fiscal expansionista compensado devido ao efeito deslocamento (*crowding out*), assunto a ser visto no *item 15.4.6*.

Observe que, quando é adotada uma política fiscal expansionista na área intermediária, o produto/renda se altera parcialmente.

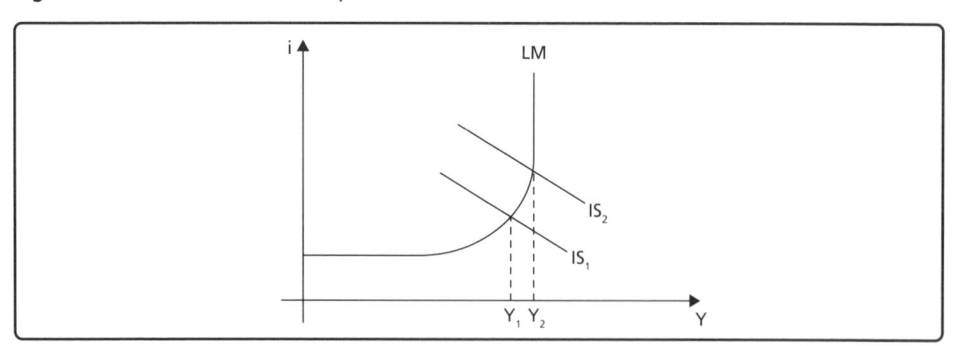

Figura 15.12. Política fiscal expansionista na área intermediária

Como o investimento é parcialmente elástico à taxa de juros, uma política fiscal produzirá um efeito deslocamento (ou *crowding out*) parcial, gerando um aumento também parcial do produto e da renda na economia.

Observe também que, quando é adotada uma política monetária expansionista na área intermediária, o produto/renda se altera parcialmente.

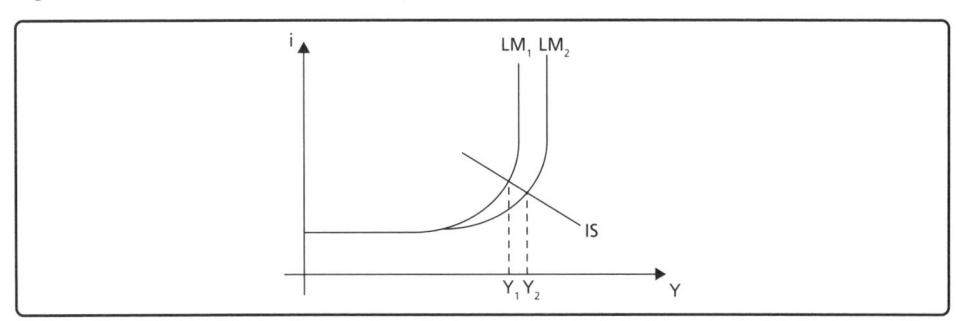

Figura 15.13. Política monetária expansionista na área intermediária

Como a demanda por moeda é parcialmente elástica à taxa de juros, uma política monetária será parcialmente eficaz para alterar a renda e produto da economia.

No modelo Keynesiano simplificado, em que o investimento não é afetado por variações na taxa de juros, já que ela é "dada como constante" e, portanto, não varia, uma política fiscal será totalmente eficaz para alterar o nível de renda, já que não altera o investimento. Essa análise poderá ser verificada no *item 15.5*.

15.4.4. A curva de oferta e o modelo IS-LM

Caso a curva de oferta seja **horizontal** (modelo de oferta Keynesiano), o produto deverá aumentar integralmente pelo deslocamento horizontal da curva de demanda agregada (área Keynesiana do modelo IS-LM, quando a curva IS se desloca para a direita). Caso a curva de oferta tenha uma **inclinação positiva**, isso significa que o aumento da demanda leva ao aumento do produto, porém em menor intensidade, já que há uma elevação de preços também (área intermediária do modelo IS-LM, quando a curva IS se desloca para a direita). Quando a curva de oferta é **vertical** (modelo de oferta clássica), um aumento da demanda agregada não eleva o produto, mas apenas os preços (área clássica do modelo IS-LM, quando a curva IS se desloca para a direita). Portanto, a política adotada dependerá da suposição com relação ao formato da função oferta agregada.

15.4.5. Elasticidade da demanda por moeda (L) e do investimento (I) à taxa de juros na curva LM

☐ Na área Keynesiana, "L" é totalmente elástica à taxa de juros.
☐ Na área clássica, "L" é totalmente inelástica à taxa de juros.
☐ Na área intermediária, "L" é parcialmente elástica à taxa de juros.
☐ Na área Keynesiana, a taxa de juros é constante e, portanto, não afeta o investimento (I).
☐ Na área clássica, a taxa de juros é muito elevada e, portanto, sua alteração afeta muito o investimento (I). O efeito *crowding out* (ou efeito deslocamento) é total.
☐ Na área intermediária, a taxa de juros varia, afetando parcialmente o investimento (I). O efeito *crowding out* (ou efeito deslocamento) é parcial.

15.4.6. Efeito *crowding out* ou efeito deslocamento ou efeito expulsão

Na **área clássica**, se houver um aumento dos gastos do governo, o Produto da economia deveria aumentar. Mas, como está localizado na área clássica, em que a taxa de juros já é elevada e ainda se eleva mais pela adoção de uma política fiscal expansionista, o investimento privado se retrai na mesma proporção que o aumento dos gastos do governo, reduzindo o produto da economia na mesma proporção que o aumento do governo havia elevado. Isso ocorre porque a renda que se expandiu, em virtude do efeito multiplicador, contrair-se-á devido ao efeito deslocamento ou *crowding out*. Assim:

Passo 1: $\uparrow Y = C + I + \uparrow G + X - M \rightarrow$ o aumento do gasto do governo provoca um aumento do produto da economia.

Passo 2: $\downarrow Y = C + \downarrow I + G + X - M \rightarrow$ uma retração dos investimentos, devido à elevação da taxa de juros, retrai o produto da economia.

Passo 3: $\downarrow\uparrow Y = C + \downarrow I + \uparrow G + X - M \rightarrow$ o aumento dos gastos do governo e uma redução dos investimentos em igual proporção **(efeito *crowding out* total)** mantêm o produto inalterado na economia.

Passo 4: $Y = C + \downarrow I + \uparrow G + X - M \rightarrow$ os gastos do governo vão substituir os investimentos privados na economia, mantendo inalterado o produto.

Ou seja, o aumento do gasto do governo provocou uma elevação nas taxas de juros, retraindo os investimentos privados, fazendo com que o produto da economia não se alterasse.

Percebe-se que há uma transferência de investimentos privados para investimentos públicos.

Como não existe a demanda de moeda para especulação na área clássica, uma mudança na taxa de juros tem um impacto muito grande sobre os investimentos.

Na **área intermediária**, como o investimento é parcialmente elástico à taxa de juros, o efeito *crowding out* (ou **efeito deslocamento**) é parcial. Observe a Figura 15.14.

Figura 15.14. Efeito *crowding out* na área intermediária

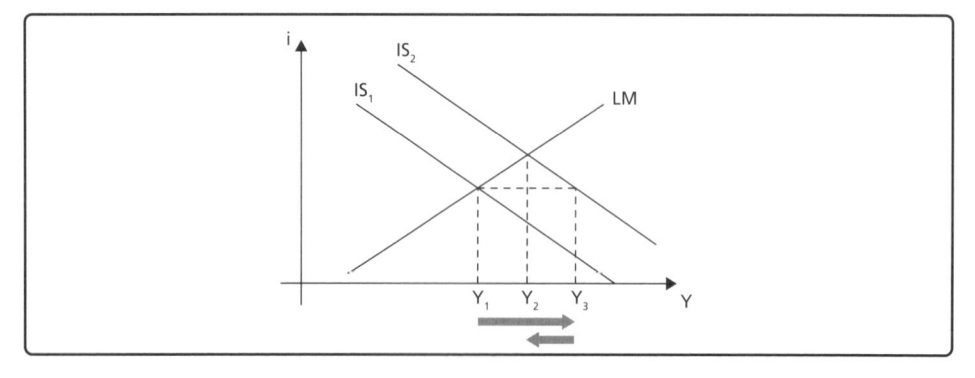

Na área intermediária, uma política fiscal expansionista, por meio do aumento dos gastos do governo, por exemplo, desloca a função IS_1 para IS_2, elevando a taxa de juros e o Produto da economia. Como o investimento é sensível à taxa de juros, mas não

totalmente, ocasiona a sua retração e, por conseguinte, a retração do produto da economia, ou seja, de Y_3 para Y_2, mas não na mesma proporção que a elevação dos gastos proporcionou o seu aumento, ou seja, de Y_1 para Y_3. O resultado é a elevação do produto da economia de Y_1 para Y_2, ou seja, ocorre um efeito deslocamento, também conhecido por efeito *crowding out*, correspondente a Y_3Y_2.

Observe que, se a taxa de juros não tivesse se elevado, o deslocamento horizontal da função IS, ou seja, de IS_1 para IS_2, teria provocado um aumento da renda e do produto da economia na proporção do multiplicador Keynesiano, ou seja, de Y_1 para Y_3. Mas, como o deslocamento da curva IS provocou uma elevação da taxa de juros, então o investimento se retrai, reduzindo a renda e o produto da economia na proporção do efeito deslocamento ($Y_3 \rightarrow Y_2$), que, na área intermediária, é inferior ao efeito do multiplicador.

Froyen explica o efeito deslocamento quando afirma que: "a diferença entre o modelo Keynesiano simples e o modelo IS-LM é que este último inclui um mercado monetário. Quando os gastos do governo aumentam para manter o equilíbrio no mercado monetário, a taxa de juros também deve aumentar. O aumento na taxa de juros causará um declínio nos dispêndios com investimento. O declínio nos dispêndios com investimento compensará, parcialmente, o aumento na demanda agregada resultante do aumento nos gastos por parte do governo. Consequentemente, o aumento na renda será menor que o previsto no modelo Keynesiano simples, onde o investimento foi considerado completamente autônomo"[19].

Na **área Keynesiana** ou aquela em que ocorre a armadilha da liquidez, não há o *crowding out* ou efeito deslocamento, já que não há elevação da taxa de juros.

15.4.7. Visão global da eficácia[20] de uma política fiscal e monetária considerando a inclinação da função LM

Na Figura 15.15 *infra*, é possível se verificar a alteração do produto da economia e da taxa de juros com a adoção de uma política fiscal e monetária na área Keynesiana, em que ocorre a armadilha da liquidez, na área intermediária e na área clássica.

Em primeiro lugar, analisando o efeito de uma política fiscal, quando a IS se desloca para a direita ($IS_1 \rightarrow IS_2$) sobre a LM_1, o produto da economia se expande com mais eficácia na área Keynesiana. Na área intermediária ($IS_3 \rightarrow IS_4$), embora o produto aumente, o efeito deslocamento diminui sua eficácia. Na área clássica, a política fiscal ($IS_5 \rightarrow IS_6$) não é capaz de alterar o produto da economia.

Observando agora uma alteração na curva LM de LM_1 para LM_2, por meio de uma política monetária expansionista, é possível observar a ineficácia na área Keynesiana e uma eficácia parcial na área intermediária. Já na área clássica, uma política monetária expansionista é totalmente eficaz para alterar o nível de renda e produto da economia.

---

[19] Richard T. Froyen, *Macroeconomia*, p. 174.
[20] Quanto mais eficaz, maior será a variação da renda em decorrência de uma alteração na variável econômica; e quanto menos eficaz, menor será a variação da renda em decorrência de uma alteração na variável econômica.

Figura 15.15. Efeito de uma política fiscal e monetária na área Keynesiana, na área intermediária e na área clássica

[Gráfico: curvas IS$_1$, IS$_2$, IS$_3$, IS$_4$, IS$_5$, IS$_6$ e LM$_1$, LM$_2$ mostrando Área Keynesiana, Área intermediária e Área clássica no plano i × Y]

15.5. POLÍTICA FISCAL E MONETÁRIA NOS CASOS EXTREMOS DA FUNÇÃO IS — MODELO KEYNESIANO SIMPLIFICADO

Até o momento, a curva IS foi apresentada como uma função decrescente. Mas ela poderá se apresentar totalmente **vertical**, ou seja, totalmente **inelástica** à taxa de juros[21]. Quando ela assume esse comportamento, chama-se esse modelo de **modelo Keynesiano simplificado**, já que o modelo desenvolvido por Keynes e apresentado no capítulo 9 considerava a taxa de juros "dada" e, portanto, incapaz de afetar o nível de renda e produto da economia.

Assim, caso seja adotada uma **política fiscal** expansionista, quando a função IS é vertical, o produto da economia aumentará, mostrando o **máximo de eficácia**. Observe o gráfico da Figura 15.16.

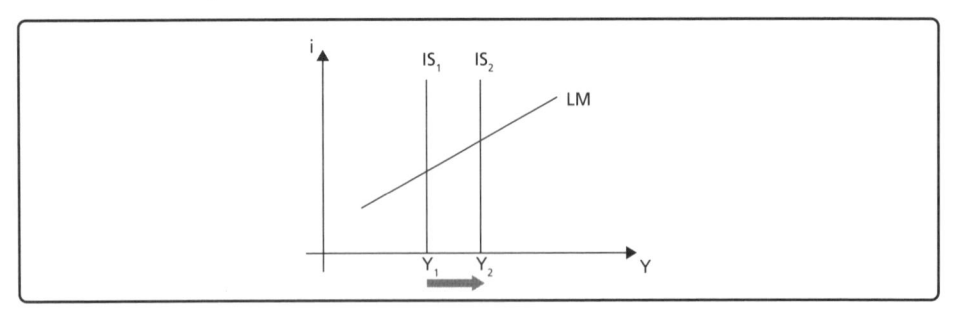

Figura 15.16. Eficácia de uma política fiscal expansionista no modelo Keynesiano simplificado

[Gráfico: curvas verticais IS$_1$ e IS$_2$ e curva LM crescente no plano i × Y, mostrando deslocamento de Y$_1$ para Y$_2$]

Caso seja adotada uma **política monetária** expansionista (LM$_1$ a LM$_2$), quando a função IS é vertical, o produto da economia não sofrerá alteração, mostrando que essa política será totalmente **ineficaz** para alterar a renda/produto da economia. Observe o gráfico da Figura 15.17.

---

[21] A curva IS **não** poderá se apresentar totalmente horizontal.

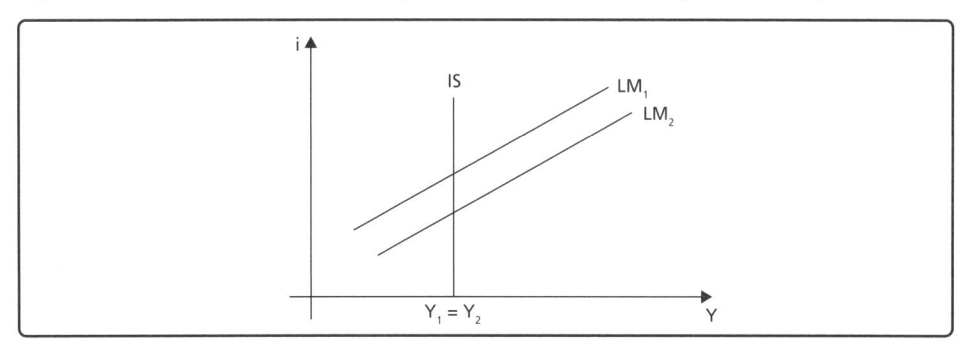

Figura 15.17. Política monetária expansionista no modelo Keynesiano simplificado

15.6. FATORES QUE AFETAM A EFICÁCIA DA POLÍTICA FISCAL E MONETÁRIA

Conforme visto no capítulo anterior, pode-se recordar que a inclinação da curva IS depende de dois fatores:

☐ **Propensão marginal a Consumir**, que afetará o multiplicador: quanto maior o multiplicador, maior será o impacto sobre a renda, ou seja, menor será a inclinação da IS e mais horizontal será a IS.

☐ **Sensibilidade do investimento em relação à taxa de juros**, ou seja, quanto mais sensível o investimento à taxa de juros, menor será a inclinação da curva IS e mais horizontal será a curva IS.

A inclinação da curva LM depende de dois fatores:

☐ **Elasticidade da demanda de moeda em relação à renda**, ou seja, quanto maior a elasticidade da demanda de moeda à renda, menos horizontal (ou mais inclinada) será a LM.

☐ **Elasticidade da demanda de moeda em relação à taxa de juros**, ou seja, quanto maior a elasticidade da demanda de moeda à taxa de juros, mais horizontal (ou menos inclinada) será a LM.

Portanto, **a eficácia da política fiscal** depende:

☐ **Do tamanho do multiplicador** ou da Propensão marginal a Consumir, que determinará quanta alteração da renda/produto de equilíbrio a curva IS provocará.

☐ **Da elasticidade da demanda de moeda em relação à taxa de juros**, ou seja, quanto maior a elasticidade da demanda de moeda em relação à taxa de juros, maior será o impacto da política fiscal. Isso se dá em decorrência do ajuste necessário da taxa de juros sobre o investimento. Froyen explica, afirmando que: "um aumento nos gastos do governo causa um aumento na renda. À medida que a renda aumenta, a demanda por saldos para transação aumenta, e o retorno ao equilíbrio no mercado monetário com um estoque de moeda inalterado exige um aumento da taxa de juros. O aumento da taxa de juros deve diminuir a demanda especulativa de moeda e fazer com que os indivíduos e as firmas economizem no uso dos saldos para transações.

Se a demanda por moeda for altamente sensível às mudanças na taxa de juros, somente um pequeno aumento na taxa de juros será necessário para restabelecer o equilíbrio do mercado monetário"[22].

☐ **Da elasticidade do investimento em relação à taxa de juros**, ou seja, quanto maior for a sensibilidade (ou menor a inclinação) do investimento (ou da IS) em relação à taxa de juros, menor será o efeito da política fiscal. Portanto, quanto **mais inclinada** a curva IS, **mais eficaz** é a política fiscal. A inclinação da curva IS determinará o tamanho do efeito **deslocamento** ou *crowding out*. Isso se dá porque, na medida em que a curva IS se desloca para a direita, a taxa de juros se eleva. Sendo a função IS muito inclinada, isso significa que o investimento é pouco sensível à alteração da taxa de juros. Logo, o investimento vai se retrair pouco, mediante uma elevação da taxa de juros, o que implica uma necessidade de retração da poupança e do produto/renda também pequena, ou seja, de Y_3 para Y_2, do gráfico (a), que corresponde ao efeito deslocamento. Já se a curva IS for mais horizontal, significa que uma elevação da taxa de juros, provocada por um deslocamento da função IS para a direita, retrai o investimento. Como este último é muito sensível à taxa de juros, haverá uma grande redução do seu valor. Sendo assim, a poupança necessária para financiá-lo também deverá se reduzir num grande montante e, por conseguinte, a renda também. O efeito deslocamento corresponde a $Y_3 - Y_2$ do gráfico (b). Observe os gráficos (a) e (b) da Figura 15.18.

Figura 15.18. Deslocamento da função IS quando é muito inclinada (a) e pouco inclinada (b)

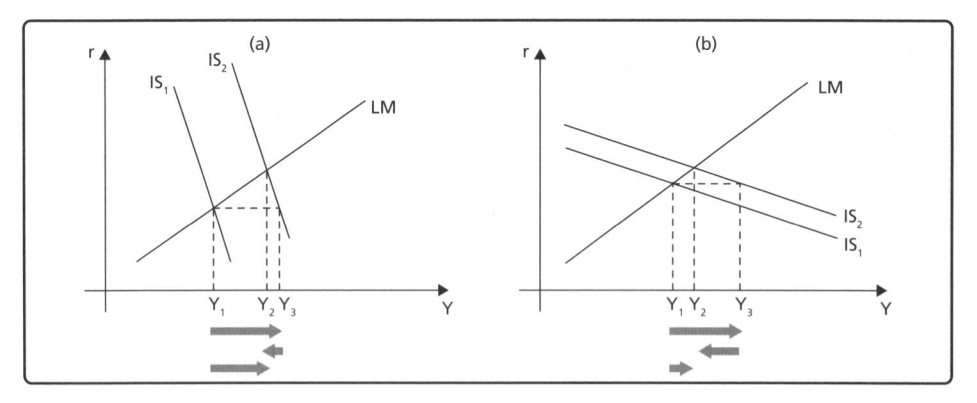

Na Figura 15.18, o deslocamento de Y_1 para Y_3 representa o **efeito multiplicador** Keynesiano quando o investimento não sofre influência da taxa de juros. O deslocamento de Y_3 para Y_2 representa o **efeito deslocamento (*crowding out*)**, que ocorre em decorrência da sensibilidade do investimento à alteração da taxa de juros. Logo, o resultado da alteração na renda e no produto é dado pela distância $Y_1 Y_2$. Observe que, quando a função IS é mais inclinada, a distância $Y_1 Y_2$ é maior, ou seja, uma **política fiscal** é mais eficaz. Já o **efeito deslocamento**, que está sendo representado pela distância $Y_3 Y_2$ é menor.

---

[22] Richard T. Froyen, *Macroeconomia*, p. 184.

A **eficácia da política monetária** dependerá:

☐ **Da sensibilidade da demanda de moeda à taxa de juros**, ou seja, quanto mais sensível à taxa de juros, mais horizontal a LM e menor a eficácia da política monetária, porque, na medida em que há um aumento da oferta de moeda, a taxa de juros cai, provocando um aumento no investimento e, por conseguinte, na renda. A renda deverá aumentar, até o ponto em que a demanda de moeda se iguala à nova oferta de moeda. Sendo a demanda de moeda muito elástica à taxa de juros, esta precisa cair pouco e, consequentemente, a renda precisa aumentar menos para equilibrar o mercado monetário. Observe os gráficos (a) e (b) da Figura 15.19 e perceba que, quando a LM é mais horizontal (a), a renda e a taxa de juros sofrem uma menor variação do que quando a LM é menos horizontal (ou mais inclinada) (b).

Figura 15.19. Sensibilidade da demanda de moeda à taxa de juros

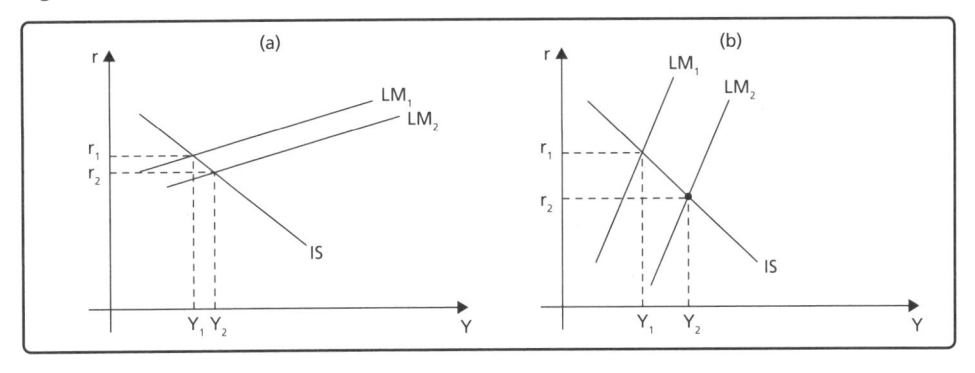

☐ **Da sensibilidade da demanda de moeda ao nível de renda**, ou seja, quanto mais sensível ao nível de renda, menor a elasticidade da função LM e maior a eficácia da política monetária.

☐ **Da elasticidade do investimento em relação à taxa de juros**, ou seja, quanto mais horizontal a IS, maior a eficácia da política monetária. Segundo Froyen, "a política monetária é ineficaz quando a curva IS é muito inclinada, ou seja, quando o investimento é inelástico aos juros. A política monetária é tanto mais eficaz quanto maior for a elasticidade da demanda por investimento em relação aos juros e, portanto, quanto menos inclinada for a curva IS"[23]. Isso ocorre porque, sendo a curva IS muito inclinada (ou vertical), uma política monetária não é capaz de afetar o investimento, já que este é inelástico à taxa de juros.

Observe, na Figura 15.20, o efeito de uma política monetária sobre a renda e o produto nas áreas Keynesiana, intermediária e clássica, diante de uma curva IS mais horizontal (IS_1, IS_3, IS_5) e mais vertical (IS_2, IS_4, IS_6). É possível perceber que, nas áreas intermediária e clássica, quando a curva IS é mais inclinada (mais vertical) um aumento da oferta de moeda provoca um menor aumento da renda e do produto do que numa

---

[23] Richard T. Froyen, *Macroeconomia*, p. 180.

curva IS mais horizontal (ou menos inclinada). Já na área Keynesiana, um aumento da oferta de moeda que desloque a curva LM para a direita, não é capaz de alterar o produto e a renda da economia.

Figura 15.20. Efeito de uma política monetária quando a função IS é mais e menos inclinada nas áreas Keynesiana, intermediária e clássica

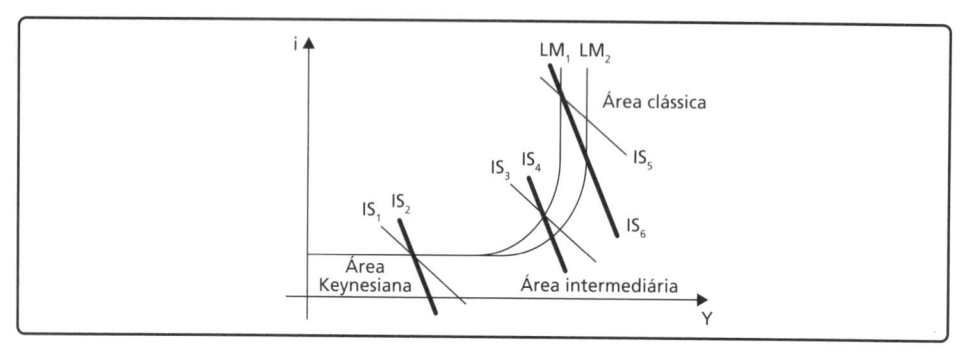

Montando um quadro-resumo que associa a elasticidade das funções IS-LM com a eficácia de uma política fiscal ou monetária, tem-se:

	POLÍTICA FISCAL	POLÍTICA MONETÁRIA
IS mais horizontal	Mais ineficaz	Mais eficaz
LM mais horizontal	Mais eficaz	Mais ineficaz

A política monetária será mais eficaz, portanto, quanto mais inclinada (mais vertical) for a função LM e menos inclinada (mais horizontal) for a função IS.

15.7. SUPOSIÇÃO DE PREÇOS FLEXÍVEIS — DEDUZINDO A DEMANDA AGREGADA

Se o preço (p) sobe e o estoque nominal de moeda permanece constante, o estoque real de moeda se reduz, fazendo com que a curva LM se desloque para cima. Observe o gráfico da Figura 15.21.

Figura 15.21. Elevação de preços e consequente redução da oferta real de moeda

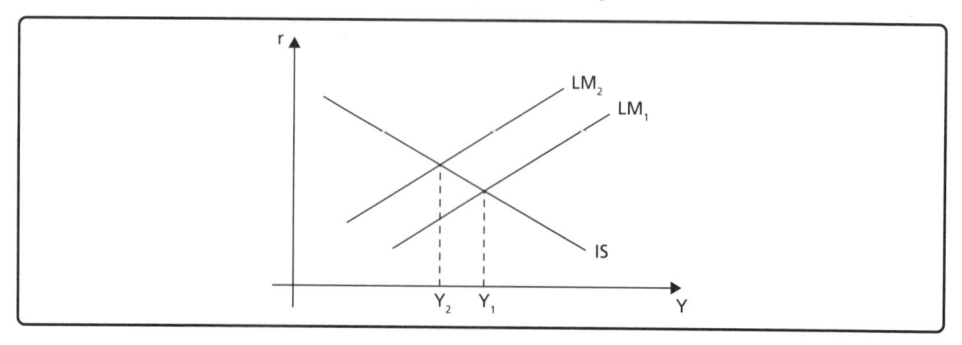

Diz-se que uma alteração nos preços altera apenas a curva LM, na suposição de que os gastos do governo e os tributos são variáveis determinadas pelo governo em valores reais, não sendo afetados pelo nível geral de preços. Também não afeta o investimento diretamente, embora possa afetá-lo indiretamente pelo mecanismo das taxas de juros. O nível de consumo é função direta do nível de renda real e, portanto, não é afetado por variações nos preços. Diante disso, confirma-se a suposição de que uma alteração de preços não afeta o mercado de bens, ou seja, não altera a curva IS. No entanto, altera o mercado monetário, na medida em que afeta o estoque real de moeda e, portanto, altera a curva LM.

Observa-se que o produto vai diminuir porque os preços subiram (fazendo a LM se deslocar para cima). A partir daí, pode-se construir a curva de demanda agregada, que associa a variação de preços ao Produto Real da economia, conforme o gráfico da Figura 15.22. Observa-se que a curva de demanda é decrescente, porque uma elevação dos preços diminui os saldos monetários reais, o que provoca uma elevação das taxas de juros, reduzindo o nível de produto e renda da economia.

Figura 15.22. Função demanda agregada

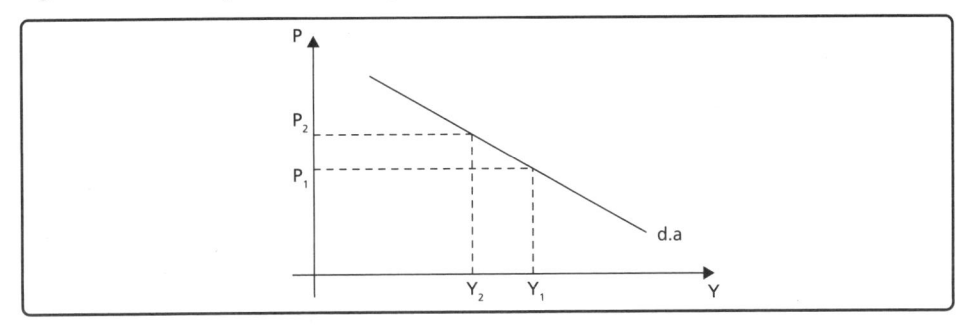

Mas essa curva de demanda agregada (d.a) pode ser mais ou menos inclinada. Segundo Lopes e Vasconcellos: "(...) a inclinação da demanda agregada refletirá o impacto da mudança da oferta real de moeda sobre o nível de renda, ou seja, a variação da renda provocada por um deslocamento da curva LM"[24].

O que determinará a inclinação da demanda agregada (d.a) será:

☐ a **inclinação da LM**, ou seja, dependendo da área em que estiver: na área Keynesiana, intermediária ou clássica[25];

☐ a **inclinação da IS** ou sensibilidade do investimento (I) em relação à taxa de juros (r) ou o tamanho do multiplicador Keynesiano.

---

[24] Luiz Martins Lopes e Marco Antonio Sandoval de Vasconcellos, *Manual de macroeconomia*, 1998, p. 167.

[25] Se o preço sobe, o estoque real em moeda cai, deslocando a oferta de moeda (M) e, consequentemente, LM_1 para LM_2. Na área clássica, onde LM é inelástica à taxa de juros, uma elevação de preços levará a uma maior redução do nível de renda, logo: preço maior e produto menor determinam uma curva de demanda agregada mais elástica.

15.7.1. Elasticidade da LM e elasticidade da demanda

Se os preços se elevarem, o estoque real de moeda diminuirá, fazendo com que haja contração da oferta de moeda, deslocando a função LM para cima, conforme o gráfico da Figura 15.23.

Figura 15.23. Elevação de preços e seus efeitos nas áreas Keynesiana, intermediária e clássica da função IS-LM

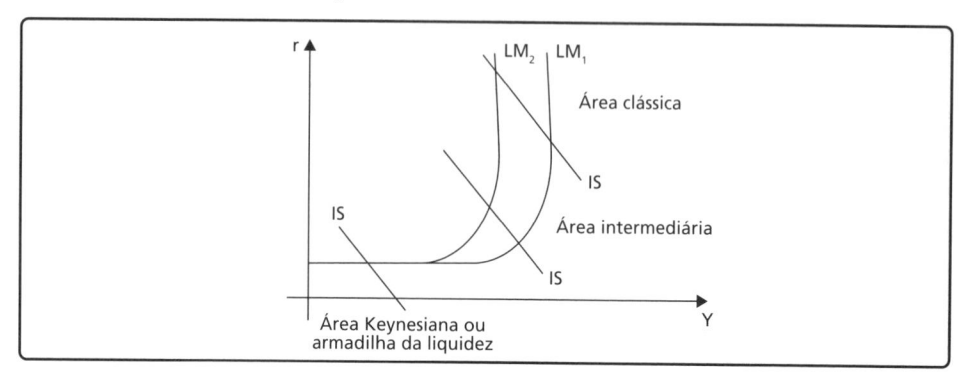

Pode-se observar que, na área Keynesiana (ou armadilha da liquidez), o produto não se altera com a elevação de preços (já que a LM não se desloca). Na área intermediária, uma elevação de preços leva a uma redução do produto, porém em menor intensidade que na área clássica.

Na área clássica, onde LM é inelástica à taxa de juros, uma elevação de preço leva a uma maior redução do nível de renda, logo: **quanto mais inclinada for a curva LM, mais horizontal será a função demanda agregada**.

15.7.2. Elasticidade da IS e elasticidade da demanda

Representando duas funções IS, sendo uma mais inclinada e outra menos inclinada e havendo uma redução de preços que desloque a função LM para cima, pode-se observar que o produto da economia sofre uma maior redução quando a curva IS é mais horizontal. Observe o gráfico da Figura 15.24.

Figura 15.24. Elevação de preços e seus efeitos quando a função IS é mais inclinada e menos inclinada

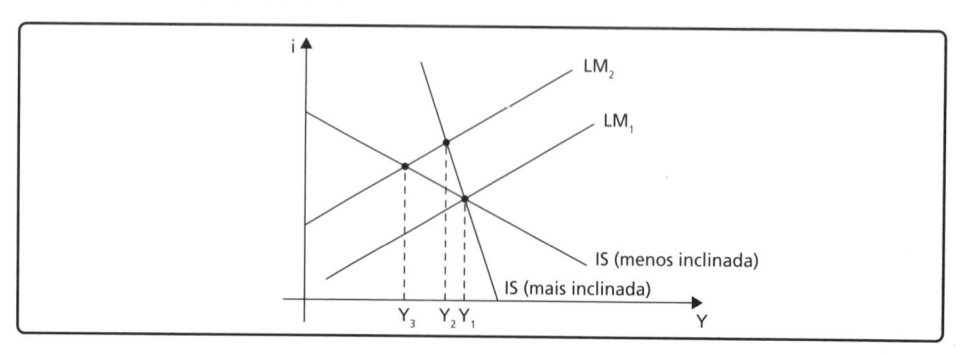

Observa-se que a IS menos inclinada tem o produto diminuído em maior intensidade (Y_1 para Y_3) do que a IS mais inclinada tem o produto diminuído em menor intensidade (de Y_1 para Y_2) quando a função LM se desloca para cima devido a uma elevação de preços. Portanto:

Quanto mais inclinada for a curva IS, mais inclinada será a função demanda agregada. Logo:

	INCLINAÇÃO DA IS	INCLINAÇÃO DA LM
INCLINAÇÃO DA DEMANDA AGREGADA	+	−

O sinal positivo significa uma relação direta entre as variáveis, e um sinal negativo representa uma relação inversa entre as variáveis.

Portanto, quanto **menos inclinada** a função IS, **menos inclinada** tende a ser a demanda agregada, e quanto **mais inclinada** a função IS, **mais inclinada** será a demanda agregada.

Também quanto **menos inclinada** a função LM, **mais inclinada** será a demanda agregada, e quanto **mais inclinada** a função LM, **menos inclinada** será a demanda agregada.

Lopes e Vasconcellos afirmam que: "quanto maior a sensibilidade da demanda de moeda em relação à taxa de juros, e quanto menor a sensibilidade do investimento em relação à taxa de juros, maior será a inclinação da demanda agregada, isto é, menor será a resposta da quantidade demandada em relação a uma variação no nível de preços"[26].

15.8. SUPOSIÇÃO DE PREÇOS ESPERADOS FLEXÍVEIS — REPERCUSSÕES SOBRE A CURVA IS

No capítulo 14 e até então, neste capítulo, *item 15.7*, estava-se supondo que não houvesse inflação (π) e, portanto, a taxa de juros nominal (i) e a taxa de juros reais (r) eram iguais. Considerando, agora, uma alteração nos preços, ou seja, a presença de uma inflação, quais as consequências sobre a curva IS?

Apesar de a curva IS e a curva LM manterem uma relação com a taxa de juros, é preciso compreender que a função IS, por conta do investimento, mantém uma relação negativa com a taxa de **juros reais**, enquanto a função LM, por conta da demanda de moeda, mantém uma relação negativa com a taxa de **juros nominais**. Num modelo em que não haja inflação, as duas taxas de juros, a nominal e a real, são iguais e, por conta disso, nenhuma observação precisa ser feita. Porém, num modelo em que haja variação de preços, é necessário compreender que se deve supor uma taxa de inflação esperada (π_e).

Sabendo-se que a Equação de Fisher é dada por: $i = r + \pi_e$, quando se supõe que a inflação esperada seja igual à inflação ocorrida, tem-se: $i = r + \pi$, que tem sido a fórmula mais usual neste livro.

---

[26] Luiz Martins Lopes e Marco Antonio Sandoval de Vasconcellos, *Manual de macroeconomia*, 1998, p. 167.

Supondo que a inflação esperada (π_e) se eleve, mantendo inalterada a taxa de juros nominais (i), isso significa que a taxa de juros reais (r) diminuiu. Observe pela fórmula: $i_{constante} = \downarrow r + \uparrow \pi_e$.

Com a redução da taxa de juros reais (r), os investimentos se expandem, aumentando o produto da economia. Mas observe que a taxa nominal de juros, até este momento, permanece a mesma (i_1). Como as taxas de juros nominais (i) mantêm-se constantes, a curva LM não se desloca, já que a demanda por moeda é função inversa da taxa de juros nominal, e não da real.

Como a renda e o produto da economia aumentam e como a demanda de moeda (L) é uma função direta da renda, L aumenta também. Para equilibrar o mercado monetário, a taxa de juros nominal deve se elevar. Mas perceba que, apesar de a taxa de juros nominal ter se elevado, a taxa de juros real diminuiu, porque do contrário não teria aumentado o produto. Assim, uma nova combinação de produto (Y_2) e taxa nominal de juros (i_2), ambos mais elevados, comporá uma nova curva IS deslocada para a direita ou para cima, denominada IS_2. No gráfico da Figura 15.25, é possível visualizar e compreender o que acontece com as taxas de juros nominal e real e com o nível de renda de equilíbrio, antes e depois de uma inflação esperada.

Figura 15.25. Deslocamento da função IS mediante um aumento da inflação esperada analisada em três momentos

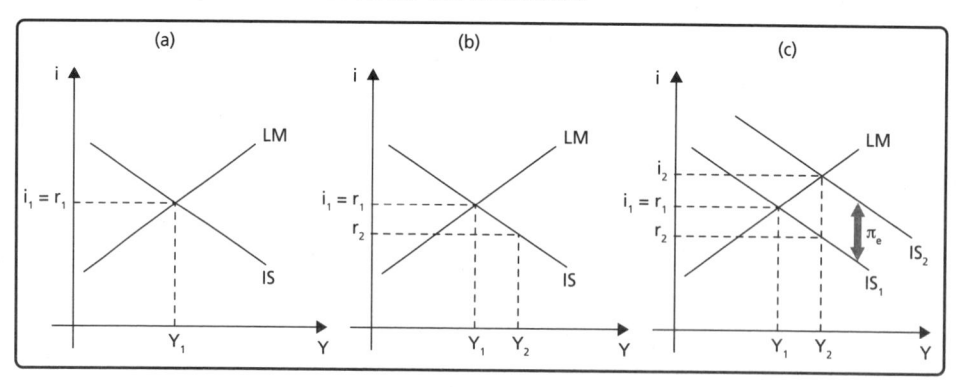

1.º momento (a): o equilíbrio antes da elevação da inflação esperada (π_e), em que a taxa de juros nominal (i_1) era igual à taxa de juros real (r_1), considerando uma taxa de **inflação esperada** igual a **zero**.

2.º momento (b): quando a taxa de inflação esperada se eleva (**$\pi e > 0$**), a taxa de juros real se reduz, elevando o investimento e o produto de Y_1 para Y_2.

3.º momento (c): a uma taxa de juros real (r_2) mais baixa, o produto da economia aumenta até Y_2. Como a demanda de moeda (L) é uma função direta da renda, "L" aumenta. Para que o mercado monetário se recomponha no equilíbrio, é necessário que a taxa de juros nominal se eleve até i_2.

O que distancia a função IS_1 da IS_2 é justamente a taxa de inflação esperada (π_e). Assim, a diferença entre i_2 e r_2 é a taxa de inflação esperada π_e.

O raciocínio inverso pode ser feito quando se tem uma expectativa de deflação, ou seja, espera-se que os preços caiam. A curva IS deverá se deslocar para a esquerda ou para baixo, reduzindo a renda/produto da economia. A taxa nominal de juros deverá cair, muito embora a taxa real deva subir, desestimulando o investimento e, consequentemente, levando à redução do produto da economia. Da mesma maneira que no raciocínio de maior taxa de inflação, quando ocorre uma expectativa de deflação o que separará as duas curvas IS, tendo, agora, a IS_1 se deslocado para baixo ou para a esquerda, será a taxa de deflação esperada. Observe a Figura 15.26.

Figura 15.26. Deslocamento da função IS mediante uma deflação esperada

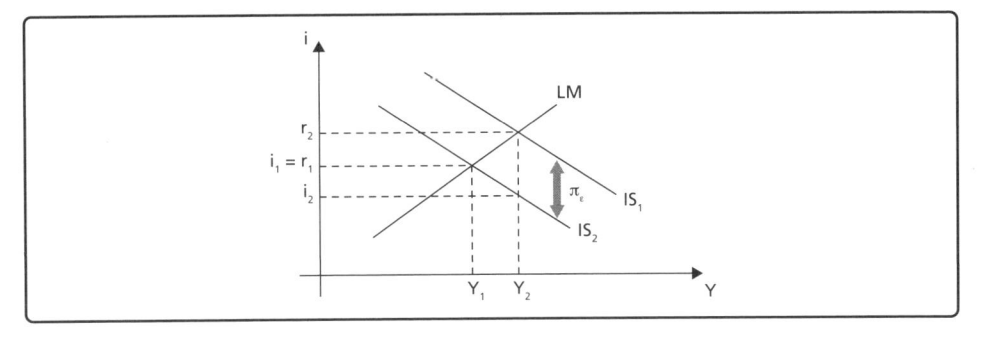

15.9. A CURVA IS E OS FUNDOS EMPRESTÁVEIS NO PENSAMENTO KEYNESIANO

No capítulo 9, foi visto que o equilíbrio no mercado de bens, numa economia fechada, era encontrado quando:

$Y = C + I + G$ ou

$I = Y - C - G$,

onde: I = investimento; Y = renda; C = consumo; e G = gasto do governo.

Ou também: I = S, onde: I = investimento (função da taxa de juros reais) e S = poupança nacional ou a soma da poupança do setor privado e da poupança do governo (função do nível de renda).

Assim, a poupança nacional (S) representa a oferta de fundos emprestáveis, e o investimento (I), a demanda por fundos emprestáveis, de tal maneira que o equilíbrio entre a poupança e o investimento determina uma taxa de juros de equilíbrio (r), conforme pode ser verificado na Figura 15.27 a seguir:

Figura 15.27. Equilíbrio entre a oferta e a demanda de fundos emprestáveis

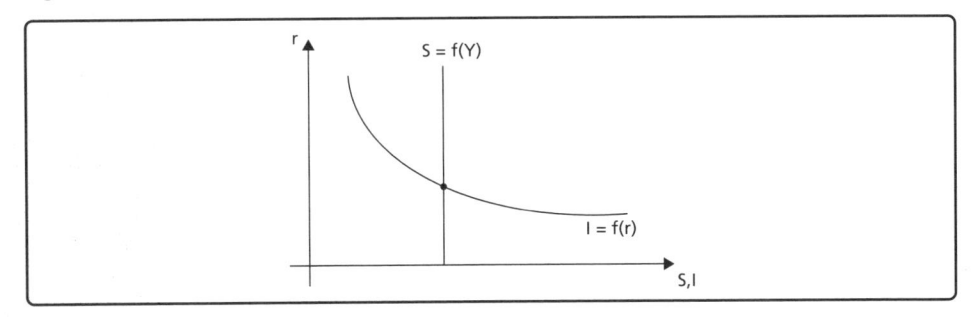

Observe que a poupança (S) é função direta do nível de renda e inelástica à taxa de juros (r), enquanto o investimento é função inversa da taxa de juros (r).

Caso haja aumento do nível de renda, a função poupança desloca-se para a direita, conforme mostra a Figura 15.28. É possível observar que o novo ponto de equilíbrio entre a demanda e a oferta por fundos emprestáveis se dá quando a taxa de juros (r) diminui.

Figura 15.28. Equilíbrio entre a oferta e a demanda de fundos emprestáveis quando ocorre um aumento do nível de renda (Y)

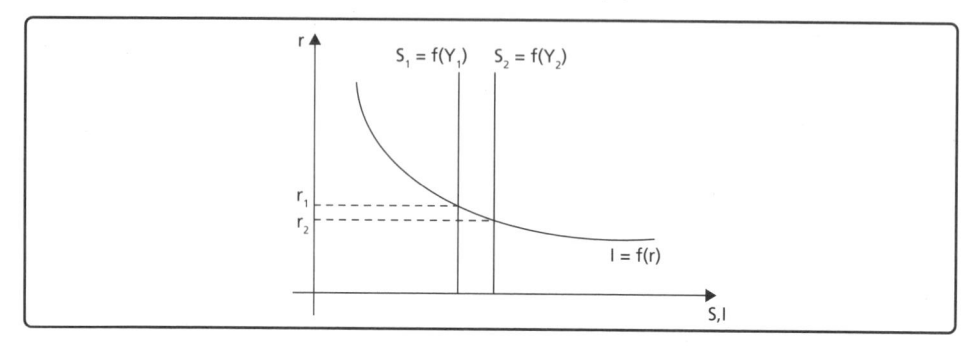

Com o aumento da renda, a poupança aumenta, significando que a oferta de fundos emprestáveis aumentou e, consequentemente, a taxa de juros se reduz.

Associando as informações de que uma maior oferta de fundos (S), em decorrência de uma elevação do nível de renda, reduz a taxa de juros e de que uma menor oferta de fundos (S), em decorrência de uma queda do nível de renda, eleva a taxa de juros, é possível se construir a curva IS negativamente inclinada. Observe a Figura 15.29.

Figura 15.29. A curva IS e a relação negativa entre a taxa de juros e o nível de renda e produto

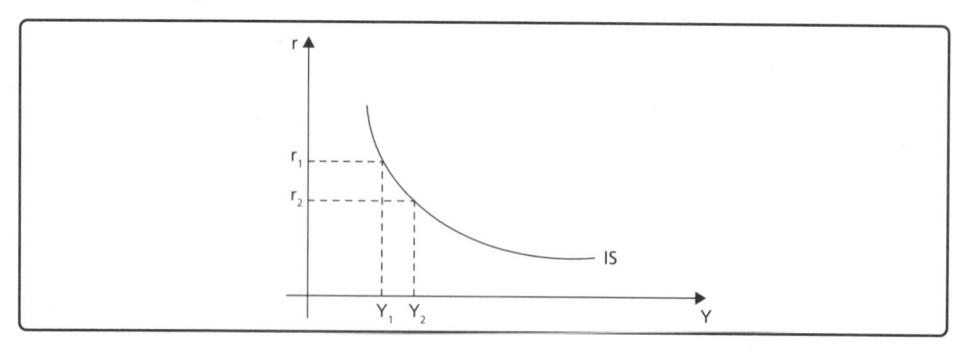

Caso o governo adote uma política fiscal expansionista por meio do aumento dos seus gastos ou redução dos seus tributos, haverá uma redução da poupança nacional (S) e, portanto, uma redução da oferta de fundos emprestáveis e, consequentemente, uma elevação da taxa de juros. Com o mesmo nível de renda, a taxa de juros se eleva com o deslocamento da função IS, conforme mostra a Figura 15.30.

15 ■ Política Fiscal e Monetária

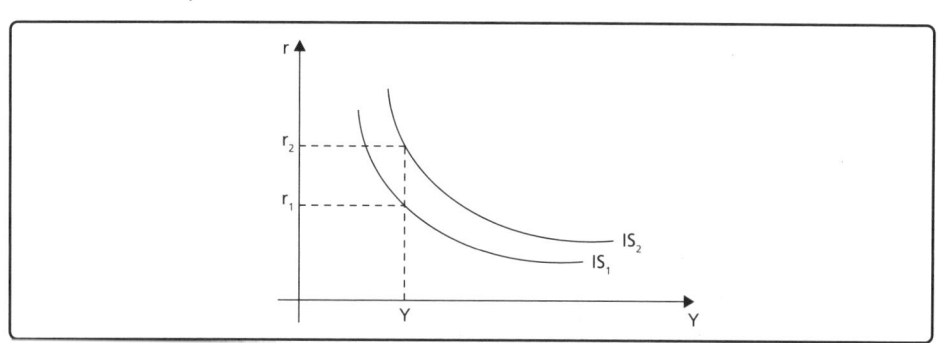

Figura 15.30. A curva IS e a relação negativa entre a taxa de juros e o nível de renda e produto

15.10. A CURVA LM E O MERCADO DE SALDOS MONETÁRIOS

Dada uma oferta fixa de saldos monetários, M, determinada pelo Banco Central de forma exógena ao modelo e considerando o preço fixo, dado que o modelo é de curto prazo, pode-se representar a curva de oferta de moeda inelástica à taxa de juros (r), conforme a Figura 15.31.

Figura 15.31. Oferta de saldos monetários

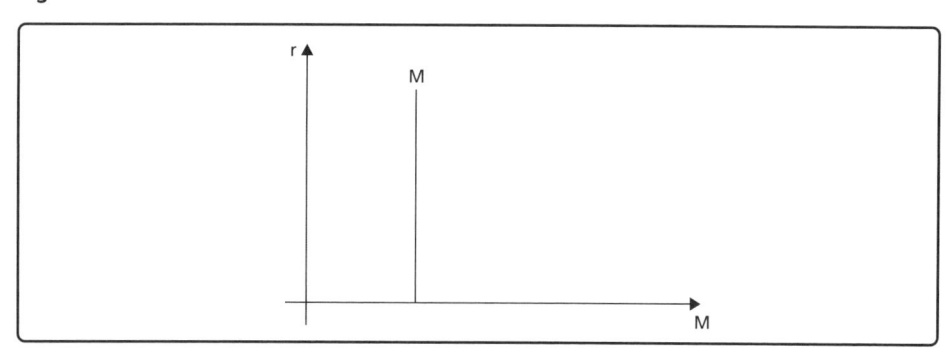

A demanda por saldos monetários (L), como visto no capítulo 13, mantém uma relação inversa com a taxa de juros. Mankiw afirma que: "A teoria da preferência pela liquidez postula que o montante dos saldos monetários reais demandados depende da taxa de juros. A taxa de juros é o custo de oportunidade de se guardar moeda: é o que se perde quando se guarda moeda, que não rende juros, em lugar de colocá-la em depósitos de poupança ou títulos, que rendem juros (...). Em consequência, quando a taxa de juros sobe, as pessoas desejam manter uma menor quantidade de sua riqueza em forma de moeda"[27].

Assim, a demanda por saldos monetários se reduz conforme a taxa de juros se eleva, como pode ser verificado no gráfico da Figura 15.32.

---

[27] N. Gregory Mankiw, *Macroeconomia*, p. 178.

Figura 15.32. Demanda por saldos monetários

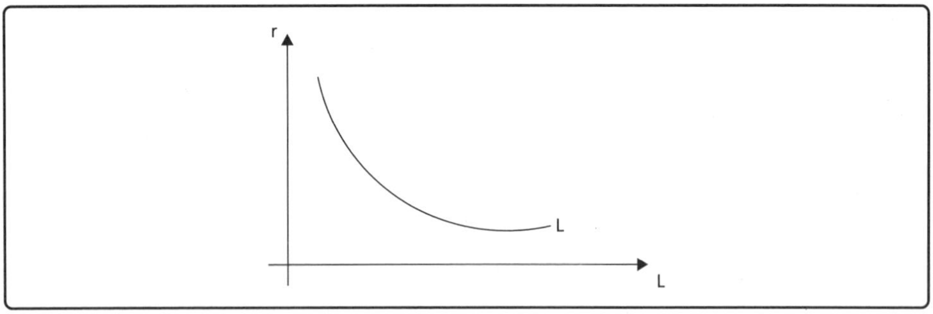

O equilíbrio entre a oferta de saldos monetários e a demanda por saldos monetários determina uma taxa de juros de equilíbrio, conforme pode ser verificado na Figura 15.33.

Figura 15.33. O equilíbrio entre a demanda e a oferta de saldos monetários

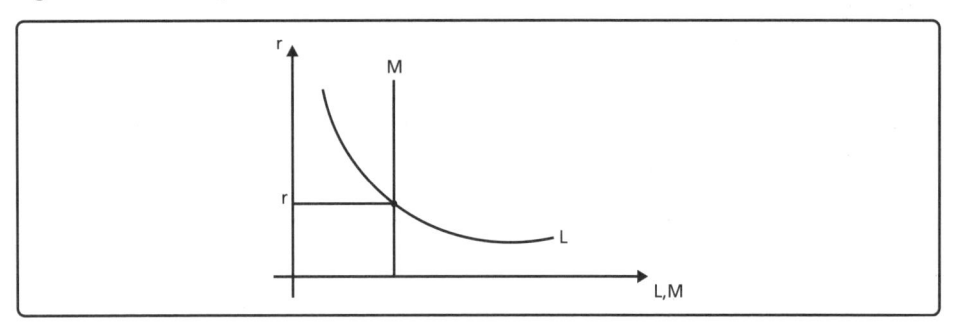

Caso haja um aumento no nível de renda (Y), a demanda por moeda (L) aumenta, já que a demanda por moeda (L) é uma função direta do nível de renda, deslocando a curva de demanda por moeda para a direita, conforme mostra a Figura 15.34. Observe que a taxa de juros se ajusta para que o montante dos saldos monetários ofertados se iguale aos saldos monetários demandados.

Figura 15.34. O deslocamento da demanda por moeda em decorrência do aumento da renda

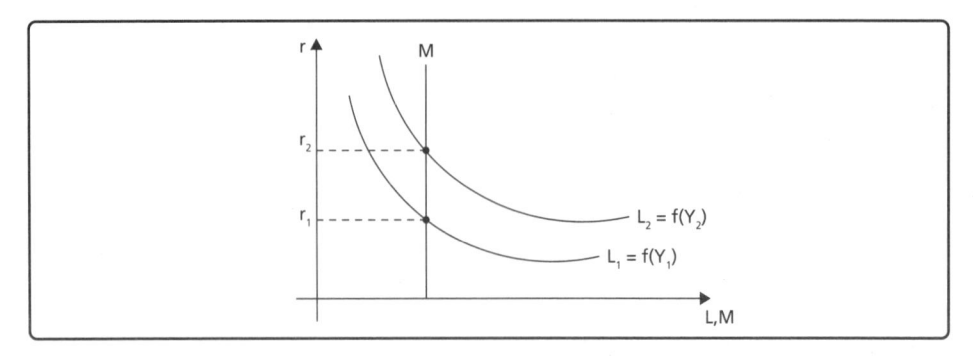

Por essa análise, é possível construir a curva LM da Figura 15.35, que mostra uma curva positivamente inclinada.

Figura 15.35. A curva LM positivamente inclinada

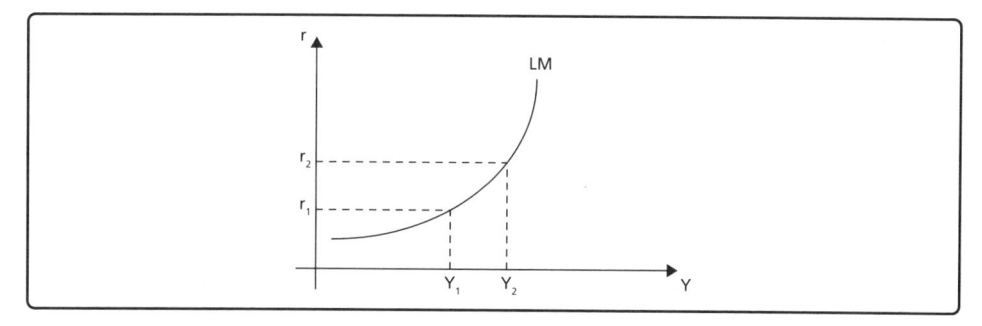

Supondo um nível de renda (Y) constante, um aumento dos saldos monetários (M), ou seja, uma política monetária expansionista, provoca um deslocamento da função LM para baixo, o que acarreta uma redução nas taxas de juros de equilíbrio. Observe a Figura 15.36, que mostra, no mercado de saldos monetários, a consequência sobre as taxas de juros de um aumento da oferta de saldos monetários, e a Figura 15.37, que mostra esse mesmo efeito quando se representa a curva LM.

Figura 15.36. Um aumento da oferta de saldos monetários e a consequente redução na taxa de juros (r) no mercado de saldos monetários

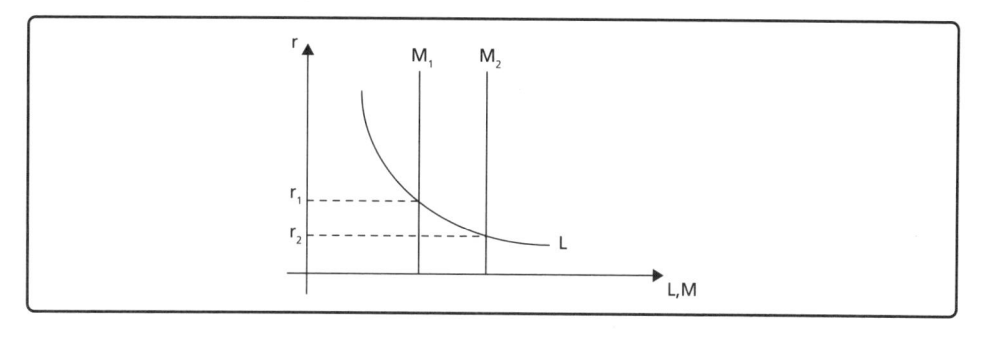

Figura 15.37. Um aumento da oferta de saldos monetários considerando um nível de renda constante e a consequente redução da taxa de juros no modelo LM

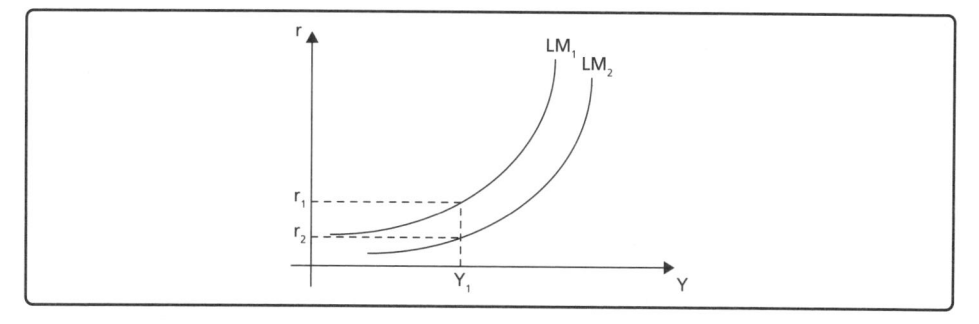

15.11. A CRUZ KEYNESIANA E A POLÍTICA FISCAL

Foi visto no capítulo 9, *item 9.2.5*, como se determinava a **cruz Keynesiana**. Agora, será visto de que maneira uma política fiscal é capaz de deslocar a curva de despesa planejada, determinando uma nova cruz Keynesiana, com um novo nível de equilíbrio do produto.

Caso o governo aumente seus gastos, ou seja, adote uma política fiscal expansionista, isso elevará a despesa planejada, que é composta por:

$$\uparrow \text{Despesa Planejada} = Ca + c(Y - T) + I + G \uparrow$$

Para qualquer nível de renda "dado", os gastos do governo deslocarão a curva de despesa planejada na mesma proporção, ou seja, as duas curvas de despesa planejada serão paralelas. Observe o gráfico da Figura 15.38.

Figura 15.38. A determinação de uma nova cruz Keynesiana devido a um aumento dos gastos do governo

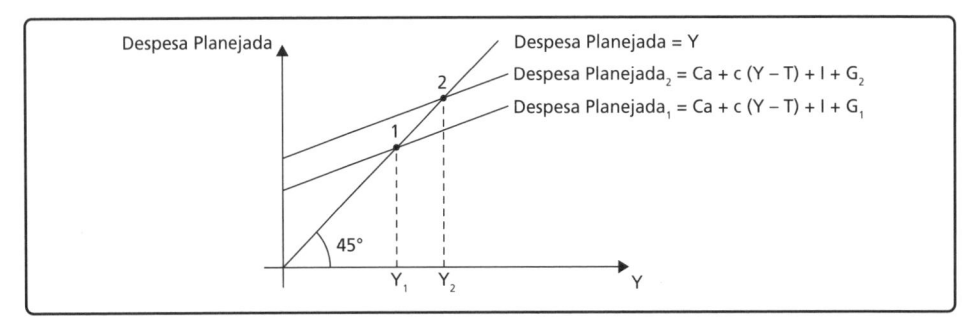

Observe que, devido ao efeito multiplicador no mercado de bens e considerando o investimento como uma variável exógena, sendo a taxa de juros "dada" pelo modelo, a alteração do produto da economia de Y_1 para Y_2 foi superior ao aumento da despesa planejada que se deu em virtude do aumento dos gastos do governo de G_1 para G_2.

Associando o gráfico da Figura 15.38 com a curva IS, é possível perceber que o deslocamento horizontal desta última se dá na mesma intensidade da alteração do produto da economia quando se mantém fixa a taxa de juros. Observe no gráfico da Figura 15.39.

Figura 15.39. O deslocamento da curva IS em virtude de um aumento dos gastos do governo

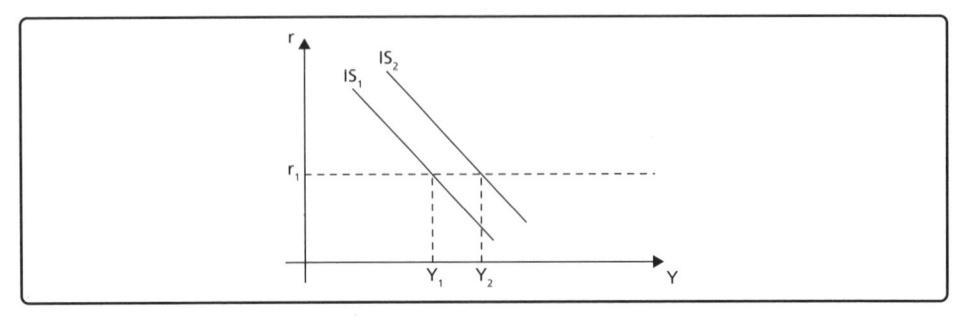

15.12. A DECLIVIDADE DA FUNÇÃO IS EM VIRTUDE DE UMA ALTERAÇÃO DAS PROPENSÕES MARGINAIS

No capítulo 14, *item 14.1.2*, foi dito que, quanto maior a Propensão marginal a Consumir ou quanto maior o multiplicador Keynesiano, mais horizontal ou menos inclinada seria a função IS. Por dedução, sabe-se que, quanto maior a Propensão marginal a Poupar ou quanto menor o multiplicador Keynesiano, menos horizontal ou mais inclinada seria a função IS. Neste capítulo 14, foi mencionado o deslocamento para cima ou para baixo da curva IS caso houvesse uma alteração nos componentes autônomos agregados (Ca, Ia, Ga, Ta, Ra, Xa, Ma). Agora, o que será discutido é o que acontecerá com a curva IS se houver uma alteração no componente da função que depende do nível de renda e produto, ou seja, o que acontecerá com a curva IS se houver mudança na **Propensão marginal** a Tributar (PmgT) e a Importar (PmgM):

☐ Se **PmgT** aumenta, a inclinação da função IS aumenta, tornando-a mais íngreme (menos horizontal).

☐ Se **PmgM** aumenta, a inclinação da função IS aumenta, tornando-a mais íngreme (menos horizontal).

Observe a Figura 15.40 e perceba que, quando a função IS vai se tornando mais inclinada, ocorre uma rotação da IS para a direita. Quando a função IS vai se tornando menos inclinada, ocorre uma rotação da IS para a esquerda.

Figura 15.40. Rotação da função IS em decorrência do aumento ou redução da Propensão marginal

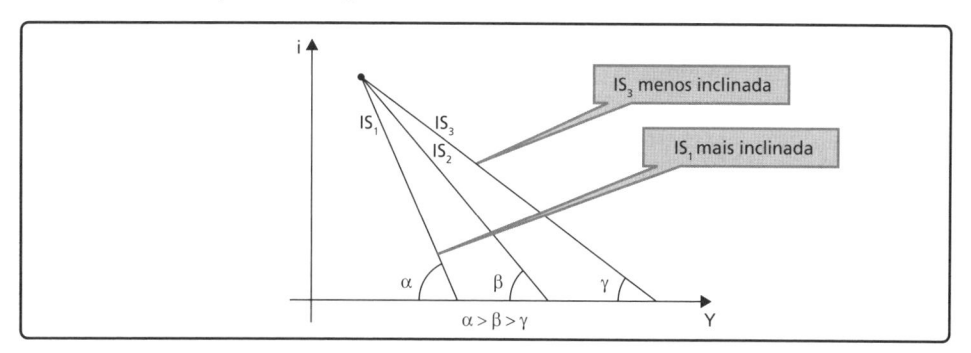

15.13. QUESTÕES

1. (CEBRASPE — 2024 — TCE-PR/Econômica) Assinale a opção correta no que diz respeito ao modelo keynesiano na situação de armadilha da liquidez.
   a) A elasticidade-preço da demanda por títulos se aproxima de zero.
   b) Na armadilha da liquidez, a curva IS é horizontal.
   c) Em armadilha da liquidez, a política de redução da taxa de juros deverá ser utilizada para estimular a economia.
   d) A inclinação da curva IS é uma função diretamente proporcional à propensão marginal a consumir.
   e) Em armadilha da liquidez, a elasticidade da demanda por moeda é nula.

2. (FGV — 2024 — CMSP/Economia) Considere o modelo IS-LM e uma situação extrema de escassez total de liquidez, em que não existe demanda especulativa por moeda.
Logo, é correto concluir que
a) a elasticidade da demanda de moeda em relação à taxa de juros é infinita.
b) a política monetária possui eficiência máxima, ou seja, afeta a taxa de juros o máximo possível.
c) a política fiscal possui eficiência máxima, ou seja, afeta a renda o máximo possível.
d) toda moeda emitida pelo Bacen é retida pelo público.
e) só existe demanda por transação e precaução de moeda.

3. (CEBRASPE — 2024 — INPI) Com base na teoria macroeconômica, julgue o item subsequente.
De acordo com o modelo IS/LM em economia fechada, quanto menos elástica for a demanda por moeda em relação à taxa de juros, maior será a eficácia da política fiscal para expandir o produto no curto prazo.
( ) Certo
( ) Errado

4. (FCC — 2022 — SEFAZ PE) Considerando o modelo keynesiano de determinação da renda e o modelo IS-LM,
a) uma elevação da alíquota de impostos cobrada pelo governo reduz a renda por meio de uma redução do efeito multiplicador.
b) uma política fiscal expansionista, em uma economia fechada, ocasiona uma queda da taxa de juros, devido ao deslocamento da curva LM para a direita.
c) o efeito positivo do comércio internacional implica um multiplicador da renda maior para uma economia aberta do que o de uma economia fechada.
d) uma contração monetária (curva LM) reduz os gastos do governo, deslocando a curva IS para a esquerda.
e) a curva LM vertical caracteriza um fenômeno conhecido como armadilha da liquidez, em que a política monetária é ineficaz em estabilizar a economia.

5. (CEBRASPE — 2023 — SEPLAN RR/Planejamento e Orçamento) Considerando o modelo macroeconômico IS/LM tradicional, julgue o item seguinte.
Na situação de armadilha da liquidez, a preferência pela liquidez pode se tornar praticamente absoluta.
( ) Certo
( ) Errado

6. FGV — 2023 — Auditor do Estado (CGE SC)/Economia) Assinale a opção que indica a estática comparativa que está de acordo com o modelo IS-LM.
a) Um aumento dos gastos do governo desloca a curva LM para a direita, elevando a taxa de juros e renda de equilíbrio.
b) Um aumento da base monetária, contrai os investimentos privados substituídos pelos investimentos públicos e, assim, a curva LM se expande.
c) Os desequilíbrios em relação à curva IS são ajustados via taxa de juros, enquanto os desequilíbrios em relação à curva LM são ajustados via quantidade produzida.
d) Segundo o modelo clássico, uma política monetária expansionista é totalmente ineficaz.
e) Na situação da armadilha da liquidez, a elasticidade da demanda por moeda em relação à taxa de juros é infinita.

7. (VUNESP — 2023 — Economista/CAMPREV) Num modelo IS-LM, a chamada armadilha pela liquidez é representada por:
   b) IS horizontal.
   b) IS vertical.
   b) IS positivamente inclinada.
   b) LM horizontal.
   b) LM vertical.

8. (FGV — 2023 — BANESTES/Gestão Financeira) Considere o modelo IS-LM. Quando o público está disposto a reter qualquer quantidade de moeda que o Banco Central coloque em circulação à taxa de juros vigente, denomina-se esse caso como
   a) clássico.
   b) crowding-out.
   c) política fiscal totalmente ineficaz.
   d) armadilha da liquidez.
   e) política monetária totalmente eficaz.

9. (CEBRASPE — 2023 — TJ ES/Apoio Especializado/Economia) Com referência ao modelo IS/LM e aos seus desdobramentos teóricos, julgue o item a seguir.
O aumento da incerteza, decorrente de fatores internacionais, gera como resultado a elevação da taxa de juros de equilíbrio.
   ( ) Certo
   ( ) Errado

10. (CEBRASPE — 2023 — AGER MT/Economia) Com relação ao modelo IS-LM e às políticas fiscal e monetária, assinale a opção correta.
   a) Quanto menor a elasticidade da demanda por moeda em relação à taxa de juros, menos inclinada será a curva LM.
   b) A política monetária, no caso da chamada armadilha da liquidez, não tem nenhuma eficácia, sendo a curva LM totalmente horizontal e sem nenhum efeito sobre a renda.
   c) Caso o modelo tenha déficit público, será inflacionário, desde que financiado exclusivamente pela emissão de moeda.
   d) Os efeitos resultantes de uma política monetária expansiva e eficaz serão tanto maiores quanto menor a inclinação da LM e maior a inclinação da IS.
   e) Em uma situação normal dentro do modelo IS-LM, a política fiscal expansionista resultará na queda do nível de renda e na elevação da taxa de juros.

GABARITO

1. "a".
No caso conhecido como "armadilha da liquidez" ou "caso keynesiano", a demanda da moeda para especulação é máxima. Nesse caso, a taxa de juros já é mínima e só tende a subir. Por conta disso, a demanda por moeda é máxima e a demanda por títulos é mínima. Como a taxa de juros só tende a subir, o valor do título só tende a cair, então o investidor não demandará títulos até que a taxa de juros efetivamente suba e se acredite que não subirá mais. Portanto, reterá moeda. Como nesse caso a curva LM é horizontal, a demanda por moeda é totalmente elástica à taxa de juros e totalmente inelástica ao nível de renda e produto. A alternativa "a" está correta. Na armadilha da liquidez, a curva LM é horizontal e não a IS. A alternativa "b" está incorreta. Na armadilha da liquidez, a taxa de juros já é mínima e uma política monetária expansionista não será capaz de reduzi-la ainda mais. A alternativa "c" está incorreta.

A inclinação da curva IS depende da sensibilidade do investimento à taxa de juros e do tamanho do multiplicador keynesiano (ou propensão marginal a consumir), de forma que, quanto maior a sensibilidade do investimento à taxa de juros e quanto maior a propensão marginal a consumir, menor será a inclinação da IS. Portanto, a função IS tem uma relação inversamente proporcional à propensão marginal a consumir. A alternativa "d" está incorreta.
Na armadilha da liquidez, a elasticidade da demanda por moeda à taxa de juros é infinita. A alternativa "e" está incorreta.

2. "e".
O caso em que a demanda por moeda é mínima e a demanda por título é máxima é conhecido como caso clássico. Nesse caso, a taxa de juros é elevada e, portanto, a demanda de moeda para especulação é zero. Portanto, os agentes só demandarão moeda para transação e precaução. A alternativa "e" está correta.
No caso clássico, a elasticidade da demanda de moeda em relação à taxa de juros é zero. A alternativa "a" está incorreta.
No caso clássico, a política monetária é totalmente eficaz para alterar renda/produto/emprego, mas tem eficiência mínima para alterar a taxa de juros. A política monetária perde eficiência porque, na ausência de demanda especulativa por moeda, os ajustes de liquidez não afetam significativamente a taxa de juros. A alternativa "b" está incorreta.
A política fiscal não atinge eficiência máxima em uma situação como essa, pois seu impacto na renda depende da interação com a curva LM, que é muito inelástica nessas condições. A alternativa "c" está incorreta.
A demanda por moeda pode ser para transação, precaução e especulação. No caso clássico, não há demanda para especulação. Embora o público retenha moeda, não se pode dizer que *toda* moeda emitida pelo Banco Central seja retida diretamente, pois parte dela pode circular na economia. A alternativa "d" está incorreta.

3. "errado".
Quanto menor for a elasticidade da demanda de moeda em relação à taxa de juros, mais inclinada (vertical) será a LM, e, quanto mais vertical for a LM, menor será a eficácia de uma política fiscal. Podemos perceber a total ineficácia da política fiscal no caso clássico, no qual a LM é totalmente inelástica à taxa de juros (totalmente vertical) e a política fiscal é totalmente ineficaz para alterar renda / produto / emprego.

4. "a".
Uma elevação da alíquota de impostos cobrada pelo governo corresponde a uma política fiscal restritiva, deslocando a curva IS para baixo/esquerda, reduzindo a renda/produto e a taxa de juros. Como há alteração na taxa de juros, o efeito multiplicador é minimizado também. A alternativa "a" está correta. Uma política fiscal expansionista, em uma economia fechada, ocasiona uma elevação (e não uma queda) da taxa de juros, devido ao deslocamento da curva IS (e não da LM) para a direita. A alternativa "b" está incorreta.
O efeito positivo do comércio internacional implica um multiplicador da renda menor (e não maior) para uma economia aberta do que o de uma economia fechada, já que a propensão marginal a importar, "m" reduz o multiplicador. A alternativa "c" está incorreta. Uma contração monetária (curva LM) reduz a oferta de moeda (e não os gastos do governo), deslocando a curva LM (e não a IS) para a esquerda. A alternativa "d" está incorreta. A curva LM vertical caracteriza um fenômeno conhecido como caso clássico (e não o caso onde ocorre a armadilha da liquidez), em que a política fiscal (e não a monetária) é ineficaz em estabilizar a economia. A alternativa "e" está incorreta.

5. "certo".
O caso em que ocorre a Armadilha da Liquidez, onde LM é horizontal, é aquele em que a taxa de juros já é mínima e só tende a subir. O agente não deseja reter títulos e quer reter a maior quantidade de moeda que puder. O item está certo.

6. "e".
Na situação da armadilha da liquidez, em que a LM é horizontal, a elasticidade da demanda por moeda em relação à taxa de juros é infinita. A alternativa "e" está correta. Um aumento dos gastos do governo desloca a curva IS (e não a LM) para a direita, elevando a taxa de juros e renda de equilíbrio. A alternativa "a" está incorreta.
Um aumento da base monetária aumenta a oferta de moeda, deslocando a curva LM para direita ou para baixo, reduzindo a taxa de juros, estimulando (e não contraindo) os investimentos privados e elevando a renda/produto da economia. A alternativa "b" está incorreta. Os desequilíbrios em relação à curva IS são ajustados via nível de renda (e não via taxa de juros), enquanto os desequilíbrios em relação à curva LM são ajustados via taxa de juros (e não via produto). A alternativa "c" está incorreta.
Segundo o caso clássico, em que a LM é vertical, uma política monetária expansionista é totalmente eficaz (e não ineficaz). A alternativa "d" está incorreta.

7. "d".
O caso conhecido como Armadilha da liquidez ou caso Keynesiano ocorre na curva LM quando ela é horizontal ou perfeitamente elástica a taxa de juros. A alternativa correta é a "d".

8. "d".
Quando o público está disposto a reter qualquer quantidade de moeda que o Banco Central coloque em circulação à taxa de juros vigente, denomina-se esse caso como armadilha da liquidez, em que a LM é horizontal. Nesse caso, o agente não quer reter títulos e a demanda por moeda é máxima. A alternativa correta é a "d". No caso clássico, em que a LM é vertical, a demanda por moeda é mínima e os agentes querem reter títulos. A alternativa "a" está incorreta. O *Crowding out* ocorre quando os aumentos dos gastos do governo provocam elevação da taxa de juros, expulsando parcial ou totalmente os investimentos do setor privado. A alternativa "b" está incorreta. A política fiscal vai ser totalmente ineficaz no caso clássico, onde o efeito *crowding out* é total. A alternativa "c" está incorreta. A política monetária é totalmente eficaz no caso clássico. Na Armadilha da liquidez, ela é totalmente ineficaz. A alternativa "e" está incorreta.

9. "errado".
Com o aumento da incerteza, os investimentos se retraem, deslocando a curva IS para baixo ou para a esquerda. Com isso a taxa de juros e o nível de renda/produto diminuem. O item está errado.

10. "b".
A política monetária, no caso da chamada Armadilha da liquidez, não tem nenhuma eficácia para alterar a renda/produto da economia, sendo a curva LM totalmente horizontal. A alternativa "b" está correta. Quanto menor a elasticidade da demanda por moeda em relação à taxa de juros, que ocorre no caso clássico, mais inclinada ou mais vertical será a curva LM. A alternativa "a" está errada. Caso o modelo tenha déficit público, que ocorre quando os gastos do governo superam a arrecadação, como se trata do modelo ISLM que pressupõe que, no curto prazo, não haja inflação, então, não será inflacionário. A alternativa "c" está incorreta. Os efeitos resultantes de uma política monetária expansiva e eficaz serão tanto maiores quanto maior (e não menor) a inclinação da LM, ou seja, quanto mais vertical a LM e menor a inclinação da IS, isto é, menos vertical. A alternativa "d" está incorreta. Em uma situação normal, ou seja, no caso intermediário, dentro do modelo IS-LM, a política fiscal expansionista resultará na elevação (e não queda) do nível de renda/produto e na elevação da taxa de juros. A alternativa "e" está incorreta.

15.14. MATERIAL SUPLEMENTAR

QUESTÕES DE CONCURSOS
http://uqr.to/1yjbe

16

TAXA DE CÂMBIO E REGIMES CAMBIAIS

16.1. TAXA DE CÂMBIO NOMINAL (e)

Define-se taxa de **câmbio nominal** (e)[1] como o preço, em moeda nacional, de uma unidade de moeda estrangeira (na cotação do incerto). Uma elevação da taxa de câmbio representa uma desvalorização da taxa de câmbio (isso ocorre no Brasil e nos países que adotam a cotação do incerto[2]). O oposto gera uma valorização da moeda nacional. Lopes e Vasconcellos afirmam que: "A taxa de câmbio mostra qual é a relação de troca entre duas unidades monetárias diferentes, ou seja, o preço relativo entre diferentes moedas"[3].

16.2. COTAÇÃO DO CERTO E DO INCERTO

No Brasil, a taxa é expressa como o preço de uma unidade de moeda estrangeira em termos de moeda nacional, ou seja, quantos reais valem 1 dólar, por exemplo → **cotação do incerto**[4].

Em alguns países, a taxa de câmbio nominal é o preço de uma unidade nacional em termos de moeda estrangeira, ou seja, quanto 1 dólar compra de real, por exemplo → **cotação do certo**[5].

---

[1] Taxa de câmbio = e (*exchange*).

[2] Cotação do incerto (ou método direto) é quando o país relaciona "1" da moeda estrangeira com a quantidade necessária da moeda nacional. Por exemplo:
No Brasil: **1 dólar = 2 reais**;
   1 libra = 3 reais;
   1 euro = 4 reais.
Na cotação do certo (ou método indireto), a relação é entre "1" da moeda nacional com a quantidade suficiente para adquirir de moeda estrangeira. Por exemplo:
Nos EUA: **1 dólar = 2 reais**;
   1 dólar = 0,75 libras;
   1 dólar = 0,5 euro.
A cotação do certo é utilizada pelos países que adotam as moedas fortes, como o dólar, o euro e a libra esterlina.
Observe, na comparação (como acima em destaque) entre a cotação da moeda nacional do Brasil — o real — pelo método do incerto e a cotação do real pelo método do certo, que elas são iguais.

[3] Luiz Martins Lopes e Marco Antonio Sandoval de Vasconcellos, *Manual de macroeconomia*, 1998, p. 184.

[4] Também chamado de método direto.

[5] Também chamado de método indireto.

Na cotação do incerto, tem-se a seguinte taxa de câmbio nominal quando se considera o dólar como a moeda estrangeira:

$$e = \frac{x \text{ reais}}{1 \text{ dólar}}$$

Ex.: Quando 1 dólar = 2 reais → e = 2; Quando 1 dólar = 4 reais → e = 4, ou seja:

$$e = \frac{\text{preço da moeda doméstica}}{\text{preço da moeda estrangeira}}$$

Quando a taxa de câmbio (e) se eleva, ou seja, quando passa de 2 para 4, por exemplo, significa que, para se adquirir "1 unidade" da moeda estrangeira, é necessário, a princípio, 2 unidades da moeda nacional e, depois, 4 unidades da moeda nacional.

Assim, quando:

e ↑ → moeda nacional se desvaloriza ou houve uma desvalorização nominal da moeda nacional;

e ↓ → moeda nacional se valoriza ou houve uma valorização nominal da moeda nacional.

16.3. TAXA DE CÂMBIO REAL (E)

A **taxa de câmbio real (E)**, no Brasil, é, por definição, a taxa de câmbio ajustada pela relação entre os preços externos e os preços internos. Ela determina, de fato, o fluxo comercial entre os países[6].

Para se determinar a taxa de câmbio real, utiliza-se a **fórmula de Cassel**:

A fórmula de Cassel **aproximada** na cotação do incerto ou método direto[7] é:

$$E = \frac{e \times P^*}{P}$$

Onde: E = taxa de câmbio real; e = taxa de câmbio nominal; P* = índice de preços do país estrangeiro; e P = índice de preços no mercado nacional.

A fórmula de Cassel **EXATA** na cotação do incerto é:

$$(1 + \%\Delta E) = (1 + \%\Delta e) \times \left(\frac{1 + \%\Delta P^*}{1 + \%\Delta P}\right)$$

A **taxa de câmbio real** mostra o poder de compra da moeda nacional frente à relação de preço entre o produto estrangeiro e o produto nacional. É diferente da **taxa de câmbio nominal**, que é a relação de troca entre duas unidades monetárias diferentes.

---

[6] A taxa de câmbio efetiva é determinada pela cotação da moeda nacional (no caso do Brasil, o Real) em relação ao valor da moeda dos 15 principais parceiros comerciais do Brasil. Ponderando a participação de cada um deles ao valor das exportações brasileiras para eles.

[7] Pela cotação do certo ou método indireto, a fórmula de Cassel aproximada é: $E = \frac{e \times P}{P^*}$.

Assim, uma desvalorização na taxa de câmbio nominal (e) não necessariamente provoca um aumento das exportações nacionais e uma diminuição das importações nacionais, já que uma alteração nos preços internos (uma inflação interna, por exemplo) pode neutralizar o efeito de um aumento da taxa de câmbio nominal. Portanto, para se conhecer o fluxo comercial entre os países, a taxa de câmbio que importa é a taxa de câmbio real (E).

No Brasil, onde ocorre a **cotação do incerto**, se "E" aumentar, significa que houve desvalorização da taxa de câmbio real e desvalorização da moeda nacional, levando ao aumento das exportações.

Nos países onde ocorre a **cotação do certo**, se "E" diminuir, significa que houve desvalorização da taxa de câmbio e a desvalorização da moeda do país em questão.

Logo, a taxa de câmbio real (E), na cotação do incerto, pode se desvalorizar ou aumentar, se:

- A taxa de câmbio nominal (e) aumentar, *ceteris paribus*, ou E $\uparrow$ = e $\uparrow$ × P*/P;
- O nível de preço externo aumentar, *ceteris paribus*, ou E $\uparrow$ = e × P*$\uparrow$/P;
- O nível de preço interno diminuir, *ceteris paribus*, ou E $\uparrow$ = e × P*/P$\downarrow$.

A **desvalorização real** da moeda nacional frente à moeda estrangeira provoca um barateamento dos produtos nacionais para compradores estrangeiros, melhorando as exportações do país. Provoca também um encarecimento dos produtos estrangeiros frente à moeda nacional (no caso, o real), piorando as importações e melhorando o saldo comercial[8].

A **sobrevalorização real** da moeda nacional frente ao dólar provoca um resultado inverso, piorando o saldo Comercial.

É importante frisar que, pela **cotação do incerto**, quando a taxa de câmbio aumenta, significa que a moeda se desvalorizou e a taxa de câmbio se desvalorizou. Quando a taxa de câmbio diminui, significa que a moeda se valorizou e a taxa de câmbio se valorizou.

Na **cotação do certo**, quando a taxa de câmbio aumenta, significa que a moeda se valorizou e a taxa de câmbio se valorizou. Quando a taxa de câmbio diminui, significa que a moeda se desvalorizou e a taxa de câmbio se desvalorizou. Assim:

Na cotação do incerto: a taxa de câmbio e as exportações são grandezas **diretamente proporcionais**.

Na cotação do incerto: a taxa de câmbio e as importações são grandezas **inversamente proporcionais**.

Na cotação do certo: a taxa de câmbio e as exportações são grandezas **inversamente proporcionais**.

---

[8] Quando há uma desvalorização real da moeda, ocorrem três fatos: 1) as exportações se tornam mais competitivas; 2) as importações se tornam menos competitivas; 3) para se importar, a despesa aumenta. E esse terceiro efeito ocorre com mais nitidez logo que há desvalorização da moeda, visto que os agentes não conseguem ajustar imediatamente as quantidades que importam ao novo preço. Esse efeito é chamado de **efeito perverso**. A condição de Marshall-Lerner afirma que o efeito perverso não é suficientemente forte para evitar a melhoria na Balança Comercial.

Na cotação do certo: a taxa de câmbio e as importações são grandezas **diretamente proporcionais**.

16.4. CONSEQUÊNCIAS DO AUMENTO DA TAXA DE CÂMBIO NOMINAL (e)

Analise a Tabela 16.1 e perceba que uma elevação da taxa de câmbio nominal (e) pode não ser acompanhada de uma desvalorização da taxa de câmbio real (E), devido à alteração dos preços internos e externos da economia.

Tabela 16.1. Comportamento das taxas de câmbio nominal (e) e real (E) supondo uma variação de preços internos (P) e externos (P*)

PERÍODO	e	VARIAÇÃO (%) $(e_2 - e_1/e_1) \times 100$	P*	P	E	VARIAÇÃO (%) $(E_2 - E_1/E_1) \times 100$
1	1	—	100	100	1	—
2	1,1	10% de valorização nominal da moeda estrangeira ou 9,1% de desvalorização nominal da moeda nacional[9]	110	130	0,9308	Desvalorização real da moeda estrangeira de –6,92% ou valorização real da moeda nacional[10] de –7,43%

Uma desvalorização nominal da moeda nacional de 9,1% ou uma valorização nominal da moeda estrangeira de 10% representou uma valorização real da moeda nacional de 7,43% ou uma desvalorização real da moeda estrangeira de 6,92%. Isso significa que um aumento do câmbio de 10% não foi suficiente para compensar uma elevação dos preços internos de 30%, mesmo havendo uma elevação dos preços externos de 10%. Portanto, a taxa de câmbio real é a que importa para a análise da alteração dos fluxos comerciais, já que uma análise com base apenas na taxa de câmbio nominal pode falsear os resultados.

Uma desvalorização real do câmbio **tende** a desestimular as importações e estimular as exportações, pois, no mercado interno, encarece relativamente o preço dos bens importados e aumenta a renda dos exportadores e, no mercado externo, barateia relativamente o preço dos bens que o país exporta.

Uma valorização real do câmbio tende a estimular as importações e desestimular as exportações, pois, no mercado interno, barateia relativamente os bens importados e encarece relativamente os bens que o país exporta.

A inflação interna tende a encarecer os produtos de exportação e tornar mais competitivos os produtos importados em relação aos produtos internos. Já a inflação externa tende a encarecer os produtos que o Brasil importa e estimular as exportações brasileiras.

No exemplo dado na Tabela 16.1 *supra*, o câmbio real está valorizado, desestimulando as exportações e estimulando as importações.

---

[9] Para calcular a desvalorização nominal da moeda nacional: $(e_2 - e_1/e_2)$, ou seja, $(1,1 - 1)/1,1 = 0,09090 = 0,091$.

[10] Para calcular a valorização real da moeda nacional: $(E_2 - E_1/E_2) = (0,9308 - 1)/0,9308 = -0,0743$.

16.4.1. Condição de Marshall-Lerner

As condições que garantem que uma depreciação real do câmbio conduza a um aumento nas exportações líquidas são chamadas de **condições de Marshall-Lerner**.

Sabendo-se que as exportações líquidas (NX) são: **NX = X − M**, caso haja uma valorização da taxa real de câmbio, as importações devem aumentar, mas seu preço relativo deve cair. Como as exportações devem cair, ficará ambíguo o resultado, já que, caso essa queda no preço relativo das importações seja maior que o aumento do montante das importações e a queda das exportações, isso pode levar ao aumento das exportações líquidas, ao invés da queda, como é de se esperar.

Também, caso haja uma desvalorização da taxa real de câmbio, as exportações devem subir, mas seu preço relativo deve cair. Como as importações devem cair, ficará ambíguo o resultado, já que, caso essa queda no preço relativo das exportações seja maior que o aumento do montante das exportações e a queda das importações, isso pode levar ao aumento das importações líquidas, ao invés da queda, como é de se esperar.

Mas, como essas situações não ocorrem com frequência, a condição de Marshall--Lerner pode ser considerada verdadeira na maioria dos casos.

Blanchard reforça o que foi dito: "Para que a balança comercial melhore após uma depreciação, as exportações devem aumentar o suficiente e as importações devem diminuir o suficiente para compensar o aumento do preço das importações. A condição sob a qual uma depreciação real leva a um aumento das exportações líquidas é conhecida como condição de Marshall-Lerner"[11].

Caso o intuito de uma desvalorização seja causar um impacto positivo na Balança Comercial, o teorema de Marshall-Lerner afirma que a soma das **elasticidades preços das importações e exportações**, em valores absolutos, deve ser igual a um.

16.4.1.1. A curva J

Formato "J" nas exportações líquidas ocorre quando, no curtíssimo prazo, a condição de Marshall-Lerner ainda não tiver sido satisfeita, já que demora, no curto prazo, verdadeiro tempo para mudar os padrões de consumo. Assim, graficamente, onde, no eixo das ordenadas, estaria representada a Balança Comercial/Serviços e, no eixo das abscissas, o tempo, observa-se um deslocamento, após uma desvalorização, em formato de "J". Assim, quando ocorre uma desvalorização real na taxa de câmbio, as exportações aumentam e as importações diminuem, fazendo com que as exportações líquidas fiquem positivas e a Balança Comercial/Serviços fique superavitária. Ocorre que, no curtíssimo prazo, os agentes econômicos podem continuar a importar o mesmo volume de mercadorias e serviços, a um preço mais alto, porque não foram capazes ainda de mudar seus padrões de consumo. Também os exportadores podem não alterar o volume de exportação, embora o preço esteja mais vantajoso, impedindo que as exportações líquidas fiquem positivas. Assim, a Balança Comercial permanece deficitária. Observe a Figura 16.1, onde, mesmo com uma desvalorização, o saldo comercial negativo tende a aumentar (no trecho descendente da curva "J").

---

[11] Olivier Blanchard, *Macroeconomia*, p. 382.

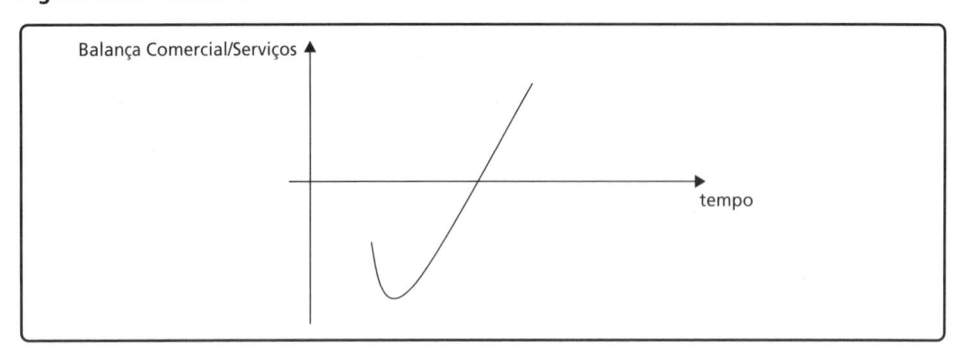

Figura 16.1. Curva "J"

[Gráfico: eixo vertical "Balança Comercial/Serviços", eixo horizontal "tempo", mostrando curva em formato de J]

16.5. ARBITRAGEM DOS JUROS

É possível se verificar que as taxas de juros no Brasil são mais elevadas que as taxas de juros praticadas em países desenvolvidos. Essa diferença entre as taxas de juros internas e externas se deve a alguns fatores que são explicados pela condição de arbitragem dos juros.

A **condição de arbitragem dos juros** será:

r = r* + expectativa de desvalorização da taxa de câmbio nominal + custos de transação + risco do país

Onde: r = taxa de juros interna e r* = taxa de juros externa. Observe que é desconsiderada a inflação no modelo.

Assim, as taxas de juros internas (r) serão determinadas pelo valor das taxas de juros externas (r*), acrescido da expectativa de desvalorização da taxa de câmbio nominal, dos custos de transação e do risco de o país não honrar seus compromissos.

Caso os fatores expectativa de desvalorização da taxa de câmbio nominal, custos de transação e risco do país não sejam zero, "r" será maior que r*.

Na fórmula *supra*, que determinará a taxa de juros a ser cobrada no país (r) é possível observar que:

1. Se a taxa de juros externa (r*) for, por exemplo, igual a 5%, a taxa de juros interna deve ser de no mínimo 5%, para que não haja fuga de capital externo.
2. Se houver uma expectativa de desvalorização da taxa de câmbio, isso significa que o valor de um título, por exemplo, no Brasil, quando convertido em moeda estrangeira, será menor, desincentivando a entrada de capital no país. Para evitar uma fuga de divisas, a taxa de juros interna deve remunerar um percentual maior, que compense essa perda pela provável desvalorização da taxa de câmbio (ou da moeda). Assim, se: r* = 5% e expectativa de desvalorização da taxa de câmbio = 3%, então a taxa de juros interna (r) deverá ser no mínimo de 8%.
3. Se houver algum custo de transação, a taxa de juros interna (r) deve compensar esse custo para evitar que haja fuga de divisas. Assim, se: r* = 5%, expectativa de

desvalorização da taxa de câmbio = 3% e custo de transação = 1%, então a taxa de juros interna (r) deverá ser no mínimo de 9%.

4. Se houver o risco de o país não honrar seus compromissos (risco-Brasil) com o investidor estrangeiro, deve-se compensar esse risco com uma maior taxa de juros. Assim, se: $r^* = 5\%$, expectativa de desvalorização da taxa de câmbio em 3%, custo de transação = 1% e risco-país = 7%, então a taxa de câmbio interna (r) deverá ser no mínimo de 16%.

"O **risco-país** é um índice denominado *Emerging Markets Bond Index Plus* (EMBI+) e mede o grau de 'perigo' que um país representa para o investidor estrangeiro. O risco-país é calculado por agências de classificação de risco e bancos de investimentos. O banco de investimentos americano J. P. Morgan, que possui filiais em diversos países latino-americanos, foi o primeiro a fazer essa classificação e é o disponibilizado pelo Portal Brasil em sua seção de índices financeiros. O J. P. Morgan analisa o rendimento dos instrumentos da dívida de um determinado país, principalmente o valor (taxa de juros) com o qual o país pretende remunerar os aplicadores em bônus, representativos da dívida pública. Tecnicamente falando, o risco-país é a **sobretaxa** que se paga em relação à rentabilidade garantida pelos bônus do Tesouro dos Estados Unidos, país considerado o mais solvente do mundo, ou seja, o de menor risco para um aplicador não receber o dinheiro investido acrescido dos juros prometidos. Para se determinar essa sobretaxa são avaliados, principalmente, aspectos como o nível do **déficit fiscal**, as **turbulências** políticas, o **crescimento** da economia e a relação entre **arrecadação e a dívida** de um país. O risco-país é expresso em pontos básicos. Sua conversão é simples: 100 unidades equivalem a uma sobretaxa de 1%. O risco-país indica ao investidor que o preço de se arriscar a fazer negócios em um determinado país é mais ou menos elevado. Quanto maior for o risco, menor será a capacidade do país de atrair investimentos estrangeiros. Para tornar o investimento atraente, o país tem que elevar as taxas de juros que remuneram os títulos representativos da dívida"[12].

16.5.1. A expectativa de desvalorização da taxa de câmbio

Suponha que a taxa de câmbio nominal seja igual a "1", o que significa que, para cada "1" da moeda estrangeira comprada deve-se pagar "1" da moeda nacional, considerando os índices de preços internos e externos constantes.

MOEDA ESTRANGEIRA	MOEDA NACIONAL	TAXA DE CÂMBIO NOMINAL (e)
1	1	1

Caso o investidor estrangeiro resolva trazer para o país um total de 100 milhões de dólares, esse valor será convertido em 100 milhões de reais. No momento em que resolver retirar esse capital do país e levar de volta a suas origens, ele deverá converter os 100 milhões de reais em dólares, o que lhe permitirá levar de volta 100 milhões de dólares.

---

[12] Disponível em: <http://www.portalbrasil.net/economia_riscopais.htm>.

Imagine, agora, uma situação em que o investidor, depois de já ter trazido os 100 milhões de dólares para o Brasil e de já ter convertido esse valor em 100 milhões de reais, seja surpreendido por uma desvalorização da moeda nacional, de tal maneira que para adquirir "1" da moeda estrangeira será necessário ter "2" da moeda nacional, alterando a taxa de câmbio nominal para 2.

MOEDA ESTRANGEIRA	MOEDA NACIONAL	TAXA DE CÂMBIO NOMINAL (e)
1	2	2

Caso esse mesmo investidor resolva retirar seu capital do país e levar para o país de origem, ao converter os 100 milhões de reais em dólares, vai conseguir reaver apenas 50 milhões de dólares, incorrendo em um grande prejuízo.

Portanto, caso o investidor acredite que haverá uma desvalorização na taxa de câmbio, ele deverá aguardar até que essa desvalorização de fato ocorra para poder investir no país e, assim, evitar uma perda de capital. Caso o país deseje que esse capital entre antes da desvalorização, deverá remunerá-lo com uma taxa de juros que compense essa possível desvalorização, fazendo com que o investidor, mesmo diante de uma possível desvalorização futura, perceba que seu capital ficará resguardado de possíveis perdas.

16.5.2. Paridade dos juros

A paridade dos juros afirma que, independente de o investidor aplicar no país ou fora dele, o ganho será igual, já que haverá uma correção do diferencial pelo câmbio, considerando que os custos de transação e o risco-país sejam zero.

Sabendo-se que: $r = r^* +$ expectativa de desvalorização da taxa de câmbio nominal e que: expectativa de desvalorização da taxa de câmbio é igual a:

$$\text{expectativa de desvalorização da taxa de câmbio} = \frac{(\text{taxa de câmbio futura} - \text{taxa de câmbio no presente})}{\text{Taxa de câmbio no presente}}$$

Ou: expectativa de desvalorização da taxa de câmbio $= \dfrac{(e_{t+1} - e_t)}{e_t}$, logo:

$$r = r^* + \frac{(e_{t+1} - e_t)}{e_t}$$

$$r - r^* = \frac{(e_{t+1} - e_t)}{e_t}$$

$$r - r^* = \frac{e_{t+1}}{e_t} - \frac{e_t}{e_t}$$

$$r - r^* = \frac{e_{t+1}}{e_t} - 1$$

$$r - r^* + 1 = \frac{e_{t+1}}{e_t}$$

ou:

$$e_t = \frac{e_{t+1}}{r - r^* + 1}$$

É possível perceber, por meio dessa função, uma relação negativa entre a taxa de juros interna (r) e a taxa de câmbio no presente (e_t), ou seja, caso a taxa de juros se eleve, a taxa de câmbio diminui, provocando uma valorização da moeda nacional. Caso a taxa de juros se reduza, a taxa de câmbio se eleva, provocando uma desvalorização da moeda nacional. É fácil perceber essa relação porque, quando a taxa de juros se eleva, isso implica uma entrada de divisas no país, atraídas por uma remuneração maior de seus investimentos especulativos. Com isso, a relação entre a quantidade de moeda estrangeira e a moeda nacional aumenta, levando a uma valorização da moeda nacional e, por conseguinte, uma queda na taxa de câmbio. Da mesma forma, quando a taxa de juros se reduz, isso implica uma saída de divisas do país, afugentada por uma remuneração menor de seus investimentos especulativos. Com isso, a relação entre a quantidade de moeda estrangeira e a moeda nacional diminui, levando a uma desvalorização da moeda nacional e, por conseguinte, a uma elevação na taxa de câmbio. No *item 16.16*, será possível analisar a relação entre a taxa de câmbio e a taxa de juros graficamente. Essa análise é feita considerando que as taxas de juros externas (r*) mantenham-se constantes. Caso contrário, a análise que se relaciona com a taxa de câmbio será o diferencial entre taxas de juros internas e externas (r – r*). Assim, quanto maior o diferencial entre as taxas de juros internas e externas (r – r*), menor será a taxa de câmbio, e quanto menor o diferencial entre as taxas de juros internas e externas (r – r*), maior a taxa de câmbio.

Observe que se o câmbio for fixo, o câmbio no futuro (e_{t+1}) será igual ao câmbio no presente (e_t). Considerando o risco país e os custos de transação nulos, então, a taxa de juros interna (r) será igual a taxa de juros externa (r*).

16.6. REGIMES CAMBIAIS[13]

16.6.1. Taxa de câmbio flexível ou flutuante

A taxa de câmbio flexível comporta-se como qualquer mercado em que não haja intervenção governamental (quando o Banco Central não intervém no mercado). Logo, o mercado de câmbio estabelece o preço da moeda estrangeira. Assim, um aumento da demanda pela moeda estrangeira, dada uma oferta constante, eleva seu preço. Também, um aumento da oferta de moeda estrangeira, dada uma demanda constante, reduz o seu preço. Segundo Froyen: "Um sistema de taxas completamente flexíveis ou flutuantes é um conjunto particularmente simples de regras a serem seguidas pelos Bancos Centrais

---

[13] Atualmente, o Brasil tem um regime de taxa única de câmbio, mas, anteriormente, tinha o regime de taxas múltiplas, ou seja, possuía sistema de taxas múltiplas de câmbio para importações e exportações; coexistência de diferentes taxas de câmbio: oficial, taxas mínimas, taxas para áreas de conversibilidade de moeda, taxas dos leilões específicos, taxa do mercado livre. Procurava-se com isso tornar as exportações brasileiras mais acessíveis no mercado internacional, desencorajar as importações, proteger a indústria e a Balança Comercial.

de diferentes países; eles não fazem nada para afetar diretamente o nível de suas taxas de câmbio. A taxa de câmbio é determinada pelo mercado"[14].

Da taxa de câmbio flutuante, pode derivar o *dirty floating*.

16.6.1.1. "Dirty floating" ou flutuação suja

Dirty floating, ou flutuação suja, ocorre quando o Banco Central intervém no mercado por meio da venda ou compra de divisas quando o câmbio é flexível, balizando os movimentos desejados da taxa de câmbio. O intuito maior em se praticar a flutuação suja é evitar que a taxa de câmbio oscile demasiadamente em decorrência de fluxos de capitais especulativos, de crises internacionais ou por uma instabilidade interna. O interesse não é, portanto, fixar o câmbio.

16.6.2. Taxa de câmbio fixa

Na taxa de câmbio fixa, as taxas de câmbio nominais são determinadas pelo Banco Central, que assume o compromisso de manter a paridade cambial fixa. O Banco Central entra no mercado vendendo ou comprando divisas para garantir que o câmbio mantenha-se no patamar desejado e, para tanto, é necessário que tenha reservas de divisas.

Quando a taxa de câmbio é fixa, a moeda nacional é ancorada em relação à outra moeda ou uma cesta de moedas, considerada âncora.

Quando a taxa de câmbio é fixa e a oferta de moeda estrangeira supera a demanda, o país terá superávit no Balanço de Pagamentos, aumentando suas reservas internacionais.

Quando a taxa de câmbio é fixa e a oferta de moeda estrangeira é menor que a demanda, o país terá déficit no Balanço de Pagamentos, reduzindo suas reservas internacionais. Quando o país incorre constantemente em déficit no Balanço de Pagamentos, pode fazer com que o Banco Central, no intuito de socorrer esse déficit, fique sem reservas internacionais.

Da taxa de câmbio fixa, podem derivar:

16.6.2.1. Bandas cambiais

Quando o Banco Central deixa que as taxas de câmbio flutuem dentro de um intervalo com limites mínimos e máximos, adota **um regime de banda cambial**, que consiste em um limite máximo e um limite mínimo toleráveis para cotação do câmbio. Quando se ultrapassam esses limites, o Bacen intervém no mercado para segurar a taxa de câmbio dentro da banda.

16.6.2.2. "Crawling band"

Crawling band, ou banda rastejante, é um desdobramento do sistema de bandas cambiais. Foi definido pelo Fundo Monetário Internacional (FMI) em 2003. É um sistema de câmbio no qual a taxa de câmbio é ajustada em períodos de poucas semanas por uma regra preestabelecida. Normalmente, essa regra se refere ao ajuste às taxas inflacionárias internas, de tal maneira que a taxa de câmbio real permanece inalterada. Assim, a autoridade monetária estabelece um limite máximo e um limite mínimo para a

---

[14] Richard T. Froyen, *Macroeconomia*, p. 548.

taxa de câmbio, mas, dentro desse intervalo, ela se define pelo mercado. Essa banda é ajustada, periodicamente, por uma taxa fixa ou por um conjunto de indicadores para compensar, por exemplo, uma inflação interna ou externa. Baseia-se numa definição por parte do Banco Central de um valor central de referência para o câmbio, de acordo com seu comportamento em um período anterior, e na definição do intervalo de variação dessa taxa, denominado valores de suporte. Dessa maneira, esses valores centrais são constantemente definidos quando as taxas se aproximam dos valores de suporte, ou seja, quando se aproximam do intervalo superior ou inferior da banda.

16.6.2.3. "Sliding band"

Sliding band, ou banda deslizante, é um desdobramento do sistema de bandas cambiais. Diferentemente do *crawling band*, não há uma regra preestabelecida e a autoridade monetária não garante manter irreajustáveis o valor central e os limites superior e inferior.

16.6.2.4. "Crawling peg"

Crawling peg, ou minidesvalorizações, é um sistema em que a taxa de câmbio é ajustada regularmente, segundo algum indicador externo, que pode ser a inflação externa ou interna. Dessa maneira, a taxa de câmbio real não se altera. Não há data predeterminada, portanto, para ser revista.

16.6.2.5. "Currency board" *(conselho de moeda)*

Quando a autoridade monetária efetua o câmbio de moeda nacional por moeda estrangeira com cotação fixa, pratica o *currency board*. Esse sistema tem a moeda estrangeira como âncora cambial, ou seja, vincula a quantidade de moeda local à quantidade de moeda estrangeira referência no país, garantindo, a uma taxa de câmbio fixada, a conversão da moeda nacional em moeda estrangeira. Assim, o país se compromete a converter, sob demanda, sua moeda local em outro ativo líquido de aceitação internacional. A autoridade monetária de um país passa a funcionar como uma "caixa de conversão", e a credibilidade do compromisso de conversibilidade é buscada com a manutenção de reservas externas em pelo menos 100% de moeda local em circulação. Portanto, o Banco Central não poderá emitir moeda acima do limite das reservas internacionais, já que o volume de dinheiro local dependerá da disponibilidade de reservas externas que representam seu lastro. O Bacen não pode, portanto, executar uma política monetária, pois a emissão de moeda depende do montante líquido de divisas retido pelo país, ou seja, o país abre mão da Política Monetária. Para praticar esse sistema, as taxas de juros e a inflação devem ser semelhantes às do país que emite a moeda estrangeira. Segundo Carvalho e Silva: "(...) esse tipo de regime é adotado por países em desenvolvimento, com dificuldades em transmitir credibilidade na sua política cambial. A Argentina adotou esse regime por dez anos, quando fixou sua taxa de câmbio, constitucionalmente, em $1/US$1, e condicionou o volume de pesos argentinos em circulação ao saldo de dólares de suas reservas"[15].

---

[15] Maria Auxiliadora de Carvalho e César Roberto Leite da Silva, *Economia internacional*, p. 166.

16.6.2.6. Arranjo cambial cooperativo

Quando os países-membros se responsabilizam em manter uma paridade cambial entre as moedas, estipulando um sistema de ancoragem entre elas, configura-se um arranjo cambial cooperativo. Para tanto, o câmbio deve ser fixo e deve ser de responsabilidade compartilhada pelas nações envolvidas. É uma característica de economias médias e grandes. Carvalho e Silva afirmam que: "A União Monetária Europeia é um exemplo de ancoragem cooperativa. É um mecanismo multilateral de taxas de câmbio fixas, ancoradas no euro por uma taxa central, e uma margem de flutuação normal de ± 15%. As políticas econômicas de cada país devem estar em conformidade com a taxa central, evitando desalinhamentos"[16].

16.7. APRECIAÇÃO E DEPRECIAÇÃO DO CÂMBIO

Fala-se que o câmbio apreciou-se ou depreciou-se quando ocorre movimento de mercado que leve a isso. Fala-se que o câmbio valorizou-se ou desvalorizou-se por interferência do governo.

No gráfico da Figura 16.2, pode-se observar as alterações no câmbio, de 1994 até 2015. Percebe-se que quanto mais baixo estiver a taxa de câmbio, mais valorizada está a moeda nacional frente ao dólar.

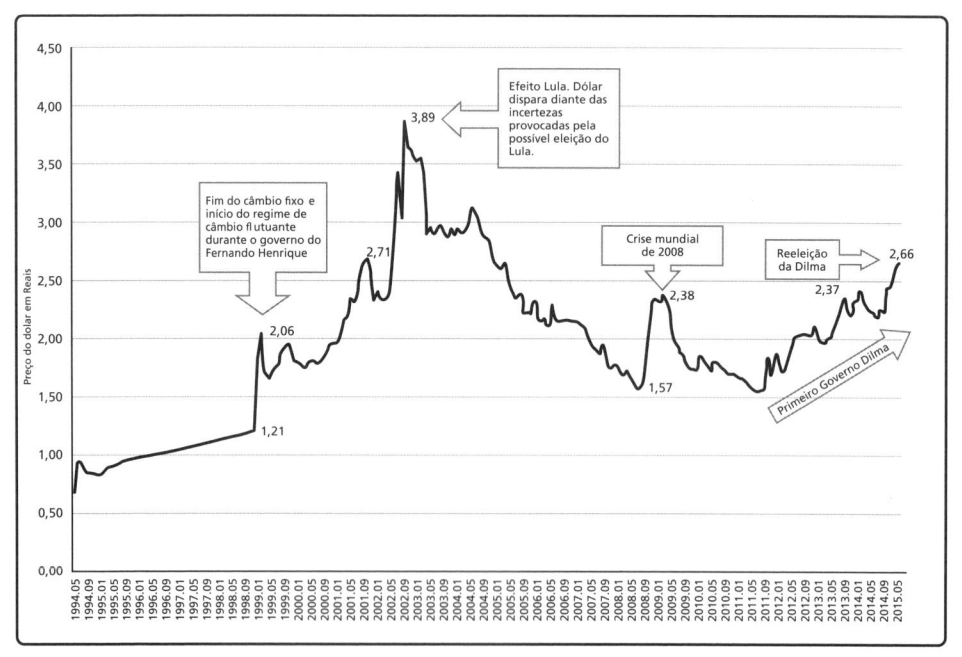

Figura 16.2. Comportamento da taxa de câmbio no período de 1994 a 2015

Fonte: <https://www.clubedospoupadores.com/cambio-e-ouro/politica-cambial.html>

---

[16] Maria Auxiliadora de Carvalho e César Roberto Leite da Silva, *Economia internacional*, p. 166.

16.8. VANTAGENS DAS TAXAS DE CÂMBIO FIXA E FLUTUANTE (OU FLEXÍVEL)

O câmbio fixo e flutuante apresentam vantagens. Observe a seguir:

Câmbio fixo: maior controle da inflação, já que se pode controlar o nível de importação. Há um ambiente mais estável, o que proporciona um incentivo maior ao investimento e ao comércio internacional.

Câmbio flexível: maior controle sobre as reservas cambiais, que ficam protegidas de ataques de capital especulativo, e liberação da política monetária para outras finalidades que não sejam o controle do câmbio. Também o Balanço de Pagamentos alcança o equilíbrio automaticamente, pois é atingido quando a entrada e a saída de divisas se igualam, o que pode ser explicado por uma taxa de câmbio flutuante, já que a taxa oscila até o ponto onde a demanda por divisas é igual à oferta. Segundo Froyen, uma das vantagens do câmbio flutuante é que: "a flexibilidade das taxas de câmbio permitiria aos formuladores de políticas econômicas concentrarem-se em metas internas, livres de preocupações com déficits no balanço de pagamentos. A flexibilidade das taxas de câmbio removeria conflitos potenciais que surgem entre o equilíbrio interno (metas internas) e o equilíbrio externo (equilíbrio do balanço de pagamentos)"[17].

16.9. DESVANTAGENS DAS TAXAS DE CÂMBIO FIXA E FLUTUANTE (OU FLEXÍVEL)

O câmbio fixo e o flutuante apresentam desvantagens. Observe a seguir:

Câmbio fixo: alteração das reservas cambiais devido a entrada e saída de capital especulativo e a dependência da taxa de juros ao volume de reservas cambiais. Conflito entre equilíbrio interno e equilíbrio externo, com a necessidade de utilizar políticas monetárias e fiscais para manter a taxa de câmbio.

Câmbio flexível: a taxa de câmbio fica na dependência e vulnerabilidade do mercado financeiro nacional e internacional, menor controle da inflação, aumento da incerteza e desestímulo ao comércio internacional. Uma das desvantagens apontadas por Froyen é que: "flutuações de câmbio envolvem constantes deslocamentos de mão de obra e outros recursos entre produção para o mercado interno e produção para exportação. Tais deslocamentos podem ser caros e perturbadores; eles tendem a criar desemprego friccional (...)"[18].

16.10. ATUAÇÃO DO BANCO CENTRAL NA COMPRA E VENDA DE DÓLARES

Quando o Banco Central intervém no mercado de câmbio, por meio de compra e venda de divisas, precisará alterar suas reservas internacionais, aumentando-as ou reduzindo-as. Mas as perguntas que pairam são:

---

[17] Richard T. Froyen, *Macroeconomia*, p. 557.
[18] Richard T. Froyen, *Macroeconomia*, p. 566.

Caso o Bacen fixe a taxa de câmbio em "1", quando precisar comprar divisas, comprará por mais, menos ou igual a "1"? E quando ele precisar vender divisas, venderá por mais, menos ou por "1"?

Se o Banco Central fixa a taxa de câmbio em "1", isso significa que para se adquirir 1 dólar é necessário gastar-se 1 real. Caso ele venha a precisar comprar divisas, é porque houve entrada de dólares no país suficiente para alterar a taxa de câmbio, ou seja, houve uma queda da taxa de câmbio ou uma valorização da moeda nacional. Suponha-se que essa valorização tenha feito a taxa de câmbio cair para 0,5, ou seja, agora, para se adquirir 1 dólar é necessário apenas 0,5 real. Logo, se o Bacen deseja que a taxa retorne ao patamar fixado anteriormente por ele, deverá adquirir esse excesso de moeda existente e pagar o preço do mercado, que é de 0,5 real.

Caso ele venha a precisar vender divisas, é porque houve saída de dólares do país suficiente para alterar a taxa de câmbio, ou seja, houve uma elevação da taxa de câmbio ou uma desvalorização da moeda nacional. Suponha-se que essa desvalorização tenha feito a taxa de câmbio subir para 2, ou seja, para se adquirir 1 dólar é necessário 2 reais. Logo, se o Bacen deseja que a taxa retorne ao patamar fixado anteriormente por ele, deverá vender o correspondente a essa escassez de moeda existente pelo preço do mercado, que é de 2 reais.

Portanto, quando o Bacen, para garantir a fixação do câmbio, precisar adquirir divisas, irá adquiri-las por um preço abaixo do fixado por ele. Caso precise vender divisas, irá vendê-las por um preço superior ao fixado por ele.

Porém, se a taxa de câmbio estiver sofrendo pressões para ser alterada, caso o Bacen precise comprar ou vender dólares, deverá fazê-lo pelo preço fixado por ele, já que se trata apenas de "pressões", e de não "um fato". Logo, o preço da moeda estrangeira ainda não foi alterado, ou seja, existe apenas uma especulação a respeito do fato, que ainda não foi concretizado.

16.10.1. Quem demanda e quem oferta divisas

No mercado, os agentes econômicos podem demandar e ofertar divisas.

Assim, os ofertantes de divisas são constituídos, entre outros, pelos:

☐ exportadores;
☐ turistas estrangeiros;
☐ investidores estrangeiros no Brasil;
☐ tomadores de empréstimos externos;
☐ prestadores de serviços instalados no Brasil, quando atendem o exterior;
☐ o setor público ou privado, quando recebem o pagamento de juros de algum empréstimo que concederam;
☐ multinacionais brasileiras instaladas no exterior, quando remetem lucros para o Brasil;
☐ o recebimento de dívidas concedidas no exterior.

Os demandantes de divisas são constituídos, entre outros, pelos:

- importadores;
- turistas brasileiros que viajarão para outros países;
- investidores brasileiros no exterior;
- emprestadores de divisas para o exterior;
- prestadores de serviços instalados no exterior, quando atendem o Brasil;
- o setor público ou privado, quando pagam juros de alguma dívida que contraíram;
- multinacionais estrangeiras instaladas no Brasil, quando remetem lucros para o país de origem;
- o pagamento de dívidas contraídas no exterior.

16.11. OFERTA DE MOEDA ESTRANGEIRA E TAXA DE CÂMBIO

Quando a taxa de câmbio se eleva, isso significa que a moeda nacional se desvalorizou, incentivando o aumento das exportações, *ceteris paribus*. Com o aumento das exportações, a oferta de dólares aumenta. Portanto, uma elevação da taxa de câmbio (e) provoca um aumento da oferta de divisas ($O_{divisas}$), fazendo com que a curva de oferta de divisas seja crescente. Observe a Figura 16.3.

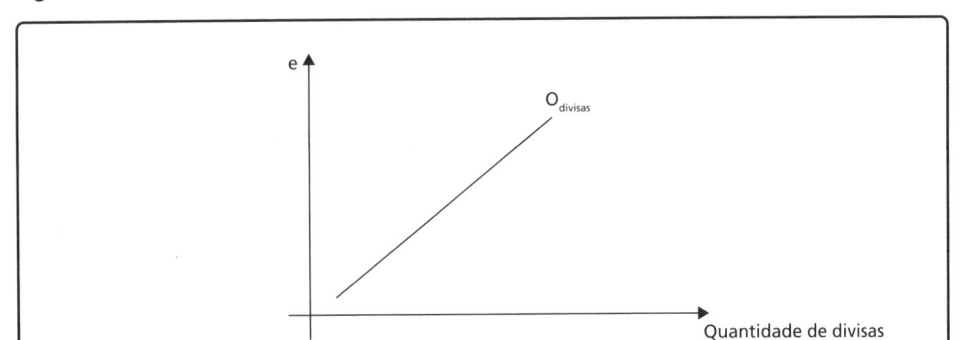

Figura 16.3. A curva de oferta de divisas

16.12. DEMANDA POR MOEDA ESTRANGEIRA E A TAXA DE CÂMBIO

Quando a taxa de câmbio (e) se reduz, isso significa que a moeda nacional está mais valorizada, o que incentiva as importações, *ceteris paribus*. Com o aumento das importações, a demanda por dólares aumenta. Portanto, uma redução da taxa de câmbio (e) provoca um aumento da demanda por divisas ($D_{divisas}$), fazendo com que a curva de demanda por divisas ($D_{divisas}$) seja decrescente. Observe a Figura 16.4.

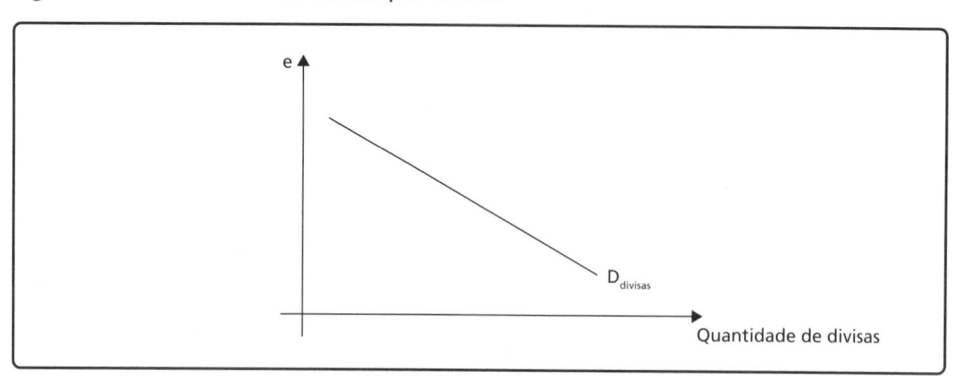

Figura 16.4. A curva de demanda por divisas

16.13. O EQUILÍBRIO NO MERCADO CAMBIAL

Juntando as curvas de oferta de divisas e demanda por divisas, encontra-se o equilíbrio no mercado cambial. Observe a Figura 16.5. O ponto "E" representa o ponto onde, àquela taxa de câmbio (e), a oferta de divisas é igual à demanda por divisas.

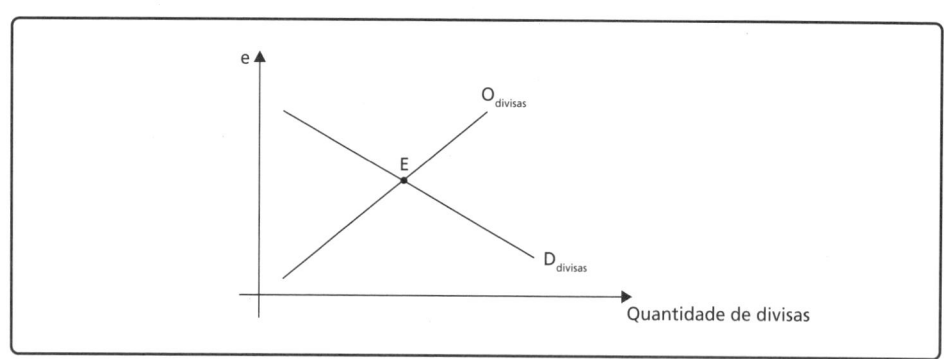

Figura 16.5. O equilíbrio no mercado de câmbio

16.14. FIXAÇÃO DE UMA TAXA DE CÂMBIO SUPERIOR À DE EQUILÍBRIO (E)

Caso o governo fixe uma taxa de câmbio superior à de equilíbrio (E), a quantidade ofertada de divisas será superior à quantidade demandada por divisas, provocando uma pressão para que a taxa de câmbio caia, ou seja, para que a moeda nacional se valorize, retornando ao ponto de equilíbrio "E". Para manter desvalorizada a taxa fixada pelo Bacen, este deverá comprar o excesso de divisas. Observe a Figura 16.6.

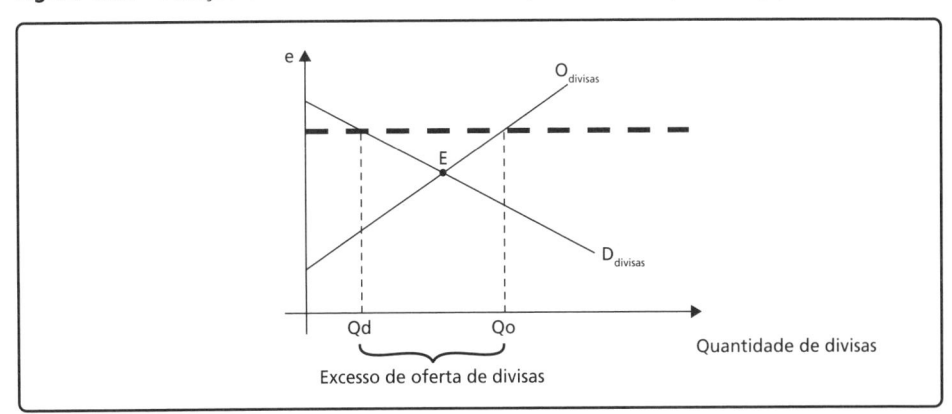

Figura 16.6. Fixação de uma taxa de câmbio superior à de equilíbrio (E)

16.15. FIXAÇÃO DE UMA TAXA DE CÂMBIO INFERIOR À DE EQUILÍBRIO (E)

Caso o governo fixe uma taxa de câmbio inferior à de equilíbrio (E), a quantidade ofertada de divisas será inferior à quantidade demandada por divisas, provocando uma pressão para que a taxa de câmbio suba, ou seja, para que a moeda nacional se desvalorize, retornando ao ponto de equilíbrio "E". Para manter valorizada a taxa fixada pelo Bacen, este deverá vender divisas para atender à demanda existente. Observe a Figura 16.7.

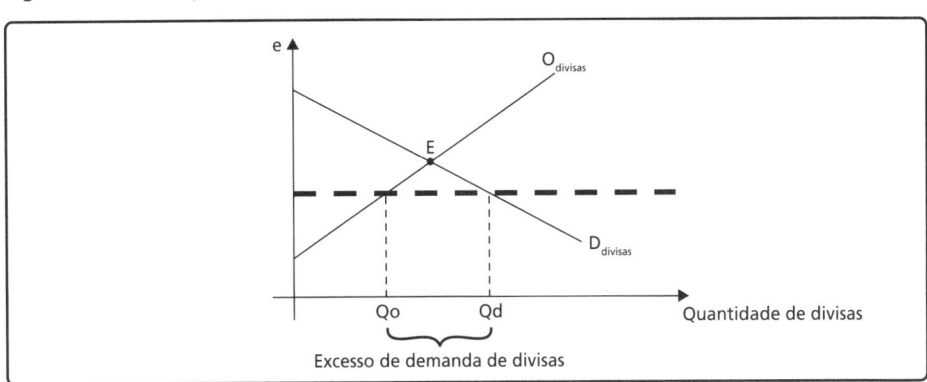

Figura 16.7. Fixação de uma taxa de câmbio inferior à de equilíbrio (E)

16.16. MERCADO MONETÁRIO E CAMBIAL

Colocando em um gráfico o que foi discutido no *item 16.5.2*, é possível compreender melhor a relação do mercado monetário e do mercado cambial, ou seja, a relação entre a taxa de juros (r) e a taxa de câmbio (e). Observe a Figura 16.8, *infra*, e perceba a relação negativa entre a taxa de juros (r) e a taxa de câmbio (e). O ponto "E" representa o equilíbrio no mercado cambial, visto na Figura 16.5, ou seja, onde a demanda e a oferta de divisas são iguais. Para tanto, existe uma taxa de juros (r_E) que garante esse equilíbrio. Qualquer alteração na taxa de juros (r) provocará uma valorização ou desvalorização cambial. Assim, caso a taxa de juros se eleve acima de r_E, a taxa de câmbio necessária para manter o equilíbrio será inferior à taxa e_E, ou seja, provocará uma valorização na taxa de câmbio ou valorização na moeda nacional, incentivando as importações. Caso a taxa de juros caia abaixo de r_E, a taxa de câmbio necessária para manter o equilíbrio será superior à taxa e_E, ou seja, provocará uma desvalorização na taxa de câmbio ou desvalorização na moeda nacional, incentivando as exportações.

Figura 16.8. Relação entre a taxa de câmbio (e) e a taxa de juros (r)

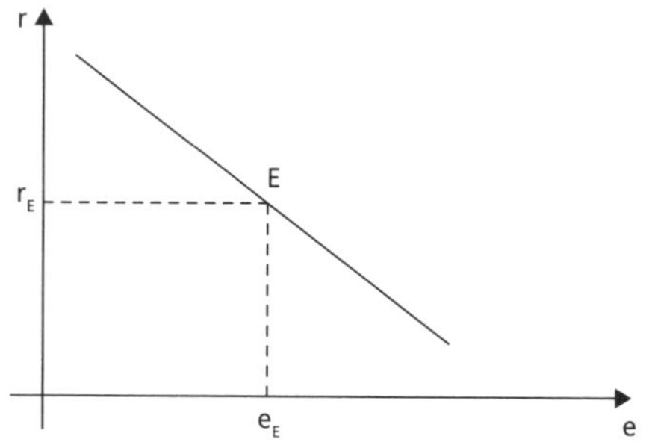

16.17. PARIDADE DO PODER DE COMPRA (PPC)

A paridade do poder de compra ou "Purchase Power Parity" (PPC) é baseada na Lei do preço único que afirma que o preço de determinado produto deverá ser igual em todos os países na suposição de simetria de informações e ausência de barreiras a entrada e saída de produtos entre os países.

Assim, supondo dois países A e B e que o país A vende aço ao preço P_1. O aço no país B é vendido por P_2, maior que P_1. Logo, se o aço for comprado por uma empresa no país A e vendido no país B, haverá um ganho para essa empresa igual a diferença entre os preços ($P_2 - P_1$). Logo, a demanda (D) por aço no país A irá aumentar (de D_1 para D_2), elevando seu preço nesse país (de P_1 para P). Também, a oferta de aço no país B irá aumentar de O_1 para O_2), reduzindo o preço do aço nesse país (de P_2 para P). Esse processo terminará quando os preços nos dois países, A e B, se igualarem, ou seja, atingir o preço P, supondo que os preços sejam expressos na mesma moeda.

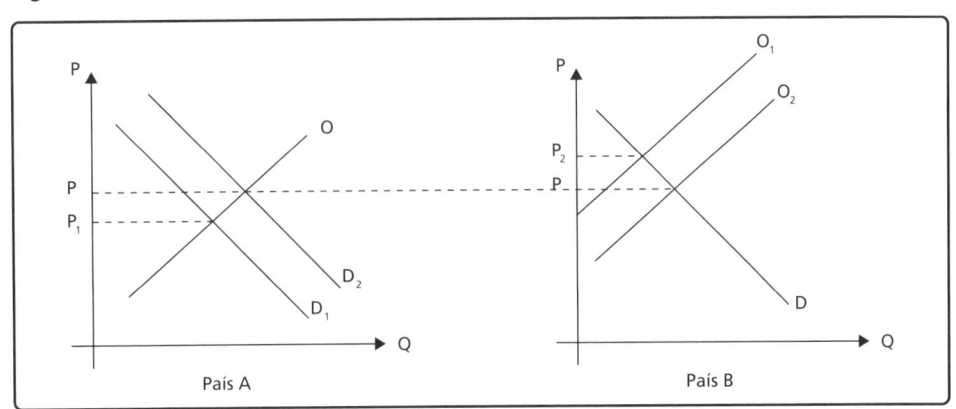

Figura 16.9. Processo de arbitragem entre dois países que adotam a mesma moeda

Quando o preço no país A é dado em uma moeda e o preço do país B é dado em outra moeda, segundo a lei do preço único, para compará-los deve-se utilizar a taxa de câmbio entre as moedas. Logo, o preço no país A (P_A) será igual ao preço do país B (P_B) multiplicado pela taxa de câmbio (e), considerando uma arbitragem perfeita (versão forte ou absoluta da paridade do poder de compra). Assim:

$$PA = e \times PB \quad (I)$$

Caso a arbitragem não seja absoluta, significa que a lei do preço único não é perfeita. Assim, para comparar os preços dos dois países, deve-se acrescentar a taxa de paridade real (t) entre eles.

$$PA = t \times e \times PB \quad (II)$$

Quando t é igual a unidade, diz-se que a arbitragem é perfeita e consideramos a função (I) acima.

Como foi definido no *item 16.3* e adaptando a esse exemplo, a taxa de câmbio real (E) aproximada será:

$$E = e \times PB / PA$$

Ou: $\quad PA = (1/E) \times e \times PB \quad (III)$

Logo, comparando a equação (III) com a (II), tem-se que:

$$1/E = t \quad \text{ou} \quad E = 1/t$$

16.18. QUESTÕES

1. (FCC — 2024 — MPE-AM) No tocante à Taxa de Câmbio, mantendo-se tudo mais constante, é correto afirmar que
 a) a curva de demanda por divisas é crescente em relação ao preço.
 b) quanto maior a taxa de câmbio, menor a demanda por divisas.

c) quanto maior a taxa de câmbio, menor o volume que as empresas desejam exportar.
d) quanto menor a taxa de câmbio, menor o volume que as firmas desejam importar.
e) quanto menor a taxa de câmbio, maior a oferta de divisas.

2. (FGV – 2024 – ALEP/Economista) Em relação aos regimes cambiais, relacione cada tipo às respectivas características.
1. Flutuante.
2. Fixo.
3. Administrado.
( ) Possui a vantagem de levar sempre ao equilíbrio do balanço de pagamentos.
( ) O BACEN adota para combater ataques especulativos, evitando, assim, oscilações abruptas na taxa de câmbio.
( ) Gera maior previsibilidade aos agentes econômicos, levando a maior comércio e investimento internacional.
Assinale a opção que indica a relação correta, na ordem apresentada.
a) 1 — 2 — 3.
b) 1 — 3 — 2.
c) 2 — 1 — 3.
d) 2 — 3 — 1.
e) 3 — 2 — 1.

3. (VUNESP — 2023 — TCM SP/Economia) Suponha que a inflação do dólar americano em 20x5 tenha sido de 1,53% e a taxa de câmbio no Brasil igual a US$1.00 = R$ 4,30. Qual foi a inflação brasileira em 20x5 que permitiu o Banco Central fixar o câmbio a R$ 4,40 no início de 20x6 e garantir a paridade de compra frente ao dólar?
a) 2,12%
b) 2,80%
c) 2,85%
d) 3,85%
e) 3,9%

4. (CEBRASPE — 2023 — SEPLAN RR/Planejamento e Orçamento) Em relação aos agregados macroeconômicos e ao sistema de balanço de pagamentos, julgue o próximo item.
Segundo a condição de Marshall-Lerner e considerando-se os efeitos da curva J, uma depreciação da taxa de câmbio gera, em curto prazo, aumento das exportações líquidas.
( ) Certo
( ) Errado

5. (FGV — 2023 — CGE SC/Economia) Considere que a taxa de câmbio nominal é medida em termos de reais para um dólar.
Assinale a opção que indica uma propriedade da taxa de câmbio real.
a) Pode ser medida pela taxa de câmbio nominal deflacionada pela razão inflação americana.
b) A taxa de câmbio nominal será igual à relação de preço do mesmo produto expresso em dólares.
c) A competitividade dos produtos nacionais aumenta se a desvalorização cambial superar a variação da inflação doméstica em relação à inflação americana.
d) Sua variação deve ser aproximadamente igual à taxa de inflação doméstica deduzida da taxa de inflação americana.

e) Mede o impacto da mudança das pautas de exportação e importação do país em relação ao resto do mundo.

6. (CESGRANRIO — 2023 — BANRISUL) Se os preços das mercadorias produzidas por dois países forem expressos numa mesma unidade monetária e todos os demais fatores permanecerem constantes, uma apreciação real da moeda de um país X em relação à moeda de um país Y provoca
   a) encarecimento das mercadorias exportadas pelo país X ao país Y
   b) encarecimento das mercadorias exportadas pelo país Y ao país X
   c) preços idênticos das mercadorias exportadas por ambos os países
   d) redução dos salários reais no país X
   e) aumento dos lucros esperados no país X

7. (CESGRANRIO — 2023 — BANRISUL) A principal diferença entre a taxa de câmbio nominal e a taxa de câmbio real é que a taxa de câmbio
   a) nominal determina a competitividade efetiva dos produtos exportados do país.
   b) nominal determina a competitividade efetiva dos produtos importados pelo país.
   c) real é determinada pela paridade real do poder de compra da moeda nacional em relação ao poder de compra da moeda estrangeira, pressupondo que os preços dos bens produzidos nos dois países sejam expressos numa mesma unidade monetária.
   d) real é o preço da moeda nacional relativamente ao preço da moeda estrangeira, de acordo com a cotação no mercado de câmbio.
   e) real não afeta a competitividade dos produtos produzidos no país.

8. (FGV — 2023 — BANESTES/Gestão Financeira) Suponha que os títulos do Brasil paguem taxa de juros no período t igual a it.
Para se ter títulos americanos, é necessário trocar reais por dólares. Para cada real, recebe-se $1/E_t$ dólares.
Seja i_t^* a taxa de juros americana e E^e_{t+1} a expectativa da taxa de câmbio para o período t+1. Assim a condição de paridade não coberta pela taxa de juros é dada pela expressão:
   a) $(1 + i_t) = (1/E_t)(1 + i_t^*) i_t^*$
   b) $(1 + i_t) = (1/E_t)(1 + i_t^*) E^e_t$
   c) $(1 + i_t^*) = (1/E_t)(1 + i_t) E^e_{t+1}$
   d) $(1 + i_t) = (1+ i_t^*)(1 + (E^e_{t+1} - E_t)/E_t)$
   e) $(1 + i_t) = (1/E_t)(1 + i_t^*) E^e_{t+1}$

9. (CEBRASPE — 2023 — TJ ES/Economia) Acerca dos instrumentos de política econômica, julgue o item subsequente.
O Brasil adota o regime de câmbio flutuante desde 1999, de forma que o Banco Central não interfere no mercado para determinar a taxa de câmbio, embora possa atuar, ocasionalmente, para manter a funcionalidade do mercado, inibindo movimentos desordenados de natureza especulativa.
   ( ) Certo
   ( ) Errado

10. (FGV — 2023 — Pref RJ) No regime de bandas cambiais, o Banco Central atua:
    a) por meio da flutuação suja, com intervenções pontuais, visando reduzir a volatilidade do câmbio;
    b) na compra e venda de reservas cambiais com o objetivo de se manter o preço da moeda nacional fixo em relação ao da estrangeira;

c) definindo limites superior e inferior para a taxa de câmbio e intervindo na cotação quando o câmbio atinge os limites;
d) intervindo apenas como ofertante e demandante de divisas em função de suas necessidades;
e) para que os termos de troca alcancem metas definidas preliminarmente.

GABARITO

1. "b".
Quando a taxa de câmbio aumenta, as transações que exigem moeda estrangeira diminuem, resultando em menor demanda por divisas. Vejamos um exemplo: se a taxa de câmbio sobe de R$ 5,00 para R$ 6,00 por dólar, um produto importado que antes custava US$ 100 custará R$ 600 em vez de R$ 500. Esse aumento no preço pode desestimular as importações e, consequentemente, reduzir a demanda por dólares. A alternativa "b" é verdadeira. A curva de demanda por divisas é decrescente em relação ao preço. À medida que o preço da moeda estrangeira aumenta, a demanda por ela diminui. A alternativa "a" está incorreta. Uma taxa de câmbio maior (moeda nacional desvalorizada) tende a aumentar as exportações, pois os produtos domésticos se tornam relativamente mais baratos para o exterior. A alternativa "c" está incorreta. Uma taxa de câmbio menor (moeda nacional valorizada) torna as importações mais baratas, incentivando maior volume de importações. A alternativa "d" está incorreta. A oferta de divisas geralmente aumenta quando a taxa de câmbio é maior (moeda nacional desvalorizada), pois exportadores recebem mais moeda estrangeira e a convertam para moeda nacional. A alternativa "e" está incorreta.

2. "b".
Possui a vantagem de levar sempre ao equilíbrio do balanço de pagamentos.
→ **Flutuante (1):** no regime flutuante, o câmbio se ajusta automaticamente em resposta aos desequilíbrios, equilibrando o balanço de pagamentos.
O BACEN adota para combater ataques especulativos, evitando, assim, oscilações abruptas na taxa de câmbio.
→ **Administrado (3):** o Banco Central intervém no mercado cambial para evitar volatilidades excessivas, mas sem fixar uma taxa.
Gera maior previsibilidade aos agentes econômicos, levando a maior comércio e investimento internacional.
→ **Fixo (2):** a estabilidade da taxa de câmbio proporciona confiança para os agentes econômicos em transações e investimentos.
A alternativa correta é a "b".

3. "e".
Utilizando a fórmula aproximada de Cassel, temos:

$$E = e \cdot \frac{P^*}{P}$$

Supondo que o P^* e o P eram iguais a 100. Em 2005, o P^* passou a ser 101,53. Para garantir a paridade de compra frente ao dólar, a taxa de câmbio passou a ser de 4,40, ou seja, o Bacen desejava que o Câmbio real (E) permanecesse 4,30, então elevou o câmbio nominal (e) para 4,40. Assim para calcular o nível de preços no país, devemos substituir os valores na fórmula:

$$4,30 = 4,40 \cdot \frac{101,53}{P}$$

$P = 103,89$

Como o preço era de 100 e passou para 103,891, então, o preço interno subiu aproximadamente 3,90%. A alternativa correta é a "e".

4. "errado".
A condição de Marshall-Lerner afirma que quando há uma desvalorização cambial é de se esperar que as exportações aumentem e as importações diminuam. Ocorre que, no curtíssimo prazo, isso pode não se verificar porque demora um tempo para se mudar os padrões de consumo, fazendo com que mesmo havendo uma desvalorização, as exportações líquidas não aumentem. Daí o formato da curva J, em que se verifica que, no curto prazo, pode haver redução das exportações líquidas apesar da desvalorização cambial. O item está errado.

5. "c".
Quando há inflação externa, os produtos internos ganham competitividade ficando mais fácil exportar e os produtos externos perdem competitividade, ficando mais difícil importar. Ao contrário, quando há inflação interna, os produtos internos perdem competitividade, desestimulando as exportações e os produtos externos ganham competitividade, ficando mais fácil importar. Quando a inflação interna é maior que a externa, o câmbio nominal precisa se desvalorizar para compensar essa elevação de preços. Se a desvalorização do câmbio nominal for maior que a relação da variação dos preços externos sobre a variação dos preços internos, então as exportações tendem a aumentar e as importações tendem a diminuir. A alternativa "c" está correta. A taxa de câmbio real pode ser medida pela taxa de câmbio nominal deflacionada pela razão entre a variação de preços externos e a variação dos preços internos. A alternativa "a" está incorreta. A taxa de câmbio real será igual à relação de preço do mesmo produto expresso em dólares. A alternativa "b" está incorreta. A taxa de câmbio real deve ser igual a taxa de câmbio nominal ajustada pela taxa de inflação externa em relação a taxa de inflação interna. A alternativa "d" está incorreta. A taxa de câmbio real é um dos principais elementos capazes de determinar o fluxo comercial entre os países, mas, não mede o impacto da mudança das pautas de exportação e importação do país com o resto do mundo. A alternativa "e" está incorreta.

6. "a".
Se ocorre uma apreciação real (valorização real) da moeda do país "X", os produtos importados ficam relativamente mais baratos e os produtos que esse país "X" for exportar, ficam relativamente mais caros no exterior. Imagine a situação exemplificada abaixo. Se o país "Y" precisa de uma unidade monetária para adquirir uma unidade monetária do país "X" no tempo "N" e, com a apreciação real da moeda de "X", no tempo "N + 1", uma unidade monetária de "X" é capaz de comprar 2 unidades monetárias do país "Y", então, se o país "X" exportar para o país "Y", um produto por 100 unidades monetárias, o país "Y" precisará pagar, no tempo N +1, 200 unidades monetárias o que é um valor relativamente mais alto quando comparado ao tempo N. Assim, o país "X" terá mais dificuldade de exportar, já que o preço ficará relativamente mais caro para exportar. Contudo, se o país "X" importar do país "Y" um produto pelo valor de 100, no tempo "N+1", X precisará pagar apenas 50, o que estimula as importações. A alternativa correta é a "a".

Moeda/ Tempo	Valor da moeda em X	Valor da moeda em Y	Produto de "X", que custa 100, exportado para "Y"	Produto de "Y", que custa 100, importado por "X"
N	1	1	100	100
N + 1	1	2	200	50

7. "c".
A taxa de câmbio real ajusta a taxa de câmbio nominal às variações do nível de preços externos e internos e mede o poder de compra da moeda nacional em relação a outros países. A alternativa "c" está correta. A taxa de câmbio real determina a competitividade dos produtos exportados pelo país e importados dos outros países. Por isso, afeta a competitividade dos produtos produzidos no país. As alternativas "a", "b" e "e" estão incorretas. Já a taxa de câmbio nominal mostra a relação do preço da moeda nacional em relação a estrangeira. A alternativa "d" está incorreta.

8. "e".
A fórmula da paridade descoberta da taxa de juros de forma exata é dada por:

$$(1+r) = (1+r^*) \frac{(e_{t+1})}{e_t}$$

Substituindo "r" por "i_t", "e_{t+1}" por "E^e_{t+1}" e "et" por "E_t", temos:

$$(1 + i_t) = (1 + i_t^*) \frac{(E^e_{t+1})}{E_t} \quad \text{ou} \quad (1 + i_t) = 1 \cdot \frac{(1 + i_t^*) (E^e_{t+1})}{E_t}$$

9. "certo".
Desde janeiro de 1999, o câmbio no Brasil passou de fixo para flutuante. A partir daí a âncora cambial deu lugar ao sistema de metas de inflação. O câmbio flutuante é aquele determinado pela oferta e demanda de moeda estrangeira. Embora o Banco Central não determine o câmbio, ele pode fazer esporádicas intervenções no câmbio para evitar grandes flutuações que desestabilizem a economia. Damos a esse regime o nome de Flutuação Suja (*dirty Floating*). O item está certo.

10. "c".
Quando o Bacen fixa o câmbio, mas define um limite superior e um inferior para a taxa de câmbio, onde este pode flutuar livremente dentro desse intervalo e só intervém na cotação quando o câmbio atinge os limites, denomina-se regime de bandas cambiais, que foi praticado, no Brasil, de 1995 a 1999. A alternativa "c" está correta. Quando o câmbio é flutuante e o Banco Central faz intervenções pontuais, visando reduzir a volatilidade do câmbio, o regime cambial passa a ser o de flutuação suja. A alternativa "a" está incorreta. Quando o Bacen compra e vende reservas cambiais com o objetivo de manter o preço da moeda nacional fixo em relação ao da moeda estrangeira, ele está adotando o regime de câmbio fixo. A alternativa "b" está incorreta. Quando o Bacen intervém apenas como ofertante e demandante de divisas em função de suas necessidades, está adotando o regime de câmbio Flutuante. A alternativa "d" está incorreta. Quando os termos de troca devem alcançar metas definidas preliminarmente, trata-se do *Currency Board*, em que o Bacen efetua o câmbio de moeda nacional por moeda estrangeira com cotação fixa. A alternativa "e" está incorreta.

16.19. MATERIAL SUPLEMENTAR

QUESTÕES DE CONCURSOS
http://uqr.to/1yjbf

17

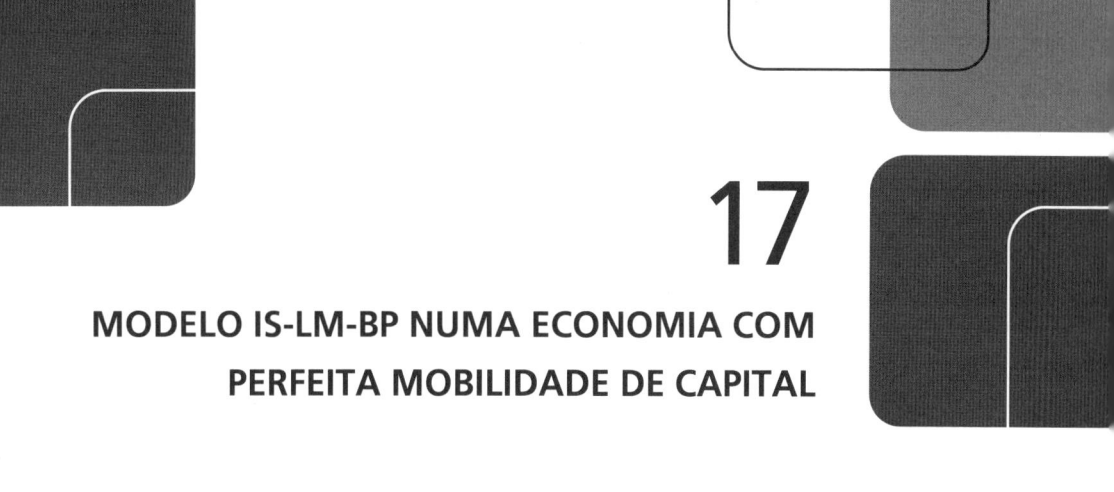

MODELO IS-LM-BP NUMA ECONOMIA COM PERFEITA MOBILIDADE DE CAPITAL

17.1. O MODELO IS-LM-BP NUMA ECONOMIA ABERTA

Numa economia aberta, há três mercados: o mercado de bens e serviços que, estando em equilíbrio, é representado pela **curva IS**; o mercado monetário que, estando em equilíbrio, é representado pela **curva LM**; e o mercado externo que, quando em equilíbrio, é representado pela **curva BP** (Balanço de Pagamentos).

Esse modelo, a ser visto no momento, mostra os efeitos das políticas monetária, fiscal, cambial e comercial numa economia aberta, ou seja, que mantém relações com o exterior, mantendo-se o **nível de preços** constante[1].

Assim, analisando os componentes do Balanço de Pagamentos, tem-se:

1. Balança Comercial
2. Balança de Serviços
3. Balança de Rendas
4. Transferências Correntes Unilaterais

Saldo no Balanço de Pagamentos em Transações Correntes (1 + 2 + 3 + 4)

5. Conta Capital
6. Conta Financeira
7. Erros e Omissões

Saldo no Balanço de Pagamentos

8. Haveres da Autoridade Monetária

Considerando que o equilíbrio no Balanço de Pagamentos possa ser alcançado por meio da Balança Comercial e/ou da Conta Financeira, tem-se:

17.1.1. Balança Comercial (BC)

Pode-se dizer, *ceteris paribus*, que as exportações serão função do nível de renda externa (Y^*) e da taxa real de câmbio[2] (E), ou seja:

---

[1] Considerando os preços constantes, é indiferente se falar em taxa de câmbio real ou nominal, assim como em taxa de juros real ou nominal, já que serão iguais.
[2] Como no modelo se consideram os preços constantes, tanto faz se falar em taxa de câmbio real ou nominal.

$$X = f(Y^*, E)$$

Onde: X = exportação; Y* = renda externa; e E = taxa de câmbio real

Portanto, uma desvalorização real da taxa de câmbio torna relativamente mais baratos os produtos nacionais em moeda estrangeira, contribuindo para elevar as exportações. Também um aumento da renda externa tende a elevar as exportações do país considerado.

Pode-se dizer, *ceteris paribus*, que as importações são função do nível de renda interna (Y) e da taxa real de câmbio (E), ou seja:

$$M = f(Y, E)$$

Onde: M = importação; Y = renda interna; e E = taxa de câmbio real

Portanto, a sobrevalorização real da taxa de câmbio torna os produtos importados relativamente mais baratos, aumentando as importações. Também um aumento da renda interna tende a elevar as importações do país considerado.

Logo, a Balança Comercial (BC), onde são lançadas as exportações e importações, é função, *ceteris paribus*, do nível de renda interna (Y), nível de renda externa (Y*) e da taxa real de câmbio (E):

$$BC = f(Y, Y^*, E)$$

Logo:

☐ Se a renda externa aumentar, melhora o saldo na Balança Comercial (BC), porque aumentam as exportações internas, *ceteris paribus*.

☐ Se a renda interna aumentar, piora o saldo na Balança Comercial (BC), porque aumentam as importações internas, *ceteris paribus*.

☐ Se "E" aumentar, haverá desvalorização real da taxa de câmbio, melhorando o saldo na Balança Comercial (BC), *ceteris paribus*.

17.1.2. Conta Financeira (CF)

O movimento financeiro entre países é uma função diferencial entre a taxa de juros doméstica (r) e a taxa de juros internacional (r*), *ceteris paribus*.

☐ Se $r > r^*$ → os investidores tenderão a investir no país.

☐ Se $r < r^*$ → os investidores tenderão a investir em outros países.

Então, a Conta Financeira é função do diferencial das taxas de juros internas (r) e das taxas de juros externas (r*):

$$CF = f(r - r^*)$$

17.1.3. Saldo no Balanço de Pagamentos (BP)

Ceteris paribus, o saldo no Balanço de Pagamentos é o somatório do saldo comercial + saldo na Conta Financeira:

$$BP = BC + CF$$

Então, o Balanço de Pagamentos é função da renda interna (Y), da renda externa (Y*), da taxa real de câmbio (E) e do diferencial das taxas de juros internas (r) e externas (r*):

$$BP = BC\ (Y, Y^*, E) + CF\ (r - r^*)$$

17.2. MOBILIDADE DE CAPITAL DO MODELO IS-LM-BP NO CURTO PRAZO

O modelo IS-LM-BP, a ser estudado, pode ser apresentado com perfeita mobilidade de capital, sem mobilidade de capital ou com mobilidade imperfeita de capital.

Dizer que há **perfeita mobilidade de capital** significa que o país tem acesso perfeito ao mercado internacional de capitais e que um déficit no Balanço de Pagamentos em Transações Correntes será totalmente financiado por capital externo à taxa de juros vigente[3], assim como um superávit em Transações Correntes será totalmente aplicado no exterior à taxa de juros vigente. Portanto, a preocupação com o equilíbrio do Balanço de Pagamentos não decorre do equilíbrio em Transações Correntes, já que este último poderá ser deficitário, devendo se socorrer a capital externo, ou ser superavitário, devendo aplicar os recursos no exterior, recebendo por isso os juros vigentes. A preocupação estará na Conta Financeira, onde a taxa de juros será a variável relevante para manter o equilíbrio no Balanço de Pagamentos, já que uma elevação na taxa de juros interna que a torne superior à externa provocará uma entrada de capital no país, levando a um superávit no Balanço de Pagamentos. Também, caso haja redução na taxa de juros interna que a torne inferior à taxa de juro externa, haverá uma saída de capital do país, levando a um déficit no Balanço de Pagamentos.

Assim, num modelo com **perfeita mobilidade de capital**, o Balanço de Pagamentos, para se manter em equilíbrio, dependerá apenas que o diferencial das taxas de juros interna e externa seja igual a zero[4]. Observe na Figura 17.1 que, quando a taxa de juros interna (r) é superior à taxa de juros externa (r*), ocorre superávit no Balanço de Pagamentos. Também, quando a taxa de juros interna (r) for inferior à taxa de juro externa (r*), ocorre déficit no Balanço de Pagamentos.

Figura 17.1. Comportamento da taxa de juros interna (r) e o saldo do Balanço de Pagamentos num modelo com perfeita mobilidade de capital no curto prazo

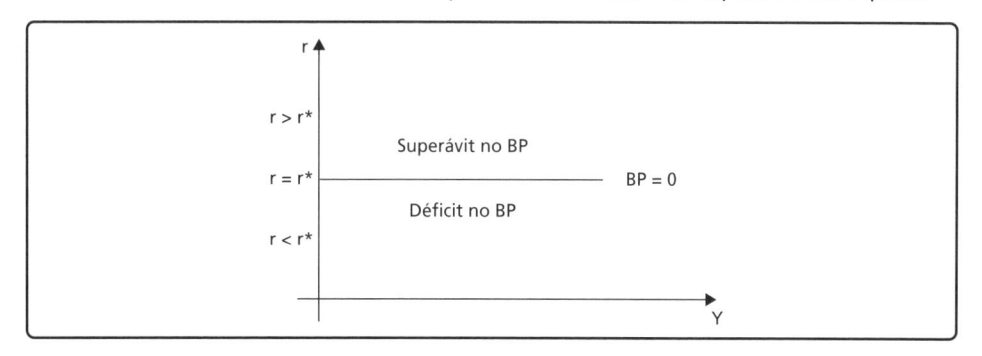

---

[3] Considerando uma pequena economia.
[4] Considerando que não haja risco-país, custos de transação e expectativa de desvalorização da taxa de câmbio.

Quando há perfeita mobilidade de capital, um pequeno diferencial entre as taxas de juros interna e externa seria suficiente para equilibrar o Balanço de Pagamentos por meio do movimento de capitais.

17.3. NÍVEL DE EMPREGO E BALANÇO DE PAGAMENTOS NUM MODELO COM PERFEITA MOBILIDADE DE CAPITAL

Se a taxa de juros interna estiver maior que a externa, ocorre superávit no Balanço de Pagamentos (BP), e se a taxa de juros interna estiver menor que a externa, ocorre um déficit no Balanço de Pagamentos (BP). Isso porque uma taxa de juros interna maior que a externa atrai divisas, aumentando as reservas internacionais do país. Também uma taxa de juros interna menor que a externa, além de desestimular a entrada de divisas para o país, provoca a saída para o exterior, reduzindo as reservas internacionais do país.

Qualquer ponto à direita da Yp (produto de pleno emprego) gera sobre-emprego, e à esquerda, desemprego.

Associando o Balanço de Pagamentos com o produto de pleno emprego na economia, percebe-se que pontos acima do equilíbrio entre as taxas de juros internas e externas provocam superávit no Balanço de Pagamentos, bem como pontos abaixo do equilíbrio entre as taxas de juros internas e externas provocam déficit no Balanço de Pagamentos. Também pontos à esquerda do produto de pleno emprego geram desemprego, e pontos à esquerda do produto de pleno emprego geram superemprego. Observe a Figura 17.2.

Figura 17.2. Associação do Balanço de Pagamentos com perfeita mobilidade de capital e do produto de pleno emprego

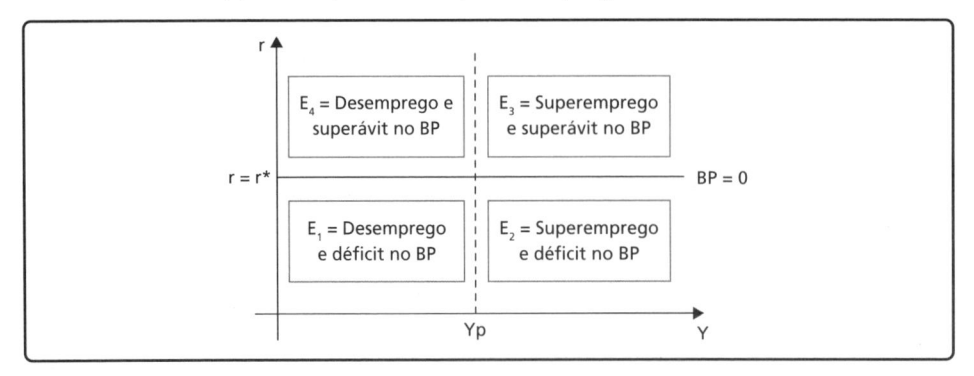

17.4. PEQUENA ECONOMIA ABERTA E GRANDE ECONOMIA ABERTA

Uma pequena economia aberta é uma economia em que a inflação, a taxa de juros nominais, o hiato do produto, a taxa de câmbio real e demais variáveis macroeconômicas não afetam as variáveis do resto do mundo. Ou seja, uma pequena economia não tem o poder de alterar a taxa de juros do resto do mundo. Froyen afirma, quanto a um país pequeno, que: "(...) suas ações de política econômica não têm efeito sobre a economia mundial. Uma política monetária expansionista que reduza a taxa de juros interna não tem efeito sobre as taxas de juros mundiais ou sobre a renda em países estrangeiros, uma vez que esta também foi considerada exógena"[5]. Também o mercado externo desempenha um papel muito importante, tanto do ponto de vista econômico quanto do financeiro. Numa economia pequena, o equilíbrio interno pressupõe um equilíbrio externo. Já numa grande economia, o país é capaz de alterar as taxas de câmbio internacionais, na medida em que, ao demandarem mais moeda estrangeira, pressionam uma elevação nas taxas de juros externas e, por conseguinte, uma elevação na taxa de juros interna. Sachs e Larrain afirmam, quanto a países como Estados Unidos, Alemanha e os países da União Europeia (EU), que: "as alterações da política doméstica afetam as taxas internacionais de juros, o que, por sua vez, afeta a forma pela qual essas políticas funcionam"[6].

17.5. MODELO IS-LM-BP E O EQUILÍBRIO NUM MODELO COM LIVRE MOBILIDADE DE CAPITAL NUMA PEQUENA ECONOMIA[7]

Relembrando que o comportamento da curva BP num modelo com livre mobilidade de capital é totalmente elástica à taxa de juros (r), podem-se acrescentar, agora, as curvas IS e LM ao modelo, conforme mostra a Figura 17.3.

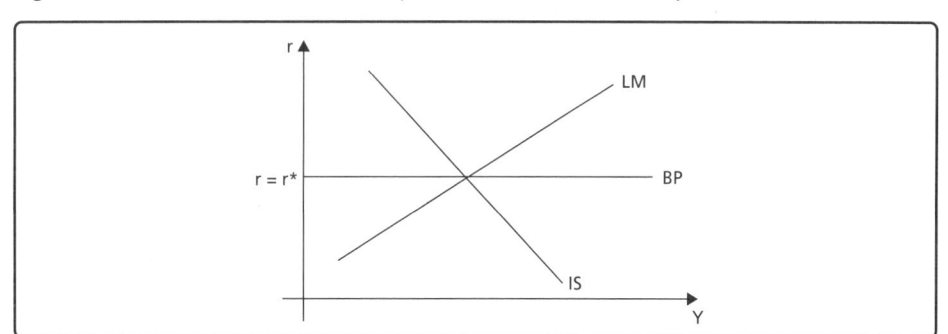

Figura 17.3. Modelo IS-LM-BP com perfeita mobilidade de capital

17.5.1. Modelo de Mundell-Fleming (IS-LM-BP) para uma economia aberta e com livre mobilidade de capital

O modelo de **Mundell-Fleming**[8] para uma pequena economia aberta com livre mobilidade de capital, quando se adota uma política monetária, fiscal, cambial ou

---

[5] Richard T. Froyen, *Macroeconomia*, p. 595-596.
[6] Jeffrey D. Sachs e Felipe B. Larrain, *Macroeconomia*, p. 458.
[7] Pequena economia é aquela que não tem o poder de influenciar a taxa de juros e preços externos e para a qual o mercado externo desempenha um papel muito relevante, tanto no que se refere às relações econômicas quanto às financeiras.
[8] O modelo Mundell-Fleming ou IS-LM-BP foi desenvolvido por Robert Mundell e Marcus Fleming. É uma extensão ao modelo IS-LM, sendo aplicado a uma economia aberta com a introdução do Balanço de Pagamentos (BP).

comercial, deve ser considerado sob o regime de câmbio fixo ou sob o regime de câmbio flexível (ou flutuante). Acompanhe a partir do *item 17.5.1.1*.

Mas o que diferencia taxa de câmbio fixa e taxa de câmbio flutuante num modelo com/sem mobilidade de capital? Sachs e Larrain respondem a essa pergunta apontando que: "a principal diferença entre taxas cambiais fixas e flutuantes está no ajustamento a essa entrada de capitais. A entrada de capital gera uma apreciação incipiente (isto é, um início de apreciação) da taxa cambial. Sob taxas fixas de câmbio, a entrada provoca o aumento da oferta monetária à medida que o Banco Central vai comprando moeda estrangeira com moeda nacional para evitar a apreciação e a curva LM desloca-se para a direita até restaurar a condição da mobilidade de capital ($i = i^*$). Mas, com taxas flexíveis, a autoridade monetária não intervém e a oferta monetária permanece inalterada (a curva LM fica em LM'). Agora, é a taxa cambial que se ajusta"[9].

Portanto, sob taxas fixas de câmbio, o Bacen deve interferir na economia para garantir que se mantenha no patamar desejado. Dornbusch e Fischer refletem: "O que determina o volume de intervenção no mercado de divisas — venda ou compra de dólares — que um banco central seria obrigado a realizar, pelo sistema de taxas de câmbio fixas? (...) A balança de pagamentos mede o volume de intervenção necessária por parte dos bancos centrais. Contando que possua as reservas necessárias, poderá continuar a intervir nos mercados de divisas, a fim de manter constantes as taxas de câmbio. Contudo, se um país mantiver persistentemente uma balança de pagamentos deficitária, o banco central acabará por ver esgotadas suas divisas, não podendo portanto continuar a intervenção"[10].

17.5.1.1. Política monetária expansionista num regime de taxa de câmbio fixa e com perfeita mobilidade de capital

Havendo um aumento da oferta de moeda, LM_1 se desloca para LM_2 e r_1 irá para r_2 (há o deslocamento do ponto 1 para o ponto 2 da Figura 17.4). Como r_2 está abaixo de r_1, haverá fuga de divisas (dólares) e déficit no Balanço de Pagamentos. Para manter a taxa de câmbio fixa, o Banco Central terá que intervir no mercado, vendendo divisas. Quando vende divisas, retira moeda nacional (real) da economia, ou seja, promove uma contração monetária, fazendo com que a função LM_2 volte para LM_1 (há o deslocamento do ponto 2 para o ponto 3). Portanto, uma política monetária em regime de câmbio fixo é **totalmente ineficaz** para alterar a renda e o produto da economia (já que o ponto 3 coincide com o ponto 1). Observe a Figura 17.4.

---

[9] Jeffrey D. Sachs e Felipe Larrain B., *Macroeconomia*, p. 446.
[10] Rudiger Dornbusch e Stanley Fischer, *Macroeconomia*, p. 552.

Figura 17.4. Política monetária expansionista num modelo com perfeita mobilidade de capital e taxa de câmbio fixa

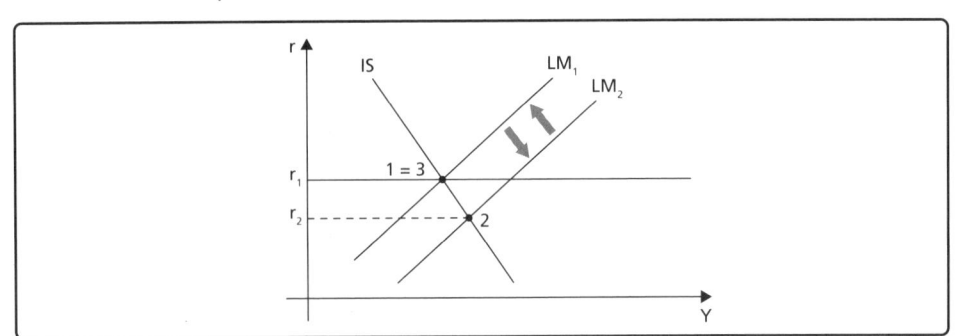

17.5.1.2. Política fiscal expansionista num regime de taxa de câmbio fixa e com perfeita mobilidade de capital

Havendo, por exemplo, um aumento dos gastos do governo, IS_1 se desloca para IS_2 e r_1 se desloca para r_2 (há o deslocamento do ponto 1 para o ponto 2 da Figura 17.5), provocando uma elevação da taxa de juros (r) e da renda (Y). Como r_2 está acima de r_1, haverá entrada de capital e, para manter a taxa de câmbio fixa, a autoridade monetária (Banco Central) será obrigada a realizar uma política monetária expansionista (comprando divisas e, portanto, colocando moeda nacional (o Real) na economia), deslocando LM_1 para LM_2 (há o deslocamento do ponto 2 para o ponto 3). Essa política é capaz de elevar o produto da economia. É, portanto, totalmente **eficaz** para alterar a renda/produto da economia. O **multiplicador Keynesiano** nesse caso age plenamente. Acompanhe pela Figura 17.5.

Observe que, se a economia fosse fechada, uma política fiscal expansionista deslocaria a função IS para a direita (IS_1 para IS_2), elevando o produto (do ponto 1 para o ponto 2). Porém, como a taxa de juros se eleva também, isso faria com que o investimento se retraísse, reduzindo o efeito do multiplicador. Portanto, numa economia aberta, a eficácia de uma política fiscal, sendo o câmbio fixo, é maior que numa economia fechada.

Figura 17.5. Política fiscal expansionista num modelo com perfeita mobilidade de capital e taxa de câmbio fixa

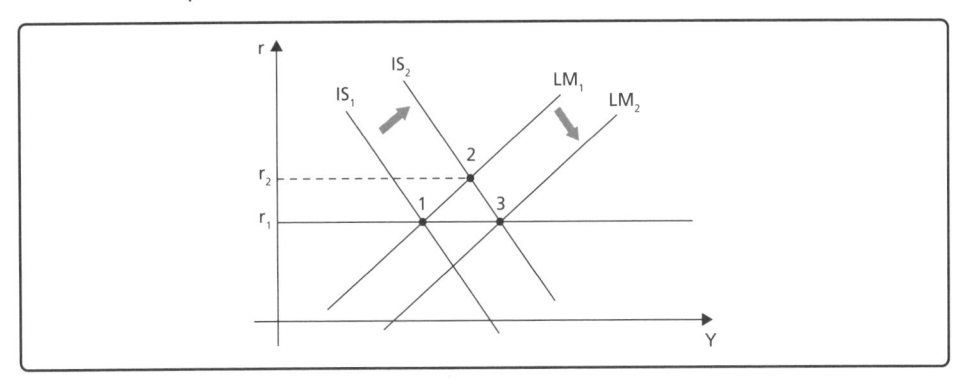

17.5.1.3. Desvalorização cambial num regime de taxa de câmbio fixa com perfeita mobilidade de capital

Nada impede que o câmbio possa ser valorizado/desvalorizado no câmbio fixo. Carvalho e Silva afirmam que: "esse ajuste, porém, não é feito pelo mercado, e sim pelo Banco Central. Em tal caso, a desvalorização cambial constitui-se numa variável exógena e, por isso, de política econômica"[11].

Com a desvalorização cambial, há estímulo às exportações, levando ao deslocamento da curva IS para a direita ou para cima (há o deslocamento do ponto 1 para o ponto 2), elevando a taxa de juros (r). Com uma taxa de juros mais elevada, há entrada de divisas no país. Como o câmbio é fixo, o Banco Central comprará divisas para manter o câmbio inalterado, aumentando a oferta de moeda e deslocando para a direita ou para baixo a curva LM (há o deslocamento do ponto 2 para o ponto 3). Conclusão: produto e renda aumentam. Trata-se de uma política totalmente **eficaz** no sentido de elevar o produto/renda da economia. Acompanhe pela Figura 17.6.

Figura 17.6. Política de desvalorização cambial num modelo com perfeita mobilidade de capital e taxa de câmbio fixa

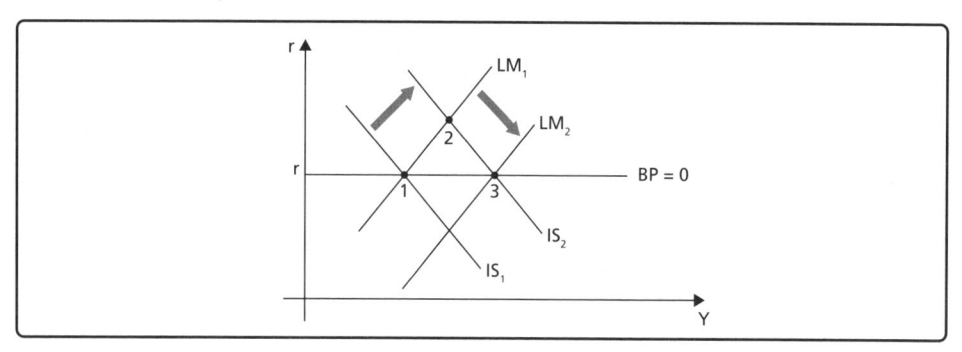

Foi possível perceber as consequências de uma política monetária, fiscal e cambial num modelo com perfeita mobilidade de capital quando se adota o câmbio fixo. Blanchard aponta uma das desvantagens da utilização do câmbio fixo: "No curto prazo, países que operam sob taxas de câmbio fixas e mobilidade perfeita de capitais abrem mão de dois instrumentos macroeconômicos — a taxa de juros e a taxa de câmbio. Isso não somente reduz sua capacidade de responder a choques como pode também levar a crises cambiais"[12].

17.5.1.4. Política comercial de redução da demanda por produtos importados por meio de cota ou tarifa de importação num regime de taxa de câmbio fixa e com perfeita mobilidade de capital

Havendo a imposição de uma cota ou uma tarifa sobre produtos importados, as importações (M) tendem a cair e, por conseguinte, as exportações líquidas (X – M)

---

[11] Maria Auxiliadora de Carvalho e César Roberto Leite da Silva, *Economia internacional*, p. 245.
[12] Olivier Blanchard, *Macroeconomia*, p. 388.

tendem a aumentar. Com isso, a curva IS se desloca de IS_1 para IS_2, elevando o produto/renda da economia de Y_1 para Y_2 e a taxa de juros de r_1 para r_2. Com a elevação da taxa de juros, haverá entrada de capital e, para manter a taxa de câmbio fixa, a autoridade monetária (Banco Central) será obrigada a realizar uma política monetária expansionista (comprando divisas e, portanto, colocando moeda nacional (o Real) na economia), deslocando LM_1 para LM_2 (há o deslocamento do ponto 2 para o ponto 3 da Figura 17.7). Essa política é capaz de elevar o produto/renda da economia. É, portanto, totalmente **eficaz** para alterar a renda/produto da economia.

Observe que a imposição de uma cota ou tarifa de importação equivale a uma política fiscal expansionista no que se refere ao deslocamento das curvas IS e LM. A diferença principal é que, com a política fiscal, o nível de exportação líquida se mantém inalterado. Já no caso de uma política comercial de controle sobre as importações, ocorre um aumento das **exportações líquidas** (NX).

Mankiw afirma que: "O resultado da restrição comercial, no caso da taxa de câmbio fixa, é muito diferente do registrado na vigência de taxa de câmbio flutuante. No primeiro caso, a restrição comercial aumenta a renda agregada. E, ainda, a conta corrente, NX, também cresce"[13].

Figura 17.7. Política comercial de controle sobre importações num modelo com perfeita mobilidade de capital e taxa de câmbio fixa

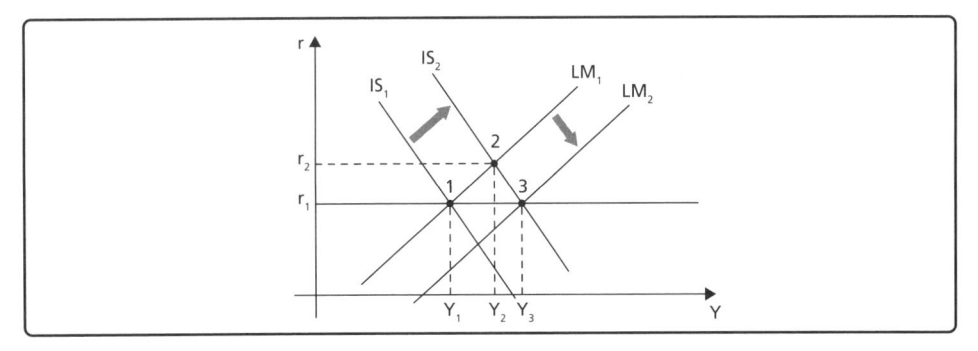

17.5.1.5. Política monetária expansionista num regime de taxa de câmbio flexível e com perfeita mobilidade de capital

Havendo um aumento na oferta de moeda, a função LM_1 se desloca para LM_2, reduzindo a taxa de juros interna de r_1 para r_2 (há o deslocamento do ponto 1 para o ponto 2). Como r_2 é menor que r_1, haverá fuga de capital, ou seja, saída de divisas. Com menos divisas, a moeda nacional fica **desvalorizada** frente ao dólar, incentivando as **exportações** e deslocando a curva IS_1 para IS_2 (há o deslocamento do ponto 2 para o ponto 3), elevando a taxa de juros ao patamar inicial e aumentando o nível de renda da economia. É uma política totalmente **eficaz** para alterar o nível de renda e produto da economia. Observe a Figura 17.8.

---

[13] N. Gregory Mankiw, *Macroeconomia*, p. 253.

Figura 17.8. Política monetária expansionista num modelo com perfeita mobilidade de capital e taxa de câmbio flexível ou flutuante

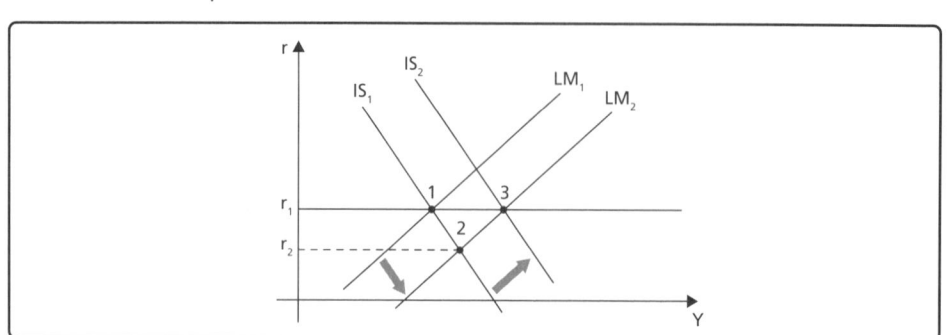

17.5.1.6. Política fiscal expansionista num regime de taxa de câmbio flexível com perfeita mobilidade de capital

Havendo um aumento dos gastos do governo, IS_1 se desloca para IS_2 (há o deslocamento do ponto 1 para o ponto 2), fazendo com que a taxa de juros r_1 se desloque para r_2. Como r_2 é maior que r_1, haverá uma entrada de capital, ou seja, haverá mais divisas no mercado, **valorizando** a moeda nacional (real). Com a moeda nacional valorizada, as **importações** aumentam, deslocando a curva IS_2 para IS_1 (há o deslocamento do ponto 2 para o ponto 3 que coincide com o ponto 1). Assim, a política fiscal em uma taxa de câmbio flexível será totalmente **ineficaz** para alterar a renda e o produto da economia, muito embora seja capaz de reduzir as exportações líquidas (X – M). Observe a Figura 17.9.

Figura 17.9. Política fiscal expansionista num modelo com perfeita mobilidade de capital e taxa de câmbio flexível

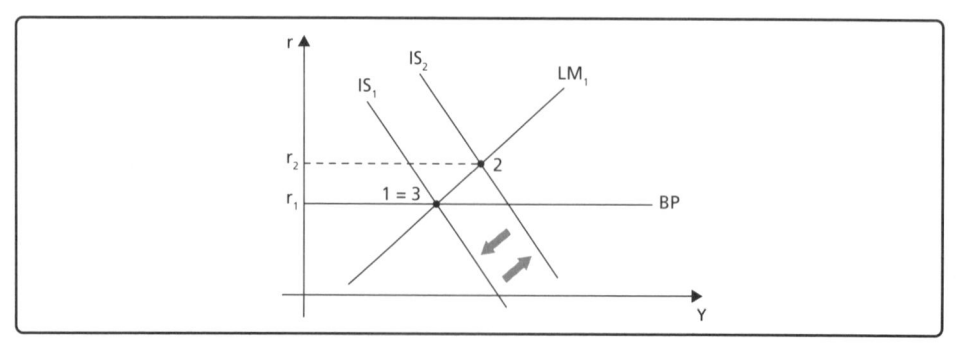

17.5.1.7. Desvalorização cambial no regime de taxa de câmbio flexível com perfeita mobilidade de capital

Quando o câmbio é flutuante, não se fala em política cambial, já que o mercado é quem determinará a taxa de câmbio.

17.5.1.8. Política comercial de redução da demanda por produtos importados por meio de cota ou tarifa de importação num regime de taxa de câmbio flutuante e com perfeita mobilidade de capital

Havendo a imposição de uma cota ou uma tarifa sobre produtos importados, as importações (M) tendem a cair e, por conseguinte, as exportações líquidas (X – M) tendem a aumentar. Com isso, a curva IS se desloca de IS_1 para IS_2, elevando o produto/renda da economia de Y_1 para Y_2 e a taxa de juros de r_1 para r_2. Como r_2 é mais alta que r_1, haverá uma entrada de capital, ou seja, haverá mais divisas no mercado, **valorizando** a moeda nacional (real). Com a moeda nacional valorizada, as **importações** aumentam, deslocando a curva IS_2 para IS_1 (há o deslocamento do ponto 2 para o ponto 3, que coincide com o ponto 1 da Figura 17.10). Assim, a política comercial de restrição às importações num regime de taxa de câmbio flexível será totalmente **ineficaz** para alterar a renda e o produto da economia.

Observe que uma política comercial de restrição às importações é muito semelhante a uma política fiscal expansionista no que se refere ao deslocamento das curvas IS e LM, com uma importante diferença: o comportamento das exportações líquidas. Uma política comercial que limita a demanda por produtos importados mantém as exportações líquidas (NX) inalteradas, enquanto uma política fiscal expansionista reduz as exportações líquidas (NX).

Mankiw reforça essa teoria ao afirmar: "A restrição comercial não afeta a renda, o consumo, o investimento ou as aquisições do governo. Logo não afeta a conta corrente. Embora o deslocamento da curva de exportações líquidas tenda a aumentar NX, o aumento na taxa de câmbio reduz NX no mesmo montante"[14].

Figura 17.10. Política comercial de restrição às importações num modelo com perfeita mobilidade de capital e taxa de câmbio flexível

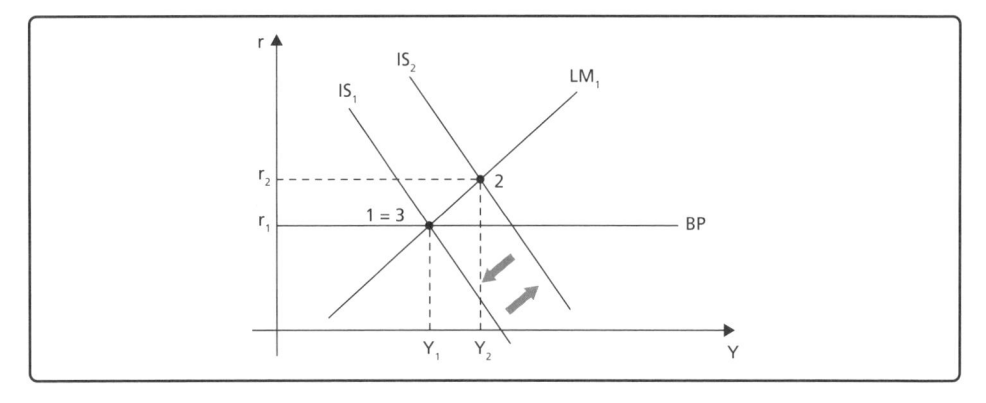

---

[14] N. Gregory Mankiw, *Macroeconomia*, p. 249.

17.5.1.9. Quadros-resumo da eficácia de políticas num modelo com perfeita mobilidade de capital

Num modelo com **perfeita mobilidade de capital**, numa economia pequena, a eficácia de uma política monetária, fiscal, cambial e comercial sobre o **produto/renda/emprego** da economia será:

	CÂMBIO FIXO	CÂMBIO FLEXÍVEL
Política monetária	Ineficaz	Eficaz
Política fiscal	Eficaz	Ineficaz
Política cambial	Eficaz	–
Política comercial	Eficaz	Ineficaz

Se o intuito for aumentar o produto/renda/emprego, deve-se adotar uma:

	CÂMBIO FIXO	CÂMBIO FLEXÍVEL
Política monetária	–	Expansionista
Política fiscal	Expansionista	–
Política cambial	De desvalorização	–
Política comercial	Restritiva às importações	–

Se o intuito for diminuir o produto/renda/emprego, deve-se adotar uma:

	CÂMBIO FIXO	CÂMBIO FLEXÍVEL
Política monetária	–	Contracionista
Política fiscal	Contracionista	–
Política cambial	De valorização	–
Política comercial	Expansionista às importações	–

17.6. QUESTÕES

1. (CEBRASPE/CESPE — 2024 — TCE-PR) Em relação ao modelo keynesiano com plena mobilidade de capitais e câmbio fixo, assinale a opção correta.
   a) O aumento do salário nominal gera aumento do nível de preços e das exportações líquidas.
   b) O aumento dos gastos do governo gera depreciação da taxa real de câmbio.
   c) O aumento do salário nominal gera aumento dos níveis de preços e de renda.
   d) O nível de emprego é determinado pelo equilíbrio do mercado entre oferta e demanda por trabalho.
   e) O aumento do salário nominal gera aumento do nível de preços e apreciação da taxa real de câmbio.

17 ■ Modelo IS-LM-BP numa Economia com Perfeita Mobilidade de Capital

2. (CEBRASPE — 2024 — TCE-PR) No contexto do modelo keynesiano com taxa de câmbio flutuante e plena mobilidade de capitais,
I. a política fiscal é totalmente eficaz para alterar o nível de renda doméstica.
II. a política monetária é mais eficaz que a política fiscal para estabilizar a economia.
III. o aumento da taxa de juros doméstica atrai fluxos de capital estrangeiro, o que leva à apreciação da moeda doméstica.
IV. o aumento dos gastos governamentais leva a uma depreciação da taxa de câmbio.
Estão certos apenas os itens
  a) I e III.
  b) II e III.
  c) II e IV.
  d) I, II e IV.
  e) I, III e IV.

3. (FGV — 2022 — Consultor Legislativo — SEN) Para algumas variáveis associadas à Macroeconomia, considere a notação a seguir.
Y: Produção
C: Consumo
I: Investimento
G: gastos do governo
Exp: nível de exportações
Imp: nível de importações
Assinale a opção que indica a equação que expressa o modelo IS-LM-BP.
  a) Y = C + I + G + Exp - Imp
  b) Y = C + I – G + Exp - Imp
  c) Y = C + I – G – Exp + Imp
  d) Y = C - I + G – Exp + Imp
  e) Y = C - I + G + Exp - Imp

4. (VUNESP — 2023 — TCM SP/Economia) Com base nas informações que se seguem, pertinentes a uma economia fechada com nível geral de preços constantes, responda:
$C = 190 + 0,5 (Y-T)$
$T = 230$
$I = 100 - 5i$
$G = 320$
$L = 0,50Y - 4i$
$M = 400$
$P = 1$ (constante)
A renda em R$ e a taxa de juros de equilíbrio dessa economia serão, **respectivamente**:
  a) 884,44 e 10,55%
  b) 1.320,12 e 12,32%
  c) 1.921,00 e 17,30%
  d) 872,03 e 17,30%
  e) 672,92 e 15,44%

5. (VUNESP — 2023 — TCM SP/Economia) Em uma economia aberta, com taxa de câmbio flutuante e perfeita mobilidade de capitais, o Banco Central do país β resolve adotar uma política monetária expansionista comprando títulos do tesouro em poder do público.
Com base no modelo IS-LM, tal ajuste irá provocar
  a) um saldo da balança comercial menor, se comparado com o valor antes da implantação da política monetária.

b) uma nova renda de equilíbrio, maior que a situação anterior.
c) um deslocamento para esquerda da função IS.
d) uma diminuição das reservas internacionais.
e) uma elevação da taxa de juros doméstica.

6. (FGV — 2023 — TCE ES) Suponha uma economia aberta com plena mobilidade de capitais e válida a relação de paridade das taxas de juros. Considere também que os preços são rígidos no curto prazo e que o PIB real permaneça constante ao longo de todo o processo de análise.
A partir de uma condição inicial de equilíbrio de longo prazo, o aumento permanente na oferta de moeda no país doméstico provoca:
a) o aumento na taxa de juros interna e uma apreciação da taxa de câmbio nominal no curto prazo;
b) o fenômeno da ultrapassagem (*overshooting*) da taxa de câmbio nominal no curto prazo;
c) o aumento na taxa de juros interna e uma apreciação da taxa de câmbio nominal no curto e longo prazo;
d) a alteração da taxa de câmbio nominal, mas o nível de preços permanece constante;
e) o retorno da taxa de câmbio nominal ao ponto de equilíbrio inicial no longo prazo, após a depreciação inicial no curto prazo.

7. (CEBRASPE — 2023 — TJ ES/Economia) Considerando o modelo macroeconômico para uma pequena economia aberta, julgue o item a seguir.
Se o governo opera com câmbio flexível e plena mobilidade de capitais, uma expansão fiscal não produz impacto positivo no produto e gera como resultado a queda das exportações líquidas.
( ) Certo
( ) Errado

8. (CEBRASPE — 2023 — TJ ES/Economia) Considerando o modelo macroeconômico para uma pequena economia aberta, julgue o item a seguir.
Se o governo opera com câmbio flexível e plena mobilidade de capitais, o governo pode estimular o produto, sem gerar déficit fiscal, se o aumento dos gastos for financiado por aumento do tributo.
( ) Certo
( ) Errado

9. (Analista — DPE-RS — Economia — FCC — 2013) Uma pequena economia no contexto internacional não pratica qualquer restrição à livre movimentação de capitais entre o país e o exterior. O Governo, desejando diminuir o índice de desemprego, resgata títulos públicos em poder do setor privado. Essa medida atingiu o objetivo pretendido de aumentar a renda do país. Sobre esse assunto, é correto afirmar que
a) a demanda de moeda do país não é função decrescente da taxa de juros.
b) a demanda de investimentos do país é função direta da taxa de juros.
c) o sucesso dessa política depende de a taxa de câmbio não mudar nesse processo.
d) o país adota o regime do câmbio flutuante.
e) as exportações desse país diminuíram no período.

10. (FCC — Analista Legislativo (ALAP)/Atividade Orçamentária e Financeira e de Controle Interno/Economista/2020) O comportamento do balanço de pagamentos é sensível ao regime cambial adotado pelo país. Assim, em um regime de

a) taxa de câmbio flutuante, a política monetária é eficaz em determinar a taxa de câmbio real, muito embora não tenha controle sobre a taxa nominal de câmbio.
b) flutuação suja ou controlada, a taxa de câmbio nominal é mantida fixa de sorte a atrair capitais estrangeiros interessados em *carry trade*.
c) câmbio fixo, o crescimento sustentado da economia baseado em déficits em transações correntes torna o equilíbrio das contas externas diretamente dependente da liquidez no mercado financeiro internacional.
d) câmbio fixo, aumenta a eficácia da política monetária ao isolar a economia de variações nos preços internacionais dos bens importados.
e) câmbio fixo, é maior o espaço de decisão à política monetária doméstica, razão pela qual é preferível ao regime de flutuação.

GABARITO

1. "e".
O aumento do salário nominal eleva os preços domésticos, o que reduz a competitividade das exportações, reduzindo a entrada de moeda estrangeira e gerando uma apreciação da taxa de câmbio real. A alternativa "e" está correta.
O aumento do salário nominal eleva os preços domésticos, reduzindo a competitividade das exportações líquidas, o que tende a reduzi-las. A alternativa "a" está incorreta. Sob câmbio fixo, o aumento dos gastos do governo não afeta a taxa de câmbio diretamente, pois o Banco Central ajusta a oferta monetária para manter o câmbio fixo. A alternativa "b" está incorreta. Embora o aumento do salário nominal eleve os preços, ele não gera aumento de renda; pode até reduzir a competitividade externa, reduzindo as exportações e, portanto, a renda/produto de equilíbrio. A alternativa "c" está incorreta. No modelo keynesiano, o nível de emprego é determinado pela demanda agregada, e não pelo equilíbrio no mercado de trabalho. A alternativa "d" está incorreta.

2. "b".
No modelo de câmbio flutuante, a política fiscal é ineficaz para alterar o nível de renda/produto/emprego porque o aumento dos gastos do governo tende a elevar a taxa de juros. Isso atrai capitais externos, gerando apreciação cambial, o que reduz as exportações líquidas e anula o impacto inicial da política fiscal na renda. O item I está incorreto.
Sob câmbio flutuante, a política monetária é muito eficaz, pois mudanças na taxa de juros afetam diretamente os fluxos de capitais, a taxa de câmbio e, consequentemente, o equilíbrio entre exportações e importações. Isso influencia a renda doméstica mais diretamente. O item II está correto.
Com plena mobilidade de capitais, o aumento da taxa de juros doméstica torna o país mais atrativo para investidores estrangeiros. Esse aumento na entrada de capitais valoriza a moeda doméstica. O item III está correto.
O aumento dos gastos governamentais tende a elevar a taxa de juros doméstica, atraindo capitais estrangeiros. Isso resulta em apreciação da moeda doméstica, não em depreciação. O item IV está incorreto.

3. "a".
A oferta agregada é constituída do PIBpm (Y) e das importações de bens e serviços não fatores (M).
A demanda agregada é constituída do Consumo pessoal (C) somado ao Investimento das empresas (I), aos Gastos do Governo (G) e as exportações de bens e serviços não fatores.
Como a oferta agregada é igual a demanda agregada, então:
$Y + M = C + I + G + X$ ou
$Y = C + I + G + X - M$
A alternativa "a" está correta.

4. "a".
No mercado de bens, temos o equilíbrio quando:
Y = C + I + G
Y = 190 + 0,5 (Y-T) + 100 − 5i + 320
Y = 610 + 0,5 (Y-230) − 5i
Y = 610 + 0,5Y − 115 − 5i
0,5Y = 495 − 5i
Y = 990 -10i (I)
No mercado monetário, temos o equilíbrio quando:
L = M
0,50Y − 4i = 400
0,5Y = 400 + 4i
Y = 800 + 8i (II)
O equilíbrio no mercado de bens e no mercado monetário, simultaneamente, ocorre quando Y e i são iguais para os dois mercados. Então, vamos igualar as duas funções (I) e (II):
990 − 10i = 800 + 8i
190 = 18i
i = 10, 5555
Substituindo essa taxa de juros em uma das duas funções, temos:
Y = 990 − 10.10,5555
Y = 884,44
A alternativa correta é a "a".

5. "b".
Uma política monetária expansionista, no câmbio flutuante, num modelo com perfeita mobilidade de capital, é totalmente eficaz para aumentar o nível de renda/ produto da economia. Uma política monetária expansionista desloca a curva LM para a direita ou para baixo, elevando o produto e reduzindo a taxa de juros. Com uma taxa de juros menor, há uma fuga de divisas, provocando uma desvalorização do câmbio. Com câmbio desvalorizado, há um estímulo às exportações e desestímulo às importações. Assim, a curva IS se desloca para a direita ou para cima, aumentando ainda mais o produto e elevando a taxa de juros ao patamar inicial. A alternativa "b" está correta. O saldo da balança comercial melhora com estímulo às exportações e desestímulos às importações. A alternativa "a" está incorreta. A curva IS se desloca para direita. A alternativa "c" está incorreta. Como o câmbio é flutuante, o Bacen não vai precisar vender divisas no mercado quando houver uma fuga devido a queda da taxa de juros. Portanto, não há redução das reservas internacionais. A alternativa "d" está incorreta. A princípio, a taxa de juros cai e, depois, retorna ao patamar inicial. A alternativa "e" está incorreta.

6. "b".
O *overshooting* (ultrapassagem) da taxa de câmbio é um fenômeno que amplia a volatilidade da taxa de câmbio para além do nível que corresponderia à taxa de câmbio de longo prazo. Quando é adotada uma política monetária expansionista, há uma elevação da taxa de câmbio, desvalorizando a moeda, no curto prazo. No longo prazo, a taxa de câmbio volta ao patamar inicial. A alternativa "b" está correta. Uma política monetária expansionista, num modelo com perfeita mobilidade de capital, desloca a curva LM para direita ou para baixo, elevando o produto e reduzindo a taxa de juros. Com uma taxa de juros menor, há uma fuga de divisas, provocando uma depreciação do câmbio, no curto prazo. As alternativas "a" e "c" estão incorretas. Com câmbio desvalorizado, há um estímulo às exportações e desestímulo às importações.

Assim, a curva IS se desloca para a direita ou para cima, aumentando ainda mais o produto e elevando a taxa de juros ao patamar inicial. Isso provoca uma alteração no nível de preços, porém de forma mais lenta. A alternativa "d" está incorreta. Para o retorno do câmbio ao patamar inicial, será necessário apreciar o câmbio. A alternativa "e" está incorreta.

7. "certo".
Uma política fiscal expansionista, no câmbio flutuante, num modelo com perfeita mobilidade de capital, é totalmente ineficaz para aumentar o nível de renda/ produto da economia. Uma política fiscal expansionista, desloca a curva IS para a direita e para cima, elevando a taxa de juros e produto da economia. Com a taxa de juros mais elevada, há uma entrada de divisas no país, valorizando a moeda nacional. Com isso, há um estímulo às importações e desestímulo às exportações, provocando uma queda nas exportações líquidas e deslocando a IS para a esquerda e para baixo, ao patamar inicial. O item está certo.

8. "errado".
Uma política fiscal expansionista, no câmbio flutuante, num modelo com perfeita mobilidade de capital, é totalmente ineficaz para aumentar o nível de renda/ produto da economia. Uma política fiscal expansionista desloca a curva IS para a direita e para cima, elevando a taxa de juros e produto da economia. Com a taxa de juros mais elevada, há uma entrada de divisas no país, valorizando a moeda nacional. Com isso, há um estímulo às importações e desestímulo às exportações, provocando uma queda nas exportações líquidas e deslocando a IS para a esquerda e para baixo, ao patamar inicial. Portanto, se o governo gastar e tributar ao mesmo tempo, não conseguirá alterar o nível de produto numa economia aberta com câmbio flutuante. O item está errado.

9. "d".
Quando o governo resgata títulos públicos em poder do setor privado, está adotando uma política monetária expansionista. Para que haja efeito sobre a renda/produto da economia é necessário que o câmbio seja flutuante.

10. "c".
Quando o câmbio é fixo, o crescimento sustentado da economia baseado em déficits em transações correntes torna o equilíbrio das contas externas diretamente dependente da liquidez no mercado financeiro internacional, já que para cobrir o déficit em transações correntes terá que atrair capital externo através da conta capital/financeira. A alternativa "c" está correta.
Quando a taxa de câmbio é flutuante, a política monetária, por exemplo expansionista, num modelo com perfeita mobilidade de capital, reduz a taxa de juros provocando uma perda de divisas, o que gera uma desvalorização do câmbio nominal. Dependendo do comportamento do nível de preços internos e externos, a taxa de câmbio real poderá se alterar ou não. A alternativa "a" está incorreta.
Com a flutuação suja ou controlada, a taxa de câmbio real é mantida fixa de sorte a atrair capitais estrangeiros interessados em *carry trade*. Carry trade consiste no ganho de um investidor quando pede dinheiro emprestado em um país cuja taxa de juros esteja menor e, depois, converte aquele valor para moeda de outro país cujos juros estejam maiores e aplica nele. A diferença entre as taxas de juros e a taxa de câmbio entre esses dois países vai representar o ganho do investidor. A alternativa "b" está incorreta.
Quando o câmbio é fixo, num modelo com perfeita mobilidade de capital, a política monetária é ineficaz para alterar renda/ produto/ emprego na economia. Como o câmbio nominal não varia, já que é fixo, caso os preços dos produtos importados subam, o câmbio real irá se elevar, ou seja, haverá desvalorização real da moeda nacional, dificultando as importações. A alternativa "d" está incorreta.

No câmbio fixo, a política monetária fica atrelada ao câmbio, de tal maneira que, se houver uma entrada ou saída de divisas do país, o Bacen deverá comprar ou vender divisas, praticando uma política monetária expansionista ou restritiva com intuito de manter o câmbio no valor fixado por ele. Por isso, é preferível ao regime de flutuação se o intuito for ter uma política monetária mais livre para atuação no mercado. A alternativa "e" está incorreta.

17.7. MATERIAL SUPLEMENTAR

QUESTÕES DE CONCURSOS
http://uqr.to/1yjbg

18
MODELO IS-LM-BP NUMA ECONOMIA SEM MOBILIDADE DE CAPITAL

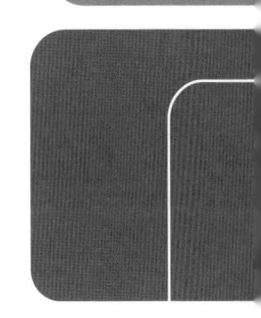

18.1. SALDO NO BALANÇO DE PAGAMENTOS (BP)

Ceteris paribus, o saldo no Balanço de Pagamentos é o somatório do saldo comercial + saldo na Conta Financeira:

$$BP = BC + CF$$

Então, o Balanço de Pagamentos é função da renda interna (Y), da renda externa (Y*), da taxa real de câmbio (E) e do diferencial das taxas de juros internas (r) e externas (r*):

$$BP = BC\ (Y, Y^*, E) + CF\ (r - r^*)$$

18.2. MOBILIDADE DE CAPITAL DO MODELO IS-LM-BP NO CURTO PRAZO

Dizer que o modelo é **sem mobilidade de capital** significa que o país não tem acesso ao mercado internacional de capitais e que o déficit no Balanço de Pagamentos em Transações Correntes não poderá ser financiado por capital externo à taxa de juros vigente, assim como um superávit em Transações Correntes não poderá ser aplicado no exterior à taxa de juros vigente. Portanto, a preocupação com o equilíbrio do Balanço de Pagamentos decorre do equilíbrio em Transações Correntes, já que este não poderá ser deficitário nem superavitário. A preocupação com o equilíbrio no Balanço de Pagamentos estará na Balança Comercial e, portanto, o nível de renda interna (Y) será a variável relevante para manter o equilíbrio no Balanço de Pagamentos, considerando a taxa de câmbio constante, já que uma elevação na renda interna provocará aumento das importações, levando a um déficit no Balanço de Pagamentos. Também, caso haja redução na renda interna, haverá uma redução nas importações, levando a um superávit no Balanço de Pagamentos.

Assim, em um modelo **sem mobilidade de capital**, o Balanço de Pagamentos, para se manter em equilíbrio, dependerá apenas do nível de renda interno[1], ou seja, o Balanço de Pagamentos será uma função totalmente elástica ao nível de renda e totalmente inelástica à taxa de juros. Observe na Figura 18.1 que, quando a renda interna (Y) se eleva, o Balanço de Pagamentos tende a ficar deficitário, e quando a renda interna (Y) diminui, o Balanço de Pagamentos tende a ficar superavitário.

---

[1] Considerando que a renda externa e a taxa de câmbio não se alterem.

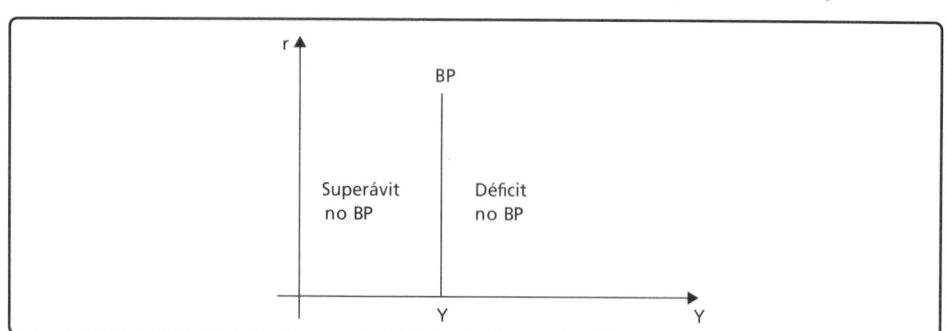

Figura 18.1. Comportamento da renda interna (Y) e o saldo do Balanço de Pagamentos num modelo sem mobilidade de capital no curto prazo

[Gráfico: eixo r (vertical) e eixo Y (horizontal), com curva BP vertical. À esquerda de Y: "Superávit no BP". À direita de Y: "Déficit no BP".]

Num modelo sem mobilidade de capital, se a renda interna estiver maior que "Y", ocorre déficit no Balanço de Pagamentos (BP), e se a renda interna estiver menor que "Y", ocorre um superávit no Balanço de Pagamentos (BP), conforme mostra a Figura 18.1. Isso porque uma renda interna maior que Y eleva as importações, fazendo com que o saldo em Transações Correntes seja deficitário. Também uma renda interna menor que Y faz com que as importações diminuam, elevando o saldo em Transações Correntes do país.

18.3. MODELO IS-LM-BP E O EQUILÍBRIO NUM MODELO SEM MOBILIDADE DE CAPITAL

Relembrando que o comportamento da curva BP num modelo sem mobilidade de capital é totalmente inelástica à taxa de juros (r), podem-se acrescentar, agora, as curvas IS e LM ao modelo, conforme mostra a Figura 18.2.

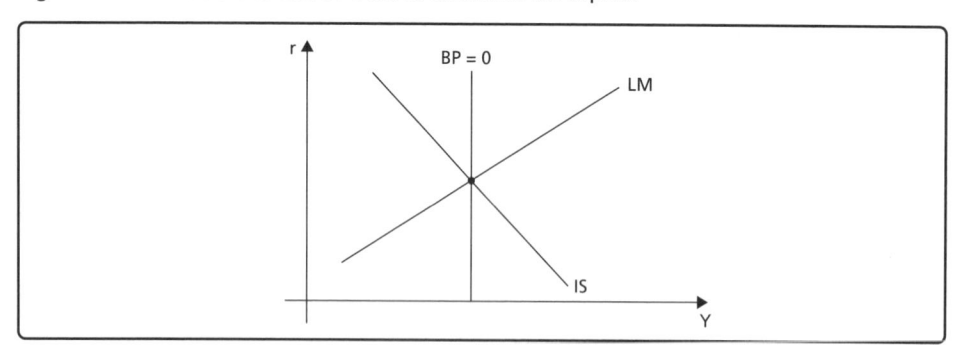

Figura 18.2. Modelo IS-LM-BP sem mobilidade de capital

[Gráfico: eixo r (vertical) e eixo Y (horizontal), com curva BP = 0 vertical, curva LM crescente e curva IS decrescente, interceptando-se num ponto de equilíbrio.]

18.3.1. Modelo IS-LM-BP para uma economia aberta e sem mobilidade de capital

O modelo IS-LM-BP para uma economia aberta e sem mobilidade de capital, quando se adota uma política monetária, fiscal, cambial ou comercial, deve ser considerado sob o regime de câmbio fixo ou sob o regime de câmbio flexível (ou flutuante). Acompanhe a seguir:

18 ◼ Modelo IS-LM-BP numa Economia sem Mobilidade de Capital

18.3.1.1. Política monetária expansionista num regime de taxa de câmbio fixa e sem mobilidade de capital

Havendo um aumento da oferta de moeda, LM_1 se deslocará para LM_2 e r_1 para r_2 (há o deslocamento do ponto 1 para o ponto 2). Com uma taxa de juros menor, há o aumento do nível de investimentos e do nível de renda da economia (de Y_1 para Y_2). Como as importações são função da renda, também se ampliam. Mas, quando as importações aumentam, há um aumento de demanda por moeda estrangeira, o que obrigará o Banco Central a vender divisas, já que o câmbio é fixo. Com isso, as **reservas internacionais diminuem** e ocorre uma contração monetária, já que, ao vender divisas, o Banco Central retira moeda nacional da economia. Dessa forma, a função LM_2 se desloca até LM_1 novamente, e a contração monetária eleva a taxa de juros, reduzindo o nível de investimentos e renda da economia. Observe o gráfico da Figura 18.3. Portanto, uma política monetária, seja expansionista, seja restritiva, no câmbio fixo sem mobilidade de capital, é **totalmente ineficaz** para alterar o nível de renda e produto da economia. O que se altera é apenas o volume de reservas internacionais junto ao Banco Central, já que, numa política monetária expansionista, reduzem-se as reservas, e numa política monetária restritiva, aumentam-se as reservas.

Figura 18.3. Política monetária expansionista num modelo IS-LM-BP sem mobilidade de capital

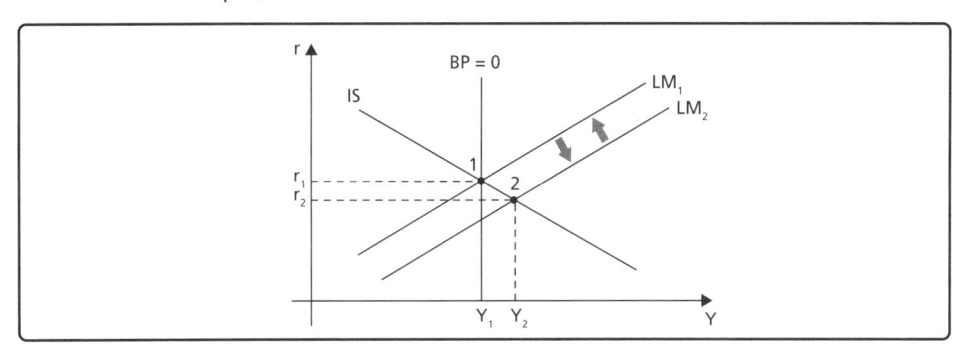

18.3.1.2. Política fiscal expansionista num regime de taxa de câmbio fixa e sem mobilidade de capital

Havendo uma política fiscal expansionista por meio do aumento dos gastos do governo, redução da tributação ou aumento das transferências, a função IS_1 se desloca para IS_2, elevando a taxa de juros de r_1 para r_2 e o nível de renda de Y_1 para Y_2. Observe que, apesar de a taxa de juros ter se elevado, a contração provocada no investimento (efeito *crowding out*) foi menor que o aumento provocado pela expansão da política fiscal. Com um nível de renda maior, as importações se elevam, provocando um aumento da demanda por moeda estrangeira, obrigando o Banco Central a vender divisas para manter o câmbio fixo. Quando pratica a venda de divisas, o Banco Central **perde reservas internacionais** e retira moeda nacional da economia, provocando uma contração monetária, ou seja, levando LM_1 para LM_2. A contração monetária **eleva a taxa de juros** ainda mais, ou seja, de r_2 para r_3, fazendo com que o investimento se retraia até o ponto onde a função LM_2 se iguala a IS_2 (marcada pelo ponto 3 no gráfico da Figura 18.4). Portanto, uma política fiscal expansionista, num regime de câmbio fixo e num modelo sem mobilidade de capital é **totalmente ineficaz** para alterar o nível de renda e produto da economia, muito embora provoque uma elevação da taxa de juros e a perda de reservas internacionais. Caso se trate de uma política fiscal restritiva, o resultado será o oposto, ou seja, embora o produto e a renda da economia permaneçam inalterados, haverá uma redução da taxa de juros e um aumento das reservas internacionais.

Figura 18.4. Política fiscal expansionista num regime de câmbio fixo num modelo sem mobilidade de capital

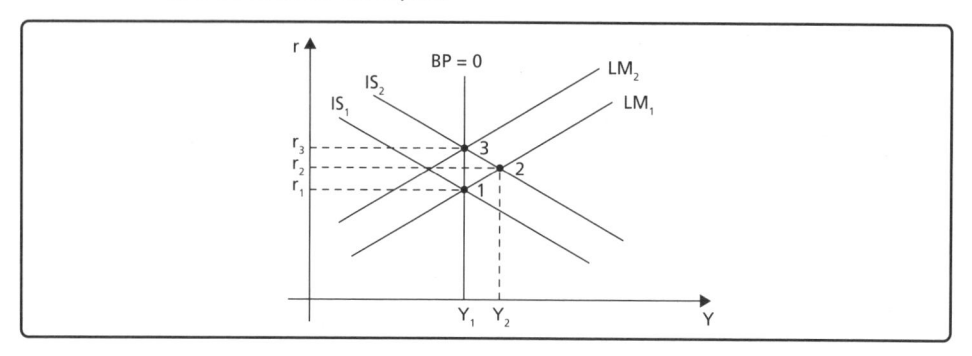

18.3.1.3. Política de desvalorização cambial num regime de taxa de câmbio fixa e sem mobilidade de capital

Havendo uma política de **desvalorização cambial**, as exportações tendem a aumentar e as importações tendem a diminuir, aumentando o nível de renda da economia. Com isso, a curva BP se desloca de BP_1 para BP_2 e a IS de IS_1 para IS_2. O novo ponto de equilíbrio (ponto 2 no gráfico da Figura 18.5) mostra uma taxa de juros e um nível de renda mais elevados. Apesar de a função IS se deslocar de IS_1 para IS_2, provocando uma elevação no nível de renda, o deslocamento de BP é maior, fazendo com que a desvalorização cambial (e, portanto, um desestímulo às importações) compense uma elevação de renda (e, portanto, um estímulo às importações). Isso provoca um saldo positivo no Balanço de Pagamentos, ou seja, uma entrada de divisas. Como o câmbio é fixo, o Bacen será obrigado a comprar esse excesso de oferta de moeda estrangeira, provocando uma expansão monetária. Assim, a curva LM se desloca de LM_1 para LM_2, **aumentando o nível de renda e produto** da economia até Y_3. Portanto, uma política de desvalorização cambial num regime de taxa de câmbio fixo sem mobilidade de capital é totalmente **eficaz** para alterar o nível de renda e produto da economia. Já uma política cambial que leve à valorização terá como efeito uma redução no nível de renda e produto da economia.

Dornbusch e Fischer explicam de que maneira uma desvalorização/valorização do câmbio afetam, além da curva BP, também a curva IS: "A depreciação cambial, por nossa suposição, elevará o preço relativo dos bens importados ou fará cair o preço relativo de nossos próprios bens. Com nossos produtos em posição mais competitiva, haverá um aumento da demanda líquida, decorrente do aumento das exportações líquidas. Assim, com uma dada taxa de juros e nível de renda, a depreciação cambial deverá levar a um excesso de demanda por nossos bens. A fim de restaurar o equilíbrio a produção teria de aumentar ou as taxas de juros deveriam se elevar. (...) a depreciação cambial desloca a curva IS para cima e para a direita. A curva IS' é desenhada para um preço relativo mais alto dos bens importados. Inversamente, a valorização e a queda dos preços dos bens importados naturalmente levariam a um excesso de oferta de nossos produtos e o deslocamento para baixo da curva IS"[2].

Figura 18.5. Política de desvalorização cambial num regime de taxa de câmbio fixa num modelo sem mobilidade de capital

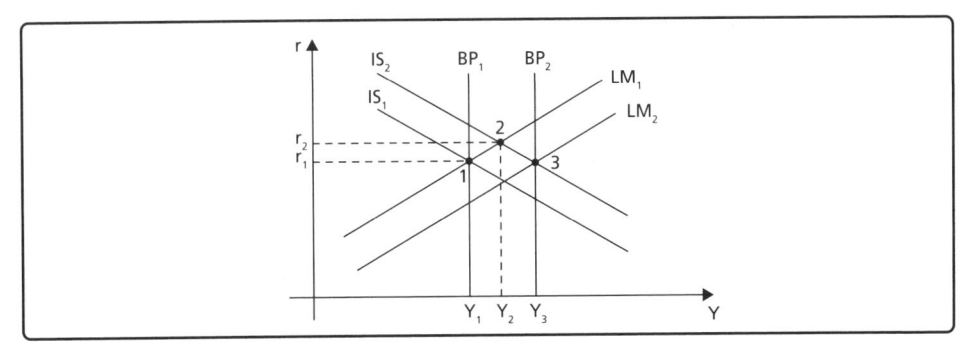

18.3.1.4. *Política comercial de restrição às importações num regime de taxa de câmbio fixa num modelo sem mobilidade de capital*

Havendo uma política comercial de restrições às importações, seja por meio de cotas de importação, seja por meio da imposição de tarifas de importação, a função IS_1 se desloca para IS_2, elevando a taxa de juros de r_1 para r_2 e o nível de renda de Y_1 para Y_2. Observe que, apesar de a taxa de juros ter se elevado, a contração provocada no investimento (efeito *crowding out*) foi menor que o aumento da renda/produto provocado pela expansão da curva IS. Com um nível de renda maior, as importações se elevam, provocando um aumento da demanda por moeda estrangeira, obrigando o Banco Central a vender divisas para manter o câmbio fixo. Quando pratica a venda de divisas, o Banco Central **perde reservas internacionais** e retira moeda nacional da economia, provocando uma contração monetária, ou seja, levando LM_1 para LM_2. A contração monetária **eleva a taxa de juros** ainda mais, ou seja, de r_2 para r_3, fazendo com que o investimento se retraia até o ponto onde a função LM_2 se iguala a IS_2 (marcada pelo

---

[2] Rudiger Dornbusch e Stanley Fischer, *Macroeconomia*, p. 601.

ponto 3 no gráfico da Figura 18.6) e o nível de renda retorne para Y_1. Portanto, uma política comercial de restrição às importações, num regime de câmbio fixo e num modelo sem mobilidade de capital, é **totalmente ineficaz** para alterar o nível de renda e produto da economia.

Figura 18.6. Política fiscal expansionista num regime de câmbio fixo num modelo sem mobilidade de capital

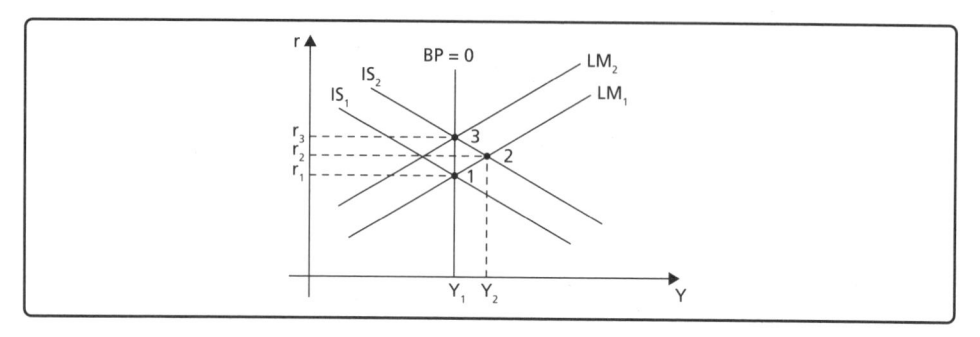

Observe que a única política capaz de alterar o produto e a renda da economia, quando o câmbio é fixo, num modelo sem mobilidade de capital, é a política cambial.

18.3.1.5. Política monetária expansionista num regime de taxa de câmbio flutuante num modelo sem mobilidade de capital

Havendo uma política monetária expansionista, a função LM se desloca de LM_1 para LM_2. Isso provoca uma redução da taxa de juros (de r_1 para r_2) e, por conseguinte, um aumento dos investimentos e da renda da economia (de Y_1 para Y_2). Com o aumento da renda, as importações aumentam também, provocando um aumento da demanda por moeda estrangeira e uma desvalorização da moeda nacional, deslocando a função BP de BP_1 para BP_2 e a função IS de IS_1 para IS_2. Essa desvalorização da moeda nacional tende a melhorar o saldo no Balanço de Pagamentos em Transações Correntes. Com o deslocamento da BP e da IS, o **nível de renda e produto da economia se elevam** para Y_3. Mas, apesar dessa elevação da renda tender a diminuir o saldo em Transações Correntes, a desvalorização cambial que provoca o deslocamento da função BP é maior, garantindo uma melhora no Balanço de Pagamentos em conta corrente. Portanto, uma política monetária expansionista num regime de taxa de câmbio flutuante num modelo sem mobilidade de capital é **eficaz** para alterar o produto e a renda da economia. Observe a Figura 18.7. Também uma política monetária restritiva é capaz de alterar o produto e a renda da economia, no sentido de reduzi-los.

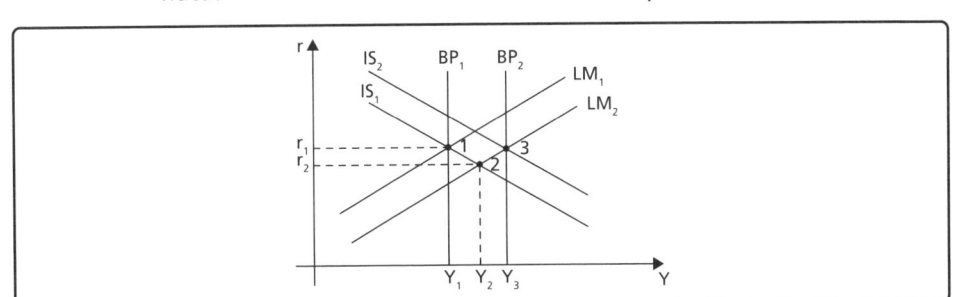

Figura 18.7. Política monetária expansionista num regime de taxa de câmbio flutuante num modelo sem mobilidade de capital

18.3.1.6. Política fiscal expansionista num regime de taxa de câmbio flutuante num modelo sem mobilidade de capital

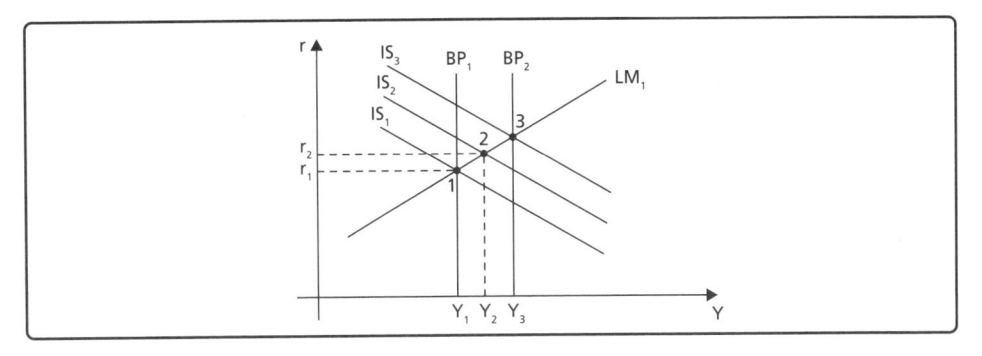

Havendo uma política fiscal expansionista por meio do aumento dos gastos do governo, redução da tributação ou aumento das transferências, a função IS_1 se desloca para IS_2, elevando a taxa de juros de r_1 para r_2 e o nível de renda de Y_1 para Y_2. Observe que, apesar de a taxa de juros ter se elevado (ponto 2 do gráfico da Figura 18.9), a contração provocada no investimento (efeito *crowding out*) foi menor que o aumento provocado pela expansão da política fiscal. Com um nível de renda maior, as importações se elevam, provocando um aumento da demanda por moeda estrangeira e uma desvalorização da moeda nacional. Com isso, a função BP se desloca de BP_1 para BP_2 e a função IS de IS_2 para IS_3, ou seja, tanto a política fiscal quanto a desvalorização cambial decorrente dessa política fiscal levarão ao aumento da renda e produto da economia (ponto 3 do gráfico da Figura 18.9). Portanto, uma política fiscal expansionista num regime de taxa de câmbio flutuante num modelo sem mobilidade de capital é totalmente **eficaz** para alterar a renda e o produto de equilíbrio. Observe o gráfico da Figura 18.8. Tratando-se de uma política fiscal restritiva, o produto e a renda também se alterarão, no sentido de diminuírem.

Figura 18.8. Política fiscal expansionista num regime de taxa de câmbio flutuante num modelo sem mobilidade de capital

Observe que, como o câmbio é flutuante, a política fiscal não precisa da atuação do Banco Central no sentido de se utilizar da política monetária para manter o câmbio fixo.

18.3.1.7. Política cambial num regime de taxa de câmbio flutuante num modelo sem mobilidade de capital

Quando o câmbio é flutuante, não se fala em política cambial, já que o mercado é quem determinará a taxa de câmbio.

18.3.1.8. Política comercial de restrição às importações num regime de taxa de câmbio flutuante num modelo sem mobilidade de capital

Havendo uma política comercial de restrição às importações, a função IS_1 se desloca para IS_2, elevando a taxa juros de r_1 para r_2 e o nível de renda de Y_1 para Y_2. Observe que, apesar de a taxa de juros ter se elevado (ponto 2 do gráfico da Figura 18.9), a contração provocada no investimento (efeito *crowding out*) foi menor que o aumento provocado pela expansão da política fiscal. Com um nível de renda maior, as importações se elevam, provocando um aumento da demanda por moeda estrangeira e uma desvalorização da moeda nacional. Com isso, a função BP se desloca de BP_1 para BP_2 e a função IS de IS_2 para IS_3, ou seja, tanto a política fiscal quanto a desvalorização cambial decorrente dessa política comercial levarão ao aumento da renda e do produto da economia (ponto 3 do gráfico da Figura 18.9). Portanto, uma política comercial num regime de taxa de câmbio flutuante num modelo sem mobilidade de capital é totalmente **eficaz** para alterar a renda e o produto de equilíbrio.

Figura 18.9. Política comercial de restrição às importações expansionista num regime de taxa de câmbio flutuante num modelo sem mobilidade de capital

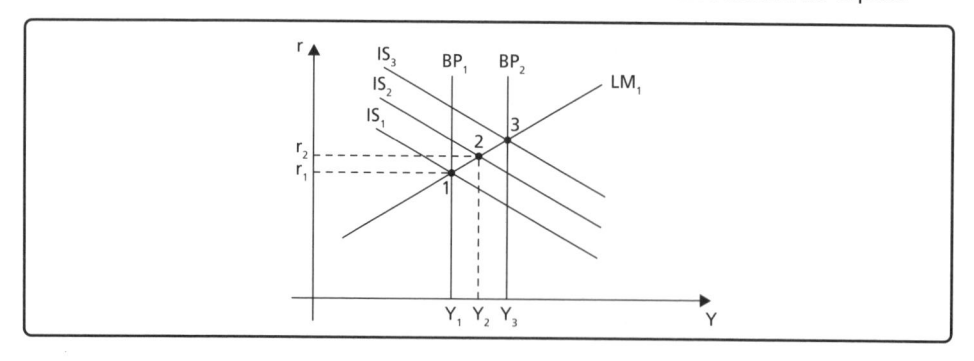

18.3.1.9. Quadros-resumo da eficácia de políticas num modelo sem mobilidade de capital

Num modelo **sem mobilidade de capital**, pode-se observar:

Eficácia de uma política monetária, fiscal e cambial sobre o **produto/renda/emprego** da economia:

	CÂMBIO FIXO	CÂMBIO FLEXÍVEL
Política monetária	Ineficaz	Eficaz
Política fiscal	Ineficaz	Eficaz
Política cambial	Eficaz	–
Política comercial	Ineficaz	Eficaz

Se o intuito for aumentar o produto/renda/emprego, deve-se adotar uma:

	CÂMBIO FIXO	CÂMBIO FLEXÍVEL
Política monetária	–	Expansionista
Política fiscal	–	Expansionista
Política cambial	De desvalorização	–
Política comercial	–	De restrição às importações

Se o intuito for diminuir o produto/renda/emprego, deve-se adotar uma:

	CÂMBIO FIXO	CÂMBIO FLEXÍVEL
Política monetária	–	Restritiva
Política fiscal	–	Restritiva
Política cambial	De valorização	–
Política comercial		De estímulo às importações

18.4. QUESTÕES

1. (Questão com elaboração própria) No modelo IS-LM-BP com baixa ou nenhuma mobilidade de capitais, e considerando um regime de câmbio fixo, qual das alternativas abaixo está correta?
    a) A política fiscal é mais eficaz do que a política monetária para alterar o nível de renda, pois a curva BP é vertical.
    b) A política monetária é eficaz porque provoca movimentos na balança de pagamentos que ajustam automaticamente o câmbio.
    c) Um aumento nos gastos do governo causa um aumento na renda sem impactar o balanço de pagamentos, devido à baixa mobilidade de capital.
    d) Em câmbio fixo, o Banco Central deve ajustar a oferta de moeda para evitar desequilíbrios na balança de pagamentos após políticas fiscais expansivas.
    e) A baixa mobilidade de capitais torna a política fiscal ineficaz, pois qualquer expansão gera um déficit externo insustentável.

2. (Questão com elaboração própria) No modelo IS-LM-BP com baixa ou nenhuma mobilidade de capitais, e considerando um regime de câmbio fixo, qual das seguintes afirmações é correta?

a) A curva IS é afetada diretamente pela política monetária, que altera a taxa de câmbio real e o saldo da balança comercial.
b) A política fiscal é totalmente ineficaz para alterar o nível de renda em câmbio fixo, mesmo com baixa mobilidade de capitais.
c) Um aumento nos gastos públicos pode gerar déficits no balanço de pagamentos, exigindo intervenções do Banco Central para manter o câmbio fixo.
d) A política monetária é mais eficaz do que a política fiscal em câmbio fixo, pois impacta diretamente o saldo da balança de pagamentos.
e) Em câmbio fixo e baixa mobilidade de capitais, o Banco Central ajusta a política cambial para evitar desequilíbrios fiscais domésticos.

3. (Questão com elaboração própria) No modelo IS-LM-BP com baixa ou nenhuma mobilidade de capitais e regime de câmbio flutuante, qual das seguintes afirmações é correta?
a) A política fiscal é totalmente ineficaz para alterar o nível de renda, já que o câmbio flutuante compensa qualquer efeito inicial sobre a demanda agregada.
b) A política monetária é eficaz em câmbio flutuante, pois altera a taxa de câmbio nominal, impactando as exportações líquidas e a renda.
c) A balança de pagamentos não afeta o equilíbrio do modelo, pois o Banco Central intervém no mercado cambial automaticamente.
d) Em câmbio flutuante, o saldo da balança de pagamentos é sempre nulo, independentemente da política fiscal ou monetária aplicada.
e) A política fiscal é mais eficaz do que a monetária em câmbio flutuante, devido ao impacto direto sobre as exportações líquidas.

4. (Questão com elaboração própria) No modelo IS-LM-BP com baixa ou nenhuma mobilidade de capitais e regime de câmbio flutuante, considere a aplicação de uma política fiscal expansionista, como um aumento nos gastos do governo. Qual das afirmativas abaixo descreve corretamente os efeitos dessa política no curto prazo?
a) A renda aumenta, mas parte do efeito é anulada pela apreciação da moeda doméstica, reduzindo as exportações líquidas.
b) A política fiscal expansionista não tem qualquer impacto sobre a balança de pagamentos, uma vez que o câmbio flutuante garante o equilíbrio automático.
c) A renda aumenta de forma permanente, pois o câmbio flutuante impede a compensação por meio do comércio exterior.
d) A política fiscal não tem qualquer impacto sobre a renda no curto prazo, devido à compensação total pelas flutuações cambiais.
e) A política fiscal aumenta a renda e também melhora a balança comercial, devido à valorização da moeda doméstica.

5. (CEBRASPE — 2022 — PETROBRAS/Economia) No que diz respeito à teoria macroeconômica, julgue o item que se segue.
Em um modelo Mundell-Fleming com regime de câmbio fixo, quanto menor for a mobilidade de capitais, mais eficaz será uma política fiscal expansionista sobre o produto no curto prazo.
( ) Certo
( ) Errado

6. (Especialista em Políticas Públicas e Gestão Governamental — SEPLAG-RJ — CEPERJ — 2013 — adaptada) De acordo com o modelo IS-LM-BP, a afirmativa correta é:
a) Uma economia sem mobilidade de capital, com regime de câmbio fixo, ao adotar uma política monetária expansionista, consegue reduzir a taxa de juros e aumentar a renda.

b) Uma economia com livre mobilidade de capital (economia pequena), com regime de câmbio flexível, ao adotar uma política fiscal expansionista não afeta o nível de renda e a taxa de juros.
c) Uma economia com livre mobilidade de capital (economia pequena), com regime de câmbio fixo, ao adotar uma política fiscal expansionista, provoca a elevação do nível de renda e da taxa de juros.
d) Uma economia com livre mobilidade de capital (economia pequena), com regime de câmbio fixo, ao adotar uma política monetária expansionista, provoca a elevação do nível de renda e da taxa de juros.
e) Uma economia com livre mobilidade de capital (economia pequena), com regime de câmbio fixo, ao adotar uma política fiscal expansionista, provoca a redução do nível de renda e da taxa de juros.

7. (Analista de Gestão /SABESP/Economia/FCC/ 2018) Considerando um modelo IS-LM-BP com baixa mobilidade de capital e câmbio fixo, uma expansão fiscal
a) é eficaz quanto ao objetivo de elevar a renda.
b) reduz o nível da taxa de juros.
c) provoca deslocamento de LM para a direita.
d) movimenta IS para a esquerda.
e) gera aumento da base monetária, com o processo de ajuste.

8. (Instituto AOCP — Analista Censitário (IBGE)/Análise Socioeconômica/2019) O seguinte gráfico apresenta a determinação do nível de renda quando se considera uma economia aberta, sem fluxos de capitais e com taxas de câmbio fixas. Assim, é correto afirmar que

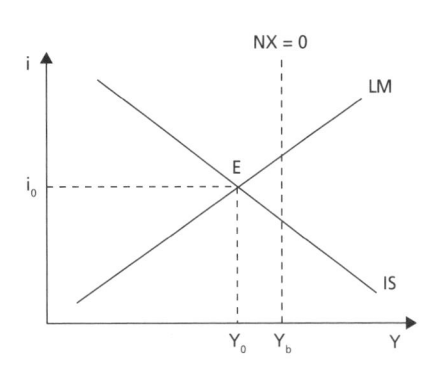

a) Y_0 estar à esquerda de Y_b representa um superávit comercial.
b) não existe equilíbrio nessa economia.
c) como o modelo adota o sistema de taxas de câmbio fixas, supõe-se que o Banco Central não realiza nenhuma intervenção pontual no sistema cambial.
d) os pontos à direita de Y_b são marcados por superávits comerciais.
e) no equilíbrio simultâneo do mercado de bens e do mercado monetário, há um déficit comercial.

9. (CS UFG — Economista (IF GOIANO)/2019) Considerando uma política monetária expansionista no modelo IS-LM-BP sem mobilidade de capital, quais serão os efeitos sobre a renda e a taxa de juros?
a) No regime de câmbio flexível, a taxa de juros e a renda permanecem constantes.

b) No regime de câmbio flexível, aumento na taxa de juros e queda na renda.
c) No regime de câmbio fixo, a taxa de juros e a renda permanecem constantes.
d) No regime de câmbio fixo, aumento na taxa de juros e queda na renda.

10. (FCC — Analista de Fomento (AFAP)/Economista/2019) Uma opção fundamental da economia é o regime de câmbio que será empregado, definido como o preço da moeda estrangeira em unidades da moeda doméstica. Acerca dos regimes de câmbio fixo e flutuante, é correto afirmar que
a) um aumento da taxa de juros doméstica, coeteris paribus, reduz a taxa de câmbio fixo, se não houver mobilidade de capitais.
b) um aumento da taxa de juros doméstica, coeteris paribus, aumenta a taxa de câmbio fixo, se não houver mobilidade de capitais.
c) uma redução da taxa de juros doméstica, coeteris paribus, aumenta a taxa de câmbio flutuante, se houver mobilidade de capitais.
d) uma redução da taxa de juros doméstica, coeteris paribus, reduz a taxa de câmbio flutuante, se houver mobilidade de capitais.
e) independentemente do nível da taxa de juros doméstica, coeteris paribus, a taxa de câmbio fixo sofrerá pressão para valorização, se for liberada a mobilidade de capitais.

GABARITO

1. "d".
Com câmbio fixo, o Banco Central intervém diretamente no mercado cambial para manter a taxa de câmbio. Após uma política fiscal expansiva que eleve a renda e provoque um déficit na conta-corrente, o Banco Central ajusta a oferta de moeda por meio da venda de reservas internacionais para equilibrar o balanço de pagamentos. A alternativa "d" está correta.
No caso de baixa ou nenhuma mobilidade de capitais, a curva BP não é vertical, mas sim positivamente inclinada. Além disso, em câmbio fixo, a política monetária é ineficaz, pois o Banco Central ajusta a base monetária para manter a taxa de câmbio, enquanto a política fiscal tem um impacto direto sobre a demanda agregada e o nível de renda. A alternativa "a" está incorreta.
Em um regime de câmbio fixo, o Banco Central intervém no mercado de câmbio para manter a paridade cambial. Assim, a política monetária não é eficaz para alterar a renda, já que qualquer aumento ou redução na base monetária é compensado pela venda ou compra de reservas internacionais. A alternativa "b" está incorreta.
Mesmo com baixa mobilidade de capital, um aumento nos gastos do governo pode afetar o balanço de pagamentos. Isso ocorre porque a expansão fiscal pode elevar a renda doméstica, aumentando as importações e causando um déficit na conta-corrente, o que exige ajustes na política cambial. A alternativa "c" está incorreta.
A política fiscal não se torna ineficaz em baixa mobilidade de capitais. Na verdade, a baixa mobilidade reduz o impacto sobre a conta de capitais, permitindo que a expansão fiscal tenha um efeito mais significativo sobre a renda. Entretanto, pode gerar pressões no balanço de pagamentos devido ao aumento das importações. A alternativa "e" está incorreta.

2. "c".
Um aumento nos gastos públicos eleva a renda e o consumo doméstico, podendo aumentar as importações. Esse aumento nas importações gera déficits no balanço de pagamentos, exigindo que o Banco Central intervenha no mercado cambial para manter a taxa de câmbio fixa. A alternativa "c" está correta.
A curva IS é impactada pela política fiscal, que afeta diretamente o consumo, o investimento e as exportações líquidas. A política monetária, em câmbio fixo, é ineficaz, já que o Banco Central ajusta a base monetária para manter a taxa de câmbio. A alternativa "a" está incorreta.
A política fiscal é eficaz em câmbio fixo e baixa mobilidade de capitais, pois altera diretamente o nível de demanda agregada e a renda. Contudo, pode impactar o balanço de pagamentos. A alternativa "b" está incorreta.

Em câmbio fixo, a política monetária é ineficaz, pois o Banco Central ajusta automaticamente a base monetária para manter o equilíbrio cambial, anulando seu efeito sobre a renda. A alternativa "d" está incorreta.
O Banco Central não ajusta a política cambial para resolver problemas fiscais, mas sim para equilibrar o balanço de pagamentos e manter o regime de câmbio fixo. A alternativa "e" está incorreta.

3. "b".
A política monetária, ao reduzir a taxa de juros, desvaloriza a moeda doméstica em câmbio flutuante. Isso torna as exportações mais competitivas e aumenta a demanda agregada, ampliando a eficácia da política monetária. A alternativa "b" está correta.
Em câmbio flutuante, a política fiscal pode ser eficaz no curto prazo, mas é parcialmente compensada por variações na taxa de câmbio. Um aumento nos gastos públicos pode levar à apreciação cambial, reduzindo as exportações líquidas. A alternativa "a" está incorreta.
Em câmbio flutuante, o Banco Central não intervém diretamente no mercado cambial. A balança de pagamentos ajusta-se automaticamente pelas flutuações da taxa de câmbio. A alternativa "c" está incorreta
O saldo da balança de pagamentos pode ser positivo ou negativo no curto prazo, dependendo das condições econômicas e das políticas adotadas. A alternativa "d" está incorreta.
Em câmbio flutuante, a política fiscal é menos eficaz do que a monetária, pois seus efeitos iniciais sobre a demanda agregada podem ser compensados pela apreciação cambial, reduzindo o impacto sobre o nível de renda. A alternativa "e" está incorreta.

4. "a".
Em câmbio flutuante, uma política fiscal expansionista aumenta a renda no curto prazo. No entanto, o aumento na renda doméstica eleva as importações e pressiona o câmbio, levando à apreciação da moeda. Essa apreciação reduz as exportações líquidas, limitando parcialmente o efeito inicial da política fiscal. A alternativa "a" está correta.
O câmbio flutuante ajusta a balança de pagamentos ao longo do tempo, mas, no curto prazo, uma política fiscal expansionista afeta a balança de pagamentos via aumento das importações e apreciação cambial. A alternativa "b" está incorreta.
O efeito positivo da política fiscal sobre a renda não é permanente. A apreciação cambial pode neutralizar parte do aumento na renda, reduzindo as exportações líquidas. A alternativa "c" está incorreta.
A política fiscal tem impacto positivo sobre a renda no curto prazo, embora seja parcialmente compensada pelas flutuações cambiais. A alternativa "d" está incorreta.
A política fiscal expansionista tende a deteriorar a balança comercial (via aumento das importações) e não a melhorá-la. A valorização da moeda doméstica dificulta as exportações líquidas, agravando o saldo comercial. A alternativa "e" está incorreta.

5. "errado".
A política fiscal expansionista, no regime de câmbio fixo, num modelo com perfeita mobilidade de capital, é totalmente eficaz para elevar a renda/ produto/ emprego da economia. Num modelo sem mobilidade de capital, a política fiscal expansionista é incapaz de alterar o nível de renda/ produto/ emprego da economia. Portanto, quanto maior for a mobilidade de capitais, mais eficaz será uma política fiscal expansionista sobre o produto no curto prazo. Item errado.

6. "b".
Uma economia sem mobilidade de capital, com regime de câmbio fixo, ao adotar uma política monetária expansionista, não consegue reduzir a taxa de juros nem aumentar a renda/produto da economia, já que uma política monetária é totalmente ineficaz para alterar a renda/produto da economia no câmbio fixo. A alternativa "a" está incorreta.
Uma economia com livre mobilidade de capital (economia pequena), com regime de câmbio flexível, ao adotar uma política fiscal expansionista, não afeta o nível de renda e a taxa de juros, já que uma política fiscal no câmbio flutuante é totalmente ineficaz para alterar o nível de renda/produto/emprego da economia. A alternativa "b" está correta.

Uma economia com livre mobilidade de capital (economia pequena), com regime de câmbio fixo, ao adotar uma política fiscal expansionista, provoca a elevação do nível de renda, mas a taxa de juros se mantém constante. A alternativa "c" está incorreta.

Uma economia com livre mobilidade de capital (economia pequena), com regime de câmbio fixo, ao adotar uma política monetária expansionista, não altera o nível de renda nem a taxa de juros, já que uma política monetária no câmbio fixo é totalmente ineficaz para alterar o nível de renda e produto da economia. A alternativa "d" está incorreta.

Uma economia com livre mobilidade de capital (economia pequena), com regime de câmbio fixo, ao adotar uma política fiscal expansionista, provoca a elevação, e não redução, do nível de renda. Já a taxa de juros se mantém constante. A alternativa "e" está incorreta.

7. "a".
Pensemos numa situação sem mobilidade de capital. Sendo assim, a BP é vertical. Uma política fiscal expansionista desloca a curva IS para cima ou para a direita. Isso eleva a renda, estimulando as importações (embora a taxa de juros se eleve também, não causará impacto na Conta Financeira, já que o modelo é sem mobilidade de capital e, portanto, inelástica a taxa de juros). O aumento das importações poderá levar ao déficit em transações correntes e a desvalorização cambial. Para manter o câmbio fixo no patamar estipulado, o Bacen terá que vender divisas no mercado, o que provocará uma contração monetária. Assim, a curva LM se desloca para cima ou para a esquerda, deixando a taxa de juros mais elevada e o nível de renda/produto inalterado.

Ocorre, contudo que o enunciado não fala que não há mobilidade de capital. Fala, sim, que há baixa mobilidade de capital. Logo os deslocamentos das curvas se dão em menor intensidade. Logo, a taxa de juros sobe, porém, não tanto quanto supondo sem mobilidade de capital e o produto se altera, porém, não muito. A alternativa "a" está correta. Ocorre elevação do nível da taxa de juros. A alternativa "b" está incorreta. Provoca deslocamento de LM para a esquerda. A alternativa "c" está incorreta. A curva IS se desloca para a direita. A alternativa "d" está incorreta. Gera contração da base monetária, com o processo de ajuste. A alternativa "e" está incorreta.

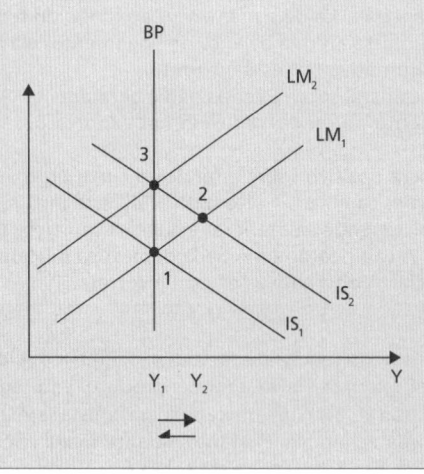

8. "a".
Quando o equilíbrio da ISLM está à esquerda da BP, significa que haverá superávit comercial, já que a renda de equilíbrio (Y_o) está abaixo da renda (Y_b) que equilibra o Balanço de pagamentos, via Balança Comercial. Isso significa que as importações estão menores que as exportações. A alternativa "a" está correta.

O ponto "E" representa o equilíbrio no mercado de bens e no mercado monetário. Caso o Banco Central promovesse a valorização do câmbio, o balanço de Pagamentos também ficaria em equilíbrio. A alternativa "b" está incorreta.

Quando o câmbio é fixo, o Banco central intervém comprando e vendendo divisas sempre que necessário para manter o câmbio no patamar fixado por ele. A alternativa "c" está incorreta.

Os pontos à esquerda de Y_o são marcados por superávit comercial, já que o nível de renda está menor que o necessário para equilibrar o Balanço de Pagamentos e, por conseguinte, a Balança Comercial. Logo, as exportações superam as importações. A alternativa "d" está incorreta.

No equilíbrio simultâneo do mercado de bens (IS) e no mercado monetário (LM), a renda de equilíbrio (Y_o) está abaixo da renda (Y_b) que equilibraria o Balanço de Pagamentos e, por conseguinte, a Balança Comercial. Logo, as importações serão menores que as exportações. A alternativa "e" está incorreta.

9.. "c".
Havendo um aumento da oferta de moeda, no câmbio fixo, LM se desloca para baixo e para a direita, reduzindo a taxa de juros. Com uma taxa de juros menor, há o aumento do nível de investimentos e do nível de renda da economia. Como as importações são função da renda, também se ampliam. Mas, quando as importações aumentam, há um aumento de demanda por moeda estrangeira, o que obrigará o Banco Central a vender divisas, já que o câmbio é fixo. Com isso, as reservas internacionais diminuem e ocorre uma contração monetária, já que, ao vender divisas, o Banco Central precisa retirar moeda nacional da economia. Dessa forma, a função LM retorna à posição original, já que a contração monetária elevou a taxa de juros, reduzindo o nível de investimentos e renda da economia. Portanto, uma política monetária, expansionista, no câmbio fixo sem mobilidade de capital, é totalmente ineficaz para alterar o nível de renda e produto da economia. O que se altera é apenas o volume de reservas internacionais junto ao Banco Central, já que, numa política monetária expansionista, reduzem-se as reservas. A alternativa "c" está correta e a alternativa "d" está incorreta.

Havendo uma política monetária expansionista, no câmbio flutuante, a função LM se desloca para baixo e para a direita. Isso provoca uma redução da taxa de juros e, por conseguinte, um aumento dos investimentos e da renda da economia. Com o aumento da renda, as importações aumentam também, provocando um aumento da demanda por moeda estrangeira e uma desvalorização da moeda nacional, deslocando a função BP para a direita e a função IS para cima e para a direita. Essa desvalorização da moeda nacional tende a melhorar o saldo no Balanço de Pagamentos em Transações Correntes. Com o deslocamento da BP e da IS, o nível de renda e produto da economia se elevam ainda mais. Mas, apesar de essa elevação da renda tender a diminuir o saldo em Transações Correntes, a desvalorização cambial que provoca o deslocamento da função BP é maior, garantindo uma melhora no Balanço de Pagamentos em conta corrente. Portanto, uma política monetária expansionista num regime de taxa de câmbio flutuante num modelo sem mobilidade de capital é eficaz para alterar o produto e a renda da economia. As alternativas "a" e "b" estão incorretas.

10. "c".
Coeteris paribus significa que todos os outros fatores que poderiam afetar o modelo estão sendo considerados constantes.

Uma redução da taxa de juros doméstica, *coeteris paribus*, provoca uma saída de capital do país para o resto do mundo em busca de taxas de juros mais atrativas para o seu capital. Com isso, a moeda nacional se desvaloriza e ocorre um aumento da taxa de câmbio, já que ela é flutuante e considerando uma mobilidade de capitais. A alternativa "c" está correta.

Um aumento da taxa de juros doméstica equivale a uma política monetária restritiva. Havendo uma redução da oferta de moeda, LM se desloca para esquerda ou para cima, elevando a taxa de juros. Com uma taxa de juros maior, há uma redução do nível de investimentos e do nível de renda da economia. Como as importações são função da renda, também se reduzem.

Mas, quando as importações diminuem, há uma redução da demanda por moeda estrangeira, o que obrigará o Banco Central a comprar divisas, já que o câmbio é fixo. Com isso, as reservas internacionais aumentam e provocam uma expansão monetária, já que, ao comprar divisas, o Banco Central precisa colocar moeda nacional na economia. Dessa forma, a função LM se desloca até a posição original novamente, já que a expansão monetária reduziu a taxa de juros, aumentando o nível de investimentos e renda da economia. Portanto, uma política monetária, seja expansionista, seja restritiva, no câmbio fixo sem mobilidade de capital, é totalmente ineficaz para alterar o nível de renda e produto da economia. O que se altera é apenas o volume de reservas internacionais junto ao Banco Central. Como não há mobilidade de capitais, a taxa de juros não irá afetar o câmbio também. As alternativas "a" e "b" estão incorretas.

Uma redução da taxa de juros doméstica provoca saída de capital do país, desvalorizando a moeda nacional, elevando a taxa de câmbio flutuante, se houver mobilidade de capitais. A alternativa "d" está incorreta.

Dependendo do nível da taxa de juros doméstica, a taxa de câmbio fixo sofrerá pressão para valorização ou desvalorização, se for liberada a mobilidade de capitais. Se a taxa de juros interna for menor que a externa, provocará saída de divisas e desvalorização cambial. Se a taxa de juros internas for maior que a externa, provocará entrada de divisas e valorização cambial. A alternativa "e" está incorreta.

19

MODELO IS-LM-BP NUMA ECONOMIA COM MOBILIDADE IMPERFEITA DE CAPITAL

19.1. SALDO NO BALANÇO DE PAGAMENTOS (BP)

Ceteris paribus, o saldo no Balanço de Pagamentos é o somatório do saldo comercial + saldo na Conta Financeira:

$$BP = BC + CF$$

Então, o Balanço de Pagamentos é função da renda interna (Y), da renda externa (Y*), da taxa real de câmbio (E) e do diferencial das taxas de juros internas (r) e externas (r*):

$$BP = BC\ (Y, Y^*, E) + CF\ (r - r^*)$$

19.2. MOBILIDADE DE CAPITAL DO MODELO IS-LM-BP NO CURTO PRAZO

Dizer que o modelo apresenta uma **mobilidade imperfeita de capital** significa que o país, para atingir o equilíbrio no Balanço de Pagamentos, dependerá tanto do nível de renda interno (Y) como do diferencial da taxa de juros interna (r) e externa (r*). Assim, quando um país apresenta um crescimento do seu nível de renda/produto, haverá um aumento do déficit no Balanço de Pagamentos em Transações Correntes e, para se equilibrar o saldo total do Balanço de Pagamentos, será necessário elevar suas taxas de juros e, assim, atrair capital externo para financiar esse déficit. Dessa maneira, a curva BP será positivamente inclinada. Observe a Figura 19.1.

Figura 19.1. Comportamento da renda interna (Y), da taxa de juros interna (r) e do Balanço de Pagamentos num modelo com mobilidade imperfeita de capital no curto prazo

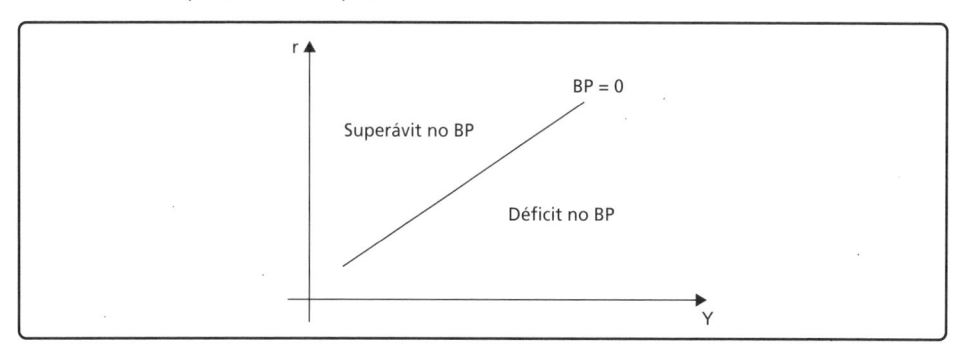

A inclinação da curva BP dependerá de como os capitais respondem a uma variação na taxa de juros.

Uma inclinação maior (quando a curva BP é menos horizontal) significa que as taxas de juros precisam subir consideravelmente para equilibrar o Balanço de Pagamentos, ou seja, o capital externo tem menor atratividade para entrar no país.

Já uma inclinação menor (quando a curva BP é mais horizontal) significa que as taxas de juros precisam subir menos para equilibrar o Balanço de Pagamentos, ou seja, o capital externo tem maior atratividade para entrar no país.

Num modelo com mobilidade imperfeita de capital, pontos localizados acima da curva BP apresentam superávit no Balanço de Pagamentos, como também pontos abaixo da curva BP apresentam déficit no Balanço de Pagamentos.

19.3. MODELO IS-LM-BP E O EQUILÍBRIO NUM MODELO COM MOBILIDADE IMPERFEITA DE CAPITAL

Relembrando que o comportamento da curva BP num modelo com mobilidade imperfeita de capital é parcialmente elástica à taxa de juros (r) e ao nível de renda e produto (Y), o que faz com que seja positivamente inclinada. Assim, quando o nível de renda se eleva, as importações se elevam, piorando o saldo no Balanço de Pagamentos em Transações Correntes. Para cobrir esse déficit, é necessário elevar a taxa de juros para atrair capital que equilibre o saldo total do Balanço de Pagamentos. Para se construir o modelo IS-LM-BP, podem se acrescentar, agora, as curvas IS e LM ao modelo, conforme mostram os gráficos (a) e (b) da Figura 19.2.

Figura 19.2. Gráficos que representam o modelo IS-LM-BP com mobilidade imperfeita de capital, sendo o gráfico (a) com uma curva BP mais inclinada que a curva LM e o gráfico (b) com uma curva BP menos inclinada que a curva LM

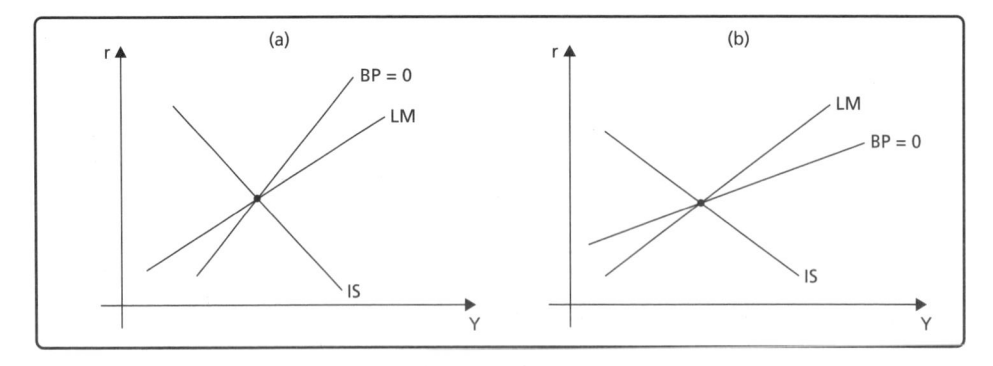

19.3.1. Modelo IS-LM-BP para uma economia aberta com mobilidade imperfeita de capital

O modelo IS-LM-BP para uma economia aberta com mobilidade imperfeita de capital, quando se adota uma política monetária, fiscal, cambial ou comercial, deve ser considerado sob o regime de câmbio fixo ou sob o regime de câmbio flexível (ou flutuante). Acompanhe a partir do *item 19.3.3*. Porém, antes, é preciso compreender os fatores que fazem com que a curva BP seja mais ou menos inclinada.

19.3.2. Fatores que afetam a declividade da função BP

Os fatores que afetam a inclinação na curva BP são:

- elasticidade do capital à taxa de juros;
- Propensão marginal a Importar.

Esses fatores poderão ser mais bem compreendidos nos *itens 19.3.2.1* e *19.3.2.2* a seguir:

19.3.2.1. A elasticidade do capital à taxa de juros

Quanto maior a sensibilidade do capital à taxa de juros, menos inclinada tende a ser a curva BP, e quanto menor a sensibilidade do capital à taxa de juros, mais vertical tende a ser a curva BP. Portanto, a inclinação da BP depende da maneira como o movimento de capitais responde a uma variação na taxa de juros. Assim, uma elevação na renda e no produto da economia provoca um aumento das importações, aumento do déficit na Balança Comercial e aumento do déficit no Balanço de Pagamentos em Transações Correntes. Para equilibrar o saldo total do Balanço de Pagamentos, é necessário que as taxas de juros se elevem e atraiam capital para o país. Caso o capital seja muito sensível à taxa de juros, é preciso uma pequena elevação nas taxas de juros para atrair o capital necessário para equilibrar o Balanço de Pagamentos. Caso o capital seja pouco elástico à taxa de juros, é preciso uma grande elevação desta taxa para atrair o capital necessário para cobrir o déficit em Transações Correntes. Observe, nos gráficos da Figura 19.3, a alteração necessária na taxa de juros para compensar uma mesma elevação na renda de Y_1 para Y_2.

Figura 19.3. Inclinação da curva BP quando o capital é muito elástico à taxa de juros (gráfico a) e quando o capital é pouco elástico à taxa de juros (gráfico b)

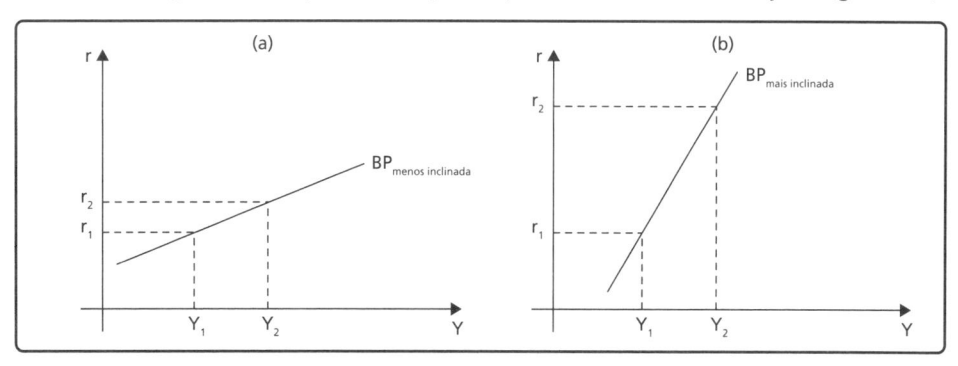

Froyen afirma: "A curva BP será mais inclinada quanto menos os fluxos de capitais forem sensíveis à taxa de juros. Quanto menor o aumento da entrada de capitais para um dado aumento da taxa de juros (dado o valor fixo de r_e), maior será o aumento da taxa de juros necessário para manter o equilíbrio do balanço de pagamentos quando passamos para um nível de renda (e, portanto, de importações) mais alto; ou seja, a curva BP será mais inclinada"[1].

19.3.2.2. Propensão marginal a Importar

Vale lembrar que a Propensão marginal a Importar (m) é a tendência de aumento da importação mediante uma alteração de 1 unidade no nível de renda, ou seja, é a relação entre a variação da importação (ΔM) e a variação da renda (ΔY). Na função importação, a Propensão marginal a Importar representa o coeficiente angular da função. Assim, dada uma função importação como M = 10 + 0,1Y, a Propensão marginal a Importar é igual a 0,1, já que a função importação é assim representada: M = Ma + mY:

Onde: Ma = importação autônoma, ou seja, a importação que independe do nível de renda; e mY = importação que depende do nível de renda, onde: m = Propensão marginal a Importar = $\Delta M/\Delta Y$.

Logo, se a Propensão marginal a Importar (m) é alta, um aumento da renda provocará um aumento muito grande das importações e, por conseguinte, tenderá a provocar um déficit em Transações Correntes. Para corrigir esse déficit, é necessária a entrada em grande volume de capital externo, o que será conseguido mediante uma alta taxa de juros.

Também, ao contrário, se a Propensão marginal a Importar é baixa, um aumento da renda provocará um aumento pequeno das importações e, por conseguinte, o déficit em Transações Correntes não será tão elevado. Para corrigir esse pequeno déficit, é necessária uma pequena entrada de capital externo na Conta Financeira, o que pode ser obtido mediante uma taxa de juros menos elevada que a da situação do parágrafo anterior. Observe essas duas situações nos gráficos (a) e (b) da Figura 19.4.

Figura 19.4. Inclinação da curva BP quando a Propensão marginal a Importar (m) é alta (gráfico a) e quando a Propensão marginal a Importar (m) é baixa (gráfico b)

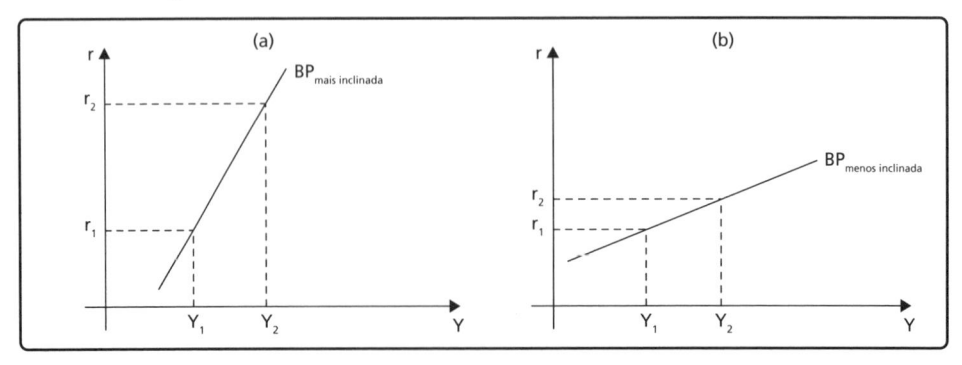

---

[1] Richard T. Froyen, *Macroeconomia*, p. 587.

19 ◼ Modelo IS-LM-BP numa Economia com Mobilidade Imperfeita de Capital

Froyen afirma que: "A curva BP também será mais inclinada quanto maior for a propensão marginal a importar. Com uma propensão marginal a importar mais alta, um dado aumento na renda irá produzir um maior aumento nas importações. Para alcançar o equilíbrio no balanço de pagamentos, será necessário um maior aumento na entrada de capital e, consequentemente, um maior aumento da taxa de juros"[2].

19.3.3. Política monetária expansionista num regime de taxa de câmbio fixa com mobilidade imperfeita de capital para uma grande economia

Havendo uma política monetária expansionista, a função LM_1 se desloca para LM_2, reduzindo a taxa de juros e elevando o nível de renda e produto da economia (caminha do ponto 1 para o ponto 2 dos gráficos da Figura 19.5). Com isso, o Balanço de Pagamentos em Transações Correntes tende a ficar deficitário. Para manter o câmbio no patamar fixado pela autoridade monetária, o Banco Central terá que vender divisas e, por conseguinte, contrair a quantidade de moeda nacional no mercado interno, o que fará com que LM_2 volte para LM_1 (caminha do ponto 2 para o ponto 1 no gráfico da Figura 19.5). Dependendo da inclinação da BP, esse ajuste poderá ser feito mais rápido ou mais devagar. Assim, quando a BP é mais inclinada que a LM, ou seja, o capital é menos sensível à taxa de juros, mais lento será esse ajuste, e quanto mais sensível for o capital à taxa de juros, ou seja, quando a BP é menos inclinada que a LM, mais rápido se dá esse ajuste. Portanto, uma política monetária expansionista num regime de taxa de câmbio fixa com mobilidade imperfeita de capital será **ineficaz** para alterar o nível de renda e produto da economia. Observe a Figura 19.5, onde são representados dois gráficos: gráfico (a), onde a função BP é mais inclinada que a LM; e gráfico (b), onde a função BP é menos inclinada que a LM.

Figura 19.5. Política monetária expansionista num regime de taxa de câmbio fixa com mobilidade imperfeita de capital quando a função BP é mais inclinada que a LM (gráfico a) e quando a função BP é menos inclinada que a LM (gráfico b)

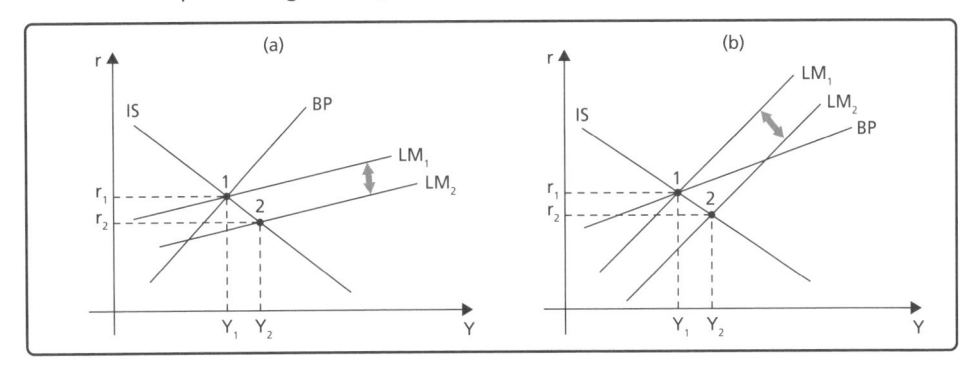

---

[2] Richard T. Froyen, *Macroeconomia*, p. 587.

19.3.4. Política fiscal expansionista num regime de taxa de câmbio fixa com mobilidade imperfeita de capital para uma grande economia

A política fiscal expansionista num regime de taxa de câmbio fixa com mobilidade imperfeita de capital deverá ser analisada quando a curva BP é mais inclinada que a LM e quando a curva BP é menos inclinada que a LM.

19.3.4.1. BP mais inclinada que a LM (imperfeita — fraca mobilidade de capital)

Havendo uma política fiscal expansionista, por meio de aumento dos gastos do governo, redução da tributação ou aumento das transferências, a função IS_1 se desloca para IS_2, elevando a taxa de juros de r_1 para r_2 e o nível de renda de Y_1 para Y_2. Considerando uma situação em que a curva BP é mais inclinada que a LM, o saldo no Balanço de Pagamentos será deficitário, porque a elevação na renda propiciará uma elevação do déficit em Transações Correntes em um grau maior que a melhora que ocorrerá na Conta Financeira provocada pela elevação na taxa de juros. Ou seja, o efeito da entrada de capital será menor que o aumento das importações. Para que a autoridade monetária mantenha o câmbio fixado no patamar desejado por ela, terá que vender divisas, o que gerará uma contração monetária, deslocando a curva LM_1 para LM_2, elevando a taxa de juros a um patamar ainda mais elevado (até r_3), porém reduzindo o nível de renda para Y_3, onde as curvas IS_2, LM_2 e BP se encontram. Observe a Figura 19.6. Portanto, uma política fiscal expansionista num regime de taxa de câmbio fixa com mobilidade imperfeita de capital é **eficaz** para elevar a renda e o produto da economia, muito embora menos eficaz quando comparada a um modelo em que a função BP é mais sensível à taxa de juros, conforme será visto no *item 19.3.4.2.*

Figura 19.6. Política fiscal expansionista num regime de taxa de câmbio fixa com mobilidade imperfeita de capital quando a função BP é mais inclinada que a LM

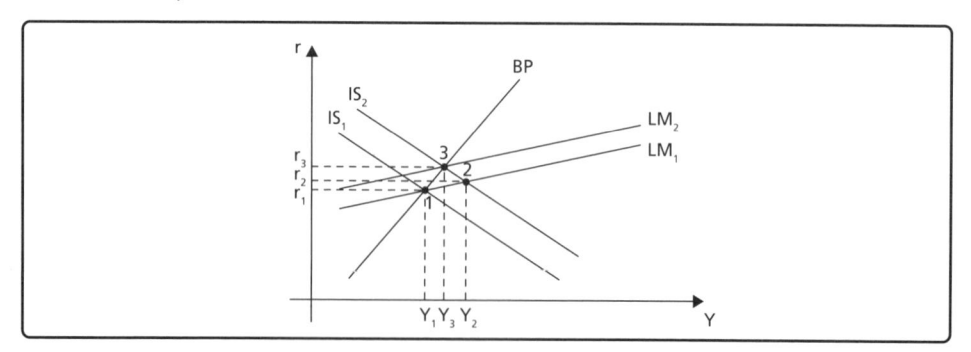

19.3.4.2. BP menos inclinada que a LM (imperfeita — forte mobilidade de capital)

Havendo uma política fiscal expansionista por meio do aumento dos gastos do governo, redução da tributação ou aumento das transferências, a função IS_1 se desloca para IS_2, elevando a taxa juros de r_1 para r_2 e o nível de renda de Y_1 para Y_2. Considerando uma situação em que a curva BP é menos inclinada que a LM, o saldo no Balanço de Pagamentos será superavitário, porque a elevação na renda propiciará uma elevação do déficit em Transações Correntes em um grau menor que a melhora que ocorrerá na Conta Financeira provocada pela elevação na taxa de juros. Ou seja, o efeito da entrada de capital será maior que o aumento das importações. Com o superávit no Balanço de Pagamentos, a autoridade monetária, no intuito de manter o câmbio fixado no patamar desejado por ela, terá que comprar divisas, o que gerará uma expansão monetária, deslocando a curva LM_1 para LM_2, reduzindo a taxa de juros (até r_3), porém elevando o nível de renda para Y_3, onde a curva IS_2, LM_2 e BP se encontram. Observe a Figura 19.7. Portanto, uma política fiscal expansionista num regime de taxa de câmbio fixa com mobilidade imperfeita de capital quando a curva BP é menos inclinada que a LM é **eficaz** para elevar a renda e o produto da economia. Quando comparada ao modelo em que a BP é mais inclinada que a LM, percebe-se que a eficácia é ainda maior quando a BP é menos inclinada que a LM, já que, nesse modelo ora visto, a política monetária reforça a política fiscal, potencializando seu efeito sobre a renda e o produto da economia.

Figura 19.7. Política fiscal expansionista num regime de taxa de câmbio fixa com mobilidade imperfeita de capital quando a função BP é menos inclinada que a LM

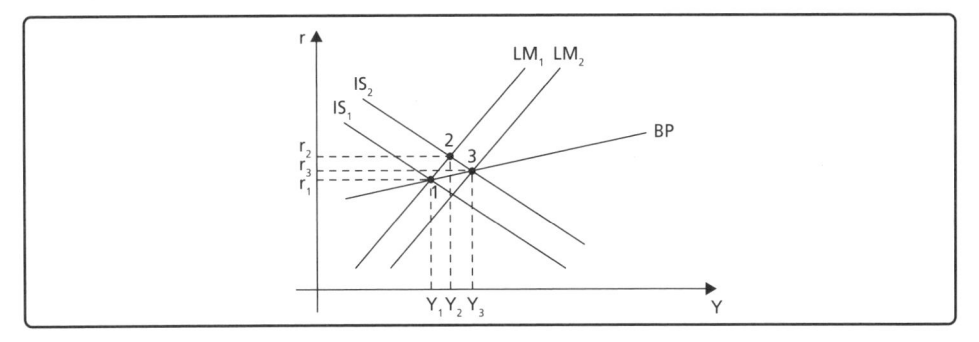

19.3.5. Política de desvalorização cambial num regime de taxa de câmbio fixa com imperfeita — forte mobilidade de capital

Uma política de desvalorização cambial (num modelo em que BP é menos inclinada que LM) desloca a função BP de BP_1 para BP_2. Com o aumento das exportações e a redução das importações e, por conseguinte, um aumento em Transações Correntes, haverá um deslocamento da curva IS para a direita, de IS_1 para IS_2 (ponto 2 da Figura 19.8), elevando a taxa de juros e o nível de renda e produto da economia. A elevação da taxa de juros provoca uma entrada de capital externo (divisas). O Banco Central, no intuito de manter a taxa de câmbio fixa, terá que comprar esse excesso de divisas, praticando uma política monetária expansionista, deslocando a função LM para a direita, de LM_1 para LM_2 (ponto 3 da Figura 19.8). Com isso, o nível de produto e renda da economia se eleva. Portanto, uma desvalorização cambial no câmbio fixo e supondo um modelo com imperfeita mobilidade de capital, é **eficaz** para alterar o nível de renda/produto da economia. Carvalho e Silva complementam: "A taxa de juros diminuiu, mas poderia ter-se elevado ou permanecido no mesmo ponto, dependendo das inclinações relativas de BP, IS e LM. O importante, porém, é o impacto da desvalorização sobre o nível de renda, que aumentou"[3].

Figura 19.8. Política de desvalorização cambial num regime de taxa de câmbio fixa num modelo com imperfeita — forte mobilidade de capital

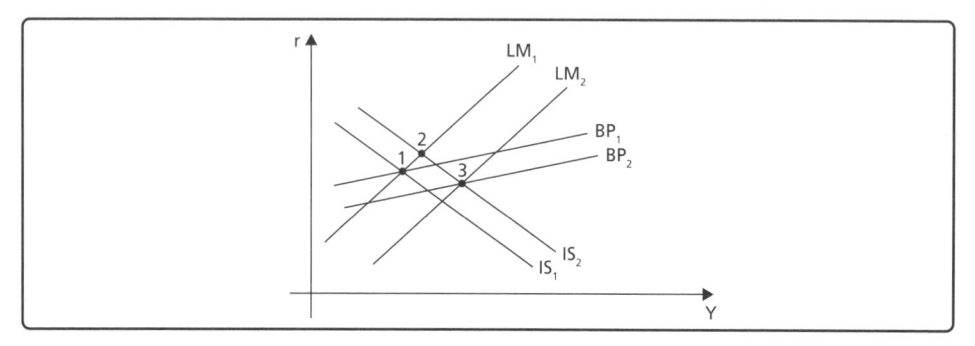

19.3.6. Política comercial de restrição às importações num regime de taxa de câmbio fixa com imperfeita mobilidade de capital

Adotando-se uma política comercial de restrição às importações, as exportações líquidas aumentam devido à alteração nos preços relativos. Com o deslocamento da curva IS para cima, elevando o produto/renda e as taxas de juros da economia, haverá a entrada de capital externo na economia, melhorando o saldo da Conta Financeira. Para manter o câmbio fixo, a autoridade monetária deverá intervir na economia. Dependendo da maior ou menor inclinação da curva BP em relação a LM, o Bacen terá que vender ou comprar divisas, o que implica uma redução/aumento da oferta de moeda na economia, deslocando a função LM para cima/baixo ou para a esquerda/direita, o que provoca, em relação à situação inicial, um aumento do produto/renda da economia. Portanto, a política comercial de restrição às importações num regime de taxa de câmbio fixa é **eficaz** para elevar o produto da economia.

19.3.7. Política monetária expansionista num regime de taxa de câmbio flutuante com mobilidade imperfeita de capital

Havendo uma política monetária expansionista, a função LM_1 se desloca para LM_2, reduzindo a taxa de juros e elevando o nível de renda e o produto da economia

---

[3] Maria Auxiliadora de Carvalho e César Roberto Leite da Silva, *Economia internacional*, p. 245.

(caminha do ponto 1 para o ponto 2 do gráfico da Figura 19.9). Com isso, o Balanço de Pagamentos em Transações Correntes tende a ficar deficitário. Como a taxa de câmbio é flutuante, o Banco Central não precisará intervir no mercado vendendo divisas. Com isso, o câmbio se desvalorizará, provocando um deslocamento da curva BP de BP_1 para BP_2 e da curva IS de IS_1 para IS_2, o que ampliará a elevação da renda provocada pela política monetária expansionista. Portanto, uma política monetária expansionista num regime de taxa de câmbio flutuante com mobilidade imperfeita de capital é eficaz para alterar o nível de renda e produto da economia independente da inclinação da curva BP em relação a LM.

Figura 19.9. Política monetária expansionista num regime de taxa de câmbio flutuante com mobilidade imperfeita de capital quando a função BP é mais inclinada que a LM (gráfico a) e quando a função BP é menos inclinada que a LM (gráfico b)

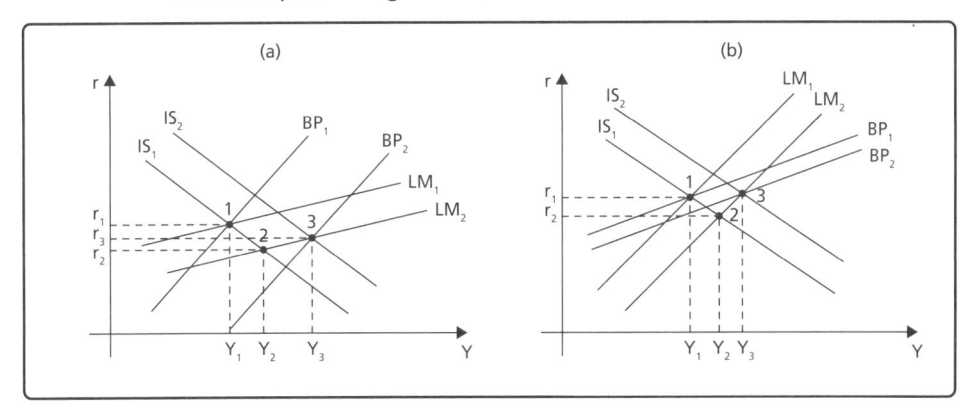

19.3.8. Política fiscal expansionista num regime de taxa de câmbio flutuante com mobilidade imperfeita de capital

A política fiscal expansionista num regime de taxa de câmbio flutuante com mobilidade imperfeita de capital deverá ser analisada quando a curva BP é mais inclinada que a LM e quando a curva BP é menos inclinada que a LM.

19.3.8.1. BP mais inclinada que a LM (imperfeita — fraca mobilidade de capital)

Havendo uma política fiscal expansionista por meio do aumento dos gastos do governo, redução da tributação ou aumento das transferências, a função IS_1 se desloca para IS_2, elevando a taxa juros de r_1 para r_2 e o nível de renda de Y_1 para Y_2. Considerando uma situação em que a curva **BP é mais inclinada que a LM**, o saldo no Balanço de Pagamentos será deficitário, porque a elevação na renda propiciará uma elevação do déficit em Transações Correntes em um grau maior que a melhora que ocorrerá na Conta Financeira provocada pela elevação na taxa de juros. Como o câmbio é flexível, a autoridade monetária não precisará intervir na economia vendendo divisas. Com a desvalorização cambial, a curva BP se desloca de BP_1 para BP_2 e a curva IS de IS_2 para IS_3, intensificando o aumento do nível de renda que caminha, agora, de Y_2 para Y_3. Observe a Figura 19.10. Portanto, uma política fiscal expansionista num regime de taxa de câmbio flutuante com mobilidade imperfeita de capital quando a função BP é mais inclinada que a LM é **eficaz** para elevar o produto e a renda da economia. Observe, na Figura 19.10, que tanto a renda/produto da economia como a taxa de juros se elevam quando a política fiscal é expansionista. O raciocínio se inverte quando se trata de uma política fiscal restritiva, ou seja, a consequência será uma redução da renda/produto e da taxa de juros.

Figura 19.10. Política fiscal expansionista num regime de taxa de câmbio flutuante com mobilidade imperfeita de capital quando a função BP é mais inclinada que a LM

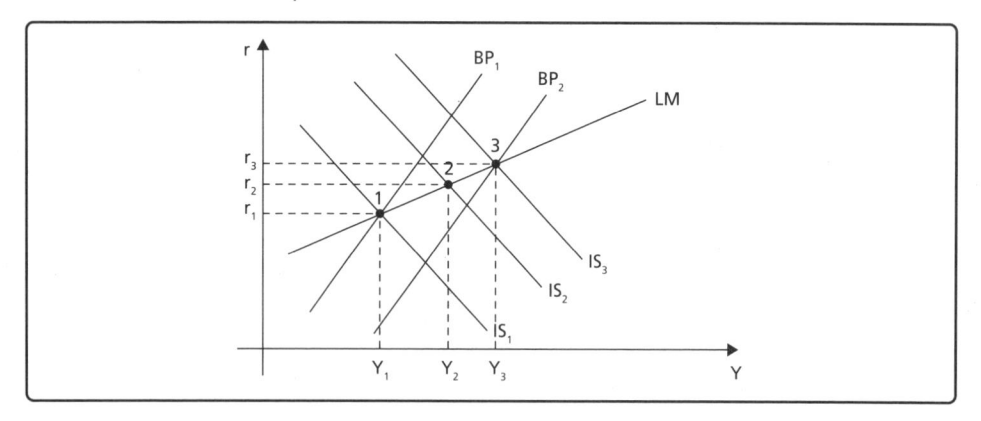

19.3.8.2. BP menos inclinada que a LM (imperfeita — forte mobilidade de capital)

Havendo uma política fiscal expansionista por meio do aumento dos gastos do governo, redução da tributação ou aumento das transferências, a função IS_1 se desloca para IS_2, elevando a taxa juros de r_1 para r_2 e o nível de renda de Y_1 para Y_2. Considerando uma situação em que a curva BP é menos inclinada que a LM, o saldo no Balanço de Pagamentos será superavitário, porque a elevação na renda propiciará uma elevação do déficit em Transações Correntes em um grau menor que a melhora que ocorrerá na Conta Financeira provocada pela elevação na taxa de juros. Como o câmbio é flexível, o Bacen não precisará intervir na economia comprando divisas. Logo, o superávit no Balanço de Pagamentos provocará uma valorização na taxa de câmbio, o que fará com que a função BP se desloque de BP_1 para BP_2 e a função IS de IS_2 para IS_3, reduzindo o aumento da renda gerada anteriormente. Assim, Y, agora, caminha de Y_2 para Y_3. Observe a Figura 19.11. Portanto, uma política fiscal expansionista num regime de câmbio flexível num modelo com mobilidade imperfeita de capital quando a curva BP é menos inclinada que a curva LM é **eficaz** para alterar o nível de renda e produto da economia, muito embora sua eficácia seja inferior à do modelo em que a curva BP é mais inclinada que a LM, visto no *item 19.3.8.1*. Observe na Figura 19.11 que tanto a renda/produto da economia como a taxa de juros se elevam quando a política fiscal é expansionista, embora nem tanto. O raciocínio se inverte quando se trata de uma política fiscal restritiva, ou seja, a consequência será uma redução da renda/produto e da taxa de juros, porém menor que na situação em que a BP é mais inclinada que a LM.

Figura 19.11. Política fiscal expansionista num regime de taxa de câmbio fixa com mobilidade imperfeita de capital quando a função BP é menos inclinada que a LM

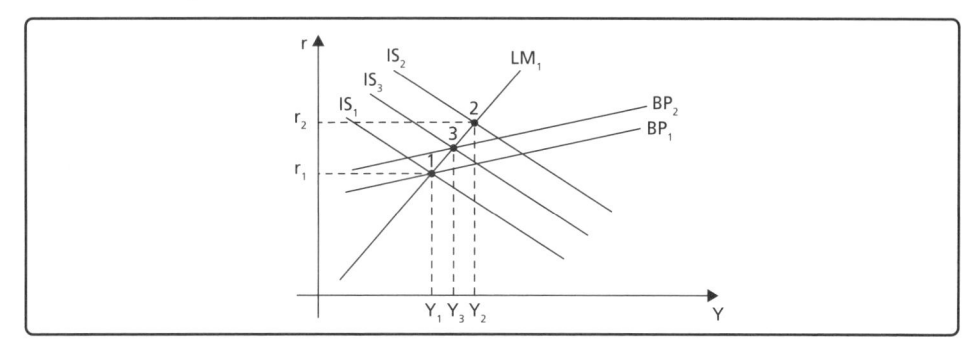

19.3.9. Política cambial num regime de taxa de câmbio flutuante num modelo com mobilidade imperfeita de capital

Quando o câmbio é flutuante, não se fala em política cambial, já que o mercado é quem determinará a taxa de câmbio.

19.3.10. Política comercial de restrição às importações num regime de taxa de câmbio flexível com imperfeita mobilidade de capital

Adotando-se uma política comercial de restrição às importações, as exportações líquidas aumentam devido à alteração nos preços relativos. Com o deslocamento da curva IS para cima, elevando o produto/renda e as taxas de juros da economia, haverá entrada de capital externo na economia, melhorando o saldo da Conta Financeira. Como o câmbio é flexível, a autoridade monetária não deverá intervir na economia, o que provocará uma valorização cambial (supondo BP menos inclinada que LM), acompanhada de queda das exportações e aumento das importações, reduzindo o produto da economia até o patamar inicial, mantendo-a inalterada, bem como a taxa de juros. Portanto, a política comercial de restrição às importações num regime de taxa de câmbio flexível com imperfeita mobilidade de capital é **ineficaz** para alterar a renda/produto da economia.

19.3.11. Quadros-resumo da eficácia de políticas num modelo com mobilidade imperfeita de capital

Num modelo **com mobilidade imperfeita de capital**, numa grande economia:

Eficácia de uma política monetária, fiscal e cambial sobre o **produto/renda/emprego** da economia:

	CÂMBIO FIXO	CÂMBIO FLEXÍVEL
Política monetária	Ineficaz	Eficaz
Política fiscal	Eficaz	Eficaz
Política cambial	Eficaz	–
Política comercial	Eficaz	Ineficaz

Se o intuito for aumentar o produto/renda/emprego, deve-se adotar uma:

	CÂMBIO FIXO	CÂMBIO FLEXÍVEL
Política monetária	–	Expansionista
Política fiscal	Expansionista	Expansionista
Política cambial	De desvalorização	–
Política comercial	De restrição à importação	–

Se o intuito for diminuir o produto/renda/emprego, deve-se adotar uma:

	CÂMBIO FIXO	CÂMBIO FLEXÍVEL
Política monetária	–	Restritiva
Política fiscal	Restritiva	Restritiva
Política cambial	De valorização	–
Política comercial	De estímulo à importação	–

19.4. QUADRO-RESUMO DA EFICÁCIA DE POLÍTICAS NOS MODELOS COM PERFEITA MOBILIDADE DE CAPITAL, SEM MOBILIDADE DE CAPITAL E COM MOBILIDADE IMPERFEITA DE CAPITAL

Analisando o quadro a seguir, é possível perceber que a política monetária no câmbio fixo é incapaz de alterar o nível de renda e produto da economia, independente do modelo de mobilidade de capital estudado. Lopes e Vasconcellos justificam isso ao afirmarem: "(...) a ineficácia da política monetária em um sistema de taxa de câmbio fixa. Esta já era esperada, pois, como destacamos, nesse regime a política monetária fica prisioneira do desempenho do setor externo e o Banco Central perde o controle dos agregados monetários, que passam a depender basicamente do comportamento das reservas internacionais"[4].

Quanto à política fiscal no câmbio fixo, percebe-se que perde eficácia, no sentido de alterar o produto/renda, na medida em que a mobilidade de capital se reduz.

---

[4] Luiz Martins Lopes e Marco Antonio Sandoval de Vasconcellos, p. 218.

Analisando, agora, o câmbio flutuante, a política monetária perde eficácia sobre o produto/renda na medida em que a mobilidade do capital se reduz, muito embora seja capaz de alterá-la em todos os modelos. Já a política fiscal age de maneira oposta, ou seja, sua eficácia em alterar o produto da economia aumenta na medida em que a mobilidade de capital no câmbio flexível diminui.

Froyen faz uma observação importante quando se trata de um mercado com perfeita mobilidade de capital: "a política monetária é completamente ineficaz se a taxa de câmbio for fixa, e a política fiscal é completamente ineficaz se a taxa de câmbio for flexível"[5].

É importante também observar que existem três **situações impossíveis** de andarem juntas, ou seja:

- perfeita mobilidade de capital;
- taxa de câmbio fixa; e
- liberdade de atuação da política monetária.

Portanto, para haver mais autonomia monetária, a taxa de câmbio deve deixar de ser fixa ou deve haver alguma imperfeição na mobilidade de capital.

MODELO IS-LM-BP		CÂMBIO FIXO	CÂMBIO FLEXÍVEL
Modelo com perfeita mobilidade de capital	Política monetária expansionista	$Y_{Constante}$ $r_{Constante}$	$Y \uparrow$ $r_{Constante}$
	Política fiscal expansionista	$Y \uparrow$ $r_{Constante}$	$Y_{Constante}$ $r_{Constante}$
	Desvalorização cambial	$Y \uparrow$ $r_{Constante}$	–
	Política comercial de restrição às importações	$Y \uparrow$ $r_{Constante}$	$Y_{Constante}$ $r_{Constante}$
Modelo sem mobilidade de capital	Política monetária expansionista	$Y_{Constante}$ $r_{Constante}$	$Y \uparrow$
	Política fiscal expansionista	$Y_{Constante}$ $r \uparrow$	$Y \uparrow$ $r \uparrow$
	Desvalorização cambial	$Y \uparrow$	–
	Política comercial de restrição às importações	$Y_{Constante}$ $r \uparrow$	$Y \uparrow$ $r \uparrow$
Modelo com mobilidade imperfeita de capital	Política monetária expansionista	$Y_{Constante}$ $r_{Constante}$	$Y \uparrow$
	Política fiscal expansionista	$Y \uparrow$ $r \uparrow$	$Y \uparrow$ $r \uparrow$
	Desvalorização cambial	$Y \uparrow$	–
	Política comercial de restrição às importações	$Y \uparrow$	$Y_{Constante}$ $r_{Constante}$

---

[5] Richard T. Froyen, *Macroeconomia*, p. 603.

19.5. QUESTÕES

1. (Questão com elaboração própria) No modelo IS-LM-BP com mobilidade imperfeita de capitais e regime de câmbio fixo, suponha que o governo adote uma política monetária expansionista, como uma redução da taxa de juros. Qual das afirmativas abaixo descreve corretamente os efeitos dessa política no curto prazo?
   a) A política monetária é eficaz para aumentar a renda, mas gera déficit na balança de pagamentos devido à saída de capitais.
   b) A política monetária não é eficaz, porque o regime de câmbio fixo exige que o Banco Central compense o impacto sobre as reservas internacionais.
   c) A política monetária reduz a taxa de juros doméstica, mas não afeta a balança de pagamentos devido à mobilidade perfeita de capitais.
   d) A política monetária reduz a taxa de juros e leva à desvalorização cambial, compensando a saída de capitais e aumentando as exportações líquidas.
   e) A política monetária é eficaz, mas o aumento das reservas internacionais impede um aumento significativo na renda.

2. (FGV — 2022 — Consultor Legislativo (SEN)) Considere uma economia grande com mobilidade imperfeita de capital e sob regime de câmbio fixo.
No caso de uma política monetária expansionista, geram-se nível de renda _____ e taxa de juros _____.
No caso de uma política fiscal expansionista, geram-se nível de renda _____ e taxa de juros _____.
As lacunas são corretamente preenchidas respectivamente por
   a) constante, constante, constante e constante.
   b) maior, maior, constante e constante.
   c) constante, constante, maior e maior.
   d) maior, maior, maior e maior.
   e) constante, constante, maior e constante.

3. (BNDES — CESGRANRIO — 2009) O gráfico abaixo representa o modelo IS/LM para uma economia aberta, com mobilidade imperfeita do capital financeiro internacional e regime cambial flutuante. Suponha que uma crise internacional desloque, inicialmente, a IS e a BP para as linhas tracejadas no gráfico.

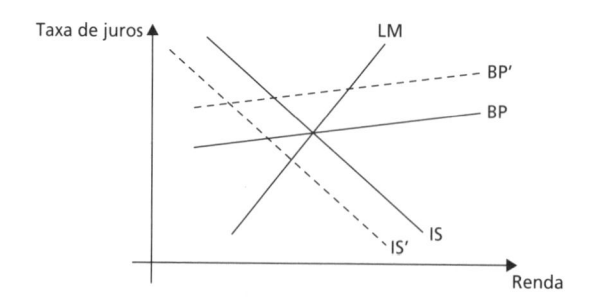

Em consequência, no curto prazo, ocorreria
   a) aumento da demanda por bens e serviços e valorização cambial.
   b) aumento da inflação e da demanda por bens e serviços.
   c) queda na demanda por bens e serviços e desvalorização cambial.
   d) redução da taxa de desemprego e valorização cambial.
   e) redução do *déficit* público e maior tendência inflacionária.

4. (BNDES — CESGRANRIO — 2009) Numa situação de mobilidade imperfeita do capital financeiro internacional, a combinação das políticas monetária restritiva e fiscal expansiva, em certo país com regime de câmbio fixo, ocasionaria, necessariamente, um(a)
a) aumento da taxa de desemprego.
b) redução da taxa de inflação.
c) queda no produto da economia.
d) perda de reservas em divisas internacionais.
e) subida da taxa de juros.

5. (Economista — Universidade Federal do Amapá — IPEM — 2004) Supondo-se a ocorrência hipotética de um equilíbrio interno e externo (ponto "E" no gráfico) e considerando-se que a economia deste país opere sob mobilidade imperfeita de capitais e regime de câmbio flexível, uma política fiscal restritiva irá provocar (antes de se atingir uma nova situação de equilíbrio):

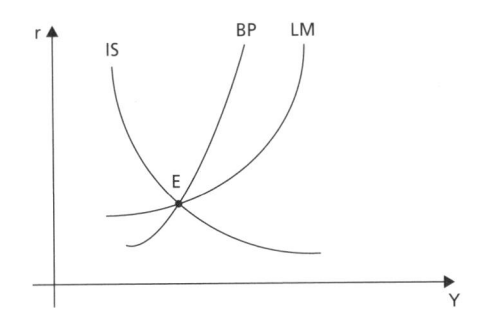

a) 1. deslocamento para a direita da curva IS; 2. deslocamento para a esquerda da curva LM; 3. imobilidade da curva BP e 4. aumento do nível de renda real.
b) 1. deslocamento para a esquerda da curva IS; 2. deslocamento para a esquerda da curva LM; 3. deslocamento para a direita da curva BP e 4. redução do nível de renda real.
c) 1. imobilidade da curva IS; 2. deslocamento para a esquerda da curva LM; 3. imobilidade da curva BP e 4. redução do nível de renda real.
d) 1. deslocamento para a direita da curva IS; 2. imobilidade da curva LM; 3. imobilidade da curva BP e 4. aumento do nível de renda real.
e) 1. deslocamento para a esquerda da curva IS; 2. imobilidade da curva LM; 3. deslocamento para a esquerda da curva BP e 4. redução do nível de renda real.

6. (BNDES — CESGRANRIO — 2011) A figura abaixo mostra a aplicação do modelo IS/LM/BP para uma economia com taxa de câmbio fixa em uma situação de mobilidade internacional imperfeita do capital financeiro.

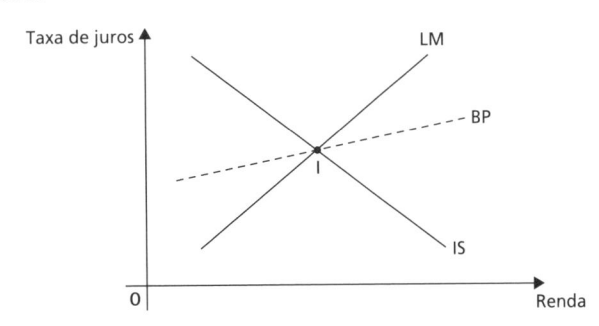

A posição inicial da economia é o ponto I com o balanço de pagamentos em equilíbrio. Nessas condições, a curto prazo uma política fiscal expansiva
a) diminuiria a taxa de juros.
b) diminuiria o nível de renda.
c) desvalorizaria a moeda doméstica no mercado cambial.
d) seria certamente inflacionária.
e) levaria a um superávit no balanço de pagamentos.

7. (Técnico de Nível Superior — ARSETE — Economista — FCC — 2016) Em um modelo IS-LM-BP com alta, mas não perfeita, mobilidade de capital e com regime de câmbio fixo, uma desvalorização cambial provoca
a) uma redução da renda.
b) aumento da base monetária, como consequência do aumento de reservas.
c) movimento da IS para a esquerda.
d) a permanência da curva LM no estado original.
e) movimento da curva BP para a esquerda.

8. (FGV — Técnico Superior Especializado (DPE RJ)/Economia/2019) Em relação ao modelo IS-LM-BP, analise as afirmativas a seguir como verdadeiras (V) ou falsas (F).
( ) Sem mobilidade de capital e em um regime de câmbio fixo, a política monetária não afeta a renda e a taxa de juros.
( ) No caso de livre mobilidade de capital em uma economia pequena com regime de câmbio flexível, a política fiscal expansionista eleva a renda e a taxa de juros.
( ) Em uma economia grande com mobilidade imperfeita de capital, o regime de câmbio fixo torna a política cambial ineficaz.
A sequência correta é:
a) V – V – V;
b) V – F – V;
c) V – F – F;
d) F – F – V;
e) F – F – F.

9. (IBFC — Economista (Pref Cruzeiro do Sul)/2019) Suponha que a economia de um país esteja em recessão e que o governo decida aumentar seus gastos. Com relação aos possíveis resultados desta política, assinale a alternativa correta.
a) Quanto maior for a propensão marginal a consumir, menor será o impacto da política fiscal sobre o crescimento do país
b) Se o país adota o regime de câmbio fixo, esta política fiscal reduz as exportações no curto prazo
c) Os resultados esperados por esta política fiscal, usando um modelo IS-LM-BP de economia aberta, são os mesmos se fosse utilizado uma política monetária expansionista, no caso de um regime de câmbio fixo
d) O grau de abertura comercial desta economia irá influenciar o efeito do multiplicador dos gastos do governo, reduzindo o valor do multiplicador quanto maior for a proporção marginal a importar

10. (NEC UFMA — Economista (UFMA)/2019) Considerando o modelo de Mundell-Fleming com os seguintes pressupostos: i- economia aberta de pequeno porte; e imperfeita mobilidade do capital, qual das AFIRMATIVAS seguintes está INCORRETA?
a) Se taxas de câmbio são fixas, a política monetária se torna menos eficaz.

b) Se taxas de câmbio são flutuantes, uma política comercial protecionista deixa inalterado o valor das exportações líquidas, embora o volume de comércio diminua.
c) Se taxas de câmbio são fixas, uma expansão fiscal aumenta o produto.
d) Se taxas de câmbio são fixas, aumentar o produto e melhorar a balança comercial são incentivos para uma desvalorização da moeda doméstica.
e) Caso as taxas de câmbio sejam flutuantes, uma política fiscal contracionista diminui as exportações líquidas e deixa o produto inalterado, e uma política monetária expansionista diminui as exportações líquidas e o produto.

GABARITO

1. "b".
No regime de câmbio fixo, qualquer tentativa de reduzir os juros domésticos levará à saída de capitais, gerando déficit na balança de pagamentos. Para corrigir isso e manter o câmbio fixo, o Banco Central precisará vender reservas internacionais e contrair a base monetária, anulando o efeito inicial da política monetária expansionista. A alternativa "b" está correta
A política monetária em regime de câmbio fixo não é eficaz porque o Banco Central deve atuar no mercado de câmbio para manter a taxa fixa. Isso anula o efeito expansionista da política monetária. A alternativa "a" está incorreta
A mobilidade de capitais é imperfeita, e a política monetária afeta a balança de pagamentos, mesmo que parcialmente. Além disso, no câmbio fixo, o Banco Central precisa intervir para manter a taxa fixa. A alternativa "c" está incorreta.
Em regime de câmbio fixo, a taxa de câmbio não pode se desvalorizar ou flutuar livremente. A política monetária expansionista levará à pressão no mercado de câmbio, mas o Banco Central intervirá para manter a paridade cambial. A alternativa "d" está incorreta.
O aumento nas reservas internacionais só ocorreria em um cenário de superávit na balança de pagamentos. Com política monetária expansionista, ocorre déficit, levando à perda de reservas, e não ao seu aumento. A alternativa "e" está incorreta.

2. "c".
No caso de uma política monetária expansionista, geram-se nível de renda constante e taxa de juros constante.
No caso de uma política fiscal expansionista, geram-se nível de renda maior e taxa de juros maior.
A alternativa "c" está correta.

3. "c".
O deslocamento da IS para a esquerda equivale a uma política fiscal restritiva, com redução dos gastos do governo, redução das transferências do governo ou aumento da tributação, ou seja, uma queda na demanda por bens e serviços.
O deslocamento da BP para cima ou para a esquerda significa que houve um superávit no Balanço de Pagamentos, o que provocou uma desvalorização cambial.

4. "e".
Uma política monetária restritiva desloca a função LM para a esquerda ou para cima (LM_1 para LM_2). Uma política fiscal expansionista desloca a função IS para cima ou para a direita (IS_1 para IS_2). Independente de a curva BP ser mais ou menos inclinada que a LM, a taxa de juros sempre estará em um patamar mais elevado. Observe os gráficos a seguir, onde, primeiro, tem-se uma curva BP menos elástica que LM (gráfico a), e depois, uma função BP mais elástica que LM (gráfico b).

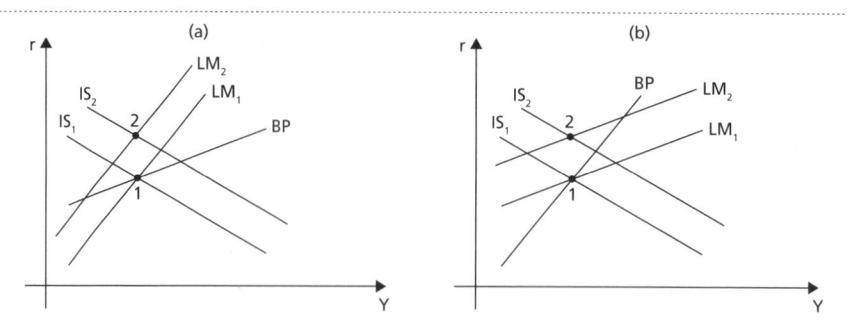

As taxas de juros se elevam nos dois casos. Com relação ao produto/renda/emprego da economia, dependerá da intensidade com que as curvas IS e LM se deslocarão. Como a taxa de juros se eleva, haverá entrada de capital na economia e aumento de reservas.

5. "e".
Havendo uma política fiscal restritiva por meio da redução dos gastos do governo, aumento da tributação ou redução das transferências, a função IS_1 se desloca para IS_2, reduzindo a taxa de juros de r_1 para r_2 e o nível de renda de Y_1 para Y_2. Considerando uma situação em que a curva **BP é mais inclinada que a LM**, o saldo no Balanço de Pagamentos será superavitário, porque a redução na renda propiciará uma melhora do saldo em Transações Correntes em um grau maior que a piora que ocorrerá na Conta Financeira provocada pela queda na taxa de juros. Como o câmbio é flexível, a autoridade monetária não precisará intervir na economia vendendo divisas. Com a valorização cambial, a curva BP se desloca de BP_1 para BP_2 e a curva IS de IS_2 para IS_3, intensificando a redução do nível de renda que caminha, agora, de Y_2 para Y_3.

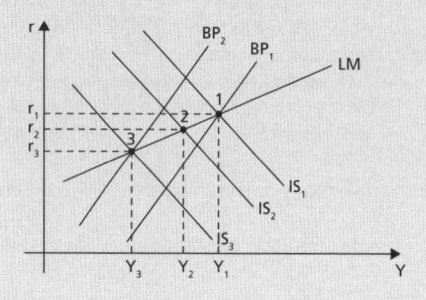

6. "e".

Com o deslocamento da IS para cima ou para a direita (de IS_1 para IS_2), a taxa de juros e a renda se elevam (ponto 2 do gráfico). Como a BP é mais sensível à taxa de juros que ao nível de renda, haverá uma entrada de divisas no país, provocando um superávit no BP. O Bacen, para garantir a fixação da taxa de câmbio, deverá comprar o excesso de divisas, o que provocará uma expansão monetária e o deslocamento da LM para baixo ou para a esquerda (de LM_1 para LM_2) até o encontro desta com as curvas IS e BP (ponto 3 do gráfico), provocando um aumento ainda maior no nível de renda.

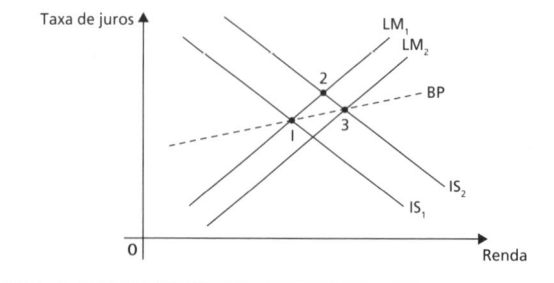

7. "b".
No câmbio fixo, uma desvalorização cambial desloca a curva IS para cima ou para a direita, elevando a taxa de juros e o nível de renda/produto da economia. Com taxa de juros mais elevada, há um estímulo à entrada de capital externo no país. Para manter o câmbio fixo, o Bacen terá que comprar esse excesso de divisas que entra no país, praticando uma política monetária expansionista, ou seja, aumentando a Base monetária. Assim, o Bacen aumenta suas reservas internacionais também. Ao praticar essa política monetária expansionista, a curva LM se desloca para baixo ou para a direita, elevando ainda mais o nível de renda/produto da economia e retornando a taxa de juros ao patamar inicial.

8. "c".
(V) Sem mobilidade de capital e em um regime de câmbio fixo, a política monetária não afeta a renda e a taxa de juros. Havendo um aumento da oferta de moeda, LM se desloca para baixo e para a direita, reduzindo a taxa de juros. Com uma taxa de juros menor, há o aumento do nível de investimentos e do nível de renda da economia. Como as importações são função da renda, também se ampliam. Mas, quando as importações aumentam, há um aumento da demanda por moeda estrangeira, o que obrigará o Banco Central a vender divisas, já que o câmbio é fixo. Com isso, as reservas internacionais diminuem e ocorre uma contração monetária, já que, ao vender divisas, o Banco Central precisa retirar moeda nacional da economia. Dessa forma, a função LM retorna para a posição original, já que a contração monetária elevou a taxa de juros, reduzindo o nível de investimentos e renda da economia. Portanto, uma política monetária, seja expansionista, seja restritiva, no câmbio fixo sem mobilidade de capital, é totalmente ineficaz para alterar o nível de renda e produto da economia. O que se altera é apenas o volume de reservas internacionais junto ao Banco Central, já que, numa política monetária expansionista, reduzem-se as reservas, e numa política monetária restritiva, aumentam-se as reservas.

(F) No caso de livre mobilidade de capital em uma economia pequena com regime de câmbio flexível, a política fiscal expansionista é ineficaz para alterar renda/produto/emprego e taxa de juros da economia. A política fiscal expansionista desloca a curva IS para cima e para a direita, elevando a taxa de juros e o nível de renda e produto. Com a taxa de juros mais elevada, há entrada de divisas no país, valorizando a moeda nacional. Com essa valorização, as importações aumentam e as exportações diminuem, deslocando a curva IS para posição original e voltando o nível de renda/produto e a taxa de juros para o patamar inicial.

(F) Em uma economia grande com mobilidade imperfeita de capital, o regime de câmbio fixo torna a política cambial eficaz. Supondo uma política de desvalorização cambial (num modelo em que BP é menos inclinada que LM) desloca a função BP para baixo e direita. Com o aumento das exportações e a redução das importações e, por conseguinte, um aumento em Transações Correntes, haverá um deslocamento da curva IS para a direita e para cima, elevando a taxa de juros e o nível de renda e produto da economia. A elevação da taxa de juros provoca uma entrada de capital externo (divisas). O Banco Central, no intuito de manter a taxa de câmbio fixa, terá que comprar esse excesso de divisas, praticando uma política monetária expansionista, deslocando a função LM para a direita e para baixo. Com isso, o nível de produto e renda da economia se elevam. Portanto, uma desvalorização cambial no câmbio fixo e supondo um modelo com imperfeita mobilidade de capital, é eficaz para alterar o nível de renda/produto da economia.

9. "d".
O multiplicador keynesiano (mult) numa economia aberta será:

$$\text{Mult} = \frac{1}{1-c(1-t)+m-i}$$

Onde: c = propensão marginal a consumir; t= propensão marginal a tributar; m= propensão marginal a importar e i= propensão marginal a investir.

Logo, quanto maior for a propensão marginal a importar, menor será o multiplicador keynesiano. Logo, a alternativa "d" está correta.

Quanto maior for a propensão marginal a consumir, maior será o efeito multiplicador e, portanto, uma política fiscal expansionista que aumente os gastos do governo, aquecerão ao máximo a demanda agregada, minimizando a recessão. A alternativa "a" está incorreta.

Se o câmbio for fixo, uma política fiscal expansionista será eficaz para aumentar a renda/produto/emprego. Como provoca elevação da taxa de juros, haverá entrada de divisas, que deverá ser integralmente comprada pelo Bacen para manter a taxa de câmbio no patamar que ele fixou. A alternativa "b" está incorreta.

Considerando um modelo com perfeita mobilidade de capital numa economia pequena, a política fiscal no câmbio fixo é totalmente eficaz para alterar a renda/produto/emprego na economia. Já, a política fiscal, no câmbio flutuante ou flexível, é totalmente ineficaz para alterar a renda/ produto/ emprego na economia. A alternativa "c" está incorreta.

10. "e". Caso a taxa de câmbio seja flutuante, uma política fiscal contracionista não será eficaz para reduzir a renda/produto/emprego na economia. Quando a curva IS se desloca para a esquerda e para baixo, a taxa de juros se reduz, provocando uma fuga de divisas da economia, desvalorizando o câmbio e estimulando as exportações líquidas. Com isso a curva IS retorna para a posição original. Já uma política monetária expansionista no câmbio flutuante é totalmente eficaz para elevar a renda/produto/emprego da economia. Quando a curva LM se desloca para a direita e para baixo, a taxa de juros se reduz, provocando fuga de divisas. Com isso o câmbio se desvaloriza, estimulando as exportações líquidas. O aumento das exportações líquidas desloca a IS para cima e para a direita, equilibrando a curva ISLMBP na taxa de juros original, mas com uma renda/produto/emprego maior. A alternativa "e" está incorreta.

Se a taxa de câmbio é fixa, uma política monetária será totalmente ineficaz para alterar a renda/ produto/emprego na economia. A alternativa "a" está correta.

Se a taxa de câmbio é flutuante, Uma política comercial que limita a demanda por produtos importados mantém as exportações líquidas (NX) inalteradas, embora o volume de comércio diminua. A alternativa "b" está correta.

Se a taxa de câmbio é fixa, uma política fiscal expansionista é totalmente eficaz para elevar a renda/produto/emprego. A alternativa "c" está correta.

Se a taxa de câmbio é fixa, uma desvalorização cambial aumenta o produto e melhora a balança comercial. A alternativa "d" está correta.

19.6. MATERIAL SUPLEMENTAR

QUESTÕES DE CONCURSOS
http://uqr.to/1yjbi

20

DEMANDA AGREGADA/OFERTA AGREGADA

20.1. DEMANDA AGREGADA

No **mercado de bens** e serviços, a **demanda agregada** consiste em quanto os agentes econômicos estão dispostos a adquirir de produto (bens e serviços) a determinado nível geral de preços.

No capítulo 15, *item 15.7*, foi visto como, por meio da curva IS-LM, deduzia-se a curva de demanda agregada. A partir daí, verificou-se que a declividade da curva de demanda estava relacionada à declividade das curvas IS e LM, de tal maneira que quanto mais inclinada fosse a IS, mais inclinada seria a demanda agregada, ou seja, a curva de demanda agregada e a IS mantêm uma relação **crescente** ou **positiva** entre si. Foi verificado também que, quanto mais inclinada fosse a curva LM, menos inclinada seria a demanda agregada, ou seja, a curva de demanda agregada e a LM mantêm uma relação **decrescente** ou **negativa** entre si. Verifique essa relação no quadro a seguir:

	INCLINAÇÃO DA IS	INCLINAÇÃO DA LM
INCLINAÇÃO DA DEMANDA AGREGADA	+	−

Recordando que o que determina a maior ou menor inclinação da IS é:

- ☐ Propensão marginal a Consumir ou multiplicador Keynesiano[1];
- ☐ Sensibilidade do investimento em relação à taxa de juros.

---

[1] Quando na fórmula do multiplicador Keynesiano estiverem incluídas as demais propensões marginais, pode-se afirmar que a declividade da curva de demanda poderá depender também da Propensão marginal a Tributar (t), Propensão marginal a Transferir (r), Propensão marginal a Investir (i), Propensão marginal a Importar (m). Assim, se a fórmula do multiplicador Keynesiano for:

$$\text{Mult} = \frac{1}{1 - c\,(1 - t + r) - i + m}$$

, o multiplicador dependerá de todas essas propensões marginais, e não apenas da Propensão marginal a Consumir. De tal forma que, quando "c", "r", "i" aumentarem, a função demanda agregada será menos inclinada (ou mais horizontal) e quando "t", "m" aumentarem, a função demanda agregada será mais inclinada (ou mais vertical). Por dedução, quando a Propensão marginal a Poupar aumentar (o que implica a Propensão marginal a Consumir diminuir), o multiplicador Keynesiano se reduz, fazendo com que a função demanda agregada fique mais inclinada.

E o que determina a maior ou menor inclinação da LM é:

- elasticidade da demanda de moeda em relação à renda;
- elasticidade da demanda de moeda em relação à taxa de juros.

Logo, quanto maior a **Propensão marginal a Consumir** ou o **multiplicador Keynesiano**, mais horizontal (ou menos inclinada) será a curva IS e mais horizontal (ou menos inclinada) será a demanda agregada.

Da mesma forma, quanto maior a **sensibilidade do investimento à taxa de juros**, mais horizontal (ou menos inclinada) será a curva IS e mais horizontal (ou menos inclinada) será a demanda agregada.

Quanto mais **elástica for a demanda de moeda à renda**, menos horizontal (ou mais inclinada) será a curva LM e mais horizontal (ou menos inclinada) será a demanda agregada.

Quanto **mais elástica for a demanda de moeda à taxa de juros**, mais horizontal (ou menos inclinada) será a curva LM e menos horizontal (ou mais inclinada) será a demanda agregada.

Conforme reforçam Lopes e Vasconcellos: "Quanto maior a sensibilidade da demanda de moeda em relação à taxa de juros, e quanto menor a sensibilidade do investimento em relação à taxa de juros, maior será a inclinação da demanda agregada (mais vertical), isto é, menor será a resposta da quantidade demandada em relação a uma variação no nível de preços"[2].

Assim, pode-se construir uma curva de demanda agregada conforme a **Figura 20.1**. Ela mostrará quanto os agentes econômicos estão dispostos a adquirir de bens e serviços (Y) mediante um determinado nível de preços (P). Quanto maior o nível de preços do produto, menor será a quantidade demandada do produto (Y), e quanto menor o nível de preços do bem (P), maior a quantidade demandada do produto (Y).

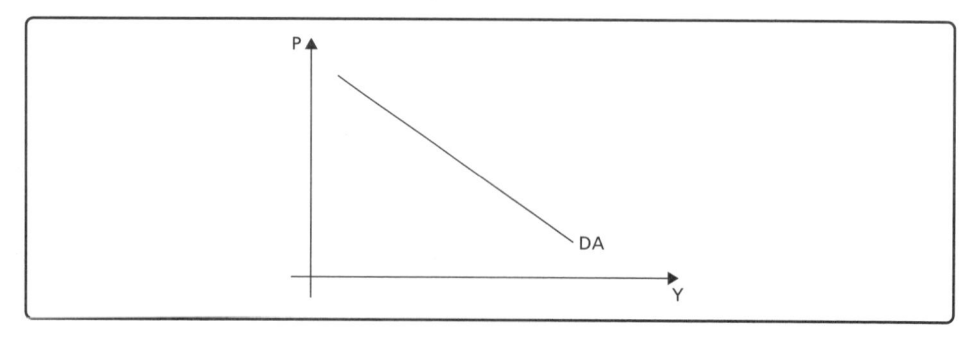

Figura 20.1. Curva de demanda agregada (DA)

---

[2] Luiz Martins Lopes e Marco Antonio Sandoval de Vasconcellos, *Manual de macroeconomia*, 1998, p. 167.

Observe na **Figura 20.2** que, na medida em que o nível geral de preços (P) se altera, a quantidade demandada de produto (Y) também se altera, provocando um deslocamento **"na"** própria curva de demanda agregada. Portanto, o único fator que provoca o deslocamento **"na"** curva de demanda agregada é o nível geral de preços.

Figura 20.2. A curva de demanda agregada e a consequência de uma alteração no nível geral de preços

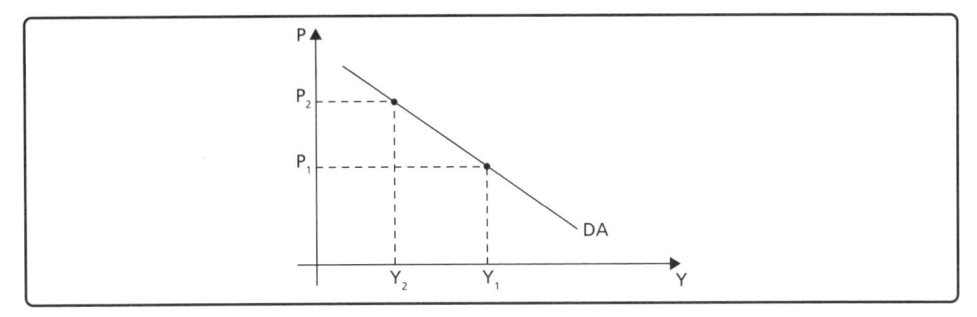

Perceba que a curva de demanda agregada que associa produto (Y) com o nível de preços (P) foi derivada do **modelo IS-LM**, ou seja, quando se supôs uma elevação de preços, a curva LM se deslocou para cima ou para a esquerda, provocando uma elevação da taxa de juros e uma queda da renda/produto (Y). Assim, tem-se:

◻ na curva IS-LM: elevação de preços → maior taxa de juros → menor produto;
◻ na curva de demanda agregada (DA): elevação de preços → menor produto.

Disso se deduz que **"na"** curva de demanda agregada, menores níveis de renda/produto (Y) estão associados a maiores preços (P) e maiores taxas de juros (i).

Depois de entendidos a inclinação da curva de demanda agregada e o fator que provoca o deslocamento **"na"** curva de demanda agregada (DA), faz-se necessário entender os fatores que levam ao deslocamento **"da"** curva de demanda agregada (DA) para a direita ou para a esquerda, o que poderá ser visto no *item 20.1.1* a seguir.

20.1.1. Fatores que justificam a inclinação negativa da curva de demanda agregada

A curva de demanda agregada é negativamente inclinada ou decrescente devido a três fatores: **efeito riqueza de Pigou, efeito da taxa de juros de Keynes e efeito taxa de câmbio de Mundell-Fleming**. Assim, o **efeito riqueza** afirma que, quando o nível geral de preços está menor, o valor real dos ativos monetários aumenta, dando a sensação de maior riqueza para os agentes econômicos, que passam a adquirir mais bens e serviços. Portanto, o efeito riqueza atua sobre o consumo, que mostra que, com preços mais baixos, o consumo aumenta. O **efeito juros** diz que, devido ao efeito riqueza, os agentes econômicos passam, além de consumir mais, também a poupar mais, e com isso a oferta de fundos emprestáveis aumenta, reduzindo a taxa de juros e estimulando o investimento e, por conseguinte, uma maior demanda de bens para investimento. Assim, o efeito juros atua preponderantemente sobre os investimentos, de maneira que, quanto maior o primeiro, menor o segundo, e vice-versa. O **efeito câmbio** diz que, devido à queda na taxa de juros em consequência do efeito juros, há uma tendência de fuga de divisas do país, desvalorizando o câmbio, o que estimula as exportações e, por conseguinte, a demanda por bens e serviços. Assim, a redução relativa de preços internos, devido à desvalorização do câmbio, aumenta as exportações e, portanto, a demanda agregada.

20.1.2. Fatores que provocam o deslocamento da curva de demanda agregada

Foi visto no item anterior que o único fator que provoca o deslocamento "na" curva de demanda agregada é o nível de preços. Mas a curva de demanda agregada pode se deslocar para cima (ou para a direita) e para baixo (ou para a esquerda). Os fatores que provocam o deslocamento **"da"** curva de demanda agregada são:

- Alteração dos **gastos autônomos**: consumo autônomo (Ca), investimento autônomo (Ia), gastos do governo autônomos (Ga), exportação autônoma (Xa), importação autônoma (Ma), tributação autônoma (Ta), transferências do governo autônomas (Ra).

As alterações no consumo autônomo podem ser determinadas por mudanças nas expectativas futuras. Assim, se os consumidores apresentam expectativas favoráveis com relação ao futuro, o consumo agregado pode aumentar. Também, se as expectativas são desfavoráveis, o consumo agregado pode reduzir.

As alterações no consumo autônomo podem ser determinadas pelas expectativas dos empresários, no comportamento das taxas de juros de mercado, nas garantias institucionais da economia. Assim, quanto maiores forem os ânimos dos empresários, menores as taxas de juros e maiores as garantias institucionais do mercado, maior o nível de investimento agregado. Ao contrário também, quanto mais pessimista estiver o empresário com relação à economia, quanto maiores as taxas de juros e menores forem as garantias institucionais oferecidas pelo mercado, menor deverá ser o nível de investimento.

Assim, caso haja aumento de **Ca, Ia, Ga, Xa ou Ra**, a curva de demanda agregada (DA) se desloca para cima ou para a direita. Também, caso haja redução de **Ma ou Ta**, a curva de demanda agregada (DA) se desloca para cima ou para a direita. Observe a Figura 20.3.

20 ■ Demanda Agregada/Oferta Agregada

Figura 20.3. Deslocamento da curva de demanda agregada (DA) para cima ou para a direita em decorrência de um aumento de Ca, Ia, Ga, Xa ou Ra ou em decorrência de uma diminuição de Ma ou Ta

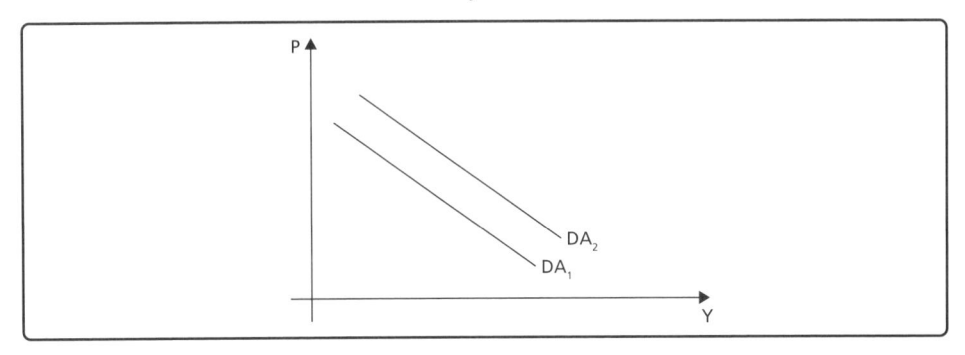

[Gráfico: eixo P (vertical) e Y (horizontal), com duas curvas descendentes DA_1 e DA_2, sendo DA_2 à direita de DA_1]

Caso haja uma redução de **Ca, Ia, Ga, Xa ou Ra**, a curva de demanda agregada (DA) se desloca para baixo ou para a esquerda. Também, caso haja uma elevação de **Ma ou Ta**, a curva de demanda agregada (DA) se desloca para baixo ou para a esquerda. Observe a Figura 20.4.

Figura 20.4. Deslocamento da curva de demanda agregada (DA) para baixo ou para a esquerda em decorrência de uma diminuição de Ca, Ia, Ga, Xa ou Ra ou em decorrência de um aumento de Ma ou Ta

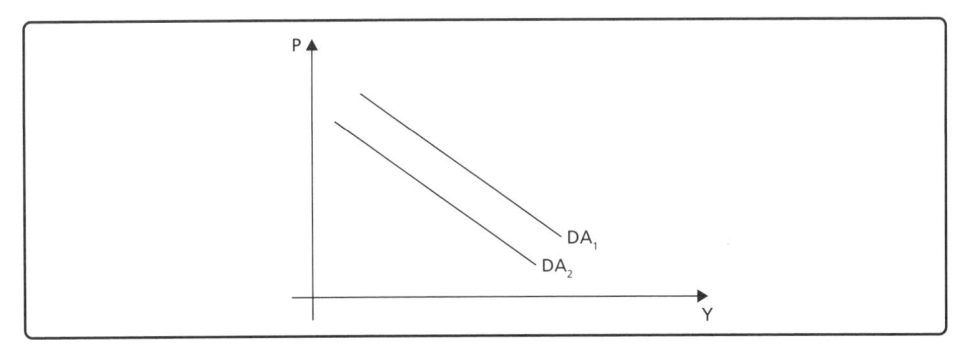

[Gráfico: eixo P (vertical) e Y (horizontal), com duas curvas descendentes DA_1 e DA_2, sendo DA_2 à esquerda de DA_1]

☐ **Política fiscal** expansionista ou restritiva por meio dos gastos do governo (Ga), tributação (Ta) e transferências (Ra). Assim, se o governo adotar uma **política fiscal expansionista**, pela ampliação dos seus gastos (Ga) e transferências (Ra) ou pela redução da tributação (Ta), a demanda agregada (DA) aumenta, deslocando a curva de demanda agregada (DA) para cima ou para a direita, conforme mostra a Figura 20.3. Se o governo adotar uma **política fiscal restritiva**, pela redução dos seus gastos (Ga) e transferências (Ra) ou pela ampliação da tributação (Ta), a demanda agregada (DA) se retrai, deslocando a curva de demanda agregada (DA) para baixo ou para a esquerda conforme, mostra a Figura 20.4.

☐ **Política monetária** pelo aumento ou redução da oferta de moeda (M) ou pela redução ou elevação do nível de preços (P). Assim, se o governo adotar uma **política**

monetária expansionista, pela elevação nominal da oferta de moeda (M), que provoca elevação real da oferta de moeda ou se houver uma redução de preços (P) que eleve a oferta real de moeda (M/P), a curva de demanda agregada (DA) se desloca para a direita ou para cima, conforme a Figura 20.3. Se o governo adotar uma **política monetária restritiva**, pela redução da oferta de moeda (M), ou se houver uma elevação de preços que reduza a oferta real de moeda (M/P), a curva de demanda agregada (DA) se desloca para a esquerda ou para baixo, conforme a Figura 20.4.

☐ **Política cambial** pela desvalorização/valorização real da moeda nacional ou da taxa de câmbio[3]. Assim, se a moeda nacional ou a taxa de câmbio se **desvalorizam**, os produtos exportados ganham competitividade no exterior e os produtos importados ficam relativamente mais caros, o que provoca um aumento da demanda agregada, deslocando a curva de demanda agregada (DA) para cima ou para a direita, conforme mostra a Figura 20.3. Caso a moeda nacional ou a taxa de câmbio se **valorizem**, os produtos exportados perdem competitividade no exterior e os produtos importados ficam relativamente mais baratos, o que provoca uma redução da demanda agregada pelo produto produzido dentro das fronteiras nacionais, deslocando a curva de demanda agregada (DA) para baixo ou para a esquerda, conforme mostra a Figura 20.4.

☐ **Inflação esperada (π_e)**. Foi visto, no capítulo 15, *item 15.8*, o **efeito Fisher**, que mostra que o **aumento** da inflação esperada reduz a taxa de juros reais, expandindo o investimento e deslocando a curva de demanda agregada para a direita ou para cima, conforme mostra a Figura 20.3. Já uma **redução** da inflação esperada aumenta a taxa de juros reais, reduzindo o investimento e deslocando a curva de demanda agregada para a esquerda ou para baixo, conforme mostra a Figura 20.4.

☐ **Taxa de juros**. Caso haja redução das taxas de juros, os investimentos aumentam, deslocando a curva de demanda agregada para cima ou para a direita, conforme mostra a Figura 20.3. Caso haja aumento da taxa de juros, os investimentos se retraem, deslocando a demanda agregada para baixo ou para a esquerda, conforme mostra a Figura 20.4.

20.2. OFERTA AGREGADA

No **mercado de bens**, a **oferta agregada** consiste em quanto as empresas estão dispostas a oferecer de produto (Y) a determinado nível geral de preços, de acordo com a tecnologia (A)[4], a mão de obra (N) e o estoque de capital (K)[5] disponíveis.

A curva de oferta de bens e serviços, denominada de oferta agregada, pode ser representada de acordo com as seguintes vertentes: a Keynesiana, que define a **oferta de curto prazo**; e a clássica, que define a **oferta de longo prazo**.

A **oferta Keynesiana** abrange dois modelos: o primeiro denominado oferta Keynesiana — **caso extremo**; e o segundo denominado oferta Keynesiana — **caso básico**.

---

[3] Pela cotação do incerto.
[4] A tecnologia é responsável pelo aumento da produtividade da mão de obra e do capital.
[5] O estoque de capital (K) compreende as máquinas, equipamentos, instalações, prédios, caminhões, galpões, tratores e demais insumos utilizados na produção com exceção da mão de obra.

a) **Oferta agregada Keynesiana — caso extremo:** considera os preços rígidos, o que faz com que a curva de oferta seja horizontal ou **totalmente elástica** aos preços. Portanto, qualquer mudança na demanda agregada altera apenas a quantidade produzida e, por conseguinte, o nível de emprego. Logo, a demanda agregada (DA) é quem determinará o Produto Real (Y) da economia, de tal maneira que qualquer aumento da demanda agregada poderá ser atendido pelo aumento da quantidade ofertada ou Produto Real. Observe a Figura 20.5.

Figura 20.5. Curva de oferta agregada Keynesiana — caso extremo e as consequências do aumento da demanda agregada

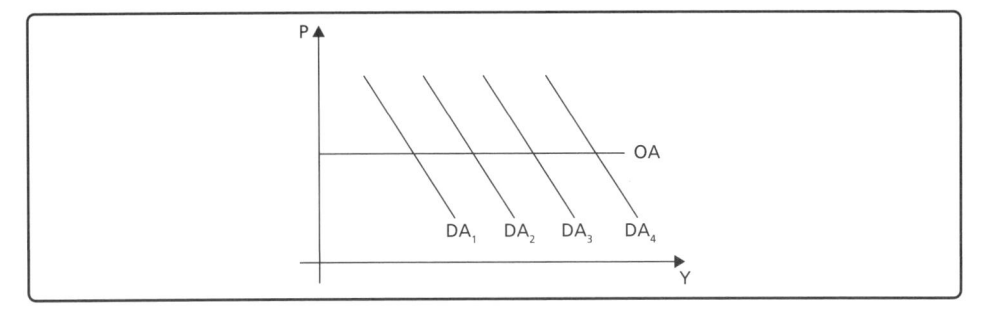

b) **Oferta agregada Keynesiana — caso básico:** considera que uma elevação dos preços fará com que o salário real da economia (W/p) se reduza, tornando mais interessante para as empresas contratar mais mão de obra, aumentando a quantidade ofertada da economia. Isso torna a curva de oferta **positivamente inclinada**. Nesse caso, as empresas não trabalham dentro do seu produto potencial, apresentando uma capacidade ociosa que permite à quantidade produzida crescer e atender a uma demanda também crescente. Portanto, o nível de preços (p) e Produto Real (Y) variam. Observe a Figura 20.6.

Figura 20.6. Curva de oferta agregada Keynesiana — caso básico e as consequências do aumento da demanda agregada

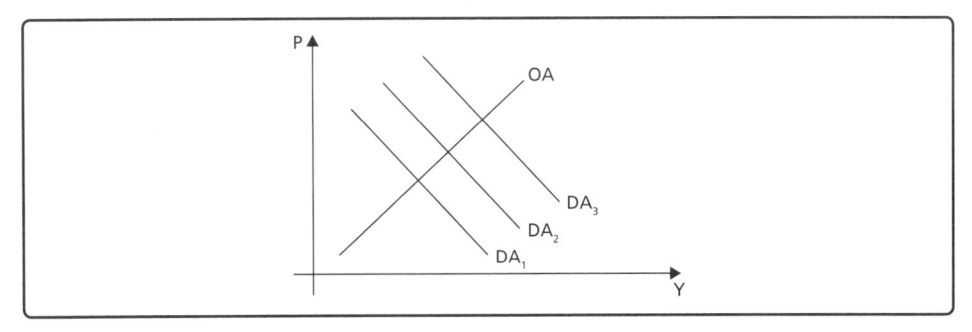

Percebe-se que alterações na demanda agregada levam a alterações tanto do nível de preços (p) quanto do produto (Y), sempre na **mesma direção**, ou seja, se a demanda agregada se desloca para a direita, preços e quantidades produzidas aumentam. Se a demanda agregada se desloca para a esquerda, preços e quantidades produzidas diminuem. A intensidade com que os preços se modificarão depende da inclinação da curva de oferta agregada.

c) A oferta agregada clássica ou oferta de longo prazo considera a existência do pleno emprego, ou seja, é uma situação em que a economia trabalha no seu produto potencial (Yp). No nível de produção constante, somente o nível de preços poderá variar, fazendo com que a oferta se torne vertical ou **totalmente inelástica** aos preços. Os preços (P) são flexíveis, e o produto (Y) é de pleno emprego (Yp), ou seja, um aumento da demanda agregada (DA) fará com que apenas os preços se elevem, permanecendo constante o Produto Real (Yp). Observe a Figura 20.7.

Figura 20.7. Curva de oferta agregada clássica e as consequências do aumento da demanda agregada

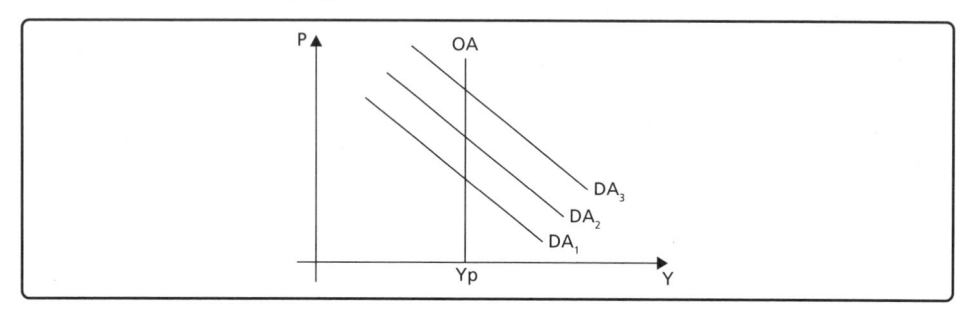

Segundo Pinho e Vasconcellos: "Abaixo do pleno emprego, seguia-se a tradição Keynesiana de que os preços eram rígidos, e que mudanças no sistema dadas exogenamente afetavam apenas as variáveis reais. Por outro lado, no pleno emprego, as variáveis reais permaneciam inalteradas e choques de demanda se traduziam apenas num movimento de preços"[6].

Unindo as três vertentes, pode-se construir um único gráfico, representado na Figura 20.8.

Figura 20.8. Curva de oferta agregada e as consequências de um deslocamento da curva de demanda ao longo das três vertentes: Keynesiana — caso extremo, Keynesiana — caso básico e clássico

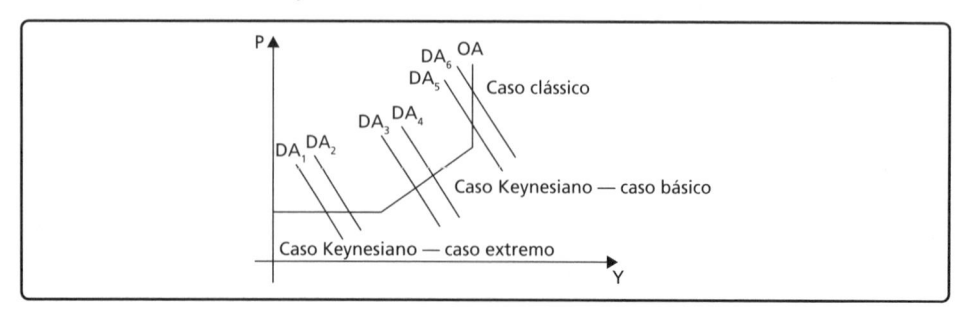

---

[6] Diva Benevides Pinho e Marco Antonio Sandoval de Vasconcellos, *Manual de economia*, p. 264.

20.2.1. A base de preços na construção da curva de oferta agregada

As bases de preços abordadas neste livro serão duas:

☐ oferta agregada com base nos **preços passados**;
☐ oferta agregada com base em **preços futuros** — curva de oferta de Lucas.

20.2.1.1. A oferta com base nos preços passados

A oferta agregada baseada em preços passados traz uma hipótese de indexação, na medida em que os preços do presente se comportarão de acordo com os preços do passado.

Partindo do mercado de trabalho, a demanda das empresas por N (mão de obra — emprego) se baseia no salário real (w/p) e em quanto os empresários esperam vender, o que depende do produto corrente e do produto potencial.

O salário nominal (W) depende do **salário nominal do período anterior** e do nível de **desemprego**, já que, no desemprego, o salário nominal tende a cair e, no superemprego, o salário tende a subir.

Sachs e Larrain explicam essa relação: "quando o desemprego está baixo, os empregadores têm dificuldade para atrair novos funcionários e tentam evitar que seus funcionários troquem de emprego. Nessas condições, o poder de barganha dos sindicatos e dos trabalhadores é forte. Em mercados de trabalho com essa característica, os salários reais tendem a subir. Entretanto, quando o desemprego prevalece, os trabalhadores e sindicatos estão em situação mais frágil, pois a empresa pode atrair facilmente novos funcionários. Os funcionários têm mais dificuldades em conseguir aumentos e, às vezes, precisam até aceitar redução do salário real"[7].

Partindo-se do mercado de trabalho, sabe-se que:

$$W = W_{-1} [1 - \delta (\mu - \mu_N)] \quad (1)$$

Onde: δ = sensibilidade do salário ao desemprego; W_{-1} = salário nominal do período anterior; μ = taxa de desemprego[8]; μ_N = taxa de desemprego natural[9]; e W = salário nominal no período atual.

Portanto, por essa fórmula, pode-se deduzir que o salário corrente (W) será função do salário do último período (W_{-1}) e do nível de emprego relativo da mão de obra, ou seja, da fração da mão de obra de pleno emprego que não está empregada ($\mu - \mu_N$), de tal maneira que, quando o emprego é superior à oferta de mão de obra, os salários correntes tendem a se elevar, e quando o emprego é inferior à oferta de mão de obra, os salários correntes tendem a se reduzir. Sendo o desemprego apenas o desemprego natural, então, $\mu - \mu_N = 0$, e o salário corrente será igual ao salário do último período, ou seja, $W = W_{-1}$.

---

[7] Jeffrey D. Sachs e Felipe B. Larrain, *Macroeconomia*, p. 481.
[8] Taxa de desemprego é a porcentagem da força de trabalho que não está empregada, ou seja, é a razão entre o número de pessoas desempregadas e o número de pessoas na força de trabalho.
[9] Desemprego natural = soma do desemprego voluntário + desemprego friccional. Não é fruto de demanda agregada insuficiente.

Pelo gráfico da Figura 20.9, é possível perceber que, se o emprego estiver abaixo do **pleno emprego** (Npe), o salário nominal (W) vai continuar a se reduzir. Assim, partindo do ponto "1", em que ocorre o pleno emprego (Npe) e o salário é igual a W_{-1}, e supondo que as empresas, por algum motivo, acreditem que venderão menos de seu produto e, portanto, demandem menos mão de obra, reduzindo a quantidade de mão de obra a ser contratada e o emprego até N_1, isso fará com que o salário nominal a ser pago caia até W_1, menor que W_{-1}. No período seguinte, essa mesma mão de obra será contratada a um salário ainda menor (W_2), devido à pressão que vai existir por salários mais baixos no ponto "2", deslocando-o para o ponto "3". Esse processo vai perseverar até que os salários mais baixos levem à queda dos preços, suficiente para que a demanda agregada aumente, fazendo as empresas produzirem mais e, por conseguinte, demandarem mais mão de obra.

Figura 20.9. O salário como função do nível de oferta de mão de obra (N)

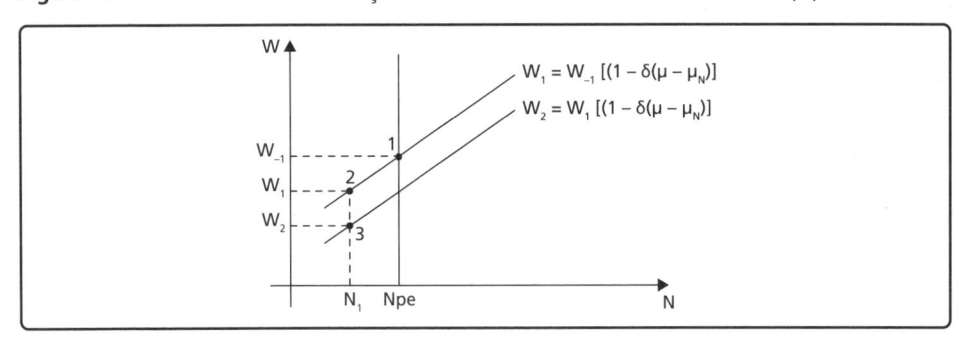

Blanchard afirma que: "para ser considerada desempregada uma pessoa deve atender a duas condições: (1) deve estar sem trabalho e (2) deve estar procurando algum trabalho"[10]. O *trade-off* entre salário e desemprego inclui apenas o desemprego involuntário, que se enquadra na definição dada por Blanchard.

Como se deseja definir a curva de oferta, que é a relação entre preço (P) e produto real (Y), e não a relação entre salário nominal (W) e taxa de desemprego (μ), é necessário o estudo da Lei de Okun.

20.2.1.1.1. Lei de Okun

A Lei de Okun estabelece uma relação entre **produto e desemprego**[11], ou seja, afirma que a diferença entre produto potencial e produto efetivo mantém

---

[10] Olivier Blanchard, *Macroeconomia*, p. 26.

[11] O desemprego pode ser sazonal, cíclico, estrutural ou friccional.

    O **desemprego sazonal** ocorre em períodos de entressafra de determinados produtos agrícolas, por exemplo. É um tipo de desemprego involuntário.

    O **desemprego estrutural** aparece quando a oferta de mão de obra é maior que a demanda, ocorrendo esse excesso de forma não temporária. Esse tipo de desemprego se deve em grande parte ao desenvolvimento da robótica e da informática. É um tipo de desemprego involuntário.

uma proporção com a diferença entre a taxa de desemprego e a taxa de desemprego natural[12].

$$(\mu - \mu_N) = \lambda (Yp - Y) \quad (2)^{13}$$

Onde: Yp – Y = produto potencial – produto efetivo = hiato do produto; λ = sensibilidade do desemprego ao hiato do produto; $\mu - \mu_N$ = diferença entre a taxa de desemprego e a taxa de desemprego natural.

Em **(1)**, sendo o salário (W) o preço da mão de obra e substituindo "W" por "P", tem-se:

$$P = P_{-1} [1 - \delta (\mu - \mu_N)] \quad (3)$$

Substituindo (2) em (3):

$$P = P_{-1} [1 - \delta \lambda (Yp - Y)]$$

Se a economia opera em seu nível potencial, então Yp = Y.

Então: $P = P_{-1} [1 - \delta \lambda (0)]$

e, $P = P_{-1}$, ou seja, o preço corrente será igual ao preço passado.

Se a economia opera em nível **inferior ao potencial** (Yp), ou seja, (Yp – Y) > 0, então $P < P_{-1}$ e a taxa de desemprego será superior à taxa natural.

Se a economia opera em nível **superior ao seu potencial** (Yp), ou seja, (Yp – Y) < 0, então $P > P_{-1}$ e a taxa de desemprego será inferior à taxa natural.

Representando graficamente e atribuindo dois preços, P_1 e P_2, sendo P_1 abaixo de P_{-1} e P_2 acima de P_{-1}, é possível observar que, quando o preço está abaixo de P_{-1}, o produto (Y_1) está abaixo do produto potencial (Yp), e quando o preço está acima de P_{-1}, o produto (Y_2) está acima do produto potencial (Yp), o que determina uma curva de oferta **positivamente inclinada**, "dado" um salário nominal (W). Observe a Figura 20.10.

Visualize que: se Y_1 < Yp, então $P_1 < P_{-1}$ e se Y_2 > Yp, então $P_2 > P_{-1}$.

O **desemprego cíclico** ocorre em períodos de recessão da economia. É um tipo de desemprego involuntário.

O **desemprego friccional** decorre da transição de um empregado de um emprego para outro. Compõe o desemprego natural. Portanto, não é desemprego involuntário.

[12] Segundo a Lei de Okun (Arthur Okun), para cada 2 a 2,5% de quebra do PNB relativamente ao PNB potencial, a taxa de desemprego aumenta 1 ponto percentual.

[13] Se rearrumarmos essa função, tem-se:
(Yp -Y)/ $(\mu - \mu_N)$ = $1/\lambda$
Onde: $1/\lambda$ = taxa de sacrifício do produto em relação ao desemprego.

Figura 20.10. Curva de oferta positivamente inclinada que mostra que preços abaixo de P_{-1} determinam um produto abaixo de Yp e preços acima de P_{-1} determinam um produto acima de Yp, "dado" um salário nominal

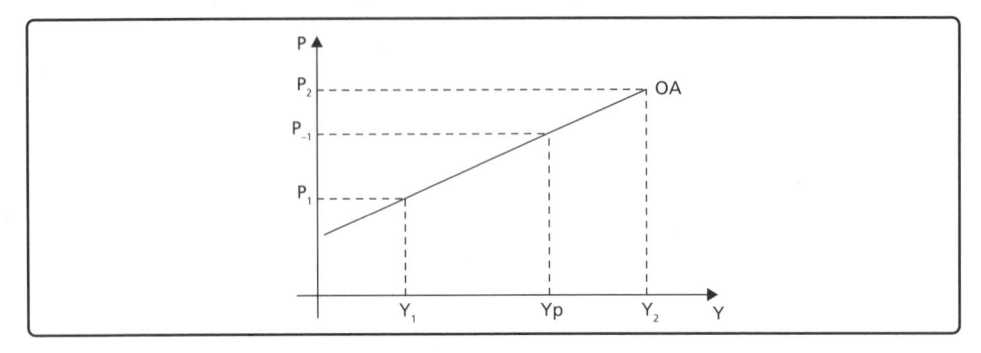

20.2.1.1.2. Curva de oferta de longo prazo baseada em preços passados

Considere uma situação em que, no curto prazo, a curva de oferta agregada de curto prazo, AO_{cp1}, intercepta a curva de demanda agregada (DA), num ponto em que o produto efetivo é menor que o produto potencial (ou o produto de longo prazo), (Y_p), marcado pelo ponto "1". Como o produto não é o potencial, não ocorre o pleno emprego, ou seja, há desemprego. Como há desemprego, os salários tendem a se reduzir, fazendo com que a curva de oferta de curto prazo, OA_{cp1}, desloque-se até o ponto em que a intersecção da curva de demanda (DA), e a curva de oferta de curto prazo, OA_{cp2}, coincidam com a curva de oferta de longo prazo, OA_{LP}, marcado pelo ponto "2". Portanto, no longo prazo, a economia tende ao produto potencial (Y_p), cujo preço oscilou com base nos preços do período anterior (P_{-1}). Observe a Figura 20.11. Percebe-se que a oferta agregada de longo prazo é uma curva vertical.

Figura 20.11. Curva de oferta de longo prazo — OA_{LP} baseada em preços passados

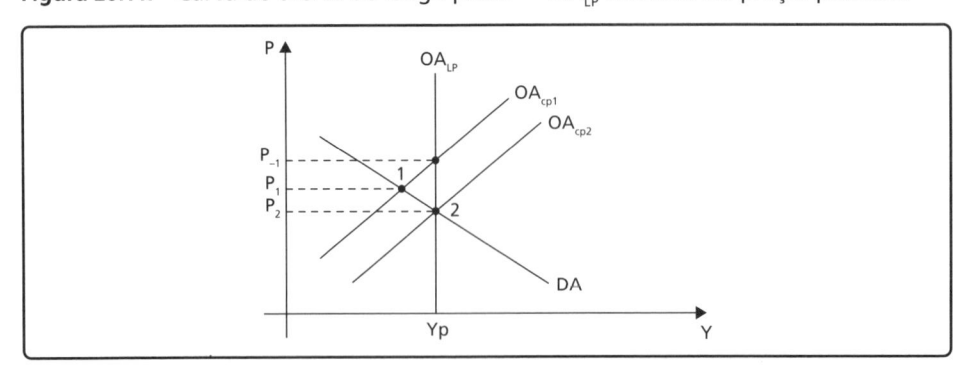

Onde: P_{-1} = preço prevalecente no período anterior; P_1 = preço quando a OA_{cp1} intercepta DA; e P_2 = preço quando a OA_{cp2} intercepta DA e OA_{LP}.

20.2.1.2. A oferta com base em preços futuros (oferta de Lucas)

A **oferta de Lucas** se dará em cima de **expectativas futuras** de preços, e não mais em bases passadas, como abordado no *item 20.2.1.1*. O salário nominal e, consequentemente, os preços se formarão sobre essas expectativas, ou seja, de acordo com as expectativas sobre o comportamento da demanda agregada. Para Lucas, as pessoas se antecipam ao que acontece na economia e, assim, projetam suas ações. Elas preveem alterações nos preços e passam a barganhar salários nominais mais altos. O salário nominal se ajustará, portanto, ao preço esperado, de maneira a se atingir o produto potencial. De acordo com a diferença entre esse nível de preço (preço efetivo) (P) e o nível de preço esperado (baseado em expectativas), (P^e) o produto se afastará ou se aproximará do produto potencial. Com base nisso, constrói-se a relação representada pela função a seguir:

$$Y = Y_p + \alpha (P - P^e)$$
$$Y - Y_p = \alpha (P - P^e)$$

Pela função dada, pode-se perceber que preço corrente (P) acima do preço esperado (P^e) corresponde a um produto corrente (Y) acima do produto potencial (Y_p), e preço corrente (P) abaixo do preço esperado (P^e) corresponde a um produto corrente (Y) abaixo do produto potencial (Y_p). Representando graficamente, percebe-se que a curva de oferta agregada (OA) é **positivamente inclinada**. Observe o gráfico da Figura 20.12.

Figura 20.12. Curva de oferta positivamente inclinada que mostra que preços abaixo de P^e determinam um produto abaixo de Y_p e preços acima de P^e determinam um produto acima de Y_p

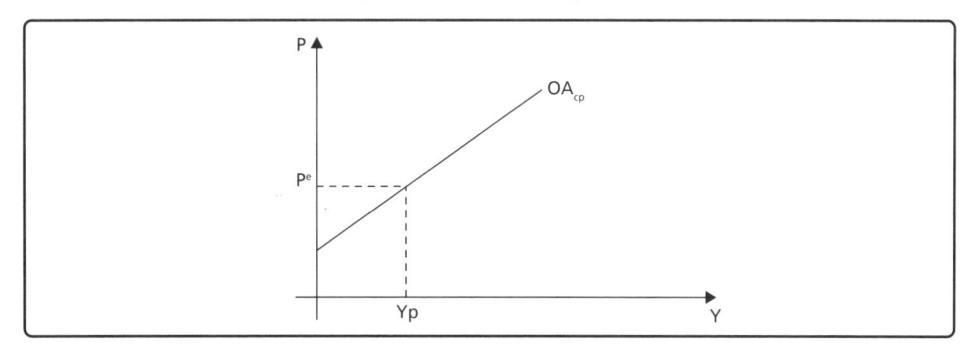

Se $P > P^e$ → produto corrente > produto potencial
Se $P < P^e$ → produto corrente < produto potencial
Se $P = P^e$ → produto corrente = produto potencial

Pode-se entender melhor esse raciocínio, da seguinte maneira:

Se os salários (W) fixados pelo trabalhador tiverem por base um determinado preço esperado e esse preço superar a expectativa, seu salário real (W/P) se reduzirá, tornando interessante para a empresa contratar mais. Isso faz com que o produto corrente supere o produto potencial no curto prazo.

Portanto, tanto na formulação com base nos preços passados como na formulação com base nos preços futuros, as pessoas reagem às políticas do governo dependendo da credibilidade do governo e da rapidez com que essas políticas são implementadas. Se essas medidas forem surpreendidas e de baixa credibilidade, fazendo com que as pessoas não antecipem suas reações, então, poderão alterar o nível de Renda/ Produto/ emprego no curto prazo, o que justificaria uma curva de oferta agregada crescente provocando maiores elevações do produto, se os preços aumentarem no curto prazo.

Assim, se o produto aumenta em qualquer um dos modelos, os preços aumentam no curto prazo. Porém, no longo prazo, se os preços aumentarem, o produto permanecerá estável, o que poderá ser verificado a partir do *item 20.2.1.2.1.*

20.2.1.2.1. Curva de oferta de Lucas de longo prazo

No **longo prazo**, o comportamento será o seguinte:

Suponha uma situação inicial de equilíbrio, em que o produto é o potencial (Yp) e o preço esperado seja P^e_1, marcado pelo ponto "1". Se houver uma política econômica que amplie a demanda agregada (DA), então DA_1 se desloca para DA_2, elevando o preço de P^e_1 para P_2 e o produto de Yp para Y_2, gerando **superemprego**, o que, consequentemente, pressionará a elevação de salário, deslocando o ponto "1" até o "2". Salários mais elevados levam a curva da oferta agregada a se deslocar para cima ou para a esquerda ($OA_{cp1} \to OA_{cp2}$), fazendo com que os preços se elevem ainda mais e o produto caia de Y_2 para Yp, marcado pelo ponto "3". Portanto, no longo prazo, o produto tende ao potencial. Ocorre, porém, que os preços ficarão mais elevados. Observe a Figura 20.13. Dornbusch e Fischer explicam que o ponto "2" do gráfico da Figura 20.13 "(...) representa uma situação de superemprego, os salários, por conseguinte estão em ascensão e os custos das empresas também. A fim de oferecer mesmo nível de produção, sem redução de seus lucros, as empresas cobrarão preços mais altos. Isso é mostrado (...) como um deslocamento para cima da curva de oferta agregada. (...) O nível de preços se eleva e a produção de equilíbrio cai, (...) até que os preços tenham se elevado suficientemente para reduzir o nível dos saldos reais e portanto da demanda agregada até o nível de pleno emprego, Yp. Uma vez que esse é atingido, não haverá mais tendência de subida de salários. (...) os custos permanecem constantes, tendo a economia alcançado um novo equilíbrio de longo prazo"[14].

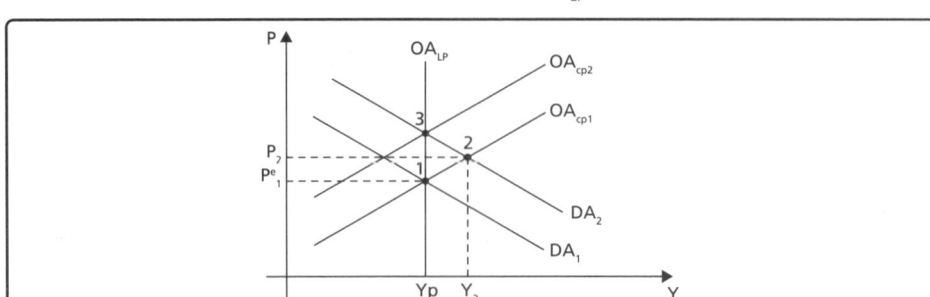

Figura 20.13. Curva de oferta de longo prazo — OA_{LP} de Lucas

---

[14] Rudiger Dornbusch e Stanley Fischer, *Macroeconomia*, p. 326.

Conclusão: no **curto prazo**, uma política que desloque a demanda agregada para a direita eleva o preço (P) e o produto (Y); no **longo prazo**, uma política que desloque a demanda agregada para a direita apenas afeta o preço (P), mantendo constante o produto (Y).

Mas a elevação de preços (P) também pode ser verificada se, no curto prazo, a curva de oferta se deslocar para a esquerda ou para cima. Verifique na Figura 20.14.

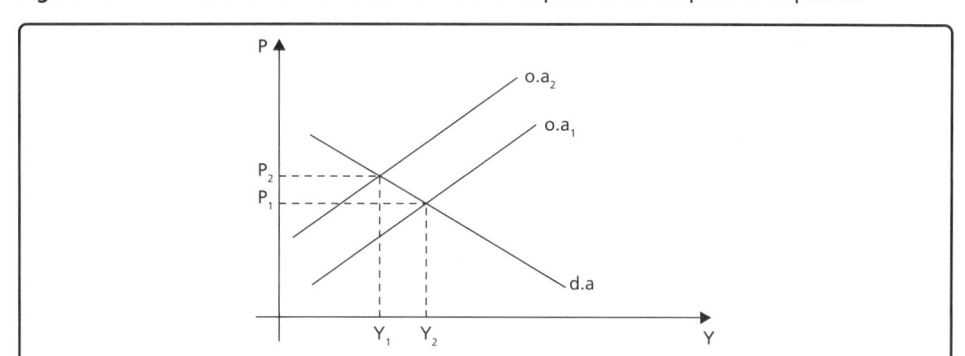

Figura 20.14. Deslocamento da curva de oferta para cima ou para a esquerda

Observe que, diferentemente da curva de demanda, quando a curva de oferta se desloca, provocando aumento dos preços (P), também reduz o nível de produto da economia (Y) e, consequentemente, o nível de emprego. Um choque de oferta gera, portanto, uma **estagflação**, que é uma inflação com recessão. Já a curva de demanda, quando se desloca, eleva o nível de preços (P), o nível de produto (Y) e, portanto, o de emprego também. Decorre daí uma inflação com crescimento econômico.

Deve-se ficar atento para a diferença entre haver um deslocamento **"na"** curva de oferta e um deslocamento **"da"** curva de oferta. Observe na Figura 20.15 que, na medida em que o nível de preço (P) se altera, a quantidade ofertada de produto (Y) também se altera, provocando um deslocamento **"na"** própria curva de oferta agregada. Portanto, o único fator que provoca o deslocamento **"na"** curva de oferta agregada é o nível de preços. Todos os outros fatores provocam o deslocamento **"da"** curva de oferta.

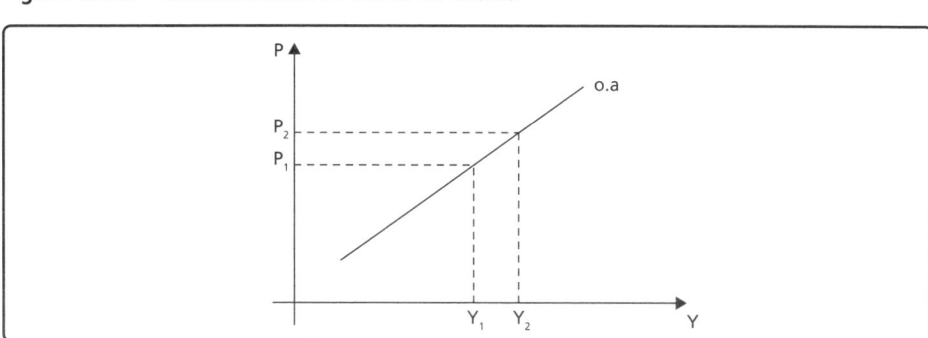

Figura 20.15. Deslocamento na curva de oferta

20.2.2. Fatores que justificam a inclinação positiva da curva de oferta agregada de curto prazo

Os fatores que justificam uma curva de oferta de curto prazo positivamente inclinada são: a teoria dos **salários rígidos**, a teoria dos **preços rígidos** e a teoria da **ilusão monetária**.

A teoria dos **salários rígidos** afirma que os salários tendem a responder a alterações nas condições econômicas mais lentamente que os preços, ou seja, caso os preços subam, os salários não sobem na mesma velocidade, fazendo com que os salários reais (W/P) caiam, o que torna atrativo para os empresários contratar mais mão de obra e produzir mais.

A teoria dos **preços rígidos** afirma que os preços de determinados produtos podem não se ajustar na mesma velocidade de alterações econômicas. Assim, se o nível geral de preços se eleva, e o preço do produto continuar fixo torna-se relativamente mais baratos, o que eleva a quantidade demandada pelos agentes econômicos e, por conseguinte, há um aumento da produção.

A teoria da **ilusão monetária** afirma que, quando o nível geral de preços se eleva, o agente econômico pode demorar um tempo para perceber que não foi apenas o seu preço que subiu. Assim, acredita-se que os outros preços não foram afetados, então, o agente cria a ilusão que seus preços relativos se elevaram, o que estimula o aumento da produção.

20.2.3. Fatores que provocam o deslocamento da curva de oferta agregada de curto prazo

A curva de oferta agregada de curto prazo pode se deslocar quando houver **alteração dos fatores produtivos, mudança tecnológica ou alteração no nível esperado de preços**.

Assim, haverá aumento da oferta agregada de curto prazo, deslocando a curva para a direita ou para baixo, quando houver:

- aumento da mão de obra ou trabalho;
- aumento do capital físico e humano;
- aumento de instituições;
- aumento da matéria-prima ou recursos naturais;
- melhoria tecnológica;
- queda no nível esperado de preços, porque, quando o agente espera um nível mais baixo de preços, os preços rígidos (que só ocorrem no curto prazo) serão fixados em níveis mais baixos. Assim, para gerar o mesmo nível de produção, a curva de oferta deverá se deslocar para baixo ou para a direita.

Da mesma maneira, haverá redução da oferta agregada, deslocando a curva para a esquerda ou para cima, se houver redução dos fatores produtivos, piora tecnológica ou elevação do nível esperado de preços.

Assim afirmam Sachs e Larrain: "Há várias formas de choque da oferta. Nas economias agrícolas, as condições de tempo ou as pestes agrícolas reduzem a colheita e, portanto, provocam tanto aumento de preços quanto queda de produção. Um aumento salarial que resulte de um contrato sindical pode ser interpretado como um choque de oferta, porque o aumento nominal dos salários induz a um deslocamento para a esquerda da curva de oferta agregada. Outro exemplo são os aumentos mundiais do preço do petróleo de 1973-1974 e 1979-1980 (...). Conforme este insumo da produção de inúmeros bens e serviços ficou mais caro, as empresas constataram que o custo marginal de produção havia aumentado e, portanto, a curva da oferta agregada havia se deslocado para a esquerda. No novo equilíbrio, depois do choque da oferta, o nível de preços é maior e o de produção menor"[15].

20.2.4. Fatores que provocam o deslocamento da curva de oferta agregada de longo prazo

A curva de oferta de longo prazo, que é totalmente inelástica aos preços, será deslocada em virtude de alterações de fatores que determinam o produto potencial. Assim, a curva de oferta se deslocará para a direita caso haja aumento dos fatores produtivos ou avanço tecnológico, e para a esquerda, caso haja redução dos fatores produtivos e piora tecnológica.

Logo, os fatores que deslocam a reta de oferta agregada de longo prazo para a direita são:

- aumento da mão de obra ou trabalho;
- aumento do capital físico e humano;
- aumento de instituições;
- aumento da matéria-prima ou recursos naturais;
- melhoria tecnológica.

Observe que, como no longo prazo o agente não sofre de ilusão monetária, o nível esperado de preços não afeta a curva de oferta agregada.

20.3. QUESTÕES

1. (CEBRASPE — 2023 — POLC AL/ Ciências Contábeis, Ciências Econômicas ou Administração) Considerando a teoria macroeconômica e os principais agregados macroeconômicos, julgue o próximo item.
Qualquer mudança em variável, exceto nível de preços, que desloque a curva IS ou a curva LM, também irá deslocar a curva de oferta agregada.
( ) Certo
( ) Errado

2. (CEBRASPE — 2022 — TCE-SC)/Ciências Econômicas) Considerando uma economia com o modelo macroeconômico tradicional no qual o governo controla a quantidade de moeda, julgue o item a seguir.

---

[15] Jeffrey D. Sachs e Felipe B. Larrain, *Macroeconomia*, p. 478.

O aumento do salário nominal gera aumento do nível de preços via expansão da demanda agregada.
( ) Certo
( ) Errado

3. (VUNESP — 2022 — Economista/Pref Piracicaba) Um aumento da demanda agregada, considerando uma oferta agregada clássica, levará a
a) um aumento dos preços somente.
b) aumento dos preços e do produto.
c) aumento do produto e queda dos preços.
d) aumento do produto e estabilidade nos preços.
e) queda nos preços e produto estável.

4. (VUNESP — 2022 — Economista — Pref Sorocaba) A oferta agregada clássica se caracteriza por ser:
a) positivamente inclinada.
b) vertical.
c) horizontal.
d) negativamente inclinada.
e) elástica.

5. (FGV — 2023 — DPE RS/Economia) De acordo com as implicações da validade da curva de oferta agregada de Lucas:
a) não é possível no curto prazo ocorrer expansão da produção efetiva acompanhada de um maior nível de inflação;
b) se o nível de preços corrente é maior do que o nível de preços esperado, então o produto efetivo excede o produto potencial;
c) as firmas, ao se depararem com um aumento nos preços de seus produtos, consideraram também que houve o aumento de todos os seus preços relativos;
d) como os preços são rígidos, se as expectativas das firmas em relação ao nível de preços forem elevadas, não haverá trade-off de curto prazo entre nível de preços e produção efetiva;
e) como há concorrência imperfeita nos mercados, se as expectativas das firmas em relação ao nível de preços forem elevadas, não haverá trade-off de curto prazo entre nível de preços e produção efetiva.

6. (Auditor Conselheiro Substituto — TCM-GO — FCC — 2015) Considere o modelo de oferta e demanda agregadas. Suponha o cenário de um país com recessão. O Ministro da Fazenda e o presidente do Banco Central pretendem estimular esta economia para reduzir o tamanho e a intensidade da recessão. A medida que conseguirá reduzir o tamanho da recessão do país será
a) aumentar a oferta agregada através de aumento de salários.
b) aumentar a demanda agregada através de aumento do consumo privado.
c) reduzir a demanda agregada através de aumento da taxa de juros.
d) promover política monetária restritiva através do aumento do depósito compulsório.
e) reduzir gastos públicos referentes à construção de pontes e estradas para ligar o Norte ao Sul do país.

7. (Auditor — TCE-CE — FCC — 2015) Para combater uma inflação o governo pode
a) aumentar a demanda agregada o que pode levar a um aumento de desemprego.
b) reduzir a oferta agregada o que pode levar a um aumento de desemprego.
c) aumentar a demanda agregada o que pode levar a uma queda de desemprego.

d) reduzir a demanda agregada o que pode levar a uma queda de desemprego.
e) reduzir a demanda agregada o que pode levar a um aumento de desemprego.

8. (Analista — PGE-MT — Economista — FCC — 2016) Se a Lei de Okun estimada para uma economia é dada por
$\mu_t - \mu_{t-1} = -0,3(g_{yt} - 2,5)$
onde μ_t e μ_{t-1} são a taxa de desemprego dos anos t e t - 1, respectivamente, e g_{yt} é a taxa de crescimento do produto no ano t,
a) um crescimento nulo do produto aumenta a taxa de desemprego.
b) um aumento do desemprego de 1% é compatível com uma queda no produto de 0,33%.
c) conclui-se que a equação não considera o aumento da força de trabalho.
d) a taxa de desemprego natural é igual a 2,5%.
e) a taxa de desemprego independe dos investimentos.

9. (Profissional Básico — BNDES — Administração — CESGRANRIO — 2013) No ano 2000, uma economia encontrava-se em equilíbrio. Em 2001, essa economia foi atingida por uma catástrofe natural e o governo adotou uma política fiscal expansionista.
Nesse caso, verifica-se que, em relação ao ano 2000, o
a) nível de preços aumenta.
b) produto aumenta.
c) produto e o nível de preços aumentam.
d) produto cai e o nível de preços aumenta.
e) produto aumenta e o nível de preços cai.

10. VUNESP — Analista de Gestão (FITO)/Contabilidade/2020. Em um país que apresenta alta taxa de inflação porque a oferta agregada é insuficiente para atender a demanda agregada, uma medida de política governamental que pode estabilizar a economia é
a) o aumento da oferta monetária para elevar a taxa de juros da economia.
b) a redução das alíquotas dos tributos sobre a renda.
c) a diminuição dos gastos públicos.
d) o resgate de títulos da dívida pública pelo Banco Central.
e) a desvalorização da taxa de câmbio da economia para aumentar as importações.

GABARITO

1. "errado".
Os fatores que provocam o deslocamento da curva de oferta agregada, no curto prazo, são alteração nos fatores produtivos (mão de obra, capital, matéria-prima), alteração tecnológica e alteração no nível esperado de preços. Já no longo prazo, são alteração nos fatores produtivos (mão de obra, capital, matéria-prima) e alteração tecnológica. Os fatores que provocam o deslocamento da curva de demanda agregada são uma política fiscal, uma política monetária, uma política cambial, uma inflação esperada e taxa de juros. Assim, uma alteração que desloque a curva IS ou LM provocará um deslocamento da função demanda agregada e não da oferta agregada. Assim, a demanda agregada se desloca ao longo da oferta agregada, mas, esta última, não sai do lugar. O item está errado.

2. "errado".
O aumento do salário nominal gera aumento do nível de preços via retração da oferta agregada porque o aumento salarial pode ser interpretado como um choque de oferta, o que induz a um deslocamento para a esquerda da curva de oferta agregada. O item está errado.

3. "a".
Quando a oferta agregada é clássica, a curva é totalmente inelástica ao nível de preços, ou seja, é vertical. A demanda agregada é uma função decrescente. Quando há aumento da demanda agregada, ela se desloca para a direita ou para cima. O novo equilíbrio entre a oferta agregada e a demanda agregada ocorrerá a um nível de preços mais alto e um produto constante (Produto potencial). A alternativa correta é a "a".

4. "b".
A oferta agregada clássica é totalmente inelástica aos preços, ou seja, é uma curva vertical. O produto da economia é o potencial e qualquer alteração da demanda agregada só é capaz de alterar o nível de preços da economia. A alternativa correta é a "b".

5. "b".
Se o nível de preços corrente (P) é maior do que o nível de preços esperado (Pe), então o produto efetivo (Y) excede o produto potencial (Yp). Vejamos a função a seguir: $Y - Yp = \alpha (P - Pe)$. Assim se $P > Pe$; então $Y > Yp$. A alternativa "b" está correta.
A curva de oferta de curto prazo de Lucas é uma função crescente. Por isso, é possível no curto prazo ocorrer expansão da produção efetiva acompanhada de um maior nível de preços (inflação). A alternativa "a" está incorreta.
As firmas, ao se depararem com um aumento nos preços de seus produtos maior que o preço esperado que ocorre por uma distorção na percepção das expectativas do produtor, resolvem produzir mais porque acreditam que esse aumento se deve a um aumento da demanda agregada e não devido ao aumento de todos os seus preços relativos. A alternativa "c" está incorreta.
Como os preços são rígidos, se as expectativas das firmas em relação ao nível de preços forem elevadas, haverá *trade-off* (troca) de curto prazo entre nível de preços e produção efetiva, ou seja, quanto maior a diferença entre os preços efetivos e os preços esperados, maior será a diferença entre o preço efetivo e o preço esperado. A alternativa "d" está incorreta.
Devido a informação imperfeita (e não ao mercado imperfeito), se as expectativas das firmas em relação ao nível de preços forem elevadas, haverá *trade-off* de curto prazo entre nível de preços e produção efetiva, já que quanto maior a diferença entre os preços efetivos e os preços esperados, maior será a diferença entre o preço efetivo e o preço esperado. A alternativa "e" está incorreta.

6. "b".
Caso haja aumento da demanda agregada devido ao aumento do consumo privado, a curva de demanda agregada se desloca para a direita ou para cima, promovendo o aumento da quantidade de equilíbrio, minimizando a recessão. Vejamos:

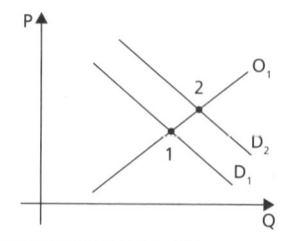

20 ◼ Demanda Agregada/Oferta Agregada

A alternativa "b" está correta.
Quando os salários aumentam, há um aumento da demanda agregada, mas há uma redução da oferta agregada, fazendo com que os preços se elevem, mas a quantidade produzida permaneça constante. Vejamos:

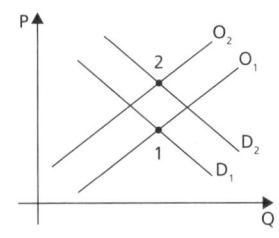

A alternativa "a" está incorreta.
Caso haja redução da demanda agregada através de aumento da taxa de juros, haverá uma redução da quantidade produzida, aprofundando a recessão.

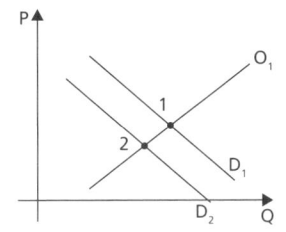

A alternativa "c" está incorreta.
Caso seja adotada uma política monetária restritiva através do aumento do depósito compulsório, a demanda agregada se retrai, deslocando-se para baixo ou para a esquerda, aprofundando a recessão. Vejamos:

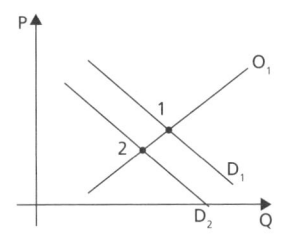

A alternativa "d" está incorreta.
Reduzir gastos públicos adiando a construção de pontes e estradas para ligar o Norte ao Sul do país reduz a demanda agregada, deslocando-a para baixo, reduzindo a quantidade produzida e agravando a crise. Vejamos:

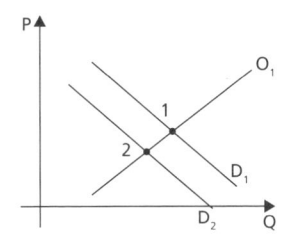

A alternativa "e" está incorreta.

7. "e".
Um aumento da demanda agregada leva ao aumento do preço, o que eleva a inflação, e ao aumento da quantidade produzida e, por conseguinte, ao aumento do emprego. Vejamos:

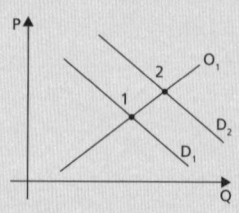

As alternativas "a" e "c" estão incorretas.
Reduzir a oferta agregada leva ao aumento do preço, o que eleva a inflação, e à redução da quantidade produzida e, por conseguinte, leva ao aumento do desemprego. Vejamos:

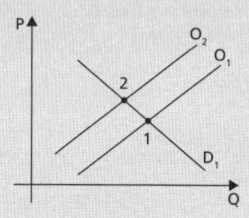

A alternativa "b" está incorreta.
A redução da demanda agregada leva à redução do preço e, por conseguinte, à queda da inflação. Contudo, a quantidade produzida se reduz, elevando o desemprego.

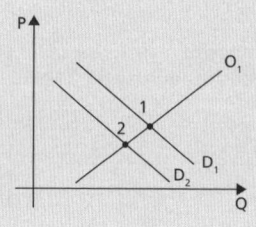

A alternativa "d" está incorreta e a "e" está correta.

8. "a".
Se a taxa de crescimento do produto for nula, veremos que o desemprego cresce 0,75 pontos percentuais em relação ao ano anterior. Vejamos:

$\mu_t - \mu_{t-1} = -0,3(0 - 2,5)$
$\mu_t - \mu_{t-1} = +0,75$
$\mu_t = \mu_{t-1} + 0,75$

A alternativa "a" está correta.
Um aumento do desemprego em 1% significa uma queda no produto de 0,83. Vejamos:
$\mu_t - \mu_{t-1} = 1$
Logo:
$1 = -0,3(g_{yt} - 2,5)$
$-3,33 = g_{yt} - 2,5$
$g_{yt} = -0,83$

A alternativa "b" está incorreta.
Para que não haja aumento do desemprego, é necessário que o produto cresça ao menos 2,5, o que pressupõe o aumento da força de trabalho. A alternativa "c" está incorreta.

Com relação à taxa de desemprego natural, não é possível calcular com as informações dadas. O desemprego natural é aquele compatível com o produto potencial. A alternativa "d" está incorreta. Quanto maior o nível de investimentos, mais as empresas produzirão e, por conseguinte, mais demandarão mão de obra, o que mostra que há uma relação entre o nível de investimentos e o nível de desemprego. A alternativa "e" está incorreta.

9. "a".
Uma catástrofe natural diminui os fatores produtivos na economia. Por conta disso, a oferta agregada se desloca para cima ou para a esquerda. Uma política fiscal expansionista aquece a demanda agregada, deslocando-a para cima ou para a direita. A consequência disso é uma elevação de preços. Com relação à quantidade produzida, nada se pode afirmar, porque seria necessário que fosse informada a intensidade com que os dois fatos ocorreram. Se a intensidade fosse a mesma, as duas curvas se deslocariam igualmente, não alterando o nível de produto. Vejamos:

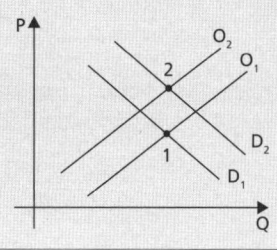

10. "c".
Para conter a inflação, o governo deverá adotar medidas restritivas sobre a demanda agregada, desaquecendo-a. Assim, quando o governo reduz os seus gastos, controla a demanda agregada e a inflação, estabilizando a economia. A alternativa "c" está correta.
O aumento da oferta monetária reduz a taxa de juros da economia e aquece a demanda agregada, elevando a inflação. A alternativa "a" está incorreta.
A redução das alíquotas dos tributos sobre a renda, estimula o consumo, aquecendo a demanda agregada e elevando a inflação. A alternativa "b' está incorreta.
Quando o Banco Central resgata os títulos da dívida pública estará havendo uma expansão monetária que provoca o aquecimento da demanda agregada e elevação da inflação. A alternativa "d" está incorreta.
A desvalorização da taxa de câmbio da economia estimula as exportações e desestimula as importações. Com isso, a demanda agregada fica aquecida e a oferta agregada diminui, elevando a taxa de inflação. A alternativa "e" está incorreta.

20.4. MATERIAL SUPLEMENTAR

QUESTÕES DE CONCURSOS
http://uqr.to/1yjbj

21

TEORIAS DA INFLAÇÃO/CURVA DE PHILLIPS

21.1. INFLAÇÃO

Define se inflação como a elevação **generalizada** e **persistente** de preços. Quando os preços dos produtos sobem em um determinado país ou região durante um determinado período, fazendo com que o poder de compra da moeda diminua, diz se que há inflação. No gráfico da Figura 21.1, a seguir, podemos ver o comportamento da inflação no Brasil de 1997 a 2017.

Figura 21.1. Inflação histórica no Brasil (IPC) de 1997 a 2022

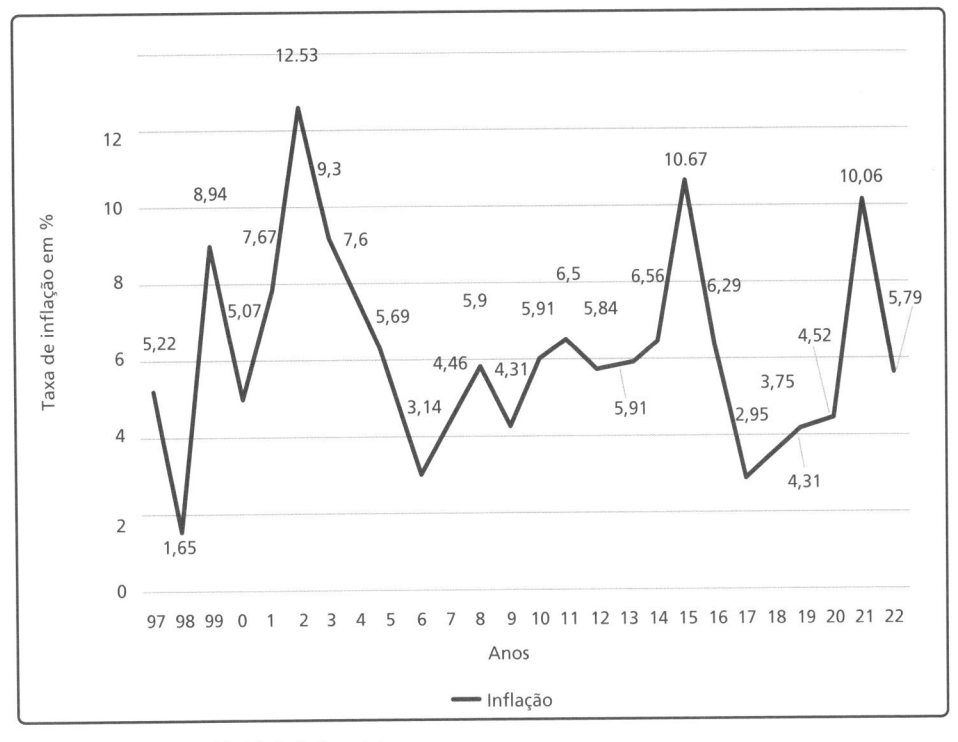

Fonte: Inflacion.eu worldwide inflation data.

Existem vários motivos para os preços subirem, os quais serão abordados neste capítulo.

21.1.1. Efeito "sola de sapato" e custo menu

A inflação traz consigo custos sociais que podem ser sentidos, entre outros, da seguinte forma:

☐ **efeito "sola de sapato"**, que ocorre quando as pessoas, tentando minimizar a quantidade de moeda em seu poder e assim se resguardar da inflação, passam a ir diversas vezes ao banco e, em decorrência disso, diminuem seu tempo em realizar atividades produtivas;

☐ **custo menu**, que se dá quando, pelo fato de haver a necessidade de se atualizarem as listas de preços, recursos são consumidos de uma maneira não produtiva (na remarcação dos preços) ao invés de produtiva (na produção de bens). O custo menu é muito percebido na curva de oferta Keynesiana — caso extremo, na qual os custos de repasse dos preços desestimulam sua alteração, mantendo-os constantes.

Além do efeito "sola de sapato" e do "custo menu", a inflação gera uma redistribuição involuntária de riqueza entre devedores e credores, bem como a transferência involuntária de responsabilidades tributárias.

21.1.2. Regra de Taylor

Uma das maneiras de se controlar a inflação ou o produto da economia é através da regra de Taylor. Ela afirma que o Banco Central, através de sua política monetária, poderá agir para levar a inflação para o centro da meta estipulado por ele ou o produto efetivo para o produto potencial.

Assim, a **regra de Taylor**[1] afirma que a taxa básica de juros nominal (i_t) é determinada pela taxa de inflação do período (π_t), pela diferença entre a taxa de inflação esperada (ou atual) e a meta de inflação determinada pelo Banco Central ($\pi_t - \pi_m$), pelo hiato do produto que é a diferença do produto efetivo e o produto potencial ($Y - Yp$) e a estimativa da taxa de juros real da economia (r^*). assim, tem-se:

$$i_t = \pi_t + \alpha(\pi_t - \pi_m) + \beta(Y - Yp) + r^*$$

Onde: α = sensibilidade da taxa de juros ao diferencial da inflação esperada (ou atual) em relação a meta de inflação estipulada pelo Banco Central

β = sensibilidade da taxa de juros ao diferencial do produto efetivo e o produto potencial.

A regra de Taylor guia a **política monetária** da seguinte forma:

Quando a inflação do período (ou a expectativa) estiver acima da meta de inflação estipulada pelo Banco Central ou quando o produto efetivo estiver maior que o produto potencial, a taxa de juros (i_t) deverá ser elevada.

---

[1] A regra de Taylor foi criada em 1993 pelo economista norte-americano John Taylor.

Também quando a inflação do período (ou a expectativa) estiver abaixo da meta de inflação estipulada pelo Banco Central ou quando o produto efetivo estiver menor que o produto potencial, a taxa de juros (i_t) deverá ser reduzida.

Portanto, segundo a Regra de Taylor, para que os resultados da política monetária, através da taxa de juros, fossem mais efetivos, as regras adotadas dessa política deveriam ser transparentes.

21.1.3. Equação de Phillips

A proposta de William Phillips foi apresentar um trabalho empírico realizado na Inglaterra, no ano de 1958, que mostrava a relação entre desemprego e elevação dos salários nominais no Reino Unido entre os anos de 1861 e 1957. Sua formulação teórica foi realizada por economistas dos Estados Unidos anos depois.

O primeiro estudo da Equação de Phillips mostrou a relação entre a variação dos salários nominais ($\Delta W/W$) e as **taxas de desemprego (μ)**[2], apontando uma relação negativa entre essas duas variáveis, de tal maneira que, quanto maior a taxa de variação de salários nominais, menor a taxa de desemprego. Assim, quanto menor a taxa de variação de salários nominais, maior a taxa de desemprego.

Dois anos depois, em 1960, Samuelson e Solow consideraram uma relação negativa, no curto prazo, entre a taxa de inflação (π) e a taxa de desemprego (μ), denominada, aqui, **Curva de Phillips Original**[3].

---

[2] A população de um país é composta pela População em Idade Ativa (**PIA**) e pela População em Idade Não Ativa (**PINA**).

O IBGE, por meio da Pesquisa Nacional por Amostra de Domicílios contínua (PNAD contínua), classifica como em idade ativa a população acima de 14 anos.

A População em Idade Ativa (**PIA**) é composta pela População Economicamente Ativa (**PEA**) e a População Não Economicamente Ativa (**PNEA**).

A População Não Economicamente Ativa (**PNEA**) é constituída por pessoas que não trabalham nem ofertam trabalho ou por pessoas que trabalham mas não auferem renda.

Como exemplo daqueles que não trabalham nem ofertam trabalho, pode-se enquadrar os desalentados, presos, inválidos, aposentados (caso os aposentados não pretendam mais trabalhar, eles se enquadram na PINA) e estudantes.

Desalentados são as pessoas que não se enquadram no mercado de trabalho porque não encontram uma remuneração compatível com as suas qualificações ou não encontram trabalho que exija uma qualificação à altura de suas competências.

Como exemplo daqueles que trabalham, mas não recebem renda, pode-se enquadrar as donas de casa, os voluntários e os religiosos.

A População Economicamente Ativa (**PEA**) é constituída pelos empregados, empregadores, autônomos e pessoas desempregadas, mas que estão ofertando trabalho.

Entende-se por desemprego aberto uma situação em que a pessoa, apesar de estar desempregada, está a procura de emprego na última semana.

[3] Neste primeiro momento, considera-se a Equação de Phillips sem as expectativas e sem o choque de oferta.

A **teoria de Phillips** defende que, para se combater a inflação, deve-se enfrentar uma **recessão**[4] no curto prazo, ou seja, só se combate a inflação com recessão. Assim, medidas restritivas (sejam políticas monetárias ou fiscais) tendem a desaquecer a economia, gerando desemprego, em prol de uma menor elevação de preços. Do Val realça que: "A importância dessa curva (...) reside na opção que ela propõe em termos de condução da política de estabilização. Opção que pode ir desde a escolha de um nível de desemprego social e politicamente aceitável associado com um alto nível de inflação, até a opção, entre ter inflação com pleno emprego e não ter inflação, mas não ter pleno emprego"[5].

Pinho e Vasconcellos afirmam que: "A curva de Phillips expressava simplesmente uma curva de oferta agregada positivamente inclinada. Phillips relacionava a taxa de crescimento dos preços (inflação) com a taxa de desemprego. Caso a taxa de desemprego fosse mais elevada, indicaria maior excesso de oferta, e, consequentemente, haveria pressão para que a taxa de crescimento dos salários nominais fosse mais baixa. Essa taxa menor corresponderia a uma taxa de inflação menor. À medida que a taxa de inflação fosse maior, os salários reais seriam menores e, consequentemente, de acordo com a teoria neoclássica, as firmas teriam incentivo a contratar mais mão de obra"[6].

A partir do cálculo a seguir, pode-se associar a taxa de inflação à taxa de desemprego.

Dados: P = preço atual; P_{-1} = preço passado; δ constante positiva = sensibilidade dos preços à taxa de desemprego; μ = taxa de desemprego; e μ_N = taxa de desemprego natural (desemprego voluntário + desemprego friccional[7]).

Dada a expressão com base em preços passados[8], tem-se:

$$P = P_{-1} [1 - \delta (\mu - \mu_N)]$$

$$P = P_{-1} - P_{-1} \delta (\mu - \mu_N)$$

$$P - P_{-1} = -P_{-1} \delta (\mu - \mu_N)$$

$$\frac{P - P_{-1}}{P_{-1}} = -\delta (\mu - \mu_N)$$

Como:

$$\frac{P - P_{-1}}{P_{-1}} = \text{taxa de inflação } (\pi), \text{ então:}$$

$$\pi = -\delta (\mu - \mu_N)$$

A representação gráfica dessa função pode ser vista na Figura 21.2.

---

[4] A economia depara-se com oscilações conhecidas por depressão, recuperação, pico e recessão. Depressão é o ponto mais profundo de uma recessão. Recuperação é quando a economia deixa a depressão e começa a crescer. Pico é o ponto mais alto do crescimento econômico. Recessão é quando a economia diminui seu produto no sentido de uma depressão.

[5] Fernando T. R. Do Val, *Macroeconomia*, p. 310-311.

[6] Diva Benevides Pinho e Marco Antonio Sandoval de Vasconcellos, *Manual de economia*, p. 264.

[7] Desemprego friccional é aquele decorrente da transição de um profissional de um emprego para outro.

[8] Vista anteriormente na curva de oferta com base nos preços passados e na Lei de Okun.

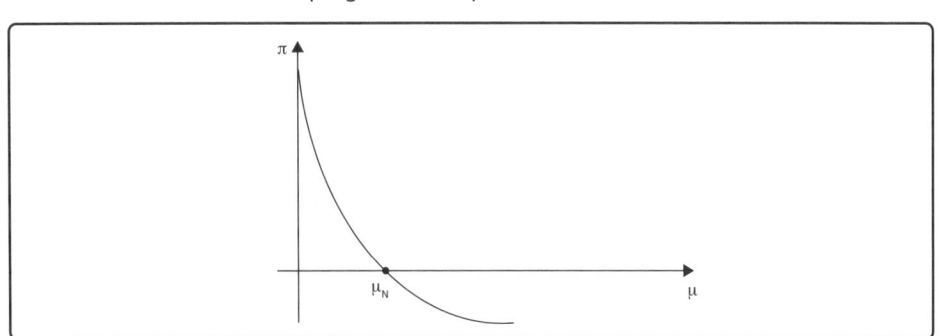

Figura 21.2. Curva de Phillips original: uma relação inversa entre taxa de inflação e taxa de desemprego — curto prazo

Observe que, quando o desemprego se encontra em μ_N, a taxa de inflação é zero. Onde: μ = taxa de desemprego; e π = taxa de inflação.

Ou seja, a taxa de inflação tem uma **relação inversa** com a taxa de desemprego. Portanto, medidas que forem tomadas para combater a inflação (como uma política fiscal e/ou monetária restritiva) acarretarão um aumento no desemprego. A pergunta que se faz é: quanto de inflação será tolerável para que se possa reduzir o desemprego?

Portanto, pela teoria de Phillips, só se combate a inflação com recessão, ou seja, com medidas recessivas. Assim, só se reduz a inflação com aumento do desemprego. Isso pode ser observado na curva de Phillips no **curto prazo**, em que ocorre o *trade-off* entre taxa de inflação (π) e taxa de desemprego (μ), ou seja, a relação entre inflação e desemprego é de troca. Quanto mais inflação, menos desemprego, e quanto menos inflação, mais desemprego.

21.1.4. Equação de Phillips com inflação esperada

Friedman e Pelps[9], em 1968, introduziram na Equação de Phillips, uma taxa de **inflação esperada**. Assim, o conceito da curva de Phillips foi acrescido pelas expectativas, o que deu um conceito novo a curva de Phillips, denominada, agora, Curva de Phillips aceleracionista. Através dessa nova teoria, seria possível se gerar emprego com baixa inflação, como também, não se gerar emprego com alta inflação. Mas, essa teoria afirmava também que, apesar de uma baixa inflação ser capaz de gerar emprego, este último seria de caráter transitório porque os trabalhadores exigiriam elevação de seus salários para recompor a perda real de valor dele devido à inflação passada. Isso provocaria uma redução da oferta de mão de obra, elevando o desemprego, deixando-o ao nível que estava antes da inflação. Logo, se o intuito do governo for reduzir o desemprego, só conseguirá êxito no curto prazo, porque o trabalhador irá exigir recomposição de seus salários em decorrência da inflação, voltando a

---

[9] Milton Friedman e Edmund Pelps se dedicaram a estudar a relação proposta por Phillips acrescentando à equação original a análise das expectativas. A curva de Phillips ficou também conhecida por curva de Phillips aceleracionista.

inflação e o desemprego ao patamar inicial. No decorrer desse processo, os trabalhadores passarão a exigir antecipação de reajustes, elevando ainda mais a inflação e provocando um deslocamento da curva de Phillips para a direita ou para cima. Assim, Pinho e Vasconcellos afirmam que antes na: "(...) curva de Phillips, desconsiderava-se completamente a expectativa de crescimento dos preços, ou seja, admitia-se que os agentes econômicos — no caso os trabalhadores — possuíam ilusão monetária, ou seja, não percebiam o que ocorria com o nível dos preços, mas apenas com seus salários. Assim, Friedman e Pelps propõem que na equação explicativa das taxas de crescimento dos salários nominais deveríamos introduzir, além da taxa de desemprego, a taxa de inflação esperada"[10].

Deduzindo a curva de Phillips de forma **modificada**[11], com base na oferta agregada de Lucas, ou seja, somando-se uma taxa de inflação esperada, tem-se:

$$\pi = \pi_e - \varphi (\mu - \mu_N)^{12}$$

Onde: π = inflação; π_e = inflação esperada; e $\varphi = 1/\lambda\alpha$ = sensibilidade dos preços à taxa de desemprego.

Portanto, se $\mu < \mu_N$, ou seja, se a taxa de desemprego é menor que a natural, significa que $Y > Yp$, ou seja, o produto da economia está superando o potencial, então: p ↑, ou seja, haverá pressão por preços maiores.

Portanto, até a análise feita agora, a inflação teria as seguintes causas:

☐ As pessoas esperam que haja inflação levando a uma elevação de preços denominada inflação esperada (π_e).

---

[10] Diva Benevides Pinho e Marco Antonio Sandoval de Vasconcellos, *Manual de economia*, p. 265.

[11] Dada a Equação de Lucas: $Y = Yp + \alpha (P - P^e)$, deduz-se: $-\alpha (P - P^e) = Yp - Y$ ou **P – P^e = – (Yp – Y)/α (I)**.

Dada a Lei de Okun: $\mu - \mu_N = \lambda (Yp - Y)$, deduz-se: **Yp – Y = ($\mu - \mu_N$)/$\lambda$ (II)**.

Substituindo (II) em (I), tem-se: $P - P^e = -1/\alpha (\mu - \mu_N)/\lambda$ ou $P - P^e = -(\mu - \mu_N)/\alpha\lambda$.

Chamando $\varphi = 1/\alpha\lambda$

$P = P^e - \varphi (\mu - \mu_N)$

Subtraindo dos dois lados P_{-1} e considerando que a variação de P se aproxima da variação percentual de P, então: $\pi = \pi_e - \varphi (\mu - \mu_N)$.

[12] Desconsiderando a inflação esperada (πe) e rearrumando essa função, tem-se:

$(\mu - \mu_N)/\pi = 1 / \varphi$

Onde: $1/\varphi$ = taxa de sacrifício do desemprego em relação à inflação

Sabendo que a taxa de sacrifício total (taxa de sacrifício da inflação em relação ao produto da economia) é a multiplicação da taxa de sacrifício da desemprego em relação à inflação (1/φ) pela taxa de sacrifício do produto em relação ao desemprego (1/λ) visto no capítulo 20 em "Lei de Okun", então:

Taxa de sacrifício total = $1/\varphi \cdot 1/\lambda$

☐ O desemprego é menor que o desemprego natural, fazendo com que o produto seja maior que o potencial, levando a elevação de preços, ocasionando um tipo de inflação de demanda.

☐ Assim, a representação gráfica passa a ser de acordo com a Figura 21.3.

Figura 21.3. Curva de Phillips acrescida da inflação esperada (π_e): deslocamento da curva de Phillips original — curto prazo

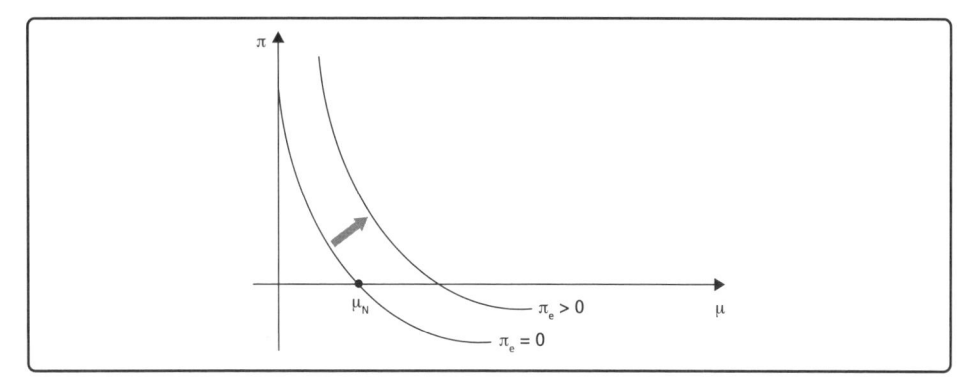

Onde: μ = taxa de desemprego; e π = taxa de inflação.

A curva de Phillips passa a ser representada da seguinte maneira:

Figura 21.4. Curva de Phillips acrescida das expectativas (inflação esperada) — curto prazo

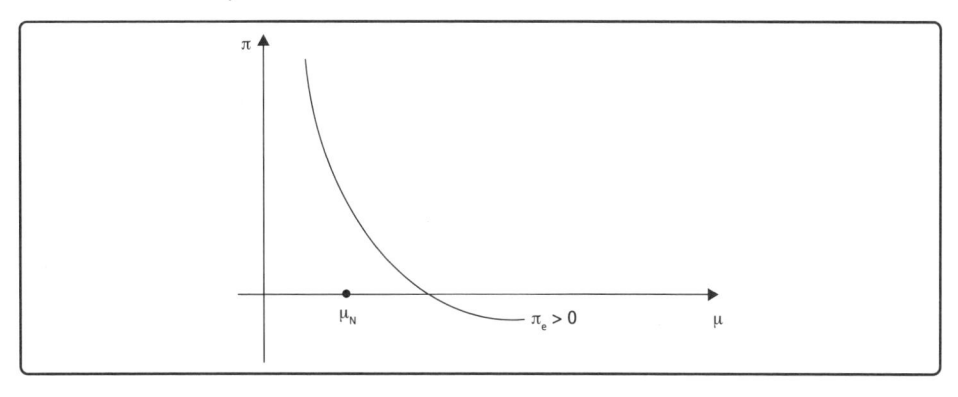

Observe que, pelo fato de ter havido uma inflação esperada positiva, a curva de Phillips se desloca para a direita, aumentando o nível de desemprego. Portanto, uma inflação esperada desloca a curva de Phillips para a direita, e uma deflação esperada desloca a curva de Phillips para a esquerda.

Caso ocorra uma redução da inflação de demanda, há um custo social de mais desemprego, provocando o deslocamento **"na"** própria curva de Phillips, levando A para B, conforme mostra a Figura 21.5.

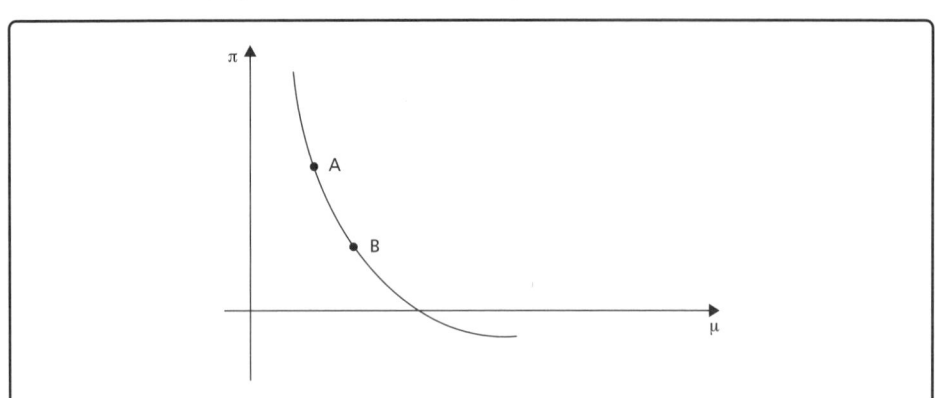

Figura 21.5. Deslocamento na curva de Phillips em decorrência de uma redução da inflação de demanda — curto prazo

Inversamente, um aumento da taxa de inflação de demanda desloca o ponto "B" para "A", diminuindo a taxa de desemprego.

Observe, na Figura 21.6, o que ocorre com a curva de Phillips com uma taxa de **inflação esperada** positiva e negativa.

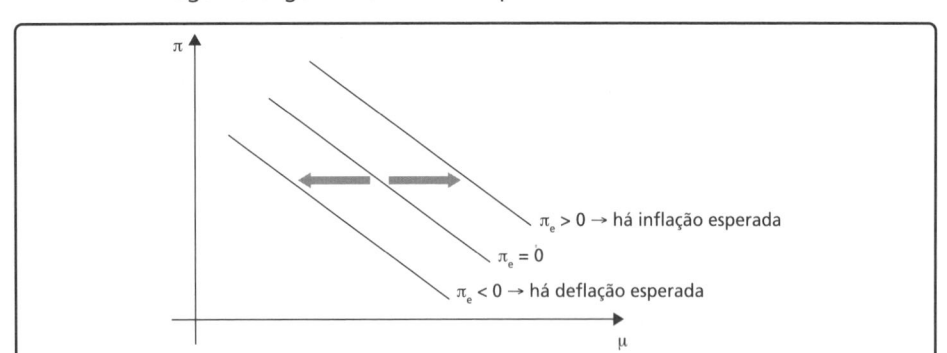

Figura 21.6. Deslocamento da curva de Phillips com uma inflação esperada positiva, negativa e igual a zero — curto prazo

21.1.5. Equação de Phillips com inflação esperada e com choque de oferta

Acrescentando um terceiro motivo para a inflação, a curva de Phillips apresenta uma fórmula mais geral, ou seja, somando-se à equação, pode-se ter um **choque de oferta**, também conhecida por **inflação de custos**.

Exemplo de choque de oferta: quando a matéria-prima sobe de preço devido a uma quebra de safra em decorrência de mudanças climáticas, crises internacionais, guerra etc. São fatores, portanto, imprevisíveis.

O choque de oferta pode ser **favorável** ($\varepsilon < 0$, deslocando a curva de Phillips para a esquerda) ou **desfavorável** ($\varepsilon > 0$, deslocando a curva de Phillips para a direita), conforme mostra a Figura 21.7.

Figura 21.7. Deslocamento da curva de Phillips em decorrência de um choque de oferta positivo e negativo — curto prazo

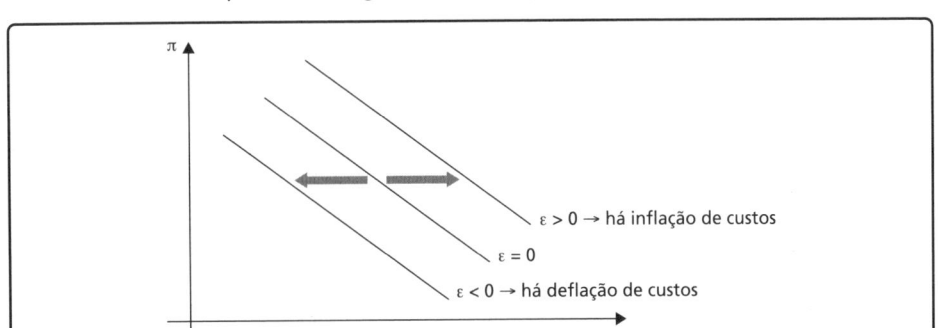

```
π
│
│         ε > 0 → há inflação de custos
│         ε = 0
│         ε < 0 → há deflação de custos
│
└─────────────────────────→ μ
```

Então, a Equação de Phillips se define por: $\pi = \pi_e - \varphi (\mu - \mu_N) + \varepsilon$.

Essa é a equação completa de Phillips, que pode ser representada graficamente conforme a Figura 21.8. Onde: π = taxa de inflação; π^e = taxa de inflação esperada; φ = sensibilidade da inflação ao desemprego = elasticidade da inflação ao desemprego; μ = taxa de desemprego; μ_N = taxa natural de desemprego; e ε = choque de oferta ou inflação de custos.

A equação pode ser representada também adicionando um subscrito "t", indicando que a referida inflação ocorreu no período "t", ou seja: $\pi_t = \pi^e_t - \varphi (\mu - \mu_N) + \varepsilon$.

Figura 21.8. Curva de Phillips com inflação esperada e choque de oferta — curto prazo

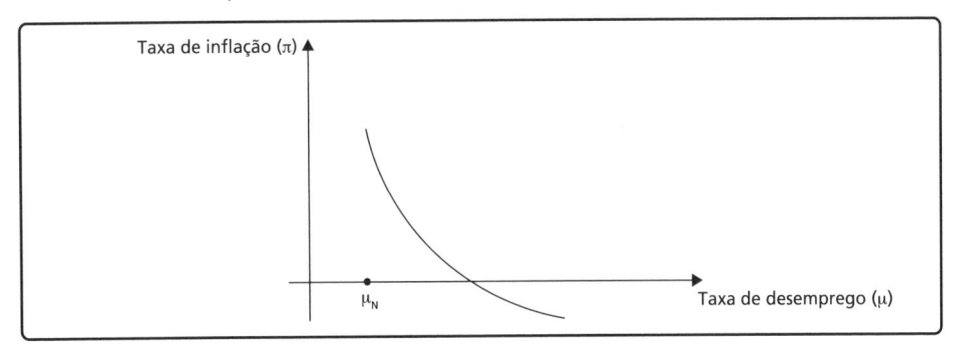

```
Taxa de inflação (π)
│
│ \
│  \
│   \
│    \___
│  μ_N    ‾‾‾‾‾──→ Taxa de desemprego (μ)
```

A curva de Phillips vai mostrar quanto de desemprego deve haver para reduzir a inflação. Ou seja, a relação entre taxa de desemprego e taxa de inflação é **decrescente (ou negativa)**.

Mas, quando se fala em alterar desemprego, não se está referindo ao desemprego natural, que existe por causa de uma migração regional ou setorial **(desemprego friccional)** ou porque as pessoas não se sujeitam a trabalhar pelo valor que o mercado está disposto a pagar **(desemprego voluntário)**. Por isso, μ_N deve ser subtraído do desemprego total (μ).

Na curva de Phillips no **curto prazo** ocorre o ***trade-off***, ou seja, quando uma variável aumenta, a outra diminui. É uma relação de troca entre inflação e desemprego.

Assim, pode-se observar que, no curto prazo:

☐ Quando a inflação esperada, somada à inflação de custos, assume um valor positivo, a curva de Phillips se desloca para a direita.

☐ Quando a inflação esperada, somada à inflação de custos, é zero, a curva de Phillips não se desloca; e à taxa de inflação zero, a taxa de desemprego, excluindo o desemprego natural, é zero.

☐ Quando a inflação esperada, somada à inflação de custos, assume um valor negativo, a curva de Phillips se desloca para a esquerda. Observe a Figura 21.9.

Figura 21.9. Deslocamento da curva de Phillips quando há inflação esperada e choque de oferta — curto prazo

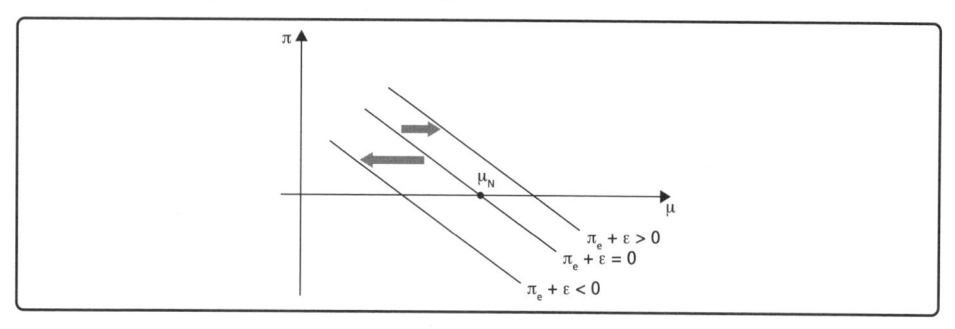

Observe que, quando não há inflação esperada (π_e) nem choque de oferta (ε), a taxa de inflação será igual a zero no ponto em que ocorre apenas desemprego natural (μ_N). Assim reforçam Lopes e Vasconcellos: "Em uma situação onde $\pi_e = 0$ e não ocorram choques de oferta, a única explicação para a inflação passa a ser o nível de emprego. Caso a taxa de desemprego esteja em seu nível natural, a inflação será igual a zero. Já se o desemprego for inferior à taxa natural, haverá inflação, e se o desemprego for superior, haverá deflação"[13].

No **longo prazo**: a curva de Phillips é vertical. Não existe o *trade-off* entre inflação e desemprego. Nesse caso, é possível reduzir a taxa de inflação, sem alterar o desemprego. A curva fica **vertical** para o nível natural de desemprego.

Portanto, quando o produto opera no seu **potencial**, o desemprego que ocorre é apenas o **natural**.

---

[13] Luiz Martins Lopes e Marco Antonio Sandoval de Vasconcellos, *Manual de macroeconomia*, 1998, p. 231.

21 ■ Teorias da Inflação/Curva de Phillips

Figura 21.10. Curva de Phillips de longo prazo

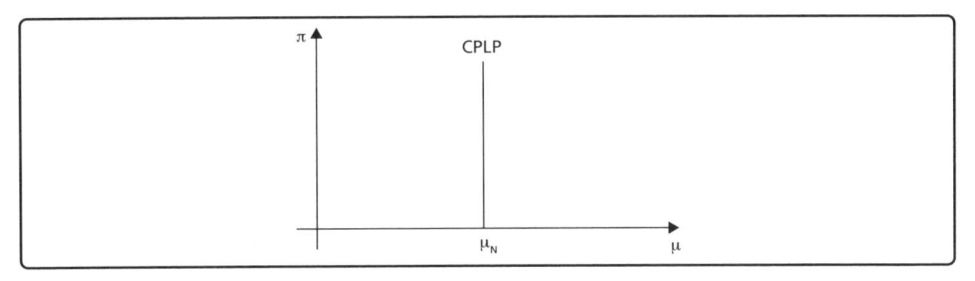

[Gráfico: eixo vertical π, eixo horizontal μ, curva CPLP vertical em μ_N]

Conclusão:

$$\pi = \underbrace{\pi_e}_{\text{inflação inercial}^{14}} \underbrace{- \varphi(\mu - \mu_N)}_{\substack{\text{componente da} \\ \text{inflação de demanda}}} \underbrace{+ \varepsilon}_{\substack{\text{choque de oferta} \\ \text{ou inflação de custos}}}$$

Inflação = inflação inercial + componente da inflação controlada pela demanda agregada + inflação de custos.

21.1.6. Inflação de demanda, inflação de custos, inflação esperada

A inflação é a soma da inflação ocasionada pelo **deslocamento da curva de demanda** para a direita (inflação de demanda e inflação esperada) ou **deslocamento da curva de oferta** para a esquerda (inflação de custos e inflação esperada). Analisando esses deslocamentos, é possível construir a curva de Phillips **espelhada na curva de oferta**.

Começando pela comparação de uma inflação de demanda nas curvas de demanda/oferta de bens e na curva de Phillips, é possível perceber que um deslocamento **"da"** curva de demanda provoca um deslocamento **"na"** curva de Phillips, já que a oferta não sai do lugar. Observe a Figura 21.11.

Figura 21.11. Deslocamento da curva de demanda e deslocamento na curva de Phillips

[Gráfico 1: eixo P e Y, curvas D₁, D₂ e O, pontos 1 e 2]
[Gráfico 2: eixo π e μ, curva de Phillips decrescente, pontos 1 e 2]

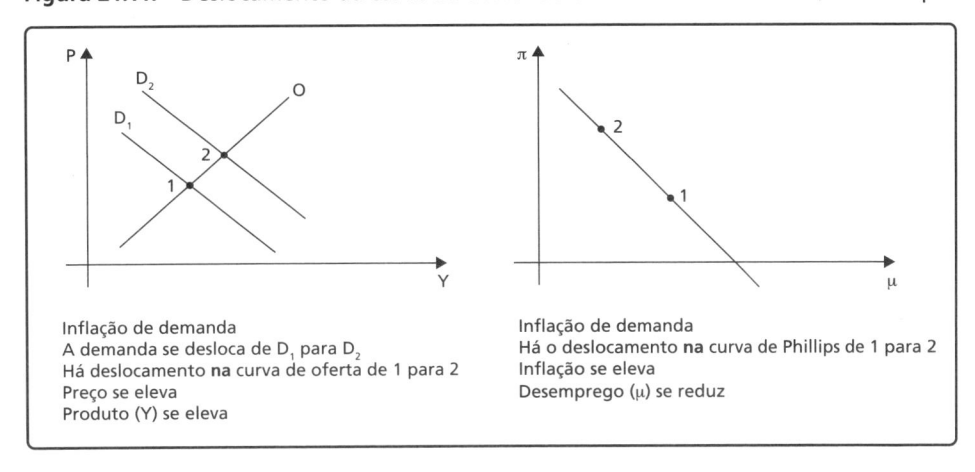

Inflação de demanda
A demanda se desloca de D₁ para D₂
Há deslocamento **na** curva de oferta de 1 para 2
Preço se eleva
Produto (Y) se eleva

Inflação de demanda
Há o deslocamento **na** curva de Phillips de 1 para 2
Inflação se eleva
Desemprego (μ) se reduz

---

[14] Considerando uma velocidade de ajuste igual a "1".

Observe que, quando ocorre um deslocamento da curva de demanda para a direita ou para cima, o nível de preços (P) sobe, gerando uma **inflação de demanda**. Também o produto (Y) aumenta e, por conseguinte, o nível de emprego aumenta, ou seja, o nível de desemprego se reduz. Logo, a relação entre elevação do nível de preços (inflação) e redução do desemprego, que pode ser visualizada no gráfico da Figura 21.11, espelha a curva de **Phillips**. Observe que a curva de demanda vai deslizar sobre a curva de oferta, mas esta não sai do lugar. Há, portanto, um deslocamento **"na"** própria curva de oferta e **"na"** própria curva de Phillips em decorrência de uma inflação de demanda.

Analisando, agora, as repercussões de um **choque de oferta**, é possível perceber que, quando a curva de oferta se desloca, a curva de Phillips também se desloca. Veja a Figura 21.12.

Figura 21.12. Deslocamento da curva de oferta e deslocamento da curva de Phillips

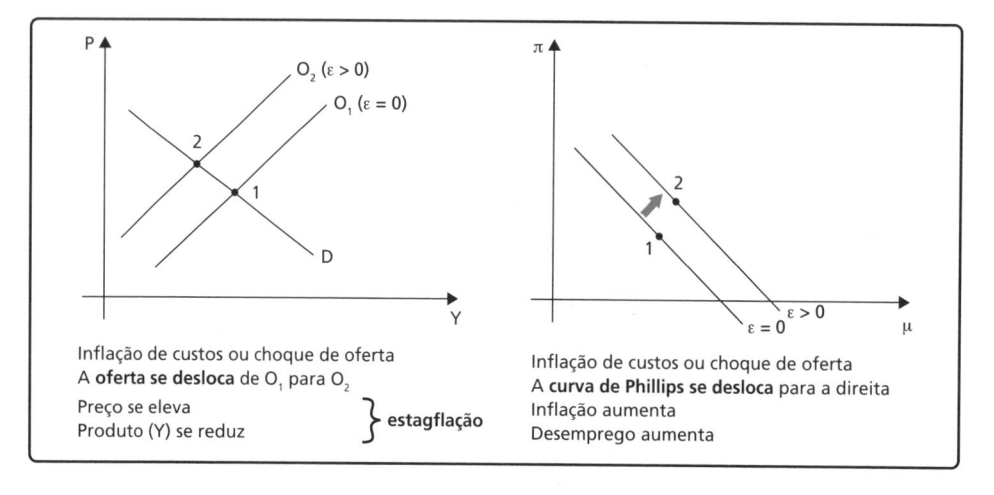

Inflação de custos ou choque de oferta
A **oferta se desloca** de O_1 para O_2
Preço se eleva
Produto (Y) se reduz
} estagflação

Inflação de custos ou choque de oferta
A **curva de Phillips se desloca** para a direita
Inflação aumenta
Desemprego aumenta

Observe que, quando ocorre um deslocamento **"da"** curva de oferta para a esquerda ou para cima, o nível de preços (P) sobe em decorrência de uma **inflação de custos**, também chamada de **choque de oferta**. Com isso, o produto (Y) diminui e, por conseguinte, o nível de emprego também, ou seja, o nível de desemprego aumenta. Logo, a relação entre a elevação do nível de preços (inflação) e do desemprego, que pode ser visualizada no gráfico da Figura 21.12, espelha a curva de Phillips. Observe que a curva de oferta vai se deslocar sobre a curva de demanda, mas esta não sai do lugar. Há, portanto, um deslocamento **"da"** curva de oferta e **"da"** curva de Phillips em decorrência de uma inflação de custos.

Analisando o aumento das **expectativas de preços** mais altos, ou seja, expectativa de uma inflação esperada, é importante observar que tanto a curva de demanda quanto a curva de oferta saem do lugar, ou seja, a curva de oferta se desloca para cima (de O_1 para O_2), assim como a demanda (de D_1 para D_2). Observe a Figura 21.13.

21 ■ Teorias da Inflação/Curva de Phillips

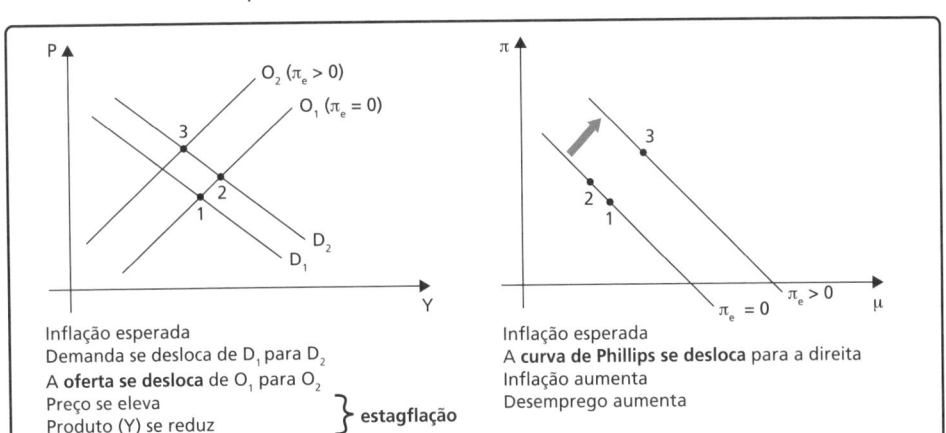

Figura 21.13. Deslocamento da curva de demanda e oferta e deslocamento da curva de Phillips

[Gráfico à esquerda: eixos P e Y, curvas $O_2 (\pi_e > 0)$, $O_1 (\pi_e = 0)$, D_1, D_2, pontos 1, 2, 3]

Inflação esperada
Demanda se desloca de D_1 para D_2
A **oferta se desloca** de O_1 para O_2
Preço se eleva
Produto (Y) se reduz
} **estagflação**

[Gráfico à direita: eixos π e μ, curvas $\pi_e = 0$ e $\pi_e > 0$, pontos 1, 2, 3]

Inflação esperada
A **curva de Phillips se desloca** para a direita
Inflação aumenta
Desemprego aumenta

Observe que, quando ocorre **inflação esperada**, a **curva de demanda** se desloca de D_1 para D_2, provocando um deslizamento sobre a curva de oferta agregada, onde há elevação do nível de preços e do produto, o que pode ser percebido caminhando do ponto "1" para o ponto "2". Também uma inflação esperada provoca um deslocamento da **curva de oferta** para a esquerda ou para cima, fazendo com que o nível de preços (P) suba e o produto se reduza, o que pode ser percebido caminhando do ponto "2" para o ponto "3".

Apesar de a taxa de inflação esperada deslocar também a curva de demanda agregada para a direita ou para cima, provocando um aumento do produto ou uma redução do desemprego e uma elevação da taxa de inflação total, esta se **desloca em menor intensidade**[15] que a taxa de inflação esperada, enquanto a curva de oferta se desloca exatamente no valor da taxa de inflação esperada, o que gera uma taxa efetiva de inflação maior e uma produção menor, ou seja, uma taxa de desemprego maior. Em outras palavras, apesar das curvas de demanda e oferta se deslocarem, esta apresenta um maior deslocamento, fazendo com que o nível de preços se eleve e o produto diminua.

Com isso, o produto (Y) diminui e, por conseguinte, o nível de emprego também, ou seja, o nível de desemprego aumenta.

Logo, a relação entre elevação do nível de preços (inflação) e do desemprego, que pode ser visualizada no gráfico da Figura 21.13, espelha a curva de Phillips. Observe que a curva de oferta (O_2) se desloca sobre uma nova curva de demanda (D_2). Como resultado, há um deslocamento **"da"** curva de oferta e **"da"** curva de Phillips do ponto "1" para o "3", em decorrência de uma inflação esperada.

Shapiro explica que, para controlar uma inflação de custos ou uma inflação de demanda, a intervenção do governo deve se fazer de maneira diferente, ou seja: "Políticas monetária e fiscal restritivas são os remédios-padrão quando a causa for claramente

---

[15] A curva de demanda se desloca menos que a oferta diante de uma inflação esperada pelo fato de a demanda real por moeda não ser muito elástica à taxa de juros.

um excesso de demanda, porém a mesma espécie de política não pode ser tão livremente utilizada quando a causa for claramente a pressão dos custos ou o deslocamento da demanda. Para reprimir a inflação de custos, medidas como uma legislação antissindical mais rigorosa e a imposição e cumprimento de leis antitruste mais restritivas poderiam ser consideradas; porém, tais medidas não são nada relevantes para a pressão exercida pela demanda"[16].

21.1.7. Curva de oferta e curva de Phillips no curto e no longo prazo

Podemos observar que a curva de Phillips é o **espelho** da curva de oferta. Assim, observe a seguir as duas curvas, primeiro a curva de Phillips e, em seguida, a curva de oferta.

No **curto prazo**: a curva de Phillips é decrescente, mostrando que quanto menor a taxa de inflação, maior será a taxa de desemprego. A curva de oferta é crescente, mostrando que quanto menor o nível de preços, maior o produto. Acompanhe pela Figura 21.14. Observe que, no produto potencial (Yp), ocorre o desemprego natural (μ_N).

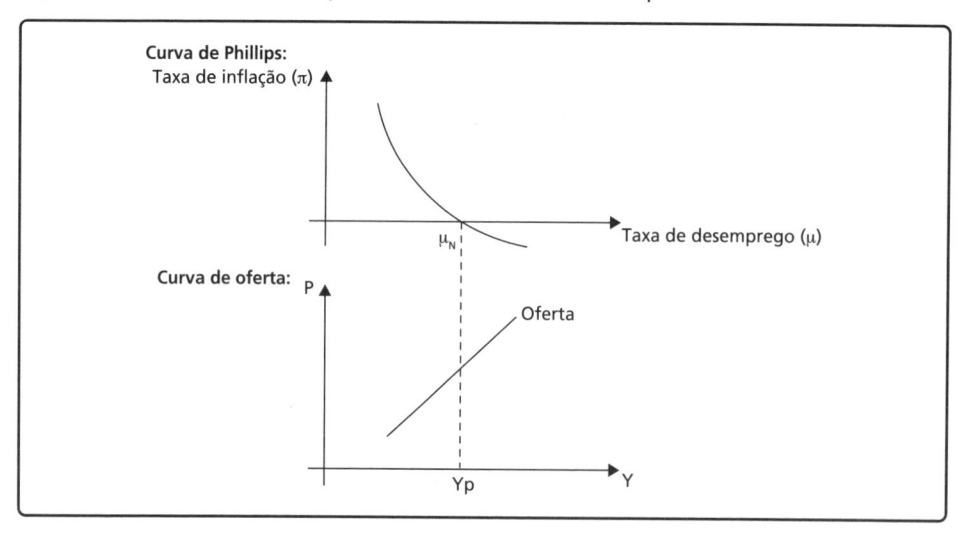

Figura 21.14. Curva de Phillips e curva de oferta no curto prazo

```
Curva de Phillips:
Taxa de inflação (π)

                    μ_N        Taxa de desemprego (μ)

Curva de oferta: P
                           Oferta

                    Yp        Y
```

Observe que a relação entre taxa de inflação (taxa de elevação de preços) e taxa de desemprego é **decrescente**, ou seja, quanto maior a inflação, menor será a taxa de desemprego (maior a taxa de emprego ou maior o produto). Essa curva mostra que existe um custo para se combater a inflação, que seria o aumento do desemprego.

Isso pode ser verificado também na curva de oferta, ou seja, quanto maior o nível de preços, maior é a oferta de produto, ou maior o emprego.

No **longo prazo**: a curva de Phillips é **inelástica** à taxa de inflação, mostrando que uma menor/maior taxa de inflação não altera a taxa de desemprego. A curva de oferta é

---

[16] Edward Shapiro, *Análise macroeconômica*, p. 703.

inelástica ao nível de preços, mostrando que um menor/maior nível de preços não altera o produto. Acompanhe pela Figura 21.15.

Figura 21.15. Curva de Phillips e curva de oferta inelásticas a variações de preços no longo prazo

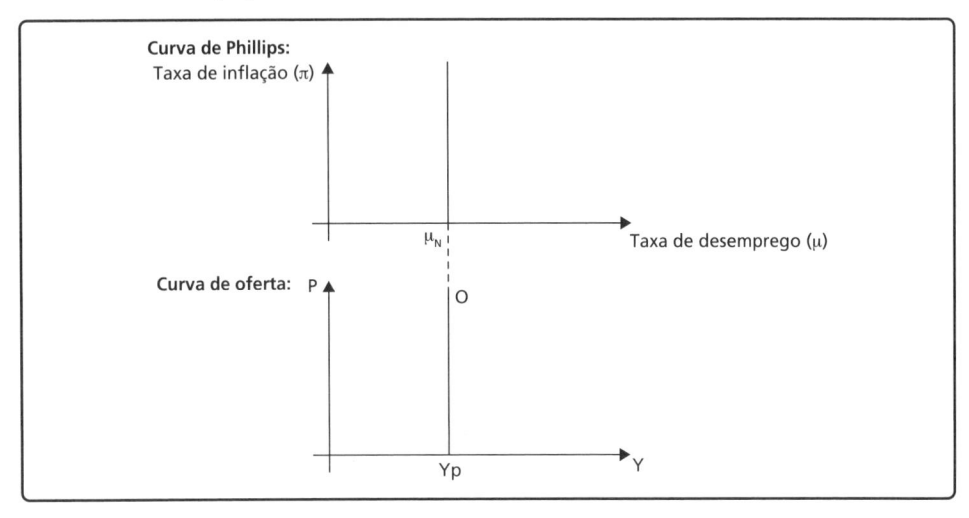

```
Curva de Phillips:
Taxa de inflação (π) ▲


                    μ_N ┆
                        ┆           → Taxa de desemprego (μ)
Curva de oferta:  P ▲   O
                        ┆
                        ┆
                        ┆
                    Yp          → Y
```

Na curva de **Phillips de longo prazo**, qualquer medida que seja tomada para alterar a taxa de inflação não é capaz de alterar a taxa de desemprego, porque ela já se encontra na **taxa natural de desemprego**.

A curva de oferta no longo prazo opera no **pleno emprego**, já que, para os clássicos, os salários nominais são flexíveis para baixo, o que justifica o pleno emprego. Portanto, o produto não cresce, caso o nível de preços se eleve.

Dornbusch e Fischer afirmam que: "A longo prazo, o nível do produto torna-se independente da taxa de inflação, o mesmo se dando com a taxa de desemprego. A razão desses resultados importantes — por vezes conhecidos como curva de Phillips de longo prazo vertical, é que as expectativas, em última análise, irão se ajustar à taxa existente de inflação. (...) a igualdade de inflação efetiva e esperada encerra a implicação de que o produto está em seu nível de pleno emprego, não importa qual seja a taxa de inflação. Os desvios do produto de seu nível de pleno emprego significam erros relativos à expectativa, ou desvios da taxa de inflação de seu nível habitual. Por definição, no ponto de equilíbrio a longo prazo, não pode haver erros de expectativas e portanto o produto estará em seu nível de pleno emprego"[17].

21.1.8. Expectativas

A inflação esperada baseia-se em expectativas. As expectativas se apresentam de duas formas:

---

[17] Rudiger Dornbusch e Stanley Fischer, *Macroeconomia*, p. 396.

☐ expectativas adaptativas;
☐ expectativas racionais.

21.1.8.1. Expectativas adaptativas

As **expectativas adaptativas** dizem que as pessoas corrigirão suas expectativas com base nos erros que cometeram no passado. Se, no período anterior, a pessoa subestimou ou superestimou a inflação, ela vai corrigir sua expectativa tomando como base essa experiência anterior. Assim, as pessoas baseiam suas expectativas em cima da inflação do passado, gerando uma inflação inercial ou inércia inflacionária[18].

Quando aumenta a inflação, o desemprego diminui. Porém, se a inflação continuar nesse nível, não quer dizer que o nível de desemprego será o mesmo. Assim, se o governo expande a moeda com o intuito de gerar inflação e reduzir o desemprego abaixo da taxa natural de desemprego, terá que fazer expansões cada vez maiores, porque o desemprego tende a retornar ao patamar natural de desemprego, já que as pessoas aprenderam com os erros do passado. Por isso, não é válido, no **longo prazo**, o *trade-off* inflação-desemprego. A curva de Phillips de longo prazo será vertical, fazendo com que qualquer tentativa de se reduzir o desemprego pela expansão monetária gere apenas inflação. O *trade-off* só é válido no **curto prazo**, portanto.

Na expectativa adaptativa, a inflação esperada para hoje é exatamente a média da inflação observada nos últimos períodos, então é de se esperar que a inflação aumente porque a inflação (π) é a soma da $\pi^e_{t-1} - \varphi(\mu - \mu_N) + \varepsilon$.

A expectativa inflacionária desloca a curva de Phillips para a direita, mostrando que o custo de se combater a inflação é maior. A essa teoria, dá-se o nome de **teoria aceleracionista da inflação**. Observe primeiro a Figura 21.16, que mostrará esse deslocamento em decorrência de uma expectativa de preços mais altos. Nos gráficos das Figuras 21.16 a 21.21, é possível acompanhar, passo a passo, como se dá esse deslocamento.

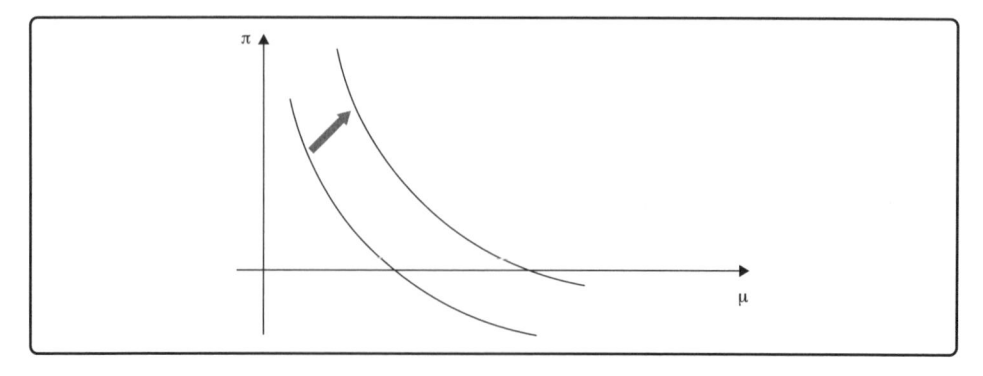

Figura 21.16. Deslocamento da curva de Phillips em decorrência de uma expectativa inflacionária

---

[18] Considerando uma velocidade de ajuste igual a "1".

21 ■ Teorias da Inflação/Curva de Phillips

Se o governo adotar uma política monetária expansionista para diminuir o desemprego, ou seja, se quiser aumentar a oferta de moeda para diminuir o desemprego, poderá gerar mais desemprego por causa da **expectativa adaptativa**.

Figura 21.17. Curva de Phillips numa situação inicial: sem expectativa inflacionária

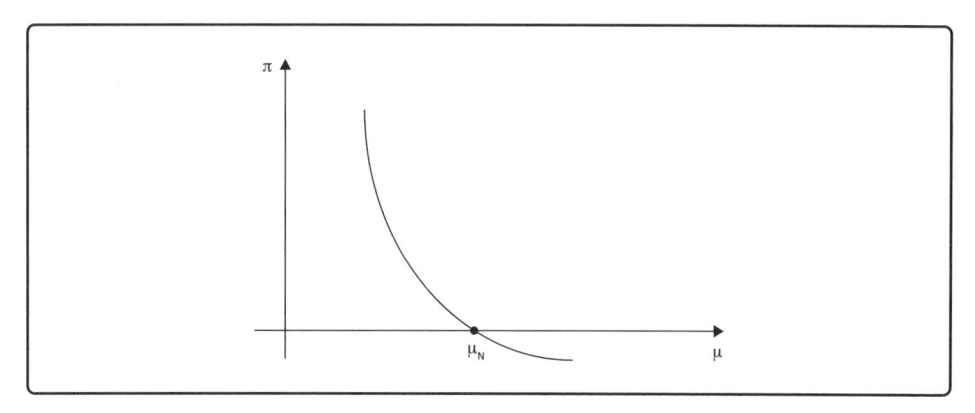

Caso se queira reduzir o desemprego por uma política monetária expansionista, a taxa de inflação aumentará e a taxa de desemprego diminuirá, deslocando o ponto "1" para o ponto "2" da Figura 21.18.

Figura 21.18. Deslocamento na curva de Phillips em decorrência de uma política monetária expansionista

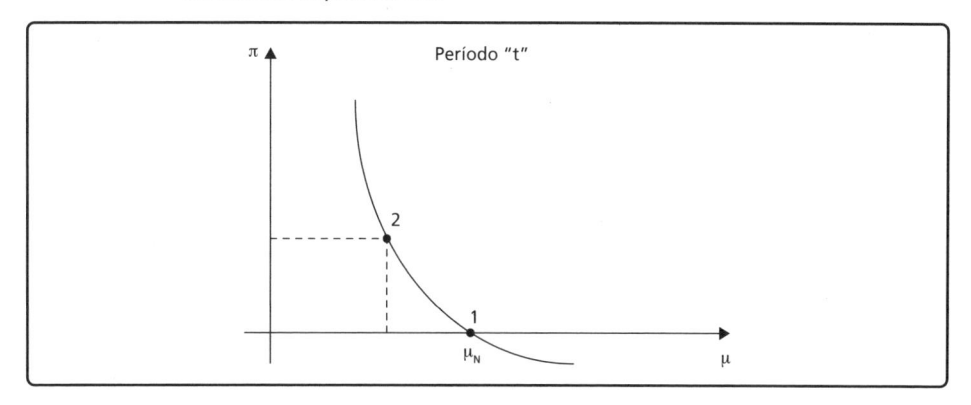

Observe que o *trade-off* entre inflação e desemprego está presente, ou seja, para se reduzir a taxa de desemprego, deve-se aumentar a taxa de inflação.

Como a expectativa é **adaptativa**, a inflação esperada do período seguinte deverá ser igual à desse período, deslocando a curva de Phillips para a direita, ou seja, do ponto "2" para o "3", conforme mostra a Figura 21.19.

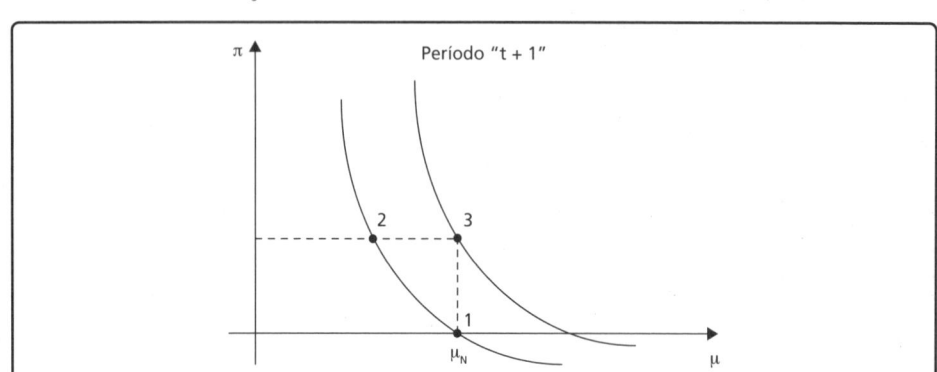

Figura 21.19. Deslocamento da curva de Phillips em decorrência de uma expectativa de inflação

Como o nível de emprego retornou ao natural, o governo precisará fazer novas expansões monetárias, o que provocará um aumento da demanda agregada e, portanto, mais um deslocamento sobre a curva de Phillips, do ponto "3" para o ponto "4". Observe a Figura 21.20:

Figura 21.20. Mais um deslocamento na curva de Phillips em decorrência de uma expansão monetária

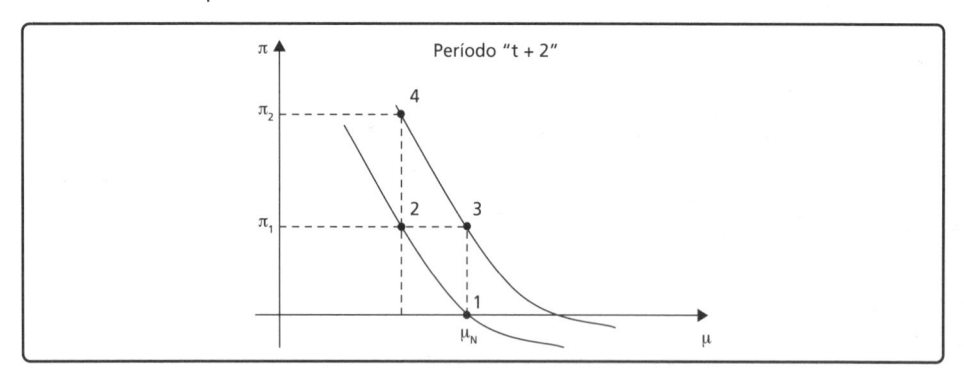

Ocorre, porém, que no período "t + 3" a inflação esperada deverá ser igual à do período "t + 2", ou seja, π_2, deslocando a curva de Phillips para a direita mais uma vez e deslocando o ponto "4" para o ponto "5", onde a taxa de desemprego volta a ser a natural. Observe a Figura 21.21.

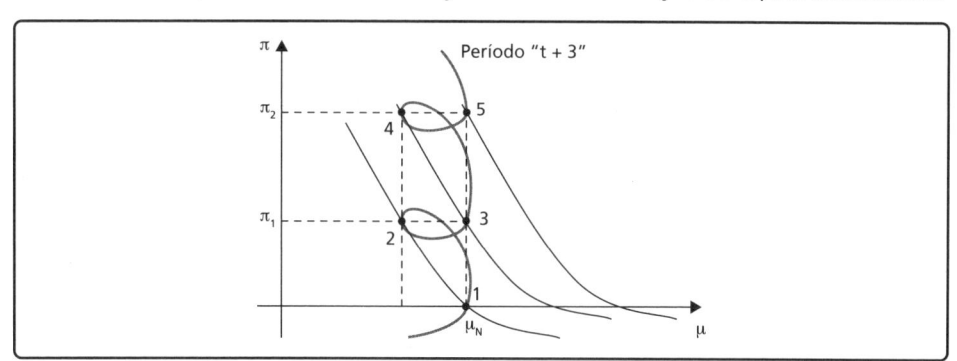

Figura 21.21. Mais um deslocamento da curva de Phillips em decorrência de uma expectativa de uma inflação maior e a formação da espiral inflacionária

[Figura: gráfico π × μ mostrando a espiral inflacionária com pontos 1, 2, 3, 4, 5 e período "t + 3"]

Portanto, no longo prazo, o nível de desemprego tende a retornar ao patamar inicial e, caso o governo queira reduzi-la, terá que fazer sucessivas políticas expansionistas. Para que a inflação caia, será necessário que ocorra um choque deflacionário.

Para que a inflação caia, será necessário que ocorra um choque deflacionário.

Dessa forma, a **expectativa adaptativa** de inflação (π^e_t) será igual à expectativa do período anterior (π^e_{t-1}). Mas, se no período anterior o agente subestimou a expectativa de inflação, então no período atual corrigirá sua expectativa, fazendo com que:

$$\pi^e_t = \pi^e_{t-1} + \beta\,(\pi_{t-1} - \pi^e_{t-1})$$

Onde: π^e_t = inflação esperada para o período; π^e_{t-1} = inflação esperada do período anterior; π_{t-1} = inflação do período anterior; e β = velocidade de correção das expectativas.

21.1.8.1.1. Velocidade de ajuste da expectativa adaptativa

A velocidade de ajuste das expectativas (β) pode ser maior, menor ou igual a um. Observe:

1. velocidade de ajuste instantânea ($\beta = 1$) → A inflação esperada para o período é igual à inflação do período anterior. Daí decorre a chamada **inércia inflacionária**.

$$\pi^e_t = \pi^e_{t-1} + 1\,(\pi_{t-1} - \pi^e_{t-1})$$
$$\pi^e_t = \pi^e_{t-1} + \pi_{t-1} - \pi^e_{t-1}$$
$$\pi^e_t = \pi_{t-1}$$

Onde:

π^e_t = nível de inflação esperado para o próximo ano

π^e_{t-1} = nível de inflação desse ano que era esperado no ano passado

π_{t-1} = nível de inflação real desse ano.

Para que a inflação se reduza, será necessário que aconteça um choque deflacionário ou que a taxa natural de desemprego esteja abaixo do desemprego do momento, fazendo com que as expectativas sejam novamente analisadas pelos agentes econômicos, já que quando o desemprego está acima do desemprego natural, aumentando o desemprego, força a uma queda dos salários e ao declínio da inflação.

Pinho e Vasconcellos afirmam que: "Na política econômica, já não existiria um *trade-off* estático entre inflação e desemprego. Em outras palavras, caso a taxa de inflação se elevasse, e com isso a economia apresentasse uma taxa de desemprego menor, num dado momento, os trabalhadores perceberiam que nessa economia a taxa de inflação era maior do que a esperada. Por meio dessa percepção, os trabalhadores passariam a negociar os salários com base nessa expectativa e, consequentemente, a taxa de desemprego voltaria ao seu nível original, pois os salários reais, que haviam diminuído, voltariam ao seu nível original"[19].

2. velocidade de **ajuste não instantânea** ($\beta \neq 1$)

$$\pi^e_t = \pi^e_{t-1} + \beta (\pi_{t-1} - \pi^e_{t-1})$$

Onde a inflação esperada, no período t, vai ser corrigida, ou seja, haverá um ajuste do erro que foi cometido, o que está representado por $\beta (\pi_{t-1} - \pi^e_{t-1})$. Assim, o valor esperado da inflação no período t será uma proporção da inflação do período t – 1. Com $\pi^e_t = \Phi \pi_{t-1}$.

☐ Caso $\Phi > 1$, haverá uma trajetória **explosiva** da inflação.

☐ Caso $\Phi < 1$, haverá uma trajetória **amortecida**.

☐ Caso $\Phi = 1$, haverá uma inflação **inercial**.

A introdução das expectativas pode explicar a presença de inflação com desemprego, o que não seria possível no caso da análise da curva de Phillips original. Isso ocorre porque haverá o deslocamento **"da"** curva de Phillips, e não o deslocamento apenas **"na"** curva de Phillips.

Nesse caso, à medida que o governo quisesse manter a economia próxima do pleno emprego, haveria a necessidade de continuamente acelerar as taxas de inflação e esperar que os trabalhadores levassem algum tempo para perceber essa aceleração. É por isso que essa nova versão da curva de Phillips passou a ser conhecida como a **versão aceleracionista**; versão essa que gera a **espiral inflacionária** representada na Figura 21.21.

"Entretanto, à medida que houvesse correta percepção por parte dos agentes econômicos — no caso específico dos trabalhadores —, o nível de emprego (ou a taxa de desemprego) voltaria ao seu nível original. A partir daí, coloca-se em evidência o papel que as expectativas têm no comportamento dos agentes econômicos e como isso se reflete no próprio desempenho da economia. E os economistas passaram a dar mais atenção a como os agentes econômicos formam suas expectativas. Começa a se desenrolar a noção de que os agentes econômicos não podem ser ludibriados sistematicamente, ou seja, que

---

[19] Diva Benevides Pinho e Marco Antonio Sandoval de Vasconcellos, *Manual de economia*, p. 267-268.

cometem erros sistemáticos de previsão. E é justamente essa ideia que constitui a base da escola de expectativas racionais que viria a dar sustentação a toda a revolução pela qual passou a Macroeconomia durante as décadas de 1970 e 1980"[20]. Essas expectativas racionais serão o assunto do próximo tópico.

21.1.8.2. *Expectativas racionais*

As **expectativas racionais**[21] dizem que as pessoas vão levar em consideração todas as informações disponíveis para formar suas expectativas com relação à inflação. Baseiam-se em três hipóteses: os agentes econômicos não sofrem de ilusão monetária; as decisões são tomadas pelos agentes com base em variáveis reais; e os agentes econômicos são otimizadores. Os agentes corrigem erros de expectativas ao longo do tempo e dispõem de informações para prevenir tais erros Quando os agentes econômicos apresentam expectativa racional forte, na média acertam suas expectativas. Assim, as expectativas dos agentes econômicos podem estar individualmente erradas, mas, quando se referem à média, elas estão corretas. Não são tendenciosas. Os agentes utilizam da melhor forma possível a informação relevante do momento, e o modelo de processamento da informação que usam é o modelo de funcionamento da economia real. Os erros, quando ocorrem, são aleatórios. Assim, a variável prevista vai ter seu valor diferente do valor real apenas se ocorrer um choque de informação que impacte a variável.

Choques **antecipados** ou não surpreendentes (política fiscal ou política monetária) não têm qualquer impacto sobre o produto, apenas sobre o preço, já que a oferta agregada reduziria e a demanda agregada se elevaria, ou seja, deslocariam a curva de oferta para a esquerda e a curva de demanda para a direita. Elimina-se o *trade-off* entre inflação e desemprego no curto prazo e a curva de Phillips torna-se vertical. Isso porque os agentes antecipariam os efeitos da política monetária (ou fiscal) sobre os preços e ajustariam automaticamente seus preços a elas. Somente alterações **não antecipadas** ou **surpreendentes** poderiam alterar o Produto Real no curto prazo, porque não haveria tempo dos agentes se antecipararem às medidas do governo, provocando apenas o deslocamento da curva de demanda agregada. Mankiw afirma que: "uma desinflação indolor exige duas condições. Primeira, o plano de combate à inflação deve ser anunciado antes que as expectativas cruciais tenham se formado. Segunda, os que determinam preços e salários devem acreditar no anúncio. Se ambas as condições são atendidas, o anúncio reduzirá imediatamente o custo do combate à inflação em termos de desemprego, permitindo reduzir a inflação sem aumentar o desemprego"[22].

Assim, se o agente econômico acredita que os responsáveis pela adoção de políticas econômicas estão comprometidos em reduzir a inflação, ele reduzirá sua expectativa de inflação de tal maneira que o **custo social** de combate à inflação será muito menor. Blanchard reforça ao afirmar que: "(...) se fosse possível convencer os fixadores de salário de que a inflação seria de fato menor do que no passado, eles diminuiriam suas expectativas

---

[20] Diva Benevides Pinho e Marco Antonio Sandoval de Vasconcellos, *Manual de economia*, p. 267-268.
[21] O modelo de expectativas racionais ou modelos novo-clássicos são uma variante do modelo monetarista de Friedman.
[22] N. Gregory Mankiw, *Macroeconomia*, p. 219.

de inflação. Isso, por sua vez, reduziria a inflação efetiva sem qualquer mudança na taxa de desemprego. Por exemplo, se os fixadores de salários se convencessem de que a inflação, que andava na casa dos 14% no passado, seria de apenas 4% no futuro e se eles formassem expectativas de acordo, então a inflação cairia para 4%, mesmo se o desemprego permanecesse na taxa natural de desemprego"[23].

Assim, se o governo adota, por exemplo, uma política monetária expansionista, a curva de demanda se desloca para a direita. Mas, como os agentes são **racionais**, não se deixarão influenciar por isso e se anteciparão às medidas do governo, retraindo sua oferta.

Pensando no seguinte exemplo:

Caso o governo adote uma política monetária expansionista, deslocando a curva de demanda para a direita, do ponto "1" para o ponto "2", na Figura 21.22, os preços tendem a subir. Como os agentes são **racionais**, os trabalhadores exigirão aumentos de salários nominais para recompor seu salário real, o que fará as empresas retraírem a oferta de bens e serviços, deslocando a curva de oferta para a esquerda, do ponto "2" para "3".

Assim, observe na Figura 21.22 que o produto não se altera, apenas os preços. Ou seja, a taxa de desemprego não se altera, apenas a taxa de inflação.

Figura 21.22. Produto e preços com uma expectativa racional no curto prazo

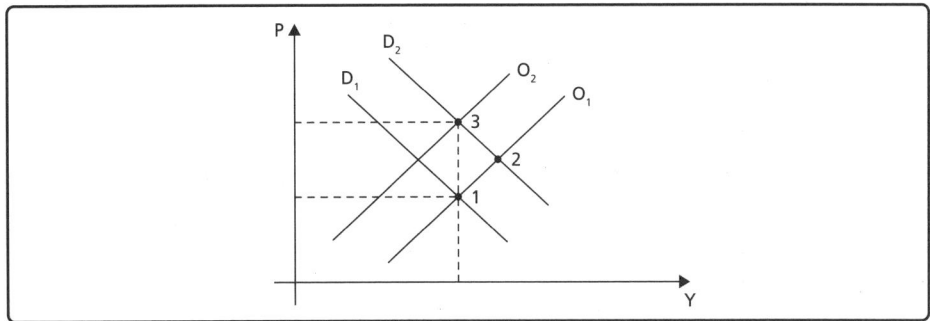

Também, se o compromisso do governo no combate à inflação fosse crível e ele resolvesse praticar uma política monetária contracionista, a taxa de inflação se reduziria sem que a taxa de desemprego aumentasse.

É importante observar que isso ocorre se essas políticas forem **anunciadas** porque, caso contrário, os agentes não poderiam se antecipar, deslocando a curva de oferta e, no curto prazo, o produto se alteraria.

Pinho e Vasconcellos afirmam que: "(...) baseado na hipótese de expectativas racionais, acreditavam que, a partir do momento que os agentes percebiam adequadamente o modelo estrutural que determinava as variáveis, em média, as expectativas não conteriam erros sistemáticos e, consequentemente, o nível de emprego não se alteraria nem no curto prazo"[24].

---

[23] Olivier Blanchard, *Macroeconomia*, p. 178.
[24] Diva Benevides Pinho e Marco Antonio Sandoval de Vasconcellos, *Manual de economia*, p. 266.

21.1.8.2.1. Versões das expectativas racionais

A Equação de Phillips para expectativas racionais se apresenta da seguinte maneira: $\pi_t = \pi^e_t - \varphi(\mu - \mu_N) + \varepsilon$. As expectativas racionais podem ter duas versões:

1. Versão forte: é quando os agentes econômicos sempre acertam na média o valor efetivo da variável com relação a suas expectativas: $E(\pi^e_t) = \pi_t$, onde E é a esperança matemática. Todas as formas de ilusão monetária são rigorosamente excluídas.

2. Versão simples ou fraca: é quando os agentes econômicos não se deixam influenciar por erros do passado e, portanto, não vão incorrer em erros sistemáticos já que os erros do passado deixam de influenciar as expectativas do presente. Na versão fraca, contudo, os agentes confundem mudanças de preços relativos com mudanças do nível geral de preços. Lopes e Vasconcellos afirmam que na versão simples pode ser definida: "como os agentes fazendo o melhor uso possível das informações de que dispõem. Neste caso, os erros do passado deixam de influir nas expectativas do presente, uma vez que estas últimas são formadas com base no conjunto de informações disponíveis hoje"[25].

Com base nessas críticas, foi construída a Hipótese das Expectativas Racionais (HER). Em sua versão fraca, ela afirma que os agentes formam suas expectativas e agem da melhor forma possível, usando as informações disponíveis, não havendo racionalidade, portanto, nos erros sistemáticos que seriam admitidos pela HEA. Em sua versão forte, a HER afirma que os agentes possuem um modelo econômico, acreditam neste modelo e só este é considerado correto; portanto, sabem como a economia funciona, agem e antecipam o comportamento da economia com base neste modelo. Além disso, os agentes possuem as informações relevantes e aprendem com a experiência, não repetindo erros. Dessa forma, a base das expectativas é a teoria e o estoque de informações[26]. Existe relação probabilística entre as variáveis, de forma que, em média, os agentes acertam suas estimativas (o erro esperado é zero), a não ser que ocorram fatos inesperados, que informações não estejam disponíveis ou que tenham ocorrido mudanças não regulares na economia, e, nesse caso, o modelo econômico esteja desatualizado. Existe, portanto, a possibilidade de ocorrência de erros aleatórios, não havendo correlação entre estes erros e as informações disponíveis. Esses erros aleatórios, no entanto, somente produzem efeitos imediatos[27].

Percebe-se, portanto, que com a expectativa racional desaparece a taxa de sacrifício paga no combate à inflação.

---

[25] Luiz Martins Lopes e Marco Antonio Sandoval de Vasconcellos, *Manual de macroeconomia*, 1998, p. 235.

[26] A equação da HER forte é $_{t-1}X^e_t = E[X_t/I_{t-1}]$, ou seja, a expectativa subjetiva da variável X para o tempo t no momento t – 1 é igual à expectativa matemática sobre o comportamento da variável X no tempo t, com base nas informações I disponíveis no tempo t–1 e dada a estrutura do modelo (Sheffrin, 1985, p. 17-23).

[27] Steven Sheffrin, *Expectativas racionales*, 1985, cap. 1.

21.1.8.3. Quadro-resumo da alteração do produto com a existência de expectativas

Resumindo, podemos apresentar um quadro que mostra quando as expectativas serão capazes de alterar o nível de produto/renda/emprego da economia:

ALTERAÇÃO DO PRODUTO/RENDA/EMPREGO		
	Expectativa adaptativa	Expectativa racional
Curto prazo	Sim	Não[28]
Longo prazo	Não	Não

ALTERAÇÃO DO PRODUTO/RENDA/EMPREGO			
Política fiscal ou monetária	Expectativa adaptativa	Expectativa racional (choques antecipados e versão forte)	Expectativa racional (choques não antecipados ou versão fraca)
Curto prazo	Eficaz	Ineficaz	Eficaz
Longo prazo	Ineficaz	Ineficaz	Ineficaz

Relembrando a **Equação de Fisher** (aproximada), tem-se: $r = i - \pi_e$, onde: r = taxa real de juros; i = taxa nominal de juros; e π_e = inflação esperada.

Se a inflação esperada for igual à inflação ocorrida, ou seja, se a previsão for perfeita, então: $r = i - \pi$. Lembrando que, se o cálculo não for de maneira aproximada, deve-se utilizar a **Equação de Fisher exata**, ou seja:

$$i + r = \frac{1 + i}{1 + \pi_e}$$

Gremaud explica de que maneira, em períodos inflacionários, a correção monetária, que deve se igualar à taxa de inflação (π), resguarda os investimentos financeiros: "Tendo em vista o fato de que, num processo inflacionário intenso, o valor da moeda se deteriora rapidamente, ocorre um desestímulo à aplicação de recursos no mercado de capitais financeiros. As aplicações em poupança e títulos devem sofrer uma retração. Por outro lado, a inflação estimula a aplicação de recursos em bens de raiz, como terras e imóveis, que costumam se valorizar. No Brasil, essa distorção foi bastante minimizada pela instituição do mecanismo da correção monetária, pela qual alguns papéis, como os títulos públicos, cadernetas de poupança e títulos privados, passaram a ser reajustados (ou indexados) por índices que refletem aproximadamente o crescimento da inflação. Em épocas de aceleração da inflação, isso contribui para um verdadeiro desvio de recursos de investimentos no setor produtivo, para aplicação no mercado financeiro"[29].

---

[28] Medidas não antecipadas ou surpreendidas poderiam alterar o Produto Real no curto prazo, assim como o fato de o agente possuir uma versão fraca e não acertar na média o valor com base nas suas expectativas.

[29] Amaury Patrick Gremaud et al., *Manual de economia*, p. 730.

21.1.9. Inflação pura

Embora não exista inflação pura, pode-se defini-la como uma inflação em que todos os preços (p) e salários (W) sobem em igual proporção, não alterando os salários reais (W/p). Como a inflação não tende a ser pura, quando ocorre uma inflação, há uma piora na distribuição de renda, já que aqueles que auferem menor renda são justamente aqueles que menos podem se proteger das perdas reais sofridas pela inflação. Por outro lado, aqueles que percebem maiores rendas conseguem se proteger de uma elevação de preços, podendo, inclusive, apresentar ganhos reais. Para Blanchard, além do fato suprarreferido, "a inflação provoca distorções. Variações nos preços relativos também levam a uma maior incerteza, dificultando a tomada de decisões pelas empresas com relação ao futuro — incluindo novos investimentos"[30].

Diz-se que o processo inflacionário é puro quando a causa da inflação é uma inflação de demanda ou uma inflação de custos ou uma inflação inercial, atuando isoladamente, ou seja, nunca ocorrendo conjuntamente.

21.2. A TEORIA ESTRUTURALISTA DA INFLAÇÃO

A teoria estruturalista da inflação[31] surgiu no final dos anos 50, início dos anos 60 com a finalidade de explicar a inflação crônica que assolava os países em desenvolvimento desde a década de 30 do século XX, nas economias latino-americanas. Essa teoria recebeu o nome de estruturalista porque colocava em evidência algumas características da estrutura produtiva de economias em desenvolvimento.

Para os defensores, a inflação ocorria pela **inelasticidade das estruturas econômicas** no processo de desenvolvimento econômico. E essa inflexibilidade ocorria em decorrência do estrangulamento da oferta agrícola e industrial e do desequilíbrio do setor externo.

O **estrangulamento da oferta agrícola** ocorreria porque a demanda por bens agrícolas aumentaria numa proporção maior que a oferta. A demanda crescia, ocasionado pelo aumento populacional, pelo deslocamento da população da zona rural para a zona urbana e devido ao processo de industrialização que demandava mais desses produtos. Em contrapartida, a oferta não acompanhava o crescimento da demanda devido a centralização das propriedades agrícolas em latifúndios onde muitas vezes a terra era usada para fins especulativos no lugar de produzir alimentos; e a dificuldade de importações. A **oferta industrial** era esbarrada na falta de insumos básicos e na ausência de mão de obra qualificada

O **desequilíbrio externo** era ocasionado pela falta de diversificação na exportação de produtos agrícolas que tinham seus preços oscilando consideravelmente, desestabilizando as receitas provenientes das exportações. Por outro lado, havia a necessidade de

---

[30] Olivier Blanchard, *Macroeconomia*, p. 31.
[31] A nova e original corrente de pensamento sobre inflação — a teoria estruturalista da inflação — recebeu as principais contribuições de J. Noyola Vázquez, C. Furtado e O. Sunkel, além das bases fornecidas por Raúl Prebisch.

importar cada vez mais, devido ao processo de industrialização como consequência da elevada propensão a importar de economias como as latino-americanas. Com isso, é gerado um déficit na Balança Comercial e, por conseguinte, no Balanço de Pagamentos. A desvalorização cambial ou o controle sobre as importações que sucedem esse desequilíbrio geram pressão maior para o surgimento da inflação estrutural.

Assim, as forças básicas da inflação seriam de natureza estrutural. Portanto, a inflação não seria resultado de políticas fiscais e monetárias inadequadas. Elas poderiam ser instrumentos de propagação da inflação, mas, não, a sua origem. Segundo a teoria estruturalista, a posição monetarista[32] para estabilização de preços geraria desaceleração do crescimento econômico e aumento do desemprego. Elas só funcionariam no curto prazo e de forma pouco significativa.

A teoria estruturalista acredita que deveriam ser adotados incentivos fiscais e acesso maior ao crédito com a finalidade de aumentar a oferta de produtos de setores mais inelásticos ao aumento dos preços devido a incapacidade de crescimento.

Também defende uma política de renda que elimine a incompatibilidade distributiva. Essa incompatibilidade surge quando trabalhadores lutam por aumentos salariais superiores a sua produtividade e empregadores elevam seus preços para compensar esse aumento do custo de produção (pagamento de salários mais altos). Essa elevação de preços internos faz com que o país perca competitividade no comércio internacional. Caberia ao estado, então, interferir nos preços e salários.

A teoria estruturalista da inflação difere da **teoria monetarista** porque esta acredita que a razão da inflação é o aumento da oferta de moeda (M) superior ao crescimento real (Y) da economia. A teoria monetarista se baseia na Teoria Quantitativa da moeda que afirma que: M.V = P.Y. Assim, um aumento de "M" superior a "Y", mantendo-se constante a velocidade da moeda (V), geraria elevação de preços (P). E para eles, o aumento da oferta de moeda ocorre devido ao déficit fiscal do governo que emite moeda para honrar seu compromissos e realizar suas compras. Portanto, uma maneira de controlar a inflação seria através do controle sobre o déficit público e, por conseguinte, sobre a emissão de moeda. Ocorre que uma política monetária restritiva, com a redução da oferta de moeda, pode gerar recessão, na medida que reduzindo-se "M" pode gerar uma redução de "Y' também.

A teoria estruturalista difere também da **teoria Keynesiana** que afirma que a inflação é gerada pelo tamanho dos gastos públicos que podem aquecer a demanda agregada, levando ao aumento no preços dos fatores de produção (mão de obra, capital) e, portanto, elevação nos custos de produção. Logo, o controle dos gastos públicos independe da existência ou não de déficit público. Assim, os gastos públicos como choques de oferta seriam responsáveis pela elevação de preços.

---

[32] Os monetaristas defendiam que o combate à inflação se daria com medidas que reduzissem o déficit fiscal, a oferta de moeda e acesso ao crédito, que desvalorizasse o câmbio, que acabasse com o controle sobre os preços de produtos de primeira necessidade e diminuísse ou atrasasse reajustes salariais.

21.3. QUESTÕES

1. (CESGRANRIO — 2024 — IPEA) De acordo com a formulação original da Curva de Phillips, resultante do estudo empírico do economista A. W. Phillips, políticas monetárias expansionistas são capazes de reduzir o desemprego, porém às custas de maior inflação. Tal fato ocorre devido à(ao)
   a) desancoragem de expectativas.
   b) desvalorização cambial.
   c) redução da oferta agregada.
   d) aumento do preço dos insumos.
   e) aumento dos salários nominais.

2. (FGV — 2024 — ALEP) Em relação aos conceitos, tipos e efeitos da inflação, analise os itens a seguir.
I. A deflação é definida como uma queda generalizada e contínua dos preços.
II. A chance de ocorrer inflação de demanda diminui com o grau de capacidade ociosa da economia.
III. Inflação inercial ocorre quando existe indexação na economia que faz com que a inflação se mantenha no mesmo patamar, sem gerar aceleração inflacionária.
IV. Um dos efeitos de taxas elevadas de inflação é fazer com que os preços relativos deixem de ser sinalizadores da escassez e dos custos relativos da produção.

Está correto o que se afirma em
   a) I, apenas.
   b) I e II, apenas.
   c) II e III, apenas.
   d) I, II e IV, apenas.
   e) I, II, III e IV.

3. (FGV — 2023 — Auditor do Estado (CGE SC)/Economia) Com relação à Curva de Phillips (CP), analise as afirmativas a seguir:
   I. Na versão da CP aumentada pelas expectativas, a taxa de inflação em dado período será igual à taxa de inflação esperada.
   II. Na versão da CP com choques de oferta, um aumento salarial não esperado e descolado dos ganhos de produtividade, tende a elevar a taxa de inflação observada.
   III. Na versão da CP com expectativas adaptativas, se a inflação esperada para o período t é igual à de t-1, sem ausência de choques de oferta e desemprego igual à sua taxa natural, isso ocasionará inflação inercial.

Está **correto** o que se afirma em
   a) I, apenas.
   b) II, apenas.
   c) I e II, apenas.
   d) II e III, apenas.
   e) I, II e III.

4. (VUNESP — 2023 — TCM SP/Economia) No longo prazo, a curva de Phillips é vertical por que
   a) desaparece o *trade-off* entre inflação e desemprego.
   b) o desemprego passa a ser estrutural na economia.
   c) as taxas de inflação assumem um caráter inercial.
   d) a taxa de desemprego é igual a zero.
   e) quanto maior a inflação, menor a taxa de desemprego.

5. **(CESGRANRIO — 2023 — AgeRIOs)** Na formulação original da Curva de Phillips, a adoção de políticas monetárias com o objetivo de fomentar o nível de emprego traz como principal efeito colateral
   a) recessão econômica
   b) redução dos salários nominais
   c) menor produtividade da economia
   d) maior inflação
   e) maior deflação

6. **(FGV — 2023 — DPE RS/Economia)** Considere que a curva de Phillips de uma economia hipotética seja dada por:

$$\varpi_t = \varpi_{t-1} - 0{,}5(u_t - 0.04)$$

Suponha que o governo deseje reduzir a taxa de inflação em 6% e que a lei de Okun estabeleça que uma mudança percentual de 1% no desemprego provoque uma mudança de 2% no produto. Então, nesse caso, a taxa de sacrifício dessa economia é dada por:
   a) o desemprego cíclico ficará 10% acima da taxa natural;
   b) a taxa de sacrifício dessa economia será igual a 4;
   c) a queda no produto interno bruto será de 15%;
   d) a taxa natural de desemprego será igual a 2,5%;
   e) não haverá alteração no produto interno bruto porque as expectativas são racionais.

7. **(VUNESP — 2022 — ALESP/Finanças)** Numa economia, a curva de Phillips é dada por u=6−0.6(ϖ−ϖe), em que u é a taxa de desemprego, expressa em percentual da força de trabalho, e ϖ e ϖe são, respectivamente, as taxas de inflação efetiva e esperada, expressas em percentual ao ano. As expectativas são adaptativas, e, durante um longo tempo, a inflação foi de 10% ao ano, até que, num determinado ano, houve um aumento inesperado para 15%. As taxas de desemprego antes e depois desse aumento de desemprego foram, respectivamente:
   a) 5% e 5%.
   b) 5% e 3%.
   c) 6% e 3%.
   d) 6% e 1%.
   e) 0% e 1%.

8. **(FGV — 2022 — SEMSA Manaus/Economista)** A Curva de Phillips é uma abordagem econômica que relaciona o *trade-off* entre inflação e desemprego. Considere a versão aumentada pelas expectativas da curva de Phillips, com termo aleatório.
Considerando a guerra na Ucrânia, que funciona como um choque de oferta que tende a elevar o preço internacional do barril do petróleo, assinale o efeito que descreve corretamente a dinâmica da curva de Phillips frente a esse choque.
   a) Ocorre deslocamento ao longo da curva de Phillips, com aumento da taxa de inflação e queda da taxa de desemprego.
   b) A taxa de inflação esperada se torna igual à inflação registrada no período anterior, gerando inflação inercial.
   c) A inflação esperada pelos agentes se eleva, mas a taxa de desemprego se aproxima de sua taxa natural.
   d) Eleva-se a taxa de sacrifício, com queda do produto para que a inflação esperada se reduza.
   e) Ocorre deslocamento para a direita da curva de Phillips, elevando a taxa de inflação para uma dada taxa de desemprego.

9. (FGV — 2022 — TCE TO/Ciências Econômicas) Considere uma economia descrita pelas equações a seguir.

Equação (I): $g_{yt} = g_{mt} - \pi_t$
Equação (II): $\pi_t = \pi_e - (\mu_t - 0,04)$
Equação (III): $\mu_t = \mu_{t-1} - 0,2(g_{yt} - 0,03)$

Onde π_t é a taxa de inflação no período t, g_{mt} é a taxa de crescimento da oferta de moeda no período t, g_{yt} é a taxa de crescimento do PIB real no período t, μ_t é a taxa de desemprego no período t, e π_e é a expectativa de inflação formada no período t.

Diante desse contexto, é **correto** afirmar que:
a) a equação (I) é denominada lei de Okun;
b) a taxa natural de desemprego é igual a 3%;
c) quando $\pi_e = \pi_{t-1}$, os agentes econômicos possuem expectativas racionais, mas não adaptativas;
d) a equação (II) descreve uma curva de Phillips que apresenta dois componentes: choques de oferta e desemprego cíclico;
e) se a economia se encontra no pleno emprego e $\pi_e = \pi_{t-1} = 7\%$, então a taxa de crescimento da oferta de moeda é igual a 10%.

10. (FGV — 2022 — TCE TO/Ciências Econômicas) De acordo com as diferentes teorias referentes à curva de Phillips, é correto afirmar que:
a) não existe versão que descreva uma situação em que assumimos a inflação como inercial;
b) a denominada versão tradicional indica que não há trade-off de longo prazo entre inflação e desemprego;
c) a denominada versão aceleracionista supõe a existência de ilusão monetária por parte dos trabalhadores;
d) na denominada versão com expectativas racionais, o aumento antecipado na taxa de inflação provoca a redução na taxa de desemprego no curto prazo;
e) no curto prazo, caso haja um aumento na expectativa de inflação por parte dos agentes econômicos, a inflação corrente aumenta, mas o desemprego permanece inalterado.

GABARITO

1. "e".
A formulação original da Curva de Phillips, desenvolvida por A. W. Phillips, mostrou uma relação inversa entre a taxa de desemprego e a taxa de inflação. Quando o desemprego diminui, há maior pressão no mercado de trabalho, o que leva a aumentos nos salários nominais. Esse aumento nos salários ocorre porque uma maior demanda por trabalhadores reduz a disponibilidade de mão de obra, fortalecendo o poder de barganha dos empregados. Com salários mais altos, os custos de produção aumentam, e as empresas repassam esses custos para os preços dos produtos, resultando em inflação. A alternativa correta é a "e". A desancoragem de expectativas está relacionada à inflação esperada, o que não fazia parte da formulação original da Curva de Phillips. A alternativa "a" está incorreta. A desvalorização cambial não tem relação direta com o estudo original, que se concentra no mercado de trabalho interno. A alternativa "b" está incorreta. A Curva de Phillips original não aborda deslocamentos da oferta agregada e, portanto, da Curva de Phillips. O deslocamento era apenas sobre a Curva de Phillips. A alternativa "c" está incorreta. Apesar de os custos de insumos poderem afetar a inflação, a Curva de Phillips original enfatiza o impacto do salário nominal sobre o desemprego e a inflação. A alternativa "d" está incorreta.

2. "e".
A deflação ocorre quando há uma redução sustentada no nível geral de preços ao longo do tempo, diferente de uma simples desaceleração da inflação. Esse fenômeno pode ter efeitos negativos, como reduzir os incentivos ao consumo e ao investimento, podendo levar a uma recessão. O item I está correto
Quando há capacidade ociosa na economia (como fábricas subutilizadas e desemprego elevado), o aumento na demanda tende a ser absorvido sem pressões significativas sobre os preços. O item II está correto.
A inflação inercial decorre da existência de mecanismos de indexação, como contratos atrelados à inflação passada. Isso perpetua o nível de inflação mesmo na ausência de choques econômicos, tornando difícil quebrar o ciclo inflacionário. O item III está correto.
Em ambientes de inflação elevada, os preços mudam rapidamente e de maneira desordenada, dificultando a distinção entre aumentos de preços relativos (por mudanças em custos ou escassez) e aumentos gerais. Isso prejudica a alocação eficiente de recursos na economia. O item IV está correto.

3. "b".
Na versão da CP aumentada pelas expectativas, a taxa de inflação esperada em dado período (π^e_t) será igual à taxa de inflação esperada no período anterior (π^e_{t-1}) somada à velocidade de correção das expectativas relativa à diferença do que foi observado de inflação no período anterior e o que era esperado de inflação no período anterior $\beta\,(\pi_{t-1} - \pi^e_{t-1})$. Assim: $\pi^e_t = \pi^e_{t-1} + \beta\,(\pi_{t-1} - \pi^e_{t-1})$. O item (I) está incorreto.
II. Na versão da CP com choques de oferta, um aumento salarial não esperado e descolado dos ganhos de produtividade é considerado um aumento dos custos de produção para o empresário, provocando um deslocamento da curva de oferta agregada de curto prazo para a esquerda e da curva de Phillips para a direita elevando a taxa de inflação e a taxa de desemprego. O item (II) está correto.
III. Na versão da CP com expectativas adaptativas, se a inflação esperada para o período t é igual à de t-1, desde que não haja erro nas expectativas, ou seja, $\beta\,(\pi_{t-1} - \pi^e_{t-1})$ seja igual a zero e considerando que haja ausência de choques de oferta e que o desemprego esteja igual à sua taxa natural, isso ocasionará inflação inercial, ou seja, a inflação de hoje tende a ser igual a de ontem, e assim por diante. O item (III) está incorreto.
A alternativa correta é a "b".

4. "a".
Desaparece o *trade-off* entre inflação e desemprego porque havendo uma elevação de preços, não é mais possível reduzir o desemprego, já que a economia opera no seu produto potencial e o único desemprego que há, é o desemprego natural. A alternativa "a" é a correta. O desem prego passa a ser apenas o natural. A alternativa "b" está incorreta. Caso haja aumento da demanda agregada devido a uma política monetária expansionista, por exemplo, isso só vai gerar inflação, mas, não necessariamente essa inflação será a inercial. Vai depender da velocidade de ajuste das expectativas. A alternativa "c" está incorreta. A taxa de desemprego será igual ao desemprego natural. A alternativa "d" está incorreta. Como não existe o *trade off* entre inflação e desemprego, mesmo que haja aumento da inflação, o desemprego não vai alterar, permanecendo no desemprego natural. A alternativa "e" está incorreta.

5. "d".
A curva de Phillips de curto prazo afirma que políticas que sejam adotadas para combater o desemprego terão um custo social de gerar mais inflação, de tal maneira que existe um *trade off* entre inflação e desemprego, ou seja, políticas de combate a inflação também terão como resultado maior desemprego. A alternativa correta é a "d".

6. "b".
Sabendo que a curva de Phillips original se apresenta da seguinte maneira:
$\varpi = -\varphi(\mu - \mu_N)$
Onde: μ = taxa de desemprego
μ_N = taxa de desemprego natural
$\mu - \mu_N$ = desemprego cíclico
Se rearrumarmos essa função, teremos:
$$\frac{(\mu - \mu_N)}{\varpi} = \frac{1}{\varphi}$$
Onde: $1/\varphi$ = taxa de sacrifício do desemprego em relação à inflação
Como, no enunciado, $\varphi = 0,5$, então $1/\varphi = 2$
Sabendo que a lei de Okun é:
$(\mu - \mu_N) = \lambda(Yp - Y)$
Se rearrumarmos essa função, teremos:
$$\frac{(Yp - Y)}{(\mu - \mu_N)} = \frac{1}{\lambda}$$
Onde: $1/\lambda$ = taxa de sacrifício do produto em relação ao desemprego.
Como foi dado no enunciado que uma mudança percentual de 1% no desemprego provoca uma mudança de 2% no produto, então:
$$\frac{2\%}{1\%} = \frac{1}{\lambda}$$
Logo: $1/\lambda = 2$
Sabendo que a taxa de sacrifício total (taxa de sacrifício da inflação em relação ao produto da economia) é a multiplicação da taxa de sacrifício da desemprego em relação à inflação $(1/\varphi)$ pela taxa de sacrifício do produto em relação ao desemprego $(1/\lambda)$, então:
Taxa de sacrifício total = $1/\varphi \cdot 1/\lambda = 2.2 = 4$
A alternativa "b" está correta.
Se o governo deseja reduzir a taxa de inflação em 6% e sabendo que a taxa de sacrifício do desemprego em relação à inflação $(1/\varphi)$ é igual a 2, então o desemprego cíclico aumentará em 12% (= 6% .2). A alternativa "a" está incorreta.
Se a taxa de inflação reduz em 6%, o desemprego aumentará em 12% (conforme demonstrado na alternativa "a"). Se a taxa de desemprego aumenta em 12%, o produto deverá se reduzir em 24%, já que a taxa de sacrifício do produto em relação à inflação $(1/\lambda)$ é igual a 2. A alternativa "c" está incorreta.
A taxa natural de desemprego (μ_N) está apresentada na fórmula dada na questão, ou seja: $\varpi_t = \varpi_{t-1} - 0,5(\mu_t - \mu_N)$, onde μ_N é o desemprego natural e igual a 0,04 ou 4%. A alternativa "d" está incorreta.
Quando se deseja combater a inflação, haverá um "trade off" com o desemprego e, por conseguinte, com o produto, ou seja, o produto irá se alterar a uma razão da taxa de sacrifício $(1/\varphi \cdot 1/\lambda)$. Além do que, trata-se de um caso de expectativas adaptativas, onde, no curto prazo, o desemprego mantém uma relação inversa com a inflação. Já, nas expectativas racionais, em regra, não há "trade off" entre inflação e desemprego. A alternativa "e" está incorreta.

7. "c".
A taxa de desemprego antes do aumento inesperado da inflação será: $u = 6 - 0.6(\pi - \pi e)$, onde π será de 10% e πe também será de 10%, já que a expectativa é adaptativa e, portanto, as pessoas baseiam suas expectativas em cima da inflação do passado que foi de 10%. Logo: $u = 6 - 0.6(10 - 10) \rightarrow u = 6$.
A taxa de desemprego depois do aumento inesperado da inflação será: $u = 6 - 0.6(\pi - \pi e)$, onde ϖ será de 15% e πe será de 10%, já que a expectativa é adaptativa e, portanto, as pessoas baseiam suas expectativas em cima da inflação do passado, que foi de 10%. Logo: $u = 6 - 0.6(15 - 10) \rightarrow u = 3$.
A alternativa "c" está correta.

8. "e".
Um choque de oferta provoca uma inflação de custos (ε), deslocando a curva de Phillips para a direita/cima. Com isso, há aumento da inflação dado um nível de desemprego e/ou um aumento do desemprego dado um nível de inflação. A alternativa "e" está correta.

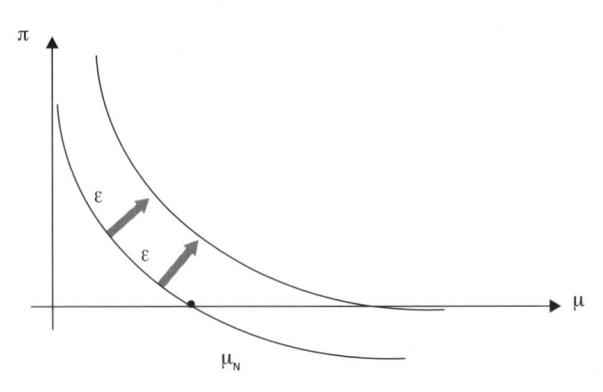

Ocorreria deslocamento ao longo da curva de Phillips se tivesse havido a alteração de alguma das variáveis endógenas, ou seja, μ ou ϖ, mas o que ocorreu foi uma variação exógena (choque de oferta), provocando o deslocamento da curva de Phillips. A alternativa "a" está incorreta. Como não foi citada, na questão, expectativa de inflação, não se pode falar que houve expectativa adaptativa que é quando a taxa de inflação esperada se torna igual à inflação registrada no período anterior, gerando inflação inercial. A alternativa "b" está incorreta. A questão não fala de expectativa de inflação e, quando há choque de oferta, a curva de Phillips se desloca para direita. Observamos que o ponto em que a nova curva toca o eixo horizontal não corresponde mais ao desemprego natural, μ_N. A alternativa "c" está incorreta. A taxa de sacrifício se eleva porque há aumento da inflação para cada redução do desemprego (aumento do produto). A alternativa "d" está incorreta.

9. "e".
Se a economia se encontra em pleno emprego, então, a taxa de desemprego, μ_t, que vai existir é a taxa de desemprego natural, que no caso é 0,04, conforme mostra a equação (II). Sendo assim, μ_t é igual a 0,04 também. Substituindo na equação (II), temos: $\pi_t = \pi_e - (0,04 - 0,04) \rightarrow \pi_t = \pi_e$. Na alternativa "e" é afirmado que $\pi_e = \pi_{t-1} = 7\%$, logo π_t também será igual a 7%. Substituindo essas informações na equação (III), podemos encontrar o valor de g_{yt}. Vejamos: $0,04 = 0,04 - 0,2(g_{yt} - 0,03)$. Logo g_{yt} é igual a 0,03. Com essas informações, vamos substituir os valores na equação (I) para encontrar g_{mt}. Vejamos: $0,03 = g_{mt} - 0,07$. Logo: $g_{mt} = 0,10$ ou 10%. A alternativa "e" está correta. A lei de Okun associa desemprego, μ, com produto, Y, de tal maneira que o desemprego, μ, subtraído do desemprego natural, μ_N, é igual à diferença do produto potencial, Yp, pelo produto efetivo, Y, ponderada por uma certa sensibilidade, λ, do desemprego ao hiato do produto. Vejamos: $(\mu - \mu_N) = \lambda (Yp - Y)$. A alternativa "a" está incorreta. A taxa natural de desemprego é igual a 4%, conforme visto na equação (II), $\pi_t = \pi_e - (\mu t - 0,04)$. Quando $\pi_e = \pi_{t-1}$, os agentes econômicos possuem expectativas adaptativas, já as pessoas baseiam suas expectativas em cima da inflação do passado, gerando uma inflação inercial. A alternativa "c" está incorreta. A equação (II) descreve uma curva de Phillips que apresenta dois componentes: inflação esperada e desemprego cíclico. A alternativa "d" está incorreta.

10. "c".
A denominada versão aceleracionista supõe a existência de ilusão monetária por parte dos trabalhadores já que quando o governo tem o intuito de reduzir o desemprego por meio, por exemplo, de uma política monetária expansionista, no curto prazo, o desemprego se reduz devido a elevação da taxa de inflação, mas o trabalhador não consegue perceber que, logo mais, o desemprego

retornará ao natural. Assim, o governo terá que fazer sucessivas expansões monetárias, levando a uma inflação aceleracionista. Para conter essa inflação que só aumenta, deverá haver um choque deflacionário. A alternativa "c" está correta. Quando há expectativas adaptativas e ausência de choques de oferta bem como o desemprego está na sua taxa natural, deparamo-nos com uma situação que descreve uma inflação inercial, já que a inflação do período atual será igual ao do período anterior. A alternativa "a" está incorreta. A 2.ª versão da curva de Phillips, e não a versão tradicional, indica que não há *trade-off* de longo prazo entre inflação e desemprego. A alternativa "b" está incorreta. Na denominada versão com expectativas racionais, o aumento não antecipado (ou surpreendido) na taxa de inflação provoca a redução na taxa de desemprego no curto prazo. A alternativa "d" está incorreta. No curto prazo, caso haja um aumento na expectativa de inflação por parte dos agentes econômicos, a inflação corrente aumenta devido a uma taxa de desemprego e/ou o desemprego aumenta devido a uma taxa de inflação, ou seja, a curva de Phillips se desloca para a direita ou para cima. A alternativa "e" está incorreta.

21.4. MATERIAL SUPLEMENTAR

QUESTÕES DE CONCURSOS
http://uqr.to/1yjbk

22
ECONOMIA INTERTEMPORAL

22.1. CONSUMO E ESCOLHA INTERTEMPORAL

A teoria do consumo definida por Keynes mostra o comportamento do consumo diante de uma alteração na renda disponível, ou seja, o consumo é analisado em um ponto do tempo. Mas, quando se fala em consumo, a preocupação volta-se para um tempo maior. Neste capítulo, será analisado o comportamento do consumo ao longo da vida dos agentes econômicos, e não apenas num ponto específico de tempo.

22.1.1. Consumo no curto e no longo prazo

Por meio de estudos empíricos ao longo de uma série temporal, verificou-se que a função consumo de longo prazo teria um comportamento diferente da função consumo de curto prazo definida por Keynes.

Assim, a função consumo de Keynes seria definida por: $C = Ca + cYd$, onde: Ca = consumo autônomo; c = Propensão marginal a Consumir; e Yd = renda disponível.

Nessa função, observa-se que, à medida que a renda disponível aumenta, o consumo aumenta também, reduzindo-se a proporção entre consumo e renda disponível, o que faz a **Propensão média a Consumir** (PmeC) ser decrescente à medida que a renda disponível aumenta.

Exemplificando, é possível definir o nível de consumo e a Propensão média a Consumir à medida que a renda aumenta.

Dada a seguinte função consumo **Keynesiana**: $C = 10 + 0,8Yd$, montando uma tabela que mostre o comportamento do consumo e da Propensão média a Consumir à medida que a renda disponível aumenta, tem-se:

RENDA DISPONÍVEL (Yd)	CONSUMO (C)	PROPENSÃO MÉDIA A CONSUMIR = C/Yd
100	90	0,9
200	170	0,85
400	330	0,825

Uma função consumo de curto prazo pode ser representada graficamente, conforme a Figura 22.1:

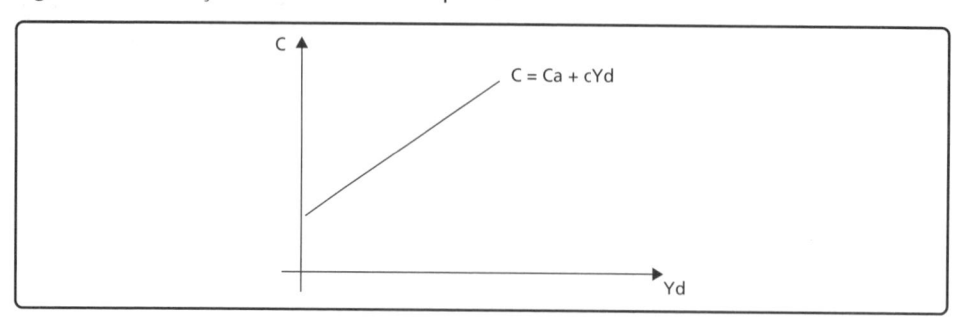

Figura 22.1. Função consumo de curto prazo

```
C
│           C = Ca + cYd
│          /
│         /
│        /
│       /
│      /
│     /
│    /
│   /
└─────────────── Yd
```

A **taxa de juros** não faz parte da função consumo Keynesiana, de tal maneira que seu papel na determinação do consumo não apresenta grande importância. O principal determinante do consumo é a **renda corrente disponível**.

A Propensão marginal a Consumir, "c", oscila entre zero e um, reforçando a **Lei Psicológica Fundamental**, que dizia que "os indivíduos estão dispostos, como regra geral e em média, a aumentar seu consumo à medida que suas rendas aumentam, porém jamais na proporção exata do aumento de suas rendas"[1].

Essa análise feita por Keynes não considerou a expectativa de renda no futuro nem o fato de mudanças no perfil de renda em função da fase de vida dos indivíduos, ou seja, se eram jovens, de meia-idade ou idosos.

Simon Kuznets observou, contudo, que, de década para década, a **relação consumo/renda** permanecia constante, contrariando a teoria desenvolvida por Keynes que afirmava que a Propensão média a Consumir tenderia a ser reduzida à medida que a renda aumentava. Kuznets percebeu que a teoria de Keynes funcionava nas pesquisas realizadas com famílias ou em séries temporais curtas, mas, quando as **séries temporais eram mais longas**, a Propensão média a Consumir se apresentava constante.

Assim, no longo prazo, a função consumo teria o seguinte comportamento:

$$C = cYd$$

Onde: C = consumo; e Yd = renda disponível.

Nessa função, observa-se que, à medida que a renda disponível aumenta, o consumo aumenta também, mantendo-se a mesma proporção entre consumo e renda, o que faz a Propensão média a Consumir (PmeC) permanecer constante. Observa-se também que a Propensão marginal a Consumir (PmgC), representada por "c" na função, também será constante e igual à Propensão média a Consumir.

Exemplificando, é possível definir o nível de consumo e a Propensão média a Consumir à medida que a renda aumenta.

Dada a seguinte função consumo de longo prazo: C = 0,9Yd, montando uma tabela que mostre o comportamento do consumo e da Propensão média a Consumir à medida que a renda aumenta, tem-se:

---

[1] John Maynard Keynes, *The general theory of employment, interest and money*, p. 96.

RENDA DISPONÍVEL (Yd)	CONSUMO (C)	PROPENSÃO MÉDIA A CONSUMIR = C/Y
100	90	0,9
200	180	0,9
400	360	0,9

Observe na Figura 22.2 o comportamento de uma função consumo de longo prazo:

Figura 22.2. Função consumo de longo prazo

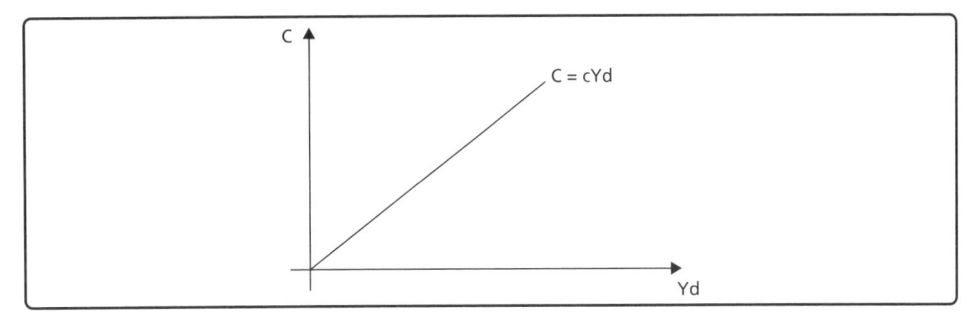

[Gráfico: reta partindo da origem com equação C = cYd, eixo vertical C e eixo horizontal Yd]

Observe que a Propensão marginal a Consumir de longo prazo (com a renda permanente) é maior que a Propensão marginal a Consumir de curto prazo (com a renda transitória) o que leva os indivíduos a manterem os seus perfis de consumo relativamente suaves (*smooth*) durante a vida.

Para explicar essas constatações de que, no longo prazo, a função consumo apresentava uma Propensão média a Consumir constante, apareceram dois economistas: Modigliani, com a teoria do ciclo da vida, e Friedman, com a teoria da renda permanente, que serão abordados nos *itens 22.1.3* e *22.1.4*.

22.1.2. Escolha intertemporal das famílias

O pioneiro da abordagem intertemporal foi **Fisher**, com a **teoria do comportamento do consumidor**. A ideia consistia em afirmar que as pessoas consomem e poupam no presente de acordo com o que consumirão e pouparão no futuro. Assim, se consumissem mais que suas rendas no presente, consumiriam menos que suas rendas no futuro. E nessa decisão, entre quanto consumiriam, haveria uma restrição orçamentária intertemporal.

Considerando que o agente é **racional**, que **não haja restrição de crédito**, ou seja, o consumidor pode pedir empréstimos, e considerando dois períodos, sendo que o período 1 representa o presente e o período 2 representa o futuro, tem-se: $Y_1 = C_1 + S_1$.

A poupança no período 1, S_1, é, portanto: $S_1 = Y_1 - C_1$, onde: Y_1 = renda no período 1; C_1 = consumo no período 1; e S_1 = poupança no período 1.

Essa poupança será consumida no período 2. Logo: $C_2 = S_1 + Y_2$, onde: C_2 = consumo no período 2; e Y_2 = renda no período 2.

Mas, como o período de tempo é diferente, não se pode simplesmente somar valores que são dados em períodos distintos. Deve-se capitalizar o período 1 ou descapitalizar o período 2.

Optando pela capitalização do período 1 a uma taxa de juros "r", tem-se: $C_2 = (1 + r) S_1 + Y_2$, como: $S_1 = Y_1 - C_1$, então: $C_2 = (1 + r)(Y_1 - C_1) + Y_2$.

Dividindo-se tudo por $(1 + r)$, tem-se:

$$\frac{C_2}{(1+r)} = \frac{(1+r)(Y_1 - C_1)}{(1+r)} + \frac{Y_2}{(1+r)}$$

$$\frac{C_2}{(1+r)} = (Y_1 - C_1) + \frac{Y_2}{(1+r)}$$

$$C_1 + \frac{C_2}{(1+r)} = Y_1 + \frac{Y_2}{(1+r)}$$

Onde $Y_1 + Y_2/(1 + r)$ representa a **riqueza do consumidor**.

Ou seja, a renda no presente e a renda no futuro somadas serão iguais ao consumo no presente e ao consumo no futuro somados, de tal maneira que o consumidor decidirá o que consumir no presente e no futuro de acordo com a sua **restrição orçamentária intertemporal**.

Representando graficamente uma restrição orçamentária intertemporal para dois períodos, presente e futuro, na Figura 22.3 serão fixados, nos dois eixos, o consumo futuro, C_2, e o consumo presente, C_1. A linha que une os pontos X e Z é denominada restrição orçamentária intertemporal. O ponto W, para exemplificar, é o ponto onde a renda do presente, Y_1, é igual ao consumo do presente, C_1, e a renda do futuro, Y_2, é igual ao consumo do futuro, C_2, de tal maneira que as poupanças e empréstimos dos dois períodos são iguais a zero. No ponto X, a renda dos dois períodos destina-se apenas para o consumo do futuro, C_2, de tal maneira que a renda do presente deve ser capitalizada até o futuro e somada à renda do futuro, ou seja, $Y_1(1 + r) + Y_2$, e serão totalmente destinadas ao consumo no período futuro. No ponto Z, a renda dos dois períodos destina-se apenas para o consumo do presente, C_1, de tal maneira que a renda do futuro descapitalizada até o presente deve ser somada à renda do presente, ou seja, $Y_1 + Y_2/(1 + r)$, e serão totalmente destinadas ao consumo no período presente. Observe a Figura 22.3. Sobre a linha de restrição orçamentária, o consumidor poderá fazer infinitas combinações de consumo nos dois períodos que sua restrição orçamentária comporta. Caso escolha algum ponto entre a origem e a restrição orçamentária, significa que está descartando parte de sua renda, o que não é interessante para o consumidor que deseja maximizar sua satisfação.

Figura 22.3. Restrição orçamentária do consumidor

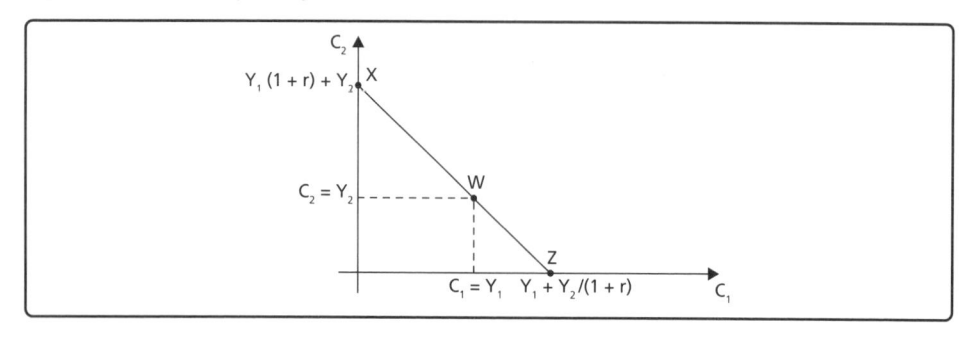

Dizer que o agente tem **expectativas racionais** é dizer que as expectativas são formadas a partir das disposições que se tem no momento, e não com base retrospectiva, como acontece quando as expectativas são adaptativas. Assim, o agente econômico, com base nessas expectativas racionais, irá utilizá-las de forma inteligente.

Mankiw[2] afirma que o consumidor que apresenta expectativas racionais tem **variações no consumo ao longo do tempo de forma imprevisível**: "De acordo com a hipótese da renda permanente, os consumidores enfrentam **flutuações na renda** e tentam, da melhor maneira possível, nivelar seu consumo ao longo do tempo. A qualquer momento, o consumidor determina seu consumo com base nas **expectativas correntes** sobre sua renda vitalícia. Com o tempo, eles mudam seu consumo porque recebem novas informações que os levam a rever suas expectativas. Por exemplo, uma pessoa, ao receber um aumento inesperado, aumenta o consumo; enquanto outra, ao ser demitida do seu trabalho inesperadamente, diminui seu consumo. Se os consumidores usam todas as informações disponíveis de maneira ótima, então as revisões de suas expectativas deveriam ser imprevisíveis. Portanto, as alterações em seu consumo também seriam **imprevisíveis**".

22.1.2.1. Curvas de indiferença

Assim, como o consumidor possui uma restrição intertemporal que mostra sua capacidade de consumo ao longo do tempo frente a sua renda ao longo desse mesmo tempo, também possui preferências que são representadas por curvas denominadas curvas de indiferença.

Quando as preferências são **bem comportadas**, essas curvas de indiferença são **convexas e monótonas**. Ser convexa significa que uma cesta de bens, como a cesta W, localizada na linha que une duas cestas, por exemplo, X e Z, sobre a curva de indiferença I_1, é preferível a essas duas cestas X e Z e, por isso, está numa curva de indiferença mais alta, ou seja, na curva I_2. É bom lembrar que quanto mais distante da origem estiver uma curva de indiferença, maior o grau de satisfação do consumidor em consumir uma cesta contida nessa curva. Monótona significa que o consumidor sempre preferirá uma cesta com mais bens do que uma cesta com menos bens. Assim, observe uma curva de indiferença bem comportada mostrada na Figura 22.4:

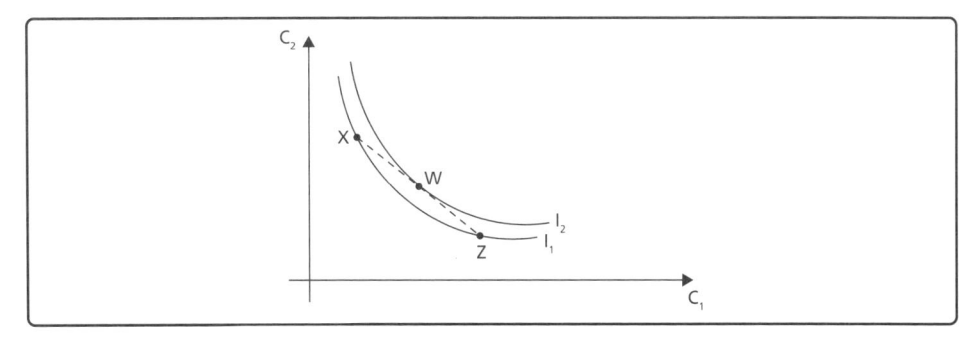

Figura 22.4. Curva de indiferença

---

[2] N. Gregory Mankiw, *Macroeconomia*, p. 292.

Qualquer cesta de bens localizada sobre a curva de indiferença I_1 dará sempre a mesma satisfação, ou seja, para o consumidor a satisfação em consumir a cesta de bens X é idêntica à do consumidor em consumir a cesta de bens Z. Já a cesta de bens W proporciona maior satisfação ao consumidor, já que se encontra numa curva de indiferença, I_2, mais distante da origem e acima de I_1. O que resta saber é se o consumidor terá uma restrição orçamentária que lhe permita consumir a cesta W. Para tanto, acompanhe o *item 22.1.2.2*.

22.1.2.2. Curvas de indiferença, restrição orçamentária intertemporal e a cesta ótima de consumo

Diante de **curvas de indiferença** que mostram as preferências do consumidor e sua indiferença entre consumir cestas de bens que estão sobre a mesma curva de indiferença, resta saber qual cesta de bens, composta de consumo no presente, C_1, e consumo no futuro, C_2, será aquela que maximiza sua satisfação mediante uma restrição orçamentária intertemporal.

Representando, pela Figura 22.5, algumas curvas de indiferença do consumidor, I_1, I_2, I_3 e I_4, que mostram as combinações de consumo C_1 e C_2 e sua restrição orçamentária intertemporal, R, percebe-se que é possível para o consumidor adquirir as cestas K, L, X, Z e W, ou seja, sua restrição orçamentária suporta adquirir qualquer uma dessas cestas. Já as cestas M e N, que pertencem à curva de indiferença, I_4, não podem ser adquiridas, porque o consumidor não possui renda suficiente para isso. Resta saber, por qual das cestas factíveis o consumidor optará: K, L, X, Z ou W?

Como foi dito anteriormente, o consumidor optará pela cesta que pertença à curva de indiferença mais distante da origem e que comporte no seu orçamento intertemporal já que ela é a que oferece a maior satisfação entre as possíveis. Portanto, o consumidor optará pela cesta X, que pertence à curva de indiferença I_3, cuja preferência é superior a qualquer cesta pertencente às curvas I_2 e I_1. A restrição orçamentária intertemporal R **tangencia** a curva de indiferença I_3, que é a mais distante da origem em relação a I_1 e a I_2.

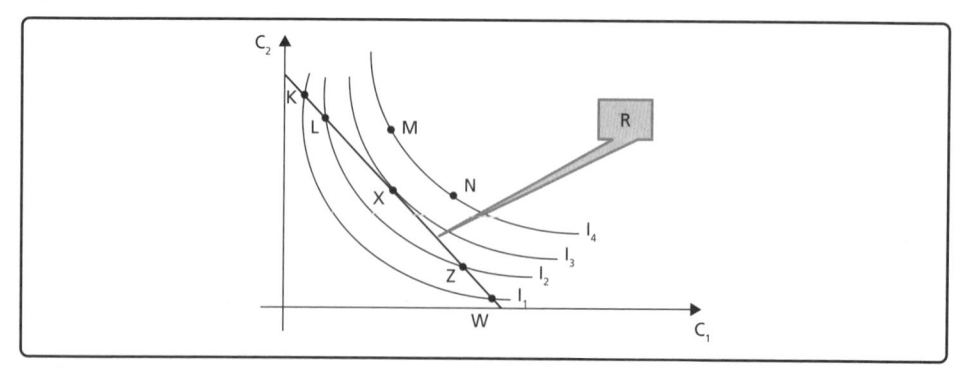

Figura 22.5. Cesta ótima de consumo

22.1.2.2.1. Supondo um aumento na renda, R

Um aumento da restrição orçamentária (R), em decorrência do aumento de Y_1 ou de Y_2, aumenta o consumo no período presente, C_1, e no futuro, C_2, considerando que o bem seja normal[3] e as preferências sejam bem comportadas, ou seja, convexas e monótonas. Isso poderá ser verificado no gráfico da Figura 22.6, que mostra o **deslocamento para a direita** da curva de restrição orçamentária, de R_1 para R_2. Observe que, quando R_1 se desloca para R_2, a cesta ótima 1 passa para 2, o consumo no período 1 aumenta de C_1 para C'_1 e o consumo no período 2 aumenta de C_2 para C'_2.

Figura 22.6. Cesta de consumo ótima com a restrição orçamentária intertemporal R_1 e R_2

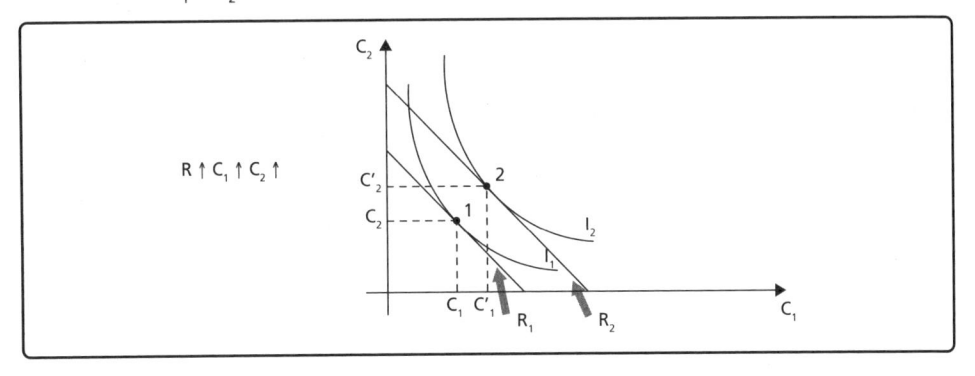

Onde R = restrição orçamentária intertemporal; I = curva de indiferença; C_1= consumo no período 1; e C_2= consumo no período 2.

22.1.2.2.1.1. Taxa marginal de substituição (TmgS)

Como dito anteriormente, uma curva de indiferença, I, representa as infinitas combinações de consumo dos períodos 1 e 2 que apresentam o mesmo grau de satisfação e, portanto, é indiferente para o consumidor, em todos os pontos contidos nela, o consumo de cestas compostas de C_1 e C_2. Assim, o consumo da cesta X ou da cesta W da Figura 22.7 dá ao consumidor o mesmo grau de satisfação. Mas perceba que, quando o consumidor se desloca do ponto X para o ponto W, abrirá mão de C_2 para ter mais de C_1. A essa renúncia de C_2 para se ter mais "um" de C_1, dá-se o nome de **taxa marginal de substituição**. Portanto, a TmgS é a relação entre a variação do C_2 e a variação do C_1. Assim: $TmgS = \dfrac{\Delta C_2}{\Delta C_1}$.

---

[3] Bem normal é aquele cuja demanda pelo bem aumenta quando a renda aumenta ou cuja demanda pelo bem diminui quando a renda diminui.

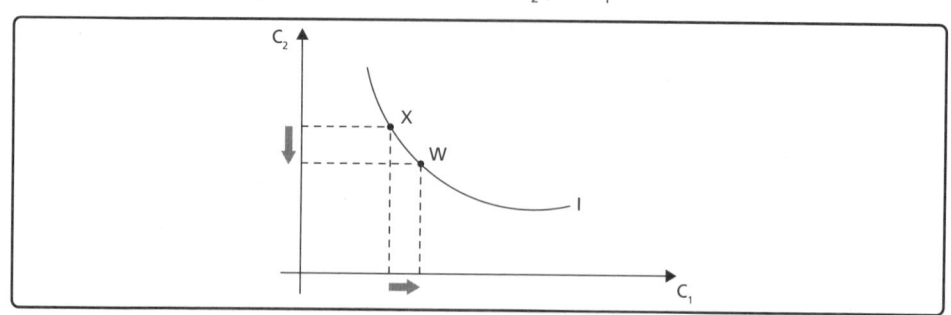

Figura 22.7. Taxa marginal de substituição de C_2 por C_1

Acrescentando a restrição orçamentária intertemporal, na Figura 22.8, verifica-se que, de acordo com o que foi dito no *item 22.1.2*, no ponto onde o consumo 2 é máximo, toda a renda Y_1 e toda a renda Y_2 são destinadas ao seu consumo. Lembre-se que, como se trata do consumo no 2.º período, a renda do primeiro período deve ser capitalizada a uma taxa de juros "r". Portanto, o ponto de intercepto com o eixo das ordenadas corresponde a: $Y_1(1 + r) + Y_2$. No ponto onde o consumo 1 é máximo, toda a renda Y_1 e toda a renda Y_2 são destinadas ao seu consumo. Lembre-se que, como se trata do consumo no 1.º período, a renda do segundo período deve ser descapitalizada a uma taxa de juros "r". Portanto, o ponto de intercepto com o eixo das abscissas corresponde a: $Y_1 + Y_2/(1 + r)$.

Figura 22.8. A curva de indiferença e a restrição orçamentária, R

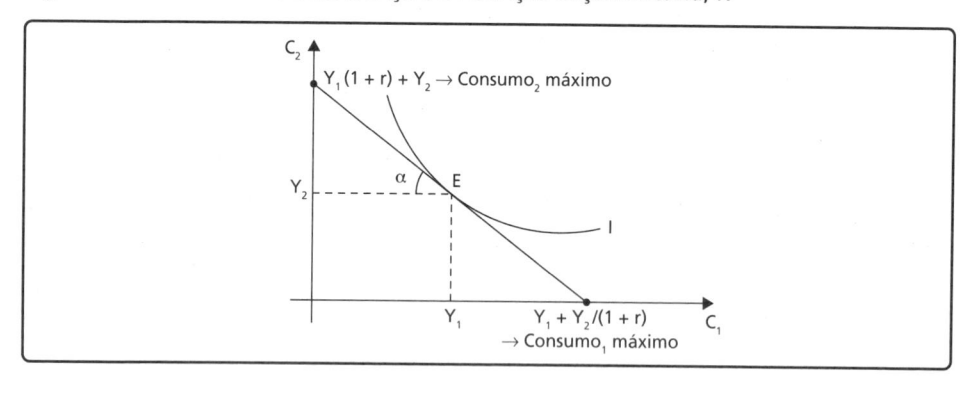

A tangente da restrição orçamentária intertemporal α será definida no ponto E por:

$$Tg\alpha = \frac{|Y_1(1 + r) + Y_2 - Y_2|}{Y_1}$$

$$Tg\alpha = |1 + r|$$

Como a tangente mede a variação no consumo 2 em relação à variação no consumo 1, será igual à taxa marginal de substituição, que é a renúncia de C_2 em prol de C_1.

Portanto, no ponto E, a taxa marginal de substituição de C_2 por C_1 é igual à tangente no ponto, logo: na cesta ótima[4], a taxa marginal de substituição do consumo 2 pelo consumo 1 é igual a 1 + taxa de juros (r).

$$TmgS_{C2,C1} = |1 + r|^5$$

22.1.2.2.2. Supondo um aumento na taxa de juros

Se houver elevação na taxa de juros, sendo o agente econômico um poupador, podem ocorrer dois efeitos, **efeito renda** e **efeito substituição**, que estão apresentados nos itens 22.1.2.2.2.1 e 22.1.2.2.2.2.

22.1.2.2.2.1. Efeito renda

Se o consumidor é um poupador, o aumento da taxa de juros lhe proporcionará uma melhor situação, e o seu consumo aumentará no presente e no futuro: $C_1 \uparrow, C_2 \uparrow$.

O **efeito renda** provoca um deslocamento da curva de indiferença para direita, ou seja, para uma curva de indiferença mais alta.

22.1.2.2.2.2. Efeito substituição

Com a elevação da taxa de juros, o consumo no futuro torna-se mais barato que no presente, o que fará com que o consumidor substitua o consumo no presente pelo consumo no futuro: $C_1 \downarrow, C_2 \uparrow$.

O efeito substituição provoca um deslocamento sobre a mesma curva de indiferença.

22.1.2.2.2.3. Efeito total

O **efeito total**, que é a soma do efeito renda e do efeito substituição, mostra que o consumo no futuro, C_2, aumenta. Com relação ao consumo presente, C_1, nada se pode afirmar, já que o efeito renda pode levar a um consumo presente maior também, podendo anular ou não o efeito substituição. Portanto, o consumo no presente dependerá das preferências do consumidor.

Logo: $C_1 ?, C_2 \uparrow$.

22.1.3. Teoria do ciclo da vida — Modigliani

Segundo **Modigliani** (1950), as pessoas irão consumir e poupar de acordo com as expectativas de renda durante sua vida, de maneira a sempre manter um nível

---

[4] A cesta ótima é aquela em que o consumidor adquire uma cesta de bens, que no caso é composta de C_1 e C_2, que lhe dá o máximo de utilidade dentro da sua restrição orçamentária intertemporal.

[5] Observe que, se o leitor representar no eixo das ordenadas o consumo presente (C_1) e, no eixo das abscissas, o consumo futuro (C_2), então:

$$tg\alpha = \left|\frac{Y_1 + Y_2/(1-r) - Y_1}{Y_2}\right| \rightarrow tg\alpha = \left|\frac{1}{1-r}\right|. \text{ Logo: } TmgS_{C_1,C_2} = \left|\frac{1}{1-r}\right|.$$

homogêneo de consumo. Assim, quando são **jovens**, despoupam, porque o consumo é muito alto e a poupança muito baixa. Contando com uma renda maior na fase **adulta** (ou meia-idade), passam a poupar para pagar o que despouparam no passado e para se resguardar na **velhice**, já que, nesta última fase, a renda tende a sofrer uma queda significativa. Portanto, o foco do jovem e do idoso é consumir, e da pessoa de meia--idade é poupar. Assim, sociedades compostas preponderantemente de pessoas de meia-idade tendem a ter uma **taxa de poupança** elevada. Já em uma sociedade composta basicamente de pessoas jovens ou idosas, a **taxa de poupança** tende a ser muito pequena. A poupança vai, portanto, comportar-se de maneira **previsível**.

Para que essa teoria seja válida, deve-se considerar que não haja **restrição ao crédito**[6], ou seja, que as pessoas possam despoupar em um período.

Segundo Froyen: "O nível de consumo de um indivíduo ou de uma família depende não só da renda corrente mas também, e mais importante, dos rendimentos esperados a longo prazo. Pressupõe-se que indivíduos planejem um padrão de dispêndios com consumo durante a vida com base nos rendimentos esperados ao longo de toda a vida"[7].

22.1.4. Hipótese da renda permanente — Friedman

Friedman (1957) desenvolveu a **hipótese de renda permanente**, segundo a qual, de acordo com a escolha intertemporal, as pessoas decidem seus consumos conforme a renda presente e futura, mantendo um padrão de consumo ao longo do tempo. Assemelha-se à hipótese do ciclo da vida no que se refere ao fato de acreditar que o principal elemento determinante do consumo seja a renda permanente. Tanto Friedman quanto Modigliani se utilizaram da teoria do consumidor de Fisher para reforçar que o consumo depende da renda permanente.

Shapiro cita o que o próprio Friedman definiu como renda permanente: "a renda permanente deve ser interpretada como a renda média tida como permanente pela unidade de consumo em questão, que, por sua vez, depende de seu horizonte e de sua previdência"[8].

Mas o que seria **renda permanente** ou **renda transitória**? É difícil muitas vezes saber qual parcela da mudança da renda poderá ser considerada permanente ou transitória. Por exemplo, um funcionário que cumpriu horas extras no trabalho provavelmente as considerará renda positiva provisória. Uma promoção funcional que leva a aumento salarial poderá compor uma renda permanente. Dornbusch e Fischer afirmam que: "Uma vez que o indivíduo supõe que a renda transitória se anula em média ao longo da vida, sendo positiva em algumas épocas e negativas em outras, a renda transitória é considerada como tendo pouco efeito sobre o consumo"[9].

Mankiw explica que: "A renda permanente é a parte da renda que as pessoas esperam manter no futuro. A renda transitória é a parte da renda que as pessoas não esperam

---

[6] A impossibilidade de pedir dinheiro emprestado faz com que o consumo corrente não possa ser maior que a renda corrente.
[7] Richard T. Froyen, *Macroeconomia*, p. 357.
[8] Edward Shapiro, *Análise macroeconômica*, p. 215.
[9] Rudiger Dornbusch e Stanley Fischer, *Macroeconomia*, p. 166.

manter no futuro. Dito de outra forma, a renda permanente é a renda média; e a renda transitória é o desvio aleatório em relação a essa média"[10].

Logo, alterações na renda ditas como "não permanentes" ou "transitórias" não teriam efeito significativo sobre o consumo, mas sim sobre a poupança e, com isso, o padrão de consumo se manteria constante ao longo do tempo.

Portanto, políticas que tenham como objetivo alterar o consumo agregado devem focar a **renda permanente**. Se, no curto prazo, a PmeC (Propensão média a Consumir) é decrescente, então a PmeS (Propensão média a Poupar) é crescente. Logo, a poupança (S) é crescente. Mas, se S é crescente, então, o consumo é decrescente. E se: $S\uparrow \rightarrow I\uparrow$. Mas para que Investir (I) se o consumo está diminuindo? Para Friedman, portanto, o consumo não será função da renda corrente, mas sim da renda permanente.

Froyen explica que: "Se as expectativas forem racionais, todas as informações disponíveis antes do período corrente já terão sido usadas para estimar a renda permanente. Isso implica que mudanças no consumo ocorrerão apenas como resultado de alterações imprevistas na renda que causem mudanças na renda permanente estimada. Mudanças no consumo devem ocorrer apenas no caso de surpresas com relação à renda"[11].

22.1.5. Efeito Ponzi

Partindo-se do pressuposto de que o agente é racional e que não há restrição ao crédito, pode-se definir o efeito Ponzi.

Efeito Ponzi ou esquema Ponzi é a possibilidade de endividar-se infinitamente, ou seja, no período 2 tomar dinheiro emprestado para pagar os juros da dívida do período 1, e assim por diante[12].

22.1.6. Restrição de liquidez

É a situação em que o consumidor está impedido de tomar empréstimos para financiar o consumo corrente com base na expectativa de uma renda maior.

22.2. RESTRIÇÃO INTERTEMPORAL DAS FAMÍLIAS COM INVESTIMENTO

A poupança dos indivíduos pode se dar pela compra de ativos financeiros ou pela compra de bens de capital, denominados investimento.

Portanto, investimento (I) refere-se ao aumento do estoque de capital, conhecido como taxa de acumulação de capital. Entende-se por investimento, por exemplo, a aquisição de equipamentos, instalações, prédios e variação de estoques.

No presente, portanto, a poupança será constituída de recursos destinados à aquisição de **ativos financeiros (B)** e **investimentos (I)**: $S_1 = B_1 + I_1$, onde: S_1 = poupança no presente; B_1 = ativos financeiros no presente; e I_1 = investimentos no presente.

---

[10] N. Gregory Mankiw, *Macroeconomia*, p. 290.
[11] Richard T. Froyen, *Macroeconomia*, p. 372.
[12] Exclusão do efeito Ponzi é a impossibilidade de se endividar infinitamente.

Observe que, quando foi referido o consumo intertemporal, considerava-se a poupança dos consumidores composta apenas de ativos financeiros, B_1. Mas, agora, deve-se considerar que a poupança será composta tanto de ativos financeiros, B_1, como de investimentos, I_1.

Mas a poupança que servirá para o consumo futuro será apenas aquela correspondente à aquisição de ativos financeiros, B_1.

Como, no futuro, o consumo será igual à renda do futuro mais a poupança do presente e, agora, é B_1, ou seja, $C_2 = Y_2 + (1 + r) B_1$ *(I)*. Como: $Y_1 = C_1 + S_1$ ou $Y_1 = C_1 + B_1 + I_1$ e isolando B_1: $B_1 = Y_1 - C_1 - I_1$ *(II)*.

Substituindo *(II)* em *(I)*, tem-se: $C_2 = Y_2 + (1 + r)(Y_1 - C_1 - I_1)$.

Dividindo ambos os lados por $(1 + r)$, tem-se:

$$\frac{C_2}{(1+r)} = \frac{Y_2}{(1+r)} + \frac{(1+r)(Y_1 - C_1 - I_1)}{(1+r)}$$

$$\frac{C_2}{(1+r)} = \frac{Y_2}{(1+r)} + (Y_1 - C_1 - I_1)$$

Isso mostra que as pessoas consumirão ao longo da vida o correspondente a sua renda ao longo da vida, subtraída do investimento.

A partir daí, determina-se a **restrição intertemporal das famílias, considerando-se o investimento**:

$$C_1 + \frac{C_2}{(1+r)} = \frac{Y_2}{(1+r)} + (Y_1 - I_1)$$

22.2.1. Decisão das famílias com relação ao investimento

Caberá, então, à família, diante de sua riqueza, escolher aplicar sua poupança entre ativos financeiros (B) ou investimentos produtivos (I). Logo: $W = (Y_1 - I_1) + \frac{Y_2}{(1+r)}$.

Derivando-se em relação a I, tem-se: $\frac{dW}{dI} = -1 + \frac{PmgK}{(1+r)}$.

Para maximizar a riqueza, iguala-se sua derivada a zero: $\frac{dW}{dI} = 0$, logo:

$0 = -1 + \frac{PmgK}{(1+r)}$

Onde, PmgK = Produtividade marginal do capital, logo:

$$PmgK = (1 + r)$$

Se se considerar que a depreciação (d) ocorre ao longo de alguns períodos, então d não será mais igual a "um". Logo:

$$PmgK_t + 1 = r + d$$

Onde: r + d é denominado **custo do capital**[13].

22.2.2. Teoria "q" de Tobin

A **Teoria "q"** (Tobin, 1960) destaca a importância do mercado de ações na decisão de investir. As empresas, ao investir em ações, avaliarão:

- ☐ **o valor do capital instalado** (avaliado pelo mercado de ações) = a;
- ☐ **custo de reposição do capital** = b.

Define-se "q" → q = a/b.

Se q > 1 ou a > b → o mercado de ações valoriza a empresa mais do que ela vale, então compensa investir.

Se q < 1 ou a < b → não compensa investir.

$$q = \frac{\text{valor do capital instalado}}{\text{custo de reposição do capital}}$$

22.3. ESCOLHA INTERTEMPORAL DO GOVERNO

Uma política fiscal expansionista por meio de **corte dos impostos**, que são financiados pelo endividamento público — dívida que, no futuro, o governo pagará cobrando mais impostos —, pode invalidar a hipótese de crescimento do produto, porque as famílias poderão economizar o valor referente ao corte para pagarem os impostos no futuro.

Lopes e Vasconcellos afirmam que: "Segundo o modelo keynesiano, uma política fiscal expansionista via cortes dos impostos tem, via efeito multiplicador, importante efeito sobre o produto, já que eleva a renda disponível das famílias e, consequentemente, o consumo agregado. Se considerarmos, no entanto, que esse corte nos impostos é financiado via endividamento público, e que essa dívida deverá ser paga no futuro com a cobrança de mais impostos, o resultado do modelo keynesiano pode não ser válido. Isso porque as famílias, diante de sua restrição orçamentária intertemporal, poderão simplesmente economizar o corte para o pagamento nos impostos no futuro. Essa lógica pode ser mais bem entendida com base na Restrição Orçamentária Intertemporal do Governo"[14].

Assim, no presente, tem-se: $D = G_1 - T_1$, onde: D = déficit público; G_1 = gastos do governo no presente; e T_1 = tributação no presente.

Se o governo financiar esse déficit pela venda de títulos, no futuro os impostos cobrados deverão cobrir os gastos do futuro e esse déficit do presente.

---

[13] Não está sendo levada em consideração uma possível desvalorização do capital, que faria com que o custo do capital fosse a soma da taxa de juros com a taxa de depreciação do capital e com a taxa de perda de valor do capital.

[14] Luiz Martins Lopes e Marco Antonio Sandoval de Vasconcellos, *Manual de macroeconomia*, 1998, p. 280.

Assim, tem-se: $T_2 = (1 + r) D + G_2$ onde: T_2 = tributos no futuro; G_2 = gastos no futuro; r = taxa de juros; D = déficit no presente.

Substituindo $D = G_1 - T_1$, tem-se: $T_2 = (1 + r) (G_1 - T_1) + G_2$. Dividindo-se tudo por $(1 + r)$, tem-se:

$$\frac{T_2}{(1+r)} = (G_1 - T_1) + \frac{G_2}{(1+r)}$$

Assim, determina-se a **restrição orçamentária intertemporal do governo**:

$$T_1 + \frac{T_2}{(1+r)} = G_1 + \frac{G_2}{(1+r)}$$

Mankiw afirma que: "A restrição orçamentária do governo mostra como alterações feitas hoje na política fiscal estão relacionadas com mudanças na política fiscal futura. Se o governo corta os impostos no primeiro período sem alterar simultaneamente suas despesas, entra no segundo período com uma dívida para com os detentores de títulos públicos. Esta dívida obriga o governo a escolher entre uma redução nas suas compras ou um aumento nos impostos"[15].

22.3.1. Equivalência ricardiana

A restrição orçamentária intertemporal do governo mostra que, se os tributos[16] no presente se reduzirem, sem que haja alteração dos gastos do governo, tenderão a aumentar no futuro.

Portanto, se os tributos se reduzirem (T ↓), o produto (Y) só aumentará se os gastos do governo se reduzirem (G ↓), ou seja, dependerá das **expectativas** do comportamento dos gastos do governo, porque, se os gastos permanecem constantes, no futuro os tributos tendem a aumentar e, portanto, o consumo no presente não poderá aumentar.

Assim, considerando que a estrutura de gastos do governo não se altere, tem-se:

T_1 ↓ C_1 constante
       S_1 ↑
T_2 ↑ C_2 constante

Ou seja, uma redução dos tributos no presente, não acompanhada de uma redução dos gastos do governo, tenderá a manter o consumo constante, aumentando apenas a poupança no presente para que possa pagar os tributos no futuro, que tenderão a aumentar. Como o valor da renda permanente não vai se alterar, o consumidor continuará com

---

[15] N. Gregory Mankiw, *Macroeconomia*, p. 300.

[16] **Quando o tributo é do tipo *LUMP SUM TAX* ou IMPOSTO *PER CAPITA*:**
O imposto do tipo *lump sum tax* é um imposto fixo que independe da quantidade produzida e, portanto, funciona como um custo fixo para a empresa, não alterando o seu custo marginal e, por conseguinte, não deslocando a curva de oferta. Ele não gera ineficiência na economia, logo não afeta a renda e o consumo.

o mesmo nível de consumo, independente da existência de tributos ou não. A isso se dá o nome de **equivalência ricardiana**.

Porém, se houver **restrição ao crédito**, um corte de T_1 no presente pode elevar C_1 no presente para compensar a despoupança, que não ocorreu por não haver crédito, ou seja, ao diminuir os tributos o governo pode passar a ser, nesse caso, um financiador do setor privado.

Como dito anteriormente, a restrição orçamentária intertemporal do governo afirma que, se não houver alterações nos padrões de gastos do governo, em caso de redução de impostos no presente, esta redução será compensada no futuro com aumento nos impostos. Portanto, a **equivalência ricardiana**[17] sugere que o meio de financiamento dos gastos do governo não afeta a taxa de juros[18], ou seja, independe dos gastos do governo serem financiados pelo déficit por meio da emissão de títulos ou por tributos cobrados das unidades familiares ou empresas, já que uma política fiscal estaria condicionada ao padrão de gastos do governo. Isso se dá porque, quando se reduzem os tributos no presente, o consumidor, que deverá pagar tributos, sabe que no futuro eles aumentarão e, portanto, não altera seu padrão de consumo no presente, poupando mais no presente. Essa poupança vai se dar com a aquisição de títulos da dívida. Portanto, a poupança privada aumenta na mesma intensidade que o déficit público, justificando uma taxa de juros e um resultado nas contas externas inalterados. Conclui-se que o governo poderá **financiar seus gastos** com aumento dos tributos ou com emissão de títulos públicos, porque o efeito é equivalente.

Mankiw afirma que: "financiar o governo através da dívida pública é o mesmo que financiá-lo através de impostos. Essa proposição, chamada de equivalência ricardiana (...)"[19].

Se o governo aumenta temporariamente os tributos, a poupança dos indivíduos tende a diminuir e o consumo a permanecer constante. Porém, se o governo aumenta permanentemente os tributos, o consumo tende a cair.

22.3.2. Escolha intertemporal das famílias com a cobrança de tributos

Com a inclusão de tributos, a restrição intertemporal das famílias passa a ser:

$$C_1 + \frac{C_2}{(1+r)} = \frac{(Y_2 - T_2)}{(1+r)} + (Y_1 - T_1)$$

---

[17] Com relação à dívida pública, há duas concepções:
  1.ª) Concepção Clássica, que diz que, se houver corte dos tributos, o consumo deverá aumentar; e
  2.ª) Concepção Ricardiana, que diz que, se houver corte dos tributos, mas os gastos do governo não se alterarem, o consumo não se alterará. Porém, se houver corte dos tributos, acompanhado de redução dos gastos do governo, o consumo poderá aumentar.
[18] A taxa de juros não seria afetada porque, quando os agentes privados adquirem títulos, a poupança privada aumenta no mesmo montante que o déficit público. Portanto, o déficit não reduz o ritmo de acumulação do estoque de capital, não altera as contas com o setor externo, nem afeta a riqueza do setor privado. Assim, quando o governo se endivida por meio de títulos, isso equivale a endividar-se pela cobrança de tributos.
[19] N. Gregory Mankiw, *Macroeconomia*, p. 298.

Isso mostra que o consumo, C_1 e C_2, ao longo da vida será igual à renda disponível, $Y_1 - T_1$ e $Y_2 - T_2$, ao longo da vida.

22.3.3. Validade e críticas à equivalência ricardiana

Para **validar a equivalência ricardiana**, é necessário que:

1. Os cortes nos tributos sejam temporários e os gastos do governo constantes.
2. Não haja restrição de crédito (senão como justificar um consumo maior que a renda?).
3. Haja preocupação com gerações futuras, ou seja, ninguém deverá desejar deixar dívidas para seus filhos e netos.

A equivalência ricardiana sofreu **críticas** por três motivos:

1. Porque se acreditava que os agentes não seriam racionais o bastante para, numa queda dos tributos, não aumentarem seu consumo.
2. Porque a referência de tempo para uma família é diferente da referência de tempo para o governo, ou seja, se o governo reduz os tributos hoje sem alterar seus gastos, no futuro tenderá a aumentar os tributos para compensar quando baixou. Acontece que, quando precisar aumentar, o tempo pode ter sido suficientemente longo para o consumidor e suficientemente curto para o governo, o que não justificaria o consumidor não aumentar seu consumo.
3. Porque as pessoas não têm a preocupação em deixar dívidas para gerações futuras a ponto de, havendo queda dos tributos hoje, não alterarem seu consumo.

22.4. QUESTÕES

1. (FGV — 2024 — ALESC) Em relação à equivalência ricardiana, avalie as afirmativas como verdadeiras (V) ou falsas (F):

1. ( ) Essa hipótese está em linha com o modelo keynesiano, visto que o corte nos impostos terá um efeito positivo no consumo.
2. ( ) Se o governo financiar o corte de impostos hoje através de endividamento a longo prazo, as famílias irão consumir mais, caso não sejam altruístas em relação as suas gerações futuras.
3. ( ) Se os impostos se reduzirem em dT hoje, e se vale a restrição intertemporal do governo, então os impostos irão subir amanhã em dT(1 + r), em que dT representa a variação dos impostos e r a taxa de juros.

As afirmativas são, respectivamente,
   a) V — V — V.
   b) V — V — F.
   c) F — V — V.
   d) F — F — V.
   e) F — F — F.

2. (FGV — 2024 — STN) Considere o modelo de escolha intertemporal de consumo desenvolvido por Irving Fisher. Nesse modelo, as famílias se deparam com uma restrição orçamentária intertemporal — por simplicidade, o modelo considera dois períodos (presente e futuro) — e, portanto, devem escolher o nível de consumo e poupança entre os períodos.

Assim, um aumento na taxa de juros gera
a) aumento do consumo no presente e futuro, se a família for tomadora de empréstimo.
b) aumento do consumo no presente e futuro, se a família for poupadora no presente e os bens forem normais.
c) efeito ambíguo sobre o consumo no presente e futuro, independente das preferências da família.
d) aumento de consumo no presente e efeito ambíguo no futuro, se a família for poupadora no presente e os bens forem normais.
e) aumento de consumo no futuro e efeito ambíguo no presente, se a família for poupadora no presente e os bens forem normais.

3. (FGV — 2023 — Conselheiro Substituto /TCE ES) Com base nos modelos de oferta e demanda agregadas e na validade da equivalência ricardiana, uma política de desoneração tributária financiada pelo aumento da dívida pública:
a) aumenta a demanda agregada e o nível de preços;
b) aumenta o produto, mas não afeta o nível de preços;
c) aumenta a poupança nacional e o consumo corrente;
d) não afeta o consumo corrente e a taxa de juros real;
e) não afeta a poupança nacional, mas aumenta a demanda agregada.

4. (FGV — 2023 — DPE RS/Economia) É considerado um fator relevante que se contrapõe à lógica básica da equivalência ricardiana, acarretando sua potencial invalidade, a:
a) restrição de crédito estar presente aos consumidores;
b) redução dos impostos não alterar a poupança privada;
c) política fiscal não ter qualquer impacto sobre o produto;
d) redução dos impostos não alterar o consumo privado;
e) restrição orçamentária do governo impor que a ocorrência de déficit público não tem qualquer papel sobre a atividade econômica.

5. (VUNESP — 2022 — PERUÍBEPREV/Financeira e Investimentos) De acordo com a Equivalência Ricardiana, um aumento dos gastos públicos e consequente aumento do endividamento
a) aumentará a demanda agregada pelo efeito do multiplicador keynesiano.
b) aumentará a demanda agregada, pois haverá aumento da inflação que diminui o desemprego.
c) diminuirá a demanda agregada, pois a oferta de crédito será reduzida.
d) não terá efeito sobre a demanda agregada porque os indivíduos antecipam o aumento de impostos que virá no futuro para pagar essa dívida.
e) não terá efeito sobre a demanda agregada porque a parte mais privilegiada da sociedade aumentará o gasto no exterior com viagens e bens importados.

6. (BC — FCC — 2006) A concepção ricardiana da dívida pública está baseada na hipótese de que o consumo não depende apenas da renda corrente, mas sim da renda permanente, que inclui tanto a renda presente quanto a futura. Em relação a esse modelo, é correto afirmar que:
a) Ao contrário dos consumidores, o Governo não tem restrição orçamentária intertemporal porque tem o poder de emitir moeda para financiar seus déficits.
b) Se os consumidores agem racionalmente, um corte de impostos no presente, sem que haja mudança na estrutura de gastos do governo, aumentará o consumo atual e diminuirá o consumo futuro.

c) Se os consumidores não agem racionalmente e não se preocupam em deixar o ônus da dívida para as gerações futuras, um aumento de impostos no presente manterá tanto o consumo presente quanto o consumo futuro inalterados.

d) A preocupação em deixar o ônus da dívida para as gerações futuras fará com que os consumidores aumentem o seu consumo atual caso o Governo reduza os tributos sem alterar os seus gastos.

e) Existindo restrição de crédito aos consumidores, mesmo que eles ajam racionalmente, um corte de impostos no presente poderá elevar o consumo corrente, mesmo que os gastos do governo fiquem inalterados.

7. (Consultor do Senado Federal — UNB — CEBRASPE — 2002) A análise do consumo, da poupança e do investimento, variáveis macroeconômicas básicas, permite o entendimento da determinação da renda e do Produto de equilíbrio. A respeito dessas variáveis, julgue os itens a seguir.

a) Quando o consumo total é reduzido, em decorrência de uma crise de confiança do consumidor, a qual ocorre com a renda corrente inalterada, isso representa uma evidência de que o consumo total é influenciado não apenas pela renda corrente, mas também pela riqueza total;

b) De acordo com a hipótese do ciclo de vida, o consumo depende tanto da renda quanto da riqueza dos consumidores e implica, também, que a poupança varie, ao longo da vida, de maneira previsível;

c) Segundo o modelo do ciclo de vida, pode-se prever que a elevação da participação dos idosos na população levará a uma redução da taxa de poupança;

d) Segundo a hipótese da renda permanente, aumentos na renda permanente geram idênticos aumentos no consumo;

e) A abordagem Barro-Ricardo argumenta que uma redução de impostos no presente, financiada por emissão de títulos, não aumenta o consumo presente, mas sim o consumo futuro quando o governo resgatar os títulos e efetuar o pagamento dos juros.

8. (ISS/SP — FCC — 2012) Em relação ao modelo de consumo com restrição orçamentária intertemporal, é correto afirmar:

a) O consumidor atinge o ponto ótimo nesse modelo quando a inclinação de sua curva de indiferença intertemporal é maior que a da reta de restrição orçamentária.

b) O valor absoluto da declividade da reta de restrição orçamentária é $1/(1 + r)$, onde r é a taxa real de juros.

c) Uma elevação da renda do consumidor, tudo o mais constante, provoca aumento do consumo apenas no primeiro período.

d) Se o consumidor é um poupador no primeiro período, um aumento da taxa de juros, tudo o mais constante, diminui o seu consumo no segundo período.

e) A existência de restrições de crédito ao consumidor invalida a tese keynesiana de que o consumo é função somente da renda corrente.

9. (Economista /PETROBRAS/CESGRANRIO/2018) Segundo as teorias consagradas sobre a função-consumo, a

a) propensão marginal a consumir da renda transitória é maior do que a propensão marginal a consumir da renda permanente.

b) propensão média a consumir dos extratos mais ricos da população de um país é menor do que a propensão média a consumir dos extratos mais pobres.

c) propensão média a consumir nas fases de recessão é menor do que a observada nas fases de expansão cíclicas.

d) teoria do ciclo de vida, de Modigliani, assegura que, se a população de um país for dividida nas faixas etárias jovem, adulta e idosa, a propensão marginal a poupar da faixa idosa será maior do que a da faixa adulta.
e) teoria proposta por Friedman pressupõe que o consumo das famílias depende fundamentalmente de sua renda disponível corrente.

10. (CS UFG — Economista (UFG)/2019) Segundo a análise de James Tobin, as decisões de investimento das empresas consideram a relação entre o valor de mercado do capital instalado, avaliado por meio do mercado de ações, pelo custo de reposição do capital instalado. Essa relação é conhecida como q de Tobin. Se a razão q for maior que um, conclui-se que o valor da empresa, avaliado pelo mercado, é:
    a) igual ao custo do capital instalado. Por conseguinte, vale a pena investir, pois a empresa está valorizando no mercado mais que o custo de aumentar o estoque de capital
    b) igual ao custo do capital instalado. Por conseguinte, não vale a pena investir, pois a empresa não está se valorizando no mercado mais que o custo de aumentar o estoque de capital.
    c) diferente do custo do capital instalado. Por conseguinte, não vale a pena investir, pois a empresa não está se valorizando no mercado mais que o custo de aumentar o estoque de capital.
    d) diferente do custo de capital instalado. Por conseguinte, vale a pena investir, pois a empresa está valorizando no mercado mais que o custo de aumentar o estoque de capital.

GABARITO

1. "c".
   1. Falso: a equivalência ricardiana não está alinhada com o modelo keynesiano. Segundo a hipótese ricardiana, um corte de impostos hoje, financiado por endividamento, não necessariamente aumentará o consumo, pois os agentes racionais antecipam que haverá aumento de impostos no futuro para pagar a dívida. Assim, eles poupam o valor do corte para compensar futuros aumentos, neutralizando o impacto no consumo.
   2. Verdadeiro: na hipótese de equivalência ricardiana, se as famílias são egoístas e não se preocupam em deixar o ônus da dívida para gerações futuras, isso vai fazer com que, havendo uma redução dos tributos no presente, elas elevem seu consumo no presente no mesmo montante da redução de tributos.
   3. Verdadeiro: a equivalência ricardiana baseia-se na restrição intertemporal do governo: o financiamento por dívida hoje implica maior carga tributária no futuro. O aumento esperado dos impostos no futuro para compensar a redução atual incorpora o custo adicional da dívida, ou seja, o valor dT acrescido dos juros r.

2. "e".
No modelo de escolha intertemporal de consumo de Irving Fisher, um aumento na taxa de juros afeta as decisões de consumo das famílias por meio de dois efeitos:
1. **Efeito substituição:** quando a taxa de juros aumenta, o custo de consumir no presente aumenta em relação ao futuro, pois o benefício de poupar e ganhar mais juros é maior. Isso tende a reduzir o consumo no presente e aumentar o consumo no futuro.
2. **Efeito renda:** para uma família que é **poupadora** no presente, o aumento da taxa de juros gera um aumento em sua riqueza futura, já que suas economias renderão mais. Isso pode levar a um aumento do consumo tanto no presente quanto no futuro, dependendo das preferências da família.

O resultado desses dois efeitos juntos é ambíguo. No presente, os efeitos substituição e renda atuam em direções opostas: o efeito substituição reduz o consumo presente, enquanto o efeito renda pode aumentá-lo. O impacto líquido depende de qual efeito prevalece. No futuro, ambos os efeitos levam a um aumento do consumo, já que o maior retorno sobre a poupança aumenta os recursos disponíveis no período futuro. Portanto, o consumo futuro **aumenta**, mas o consumo presente apresenta um efeito **ambíguo**. A alternativa correta é a "e".

3. "d".
Quando o governo reduz a carga tributária sem alterar a sua estrutura de gastos e, com isso, incorre em déficit público aumentando sua dívida, os agentes econômicos, por serem racionais, sabem que, no futuro, terão que pagar mais tributos para cobrir o déficit do governo. Por isso, seu consumo, no presente não se altera e, por isso, não estimula o produto da economia. A taxa de juros também não altera porque, embora os consumidores aumentem sua poupança no presente, esse aumento de poupança será anulado pela despoupança do governo, deixando inalterada a poupança da economia e os fundos emprestáveis, portanto, a taxa de juros não se altera. A alternativa "d" está correta.

4. "a".
Para que a Teoria da Economia Intertemporal seja válida, deve se basear em três hipóteses básicas: que o agente econômico seja racional, ou seja, não vai sofrer de ilusão monetária, que não haja restrição ao crédito, permitindo que o consumo no presente seja maior que sua renda no presente e que haja a preocupação de se deixar dívidas para gerações futuras, de tal maneira, que se houver redução de tributos, no presente, sem que o governo tenha alterado sua estrutura de gastos, o consumidor não irá aumentar seu consumo no presente porque sabe que, no futuro, terá de pagar mais tributos. Portanto, a alternativa "a" está correta. A redução dos impostos aumenta a poupança privada no presente, mas, reduz a poupança pública, mantendo inalterada a poupança da economia; a alternativa "b" está incorreta. A política fiscal não ter qualquer impacto sobre o produto é um dos pressupostos da equivalência ricardiana. Ela não se contrapõe, portanto, a alternativa "c" está incorreta.

Na equivalência ricardiana, a redução dos impostos não altera o consumo privado, ou seja, isso não se contrapõe à teoria. A alternativa "d" está incorreta. A restrição orçamentária do governo, impondo que a ocorrência de déficit público não tenha qualquer papel sobre a atividade econômica, não contrapõe a equivalência ricardiana. A alternativa "e" está incorreta.

5. "d".
Quando o governo eleva seus gastos sem aumentar a carga tributária no presente, as pessoas sabem que, no futuro, o governo precisará elevar os tributos para cobrir o déficit gerado. Por conta disso, reduzem seu nível de consumo no presente, deixando inalterada a demanda agregada, ou seja, o que aumentou de gastos do governo irá reduzir de consumo das famílias. A alternativa "d" está correta.

6. "e".
O governo apresenta a seguinte restrição orçamentária: $G_1 + \dfrac{G_2}{1+r} = T_1 + \dfrac{T_2}{1+r}$.

Quando o governo emite moeda, por exemplo, endivida-se e tem que pagar depois. Portanto, um gasto a mais no presente sem que haja aumento na tributação presente representará uma tributação maior no futuro. A alternativa "a" é falsa.

Um corte nos impostos no presente não aumentará o consumo no presente, porque o agente é racional e sabe que, se a estrutura de gasto está constante, no futuro terá que pagar mais tributos. Portanto, tanto no presente como no futuro, o consumo permanece inalterado. A alternativa "b" é falsa.

Se os agentes não agem racionalmente, e nem se preocupam em deixar o ônus da dívida para gerações futuras, motivará um consumo maior no presente. A alternativa "c" é falsa.

Caso o governo reduza tributos no presente sem alterar a estrutura de seus gastos, terá que aumentar tributos no futuro para compensar. O agente econômico, então, não alterará seu consumo no presente nem no futuro, pois é racional e tem conhecimento disso. A alternativa "d" é falsa.

Existindo restrição ao crédito, os consumidores utilizarão o que deixaram de pagar de tributos (em decorrência de sua redução) para bancar seus gastos. Portanto, seu consumo corrente poderá aumentar. A alternativa "e" é verdadeira.

7. V, V, V, F, F.
a) **(V)** O consumo intertemporal é função da renda corrente, da renda esperada, da taxa de juros e da riqueza total.
b) **(V)** Como a renda varia ao longo da vida, é possível ao consumidor poupar mais em períodos em que a renda é maior do que em períodos em que ela é menor, tornando a poupança um ato previsível, o que não significa ser constante ou estável.
c) **(V)** Os idosos tendem a gastar o que pouparam ao longo de vida, além de pouparem menos nessa fase da vida, o que leva à redução da taxa de poupança.
d) **(F)** Como não se pode ter certeza da renda futura, as expectativas vão assumir um papel fundamental, o que faz com que aumentos na renda permanente não gerem idênticos aumentos no consumo.
e) **(F)** Se uma redução dos impostos no presente não for acompanhada por um aumento dos impostos no futuro, o consumo presente deve aumentar. Mas, como uma redução de impostos no presente deve ser compensada no futuro e sendo o agente racional, o consumo no presente deve ficar inalterado e a poupança no presente deve aumentar para pagar uma tributação no futuro, ficando inalterado o consumo futuro.

8. "b".
O consumidor atinge o ponto ótimo nesse modelo quando a inclinação de sua curva de indiferença intertemporal é igual à da reta de restrição orçamentária. A alternativa "a" é falsa.
Considerando um modelo de economia intertemporal de dois tempos, presente e futuro, pode-se construir um gráfico, em cuja ordenada é representado o consumo presente (C_1) e em cuja abscissa é representado o consumo futuro (C_2). Observe:

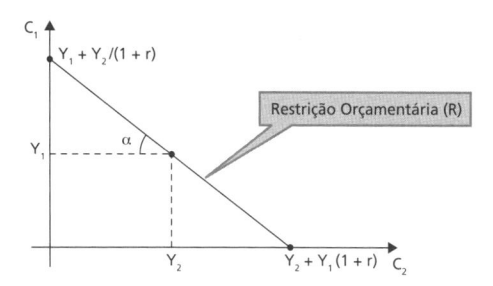

$$Tg\alpha = \frac{Y_1 + Y_2/(1+r) - Y_1}{Y_2}$$

$Tg\alpha = 1/(1 + r)$

A alternativa "b" é verdadeira.
Uma elevação da renda do consumidor, tudo o mais constante, provoca aumento do consumo no primeiro e no segundo períodos. A alternativa "c" é verdadeira. Se o consumidor é um poupador no primeiro período, um aumento da taxa de juros, tudo o mais constante, aumenta o seu consumo no segundo período. A alternativa "d" é verdadeira. A existência de restrições de crédito ao consumidor invalida a teoria da renda permanente, segundo a qual o consumidor, no primeiro período, poderá consumir mais do que sua renda corrente do primeiro período. A alternativa "e" é falsa.

9. "b".
Quanto maior a renda dos consumidores, menor a parcela dessa renda que ele destina ao consumo. É importante frisar que em valores absolutos, o consumo tende a ser maior, mas em valores relativos (propensão média a consumir) tende a ser menor à medida que a renda aumenta. A alternativa "b" está correta.
A propensão marginal a consumir da renda transitória é menor do que a propensão marginal a consumir da renda permanente. Isso porque se o consumidor vier a receber uma renda provisória, como por exemplo, uma herança de família, ele tende a ser mais comedido no consumo do que a parcela de uma renda transitória. Isso ocorre porque uma renda transitória só se transforma em consumo quando ela representa um aumento da renda permanente. A alternativa "a" está incorreta.
Em períodos de recessão, a renda tende a cair e quanto menor a renda, maior a parcela dessa renda que é destinada ao consumo. Logo, a propensão média a consumir tende a aumentar. A alternativa "c" está incorreta.
A teoria do ciclo de vida, de Modigliani, assegura que, se a população de um país for dividida nas faixas etárias jovem, adulta e idosa, a propensão marginal a poupar da faixa idosa será menor do que a da faixa adulta. É na fase idosa que o consumidor tem sua renda diminuída, o que faz com que consuma a poupança que fez na fase adulta. Logo, na fase idosa, ocorre despoupança. A alternativa "d" está incorreta.
A teoria proposta por Friedman pressupõe que o consumo das famílias depende fundamentalmente de sua renda permanente. Quem defendia que o consumo dependia da renda corrente era Keynes. A alternativa "e" está incorreta.

10. "d".
O "q" de Tobin é:

$$q = \frac{\text{valor do capital instalado avaliado pelo mercado de capitais}}{\text{custo de reposição do capital}}$$

Se q > 1, então o valor do capital instalado avaliado pelo mercado de capitais é maior que o custo de reposição do capital instalado. Sendo assim, vale a pena investir porque o mercado está valorizando a empresa mais que o custo de reposição do capital. A alternativa "d" está correta e as alternativas "a", "b" e "c" estão incorretas.

22.5. MATERIAL SUPLEMENTAR

QUESTÕES DE CONCURSOS
http://uqr.to/1yjbl

23

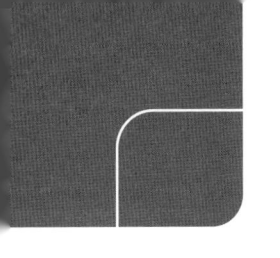

CRESCIMENTO DE LONGO PRAZO. CRESCIMENTO EXÓGENO — MODELO DE SOLOW

Existem modelos que estudam o crescimento da capacidade produtiva no longo prazo. Esse crescimento pode ser verificado por meio de aumento de capital, melhorias tecnológicas e aumento da eficiência do trabalho.

Neste capítulo, será apresentado um dos modelos que explica o crescimento do produto no longo prazo, ou seja, o modelo de Solow.

23.1. MODELO DE SOLOW (BASEADO NO MODELO NEOCLÁSSICO)

O modelo de Solow tenta mostrar que o produto *per capita* é uma função crescente da relação entre capital e trabalho, ou seja, quanto maior a relação capital/trabalho, maior o produto *per capita*. É um modelo de **crescimento exógeno** em que a taxa de poupança, a taxa de depreciação, a taxa de avanço tecnológico e a taxa de crescimento populacional são determinadas fora do modelo.

Para Solow, as fontes de crescimento econômico dependeriam, portanto, de:

- **desenvolvimento tecnológico**;
- **crescimento da força de trabalho**;
- **crescimento de capital**.

De tal maneira que a produção só poderia ser alterada mediante a inclusão de novos fatores de produção ou uma melhoria tecnológica.

Como o crescimento da força de trabalho é uma variável exógena, ou seja, cresce a uma taxa natural, é necessário que haja poupança *per capita* para que esses novos trabalhadores estejam igualmente equipados com capital em relação aos anteriores empregados. Essa poupança é utilizada, pois, para o **alargamento do capital**, em que se verifica que há um aumento da força de trabalho.

Também a poupança será utilizada para aumentar a relação capital/trabalho. A essa poupança, dá-se o nome de **aprofundamento do capital**, de tal forma que:

poupança *per capita* = alargamento do capital + aprofundamento do capital; ou
poupança *per capita* – alargamento do capital = aprofundamento do capital.

Quando a **poupança *per capita*** é igual ao alargamento do capital, não está havendo aumento da relação capital por trabalhador, mas isso não significa que a poupança *per capita* não esteja crescendo. Como o alargamento do capital cresce à taxa "n", a poupança *per capita* também está crescendo à taxa "n" quando o aprofundamento do capital é igual a zero e a relação capital por trabalhador e produto por trabalhador é constante, onde "n" é a taxa de crescimento populacional.

De tal maneira que, se a poupança na economia for utilizada apenas para atender ao crescimento populacional e à depreciação do capital, essa economia não apresentará crescimento de capital por trabalhador.

Sachs e Larrain afirmam que: "A força de trabalho cresce à taxa n. Uma certa quantidade de poupança *per capita*, portanto, deve ser usada meramente para equipar os novos ingressantes na força de trabalho com capital k por trabalhador. Deve-se ter uma quantidade de poupança nk para esse propósito. Ao mesmo tempo, certa quantidade de poupança *per capita* deve ser usada para substituir o capital depreciado. Para tal, um montante de poupança *per capita* dk deve ser utilizado. Assim, no total (n + d)k em poupança *per capita* deve ser utilizado somente para manter a razão capital-trabalho constante ao nível k. Qualquer poupança acima do montante (n + d)k provoca um aumento da proporção entre capital e mão de obra"[1].

Considerando a **produção**[2] como função do capital (K) e mão de obra (N), tem-se:

$$Y = f(K, N)$$

Assim, a função produção poderia ser alterada se houvesse mudança nos fatores de produção capital (K) e trabalho (L), de maneira a aumentar a capacidade produtiva da economia.

Se o objetivo é determinar uma função produção na sua forma intensiva, ou seja, determinar o produto ou a renda *per capita*, tem-se: $\dfrac{Y}{N} = f\left(\dfrac{K}{N}, \dfrac{N}{N}\right)$.

Sendo: **Y/N** = produto por trabalhador = y e **K/N** = capital por trabalhador = k.

Tem-se: y = f (k, 1) ou **y = f(k)**.

Observe que, para diferenciar a **produção** (Y) do **produto** *per capita* (y), adotou-se a letra minúscula para as variáveis *per capita*. Essa prática será adotada daqui para a frente.

Figura 23.1. Função produção em termos *per capita*

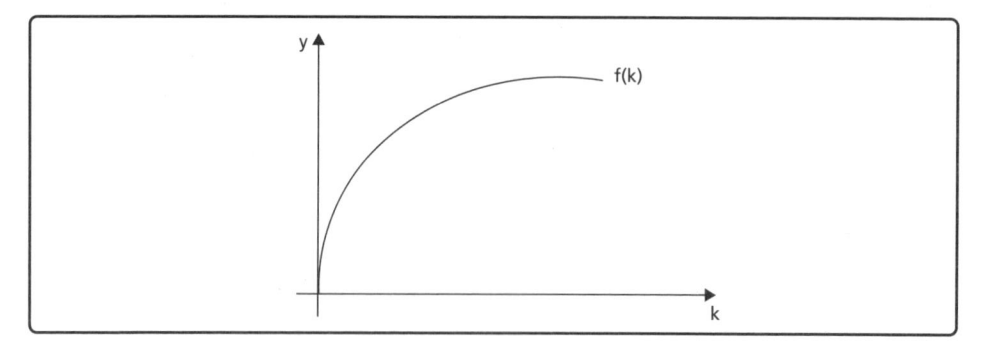

---
[1] Jeffrey D. Sachs e Felipe B. Larrain, *Macroeconomia*, p. 604.
[2] Considera-se que a função de produção apresenta retornos constantes de escala para K e N.

Sabe-se que: y = c + i, onde: y = produto por trabalhador; c = consumo por trabalhador; e i = investimento por trabalhador.

Por essa fórmula, perceba que, dado "y", à medida que o **investimento por trabalhador**, i, aumenta, o **consumo por trabalhador**, c, diminui.

E sabendo-se que: c = cy, onde: c = taxa de consumo ou c = (1 − s) y, sendo s = taxa de poupança:

y = (1 − s) y + i
y − (1 − s) y = i
y − y − sy = i
sy = i

Logo: i = s f(k) ou **i = sy**, onde: i = investimento por trabalhador; y = produto por trabalhador; s = taxa de poupança[3]; f(k) = produto por trabalhador como função do capital por trabalhador; e sy = poupança por trabalhador.

Essa fórmula mostra que só poderá haver investimento por trabalhador, i, se houver poupança por trabalhador, sy, para financiá-lo. Como a poupança por trabalhador, sy, é uma fração constante do produto por trabalhador, a função investimento por trabalhador apresenta a **mesma inclinação** do produto por trabalhador, sendo que abaixo desta, quando a taxa de poupança, s, for menor que um.

Figura 23.2. Função de produção *per capita* e função investimento *per capita*

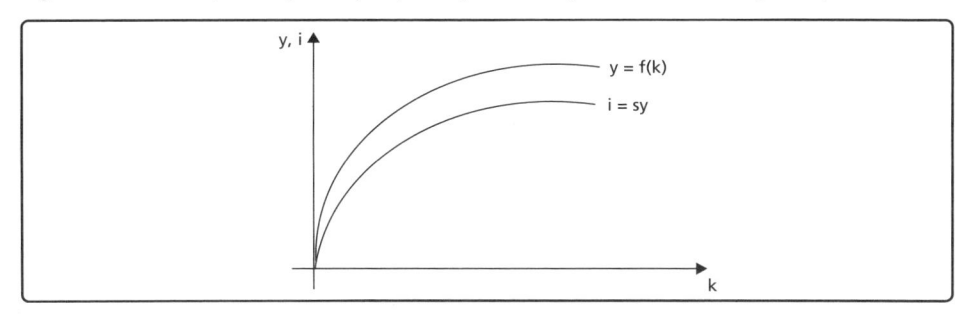

Observe que a **função produção**, f(k) ou y, apesar de ser **crescente**, cresce a **taxas decrescentes**, ou seja, ela cresce, porém cresce cada vez menos. Isso ocorre porque, à medida que se aumenta o capital por trabalhador (k), o produto por trabalhador (y) aumenta, porém cada vez menos. É fácil compreender esse raciocínio ao perceber que, à medida que mais máquinas e/ou ferramentas são oferecidas ao trabalhador, ele deverá produzir mais. Porém, há um ponto de saturação, no qual o acréscimo de um dos fatores faz com que o produto cresça cada vez menos até o ponto em que chega a reduzir o produto. Isso é o que se chama de **Lei dos Rendimentos Físicos Marginais Decrescentes**[4]. Isso mostra que, no longo prazo, a oferta de bens é função dos fatores de produção empregados. A função investimento por trabalhador, i, tem o mesmo comportamento da

---

[3] s = taxa de poupança. Equivale à Propensão marginal a Poupar de curto prazo.
[4] Ou, simplesmente, Lei dos Rendimentos Marginais Decrescentes ou Lei dos Rendimentos Decrescentes.

função produto por trabalhador, f(k) ou y, porque o investimento por trabalhador é uma **fração** do produto por trabalhador, ou seja, é sy ou s f(k).

Mankiw explica: "(...) à medida que cresce a quantidade de capital, a função de produção tende a achatar-se — isto é, a diminuir sua inclinação. A função de produção exibe uma produtividade marginal decrescente do capital: cada unidade a mais de capital gera menos produto do que a unidade anterior. Quando o capital é muito pequeno, qualquer unidade adicional é útil, criando uma quantidade maior de produto adicional; mas, quando o capital é grande, o acréscimo de uma unidade é menos útil e gera menor quantidade de produto adicional"[5].

Se for representado novamente o gráfico do produto por trabalhador e do investimento por trabalhador, é possível perceber que a distância entre as duas curvas é o **consumo por trabalhador**, c. Observe o gráfico da figura a seguir:

Figura 23.3. Nível de consumo *per capita*

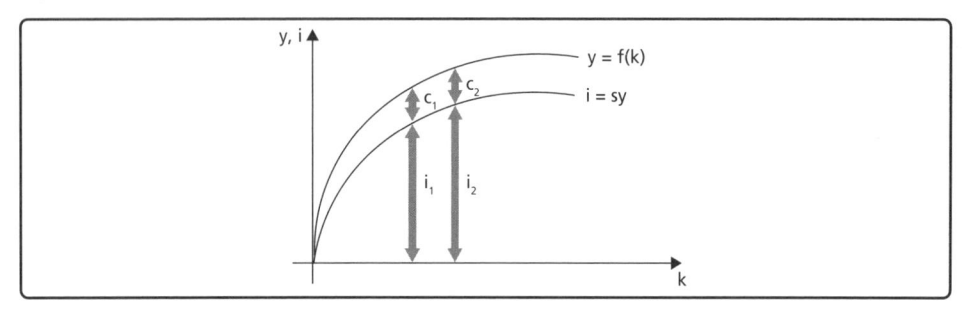

Considerando que o estoque de capital se deprecie e que essa depreciação ocorre de forma linear, ou seja, a taxas constantes, tem-se: **depreciação = dk**, onde: k = capital; e d = taxa de depreciação.

A representação da função **depreciação**, dk, será linear, partindo da origem, e sua inclinação é igual à taxa de depreciação (d).

"dk" representa a reta de **alargamento de capital**. Nesse exemplo, considera-se uma economia sem crescimento populacional (n) e sem avanço tecnológico (g).

Figura 23.4. Função depreciação do capital

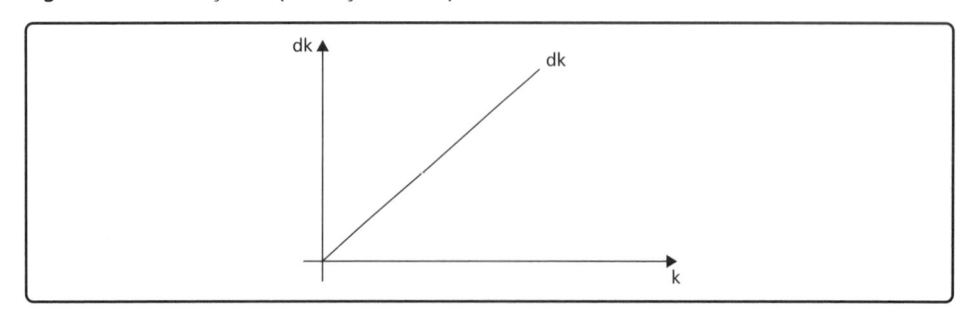

---

[5] N. Gregory Mankiw, *Macroeconomia*, p. 54.

Observe que, diferentemente do investimento, a depreciação não sofre o impacto da **Lei dos Rendimentos Marginais Decrescentes** e, portanto, será representada por uma reta.

Assim, a função produção apresenta algumas características, ou seja:

- Apresenta **retornos constantes de escala**[6] para os fatores K e N.
- A mão de obra (N) e a eficiência da mão de obra (A) crescem a **taxas constantes**.
- A **depreciação** do capital ocorre a **taxas constantes**.
- Outros insumos, diferentes de K (capital), N (mão de obra) e A (eficiência do trabalho), são considerados sem importância.
- Como as variáveis crescem a taxas constantes, somente o progresso tecnológico é capaz de promover um aumento da **taxa de crescimento** do produto por trabalhador.
- O produto por trabalhador será destinado ao consumo por trabalhador ou ao investimento por trabalhador, ou seja: $y = c + i$[7].
- "K", "N" e "A" iniciais são dados pelo modelo.

É importante salientar que a **população** e a **força de trabalho** são termos sinônimos de tal maneira que produto *per capita* e produto por trabalhador sejam sinônimos também.

23.1.1. O equilíbrio de longo prazo (estado estacionário)

O equilíbrio estacionário de Solow, conhecido por equilíbrio de longo prazo, vai se dar onde: **sy = dk**.

Figura 23.5. Estado estacionário sem aumento populacional e sem avanço tecnológico

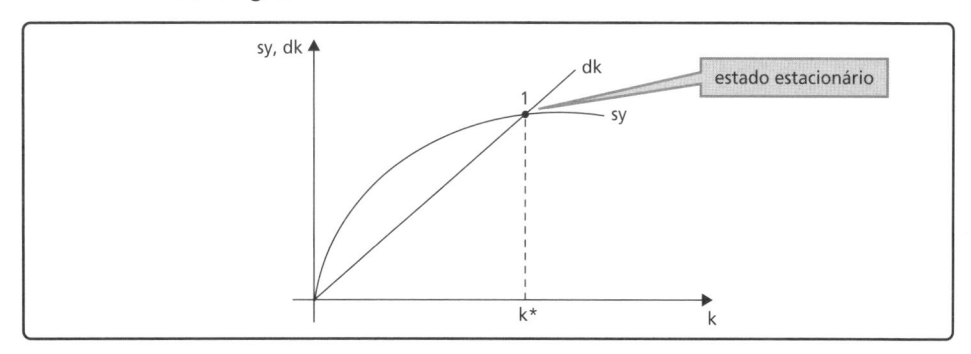

No estado estacionário, marcado pelo ponto 1 da Figura 23.5, a poupança *per capita* é igual ao **alargamento do capital**, onde "y" e "k" são constantes.

---

[6] Diz-se que o modelo apresenta retornos constantes de escala quando o aumento dos fatores de produção utilizados leva a um aumento do produto numa proporção igual ao do aumento dos insumos.

[7] Observe que o modelo despreza os gastos do governo, já que seria muito difícil medir a evolução dos gastos do governo no longo prazo.

Fazendo uma comparação entre dois países, denominados país 1 e país 2, ambos em estado estacionário de equilíbrio, porém com taxas de poupança diferentes, sendo o país 1 com taxa de poupança s_1 e o país 2 com taxa de poupança s_2, é possível observar no gráfico da Figura 23.6 que o país 1 apresenta, no estado estacionário, um investimento por trabalhador menor e um capital por trabalhador menor que os do país 2. Porém, em ambos os países, a **taxa de crescimento do produto total** é a mesma, ou seja, zero. Portanto, nesses dois pontos, o investimento é exatamente igual à depreciação do capital. Como não há avanço tecnológico nem crescimento populacional, a economia dos dois países não apresenta taxa de crescimento do produto total.

Figura 23.6. Mudança de estado estacionário devido ao aumento da taxa de poupança

O estado estacionário é um **equilíbrio estável** porque qualquer ponto acima ou abaixo de k_1 tende a ele. Observe o gráfico da Figura 23.7:

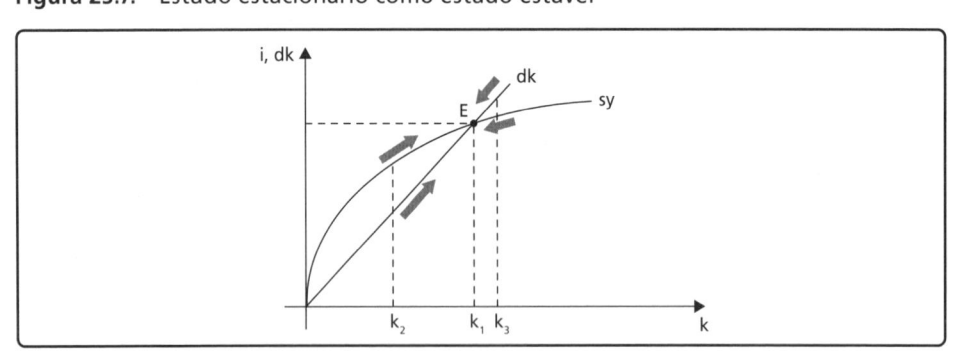

Figura 23.7. Estado estacionário como estado estável

Em k_3, observa-se que o investimento (sy) < depreciação (dk), fazendo com que o capital por trabalhador decresça até tender a k_1 no longo prazo.

Em k_2, observa-se que o investimento (sy) > depreciação (dk), fazendo com que o capital por trabalhador cresça até tender a k_1.

Lopes e Vasconcellos afirmam: "em constituindo-se no equilíbrio de longo prazo, ou estado estacionário, no qual não existe crescimento nem do produto por trabalhador nem do estoque de capital por trabalhador. Trata-se de um equilíbrio estável, já que qualquer estoque de capital diferente de k* tende ao equilíbrio ao longo do tempo"[8]. Lopes e Vasconcellos chamam de k* o que, neste livro, foi chamado de k_1.

Supondo alteração na taxa de poupança ou na taxa de crescimento populacional, pode-se deparar com as situações mostradas nos *itens 23.2* e *23.4*.

23.2. AUMENTO DA TAXA DE POUPANÇA

O modelo de Solow mostra que a taxa de poupança é a causa determinante do estoque de capital no estado estacionário.

Havendo aumento da **taxa de poupança**, numa economia sem crescimento populacional e sem progresso tecnológico, desloca-se a função $i_1 = s_1y$ para cima ou para a esquerda. Isso gera um aumento **temporário** da taxa de crescimento e um aumento **permanente** do capital por trabalhador (k) e do produto por trabalhador (y). Observe que, no estado estacionário 1, a **taxa de crescimento** do produto total é igual a zero, já que o investimento por trabalhador (s_1y) é igual à depreciação do capital por trabalhador (dk). No estado estacionário 2, a **taxa de crescimento** do produto total também é igual a zero, já que o investimento por trabalhador (s_2y) é igual à depreciação do capital por trabalhador (dk). Mas, na passagem do estado estacionário 1 para o 2, a poupança nacional ultrapassa o alargamento do capital de tal maneira que o capital por trabalhador começa a crescer, até atingir um novo estado estacionário 2. Na transição de 1 para 2, a taxa de crescimento da economia é maior que zero. Depois desacelera, até atingir um novo estado estacionário, em que a taxa de crescimento do produto total é zero novamente.

Figura 23.8. Elevação da taxa de poupança e o novo estado estacionário

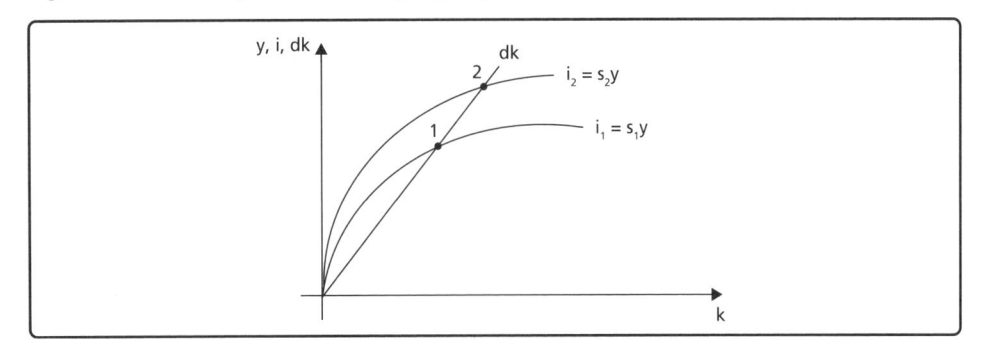

Um **aumento da taxa de poupança** eleva, no longo prazo, o capital por trabalhador (k) e o produto por trabalhador (y), resultando num crescimento de um estado estacionário para outro (do ponto 1 para o ponto 2).

Observa-se, portanto, que há um crescimento de um **estado estacionário** para outro, mas não se mantém um crescimento sustentado do produto ao longo do tempo.

---

[8] Luiz Martins Lopes e Marco Antonio Sandoval de Vasconcellos, *Manual de macroeconomia*, 1998, p. 292.

Logo, maiores taxas de poupança não implicam crescimento sustentado, já que a economia cresce, porém somente até atingir novo estado estacionário.

Mankiw afirma que: "O modelo de Solow mostra que a taxa de poupança é o principal determinante do estoque de capital no estado estacionário. Quando a poupança é alta, a economia tem um amplo estoque de capital e uma volumosa produção. Quando a poupança é baixa, a economia tem um reduzido estoque de capital e uma pequena produção"[9].

Vale lembrar que a função investimento por trabalhador tem um formato côncavo porque o aprofundamento do capital depara-se com a questão dos retornos decrescentes, ou seja, não adianta haver mais investimento por trabalhador porque não é possível aumentar a produtividade por trabalhador. Nesse caso, seria necessário haver um aumento da taxa de crescimento da força de trabalho para garantir um crescimento econômico.

Tomando um exemplo extremo, verifica-se que duas máquinas de costura para cada costureiro não dobra o produto por costureiro.

A acumulação de capital será, então, a poupança descontada da depreciação.

O maior **bem-estar da sociedade** é determinado no estado estacionário em que é maior o seu nível de consumo, o que não necessariamente implica uma taxa de poupança maior ou menor. O **consumo máximo** será determinado pela **regra de ouro**, assunto a ser abordado no *item 23.8*.

23.3. HIPÓTESE DA CONVERGÊNCIA

A **hipótese da convergência** afirma que, se dois países tiverem a mesma taxa de poupança e a mesma depreciação, estarão no mesmo ponto estacionário. Quanto mais pobre for um país, mais rapidamente ele tende a crescer, até chegar a um estado estacionário. Solow afirmou que países mais pobres têm uma taxa de crescimento de capital e produto por unidade de eficiência maior que os países mais ricos, desde que esses países mais pobres apresentem um capital por trabalhador inferior ao do estado estacionário. Mas esse fato foi consistente com países como Coreia e Japão. Já, no caso dos países africanos, o modelo não explicou o longo período de estagnação pelo qual passaram.

A justificativa para se defender **a convergência** entre países estava no fato da utilização de fatores de produção que estão sujeitos à Lei dos Rendimentos Marginais Decrescentes, o que faria as rendas *per capita* dos países tenderem a igualar-se.

Dada a função produção: $Y = A K^{\alpha} N^{1-\alpha}$ *(I)*, o Produto marginal do capital será: $dY/dK = \alpha A (N/K)^{1-\alpha}$ *(II)*.

Sabe-se que o produto por trabalhador tende a ser maior em países cuja relação capital/trabalho é maior. Porém, de acordo com (II), o rendimento do capital é maior em países cuja renda *per capita* é menor, fazendo haver um **fluxo de capital** de países de renda *per capita* maior para menor, elevando a relação capital/trabalho. Ao contrário do capital, o trabalho seguiria um **fluxo inverso**, ou seja, de países pobres para países

---

[9] N. Gregory Mankiw, *Macroeconomia*, p. 60.

ricos, elevando a relação K/N dos países pobres e reduzindo a relação K/N dos países ricos, aumentando a convergência entre países.

O que se verificou, na prática, é que a convergência não aconteceu e a distância entre países ricos e pobres não se reduziu.

23.4. CRESCIMENTO POPULACIONAL

O **crescimento populacional**[10] altera o estado estacionário, reduzindo o estoque de capital por trabalhador, e, portanto, economias com altas taxas de crescimento populacional apresentam **baixos níveis de capital por trabalhador** e baixos níveis de produto e renda por trabalhador. Isso ocorre porque, quanto maior o número de trabalhadores, menos máquinas/equipamentos/ferramentas disponíveis haveria por trabalhador. Assim, quando há crescimento populacional, mais poupança é necessária para o **alargamento do capital**, ou seja, faz-se necessário maior nível de poupança para equipar os novos trabalhadores, a fim de que possuam a mesma quantidade de capital por trabalhador dos demais trabalhadores já existentes.

Um aumento populacional equivale a um aumento da depreciação, já que haverá maior sobrecarga do capital em virtude da redução da proporção de capital/trabalho. Isso faz com que a função depreciação (= dk) se desloque **para cima**, diminuindo "k" e "y".

Portanto, mantendo a mesma taxa de poupança, um crescimento populacional, de n_1 para n_2 desloca o estado estacionário, mas não há persistência da alteração do produto no longo prazo. Assim, no estado estacionário E_1, **a taxa de crescimento do produto total** é igual a n_1, e, no estado estacionário E_2, a **taxa de crescimento do produto total** é igual a n_2, ou seja, em ambas as situações a taxa de crescimento do produto total é igual à taxa de crescimento populacional. Dessa forma, o produto por trabalhador e o capital por trabalhador em cada estado estacionário são constantes, mas o produto total cresce à taxa "n". Assim:

$$\frac{Y}{N} = y$$

Onde: Y = produto; N = n. de trabalhadores; e y = produto por trabalhador.

Se "y" é constante e "N" cresce à taxa "n", então "Y" cresce à taxa "n". Lembre-se, porém, que o crescimento populacional afeta "y" e "k" no estado estacionário, mas não afeta a taxa de crescimento, já que, no estado estacionário, "y" e "k" permanecem constantes.

Na Figura 23.9, é possível ver as duas curvas de alargamento do capital, sendo a primeira com uma inclinação igual a $(d + n_1)$ e a segunda com uma inclinação um pouco superior e igual a $(d + n_2)$. Assim, o investimento por trabalhador e o capital por trabalhador diminuem com o crescimento populacional, mas a taxa de crescimento do produto total no período 2 é superior à taxa de crescimento do produto total no período 1, já que E_1 apresenta uma taxa de crescimento populacional inferior a E_2. Como a taxa de crescimento do produto total será igual à taxa de crescimento populacional, pode-se

---

[10] Ou crescimento da força de trabalho.

dizer que, apesar de E_1 e E_2 serem estados estacionários, em E_1 a taxa de crescimento do produto total (= n_1) é inferior à taxa de crescimento do produto total (= n_2) em E_2.

Figura 23.9. Aumento da taxa de crescimento populacional, n

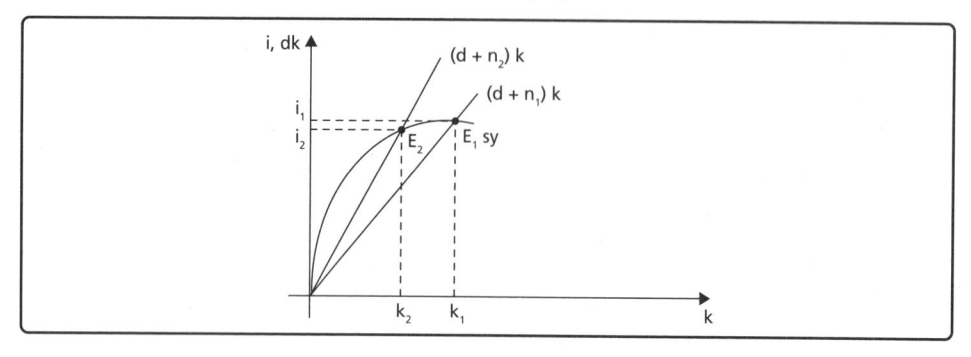

Pensando numa situação mais realista para os dias de hoje, pode-se imaginar uma situação em que a taxa de crescimento populacional esteja caindo. Assim, o deslocamento da curva de alargamento do capital deve ser para a direita, conforme pode ser visto na Figura 23.10. A **inclinação** da curva cai de (d + n_1) para (d + n_2). Com a redução do crescimento populacional, a poupança destinada ao atendimento da população se desviará para o aprofundamento de capital, fazendo com que haja elevação do capital por trabalhador (k) e produto por trabalhador (y) no percurso para um novo estado estacionário E_2, muito embora se mantenham constantes no estado estacionário E_2. Porém, **a taxa de crescimento do produto total** da economia está menor, já que em E_1 é igual a n_1 e, em E_2, é igual a n_2, sendo $n_1 > n_2$.

Figura 23.10. Redução da taxa de crescimento populacional, n

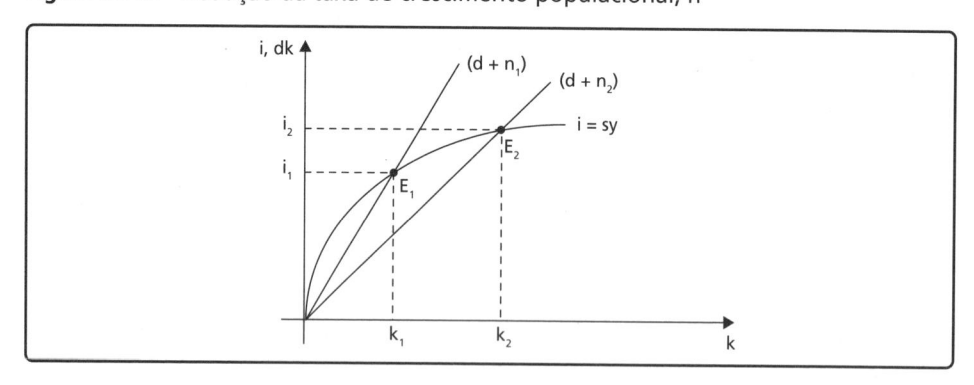

23.5. AVANÇO TECNOLÓGICO — EM TERMOS DE QUANTIDADE POR UNIDADE DE EFICIÊNCIA

Quanto maior o avanço tecnológico (g), mais rapidamente o capital se deprecia. Portanto, um avanço tecnológico equivale a um aumento populacional na análise do comportamento da curva de depreciação do capital. Para se atingir o estado estacionário, deve-se igualar o investimento, i = sy, com a soma da taxa de depreciação e a taxa de avanço tecnológico do capital medido por unidade de eficiência da mão de obra, (d + g)k. Portanto, o "k" agora analisado representa o capital por unidade de eficiência, e "y" representa o produto por unidade de eficiência.

Mas qual o significado de unidades de eficiência?

Antes de se falar em avanço tecnológico, o produto da economia (Y) era função do capital (K) e da mão de obra (N), ou seja: Y = f (K, N).

Com a introdução do avanço tecnológico, a produção será representada como função do capital (K) e da mão de obra medida em unidades de eficiência: **Y = f (K, AN)**.

Onde: K = capital; N = população economicamente ativa de um país, ou trabalho; AN = mão de obra medida em unidade de eficiência, ou seja, é a medida da eficiência (ou conhecimento) da força de trabalho devido à qualificação da mão de obra ou progresso técnico; e Y = produto da economia.

Para se determinar o produto por trabalhador, divide-se a função por AN. Assim, tem-se:

$$\frac{Y}{AN} = f\left(\frac{K}{AN}, 1\right)$$

Onde: Y/AN = produto por eficiência da força de trabalho ou da mão de obra = y; e K/AN = capital por eficiência da força de trabalho ou da mão de obra = k. Logo: y = f (k,1) ou y = f(k).

O progresso tecnológico leva à **eficiência do trabalho** (A), fazendo com que a eficiência do trabalho cresça a uma taxa g, ou seja, se a taxa de crescimento tecnológico g for igual a 5% ao ano, a cada ano a mão de obra se torna mais eficiente 5%, isso é, o produto da economia cresce 5% ao ano, considerando que não haja crescimento populacional.

Portanto, se "A" cresce à taxa de 5% ao ano, "AN" também crescerá a uma taxa de 5%. Como "k" é: k = K/AN, à medida que AN cresce, "k" diminui.

Com o passar do tempo, tanto o capital quanto o produto por unidade de eficiência (e, por conseguinte, o consumo e o investimento), assim como outras variáveis medidas em unidades de eficiência, tornam-se constantes. Ou seja, com o tempo, a economia atinge o **estado estacionário**.

Logo, no estado estacionário, sem crescimento populacional, o investimento por trabalhador, i, deverá ser igual à soma da taxa de depreciação (d) e da taxa de avanço tecnológico do capital por unidade de eficiência (g), ou seja, deve ser igual a (d + g)k.

Mankiw afirma que: "A inclusão do progresso tecnológico que aumenta o trabalho à taxa g altera a nossa análise de forma muito semelhante à que acontece quando se introduz o crescimento populacional. Quando k é definido como quantidade de capital por unidade de eficiência decorrente, os aumentos no número de unidades de eficiência decorrentes do progresso tecnológico tendem a reduzir k"[11].

---

[11] N. Gregory Mankiw, *Macroeconomia*, p. 69.

Observe, na Figura 23.11, o que acontece com o investimento (e, portanto, com o produto) por unidade de eficiência e com o capital por unidade de eficiência quando ocorre um avanço tecnológico sem aumento populacional em uma economia.

Figura 23.11. Avanço tecnológico sem aumento populacional e o novo estado estacionário

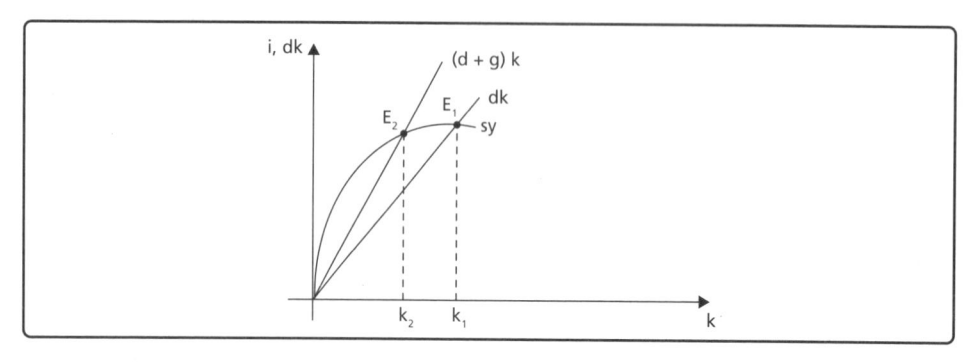

Em E_2, que representa o estado estacionário com avanço tecnológico e, portanto, com aumento da unidade de eficiência, **"k", que é o capital por unidade de eficiência**, é constante. Como y = f(k), então **"y", que é o produto por unidade de eficiência**, também é constante. Como o número de unidades de eficiência por trabalhador cresce à taxa "g", o **produto por trabalhador** também crescerá à taxa "g" e o produto total, caso não haja aumento populacional, também crescerá à taxa "g". Observe:

$$y = \frac{Y}{AN}$$

Quando se multiplicam ambos os lados por "A", tem-se:

$$Ay = \frac{Y}{AN} \times A \quad \text{ou} \quad Ay = \frac{Y}{N}$$

Isso que mostra que o produto por trabalhador $\left(\frac{Y}{N}\right)$ é igual ao produto por trabalhador efetivo (y) multiplicado pela medida de eficiência (A). Como "A" cresce à taxa "g", o produto por trabalhador $\left(\frac{Y}{N}\right)$ também irá crescer à taxa "g". É importante ficar atento à distinção entre produto por unidade de eficiência (que permanece constante no estado estacionário) e o produto por trabalhador (que cresce à taxa "g").

23.6. AVANÇO TECNOLÓGICO — EM TERMOS DE QUANTIDADE POR UNIDADE DE EFICIÊNCIA E AUMENTO POPULACIONAL

Supondo, agora, que, além do avanço tecnológico que se dá a taxas constantes, g, haja um aumento populacional à taxa n. Com o **avanço tecnológico**, cada trabalhador produz mais por intervalo de tempo e, por isso, o trabalho efetivo aumenta por duas razões: o aumento da **produtividade**; e o aumento absoluto da **mão de obra**. Isso faz com que a taxa de **crescimento do produto total** seja igual a (n + g). No estado estacionário, tanto o capital por unidade de eficiência quanto o produto por unidade de eficiência são constantes e, por isso, suas taxas de crescimento são iguais a zero. Porém, o produto por trabalhador e o capital por trabalhador crescem a uma taxa igual à taxa de avanço tecnológico, g.

Sachs e Larrain afirmam: "(...) quando há uma taxa positiva de variação tecnológica que aumenta o uso da mão de obra, no equilíbrio do estado estável a produção aumenta à taxa n + g, a soma do crescimento da força de trabalho mais a taxa de variação tecnológica. No estado estável, o produto por trabalhador real e o capital por trabalhador real, contudo, crescem à taxa g, a taxa de variação tecnológica. Portanto, a taxa de variação tecnológica determina a taxa no estado estável de crescimento da renda *per capita*, ou seja, o crescimento do produto por pessoa"[12].

Para Solow, a única coisa que explica **o crescimento no longo prazo** é o progresso tecnológico, porque permite sucessivos deslocamentos da função de produção, fazendo com que a produção por trabalhador também aumente. Mas ele não explicou a origem dessa fonte nem a sua forma de aceleração. Mostra também que a **taxa de poupança** é uma variável muito importante na determinação do estoque de capital e produto no estado estacionário, muito embora só promova o crescimento até que se atinja esse estado estacionário.

Com base no quadro desenvolvido por Mankiw[13], observe a seguir o valor das taxas de crescimento no estado estacionário do modelo de Solow, com uma **taxa de progresso tecnológico (g)** e uma **taxa de crescimento populacional (n)**:

VARIÁVEL	TAXA DE CRESCIMENTO
Capital por unidade de eficiência	0
Produto por unidade de eficiência	0
Produto por trabalhador	g
Produto total	n + g

23.7. RESÍDUO DE SOLOW

O crescimento percentual do produto total deve-se ao avanço tecnológico ou ao crescimento percentual da mão de obra (N) e do capital (K) ponderados por sua participação no produto (s_N ou s_K). Observe a fórmula a seguir:

$$\frac{\Delta Y}{Y} = \frac{\Delta T}{T} + s_N \frac{\Delta N}{N} + s_K \frac{\Delta K}{K}$$

---

[12] Jeffrey D. Sachs e Felipe B. Larrain, *Macroeconomia*, p. 612.
[13] N. Gregory Mankiw, *Macroeconomia*, p. 70.

Onde: $\Delta Y/Y$ = taxa de crescimento total do produto; $\Delta T/T$ = taxa de crescimento da tecnologia; $\Delta N/N$ = taxa de crescimento da mão de obra; $\Delta K/K$ = taxa de crescimento do capital; s_N = ponderação da participação da mão de obra na produção; e s_k = ponderação da participação do capital na produção.

De tal maneira que: $s_N + s_k = 1$ ou $s_N = 1 - s_K$, logo:

$$\frac{\Delta Y}{Y} = \frac{\Delta T}{T} + (1 - s_k)\frac{\Delta N}{N} + s_k \frac{\Delta K}{K}$$

$$\frac{\Delta Y}{Y} = \frac{\Delta T}{T} + \frac{\Delta N}{N} + s_k \left(\frac{\Delta K}{K} - \frac{\Delta N}{N}\right)$$

$$\frac{\Delta Y}{Y} - \frac{\Delta N}{N} = \frac{\Delta T}{T} + s_k \left(\frac{\Delta K}{K} - \frac{\Delta N}{N}\right)$$

Onde:

$\frac{\emptyset Y}{Y} - \frac{\emptyset N}{N}$ = taxa de crescimento do produto por trabalhador;

$s_k \left(\frac{\Delta K}{K} - \frac{\Delta N}{N}\right)$ = taxa de crescimento do capital por trabalhador ponderada pela elasticidade do produto em relação ao capital.

$\Delta T/T$ não pode ser observado diretamente e, portanto, para determiná-lo é necessário isolá-lo na função. Então: **$\Delta T/T = (\Delta Y/Y) - (\Delta N/N) - s_k (\Delta K/K - \Delta N/N)$**, onde: $\Delta T/T$ = será denominado **resíduo de Solow**.

Ou seja, para se determinar o crescimento tecnológico, subtrai-se do crescimento do produto *per capita* o crescimento do capital por trabalhador ponderado pela sensibilidade do produto em relação ao capital.

23.8. REGRA DE OURO

A **regra de ouro** é o estado estacionário que maximiza o consumo. Pela regra de ouro, onde o consumo é máximo, tem-se: y = c + i, onde: y = produto por trabalhador; c = consumo por trabalhador; e i = investimento por trabalhador.

c = y – i ou c = f(k) – dk

Onde: d = taxa de depreciação; e k = capital por trabalhador. Lembre-se que pelo fato de ser um estado estacionário, i = dk.

O **estado estacionário ótimo** é aquele que maximiza o consumo. O consumo máximo é aquele em que a derivada primeira do consumo em relação ao capital é igual a zero.

Assim, pode-se determinar a regra de ouro supondo três situações, descritas nos *itens 23.8.1, 23.8.2* e *23.8.3*.

23.8.1. Regra de ouro sem progresso técnico e sem aumento populacional

Derivando-se a função consumo por trabalhador (c) em relação ao capital por trabalhador (k), tem-se: dc/dk = 0

Logo: f'k − d = 0 ou y' − d = 0

$$f'k = d \text{ ou } y' = d$$

Onde: f'k ou y' = derivada primeira do produto por trabalhador em função do capital por trabalhador.

Exemplo: seja dada a função produto por trabalhador: $y = k^{1/2}$.

O estado estacionário ótimo é aquele em que ocorre a regra de ouro, ou o consumo máximo, ou aquele em que a derivada primeira do produto por trabalhador (y' ou f'k) é igual à **taxa de depreciação (d)** do capital, ou seja:

y' = d
$1/2 \times k^{-1/2} = d$

Considerando que seja dada a seguinte informação: d = 0,05, então:

k = 100 e y = 10.

Aproveitando, pode-se, nesse ponto, determinar a taxa de poupança.

No estado estacionário, tem-se:

sy = dk
s × 10 = 0,05 × 100
s = 0,5

Numa função de Cobb Douglas, a taxa de poupança no estado estacionário ótimo é igual ao expoente do capital.

$Y = k^{1/2} \times L^{1/2}$, logo: s = 1/2 = 0,5

Ou é igual ao expoente do capital por trabalhador: $y = k^{1/2}$.

23.8.2. Regra de ouro sem progresso técnico e com aumento populacional

Com aumento populacional, deve-se derivar a função consumo por trabalhador em relação ao capital por trabalhador (f'k) e igualar a soma da taxa de depreciação (d) com a taxa de crescimento populacional (n).

$$f'k = d + n$$

O estado estacionário é sy = (d + n) k.

Observe o seguinte exemplo: dada a função $y = k^{1/2}$, o estado estacionário ótimo é aquele em que ocorre a regra de ouro, ou o consumo máximo, ou aquele em que a derivada primeira do produto por trabalhador é igual à **taxa de depreciação (d)** mais a **taxa de aumento populacional (n)**, ou seja: y'= d + n.

Considerando que sejam dadas as seguintes informações: d = 0,05 e n = 0,05:

$1/2\ k^{-1/2} = 0{,}05 + 0{,}05$

$\dfrac{1}{k^{1/2}} = 0{,}2$

$\dfrac{1}{0{,}2} = k^{1/2}$

$k^{-1/2} = 0{,}2$
$k^{1/2} = 5$
$k = 25$
$y = 5$

23.8.3. Regra de ouro com progresso técnico e com aumento populacional

Nessa situação, com progresso tecnológico, ocorre o estado estacionário ótimo, ou seja, o estado estacionário que maximiza o consumo por unidade de eficiência da mão de obra.

Seguindo o mesmo raciocínio dos itens anteriores, o estado estacionário ótimo, seguindo a regra de ouro, é aquele em que a derivada primeira do produto por unidade de eficiência da mão de obra é igual à soma da **taxa de depreciação (d), da taxa de avanço tecnológico (g) e da taxa de crescimento populacional (n)**.

$$f'k = d + g + n$$

O estado estacionário é sy = (d + n + g) k.

Observe o seguinte exemplo: dada a função: $y = k^{1/2}$, o estado estacionário ótimo é aquele em que ocorre a regra de ouro, ou o consumo máximo, ou aquele em que a derivada primeira do produto por trabalhador é igual à **taxa de depreciação (d) mais a taxa de aumento populacional (n) mais a taxa de progresso técnico (g)**, ou seja:

1. Os níveis de k e y no estado estacionário:
sy = (d + n + g) k
Dados: s = 0,15; d = 0,05; n = 0,04; g = 0,03, substituindo na fórmula, tem-se:
k = 25/16 e y = 5/4

2. Os níveis de k e y no estado estacionário ótimo:
f'k = d + g + n
$1/2\ k^{-1/2} = 0{,}05 + 0{,}03 + 0{,}04$
k = 17,37
y = 4,17

3. A taxa de poupança que conduz a economia ao nível ótimo de capital é:
sy = (d + n + g) k
s × 4,17 = (0,05 + 0,03 + 0,04) 17,37
s = 0,5

ou, simplesmente, observa-se o expoente de k na função, que, no exemplo, é igual a 1/2 ou 0,5.

23.8.4. Quadro-resumo

	SEM AUMENTO POPULACIONAL E SEM PROGRESSO TÉCNICO	COM AUMENTO POPULACIONAL E SEM PROGRESSO TÉCNICO	COM AUMENTO POPULACIONAL E COM PROGRESSO TÉCNICO
ESTADO ESTACIONÁRIO	$sy = dk$	$sy = (d+n)k$	$sy = (d+g+n)k$
ESTADO ESTACIONÁRIO NA REGRA DE OURO	$f'k = d$	$f'k = d+n$	$f'k = d+g+n$

TAXA DE CRESCIMENTO DO →	PRODUTO POR TRABALHADOR (y)	PRODUTO TOTAL (Y)	PRODUTO POR UNIDADE DE EFICIÊNCIA $\left(\dfrac{Y}{AN}\right)$
AUMENTO POPULACIONAL À TAXA "n"	–	n	–
AVANÇO TECNOLÓGICO À TAXA "g"	g	g	–
AVANÇO TECNOLÓGICO À TAXA "g" E AUMENTO POPULACIONAL À TAXA "n"	g	g + n	–

23.9. QUESTÕES

1. (FGV — 2024 — Pref SJC) Considere o modelo de crescimento de Solow e os seguintes dados sobre seus parâmetros:

$y = f(k) = 2k^{0,5}$
$s = 0,1$
$d = 0,2$

em que: y é o produto por trabalhador, f(k) é a função de produção, k é o capital por trabalhador, s é a taxa de poupança e d é a taxa de depreciação.
Assuma que as taxas de crescimento populacional e de progresso técnico são nulas.
No estado estacionário, o valor do consumo por trabalhador é igual a
   a) 0,9.
   b) 1,0.
   c) 1,2.
   d) 1,8.
   e) 2,0.

2. (FGV — 2024 — CM SP/Economia) De acordo com o modelo de crescimento de Solow, quando a taxa de poupança de um país aumenta
   a) a propensão marginal a poupar se reduz.
   b) a taxa de crescimento do produto no longo prazo aumenta.
   c) a taxa de crescimento do produto no longo prazo diminui.
   d) o capital e o produto por trabalhador são maiores no longo prazo.
   e) a depreciação supera o investimento no curto prazo.

3. (FGV — 2024 — ALEP/Economista) Considere o modelo de crescimento de Solow com crescimento populacional e tecnológico nulo.
A taxa de poupança é igual a 20% e o nível de produto por trabalhador no estado estacionário é igual a 100.

Considerando que a taxa de depreciação é igual a 10%, então, no estado estacionário, o capital por trabalhador, o investimento por trabalhador e o consumo por trabalhador são iguais, respectivamente, a
  a) 200, 20 e 80.
  b) 200, 80 e 20.
  c) 100, 40 e 60.
  d) 800, 80 e 20.
  e) 1.000, 100 e 0.

4. (CEBRASPE — 2024 — TCE-PR) Em relação ao modelo de crescimento de Solow, assinale a opção correta.
  a) No estado estacionário, o nível de consumo por trabalhador é sempre maximizado.
  b) Há retornos decrescentes à escala em relação aos insumos capital e trabalho.
  c) Se o estoque de capital por trabalhador for inferior ao estoque de capital por trabalhador de estado estacionário, então o capital *per capita* crescerá ao longo do tempo.
  d) A regra de ouro do modelo é alcançada quando a inclinação da curva de juros se iguala à da curva de depreciação do capital *per capita*.
  e) O aumento da taxa de crescimento populacional reduz a taxa de crescimento do produto.

5. (FGV — 2023 — BANESTES/Gestão Financeira) Considere o modelo de Solow e suponha que o capital por trabalhador (k) inicial esteja abaixo do nível de estado estacionário. Assinale a opção que apresenta a dinâmica que se segue.
  a) Redução do k, com depreciação maior que investimento.
  b) Taxa de crescimento de k positiva, com redução gradual da produtividade do capital, até alcançar o estado estacionário.
  c) Produtividade do capital aumenta e taxa de decrescimento se reduz.
  d) Investimento se iguala com depreciação, com k convergindo para zero.
  e) Aumento do produto da taxa de poupança pela produção per capita cresce mais rápido que o produto do capital pelas taxas de depreciação e de crescimento populacional.

6. (FGV — 2023 — Analista de Planejamento e Orçamento — Pref RJ) Considere o modelo de crescimento de Solow. Suponha que o capital por trabalhador inicial esteja abaixo do nível de estado estacionário.
Segundo esse modelo, ao longo do tempo, ocorre:
  a) inicialmente, um crescimento alto do capital, pois a sua produtividade marginal é baixa e esta vai crescendo até ultrapassar o estado estacionário;
  b) que a soma da taxa de depreciação e do crescimento populacional é maior do que o crescimento do investimento, reduzindo o estoque total por capital;
  c) que o capital por trabalhador cresce, devido ao investimento por trabalhador ser maior que a depreciação, até alcançar o estado estacionário;
  d) que a poupança por trabalhador é maior do que o investimento por trabalhador, o que eleva o capital, mas, ao mesmo tempo, a depreciação aumenta, até o estado estacionário;
  e) elevação do investimento, o que incorre em aumento do crescimento do produto, até atingir o estado estacionário, quando o crescimento do produto volta ao nível positivo anterior.

7. (FGV — 2023 — Fiscal de Rendas /Rio de Janeiro) Considerando o modelo de Solow, um aumento na taxa de poupança:
  a) leva a um estoque de capital por trabalhador mais alto em estado estacionário;
  b) leva a um aumento imediato da renda *per capita* no estado estacionário;
  c) faz com que o investimento fique temporariamente abaixo da depreciação;

d) eleva o crescimento da renda *per capita* que cai com o tempo porque a produtividade marginal do capital é crescente;
e) gera aumento permanente na taxa de crescimento do produto *per capita*.

8. (FGV — 2023 — ALEMA)/Economista) Na teoria de crescimento econômico, o resíduo de Solow é caracterizado com o
a) a variação percentual no estoque de fatores adicionado do avanço tecnológico.
b) a contribuição da variação na quantidade de trabalho e capital à variação do produto.
c) a soma das produtividades marginais do trabalho e do capital.
d) a diferença entre a variação do produto e a parcela explicada pela variação dos fatores.
e) a produtividade total dos fatores ponderada pela função de produção.

9. (CESGRANRIO — 2022 — ELETRONUCLEAR/Economista) O modelo de crescimento econômico de Solow baseia-se numa função agregada de produção, expressa na forma $Q = K^{1-\alpha} L^{\alpha} A(t)$, em que Q é o nível do produto; K, o estoque de capital da economia; L, a força de trabalho; A(t), o estado da tecnologia no tempo t; e $1 - \alpha$ e α são coeficientes técnicos que representam os retornos dos fatores capital e trabalho, respectivamente.
Com base nas hipóteses do modelo de Solow, um dos mais influentes na teoria neoclássica de crescimento econômico, verifica-se que
a) a função agregada de produção está sujeita a retornos crescentes de escala.
b) o progresso técnico é a variável exógena e é estimado como resíduo no modelo.
c) o progresso técnico, sendo a variável endógena do modelo, é o principal fator explicativo do crescimento econômico no longo prazo.
d) o fator capital é o fator variável do modelo e está sujeito a rendimentos crescentes.
e) os fatores capital e trabalho estão sujeitos à mesma taxa de variação ao longo do tempo.

10. (FCC — Analista Legislativo (ALAP)/Atividade Orçamentária e Financeira e de Controle Interno/Economista/2020) Segundo a teoria do crescimento econômico,
a) no modelo básico de Solow, a trajetória de crescimento de longo prazo é determinada pela igualdade entre a taxa de acumulação de capital e as taxas de crescimento populacional e de depreciação do estoque de capital.
b) no modelo de crescimento endógeno de Paul Romer, a não rivalidade do bem conhecimento associada à inovação tecnológica produz retornos crescentes à escala, de forma que um aumento no investimento eleva a taxa de crescimento do produto *per capita* de longo prazo.
c) o modelo básico de Solow presume a validade da lei de Say, de maneira que o investimento determina a poupança agregada, por meio da acumulação de capital.
d) no modelo básico de Solow com progresso tecnológico, a taxa de crescimento de longo prazo da renda *per capita* pode ser permanentemente elevada por um aumento da taxa de investimento.
e) no modelo básico de Solow, uma elevação na taxa de crescimento populacional implica uma elevação da taxa de crescimento *per capita* no estado estacionário.

GABARITO

1. "d".
No modelo de crescimento de Solow, o consumo por trabalhador (c) no estado estacionário pode ser encontrado da seguinte maneira:

A função de produção por trabalhador é: $y = f(k) = 2k^{0,5}$
O produto total por trabalhador (y) é dividido entre poupança/investimento (i) e consumo (c):
$y = c + i$
A poupança (i) é igual a uma fração da produção: $i = s \cdot y$
No estado estacionário, o investimento necessário para manter o capital constante é igual à depreciação: $i = d \cdot k$
Substituindo $i = s \cdot y$ e $y = 2k^{0,5}$, temos: $s \cdot 2k^{0,5} = d \cdot k$
Para k (capital por trabalhador no estado estacionário), temos: $0,1 \cdot 2k^{0,5} = 0,2 \cdot k$. Simplificando:
$0,2k^{0,5} = 0,2 \cdot k$
Dividindo por 0,2, temos: $k^{0,5} = k \rightarrow k = 1$
Substituindo $k = 1$ na função de produção para encontrar y:
$y = 2k^{0,5} \rightarrow y = 2(1)^{0,5} \rightarrow y = 2$
Calculando o consumo por trabalhador (c), temos:
$c = y - i$,
onde $i = sy \cdot \rightarrow i = 0,1 \cdot 2 \rightarrow i = 0,2$
Portanto: $c = 2 - 0,2 \rightarrow c = 1,8$
A alternativa correta é a "d".

2. "d".
O aumento na poupança eleva os níveis de capital e produto por trabalhador no estado estacionário. A alternativa "d" está correta. O modelo de Solow não aborda diretamente mudanças na propensão marginal a poupar como resultado de um aumento na taxa de poupança. A alternativa "a" está incorreta. A taxa de crescimento no longo prazo é determinada pelo progresso técnico, não pela poupança. A alternativa "b" está incorreta. A poupança não reduz a taxa de crescimento no longo prazo. A alternativa "c" está incorreta. Durante a transição, o investimento inicialmente excede a depreciação, permitindo acumulação de capital. A alternativa "e" está incorreta.

3. "a".
Sabendo que: Taxa de poupança (s) = 20% = 0,2, Taxa de depreciação (d) = 10% = 0,1, Produto por trabalhador (y) no estado estacionário = 100.
Vamos encontrar o capital por trabalhador no estado estacionário (k). Sabemos que no estado estacionário: $s \cdot y = d \cdot k$, então substituímos os valores:
$0,2 \cdot 100 = 0,1 \cdot k \rightarrow k = 200$
Vamos, agora, encontrar o investimento por trabalhador. O investimento por trabalhador (i) é dado por: $i = s \cdot y$.
Substituindo os valores, temos:
$i = 0,2 \cdot 100 \rightarrow i = 20$
Agora, vamos encontrar o consumo por trabalhador (c): $c = y \cdot i$.
Substituindo os valores, temos:
$c = 100 \cdot 20 \rightarrow c = 80$
Logo, o capital por trabalhador, o investimento por trabalhador e o consumo por trabalhador no estado estacionário são, respectivamente: 200, 20 e 80. A alternativa "a" está correta.

4. "c".
Quando o estoque de capital por trabalhador está abaixo do nível do estado estacionário, o investimento líquido (investimento menos depreciação) é positivo, levando a um crescimento do capital *per capita* ao longo do tempo. A alternativa "c" está correta.
O estado estacionário não necessariamente maximiza o consumo por trabalhador. O consumo é maximizado na **Regra de Ouro**, que ocorre quando a diferença entre o produto e o investimento é máxima, e isso não é garantido no estado estacionário comum. A alternativa "a" está incorreta.
No modelo de Solow, a função de produção tem **retornos constantes à escala** em relação a capital e trabalho quando ambos aumentam proporcionalmente. Contudo, há **retornos marginais decrescentes** em relação ao capital ou ao trabalho isoladamente. A alternativa "b" está incorreta.

23 ■ Crescimento de Longo Prazo. Crescimento Exógeno — Modelo de Solow

A Regra de Ouro ocorre quando a derivada do consumo em relação ao capital *per capita* é igual a zero, o que implica que a taxa marginal de retorno do capital é igual à taxa de depreciação. A alternativa "d" está incorreta.

No modelo de Solow, o aumento da taxa de crescimento populacional reduz o **produto por trabalhador** no estado estacionário, mas não necessariamente reduz a **taxa de crescimento do produto total**, que será igual à taxa de crescimento populacional no longo prazo. A alternativa "e" está incorreta.

5. "b".
Vamos representar, graficamente, a situação do enunciado da questão. No ponto 1, temos o Estado estacionário, em que o investimento por trabalhador (i = sy) é igual a depreciação do capital por trabalhador (D=dk). Nesse ponto, percebemos que o capital por trabalhador é k_1. Caso o capital por trabalhador esteja abaixo de k_1, ou seja, esteja em k_2, percebemos que o investimento por trabalhador (sy) estará maior que a depreciação do capital por trabalhador (dk), o que faz com que o capital por trabalhador aumente até K_1. Percebemos que o investimento por trabalhador (i =sy) é uma função com concavidade voltada para baixo, mostrando que a produtividade marginal do capital é cada vez menor. A alternativa "b" está correta.

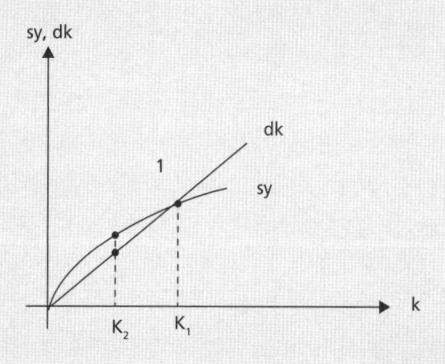

6. "c".
Vamos representar, graficamente, a situação do enunciado da questão. No ponto 1, temos o Estado estacionário, em que o investimento por trabalhador (i = sy) é igual a depreciação do capital por trabalhador (D=dk). Nesse ponto, percebemos que o capital por trabalhador é k_1. Caso o capital por trabalhador esteja abaixo de k_1, ou seja, esteja em k_2, percebemos que o investimento por trabalhador (sy) estará maior que a depreciação do capital por trabalhador (dk), o que faz com que o capital por trabalhador aumente até K_1. Percebemos que o investimento por trabalhador (i =sy) é uma função com concavidade voltada para baixo, mostrando que a produtividade marginal do capital é cada vez menor. A alternativa "c" está correta.

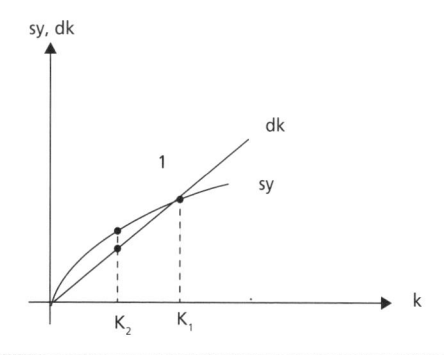

- Inicialmente, um crescimento do capital, porém a taxas cada vez menores. Daí a curva de investimento por trabalhador ser côncava para baixo. O capital vai crescendo até chegar no Estado Estacionário. A alternativa "a" está incorreta.
- Considerando que haja crescimento populacional, a taxa "n", a soma da taxa de depreciação e do crescimento populacional multiplicados pelo capital por trabalhador, (d + n)k, é menor do que o crescimento do investimento por trabalhador (sy), aumentando o estoque total por capital. A alternativa "b" está incorreta. A poupança por trabalhador é igual ao investimento por trabalhador, porém, maiores que a depreciação do capital, o que eleva o capital por trabalhador, mas, mantendo-se constante, a depreciação, até o estado estacionário. A alternativa "d" está incorreta. A elevação do capital por trabalhador, o que incorre em aumento do produto por trabalhador, até atingir o estado estacionário. A alternativa "e" está incorreta.

7. "a".
Caso haja um aumento da taxa de poupança, de s_1 para s_2, a curva de investimento por trabalhador (i = sy) se desloca para cima ou para a esquerda, elevando o capital por trabalhador, de k_1 para k_2, para um novo estado estacionário. Vejamos na figura a seguir. A alternativa "a" está correta.

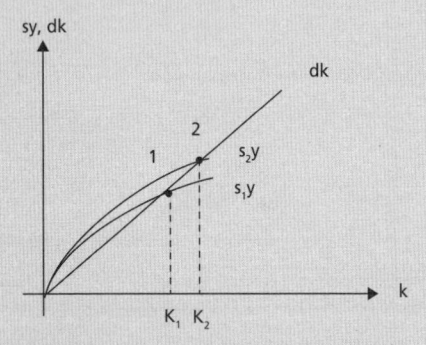

Um aumento da taxa de poupança eleva, no longo prazo, e não imediatamente, a renda *per capita* para outro estado estacionário. A alternativa "b" está incorreta.
Um aumento da taxa de poupança faz com que o investimento fique temporariamente acima da depreciação. Verifique, no gráfico acima, que quando se caminha do ponto 1 para o 2, a curva de investimento por trabalhador (i = sy) está acima da reta de depreciação (D = dk). A alternativa "c" está incorreta.
Um aumento da taxa de poupança eleva o crescimento da renda *per capita* que cai com o tempo porque a produtividade marginal do capital é decrescente que pode ser comprovado pela curva de investimento por trabalhador com concavidade voltada para baixo. A alternativa "d" está incorreta. Um aumento da taxa de poupança gera aumento do produto *per capita* apenas de um estado estacionário para outro. A alternativa "e" está incorreta.

8. "d".
A variação percentual do produto se deve à variação percentual da tecnologia, à variação percentual da mão de obra e à variação percentual do capital, esses dois últimos ponderados por sua participação no produto (s_N e s_K). Vejamos:
$\Delta Y/Y = \Delta T/T + s_N \Delta N/N + s_K \Delta K/K$
Onde N e K representam os fatores de produção mão de obra e capital.
Como $\Delta T/T$ não pode ser observado diretamente, então, para determiná-lo, deveremos isolá-lo da função:
$\Delta T/T = \Delta Y/Y - s_N \Delta N/N - s_K \Delta K/K$
Assim $\Delta T/T$ é o resíduo de Solow que corresponde ao crescimento tecnológico responsável pelo crescimento do produto.
A alternativa "d" é a correta.

9. "b".
O progresso técnico é a variável exógena e é estimado como resíduo no modelo, ou seja, a variação percentual do produto se deve à variação percentual da tecnologia, a variação percentual da mão de obra e à variação percentual do capital, esses dois últimos ponderados por sua participação no produto (s_N e s_K). Vejamos: $\Delta Y/Y = \Delta T/T + s_N \Delta N/N + s_K \Delta K/K$, onde N e K representam os fatores de produção mão de obra e capital. Como $\Delta T/T$ não pode ser observado diretamente, então para determiná-lo, deveremos isolá-lo da função: $\Delta T/T = \Delta Y/Y - s_N \Delta N/N - s_K \Delta K/K$. Assim $\Delta T/T$ é o resíduo de Solow que corresponde ao crescimento tecnológico responsável pelo crescimento do produto. A alternativa "b" está correta. A função agregada de produção está sujeita a retornos constantes de escala. A alternativa "a" está incorreta. O progresso técnico, sendo a variável exógena do modelo, é o principal fator explicativo do crescimento econômico no longo prazo. A alternativa "c" está incorreta. O fator capital e mão de obra são os fatores variáveis do modelo de longo prazo e estão sujeitos a rendimentos decrescentes. A alternativa "d" está incorreta. O fator capital depende da taxa de poupança e da taxa de depreciação e o fator trabalho depende da taxa de crescimento populacional. A alternativa "e" está incorreta.

10. "a".
No modelo de Solow com avanço tecnológico à taxa "g" e aumento populacional a taxa "n", a taxa de crescimento do produto (Y) se dá pela soma de g + n. A alternativa "a" está correta.
O modelo de crescimento endógeno de Romer afirma que a não rivalidade do bem conhecimento associada à inovação tecnológica produz retornos crescentes de escala. Também afirma que a taxa de crescimento do progresso tecnológico é igual ao número de pessoas que tentam descobrir novas ideias multiplicado pela taxa na qual elas descobrem novas ideias. O modelo se baseia na visão neoclássica, ou seja, afirma que o produto *per capita* cresce devido a um avanço tecnológico. Portanto, segundo Romer, a taxa de crescimento da economia é determinada pelos parâmetros da função de produção de ideias e pela taxa de crescimento de pesquisadores. A alternativa "b" está incorreta.
O modelo básico de Solow baseia-se no modelo neoclássico que presume a validade da lei de Say, de maneira que a poupança determina o investimento agregado e não o contrário. A alternativa "c" está incorreta.
No modelo básico de Solow com progresso tecnológico, a taxa de crescimento de longo prazo da renda *per capita* pode ser permanentemente elevada por um avanço tecnológico. Casa haja aumento da taxa de investimento haverá apenas uma mudança de estado estacionário. A alternativa "d" está incorreta.
No modelo básico de Solow, uma elevação na taxa de crescimento populacional implica uma redução da taxa de crescimento *per capita* no estado estacionário. Um aumento populacional equivale a um aumento da depreciação. Por esse motivo, reduz o produto *per capita*. A alternativa "e" está incorreta.

23.10. MATERIAL SUPLEMENTAR

QUESTÕES DE CONCURSOS
http://uqr.to/1yjbm

GLOSSÁRIO

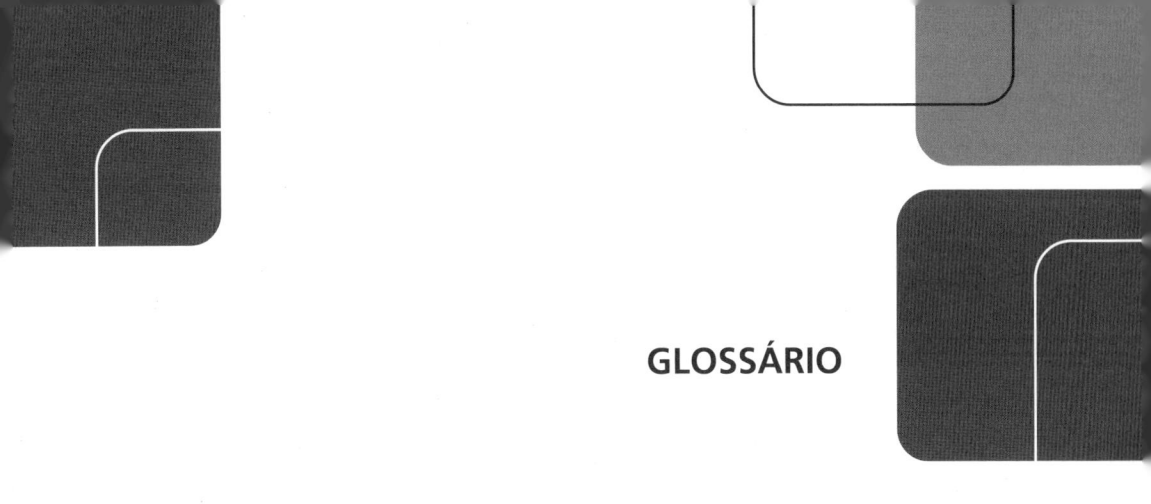

A

ABSORÇÃO INTERNA: é a soma do consumo das famílias, do investimento das empresas e dos gastos do governo.

AÇÃO: é a menor porção do capital de uma empresa e torna seu detentor um sócio da empresa. Tais títulos podem ser convertidos em moeda a qualquer momento por meio de negociações no mercado secundário. Normalmente, as ações não possuem prazos de resgate e seus preços sofrem os efeitos oscilatórios das negociações diárias, tanto no mercado de bolsa quanto no de balcão.

ACORDO DE BRETTON WOODS: acordo firmado em New Hampshire, nos EUA, em julho de 1944, entre 44 países aliados contra o eixo nazista. Esse acordo teceu um novo arranjo financeiro internacional para estabelecer um ambiente propício ao crescimento econômico das nações, evitando a ocorrência de uma depressão como a dos anos 1930, e promover o crescimento econômico e a prosperidade no pós-guerra. Quatro pontos foram traçados nesse acordo: criação do FMI e do Banco Mundial; adoção de taxas de câmbio fixas, porém ajustáveis; definição do papel central do dólar americano; e adoção de regras estruturais com vistas à remoção dos controles cambiais.

ALARGAMENTO DO CAPITAL: ocorre quando a poupança *per capita* é utilizada para equipar novos trabalhadores com uma quantidade de capital *per capita*.

ÂNCORA CAMBIAL: é um instrumento utilizado pela autoridade econômica, com a finalidade de controlar a inflação. Para tanto, é fixada uma taxa de câmbio, e a moeda nacional passa a ser cotada em relação à moeda estrangeira, de tal maneira que a moeda nacional que apresenta um histórico de grande inflação se relacione com uma moeda que não apresente esse histórico, fazendo com que os preços fiquem mais estáveis.

APROFUNDAMENTO DO CAPITAL: ocorre quando a poupança *per capita* é utilizada para aumentar a razão capital/trabalho.

ARMADILHA DA LIQUIDEZ: é quando a taxa de juros está baixa o suficiente para não baixar mais. Com isso, os títulos só tendem a se desvalorizar, de tal maneira que os agentes econômicos demandam qualquer quantidade de moeda que esteja sendo ofertada, fazendo com que uma política monetária seja ineficaz para alterar o produto da economia. Na curva IS-LM, é conhecida como caso Keynesiano ou caso em que a curva LM é horizontal, sendo a demanda por moeda totalmente elástica à taxa de juros.

ARRANJO CAMBIAL COOPERATIVO: é quando os países-membros do arranjo cambial cooperativo se responsabilizam em manter uma paridade cambial entre as moedas, estipulando um sistema de ancoragem entre eles.

ATIVO EXTERNO LÍQUIDO: quando o Balanço de Pagamentos em Transações Correntes apresenta um saldo positivo, isso significa que o país apresenta produto não consumido pelas famílias empresas e governo (C+ I + G) ou investimento interno menor que a poupança do setor privado e do governo.

Portanto, apresenta uma poupança externa negativa, promovendo a saída de capital do país. Assim, o país passa a possuir direito ou um ativo externo maior que um passivo externo.

ATIVOS FINANCEIROS NÃO MONETÁRIOS: são os depósitos de poupança e a prazo emitidos por bancos, bem como os títulos da dívida pública emitidos pelo Tesouro Nacional, entre outros. São tradicionalmente denominados quase moeda e possuem maior ou menor grau de liquidez. Fazem parte dos conceitos mais amplos de meios de pagamento (M_2, M_3 e M_4).

ATIVOS MONETÁRIOS: papel-moeda, emitido pelo Banco Central, e depósitos à vista, emitidos pelos bancos emissores de moeda. O somatório do Papel-Moeda em Poder do Público e dos depósitos à vista constitui os meios de pagamento no seu sentido restrito (M_1).

B

BALANÇO DE PAGAMENTOS EM TRANSAÇÕES CORRENTES: é a soma de Balança Comercial, Balança de Serviços, Balança de Rendas e Transferências Correntes Unilaterais. O saldo do Balanço de Pagamentos em Transações Correntes indica se o país exporta ou importa capital.

BANCO CENTRAL (BACEN): "Entidade autárquica vinculada ao Ministério da Fazenda, é um órgão executivo. Cabe-lhe cumprir e fazer cumprir as disposições que lhe são atribuídas pela legislação em vigor e as normas emanadas do Conselho Monetário Nacional"[1]. Ao Bacen cabem a fiscalização e a regulação das instituições financeiras. Com isso, possui a faculdade de intervir na economia por via indireta, visto que sua atuação no Sistema Financeiro Nacional (SFN) se dá de forma direta, por se tratar de um órgão executivo desse sistema. Pertence ao subsistema normativo, assim como o CMN, a CVM e instituições especiais. É a autoridade monetária do país.

BANCO COMERCIAL: é toda instituição financeira pública ou privada que está autorizada a receber depósitos à vista, livremente movimentáveis.

BANCO DE INVESTIMENTO: "é uma instituição financeira privada especializada em operações de participação societária de caráter temporário, de financiamento da atividade produtiva para suprimento de capital fixo e de giro e de administração de recursos de terceiros"[2].

BANCO DO BRASIL (BB): foi a primeira instituição financeira do país, fundada com a chegada da família real ao Brasil. Exerceu, durante longo período, o papel de Banco Central do país. Atualmente, exerce as funções de agente financeiro do Governo Central e de banco comercial.

BANCO MUNDIAL OU BANCO INTERNACIONAL PARA RECONSTRUÇÃO E DESENVOLVIMENTO (BIRD): iniciou suas atividades em 1946, com o objetivo inicial de auxiliar a reconstrução da Europa, devastada pela guerra. Dessa forma, ao lado do FMI, constituiu-se em um dos pilares para sustentação de uma política de recuperação do comércio mundial. Atualmente, o Banco Mundial possui mais de 180 membros e atua no auxílio aos países em seus projetos de promoção do desenvolvimento econômico e social.

BANCO NACIONAL DE DESENVOLVIMENTO ECONÔMICO E SOCIAL (BNDES): órgão público, atua principalmente como executor máximo da política federal de investimentos. Atua em áreas consideradas estratégicas para a economia nacional e busca fortalecer a empresa privada nacional pela concessão de recursos de longo prazo.

BANCOS DE DESENVOLVIMENTO: são bancos estaduais públicos que têm como objetivo proporcionar recursos necessários ao financiamento, no médio e longo prazos, de programas e projetos que visem promover o desenvolvimento econômico e social do respectivo Estado onde tenham sede.

BANDAS CAMBIAIS: é um sistema de câmbio fixo que estabelece um valor máximo e um valor mínimo para flutuação. Dentro desse intervalo, o câmbio pode flutuar livremente.

---

[1] Francisco Silva Cavalcante Filho e Jorge Ioshio Misumi, *Mercado de capitais*, p. 29.

[2] Disponível em: <http://www.assbandf.com.br/glossario_b.htm>. Acesso em: 7 set. 2011.

BASE MONETÁRIA: é o passivo monetário do Banco Central. É a soma do Papel-Moeda em Poder do Público com os encaixes bancários. Também, define-se Base Monetária como a soma do Papel--Moeda em Circulação com as reservas bancárias.

C

CAPITAL AUTÔNOMO: é o capital que entra no país por si mesmo, devido a investimentos diretos ou indiretos do exterior. O capital autônomo tem a finalidade de regularizar o saldo do Balanço de Pagamentos em Transações Correntes.

CAPITAL COMPENSATÓRIO: refere-se ao capital de organismos internacionais, como FMI, Banco Mundial e Clube de Paris. São, portanto, empréstimos contraídos junto a esses organismos ou com aval destes e, por esse motivo, são empréstimos condicionados a um ajuste fiscal.

CAPITAL DE CURTO PRAZO: também chamado de *hot money*, apresenta caráter especulativo. São aplicações em títulos ou no câmbio, atraídos por altas taxas de juros ou grandes diferenças cambiais.

CARGA TRIBUTÁRIA BRUTA: é a soma dos impostos diretos e indiretos.

CARGA TRIBUTÁRIA LÍQUIDA: é a soma dos impostos indiretos subtraídos dos subsídios com os impostos diretos subtraídos das transferências.

CASSEL; FÓRMULA DE: teoria desenvolvida por Cassel que defende que a taxa de câmbio firmada entre dois países é função do poder de compra das respectivas moedas, medida pela razão entre os correspondentes níveis de preços. A fórmula aproximada de Cassel é: $E = e \times P^*/P$, onde: E = taxa de câmbio real; e = taxa de câmbio nominal; P^* = preços externos; e P = preços internos.

CICLO DA VIDA; TEORIA DO: de acordo com a teoria do ciclo de vida de Modigliani, há a despoupança na fase jovem, quando as pessoas consomem mais que suas rendas; e a queda da renda na terceira idade faria com que as pessoas poupassem na meia-idade para financiar um padrão de consumo estável ao longo da vida.

CIF, PREÇO: CIF é a abreviatura de *cost, insurance and freight* (custo, seguro e frete). Nas operações de compra e venda, a Cláusula CIF inclui no preço da mercadoria vendida as despesas com seguro e frete até o local de destino.

CHOQUE DE OFERTA: também conhecido como inflação de custos, o choque de oferta é um evento que altera diretamente os custos das firmas, deslocando a curva de oferta. Se o choque for favorável, a curva de oferta se desloca para a direita. Se o choque for desfavorável, desloca a curva de oferta para cima. Desloca, também, no curto prazo, a curva de Phillips.

COMISSÃO DE VALORES MOBILIÁRIOS (CVM): é uma autarquia ligada ao Ministério da Fazenda, diretamente vinculada ao poder executivo, sendo um órgão normativo cuja principal responsabilidade está na promoção, no disciplinamento, na fiscalização e no desenvolvimento do mercado de valores mobiliários.

COMMERCIAL PAPERS: são notas promissórias emitidas por empresas para captação em curto prazo de grandes volumes de capital. São largamente negociadas no mercado secundário e se caracterizam por um custo mais baixo, pois não necessitam de intermediários bancários para negociação. Esses papéis normalmente não realizam pagamento de juros periódicos, porém são negociados com deságios frente a seu valor nominal ou de face. Outra característica é o não oferecimento de garantias, o que torna sua emissão bastante restrita, pois os investidores não estariam dispostos a negociar essas notas se emitidas por empresas sem um conceito de crédito bastante elevado.

COMPULSÓRIO; RECOLHIMENTO OU DEPÓSITO: é um instrumento de política monetária utilizado pelo Banco Central para reduzir a liquidez da economia. Consiste na custódia de parcela dos depósitos recebidos do público pelos bancos comerciais.

CONSELHO MONETÁRIO NACIONAL: órgão máximo do Sistema Financeiro Nacional, ao qual cabe a normatização de todo o sistema, a responsabilidade e o gerenciamento sobre todas as normas e instituições nele existentes, tendo como finalidade a formulação e a coordenação das políticas governamentais pertinentes aos movimentos financeiros. De acordo com Securato e Securato: "O Conselho Monetário Nacional é um órgão normativo, portanto, não lhe cabe nenhuma função executiva, representando a autoridade máxima do Sistema Financeiro Nacional. O CMN é o responsável direto pela fixação das diretrizes das políticas monetárias, cambial e creditícia do governo federal. O Conselho Monetário Nacional executa a função de um Conselho de Política Econômica"[3].

CONSUMO AUTÔNOMO: é o consumo que independe do nível de renda.

CONSUMO FINAL: é a soma do consumo das famílias e do governo.

COTAÇÃO DO CERTO: quantidade de moeda estrangeira que se pode comprar com uma unidade de moeda nacional.

COTAÇÃO DO INCERTO: quantidade de moeda nacional que pode comprar uma unidade de moeda estrangeira.

CROWDING OUT: ou efeito deslocamento, ocorre quando o governo aumenta seus gastos e isso provoca uma elevação da taxa de juros, desestimulando o investimento e fazendo com que o produto, que deveria aumentar em função de aumentos dos gastos do governo, retroaja devido à redução dos investimentos.

CRUZ KEYNESIANA: é o cruzamento da curva de despesa planejada com a linha de 45° que divide os eixos demanda planejada (eixo vertical) e produto (eixo horizontal). No ponto de cruzamento, ocorre o equilíbrio entre produto e despesa.

CURRENCY BOARD **(CONSELHO DE MOEDA):** quando a autoridade monetária efetua o câmbio de moeda nacional por moeda estrangeira com cotação fixa, pratica o *currency board*. Esse sistema tem a moeda estrangeira como âncora cambial. Assim, o país se compromete a converter, sob demanda, sua moeda local em outro ativo líquido de aceitação internacional.

CURTO PRAZO: em Macroeconomia, curto prazo é o tempo necessário para que os preços e salários sejam rígidos, de tal maneira que o Produto Real é determinado pela demanda efetiva.

CURVA J: ocorre quando, no curtíssimo prazo, a condição de Marshall-Lerner ainda não tiver sido satisfeita, já que demora, no curto prazo, verdadeiro tempo para mudar os padrões de consumo.

CURVAS DE INDIFERENÇA: são curvas formadas pelas preferências do consumidor que mostram que, em qualquer ponto de uma das curvas, é indiferente o consumo das possíveis cestas de bens contidas nessa curva, já que dão ao consumidor o mesmo grau de satisfação. Conforme a curva de indiferença se afasta da origem, aumenta o grau de satisfação em possuir uma cesta de bens contida nessa curva.

CUSTO MENU: quando há inflação, as listas de preços dos produtos precisam ser atualizadas e, para isso, é necessário despender recursos de outras atividades produtivas, gerando custos denominados custos menu.

D

DEBÊNTURES: "São empréstimos do comprador ao emissor em troca de uma remuneração certa (juros) e uma amortização em data certa (principal). Podem ser colocadas no mercado diretamente junto aos investidores ou via oferta pública através de instituições financeiras"[4].

DÉFICIT DO BALANÇO DE PAGAMENTOS EM TRANSAÇÕES CORRENTES: é o saldo negativo da soma da Balança Comercial, da Balança de Serviços, da Balança de Rendas e das Transferências Correntes Unilaterais. É igual à poupança externa.

DÉFICIT GÊMEO: quando o país incorre em déficit público, haverá uma redução da poupança nacional. Não sendo suficiente essa poupança interna para bancar os investimentos do país, faz-se necessário atrair capital para o país. Para tanto, o governo elevará as taxas de juros, o que provocará um

---

[3] José Roberto Securato e José Cláudio Securato, *Mercado financeiro*, p. 60.
[4] Antonio Alberto Grossi Fernandes, *O Brasil e o Sistema Financeiro Nacional*, p. 120.

aumento do déficit na Balança de Rendas. Com juros mais altos, há uma entrada de divisas no país, levando a uma valorização cambial, estimulando as importações e desestimulando as exportações. Com isso, a Balança Comercial e de Serviços tende a ficar deficitária. Decorre, portanto, um déficit no Balanço de Pagamentos em Transações Correntes. Logo, um déficit público pode acarretar um déficit em Transações Correntes, o que se denomina déficit gêmeo.

DÉFICIT NOMINAL DO GOVERNO: é a diferença entre todos os investimentos públicos e toda a poupança em conta corrente do governo. Genericamente, diz-se que é a diferença entre Despesas e Receitas do Governo.

DÉFICIT OPERACIONAL DO GOVERNO: é a diferença entre os investimentos públicos e a poupança em conta corrente do governo, subtraídas as despesas com correção monetária e cambial da dívida.

DÉFICIT PRIMÁRIO DO GOVERNO: é a diferença entre os investimentos públicos e a poupança em conta corrente do governo, subtraídos os juros reais e a correção monetária e cambial da dívida. Genericamente, diz-se que é a diferença entre despesas não financeiras e receitas não financeiras.

DÉFICIT PÚBLICO: é a diferença entre os investimentos do governo e a poupança do governo. Os investimentos correspondem às despesas de capital e a poupança corresponde à diferença entre receitas e despesas correntes. Genericamente, diz-se que é a diferença entre Despesas e Receitas do Governo.

DEFLATOR DO PRODUTO: é a razão entre o Produto Nominal e Produto Real.

DEMANDA AGREGADA: é a demanda total por bens e serviços pelos setores da economia, ou seja, pelas unidades familiares que irão consumir, pelas empresas que irão investir, pelo governo que irá gastar e pelo setor externo que irá exportar.

DEMANDA DE MOEDA PARA ESPECULAÇÃO: está relacionada ao desejo de manter moeda consigo, a fim de tirar proveito das oscilações do mercado de títulos, por meio das mudanças nas taxas de juros de mercado. A demanda de moeda para especulação mantém uma relação inversa com a taxa de juros, ou seja, quanto maior a taxa de juros, menor a demanda de moeda para especulação, e quanto menor a taxa de juros, maior a demanda de moeda para especulação.

DEMANDA DE MOEDA PARA PRECAUÇÃO: é o desejo, a vontade, de reter moeda para aplicar em gastos fortuitos ou receitas imprevisíveis, já que qualquer pessoa está sujeita a gastos adicionais inesperados, como também ao não recebimento de receitas esperadas. A demanda de moeda para precaução tem relação direta com o nível de renda, ou seja, quanto maior a renda, maior a demanda de moeda para precaução, e quanto menor a renda, menor a demanda de moeda para precaução.

DEMANDA DE MOEDA PARA TRANSAÇÃO: é o desejo, a vontade, de reter moeda para satisfazer as transações do dia a dia. Tem relação direta com o nível de renda, ou seja, quanto maior a renda, maior a demanda de moeda para transação, e quanto menor a renda, menor a demanda de moeda para transação.

DEMANDA EFETIVA: é a parte da demanda agregada que de fato se realiza na aquisição de bens e serviços.

DEMANDA POR BENS E SERVIÇOS: é a procura por bens e serviços. Desejo de possuir bens e serviços.

DEPRECIAÇÃO: desgaste natural de qualquer bem de capital. Pode ser considerada uma despesa para as empresas, assim como uma reserva (ou poupança), na medida em que entra no lançamento contábil como uma despesa, mas, no caixa, não há saída de recursos, permanecendo como uma reserva para substituir um bem por outro similar quando ele estiver totalmente desgastado ou depreciado. A depreciação ocorre em virtude da obsolescência, do uso ou por fatores naturais.

DERIVATIVOS: são instrumentos financeiros que derivam seu valor de outros ativos. São contratos que derivam de outros ativos. São geralmente negociados em bolsa e possibilitam aos agentes econômicos a flexibilização de suas estratégias de investimento por proporcionarem meios de alavancar posições, limitar ou anular riscos e realizar arbitragens. São contratos dos quais se negociam índices, preços, cotações de outros ativos, que passam a denominar tais contratos. O mercado de derivativos pode ser: Mercado (contrato) a Termo, Mercado de Futuros, Mercado de Opções e *Swaps*.

DES — DIREITO ESPECIAL DE SAQUE: moeda escritural, criada em 1969, originalmente definida em ouro, mas com paridade do dólar (1 dólar = 1 DES = 35 onças de ouro). Em 1974, ficou acertado que o DES seria formado por 16 moedas e, em 2001, que valeria a seguinte proporção: dólar (39%), euro (29%), iene (15%) e libra esterlina (11%). Mas essa composição é revista a cada 5 anos. O volume de DES e a quota de subscrição constituem as reservas do país em poder do FMI. Como a liquidez internacional dependia da oferta de dólar e da produção de ouro, além de haver um rápido crescimento da economia mundial, fazia-se urgente a expansão dos meios de pagamento. A solução foi a criação do DES.

DESPESAS CORRENTES: são as despesas do dia a dia da administração pública, as quais alteram o patrimônio da administração pública, ou seja, diminuem o patrimônio do país. Exemplos: pagamento dos salários e vencimentos do funcionalismo público, obrigações sociais, despesas com pagamento de luz, água, telefone, material de consumo dos órgãos do governo etc. Não estão incluídas obras, aquisição e construção de prédios, estrutura física etc. As despesas correntes são bancadas por receitas correntes.

DESEMPREGO CONJUNTURAL: ou cíclico; está associado às flutuações da atividade econômica.

DESEMPREGO ESTRUTURAL: é consequência de mudança na estrutura da economia, seja por insuficiência de demanda ou investimentos. É uma forma de desemprego natural. Por exemplo, quando devido a um avanço tecnológico uma máquina é capaz de substituir diversos trabalhadores.

DESEMPREGO FRICCIONAL: resulta da mobilidade da mão de obra.

DESEMPREGO INVOLUNTÁRIO: é o desemprego que ocorre quando, por iniciativa do empregador, o contrato cessa.

DESEMPREGO NATURAL: é a soma do desemprego friccional e do voluntário, não sendo relevantes o desemprego estrutural e o conjuntural.

DESEMPREGO VOLUNTÁRIO: é o desemprego resultante da recusa do trabalhador em aceitar um trabalho, devido, por exemplo, a baixa remuneração, más condições de trabalho etc.

DESUTILIDADE MARGINAL DO TRABALHO: é o desprazer que o trabalho proporciona e será suportado pelo trabalhador em prol de um salário maior. A curva de oferta de mão de obra mostrará essa desutilidade marginal do trabalho, porque quanto maior o salário real, maior a oferta de trabalho e, portanto, menor o lazer.

DISPÊNDIO: despesa.

DIRTY FLOATING: vide "flutuação suja".

E

EFEITO DESLOCAMENTO: *vide "crowding out"*.

EFEITO RENDA (a): numa economia intertemporal, uma elevação da taxa de juros permite ao consumidor, sendo poupador, estar numa situação melhor, aumentando o consumo tanto no presente quanto no futuro.

EFEITO RENDA (b): no mercado de trabalho, o aumento do salário provoca uma diminuição da oferta de trabalho, uma vez que, estando o trabalhador em melhor situação financeira, demandará mais lazer.

EFEITO SUBSTITUIÇÃO (a): numa economia intertemporal, uma elevação da taxa de juros, sendo o consumidor um poupador, pode fazer com que o consumidor substitua o consumo presente pelo consumo futuro, reduzindo o consumo no presente e aumentando o consumo no futuro.

EFEITO SUBSTITUIÇÃO (b): no mercado de trabalho, o aumento do salário faz com que o trabalhador oferte mais mão de obra ou trabalho em detrimento do lazer, já que o custo de oportunidade de lazer está mais elevado.

EFICIÊNCIA MARGINAL DO CAPITAL: é a taxa de desconto que faz com que o valor presente da renda esperada do capital seja igual ao preço de oferta. É a expectativa que se tem de renda de oferta corrente. É a taxa de retorno do capital.

ELASTICIDADE: é a reação a mudanças em variáveis econômicas. É a sensibilidade a uma mudança econômica.

EMPRESA: é um conjunto organizado com o intuito de exercer uma atividade para produzir e oferecer bens e/ou serviços.

ENCAIXE: é a soma do recolhimento voluntário, do recolhimento compulsório e do caixa dos bancos. É o dinheiro que pertence aos bancos (bancos comerciais + Banco Central).

ENDÓGENA, VARIÁVEL: é a variável explicada dentro do modelo. Depende do comportamento de uma outra variável para se definir. Nos modelos macroeconômicos, normalmente, as variáveis endógenas dependem da renda e da taxa de juros para se definirem.

EQUAÇÃO DE FISHER: a equação aproximada afirma que a taxa nominal de juros é igual à taxa esperada de inflação mais a taxa real de juros.

EQUAÇÃO QUANTITATIVA DA MOEDA: a Teoria Quantitativa da Moeda (TQM) foi desenvolvida pelos clássicos, que afirmavam que a inflação ocorreria pelo lado monetário da economia. Segundo eles, quanto mais moeda fosse ofertada, maior seria a demanda por bens e serviços, o que repercutiria apenas numa elevação de preços, e não na elevação do Produto Real.

EQUIVALÊNCIA RICARDIANA: afirma que a maneira como o governo vai financiar seu déficit, seja pelo aumento da dívida, ou por tributos, não afeta a atividade econômica, já que a dívida apenas adiará a cobrança de impostos para o futuro, fazendo com que os agentes econômicos racionais aumentem suas poupanças no presente para arcar com maiores tributos no futuro. Diante de uma poupança menor do governo, ocorre uma poupança maior dos agentes econômicos privados, que adquirirão títulos públicos emitidos, não havendo, portanto, redução da poupança global, o que justifica a não alteração da taxa de juros. Portanto, quando o governo opta por endividamento, isso equivale, para fins de qualquer alteração no produto e na taxa de juros, a financiar seu déficit por meio da tributação.

ESPECULAR: é definida como uma tentativa de ter ganhos com mudanças nas taxas de juros do mercado.

ESTADO ESTACIONÁRIO: numa situação em que não há avanço tecnológico nem aumento populacional, o estado estacionário é o equilíbrio de longo prazo que ocorre quando a depreciação do capital se iguala à poupança da economia.

ESTOQUE: é uma quantidade medida num ponto específico de tempo.

EXCEDENTE OPERACIONAL BRUTO: é a remuneração dos fatores de produção, com exceção da remuneração dos empregados, acrescida da depreciação.

EXÓGENA, VARIÁVEL: a variável é exógena quando é "dada" pelo modelo, ou seja, não é explicada dentro do modelo. Por exemplo, uma variável que não é afetada pela taxa de juros nem pelo nível de renda e produto é exógeno ao modelo IS-LM.

EXPECTATIVA ADAPTATIVA: significa que as pessoas formam suas expectativas sobre o que acontecerá no futuro com base no que aconteceu no passado.

EXPECTATIVA RACIONAL: são formadas a partir das disposições que as pessoas têm, e não com base retrospectiva, como acontece quando as expectativas são adaptativas. Baseando-se em informações presentes disponíveis e previsões futuras sobre o comportamento da economia, antecipam-se às decisões do governo, anulando em certo grau a eficácia das políticas traçadas.

EXPORTAÇÃO: é a saída de bens e serviços não fatores do país (das fronteiras nacionais).

F

FATORES DE PRODUÇÃO: são os elementos necessários para a confecção de qualquer bem ou serviço, ou seja: terra (não só as terras cultiváveis e urbanas, mas também os recursos naturais); trabalho ou mão de obra (as faculdades físicas e intelectuais dos seres humanos que interferem no processo produtivo); capital (as edificações, as fábricas, a maquinaria e os equipamentos); empreendimento (a decisão de fazer, o risco do negócio).

FISHER, EFEITO: mostra que o aumento da inflação esperada reduz a taxa de juros reais, expandindo o investimento e deslocando a curva de demanda agregada para a direita ou para cima.

FLUTUAÇÃO SUJA: ocorre quando o Banco Central faz intervenções esporádicas no mercado cambial, seja comprando ou vendendo divisas, para evitar grandes oscilações na taxa de câmbio ou para atender ao interesse da autoridade monetária.

FLUXO: é uma quantidade medida num intervalo ou espaço de tempo.

FLUXO CIRCULAR DA RENDA: numa economia sem governo e fechada, é a interação das famílias e das empresas no mercado de fatores e de produtos. As famílias adquirem bens e serviços das empresas e pagam por isso. As empresas adquirem fatores de produção das famílias e remuneram em forma de renda (salários, juros, aluguéis e lucros). Portanto, a renda circula das empresas para as famílias e retorna às empresas quando as famílias pagam pelos bens e serviços.

FOB (PREÇO): significa "*free on board*", ou seja, "posto a bordo". Nas operações de compra e venda, segundo a cláusula FOB, o vendedor tem que entregar a mercadoria a bordo, pelo preço estabelecido, mas as despesas com transporte (frete e seguro) ficam por conta do comprador.

FORMAÇÃO BRUTA DE CAPITAL FIXO: mede o quanto as empresas apresentam de bens de capital, ou seja, aqueles bens que servem para produzir outros bens. São basicamente máquinas, equipamentos e material de construção. É importante porque indica se a capacidade de produção do país está crescendo e também se os empresários estão confiantes no futuro.

FUNDO MONETÁRIO INTERNACIONAL (FMI): foi criado em 1945, tendo como um de seus objetivos zelar pela estabilidade do sistema monetário internacional, promovendo a cooperação entre os seus atuais 187 países-membros, notadamente no que diz respeito às questões monetárias. Suas ações visavam evitar que desequilíbrios nos balanços de pagamentos e nos sistemas cambiais pudessem prejudicar a expansão do comércio e dos fluxos de capitais internacionais, tentando eliminar de forma progressiva as restrições cambiais nos países-membros. Tem autorização para conceder, mediante consultas aos seus membros, recursos temporários para evitar ou sanar desequilíbrios no balanço de pagamentos dos países que necessitem, com imposição de programas de ajustes estruturais.

G

GRANDE ECONOMIA ABERTA: é uma economia para a qual a inflação, a taxa de juros nominais, o hiato do produto, a taxa de câmbio real e demais variáveis macroeconômicas têm o poder de afetar as variáveis do resto do mundo.

H

HAVERES DE CURTO PRAZO NO EXTERIOR: representam uma espécie de meio de pagamento internacional. Contabilizam as variações de estoque de moedas estrangeiras e de títulos de crédito externos de curto prazo em poder das autoridades monetárias.

HIATO DO PRODUTO: ocorre quando as exportações de bens e serviços não fatores são menores que as importações de bens e serviços não fatores.

HIPÓTESE DA CONVERGÊNCIA: afirma que, no longo prazo, haveria uma tendência de convergência das rendas *per capita* entre os países. Solow afirmou que os países tendem a convergir para uma trajetória de crescimento equilibrado, ou seja, quando os países estão em diferentes pontos no que se refere a sua trajetória de crescimento equilibrado e disso decorrem diferenças do produto *per capita* entre eles, deve-se esperar que países mais pobres alcancem países mais ricos. Isso acontece porque a taxa de retorno do capital em países que apresentam maior razão capital/trabalho é pequena e a taxa de retorno do capital nos que apresentam menor razão capital/trabalho é alta, fazendo com que o capital se desloque de países mais ricos para os mais pobres, provocando a convergência de renda *per capita*. Além disso, as defasagens na difusão do conhecimento podem fazer com que países não utilizem plenamente a tecnologia disponível, mas, à medida que os mais pobres passem a ter acesso a esses conhecimentos, há tendência à convergência.

I

IDENTIDADE MACROECONÔMICA: é uma relação que está acima da igualdade. É uma relação entre coisas idênticas. Entre elas, não existe relação de causa e efeito. Elas ocorrem simultaneamente.

IDH: o Índice de Desenvolvimento Humano (IDH) mede o nível de desenvolvimento humano dos países, utilizando como critérios indicadores de educação, saúde e renda. O índice varia de zero (nenhum desenvolvimento humano) a um (perfeito desenvolvimento humano).

ILUSÃO MONETÁRIA: é quando o trabalhador não consegue ter a percepção da variação de preços na mesma velocidade que o empresário. Quando os salários sobem, ele não consegue perceber que, pelo fato de os preços terem subido numa proporção maior, seu salário real diminuiu. Por conta disso, não reduz sua oferta de mão de obra, fazendo com que seja possível a elevação do produto e do emprego da economia quando a demanda por mão de obra aumenta.

IMPORTAÇÃO: é quando um bem ou serviço não fator é trazido, via comércio, do exterior para o país.

IMPOSTO DIRETO: imposto que incide diretamente sobre a renda, o patrimônio e a riqueza dos indivíduos e empresas. Exemplos: imposto de renda, IPVA, IPTU.

IMPOSTO INDIRETO: imposto que incide sobre o consumo, a produção, a circulação e a distribuição de mercadorias e serviços. Incide sobre as empresas. Exemplos: ICMS, IPI.

ÍNDICE DE FISHER: é a média geométrica dos índices de Laspeyres e Paasche. Há o índice de Fisher de preço e o de quantidade.

ÍNDICE DE GINI: mede o grau de desigualdade existente na distribuição de renda entre os indivíduos segundo a renda domiciliar *per capita*. Seu valor varia de zero, quando não há desigualdade, ou seja, há perfeita distribuição da renda, a um, quando a desigualdade é máxima, ou seja, há total concentração de renda.

ÍNDICE DE LASPEYRES: o índice de preços de Laspeyres pondera preços em duas épocas, inicial e atual, tomando como pesos quantidades na época inicial. O índice de quantidade de Laspeyres pondera quantidades em duas épocas, inicial e atual, tomando como pesos preços na época inicial.

ÍNDICE DE PAASCHE: o índice de preços de Paasche pondera preços em duas épocas, inicial e atual, tomando como pesos quantidades na época atual. O índice de quantidades de Paasche pondera quantidades em duas épocas, inicial e atual, tomando como pesos preços na época atual.

ÍNDICE DE VALOR: é a relação entre o somatório dos produtos do ano em questão, multiplicados pelos seus respectivos preços, e o somatório dos produtos do ano-base, multiplicados pelos seus respectivos preços.

INFLAÇÃO: elevação generalizada e persistente de preços.

INFLAÇÃO DE DEMANDA: é a elevação de preços em decorrência do deslocamento para a direita ou para cima da curva de demanda, fazendo com que haja o deslizamento da curva de demanda sobre a curva de oferta, aumentando o Produto Real da economia. Na curva de Phillips, a inflação de demanda provoca o deslocamento na própria curva de Phillips.

INFLAÇÃO DE CUSTOS: ou choque de oferta, é a elevação de preços que decorre de um deslocamento na curva de oferta para a esquerda ou para cima, reduzindo o Produto Real da economia. Na curva de Phillips, a inflação de custos provoca o seu deslocamento.

INFLAÇÃO ESPERADA: é a elevação de preços que decorre tanto do deslocamento da curva de demanda para cima ou para a direita quanto da curva de oferta para cima ou para a esquerda. Ocorre que, pelo fato de a demanda real por moeda não ser muito elástica à taxa de juros, o deslocamento da demanda agregada é menor que o deslocamento da oferta agregada, provocando uma elevação de preços e uma redução do Produto Real da economia. A principal razão para a existência de inflação esperada é a indexação de preços e salários na economia. Na curva de Phillips, a inflação esperada provoca o seu deslocamento.

INJEÇÕES: são fatores de demanda para a produção agregada. São considerados injeções o investimento, os gastos do governo e a exportação.

INSUMO QUE NÃO ENTROU NO PROCESSO PRODUTIVO: é todo produto que não participou na confecção do bem ou serviço em questão. Pode estar armazenado para alterar os estoques ou para participar de outro processo produtivo que não o da questão.

INTERMEDIÁRIO, PRODUTO: ou bem intermediário, ou consumo intermediário, ou valor intermediário. É o produto utilizado para se produzir algo. Assim, se para produzir um sanduíche, é necessário pão, este último será produto intermediário para produzir o sanduíche. Também chamado de insumo.

INVESTIMENTO BRUTO TOTAL: é a soma da formação bruta do capital fixo com a variação de estoques. Inclui os investimentos privados e os públicos.

INVESTIMENTO DIRETO NO PAÍS: compreendem a participação no capital (entradas de recursos em investimento estrangeiro direto, como privatizações, aquisição total ou parcial de capital) e os empréstimos intercompanhias (créditos das matrizes no exterior a suas filiais no país).

INVESTIMENTO EM CARTEIRA: pode ser em renda fixa ou renda variável. Os títulos do Tesouro Nacional se enquadram em renda fixa, e as ações de empresas em volume que não permite o direito à gestão da empresa se enquadram em renda variável.

INTERTEMPORAL: complexo de fatos acontecidos ao longo de tempos distintos, ou no longo prazo.

L

LEI DE GRASHAM OU GRASHMAN: diz que "a moeda má expulsa a moeda boa". Quando o valor da moeda era definido pelo seu peso em metal precioso, se o Estado resolvesse cunhar moedas com o mesmo valor facial mas com menos quantidade de metal na moeda, os agentes econômicos passariam a entesourar a moeda mais pesada, que é a chamada moeda boa, e fariam suas transações utilizando a moeda mais leve, chamada de moeda má. Assim, a moeda boa passaria a ser substituída pela moeda má.

LEI DE SAY: afirma que a oferta agregada determina sua própria demanda agregada. Portanto, não há crise de superprodução, nem se justifica o desemprego involuntário.

LEI DOS RENDIMENTOS FÍSICOS MARGINAIS DECRESCENTES: ou simplesmente, Lei dos Rendimentos Marginais Decrescentes ou Lei dos Rendimentos Decrescentes. Afirma que, no curto prazo da Microeconomia, à medida que um dos fatores de produção aumenta, mantendo fixo outro fator, a produção começa a crescer a taxas crescentes (cresce e cresce cada vez mais), depois começa a crescer a taxas decrescentes (cresce, mas cresce cada vez menos) e depois decresce.

LEI PSICOLÓGICA FUNDAMENTAL: desenvolvida por Keynes, que afirmava que os indivíduos estão dispostos, como regra geral e em média, a aumentar seu consumo à medida que suas rendas aumentam, porém jamais na proporção exata do aumento de suas rendas.

LONGO PRAZO: em Macroeconomia, é o período de tempo em que os preços e salários são flexíveis.

LUCROS DISTRIBUÍDOS: dividendos, lucros que não ficaram retidos nas empresas, ou seja, foram distribuídos entre os sócios ou acionistas.

LUCROS RETIDOS: lucros não distribuídos, que ficarão na empresa para um futuro investimento.

M

MARSHALL-LERNER; CONDIÇÃO DE: o impacto de uma mudança no câmbio real sobre as exportações líquidas pode ser ambíguo. Se houver uma apreciação na taxa de câmbio, as importações devem aumentar, mas o seu preço relativo cairá. Também as exportações caem. O resultado das exportações líquidas (diferença entre exportação e importação) pode aumentar ou diminuir, se a queda no preço relativo das importações superar os outros efeitos. Se a condição de Marshall-Lerner for satisfeita, isso significa que uma desvalorização real da moeda aumenta as exportações líquidas e uma valorização real da moeda diminui as exportações líquidas.

MEIO DE TROCA (MOEDA COMO): é uma das funções da moeda. É quando a moeda é aceita em troca de outro bem ou para solver débitos.

MEIOS DE PAGAMENTO: são ativos que podem ser usados para pagamento de compromissos assumidos ou para pagamento à vista. No sentido restrito, M_1 é a soma do Papel-Moeda em Poder do Público não Bancário com os depósitos à vista.

MERCADO ABERTO: vide "open market".

MERCADO DE CÂMBIO: é o segmento do mercado financeiro em que se realizam as operações envolvendo compra e venda de moedas entre os agentes econômicos de diferentes países. Embora essas operações se realizem, praticamente não há a movimentação em espécie de moedas entre os diversos agentes, havendo na maioria das vezes tão somente uma compensação de valores por meio de operações opostas.

MERCADO FINANCEIRO: ou mercado bancário: conjunto de instituições e operações ocupadas com o fluxo de recursos monetários entre os agentes econômicos. Basicamente, é o mercado de emprestadores e tomadores de empréstimos. É a reunião de agentes negociadores e seus auxiliares, independente da localização física, visando a concretização de transações que envolvam ativos ou valores financeiros que os expressem.

MERCADO MONETÁRIO: é essencial para o sistema financeiro de um país. Uma de suas funções é definir a taxa de juros básica de uma economia, por meio de operações executadas e monitoradas pelas autoridades monetárias. Os prazos são curtos ou curtíssimos. Tais operações proporcionam um controle mais ágil e rápido da liquidez porque estão relacionados com a circulação de moedas no país. Os emissores de títulos devem ter a permissão e a competência atestadas pelas autoridades fiscalizadoras do país.

MOBILIDADE DE CAPITAL: é a capacidade que o capital tem de entrar ou sair do país. Se a capacidade for muito grande, há perfeita mobilidade de capital. Se a capacidade for limitada, há imperfeita mobilidade de capital. Se não houver capacidade de entrada e saída de capital, diz-se que não há mobilidade de capital.

MOEDA ESCRITURAL: são os depósitos bancários usados como meio de pagamento. Não apresenta curso forçado, ou seja, não exige aceitação geral. É uma moeda fiduciária. É representada principalmente por cheques e cartões eletrônicos.

MOEDA FIDUCIÁRIA: seu nome tem origem no termo "fidúcia", que significa "confiança". Seu valor é devido a sua aceitação ou pelo fato de ter curso forçado imposto pela autoridade monetária.

MONETIZAR: é o ato de transformar bens, metais, títulos, fatos, informações e acontecimentos em dinheiro, moeda.

MULTIPLICADOR BANCÁRIO OU MONETÁRIO: representa a quantidade de vezes que a Base Monetária (B) é multiplicada para gerar meios de pagamento (M_1). Ocorre quando os bancos emprestam dinheiro sobre os depósitos feitos pelo público não bancário.

MULTIPLICADOR KEYNESIANO: mede quantas vezes o produto variará em decorrência de uma variação em um dos componentes autônomos agregados (consumo autônomo, investimentos autônomo, gastos do governo, tributação autônoma, transferência autônoma do governo, exportações autônomas e importações autônomas).

MULTIPLICADOR DE HAAVELMO OU MULTIPLICADOR DO ORÇAMENTO EQUILIBRADO: é o multiplicador que afirma que, quando o governo gasta e tributa o mesmo valor, suas contas estarão em equilíbrio, mas o produto da economia deverá se alterar no mesmo valor do gasto e da tributação.

MUNDELL-FLEMING, MODELO: ou modelo IS-LM-BP, trata da relação de curto prazo entre a taxa de câmbio real e o produto da economia. É o modelo IS-LM aplicado numa economia aberta e com governo, para uma pequena economia sob regime de câmbio fixo ou flutuante.

N

NÃO RESIDENTES: pessoas físicas ou jurídicas que não têm no país considerado seu principal centro de interesses.

NO TRADABLES: bens não comercializáveis no mercado internacional. Existe uma série de bens que, independente do preço nos diferentes países, não induzem fluxos comerciais entre eles. São chamados não transacionáveis ou *no tradables*.

O

***OPEN MARKET* OU MERCADO ABERTO:** mercado, não físico, em que as negociações são realizadas por telefone, quando ocorrem as compras e vendas de títulos públicos e privados sob a orientação do Banco Central.

OFERTA AGREGADA: é a oferta de bens e serviços realizada por todas as empresas num determinado período de tempo, a um determinado nível de preços.

OFERTA DE LUCAS: a oferta de Lucas se dá sobre expectativas futuras, e não sobre bases passadas. O salário nominal e, consequentemente, os preços se formarão de acordo com as expectativas sobre o comportamento da demanda agregada.

OKUN; LEI DE: descreve uma relação entre as variações percentuais do desemprego e os movimentos cíclicos do PIB efetivo e do PIB potencial.

OUTRAS RECEITAS CORRENTES LÍQUIDAS DO GOVERNO: além dos tributos, o governo obtém outras receitas correntes por meio das contribuições parafiscais, receitas patrimoniais, receitas industriais, receitas agropecuárias, receitas de serviços, receitas provenientes de transferências correntes, entre outras que são denominadas de outras receitas correntes.

P

PAPEL-MOEDA EMITIDO: é a soma do Papel-Moeda em Poder do Público com os caixas dos bancos comerciais e do Banco Central.

PAPEL-MOEDA EM CIRCULAÇÃO: é o Papel-Moeda Emitido menos o caixa do Banco Central. Corresponde ao Papel-Moeda em Poder do Público somado ao caixa dos bancos comerciais.

PAPEL-MOEDA EM PODER DO PÚBLICO: é igual ao saldo do Papel-Moeda em Circulação menos o caixa dos bancos comerciais, dos bancos múltiplos, do Banco do Brasil e da Caixa Econômica Federal.

PARADOXO DA PARCIMÔNIA: é quando uma população, no intuito de poupar mais, acaba por poupar menos. Segundo Keynes, quando os agentes econômicos passam a poupar mais, o consumo diminui. Quando este último se reduz, o produto da economia diminui também, já que não adianta continuar produzindo o mesmo volume se a demanda por bens e serviços se reduziu. Logo, a renda diminui. Como a poupança é uma função do nível de renda, ela tende a se reduzir também.

PASSIVO EXTERNO LÍQUIDO: quando o Balanço de Pagamentos em Transações Correntes apresenta um saldo negativo, isso significa que o país está apresentando um investimento interno maior que a poupança interna. Para cobrir esse déficit, é necessária a entrada de capital externo, o que implica, no futuro, maiores remessas de juros, lucros e o pagamento do principal da dívida contraída do exterior. Portanto, o país passa a possuir uma obrigação ou passivo externo maior que um direito ou ativo externo.

PEQUENA ECONOMIA ABERTA: é uma economia para a qual a inflação, a taxa de juros nominais, o hiato do produto, a taxa de câmbio real e demais variáveis macroeconômicas não afetam as variáveis do resto do mundo.

PHILLIPS; CURVA DE: no curto prazo, a curva de Phillips mostra o *trade-off* entre taxa de inflação e taxa de desemprego: verifica-se que o custo do combate à inflação é o aumento do desemprego, ou seja, existe uma relação negativa entre as duas variáveis, e a curva tem um formato decrescente. No longo prazo, não existe o *trade-off* entre inflação e desemprego, e a curva de Phillips é vertical.

PLENO EMPREGO: é quando todos os fatores produtivos disponíveis estão sendo utilizados numa situação de equilíbrio. O pleno emprego é compatível com a existência do desemprego natural.

POLÍTICA FISCAL: é uma política adotada pelo governo com o intuito de alterar o nível de renda e produto da economia, por meio de controle dos gastos do governo, tributação e transferências do governo.

POLÍTICA MONETÁRIA: é uma política adotada pelo governo com o intuito de alterar o nível de renda e produto da economia, pelo controle da oferta de moeda.

PONZI; EFEITO: é a possibilidade de se endividar infinitamente, ou seja, no período 2, toma-se dinheiro emprestado para pagar os juros da dívida do período 1, e assim por diante.

POUPANÇA BRUTA: poupança do setor privado somada à poupança do governo. Poupança interna.

POUPANÇA BRUTA DO SETOR PRIVADO: poupança das unidades familiares e empresas, incluindo a reserva para depreciação realizada pelas empresas.

POUPANÇA BRUTA TOTAL: é a soma da poupança bruta do setor privado (que é a soma da poupança líquida do setor privado com a depreciação) com a poupança do governo (que é igual ao saldo em conta corrente do governo) e com a poupança externa (que é igual ao Déficit do Balanço de Pagamentos em Transações Correntes).

POUPANÇA DO GOVERNO: é a diferença entre as receitas correntes do governo e as despesas correntes do governo. As despesas e as receitas de capital não entram nesse cálculo.

POUPANÇA EXTERNA: poupança do setor externo. Recursos externos que entram no país para cobrir investimentos que estejam sendo realizados no país. É igual ao déficit na Balança de Pagamentos em Transações Correntes.

POUPANÇA INTERNA: poupança bruta do setor privado somada à poupança do governo.

POUPANÇA LÍQUIDA DO SETOR PRIVADO: poupança das unidades familiares e empresas sem incluir a reserva de depreciação, que é um tipo de poupança das empresas.

PREFERÊNCIA BEM COMPORTADA: é quando a preferência é monótona e convexa.

PREFERÊNCIA MONÓTONA: diz-se que a preferência é monótona quando uma cesta de bens com mais bens é preferível a uma cesta de bens com menos bens.

PREFERÊNCIA CONVEXA: diz-se que as preferências são representadas por curvas de indiferença convexas quando as médias são preferíveis aos extremos.

PRODUTIVIDADE MARGINAL DA MÃO DE OBRA OU DO TRABALHO: é o acréscimo ao produto total em decorrência do aumento de "um" de mão de obra.

PRODUTIVIDADE MARGINAL DO CAPITAL: acréscimo ao produto em decorrência ao acréscimo de "um" no capital ou a taxa de retorno prevista por um bem de capital.

PRODUTO ADICIONADO: ou bem adicionado, ou valor adicionado, ou produto acrescentado. Consiste no cálculo do que cada ramo da atividade adicionou ao valor do produto final, em cada etapa do processo produtivo. É a contribuição de cada empresa ou setor ao produto final.

PRODUTO AGREGADO: é o produto de todas as empresas somadas da economia. É a soma do produto adicionado por todas as empresas ou setores da economia. É o valor bruto da produção menos o produto intermediário.

PRODUTO A CUSTO DE FATORES: produto sem incluir os impostos indiretos livres de subsídios, mas incluindo os impostos diretos menos transferências.

PRODUTO A PREÇO DE MERCADO: Produto a custo de fatores, incluindo os impostos indiretos menos subsídios.

PRODUTO BRUTO: Produto Líquido, incluindo a depreciação.

PRODUTO INTERNO: é todo produto que é produzido dentro das fronteiras do país, independente de pertencer ou não ao país. O Produto Interno é igual ao Produto Nacional mais a Renda Líquida Enviada ao Exterior. O Produto Interno é igual ao Produto Nacional menos a Renda Líquida Recebida do Exterior.

PRODUTO LÍQUIDO: produto sem incluir a depreciação.

PRODUTO NACIONAL: é todo produto que pertence ao país, independente de ter sido produzido dentro das fronteiras nacionais ou não. O Produto Nacional será igual ao Produto Interno menos a Renda Líquida Enviada ao Exterior. Será igual também ao Produto Interno mais a Renda Líquida Enviada ao Exterior.

PRODUTO NOMINAL: é o somatório de todos os bens e serviços produzidos na economia multiplicado pelo preço vigente. Assim, o Produto Nominal pode aumentar, mas não necessariamente a quantidade produzida aumentará ou novos empregos serão gerados. O preço a ser computado no Produto Nominal é o corrente.

PRODUTO *PER CAPITA*: também conhecido como renda *per capita*, é a relação entre o produto da economia e o número de residentes em um país.

PRODUTO QUE PELA SUA NATUREZA É FINAL: é o produto que se encontra na sua última etapa produtiva e está pronto para o consumo.

PRODUTO REAL: é o somatório de todos os bens e serviços produzidos na economia multiplicado por um preço congelado de um ano-base escolhido, também denominado preço constante, de tal maneira que qualquer alteração no Produto Real representa uma alteração na quantidade produzida e no nível de emprego.

PROPENSÃO MARGINAL A CONSUMIR: é a relação entre a variação do consumo e a variação da renda disponível, ou seja, é a relação de quanto uma variação de "um" da renda disponível será destinada a uma variação do consumo.

PROPENSÃO MARGINAL A IMPORTAR: é a relação entre uma variação da importação e a variação da renda, ou seja, é a relação de quanto uma variação de "um" da renda será destinada a uma variação da importação.

PROPENSÃO MARGINAL A POUPAR: é a relação entre uma variação da poupança e a variação da renda disponível, ou seja, é a relação de quanto uma variação de "um" da renda disponível será destinada a uma variação da poupança. A Propensão marginal a Poupar somada à Propensão marginal a Consumir é igual a "um".

PROPENSÃO MARGINAL A TRIBUTAR: é a relação entre uma variação da tributação e a variação da renda, ou seja, é a relação de quanto uma variação da renda será destinada a uma variação da tributação.

PROPENSÃO MÉDIA A CONSUMIR: é a relação entre o total consumido e o total da renda disponível. A Propensão média a Consumir somada à Propensão média a Poupar é igual a "um".

PROPENSÃO MÉDIA A POUPAR: é a relação entre o total poupado e o total da renda disponível.

Q

"Q" DE TOBIN, TEORIA: destaca a importância do mercado de ações na decisão de investir por meio da relação entre o valor do capital instalado e o custo de reposição do capital instalado, ou seja, o custo de reposição de seus ativos físicos.

R

RECEITAS CORRENTES: são receitas que, na sua maioria, alteram o patrimônio da administração pública, ou seja, receitas provenientes de tributos (impostos, taxas e contribuição de melhoria), contribuição parafiscal, receita patrimonial, receita agropecuária, receita industrial, receita de serviços, transferências correntes etc. As receitas correntes devem ser utilizadas para bancar despesas correntes.

REDESCONTO; TAXA DE: é a taxa de juros que o Banco Central cobra dos bancos comerciais quando concede empréstimos a eles.

REGRA DE OURO: no modelo de Solow, a regra de ouro se define como o estado estacionário em que o consumo é máximo, ou o estado estacionário que representa o maior bem-estar da sociedade.

RENDA: remuneração dos fatores de produção. Ou seja, tudo aquilo que toma a forma de salários (remuneração do fator mão de obra), juros (remuneração do fator capital), aluguéis (remuneração do fator terra ou matéria-prima) e lucros (remuneração do fator empreendimento).

RENDA DISPONÍVEL BRUTA: é a soma da renda nacional bruta com as transferências correntes enviadas e recebidas do resto do mundo.

RENDA ENVIADA OU RECEBIDA DO EXTERIOR: para a FGV, é a soma das remunerações dos serviços fatores e transferências unilaterais enviadas ou recebidas do exterior. O IBGE considera apenas o somatório das remunerações dos serviços fatores.

RENDA LÍQUIDA ENVIADA AO EXTERIOR: diferença entre renda enviada ao exterior e renda recebida do exterior. É igual, com sinal trocado, à renda líquida recebida do exterior.

RENDA LÍQUIDA RECEBIDA DO EXTERIOR: diferença entre renda recebida do exterior e renda enviada ao exterior. É igual, com sinal trocado, à renda líquida enviada ao exterior.

RENDA NACIONAL: é igual ao Produto Nacional Líquido a custo de fatores. É a soma de salários, lucros, aluguéis e juros com outras receitas correntes líquidas do governo, impostos diretos pagos pelas empresas, subtraídos das transferências recebidas pelas empresas.

RENDA PESSOAL: é a renda nacional subtraída dos lucros não distribuídos, das outras receitas correntes líquidas do governo, dos impostos diretos pagos pelas empresas e somada às transferências recebidas pelas empresas.

RENDA PESSOAL DISPONÍVEL: é a renda pessoal subtraída dos impostos diretos pagos pelas famílias e somada às transferências recebidas pelas famílias.

RENDA PERMANENTE: a renda permanente é vista como um fluxo de recursos constante, condicionado à expectativa, que pode ser sustentado pelo restante do horizonte de vida do indivíduo. Foi desenvolvida por Milton Friedman, segundo o qual a determinante-chave do consumo é a riqueza real de um indivíduo, e não sua renda corrente.

RESERVAS INTERNACIONAIS: são ativos dos bancos centrais em forma de moeda forte (dólar, euro, libra e iene), reservas junto ao FMI, DES (direito especial de saque) e ouro monetário. São utilizadas como meios de pagamento internacionais no cumprimento de suas obrigações.

RESIDENTES: são aquelas pessoas físicas ou jurídicas que têm, no país considerado, seu principal centro de interesse econômico. Não necessariamente está ligado ao fato de fixar moradia no país, mas, sim, ao fato de formar ou consumir o PIB do país.

RESÍDUO DE SOLOW: é a parte da taxa de crescimento econômico que não pode ser explicada pela variação dos fatores de produção, capital e trabalho, ponderada pela sua participação no produto, ou seja, é a parte do crescimento econômico decorrente de um progresso tecnológico neutro.

RISCO-PAÍS: o termo "risco-país" foi criado em 1992. Mede o nível de desconfiança ou risco dos mercados financeiros em relação aos países emergentes. O risco-país sinaliza para o investidor a capacidade do país de honrar ou não seus compromissos. Quanto mais alto for o número, maior será a possibilidade de o país vir a dar um calote na dívida. Os investidores internacionais se utilizam dos títulos do tesouro americano como aplicação de referência, por ser o mais seguro do mundo, ou seja, risco zero. A taxa é medida em pontos e calculada a partir de uma cesta de títulos negociados nos principais centros do mercado financeiro mundial. Cada ponto significa 0,01 ponto percentual de prêmio acima do rendimento dos papéis da dívida dos EUA, considerada de risco zero de calote. Ao dar 175 pontos a um país, taxa alcançada pelo Brasil em 22-03-2007, o mercado mostra que, para assumir o risco com os títulos emitidos pelo país, para o investidor estrangeiro só compensariam os riscos se negociados a uma taxa de 1,75 pontos acima de um título do tesouro americano, pelo qual se pagavam naquela data 5,25%. Um dos motivos que levam à queda do risco-país, além da confiança no país, é o fato de o FED (banco central dos EUA) já estar sinalizando que pode reduzir os juros num futuro próximo, fato este que leva o investidor a comprar títulos de países emergentes, buscando lucrar mais, devido aos juros maiores que o dos títulos americanos. A procura por títulos do Brasil provoca a redução do risco-país. No caso brasileiro, tem-se como base um conjunto de títulos que circulam no mercado secundário da dívida externa brasileira, com destaque para o título do governo, o "C-Bond", que foi emitido até 2004, sendo substituído pelo "Global 40"[5].

RESERVA DE VALOR (MOEDA COMO): é uma das funções da moeda. Seu intuito é acumular moeda como forma de juntar riqueza.

RESERVAS BANCÁRIAS: são a soma das reservas compulsórias e das reservas voluntárias que os bancos comerciais fazem junto ao Banco Central.

RESIDENTES: são aqueles que residem no Brasil em caráter permanente, tenham saído do Brasil de forma temporária e que não tenha ultrapassado o período de 12 meses, estejam prestando serviço fora do Brasil para a Administração Pública do Brasil, sejam estrangeiros que entrem no país com visto permanente ou com visto temporário e permaneçam no país por um período superior a 183 dias dentro do intervalo de 12 meses, ou tenham ingressado no Brasil para trabalhar com vínculo empregatício. Portanto, residentes são aquelas pessoas físicas ou jurídicas que têm, no país considerado, seu principal centro de interesse econômico.

RESTRIÇÃO ORÇAMENTÁRIA INTERTEMPORAL: a curva que demonstra as várias combinações que o consumidor pode se permitir de acordo com a renda de longo prazo.

REVERSÃO QUANTO AO TEMPO: um índice é reversível quanto ao tempo quando o produto do índice calculado para o período t com base i pelo índice calculado para o período i com base t é igual à unidade.

REVERSÍVEL QUANTO AOS FATORES: também chamado de princípio de decomposição de causas, um índice é reversível quanto aos fatores quando o produto do índice de quantidade pelo índice de preços é igual ao índice de valores.

ROYALTIES: remuneração pela utilização da tecnologia.

S

SALDO COMERCIAL: é o saldo da diferença entre as exportações de bens e serviços não fatores e importações de bens e serviços não fatores.

SALDO DO GOVERNO EM CONTA CORRENTE: é a diferença entre receitas correntes e despesas correntes do governo. Não se incluem as despesas e receitas de capital do governo.

SERVIÇO FATOR: é o serviço relacionado aos fatores de produção, ou seja, mão de obra, capital, matéria-prima (ou terra) e empreendimento.

SERVIÇO NÃO FATOR: é o serviço que não se refere a fator de produção, ou seja, frete, seguro, turismo, viagens internacionais etc.

SISTEMA FINANCEIRO INTERNACIONAL: é uma estrutura de acordos, regras, convenções e instituições em que os mercados internacionais e firmas operam. Sua principal função é possibilitar aos agentes econômicos os meios pelos quais poderão realizar seus pagamentos, mesmo que seus países possuam moedas diferentes. São transações cambiais imprescindíveis à economia moderna.

SISTEMA FINANCEIRO NACIONAL: conjunto de instituições financeiras voltadas para a gestão da política monetária do governo, sob orientação do Conselho Monetário Nacional.

"SOLA DE SAPATO"; EFEITO: ocorre quando as pessoas, em período de inflação, tentando minimizar a quantidade de moeda em seu poder, passam a ir diversas vezes ao banco e, em decorrência disso, diminuem seu tempo em realizar atividades produtivas.

---

[5] Adaptado de: <http://www1.folha.uol.com.br/fsp/dinheiro/fi2303200724.htm>. Acesso em: set. 2010.

SOLOW; MODELO DE: é um modelo neoclássico de crescimento de longo prazo. O modelo de Solow afirma que os fatores para o crescimento econômico seriam o aumento populacional, o aumento do capital e a melhoria tecnológica.

SUBSÍDIO: contribuição financeira de um governo ou de uma entidade pública que outorga uma vantagem a uma empresa, a um ramo de produção ou a uma indústria. A contribuição financeira pode assumir diferentes formas, ou seja, transferência direta de fundos (doações, empréstimos), renúncia de receita (incentivo fiscal) e fornecimento ou compra de bens e serviços. O subsídio afeta positivamente a produção das empresas e tem como finalidade fazer com que os produtos cheguem mais baratos ao consumidor.

***SWAP*:** é um tipo de derivativo muito recente; presente a partir dos anos 1990 no Brasil. Tem o objetivo de permitir a troca de direitos sobre fluxo de caixa futuro, protegendo as empresas de flutuações indesejadas. Os *swaps* têm importante função econômica quando possibilitam aos agentes econômicos a troca de indexadores, protegendo-os dos riscos das flutuações e dos seus efeitos sobre seus passivos. No Brasil, por causa da não conversibilidade da nossa moeda no mercado internacional, essas operações são realizadas apenas na troca de indexadores, e não na troca de moedas. Nos mercados internacionais, os *swaps* podem ser negociados sobre taxas de juros e também sobre moedas, como modalidades mais negociadas atualmente.

T

TANGÍVEL: é o que pode ser tocado, algo real, concreto.

TAXA DE CÂMBIO FLEXÍVEL: é quando o mercado age livremente na determinação da taxa de câmbio, sem interferência do governo ou do Banco Central, ou seja, é a lei da oferta e da procura que determina a paridade entre duas moedas.

TAXA DE CÂMBIO FIXA: é quando o Bacen determina a taxa de câmbio e, para garantir a fixação, fica obrigado a manter reservas internacionais, caso tenha que vender divisas, e se obriga a comprar divisas, no caso de aumento da oferta desta no mercado interno.

TAXA DE CÂMBIO NOMINAL: é a relação de preços entre as moedas. É a taxa pela qual se pode trocar a moeda de um país pela moeda de outro país.

TAXA DE CÂMBIO REAL: é a taxa de câmbio nominal corrigida do efeito da inflação dos preços internos e externos. A taxa de câmbio real mede o poder de compra entre as moedas. Ela afetará o fluxo real de bens e serviços entre países.

TAXA DE POUPANÇA: termo, utilizado no modelo de longo prazo de Solow, que corresponde à Propensão marginal a Poupar do modelo Keynesiano de curto prazo.

TAXA MARGINAL DE SUBSTITUIÇÃO: representa a renúncia de certa quantidade de um bem em relação ao aumento de "uma" unidade de consumo de outro bem, formando uma nova cesta de bens sobre a mesma curva de indiferença. A taxa marginal de substituição é decrescente, porque, à medida que se abre mão de um bem em prol de outro, cada vez se está menos disposto à renúncia do primeiro.

TEORIA QUANTITATIVA DA MOEDA: é uma análise do equilíbrio pelo lado monetário da economia. Afirma que o nível de preços será determinado pela oferta de moeda e pela velocidade da moeda. Os clássicos defendiam que tanto a velocidade da moeda quanto o Produto Real da economia eram constantes, fazendo com que um aumento da oferta de moeda provocasse apenas uma elevação dos preços.

TESOURO NACIONAL; SECRETARIA DO: é um órgão da administração direta do país, integrante do Ministério da Fazenda. É responsável pela administração dos recursos do país, ou seja, pela política fiscal do país.

TOBIN, TEORIA "Q" DE: *vide* "Q" de Tobin, Teoria.

TOBIN-BAUMOL, MODELO: baseia-se no *trade-off* entre reter moeda e o custo de oportunidade de se deixar de ganhar juros pelo fato de não se ter adquirido títulos. Diferentemente da abordagem mostrada por Keynes, o modelo Tobin-Baumol mostra que a demanda de moeda para transação é função da renda e também da taxa de juros, enquanto para Keynes a demanda de moeda para transação é função direta da renda apenas.

TRADABLES: significa comerciáveis e corresponde aos bens e serviços que são comercializados no país, internamente, e também podem ser oferecidos externamente por meio das exportações.

TRADE-OFF: ou *trade off*, ocorre quando se tem que fazer uma escolha e, portanto, pressupõe-se uma troca. No caso da curva de Phillips, a escolha gira em torno de mais inflação e menos desemprego, ou menos inflação e mais desemprego, no curto prazo.

TRANSFERÊNCIA: pode ser considerada uma doação, já que não há contrapartida em nenhum bem ou serviço. As transferências correntes afetam diretamente a renda, aumentando-a. Assim, as transferências são concedidas pelo governo para as unidades familiares (famílias) ou para as empresas. Para as famílias, as transferências tomam a forma principalmente de aposentadoria, pensão, da dívida pública e Bolsa Família. Para as empresas, as transferências são concedidas principalmente sob a forma de juros pagos pelo governo.

TRANSFERÊNCIAS CORRENTES UNILATERAIS: tomam a forma de bens ou moeda e correspondem a "doações" entre países, ou seja, recursos que não apresentam contrapartida em forma de pagamento, bens ou serviços. São realizadas entre dois setores institucionais: remessas entre trabalhadores; ou transferências de outra natureza. Não se confundem com transferências de capital, que correspondem às transferências de patrimônio, lançadas na Conta Capital.

TRANSFERÊNCIAS LÍQUIDAS DE RECURSOS PARA O EXTERIOR: é a diferença entre as exportações de bens e serviços não fatores e as importações de bens e serviços não fatores.

TRIBUTAÇÃO BRUTA: corresponde à tributação líquida somada às transferências.

TRIBUTAÇÃO LÍQUIDA: corresponde à tributação bruta, subtraídas as transferências.

U

UNIDADES FAMILIARES: são as famílias. Aquelas que consumirão bens e serviços das empresas, pagando por isso, e que venderão seus fatores de produção, permitindo às empresas produzirem. Em troca dos fatores de produção (mão de obra, capital, matéria-prima e empreendimento), serão remuneradas sob a forma de renda (salários, juros, aluguéis e lucros).

V

VALOR DA PRODUTIVIDADE MARGINAL DA MÃO DE OBRA OU DO TRABALHO: em um mercado em concorrência perfeita, é a Produtividade marginal da mão de obra multiplicada pelo preço do produto.

VALOR BRUTO DA PRODUÇÃO: é a soma de tudo que é produzido na economia, sem descontar o produto intermediário, ou seja, no cálculo do valor bruto da produção, poderá haver dupla contagem.

VAZAMENTOS: são as variáveis que reduzem a renda e o produto da economia e não retomam a forma de demanda agregada para o circuito produtivo. São eles: a poupança, os tributos e as importações.

VELOCIDADE DA MOEDA: número de vezes que uma mesma unidade de moeda é utilizada em transações na economia, ou seja, a rapidez de giro da moeda (*turnover*).

VOLUNTÁRIO; RECOLHIMENTO OU DEPÓSITO: é o depósito que os bancos comerciais fazem junto ao Banco Central de forma não compulsória, com o intuito de cobrir eventuais déficits na compensação bancária.

REFERÊNCIAS

ABEL, Andrew; BERNANKE, Ben; CROUSHORE, Dean. *Macroeconomia*. 5. ed. São Paulo: Pearson Addison Wesley, 2008.

ALÉM, Ana Cláudia. *Macroeconomia*: teoria e prática no Brasil. São Paulo: Elsevier, 2010.

AMADO, Adriana Moreira; MOLLO, Maria de Lourdes Rollemberg. *Noções de macroeconomia*: razões teóricas para as divergências entre os economistas. Barueri: Manole, 2003.

ANDREZO, Andréa Fernandes; LIMA, Iran Siqueira. *Mercado financeiro*: aspectos históricos e conceituais. São Paulo: Pioneira, 1999.

BACH, Christopher L. *U.S. international transactions revised estimates for 1982-98*. Washington, DC: Survey of Current Business, 1999.

BALANCE OF PAYMENTS MANUAL (5. ed.). Washington, DC, USA: International Monetary Fund, 1993.

BESSADA, Octavio Manuel. *O mercado de derivados financeiros*. São Paulo: Record, 2000.

BITTENCOURT, A.; ATALIBA, F.; SULIANO, D. *Macroeconomia*: provas da ANPEC resolvidas e comentadas 1997 a 2006. Fortaleza: LCR, 2006.

BLANCHARD, Olivier. *Macroeconomia*. 4. ed. São Paulo: Pearson Prentice Hall, 2007.

CARVALHO, Fernando J. Cardim; SOUZA, F. E. P.; SICSÚ, J.; PAULA, L. F. R.; STUDART, R. *Economia monetária e financeira*: teoria e política. 2. ed. Rio de Janeiro: Elsevier, 2007.

CARVALHO, Maria Auxiliadora; SILVA, César Roberto Leite da. *Economia internacional*. 4. ed. São Paulo: Saraiva, 2007.

CAVALCANTE FILHO, Francisco Silva; MISUMI, Jorge Ioshio. *Mercado de capitais*. Rio de Janeiro: Campus, 2002.

DO VAL, Fernando T. R. *Macroeconomia*: estática e dinâmica. São Paulo: Saraiva, 1981.

DORNBUSCH, Rudiger; FISCHER, Stanley. *Macroeconomia*. 10. ed. São Paulo: McGraw-Hill, 2009.

FEIJÓ, Carmem Aparecida; RAMOS, Roberto Luis Olinto (Org.). *Contabilidade social*: a nova referência das contas nacionais do Brasil. Rio de Janeiro: Elsevier, 2003.

FEIJÓ, C.A. *Contabilidade social*: o novo sistema de contas nacionais. 2. ed. revisada e atualizada. Rio de Janeiro: Campus, 2004.

FERNANDES, Antonio Alberto Grossi. *2002, o Brasil e o Sistema Financeiro Nacional*. Rio de Janeiro: Qualitymark, 2002.

FILELLINI, Alfredo. *Contabilidade social*. 2. ed. São Paulo: Atlas, 1994.

FILGUEIRAS, Luiz. *História do plano real*: fundamentos, impactos e contradições. 3. ed. São Paulo: Boitempo, 2000.

FONSECA, Eduardo Giannetti da. *As partes & o todo*. São Paulo: Siciliano, 1995.

FRANCO, Gustavo H. B. *O plano real e outros ensaios*. Rio de Janeiro: Francisco Alves, 1995.

FROYEN, Richard T. *Macroeconomia*. São Paulo: Saraiva, 2003.

GIAMBIAGI, Fabio; ALÉM, Ana Cláudia. *Finanças públicas*: teoria e prática no Brasil. 3. ed. rev. e atual. Rio de Janeiro: Campus Elsevier, 2008.

GREMAUD, Amaury Patrick; DIAZ, M. D. M.; AZEVEDO, P. F.; TONETO-JÚNIOR, R. *Introdução à economia*. São Paulo: Atlas, 2007.

GREMAUD, Amaury Patrick et al. *Manual de economia*. 5. ed. São Paulo: Saraiva, 2010.

HUNT, E. K. *História do pensamento econômico*: uma perspectiva crítica. 2. ed. Rio de Janeiro: Campus, 2005.

KEYNES, John Maynard. *A teoria geral do emprego, do juro e da moeda*. Trad. Mario R. da Cruz. São Paulo: Abril Cultural, 1983. v. 14. (Os Economistas)

_____. *The general theory of employment, interest and money*. Harcourt: Brace & World, 1936.

KRUGMAN, Paul R.; OBSTFELD, Maurice. *Economia internacional*: teoria e política. 8. ed. São Paulo: Person Prentice Hall, 2010.

KRUGMAN, Paul R.; WELLS, R. *Introdução à economia*. Rio de Janeiro: Campus, 2007.

LOPES, João do Carmo; ROSSETTI, José Paschoal. *Economia monetária*. São Paulo: Atlas, 1995.

_____. *Economia monetária*. 9. ed. São Paulo: Atlas, 2005.

LOPES, Luiz Martins; VASCONCELLOS, Marco Antonio Sandoval de (Org.). *Manual de macroeconomia*: básico e intermediário. São Paulo: Atlas, 1998.

_____. *Manual de macroeconomia*: básico e intermediário. 3. ed. São Paulo: Atlas, 2009.

MANKIW, N. Gregory. *Introdução à economia*: princípios de micro e macroeconomia. 2. ed. Rio de Janeiro: Elsevier, 2001.

_____. *Macroeconomia*. Rio de Janeiro: Livros Técnicos e Científicos Editora, 1992.

MARIM, W. C. *Teoria econômica*: uma introdução. São Paulo: Rumo, 1981.

MISHKIN, Frederic. *Moedas, bancos e mercados financeiros*. 5. ed. Rio de Janeiro: LTc, 2000.

MONTORO FILHO, André Franco. *Contabilidade social*: uma introdução à macroeconomia. 2. ed. São Paulo: Atlas, 1994.

MOREIRA, Claudio Filgueira Pacheco. *Manual de contabilidade bancária*. Rio de Janeiro: Impetus Elsevier, 2006.

PAULANI, Leda Maria; BRAGA, Márcio Bobik. *A nova contabilidade social*: uma introdução à macroeconomia. 3. ed. São Paulo: Saraiva, 2007.

_____. *A nova contabilidade social*. São Paulo: Saraiva, 2000.

PINHO, Diva Benevides; VASCONCELLOS, Marco Antonio Sandoval de (Org.). *Manual de economia*. 5. ed. São Paulo: Saraiva, 2010.

REZENDE, F. *Finanças públicas*. São Paulo: Atlas, 2001.

RUDGE, Luiz Fernando; CAVALCANTE, Francisco. *Mercado de capitais*. Belo Horizonte: CNBV, 1993.

SACHS, Jeffrey D.; LARRAIN, Felipe B. *Macroeconomia*: em uma economia global. São Paulo: Pearson Education do Brasil, 2000.

SANDRONI, Paulo. *Novíssimo dicionário de economia*. São Paulo: Best Seller, 1999.

SECURATO, José Roberto; SECURATO, José Cláudio. *Mercado financeiro*: conceitos, cálculo e análise de investimento. São Paulo: Saint Paul, 2007.

SHAPIRO, Edward. *Análise macroeconômica*. 2. ed. São Paulo: Atlas, 1981.

SHEFFRIN, Steven. *Expectativas racionales*. Madrid: Alianza Editorial, 1985.

SIMONSEN, Mário Henrique; CYSNE, Rubens Penha. *Macroeconomia*. 3. ed. São Paulo: Atlas, 2007.

_____. *Macroeconomia*. 4. ed. São Paulo: Atlas, 2009.

SOUZA, N. A. *Economia brasileira contemporânea*. 2. ed. São Paulo: Atlas, 2008.

VASCONCELLOS, Marco Antonio Sandoval de. *Economia*: micro e macro. 3. ed. São Paulo: Atlas, 2002.

_____; OLIVEIRA, Roberto Guena de. *Manual de microeconomia*. 2. ed. São Paulo: Atlas, 2000.

VICECONTI, P. E. V.; NEVES, S. *Introdução à economia*. 7. ed. São Paulo: Frase Editora, 2005.

Sites:

<http://pt.scribd.com/doc/4014004/Indices-de-Precos-FAQ-do-BCB>.

<http://pt.wikipedia.org/wiki/Unidade_Real_de_Valor>. Acesso em: 10 jan. 2011.

<http://pt.wikipedia.org/wiki/Anexo:Lista_de_pa%C3%ADses_por_%C3%8Dndice_de_Desenvolvimento_Humano>. Acesso em: 6 nov. 2011.

<http://www.andima.com.br/selic/oquee.asp>.

<http://www.assbandf.com.br/glossario_b.htm>. Acesso em: 7 set. 2011.

<http://www.bcb.gov.br/>. Acesso em: set. 2010.

<http://www.bcb.gov.br/?HISTORIABC>.

<http://www.bcb.gov.br/pec/sdds/port/balpagam_p.htm>. Acesso em: abr. 2011.

<http://www.cosif.com.br/publica.asp?arquivo=balancopagtos7>

<http://www.fazenda.gov.br/portugues/real/realem.asp>. Acesso em: 28 ago. 2011.

<http://www.fiscosoft.com.br/a/4tr6/operacao-compromissada-envolvendo-titulos-publicos-renda-fixa-para-investidor-nao-residente-resolucao-cmn-n-268900-carlos-alexandre-macedo-barcarollo>. Acesso em: 10 set. 2011.

<http://www1.folha.uol.com.br/fsp/dinheiro/fi2303200724.htm>. Acesso em: set. 2010.

<http://www.ibge.gov.br/home/estatistica/indicadores/pib/pib-vol-val_201004caderno.pdf>. Acesso em: 3 jun. 2011.

<http://www.ibge.gov.br/home/estatistica/indicadores/pib/srmtrimestrais.pdf>. Acesso em: 3 jul. 2011.

<http://www.ibge.gov.br/home/presidencia/noticias/noticia_impressao.php?id_noticia=1746>. Acesso em: 3 jul. 2011.

<http://www.portalbrasil.net/economia_riscopais.htm>. Acesso em: abr. 2011.

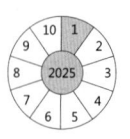